Gerhard Schulze

DIE ERLEBNIS-GESELLSCHAFT

Kultursoziologie
der Gegenwart

Campus Verlag
Frankfurt/New York

Die Deutsche Bibliothek — CIP-Einheitsaufnahme

Schulze, Gerhard:
Die Erlebnisgesellschaft : Kultursoziologie der Gegenwart/
Gerhard Schulze. — 2. Aufl. — Frankfurt/Main ; New York :
Campus Verlag, 1992
   ISBN 3-593-34615-X

2. Auflage 1992

Das Werk einschließlich aller seiner Teile ist urheberrechtlich geschützt.
Jede Verwertung ist ohne Zustimmung des Verlags unzulässig. Das gilt insbesondere für
Vervielfältigungen, Übersetzungen, Mikroverfilmung und die Einspeicherung und
Verarbeitung in elektronischen Systemen.
Copyright © 1992 Campus Verlag GmbH, Frankfurt/Main
Umschlaggestaltung: Atelier Warminski, Büdingen
Druck: Fuldaer Verlagsanstalt, Fulda
Bindung: Schauenburg Graphische Betriebe, Schwanau
Printed in Germany

Inhaltsverzeichnis

Einleitung..13
Das Thema *(13)*. Offene Fragen *(15)*. Panorama der Untersuchung *(21)*. Über empirisches Arbeiten *(25)*. Sozialer Wandel und soziologischer Geltungsanspruch *(29)*.

1. Kapitel: Ästhetisierung des Alltagslebens

Einleitung..33

1.1 Erlebnisgesellschaft..34
Zur Orientierung *(34)*. Vielfalt *(36)*. Wandel der Lebensauffassungen *(36)*. Das Schöne *(39)*. Erlebnisrationalität *(40)*. Eindruck *(42)*. Verarbeitung *(43)*. Subjekt *(47)*. Das neue Grundmuster der Beziehung von Subjekt und Situation *(48)*. Erlebnisgesellschaft *(52)*

1.2 Die Vermehrung der Möglichkeiten..............................54
1.3 Erlebe dein Leben..58
1.4 Unsicherheit..60
1.5 Enttäuschung..63
1.6 Wandel der normalen existentiellen Problemdefinition und Gesellschaftsbildung...67
1.7 Zusammenhänge. Grundlinien der weiteren Analyse............71
1.8 Gemeinsamkeit trotz Individualisierung........................75
1.9 Theoretische Affinitäten: Tour d'horizon.......................78
Über soziologische Originalität *(78)*. Konstruktivismus *(80)*. Geschichte der Gemeinsamkeiten *(82)*. Strukturierung *(82)*. Verstehen *(83)*. Idealtypen mit Unschärfetoleranz *(84)*. Beschränkte Rationalität *(85)*. Wohlstandsgesellschaft *(86)* Wandel des Subjekts *(86)*. Soziale Milieus *(87)*. Soziale Semiotik *(88)*. Psychophysische Kodierung *(89)*.

1.10 Der empirische Teil der Untersuchung..........................89

2. Kapitel: Hermeneutik der Stile

Einleitung 93

2.1	Das semantische Paradigma.	94
2.2	Alltagsästhetische Episoden.	98
2.3	Stil.	102
2.4	Genuß.	105
2.5	Distinktion.	108
2.6	Lebensphilosophie.	112
2.7	Mehrschichtigkeit	114
2.8	Zeichenfluktuation und Bedeutungskonstanz.	115
2.9	Singularität und Gemeinsamkeit.	118
2.10	Vereinfachung intersubjektiver Bedeutungskosmen: Stiltypen.	122

3. Kapitel: Alltagsästhetische Schemata in Deutschland

Einleitung 125

3.1	Bedeutungsäquivalente Zeichengruppen Der Begriff alltagsästhetischer Schemata	127
3.2	Erlebnisreiz, Tradition, Definition Zur Entstehung von Bedeutungsäquivalenzen	133
3.3	Gesellschaftstypus und Schematisierungstendenz.	138
3.4	Hermeneutik von Massendaten.	141
3.5	Hochkulturschema.	142
3.6	Trivialschema.	150
3.7	Spannungsschema.	153
3.8	Der dimensionale Raum der Stile	157
3.9	Zur Evolution des dimensionalen Raumes.	158
3.10	Der Bedeutungswandel des Schönen	162

4. Kapitel: Theorie sozialer Segmentierung

Einleitung 169

4.1	Existenzformen.	171
4.2	Soziale Milieus.	174
4.3	Beziehungsvorgabe.	176
4.4	Beziehungswahl.	177
4.5	Zeichen und Gestalt.	179
4.6	Der neue Blick für den anderen	182
4.7	Evidenz und Signifikanz.	184
4.8	Manifester Stiltypus als Milieuzeichen.	186

4.9	Alter als Milieuzeichen	188
4.10	Bildung als Milieuzeichen	191
4.11	Hervortreten und Verblassen von Zeichen	192
4.12	Wandel des Aufbaus von Existenzformen	197

Soziale Homogenisierung kommt nicht allein durch Beziehungswahl zustande *(197)*. Sechs Modi des Aufbaus von Existenzformen *(198)*. Relevanzverschiebungen *(203)*. Das alte Muster *(204)*. Das neue Muster *(207)*. Überlegungen zum Wandel soziologischer Theorie *(208)*.

4.13	Die Segmentierungshierarchie	210
4.14	Das Unschärfeproblem	213

5. Kapitel: Die wissenssoziologische Interpretation sozialer Milieus

Einleitung... 219

5.1	Zwischenbilanz und Vorausschau	221
5.2	Kollektives existentielles Wissen	223

Technisches und existentielles Wissen *(223)*. Singuläre und kollektive Komponenten des Wissens *(224)*. Abgrenzung des Gegenstandsbereichs *(225)*.

5.3	Die vorgestellte Welt: Wirklichkeitsmodelle	225

Die subjektive Vereinfachung der Wirklichkeit *(225)*. Subjektive Welten *(226)*. Komponenten unterschiedlichen Kollektivitätsgrades *(227)*. Der Aufbau von Wirklichkeitsmodellen *(228)*. Soziologische Bilanz *(229)*. Fazit und weiteres Programm *(230)*.

5.4	Existentielle Anschauungsweisen	231

Apriori der Alltagserkenntnis *(231)*. Normale existentielle Problemdefinition *(232)*. Ich-Welt-Bezug *(234)*. Primäre Perspektive *(236)*.

5.5	Subjekt und Wirklichkeit Zwei Verweisungszusammenhänge	237

Modellierung von Rückbezüglichkeit *(237)*. Existentielle Anschauungsweisen als Verweisungszusammenhang *(238)*. Subjektive und objektive Wirklichkeit als Verweisungszusammenhang *(238)*. Das Subjekt als Bestandteil der objektiven Wirklichkeit *(239)*. Konkretisierung der Zusammenhänge *(241)*.

5.6	Kognitive Selbstorganisation der Gesellschaft Homologie und fundamentale Semantik	243

Die Verschärfung des Ordnungsproblems *(243)*. Die Lösung des Ordnungsproblems *(244)*. Anforderungen an eine fundamentale Semantik *(245)*. Die Anwendung der Semantik *(246)*. Fundamentale Interpretation *(248)*.

5.7	Von außenorientierter zu innenorientierter Semantik	249

Semantischer und sozialer Wandel *(249)*. Die ökonomische Semantik *(251)*. Die gegenwärtige Kodierung der psychophysischen Semantik *(252)*. Innenorientierte Umdeutung *(256)*. Ursachen des semantischen Wandels *(258)*.

5.8	Empirische Illustration	258
5.9	Denkmuster	
	Über den probabilistischen Charakter kollektiven Wissens	262
5.10	Die Trägheit subjektiver Welten	264
5.11	Die soziale Erarbeitung kognitiver Ähnlichkeit	265
5.12	Soziale Milieus als Wissensgemeinschaften	267
5.13	Zunahme mittlerer Gemeinsamkeit	268

Rückgang von Wissen hohen Kollektivitätsgrades *(268)*. Rückgang von Wissen niedrigen Kollektivitätsgrades *(270)*. Zunahme milieuspezifischen und singulären Wissens *(271)*.

5.14	Gegensatz und Ordnung	271
5.15	Interpretationspfade: Empirische Einstiegsmöglichkeiten	273

6. Kapitel: Fünf Milieubeschreibungen

Einleitung		277
6.1	Voreinstellung und Hintergrund. Zur Orientierung	278
6.2	Niveaumilieu	283
6.3	Harmoniemilieu	292
6.4	Integrationsmilieu	301
6.5	Selbstverwirklichungsmilieu	312
6.6	Unterhaltungsmilieu	322
6.7	Zwischenbilanz. Zwei milieuvergleichende Tableaus	331

7. Kapitel: Das Ganze
Zur Milieukonstellation der Gegenwart

Einleitung		335
7.1	Vom Einzelnen zum Ganzen	336
7.2	Komplexität und Einfachheit, Ordnung und Spontaneität	338

Übersicht *(338)*. Komplexität *(339)*. Einfachheit *(341)*. Ordnung *(343)*. Spontaneität *(345)*. Zwischenbilanz *(348)*.

7.3	Homologien im Zeichen der fundamentalen Semantik	348

Zur Orientierung *(348)*. Das Problem der gedanklichen Integration *(351)*. Korrespondenzanalyse und Alltagsbewußtsein *(351)*. Die Methode der polaren Interpretation *(353)*. Die Priorität der Gesamtperspektive *(354)*. Homologien verschiedener Wirklichkeitsschichten im Überblick *(355)*. Die neue Ordnung der sozialen Wirklichkeit *(357)*.

7.4	Die Struktur gegenseitigen Nichtverstehens	364
7.5	Die Altersgrenze	
	Zur Soziologie der Lebensmitte	366

Übergang, Gegenkultur, Normalität. Zum Wandel des Jungseins *(366)*. Gesellschaftliche Strukturierung des Lebenslaufs *(369)*. Lebenszyklus *(370)*. Generationsbildung *(371)*.

7.6 Die Verschiebung der Bildungsgrenzen in der
    Generationenfolge 372
7.7 Binnenkommunikation 374
7.8 Zwischen Vereinfachung und Differenzierung............ 378
7.9 Grenzfälle und Inkonsistenzen
    Eine Unschärfeanalyse 382
7.10 Kritische Bilanz und Forschungsvergleich............. 386

Zur Rolle des Forschers *(386)*. Rückblende zur Theorie der Milieusegmentierung *(387)*. Einige Einwände *(388)*. Parallelen mit anderen Forschungsarbeiten *(389)*.

8. Kapitel: Vorstellungen vom Ganzen

Einleitung... 395

8.1 Wonach fragen?
    Relevanztraditionen der Großgruppensoziologie......... 396
8.2 Gespaltene Vertikalität sozialer Lagen 399
8.3 Sozialprestige
    Die Segmentierung des Jahrmarkts der Eitelkeiten...... 403
8.4 Vom sozialen Konflikt zur gegenseitigen Distanz....... 406
8.5 Abschwächung kollektiver Selbsterfahrung.............. 409
8.6 Entkollektivierung von Wirklichkeitsmodellen.......... 415

9. Kapitel: Der Erlebnismarkt

Einleitung... 417

9.1 Innengerichtete Modernisierung 418
9.2 Erlebnismarkt, Erlebnisangebot, Erlebnisnachfrage..... 421
9.3 Handlungsroutinen auf dem Erlebnismarkt 424
9.4 Von außenorientiertem zu innenorientiertem Konsum 427
9.5 Erlebnis als Handlungsziel 429
9.6 Rationalität der Erlebnisnachfrage................... 431
9.7 Publikumswirksamkeit als Handlungsziel 437
9.8 Rationalität des Erlebnisangebots 439
9.9 Dynamik des Erlebnismarktes.......................... 443
9.10 Zur Entwicklung alltagsästhetischer Schemata 450
9.11 Milieusegmentierung im Zeichen des Erlebnismarktes... 454

10. Kapitel: Theorie der Szene

Einleitung 459

10.1 Publikum.. 460
10.2 Szenen 463
10.3 Entstehung von Szenen............................ 464
10.4 Soziologische Bedeutung von Szenen 466
10.5 Die empirische Erforschung von Szenen............ 469
10.6 Umrisse einer großstädtischen Szenenstruktur 470

Vernetzung lokaler Publika zu Szenen *(470)*. Methodische Anmerkungen *(472)*. Reichweite *(473)*. Affinitäten *(473)*.

10.7 Hochkulturszene.................................. 475
10.8 Neue Kulturszene 479
10.9 Kulturladenszene................................. 483
10.10 Kneipenszene.................................... 487
10.11 Szenenstruktur und Milieudynamik................. 490

Individualisierung der Trivialkultur *(491)*. Kulturelle Dominanz des Selbstverwirklichungsmilieus *(493)*.

11. Kapitel: Paradoxien der Kulturpolitik

Einleitung 495

11.1 Irrelevanz, Gestaltung, Nebenfolgen
      Zur Wirkungsanalyse der Kulturpolitik............ 497
11.2 Kulturpolitische Leitmotive...................... 499
11.3 Akteure des kulturpolitischen Handlungsfeldes 502

Unkalkulierbarkeit *(502)*. Kulturpolitik *(502)*. Korporationen *(504)*. Künstler *(505)*. Publikum *(506)*.

11.4 Arrangements von Rationalitäten 507

Hierarchie *(508)*. Chaos *(508)*. Übereinkunft *(510)*. Über den Nutzen des Chaos und das Risiko der Übereinkunft *(511)*.

11.5 Der Rechtfertigungskonsens 513
11.6 Anstrengung und Bequemlichkeit 515
11.7 Autonomie und Kolonialisierung 518
11.8 Gleichheit und Asymmetrie........................ 520
11.9 Neutralität und Politisierung 522
11.10 Kulturpolitik nach der utopischen Phase.......... 524

Irrelevanz *(524)*. Gestaltung *(525)*. Unbeabsichtigte Folgen. Thesen zum kulturpolitischen Diskurs nach der utopischen Phase *(527)*.

12. Kapitel: Die Bundesrepublik Deutschland im kulturellen Übergang

Einleitung 531

12.1	Erstes Bild	
	Restauration der Industriegesellschaft	532
12.2	Zweites Bild	
	Kulturkonflikt	535
12.3	Drittes Bild	
	Die Erlebnisgesellschaft	541
12.4	Zum Wandel des Erlebens	544
12.5	Ein zusammenfassendes Tableau	549

Anhang

Einleitung 559

A	Daten soziologisch sehen.	561
B	Semantische Analyse von Milieustrukturen	577
C	Erhebungsinstrumente und Indikatoren.	591
D	Kommentierte Tabellen.	619

Glossar 731

Literaturverzeichnis 751

Dank

Michael Beck war an der Vorbereitung der empirischen Begleitstudie beteiligt. Die Zusammenarbeit mit ihm führte zu einem gemeinsamen Projektantrag bei der Deutschen Forschungsgemeinschaft. Projektmitarbeiter in der empirischen Phase der Untersuchung waren Ulrike Fuchs, Georg Hopfengärtner, Ruth Schlötterer und Werner Steffan. Die Durchführung der Befragung organisierte die Arbeitsgemeinschaft Angewandte Sozialforschung e.V. Bamberg unter der Leitung von L. Vaskovics und H.-P. Buba.

Die Deutsche Forschungsgemeinschaft finanzierte das Projekt. Zusätzliche Mittel stellte die Otto-Friedrich-Universität Bamberg zur Verfügung.

Die Arbeiten zur Datenanalyse, zur Materialaufbereitung sowie zur grafischen und satztechnischen Gestaltung führten aus: Stefanie Dümmig, Christoph Ende, Joachim Hayen, Christian Höffling, Ellen Hohbach, Matthias Junge, Heidi Kelsch, Britta Knauer, Dirk vom Lehn, Heike Lipinski, Maren Meinberg, Thomas Müller-Schneider, Michael Salomon, Rainer Schwarz, Oliver Utsch.

Helga Miller begleitete die Arbeit über die Jahre hinweg und erledigte die immensen Schreibarbeiten mit gleichbleibender Präzision.

Ich danke den genannten Institutionen für finanzielle und organisatorische Unterstützung. Ich danke meinen Mitarbeitern für die Bewältigung eines großen Arbeitspensums, für zuverlässige Kooperation und für die Bereitschaft, sich auf meine ständig wechselnden Anforderungen einzulassen.

G. S.

Einleitung

Das Thema

Seit der Nachkriegszeit hat sich die Beziehung der Menschen zu Gütern und Dienstleistungen kontinuierlich verändert. Wohin die Entwicklung gegangen ist, wird am Wandel der Werbung besonders offensichtlich. Wurde zunächst der Gebrauchswert der Produkte in den Mittelpunkt der Präsentation gestellt - Haltbarkeit, Zweckmäßigkeit, technische Perfektion -, so betonen die Appelle an den Verbraucher inzwischen immer stärker den Erlebniswert der Angebote. Produkte werden nicht mehr als Mittel zu einem bestimmten Zweck offeriert, sondern als Selbstzweck. Sie sollen an sich zufriedenstellen, unabhängig von ihrer Verwendbarkeit für irgendetwas.

Design und Produktimage werden zur Hauptsache, Nützlichkeit und Funktionalität zum Accessoire. Gerade in der Vermarktung von Brauchbarkeit, Derbheit und technischer Perfektion wird die Nebensächlichkeit von Zwecken, die jenseits der unmittelbaren Erlebnisfunktion von Waren liegen, besonders deutlich. Ästhetik wird ironisch als Zweckmäßigkeit verschleiert. Geländeautos beispielsweise sind vordergründig zweckmäßig, nur besitzt Geländegängigkeit in unserem asphaltierten und betonierten Ambiente kaum Gebrauchswert, so daß sich diese Eigenschaft als ästhetisches Attribut entpuppt. Pragmatik als Ästhetik, Nüchternheit als Berauschung, Sachbezogenheit als Koketterie: Man tut ein wenig so, als ginge die Ästhetisierung des Alltagslebens in Entästhetisierung über, läßt aber keinen Zweifel daran, was eigentlich gespielt wird. Das Geländeauto ist mit verchromten Stoßstangen armiert, das derbe Schuhwerk mit empfindlichem verschiedenfarbigem Wildleder verarbeitet, der wichtigste Hebel an der trickreichen Kamera ist derjenige, mit dem man das Wunderding auf Vollautomatik stellen kann.

All diese Ästhetisierung und Pseudo-Entästhetisierung von Produkten ist Teil eines umfassenden Wandels, der nicht auf den Markt der Güter und Dienstleistungen beschränkt bleibt. Das Leben schlechthin ist zum Erlebnisprojekt geworden. Zunehmend ist das alltägliche Wählen zwischen Möglichkeiten durch den bloßen Erlebniswert der gewählten Alternative motiviert: Konsumartikel, Eßgewohnheiten, Figuren des politischen Lebens, Berufe, Partner, Wohnsituationen, Kind oder Kinderlosigkeit. Der Begriff des Erlebnisses ist mehr als ein Terminus der Freizeitsoziologie. Er macht die moderne Art zu leben insgesamt zum Thema. Im historischen Vergleich zeigt sich die Ausbreitung und Normalisierung der Erlebnisorientierung als etwas Neuartiges. Mit der Bewältigung dieser neuen Bedingung sind wir noch beschäftigt, sowohl im Alltagsleben wie in der Kulturwissenschaft. Erst allmählich wird uns bewußt, daß wir nicht am Ende aller Probleme angekommen sind, sondern bei neuen, ungewohnten Schwierigkeiten. Damit wird der Sachverhalt soziologisch interessant, denn Schwierigkeiten wirken strukturbildend, ob es sich nun um mangelbedingte oder um überflußbedingte Probleme handelt.

Erlebnisorientierung ist die unmittelbarste Form der Suche nach Glück. Als Handlungstypus entgegengesetzt ist das Handlungsmuster der aufgeschobenen Befriedigung, kennzeichnend etwa für das Sparen, das langfristige Liebeswerben, den zähen politischen Kampf, für vorbeugendes Verhalten aller Art, für hartes Training, für ein arbeitsreiches Leben, für Entsagung und Askese. Bei Handlungen dieses Typs wird die Glückshoffnung in eine ferne Zukunft projiziert, beim erlebnisorientierten Handeln richtet sich der Anspruch ohne Zeitverzögerung auf die aktuelle Handlungssituation. Man investiert Geld, Zeit, Aktivität und erwartet nun den Gegenwert auf der Stelle. Mit dem Projekt, etwas zu erleben, stellt sich der Mensch allerdings eine Aufgabe, an der er leicht scheitern kann, und dies umso mehr, je intensiver er sich diesem Projekt widmet und je mehr er damit den Sinn seines Lebens überhaupt verbindet.

Erlebnisse sind psychophysische Konstruktionen, die sich nicht durch Gegenstände substituieren oder an Dienstleistungsunternehmen delegieren lassen. Wir können versuchen, eine besonders günstige äußere Situation herzustellen, aber das angestrebte innere Ereignis, das Erlebnis, ist damit nicht identisch. Das notorische Lamento über die Umstände - »langweilig«, »nichts geboten«, »hat mich kalt gelassen« usw. - bezeugt den geringen Erkenntnisstand des Alltagswissens angesichts einer schieren Trivialität: Jeder ist für seine Erlebnisse selbst verantwortlich.

Daß wir uns mit jeder Erlebnisabsicht auf ein Enttäuschungsrisiko einlassen, ist in handlungslogischer Reihenfolge bereits das zweite typische Problem der Erlebnisorientierung. Wenn man es nicht verdrängt oder durch Erlebnisangebote verdrängen läßt, besteht das erste Problem erlebnisorientierten Handelns in der Konkretisierung der Erlebnisabsicht: Was wollen wir eigentlich? Was gefällt uns? Wollen wir das, was wir zunächst zu wollen glaubten, auch wirklich? Es gibt selten sichere Anhaltspunkte für unsere Erlebniswünsche, oft genug nur Mutmaßungen, ja völlige Ratlosigkeit, mag sie auch unbewußt bleiben, da es an Ablenkungen von dieser Ratlosigkeit nicht mangelt. Am Anfang eines Erlebnisprojekts steht Unsicherheit, am Ende ein Enttäuschungsrisiko. Beide Probleme stabilisieren sich gegenseitig: Versucht man, das eine zu reduzieren, verschärft man das andere. Es ist deshalb weder erstaunlich, daß unsere Gesellschaft nicht glücklich scheint, noch ist der steigende Aufwand unerklärlich, mit dem sie nach Glück sucht. Der homo ludens spielt mit zunehmender Verbissenheit.

Unter dem Einfluß der Erlebnisorientierung verändert sich die Gesellschaft. Dies zu beschreiben ist das Ziel der folgenden Untersuchung. »Erlebnisgesellschaft« als Titel dieser Arbeit soll die zentrale Perspektive mit einer Kurzformel kennzeichnen. Vielleicht wird es sich nicht verhindern lassen, daß dieses Wort zu Mißverständnissen führt. Man könnte denken, hier werde eine Wesensbestimmung der Gegenwartsgesellschaft versucht. Kennzeichnend für das gesamte Buch ist jedoch die Auffassung, daß man sich über das Wesen der Dinge, sollten sie denn eines haben, nicht informieren kann. Über Eigenschaften von Gesellschaften kann man nur vergleichend reden. Im Titel soll nicht eine absolute, sondern eine komparative Charakterisierung der Gesellschaft zum Ausdruck kommen. »Erlebnisgesellschaft« ist ein graduelles Prädikat, das die im historischen und interkulturellen Vergleich relativ große Bedeutung von Erlebnissen für den Aufbau der Sozialwelt bezeichnet. Es wäre absurd, diesen Aspekt zum Ganzen zu erklären. Eine Gesellschaft läßt sich nicht im selben Sinn als Erlebnisgesellschaft (oder als Arbeitsgesellschaft, Risikogesellschaft, Kulturgesellschaft usw.) bezeichnen, wie man im Alltagsleben einen Apfel als Apfel bezeichnet. Der Titel besagt nicht: diese Gesellschaft ist eine Erlebnisgesellschaft, sondern: sie ist es mehr als andere, und zwar in einem Ausmaß, daß es sich lohnt, ihre soziologische Analyse auf diesen Aspekt zu fokussieren.

Es sind die normalen Lebensschwierigkeiten, die existentiellen Probleme von jedermann, die den gemeinten Sinn sozialer Muster und ihres Wandels ausmachen: Bildung, Auflösung, Umschichtung sozialer Großgruppen; Umdeutung tradierter Zeichenkosmen und Auftauchen neuer Bedeutungswelten; Ausformung von Rationalitätstypen und darin eingeschlossenen Handlungsstrategien; Verschwinden alter und Entwicklung neuer Formen der Vergesellschaftung. Neue soziale Strukturen zu beschreiben und von den kulturtypischen existentiellen Problemen her zu verstehen ist das Thema dieses Buches.

Offene Fragen

Die grundlegende Veränderung alltäglicher Herausforderungen fordert auch die Soziologie neu heraus. Ihre Deutungsversuche lassen sich grob in zwei Kategorien einteilen: Endvisionen und Anfangsbeschreibungen. Kennzeichnend für den ersten Typ von Aussagen ist eine negative Quintessenz: jenseits der Arbeitsgesellschaft, Verschwinden traditioneller Großgruppen, Auflösung proletarischer Milieus, Entstandardisierung von Lebensläufen, Bedeutungsverlust sozialer Hierarchien, Individualisierung als Zerfaserung altgewohnter Sozialtypen. Der durchschlagende Erfolg dieser Thesen ist daran zu ermessen, daß sie in Feuilletons, Talkshows und politischen Auseinandersetzungen angekommen sind. Wir erleben erneut einen sozialwissenschaftlich eingeleiteten Wandel der Alltagssoziologie, wie Anfang der sechziger Jahre mit der Popularisierung der Begriffe von Rolle und Sozialisation, wie Anfang der siebziger Jahre mit der Diffusion von

Konzepten wie strukturelle Gewalt, Systemstabilisierung, Utopie. Während man sich noch darüber streiten kann, ob sie nicht doch noch in Fragmenten weiterlebt, ist der Abgesang auf die Arbeitsgesellschaft bereits zum Gemeinplatz geworden. Unterstellen wir, daß tatsächlich ein Kapitel deutscher Gesellschaftsgeschichte zu Ende gegangen ist, so stehen wir allerdings vor der Aufgabe, das nächste Kapitel soziologisch zu kommentieren. »Ein neues Zeitalter verdient mehr, als nur durch eine Hinzufügung von »Post-« oder »Spät-« an das vergangene bezeichnet zu werden« (Wedemeyer 1990, S.36).

Eine mögliche Antwort auf die Frage, was nun an die Stelle der alten Strukturen tritt, lautet: nichts. In der Tat wird die negative Gesellschaftsdiagnose nicht selten zur Anfangsbeschreibung uminterpretiert. Das Neue ist das Nichts, die Unstrukturiertheit, die soziale Beliebigkeit. Eine der vielen Spielarten der Individualisierungsthese besagt, daß eben jetzt jeder das tue, wozu er Lust habe. Doch gerade dies könnte strukturbildend wirken, umso mehr, als das Ausagieren von Erlebnisbedürfnissen psychisch nicht einfach ist, da man wissen muß, worauf man Lust hat, und da man ein Enttäuschungsrisiko eingeht. Im Erwachen des soziologischen Interesses an Lebensstilgruppen und sozialen Milieus zeichnet sich die Entstehung eines neuen, nicht bloß negativen theoretischen Deutungsmusters ab. Zum nächsten Kapitel unserer Gesellschaftsgeschichte gibt es allerdings erst die Stoffsammlung: theoretische Programmatik, schnelle Thesen, erratische Empirie. Ein integrativer gesellschaftsanalytischer Entwurf fehlt bislang. Vielleicht haben wir uns zu sehr von Bourdieu ablenken lassen, ihn zu ausgiebig akademisch zelebriert. Bei einer Theorie unserer eigenen Kultur ist es sinnvoll, Bourdieu nicht nur systematisch einzubeziehen und sich die Anregungen zu holen, die er geben kann, sondern ihn an bestimmten Stellen auch systematisch zu vergessen. Von dem Modell, mit dem Bourdieu Frankreich in den sechziger und siebziger Jahren porträtiert, kann man bei der Analyse der Bundesrepublik in den achtziger und neunziger Jahren einige analytische Mittel übernehmen, nicht aber auch nur eines der damit erzielten Ergebnisse. Das bedeutet nicht, daß er widerlegt wäre. Bourdieu hat sich mit einem anderen Sachverhalt beschäftigt.

Wie sehr wir noch am Anfang stehen, läßt sich an einer ganzen Reihe soziologischer Unentschiedenheiten demonstrieren. Fraglich ist bei näherem Hinsehen selbst die Charakterisierung unserer Gesellschaft als Wohlstands- und Freizeitgesellschaft. Neben dem Wohlstand gibt es die Knappheit, zwar so unauffällig, daß sie erst mit empirischen Methoden aufgespürt werden muß, unter den Teppich der sichtbaren Alltagswirklichkeit gekehrt, trotzdem aber millionenfach. Und neben der erstrebten Freizeit gibt es die erzwungene, ungewollte. Zwar ist die Zeitknappheit der Arbeitenden zurückgegangen, nicht jedoch die Arbeitsknappheit der Freigesetzten. Wie sind neue Formen der Knappheit mit dem Paradigma der Überflußgesellschaft zu vereinbaren, die sich angeblich vor allem nach Lust und Laune vergesellschaftet, wenn überhaupt noch? Bleibt jene Knappheit, auf welche die Redeweise von der Zwei-Drittel-Gesellschaft hinweist, ohne Folgen? Mit dieser erstgenannten Unentschiedenheit zwischen Knappheits- und Überflußtheorie hängt eine zweite eng zusammen: die Unsicherheit im Hinblick auf die Großgruppenstruktur unserer Gesellschaft. Horizontal, vertikal, beides gleichzeitig? Lange Zeit war die soziologische Fachwelt Helmut Schelsky heimlich dafür dankbar, daß er ihr mit seiner These von der nivellierten Mittelstandsgesellschaft (1953) etwas hinterlassen hatte, wovon man sich immer wieder von Herzen distanzieren konnte. Inzwischen ist die Distanz zu Schelsky geringer geworden, wenn er auch seltener zitiert wird. Es geht hier jedoch nicht um die soziologiegeschichtliche Rehabilitierung Schelskys, sondern um die Feststellung, daß sich bereits Anfang der fünfziger Jahre ein gesellschaftlicher Zustand abgezeichnet hat, der Anfang der achtziger Jahre unübersehbar geworden ist und die soziologische Diskussion zu einer strukturtheoretischen Neubesinnung zwingt.

In bestimmter Hinsicht ist es gleichgültig, ob man von »nivellierter Mittelstandsgesellschaft« spricht, von einer Gesellschaft »jenseits von Stand und Klasse« (Beck 1983) oder von einer »pluraldifferenzierten Wohlstandsgesellschaft« (Bolte 1990). Alles läuft auf die Diagnose einer Gesellschaft hinaus, die man nicht mehr als »geschichtete« Gesellschaft bezeichnen kann. Auf der anderen Seite läßt die oft als Gegenargument bemühte Tatsache, daß es nach wie vor soziale Ungleichheit in der Bundesrepublik gibt, beim Abschied vom Schichtungsparadigma zögern. Trotz Schelskys alter Thesen gilt das horizontale Modell als neu, trotz aktueller Daten über Strukturen sozialer Ungleichheit das vertikale Modell als obsolet. Die Diskussion über die Geltung dieser Modelle erweckt bisweilen den Eindruck eines Rückzugsgefechts etablierter Schichtungstheoretiker gegen den Ansturm aufstrebender Lebensstiltheoretiker: theoretischer Konservativismus kontra soziologische Aktualisierung. Mit einer solchen Beurteilung wäre der Sache freilich nicht gedient, denn die Klärung der Streitfrage kann nicht dadurch erfolgen, daß man schlicht irgendeiner Interpretation das Etikett »theoretischer Fortschritt« anheftet.

Zu fragen ist allerdings, ob die Sache überhaupt noch zur Verhandlung ansteht. Zu fragen ist, ob die Großgruppengesellschaft nicht überhaupt am Ende steht, sei sie nun vertikal oder horizontal organisiert. Die soziologische Orientierungssuche zwischen den Modellen von sozialer Schichtung einerseits und Lebensstilgruppen ohne hierarchische Ordnung andererseits gibt nur dann überhaupt ein lohnendes Thema ab, wenn man eine andere offene Frage bejaht: Gibt es eigentlich noch soziale Großgruppen? Vielleicht muß man diese Frage überhaupt erst wieder öffnen, nachdem sich die Individualisierungsthese weitgehend durchgesetzt hat, oftmals radikalisiert zu einer Partikularisierungsthese, in deren Gesellschaftsmodell sozial atomisierte Menschen durch Behörden kanalisiert, durch Großinstitutionen beschäftigt, durch Wirtschaftsorganisationen manipuliert und versorgt werden.

Die Entwicklung der Alltagsästhetik scheint dieser Auffassung Recht zu geben. Tritt nicht durch die volle Entfaltung des Erlebnismarktes Individualisierung in ein finales Stadium ein? Geraten nicht die letzten Reste von Gruppenerfahrung und Solidarität, die übriggeblieben sind nach dem Verschwimmen ökonomischer

Klassen, nach der Entstandardisierung der Lebensläufe, nach der Durchmischung der Wohngebiete, auf dem Erlebnismarkt in eine Zertrümmerungsmaschine, die nur noch den einzelnen als soziales Atom zurückläßt? In der etablierten kulturkritischen Vision der Fernsehfamilie findet man eine Beschreibung fortgeschrittener Individualisierung. Parallel nach vorne zum Fernseher hin ausgerichtet, sitzen die Menschen stumm nebeneinander in ihren Polstermöbeln. Unterhaltungen sterben ab, Besuche werden nicht mehr geplant, Nachbarschaftskontakte unterbleiben, weil sich nach Beginn der Tagesschau niemand mehr blicken läßt. Andere zum Erlebnismarkt gehörende Kontaktvernichter tun ein übriges: Video, Computerspiel, Auto, Einkaufszentrum, Massenveranstaltung, Musikkonserve. Mit der Feststellung, daß Du auf etwas anderes Lust hast als Ich, könnte Individualisierung zu ihrem Ende gekommen sein. Jeder bedient sich nach eigenem Geschmack. Aus immer wieder scheiternden Erlebniskoalitionen ziehen sich die Menschen schließlich millionenfach in Lebensformen zurück, die sich mit perfekt eingerichteten Vergnügungskabinen vergleichen lassen - ist dies eine zutreffende Beschreibung gegenwärtiger gesellschaftlicher Tendenzen?

Zweifel am Abschied von der Großgruppengesellschaft bezeugen sich schon darin, daß wir Soziologen die Auseinandersetzung um das vertikale oder horizontale Modell der Gruppenanordnung so engagiert führen, obwohl wir doch gleichzeitig die Individualisierungsthese favorisieren. Implizit wird ein fast schon sicher geglaubter theoretischer Standard immer noch in Frage gestellt. Nach einem Individualisierungsschub nicht nur in der sozialen Realität, sondern auch in der soziologischen Theorie ist es schon der Dialektik halber lohnend, die umgekehrte Perspektive einzunehmen und über Grenzen der Individualisierung nachzudenken. Worin die limitierenden Faktoren bestehen, zeigt sich in subjektiven Krisenerscheinungen wie Anomie, Entwurzelung, Sinnverlust, Kontaktunfähigkeit, Einsamkeit. Es handelt sich dabei nicht um Übergangsprobleme, sondern um Grenzprobleme an der Schwelle zu übermäßiger Kompliziertheit sowohl des eigenen Lebensentwurfes als auch der Interaktion mit anderen. Aus dem Umstand, daß in der Moderne »Ich-Selektion schwieriger wird« (Luhmann 1984, S.349), folgt ein persönlicher Orientierungsbedarf. Kollektive Schematisierungen und Segmentierungen von Existenzformen sind deshalb selbst dann zu erwarten, wenn jeder die Wahl hat, seine Existenz so einzurichten, wie es ihm gefällt.

Widersprüchlich sind auch die Aussagen der Soziologie über das Verhältnis von Institutionen und Individuum. Einerseits sehen wir mit dem Wachstum der Organisationen und Korporationen auch ihren Einfluß auf den einzelnen zunehmen. Mehr und mehr Lebensaufgaben wurden delegiert, etwa Risikovorsorge an die sozialstaatlichen Einrichtungen, Unterhaltung an den Erlebnismarkt, Bewältigung persönlicher Probleme an Psychotherapeuten. Die Soziologie der Gegenwart schildert das moderne Alltagsleben als enteignet, von weit entfernten Instanzen verplant, uneinsehbaren Sachzwängen unterworfen, bürokratisch reglementiert, unverschuldeten Großrisiken ausgesetzt, bis zum Ersticken mit vorproduzierten Angeboten überhäuft, von immer mehr Professionen durch Betreuung entmündigt. »Eben die Medien, die eine Individualisierung bewirken, bewirken auch eine Standardisierung« (Beck 1986, S.210). Andererseits aber ist die Rede vom wachsenden Eigensinn der Individuen, von Selbsthilfe, neuen sozialen Bewegungen, sinkendem Respekt vor Autoritäten, von öffentlichen Begründungszwängen, Aussteigertum, Nichtbefolgung von Vorschriften jeder Art. Wurde die kolonialisierte Alltagswelt also von einer Befreiungsbewegung erfaßt? Läuft Individualisierung, soweit man davon sprechen kann, auf Emanzipation hinaus, oder bleibt sie, wie Dubiel formuliert, in einem »Vexierspiel von Selbst- und Fremdbestimmung« gefangen (1990, S.36): persönliche Eigenart entfaltet sich in einem Möglichkeitsraum, der sich zwar ständig vergrößert, aber bis ins Detail von anonymen Mächten gestaltet wird?

Die alte These von der Transformation der Alltagskultur zur Massenkultur ist nur eine von vielen möglichen Antworten auf diese Frage. Es mehren sich andererseits soziologische Befunde einer gegenläufigen Entwicklung. Die Beobachtung zunehmender stilistischer Vielfalt vermittelt den Eindruck der Auflösung standardisierter Muster zu einer kulturellen Patchwork-Decke, wo jeder am eigenen Fleckchen häkelt. Gibt es so etwas wie massenhaft inszenierte Individualität? Hat sich Massenkultur durch Überproduktion soweit ad absurdum geführt, daß keine klaren Stiltypen mehr möglich sind, Alltagsästhetik im Dickicht der Angebote kaum noch anders kann, als wieder kreativ zu sein, originell zumindest in der Komposition von standardisierten Erlebnisangeboten? Oder hat sich unsere Gesellschaft in Teilkulturen mit massenkultureller Gleichschaltung segmentalisiert?

All diesen Unklarheiten soziologischer Gegenwartsinterpretation sei eine letzte hinzugefügt. Wie steht es um die Bedingtheit unseres Handelns durch die Umstände? Am plausibelsten scheint zunächst die Annahme zunehmender Indeterminiertheit der Subjekte. Die Möglichkeitsräume sind gewachsen. Restriktionen durch Mangel an Geld, Zeit, Angeboten, Beschränkungen durch Zugangsbarrieren und Informationsdefizite, Zwänge durch soziale Kontrolle und Peinlichkeitsschranken sind fast schneller zurückgegangen, als wir es verkraften konnten. Freiheit bedeutet allerdings keineswegs Beliebigkeit des Handelns im Sinn von Unbedingtheit und Unvorhersagbarkeit. Der scheinbare logische Widerspruch löst sich auf, wenn man unter Freiheit den Umfang der Handlungsmöglichkeiten in einer gegebenen Situation versteht, unter Bedingtheit des Handelns dagegen die durch zeitlich vorgelagerte Umstände verursachte Bereitschaft, ganz bestimmte Alternativen zu verwirklichen und andere zu vermeiden. Durch den Wegfall von Restriktionen des Handelns geht soziale Wirklichkeit, so die Gegenposition zur These zunehmender Indeterminiertheit, nicht in chaotische Spontaneität über. Es treten lediglich disponierende Bedingungen an die Stelle von limitierenden: beispielsweise Kompetenzen (was wiederum auf zurückliegende äußere Umstände verweist), generationsbedingte oder - warum nicht? - körperlich verankerte Präferenzen, nicht zuletzt das Bedürfnis nach einem Minimum an sozialer Ordnung. Wo wir zunächst keine Limitierungen des Handelns vorfinden, tendieren wir dazu, sie in die Welt zu setzen, weil wir Orientierung brauchen. Damit ist zumindest klar: Die Expansion der Handlungsspielräume kann nicht das Ende aller Versuche bedeuten, überhaupt noch über Bedingungen des Handelns nachzudenken, sondern muß der Anfang neuer theoretischer Bemühungen sein. Die Frage nach den sozialen Bedingungen des Handelns bleibt im Erkenntnisprogramm.

Beim Versuch, diese soziologischen Unentschiedenheiten zu klären, können die Klassiker, seien sie alt oder modern, nur begrenzt helfen. Mehr als zehn Jahre nach der Publikation der französischen Erstausgabe sind die Spuren von Bourdieus Buch »Die feinen Unterschiede« in der deutschen Kultursoziologie unübersehbar. Es macht die Ambivalenz eines Standardwerkes aus, daß es zwar dem Denken neue Strukturen zur Verfügung stellt, es aber gerade dadurch einzuengen droht. Freilich liegt die Verantwortung dafür nicht beim Autor, sondern bei seinen Bewunderern. Nicht Bourdieus, sondern unser Fehler ist es, wenn wir uns durch seine Analyse den Blick für die soziale Realität in der deutschen Gesellschaft der Gegenwart verstellen lassen. Dieses Risiko ist umso höher, als Bourdieus Diagnose durch Vertrautheit besticht. Er schildert das Frankreich des 20. Jahrhunderts so, daß wir das Deutschland des 19. Jahrhunderts wiederzuerkennen glauben. Die symbolische Distinktion zwischen Gruppen gleicher Lage im dimensionalen Raum der Kapitalarten (ökonomisches Kapital, kulturelles Kapital, soziales Kapital) erscheint als Kulturkampf zwischen Oberschicht, Kleinbürgertum und Proleten, ausgefochten innerhalb einer Hierarchie des Geschmacks, die von oben nach unten durch Herablassung, von unten nach oben durch Emporschauen und peinlich mißlingende Imitation sozial in Szene gesetzt wird.

In der Soziologie ist es prekärer als in anderen Wissenschaften, Theorien von ihrem Entstehungszusammenhang auf einen anderen Kontext zu übertragen. Dies gilt für Beschreibungen ebenso wie für die dabei verwendeten analytischen Mittel. Zwischen interkulturellen und intertemporalen Parallelisierungen besteht in dieser Hinsicht kein Unterschied. Vertrauen zu den Klassikern enthält ein doppeltes Risiko. Die Gefahr einer verzerrten Wahrnehmung der Vergangenheit durch die Brille gegenwärtiger Deutungsmuster kreuzt sich mit der Gefahr, im Bann etablierter Perspektiven - den Hinterlassenschaften soziologischer Zelebritäten - der Gegenwart mit antiquierten Sichtweisen zu begegnen und ihr den Schleier der Vergangenheit überzulegen. Lebensstil im späten 20. Jahrhundert beispielsweise ist nur auf einer sehr abstrakten begrifflichen Ebene mit Lebensstil zu denjenigen Zeiten vergleichbar, als Max Weber den Begriff des Standes, die Keimzelle späterer Schichtungstheorien, mit der Erwartung einer charakteristischen Lebensführung verband, als Veblen demonstrativen Konsum schilderte oder als Geiger »fünf Hauptmassen« der deutschen Bevölkerung nach »Soziallagen und Figuren der Mentalität« zu beschreiben versuchte. Nicht nur die Manifestation von Lebensstilen hat sich seither verändert, die sinnlich wahrnehmbare Oberfläche der Ausdrucksmittel, sondern auch die Tiefenstruktur der latenten Bedeutungen: das Bezugssystem sozialer Unterscheidungen, auf das Lebensstile hinweisen, stiltypische Lebensphilosophien, selbst psychophysische Muster des Genießens. Zwar finden wir in heutigen Stilformen viele Spuren der Vergangenheit vor - beispielsweise die privatistische Harmoniesehnsucht des Biedermeier, das Anspruchsdenken des Bildungsbürgertums, die schicke Dekadenz des fin de siècle -, doch sind solche kulturhistorischen Fundstücke in neue Konstruktionen eingebaut. Wer den gewandelten Raum der Stile mit dem immer noch prägenden Denkschema der Dichotomie von Kitsch und Kunst abzubilden versucht, wird zum Opfer einer Begrifflichkeit, die auf das 19. Jahrhundert passen mag, nicht aber auf die Gegenwart.

Ähnlich ist es mit dem Schichtbegriff. Die Vorstellung einer vertikalen Ordnung großer sozialer Gruppen, unterschieden durch Soziallagen und Mentalitäten, hat sich in der Geschichte der Soziologie als theoretisch produktiv erwiesen. Gegenwärtig geht die Diskussion hin und her, ob man unserer Gesellschaft mit einer solchen Vorstellung noch gerecht werden kann. In dieser Verunsicherung deutet sich zwar eine Bereitschaft zur historischen Relativierung soziologischer Begriffe an, doch besteht nun wieder die Gefahr, die Auflösung alter gesellschaftlicher Unterteilungen mit dem Verschwinden soziokultureller Segmentierungen schlechthin gleichzusetzen. Vieles spricht dafür, das Vorhandensein sozialer Schichten als historischen Spezialfall zu begreifen. Wäre es nicht sinnvoll, den Schichtbegriff in einer allgemeineren Kategorie aufzuheben, mag sie nun Großgruppe heißen, soziokulturelles Segment, Subkultur oder Milieu? Erst von der Beobachtungsstation eines übergeordneten Begriffes aus besteht die Chance, auch in der Gesellschaft der Gegenwart einen historischen Spezialfall der Großgruppengliederung zu erkennen.

Panorama der Untersuchung

Nicht von logischen Gegensätzen war die Rede, sondern von offenen Fragen, die sich am besten durch die Gegenüberstellung möglicher Antworten charakterisieren lassen: Wohlstands- oder Knappheitsgesellschaft, vertikales oder horizontales Modell, Individualisierung oder Bindung an große Gruppen, Enteignung des Alltagslebens oder Autonomie, Massenkultur oder Originalität, Bedingtheit oder Spontaneität des Handelns. Unsere soziale Wirklichkeit folgt allerdings nicht der eingefahrenen Dramaturgie des Akademievortrages, der seine Spannung aus einem konstruierten Gegensatz gewinnen soll. Viele Differenzierungen zwischen den dargestellten Alternativen sind möglich. Indem die folgende Untersuchung diesen Differenzierungen nachgeht, bezieht sie auch Stellung zu Fragen, die in der Soziologie der Gegenwart teils widersprüchlich beantwortet werden, teils offen bleiben, teils erst wieder als offen definiert werden müssen. Einige zentrale Aussagen lassen sich an dieser Stelle vorwegnehmen.

Die Analyse beginnt, entsprechend den eingangs dargestellten Gedanken, mit dem Versuch, das normale, selbstverständliche Grundverhältnis von Subjekt und

Welt in unserer Gesellschaft zu bestimmen. In erster Annäherung läßt sich dieses Grundverhältnis als subjektzentriert bezeichnen. Damit ist ein Standpunkt gewählt, an dem die gesamte Zunft soziologischer Diagnostiker der Moderne versammelt ist. Die folgende Untersuchung nimmt eine moderne Basismotivation der Erlebnisorientierung an, bei welcher der Sinn des Lebens durch die Qualität subjektiver Prozesse definiert ist. Man will ein schönes, interessantes, angenehmes, faszinierendes Leben. Durch den Einwand, dies sei ja eine schlichte Selbstverständlichkeit, wird die Hauptthese gestützt, da der Einwand selbst zu dem Phänomen gehört, dessen Existenz er bestreitet. Als selbstverständlich kann Erlebnisorientierung keineswegs im allgemein-anthropologischen, sondern lediglich im kulturspezifischen Sinn gelten: für uns. Wir interpretieren die gesellschaftliche Situation nicht mehr unter dem Gesichtspunkt der Knappheit, sondern des Überflusses. »Das alte Liebes- und Opfersyndrom zerfällt«; an seine Stelle treten »Werte der Selbstentfaltung«, des »unmittelbaren Erlebens und Genießens« (Mayer 1990, S.15). Es geht uns nicht primär ums Überleben, um Sicherheit, um Abwehr von Bedrohungen und Kampf gegen Restriktionen, sondern um die Lebensgestaltung jenseits situativ bedingter Probleme, unabhängig vom objektiven Vorhandensein solcher Probleme. Reale Knappheit in unserer eigenen Gesellschaft oder gar außerhalb davon kommt im typischen Entwurf der Existenz nicht als primärer Bezugspunkt vor, reale Bedrohung wird nicht in ein defensives oder offensives Lebensprogramm umgesetzt. An die Stelle der altgewohnten situativ definierten Lebensprobleme treten subjektive Lebensprobleme. Die neuen existentiellen Anschauungsweisen wirken nicht weniger strukturbildend als die traditionellen Problemdefinitionen der Knappheitsgesellschaft, nur anders. Ein Aspekt davon ist die Zunahme der institutionalisierten Regulierung des Lebenslaufs (Mayer 1990), ein anderer das Auftauchen neuer informaler Gemeinsamkeiten im Alltagsleben (dieser Aspekt steht hier im Vordergrund). Das von der »entschwindenden Arbeitsgesellschaft hinterlassene Vakuum an Ligaturen« (Dahrendorf 1980, S.760) füllt sich wieder mit sozialen Mustern.

Parallel zur sprunghaften Ästhetisierung des Alltagslebens hat sich der kollektive Raum alltagsästhetischer Schemata ausdifferenziert, ein mehrdimensionaler Bedeutungskosmos, in dem die zahllosen ästhetischen Zeichen unserer Lebenswirklichkeit bestimmten Erlebnisroutinen zugeordnet werden (Hochkulturschema, Trivialschema, Spannungsschema). Massenkultur manifestiert sich nicht nur auf der Ebene der oft millionenfach vervielfältigten Zeichen, sondern auch, was soziologisch wichtiger ist, auf der Ebene der subjektiven Deutungen. Wie ein Blick auf die Sozialgeschichte des Hochkulturschemas zeigt, ist dies schon früher so gewesen. Neu ist lediglich die Vielzahl verfügbarer Zeichen und die mehrdimensionale Struktur des kollektiven Bedeutungsraumes. Eine Analyse alltagsästhetischer Episoden führt uns allerdings auch Grenzen der Massenkultur vor Augen. Es gibt einen massenkulturell nicht besetzbaren Bedeutungsbereich von Erlebnissen, der singulärer Subjektivität vorbehalten bleibt und nicht einmal in Worten mitteilbar ist. Hier endet der Gegenstandsbereich der Soziologie.

Die kollektiven Bedeutungskomponenten der Alltagsästhetik, mit denen sich diese Untersuchung beschäftigt, liefern den Menschen Material zum Aufbau von Stiltypen. In der erlebnisorientierten Gesellschaft sind diese Stiltypen ein wichtiges Erkennungsmerkmal. Zusammen mit anderen Merkmalen - Alter und Bildung - konstituieren sie eine Konfiguration evidenter und signifikanter Zeichen, die Gegenstand gestaltbildender sozialer Wahrnehmung sind. An diesen Zeichenkonfigurationen orientieren sich die Menschen in ihren Beziehungen. Soziale Milieus entstehen - große Personengruppen mit ähnlichen subjektiven und situativen Merkmalen, die sich voneinander durch erhöhte Binnenkommunikation abheben (Unterhaltungsmilieu, Selbstverwirklichungsmilieu, Harmoniemilieu, Integrationsmilieu, Niveaumilieu). Die empirische und wissenssoziologische Analyse sozialer Milieus ist einer der inhaltlichen Schwerpunkte der Untersuchung. Es gibt sie noch, allen Individualisierungstendenzen zum Trotz, die großen sozialen Gruppen; allerdings bilden sie sich jetzt nach neuen Prinzipien.

Die unübersehbare Bedeutung von Lebensalter, Generationslage und Bildung für die Gruppenstruktur unserer Gesellschaft legt den Schluß nahe, daß, bei aller Wahlfreiheit der Selbstinszenierung und der Kontaktaufnahme mit anderen, soziale Milieus nicht spontan entstehen, freischwebend, ohne situativen Grund, sondern eng mit Bedingungen zusammenhängen, die unsere Erlebnisbedürfnisse strukturieren - ästhetische Sozialisation, biologische und psychische Reifung und Alterung, elementare kulturgeschichtliche Erfahrungen in Lebensphasen besonderer Prägsamkeit. Gewiß ist Milieubildung mehr und mehr subjektzentriert, doch unterliegen die Subjekte ihrerseits disponierenden Bedingungen, die auf soziale Erfahrungen, auf gegenwärtige Chancen oder Barrieren und auf körperliche Merkmale verweisen.

Bei der Analyse der Gesamtkonstellation sozialer Milieus ergibt sich nicht etwa ein horizontales Nebeneinander, aber auch nicht das Bild einer klaren Hierarchie. Vertikalität ist in unserer Gesellschaft durch eine Alterszone um die Lebensmitte herum gespalten: Innerhalb der Altersgruppen bestehen deutliche milieuspezifische Unterschiede sozialer Lagen, nicht jedoch zwischen den Altersgruppen. Vor allem deshalb wird das Milieugefüge von den Menschen, die es bilden, kognitiv nicht mehr klar als Schichtstruktur mit einer übergreifenden vertikalen Anordnung sozialer Gruppen repräsentiert.

Wie, wenn nicht durch die soziale Überformung von Ungleichheit, kommt dann aber die gegenwärtige Milieustruktur zustande? Von den sozialen Großgruppen führt uns diese Frage zu den Subjekten zurück. Die kognitiven Operationen, aus denen die Sozialwelt hervorgeht, werden durch eine neue fundamentale Semantik integriert. An die Stelle der früher dominierenden ökonomischen Semantik tritt eine moderne psychophysische Semantik. Milieuspezifische Existenzformen sind homologe Projektionen der zwei Polaritäten, aus denen sich die psychophysische Semantik zusammensetzt: Einfachheit versus Komplexität, Ordnung versus Spontaneität. Besonders deutlich schlagen sich diese Polaritäten in der Alltagsästhetik sozialer Milieus nieder.

Auf dem Erlebnismarkt wird Alltagsästhetik zur Erlebnisnachfrage. Trotz inkommensurabler Absichten profitieren Produzenten und Konsumenten voneinander - wie dies auf Märkten zu sein pflegt. Beide Lager haben eigene Rationalitätstypen ausgebildet, eingefahrene Verbindungen von Handlungszielen und Handlungsstrategien. Auf der Suche nach Erlebnissen agieren die Nachfrager typischerweise mit den Strategien von ästhetischer Korrespondenz, Abstraktion, Kumulation, Variation und Autosuggestion. Auf der Suche nach Publikum agieren die Anbieter typischerweise mit den Strategien von Schematisierung, Profilierung, Abwandlung und Suggestion. Mit ihren Handlungsmustern formt und stabilisiert jede Seite die andere. Gemeinsam treiben beide die Eigendynamik des Erlebnismarktes voran.

Wegen der Expansion des Erlebnismarktes ist eine früher marginale Form der Vergesellschaftung immer wichtiger geworden: das Publikum. Doch erst durch die Integration in übergreifende Netzwerke, in Szenen, wird das Publikum soziologisch relevant. In einer empirischen Momentaufnahme wird ein erster Versuch unternommen, eine großstädtische Szenerie zu schildern (Hochkulturszene, Neue Kulturszene, Kulturladenszene, Kneipenszene, Sportszene, Volksfestszene) und ihre soziologische Bedeutung zu bestimmen.

Durch den Erlebnismarkt fühlt sich die Politik herausgefordert. Kulturpolitik wird immer mehr als alltagsästhetische Intervention mit dem Ziel sozialer Gestaltung begriffen. Ohne Umschweife formulierte Spielhoff (1976) den großen Anspruch: »Kulturpolitik ist Gesellschaftspolitik«. Viel hat sich in den letzten Jahrzehnten entwickelt: aus öffentlichen Mitteln finanzierte kommunale Einrichtungen, Kulturbehörden, Erwartungshaltungen des Publikums. Was kommt da auf uns zu? Je mehr sich Kulturpolitik etabliert, desto weniger läßt sich die Unschuldsvermutung unbesehen hinnehmen: Erstens wolle sie ohnehin nur unser Bestes, und zweitens könne sie wegen ihrer Marginalität ja keinen Schaden anrichten. Am Ende der Untersuchung wird Kulturpolitik als Kapitel für sich zu behandeln sein.

Durchgängig ist die Arbeit als soziologische Analyse im traditionellen Sinn angelegt. Ihr allgemeines heuristisches Programm leitet sich aus der Annahme ab, daß es kollektive Konstruktionen gibt, intersubjektive Muster nicht nur des manifesten Handelns, sondern auch des Denkens und Fühlens. Nur dieser Bereich der Wirklichkeit ist überhaupt einer Beschreibung zugänglich; über den hermetischen Bereich strikt individueller Subjektivität läßt sich wenig mehr sagen, als daß er existiert. Von Anfang an setzt die Untersuchung das Vorhandensein eines Gegenstandsbereichs diesseits persönlicher Singularität voraus. Alle zentralen Aussagen sind Versuche, intersubjektive Strukturen der gegenwärtigen Gesellschaft zu rekonstruieren. Individualisierung bedeutet nicht Auflösung, sondern Veränderung von Formen der Gemeinsamkeit.

In der Selbstwahrnehmung der Subjekte dominiert allerdings das Singuläre gegenüber dem Intersubjektiven. Deshalb erkennt sich das Subjekt im soziologischen Portrait immer nur in Spurenelementen wieder. Genau um diese Spurenelemente von Kollektivität und nicht um den großen Rest subjektiver Welten geht es in der soziologischen Analyse. Aus den kleinen kollektiven Einsprengseln in den Welten der Subjekte entsteht eine soziale Realität, die als objektiver Sachverhalt machtvoll auf die Subjekte zurückwirkt.

Über empirisches Arbeiten

Da der Umgang mit empirischen Daten in der sozialwissenschaftlichen Diskussion nicht selten zur Groteske verkommt, ist es wichtig, in dieser Einleitung auch kurz die erkenntnistheoretische Position zu markieren. Viele Befunde, etwa über alltagsästhetische Schemata, soziale Milieus oder großstädtische Szenen, stehen im Zusammenhang mit einem umfangreichen Forschungsprojekt. Befunde im »Zusammenhang« mit empirischen Daten zu sehen, ist nicht gleichbedeutend damit, sie als »Ergebnis« empirischer Untersuchungen zu verkaufen, implizit also Datenanalyse mit theoretischer Analyse gleichzusetzen. Gerechtfertigt wäre dies nur dann, wenn man auf theoretische Analyse überhaupt verzichten wollte. Geduldig rezipiert der wissenschaftliche Markt zwar durchaus auch solche Angebote, unbeschadet ihres geringen Erkenntnisnutzens, als wäre die konsequente Nichtausbeutung des Informationspotentials von Daten, die Soundsoviel-denken-soundso-Methode, bereits eine wissenschaftliche Leistung. Doch nicht einmal in der Naturwissenschaft, wenn wir schon meinen, uns in der Kulturwissenschaft am Modell der älteren Schwester orientieren zu müssen, gilt das Datensammeln, Auswerten, Tabellenschreiben an sich bereits als der Weisheit letzter Schluß. In der Geschichte der Astronomie etwa wurden alle bisherigen Wendepunkte durch kühne Spekulationen auf relativ schmalem Datenfundament, teilweise sogar gegen die vorhandenen Daten in der Hoffnung auf spätere Bestätigung eingeleitet. Umso merkwürdiger ist der Eindruck, den manche Kulturwissenschaftler mit dem Programm machen, es der Naturwissenschaft durch risikofreies Denken vermeintlich gleichzutun.

Empirische Ergebnisse sind noch nicht theoretische Ergebnisse, sondern bloß Bausteine dafür. Diese Selbstverständlichkeit wird immer wieder selbstverständlich ignoriert. Sie anzuerkennen bedeutet auch, weitere Bausteine der theoretischen Analyse zu akzeptieren: Gedankenexperimente, Sozial- und Kulturgeschichte, langjährige Lebenserfahrung in dem kulturellen Kontext, dessen Analyse ansteht, auch Intuition, verstanden als ganzheitlich-typologisches Denken im Gegensatz zu deduktivem Denken (dessen Wichtigkeit gleichwohl unbestritten bleibt). Im Dilemma zwischen den Irrtumsrisiken der Interpretation und der Inhaltsarmut purer Datenbuchhaltung ist die erste Alternative vorzuziehen. Unvermeidlich hat es die Sozialwissenschaft dabei mit drei Schichten der Unschärfe zu tun:

Sie ist erstens, wie jede empirische Wissenschaft, nur in besonderem Maße, mit methodenbedingten Fehlern konfrontiert, etwa Antwortverzerrungen, Stichprobendefekte, falsche Beobachtungen, Kodierungsfehler, unangemessene statistische Modelle.

Zweitens ist die Sozialwissenschaft auf Schritt und Tritt mit einer fachspezifischen Unschärfe konfrontiert: dem Verhältnis von Manifestationen und Kognitionen. Beobachten wir in der Ebene der Manifestationen kovariierende Verhaltensweisen, etwa Zusammenhänge zwischen Fernseh-, Musik- und Lektürepräferenzen, so ist dies bloß eine Einstiegsinformation auf dem Wege zur Deutung der Innenseite (Simmel) dieser Verhaltenssyndrome, um etwa Muster von Genuß, Distinktion, Lebensphilosophie zu erkennen. Der Schritt von der Zeichenebene zur Bedeutungsebene, mit dem der Sozialwissenschaftler überhaupt erst ins Zielgebiet gelangt, bleibt dem Naturwissenschaftler erspart, weil er sich für Bedeutungssysteme nicht interessiert. Für die Sozialwissenschaft entsteht dadurch eine zusätzliche Unschärfe, die nur dann zu umgehen wäre, wenn man auf Sozialwissenschaft überhaupt verzichten wollte.

Eine dritte Unschärfe kommt dann ins Spiel, wenn man sich mit kollektiven Konstruktionen beschäftigt, beispielsweise mit alltagsästhetischen Schemata, sozialen Milieus oder Szenen, um einige Schwerpunkte der folgenden Analysen zu nennen. Hier ist Unschärfe nicht etwa ein methodisches Problem, sondern Eigenschaft der sozialen Wirklichkeit. Obwohl soziale Milieus niemals exakt gegeneinander abgegrenzt sind, ist anzunehmen, daß sie real existieren. Exaktes Denken in der Soziologie kann die paradox scheinende Form annehmen, einen Gegenstand unscharf darzustellen - wenn er tatsächlich unscharf ist. Wer diese Art von Unschärfe vermeiden will, wird zur komischen Figur. Im Hader mit einer unscharfen Realität, die den analytischen Sauberkeitsansprüchen nicht genügt, sucht man verstockt nach einer anderen. Für die Auseinandersetzung mit Unschärfephänomenen hat die sozialwissenschaftliche Methodenlehre freilich wenig anzubieten, weshalb das dritte Unschärfeproblem weiter unten auch methodisch zu reflektieren sein wird.

Damit sind einige Hauptlinien des erkenntnistheoretischen Rahmens skizziert, in dem die empirischen Analysen dieser Untersuchung eingeschlossen sind. Der Verbindlichkeitsanspruch für empirische Begründungen im Rahmen dieser Arbeit läßt sich am besten durch eine Distanzierung von zwei entgegengesetzten, aber gleichermaßen unsinnigen Argumentationsmustern charakterisieren:

Auf der *einen* Seite finden wir eine Haltung naiven Glaubens an die Möglichkeit von Genauigkeit. Der zweiten Nachkommastelle des Korrelationskoeffizienten wird der Realitätsgehalt einer Geburtstagstorte in der kindlichen Wahrnehmung zugebilligt, wie Kerzen erstrahlen links und rechts davon die Grenzen des Konfidenzintervalls. Es ist diese Ignoranz gegenüber sozialwissenschaftlichen Unschärfeproblemen, die der Frage, ob Milieu X 13,9% oder 17,1% der Bevölkerung enthält, höhere wissenschaftliche Relevanz zubilligt als der Frage, ob etwa in verschiedenen Untersuchungen ähnliche Milieustrukturen zutage treten. Die Frage nach dem Wichtigen wird nicht gestellt, das Unwichtige hin und her gewendet. Kleine Unterschiede, wenngleich angesichts der Unschärfeprobleme gar nicht feststellbar, haben Priorität vor den großen Parallelen. Mit diesem Programm reduziert sich Sozialwissenschaft auf ein ewiges Palaver über bedeutungslose Details.

Oft kommt es sogar noch schlimmer: Der Forschungsgegenstand wird von Methodenfragen verdrängt. Wirklichkeit degeneriert zum Anwendungsfeld für sinnlos verfeinerte Prozeduren. Sie wird zum Beispiel, an dem man Techniken ausprobieren kann. Was absurd scheint - daß sich die Instrumente zur Hauptsache aufschwingen -, hat seine forschungspsychologische Erklärung in der Angst vor der kognitiven Verunsicherung, die mit Soziologie mehr als mit jeder anderen Wissenschaft verbunden ist. Auf der Flucht vor den intellektuellen Herausforderungen des Gegenstandsbereichs zieht man sich in eine Welt zurück, in der man eindeutig zwischen richtig und falsch unterscheiden zu können glaubt. Am Ende steht der Rückzug aus der Forschung: Empirische Arbeit bleibt denjenigen überlassen, die bereit sind, sich zu versündigen. Forschung ist grundsätzlich falsch. Richtig ist nur noch das Feststellen der Fehler, die andere machen. Intervieweffekte! Skalenniveau! Meßtheorie! Modellannahmen! Doch kann Artefaktanalyse jemals anderes produzieren als Artefaktdiagnosen? Legitim wird sie erst durch die Anwendung auf sich selbst: Wann wird eine Artefaktdiagnose selbst zum Artefakt? Erst diese Frage führt zum wesentlichen zurück - zu den Spuren der Wirklichkeit, die das fehlerbelastete Forschungsergebnis in sich bergen könnte.

Den Empirikern, die keine sind, stehen auf der *anderen* Seite die Skeptiker gegenüber, die ebenfalls keine sind. Selbst radikaler Relativismus hat noch niemand davor bewahrt, empirieträchtig zu reden und implizit gar jene objektive Wirklichkeit zum Zeugen aufzurufen, die man doch als das archaische Götzenbild der Unbelehrbaren und Naiven entlarvt zu haben glaubte. Die seit Adornos Aufsatz (1957) nie mehr verstummte Kritik am Fliegenbeinzählen ist als Warnsignal produktiv, als erkenntnistheoretische Position jedoch nicht ernstzunehmen, wenn sie zum platten Antiempirismus herunterkommt, zur Verweigerungshaltung, die schon durch den bloßen Anblick von Zahlen, Tabellen, Graphiken ausgelöst werden kann, einem konditionierten Reflex nicht unähnlich. Unausrottbar scheint der konstruierte Gegensatz zwischen qualitativer und quantitativer Methodologie, der in diesem Zusammenhang meist bemüht wird, um die Emotion gegen alles Numerische theoretisch abzusichern. Es gibt jedoch ebensowenig Hermeneutik ohne latente Quantifikation wie umgekehrt Analyse von Massendaten ohne Hermeneutik.

Das Informationspotential empirischer Methoden ist angesichts der unvermeidlichen Unschärfeprobleme begrenzt, aber unverzichtbar. Moderne Kulturdeutung, vom Feuilleton bis zur Talkshow, von der Demoskopie bis zur Akademietagung, scheint oft ein einziges Durcheinander. Sozialdiagnostische Wellen kommen und gehen, eine Prognose verdüstert die andere. Theorien werden gestrickt, aufgetrennt und neu gesponnen. Wo ist die kühne Behauptung, die im Gesellschaftsspiel der Ad-hoc-Soziologie nicht schon irgendwer schnell mal aufgestellt hätte? Es scheint, daß alle provozierenden Thesen schon formuliert sind, alle denkbaren Visionen verkündet, alle Probleme definiert. Irgendetwas davon wird ja wohl richtig sein, aber was? Also geht das Spiel weiter. Die pausenlose, ständig anschwellende Selbstvergewisserung der Gesellschaft hat längst zu einer neuen Form der soziologischen Ignoranz geführt: zu einem vorschnellen Bescheidwissen bis zum nächsten Schwenk der intellektuellen Mode.

In dieser Situation Daten zur Hilfe zu nehmen lohnt sich auch dann, wenn man illusionslos die begrenzte Tragfähigkeit empirischer Begründung anerkennt. Die fallibilistische Wende der Wissenschaftstheorie, das Eingeständnis, daß wir höchstens wissen können, was falsch, nicht aber was wahr ist, hat uns auf den Boden epistemologischer Bescheidenheit heruntergeholt. So einfach die Botschaft ist, wird sie doch von vielen entweder nicht begriffen oder ignoriert. Sie entfacht unsere Angst vor Unsicherheit, verlangt von uns, über den eigenen Schatten zu springen. Deshalb hat die auftrumpfende soziologische Verkündigung eine höhere Akklamationschance als der zögernde, seine Fragwürdigkeit zugebende Versuch. Gegen eine wissenschaftliche Kultur der Skepsis stehen starke erkenntnispsychologische und erkenntnissoziologische Kräfte, dafür sprechen die besseren Argumente.

In der Soziologie müssen wir sogar noch über den klassischen Fallibilismus hinausgehen und zugestehen, daß sich das Ziel der Falsifizierbarkeit empirischer Argumente meist nur approximieren, kaum einmal erreichen läßt. Gesamtgesellschaftliche Analyse ist die nichtexperimentelle Erforschung eines extrem variablen Einzelfalles. Auch wenn wir es mit Individualdaten zu tun haben, interessiert soziologisch immer nur das Kollektiv. Gesetze auf der Individualebene, sollte es sie geben, führen auf der Kollektivebene zu transitorischen Zuständen eines singulären Objekts. Mittelwerte, Korrelationen, Pfadkoeffizienten, dimensionale Strukturen usw. sind Momentaufnahmen von etwas Einzigartigem. Abweichungen der nächsten Momentaufnahme als Falsifikation zu betrachten bezeugt nur, daß man das eigene Erkenntnisprogramm nicht verstanden hat. Die einzige Falsifikationschance etwa eines statistischen Befundes zur Milieustruktur liegt im Vergleich mit Paralleluntersuchungen, falls welche durchgeführt wurden (diese Chance kann im folgenden genutzt werden). Aber auch da sind der empirischen Kontrolle Grenzen gesetzt, vor allem durch das Unschärfeproblem und durch die prinzipielle Unbeweisbarkeit des letztlich gewählten Modells. Auf diesen Gesichtspunkt einer unaufhebbaren Zone der Unentschiedenheit antwortet der Fallibilismus konstruktiv mit dem Programm, diese Zone im nächsten Anlauf zu verkleinern. Für die Soziologie, sofern sie sich für eine bestimmte Gesellschaft zu einem bestimmten Zeitpunkt interessiert, gibt es jedoch keinen zweiten Anlauf. Wir müssen so falsifizierbar wie möglich argumentieren, doch muß es erlaubt sein, Überlegungen anzustellen, die sich nicht im strengen Sinn falsifizieren, sondern nur noch kritisch nachvollziehen lassen. Skandalös ist allein die Vorspiegelung von Falsifizierbarkeit, wo man nur noch Plausibilität geltend machen kann.

Mit guten Argumenten plädiert Turner (1988) für das Programm einer analytischen, auf historische Invarianzen konzentrierten soziologischen Theoriebildung.

Neben einem nomologischen (und noch ganz am Anfang stehenden) Typus von Soziologie benötigen wir jedoch auch einen morphologischen Typus, dessen Ziel die integrierte Beschreibung historisch vorfindbarer sozialer Handlungszusammenhänge und kollektiver Sinngebilde ist. Beide Theorietypen lassen sich zueinander in Verbindung setzen, doch kann keiner den anderen substituieren. Klar ist, mag man es auch immer wieder in Abrede stellen, daß der morphologisch orientierte Soziologe auf nomologisches Wissen zurückgreifen muß, sobald er anfängt, sich Gedanken über Genese und zukünftige Veränderung der von ihm beschriebenen Gebilde zu machen. Klar ist auch, daß umgekehrt der nomologisch orientierte Soziologe ein Minimum an Morphologie betreiben muß, um empirische Fälle seinen allgemeinen Kategorien zu subsumieren. Einer kann vom anderen profitieren, doch keiner kann mit voller Kraft beides zugleich tun. In der verbreiteten Annahme, bei ausreichendem Gesetzeswissen könne man die Beschreibung gegebener Gesellschaften mit der linken Hand erledigen, zeigt sich nichts als Unkenntnis der Arbeit hermeneutischer Vergegenwärtigung.

Nun gibt es keinen Zweifel, daß nomologische Arbeit besser falsifizierbar ist als morphologische. Wenn man schon nicht beides zugleich tun kann, soll man sich dann nicht wenigstens auf dasjenige Forschungsprogramm beschränken, für das höhere Falsifizierbarkeit gilt? Die gesamte folgende Untersuchung läßt sich als ein entschiedenes Nein auf diese Frage interpretieren. Sie zählt, mit nomologischen Einsprengseln, zum morphologischen Typ. Ihr Interesse richtet sich auf die Gesellschaft der Bundesrepublik in den achtziger Jahren, unbekümmert um etwaige wissenschaftstheoretische Genehmigungsfragen.

Sozialer Wandel und soziologischer Geltungsanspruch

Morphologische Soziologie enthält ein Dilemma: Je mehr Zeit man in die empirische und theoretische Arbeit investiert, desto besser kann man zwar die zentralen Aussagen fundieren, desto größer wird jedoch auf der anderen Seite das Risiko, daß sich das Forschungsergebnis unterderhand von Gegenwartsdiagnose in neueste Sozialgeschichtsschreibung verwandelt. Inwieweit dies auch für die folgende Untersuchung gilt, wird sich ironischerweise erst Jahre nach ihrem Erscheinen beurteilen lassen. Der Gegenstandsbereich der Soziologie bringt es mit sich, daß selbst die Feststellung von Verspätungen oft erst mit Verspätung erfolgen kann. Einige Anmerkungen sind allerdings bereits jetzt möglich:

Dem Erhebungszeitpunkt der Datenbasis nach ist die Arbeit eine kultursoziologische Analyse der Bundesrepublik Deutschland in der Mitte der achtziger Jahre. In zweierlei Hinsicht weist der Geltungsanspruch der Arbeit allerdings über diesen Zeithorizont hinaus. Erstens wird die Beschreibung der Gesellschaft an vielen Stellen prozessual aufgefaßt. Überall dort, wo von Trends, Entwicklungen, Tendenzen die Rede ist, soll die Folgezeit bis zum Anfang der neunziger Jahre eingeschlossen sein. Bei einer dynamischen Perspektive beinhaltet eine mehrjährige Untersuchungsdauer einerseits ein Verspätungsrisiko, andererseits eine Chance, von Aktualisierung und Korrektur. Zweitens ist die folgende Arbeit in wesentlichen Teilen eine theoretische Studie. Es geht nicht nur um die Beschreibung der erlebnisorientierten Gesellschaft, sondern vor allem auch um die Erarbeitung eines analytischen Instrumentariums hierfür. Die Gesellschaft der Bundesrepublik Deutschland in den achtziger Jahren ist gleichzeitig Anlaß zur Entwicklung dieses Instrumentariums und erster Anwendungsfall, doch reicht der soziologische Relevanzanspruch der analytischen Kategorien darüber hinaus.

In den Jahren 1989/90 entstand durch den Beitritt der DDR zur Bundesrepublik eine unverhoffte Testbedingung für diesen soziologischen Relevanzanspruch. Der politischen entspricht eine soziokulturelle Assimilation - der kurze Marsch einer politisch kontrollierten Mangelgesellschaft in eine demokratische Überflußgesellschaft. Entwicklungen, die in der alten Bundesrepublik Jahrzehnte gedauert haben, sind nun im Zeitraffer noch einmal zu erwarten: ein kollektiver Trend zur Erlebnisorientierung einschließlich der individuellen Folgeprobleme, rascher Aufbau eines Erlebnismarktes, neue Schematisierungen der Alltagsästhetik, neue Modi der Konstitution sozialer Milieus und der Konstruktion von Existenzformen, Durchsetzung einer psychophysischen Semantik der sozialen Konstruktion von Wirklichkeit, Hervortreten der modernen Rationalitätstypen von Erlebnisangebot und Erlebnisnachfrage, Entstehung von Szenen.

Die empirischen Ergebnisse der folgenden Untersuchung beziehen sich allerdings ausschließlich auf den Westen Deutschlands. Zur Charakterisierung der DDR in der Mitte der achtziger Jahre stehen keine vergleichbaren Informationen zur Verfügung. Die Veränderungen des Alltagslebens in den Folgejahren der Vereinigung werden im Osten stärker sein als im Westen, doch wird sich in der Mitte der neunziger Jahre in der *gesamten* Bundesrepublik ein anderes Bild zeigen als 10 Jahre zuvor. Vieles wird sich gewandelt haben: Zeichen- und Bedeutungskomplexe der Alltagsästhetik, Milieugrenzen, milieuspezifische existentielle Anschauungsweisen. Was wird die Nagelprobe für die im folgenden entfalteten gesellschaftstheoretischen Perspektiven sein? Gewiß nicht die Reproduktion der alten Gesellschaft. Während man noch dabei ist, eine kulturhistorische Passage zu untersuchen, wird sie schon zur Vergangenheit. In der Zukunft erweist sich der Wert einer abgeschlossenen Analyse an zwei Gesichtspunkten: Erleichtert ihr empirischer Befund - die Diagnose des Vergangenen - das Verständnis neuer Entwicklungen? Und kann man an eine neue gesellschaftliche Situation mit dem erprobten theoretischen Instrumentarium herangehen? An diesen Fragen wird auch die folgende Arbeit zu messen sein.

Der Geltungshorizont einer Analyse hat nicht nur zeitliche, sondern auch sachliche Grenzen. Von den *nicht* bearbeiteten Themen ist die Kultursoziologie von Ausländern in Deutschland das wichtigste. Unbeschadet aller Millieubarrieren sind Ausländer ein soziologisch bedeutsamer Teil dieser Gesellschaft, unbeschadet aller Milieugrenzen. Bei einem Sachverhalt, der die Gesellschaft immer stärker in ihrer Gesamtheit betrifft, ist es unbefriedigend, auf die Spezialliteratur zu verweisen und weitere Untersuchungen anzumahnen. Es wäre jedoch nicht möglich gewesen, das Thema »Ausländer in Deutschland« angemessen in diese Studie zu integrieren. Am Ende der Forschung hat man immer das Gefühl der Lücke.

1. Kapitel
Ästhetisierung des Alltagslebens

Einleitung

Um das Subjekt in unserer Gesellschaft zu verstehen, ist es hilfreich, von einer Betrachtung der objektiven Lebensbedingungen auszugehen. Gewiß determinieren die Verhältnisse nicht Persönlichkeit, Deutungsmuster, Mentalitäten und sozialen Milieus im strikten Sinne. Sie legen aber die Definition bestimmter existentieller Grundprobleme mit großer Selbstverständlichkeit nahe. Überraschenderweise gilt dies auch für eine Situation, in der der Wandel der Verhältnisse oberflächlich nicht als Not, sondern als Befreiung von Not erfahren wird. Im Reich der Freiheit, dem wir uns ein Stück weit angenähert zu haben scheinen, stehen wir neuen Schwierigkeiten gegenüber.

Je mehr man haben, machen, sein kann, desto besser scheint es einem zu gehen. Allerdings gibt es viele Anzeichen dafür, daß mit der Vereinfachung des Weges zu immer mehr potentiellen Zielen die Schwierigkeit, ein sinnvolles Leben zu führen, zunimmt. Die Problemperspektive des Lebens verlagert sich von der instrumentellen auf die normative Ebene; an die Stelle der technischen Frage »Wie erreiche ich X« tritt die philosophische Frage »Was will ich eigentlich?«. Ungeachtet aller Unterschiede der sozialen Lage hat die Erweiterung der Handlungsmöglichkeiten ein Ausmaß angenommen, bei dem diese »höhere« Variante existentieller Reflexion allen elitären Anstrich verloren hat. Sie ist ein Massenproblem, wenn auch verdeckt durch den Anschein der Lösung von Problemen.

Ansteigen des Lebensstandards, Zunahme der Freizeit, Expansion der Bildungsmöglichkeiten, technischer Fortschritt, Auflösung starrer biographischer Muster - jener Wandel der Situation, der sich zusammenfassend als Vermehrung der Möglichkeiten bezeichnen läßt, ist in der Soziologie umfassend aufgearbeitet und dokumentiert worden. Im folgenden wird die objektive Entwicklung zum Ausgangspunkt der Frage gemacht, was es subjektiv bedeutet, unter solchen Umständen zu leben. Auf die beispiellosen Veränderungen der Situation in den letzten Jahrzehnten reagieren die Menschen mit einer Veränderung der normalen existentiellen Problemdefinition. Das Erleben des Lebens rückt ins Zentrum. Unter dem Druck des Imperativs »Erlebe dein Leben!« entsteht eine sich perpetuierende Handlungsdynamik, organisiert im Rahmen eines rasant wachsenden Erlebnismarktes, der kollektive Erlebnismuster beeinflußt und soziale Milieus als Erlebnisgemeinschaften prägt.

Damit sind einige der Fragenkomplexe angedeutet, die in dieser Untersuchung bearbeitet werden sollen. Die erste Frage lautet: Was bedeutet es, eine Gesellschaft als »Erlebnisgesellschaft« zu untersuchen, und auf welchen Annahmen baut diese Forschungsperspektive auf (Abschnitt 1.1)? Daran schließt sich eine Darstellung der Ursachen für die Zunahme der Erlebnisorientierung (Abschnitt 1.2) und eine erste Beschreibung erlebnisorientierten Alltagshandelns in unserer Gesellschaft an (Abschnitt 1.3).

Daß es schwierig ist, ein erlebnisorientiertes Leben zu führen, widerspricht der allgemeinen Auffassung. Die mit dem Vordringen der Erlebnisorientierung zusammenhängende soziale und psychische Dynamik, um die es in dieser Untersuchung geht, ist jedoch erst dann zu verstehen, wenn man die existentiellen Grundprobleme untersucht, vor die sich der einzelne durch das Programm gestellt sieht, das Leben zu erleben. Dabei wird man mit zwei Hauptschwierigkeiten konfrontiert: Unsicherheit (Abschnitt 1.4) und Enttäuschung (Abschnitt 1.5).

Beide Probleme kann man nicht gleichzeitig lösen, sondern nur in einem Vermeidungsgleichgewicht halten. In Kombination mit dem Appetenzimperativ, das Leben zu erleben, bilden die Vermeidungsimperative ein kulturtypisches Motivationsgemenge, das Energien für die Selbstorganisation der Gesellschaft mobilisiert und auf den Kurs dieser Selbstorganisation einwirkt (Abschnitt 1.6). Wie die weitere Untersuchung mit diesen Überlegungen zusammenhängt, wird in einer theoretischen Skizze verdeutlicht (Abschnitt 1.7). Daß dabei neue Deutungsmuster, soziale Milieus und aufeinander eingespielte Handlungsroutinen (Rationalitätstypen) im Mittelpunkt stehen, widerspricht nur scheinbar der These zunehmender Individualisierung. Statt einen Gegensatz zwischen Gemeinsamkeit und Individualisierung zu konstruieren, müssen wir beides zusammen sehen: Individualisierung als moderne Bedingung von Gemeinsamkeit (Abschnitt 1.8).

Am Ende des Kapitels werden zwei große Arsenale beschrieben, aus denen die Analyse an vielen Stellen Bausteine bezieht: bestimmte theoretische Traditionen (Abschnitt 1.9) und eine als Begleitprojekt durchgeführte empirische Untersuchung (Abschnitt 1.10).

1.1 Erlebnisgesellschaft

Zur Orientierung

Die Überschrift dieses Abschnitts nimmt seinen Schluß vorweg. Ziel ist die Darstellung eines soziologischen Programms: Analyse der Erlebnisgesellschaft. Ohne vorbereitende Überlegungen bliebe dieses Programm allerdings unverständlich. Man kann keine Fragen stellen, ohne bereits etwas vorauszusetzen. Um die Forschungsperspektive zu kennzeichnen, sollen zunächst die Annahmen erörtert werden, auf denen sie beruht. Beginnen wir mit einer Übersicht:

Die zunehmende Verschiedenartigkeit der Menschen ist Indiz für eine neue grundlegende Gemeinsamkeit. Innenorientierte Lebensauffassungen, die das Subjekt selbst ins Zentrum des Denkens und Handelns stellen, haben außenorientierte Lebensauffassungen verdrängt. Typisch für Menschen unserer Kultur ist das Projekt des schönen Lebens. Worauf sie dabei hinauswollen, scheint auf den ersten Blick zu disparat, um soziologische Bedeutung zu haben. Doch es gibt einen gemeinsamen Nenner: Erlebnisrationalität, die Funktionalisierung der äußeren Umstände für das Innenleben. Dabei nehmen die meisten an, das Äußere wirke auf das Innere durch bloße Eindrücke. Sie unterschätzen ihre eigene Rolle bei der Entstehung von Erlebnissen. Man wird nicht nur beeindruckt, sondern man verarbeitet. Erlebnisse sind in singuläre subjektive Kontexte eingebunden und verändern sich durch Reflexion. Das Projekt des schönen Lebens entpuppt sich als etwas Kompliziertes - als Absicht, die Umstände so zu manipulieren, daß man darauf in einer Weise reagiert, die man selbst als schön reflektiert.

Was bedeutet »man«? Das Subjekt ist eine Verbindung von Bewußtsein und Körper, umgeben von einer subjektspezifischen Situation. Zwischen diesen drei Sphären - Bewußtsein, Körper, Situation - entwickeln sich Verknüpfungen. Durch die Vermehrung der Handlungsmöglichkeiten haben sich die Bedingungen, aus denen solche Verknüpfungen hervorgehen, geändert. Früher waren Verknüpfungen vor allem durch situative Begrenzungen des Subjekts und umgekehrt durch subjektive Einwirkungen auf die Situation zu erklären. Heute legt die Situation etwas nahe oder löst etwas aus, statt zu begrenzen, und das Subjekt handelt eher durch Wählen als durch Einwirken. Die soziologischen Konsequenzen sind einschneidend, wie sich an vielen Stellen dieser Untersuchung zeigen wird.

Erst unter diesen Umständen wird das Projekt des schönen Lebens zum Massenphänomen. Man beginnt, über sich selbst nachzudenken. Die reflexive Grundhaltung des erlebnisorientierten Menschen verunsichert ihn und erzeugt eine Bereitschaft, kollektive Vorgaben zu übernehmen; dies umso mehr, als die naive Eindruckstheorie des Erlebnisses den einzelnen nur schlecht dafür ausrüstet, der Kompliziertheit seines Lebensprojekts gerecht zu werden. Es entwickelt sich ein Geflecht von Gemeinsamkeiten: alltagsästhetische Schemata, soziale Milieus, typische Existenzformen, existentielle Anschauungsweisen, Rationalitätstypen, Zeichenkosmen, Szenen. Als zentrales regulatives Prinzip entsteht eine fundamentale psychophysische Semantik, die an die Stelle der früheren ökonomischen Semantik tritt.

Die folgenden Unterabschnitte erläutern und begründen die in dieser Übersicht enthaltenen Thesen.

Vielfalt

Habermas' Schlagwort von der neuen Unübersichtlichkeit, eigentlich zur Kennzeichnung politischer Perspektivenlosigkeit gedacht, hat sich im soziologischen Sprachgebrauch als Kurzformel für die Schwierigkeiten etabliert, sich in unserem Alltagsleben zurechtzufinden. Neue Unübersichtlichkeit im umgedeuteten Sinn betrifft nicht nur den Gegenstandsbereich, sondern auch die Soziologie selbst. Wir müssen mit zunehmender Vielfalt zurechtkommen. Doch was disparat scheint, hängt latent zusammen. Angesichts des Verlusts der Einfachheit ist die Ausgangsthese dieses Abschnitts überraschend: Es gibt in unserer Gesellschaft ein fast universelles Grundmuster der Beziehung von Mensch und Welt. Viele Facetten unserer sozialen Wirklichkeit lassen sich besser verstehen, wenn man den Menschen eine Perspektive unterstellt, die im folgenden als Erlebnisorientierung bezeichnet werden soll. Was daraus sozial entsteht, ist die Kernfrage der soziologischen Analyse der Erlebnisgesellschaft. Zur Erklärung sozialer Konstruktionen der Gegenwart ist Erlebnisorientierung als allgemeines Schema subjektiver Weltverarbeitung nicht hinreichend, aber notwendig. Auch die »neue Unübersichtlichkeit« wird dadurch besser verstehbar. Vielfalt entsteht aus einer grundlegenden Gemeinsamkeit (der Begriff der Gemeinsamkeit hat hier eine spezifische Bedeutung, die weiter unten erläutert wird).

Da Erlebnisorientierung normal geworden ist, kann man sie als *besondere* Handlungsmotivation nur noch im historischen Vergleich erkennen. Sie hat den Charakter einer kollektiven Basismotivation oder, um einen später einzuführenden Begriff vorwegzunehmen, einer normalen existentiellen Problemdefinition. Für einen empirisch arbeitenden Soziologen ist es ungewohnt, nach einer kollektiven Basismotivation zu fragen. Datenanalyse setzt logisch voraus, daß sich die Datenträger unterscheiden. Doch die Betrachtung von Differenzierungen kann blind machen für den Wandel des Kollektivs. Als Empiriker muß man sich den Blick aufs Ganze immer wieder neu erarbeiten. Es geht darum, sich das Gemeinsame eines Gegenstandsbereiches bewußt zu machen, der in der empirischen Analyse immer nur auf seine Diversifikation hin betrachtet wird. Bei der empirischen Feinarbeit schaut man wie durch ein Mikroskop auf eine zerklüftete Oberfläche, deren Details rätselhaft bleiben, solange man nicht für die Wahrnehmung offen ist, daß sie einem Ganzen angehören. Die Differenzierung von Lebensstilen und Lebenssituationen in der Bundesrepublik ist einer zerklüfteten Oberflächenstruktur über einer gemeinsamen Basis vergleichbar.

Wandel der Lebensauffassungen

Wie kann man, noch ohne besondere Terminologie, diese grundlegende Gemeinsamkeit beschreiben? Um jemand global zu charakterisieren, verwendet man in der Umgangssprache Ausdrücke wie »Grundeinstellung«, »Sicht der Dinge«,

»Lebensauffassung«. Übernehmen wir zunächst diese vortheoretische Anschauungsweise, um den Anfang der Untersuchung zu gewinnen; fragen wir, so global wie möglich, nach dem Wandel von Lebensauffassungen in den letzten hundert Jahren. Man könnte einwenden, diese Frage sei unsinnig, weil man dabei Einheitlichkeit unterstelle, während doch gerade der Verlust von Gemeinsamkeit charakteristisch für den Wandel von Lebensauffassungen sei. Wenn es aber möglich ist, daß Vielfalt aus Gemeinsamkeit entsteht, dann ist es heuristisch sinnvoll, sich durch diesen Einwand nicht vom Fragen abhalten zu lassen.

Der kleinste gemeinsame Nenner von Lebensauffassungen in unserer Gesellschaft ist die Gestaltungsidee eines schönen, interessanten, subjektiv als lohnend empfundenen Lebens. Auf den ersten Blick scheint diese These tautologisch: Ist das Projekt des schönen Lebens nicht bloß ein anderer Ausdruck für »Lebensauffassung«? Widerlegen läßt sich diese Vermutung durch den Hinweis auf Lebensauffassungen, die sich vom Projekt des schönen Lebens unterscheiden, etwa das Projekt des dienenden, einer Sache untergeordneten Lebens oder das Projekt des bloßen physischen Überlebens.

Die Unterscheidung von Außenorientierung und Innenorientierung markiert eine vorläufige Grenze. Außenorientierte Lebensauffassungen zielen primär auf eine Wirklichkeit ab, die sich der Mensch außerhalb seiner selbst vorstellt, innengerichtete Lebensauffassungen verweisen auf das Subjekt. Obwohl auch außenorientierte Lebensauffassungen in Beziehung zum Subjekt stehen, sind sie eindeutig von innenorientierten Lebensauffassungen unterscheidbar: Erfolg ist unabhängig vom Subjekt definiert. Bei einer außenorientierten Lebensauffassung gilt beispielsweise das Ziel, Kinder zu haben, dann als erreicht, wenn die Kinder existieren, bei einer innenorientierten Lebensauffassung erst dann, wenn sie die Eltern glücklich machen oder ihnen wenigstens nicht zu sehr auf die Nerven gehen. Oder: Ob ein Auto fährt (außenverankertes Ziel), können alle beurteilen; ob man dabei ein schönes Fahrgefühl hat (innenverankertes Ziel), muß jeder für sich entscheiden. In vielen Bereichen des Alltagslebens ist außenorientiertes Handeln zurückgegangen, innenorientiertes Handeln vorgedrungen: Kleidung, Essen, Gartenarbeiten, Partnerschaft, Kinder haben, Instandhaltung der Wohnung, Beruf, Bildung, Transport und anderes.

Beispiele für außenorientierte Ziele sind Reproduktion der Arbeitskraft, Beschaffung von lebensnotwendigen Ressourcen, Kooperation, Altersvorsorge, Erzielen von Geldeinkommen, Erfüllen einer Lebensaufgabe, Aneignung von Qualifikationen, Fortbewegung. Es bedarf keiner Diskussion, daß diese Ziele schon immer auch in innenorientierten Varianten vorkamen - allerdings bis vor wenigen Dekaden nur im Denken und Handeln von Minderheiten, die sich den Luxus leisten konnten, das Projekt des schönen Lebens zu verfolgen. Betrachten wir den Lebensbereich den Transports: Für den hochherrschaftlichen Ausritt oder für die Vergnügungsfahrt in der goldverzierten Karosse war die Fortbewegung von Punkt A zu Punkt B oft nur ein Nebenziel. Hauptsache waren Erlebnisse, etwa des Angegafftwerdens oder der Unterbrechung langweiligen Müßiggangs. Das

Interessante am innenorientierten Transport war seine Ungewöhnlichkeit in einer Welt, in der außenorientierter Transport selbstverständlich war. Zwar ist außenorientierter Transport - Verfrachtung ohne Erlebnisabsichten, die sich auf den Vorgang der Verfrachtung selbst richten würden - aus unserem Alltagsleben nicht verschwunden, doch hat das innenorientierte Moment im Verkehr eine so große Bedeutung gewonnen, daß davon ganze Industriezweige leben. Würde die innenorientierte Komponente im Transport von heute auf morgen wegen einer kollektiven Konversion zur Askese entfallen, so hätte dies eine volkswirtschaftliche Krise zur Folge.

Innenorientierung, wie sie hier verstanden wird, hat nichts mit Introversion zu tun. Gemeint ist, daß sich ein Mensch vornimmt, Prozesse auszulösen, die sich in ihm selbst vollziehen. In einem weiter unten zu präzisierenden Sinn läßt sich sagen: Innenorientierung ist Erlebnisorientierung. Das Projekt des schönen Lebens ist das Projekt, etwas zu erleben.

Zu den Wirkungen der Innenorientierung zählt die Ästhetisierung des Alltagslebens. Angebote, Gruppenbildungen, Beziehungsmuster, Institutionen sind immer mehr dem Einfluß dieser Basismotivation unterworfen. Greiner (1986) beschreibt das inzwischen erreichte Stadium mit den Worten: »Das Vergnügen ist eine Arbeit geworden«. Vergnügungsarbeit ist jedoch nur ein Spezialfall von Erlebnisarbeit. Auf den Wandel der Lebensauffassungen hat die Soziologie seit langem reagiert; moderne Klassiker wie Riesman (1950), Bell (1973) oder (als Ökonom) Galbraith (1958) sind Wegbegleiter einer säkularen Ausbreitung der Erlebnisorientierung, die Simmel bereits um die Jahrhundertwende als zentrales Moment moderner Subjektivität bestimmte (Simmel 1900, 1908). Die Rezeptionsgeschichte des Buches von Postman »Wir amüsieren uns zu Tode« (1985) bezeugt ein weit verbreitetes Problembewußtsein, das die Popularisierung der Erlebnisorientierung reflektiert. Es reicht allerdings nicht aus, den Wandel der Lebensauffassungen als zunehmende Suche nach Amüsement zu beschreiben.

Die Theorie des Postmaterialismus führt darüber hinaus, und bleibt trotzdem noch zu eng. Wenn für die animalischen Bedürfnisse gesorgt ist, kann sich das Bedürfnis nach Selbstverwirklichung entfalten (Maslow 1970; Inglehart 1977, 1989). Bei dieser Beschreibung der Veränderung von Grundorientierungen erfaßt man jedoch nur ein Teilkollektiv. Selbstverwirklichung als Ausagieren eines vorgestellten inneren Kerns ist zwar das Erlebnisprogramm einer wichtigen sozialen Gruppe (die weiter unten als Selbstverwirklichungsmilieu beschrieben werden soll), doch ist diese Gruppe nicht mit der Gesellschaft identisch. In anderen Milieus äußert sich Erlebnisorientierung in anderer Weise, etwa als Streben nach dem Höheren in der Tradition der bürgerlichen Kultur (Niveaumilieu) oder in der Sehnsucht nach Einbettung in eine konfliktfreie Ordnung (Harmoniemilieu).

Schopenhauers Thesen werden dieser Disparatheit besser gerecht (vgl. Band 4 der Gesamtausgabe 1986, S.385ff.): In günstigen Lebensumständen bleibt der »Wille« ohne klare Zielvorgaben und muß sich nun in irgendeiner Erlebnisarbeit ausagieren, was den Menschen oft genug erst der Langeweile in die Arme treibt.

Er wird anfällig für alle möglichen Angebote und Schematisierungen des Erlebens. Selbstverwirklichung als universelles Grundmotiv der sich selbst überlassenen Psyche? Eine Illusion - Schopenhauers Spott wäre der Kultur der Gegenwart sicher gewesen. Zumindest in einer Hinsicht ist ihm zuzustimmen: Was der erlebnisorientierte Mensch mit sich selbst anfängt oder anfangen läßt, ist offen. Bei dem Versuch, den kollektiven Wandel der Lebensauffassungen zu charakterisieren, muß diese Offenheit gewahrt werden. Verringert sich unser Nichtwissen über das Projekt des schönen Lebens, wenn wir die Kennzeichnung »schön« untersuchen? Steckt in diesem Adjektiv eine Präzisierung, die sich theoretisch nutzen läßt?

Das Schöne

Erlebnisorientierung richtet sich auf das Schöne. Wenn es gelingt, Vorstellungen vom Schönen zu charakterisieren, wird es möglich, Lebensauffassungen der Gegenwart genauer zu bestimmen. Das Schöne ist in unserem Zusammenhang ein Sammelbegriff für positiv bewertete Erlebnisse. Nebensächlich ist dabei die umgangssprachliche Verwendung des Wortes »schön«, auch, ob es überhaupt verwendet wird. Positive Bewertungen von Erlebnissen kommen auf vielerlei Weise zum Ausdruck, etwa mimisch oder sprachlich (meist etwas farblos, vgl. das Wort »interessant« oder die Redewendung »Es gefällt mir gut«). Zunehmend äußert sich positive Erlebnisbewertung nur noch implizit durch das Verharren in der Situation, die man gerade erlebt.

Die Frage nach dem Schönen ist in unserem Zusammenhang durch den Wunsch motiviert, etwas über Erlebnisorientierung zu lernen. Angesichts der Heterogenität dessen, was Menschen gefällt, wird die Hoffnung auf Präzisierung allerdings schnell eines Besseren belehrt. Vorgeprägte Assoziationen wie etwa Urlaub, Liebe, Weihnachten, Kirschblüte, Abenteuer usw. reichen bei weitem nicht aus, um das hier gemeinte Bedeutungsfeld des Schönen abzustecken. Daß es sich nur um spezielle Kodierungen des schönen Erlebnisses handelt, bezeugen Menschen, die keine Lust darauf haben. Erlebnisorientierung schließt mehr ein als bloß Hedonismus. Wer den Urlaub haßt, sucht sein schönes Erlebnis vielleicht bei der Arbeit oder in seinen vier Wänden. Buchstäblich alles kann Menschen als schön gelten.

In dem Satz »Das ist schön« verrät sich eine Auffassung, die das Schöne außen verankert, in Gegenständen und Situationen. Er bezieht sich jedoch, auch wenn ihn der Sprecher nicht so meint, auf die Tätigkeit des Bewußtseins, unabhängig von den objektiven Eigenschaften der erlebten Wirklichkeit. Das Schöne kommt nicht von außen auf das Subjekt zu, sondern wird vom Subjekt in Gegenstände und Situationen hineingelegt. Die Wohnung zu putzen oder das Auto zu reparieren unterscheidet sich in der Möglichkeit des Schönseins nicht von Loireschlößchen, Bergkristallen und Rilke-Sonetten. Deshalb besagt die These vom

Vordringen der Erlebnisorientierung nicht, daß sich das Kollektiv nun allmählich von banalen Alltäglichkeiten abwenden und höheren Genüssen zuwenden würde. Banalität und Erhabenheit sind Prädikate aus dem Vokabular für *Erlebnis*beschreibungen, die oft als *Objekt*beschreibungen mißverstanden werden. Irgendwann kann alles ganz anders sein, ohne daß sich die Gegenstände geändert hätten: Rilke gilt als banal, der Alltag als Kunstwerk. Daß die Annahme so extremer Variabilität der Konstruktion des Schönen nicht abwegig ist, zeigt die kulturpolitische Diskussion der siebziger Jahre.

Das Projekt des schönen Lebens hat also keinen bestimmten Kurs, doch impliziert es zumindest einen bestimmten Selbstbezug des Menschen. Er achtet darauf, wie er erlebt, und er versucht, die Umstände so zu arrangieren, daß er es schön findet. Dies ist keineswegs immer der Fall. Es gab und gibt Gesellschaften mit anderen Selbstverständlichkeiten: Leben als Überleben; Leben als Dienen, Pflicht, Selbstaufopferung; Leben als Existenz mit metaphysischem Bezug. Bei solchen Lebensauffassungen ergeben sich schöne Erlebnisse allenfalls als Nebeneffekt, ohne zentrales Lebensziel zu sein. »Erlebnisrationalität« bringt eine Besonderheit unserer Gesellschaft auf den Begriff.

Erlebnisrationalität

Was heißt Erlebnisrationalität? Vergleichen wir drei Beispiele: A hört nachts Geräusche in seinem Haus, B macht Besorgungen in der Stadt, C geht ins Kino. In allen drei Fällen ereignen sich Situationsveränderungen, die zu Erlebnissen führen. Unterschiede bestehen erstens hinsichtlich der Genese der Situationsveränderungen: A ist daran unbeteiligt, B und C führen sie selbst herbei. Zweitens unterscheiden sich die Beispiele hinsichtlich der mit den Situationsveränderungen verbundenen Absichten. B handelt außenorientiert; sein Ziel ist, etwas zu erledigen, beispielsweise Kleider von der Reinigung zu holen. Sobald er das Paket in Händen hält, ist die Episode zu seiner Zufriedenheit abgeschlossen; die Frage, was er dabei gefühlt habe, schiene ihm absurd. C dagegen geht ins Kino, um etwas zu erleben. Sicher würde er die Frage »Wie wars?« nicht als Frage nach dem Abschluß einer Erledigung interpretieren, sondern als Frage danach, wie es ihm gefallen habe, als Frage nach seinen Erlebnissen. C ist bei seiner Handlungsplanung nach innen orientiert; er handelt erlebnisorientiert. Alle drei, A, B und C, haben etwas erlebt, C aber ist der einzige, der dies von Anfang an beabsichtigt hatte.

Erlebnisrationalität ist die Systematisierung der Erlebnisorientierung. Das Subjekt wird sich selbst zum Objekt, indem es Situationen zu Erlebniszwecken instrumentalisiert. Erlebnisrationalität ist der Versuch, durch Beeinflussung äußerer Bedingungen gewünschte subjektive Prozesse auszulösen. Der Mensch wird zum Manager seiner eigenen Subjektivität, zum Manipulator seines Innenlebens. Im Lauf der Zeit verfestigt sich erlebnisorientiertes Handeln zu routinisierten Ziel-Mittel-Komplexen. Die Schematisierung von Erlebnisrationalität bleibt keine Privatangelegenheit. Es kommt zur Herausbildung gemeinsamer Rationalitätstypen, an denen man sich orientieren kann, wenn man erlebnisrational handeln will, aber nicht weiß, wie man dabei vorgehen soll. Die Rationalität der Erlebnisnachfrage ist ein solcher Rationalitätstypus (vgl. hierzu das 9. Kapitel).

Wie die Fälle A und B zeigen, gehört es zum Menschsein schlechthin, das Leben zu erleben, ob man dies nun beabsichtigt oder nicht. Gerade auf die Absicht kommt es jedoch bei den Begriffen von Erlebnisorientierung und Erlebnisrationalität an. Wenn C ins Kino geht, weil er hofft, daß ihm der Film gefallen möge, so handelt er erlebnisorientiert, nicht dagegen, wenn er beispielsweise ins Kino geht, um sich ein Alibi zu verschaffen.

Wir stehen vor dem Phänomen einer innengerichteten Modernisierung. Rationalitätstypen entstehen, die sich auf flüchtige psychophysische Prozesse richten. Erlebnisse werden dabei nicht bloß als Begleiterscheinung des Handelns angesehen, sondern als dessen hauptsächlicher Zweck. Gesellschaftstheoretisch ist es ein wichtiger Unterschied, ob Erlebnisse ungewollt kommen wie Sternschnuppen oder ob sie Gegenstand der Handlungsplanung sind. Beim Begriff der Erlebnisrationalität kommt es auf den Fokus von Handlungsbegründungen an: Warum wählt man gerade diesen Beruf, diesen Lebenspartner, diesen Konsumartikel? Warum entscheidet man sich, Kinder zu haben oder auch nicht? Warum will man sich engagieren oder aussteigen? Handelt man erlebnisrational, wird man andere Entscheidungen treffen, als wenn es etwa darum geht, das Überleben sicherzustellen, kollektiven Zielen zu dienen oder göttlichen Geboten zu folgen. Es ist zwar möglich, sich aus Erlebnismotivation sogar auf solche Ziele zu kaprizieren, doch ist dies ein Sonderfall, aus dem sich nicht ableiten läßt, daß letztlich alle Menschen immer genau das tun müßten, worauf sie im Moment gerade Lust haben. Ein pflichtbewußter Mensch handelt, ohne nach dem Erlebniswert des Handelns zu fragen. »Etwas tun zu wollen« ist kein Synonym zum Begriff der Erlebnisorientierung, sondern eine Oberkategorie, die viele Spielarten der Motivation mit einschließt, unter anderem auch Pflichtbewußtsein und Erlebnisorientierung.

Aus zwei Gründen ist Erlebnisorientierung als graduelles Phänomen zu betrachten. Erstens ist es möglich, daß sich innenorientierte und außenorientierte Komponenten in einer gegebenen Handlungsepisode mischen, etwa: B zieht einen Mantel an, um sich schön zu fühlen (innenorientierte Komponente), aber auch, um einen guten Eindruck zu machen (außenorientierte Komponente). Zweitens ist Erlebnisorientierung definiert als situationsübergreifende Tendenz; sie entfaltet sich erst in einer Folge von Situationen. Der Anteil überwiegend erlebnisorientierter Handlungen am gesamten Handeln eines Menschen in einem gegebenen Zeitabschnitt kann theoretisch zwischen null und hundert Prozent schwanken. Die These von der Zunahme der Erlebnisorientierung kann nun präziser formuliert werden. Gemeint ist, daß in beiden Dimensionen der Abstufung der Anteil innenorientierter Komponenten zugenommen hat.

Alltagsästhetische Episoden sind ein bestimmter Typus erlebnisorientierten Handelns, der weiter unten eine hervorgehobene Rolle spielen wird. Erlebnisorientierung ist jedoch nicht darauf beschränkt. So sind Lebensentscheidungen wie die Wahl eines Partners oder eines Berufes nicht als alltägliche Episoden aufzufassen, trotzdem können sie erlebnisorientiert sein. Ein anderer Spezialfall ist Erlebnisnachfrage, definiert als marktmäßig organisiertes erlebnisrationales Handeln, das die Aneignung von Erlebnisangeboten zum Ziel hat. Auf beide Unterbegriffe (alltagsästhetische Episoden und Erlebnisnachfrage) sei hier nur vorwegnehmend hingewiesen, um das Bedeutungsfeld des Oberbegriffes der Erlebnisorientierung bewußt zu machen. Erlebnisorientierung ist eine umfassende Einstellung, die in den täglichen kleinen Freuden und im Konsum expliziter Erlebnisangebote nur besonders manifest wird, aber weit darüber hinausreicht. Sie kann das ganze Leben erfassen, auch die Partnerbeziehung, die Elternrolle, den Beruf, die Teilnahme am politischen Leben, das Verhältnis zum eigenen Körper, die Beziehung zur Natur.

Durch das Ziel, etwas zu erleben, ist erlebnisrationales Handeln allerdings noch nicht auf eine bestimmte Struktur festgelegt. Wir verstehen das Handeln der Menschen erst dann, wenn wir ihre subjektiven Hintergrundtheorien berücksichtigen. Damit beschäftigt sich der nächste Abschnitt.

Eindruck

Umgangssprachlich bedeutet »Erlebnis« ungefähr dasselbe wie »Eindruck«. In diesem Wort tritt eine Theorie des rezeptiven Subjekts zutage, die den Menschen als Empfänger von Eindrücken sieht, einer plastischen Masse vergleichbar, der von außen wechselnde Spuren wechselnder Formen aufgedrückt werden. Nach dieser Eindruckstheorie des Erlebnisses kommt es vor allem auf die Situation an, die das Subjekt beeindruckt, weniger auf den Empfänger des Eindrucks. Dieser ist am Zustandekommen des Erlebnisses höchstens durch seine Mitverantwortung für die Situation beteiligt, indem er Kontakte aufnimmt, kauft, reist, telefoniert usw.

Wir handeln zunehmend erlebnisrational, jedoch auf der Grundlage einer irreführenden Vorstellung darüber, was wir tun. Welchem Denkschema folgen wir beim erlebnisrationalen Handeln? Unsere Formel lautet: Richte die Situation so ein, daß sie dir gefällt. Was dabei überbetont wird, sind die Umstände, was fehlt, sind die schwer kalkulierbaren, mehrschichtigen Konstruktionshandlungen des Subjekts. Erlebnisprojekte scheitern meist nicht an den Umständen, sondern an den Menschen. Wir stellen uns die Situation als Prägestempel für Eindrücke vor, doch ist sie nur ein Anstoß, aus dem alles Mögliche werden kann, ein Katalysator, dessen Wirkungen von der Substanz abhängen, die damit in Berührung kommt. Erlebnisse sind schwieriger zu manipulieren als die äußeren Umstände, wenn überhaupt. Bei Licht besehen, läuft das Programm der Erlebnisorientierung auf den Entschluß des Subjekts hinaus, etwas Bestimmtes zu sein (vgl. hierzu den nächsten Abschnitt). Dies ist schwieriger zu erreichen, als wir gemeinhin denken;

mit der Bereitstellung von situativen Zutaten (Konsumgüter, Reisen, Veranstaltungen, Kontakte usw.) ist es meist nicht getan. Das Ziel liegt innen, die mobilisierten Mittel bleiben außen.

Eine Kritik der Eindruckstheorie des Erlebnisses muß bei den Fragen ansetzen, die diese Theorie offenläßt. Schwierigkeiten bereitet schon das banale Vorkommnis, daß zwei Personen dieselbe Situation unterschiedlich erleben. Während einer dem anderen aus Höflichkeitsgründen das Recht persönlicher Meinung zugesteht, hält er ihn insgeheim für borniert, geschmacklos, wirklichkeitsblind, verrückt. Dabei bleibt unbemerkt, daß die Instabilität der eigenen Erlebnisse aus der Sicht der Eindruckstheorie noch viel merkwürdiger erscheint. Warum erlebt man denselben Ort anders, wenn man ihn nach einem Jahr wieder besucht? Warum ändert sich Kunstwahrnehmung mit der angebotenen Interpretation, ja sogar mit der bloßen Information, daß das zunächst als Original angesehene Bild eine Fälschung ist? Wie war es möglich, daß man so verblendet war, ausgerechnet mit diesem Partner zusammenzuziehen? Warum erscheint einem der ehemalige Partner, den man deswegen verlassen hat, heute in so verklärtem Licht?

Die Alltagstheorie der Eindrucksbildung ignoriert solche Fragen. Erst mit komplexeren Vorstellungen kann man einfache Antworten finden. An welcher Stelle das naive Eindrucksmodell zu öffnen und zu erweitern ist, liegt auf der Hand. Wir sind gezwungen, dem Subjekt eine aktivere Rolle einzuräumen. Erforderlich ist eine Erlebnistheorie der Verarbeitung. Es ist eine Ermessensfrage, wie weit man dabei gehen will. Die folgende Untersuchung geht, um eine erste Andeutung zu geben, sehr weit; sie verankert die Konstitution von Erlebnissen fast ausschließlich im Subjekt. Fast: In der Konkursmasse der Eindruckstheorie finden sich einige brauchbare Elemente, die übernommen werden sollen.

Verarbeitung

Was ist ein Erlebnis? Was ist der gemeinsame Nenner zwischen der Langeweile während eines Vortrags, der Faszination durch eine Theateraufführung, dem Appetit beim Anblick einer Birne, dem Erschrecken, wenn man nachts Schritte im Haus hört, der Ungeduld im Stau auf der Autobahn, der Liebe, der Eifersucht, des Ekels usw.? Ersetzen wir zunächst die Frage, was ein Erlebnis ist, durch die Frage, was hier mit dem Ausdruck »Erlebnis« gemeint sein soll. Wir können nicht über das Wesen der Dinge reden, sondern nur über die Zweckmäßigkeit von Anschauungsweisen. Begriffsbestimmung ist kognitive Selbstprogrammierung. Zwar steht es jedem frei, diesen oder jenen Kurs zu wählen, doch ist es sinnvoll, über die Orientierungsleistung konkurrierender Vorschläge nachzudenken. Wir brauchen dafür ein Minimum an erkenntnistheoretischem Optimismus - das Vertrauen, daß wir bei aller Begrenztheit doch tastend erkennen können, ob wir mit bestimmten Sichtweisen besser oder schlechter vorankommen. Diesen Diskurs greift die Kritik des alltäglichen Erlebnisbegriffs auf: Wir verstehen uns selbst besser, wenn wir die übliche Vorstellung von »Erlebnis« durch eine andere Auffassung ersetzen.

Erlebnisse werden nicht vom Subjekt empfangen, sondern von ihm gemacht. Was von außen kommt, wird erst durch Verarbeitung zum Erlebnis. Die Vorstellung der Aufnahme von Eindrücken muß ersetzt werden durch die Vorstellung von Assimilation, Metamorphose, gestaltender Aneignung. Erst die Entfaltung dieser Anschauungsweise ermöglicht eine soziologische Analyse der Erlebnisgesellschaft, die nicht in den Vereinfachungen befangen bleibt, mit denen sich diese Gesellschaft selber sieht.

Der Begriff der Verarbeitung lenkt die Aufmerksamkeit auf zwei Sachverhalte: Material und Gestaltung. Der Alltagsverstand betont den ersten Gesichtspunkt, die folgende Analyse den zweiten. Es wäre eine unzweckmäßige Radikalisierung der Sichtweise, das Material des Erlebens für theoretisch unerheblich zu erklären, doch hat es im Vergleich zur Gestaltung nur untergeordnete Bedeutung. Man sieht dies beim Vergleich von materialreichem und materialarmem Ambiente. Viele Menschen, die im Museum von Bild zu Bild gehen, erleben fast nichts mehr, was noch etwas mit dem reichlich offerierten Material zu tun hätte. Menschen in totaler Isolation dagegen erleben intensiv, obwohl sie außerhalb kein Material vorfinden. Sie verarbeiten entweder frühere Erlebnisse weiter, oder sie beschäftigen sich mit sich selbst (sofern sich beides unterscheiden läßt). Man könnte sagen: Sie machen sich zu ihrem eigenen Erlebnismaterial.

Stellen wir uns einen Menschen in einem Experiment extremer Reizverminderung vor: Sinnliche Wahrnehmung wird so weit wie möglich blockiert, jede Situationsveränderung ausgeschaltet. Der Schlaf ist eine Annäherung an dieses Szenario. Er zeigt, daß es möglich ist, ausschließlich sich selbst zu erleben. In Träumen kommt der situative Kontext des Träumenden (das Schlafzimmer nachts um halb drei) fast niemals vor. Träume sind Ereignisse, die in der Welt des Subjekts mit Eigenzeit und Eigenörtlichkeit eingeschlossen sind. Wenn man aus einem Alptraum erwacht und sich wieder der außersubjektiven Wirklichkeit (objektive Zeit und objektiver Raum) vergewissert hat, so ist die erste Reaktion Erleichterung. Dasselbe Bewußtsein, das den Traum erzeugt hat, behandelt ihn danach wie etwas, dem es gegenübersteht, einem Text oder einem Film vergleichbar. Man repräsentiert den Traum noch einmal, nun aber träumt man ihn nicht mehr, sondern beschäftigt sich damit. Das Beispiel illustriert drei Elemente einer Erlebnistheorie der Verarbeitung, die im folgenden erläutert werden sollen: Subjektbestimmtheit, Reflexion, Unwillkürlichkeit.

1. *Subjektbestimmtheit*: Erlebnisse entstehen in einem singulären inneren Universum. Was auch immer im Hier und Jetzt geschieht, ob man träumt, nachdenkt, ein Geräusch hört usw. - das Ereignis wird erst durch seine Integration in einen schon vorhandenen subjektiven Kontext zum Erlebnis. Subjektbestimmtheit wird besonders deutlich, wenn das Erlebnis, wie im Traumbeispiel, keinen aktuellen Situationsbezug hat. Auch der radikal alleingelassene Mensch erlebt, sofern er lebt, und er erlebt, ob er will oder nicht. Dabei muß er an das anknüpfen, was

schon da ist. Nur scheinbar unterscheidet sich das Traumerlebnis in seiner radikalen Subjektbestimmtheit von Erlebnissen, die durch von außen andrängendes Material ausgelöst werden. Zum Erlebnis wird Material erst in einem subjektiven Kontext, der so, wie er mit der Situation zusammentrifft, kein zweites Mal vorkommt. In der Kausalanalyse spricht man von »Interaktion«, wenn die Wirkung eines Sachverhalts von einem anderen Sachverhalt abhängt. Die Situation interagiert mit dem Subjekt. Von fünfzigtausend Menschen im Stadion erlebt keiner den Torschuß in derselben Weise. Alle haben es mit demselben Material zu tun, doch interagiert es mit unterschiedlichen Kontexten. Subjektbestimmtheit heißt, daß Verarbeitung zu singulären Erlebnissen führt. Die Frage, wie trotzdem gemeinsame Bedeutungen möglich sind, ob es Intersubjektivität trotz Subjektbestimmtheit geben kann, ist eine Kernfrage der Soziologie. Weiter unten ist darauf einzugehen.

2. *Reflexion*: Ein Erlebnis kann seinerseits erlebt werden. Reflexion ist die Selbstverarbeitung des Subjekts. Während des Traumes denkt man nicht, daß man träumt; während des Nachdenkens über den Traum träumt man nicht. Das Subjekt ist »selbstreferentiell«. Verschiedene Bewußtseinsebenen verweisen aufeinander. Der Traum ist eine Ebene, die Erinnerung an den Traum eine andere. Ähnlich ist zu unterscheiden zwischen der Erleichterung nach dem Aufwachen und der Feststellung, daß man sich erleichtert fühle. Das Subjekt ist konstitutionell doppelbödig, wobei der zweite Boden, die Selbstreflexion, wiederum reflektiert werden kann, ebenso die Reflexion der Reflexion usw. Nehmen wir an, der Mensch in unserem Beispiel führe ein Traumtagebuch. Zunächst schildert er darin den Traum (Reflexion), dann die Erleichterung, die ihm die Niederschrift bereitet hat (Reflexion der Reflexion). Darauf folgt ein selbstkritischer Eintrag, der Zweifel an der Authentizität des soeben geäußerten Gefühls zum Ausdruck bringt (Reflexion dritten Grades). Mit dem Ausruf »Was soll's« schließt der Mensch das Tagebuch und ärgert sich über seine Gefühlsunsicherheit (Reflexion vierten Grades).

Reflexion ist der Versuch des Subjekts, seiner selbst habhaft zu werden. Durch Erinnern, Erzählen, Interpretieren, Bewerten gewinnen Ursprungserlebnisse festere Formen. Allerdings verändern sie sich dabei auch (hierzu unten mehr). Gegen den ständigen Verlust von Erlebnissen im Voranschreiten der Zeit setzt der Mensch Reflexion als Verfahren der Aneignung. Am besten läßt sich Reflexion bei Kindern studieren, da sie noch nicht für sich reflektieren können, sondern auf das Gespräch mit anderen angewiesen sind, um eine Position der Selbstbeobachtung aufzubauen. Das Angewiesensein auf Gesprächspartner, um sich seiner subjektiven Wirklichkeit zu vergewissern, gilt für Erwachsene zwar in geringerem Maße, da sie zur stummen Reflexion fähig sind, doch gelingt auch ihnen die Aneignung von Erlebnissen in der Kommunikation leichter. Der Wunsch nach Gemeinsamkeit auch bei Erlebnisprojekten, wo jeder für sich bleibt, etwa im Kino, zielt meist nicht auf die Herstellung von Intersubjektivität, sondern auf eine Erleichterung der Aneignung durch die Anwesenheit von anderen. Das Gespräch über den Film hat zwar den Anschein eines Meinungsaustauschs, ist aber oft nur Gleichzeitigkeit verschiedener Reflexionsvorgänge.

3. *Unwillkürlichkeit*: In dem Ausdruck »Reflexionserlebnis« verbirgt sich die These, daß durch Reflexion etwas Neues entsteht. Das Urspungserlebnis wird einer Nachbehandlung unterzogen. Was uns zunächst überrascht hat - Träume, Schrecksekunden, Faszination, Langeweile trotz scheinbar anregender äußerer Bedingungen usw. - wird nun noch einmal bedacht. Für das Ursprungserlebnis selbst gilt dagegen Unwillkürlichkeit. Durch Planung der äußeren Umstände können wir versuchen, die Unwillkürlichkeit von Ursprungserlebnissen zu unterlaufen. Wir haben unsere Erfahrungen mit uns selbst; wir glauben zu wissen, was uns gefällt und was uns abstößt. Trotzdem laufen Erlebnisse oft anders ab als geplant. Etwas Unerwartetes ergreift uns, während das erwartete Ergriffensein ausbleibt. Dies hängt zum einen mit der begrenzten Kontrollierbarkeit der Situation zusammen, zum anderen mit der Unvorhersehbarkeit des Subjekts selbst. Auch wenn man die Situation perfekt planen könnte, wüßte man doch nicht genau, in welcher Verfassung man auf sie treffen würde. Die Unwillkürlichkeit von Ursprungserlebnissen erweist sich damit überraschenderweise als Folge der Subjektbestimmtheit. Erst Reflexion erlaubt begrenzte Korrekturen: Man kann versuchen, das Ursprungserlebnis so umzuinterpretieren, daß es zu den Erwartungen paßt. Darauf ist noch einzugehen.

Subjektbestimmtheit, Reflexion, Unwillkürlichkeit: Erlebnisse sind nicht Eindrücke, sondern Vorgänge der Verarbeitung. Kann man dann noch sagen, jemand *habe* ein Erlebnis? Ironisch fragt Luhmann immer wieder, wer das denn sein könnte, dem man Bewußtsein, Beobachtungen, Aussagen und andere subjektiven Manifestationen zuschreibt (vgl. etwa 1990, S.111 ff.). Wer ist der Besitzer des Erlebnisses? Wir können dieses Subjekt nicht finden, da es bereits im Erlebnis selbst steckt. Subjekte realisieren sich (unter anderem) in Form von Erlebnissen. Beide Begriffe - Subjekt und Erlebnis - sind in dieser Arbeit so gefaßt, daß man die Aussage »A hat Erlebnisse« ersetzen kann durch die Aussage »A besteht (zum Teil) in Erlebnissen«.

In der Alltagsvorstellung wird Erlebnisorientierung als Absicht verstanden, etwas zu *haben*; nun erweist sie sich als Absicht, jemand zu *sein*. In dieser Absicht sind Ursprungserlebnis und Reflexionserlebnis enthalten: Ein subjektiver Prozeß soll sich vollziehen, von dem man, sich selbst beobachtend, sagen kann, daß er einem gefalle. Das Projekt des schönen Lebens entpuppt sich als Projekt einer bestimmten Form der Selbstbeobachtung. Erlebnisrationalität ist der Einsatz von Mitteln, um dieses Ziel zu erreichen. Dabei betrachtet man die Manipulation der Situation (Waren, Reisen, Kontakte, Veranstaltungen, Szenen usw.) als Hauptinstrument erlebnisrationalen Handelns. Subjektbestimmtheit, Reflexion und Unwillkürlichkeit führen jedoch dazu, daß sich Erlebnisse durch Situationsmanagement allein nicht steuern lassen.

Subjekt

Die Erlebnistheorie der Verarbeitung wendet sich deshalb dem Subjekt zu. »Subjekt« bedeutet: eine unauflösbare Verbindung von Bewußtsein und Körper. Erlebnisse haben immer psychophysische Qualität. In der Erlebnisgesellschaft, wo es in bisher unbekanntem Maße auf das Subjekt ankommt, hat dies strukturelle Konsequenzen. Großgruppen organisieren sich um den Kristallisationskern einer fundamentalen Semantik, die psychophysischen Charakter hat (vgl. die Abschnitte 5.7, 7.2 und 7.3).

Erlebnisse sind verknüpfte Prozesse in Körper und Bewußtsein. Betrachten wir etwa eine Episode vom Typus »Peinlichkeit«. Jedem ist geläufig, daß sich hier eine Mehrzahl physiologischer Abläufe (von denen nur ein Teil wahrnehmbar ist, etwa Verkrampfung, Rotwerden, Schwitzen) mit vielen kognitiven Operationen verbindet: Vorstellungen über Konventionen, über die Wahrnehmungen der anderen, über das ideale Selbst. Intensiv empfundene Peinlichkeit ist damit nicht ausgeschöpft; sie enthält weitere Prozesse, die für die Selbstbeobachtung nicht manifest werden (also in der klassischen Terminologie als »unbewußt« bezeichnet werden), etwa die Erinnerung an den strafenden Vater oder an die sich entziehende Mutter. Auch alltagsästhetische Episoden bestehen in vielschichtigen Prozessen; die im 2. Kapitel entwickelte Hermeneutik der Stile versucht dem durch eine Differenzierung von Bedeutungsebenen (Genuß, Distinktion und Lebensphilosophie) gerecht zu werden.

Anregungen bezogen die obigen Überlegungen vor allem aus Arbeiten von Maturana (1987) und Luhmann (1990), wenn sie auch von dort dargestellten Positionen teilweise abweichen. So lehnt Luhmann den Begriff des Subjekts überhaupt ab. Er will den ontologischen Nebelschwaden entgehen, die sich um dieses Wort lagern. Im »anthropologischen Schlaf« (Foucault) träumen viele vom Wesen des Menschen, als hätte es Kant nie gegeben. Um das ominöse vorgestellte Wesen loszuwerden, ersetzt Luhmann den Begriff des Subjekts durch Systembegriffe: Leben, Bewußtsein, Kommunikation. Nun hat allerdings jedes einzelne Substantiv einer natürlichen Sprache bereits eine ontologische Bedeutungstradition, auch »Leben«, »Bewußtsein«, »Kommunikation«. Man kann dieser Tradition nicht durch noch so geschickte Wortwahl (ja nicht einmal durch neue Worterfindungen) entkommen, sondern nur durch die unermüdliche Deklaration, daß man diese Tradition nicht mitzumachen gedenke. Deshalb können wir getrost weiterhin »Subjekt« oder gar »Mensch« sagen, ja wir sollten es sogar, um gegen die Vorstellung vom Wesen der Dinge dort zu opponieren, wo sie besonders hartnäckig in Erscheinung tritt. Der Begriff »Subjekt« oder »Mensch« ist eine Anschauungsweise - wie alle Termini in dieser Arbeit.

Material und Gestaltung sind die beiden Hauptaspekte einer Erlebnistheorie der Verarbeitung. Bei der Darstellung dieser Sichtweise lag der Schwerpunkt auf dem Aspekt der Gestaltung: Erlebnisse entstehen subjektbestimmt, reflexiv, unwillkürlich. Um Distanz zur Eindruckstheorie des Erlebnisses zu gewinnen, konzentrierten sich die Überlegungen auf die Subjektabhängigkeit von Erlebnissen. Ist also das Material theoretisch unerheblich? Genügt es, die Situation als eine Art Nährstoff zu betrachten, aus dem jeder macht, was ihm entspricht? Es wäre kein Gewinn, von einer situationslastigen zu einer subjektlastigen Theorie überzuwechseln, Naivität durch akademische Verschrobenheit zu ersetzen. Daß die Situation mehr ist als bloßer Humus, auf dem beliebige Pflanzen gedeihen können, geht schon aus dem Vorhandensein von Gemeinsamkeiten hervor, von denen weiter unten die Rede sein wird. Wie ist es beispielsweise möglich, daß viele Menschen in ähnlicher Weise auf Blasmusik reagieren und - noch erstaunlicher - diese Reaktion auch bei gänzlich anderem Material zeigen, etwa bei Arztromanen, Fürstenhochzeiten und Familienquiz im Fernsehen (vgl. hierzu Abschnitt 3.6)? Genetische Erklärungen scheiden aus. Offenbar erzeugen ähnliche äußere Umstände subjektive Ähnlichkeiten. Ohne die Situation als Einflußgröße müßte man sich zu Pfingstwundern flüchten, um Gemeinsamkeiten zu verstehen. Die Eindruckstheorie des Erlebnisses ist einseitig, aber nicht abwegig. Um nicht selbst einseitig zu werden, muß die Verarbeitungstheorie des Erlebnisses Raum bieten für die Bedeutung der Situation.

Es kann durchaus sein, daß Prozesse in Körper und Bewußtsein nichts mit dem zu tun haben, was außerhalb des Bewußtseins aktuell der Fall ist. Daß es sich auch anders verhalten kann, ist eine Trivialität, die theoretisch schwer zu bewältigen ist und immer wieder neue Stellungnahmen herausgefordert hat. Einerseits die Sphären von Situation, Körper und Bewußtsein in ihrer Getrenntheit zu sehen, andererseits dennoch Beziehungen zwischen ihnen zu denken, ist eine Gratwanderung, bei der man davon bedroht ist, entweder in radikalen Skeptizismus oder naiven Realismus abzurutschen.

Das neue Grundmuster der Beziehung von Subjekt und Situation

In jeder Gesellschaft, auch in der unseren, gibt es charakteristische und - komplementär dazu - untypische Verbindungen von Subjekt und Situation. Stellen wir uns eine gutaussehende Frau Mitte zwanzig mit gehobener Schulbildung vor, die unter der Obhut ihrer Eltern sehnsüchtig darauf wartet, geheiratet zu werden. Sie wäre in der sozialen Szenerie der Gegenwart so exotisch, daß ihre Altersgenossinnen sie geradezu als psychisch krank ansehen würden. Erst wenn sie das Projekt einer lebenslangen Bindung ruhen lassen, ausziehen und sich daran machen würde, ihr Leben »interessant« zu gestalten, würde sie als geheilt gelten. Was heute exotisch wirkt, war vor hundert Jahren normal, was normal ist, war exotisch. Die Ausbreitung der Erlebnisorientierung geht mit einem Wandel des Typischen einher; früher unauffällige Verbindungen von Subjekt und Situation werden auffällig, und umgekehrt wird das ehemals Untypische zur Regel.

Situation ist alles, was sich außerhalb von Bewußtsein und Körper befindet, jedoch damit in Beziehung steht (was in diesem Zusammenhang mit »Beziehung«

gemeint ist, wird gleich erläutert). Dieser Situationsbegriff ist aus der Perspektive des einzelnen heraus konstruiert; er meint denjenigen Ausschnitt der objektiven Wirklichkeit, mit dem es ein gegebener Mensch zu tun hat (zum Begriff der objektiven Wirklichkeit vgl. Abschnitt 5.5). Jedes Subjekt hat eine Situationsgeschichte, deren Spuren sowohl im Subjekt selbst festzustellen sind als auch in seiner aktuellen Situation. Es gibt so viele Situationen, wie es Menschen gibt, denn jeder Mensch steht mit einem besonderen und in seiner Gesamtheit einmaligen Ausschnitt der objektiven Wirklichkeit in Beziehung (was Gemeinsamkeiten der Situation nicht ausschließt). Dazu gehören etwa: Wohnung und Wohnumgebung, Interaktionspartner, Gegenstände, erreichbare Erlebnisangebote, Institutionen, mit denen man in Berührung kommt, ökologische Bedingungen.

Verknüpfungen zwischen Subjekt und Situation gehen von beiden Seiten aus. Zwei Personen, die miteinander flüstern und lachen (Situation) werden vom Subjekt sinnlich wahrgenommen (Körper). Die Wahrnehmung wird im Sinn von »Peinlichkeit« gedeutet (Bewußtsein), was zahlreiche weitere Prozesse im Bewußtsein auslöst. Nun führt die Kette wieder zurück: vom Bewußtsein in den Körper (physische Peinlichkeitsreaktion), möglicherweise auch vom Körper in die Situation (indem man sich beispielsweise aus dem Blickfeld von Zuschauern begibt).

Die »Beziehung« zum Subjekt, durch die ein bestimmter Ausschnitt der objektiven Wirklichkeit zur Situation eines Menschen wird, ist zweiseitig: Die Situation *betrifft* das Subjekt, das Subjekt *handelt* in der Situation. Betreffen und Handeln führen zur Entstehung von Verknüpfungen. Relativ dauerhafte Verknüpfungen von Subjekt und Situation werden in dieser Untersuchung als Existenzformen bezeichnet; ihnen gilt das besondere Interesse der milieutheoretischen Überlegungen weiter unten.

Die soeben eingeführten Kategorien - Betreffen, Handeln, Verknüpfungen, Existenzformen - eröffnen Perspektiven auf den historischen Wandel der Beziehung zwischen Subjekt und Situation, aus dem die Erlebnisgesellschaft hervorgegangen ist. Um diesen Wandel darzustellen, bedarf es weiterer Annahmen und begrifflicher Differenzierungen, die hier zunächst nur in knapper Form skizziert werden sollen. Riskieren wir eine Verkürzung auf drei Sätze: 1. Die Situation betrifft die Subjekte auf neue Weise. 2. Daraufhin handeln die Subjekte auf neue Weise im Bezug auf die Situation. 3. Aus dem in den Sätzen 1 und 2 angedeuteten neuen Grundmuster der Beziehung von Subjekt und Situation entwickeln sich die subjektorientierten Existenzformen der Erlebnisgesellschaft. Zwar lassen diese Aussagen fast alles offen, doch regen sie immerhin ganz bestimmte Fragen an: Worin besteht die neue Weise des Betreffens? Worin besteht die neue Weise des Handelns? Welche Existenzformen ergeben sich daraus? Um Antworten zu finden, benötigen wir eine *Differenzierung* von verschiedenen Arten des Betreffens und Handelns:

Die Situation betrifft das Subjekt in drei Modi: Begrenzen, Nahelegen und Auslösen. Begrenzen ist die situative Festlegung dessen, was für einen gegebenen Menschen zu einem gegebenen Zeitpunkt möglich und unmöglich ist; Nahelegen ist die Anregung der Entwicklung bestimmter Dispositionen im Verlauf der subjektiven Situationsgeschichte; Auslösen ist die Aktivierung von Dispositionen durch Material, das die Situation im Hier und Jetzt an das Subjekt heranträgt. Der Einfluß der Situation auf das Subjekt vollzieht sich beim Modus des Begrenzens als Zwang der Verhältnisse, beim Modus des Nahelegens als Lernprozeß, beim Modus des Auslösens als aktuelle Stimulation.

Betrachten wir nun das Subjekt. Auch das Handeln läßt sich in drei Modi unterteilen: Einwirken, Symbolisieren und Wählen. Einwirken ist das Verändern der Situation durch Bearbeitung; Wählen ist das Verändern der Situation durch Umorganisieren von Verknüpfungen (situative Komponenten, mit denen das Subjekt verknüpft ist, sind beispielsweise Waren, Ambientes, Fernsehprogramme, Institutionen, berufliche Umwelten, Personen); Symbolisieren ist die *Verwendung* von Komponenten der Situation *als* Zeichen und/oder der *Hinweis* auf Aspekte der Situation *durch* Zeichen. Einwirken und Wählen unterscheiden sich typischerweise durch das Tempo der Situationsveränderung und durch den Aufwand, den eine Situationsveränderung erfordert. Das Einwirken - etwa auf Gegenstände, Personen, Institutionen - braucht Zeit und kostet Mühe; das Wählen dagegen ist meist schnell geschehen und strengt nicht an. Symbolisieren ist kein situationsverändernder, sondern ein sichtbarmachender Modus: Man kauft sich etwa ein bestimmtes Auto als Zeichen und verwendet es, um zu zeigen, was man sich leisten kann.

In dieser komprimierten Darstellung ist die Differenzierung der Modi des Betreffens und Handelns gewiß nur in Grundzügen zu verstehen. Für die einführenden Überlegungen zur Theorie der Erlebnisgesellschaft möge dies genügen; verwiesen sei auf vertiefende Ausführungen weiter unten (zum einen im Zusammenhang mit der Theorie der Entstehung milieuspezifischer Existenzformen in Abschnitt 4.12, zum anderen im Zusammenhang mit der Anwendung dieser Theorie auf empirische Ergebnisse in Abschnitt 7.3).

Worin liegt der theoretische Sinn der soeben skizzierten Differenzierung? Sie macht es möglich, den Wandel der Entstehung von Existenzformen als säkulare Akzentverschiebung zwischen den genannten Modi zu begreifen. Von übergeordneter theoretischer Bedeutung ist dabei die Kategorie des Begrenzens. Grenzverschiebungen sind Initialereignisse, die eine Veränderung des gesamten Gefüges der Beziehung zwischen Subjekt und Situation nach sich ziehen. Untersuchen wir eine solche Grenzverschiebung: A erleidet einen Verkehrsunfall und findet sich, als er wieder zu sich kommt, eingegipst und bewegungsunfähig im Krankenhaus wieder. Für längere Zeit ist sein Möglichkeitsraum drastisch reduziert. Einen Tag vorher war alles ganz anders: A stand einem Möglichkeitsraum gegenüber, den er kaum zu überblicken vermochte. In viel geringerem Maße war die Verknüpfung von Subjekt und Situation durch Grenzen festgelegt, in viel höherem Maße kam es darauf an, wie A die Situation deutete. Nehmen wir an, es war Wochenende. Diese Zeitangabe ist ein Zeichen, das allgemein als auslösender

Erlebnisgesellschaft 51

Reiz für die Verwirklichung von Erlebnisbedürfnissen interpretiert wird. A telefonierte mit Bekannten, studierte das Fernsehprogramm und den Veranstaltungskalender, überlegte, was er tun könnte. Er orientierte sich, indem er das aktuelle Zeichenmaterial dekodierte.

Wie sich mit der Erweiterung des Möglichkeitsraumes der Akzent des Betreffens vom Begrenzen zum Nahelegen und Auslösen verschiebt, so verschiebt sich auch der Akzent des Handelns: vom Einwirken zum Wählen. Wenn es nur wenige Möglichkeiten gibt, lohnt sich der Versuch, auf die Situation einzuwirken, mag es auch mühsam sein. Was ist der eventuelle Ertrag? Vielleicht eine angenehmere Gestaltung der Situation, vielleicht sogar eine Erweiterung des Möglichkeitsraums. Ans Bett gefesselt, muß A versuchen, sich mit denen zu arrangieren, die ihm helfen. Sind sie ihm zu unfreundlich oder zu unaufmerksam, bleibt ihm nichts anderes übrig, als sich mit ihnen auseinanderzusetzen. In seinem Stammcafé hätte er mehr Möglichkeiten gehabt; unangenehme Gesprächspartner hätte er einfach sitzen lassen können. Ein großer Möglichkeitsraum gestattet es, zu wählen, statt einzuwirken. Allgemein gesehen, verläuft die Entwicklung der Möglichkeitsräume entgegengesetzt zum Schicksal von A. Sein Beispiel zeigt in Umkehrung, was mit dem Kollektiv geschehen ist. Mit der Vermehrung der Möglichkeiten hat sich die Beziehung zwischen Subjekt und Situation verändert. Eine von Grund auf neue Sozialwelt ist entstanden.

Solange die situativen Grenzen, welche die Subjekte betrafen, eng gezogen waren, traten diese Grenzen auch in der Wahrnehmung hervor. Von den unübersehbar vielen Merkmalen der Situation fokussierte das Bewußtsein diejenigen, die das Ende der Handlungsmöglichkeiten markierten; es thematisierte den Mangel, etwa an Geld, Eigentum, Bildung, hilfreichen sozialen Beziehungen. Das Einwirken auf die Situation war darauf ausgerichtet, sich in ihr zu arrangieren oder ihre Grenzen zu erweitern, den Mangel zu verwalten oder zu lindern. Unter solchen Umständen kam es zur Entstehung geschichteter Gesellschaften mit einer fundamentalen ökonomischen Semantik (vgl. Abschnitt 5.7). Erlebnisse blieben für den größten Teil der Bevölkerung Nebensache; die Rationalität des Handelns war typischerweise außenorientiert (situationsbezogen).

Halten wir nun eine Gesellschaft dagegen, in der sich die Grenzen der Möglichkeiten so erweitert haben, daß man sie kaum noch spürt, ja oft erst nach angestrengtem Nachdenken benennen kann. Wenn man durch ein großes, mit allen Angeboten ausgestattetes Kaufhaus schlendert, weiß man auf Anhieb nicht zu sagen, was man etwa *nicht* bekommen kann. Man ist zu sehr mit der Auswahl zwischen den gegebenen Möglichkeiten beschäftigt, als daß man viel Zeit auf die Frage verwenden könnte, was einem vorenthalten bleibt. Unter gesellschaftlichen Umständen, wo reich assortierte Kaufhäuser nur einen kleinen Teil des gesamten Möglichkeitsraums ausmachen, stehen die Menschen unter dem Druck, fast schon unter dem Zwang, sich intensiv mit sich selbst zu beschäftigen. Was sollen sie wählen? Wie ist die Situation zu interpretieren? Das Betroffensein durch die Situation ist nicht mehr unabhängig von den Subjekten selbst. Nun entwickelt sich eine innenorientierte Rationalität, bei der das Subjekt die Situation als Mittel betrachtet, um bei sich selbst bestimmte Prozesse zu provozieren. Es entsteht das Projekt des schönen Lebens.

Erlebnisgesellschaft

Die neue Beziehung zwischen Subjekt und Situation bringt die Menschen dazu, sich stärker mit sich selbst zu beschäftigen: Erlebnisrationale Beeinflussung des eigenen Innenlebens durch Situationsmanagement wird zum zentralen Thema. Im Projekt des schönen Lebens ist ein Reflexionsprogramm angelegt, da das Erfolgskriterium im Subjekt liegt. Wer ein Haus nach vorgegebenen Plänen errichten soll, muß nicht intensiv über sich selbst nachdenken, wohl aber derjenige, der die Pläne mitgestaltet und dabei das Ziel im Auge hat, sich später in dem Haus wohlzufühlen. Auf dem Bauherrn lastet die Bürde der Reflexion; alle anderen müssen bloß ihr Handwerk beherrschen. Zwar erleben auch sie etwas beim Hausbau, doch richten sie ihre Arbeit nicht nach dem Gesichtspunkt aus, daß sie ihnen vor allen Dingen gefallen soll. Inwiefern hat es der Bauherr schwerer als die Handwerker? Es genügt doch, wenn er einfach sagt, was er will. Ja - aber dies ist nicht einfach. Das Ergebnis von Reflexion ist in einem ungewohnten Maße offen. Wer sich selbst befragt, ist mit ungleich größeren Ungewißheiten konfrontiert, als wer die ihn umgebenden Dinge erforscht. Hierin liegt die soziologische Bedeutung der Reflexionsintensivierung, die mit dem Übergang von einem außenorientierten zu einem innenorientierten Leben verbunden ist. Man kann mit sich selbst nicht wie mit einer Naturtatsache umgehen. Daraus resultiert ein Orientierungsbedarf, der die Gemeinsamkeiten der Erlebnisgesellschaft erst erklärbar macht.

In Reflexionen werden Ursprungserlebnisse immer nur in verwandelter Form abgebildet. Manchmal wird diese Metamorphose manifest, etwa beim abrupten Wechsel des Interpretationsrahmens: Man findet etwas solange schön, bis jemand erklärt, es sei »kitschig«; man findet etwas solange kitschig, bis jemand erklärt, es sei eine »authentische Hervorbringung der Alltagskultur«. Auch wer resistent gegen solche Umwertungen von außen ist, unterliegt dem Phänomen der Metamorphose, sobald er über Ursprungserlebnisse zu reflektieren beginnt. Reflexion kann Ursprungserlebnisse nicht wiederholen; vielmehr besteht sie gerade darin, Ursprungserlebnisse auf eine Weise zu betrachten, die etwas Neues entstehen läßt. Was für die Anschauung der Welt durch das Subjekt gilt, muß auf die Anschauung des Subjekts durch das Subjekt ausgedehnt werden: Das Ergebnis der Beobachtung ist durch die Art und Weise beeinflußt, wie man beobachtet. Keine Weltbetrachtung und keine Selbstbetrachtung ohne Apriori. Viele Perspektiven sind möglich; unmöglich ist allein, sich *ohne* Perspektive selbst zu beobachten. Man kann einen Traum als Prophetie betrachten, als Entwicklungsschritt, als Indiz für den gegenwärtigen inneren Zustand, als reinen Unsinn ohne Bedeutung usw. Jede Art der Traumbeobachtung führt zu einer anderen Rekonstruktion des

Traumerlebnisses. Auch wenn man den Traum vermeintlich interpretationsfrei als bloßes Ereignis zu registrieren versucht, registriert man in bestimmter Weise. Die Bestimmtheit der Anschauung durch die Anschauungsform ist variierbar, aber nicht aufhebbar. Wer aus ihr ausbrechen wollte, müßte eine Möglichkeit finden, zu beobachten ohne zu beobachten.

Dadurch, daß Reflexion zwingend eine Anschauungsweise erfordert, entsteht Unsicherheit. Worauf kommt es an? Das Projekt des schönen Lebens führt zu einem Bedarf an Kriterien der Selbstbewertung. Daß es Ursprungserlebnisse geben könne, die an sich schön, interessant, befriedigend usw. seien, ist ein populärer philosophischer Irrtum. Ein und dasselbe Erlebnis wird in entgegengesetzter Weise reflektiert, als angenehm oder unerfreulich, je nachdem, mit welchen Augen man es betrachtet. Der Blick auf uns selbst ist uns nicht einfach gegeben. Welche der zahllosen Möglichkeiten, uns selbst zu sehen, sollen wir wählen? Wollte man im Alltagsleben diese Frage systematisch weiterverfolgen, geriete man in eine Reflexion der Reflexion und von da in einen unendlichen Regreß. Einfacher ist es, sich gängiger, sozial eingeübter Formen der Selbstanschauung zu bedienen. Dies ist die Stelle, wo sich das Subjekt in der Erlebnisgesellschaft kollektiven Schematisierungen öffnet, fast immer, ohne es zu merken. Man übernimmt intersubjektive Muster.

Sind Gemeinsamkeiten möglich? Gibt es gar gemeinsame Erlebnisse? Jede Antwort scheint falsch zu sein. Gegen die Verneinung der Frage läßt sich einwenden, daß verschiedene Menschen das Erlebnis einer bestimmten Situation oft ähnlich beschreiben: Der Torschuß fällt, und alle jubeln; die meisten Gäste bezeichnen die Berghütte als »gemütlich«; im Theater lachen alle an denselben Stellen usw. Gegen die Bejahung der Frage, ob es gemeinsame Erlebnisse gibt, spricht die Unterschiedlichkeit der Begründungen. Je genauer man nachfragt, desto mehr entfaltet sich subjektive Singularität.

Eine kultursoziologische Untersuchung kann diesen Widerspruch nicht ignorieren. Alle Begriffe dieser Arbeit setzen Gemeinsamkeit voraus. Was sind Gemeinsamkeiten? Die folgende Explikation baut auf dem Begriff der Verknüpfung auf. Verknüpfungen sind aufeinander verweisende Bündel von Differenzierungen in Bewußtsein, Körper und Situation. Wenn jemand auf Blasmusik regelmäßig mit Abscheu reagiert, liegt eine stabile Verknüpfung vor. Wenn dies bei vielen Menschen auftritt, ist die Verknüpfung »gemeinsam« oder »intersubjektiv«. Gemeinsamkeiten beruhen immer auf Wiederholungen. Nur Regelmäßigkeiten können Menschen voneinander abschauen.

Verbindungen von Zeichen und Bedeutungen sind Beispiele für Gemeinsamkeiten. Auch die Dekodierung von Erlebnisangeboten läßt sich so auffassen: Blasmusik wird als Zeichen gelesen, dem die Bedeutung »Spießigkeit« zugeordnet wird. Alltagsästhetische Schemata, die im dritten Kapitel analysiert werden, sind zusammengehörige Mengen solcher Zeichen-Bedeutungs-Verbindungen.

Gemeinsamkeiten erfassen immer nur Bruchteile der von verschiedenen Menschen konstruierten Verknüpfungen. Meinen zwei Personen, die sich abfällig über Blasmusik äußern, dasselbe? Zum Teil wahrscheinlich ja - sie verbinden situative Unterschiede (das, was man hören kann) mit gleichen Operationen des Bewußtseins (»Spießigkeit«), vielleicht sogar mit ähnlichen körperlichen Reaktionen. Doch die kognitiven und körperlichen Prozesse jedes Menschen sind komplex; Gemeinsamkeit beschränkt sich auf wenige Komponenten von Verknüpfungen, die in ihrer Gesamtheit unaufhebbar singulär sind. Ein scheinbares Paradox unserer Alltagswelt, der Gegensatz von Gemeinsamkeit und Einsamkeit der Subjekte, löst sich auf diese Weise auf. Die Kultursoziologie kann sich nur mit einem eingeschränkten Bereich des Subjekts beschäftigen; allerdings bauen sich über der winzigen Enklave der Gemeinsamkeiten gesellschaftliche Konstruktionen auf, die den einzelnen in starkem Maße betreffen, auch wenn seine Eigenwelt weit über die Enklave der Gemeinsamkeiten hinausreicht.

Was heißt »Erlebnisgesellschaft«? Vordergründig betrachtet, fordert diese Frage bloß eine Begriffsbestimmung an. Wie aber kommt man auf einen Begriff? Und was will man damit anfangen? Denkt man genauer nach, zeigt sich, daß die Vorfragen und die Nachfragen wichtiger sind als die Definition selbst, weil Begriffe immer nur in einem theoretischen Zusammenhang Bedeutung haben. Über einen Teil dieses Zusammenhangs muß man schon am Anfang verfügen, den Rest kann man sich durch Forschung erarbeiten. Womit startet die Analyse der Erlebnisgesellschaft und wo will sie hin? In den vorangegangenen Überlegungen waren Elemente von beidem enthalten - Grundannahmen und Forschungsprogramm. Der soziologische Kern des Gedankengangs ist ein Verweisungszusammenhang von theoretischen Voreinstellungen und dadurch markiertem Nichtwissen. Hier, im Spannungsfeld von Perspektiven und offenen Fragen, ist zu bestimmen, was mit »Erlebnisgesellschaft« gemeint ist: eine Gesellschaft, die (im historischen und interkulturellen Vergleich) relativ stark durch innenorientierte Lebensauffassungen geprägt ist. Die Untersuchung der Erlebnisgesellschaft zielt auf Gemeinsamkeiten ab, die sich unter dem Einfluß innenorientierter Lebensauffassungen entwickeln.

Was Begriffe bedeuten, hängt nicht nur von Konventionen ab, sondern, wenn wir der Bedeutungstheorie von Putnam (1991) folgen, auch von der empirischen Wirklichkeit. Deshalb ist zu Beginn der Untersuchung nur eine vorläufige Präzisierung von »Erlebnisgesellschaft« möglich; die volle Bedeutung erschließt sich mit dem Voranschreiten der Analyse.

1.2 Die Vermehrung der Möglichkeiten

Die Veränderung des Grundmusters der Beziehung von Subjekt und Situation, von der im vorangegangenen Abschnitt die Rede war, geht von elementaren Erfahrungen aus, die jeder Mensch jeden Tag macht. Abgelenkt durch Unterschiede, sind wir kaum in der Lage, die Vermehrung der Möglichkeiten als eine Gemeinsamkeit unserer Situation zu erkennen, die uns allen ihren Stempel aufdrückt. Erst im Kontrast zur Armutsgesellschaft wird deutlich, was es heißt, in der Wohlstandsgesellschaft zu leben. Im Vergleich zur Distanz, die uns von der Armutsgesellschaft trennt, sind Unterschiede der sozialen Lage in der Gegenwart nahezu unbedeutend.

Noch in der Mitte des 19. Jahrhunderts eskalierte die durch das Bevölkerungswachstum ausgelöste Armutskrise bis hin zum Massensterben. Krankheit und Tod gehörten zum alltäglichen Erfahrungshorizont, die Arbeits- und Wohnbedingungen des überwiegenden Teils der Bevölkerung erscheinen uns wie von einer anderen Welt (vgl. Rosenbaum 1982; Mooser 1984). Wehlers minuziöse Rekonstruktion von Statusgruppen in der ersten Hälfte des 19. Jahrhunderts (1987b, S.140 f.) läßt das Bild einer zu mehr als vier Fünfteln durch die Unterschichten dominierten Gesellschaft entstehen, in der Not nicht marginal, sondern normal war. Der Weg von der Pauperismuskrise zur Sinnkrise läßt sich auch als Weg von der Überlebensorientierung zur Erlebnisorientierung beschreiben. Diesen Weg ist das Kollektiv in seiner Gesamtheit gegangen, gedrängt durch die Veränderung der Lebensbedingungen. Woher wir gekommen sind, wurde uns auch in diesem Jahrhundert in den Folgejahren der beiden Weltkriege ins Gedächtnis gerufen. Erst in den Jahrzehnten ununterbrochener Prosperität nach dem zweiten Weltkrieg konnte die neue Basisorientierung des Erlebens zur Selbstverständlichkeit werden, über die niemand mehr nachdenkt. Während wir uns mit den Unterschieden unseres Innenlebens beschäftigen, übersehen wir die grundlegende Gemeinsamkeit, daß wir alle innenorientiert sind.

Bedingt durch die Vermehrung der Möglichkeiten, gewinnt die Handlungsform des Wählens gegenüber der Handlungsform des Einwirkens an Boden. Täglich stehen wir vor der Notwendigkeit der freien Wahl: Kleidung, Essen, Unterhaltung, Information, Kontakte usw. Fast immer sind jedoch die Gebrauchswertunterschiede der Alternativen bedeutungslos. Waschmittel X wäscht so gut wie Waschmittel Y; Beförderungsprobleme lassen sich gleich gut mit verschiedenen Autos lösen; für das körperliche Empfinden ist es gleichgültig, ob man dieses oder jenes Hemd anzieht. Wir spüren die Folgen unserer Entscheidungen nicht auf der Ebene des primären Nutzens, denn dieser ist selbstverständlich. Fehlentscheidungen tun nicht weh; oft kann man sie sofort revidieren. Unsere objektive Lebenssituation, soweit sie in Verfügungschancen über Gegenstände und Dienstleistungen besteht, zwingt uns dazu, ständig Unterscheidungen nach ästhetischen Kriterien vorzunehmen. Erleben wird vom Nebeneffekt zur Lebensaufgabe.

Eine Schilderung der Veränderung materieller Lebensbedingungen hat keinen Anspruch auf soziologische Orginalität; trotzdem muß davon die Rede sein. Die hautnahen Erfahrungen im täglichen Umgang mit der Umwelt bilden einen Rahmen für den Aufbau von Identität, der meist unbemerkt bleibt. Abgelenkt von der Unüberschaubarkeit der Möglichkeiten, sich selbst als Person zu entwerfen und zu variieren, übersieht man, daß auch Freiheit den Charakter einer Bedingung hat. Gerade die mit der Veränderung der materiellen Lebensverhältnisse verbundene Ausuferung der Wahlmöglichkeiten enthält einen Anreiz zur Selbstkonstruktion des Subjekts, der wie ein Sachzwang wirkt: Erlebe dein Leben!

Im folgenden soll die Vermehrung der Möglichkeiten anhand wichtiger Teilaspekte dargestellt werden: Angebote, Nachfragekapazität, Zugänglichkeit, Gestaltbarkeit der Welt. Die empirische Untersuchung der langfristigen Situationsveränderungen kann angesichts der umfangreichen Fachliteratur (zusammenfassend: Ambrosius/Hubbard 1986; Alber 1986; Hölder 1989) auf einige Hinweise beschränkt bleiben. Mehr Raum verlangt dagegen die in den nächsten Abschnitten zu untersuchende Frage: Wie hat sich der Aufforderungsgehalt der Situation geändert, und zwar für alle, unbeschadet der Ungleichheit ihrer Situation?

1. Wichtigste Kategorie, um die Erweiterung des Möglichkeitsraumes zu beschreiben, ist das *Angebot*. Inzwischen sind auch entlegene Bereiche des Alltagslebens als Marktnische ausgespäht und von Offerten umstellt. Man hat die Wahl, worum auch immer es gehen mag: Essen, Wohnen, Haushaltsführung, Zerstreuung, Bildung, Selbsterfahrung, Transport, Gesundheit, Information usw. Produktion, Dienstleistungsberufe und öffentliche Daseinsvorsorge lassen nichts unangeboten - so denkt man zumindest, bis man von neuesten, soeben noch undenkbaren Produktvarianten überrascht wird.

Es ist beispielsweise noch nicht lange her, daß die meisten Menschen für die Körperpflege nichts anderes verwendeten als Wasser, Seife, Zahnpasta und vielleicht noch eine Creme. In den letzten Jahrzehnten war der Hygiene- und Schönheitsmarkt besonders expansiv. Umsatzstatistiken belegen eine weit überproportionale Zunahme des Körperpflegegewerbes (Berekoven 1983, S.123). Die Kosmetikabteilungen in den Kaufhäusern sind großflächig gewachsen, und eine neue kommerzielle Erfindung ist aufgetaucht: der Drogeriemarkt. Dort füllen inzwischen etwa die Produktvarianten für Haarpflege ganze Regalfronten. Dann geht es weiter mit dem Gesicht: spezielle Seifen, Reinigungslotions, Masken, Tagescremes, Nachtcremes, Salben für bestimmte Gesichtspartien (z.B. Augenwinkel). Die Inhaltsanalyse der Bestelliste einer Körperpflegeabteilung fördert zutage, daß es zwischen Kopf und Fuß kaum noch einen Quadratzentimeter des menschlichen Körpers gibt, auf den sich nicht eine eigene Klasse von Artikeln beziehen würde. Und innerhalb jeder Klasse konkurrieren verschiedene Erzeugnisse, die demselben Zweck zugeordnet sind. Jede Innovation ist Mutterzelle einer Legion von Mutationen. Lange dauerte es etwa, bis das Deodorant als Möglichkeit für jedermann erfunden war, dann aber vollzog sich die hundertfache Auffächerung in verschiedene Marken, Verpackungen und Aggregatzustände in Windeseile.

In besonderem Maße gilt diese Angebotsexplosion für diejenigen Angebote, deren Gebrauchswert ausschließlich in ihrem Erlebniswert besteht, etwa Kino, Illustrierte, Musikkonserven. Hierzu liegen mehrere umfangreiche Dokumentationen vor. Die Untersuchung von Berekoven (1983) deckt den Zeitraum von Mitte der sechziger bis Anfang der siebziger Jahre ab und belegt stark expansive Tendenzen in den Bereichen von Unterhaltung (S.146) und Reiseveranstaltungen (S.282 f.). Daß sich dieser Trend in den achtziger Jahren weiter fortgesetzt hat, zeigen die den gesamten Erlebnismarkt umfassenden Berechnungen von Fohrbeck/Wiesand (1989, S.44 f., S.160 f.).

2. Mit dem Steigen der Angebotsflut ist auch die *Nachfragekapazität* gewachsen. Konsumfähigkeit ist unmittelbar abhängig von zwei Ressourcen: Realeinkommen und Zeit, die man für das Verbrauchen einsetzen kann. Beeindruckend ist der Gewinn an verfügbarer Zeit gerade in den letzten drei Jahrzehnten (Tokarski 1985; Ambrosius/Hubbard 1986, S.57). Simultan dazu expandierten die Reallöhne (Ambrosius/Hubbard 1986, S.70). Ungleichheit von Konsumchancen besteht zwar weiter, doch hat sich die Skala mehr und mehr vom Bereich des Lebensnotwendigen in den Bereich des Entbehrlichen verschoben. Während sich der Anteil der Ausgaben für Grundnahrungsmittel und andere physisch unentbehrliche Güter (Wohnung, Energie, Bekleidung u.a.) an den Gesamtausgaben des Durchschnittshaushalts von 1950 bis 1973 etwa halbiert hat, ist der Ausgabenanteil für freien Bedarf ungefähr um das Doppelte gestiegen (Jaide 1988, S.119; siehe auch Zapf 1987, S.27).

Ausgestattet mit wachsender Kaufkraft und steigenden Zeitreserven dringen die Konsumenten in letzte Reservate der Exklusivität vor. Weltreisen, Autos der Luxusklasse, eigene vier Wände, gediegene Einrichtungen, teurer Schmuck, erlesene Restaurants - was gestern den Upper Ten vorbehalten war, wird heute zum Standard in der sozioökonomischen Mittellage. Wer von all dieser erschwinglichen Exquisitheit keinen Gebrauch machen möchte, weiß doch immerhin, daß er die Möglichkeit dazu hätte. Das aber ist das Argument, um das es an dieser Stelle geht: die Expansion der Möglichkeiten.

3. Es ist normal geworden, die individuelle Verfügungsgewalt über Güter und Dienstleistungen ausschließlich als Resultat von Angeboten einerseits und persönlicher Nachfragekapazität andererseits zu begreifen. *Zugänglichkeit* ist kaum noch ein Problem. Der Türsteher vor der Diskothek ist der letzte Gruß aus dem Mittelalter, wo freier Austausch durch geschriebene und ungeschriebene ständische Regeln, Zunftordnungen und feudale Hindernisse blockiert war. Im Laufe der Jahrhunderte verloren formale Zugänglichkeitsbarrieren an Gewicht, zumindest »im Prinzip«. Aber noch lange, bis in das 20. Jahrhundert hinein, wurde Exklusivität wirksam gesichert. Ob ein feiner Anzug, ein Logenplatz in der Oper, ein Billet erster Klasse angemessen oder eher peinlich waren, bekam man als Konsument zu spüren. Als der Selfmademan in Amerika bereits zur Leitfigur erhoben war, rümpfte man in Europa über Emporkömmlinge und Neureiche noch die Nase. Der letzte Schub zur Destruktion solcher Zugangsbarrieren für Angebote erfolgte in Deutschland erst nach dem zweiten Weltkrieg. Plötzlich standen die expandierenden Möglichkeitsräume allen offen, die zahlen konnten.

4. Bei der Neuvermessung dieser Räume ist schließlich die Einteilung der Welt in *gestaltbare* und *vorgegebene* Bereiche zu berücksichtigen. Das Märchen vom Fischer und seiner Frau muß für die Gesellschaft der Gegenwart anders erzählt werden. In dem Wunsch, immer mehr zu werden - reicher Bürger, Edelmann, König, Papst, schließlich Gott - ist Unbescheidenheit ursprünglich auf blo-

ße sozioökonomische Anmaßung reduziert, die schließlich vor dem Fall kommt, wenn sich die Anspruchsspirale ins Metaphysische schraubt. An der Stelle aber, wo der Fischer und seine Frau sich in ihrer ärmlichen Hütte wiederfinden, müßte eine moderne Version des Märchens einen anderen Verlauf nehmen: Verrückt geworden, erkennen die beiden ihre reale Situation nicht mehr und handeln in Zukunft unter dem Zwang eines Gotteskomplexes (Richter 1979): Nichts mehr gilt ihnen als gegeben, alles als gestaltbar. Sie wollen erst eine andere Beziehung zueinander, dann überhaupt einen anderen Partner, mehr Selbstverwirklichung, schließlich eine andere Identität.

Die als gestaltbar definierten Bereiche der Alltagswirklichkeit haben ungeahnte Dimensionen angenommen. Psyche, Beziehung, Familie, Biographie, Körper, all dies gilt zunehmend als machbar, reparierbar, revidierbar. Ob die Rezepte richtig sind, ob die Nebenfolgen von Eingriffen den Ertrag verzehren, ob die Machbarkeitsbehauptung überhaupt den empirischen Tatsachen angemessen ist, spielt soziologisch keine Rolle. Entscheidend ist, daß immer mehr Menschen ihre Existenz in einem umfassenden Sinn als gestaltbar ansehen. Damit eröffnen sie sich neue Möglichkeitsräume, die vorher durch kognitive Barrieren (Fatalismus, Schicksalsbegriff, Vorstellung der Gottgegebenheit) verschlossen waren. Großen Anteil daran haben Soziologie und Psychologie, die in mehreren Popularisierungswellen (Studentenbewegung, Frauenbewegung, Psychobewegung) die soziale Landschaft überspülten und veränderten.

1.3 Erlebe dein Leben

Angebotsexplosion, Ausweitung der Konsumpotentiale, Wegfall von Zugangsbarrieren, Umwandlung von vorgegebener in gestaltbare Wirklichkeit: die Erweiterung der Möglichkeiten führt zu einem Wandel der Lebensauffassungen. Man befindet sich in einer Situation, die besser als Entscheidungssog denn als Entscheidungsdruck zu bezeichnen ist. Für das Einschalten oder Nichteinschalten des Radios besteht kein dringender Bedarf; der Kauf des x-ten Paares Schuhe erfolgt ohne Notwendigkeit; das gerade erstandene Buch wird vielleicht nie gelesen; man geht ins Restaurant, obwohl man gerade zu Abend gegessen hat. Es kommt nicht darauf an, aber man wählt dieses, macht jenes, nimmt irgendetwas im Vorbeigehen noch mit, findet etwas anderes ganz nett und holt es sich. Man muß sich nicht entscheiden, aber man entscheidet sich doch, wie jemand, der im Zustand der Sättigung gedankenverloren in eine volle Pralinenschachtel greift.

Im Entscheidungssog der Möglichkeiten wird der Mensch immer wieder auf seinen Geschmack verwiesen. Vor dem Fernseher, beim Einkaufsbummel, bei der Auswahl des Urlaubsziels, im Zeitschriftenladen usw. muß man sich danach richten, worauf man Lust hat, wonach sonst? Der Handelnde erfährt sich nicht als moralisches Wesen, als Kämpfer für ein weit entferntes Ziel, als Unterdrückter mit der Vision einer besseren Welt, als Überlebenskünstler, als Träger von Pflichten. Wissen, was man will, bedeutet wissen, was einem gefällt. »Erlebe dein Leben!« ist der kategorische Imperativ unserer Zeit.

Der Erlebniswert von Angeboten überspielt den Gebrauchswert und wird zum dominierenden Faktor der Kaufmotivation und der Kalkulation von Absatzchancen. Ohne den Kompaß der eigenen Erlebnisbedürfnisse ist der tägliche Konsum von Informationen, Unterhaltung, Waren und Dienstleistungen nicht zu bewerkstelligen. Wer mit dem schlichten Ziel in den Supermarkt geht, ein Stück Seife zu Sauberkeitszwecken zu erwerben, muß unverrichteter Dinge wieder nach Hause gehen. Seine Motivation reicht nicht aus, um sich zwischen den vielen Angeboten, die denselben Zweck erfüllen, zu entscheiden. Erst wenn sich der Konsument auf erlebnisorientierte Zusatzqualitäten einläßt, mit denen sich die Produkte hervortun - wilde Frische, cremige Zartheit, erotische Formgebung, Naturbelassenheit usw. -, ist er in der Lage, eine ganz bestimmte Seife wirklich zu wollen.

Auch jenseits des Konsums verändern sich die Koordinaten der Existenz. Traditionelle Zweckbestimmungen des Körpers wie Arbeit, Kampf, Fortpflanzung werden verdrängt durch die Instrumentalisierung des Organismus als Erlebnismedium. Die Psyche wird nicht mehr gemessen mit Begriffen wie Tugend, Standhaftigkeit, Charisma oder edle Größe, sondern mit Kriterien wie Spontaneität, Empfindungsreichtum und Gefühlsintensität. Diese Maßstäbe gelten auch für den Kontakt mit anderen. Abstammung und verwandtschaftliche Beziehungen, Religion, ökonomische Situation, ständische, kulturelle und lokale Zugehörigkeit haben als Gesichtspunkt der Auswahl von Interaktionspartnern an Bedeutung verloren. Soziale Milieus bilden sich als Erlebnisgemeinschaften.

Die Zunahme der Erlebnisorientierung hat verschiedene Aspekte: Erstens ist eine soziale Expansion der Erlebnisorientierung von wenigen privilegierten Schichten (Adel und Großbürgertum) auf immer größere Teile der Bevölkerung festzustellen. Zweitens beansprucht erlebnisorientiertes Handeln einen immer größeren Anteil am individuellen Zeitbudget. Drittens dringt Erlebnisorientierung in immer mehr Bereiche des Alltagslebens vor. War sie zunächst auf die Freizeit beschränkt, so wurde in den letzten Jahrzehnten immer mehr auch die Arbeit erfaßt. Enge Sozialbeziehungen, die Wohnung, der tägliche Konsum, die Bewegung durch den Raum, Körper und Psyche werden zunehmend mit Erlebnisansprüchen besetzt. Viertens schließlich hat der Aufstieg der Erlebnisorientierung auch eine psychische Dimension: Erlebnisansprüche wandern von der Peripherie ins Zentrum der persönlichen Werte; sie werden zum Maßstab über Wert und Unwert des Lebens schlechthin und definieren den Sinn des Lebens.

Ein expansiver Erlebnismarkt hat sich entwickelt. Zu der privatwirtschaftlichen Antwort auf die Zunahme der Erlebnisorientierung gesellt sich die politische Reaktion einer allmählichen Anerkennung als ressortfähiges Bedürfnis, das kulturpolitisch, städtebaupolitisch, arbeitszeitpolitisch, familienpolitisch befriedigt werden soll. Erlebnisorientiertes Handeln ist schließlich ein Feld von Professionalisierung: Entertainer, Animateure, Reisebegleiter, Psychologen, Erwachsenenbildner, Sozialarbeiter, »Kulturarbeiter«, Freizeitpädagogen bieten sich als berufsmäßige Erlebnishelfer an; Designer, Journalisten, Redakteure, Diskjokkeys, Unterhaltungsplauderer in Radio und Fernsehen sorgen für ununterbrochene Abwechslung; neue Einrichtungen wurden in den sechziger und siebziger Jahren erfunden: Kommunikationszentren, Diskotheken, Kinokneipen.

Im Hintergrund erlebnisorientierten Handelns steht meist die naive Eindruckstheorie des Erlebnisses, an deren Aufrechterhaltung Erlebnismarkt und Erlebnisprofessionen mit allen Mitteln arbeiten. Indem die Eindruckstheorie suggeriert, daß es genüge, die Situation zu manipulieren, um gewünschte Erlebnisse zu haben, verdeckt sie die Schwierigkeiten, die im Projekt des schönen Lebens angelegt sind. Die Manipulation von Situationen vollzieht sich etwa durch Aneignung von Waren, Besuch von Veranstaltungen, Inspruchnahme von Dienstleistungen, Herstellen oder Abbrechen von Kontakten. Doch Erlebnisse lassen sich nicht bereits durch Situationswahl programmieren; die Situation liefert lediglich Material für subjektbestimmte, reflexive und unwillkürliche Konstruktionen.

Um diese Schwierigkeiten geht es in den beiden folgenden Abschnitten. Handlungslogisch lassen sich die Hauptprobleme zeitlich lokalisieren: Vor der erlebnisorientierten Handlung tritt das Problem der Unsicherheit auf, danach das Problem der Enttäuschung. Die Beschäftigung mit diesen beiden Problemen in den folgenden Abschnitten ist nicht durch gesellschaftskritische, sondern durch theoretische Absichten motiviert. Soziale Energien werden durch Probleme mobilisiert. Auf die Knappheitsprobleme folgten Überflußprobleme. Aus der Perspektive des bedrohten Lebens erscheinen Unsicherheit und enttäuschte Erlebniserwartungen unerheblich. Erst aus der Perspektive des saturierten Lebens erlangen sie in der Einschätzung der Menschen eine Wichtigkeit, die gesellschaftliche Folgen hat.

1.4 Unsicherheit

Die normative Kultur der gegenwärtigen Gesellschaft leitet sich nicht mehr aus dem Problem ab, die biologisch wahrscheinliche Lebenszeit überhaupt durchzuhalten, sich eine Existenz aufzubauen und den Kampf ums Dasein zu bestehen. Bei allem Krisenbewußtsein gilt das Leben doch als garantiert. Jetzt kommt es darauf an, es so zu verbringen, daß man das Gefühl hat, es lohne sich. Nicht das Leben an sich, sondern der Spaß daran ist das Kernproblem, das nun das Alltagshandeln strukturiert. Unsicherheit ist ein Teil dieses Problems: Was will ich eigentlich?

Eine Anekdote erzählt von einem König, dessen größter Wunsch es war, einmal richtig Hunger zu haben. Stimmt es, daß es Menschen unter harten materiellen Bedingungen eigentlich besser geht? In philosophischer Hinsicht ja: Sie wissen, was sie wollen und was sie zu tun haben. In ihrem Leben gibt es einen integrierenden, identitätsstiftenden Faktor - die Spannung zwischen unerfüllten Bedürfnissen und objektiver Lebenssituation. Damit sind nicht die Verzweifelten in auswegloser Lage gemeint, denen nur die Resignation bleibt, sondern Menschen im Mittelbereich zwischen aussichtsloser Not und Überfluß - diejenigen, denen etwas fehlt, wofür sie den Kampf noch nicht aufgegeben haben. Ihr Handeln wird durch Probleme motiviert, ihre Gedanken haben ein Thema, ihr Dasein hat eine Richtung: nach oben. Menschen, die nach oben wollen, haben Mittelkrisen, Menschen, die oben sind, haben Sinnkrisen. Diese sind noch unterwegs, jene schon angekommen; diese leben im Zustand der Hoffnung, jene häufig im Gefühl der Ratlosigkeit; diese haben die Pointe ihrer Existenz noch vor sich, jene müssen sich überlegen, was danach kommt. Für den Deprivierten, den noch nicht aller Mut verlassen hat, ist das Leben eine spannungsreiche Herausforderung. Das Privileg der Unterprivilegierten besteht in der Faszination der handgreiflichen Erfolgschance, das Problem der Privilegierten in der Langeweile von Menschen, die nicht recht wissen, was sie wollen.

Der Glückspilz ist unglücklich, der Habenichts ist glücklich. »Hans im Glück« (Märchen der Gebrüder Grimm), »Kannitverstan« (Hebel), »Wieviel Erde braucht ein Mensch?« (Tolstoi), »Aus dem Leben eines Taugenichts« (Eichendorff) - dem Unbehagen der Arrivierten, dem Lebensekel und der Langeweile der reichen Leute steht das Glück der Armen gegenüber, die existentielle Spannung der Ungesicherten, die Zufriedenheit der Enthaltsamen. Daß Lebenslust zum Problem wird, wenn man endlich dafür freigestellt ist, sich darauf zu konzentrieren, ist nichts Neues. Neu ist die gesellschaftliche Verbreitung dieses Problems.

Unsere Alltagsvorstellungen davon, was die Frage »Was will ich?« meint, sind ihrer Bedeutung nicht angemessen. Betrachten wir die Frage vor dem Hintergrund der in Abschnitt 1.1 ausgeführten Überlegungen. Wir verstehen das Subjekt als feste Einheit, die über die Zeit hinweg mit sich selbst identisch bleibt; wir verstehen unser Wollen als etwas »Eigentliches«, als bereits vorhandenes Merkmal, das es nur zu entdecken gilt; wir verstehen das Objekt des Wollens als Sache, Person, Umgebung: als etwas, das außerhalb von uns selbst liegt. Die naive Theorie des Erlebnisses betrachtet das, was außen liegt, zusammengefaßt im Begriff der Situation, als notwendiges und hinreichendes Mittel, um das Innenleben zu steuern. Doch das Projekt des schönen Lebens ist durch noch so raffinierte Komposition der äußeren Umstände allein nicht zu verwirklichen. Es kommt darauf an, wie wir das situative Material verarbeiten. Am Ziel sind wir erst dann, wenn wir uns selbst in bestimmter Weise sehen - das »Was« des Wollens ist nichts Äußeres, sondern das Gelingen einer Reflexion von Ursprungserlebnissen als schön.

Wir, die Subjekte, sind jedoch variabel. Deshalb sind Ursprungserlebnisse schwer kalkulierbar. Sie überraschen uns in ihrer Unwillkürlichkeit; gleiche situative Arrangements führen wegen der Wandelbarkeit des Subjekts zu immer wieder neuen Erlebnissen. »Wollen« im Kontext der Erlebnisrationalität ist nicht beschränkt auf das Habenwollen äußerer Umstände, wenn es auch in dieser Weise mißverstanden wird. Man meint, eine Person zu wollen, doch das Objekt der Begierde ist, wie man schnell feststellen kann, wenn man es besitzt, nur Platzhalter für etwas anderes. Nun könnte man denken, daß man eigentlich bestimmte Ursprungserlebnisse gewollt habe: Ekstase, Geborgenheit, Selbstvergessenheit oder ähnliches. Damit ist man jedoch schon eine Ebene weitergegangen, ohne es zu merken: vom Ursprungserlebnis zum Reflexionserlebnis. Jenes »eigentliche« Wollen ist der Wunsch, Ursprungserlebnisse in bestimmter Weise zu reflektieren. Man unterstellt, vom Ursprungserlebnis überwältigt zu werden, doch die Aneignung des Erlebnisses vollzieht sich erst durch Reflexion.

Dabei entsteht etwas Neues. Reflexion hat paradoxe Wirkungen: Sie sichert das Ursprungserlebnis, verwandelt es aber auch, da sie nur möglich ist auf der Grundlage von Perspektiven, Kriterien, Modi der Selbstbeobachtung, die sich zum Gegenstand der Reflexion apriorisch verhalten. Beschreibt man ein Erlebnis als »ekstatisch«, so ist diese Beschreibung nicht nur von der subjektiven Tatsache geprägt, sondern auch von einer bestimmten Sichtweise subjektiver Tatsachen. Diese lassen jeweils unzählige Sichtweisen zu und sind nicht erschöpfend beschreibbar. Der Wunsch nach Ekstasen ist der Wunsch nach einer bestimmten reflexiven Beziehung zu sich selbst. Es gibt keine Ekstasen »an sich«, da es keine Ursprungserlebnisse gibt, die nur eine Art der Reflexion zulassen würden. Auch das angebliche »Überwältigtsein« ist nur in reflexiver Rekonstruktion zu haben, und manchmal beruht es nur darauf - eine Fiktion, der kein Ursprungserlebnis entspricht.

Unsicherheit als Begleiterscheinung der Erlebnisorientierung hat zwei Quellen: zum einen die Offenheit der Reflexionsformen, zum anderen die Unkalkulierbarkeit von Usprungserlebnissen. Unter den Umständen fortgeschrittener Verunsicherung durch Innenorientierung hat das Angebot von Klarheit über eigene Wünsche selbst dann eine Chance, wenn es für jedermann als Suggestion erkennbar ist. Die Überlebensfähigkeit der Werbung trotz aller Enttarnungen weist auf ein Orientierungsbedürfnis hin, das Züge von Angst und dadurch bedingter Glaubensbereitschaft wider bessere Einsicht trägt. Unsicherheit erzeugt ein ästhetisches Anlehnungsbedürfnis, das sich in Mentalitäten, Gruppenbildungen, typischen Handlungsstrategien und neuen Formen der Öffentlichkeit niederschlägt. Alle zentralen Begriffe dieser Untersuchung deuten auf die Inanspruchnahme kollektiver oder institutioneller Orientierungshilfen hin: Stil und Stiltypen, alltagsästhetische Schemata, soziale Milieus, Rationalität von Erlebnisnachfrage und Erlebnisangebot, Szenen. Ohne kollektive Muster wären viele durch das Programm, so zu leben, wie sie wollen, philosophisch überfordert. Erst die Orientierungskrise, die sich mit dem Wunsch nach einem erlebten Leben verbindet, erklärt bestimmte soziale Strukturen, die in unserer Gesellschaft immer mehr in den Vordergrund treten.

Wie ist jedoch alltagsästhetisches Sicherheitsstreben mit der Flut des Neuartigen zu vereinbaren? Warum hat sich nicht eine stabile Folklore der Freizeitgesellschaft entwickelt, auf deren Zeichenvorrat man sich über die Jahre hinweg verlassen könnte? Warum sind die Menschen dazu bereit, sich ständig auf ästhetische Sicherheitsrisiken einzulassen, obwohl sie gleichzeitig erkennbar nach Sicherheit suchen? Diese Fragen führen zum zweiten typischen Problem einer erlebnisorientierten Existenz: dem Problem der Enttäuschung.

1.5 Enttäuschung

Die Erweiterung der Möglichkeiten, die am Anfang der Erlebnisgesellschaft steht, schließt eine ungeahnte Steigerung der Brauchbarkeit von Gegenständen und Dienstleistungen ein, die wir in unserer Situation vorfinden. Schund, Ramsch, Wegwerfartikel, Massenware - die Kritik an der Konsumgesellschaft setzt am Ausschuß an, der doch gar nicht mehr typisch für sie ist. Bei der Mehrzahl der Angebote ist die ständige Verbesserung der Produktqualität nicht zu bezweifeln. Ob es sich um Autos, Stereoanlagen, Fernsehgeräte, Haushaltsgeräte und andere langlebige Güter handelt oder auch nur um Turnschuhe, Klebemittel, Margarine, Süßigkeiten, Reinigungsmittel usw. - Gebrauchswertsteigerungen sind selbstverständlich. Oft sind die Qualitätsentwicklungen geradezu sprunghaft und revolutionär. Autos, Fotoapparate und Personal Computer sind Beispiele für ein gewandeltes Verhältnis von Produkt und Konsument. Fraglich ist nicht mehr, ob die Ware den Ansprüchen des Kunden genügt, sondern ob der Kunde mit den Ansprüchen der Ware schritthalten kann.

Die Konsumenten registrieren solche Produktentwicklungen und reagieren darauf. Durch ständigen Austausch und fortlaufende Ergänzung der Dinge des täglichen Lebens verbessern sie, objektiv gesehen, ihre Lebensqualität. Aber die subjektive Bedeutung dieser Verbesserungen ist gering, wie die Zufriedenheitsforschung immer wieder gezeigt hat (Easterlin 1974; Zapf 1987). Kaum angeschafft und in Gebrauch genommen, werden die Dinge, die einen Augenblick vorher noch die Begehrlichkeit wachgerufen haben, bereits blasser. Daß man ihnen nur selten bleibenden Wert einräumt, sich nicht immer wieder an ihnen freuen und sie wirklich auskosten kann, liegt auch an der ständigen Verbesserung ihres Gebrauchswertes. Schon der noch nicht einmal gekaufte, nur in Betracht gezogene Gegenstand ist durch die sichere Erwartung im Wert gemindert, daß eine überlegene Produktgeneration folgen wird. Die Langfristerfahrung der Dynamik des Warenangebots übt den Blick für das Verfallsdatum ein. Brandneues trägt bereits das Stigma des Veraltens. Oft wird die Nachfrage nur noch durch nicht mehr ausnutzbare Qualitätsverbesserungen stimuliert. Der Abschied vom Gebrauchswert vollzieht sich im Übergang zur bloßen Symbolisierung von Neuheit durch Accessoires wie neues Design, neue Verpackung, neue Markenbezeichnungen. Im Lauf der Jahre lernt man, daß die letzten Errungenschaften, Neuigkeiten, Trends niemals die letzten bleiben werden. Immer wieder muß man innerlich und äußerlich Platz machen für das Nachfolgende.

Braucht man das, was man sich aneignet, wenigstens im Augenblick der Aneignung? Nur ausnahmsweise bedeutet Aneignung die Erfüllung eines lange gehegten Wunschtraumes, befriedigt Konsum ein klar empfundenes körperliches Bedürfnis, erleichtert eine Anschaffung das Alltagsleben spürbar, verschafft Kulturgenuß Faszination, Katharsis oder wirkliche Erheiterung. Man hungert nicht nach den Angeboten, sondern hat nur ein bißchen Appetit. Selten muß man für die angenehmen Dinge Opfer bringen und kämpfen. Unter diesen Umständen gewöhnt man sich daran, Angebote nicht nach ihrem Gesamtwert zu beurteilen, sondern nach dem minimalen Unterschied, der sie vor vergleichbaren Angeboten auszeichnet. In der Wahrnehmung treten die Nebenaspekte vor die Hauptsache.

Die explosionsartige Zunahme des Brauchbaren führt zu einem Verfall der Freude an Brauchbarkeit. Unter Lebensbedingungen, die es erst ermöglichen, schöne Erlebnisse zur Hauptsache zu machen, verflüchtigen sich schöne Erlebnisse, die sich als Nebensache ergeben würden. Je mehr sich die Qualität der Dinge steigert und je leichter man darüber verfügen kann, desto blasser erscheint ihr Gebrauchswert. Die Fähigkeit, sich am Gebrauchwert zu freuen, wäre ein sicherer Schutz vor Enttäuschung. Handelt man außenorientiert, kommt es auf Freude nicht an, gleichwohl verspürt man sie, wenn etwas seinen Zweck erfüllt. Beim innenorientierten Handeln wird das schöne Erlebnis zur Hauptsache, Brauchbarkeit zum Nebenaspekt, der für das Projekt des schönen Lebens wenig hergibt. Dadurch entsteht Enttäuschbarkeit. Die Frage ist nun, wie niedrig man das Enttäuschungsrisiko durch erlebnisrationales Handeln halten kann.

Erlebnisrationalität hat paradoxe Wirkungen. Schon 1923, angesichts einer im Vergleich zur Gegenwart bescheidenen Prosperität, stellte Karl Oldenberg fest: »Durch sanften Druck sieht sich der Konsument in immer neue Bedürfnisse verstrickt, und das Bedauerlichste ist, daß diese Aufwendungen ihm mit abnehmender Genußempfindung lohnen. Denn gerade solche Bedürfnisse, die über das bare Existenzminimum hinausgehen, unterliegen mehr oder weniger einem Gesetz der Abstumpfung.« Oldenberg wurde darüber keineswegs zum Konsumkritiker: »Die Konsumption, die uns als Zweck erscheint, ist in Wirklichkeit vielmehr Mittel für einen höheren Zweck«, löst sie doch »die Anspannung der Kräfte aus, die dem Leben Wert und Würde gibt, wenn sie sittlich rein bleibt. Und sie züchtet starke Menschen und starke Völker, die über die anderen herrschen und ihnen ihr Gepräge aufdrücken.« (Oldenberg 1923, zitiert nach Kramer 1986, S.47f.) Was bleibt übrig, wenn man nach den historischen Erfahrungen des 20. Jahrhunderts diese Begründung nicht mehr akzeptieren kann? Die Befriedigung des Konsumenten selbst: ein Argument, dessen Fragwürdigkeit Oldenberg gerade veranlaßt hat, nach anderen Argumenten zu suchen.

Meist sind zwar die äußeren Voraussetzungen gegeben, um bestimmte Erlebnisse zu wiederholen, aber die Erlebnisfähigkeit entwickelt sich mit der Anzahl der Wiederholungen kurvenförmig. Nach einer Phase des Anstiegs der Faszinierbarkeit, in welcher der psychische Rahmen des Erlebens aufgebaut wird, schwächt sich die Resonanz ab. Auf der Suche nach dem verlorenen Reiz braucht man stärkere Dosen und erlebt weniger. Für schöne Erlebnisse gilt dieselbe Paradoxie wie für andere Werte: Was erstrebenswert ist, fordert zur Anhäufung heraus, damit aber auch zu seiner Inflationierung.

Im Laufe einer erlebnisorientierten Lebenspraxis kann sich das Subjekt in einer Weise verändern, daß die Paradoxie schon vor der Erlebnisepisode entsteht. Erlebnisorientierung wird zum habitualisierten Hunger, der keine Befriedigung mehr zuläßt. Im Moment der Erfüllung entsteht bereits die Frage, was denn nun als nächstes kommen soll, so daß sich Befriedigung gerade deshalb nicht mehr einstellt, weil die Suche nach Befriedigung zur Gewohnheit geworden ist. Man unternimmt weite Reisen, um sich am Ziel zu fragen, wohin man denn jetzt fahren soll. Vorformen solcher Übersteigerungen faßt Opaschowski (1988) unter dem Begriff »Freizeitstreß« zusammen. Wochenende und Urlaub, aber auch Partnerbeziehung, Beruf und andere Lebensbereiche geraten unter einen Erwartungsdruck, der Enttäuschungen erzeugt. Je vorbehaltloser Erlebnisse zum Sinn des Lebens schlechthin gemacht werden, desto größer wird die Angst vor dem Ausbleiben von Erlebnissen.

Zur Angst vor Langeweile gesellt sich die Angst, etwas zu versäumen. So groß die Zahl der Angebote auch ist, im Konsum des Erlebnisses liegt unvermeidlich eine Festlegung. Könnte es nicht sein, daß das andere Fernsehprogramm doch besser ist? Vielleicht ist in der nächsten Diskothek mehr los als in dieser? Vielleicht hätte mir ein anderer Mensch mehr zu bieten, als der, auf den ich mich eingelassen habe? Gewählt zu haben bedeutet immer auch, andere Möglichkeiten ausgeschlagen zu haben. Der entgangene Gewinn an Erlebnissen ist jedoch nicht zu kalkulieren. Auch wenn man sich im Moment gerade nicht langweilt, ist es möglich, daß man etwas versäumt. Konsumieren bedeutet auch verzichten.

Enttäuschungen sind, ebenso wie schöne Erlebnisse, eine bestimmte Form der Selbstbeobachtung: man reflektiert Ursprungserlebnisse. In der naiven Eindruckstheorie des Erlebnisses werden Enttäuschungen allerdings den Umständen angelastet. Wenn man sagt, man sei »von etwas« enttäuscht, so meint man Elemente der Situation, die man sich erlebnisrational verschafft hat - Veranstaltungen, Interaktionspartner, Apparate, Landschaften, Speisen usw. Das nächste Mal will man nicht mehr so dumm sein; man überlegt, wie man die Situation geschickter manipulieren kann, um gewünschte subjektive Wirkungen zu erzielen. Instrument dieser Ich-Technologie ist die Veränderung der äußeren Umstände. Erneute Enttäuschungen sind wahrscheinlich, doch werden sie solange nicht begriffen, wie die Bedeutung des Subjekts für die Entstehung von Enttäuschungen ignoriert wird. Diese Bedeutung kann so weit gehen, daß jede Manipulation der Situation vergeblich ist. Es ist möglich, daß der Aufbau schöner Erlebnisse - die Reflexion von Ursprungserlebnissen als schön - schlechthin nicht mehr gelingt, was auch immer zur Verfügung stehen mag: Traumreisen, Traumvillen, Traumpartner usw.

Die reflektierte subjektive Tatsache, das Ursprungserlebnis, verweist auf eine objektive Tatsache, die Situation. Erlebnisrationalität begründet ein starkes Interesse an der auslösenden Situation, denn ihr grundlegendes Denkschema ist die Manipulation des Innenlebens durch die äußeren Umstände. Deshalb beschränkt sich Reflexion nicht auf das Innenleben, sondern schließt die Frage ein, wie das Ursprungserlebnis entstanden sein könnte. Man will dazulernen, um kommende Erlebnisprojekte effizient aufzubauen. Eine neue Art, aus den Umständen zu lernen, zeichnet sich ab: innenorientiertes Lernen im Gegensatz zu außenorientiertem Lernen.

Beim außenorientierten Lernen geht es um die Frage, wie man bestimmte äußere Umstände durch die Manipulation anderer äußerer Umstände beeinflussen kann. Handeln hat die Form des Einwirkens; Hauptthema der Reflexion ist praktische Bewährung oder praktisches Scheitern; grundlegendes Denkschema ist die kausale Interpretation der Beziehungen zwischen äußeren Ereignissen. Wenn man außenorientiert handelt, etwa als Handwerker beim Hausbau, operiert man reflexiv mit dem Kriterium der Wahrheit: Habe ich das Problem richtig erfaßt? Stimmt mein technisches Wissen? Ist das, was ich will, überhaupt realisierbar? Bin ich ein Utopist? Habe ich die kostengünstigste Alternative gewählt? Anhand solcher Fragen kann man sich selbst durch Erfahrung prüfen. Dabei ergibt sich relativ stabiles und bei vielen Menschen ähnliches Erfahrungswissen, das wegen seiner praktischen Erprobung isomorph mit der objektiven Wirklichkeit verknüpft ist. Auf diese Art der Verknüpfung zielen wir im Alltagsleben mit dem Kriterium der Wahrheit ab. Auch wenn uns Irrtümer unterlaufen und unsere naive Erkenntnistheorie voller Ungereimtheiten ist, finden wir uns bei dieser Organisation des Wissensaufbaus doch in der Welt zurecht.

Beim innenorientierten Lernen geht es dagegen um die Frage, wie man durch Manipulation der äußeren Umstände innere Wirkungen erzielen kann. Wir meinen dabei, mit denselben Denkstrukturen ansetzen zu können wie beim außenorientierten Lernen: praktische Erprobung, Kriterium der Wahrheit, Kausalschema. Doch die selbstgestellte Aufgabe ist mit diesen Mustern der Urteilsbildung aus zwei Gründen nicht zu bewältigen: Erstens ist das innere Ereignis abhängig von Reflexion. »Erfolg« oder »Mißerfolg« manifestiert sich nicht unmittelbar im Ursprungserlebnis, sondern immer erst im Betrachten des Ursprungserlebnisses. Selbst bei gleichbleibenden Ursprungserlebnissen ist die Beurteilung der inneren Wirkung instabil. Wir führen Erfolg oder Mißerfolg auf die Umstände zurück, doch ist es möglich, daß sich lediglich unsere Art der Selbstbeobachtung geändert hat. Zweitens haben wir es bei der Beziehung zwischen Subjekt und Situation nicht mit einem stabilen Gefüge von Gesetzmäßigkeiten zu tun, wie dies für die Beziehungen gilt, auf die sich außenorientiertes Lernen richtet. Erlebnisse sind subjektbestimmt. Dieselben Umstände produzieren ein anderes Ursprungserlebnis, wenn sich das Subjekt von einem Zeitpunkt zum anderen geändert hat. Selbst wenn die Struktur der Reflexion gleichgeblieben ist, reflektiert man dann etwas anderes.

Mit der Abnahme der Fähigkeit, sich am Brauchbaren zu freuen, entsteht ein Enttäuschungsrisiko, das durch den Versuch, etwas dagegen zu unternehmen, noch gesteigert wird. In seiner Kritik des Hedonismus unternimmt Marcuse (1965, S.128 ff.) einen philosophiegeschichtlichen Rückblick, an dessen Anfang er die kyrenaische Richtung darstellt: Glück verschafft man sich dadurch, daß man sich jede erdenkliche Lust so oft wie möglich gönnt. Auf dieser Position verharrt die Alltagsphilosophie in unserer Gesellschaft, nicht zuletzt, weil sie ständig dorthin gedrängt wird. Dreißig Jahre nach ihrem ersten Erscheinen ist die Aktualität der Analyse der Überflußgesellschaft von Galbraith (1958) im selben Maße gewachsen wie die Wirtschaft, welche die Bedürfnisse zur Beseitigung ihrer Produkte mitproduzieren muß. Eine Kulturgeschichte der Bundesrepublik Deutschland, wie sie Jost Hermand vor kurzem vorgelegt hat, ist ohne eine Geschichte der Werbung nicht vollständig (Hermand 1988, S.121 f.). Was vermeintlich im eigenen Interesse liegt, wirkt kontraproduktiv. Es entsteht ein kollektiver Problemdruck, der soziale Energien mobilisiert. Das Projekt des schönen Lebens verbindet sich mit seinen Folgeproblemen von Unsicherheit und Enttäuschung zu einem dynamischen Motivationsgemenge, aus dem neue kollektive Strukturen hervorgehen. An die Stelle von Gesellschaftsbildung durch Not tritt Gesellschaftsbildung durch Überfluß.

1.6 Wandel der normalen existentiellen Problemdefinition und Gesellschaftsbildung

Was begreifen die Menschen in unserer Gesellschaft als ihre Lebensaufgabe? Im Zentrum der folgenden Thesen zu diesen Fragen steht die Kategorie der normalen existentiellen Problemdefinition. Im Vorgriff auf ausführlichere Überlegungen weiter unten (Abschnitt 5.4) sei dieser Begriff kurz verdeutlicht. Gemeint ist eine Grundtendenz individuellen Handelns, die sich in vielen Situationen über die Jahre hinweg wiederholt, inhaltlich bestimmbar als Auffassung über den Sinn des Lebens. Dabei mischen sich Elemente verschiedenen Kollektivitätsgrades, variierend zwischen den Ebenen von übergreifender Kultur, sozialen Milieus, Kleingruppen und Individuen. Nur die allgemeinsten Komponenten sind Gegenstand dieser Untersuchung. Charakteristisch für unsere Kultur sind innenorientierte Problemdefinitionen, zusammengefaßt im Begriff der Erlebnisorientierung.

Die Soziologie muß auf einen Wandel der normalen existentiellen Problemdefinition reagieren. Noch am Ende des 19. Jahrhunderts hatten die handlungsleitenden Problemdefinitionen der Menschen einen gemeinsamen Nenner, der sich allgemein als Außenorientierung bezeichnen läßt. Aus der Erfahrung von Knappheit und Bedrohung erwuchs ein Problembewußtsein, das an der *Situation* ansetzte. Es ging primär um äußere Lebensbedingungen: Ressourcen, Sicherheit, Vermeiden negativer und Erlangen positiver sozialer Sanktionen, Abwehr von Gesundheitsrisiken u.ä. Es war zunächst einmal wichtig, überhaupt physisch zu überleben, und dies auf einem halbwegs akzeptablen Niveau der Güterversorgung. Auch die Bessergestellten wußten, was ihnen blühte, wenn es ihnen nicht gelingen sollte, ihr Niveau zu halten. Gerade sie setzten die normale Problemdefinition der Überlebensorientierung und Lebenssicherung besonders aktiv in Handlungsmuster um: Ausbeutung, demonstrativer Konsum und distinktive Alltagsästhetik, Protektion der nachfolgenden Generation, exklusiver Heiratsmarkt der guten Partien, Abgrenzung gegen die unteren sozialen Schichten. Deren Mehrheit war überwältigend, so daß es fast zwingend nahe lag, Knappheit und existentielle Bedrohung als normal anzusehen. Klassenantagonismus, Arbeiterbewegung, Sozialgesetzgebung, Kolonialismus, soziale Schichtung: die normale Problemdefinition der existentiellen Defensive, der Knappheit, der Bedrohung strukturierte das Handeln von der Mikroebene bis zur politischen Tagesordnung und zur Auseinandersetzung der Kollektive.

Zunächst trat die neue existentielle Problemdefinition nur vereinzelt auf. Sie war nicht normal, sondern exzentrisch, ein Luxusproblem der Wenigen, die so gut versorgt waren, daß sie überlegen mußten, was sie eigentlich mit ihrer Zeit und ihrem Geld anfangen wollten. Obwohl diese Frage inzwischen sozialer Standard geworden ist, existiert die traditionelle defensive Problemdefinition immer noch in unserem Bewußtsein fort, nur blasser, weniger häufig, an zweiter Stelle. Nach einer Zeit der Koexistenz verschiedener Problemdefinitionen normalisierte sich das ehemalige Luxusproblem der Erlebnisorientierung. Nicht mehr Knappheit, sondern Überfluß ist nun die überwiegende alltägliche Erfahrung, nicht nehmen, was zu bekommen ist, sondern wählen müssen, nicht Versorgung, sondern Entsorgung. Daß dabei real existierende Knappheit aus der sozialen Wirklichkeit hinausdefiniert wird und daß neue, unübersehbare Überlebensprobleme geradezu virtuos ignoriert werden, ist ein erklärungsbedürftiger Sachverhalt.

Nichts zwingt uns dazu, den Imperativ »Erlebe dein Leben« ins Zentrum des Handelns stellen, nicht einmal der vollentwickelte Erlebnismarkt. Die Expansion der Möglichkeiten gerade in diese Richtung voranzutreiben und auf die Zunahme der Optionen gerade so zu reagieren, schien sich anzubieten. Der Imperativ »Erlebe dein Leben« definiert jedoch ein existentielles Problem, dessen Vetracktheit damit beginnt, daß es unproblematisch erscheint. Was soll schon schwierig daran sein, sich ein schönes Leben zu machen, wenn man halbwegs die Ressourcen dafür hat? Man meint, Erlebnisorientierung sei der Anfang vom Ende aller Schwierigkeiten. In Wahrheit setzen sich die Schwierigkeiten auf einer neuen Ebene fort. Bedroht ist nicht mehr das Leben, sondern sein Sinn.

In der normalen existentiellen Problemdefinition verbindet sich das Ziel der Erlebnisorientierung mit den Ängsten Unsicherheit und Enttäuschung. Einfachen Lösungen steht eine problemstabilisierende Wechselwirkung entgegen: Strategien zur Erhöhung der Sicherheit verschärfen das Enttäuschungsrisiko; umgekehrt wirken Strategien gegen Enttäuschung verunsichernd. Die Ängste vor Unsicherheit und Enttäuschung stimulieren sich gegenseitig.

Betrachten wir kurz die Dialektik dieser Ängste. Unsicherheit verlangt nach stabilisierenden Handlungsstrategien: Anlehnung an kollektiv eingefahrene Muster, Wiederholung, alltagsästhetische Traditionsbildung. Man sucht nach Entlastungen von der Frage »Was will ich eigentlich?«. Mit der Routinisierung des Erlebens häufen sich jedoch die Enttäuschungserfahrungen, denn die Erlebnisintensität sinkt typischerweise mit der Wiederholung der Erlebnisreize. Der erlebnisorientierte Mensch gerät in ein instrumentelles Dilemma. Gibt er dem Streben nach Sicherheit nach, beginnt er, sich zu langweilen, tut er etwas gegen die Langeweile, verunsichert er sich. Persönliche Stile, die rasante Evolution des dimensionalen Raumes alltagsästhetischer Schemata in den letzten Jahrzehnten, die Transformation sozialer Milieus, die ungebremste Dynamik des Erlebnismarktes mit den aufeinander eingespielten Rationalitäten von Erlebnisangebot und Erlebnisnachfrage, Szenen - all die neuen Gemeinsamkeiten entstehen aus Handlungsbereitschaften, die sowohl positiv durch eine das ganze Leben erfassende innenorientierte Sinngebung angetrieben werden als auch negativ durch Energien, die sich in der Spannungszone zwischen Unsicherheit und Enttäuschung immer wieder erneuern. Am deutlichsten konkretisiert sich das Basisdilemmma der Erlebnisorientierung im Kontrast zwischen der Fluktuation ästhetischer Zeichen und der relativen Stabilität von Bedeutungen. Auch die Traditionspflege im Rahmen bestimmter alltagsästhetischer Schemata (Hochkulturschema, Trivialschema) ist längst von einem Hunger nach scheinbarer Innovation erfaßt; auch die ruhigeren sozialen Milieus haben die Unruhe des Abwechselns und Auswechselns habitualisiert. Unter einer immer chaotischer wirkenden Oberfläche von ständig neuen Erlebnisangeboten verbergen sich alltagsästhetische Interpretationsmuster und Gruppenbildungen, die sich nur langsam wandeln.

Die Karriere der neuen existentiellen Problemdefinition spiegelt sich auch in der subjektiven Verarbeitung solcher Probleme wieder, die eigentlich (d.h. aus der Perspektive der unmittelbar Betroffenen) außerhalb dieser Problemdefinition liegen: Krankheit, Tod, Katastrophen, Kriege, Verbrechen, Hunger, Seuchen, Drogen, Armut, Arbeitslosigkeit, Umweltprobleme. Vor allem zwei Muster der Umdeutung sind als Reaktion auf solche Probleme verbreitet: Ästhetisierung und Marginalisierung.

Ästhetisierung von Unglück beginnt bei den Informationsanbietern. Sie verdichten die tägliche globale Ausbeute an schrecklichen Ereignissen zu kurzen Erlebniseinheiten. Kriegs- und Katastrophenberichterstattung hat sich zum Horror-Briefing entwickelt, bei dem die Veranschaulichung von Grenzsituationen, reduziert auf sekundenlange, hintereinander geschaltete Episoden, zur täglichen Routine geworden ist. Auf Distanz gehalten durch den Tonfall des Sprechers und durch die Einbettung der Nachricht in andere Erlebnisangebote (Spielfilme, Quiz, Werbung, Popmusik usw.), gerät das Unglück in die Sphäre des Unwirklichen, kaum noch unterscheidbar von einer Verfolgungsjagd in einer beliebigen Actionserie. »Kein Mord ist so brutal, kein Erdbeben so verheerend, kein politischer Fehler so kostspielig, daß sie vom Nachrichtensprecher mit seinem › Und jetzt ... ‹ nicht aus unserem Bewußtsein gelöscht werden könnten: Nachrichten als bare Unterhaltung.« (Postman 1985, S.124) Mitleid und Besorgnis werden zur Pose, die von Voyeurismus ablenken soll, oder gleich zur Hauptsache, zum Erlebnis. Mit dem Bild eines hungernden Kindes kann man mehr Spendenbereitschaft wecken als mit dem Bild eines hungernden Erwachsenen.

Zwei markante Beispiele für die *Marginalisierung* von Problemen sind Armut und Umweltrisiken. Wie sich in der Knappheitsgesellschaft die Wohlhabenden an der normalen existentiellen Problemdefinition der Armen orientieren, so in der Wohlstandsgesellschaft die Armen an der Lebensperspektive der Wohlhabenden. Wer von der Grenzenlosigkeit der Erlebnismöglichkeiten ausgeschlossen bleibt, macht sich unsichtbar. Arbeitslose, Sozialhilfeempfänger, verwitwete ältere Frauen mit geringen Renten, Obdachlose und andere Problemgruppen scheinen diesseits der Statistiken und Pressemeldungen kaum zu existieren. Armut verflüchtigt sich in sauber gefegten Vororten, Behörden und Linienbussen. Bettler in Fußgängerzonen sind unwirklich. An der Vorstellung, daß jeder alles haben kann, orientieren sich sogar diejenigen, denen alles fehlt. Wenigstens nach außen hin versuchen sie, den Anschein normaler Versorgtheit mit allem zu wahren. Armut ist als Ausnahmezustand definiert, auch wenn sie Dauerzustand ist. Für diejenigen, die nicht arm sind, hat Armut nicht einmal den Charakter einer vorgestellten Kontrastexistenz, die als Hintergrundbefürchtung das eigene Glück sichtbar machen würde. Was als selbstverständlich gilt - die Erweiterung der Möglichkeiten - gerät auch dadurch nicht in Zweifel, daß es nicht selbstverständlich ist.

Noch augenfälliger ist die Kluft zwischen Realität und Interpretation bei der Behandlung von Umweltrisiken. Längst ist die globale Bedrohungslage unübersehbar geworden, längst auch ist sie in unser aller Bewußtsein vorgedrungen. Dies hat jedoch bisher nicht ausgereicht, um eine ähnliche Dynamik in Gang zu setzen, wie wir sie in den letzten Jahrzehnten bei der Entwicklung des Erlebnismarktes beobachten konnten. Nach wie vor liegt der Fokus der normalen existentiellen Problemdefinition in der Frage des Erlebens, nicht des Überlebens. Auf das Ausbleiben der winterlichen Schneefälle reagierten die Wintersportorte in den Alpen mit der Anschaffung von Schneekanonen und dem Ausbau alternativer Angebote. Auf die Algenblüten reagierten die Urlauber mit Umbuchungen. Auf das Waldsterben reagierte die Politik mit Kommissionen und Waldschadensberichten. Keineswegs hat die Entdeckung des Ozonlochs zu einer sofortigen radikalen Bekämpfung der Ursachen geführt, auch nicht in der Bundesrepublik. Allmählich wandelt sich die Umweltfrage vom Risiko zur fatalen Gewißheit. Wir sind jedoch bisher als Kollektiv unfähig gewesen, wieder hinter die Innenorientierung zurückzugehen zu einer auf Bedingungen des Überlebens gerichteten Orientierung, die der objektiven Situation angemessen wäre.

So stark scheint die Fixierung zu sein, daß eine Umorientierung wohl erst nach einer Häufung radikaler Bedrohungserfahrungen zu erwarten ist. Offenbar vermögen wir nicht, unsere normale existentielle Problemdefinition vorwegnehmend zu ändern - erst müssen sich, wie schon beim Übergang von der Knappheitsgesellschaft zur Überflußgesellschaft, die objektiven Verhältnisse in einem Ausmaß wandeln, das die Anpassung kognitiver und gesellschaftlicher Strukturen unvermeidlich macht. Die Unfähigkeit, rasch und wirksam gegenzusteuern, hat auch mit den gesellschaftlichen Verhältnissen zu tun, um die es in dieser Arbeit geht.

Es hängt mit solchen Überlegungen zusammen, daß der Bereich des Subjektiven in dieser Untersuchung eine so zentrale theoretische Stellung erhält. Dafür, gerade diese Entscheidung zu treffen und nicht etwa objektive Gesichtspunkte ins Zentrum zu stellen (beispielsweise Produktionsverhältnisse, technische Entwicklung, Güterausstattung), spricht die alte soziologische Überlegung, daß die Organisation sozialen Handelns auf Interpretationen aufbaut, mögen sie noch so schief sein. Der Reiter auf dem Bodensee ist der Überzeugung, sich auf festem Boden zu befinden - darauf kommt es bei der Rekonstruktion seines Handelns an, nicht im mindesten auf den Umstand, daß er sich objektiv auf dünnem Eis befindet.

Das Bild weist auf das Subjekt als Ausgangspunkt der Theoriebildung hin. Wenn das Eis bricht, wenn die Interpretation durch die Situation falsifiziert wird, merkt dies sowohl der Reiter als auch sein Beobachter. Man kann unbesorgt sein, daß objektiv verursachte, unausweichliche Interpretationskrisen theoretisch erfaßt werden. Noch ist es möglich, nach dem in Abschnitt 1.1 beschriebenen neuen Grundmuster der Beziehung von Subjekt und Situation zu leben, bei dem eine Kombination von Nahelegen, Auslösen und Wählen vorherrscht. Unter diesen Umständen hat die Untersuchung des Subjektiven theoretische Priorität, ist die Analyse von Problem*definitionen* soziologisch ergiebiger als die Analyse objektiver Probleme. Erst wenn objektive Probleme die Beziehung von Subjekt und Situation wieder auf die alte Kombination von Begrenzen und Einwirken reduzieren, ändern sich die theoretischen Perspektiven.

1.7 Zusammenhänge
Grundlinien der weiteren Analyse

Im folgenden sollen zentrale Begriffe und Annahmen der Untersuchung im Zusammenhang dargestellt werden. Dabei läßt es sich nicht vermeiden, zunächst noch unexplizierte Termini zu verwenden. Die wechselseitige Verweisung der Begriffe vermittelt immerhin ein Vorverständnis. Auf Seiten des Lesers ist eine gewisse Toleranz erforderlich, vergleichbar der Durchhaltebereitschaft eines Reisenden, den es in eine Region mit einem zunächst kaum verständlichen Dialekt verschlagen hat.

Die Ästhetisierung des Alltagslebens läuft nur punktuell, im jeweiligen individuellen Handeln, auf Befriedigung hinaus, langfristig jedoch, wegen des mit Erlebnisorientierung verbundenen Enttäuschungsrisikos, auf eine permanente Steigerung des Appetits. Schon die Antwort des Marktes und der Kulturpolitik auf den Erlebnishunger des Publikums - eine nicht mehr überschaubare Masse von Erlebnisangeboten - enthält die Gefahr der Desorientierung. Doch dieses Problem, den Überblick zu verlieren, ist nur ein Aspekt einer allgemeinen Unsicherheit. Andere Orientierungsprobleme kommen hinzu, etwa die Unübersichtlichkeit der erweiterten Möglichkeitsräume, die Zersplitterung der Schauplätze des Alltagslebens, die Fluktuation der Sozialkontakte, die kognitive Überforderung durch Informationen.

Die theoretischen Perspektiven, die in dieser Arbeit entwickelt werden, haben unmittelbar mit den Orientierungsproblemen zu tun, die für unsere Kultur typisch sind. Sie gehen von der Annahme aus, daß Menschen Ordnung brauchen, um leben zu können. Auf eine Kurzformel gebracht, ist die folgende Analyse ein Versuch, die Gesellschaft der Gegenwart aus dem allgemeinen Bemühen um Orientierung heraus zu deuten. Persönlicher Stil, alltagsästhetische Schemata und soziale Milieus werden primär verstanden als Konstruktionen, die Sicherheit geben sollen. Im Rahmen dieser Untersuchung spielen vor allem vier Muster der Bewältigung von Unsicherheit eine Rolle: Wiederholung, Vereinfachung, Ausbildung von Gemeinsamkeiten, Autosuggestion.

Alle tragenden Begriffe dieser Untersuchung sind verbunden mit der Grundannahme individueller und kollektiver Bemühungen um Ordnung in einer Situation ständig drohenden Ordnungsverlustes. Erlebnisorientierung ist ein Spezialfall der normalen existentiellen Problemdefinition - eigentlich eine Klasse von Spezialfällen, denn es gibt gegensätzliche milieuspezifische Varianten davon. Eine andere Klasse von Spezialfällen sind außenorientierte Problemdefinitionen. Die normale existentielle Problemdefinition ist Bestandteil eines Zusammenhangs subjektiver Grundeinstellungen, die eine halbwegs stabile Beziehung zur Realität garantieren sollen. Mit zwei weiteren Komponenten - primäre Perspektive und Ich-Welt-Bezug - verbindet sich die normale existentielle Problemdefinition zu einem kognitiven Komplex, der hier als existentielle Anschauungsweise bezeichnet wird. Da sich die Komponenten dieses Komplexes gegenseitig voraussetzen und beeinflussen, können wir von einem Verweisungszusammenhang sprechen. Von da aus öffnet sich nun die Perspektive einer noch allgemeineren Ebene. Der Verweisungszusammenhang existentieller Anschauungsweisen ist seinerseits Bestandteil eines übergeordneten Verweisungszusammenhangs von subjektiver und objektiver Wirklichkeit.

Auch der übergeordnete Verweisungszusammenhang ist aus drei Elementen zusammengesetzt: existentielle Anschauungsweisen, subjektive Wirklichkeitsmodelle und objektive soziale Wirklichkeit. Die Bilder, die wir uns von der sozialen Wirklichkeit machen, unsere Wirklichkeitsmodelle, werden einerseits von der tatsächlichen Beschaffenheit der Welt beeinflußt, andererseits von apriorischen Kategorien der Wahrnehmung und der Wirklichkeitskonstruktion, die in existentiellen Anschauungsweisen angelegt sind. Da die Beziehungen der drei Komponenten rückbezüglich sind, liegt auch hier ein Verweisungszusammenhang vor. Bei der sozialwissenschaftlichen Analyse muß man den Verweisungszusammenhang von subjektiver und objektiver Wirklichkeit, um Überkomplexität zu vermeiden, in einzelne Ebenen auflösen. Gegenstand der folgenden Untersuchung sind zwei Ebenen: Milieustruktur und Erlebnismarkt. Betrachten wir zunächst die Ebene der Milieustruktur.

Unter dem Einfluß erlebnisorientierter existentieller Anschauungsweisen gestalten sich Wirklichkeitsmodelle und objektive soziale Realität allmählich um, da sich die Menschen unter neuen Gesichtspunkten füreinander interessieren. Definitionen von Ähnlichkeit und Unähnlichkeit, soziale Annäherung und Distanzierung, Vorstellungen über die Grenzen sozialer Gruppen kreisen um verschiedene Varianten der Erlebnisorientierung. Anschaulich werden diese Varianten freilich nur indirekt, in Form persönlicher Attribute, die als Zeichen für bestimmte Erlebnisorientierungen gelesen werden. Besonders evident und signifikant sind Lebensalter, Bildung und persönlicher Stil. In der sozialen Wirklichkeit und in dem Bild, das sich die Menschen von ihr machen, treten typische Kombinationen dieser Merkmalsklassen hervor. Dabei haben Wirklichkeitsmodelle nicht nur passiven Status wie etwa eine Fotografie im Verhältnis zur Realität. Sie üben auch aktiv Einfluß auf die Wirklichkeit aus. Wie ist dies möglich?

Im Vergleich zu früher haben die Menschen mehr Spielraum, Realität so zu inszenieren, wie sie sich diese vorstellen. Die Art und Weise, wie sie ihre Existenzformen aufbauen, folgt einem neuen Muster. Wurden früher Subjekt und Situation überwiegend durch Vorgaben und soziale Kontrolle zusammengezwungen, so ist in der Gegenwart mehr Selbstbestimmung im Spiel: Wahl, freie Symbolisierung, gewollte Prägung durch eine persönliche Umwelt, die zu immer größeren Teilen von den Handelnden bewußt komponiert wird. Der selbstbestimmte Typus des Aufbaus von Existenzformen reguliert auch die Entstehung sozialer Netzwerke. Beziehungswahl tritt an die Stelle von Beziehungsvorgabe. Es entstehen Gruppen, in denen sich objektiv jene erlebnissignifikanten Zeichenkonfigurationen verdichten, an denen sich die Menschen subjektiv orientieren. Vorstellung und Wirklichkeit treten in enge Wechselbeziehung.

Nun liegen vor allem zwei Fragen nahe: 1. Wie kommt es, daß wir diesen Verweisungszusammenhang in einem bestimmten Zustand vorfinden? 2. Wie kommunizieren seine Komponenten miteinander?

Die erste Frage führt zurück zum Begriff der Erlebnisorientierung. Mit der Erweiterung der Möglichkeiten wendet sich die normale existentielle Problemdefinition nach innen. Als Folge davon verändern sich auch die anderen Komponenten im untergeordneten Verweisungszusammenhang existentieller Anschauungsweisen (Ich-Welt-Bezug und primäre Perspektive). Nach und nach wandeln sich nun die Komponenten des übergeordneten Verweisungszusammenhangs: Wirklichkeitsmodelle (subjektive Repräsentationen von Milieustruktur und typischen Existenzformen) und objektive Wirklichkeit (tatsächliche Milieustruktur und Verteilung von Existenzformen).

Wie aber, um zur zweiten (allgemeineren) Frage überzugehen, sind die verschiedenen Komponenten der Verweisungszusammenhänge überhaupt miteinander verbunden? Sie haben, um die Antwort zunächst in einem Stichwort zu komprimieren, ein gemeinsames Bezugssystem. Ein solches Bezugssystem muß mindestens vier Bedingungen erfüllen: Überschaubarkeit, Intersubjektivität, Transponierbarkeit und Erfahrbarkeit. Es existiert ein diesen Bedingungen genügender übergreifender Rahmen, mit dem die einzelnen Komponenten der Verweisungszusammenhänge aufeinander abgestimmt werden. Alle Bereiche werden nach einer einfachen, übertragbaren Semantik parallelisiert. Diese fundamentale Semantik sorgt dafür, daß innerhalb der Bereiche und in der Beziehung der Bereiche zueinander Konsistenz und Inkonsistenz definiert sind. Es sind nun verschiedene kollektive Kodierungen der fundamentalen Semantik denkbar. In der Gesellschaft des 19. Jahrhunderts beispielsweise dominierte ein sozioökonomischer Bezugsrahmen als homologieerzeugende Semantik. Nach der sprunghaften Vermehrung der Möglichkeiten hat sich eine neue Semantik etabliert, die der erlebnisorientierten Problemdefinition angemessen ist: ein Bezugsrahmen grundlegender psychophysischer Dispositionen. Die psychophysische Semantik ist variabel; ihre besondere Kodierung in der Bundesrepublik läßt sich durch zwei Polaritäten charakterisieren: in der Dimension des Denkens als Gegensatz von Einfachheit und Komplexität, in der Dimension des Handelns als Gegensatz von Ordnung und Spontaneität. Diese Polaritäten sind ein Richtkreuz für die Homologie der Teilbereiche. Sie stellen ein intersubjektives Grundverständnis der sozialen Realität sicher und wirken stabilisierend.

Der Verweisungszusammenhang von subjektiver und objektiver Wirklichkeit ist eine allgemeine theoretische Vorstellung, die nicht nur soziale Milieus einschließt. Auch der Erlebnismarkt zählt zu den Schichten des Verweisungszusammenhangs. Auf dem Erlebnismarkt agieren Erlebnisnachfrager und Erlebnisanbieter. Letztere sind in der Regel nicht einzelne Personen, sondern Korporationen (Wirtschaftsunternehmen, Kulturverwaltungen, erlebnisanbietende Einrichtungen). Nichtsdestoweniger können wir den Erlebnisanbietern ebenso handlungsleitendes Wissen - existentielle Anschauungsweisen und Wirklichkeitsmodelle - zuschreiben wie den Erlebnisnachfragern. Erst die Untersuchung des Zusammenspiels korporativer und personaler Wissensstrukturen eröffnet ein Verständnis des Erlebnismarktes. Dabei wird weiter unten eine Perspektive gewählt werden, die Wirklichkeitsmodelle und existentielle Anschauungsweisen in Form verschiedener Rationalitätstypen zusammenfaßt. Das Ausagieren der Rationalitäten von Erlebnisanbietern, Erlebnisnachfragern und Akteuren des kulturpolitischen Handlungsfeldes hinterläßt seine Spuren in der objektiven Wirklichkeit.

In den folgenden Kapiteln geht es zunächst um persönlichen Stil und alltagsästhetische Schemata, die zentraler Bestandteil einer erlebnisorientierten Zeichensprache sind. Daran werden sich Untersuchungen zur Milieustruktur anschließen. So wird das Terrain, das in diesem Abschnitt nur abstrakt markiert werden konnte, allmählich inhaltlich besetzt.

1.8 Gemeinsamkeit trotz Individualisierung

Eindeutig lassen die theoretischen Perspektiven, die im vorangegangenen Abschnitt skizziert wurden, Konturen einer im traditionellen Sinne soziologischen Analyse erkennen. Existentielle Anschauungsweisen, alltagsästhetische Schemata, soziale Milieus, Szenen, Rationalitätstypen usw. - alle zentralen Konzepte dieser Arbeit unterstellen, daß es Gesellschaft als verfestigten Zusammenhang von Formen des Denkens und Handelns überhaupt noch gibt. Gegenstand der Untersuchung ist das Gemeinsame, nicht das Singuläre, das Wiederholte, nicht das Einmalige, das Soziale, nicht das Individuelle.

Doch gibt es überhaupt noch Elemente einer gesellschaftlichen Ordnung des Lebens? Besteht Anlaß, letzte soziologische Selbstverständlichkeiten in Frage zu stellen? Insofern ja, als die Diagnose zunehmender Individualisierung die Auflösung gesellschaftlicher Ordnungen als neue Selbstverständlichkeit nahezulegen scheint. Führt Individualisierung nicht auch zum Ende der Soziologie? Wie dem Zoologen, der auf eine ausgestorbene Art spezialisiert ist, bliebe dem Soziologen dann nur noch die Archivierung von Fundstücken erloschener sozialer Wirklichkeiten. Im letzten Stadium ihrer Wissenschaftsgeschichte könnte die Soziologie noch einmal Aktualität beanspruchen, indem sie das Schwinden ihres Gegenstandsbereichs feststellt. Diese Quintessenz steht in und zwischen den Zeilen vieler soziologischer Arbeiten der letzten Jahre. Es würde allerdings nicht weiterführen, eine Kontroverse zu inszenieren, die sich an der Alternative »Individualisierung kontra Kontinuität von Gesellschaft« abarbeitet. Da sich beide Möglichkeiten, entgegen dem Anschein, nicht gegenseitig ausschließen, stünde eine Debatte ohne Ende zu befürchten. Die folgende Untersuchung nimmt ihren Ausgang von der Annahme, daß beides zutrifft. Ihr Gegenstand sind neue Gemeinsamkeiten unter der Bedingung der Individualisierung.

Hauptsächlich vier Komponenten machen den Inhalt der Individualisierungsthese gegenwärtig aus: Erstens abnehmende Sichtbarkeit und schwindende Bindungswirkung traditioneller Sozialzusammenhänge (Schicht und Klasse, Verwandtschaft, Nachbarschaft, religiöse Gemeinschaft); zweitens zunehmende Bestimmtheit des Lebenslaufs und der Lebenssituation durch individuelle Entscheidungen; drittens Hervortreten persönlicher Eigenarten - Pluralisierung von Stilen, Lebensformen, Ansichten, Tätigkeiten; viertens Eintrübung des Gefühlslebens: Einsamkeit, Aggressionen, Zynismus, Orientierungslosigkeit.

Begründungen und Belege für diese Annahmen stehen hier nicht zur Debatte; verwiesen sei auf die umfangreiche Literatur, die bis zu den Klassikern der Soziologie zurückreicht. Neu an der gegenwärtigen Diskussion ist nicht der Befund der Individualisierung schlechthin, sondern nur seine Aktualisierung und die hier und da aufkeimende Vermutung, daß inzwischen ein Stadium erreicht sein könnte, in dem sich die soziale Strukturiertheit des Alltagslebens schlechthin verflüchtigt, mithin der Soziologie wenig mehr zu tun bleibt, als ihr eigenes Zugrundegehen am Mangel an Gesellschaft zur Kenntnis zu nehmen. Für diese Vermutung spricht freilich weder empirische Evidenz noch gar die Logik. Der Begriff einer individualisierten Gesellschaft, wörtlich genommen als Vorstellung der Gleichzeitigkeit von Individualisierung und Kollektivität, ist kein Widerspruch in sich. Konfrontieren wir diese Aussage mit den soeben genannten vier dominierenden Komponenten der Individualisierungsthese:

1. Dem *Rückgang der Bedeutung traditioneller Sozialzusammenhänge* steht das Hervortreten neuer Sozialzusammenhänge gegenüber. Dabei handelt es sich allerdings um Formen der Vergesellschaftung, die dem einzelnen die Teilnahme freistellen. Soziale Schichten, Verwandtschaftsgruppen und lokale Milieus waren den Menschen noch im 19. Jahrhundert als eine Art Lebensgebäude vorgegeben, aus dem man meist nicht einfach heraustreten konnte. Regional diffuse soziale Milieus und Szenen, wie sie weiter unten beschrieben werden sollen, sind Vergesellschaftungsformen am Ende des 20. Jahrhunderts, mit denen ein Individuum nur dann in Berührung kommt, wenn es die Verbindung selbst mit herzustellen hilft, etwa durch das Anknüpfen oder Vermeiden bestimmter Kontakte, durch Nähe oder Distanz zu bestimmten Stilelementen, durch Aufsuchen oder Umgehen bestimmter Lokalitäten. Mit der stärkeren Beteiligung des Individuums sinkt nicht notwendig die Verbindlichkeit sozialer Strukturen. Möglich ist sogar das Gegenteil: Selbstbindung kann größere normative Kraft entfalten als der Zwang der Verhältnisse.

2. Durch die *Zunahme der Optionen* wird das Subjekt zwar immer mehr auf sich selbst als wählende Instanz zurückverwiesen. Mit dem Entscheidungsbedarf wächst freilich auch der Orientierungsbedarf, so daß an die Stelle des äußeren Orientierungsdrucks der innere tritt. Wir registrieren Konformitätsbereitschaft ohne Zwang und Sanktionen. Die persönliche Suche nach Gesellschaft entsteht aus Unsicherheit, die mit Wahlfreiheit im allgemeinen verbunden ist, mit innenorientiertem Handeln im besonderen. Tendenzen zur Anlehnung an kollektiv konstruierte Muster - alltagsästhetische Schemata, normale Existenzformen, existentielle Anschauungsweisen und anderes - treten bei den folgenden Analysen deutlich hervor.

3. Am offensichtlichsten manifestiert sich Individualisierung in der *Pluralisierung der Existenzformen*. Je mehr die Menschen die Wahl haben, desto unterschiedlicher können sie ihr Leben komponieren. Garderobe, Interieurs, Berufskarrieren, Ansichten und Einstellungen, persönliche Beziehungs- und Familiengeschichte, körperlicher Habitus, Sprachmuster - viele Bereiche, die uns als Subjekt ausmachen, scheinen sowohl in sich differenzierter geworden zu sein als auch in ihrer Kombination vielfältiger. Die Zunahme von Verschiedenartigkeit mit der Auflösung des Gemeinsamen gleichzusetzen, wäre allerdings ein logischer Fehler. Wenn statt zehn Möglichkeiten hundert oder tausend zur Verfügung stehen, läßt sich der expandierte Raum individueller Differenzierung durch Klassifikationen wieder reduzieren. In der Nachkriegsgeschichte ist beispielsweise die zunächst überschaubare Auswahl an Musikkonserven zu einer unendlichen Menge angewachsen, ohne daß wir die Orientierung verlieren würden. Das Beklei-

dungsangebot hat sich bis hin zur Auflösung von Mode schlechthin diversifiziert (Fichtner 1990), erscheint aber dem Kenner der Gegenwartskultur, d.h. dem Menschen im Alltag, keineswegs als chaotisches Sammelsurium. Trotz der neuen Tendenz zur Singularisierung langlebiger Konsumgüter, etwa Kücheneinrichtungen, gerät Individualisierung nicht zur totalen Inkommensurabilität. Diese Beispiele belegen die soziale Verteidigung der Einfachheit in einer Welt zunehmender Diversifizierung. Übersicht wird durch Zusammenfassung immer größerer Objektmengen zu Zeichenklassen gewahrt, so daß auch unterschiedliche Produkte als Zeichen für dieselben intersubjektiven Bedeutungen lesbar sind.

Selbst evidente Entstandardisierung, der Versuch völliger Eigenständigkeit, schlägt in eine neue Gemeinsamkeit um - Individualisierung wird in paradoxer Weise zur uniformen Ungleichartigkeit. Zusätzlich arbeiten wir mit Techniken der Abstraktion, der Zusammenfassung und Bedeutungsgeneralisierung, um wachsender Differenzierung Herr zu werden: »E-Musik« und »U-Musik«, »sportlich-legere« und »extravagante« Kleidung, »normale« Lebensläufe und »ausgeflippte« (die durch solche semantische Reduktion unversehens normalisiert werden) - gegen den Wirbel objektiver Pluralisierung behaupten wir uns mit semantischer Entpluralisierung. Zwar wächst der Abstand zwischen der Menge der Zeichen und der Menge der Bedeutungen, die Schwierigkeit nimmt zu, neue Zeichen zu integrieren und die Ordnung aufrechtzuerhalten, das Bewußtsein für die kollektiven Anteile am eigenen Innenleben schwindet, doch kann es kaum Zweifel am Vorhandensein einer gemeinsamen, gesellschaftlich konstruierten Welt geben.

4. Auch die *Krise der Lebensfreude* deutet nicht auf die Abwesenheit von Gesellschaft hin, sondern auf neue Formen. Für die Wählbarkeit von Waren, Lebensläufen und Beziehungspartnern haben wir mit dem Verlust jener emotionalen Balance zu bezahlen, die uns das Vorgegebene selbst dann vermittelt, wenn es uns das Leben schwer macht. An die Stelle von engen und langfristig bestehenden Verwandtschaftsgruppen, Nachbarschaften und ökonomisch restringierten oder privilegierten Milieus ist kein gesellschaftliches Vakuum getreten. Neue, psychisch schwierigere Formen von Gesellschaft kristallisieren sich heraus: gewählte Beziehungen, regional und temporal punktualisierte Kontakte, revidierbare Koexistenzen, fluktuierende Zeichenkosmen, indirekte Gemeinsamkeiten, wie sie etwa durch ähnlichen Konsum konstituiert werden, durch Zugehörigkeit zum selben Publikum, durch die Erfahrung von Normalität aus der distanzierten Beobachtung der Alltagswelt um uns herum, durch Vorführung von Gesellschaft in den Medien. Auch so können soziale Strukturen und intersubjektiv geteilte Deutungsmuster entstehen.

Gefühle der Einsamkeit und Orientierungslosigkeit scheinen den Zusammenbruch sozial konstruierter Wirklichkeit anzuzeigen, doch sind sie nur psychische Begleiterscheinungen einer individualisierten sozialen Wirklichkeit. Der Mensch ist auf sich selbst verwiesen; selbst sein Vergnügen ist sein Privatvergnügen. Vor viele Wahlen gestellt, in Selbstverantwortung entlassen, erlebt er sich getrennt von anderen, verunsichert durch die Anforderung, etwas aus seinem Leben zu machen, oft heimlich im selben Maße enttäuscht, wie er sich für das Projekt seines Lebens engagiert. Weder Kollektivität noch Individualität sind grenzenlos. Wie erzwungene Gemeinsamkeit eine Individualisierungstendenz erzeugt, so die Entgrenzung des Lebens eine Bereitschaft zur Gemeinsamkeit.

In der Quintessenz ist die folgende Untersuchung keine Gegenthese zur Theorie der Individualisierung, sondern eine Anschlußthese. In welchen Formen bildet sich Gesellschaft unter der Bedingung fortgeschrittener Individualisierung? Die Soziologie steht vor neuen Aufgaben. Unbestritten bleibt eine Sphäre strikter Singularität, in der sich das Individuum soziologischer Betrachtung entzieht. Die Existenz eines unzugänglichen Privatbereichs des Subjekts ist kein Spezifikum unserer Gesellschaft. Aus der Vergrößerung dieses Bereichs das Verschwinden von Gemeinsamkeiten abzuleiten, ist ein Trugschluß. An mehreren Stellen wird im folgenden die naturgegebene Grenze der Soziologie markiert werden (vgl. die Abschnitte 2.9, 5.2, 5.13). Die Sphäre des Sozialen ist im Verhältnis zur Sphäre des Privaten klein. Innerhalb der Sphäre des Sozialen hat wiederum nur ein kleiner Bereich gesamtgesellschaftliche Bedeutung. Nur ein Bruchteil dessen, was wir mit anderen gemeinsam haben, überschreitet die Grenzen der winzigen Subkulturen unserer persönlichen Alltagsbeziehungen. Doch die Spurenelemente des Kollektivs im Subjekt entfalten weitreichende ordnungserzeugende Wirkungen. Sie sind der hauptsächliche Gegenstand der Analyse.

1.9 Theoretische Affinitäten
Tour d'horizon

Über soziologische Originalität

Wer für sich in Anspruch nimmt, eine neue Deutung der Wirklichkeit zu präsentieren, unterliegt meist einer Originalitätsillusion. Vieles gilt als eigene Leistung, was schon Jahre vorher zu lesen war. Ob die Eigenständigkeitsversicherung geglaubt wird, hängt weniger vom Inhalt eines Gedankens ab als von der Technik seiner öffentlichen Darstellung und von der Bildung des Publikums, dem man ihn vorträgt. Was Beck und Bonß (1989) als wesentliches Ergebnis der Verwendungsforschung für das Verhältnis von Sozialwissenschaft und Praxis formulieren, läßt sich für interpersonale kognitive Beziehungen verallgemeinern: weitergereicht von einem zum anderen, umgedeutet und vermischt mit Inhalten unbekannter Herkunft, die ihrerseits vielfach umgedeutet und vermischt sind, verliert eine Idee in der Kommunikation schnell ihren Urheber, um von dem oder jenem als geistiges Eigentum reklamiert zu werden, oft im besten naiven Glauben an die eigene Kreativität. Doch auch den Zweit- und Dritt-Eigentümern wird die Beute von neuen gutgläubigen Usurpatoren wieder entrissen, die sich an den ihnen zugefallenen Gedanken freuen, als wären sie ihnen eingefallen.

Es ist viel, wenn es bei einem neuen analytischen Anlauf gelingt, Vorwissen meist unklarer Provenienz, das gleichwohl durch akademische Konvention irgendjemand zugeschrieben wird, sinnvoll zu selektieren, zu systematisieren und um einige wirklich neue Einfälle anzureichern. Was auch immer herauskommt - es ist eine kognitive Promenadenmischung, die ihre Existenz anderen kognitiven Promenadenmischungen verdankt. So geht es in der Genealogie der Gedanken rückwärts in der Ideengeschichte. Beim Vorwärtsgehen zu glauben, man könne aus dieser geistigen Vergangenheitsverhaftung ausbrechen, zählt zu den normalen Borniertheiten des akademischen Lebens. Selbst wenn sich Verwandtschaften erst nachträglich herausstellen, ist dies in der Regel nicht als Zeichen für Eigenständigkeit zu interpretieren, sondern nur als Hinweis auf die Verschlungenheit der Pfade, über die sich Kognitionen sozial ausbreiten. Es dient der Klarheit, wenn man sich und anderen bewußt macht, an welchen intellektuellen Traditionen man angeknüpft hat. Leicht geht diese Klarheit allerdings wieder verloren, wenn der Bezug auf Vorläufer zum exegetischen Ritual degeneriert, bei dem es schließlich nicht mehr um Inhalte geht, sondern um die Frage, wie jemand etwas wohl gemeint haben könnte.

Die folgende Darstellung von theoretischen Affinitäten ist unvollständig, sollte aber ausreichen, um den Standpunkt zu markieren, von dem aus die folgende Untersuchung soziale Wirklichkeit betrachtet. Namen, die dabei genannt werden, stehen teils für Autoren im Sinne von Urhebern, teils für Beiträger, für Symbolfiguren bestimmter Argumentationsmuster, für Repräsentanten bestimmter Richtungen, an deren Stelle auch andere genannt werden könnten. Es geht hier nicht um geistige Vaterschaftsfragen, die meist nur schwer zu klären sind, sondern um die Verdeutlichung von Perspektiven, um Inhalte, nicht um Namen, um Denkformen, nicht um die Rechte daran. Bei der traditionellen Morgenandacht für die Klassiker droht die soziologische Vorstellungskraft einzuschlafen, bevor sie zu arbeiten begonnen hat. Allzu zahlreich sind die Beispiele für die Erschöpfung intellektueller Energie bei dem Versuch, die Denkmäler zu begreifen. Vom eigenen Denken sollte der Weg zu den Klassikern führen, nicht umgekehrt. Man wird dabei zwar immer feststellen, daß das vermeintlich eigene Denken zu großen Teilen anderen geschuldet ist, aber die Chance, ein Stück über das Vorhandene hinauszukommen, ist höher. Es ist nicht die primäre Aufgabe eines Soziologen, andere Soziologen zu rezipieren. Zu sehr stellt uns der Gegenstandsbereich vor unbewältigte Herausforderungen, als daß wir die Deutung und Kanonisierung soziologischen Wissens zur Hauptsache machen dürften. Wichtig ist, die eigene Position zu klären und alles aufzugreifen, was man brauchen kann. Dazu, und nur dazu, dient die Exposition theoretischer Affinitäten in diesem Abschnitt.

Die folgenden Unterabschnitte charakterisieren die eigene Perspektive durch verwandte Anschauungsweisen. »Anschauungsweise« meint die Organisation von Erkenntnisprozessen: Gegenstandsabgrenzungen, Argumentationsregeln, apriorische Kategorien, Denkmodelle. Die Reihenfolge der Anschauungsweisen ist so arrangiert, daß sie aneinander anschließen. Allmählich entfaltet sich so das Gesamtpanorama der Theorienlandschaft, in der diese Untersuchung beheimatet ist.

Konstruktivismus

Die einfachste Umschreibung für die Grundannahmen des Konstruktivismus lautet: Jeder legt sich seine Welt selbst zurecht. Da die wichtigsten Konsequenzen dieses Gedankens für die Untersuchung bereits in Abschnitt 1.1 dargestellt wurden, ist eine ausführliche Explikation an dieser Stelle entbehrlich. Nur die zentralen Aussagen sollen in wenigen Sätzen zusammengefaßt werden. Im Mittelpunkt der Theorie steht das Subjekt, gewissermaßen als Bauherr der Konstruktionen, um die es hier geht. Die beiden Systeme, aus denen das Subjekt besteht, Körper und Bewußtsein, sind miteinander gekoppelt und reagieren aufeinander. Subjekte operieren durch physische und psychische Unterscheidungen, die gebündelt auftreten und mit der Situation verknüpft sein können. Im Lauf der Zeit werden bestimmte Verknüpfungen zur Routine; es bildet sich ein Geflecht von Schemata, die die Eigenwelt des Subjekts ausmachen, sein selbstgezimmertes Gehäuse. Neue Konstruktionen sind teilweise durch diese schon vorhandenen Konstruktionen bestimmt, teilweise durch situatives Material. Aus diesen Kernüberlegungen wurde weiter oben die Erlebnistheorie der Verarbeitung und die Vorstellung von der Beziehung zwischen Subjekt und Situation entwickelt.

Der von Schmidt (1987) herausgegebene Sammelband enthält komprimierte Darstellungen konstruktivistischer Positionen; verwiesen sei insbesondere auf die Arbeiten von Maturana und Hejl sowie auf den von Schmidt selbst gegebenen Überblick. Weitere Anregungen verdankt diese Untersuchung verschiedenen Arbeiten von Luhmann, vor allem den Abschnitten über Bewußtsein, Beobachten und Wissen in der Grundlagenstudie »Die Wissenschaft von der Gesellschaft« (1990).

Nicht alle Mentoren dürften damit einverstanden sein, daß diese Untersuchung mit den Begriffen von Gemeinsamkeit und objektiver Wirklichkeit operiert. Wie sind diese Begriffe mit dem Satz vereinbar, daß sich jeder seine Welt selbst zurecht legt? Die Antwort läßt sich wiederum in einem einfachen Satz zusammenfassen: Parallelen sind nicht ausgeschlossen. Sowohl zwischen verschiedenen Subjekten sind Isomorphien möglich, als auch zwischen Subjekt und Situation. Das Subjekt ist fähig, Spuren der Wirklichkeit aufzufassen. Die plausibelste Begründung für diese These liefert die evolutionäre Erkenntnistheorie (Riedl 1985).

Kann man gleichzeitig Konstruktivist und Realist sein? »Konstruktivist kann man nur ganz, nur radikal sein...« (Schmidt, 1987, S.40) - jenes Verbot des Realismus, das Schmidt hier intendiert, ignoriert eine Konsequenz, die sich gerade aus der Radikalisierung des Konstruktivismus ergibt: die Zulassung von Realismus als Anschauungsweise. Für diese Anschauungsweise spricht erstens ihre soziologische Leistungskraft, die in dieser Arbeit extensiv in Anspruch genommen werden soll. Es wird um repetitive Aspekte der Gesellschaft gehen, um alltagsästhetische Schemata, Kommunikationsgrenzen, Handlungsmuster und damit verbundene Rationalitätstypen. Der Wiederholungscharakter der Gesellschaft regt die Hypothese an, daß Menschen im Alltagsleben in der Lage sind, die von ihnen selbst geschaffene objektive Wirklichkeit halbwegs isomorph zu repräsentieren. Wie sonst ließe sich erklären, daß die Gesellschaft vom Vortag große Ähnlichkeit mit der Gesellschaft des nachfolgenden Tages aufweist? Die Reproduktion der Gesellschaft setzt Spuren der Erkenntnis von Gesellschaft im Bewußtsein derjenigen voraus, aus deren Handeln diese Reproduktion hervorgeht.

Zweitens sprechen wissenschaftstheoretische Argumente für die Konstrukte von objektiver Wirklichkeit und Erkenntnis (»Konstrukte« insofern, als es sich auch hierbei nur um Anschauungsweisen handelt). Wir brauchen diese Konstrukte als Leitideen, um geeignete und ungeeignete Forschungsverfahren zu unterscheiden, brauchbare und unbrauchbare Interpretationen, seriöse Theorie und Unsinn. Daß uns sichere Wahrheit nicht erreichbar ist, daß wir nichts über das Wesen der Dinge erfahren können, daß gerade die Gemeinschaft der Wissenschaftler immer wieder besonders lächerliche Episoden der Desinformation inszeniert, daß man am Wahrheitsgehalt von Aussagen umso mehr zweifeln muß, je autoritativer er reklamiert wird - all dies ist gewiß unbestreitbar, doch werden diese Einsichten nach vielen Wiederholungen allmählich zur selbstverständlichen Propädeutik. Was dagegen oft kaum der Propädeutik für würdig erachtet wird - die Überlegung, wie man sinnvoll empirisch argumentieren kann -, entpuppt sich bei näherem Hinsehen als immer noch große, gerade in der Soziologie erst in Ansätzen bewältigte Herausforderung.

Die dieser Arbeit zugrundeliegende Vorstellung von Wahrheit läßt sich beschreiben als Vorstellung der Isomorphie von Repräsentationen und dem Aspekt der Welt, auf den sie sich beziehen. Isomorphie kann in beliebigen Abstufungen vorliegen, so daß wir besser von Wahrheitsähnlichkeit als von Wahrheit sprechen sollten. Es gibt kein absolutes Maß für Wahrheitsähnlichkeit, sondern nur eine komparative Form der Beurteilung von Aussagen: diese ist wahrheitsähnlicher als jene. Allerdings können wir dies nicht genau wissen, so daß wir eine solche Aussage mit einem Irrtumsvorbehalt verbinden müssen. Unser Anspruchsniveau ist reduziert auf wahrscheinliche relative Wahrheitsähnlichkeit. Dies ist wenig, aber immerhin mehr als nichts. Was berechtigt uns immerhin zu bescheidenen Hoffnungen? Daten, Modelle, Vermutungen, Parallelforschungen mit ähnlichen Ergebnissen: nichts also, was uns wirklich zufriedenstellen könnte. Am Ende wissen wir nichts Genaues, sind nach wie vor gefangen in unseren systeminternen Operationen, doch können wir zumindest vermuten, daß wir unsere Irrtümer reduziert haben, und zwar umso mehr, je systematischer wir versucht haben, uns selbst des Irrtums zu überführen. Als konstruktivistischer und hermeneutisch eingestellter Soziologe auch Gedanken von Popper aufzugreifen, wie dies eben geschehen ist, scheint vielen schwer vorstellbar und ist doch naheliegend (verwiesen sei vor allem auf Poppers Arbeit über den Alltagsverstand; Popper 1973). Oft gelten Aussagen schon dadurch als geheiligt oder diskreditiert, daß sie einem bestimmten Autor zugeschrieben werden. Wenn wir uns klarmachen, daß es zutiefst gleichgültig ist, *wer* etwas gesagt hat, verlieren wir zwar allgemein anerkannte Simplifikationsroutinen, aber wir öffnen uns für die Inhalte.

Geschichte der Gemeinsamkeiten

Von der Eigenwelt, die sich Subjekte konstruieren, ist das meiste singulär, beschränkt auf den einzelnen. Im Verhältnis zur Eigenwelt des Subjekts macht der Bereich des Gemeinsamen nur einen kleinen Teil aus, aber er ist die Grundlage von Gesellschaft. »Gemeinsamkeiten« wurden weiter oben bestimmt als isomorphe Verknüpfungen von Subjekt (Körper, Bewußtsein) und Situation bei einer Mehrzahl von Individuen. Diese Verknüpfungen wandeln sich im Lauf der Zeit. Was gegenwärtig der Fall ist, läßt sich besser verstehen, wenn man eine historisch-vergleichende Perspektive einnimmt. Ein Interesse an der Geschichte gemeinsamer Konstruktionen ist kennzeichnend für so verschiedene Autoren wie etwa Elias (1969), Foucault (1971) oder Sennet (1983). So verschieden die jeweiligen Raum-Zeit-Koordinaten und die Systematisierung von Gemeinsamkeiten bei diesen Autoren ist, ähneln sich ihre Theorien doch in ihrer Anschauungsweise. Vor allem davon ist die vorliegende Untersuchung beeinflußt. Sie steht in der Tradition der Geschichte der Gemeinsamkeiten; ihre Besonderheit ergibt sich aus dem Bezug auf die Nachkriegsgeschichte der Bundesrepublik Deutschland bis Ende der achtziger Jahre und aus dem theoretischen Instrumentarium zur Abbildung von Gemeinsamkeiten.

Strukturierung

Gemeinsamkeiten treten im Handeln zu Tage, so daß die Rekonstruktion von Gemeinsamkeiten an Manifestationen des Handelns ansetzen muß. Was produzieren die Menschen zu einem gegebenen Zeitpunkt? Wer eignet sich welche Dinge an? Wer interagiert mit wem? Welche Lebenssituationen schaffen sich die Subjekte, soweit die Verhältnisse ihnen Spielraum gewähren? Solche und ähnliche Fragen fassen das, was Menschen machen, schlechthin ins Auge. »Alles« als Forschungsgegenstand? Die unübersehbare Vielzahl der Handlungen ist erst dann kognitiv zu bewältigen, wenn man abstrahiert. Dies gilt sowohl für die wissenschaftliche Soziologie wie für den Menschen im Alltagsleben, der vor ganz ähnlichen Orientierungsproblemen steht.

Im Begriff der Struktur, wie ihn Giddens (1984) in Fortsetzung der soziologischen Tradition formuliert, finden wir das Abstraktionsprogramm auf den Begriff gebracht. Es zielt auf das häufige, repetitive, typische Handeln. Nicht analytische

Abstraktion ist gefragt, nicht die Formulierung allgemeiner Prinzipien, welche die deduktive Erklärung des Einzelfalles erlauben würden, sondern deskriptive Abstraktion, Herausarbeiten von Mustern, induktive Generalisierung mit dem Zugeständnis von Anfang an, daß die allgemeinen Handlungsschablonen immer nur mit vielen Abweichungen und Variationen ausagiert werden. Strukturen zu untersuchen ist gleichbedeutend mit der Frage: Was geschieht immer wieder in ähnlicher Weise? Strukturen sind wie imaginäre Geleise, auf denen sich Menschen in ihren Handlungen bewegen. Es gibt dafür kein anderes Substrat als das Engramm des Normalen in den Köpfen der Beteiligten und die Erinnerung an das Gleiche in verschiedenen Handlungsabläufen. Unter anderem sind die Begriffe »Stil« und »Alltäglichkeit«, die in den folgenden Kapiteln eingeführt werden, von diesem Strukturbegriff beeinflußt. Es geht dabei um Wiederholungstendenzen in zwei Dimensionen: in der den einzelnen betreffenden Dimension des Lebenslaufs und in der interpersonalen Dimension sozialer Kollektive. Auch in der Praxis milieuspezifischer Existenzformen und in der Tendenz zur milieuspezifischen Binnenkommunikation geht es um Strukturen als Routinen vieler Menschen, meist kaum noch im Bewußtsein repräsentiert, aktivierbar allein durch Krisenexperimente radikaler Durchbrechung des Gewohnten. In der Tradition dieses Strukturbegriffs steht auch diese Arbeit.

Verstehen

Die Strukturen, von denen soeben die Rede war, sind in bestimmter Weise gemeint; sie haben einen Sinn. Die Soziologie interessiert sich für gemeinsame, intersubjektive Sinnkonstruktionen (vgl. die obigen Ausführungen zur Geschichte der Gemeinsamkeiten). Erst mit dem Versuch, den gemeinsamen Sinn zu verstehen, ist soziologische Strukturtheorie am Ziel.

Angesichts der umfangreichen quantitativ-empirischen Analysen in dieser Untersuchung mag es überraschen, daß sie der verstehenden Soziologie zugerechnet wird. Allerdings läßt die notorische Entgegensetzung von quantitativen Verfahren und verstehender Interpretation daran zweifeln, ob dabei überhaupt von Verstehen die Rede ist. Wenn »Verstehen« die »Erfassung des Sinnzusammenhanges« bedeutet, »in den, seinem subjektiv gemeinten Sinn nach, ein aktuell verständliches Handeln hineingehört« (Weber) - und genau dies ist die zentrale Absicht der Untersuchung -, so läuft dies keineswegs auf die Ächtung quantitativer Analyse hinaus. Im Gegenteil: Um häufiges Handeln von Vielen zu verstehen, ist das Instrumentarium der standardisierten repräsentativen Umfrage unverzichtbar. Weber hätte nicht gezögert, sich dieses Instrumentariums zu bedienen.

Daß dabei nur Ausgangsdaten zu gewinnen sind, mit denen der Versuch des Verstehens erst beginnen kann, ist eine schiere Trivialität, die gleichwohl erwähnt werden muß, weil dieses Zwischenstadium oft als Endstadium angesehen wird. Ohne verstehende Aneignung bleibt etwa das Faktum, daß in einer Untersuchung soundsoviel Prozent auf irgendeine Frage dieses oder jenes geantwortet haben, so leer und uninteressant, daß man eine antiempirische Position fast schon wieder verstehen kann. Andererseits eröffnet auch das extensive Verstehen umfangreich explorierter Einzelfälle nur einen begrenzten soziologischen Horizont. Wie will man beispielsweise Distinktion als soziales Phänomen erfassen, wenn man nicht mindestens *zwei* Figuren untersucht: Topdog und Underdog? Verständlich werden Sinnzusammenhänge erst in ihrer sozialen Verweisung aufeinander (ein für diese Untersuchung zentraler Gedanke; vgl. die Methode der polaren Interpretation, Abschnitt 7.3 und Anhang B.2). Zur Arbeit des verstehenden Soziologen gehört deshalb auch die Hermeneutik von Massendaten.

Idealtypen mit Unschärfetoleranz

Die Beschränktheit von Daten wird erkennbar an den Inhalten, die man zusätzlich braucht, um sie zu verstehen. Schlechterdings alles, was man über die untersuchte Kultur in Erfahrung bringen kann, ist von Nutzen, um den Sinn statistischer Kovariationen zu erschließen: langjährige Alltagsbeobachtungen, Ambientes, Veranstaltungen, Gespräche, Literatur, Musik, Werbung, Konsumgüter, Wohnkultur, Verhalten im Straßenverkehr, Sprachcodes, Diskursrituale usw. In dieser Informationsfülle behält man nur dann den Überblick, wenn man geeignete Systematisierungen realer Sinnzusammenhänge findet. Konzepte des Verstehens sind einerseits Konstruktionen des Interpreten, andererseits Ordnungsschemata, die zu der betrachteten sozialen Wirklichkeit passen: alltagsästhetische Schemata, soziale Milieus, existentielle Anschauungsweisen mit den Komponenten von normaler existentieller Problemdefinition, primärer Perspektive und Ich-Welt-Bezug, die Rationalitätstypen von Erlebnisangebot und Erlebnisnachfrage, fundamentale Semantik u.a. All diese Begriffe haben einen verstehenden Zweck: Sie sind als Mittel gedacht, reale Sinngebilde zu rekonstruieren. Nur als Idealtypen mit Unschärfetoleranz sind sie für diesen Zweck geeignet.

Trotz vieler kritischer Auseinandersetzungen mit Webers methodologischer Programmatik kehrt die Soziologie immer wieder zu idealtypischen Konzeptionen zurück. Gerade das Irritierende an Idealtypen, ihre Unschärfetoleranz, macht ihren besonderen Wert, ja ihre Unerläßlichkeit für die sozialwissenschaftliche Theoriebildung aus. Ein Idealtypus repräsentiert ein Muster, das sich immer wieder ähnlich reproduziert, ohne daß eine Ereigniskonstellation jemals exakt der anderen gleichen würde. Viele erblicken in der geforderten Unschärfetoleranz von Idealtypen lediglich eine empirische Immunisierungsstrategie. Doch dies impliziert die uneinlösbare Absicht einer deskriptiv exakten Sozialwissenschaft. Nicht der Idealtypus ist schlampig, sondern die Wirklichkeit. Andererseits ist soziale Realität keineswegs chaotisch. Komplexe Ereigniskonstellationen wie alltagsästhetische Schemata, Stiltypen, milieuspezifische Existenzformen, Rationalitätstypen, Szenen und andere Gegenstandsbereiche der folgenden Untersuchung sind

»Struktur« - sie treten immer wieder auf, aber in Abwandlungen. Für die Soziologie ist das übergreifende Muster von zentralem Interesse, mag sich dieses Muster auch in keinem einzigen Fall perfekt realisieren. Mit der Forderung nach Deckungsgleichheit von generellen deskriptiven Begriffen und subsumierbaren Einzelfallbeschreibungen würde die Soziologie ihre zentralen theoretischen Absichten sabotieren.

In Statistik und Naturwissenschaft ist die Rehabilitierung unscharfer Mengen längst im Gange (vgl. Niedenthal/Cantor 1984; Smithson 1987). Keine empirische Wissenschaft ist freilich mehr auf Unschärfetypologien angewiesen als die Soziologie. Warum gerade hier das Unschärfeproblem - als wirklichkeitsbedingte (nicht etwa nur methodenbedingte) Herausforderung - in besonderem Maße auftritt, hängt unmittelbar mit der sozialen Konstruktion von Realität zusammen. Orientierungsgröße für das Handeln des einzelnen ist das Handeln der anderen und die im Gedächtnis gespeicherte Regelmäßigkeit vergangenen Handelns. Ihre Mustererkennung setzen die Subjekte selbst in handlungssteuernde alltagssoziologische Idealtypen um, die einerseits zur Reproduktion von Sozialstruktur beitragen, weil sie teilweise zutreffend sind, andererseits aber nur zur unscharfen Reproduktion, weil sie partiell verzerrt sind und weil die Subjekte sich meist mit einem begrenzten Eigensinn an vorgegebenen Mustern orientieren (zur weiteren Diskussion siehe Abschnitt 4.14).

Beschränkte Rationalität

Für das idealtypische Verstehen gemeinsamer Sinnkonstruktionen ist es eine Hilfe, den Menschen Rationalität zu unterstellen: eine den vermeintlichen Nutzen mit vermeintlich geeigneten Mitteln maximierende Vernunft. Ein ökonomisches Modell, wie es in Form verschiedener Theorien zur Nutzenmaximierung vorliegt (vgl. den kritischen Überblick von Wiesenthal 1987), ist zur Beschreibung dieser Rationalität jedoch ungeeignet - schon deshalb, weil der Nutzen bei einer innenorientierten Zieldefinition nicht klar zu bestimmen ist, so daß es sogar möglich ist, sich das Erreichen des Zieles einfach einzubilden. Autosuggestion wird zur sinnvollen Handlungsstrategie. Als weiter Gesichtspunkt kommt hinzu, daß Erlebnisse auch durch noch so raffinierte instrumentelle Handlungen nicht zu garantieren sind; sie sind »wesentlich Nebenprodukt« und stellen sich oft gerade dann nicht ein, wenn man alles unternimmt, um sie zu haben (Elster 1987, S.141 ff.).

Handeln als »rational« zu deuten, beschränkt sich im Rahmen dieser Untersuchung auf die Rekonstruktion vermeintlicher Vernunft. Es kann sein, daß zweckbezogenes Handeln eine bestimmte kognitive Organisation aufweist - Abwägen möglichst vieler Alternativen, Sammeln von Informationen, Auswahl der Alternative mit dem höchsten Nettonutzen. Empirisch wahrscheinlicher sind aber oft Spielarten einer »Subversion der Rationaltität« (Elster 1987): daß der Handelnde das Übersehen von Alternativen zur Strategie erhebt, Informationen abwehrt, das ihm selbst am besten Erscheinende nicht tut, ständig seine Präferenzen ändert u.a. Subjektiv konstruierte und mit naiver Überzeugung in Anspruch genommene Rationalität kann im Verhältnis zu objektiv sinnadäquater Rationalität jede nur erdenkliche Einschränkung aufweisen. »Beschränkte Rationalität« ist das theoretische Stichwort eines heuristischen Programms, das im idealtypischen Nachvollziehen von Selbstrechtfertigungen besteht.

Wohlstandsgesellschaft

Was den Menschen rational scheint, ändert sich mit den Lebensbedingungen. Die Rekonstruktion dieser Veränderungen nach der Vermehrung der Möglichkeiten ist ein zentrales Thema dieser Untersuchung. Einer der ersten, die die Vermehrung der Möglichkeiten zum soziologischen Thema gemacht haben, war ein Ökonom: Galbraith mit seiner Studie zur Überflußgesellschaft (1958). Inzwischen gibt es eine große Zahl von wirtschafts- und sozialgeschichtlichen Untersuchungen, die den Wandel der Lebensverhältnisse in der Bundesrepublik Deutschland faktenreich dokumentieren. Stellvertretend seien genannt: Ambrosius/Hubbard (1986), Alber (1986), Hölder (1989), Henning (1989). Von den in diesen und ähnlichen Untersuchungen zusammengetragenen Informationen geht die Arbeit an vielen Stellen aus (zusammenfassend: Abschnitt 1.2), ohne die Vermehrung der Möglichkeiten ein weiteres Mal zum Gegenstand der Forschung zu machen. Wichtig ist hier die Anschlußfrage: Was machen die Menschen damit? Wie verändert sich das Subjekt, wenn sich die Situation verändert?

Wandel des Subjekts

Wie die Menschen auf die Veränderung der objektiven Lebensverhältnisse reagieren, ist eines der großen Themen der Soziologie seit Mitte der sechziger Jahre. Um Übersicht zu schaffen, kann man die zahlreichen Arbeiten in drei Gruppen einteilen, die allerdings nicht scharf voneinander abgegrenzt sind, sondern sich nur hinsichtlich der thematischen Schwerpunkte unterscheiden. Die jeweiligen Akzente lassen sich mit den Stichworten »Wertwandel«, »Postmaterialismus« und »Individualisierung« charakterisieren.

Untersuchungen zum *Wertwandel* setzten ein, als die demoskopische Beobachtung der Bundesrepublik lange genug gedauert hatte, um Zeitreihen zu ermöglichen. Eine der materialreichsten Arbeiten der siebziger Jahre stammt von Kmieciak (1976). Die von ihm untersuchten Wertbereiche decken ungefähr das Themenspektrum der späteren Forschung ab: Gesundheit, Bildung, Arbeit, Freizeit, materielle Güter, Umwelt, Sicherheit, Familie und soziale Beziehungen, Politik, subjektive Lebensqualität. Auf der Grundlage aktualisierter Daten formulierte Meulemann (1985) die unstrittigen Hauptergebnisse: »Gleichheit und Selbstbestimmung ... setzen sich immer mehr auf Kosten von Tradition und Autoritäten durch«. (S.398) Als »Wertwandel hinter dem Wertwandel« zeichnet sich ab, »daß Lebenssinn nicht mehr aus Traditionen übernommen werden kann, sondern in einer alltäglichen tragfähigen Form geschaffen werden muß.« (S.403) In zwei Arbeiten von Klages (1984, 1988) wird die Diskussion zum Wertwandel theoretisch integriert.

Arbeiten zur Theorie des *Postmaterialismus* interpretieren Wertwandel als Wirkung der Verbesserung der materiellen Lebensbedingungen. Hauptexponent der Theorie ist Inglehart, der mit seinem 1971 erschienenen Aufsatz das Stichwort »silent revolution« prägte. Seine (an Maslow orientierte) Hauptaussage ist: Sobald man sich nicht mehr um sein Überleben zu kümmern braucht, beginnt man, sich mit sich selbst zu beschäftigen und Raum für die Entwicklung der eigenen Persönlichkeit zu beanspruchen. Um seine Thesen zu erhärten, stellte er interkulturelle Vergleiche und Kohortenvergleiche an (1977). Neuere Ergebnisse hat er in einer umfangreichen Publikation (1989) vorgelegt. Trotz aller Kritik scheint zumindest seine Hauptaussage plausibel. In dieselbe Richtung deuten auch Generationsvergleiche aus der jugendsoziologischen Forschung (Allerbeck/ Hoag 1985; Zinnecker 1987; Jaide 1988).

Individualisierungstheorie sieht den Wandel des Subjekts im Zusammenhang mit dem Wandel sozialer Bindungen im Alltagsleben. Die Verselbständigung des Subjekts ist teils Ursache, teils Wirkung der Auflösung des traditionellen sozialen Geflechts von sozialer Schicht, Familie und Nachbarschaft, in dem sich das Subjekt aufgehoben fühlen konnte (aber auch durch soziale Kontrolle eingeschränkt war). Individualisierung ist eine Spätwirkung der Modernisierung. Kristallisationspunkte der Diskussion sind Arbeiten von Beck (1983, 1986). Spezielle individualisierungstheoretische Untersuchungen beschreiben die Auflösung von Arbeitermilieus (Mooser 1984, Brock 1988).

Wertwandel, Postmaterialismus, Individualisierung: Die Fülle der Arbeiten, denen dieser kurze Überlick nicht annähernd gerecht werden kann, legt zwei Annahmen nahe, die für diese Untersuchung wichtig waren: zum einen die These einer Zunahme der Innenorientierung, zum anderen die These, daß diese Entwicklung durch die Vermehrung der Möglichkeiten ausgelöst wurde. Um theoretische Konsequenzen dieser Annahmen geht es in den folgenden Unterabschnitten: Verstärkung des Interesses an sozialen Milieus, Bedeutungszunahme der sozialen Semiotik, soziologische Thematisierung des Körpers.

Soziale Milieus

Der Wandel des Subjekts führt zwar nicht zum Verschwinden, aber zu einer tiefgreifenden Transformation sozialer Beziehungen im Alltagsleben. In mehreren Kapiteln beschäftigt sich die folgende Untersuchung mit sozialen Milieus in einer Situation zunehmender Individualisierung. Hier knüpft die Arbeit zum einen an Traditionen der Soziologie sozialer Schichten an, wobei besondere Affinität zum

Konzept situationsgebundener Mentalitätsgruppen bei Geiger (1932) besteht, ohne allerdings begriffsnotwendig Ungleichheit von Lebenslagen zwischen den Gruppen zu postulieren. Dem entspricht der Begriff »sozialmoralischer Milieus« bei Lepsius (1973), der bisher vor allem in der politischen Soziologie rezipiert worden ist (vgl. etwa Pappi 1985; Kühr 1985). Etwa zeitgleich zur vorliegenden Studie durchgeführte, im empirischen Ansatz ähnliche Untersuchungen (outfit 1986; Gluchowski 1987) waren für den Vergleich der Ergebnisse bedeutsam (vgl. Abschnitt 7.10). Weitere Anregungen kommen aus der neueren Gesellschaftsgeschichte sozialer Großgruppen, wo etwa Kocka (1981, 1988) und Wehler (1987a und 1987b) wichtige Beiträge vorgelegt haben. Wesentliche Impulse zur Integraton der Milieutheorie in die Sozialstrukturanalyse sind von Hradil (1987) ausgegangen.

Soziale Semiotik

Soziale Milieus bilden sich nach einem neuen Muster: Beziehungswahl ist an die Stelle von Beziehungsvorgabe getreten (vgl. das 4. Kapitel). Die in Abschnitt 1.1 beschriebene Veränderung der Beziehung von Subjekt und Situation zeigt sich hier in einer ihrer Facetten. Begrenzen und Einwirken tritt in den Hintergrund; Nahelegen, Auslösen und Wählen wird zum bestimmenden Muster. Damit hat die Frage, wie Menschen ihre Situation deuten, größeres theoretisches Gewicht bekommen.

Was lesen die Menschen als Zeichen wofür? Um alltagsästhetische Schemata und soziale Milieus zu verstehen, muß man mit »sozialer Semiotik« (Hodge/ Kress 1988) operieren. Sie ist Bestandteil eines semantischen Paradigmas (vgl. Abschnitt 2.1), bei dem das Verhältnis von Situation und Subjekt als Zeichen-Bedeutungs-Relation verstanden wird. Die Situation wird als Zeichenkonfiguration gelesen; Nahelegen und Auslösen sind Modi subjektiver Bedeutungszuordnungen, die Erlebnisse und Handeln in Form des Wählens nach sich ziehen.

Philosophische Theorien des Kunstwerks sind ebenso am semantischen Paradigma orientiert (etwa Morris 1988, Eco 1987) wie Theorien der Alltagsästhetik, angefangen bei Veblen (1899) über diverse Subkulturtheorien (Clarke 1979a; Hebdige 1979; Willis 1978, 1979) bis hin zu Bourdieu (1982). Die folgende Untersuchung knüpft an diese Traditionen mit der Theorie alltagsästhetischer Schemata an, die als Verbindung großer Zeichenklassen mit mehreren potentiellen Bedeutungsebenen (Genuß, Distinktion, Lebensphilosophie) definiert sind, mit der Theorie sozialer Milieus, deren Entstehung in der Gegenwart mit dem Lesen und Dekodieren evidenter und signifikanter Attribute der Anderen verbunden ist, schließlich mit der Theorie der fundamentalen Semantik. Dabei wird unterstellt, daß bestimmte Bedeutungen in der Art eines semantischen Regresses noch elementareren Bedeutungen zugeordnet werden können, die insofern fundamental sind, als ein weiterer Regreß nicht sinnvoll ist. Die Kategorien der fundamentalen

Semantik werden nicht durch Zuordnung zu einer weiteren Bedeutungsebene definiert, sondern durch elementare Alltagserfahrungen.

Psychophysische Kodierung

Der Wandel des Subjekts hat eine weitere theoretische Konsequenz. Mit der Ausbreitung der Innenorientierung wird es notwendig, dem emotionalen und somatischen Aspekt der menschlichen Existenz höheren Rang einzuräumen als es soziologischer Tradition entspricht. Elias beschäftigt sich mit dem Körper als Objekt zunehmender Affektkontrolle. In dieser Untersuchung geht es dagegen nicht um die soziale Unterdrückung des Körpers, sondern um seine Zulassung. Es besteht kein Widerspruch zwischen diesen unterschiedlichen Akzenten, denn die Zivilisierung des Körpers ist partiell geblieben.

Erlebnisse haben psychophysischen Charakter. Reduziert man sie, wie es für die Soziologie kultureller Formen typisch ist, auf ihre kognitive Komponente, so bleibt die Analyse unvollständig. Der Verweisungszusammenhang von Subjekt und Gesellschaft hat sowohl eine kognitive wie eine somatische Schicht. Daß unsere Kognitionen gesellschaftlich geprägt sind und umgekehrt die Gesellschaft prägen, gilt in der Soziologie als selbstverständlich. Es lohnt sich, den Körper in dieses Modell gegenseitiger Verweisung einzubeziehen. Auf der einen Seite übernimmt der Körper bestimmte gesellschaftlich vorgeprägte Erlebnismuster, wie die Untersuchung von alltagsästhetischen Schemata und von Kategorien der psychophysischen Semantik zeigen wird, auf der anderen Seite kann das Ausleben des Körpers gesellschaftliche Wirkungen haben, die sich etwa im dimensionalen Raum alltagsästhetischer Schemata, in der Milieustruktur, in der Dynamik des Erlebnismarktes und in der Atmosphäre von Szenen bemerkbar machen.

Vor allem die Interpretation alltagsästhetischer Schemata, die Untersuchung der fundamentalen Semantik und die »fundamentale Interpretation« (vgl. hierzu Abschnitt 5.6) ist an einer ganzheitlichen, psychophysischen Auffassung des Menschen orientiert. Die Soziologie hat hierzu wenig anzubieten, während es in der Psychologie eine psychophysische Tradition gibt (vgl. Gale/Edwards 1983, Strehlau u.a. 1985, 1986), die sich auch auf die Analyse von Erlebnissen erstreckt, so in der Psychologie des Humors (vgl. Goldstein/McGhee 1972), der ästhetischen Wahrnehmung (vgl. Berlyne 1971, 1974) und der Emotionen (vgl. Pliner/Blankstein/Spigel 1979; Averill 1985).

1.10 Der empirische Teil der Untersuchung

Vielleicht wirkt es nach den allgemeinen Überlegungen der vorangegangenen Abschnitte überraschend, daß nun von einem empirischen Teil der Untersuchung die Rede ist. In der Tat ist diese Arbeit nicht nach dem Muster eines »Projektberichts« angelegt, sondern als soziologische Untersuchung, die ihre Systematik aus der schrittweisen Bearbeitung eines theoretischen Programms gewinnt. Für die freie Entfaltung einer soziologischen Analyse ist das Darstellungsschema der empirischen Forschung - Fragestellung/Hypothesen/Vorgehensweise/Ergebnisse/ Diskussion - viel zu eng. Theorie sollte nicht in die Sequenz von empirischen Untersuchungen eingegliedert werden, sondern umgekehrt das empirische Vorgehen in die Sequenz theoretischer Reflexion. Deshalb taucht der empirische Teil dieser Untersuchung nur dann auf, wenn er gebraucht wird, etwa bei Beschreibungen alltagsästhetischer Schemata, sozialer Milieus und Szenen. An vielen anderen Stellen bleibt die empirische Begleitstudie ausgeblendet, da es um Probleme geht, zu denen sie keinen Beitrag leisten kann (etwa Entwicklung theoretischer Perspektiven, Diskussion von Begriffen, Thesen zum langfristigen sozialen Wandel). Dies bedeutet jedoch nicht, daß der empirischen Arbeit hier nur sekundäre Bedeutung zugebilligt würde. Zentrale Thesen dieser Untersuchung nehmen ihren Ausgang von den Daten der Begleitstudie.

Uninterpretierte Daten sind soziologisch bedeutungslos; Interpretation heißt jedoch immer, den Informationsgehalt empirischer Beobachtungen mit zusätzlichen Annahmen anzureichern. Gerade deshalb ist es wichtig, das empirische Material zu dokumentieren. Wegen seiner Fülle hätte das Material allerdings die Analyse unlesbar gemacht. Im folgenden werden empirische Ergebnisse nur jeweils zusammenfassend referiert; alle Details werden ausführlich im Anhang dargestellt und kommentiert.

Dort werden auch die Einzelheiten des Vorgehens berichtet. An dieser Stelle möge eine kurze Charakterisierung genügen: Das Material beruht auf der Befragung einer Repräsentativstichprobe für das Gebiet der Stadt Nürnberg (Umfang der Grundgesamtheit: ca. 500.000 Personen. Befragungsfälle: 1.014). Erhebungsjahr war 1985. Die Entscheidung für eine Regionalstudie ist vor allem dadurch begründet, daß sich alltagsästhetische Schemata und Szenen nur in der Beziehung der Menschen zu lokalen Gegebenheiten (Einrichtungen, Veranstaltungen, Treffpunkte) entwickeln. Jede Untersuchung zur Alltagsästhetik, die den lokalen Kontext nicht breit erfaßt, klammert einen wesentlichen Bereich aus.

Für jeden Befragungsfall gibt es drei Informationsquellen: erstens einen umfangreichen Hauptfragebogen, der im mündlichen Interview eingesetzt wurde, zweitens einen schriftlich zu bearbeitenden Testbogen mit 180 Items, die vor allem auf die Erfassung der Persönlichkeitsstruktur abzielten, sowie drittens einen Interviewerfragebogen, in dem unter anderem Beobachtungen zum Ambiente des Befragten, zu seinem sprachlichen Habitus (Dialekt), zu seinem Auftreten und seiner körperlichen Erscheinung festzuhalten waren. Das Informationsspektrum umfaßt Alltagsästhetik (Musik, Lektüre, Fernsehen, häusliche Tätigkeiten, außerhäusliche Freizeit, Besuch von Einrichtungen, Veranstaltungen und Stadtteilzentren), Sozialkontakte, Beruf oder sonstige Tätigkeit, Arbeitssituation, Gesundheit, Haushaltsstruktur, politische Einstellungen, Grundüberzeugungen, Persönlichkeit, ökologische Situation.

Kann man aus einer Studie, die sich auf nur einen Zeitpunkt bezieht, etwas über sozialen Wandel lernen? Ja: soweit sie sich mit Untersuchungen vergleichen läßt, die an anderen Zeitpunkten ansetzen. Hypothesen, die aus solchen Vergleichen hervorgehen, sollten dann allerdings gezielt empirisch untersucht werden. Aufbauend auf der vorliegenden Arbeit haben Müller-Schneider (1992) und Salomon (1992) Annahmen zum Wandel von Milieustruktur und alltagsästhetischen Schemata aufgegriffen und in zeitvergleichenden Sekundäranalysen überprüft (vgl. Anhang D, Tabellen 13.1, 13.2 und 13.3).

2. Kapitel
Hermeneutik der Stile

Einleitung

Unsicherheit und Enttäuschung, die beiden typischen Probleme eines erlebnisorientierten Lebens, machen empfänglich für immer neue und immer mehr Erlebnisangebote. Designwandel, Folgemodelle, Programmänderungen, Innovationen, Schlußverkäufe: Wie ist es möglich, daß wir trotz des täglichen Wandels der Warenwelt nicht vollends die Orientierung verlieren? Es ist schon schwierig genug, ständig Handlungen auf Erlebnisziele hin zu entwerfen und dabei auch noch zufrieden zu sein. Werden die Menschen durch die galoppierende Inflation der Möglichkeiten nicht kognitiv und emotional überfordert? Wie ist es möglich, daß sie noch wissen, wo ihnen der Kopf steht?

Auch wenn die Ästhetisierung des Alltagslebens das freie Belieben zur Grundorientierung erhoben hat, ist unser alltagsästhetisches Handeln nicht beliebig. Immer vom großen Durcheinander bedroht, gelingt es den meisten Menschen doch, genug Ordnung in das eigene Handeln zu bringen, um überhaupt noch erlebnisfähig zu sein. Beim Aufbau ihrer Erlebnismuster steuern die Menschen allerdings so verschiedene Kurse, daß der Begriff der Erlebnisorientierung, wie er im vorangegangenen Kapitel eingeführt wurde, nur ein ganz allgemeines Etikett sein kann, das nun zu differenzieren ist.

Grundlegend für die Beschreibung subjektiver Erlebnisorientierungen ist ein semantisches Paradigma (Abschnitt 2.1), das Erlebnisse als Zuordnung von manifesten Zeichen zu latenten subjektiven Bedeutungen interpretiert. Nur solange diese Zuordnung überhaupt noch gelingt, was mit der explosionsartigen Vermehrung der Erlebnisangebote immer schwieriger geworden ist, besteht eine Chance, das Ziel des Erlebens zu erreichen.

Ein vollständiger Erlebnisvorgang läßt sich durch das Konzept der alltagsästhetischen Episode abbilden (Abschnitt 2.2), kleinste analytische Einheit einer Reihe komplexerer Konzepte. Eines davon ist Stil (Abschnitt 2.3). Das semantische Paradigma macht klar, daß Stil durch Zeichen allein nicht zu beschreiben ist, zumal dann, wenn auf der Zeichenebene hohe Fluktuation herrscht. Eine Hermeneutik der Stile muß versuchen, die subjektiven Bedeutungen zu erreichen. Im Rahmen dieser Analyse sollen drei Dimensionen unterschieden werden: Genuß, Distinktion und Lebensphilosophie. *Genuß* verweist auf die sinnlich spürbare Bedeutung schöner Erlebnisse. Er besteht in psychophysischen Reaktionsmustern wie etwa Erregung, Ruhe, Freude, Betroffenheit, Spannung, Kontemplation. Genuß ist immer gleichzeitig körperlich und geistig. Es gibt weder die pure Fleischeslust ohne kognitiven Hintergrund, noch die rein spirituelle Erbauung ohne leibliche Basis (Abschnitt 2.4).

Distinktion ist die Symbolisierung von sozialen Unterschieden. Das Vorhandensein dieser soziologisch bisher am intensivsten reflektierten Bedeutungsebene hängt damit zusammen, daß alltagsästhetische Episoden für andere meist gut sichtbar sind. Jeder weiß, daß er mit bestimmten Geschmacksentscheidungen Affinitäten zu sozialen Gruppen erkennen läßt, die ähnliche Präferenzen an den Tag legen. Alltagsästhetik symbolisiert soziale Zuordnungen - man gibt zu erkennen, wer man ist und mit wem man nichts zu tun haben will (Abschnitt 2.5).

Lebensphilosophien sind grundlegende Wertvorstellungen, die mit bestimmten Klassen alltagsästhetischer Episoden in einer Kultur verbunden sein können, etwa Glaube an metaphysische Geborgenheit, Fortschrittserwartung, narzißtische Selbstvergötterung, Identifikation mit den bestehenden gesellschaftlichen Verhältnissen oder umgekehrt Rebellion dagegen. Einer eingebürgerten Redeweise folgend, könnte man Lebensphilosophien als tieferen Sinn des Erlebens bezeichnen, der im Genuß an die erfahrbare Oberfläche kommt. Die deutsche Werthierarchie zwischen Oberflächlichkeit und Tiefsinn ächtet den Genuß und adelt die »Botschaft« (Abschnitt 2.6).

Nach Überlegungen, die sich auf alle drei Bedeutungsebenen gleichzeitig beziehen (Abschnitt 2.7), wird das Problem der Aufrechterhaltung von Bedeutungen angesichts eines immer größeren Ansturms von Zeichen untersucht (Abschnitt 2.8). Die soziologische Analyse von Bedeutungen macht eine Differenzierung von individuellen und kollektiven Aspekten der Alltagsästhetik erforderlich (Abschnitt 2.9). Das Kapitel endet mit der Einführung des Begriffs der Stiltypen: Kombinationen von kollektiven Mustern der Alltagsästhetik (Abschnitt 2.10). Damit wird das 3. Kapitel vorbereitet, in dem sich die Untersuchung, orientiert am Konzept der alltagsästhetischen Schemata, ganz auf kollektive Aspekte konzentriert.

2.1 Das semantische Paradigma

Wie läßt sich das Verhältnis von Objekt und Subjekt, von ästhetischem Gegenstand und demjenigen, der ihn erlebt, am besten abbilden? Weitgehend durchgesetzt hat sich ein semantisches Paradigma, demzufolge »jede Betrachtung von Kunstwerken eine bewußte oder unbewußte Dekodierung enthält« (Bourdieu 1978, S.420). Das Subjekt interpretiert das Objekt als Zeichen, es ordnet ihm einen Komplex von Bedeutungen zu. Zeichen können beliebige Manifestationen sein (Texte, Geräusche, Personen, Skulpturen, Gemälde, Bauwerke, Denkmäler, Handlungen, Mimik, Gebärden, Parkanlagen - Objekte, Situationen und Ereignisse aller Art), sofern sie von Sendern als Zeichen gemeint und/oder von Empfängern als Zeichen interpretiert werden (d.h. mit Bedeutungen verbunden werden, die über die wahrnehmbare Manifestation hinausweisen). Erlebnisangebote, einschließlich der Kunstwerke im traditionellen Sinn, sind genau dadurch definiert, daß sie typischerweise als Zeichen für ästhetische Bedeutungen aufgefaßt werden. Das semantische Paradigma hat drei Kategorien von Anwendern: erstens die Handelnden selbst, zweitens ihre sie wahrnehmenden Interaktionspartner und drittens die Soziologen, die sich bemühen, beide zu verstehen.

Daß es ästhetische Konventionen gibt, welche die Zuordnung von Zeichen und Bedeutungen in Kulturen und Subkulturen regulieren, läßt sich am besten in solchen Situationen nachweisen, wo Konventionen suspendiert sind. Wer sie nicht beherrscht, fällt auf. Bourdieu vergleicht den Ungebildeten gegenüber dem Kunstwerk mit einem Ethnologen, der im Forschungsfeld der etablierten Deutungsschemata, das er sich zu erschließen sucht, deshalb auffällig wird, weil er die Zuordnungskonventionen nicht beherrscht.

Kunstgeschichte läßt sich, wie Hauser (1973) darstellt, als Geschichte von Stilbrüchen (Renaissance, Barock, Rokoko, Romantik usw.) schreiben, die im Lauf der Zeit konventionalisiert wurden. Neue Zeichenstrukturen und Bedeutungsschemata erzeugen zunächst überwiegend Irritation und Orientierungslosigkeit; erst allmählich werden sie kunstgeschichtlich kanonisiert und öffentlich einstudiert. Umgekehrt können bereits in ihrer Bedeutung festgelegte Zeichen neu kodiert werden, weshalb dieselben Kunstwerke in verschiedenen Epochen auch ganz unterschiedlich erfahren werden. Burckhardt (1986, S.47) führt eine Reihe von Beispielen für seine These an, daß Moden der letzten Jahre nichts anderes waren als Umdeutungen bereits eingeführter Zeichen, kleine semantische Revolutionen, die teilweise überhaupt erst eine Ästhetisierung des Zeichens zur Folge hatten (Palästinensertuch, Jeans, Arbeitskleidung, Uniformen). Konventionsbruch führt zur Ausbildung neuer Konventionen - aber sind wir nicht am Ende aller Konventionen angelangt?

Mit zunehmender Ästhetisierung des Alltagslebens hat das Privatvergnügen in gleichem Maße an Legitimität gewonnen, wie die Berufung auf ästhetische Konventionen dubios geworden ist. Wer eine beliebige Geschmacksentscheidung trifft, tut dies im Glauben an seine ästhetische Unabhängigkeit. In der fröhlichen Endgültigkeit der Begründung ästhetischer Wahlen, die sich in der Floskel »weil es mir eben Spaß macht« ausdrückt, trumpft der eigene Geschmack mit dem Anspruch subjektiver Singularität auf. Setzt nun jeder seine Maßstäbe selbst? Wenn dies zuträfe, würden die vielen soziologischen Interpretationen von Alltagsästhetik Lügen gestraft, die persönlichen Stil und Sozialstruktur durch ein Gewebe von Konventionen eng miteinander verflochten sehen. Wer ist hier ideologisch? Das Subjekt in der Illusion seiner Eigenständigkeit oder die Soziologie mit dem Brett angemaßter Deutungskompetenz vor dem Kopf?

Der folgende Versuch zur Hermeneutik der Stile läuft auf eine Kompromißposition hinaus: das Privatvergnügen als theoretisch bedeutsamen Sachverhalt zu bearbeiten, es aber gleichzeitig nicht als einzige Stilkomponente anzunehmen. Als wichtigster Beitrag der soziologischen Tradition zur Analyse persönlicher Stile soll das semantische Paradigma übernommen werden. Alltagsästhetik wird als ein Verhältnis von Zeichen und Bedeutung modelliert. Was Gegenstand alltagsästhetischer Episoden ist, von der Mondscheinsonate bis zum Autozubehör, erscheint aus der Perspektive des semantischen Paradigmas als Zeichen, dessen Gehalt Erlebnisse sind. In der Kulturgeschichte tauchen ständig neue Zeichen auf, etablierte Zuordnungen verblassen allmählich oder werden umgedeutet - so meint das Zeichen »Mondscheinsonate« heute in der Regel etwas anderes als beispielsweise Anfang des 19. Jahrhunderts, einige Jahre nach dem Entstehen der Komposition. Langsamer als die Zeichen wandeln sich die Bedeutungen, Muster von Genuß, Distinktion und Lebensphilosophie. Zeitlos ist lediglich der allgemeine Charakter von Alltagsästhetik als ein Spiel von Zeichen und Bedeutung.

Ein prägnantes Beispiel für die implizite Anwendung des semantischen Paradigmas ist Veblens »Theorie der feinen Leute« (1899). Das gesellschaftliche Leben gleicht einem Theater, bei dem die einen den anderen vorführen, was sie sich leisten können. Mit der Exquisitheit der demonstrierten Luxusattribute - Kleider, Schmuck, Reisen, zweckfreie Bildung, Interieurs - steigt der soziale Status, den sie symbolisieren. Gerade die Schlichtheit des semantischen Modells, durch das Alltagsästhetik hier abgebildet wird, macht den besonderen Sarkasmus von Veblens Entlarvungsattacke aus, die ihre Wirkung aus dem Gegensatz von Aufwendigkeit der Zeichen und Primitivität der Bedeutungen bezieht. »Die feinen Unterschiede« von Bourdieu (1982) sind eine moderne Version der »Theorie der feinen Leute«, der zweite Klassiker zum selben Thema, ganz in der Tradition des semantischen Paradigmas.

Theorien jugendspezifischer Subkulturen vom Ende der siebziger Jahre (Willis 1978; Clarke 1979; Hebdige 1979; Brake 1981) gehören ebenfalls zu dieser Tradition. Hier kommt allerdings sowohl ein anderes Ensemble von Zeichen auf die Bühne (Rockmusik, Lederjacken, Motorräder, provokative Haartrachten) als auch neuartige und vielschichtige Bedeutungen. Wie bei Veblen weisen die Zeichen auf Gruppenzugehörigkeiten hin, wenn sich die Gruppeneinteilung der Gesellschaft auch nicht mehr als Schichtung von Statusgruppen darstellt, sondern als Verhältnis gegensätzlicher Teilkulturen. Darin erschöpft sich die Bedeutung der Zeichen jedoch nicht. Neben dem sozialen Standpunkt, der Relation zu anderen, kommt auch eine Wertposition zum Ausdruck: Widerstand gegen herrschende Normen, Narzißmus, Hedonismus, Männlichkeitsideale und anderes. Mit dieser Auffächerung von Bedeutungen persönlichen Stils reflektieren soziologische Theorien gesellschaftliche Veränderungen, die seit den Zeiten Veblens stattgefunden haben. Wegen der Auflösung von normativem Konsens ist persönlichem Stil immer mehr die Funktion zugefallen, anderen und sich selbst sowohl distinktive wie lebensphilosophische Inhalte zu signalisieren. Damit zeigt sich eine Differenzierung von Deutungsebenen, die in den folgenden Abschnitten noch ausführlicher darzustellen ist.

Bei der Selbstinterpretation unserer Alltagsästhetik steht allerdings etwas anderes im Vordergrund. Als Hauptsache erscheint uns das Vergnügen, nicht Distinktion oder normative Identifikation, mag die Soziologie dazu auch den Kopf schütteln. Zum bloßen Genuß haben sozialwissenschaftliche Theorien überwiegend ein merkwürdiges Verhältnis. Entweder wird der Spaß am Leben als vordergründig betrachtet, was in der Soziologie meist genügt, um ein Phänomen aus der Welt der realen Dinge hinauszukatapultieren, oder der Spaß ist »ideologisch« und damit zwar zugelassen in der Wirklichkeit der Soziologie, aber nur als fiktiver Tatbestand, hinter dem die unerbittlichen Interpreten die »eigentlichen« Bedeutungen dingfest machen. Könnte es aber nicht sein, daß jenes Vergnügen, an dessen Authentizität die Soziologie umso mehr zu zweifeln scheint, je heftiger es als Handlungsmotiv beteuert wird, Alltagsästhetik tatsächlich maßgeblich mitbestimmt? Von einer Gesellschaft, in der nicht mehr Konventionen den Körper drangsalieren, sondern umgekehrt der Körper darüber mitbestimmt, welcher Konvention man sich anschließt, sind wir nicht weit entfernt.

Nur auf den ersten Blick hat es den Anschein, daß durch die Rehabilitierung des Genusses als ästhetisch relevanter Tatsache der Rahmen des semantischen Paradigmas gesprengt werde. Wie sollen sich Freude, Erregung, Entspannung, Rührung, Begeisterung, Kontemplation und ähnliche Erlebnismuster in ein allgemeines Modell von Zeichen und Bedeutungen pressen lassen? Bei näherem Hinsehen stellt sich aber heraus, daß gerade dieses Modell geeignet ist, schöne Erlebnisse zu beschreiben. Ob sich ein Kind über einen Klaps freut oder ärgert, hängt von der Definition dieses Ereignisses als Liebesbeweis oder Strafe ab; entscheidend für den Unterschied zwischen gutem und schlechtem Wein ist für viele Konsumenten das Etikett auf der Flasche; vermutetes Alter, Seltenheit und Marktpreis von Gegenständen beeinflussen den ästhetischen Eindruck desjenigen, der sie anschaut; das Bewußtsein davon, daß ein Bild ein Original ist, setzt Empfindungen frei, welche die Kopie selbst bei optischer Identität nicht auslösen kann; umgekehrt verliert das Original an ästhetischem Wert, wenn es als Kopie betrachtet wird. All diese Beispiele weisen darauf hin, daß streng zu trennen ist zwischen dem Gegenstand des Erlebnisses als objektivem Sachverhalt und der Wahrnehmung dieses Gegenstandes. Erst muß der Erlebende den objektiven Sachverhalt in sein subjektives Zeichensystem übersetzen, bevor er darauf ästhetisch reagieren kann. Seine Empfindung läßt sich auffassen als Bedeutung, die einer Wahrnehmung zugewiesen wird und sich mit dieser Wahrnehmung ändert, auch wenn der objektive Sachverhalt gleichbleibt. Um das Verhältnis von Gegenstand und Erlebnis zu beschreiben, ist das Modell von Zeichen und Bedeutung nicht nur geeignet, sondern notwendig.

In den folgenden Abschnitten dieses Kapitels werden diese Überlegungen weitergeführt. Hierfür ist zunächst erforderlich, genauer darzustellen, was in dieser Untersuchung mit Alltagsästhetik und persönlichem Stil gemeint ist. Daran sollen sich Erörterungen zu drei Bedeutungskomplexen anschließen, die schon weiter oben angedeutet wurden: Genuß, Distinktion und Lebensphilosophie.

2.2 Alltagsästhetische Episoden

Erlebnisorientierung bezeichnet eine Absicht, »alltagsästhetische Episode« den häufigsten Typus der Ausführung. Beide Begriffe verhalten sich zueinander wie Wollen und Handeln. Als kleinste analytische Einheit, als terminologisches Atom, dient der Begriff der Episode dem Aufbau komplexerer Konzepte: Alltagsästhetik, Stil, Stiltypen, Schemata. Von alldem ist noch ausführlicher zu reden.

Zwar sind die Begriffe »Alltag« und »Ästhetik« durch ihre Verwendung in Umgangssprache und Wissenschaftssprache bereits mit diversen Bedeutungen verbunden sind, doch scheint es an dieser Stelle entbehrlich, verschiedene Bedeutungstraditionen und Kontroversen aufzuarbeiten, um am Ende gar zu verkünden, was Alltagsästhetik etwa »wirklich« sei oder was man verbindlich darunter zu verstehen habe. Entscheidend ist der hier gemeinte Sachverhalt, nebensächlich das dafür eingeführte Wort, sei es nun »Alltagsästhetik« oder irgendetwas anderes.

Der Begriff der alltagsästhetischen Episode geht von der Vorstellung aus, daß unser Handeln ein Strom von zeitlich abgegrenzten Elementen ist, von Episoden wie beispielsweise Kommen, Bleiben, Gehen, Einschalten des Fernsehgerätes, Anschauen eines Filmes, Umschalten, Ausschalten, Kaufen, Zubereitung des Essens, Autofahren usw. Wer ein handelndes Subjekt beobachtet, kann sich nur eine ungefähre Vorstellung von den gerade ablaufenden Episoden bilden, denn eine Episode beginnt bereits mit dem ersten Aufblitzen einer Handlungsidee, setzt sich in der kognitiven Vorbereitung des Handelns fort, wird erst dann typischerweise (nicht notwendig) für Außenstehende sichtbar, um bald wieder im inneren Bezirk zu verschwinden und ihren Abschluß mit der kognitiven Verarbeitung der Situation zu finden, die schließlich aus dem Lichtkegel des Gegenwartsbewußtseins entschwindet. Im Hier und Jetzt eines Subjekts ist Platz für mehrere simultan ablaufende Episoden unterschiedlicher zeitlicher Ausdehnung, die oft in übergreifende Episoden eingebettet sind - etwa die Bahnfahrt als Unterepisode der Urlaubsreise. Man mag dieses Bild von der Verflechtung simultan ablaufender Handlungsstränge, die jeweils in unterschiedliche asynchrone Episodenhierarchien eingebettet sind, als verwirrend empfinden, aber der Begriff der Episode muß so komplex sein wie das handelnde Subjekt selbst. Unter welchen Umständen soll nun eine Episode als alltagsästhetisch bezeichnet werden? Folgende drei Bedingungen müssen erfüllt sein:

1. *Wahlmöglichkeiten*: Die äußeren Umstände müssen dem Subjekt Alternativen erlauben. Bei einem reich gedeckten Frühstückstisch etwa hat es einen ästhetischen Einschlag, wenn man zum Honig greift. Anders verhält es sich, wenn in der belagerten Festung alle Vorräte zu Ende gegangen sind, außer einem größeren Posten von Fässern mit Honig. Trotz des Luxuscharakters von Honig kann man in dieser Situation den Verzehr von Honig nicht als »alltagsästhetische Episode« bezeichnen. Essen, wie Handeln überhaupt, hat erst dann etwas mit Ästhe-

tik zu tun, wenn man objektiv die Wahl hat. Ohne Bedeutung ist in diesem Zusammenhang die »innere Notwendigkeit«, die Handelnde gerade bei ästhetischen Episoden gerne als Begründung bemühen. Die Vorstellung, nicht anders zu können, obwohl es die Umstände erlauben, ist zwar eine häufige Begleiterscheinung ästhetischer Episoden, konstitutiv ist jedoch nur, daß die Umstände andere Möglichkeiten gewähren. Insofern besteht ein unmittelbarer Zusammenhang zwischen der historischen Expansion der Möglichkeiten und der Ästhetisierung des Alltagslebens.

2. *Innenorientierte Sinngebung*: Diese subjektive Bedingung soll immer dann als erfüllt gelten, wenn das Subjekt mit der Handlung eine Erlebnisabsicht verbindet. Meist ist die Erlebniserwartung unmittelbar an die Handlungssituation gebunden, etwa beim Spazierengehen, Reisen, Musikhören, Lesen usw. Ein Sonderfall ist innenorientierter Konsum. Dabei begibt sich der Handelnde entweder in eine professionell für Erlebniszwecke hergerichtete Situation (Kino, Kulturzentrum, Disco, kulturelle Veranstaltungen, Fernsehen, Radiohören) oder er kauft einen Gegenstand (Kleidung, Auto, Möbel, Sportartikel und anderes) mit dem Wunsch, etwas damit zu erleben. Gegenbegriff zur innenorientierten Sinngebung ist außenorientierte Sinngebung, bei welcher der Sinn des Handelns über den psychophysischen Zustand des Handelnden hinausweist, etwa der Job zum Zweck des Geldverdienens. Freilich kann der Job gleichzeitig Spaß machen und insofern partiell ästhetischen Charakter haben (vorausgesetzt, die erstgenannte Bedingung der Wahlmöglichkeit zwischen Alternativen ist erfüllt). Man sieht an diesem Beispiel, daß sich innenorientierte und außenorientierte Sinngebung nicht gegenseitig ausschließen, sondern in Mischungsverhältnissen auftreten können. Subjektiv manifest wird innenorientierte Sinngebung durch Zielbeschreibungen mit Worten wie »interessant«, »spannend«, »faszinierend«, »gemütlich«, »entspannend«, oder generell »schön«, »angenehm« usw.

3. *Alltäglichkeit*: Alltagsästhetische Episoden sind Handeln von jedermann zu jeder Zeit. Damit ist gleichzeitig ausgesagt, was nicht Gegenstand dieser Untersuchung ist: singuläre ästhetische Sinnkonstruktionen. Gewöhnliches und Außergewöhnliches sind als Regionen in einem zweidimensionalen Raum beschreibbar, dessen eine Dimension die Besonderheit einer Sinnkonstruktion im Verhältnis zur individuellen Lebenspraxis darstellt - die Achse der viel gesuchten, selten erreichten einmaligen Erlebnisse - und dessen andere Dimension Exzentrizität abbildet: Besonderheit der individuellen ästhetischen Praxis im Verhältnis zum Kollektiv. Alltagsästhetik ereignet sich in jener Sinnregion, die weder individuell noch kollektiv aus dem Rahmen fällt (vgl. die Abbildung auf Seite 100).

Diese Definition alltagsästhetischer Episoden weist Parallelen mit dem Begriff des Spieles bei Huizinga (1956, S.15 ff.) auf. Dort sind zwei Elemente konstitutiv: Spiele sind freies Handeln, und sie sind *nicht* das »gewöhnliche, eigentliche Leben«. Im obigen Begriff der alltagsästhetischen Episode findet sich das erste dieser Elemente wieder, nicht jedoch das zweite. Ästhetisierung des Alltagslebens bedeutet ja gerade, daß Spiele gewöhnlich geworden sind. Wollten wir das

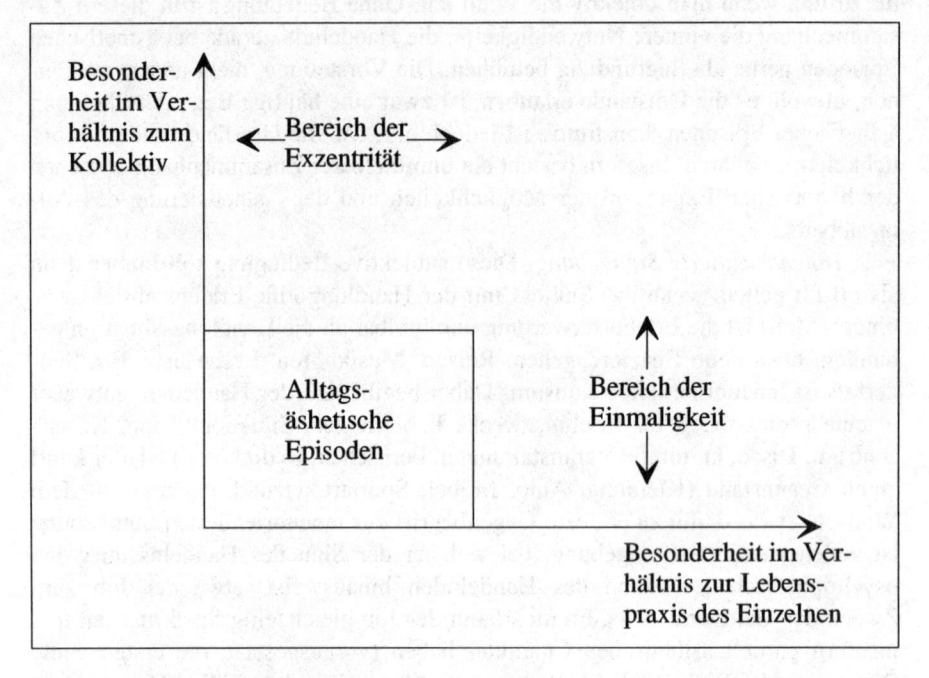

```
Besonder-  ↑
heit im Ver-
hältnis zum  ← Bereich der →
Kollektiv      Exzentrität


            Alltags-           Bereich der
            ästhetische        Einmaligkeit
            Episoden


                          Besonderheit im Ver-
                          hältnis zur Lebens-
                          praxis des Einzelnen
```

Dimensionaler Raum der Besonderheit

Normale, Alltägliche nicht mehr als Spiel anerkennen, so würden wir uns den Gegenstand der Analyse selbst wegdefinieren. Um sich mit diesem Gegenstand mehr als fünfzig Jahre nach der Untersuchung Huizingas überhaupt weiter befassen zu können, muß das Element der Außergewöhnlichkeit durch die Elemente der innenorientierten Sinngebung (Erlebnisabsicht) und der Alltäglichkeit ersetzt werden. Der Begriff wandelt sich mit dem Gegenstandsbereich.

Um alltagsästhetische Episoden festzustellen, muß man sich in die Subjekte hineinversetzen. Daß man einer beliebigen Handlung nicht von außen ansehen kann, ob sie unter den Begriff der alltagsästhetischen Episode fällt oder nicht, wirft empirische Probleme auf. Es muß klar sein, daß subjektive Vorstellungen über Handlungsalternativen bestehen und daß der Handelnde eine Erlebnisabsicht verfolgt. Ob Erlebnisabsichten vorliegen oder nicht, ist zumindest in kulturtypischen Standardsituationen ohne Schwierigkeit zu diagnostizieren. Ein Beobachter, der unsere Kultur gut kennt, kann ganze Handlungsklassen mit erträglich kleinem Fehlerrisiko zuordnen, indem er weitverbreiteten Handlungsmustern einen innenorientierten Sinn unterstellt (etwa Lesegewohnheiten, musikalische Präferenzen, Vorlieben beim Fernsehen, häusliche Freizeitgewohnheiten, Besuch kultureller Einrichtungen, Teilnahme an Veranstaltungen).

Wie verhält sich der Begriff der alltagsästhetischen Episode zum semantischen

Paradigma? Aus der Sicht des Handelnden erscheint eine alltagsästhetische Episode als Aneignung eines Zeichens in einer Wahlsituation, motiviert durch die Hoffnung, dadurch im eigenen Innenleben bestimmte Wirkungen (Bedeutungen) hervorzurufen. Aus der Sicht der Interaktionspartner sind alltagsästhetische Episoden Material für die soziale Wahrnehmung des Handelnden. Sie dekodieren das, was sie sehen, um Aufschluß über das zu bekommen, was sie nicht sehen. Was für ein Typ ist er? Zu welchem Milieu gehört er? Der Soziologe schließlich verwendet das semantische Paradigma zur Deutung alltagsästhetischer Episoden, um den Handelnden und seine Interaktionspartner zu verstehen.

Was alltäglich ist, muß nicht auch einfach sein, weder für den Handelnden, noch für denjenigen, der ihn zu verstehen sucht. Unproblematisch ist in unserer Gesellschaft nur die schlichte Aneignung der Zeichen, nicht auch die Aktualisierung der Bedeutungen. Das Gesamterlebnis, die komplette Konfiguration der Zeichen und Bedeutungen, läßt sich nicht durch einen Griff in Warenregale, durch Knopfdruck, durch Abruf von Dienstleistungen herstellen. Gegen die im ersten Kapitel explizierten Grundprobleme erlebnisrationalen Handelns, Unsicherheit und Enttäuschung, kann der Erlebnismarkt allenfalls Hilfsmittel anbieten. Vorher zu wissen, auf welche subjektiven Bedeutungen man bei der Wahl der Zeichen aus ist, erfordert eine nach innen gerichtete Zieldefinition des Handelns, die den einzelnen umso mehr fordert, je verwirrender die Vielfalt der von Erlebnisanbietern suggerierten Bedeutungen ist. Hinterher, nach der Wahl der Zeichen, droht Enttäuschung als zweites typisches Problem der Erlebnisorientierung selbst dann, wenn man vorher wußte, was man wollte, gerade beim Angebot immer neuer Zeichen in immer größerer Zahl.

Durch objektive Attribute der Zeichen lassen sich subjektive Reaktionen nicht einfach programmieren. Deshalb sollen auch die objektiven Komponenten der Ästhetik - formale, inhaltliche und materielle Attribute von Werken und Situationen - vom Begriff alltagsästhetischer Episoden unberührt bleiben. Es geht darum, was erlebende Subjekte aus Gegenständen, Stoffen und Situationen machen, nicht um objektive Qualitäten von Kunstwerken. Von Baumgartens »Aesthetica«, geschrieben in der Mitte des 18. Jahrhunderts, bis zur gehobenen Partykonversation unserer Tage reicht die Tradition eines Diskurses, der Ästhetik im Gegenstand dingfest machen möchte. Mit diesem Diskurs haben die folgenden Überlegungen nur insofern zu tun, als er selbst Bestandteil eines alltagsästhetischen Schemas (des Hochkulturschemas) ist.

Sind alltagsästhetische Episoden eine anthropologische Konstante? Kommen sie bei jedem Menschen in allen Gesellschaften vor? Huizingas »homo ludens« (1938) ist die bekannteste Untersuchung dieser Frage. Seine zentrale These von der Universalität der Innenorientierung schließt nicht nur alle Kulturen ein, sondern auch viele Bereiche innerhalb einer Kultur: Kunst, Sport, Krieg, Wissen, Philosophie, Politik. Unterschiedlich ist freilich das Ausmaß, in dem sich verschiedene Kulturen dem Spiel verschrieben haben, oder auch: in dem sie sich den Luxus der Innenorientierung leisten können. Je mehr sich die Möglichkeiten vermehren, desto näher liegt es für die Menschen, in ihre Handlungen auch einen innenorientierten Sinn zu legen - die erste der oben genannten Bedingungen alltagsästhetischer Episoden zieht die zweite tendenziell nach sich. An das 19. Jahrhundert, das Huizinga in einem historischen Vergleich als besonders ernstes Zeitalter hervorhebt, hat sich das verspielteste aller Zeitalter angeschlossen.

2.3 Stil

In einer Umwelt der ungezählten kleinen Möglichkeiten, der aufgehäuften Erlebnisangebote und der immer neu auftauchenden geschmacklichen Weggabelungen hat Identität eine zentrale ästhetische Komponente. Ich erkenne mich in dem wieder, was mir gefällt. Identität schließt die Vorstellung zeitlicher Stabilität ein: Ich und Du als konstante Tendenzen im Fluß alltagsästhetischer Episoden. Bekanntschafts- und Heiratsanzeigen verdeutlichen plastisch, daß kaum eine persönliche Annäherung in unserer Gesellschaft denkbar ist, ein Vertraut- oder Intimwerden, das nicht das Vorstellen und Ergründen der alltagsästhetischen Identitäten einschlösse.

Alle Begriffe, die dabei verwendet werden, spielen auf die Regelmäßigkeit alltagsästhetischer Episoden an: Vorliebe, Abneigung, Interesse, Hobby, Tick, Perversion u.a. Wie gewöhnlich das Festhalten an geschmacklichen Tendenzen ist, zeigt sich am deutlichsten im Ungewöhnlichen. Die kleinen Sensationen der neuen Frisur, der unerwarteten Ausdrucksweise, des gewagten Aufzugs, der bisher noch nie gekauften Zeitschrift, des probeweise in neue Gefilde vagabundierenden Fernsehinteresses können nur deshalb einen Knalleffekt hervorrufen, weil sie unsere überwiegend gleichförmige Alltagsästhetik gegen den Strich bürsten. Ausnahmen bestätigen die Regel, geschmackliche Abweichungen die ästhetische Normalität. Auch Exzentrizität ist in einem bestimmten Sinne gewöhnlich, auch sie unterwirft alltagsästhetische Praxis einem Ordnungsschema, mag das ästhetische Programm des Exzentrikers noch so sehr darin bestehen, sich außerhalb ästhetischer Normen zu stellen. Kulturelle Affronts sind nicht das Gegenteil von Ordnung, sondern eine Variante davon. Über die ästhetischen Lager hinweg äußert sich Ordnung im stiltheoretischen Sinn in zwei Prinzipien: Wiederholung und Schematisierung.

1. *Wiederholungstendenzen* zeigen sich schon in der Selektion von Bereichen der ästhetischen Erfahrung. Musik, Essen, Kleidung, Reisen, Sozialkontakte, Körper, Lektüre, Wohnen usw. haben von Mensch zu Mensch sehr unterschiedliche Wertigkeiten. Ständig neu reproduziert man diese Muster relativer Aufmerksamkeit oder Indifferenz gegenüber verschiedenen Bereichen ästhetischer Erfahrung durch unterschiedliche Zuwendung von Zeit, Geld, Energie, Gesprächen, Gedanken. Im Laufe der Jahre werden die Pfade zu den persönlichen Haupt- und Nebenschauplätzen der Alltagsästhetik immer fester getrampelt. Spielwiesen bil-

den sich heraus und gemiedene, links liegengelassene Orte. Innerhalb dieser allgemeinen Dimension ästhetischer Aufmerksamkeit oder Indifferenz entfaltet sich als speziellere ein stabiles Muster von Vorlieben oder Abneigungen. Wer musikalisch interessiert ist, hört nicht mit gleicher Begeisterung Jazz, Klassik, Rock und deutsche Schlager. Indifferenz wird mehr und mehr zur Ausnahme. Je älter man wird, desto genauer weiß man, was einem schmeckt, welche Musik man liebt, in weichen Interieurs man sich wohl oder unwohl fühlt, was einem an den anderen gefällt oder mißfällt, in welche Kneipen man gerne geht usw.

In einer Reihe von Längsschnittuntersuchungen zeigte sich immer wieder hohe Stabilität von Persönlichkeitseigenschaften über Jahre und Jahrzehnte hinweg (vgl. die Zusammenstellung von Schuerger, Tait und Tavernelli 1982). Selbst nach 45 Jahren, der längsten bisher untersuchten Zeitspanne, lassen sich konsistente Tendenzen feststellen (Conley 1984). Wegen der starken Zusammenhänge zwischen Persönlichkeitsmerkmalen und alltagsästhetischen Schemata, die in der vorliegenden Untersuchung gefunden wurden (Anhang, Tabelle 1.4), kann man aus Ergebnissen zur Langfristabilität von Persönlichkeitsmerkmalen auf die Stabilität alltagsästhetischer Dispositionen über Jahre hinweg schließen.

2. *Kollektive Schematisierung:* Zum Teil ist das individuelle Muster ästhetischer Wiederholungstendenzen so einmalig wie das Individuum selbst - aber nur zum Teil. Denn unübersehbar bilden sich im individuellen Mosaik alltagsästhetischer Episoden kollektive Schemata ab. Daß die Gestalt der persönlichen ästhetischen Wiederholungstendenzen kein Abziehbild sein möge, ist zwar ein Massenbedürfnis in unserer Gesellschaft, doch können wir auf die »Entlastungsleistung von Schematisierungen« (Gehlen 1957, S.104 f.) nicht verzichten. Stil enthält Komponenten einer Selbstschematisierung, die sich an kollektive Angebote anlehnt. Bei verschiedenen Menschen begegnen wir immer wieder ähnlichen Grundmotiven. Überindividuelle Schemata der Alltagsästhetik in der Bundesrepublik Deutschland sollen weiter unten noch ausführlich untersucht werden.

Als Stil sei nun die Gesamtheit der Wiederholungstendenzen in den alltagsästhetischen Episoden eines Menschen definiert. Erlebnisorientiertes Handelns gerinnt im Stil zu einem stabilen situationsübergreifenden Muster. Stil schließt sowohl die Zeichenebene alltagsästhetischer Episoden ein (Kleidung, Mobiliar, besuchte Veranstaltungen, Fernsehinhalte usw.) als auch die Bedeutungsebene (insbesondere Genuß, Distinktion, Lebensphilosophie; vgl. die folgenden Abschnitte). Soziologisch bedeutsam sind vor allem die kollektiv schematisierten Komponenten.

Eine kurze Reflexion sei der Frage gewidmet, weshalb wir auch dann zur Selbststilisierung neigen, wenn wir gar nicht durch Konventionen und soziale Kontrolle dazu genötigt werden. Was sind die psychischen Funktionen alltagsästhetischer Wiederholungstendenzen? Erstens dient Stil der Sicherung des Erlebens. Durch die Ähnlichkeit alltagsästhetischer Episoden kann der Bedeutungsgehalt von Zeichen überhaupt erst aufgebaut und stabilisiert werden. Besonders offensichtlich ist die Abhängigkeit des Erlebens von Wiederholungen bei der musikalischen Wahrnehmung. Erst bei mehrmaligem Anhören erschließt sich allmählich der volle Erlebnisgehalt eines Musikstücks. Allgemein gilt: Erlebnistiefe braucht Erlebnistraining. Wenn man nicht zum Stil gezwungen wird, erfindet man ihn im eigenen Interesse. Zweitens hat Stil die Funktion, Unsicherheit abzuwehren. Dies ist vor allem dann anzunehmen, wenn eingefahrene kollektive Muster kopiert werden. Gerade im Stilbewußtsein kann sich Ratlosigkeit ausdrükken. Stil entlastet. Drittens schließlich sichert Stil persönliche Identifizierbarkeit, sowohl in den Augen der anderen als auch in der Selbstwahrnehmung. Identifizierbarkeit bedarf der Kontinuität. Erst durch Wiederholung wird für den Handelnden selbst wie für seine Beobachter klar, wer er eigentlich ist. Sobald sich aber Selbstbild und Fremdbilder geformt haben, liegen Erwartungen in der Luft, die alltagsästhetische Wiederholungstendenzen stabilisieren.

Stil ist mehr als ein Sammelsurium von Vorlieben, Abneigungen und Gleichgültigkeiten. Alle ästhetischen Wiederholungstendenzen eines Menschen treten in Beziehung zueinander und lassen eine typische Konfiguration entstehen, eine aus vielen Einzelheiten zusammengesetzte Gestalt. Alltagsästhetische Episoden sind nur Pinselstriche in einem Gemälde, das sich im langfristigen Kontakt mit einem Menschen für den Betrachter immer komplexer darstellt. Allerdings sind die kollektiv schematisierten Teile des persönlichen Stils in erstaunlich kurzer Zeit mitteilbar. Kleinigkeiten genügen, ein kurzes Gespräch etwa, ein Blick in die Wohnung, auf Kleidung und Frisur, eine gemeinsame Mahlzeit, um sich von jemandem ein vorläufiges Bild zu machen und ihn als einen bestimmten ästhetischen Typus zu erfassen. Wir stehen beispielsweise im Zeitschriftenladen; schon Bekleidungsstil und ungefähres Alter der Personen um uns herum legen bestimmte Vermutungen nahe. Wenn wir dann auch noch sehen, was sie kaufen, etwa die Bildzeitung oder den Spiegel, ist die Informationsbasis bereits ausreichend, um weitgehende Vermutungen anzustellen: über Sprechweise, Urlaubsreisen, Geselligkeitsstil, musikalische Vorlieben oder Möblierung der Wohnung. Diese Vermutungen kommen nicht von ungefähr, sondern sind Ergebnis zahlreicher Alltagserfahrungen, in denen uns kollektive ästhetische Schemata in immer wieder ähnlichen Mustern der Alltagsästhetik unserer Interaktionspartner entgegentreten.

Der Handelnde selbst erlebt seinen Stil als Konkretisierung von Identität, während er den anderen, den Beobachtern, als Anhaltspunkt alltagssoziologischer Typisierungen dient. Stil ist expressiv, er setzt ein Zeichen, dessen Realität sich erst erschließt, wenn es gedeutet wird, sei es vom Handelnden selbst, sei es von seinen Beobachtern. In der Sichtweise des semantischen Paradigmas erscheint persönlicher Stil als komplexe Konfiguration von Zeichen einerseits und mehreren Bedeutungsebenen andererseits, die simultan in einer alltagsästhetischen Episode mit Leben erfüllt werden können. Im folgenden werden drei Bedeutungsebenen einer Hermeneutik persönlicher Stile expliziert: Genuß, Distinktion, Lebensphilosophie.

2.4 Genuß

Oft sind ästhetische Theorien darum bemüht, den Menschen eines Besseren zu belehren und ihm auszureden, daß sein Vergnügen viel mit Kultur zu tun habe. Was der Erlebende selbst als Hauptsache empfindet, seinen Genuß nämlich, wird zum Nebeneffekt verkleinert oder als Illusion enttarnt. Viel zu profan erscheint den meisten klassischen Theoretikern der Ästhetik die schlichte Lust der Konsumenten, als daß sie etwa als Kriterium des Schönen, Wahren und Guten dienen dürfte. Würde dabei nicht der Bock zum Gärtner gemacht? Soziologische Analysen ästhetischer Formen nehmen die Selbstinterpretation des Menschen entweder nicht zur Kenntnis oder sie zerlegen sie genüßlich in ihre ideologischen Bestandteile, um Kultur und Lebensstil als soziologische Kategorien zu rekonstruieren. Kulturelle Formen bringen demnach etwas zum Ausdruck, das mit den Beziehungen der Menschen untereinander zu tun hat: Verbundenheit, Subkulturzugehörigkeit, kleine Unterschiede, ständische Grenzlinien, kulturspezifische Lebensprinzipien. Den alltagsästhetischen Praktiker, der dem Pfad des größten Vergnügens zumindest dann folgt, wenn er ganz bei seinen eigenen Sinnen ist, kümmert dies alles freilich wenig. Zweifellos hat ästhetische Praxis subjektive Bedeutungen, die über den bloßen Spaß an der Sache hinausreichen (und von denen noch ausführlich zu reden sein wird). Aber Vergnügen und Mißvergnügen, Faszination und Langeweile, Anziehung und Angewidertsein bilden eine wichtige Schicht von Erfahrungen, durch die wir uns in der Welt ästhetisch orientieren. Man muß die lapidare Begründung »weil es mir eben Spaß macht« ernst nehmen, um persönlichen Stil zu verstehen.

Worin nun aber das Schöne oder Abstoßende genau besteht, das Menschen bei Anblicken, Gerüchen, Informationen, Berührungen, Bewegungen usw. verspüren, kann kaum jemand genau zur Sprache bringen. In keinem Argumentationszusammenhang hört man mehr tautologische Begründungen als beim ästhetischen Urteil. »Es gefällt mir, weil es mir eben gefällt«. Im Gegensatz zur Verschwommenheit solcher Aussagen steht die Konkretheit, mit der schöne Erlebnisse empfunden werden.

Was meinen wir, wenn wir von Genuß reden? Im folgenden wird Genuß als psychophysischer Zustand positiver Valenz aufgefaßt. Körperliche Reaktionen und kognitive Repräsentationen werden dabei zu einer Einheit, die der Erlebende als angenehm empfindet. Der Akzent kann dabei mehr auf der körperlichen oder mehr auf der kognitiven Komponente liegen, doch geht die Variabilität nicht so weit, daß eine der beiden Komponenten völlig ausgespart bleiben könnte. Selbst das Essen wird erst durch geistige Aktivität zum Genuß, selbst das genußreiche Lesen eines Buches ist mit einer somatischen Reaktion verbunden. Im persönlichen Stil strukturiert sich erlebnisorientiertes Handeln zu einer stabilen Form. Die im Ausleben von Stil angeeigneten ästhetischen Zeichen werden durch psychophysische Reaktionen (Genuß) interpretiert. Eine der Aufgaben der Stil-Hermeneutik besteht darin, diese Reaktionen zu rekonstruieren.

Die körperliche Komponente schöner Erlebnisse wird in Theorien der ästhetischen Wahrnehmung entweder wenig beachtet oder lediglich als besondere (meist niedere) Form des Genusses angesehen. So ist »ästhetische Kompetenz« bei Bourdieu (1974, S.424) ein ausschließlich kognitives Konzept, Dekodierung ästhetischer Zeichen auf der »gehobenen« Stufe ein Prozeß, der sich in der Großhirnrinde abspielt. Was dabei vor sich geht, wird in der Theorie der Kunstwahrnehmung von Eco (1987) als Kommunikationsakt beschrieben, bei dem immer wieder neue Lesarten ausprobiert werden. Ästhetische Rezeption erscheint hier als anspruchsvoller intellektueller Vorgang. Hat der Körper dabei nur noch die Funktion, die Großhirnrinde mit dem zu versorgen, was sie braucht, um zu funktionieren? Nein: Vielleicht nimmt ihn der Erlebende nicht explizit wahr, aber er spürt ihn. »Körperliche Empfindungen sind unerläßlich, um unsere Emotionen als gefühlt zu begreifen.« (Perkins 1966) Wie die spätere Analyse des Hochkulturschemas zeigen wird, ist auch der verfeinerte Genuß unübersehbar mit bestimmten körperlichen Reaktionsformen verbunden.

Ästhetik geht durch den Körper; das Schöne und das Häßliche ist, bei aller Vernetzung mit Gedanken, Bildern, Erinnerungen, Assoziationen, bei aller Intellektualität der Wahrnehmung formaler Muster, in der körperlichen Erfahrung verankert, auch wenn wir uns dessen oft nicht bewußt sind. Das Erleben der Welt ist immer auch ein körperliches Erfühlen. Im physischen Kommentar zum Hier und Jetzt wird Ästhetik materiell und eindeutig. Daß etwa Schmerz, Muskelverspannung, eingeschnürte Atmung, Übelkeit oder körperliche Streßsymptome unangenehm sind, Entspannung, gelöste Bewegung oder verschiedene Formen körperlicher Erregung dagegen angenehm, empfinden Menschen auf der ganzen Welt in derselben eindeutigen Weise. Ob Bier gut schmeckt oder nicht, ob jemand interessant ist oder langweilig, ob moderne Musik schön ist oder unerträglich, ob die Jacke zum Hemd paßt oder nicht, wissen wir umso genauer, je klarer unsere körperlichen Reaktionen auf diese Wahrnehmungen sind. Was uns indifferent läßt, bleibt immer auch ohne physische Wirkung auf uns.

Natürlich unterliegt auch der Bereich körperlicher Erfahrungen der Fehlerhaftigkeit menschlicher Wahrnehmungen: Man kann sie ebenso verdrängen wie zusammenphantasieren oder uminterpretieren. Aber im Vergleich zu anderen Wahrnehmungsfeldern ist der Illusionsspielraum klein und der Eindruck zwingend. Wenn uns das Essen schmeckt, so erfahren wir dies unmittelbar aus unseren körperlichen Reaktionen, über die wir vielleicht andere täuschen können, kaum aber uns selbst. Offenbart man sich den anderen, so kann es zwar gut sein, daß sie anders empfinden, denn die Geschmäcker sind verschieden, aber sie verstehen, was »nicht gut schmecken« bedeutet, da sie die entsprechenden körperlichen Erfahrungen kennen.

Worauf antworten diese Empfindungen? Jeder genießt und verabschiedet die Welt auf seine Weise. Mit derselben beschränkten Grundausstattung körperlicher Erlebnisfähigkeit bauen Individuen unterschiedliche Reaktionsmuster auf, ob es sich um Gegenstände, Situationen, Personen, Nahrungsmittel, Landschaften, Berührungen, akustische Eindrücke handelt oder auch nur um Gedanken, Worte, Manifestationen abstrakter Formprinzipien. Diese Variabilität macht einen guten Teil dessen aus, was Individuen selbst unter ihrer Individualität verstehen. Über die Jahre hinweg entsteht eine immer differenziertere und eigentümlichere Beziehung zwischen Körper und Welt. Allmählich reichern sich die Dinge mit Assoziationen an: Erinnerungen, Phantasien, Wertvorstellungen, Vorbilder, Wissen. Es entwickelt sich ein individueller semantischer Kosmos, in dem die Erlebnisqualität der Dinge in singulärer Weise definiert ist. Beim Duft von Flieder denkt der eine an Liebe, der andere an den Geruch von Seife im Kinderheim. Entsprechend unterschiedlich spüren beide den Geruch von Flieder körperlich.

Es gibt keine klare Trennung zwischen körperlichen und geistigen Modalitäten der Alltagsästhetik. Einatmen frischer Luft, sich in der Sonne ausstrecken, ein Eis essen, morgens die erste Tasse Kaffee trinken, sich der körperlichen Liebe hingeben – auch solche evident sinnlichen Erfahrungen bestehen nicht nur im physischen Erlebnis. Sinnliche Erfahrungen werden erst in Verbindung mit Erinnerungen, Phantasien, Zukunftserwartungen, Interpretationen und ähnlichen kognitiven Zutaten als lustvoll empfunden. Genuß ist abhängig von Komponenten, die nicht physikalisch meßbar sind, sondern allenfalls erfragbar. Für das schöne Erlebnis sind die sinnlich wahrgenommenen Attribute der Situation (Farben, Geräusche, Bewegungen) nur Rohstoffe, aus denen das Subjekt eine Erlebnisgestalt zusammensetzt. Erst durch eine Fülle kognitiver Vernetzungen wird das Konkrete ästhetisch bedeutsam.

Im Kunstgenuß, der ja einen Teil seiner Weihe aus dem Stolz darüber bezieht, daß nicht jeder die Kunst versteht, ist die Erlebnisbildung als kognitive Leistung besonders deutlich, auch wenn Kunst immer an ein materielles Substrat gebunden bleibt. Kompetenter Kunstgenuß schließt kunstgeschichtliche Kenntnisse ein, Wissen über formale Strukturen, Vergleichsmöglichkeiten aufgrund umfangreicher Kunsterfahrung. Genuß kann sich weitgehend loslösen von der unmittelbaren Sinneserfahrung im Hier und Jetzt. Abstraktionen wie »Neuigkeiten«, »Spannung«, »Persönlichkeit« (etwa als vorgestellte Eigenschaft des Partners), »Beruf«, »mein Leben« usw. kann man genauso genießen wie den Morgenkaffee. Immer wird Genuß jedoch gespürt, also körperlich erlebt.

Das Reich der Sinne ist Resonanzraum für Geistiges. Wie gering dabei die ästhetische Bedeutung des physikalisch meßbaren Reizes ist, wie groß die Bedeutung der kognitiven Beigaben, läßt sich durch Erlebnisexperimente von schlagender Beweiskraft veranschaulichen. Auf ein und dieselbe Geräuschkulisse eines fernen Rauschens reagieren die meisten Menschen je nach ihrer Vorstellung von der Quelle des Geräusches mit Nervosität oder Entspannung. Fabriken machen Lärm, Wälder singen ewig. Dieselben Menschen, die zuhause wegen des hohen Geräuschpegels der nahen Autobahn nicht einschlafen können, lassen sich im Urlaub vom akustisch fast identischen Tosen der Meeresbrandung in den Schlaf wiegen. Erst die verlorene Zeit, der zauberhaft verklärte Raum der eigenen Lebensgeschichte, macht den Faszinationswert von Gerüchen aus, von dem Marcel

Proust spricht. Erst das Bewußtsein der Außergewöhnlichkeit erzeugt den prikkelnden Reiz des Porschefahrens. Die diskrete Erregung des Tragens ausgefallener Garderobe kann plötzlich in den Schweiß der Peinlichkeit umschlagen, wenn zufällig eine andere Person mit der gleichen Garderobe auftaucht, denn schön wird das Kleid erst durch das Bewußtsein, daß es von niemand sonst getragen wird.

Genuß ist eine der möglichen Bedeutungsebenen persönlichen Stils. Das alltagsästhetische Zeichen - der Fernsehfilm, der neue Hit, das getunte Auto - wird durch eine psychophysische Reaktion interpretiert. Als Genuß soll diese Reaktion dann bezeichnet werden, wenn sie als angenehm erlebt wird oder als angenehme Vorstellung Ziel der Handlungsplanung ist. Eine soziologische Hermeneutik persönlicher Stile zielt auf kollektive Genußschemata ab, die individuell zitiert werden. Bei der Analyse alltagsästhetischer Schemata im folgenden Kapitel werden drei Muster des Genießens vorgestellt: Kontemplation (Hochkulturschema), Gemütlichkeit (Trivialschema) und »Action« (Spannungsschema). Sowohl körperliche wie kognitive Elemente sind zur Beschreibung erforderlich.

Genuß als Inhalt der innenorientierten Sinngebung alltagsästhetischer Episoden ist eine Bedeutungsebene, die für die Betroffenen höhere Evidenz besitzt als andere (gleich noch darzustellende) Bedeutungsebenen. Selbst hier versagt freilich oft die Sprache - bei aller Spürbarkeit ist Genuß ein so komplexes psychosomatisches Gebilde, daß seine Beschreibung sich oft in hilflosen Worten erschöpft: »Einfach schön«. Diese sprachliche Unzugänglichkeit gilt auch für die Bedeutungsebenen der Distinktion und der Lebensphilosophie. Wegen seiner unmittelbaren Spürbarkeit hat Genuß jedoch eine hervorgehobene theoretische Bedeutung, die im Begriff der Erlebnisorientierung zum Ausdruck kommt: Erlebnisorientierung ist definiert als das Streben nach psychophysischen Zuständen positiver Valenz, also nach Genuß. Distinktive und lebensphilosophische Konnotationen der Erlebnisorientierung sind dagegen nur fakultativ, nicht konstitutiv. Anders als im Alltagssprachgebrauch soll mit der Komponente des angestrebten Genusses im Begriff der Erlebnisorientierung keine inhaltliche Festlegung verbunden sein, etwa auf solche Varianten, bei denen die körperliche Dimension besonders evident ist.

2.5 Distinktion

Persönlicher Stil ist nicht nur körperlich spürbar, sondern auch nach außen hin sichtbar, hörbar, wahrnehmbar. Mit der Frisur, der Kleidung, dem bevorzugten Musikstil oder der Art zu essen setzt man ein Zeichen. Zunehmende soziale Differenzierung läßt die Figur, die man abgibt, immer mehr zur persönlichen Note werden. Als soziale Erkennungsmarke wird Stil öffentlich hergezeigt und aufmerksam registriert. Logisch und kognitionspsychologisch ist Kommunikation durch Stile durchaus der sprachlichen Kommunikation vergleichbar. Eine der potentiellen Bedeutungsebenen dieser Kommunikation ist Distinktion: die Unterscheidung des Subjekts von den anderen.

Daß die an persönlichen Stil gebundenen wechselseitigen Abgrenzungen schon immer das besondere Interesse der Soziologie gefunden haben, ist nicht erstaunlich. Erst durch stilgebundene Definition von Zugehörigkeit und Unterschiedensein werden Stände (Max Weber) zu sozialen Tatsachen, erst das Symbol des demonstrativen Konsums (Veblen) und seine Dechiffrierung durch die Zuschauer macht die oberen Zehntausend von einer ökonomisch-statistischen zu einer sozialen Klasse. Die feinen Unterschiede (Bourdieu) sind nicht nur Ausdruck einer Sozialstruktur, die sich aus der Verfügung über Geldkapital, kulturelles Kapital und soziales Kapital herleitet, sondern gleichzeitig deren Stabilisierungsfaktor. Mit der ständigen Aktualisierung von Stiltypen durch Selbst- und Fremdwahrnehmung vollzieht sich die subjektive Konstruktion von Sozialstruktur ständig aufs Neue.

In einer Studie zur Distinktion vergleicht Tomars (1964) den Wandel der griechischen Kultur von der Polis zur urbanen hellenistischen Gesellschaft mit dem Übergang von der Feudalgesellschaft des mittelalterlichen Westeuropa zur modernen europäisch-amerikanischen Gesellschaft. Beide Male konstatiert er eine Strukturveränderung von einem stabilen »korporativen« zu einem »kompetitiven« Schichtsystem. Parallel dazu ändert sich die Funktion der Kunst - von der Idealisierung politischer und religiöser Eliten, der Verherrlichung bestehender gesellschaftlicher Strukturen und der Verbildlichung etablierter Mythen zur Symbolisierung sozialer Unterschiede. Distinktion, so lernen wir, ist gesellschaftsspezifisch; sie wird erst mit bestimmten sozialen Strukturen überhaupt als Bedeutungsebene der Ästhetik etabliert. »Einzelne Mitglieder einer jeden Klasse streben danach, ihren Status dadurch zu erhöhen, daß sie die Verhaltensweisen der nächst höheren Schicht übernehmen... Bräuche wandern die Statusleiter hinab... Dieser konstante, sich in oszillierenden Zyklen vollziehende Wandel von Bräuchen konstituiert Moden und wird zu einem notwendigen Element für die Aufrechterhaltung eines kompetitiven Statussystems... Die Kriterien für Superiorität einer Mode sind Neuheit, Seltenheit und Kostspieligkeit. Wenn Kunst zu einem Teil des Modezyklus wird, werden diese Kriterien auch Merkmale des Schönen«. (Tomars 1964, S.202 f.) Distinktiver Deutungsbedarf wirkt also in die Welt der Zeichen zurück.

An kaum einer sozialen Großgruppe lassen sich die historischen Veränderungen distinktiven Deutungsbedarfs in Abhängigkeit von den gesellschaftlichen Verhältnissen besser studieren als am Bürgertum. Geschmack als Werkzeug der Distinktion ist eine Erfindung des 18. Jahrhunderts. Im 19. Jahrhundert ändert sich die Verwendung dieser »Waffe« in bezeichnender Weise. »Die arrivierte Bürgerklasse dreht das Instrument des Geschmacks nun um. Vorher diente er der Unterscheidung nach oben, weil die Oberklasse mit viel Geld ihren Prunk entfaltete, und jetzt dient der Geschmack der Distinktion nach unten«. (Burckhardt

1986, S.42) Ein Zeitalter später ist traditionelle Distinktion selbst Ziel einer Distinktionsattacke: »Mit den Ekeltechniken und der vehementen Behauptung des Anti-Geschmacks hat der dissidente bourgeoise Künstler in diesem Jahrhundert dem Individuum das Recht genommen, sich über den Geschmack zu interpretieren« (Reck 1986, S.17) - was allerdings nicht bedeutet, daß das Ende der Distinktion schlechthin gekommen sei.

Zu Recht spielt in der soziologischen Tradition die Dechiffrierung von persönlichen Stilen als Ausdruck sozioökonomischer Unterschiede eine besondere Rolle. Der Terminus »Statussymbol« bringt die distinktive Bedeutung persönlichen Stils so treffend auf den Begriff, daß er längst zum Bestandteil der Umgangssprache geworden ist. Man sollte sich durch die etablierte soziologische Interpretation von Stil aber nicht festlegen lassen. Drei üblicherweise mit dem Distinktionsbegriff verbundene Annahmen sind zu restriktiv: Erstens wird vorausgesetzt, daß stilgebundene Identifikationsprozesse innerhalb der Semantik ökonomisch begriffener sozialer Ungleichheit (Beruf, Bildung, Eigentum) ablaufen. Wären aber nicht auch ganz andere Bezugssysteme denkbar, etwa Generationsschichtungen, körperliche Merkmale, freischwebende (d.h. nicht mehr situativ verankerte) Subjektivität, religiöse Überzeugungen und vieles mehr? Zweitens wird oft angenommen, daß sich die Semantik der Distinktion auf große Teilkulturen bezieht. Man kann sich jedoch zumindest vorstellen, daß die Distinktionsbedeutung persönlichen Stils nur noch darin liegt, sich gegen den Rest der Welt abzugrenzen. »Stil ist also Widerstand. Stil ist Signalement eines Anspruchs auf Distanz, eines Differenzierungsvermögens, aus dem heraus die Bereitschaft zur Behauptung von Individualität entsteht«. (Brock 1986, S.16) Genau dies wird von vielen zumindest beansprucht. Paradoxerweise arten freilich Versuche der ästhetischen Individualisierung immer wieder in Massenbewegungen aus (Alternativtourismus, Motorradfahren, Diskothekenkultur). Drittens legt die gängige Vorstellung von Distinktion ein vertikales Modell zugrunde, eine allgemeine Hackordnung von Dünkel und symbolischer Unterordnung. Ein horizontales Modell, bei dem sich Stilgruppen wie Fußballmannschaften in unterschiedlichem Trikot gegenüberstehen, könnte den empirischen Verhältnissen oftmals näherkommen.

Empfänger der Botschaft, die im persönlichen Stil steckt, sind nicht nur die anderen, sondern auch wir selbst. Daß Kleider Leute machen, gilt sowohl nach außen hin wie auch im Binnenverhältnis der Selbsterkenntnis. Entgegen der im Begriff der Selbsterkenntnis enthaltenen Unterstellung, daß das zu erkennende Selbst bereits vorhanden sei und nur gefunden werden müsse wie ein Pilz im Wald, weist vieles darauf hin, daß das Selbst zumindest teilweise über ästhetische Handlungen erst konstruiert wird und sich mit dem Stil ändert. Oft wird der Härtegrad des inneren Kerns überschätzt - als ließe sich das Verhältnis von Selbst und Stil mit der Beziehung von Stempel und Abdruck vergleichen. Ist aber nicht auch die Umkehrung denkbar?

Persönlicher Stil gilt vielen als etwas Eigenes, in dem sich das Ich wie in einem Spiegel erkennen kann. Aber das Eigene mischt sich mit dem Fremden, das erst im Prozeß der Selbstreflexion angeeignet und zum Bestandteil der Identität gemacht wird. Wer bisher immer Jeans getragen hat und nun, aus welchen Gründen auch immer, zum Anzug mit Krawatte konvertiert, wird sich in seiner Eigeninterpretation auch dann allmählich an die neuen Kleider anpassen, wenn sie ihm am Anfang fremd erschienen waren. Persönlicher Stil ist ein Zeichen, das nicht nur etwas ausdrückt, sondern auch etwas eindrückt. Die Eigenmächtigkeit des Zeichens gegenüber demjenigen, der nur Zeichen setzen möchte, leitet sich aus der Definitionsmacht der anderen ab. Sensibel reagieren sie auf persönlichen Stil wie auf ein Signal, unbekümmert darum, ob der Stilträger überhaupt eine Signalwirkung angestrebt hat. Sie identifizieren einen Typ, auf den sie sich in ihrem Verhalten einstellen. Nur unter Kraftanstrengung und nicht auf Dauer ist es möglich, sich gegen solche Zumutungen zu wehren und eine Diskrepanz zwischen persönlichem Stil und offizieller Lesart des Stils zu verteidigen.

Psychisch hat Distinktion vor allem eine negative Bedeutung: Man will klarmachen, was man nicht ist. »Le goût c'est le dégoût« (Bourdieu). Den 68er Studenten kam es darauf an, nicht zum Establishment gezählt zu werden. Ein echter Snob setzte alles daran, nicht als Prolet ohne Lebensart dazustehen. Der Bohèmien wollte unter keinen Umständen als bürgerlich erscheinen, die Bürgerstochter nicht als liederlich. Distinktion ist immer »anti-«; sie setzt voraus, daß man sich von den anderen ein Bild macht, das als Vermeidungsimperativ in die eigene Alltagsästhetik umgesetzt wird. Auf dieses Bild muß sich die wissenschaftliche Hermeneutik von Distinktion konzentrieren. Wer den persönlichen Stil der Bürgerstochter verstehen will, darf sich nicht damit begnügen, ihre Schemata des Genießens zu rekonstruieren. Zwischen den Zeilen des Frühlingsgedichtes finden wir eine andere Botschaft: die negative, distinktive Sinngebung der Verachtung des Gewöhnlichen, Brutalen, Schlampigen, Materiellen, Unsauberen, Unbeherrschten.

Für die Theorie der gegenwärtigen Milieustruktur ist wechselseitige Distinktion in der Alltagsästhetik ein unerläßlicher Baustein. Nur noch in Spurenelementen finden wir Distinktionsformen der bürgerlichen oder aristokratischen Tradition; trotzdem hat die Definition des Schönen und des Häßlichen auch in sozialen Milieus der Gegenwart eine distinktive Komponente. Gewandelt hat sich die Semantik der Distinktion, geblieben ist die Bedeutungsebene der Distinktion schlechthin. Orientiert an einer fundamentalen Semantik des Denkens und Handelns, die näher bestimmt ist durch die Polaritäten von Einfachheit und Komplexität sowie von Ordnung und Freiheit (vgl. hierzu die Abschnitte 5.7 und 7.2), definieren die Menschen Ähnlichkeit und Unähnlichkeit. Sie kultivieren ihre Unterschiede in sozialen Milieus und schematisieren ihre Alltagsästhetik so, daß sie ihr Unterschiedensein symbolisch zum Ausdruck bringen können (die Analyse alltagsästhetischer Schemata im dritten Kapitel wird drei Distinktionsmuster zutage fördern: antibarbarische, antiexzentrische und antikonventionelle Distinktion). All dies hat den Zweck, sich in der Wirklichkeit zu orientieren, Ordnung zu schaffen, Chaos zu vermeiden.

2.6 Lebensphilosophie

Zu den Grundmotiven der persönlichen Stilpraxis zählt nicht nur das Anderssein (Distinktion), sondern auch das Sein. Persönlicher Stil enthält häufig ein Moment des Bekenntnisses zu grundlegenden Handlungsorientierungen. Wer auf ein Luxusauto umsteigt, gilt den einen als Verräter, den anderen als Geläuterter, der endlich den Pfad der Tugend eingeschlagen hat. Am gelegentlichen Stilwandel und den dadurch provozierten Reaktionen wird deutlich, daß Stilgemeinschaften Glaubensgemeinschaften sind, so daß Stilmobilität den Charakter einer normativen Konversion hat.

Stil soll sowohl Distinktion wie Identifikation, sowohl Abgrenzung wie Eingrenzung symbolisieren. In der Automarke, in der Möblierung, in der Wahl der Kleidung, des Essens, der Musik, des Fernsehprogramms sind normative Botschaften eingeschlossen, die oft geradezu ins Auge springen. Selbst für einen Zuschauer, der kein Deutsch versteht, ist beispielsweise kaum zu übersehen, daß die Moderatoren unserer TV-Spiele eine Moral der Nettigkeit ausstrahlen. Aber viele Botschaften lassen sich nur von denjenigen dechiffrieren, die den jeweiligen alltagsästhetischen Symbolkosmos kennen. Daß etwa schwere Motorräder die Prinzipien von Nonkonformismus, Individualität und Freiheit symbolisieren (eine Definitionsformel, die der Welt Anfang der sechziger Jahre im Film »Easy Rider« vorbuchstabiert wurde), muß man erst gelernt haben. Daß Schläfenlocken bei Juden Frömmigkeit zum Ausdruck bringen, ist nicht evident, sondern Bestandteil kulturellen Wissens.

Lebensphilosophie bezeichnet im Rahmen dieser Untersuchung eine Bedeutungsebene persönlichen Stils, auf der grundlegende Wertvorstellungen, zentrale Problemdefinitionen, handlungsleitende Wissensmuster über Natur und Jenseits, Mensch und Gesellschaft angesiedelt sind. Wie bei den Bedeutungsmustern von Genuß und Distinktion handelt es sich auch hier nur um eine mögliche, nicht um eine konstitutive Bedeutungsebene. Lebensphilosophisch gelesen, kann ein alltagsästhetisches Zeichen das Subjekt zum normativen Kern seiner Lebenspraxis führen. Darauf zielt etwa die Theorie des griechischen Trauerspiels ab. Die Veranschaulichung der Grundkoordinaten der menschlichen Existenz ist mit Katharsis, dem Schauer der Seelenreinigung verbunden. Der Mensch findet sich selbst und ist von dem ergriffen, womit er sich identifiziert.

In der Soziologie begegnet uns eine auf Lebensphilosophien abzielende Interpretation von Stilen vor allem in der Erforschung oppositioneller Subkulturen. Willis (1978) beispielsweise versucht in einer Analyse der Rockmusik, die Homologie von musikalischen Mustern und zentralen Werten der Gruppe herauszuarbeiten (etwa Selbstsicherheit und Ungezwungenheit). Solche Homologien steuern die Selektion von alltagsästhetischen Zeichen, in denen die Gruppe sich selbst wiedererkennen will (Clarke 1979a, S.139). Barthes (1964), und in seinem Gefolge die Protagonisten der »cultural studies« abweichender Kulturen (Willis 1979; Hebdige 1979; Clarke et al. 1979; Brake 1980), bezeichnen stil-homologe

Lebensphilosophien als Mythen, weil sie oft den wahren Lebensverhältnissen Hohn sprechen und nicht selten Zitate herrschender Ideologien sind, die sich gegen die wohlverstandenen eigenen Interessen richten. Von da führt ein direkter Weg zu Marx und seinem Verständnis von Kunst als Ideologie der herrschenden Klasse (Hahn 1978).

In den Begriff der Lebensphilosophie, wie er hier verwendet werden soll, ist jedoch weder eine verallgemeinerte Ideologiehypothese einprogrammiert (Ideologieverdacht soll dadurch nicht ausgeschlossen sein) noch etwa eine Beschränkung des Anwendungsbereichs auf die Hermeneutik subkultureller Stile. Aus der traditionellen Hochkultur lassen sich lebensphilosophische Nebenbedeutungen ebensowenig wegdenken (Tenbruck 1986) wie aus der »Kultur der Normalität« des Kleinbürgertums (Franke 1988, S.214 f.) oder aus dem Symbolkosmos der Skinheads (Clarke 1979b). In einer hermeneutischen Analyse von Reklame präpariert Fohrbeck (1986, S.88 f.) eine ganze Typologie von Appellen an die Bedeutungsebene der Lebensphilosophie heraus, die als »kultureller Totemismus« mit »Leitbildvorstellungen von oben« operieren (»Ahnen«, »Götter«, »Heilige«, »Künstler«).

Das Wissen um die normativen Botschaften stilistischer Elemente bleibt im Alltagsleben fast immer unterhalb der Ebene des Bewußtseins und des expliziten sprachlichen Ausdrucks. Im Stil werden Lebensphilosophien zur unterschwellig gespürten Atmosphäre. Da Stil bereits selbst in dem Sinne Sprache ist, daß er als Zeichen für bestimmte Leitbilder steht, ist es für seine soziale Wirksamkeit unerheblich, ob seine Bedeutungen auch noch in Worte gefaßt werden oder nicht. Stilsyndrome wie Rocker, Alternative, Familienväter, Hausfrauen, Emanzen, Bankangestellte, Yuppies oder aus der Mode gekommene Figuren wie Hippies, 68er, Halbstarke, Salonlöwen – sie alle haben auch die Bedeutung verschiedener Lebensphilosophien. Für andere mögen diese Lebensphilosophien unverständlich bleiben; oft wird das Verständnis durch Mauern der Distinktion geradezu verweigert. Aber die Insider spüren, welche Werte sie symbolisch ausdrücken, wenn auch nur wenige in der Lage sind, auf Anhieb ihre Lebensphilosophien klar zu formulieren.

In Kulturen, Subkulturen und Kleingruppen, bis hin zur Zweierbeziehung als Minimalkollektiv sind die normativen Bedeutungen des stilistischen Zeichenvorrats Allgemeingut. Wer sich auf einen bestimmten Stil einläßt, kann zwar versuchen, dies nur spielerisch zu tun und innerlich auf Distanz zu den Leitbildern zu bleiben. Man kann sich leger geben und abwiegeln: Nur nebenbei hat man sich die Fernsehschnulze angeschaut, nur spaßeshalber hat man sich die Haare schneiden lassen, nur zufällig eine bestimmte Zeitschrift gekauft, nur aus Bequemlichkeit das alte Auto noch nicht durch ein neues ersetzt – doch verrät man sich oft gerade durch Ablenkungsversuche. Es ist nicht einfach, andere davon zu überzeugen, daß man eigentlich nicht so ist, wie es sich im eigenen ästhetischen Handeln niederschlägt. Unausbleiblich setzt ästhetische Alltagspraxis normative Typisierungen bei anderen in Gang, die auf den Stilträger zurückwirken und seine langfristigen Handlungsorientierungen im Lauf der Zeit selbst dann beeinflussen, wenn er versucht, ein doppeltes Spiel zu treiben.

Für die persönliche Aneignung stilspezifischer Lebensphilosophien ist die Zuordnung durch andere (»So jemand bist du also«) zwar eine notwendige, aber nicht auch eine hinreichende Bedingung. Selbst in der Heimlichkeit kann man sich den Leitbildern, die in einem bestimmten ästhetischen Muster enthalten sind, kaum entziehen. Sie stecken oft im gewählten ästhetischen Konsumgut selbst (in der Fernsehsendung, im Zeitschriftenartikel, in den Fotografien einer Illustrierten) oder sind zumindest durch kollektive Definitionen damit verbunden (wie etwa das Leitbild von Dynamik mit dem Heckspoiler). In langfristiger alltagsästhetischer Praxis mit ihren immer wiederkehrenden normativen Konnotationen legt man sich durch Handeln fest, sowohl vor anderen wie vor sich selbst. Was man mit der Herausbildung des persönlichen Stils allmählich an Moral aufnimmt, drückt man mit eben diesem Stil auch wieder aus.

2.7 Mehrschichtigkeit

Persönliche Stile sind mehrschichtig. Um sie zu verstehen, muß man sich zwischen verschiedenen Ebenen hin und her bewegen: Zeichen auf der einen Seite, Genuß, Distinktion und Lebensphilosophie auf der anderen. In einigen übergreifenden Kommentaren geht es erstens um den analytischen Zweck der verschiedenen Ebenen, zweitens um die Frage, ob noch weitere Schichten denkbar sind, drittens um den fakultativen Charakter von Bedeutungsebenen, viertens um ihre Eigenständigkeit.

1. *Analytischer Zweck*: Die Konzepte von Genuß, Distinktion und Lebensphilosophie haben deskriptive Funktion; sie sollen die systematische Beschreibung des Erlebens in unserer Kultur erleichtern. Uns allen sind die drei angeführten Bedeutungsebenen geläufig. Wir spüren Genuß (oder sind enttäuscht über sein Ausbleiben), mokieren uns über das distinguierte Gehabe der anderen und dementieren das eigene, identifizieren uns mit normativen Botschaften, Weltbildern, optimistischen oder pessimistischen Kursbestimmungen. Die Tiefe von Erlebnissen läßt sich durch die Intensität genießender distinktiver und lebensphilosophischer Selbsterfahrung beschreiben. Umgekehrt: Ein flaches Erlebnis ist genau dadurch gekennzeichnet, daß die Bedeutungsebenen nicht oder nur oberflächlich erreicht werden - der Bogen gleitet über die Saiten, aber der Resonanzraum ist verschlossen oder gar nicht vorhanden; es kommt nichts zum Klingen.

2. *Offenheit*: Neben Genuß, Distinktion und Lebensphilosophie sind auch noch andere Bedeutungsebenen der Alltagsästhetik denkbar. In der frühgriechischen Kultur und in der Feudalgesellschaft des Mittelalters etwa dominierten die Bedeutungsebenen der Religion und der Verherrlichung von Eliten. Erst mit der Entstehung kompetitiver Schichtsysteme wurden diese Bedeutungsebenen zu-

rückgedrängt (Tomars 1964). Lucács sieht im Verblassen der Religion als Bedeutungsebene eine Befreiung des Ästhetischen - geht man von der universellen Gültigkeit des semantischen Paradigmas aus, sollte man besser von einer Substitution der Bedeutungsebenen sprechen. Für eine kultursoziologische Beschreibung des 19. und 20. Jahrhunderts sind die drei oben untersuchten Bedeutungsebenen (Genuß, Distinktion, Lebensphilosophie) unerläßlich.

3. *Potentialität*: Aus der Feststellung, daß es die drei genannten Bedeutungsebenen der Alltagsästhetik tatsächlich gibt, läßt sich nicht ableiten, daß sie auch bei jeder alltagsästhetischen Episode aktualisiert würden. Jede Bedeutungsebene ist nur fakultativ, nicht konstitutiv für das Erleben, so daß man sich auch eindimensionale Erlebnisprozesse vorstellen kann. Denkbar ist etwa eine ausschließlich genußorientierte Alltagsästhetik, eine Jagd nach psychophysischen Zuständen, ohne sich um Distinktion oder Lebensphilosophien zu kümmern. Distinktionsorientierte Ästhetik muß umgekehrt nicht viel mit Genuß zu tun haben, ja sie kann geradezu als Qual erlebt werden. Den König drückt die Krone, das Abendkleid schnürt die Luft ab, der Arrivierte versucht, sich Bildung anzulesen und langweilt sich dabei schrecklich. Veblen weist auf das aufschlußreiche Beispiel des Silberbestecks hin, das als fein gilt, aber für manche Speisen unbrauchbar ist: Distinktion und Genuß können sich ausschließen. Daß wir bei einer alltagsästhetischen Episode alle drei Bedeutungsebenen intensiv erleben können, ist selten und prägt sich uns als starke Erfahrung ein.

4. *Trennbarkeit*: Durch die Ausgestaltung einer bestimmten Ebene sind die anderen noch nicht festgelegt; es bestehen nur lose Beziehungen. So sind entgegengesetzte Lebensphilosophien, etwa Optimismus und Pessimismus, durchaus mit denselben Genußmustern vereinbar. Man kann Kafka mit demselben Vergnügen lesen wie Mark Twain. Wie sich durch eine Analyse des Wandels besonders distinguierter Alltagsästhetik mit dem Prädikat stilvoll zeigen läßt, variiert auch die Distinktionsbedeutung des Erlebens weitgehend unabhängig von den anderen Bedeutungsebenen. Ob beispielsweise eher körperbetonte oder geistbetonte Genußschemata als etwas Besonderes gelten, ob Fortschrittsglaube das höhere Prestige hat oder dekadente Lebensphilosophie, ist eine offene Frage, die verschiedene Kulturen verschieden beantworten.

2.8 Zeichenfluktuation und Bedeutungskonstanz

Damit im Subjekt Bedeutungen wach werden, sind Zeichen niemals hinreichend, ja nicht einmal notwendig. Unerläßlich für die Entstehung von Erlebnissen ist dagegen die bedeutungsaufbauende Arbeit des Subjekts. Das semantische Paradigma erlaubt es, zwei grundverschiedene Arten von Enttäuschungen zu unterscheiden: die Enttäuschung des Nichthabens und die Enttäuschung des Nichterlebens. Im ersten Fall fehlen die Mittel, um sich die Zeichen für ein angestrebtes Erlebnisprojekt zu verschaffen. Man muß wieder nach Hause gehen, weil die Kinovorstellung ausverkauft ist, gepeinigt von der Vorstellung, was man alles erlebt hätte, wenn man den Film hätte sehen können. Im Gegensatz zum enttäuschten Nicht-Habenden geht der enttäuschte Nicht-Erlebende erst zwei Stunden später nach Hause. Er hat den Film gesehen, wurde jedoch nicht davon berührt. Sozialgeschichtlich hat die zweite Art der Enttäuschung stark zugenommen, während die erste aus dem Leben vieler Menschen fast verschwunden ist.

Zu sagen, daß der Film schlecht gewesen sei, verschleiert meist die wahre Struktur der Enttäuschung im Nicht-Erleben. Das Zeichen (oder sein Produzent) wird dafür verantwortlich gemacht, daß man weder Genuß empfunden hat, noch den kleinen Triumph der Distinktion noch die Katharsis lebensphilosophischer Betroffenheit. Indem man sagt, »es hat mir nichts bedeutet«, wälzt man die Last der Bedeutungskonstruktion auf das Zeichen ab, ohne den eigenen Anteil an der Entstehung des Erlebnisses zu bedenken. Daß die Schuldfrage bei Enttäuschungen der zweiten Art niemals eindeutig zu klären ist, mag Rezensenten Legitimationsprobleme bereiten; in unserem Zusammenhang ist es ohne Belang. Wichtig ist die Feststellung, daß Erlebnisse nicht nur von der Qualität der Zeichen abhängen, die wir uns verschaffen, sondern vor allem von unserer persönlichen Leistung beim Aufbau von Bedeutungen. Keine noch so aufwendige Infrastruktur von Service-Einrichtungen des Erlebnismarktes kann uns diese Anforderung abnehmen.

Der Erlebnismarkt kann immer nur noch mehr Zeichen produzieren, eine immer größere Flut von Gegenständen, Sinnesreizen, stimulierenden Situationen. Je mehr diese Flut anschwillt, desto unübersichtlicher wird die Situation und desto unklarer die Zuordnung von Zeichen und Bedeutungen. Deshalb wird es schwieriger, überhaupt noch etwas zu erleben. Während die Bedeutungsmuster in uns, die wir durch alltagsästhetische Episoden wachzurufen versuchen, langfristig relativ stabil bleiben, weil wir uns nicht ständig psychisch umstrukturieren können, fluktuieren die Zeichen immer hektischer, so daß es regelrechter Arbeit bedarf, um Erlebnisroutinen einzuüben und feste Verbindungen von Zeichen und Bedeutungen aufzubauen.

Nicht nur die Neuartigkeit der Zeichen erschwert die Konstruktion von Erlebnissen, sondern auch ihre enorme Zahl an sich. Erst dann können die Konsumenten die unübersehbar vielen Artikel und Dienstleistungen ästhetisch nutzen, die der Erlebnismarkt bereit hält, wenn es ihnen gelingt, sie überhaupt noch aufzufassen und mit Bedeutungen in Verbindung zu bringen. Muten sie sich zu viel zu und belasten ihre Dekodierungskapazität übermäßig, so bleiben die Angebote äußerlich. Nur zivilrechtlich, nicht auch psychisch angeeignet, stehen die zusammengehamsterten Objekte der Alltagsästhetik in Wohnungen und auf Dachböden herum, hängen in Wäscheschränken, füllen Bücherregale, flimmern als Landschaft, Fernsehfilm, Ausstellungstück, Kunstdenkmal am Auge vorbei, rauschen zum einen Ohr hinein und zum anderen wieder hinaus. Reck (1986, S.20) konstatiert eine Tendenz zur »Lösung des Ästhetischen vom Metaphorischen«.

Durch ständige Veränderung und Ausweitung alltagsästhetischer Angebote hat der Konnex von Zeichen und Bedeutungen in unserer Gesellschaft einen stark fluktuierenden und einen relativ stabilen Teil. Immer wieder neue Zeichen müssen auf psychische Strukturen des Erlebens bezogen werden, die wir nicht ständig ändern können, wenn wir überhaupt noch etwas empfinden wollen. Ein er-lebnisorientierter Mensch droht sich gerade durch die konsequente Umsetzung seines Programms das Wasser abzugraben. Indem er sich mit allen nur denkbaren Reizen versorgt, erhöht er die Schwierigkeiten des Erlebens und damit auch die Wahrscheinlichkeit von Enttäuschungen der zweiten Art.

Das Wuchern der Zeichenmenge ist bereits ein Ergebnis kollektiver Enttäuschung. Was Ende der fünfziger Jahre so harmlos begonnen hatte, das endlich mögliche Projekt erlebnisorientierten Lebens, etwa in Form einer Busreise nach Meran, eines Kinobesuchs, einer Schallplatte von Caterina Valente, wurde immer schwieriger, aufwendiger, unsicherer. Mit der Verdichtung alltagsästhetischer Episoden sank die Fähigkeit, dem einzelnen Zeichen noch Bedeutung abzugewinnen. Darauf nicht mit Askese zu reagieren, um die Erlebnisfähigkeit wiederherzustellen, sondern mit Mehrnachfrage, ist zwar verständlich, aber kontraproduktiv. Je mehr sich die Zeichenmenge aufbläht, je rascher ihr Austausch betrieben wird, desto einleuchtender scheint die Überlegung, daß doch nun jeder genug Angebote für seinen ganz speziellen Bedarf finden könne, um sich starke Erlebnisse zu bereiten – und desto unwahrscheinlicher wird es in Wirklichkeit. Die Überdosis des Neuen läßt Langeweile aufkommen, das Ungewöhnliche wird alltäglich, die Zeichen treiben schneller an uns vorbei, als wir intensiv empfundene Bedeutungen dazu konstruieren können. Rasche Zeichenfluktuation steigert das Enttäuschungsrisiko, Enttäuschungsangst steigert die Nachfrage. Auf das Besondere soll nun möglichst viel vom ganz Besonderen folgen.

Gleichzeitig wächst die Unsicherheit. In der prekären Situation drohenden Bedeutungsverlustes der Zeichen, mag sie auch durch das eigene Nachfrageverhalten überhaupt erst entstanden sein, entsteht ein eminentes Bedürfnis nach Ordnung und Orientierung. Gefragt sind Strukturen, die das chaotische Ende alltagsästhetischer Semantik, einen blindmachenden Wirbelsturm von Zeichen, verhindern und die Herstellung von Beziehungen zu den dauerhaften, nur allmählich wandelbaren subjektiven Bedeutungsmustern erleichtern. Solche Strukturen – alltagsästhetische Schemata, soziale Milieus, Rationalität von Erlebnisangebot und Erlebnisnachfrage, Szenen – sind der Gegenstand empirischer Analysen weiter unten. Sie verweisen auf ein *kollektives* Bedeutungssystem. Angesichts der unbestreitbaren Einzigartigkeit des individuellen Gesamterlebnisses ist an dieser Stelle eine begriffliche Klärung notwendig. Wie sind kollektive und individuelle Komponenten der Alltagsästhetik voneinander zu trennen?

2.9 Singularität und Gemeinsamkeit

Für viele mag es beruhigend klingen, daß ein hermeneutischer Systematisierungsversuch des schönen Erlebnisses nur auf einen Teil des Gesamterlebnisses abzielen kann. Das Eingeständnis, daß gerade subjektiv besonders bedeutsame Elemente des ästhetischen Eindrucks inkommensurabel und nicht in Worte zu fassen sind, dient in unserem Zusammenhang allerdings nur der Klärung der eigentlichen analytischen Absichten. Für soziologische Fragestellungen, etwa die Transformation von gesellschaftlichen Gruppen, Normsystemen und Prestigeordnungen, kommt es auf die kollektiven Bedeutungen des Erlebens an.

Gegen die These der radikalen Privatheit von Gefühlen wendet Wittgenstein (1980) ein, daß Beschreibungsversuche durchaus möglich seien. Hierbei sind Termini zu verwenden, deren Bedeutung durch Bezug auf allgemeine Kriterien intersubjektiv nachvollziehbar ist. Die Bedeutung eines Wortes wie Gemütlichkeit etwa ist kollektiv eingeübt, wobei bestimmte Situationen und Körperzustände als Kriterien dienen. Wenn jemand sagt, es sei gemütlich, so appelliert er damit an ein allgemeines Genußschema und kann anderen wenigstens partiell mitteilen, was er fühlt.

Damit wird eine Zwei-Welten-Theorie des ästhetischen Gesamterlebnisses sichtbar: die Trennung einer betretbaren, deutbaren, intersubjektiv diskursfähigen Welt von einer unzugänglichen Welt höchstpersönlicher Empfindungen, die nur innerhalb subjektiver Bedeutungskosmen definiert sind und jeweils nur ein einziges Mal vorkommen. Unterschieden sind die beiden Welten durch das Merkmal der Kollektivität. Dieser Begriff meint intersubjektive Bedeutungsäquivalenz von Sinngebilden. Um jenem Mystizismus vorzubeugen, der seit dem 19. Jahrhundert zur kulturgeschichtlichen Tradition des Redens über Ästhetik gehört (Reck 1986), sei hinzugefügt, daß das Bild von den zwei Welten lediglich eine Metapher für etwas Alltägliches ist: die Organisation kognitiver Systeme. Wir werden sowohl von Bedingungen geprägt, denen auch andere unterliegen (anthropologische Universalien, gemeinsame Erfahrungen, Chancen, Beschränkungen), als auch von Bedingungen, die bei jedem Menschen verschieden sind (Kombination von Erbanlagen, momentane Gesamtsituation, individuelle Erfahrungsgeschichte in ihrer Gesamtheit).

Das semantische Paradigma sagt nichts darüber aus, wieviele Personen in den Zusammenhang von Zeichen und Bedeutungen eingeweiht sind. Es kann sein, daß ein bestimmter Zusammenhang von Zeichen und Bedeutungen nur für einen einzigen Menschen besteht. Anders als die Zeichen der Umgangssprache, deren Bedeutung allen Angehörigen einer Sprachgemeinschaft bekannt ist, haben die Zeichen der Alltagsästhetik einen im Kollektivitätsgrad gemischten Geltungsbereich (vgl. hierzu auch die allgemeineren Überlegungen in den Abschnitten 5.2 und 5.13). Ein Teil ihrer Bedeutungen ist von Mensch zu Mensch verschieden, unvergleichbar, nicht in Worte zu fassen. Minimalfall von Kollektivität ist ein dyadischer Bedeutungskosmos, wie er für langfristige Paarbeziehungen typisch ist, die im Lauf der Zeit eine Binnenkultur entwickeln. Der Umfang von Deutungsgemeinschaften ist jedoch theoretisch unbegrenzt; es gibt Zeichen-Bedeutungs-Komplexe, die für große Personenkollektive oder ganze Gesellschaften gelten. Das Interesse der Soziologie hat sich immer auf besonders weit verbreitete Komponenten der Alltagsästhetik konzentriert. Dies gilt auch für diese Untersuchung - verbunden mit dem einschränkenden Hinweis, daß bei dieser Perspektive nur ein kleiner Teil des ästhetischen Gesamterlebnisses ins Blickfeld kommt. Doch dieser kollektive Bedeutungsanteil kann große gesellschaftliche Wirkungen haben.

Oft überspielt die Werbung kollektive Bedeutungselemente. Konsum bestimmter Produkte wird oft zum Ausdruck persönlicher Unverwechselbarkeit stilisiert. Mit dem Hinweis auf die Einzigartigkeit des Abnehmers läßt sich Massenproduktion ankurbeln: Zigaretten, Autos, Seifen, Kleider, Zeitschriften usw. Nichts ist normaler als der Anspruch, etwas Besonderes zu sein. Allzu besonders nun freilich auch wieder nicht - der Erlebnismarkt orientiert sich am Leitbild gewöhnlicher Individualität. Man will sich von der Masse abheben und sucht doch ihren Schutz. Jeder findet sein eigenes Mischungsverhältnis zwischen Individualität und Kollektivität. Beides läßt sich leichter auseinanderhalten, wenn man zwischen den folgenden fünf Aspekten der Alltagsästhetik unterscheidet: erstens Standardisierung von Erlebnisangeboten, zweitens Auszeichnung alltagsästhetischer Episoden als individuell, drittens Singularisierung, viertens kollektive Schematisierung und fünftens Typisierung.

1. *Standardisierung von Erlebnisangeboten*: Konsumgüter, Programme, Veranstaltungen, gestaltetes Ambiente und andere Erlebnisangebote sind fast immer verfügbar für Tausende, oft Millionen von Menschen. Der individuelle Anteil an der Herstellung von Gegenständen und Situationen der Alltagsästhetik ist stetig zurückgegangen, selbst in zunächst so resistent erscheinenden Bereichen wie beispielsweise der Essenszubereitung. Normalfall der ästhetischen Praxis ist die Nachfrage nach Fertigprodukten, die in identischer Gestalt massenhaft angeboten werden. Alltagsästhetische Episoden fangen mit der Aneignung von Angeboten allerdings erst an. Subjektiv kommt es auf die darauf folgenden Überformungen und Deutungen an.

2. *Auszeichnung alltagsästhetischer Episoden als individuell*: Zu diesen Deutungen zählt oft die Umhüllung des Gegenstandes mit einer Aura der Einzigartigkeit. Trotz der Massenhaftigkeit des Artikels wird dieser als Metapher für Individualität offeriert und akzeptiert. Bestimmte Zigaretten, Surfbretter, Motorräder, Luxuslimousinen, Lederjacken, Geländeautos, mal kurze, mal lange Haare sind Beispiele für allgemein bekannte Varianten gemäßigter Exzentrizität. Man wird durch ihren Besitz zum Mitglied einer Gemeinschaft von Individualisten, die als Ausnahmeerscheinung definiert sind, wieviele sie der Zahl nach auch immer sein mögen. Dafür, daß das jeweilige ästhetische Objekt zum Sinnbild für Besonderheiten werden kann, ist sein vielfaches Auftreten geradezu Voraussetzung: Nur so kann es zum öffentlichen Symbol werden. Damit die Selbstprofilierung gegen-

über dem Rest der Welt gelingt, muß man die Vorstellung der geringen Zahl pflegen. Erstaunlicherweise gelingt dies selbst dann, wenn ein Individualist dem anderen auf die Füße tritt: im Massen-Alternativtourismus auf griechischen Inseln, in der Diskothek, im Rock-Konzert, im Autobahnstau usw. Die Auszeichnung alltagsästhetischer Episoden als individuell hat im Gegensatz zum beabsichtigten Anschein den Charakter einer Einordnung in ein kollektives Kategoriensystem. Das ästhetische Objekt fungiert als Zeichen, dem Individualität als Bedeutung zugewiesen wird.

3. *Singularisierung*: Zu den genannten kollektiven Komponenten der Alltagsästhetik tritt eine singuläre persönliche Komponente hinzu. Aus dem genormten Rohmaterial wird durch Abwandlung, Verfeinerung, Nachbereitung und subjektive Deutung in der Endstufe des ästhetischen Konsums etwas Einmaliges, Unwiederholbares geformt. Daß bei aller Massenhaftigkeit von ästhetischen Angeboten und grundlegenden Deutungsschablonen ästhetische Praxis auch unverwechselbare Elemente enthält, stellt sich bei näherem Überlegen nicht nur als wahrscheinlich, sondern sogar als unvermeidlich heraus.

Ästhetische Singularisierung beginnt schon an der Oberfläche der sinnlichen Erfahrung: beim Sichtbaren und Hörbaren. Selbst wenn der Gegenstand der Empfindung in seiner massenhaften Vorgestanztheit unverändert bleibt, erhält er doch von Konsument zu Konsument unterschiedliche Ausdrucksqualitäten, weil er in unterschiedliche physische Lebenskontexte integriert wird. Erst in der Beziehung zur Gesamtcollage der Umwelt einer Person entsteht die ästhetische Wirkung eines gegebenen Objekts. Es ist ein Unterschied, ob eine moderne Stehlampe in ein ebensolches Zimmer gestellt wird oder als ironischer Kontrast in ein Ambiente von Antiquitäten; es ist ein Unterschied, ob man zu einem Nadelstreifensakko Hosen aus gleichem Stoff oder Jeans mit Turnschuhen anzieht. Solchen Unterschieden wird oft durch kleine Veränderungen am Objekt selbst nachgeholfen. So ist die Zusammenstellung der Extras beim Autokauf ein kompositorischer Akt, der das neue Auto auch im ästhetischen Sinne zum eigenen (originalen) macht. Mitbrummen und den Takt schlagen zur Musik, Konfektionskleidung abändern, Aufkleber und Graffiti anbringen, selbst das Herumkritzeln in Zeitschriften oder eine bestimmte Art, Hemdsärmel umzukrempeln kann Ausdruck einer *äußeren* Singularisierung sein, die Massenware in Originale umformt.

Solche Entstandardisierung von Oberflächen setzt sich als *innere* Singularisierung im Bewußtsein durch die subjektive Deutung von Sinneseindrücken fort. Die Biographie ist ein ästhetischer Konditionierungsvorgang. Es entstehen feste Assoziationen zwischen bestimmten Sinneseindrücken und ihren subjektiven Bedeutungen, die in einem ebenso strengen Sinne originell sind, wie dies für das Leben schlechthin gilt. Aufgeladen mit persönlichen Erfahrungen, werden Sinneseindrücke zum Spiegel der eigenen Vergangenheit, zauberhaft, bedrückend, melancholisch, schockierend, erregend, und manchmal alles auf einmal. Die dürren Worte »Es hat mir ganz gut gefallen« sind meist die Kapitulationserklärung vor der Unmöglichkeit, subjektgebundene Erfahrungen, die nur im jeweiligen individuellen Bedeutungskosmos entstehen können, anderen mitzuteilen. Warum riecht Parfum X gut? Vielleicht erinnert es an die Seife, mit der man sich als Kind die Hände gewaschen hat, wenn man bei der Tante zu Besuch war. Vom vollen biographischen Assoziationsgehalt des Sinneseindrucks (Kindheit, Ambiente, Personen wie Tante, Vater und Mutter, seither gelebtes Leben mit seinen Siegen und Niederlagen, seinen glücklichen Momenten und entgangenen Gelegenheiten: der spezielle Gehalt der »verlorenen Zeit« bei einem einzelnen Menschen) ist schon deshalb sprachlich kaum etwas zu vermitteln, weil die dabei verwendeten Worte unweigerlich bei demjenigen, an den sie sich richten, wieder ganz andersartige Phantasien und Erinnerungen wachrufen. Marcel Proust »wollte Schriftsteller werden und ahnte, daß es vor allem darum ging, Dinge wie den Geschmack einer in eine Tasse Tee getauchten Madeleine zu beschreiben und dahinterzukommen, woher das unendliche Glücksgefühl stammte, mit dem dieser Geschmack verbunden war, mit was für verschütteten Erinnerungen, was für verborgener Realität er trächtig sein mußte, um so bedeutungsvoll zu erscheinen« (Hauser 1973, S.13).

4. *Kollektive Schematisierung*: Alltagsästhetik ist ein sprachähnlicher Kosmos von Zeichen und Bedeutungen. Innerhalb dieses Symbolsystems gibt es semantische Superstrukturen, die hier als alltagsästhetische Schemata bezeichnet werden: kollektiv eingeschliffene Sinnkomplexe; Syndrome von Genuß, Distinktion und Lebensphilosophie, denen große Klassen ästhetischer Zeichen zugeordnet sind (vgl. das folgende Kapitel). Die Korrespondenz von Sinnkomplexen und ästhetischen Episoden kommt durch öffentliche Definitionsprozesse, Traditionen und objektive Erlebnisreize zustande, wie noch auszuführen sein wird. Als Folge davon gelten große Felder alltagsästhetischer Episoden als zusammengehörig, was einem völlig Kulturfremden einige Rätsel aufgeben dürfte: Die Operette paßt zum Dirndl, die Enzyklopädie zum Orgelkonzert, das Fahrradfahren zur taz-Lektüre. Im Stil werden diese Felder immer wieder konsistent zitiert. Man betritt oder meidet sie in ihrer Gesamtheit. Dabei werden die kollektiven Sinnkomplexe subjektiv spürbar. Das Kollektive ereignet sich individuell als Bestandteil ästhetischer Erfahrung.

Ästhetische Syndrome, wie sie jeder Mensch als relativ zeitstabiles Handlungsmuster ausbildet, sind Positionen in einem kollektiven Raum ästhetischer Basisdimensionen, der eine viel einfachere Struktur aufweist, als es das Durcheinander der tausendfachen ästhetischen Handlungsmöglichkeiten im Alltag vermuten läßt. Es kommt wohl vor, daß einzelne ästhetische Entscheidungen von der grundlegenden kollektiven Dimension abweichen. Ein Kulturbeflissener kann beispielsweise einer Schwäche für Mickymaus-Hefte erliegen. Solche Stilbrüche machen die allgemeine Ordnung eher noch stärker bewußt, als daß sie sie stören würden. Sind sie resistent, so werden sie dem jeweils dominierenden Komplex angepaßt, wie etwa einige Jahre lang Asterix als Edel-Mickymaus für Gebildete.

Erst die kollektive Dimensionalität der Alltagsästhetik ermöglicht es, sich selbst und andere in einem gemeinsamen semantischen Raum der persönlichen

Stile zu typisieren, sich voneinander abzugrenzen oder Verwandtschaften zu empfinden. Die heimliche Übereinkunft, daß bestimmte Klassen ästhetischer Episoden zusammengehören und bestimmten Sinnkomplexen zugeordnet sind (Genuß, Distinktion, Lebensphilosophie), ermöglicht es den Menschen, sich miteinander zu vergleichen. Dies ist eine der Voraussetzungen für die Entstehung gegeneinander abgegrenzter Milieus, in deren Schwerefeld hohe ästhetische Homogenität herrscht.

5. *Typisierung*: Andere können die unter Punkt 3 beschriebene innere Singularisierung nicht nachvollziehen. Sie orientieren sich am kollektiven dimensionalen Raum alltagsästhetischer Schemata. Nach außen hin manifestieren sich Zeichen, über deren Bedeutung sich Zeichengeber und Zeichenempfänger weitgehend einig sind. Für den öffentlichen Austausch ästhetischer Zeichen ist es gleichgültig, ob eine nietenbesetzte Lederjacke für ihren Träger privat vielleicht die Bedeutung einer wehmütigen Huldigung an seine erste und einzige Liebe besitzt – tritt er mit dieser Lederjacke für andere in Erscheinung, so gilt er, je nach stilistischen Einzelheiten, vielleicht als Rocker, als Ex-68er oder als Schwuler mit all den in solchen Typisierungen enthaltenen Distinktionen und Identifikationen. Dem Träger der Lederjacke ist dies auch bewußt. Seine sozialen Beziehungen werden durch kollektive Bedeutungen des Zeichens »Lederjacke«, nicht etwa durch singuläre Konnotationen mitbestimmt. Die anderen als Publikum von alltagsästhetischen Episoden eines Menschen nehmen lediglich Nähe und Distanz zu allgemeinen Schemata wahr. Ihre Typisierungen orientieren sich an der offensichtlichen Position des Subjekts im intersubjektiven Zeichensystem.

Zu unterscheiden sind zwei Welten der Alltagsästhetik: eine öffentliche oder zumindest interpersonale Welt und eine private, singuläre Welt, die für die anderen selbst dann nicht betretbar ist, wenn der Erlebende sie gerne hereinlassen würde. Durch innere Singularisierung wird das Zeichen mit subjektiven Bedeutungen verbunden, die für andere grundsätzlich nicht rekonstruierbar sind. Schematisierung und Typisierung schaffen einen davon abgegrenzten sozialen Bedeutungskosmos, in dem ungefähr definiert ist, welches Zeichen welche Bedeutung hat. Hier allein ist der Gegenstandsbereich einer Soziologie der Alltagsästhetik zu lokalisieren.

2.10 Vereinfachung interpersonaler Bedeutungskosmen Stiltypen

In der interpersonalen Welt der Alltagsästhetik sind verschiedene Grade der Komplexität vorstellbar. Ein Zustand, in dem jedem der zahllosen Zeichen der gegenwärtigen Kultur eine ganz eigene Bedeutung zugeordnet wäre, ist allerdings nur theoretisch denkbar, nicht auch empirisch möglich – eine solche Welt wäre zu differenziert, um auch nur für einen kleineren Kreis von Eingeweihten zu einem stabilen interpersonalen Bedeutungskosmos werden zu können. Unverkennbar arbeiten die Menschen mit Techniken der Vereinfachung, um sich einen gemeinsamen Raum der Alltagsästhetik zu errichten. Eine dieser Techniken besteht darin, eine Vielzahl von Zeichen zusammenzufassen und einem Bedeutungskomplex zuzuordnen, der für die gesamte Zeichengruppe steht. Solche sozialen Konstruktionen werden im folgenden Kapitel durch das Konzept der alltagsästhetischen Schemata abgebildet.

Offenbar strebt das Kollektiv jedoch nach noch größerer Vereinfachung. Alltagsästhetische Schemata sind Konstruktionselemente für die Bildung von Stiltypen, die sich als Kombination bestimmter Ausprägungen von Schemata beschreiben lassen. Faßt man, wie es weiter unten geschehen wird, alltagsästhetische Schemata zu einem gemeinsamen dimensionalen Raum zusammen, so erscheinen Stiltypen als Bereiche im Universum der Stile, in denen sich größere Gruppen eines Kollektivs verdichten. Stiltypen sind freiwillige Selbstbeschränkungen angesichts unendlich vieler Möglichkeiten. Ihr Zweck ist die Erleichterung der Orientierung. Sie fassen eine zwar unscharfe, aber keineswegs unbestimmte Menge von Zeichen zu einem alltagsästhetischen Syndrom zusammen, das in bestimmten sozialen Gruppen als normal gilt.

Einerseits sind Stiltypen also hochkomplex, da sie große Zeichenvorräte mehrerer Schemata bündeln. Andererseits verhindern sie Chaos durch Vereinfachung, indem sie all diesen Zeichen einige wenige Grundbedeutungen zuordnen, über die sich das Kollektiv verständigt hat. Diese ambivalente Struktur entspricht unserem kognitiven Leistungsvermögen. Während wir sehr komplexe Konfigurationen durch Gestaltwahrnehmung erfassen können (Zeichenkonstellationen), sind wir auf der anderen Seite auf möglichst einfache Deutungsschemata angewiesen.

Stiltypen sind in hohem Maße milieuspezifisch. Wie sich Partikel im Raum durch ihre eigene Schwerkraft zusammenklumpen und allmählich die Struktur eines größeren Objektes annehmen, das weitere Partikel an sich zieht, so werden Menschen in bestimmten Lebenssituationen voneinander angezogen oder abgestoßen, in Bewegung gesetzt durch Erlebnisorientierungen, die mit dieser Lebenssituation zusammenhängen. Die Unterschiedlichkeit von Situationen und existentiellen Anschauungsweisen wird in Stiltypen besonders manifest, woraus sich ihre noch darzustellende Bedeutung für die Konstitution sozialer Milieus ableitet. Die Artenvielfalt von Stiltypen wächst auf dem gemeinsamen Boden genereller Innenorientierung. Trotz ihrer Diversifizierung kann man Stiltypen durchaus mit einer einheitlichen Terminologie beschreiben. Die Analyse alltagsästhetischer Schemata, die im nächsten Kapitel auf dem Programm steht, ist ein Zwischenschritt zu einem Beschreibungsversuch.

# 3. Kapitel
Alltagsästhetische Schemata in Deutschland

Einleitung

Wäre die Alltagsästhetik einer Gesellschaft im fortgeschrittenen Zustand der Ästhetisierung bloß ein Durcheinander spontaner Launen, ein Zick-Zack-Kurs durchs Disneyland, so könnten keine festen Beziehungen zwischen Gegenständen alltagsästhetischer Episoden auf der einen Seite und den Bedeutungsebenen von Genuß, Lebensphilosophie und Distinktion auf der anderen Seite entstehen. Erst durch Wiederholung wird das Verhältnis von Zeichen und Bedeutungen eingeübt, als würde man durch ständiges Repetieren Vokabeln lernen. Unverkennbar manifestieren sich zwei Ordnungstendenzen, ohne die eine Semantik der Alltagsästhetik nicht denkbar wäre: die Herausbildung persönlicher Gewohnheiten und die interpersonale Angleichung komplexer Geschmacksmuster. Bei der Entwicklung des eigenen Stils bewegen sich die Menschen teilweise in kollektiv eingefahrenen Bahnen. Dieser zweite, soziale Aspekt ästhetischer Ordnung steht im Mittelpunkt des folgenden Kapitels.

Theoretisch lassen sich kollektive Muster des Erlebens durch den Begriff der alltagsästhetischen Schemata darstellen. Gemeint ist damit eine weit verbreitete, den meisten Menschen in einer Kultur vertraute Relation zwischen zwei Ebenen, die zueinander im Verhältnis von Zeichen und Bedeutungen stehen. In der Zeichenebene finden wir große Gruppen von Konsumgütern, Veranstaltungen, Situationen, Personen, Handlungen, selbst von Städten (Florenz, New York, Amsterdam usw.) und Regionen (Alpen, Ibiza, Karibik usw.) - potentiell alles, denn alles ist ästhetisierbar, d.h. mit Erlebnisabsichten besetzbar. Diesen Ensembles stehen Bedeutungskomplexe gegenüber, näherungsweise beschreibbar als Konfigurationen von Genuß, Lebensphilosophie und Distinktion. Innerhalb einer Zeichengruppe gibt es einen kleinsten gemeinsamen Nenner von kollektiven Bedeutungen (Abschnitt 3.1).

Alltagsästhetische Schemata sind soziale Konstruktionen - aber nach welchem Bauplan verfahren die Menschen bei ihrer Entwicklung? Versuche einer Rekonstruktion der Genese alltagsästhetischer Schemata müssen auf zwei Fragen antworten: 1. Wie verständigen sich soziale Kollektive darauf, Zeichengruppen in bestimmter Weise abzugrenzen und zu dekodieren? 2. Wie sind interkulturelle inhaltliche Unterschiede alltagsästhetischer Schemata zu erklären? Kollektive Angleichungen (1. Frage) können zustandekommen durch objektive Erlebnisreize,

Tradition und Definition (Abschnitt 3.2). Der Inhalt alltagsästhetischer Schemata (2. Frage) geht auf kulturtypische existentielle Problemdefinitionen zurück, die ihrerseits mit objektiven Bedingungen zusammenhängen. Aus diesen Problemdefinitionen leiten sich dominante Bedeutungsebenen der Alltagsästhetik und selektive Tendenzen bei der Entwicklung von Zeichengruppen ab. Diese allgemeinen Überlegungen werden in der Anwendung auf drei verschiedene Gesellschaftstypen konkretisiert: korporative Gesellschaft, kompetitive Gesellschaft, Erlebnisgesellschaft (Abschnitt 3.3).

Wie ist bei der empirischen Erforschung alltagsästhetischer Schemata zu verfahren? Statistik muß mit Hermeneutik verbunden werden, die Untersuchung von Kovariationen alltagsästhetischer Handlungstendenzen mit kulturhistorischen und rezeptionsästhetischen Überlegungen. Nur die Zeichen sind für die quantitative Forschung erreichbar, während die Bedeutungen qualitatives Arbeiten erfordern, eine Hermeneutik von Massendaten (Abschnitt 3.4).

Bei der Analyse von empirischen Daten zeigten sich drei verschiedene Gruppen von Kovariationen, die als Hinweise auf verschiedene alltagsästhetische Schemata in unserer Gesellschaft gedeutet werden können: Hochkulturschema (Abschnitt 3.5), Trivialschema (Abschnitt 3.6) und Spannungsschema (Abschnitt 3.7). Entgegen unseren Vorstellungen von Geschmack und Stil sind diese alltagsästhetischen Schemata nicht als komplexe typologische Variablen aufzufassen, sondern als kontinuierliche Dimensionen in einem dimensionalen Raum der Alltagsästhetik (Abschnitt 3.8).

Nimmt man den soziologischen Gemeinplatz ernst, daß alle kulturellen Muster historischem Wandel unterliegen, so stößt man auf die Frage nach der säkularen Dynamik alltagsästhetischer Schemata, die in wenig erforschte Zonen führt. Ein erster hypothetischer Versuch liefert das Bild einer im Laufe der Jahrhunderte zunehmenden und sich in den letzten Jahrzehnten beschleunigenden Differenzierung des dimensionalen Raumes alltagsästhetischer Schemata (Abschnitt 3.9).

Am Ende des Kapitels werden die bisherigen Überlegungen zusammengefügt und im Vorgriff auf die folgende Analyse weitergeführt. In unserer Gesellschaft ist der dimensionale Raum der Alltagsästhetik und der Platz des Individuums in diesem Raum immer stärker durch psychische und somatische Bedingungen bestimmt. Dies begünstigt die Entstehung alters- und bildungsspezifischer sozialer Großgruppen, die sich um bestimmte Stiltypen herum kristallisieren. Damit deuten sich neue Linien für eine Theorie der Konstitution sozialer Milieus an, die im weiteren Verlauf der Analyse fortzusetzen sind (Abschnitt 3.10).

3.1 Bedeutungsäquivalente Zeichengruppen
Der Begriff alltagsästhetischer Schemata

Die Existenz alltagsästhetischer Schemata ließe sich durch ein einfaches Experiment nachweisen, bei welchem den Versuchspersonen die Aufgabe gestellt wird, weit verbreitete Angebote unseres Erlebnismarktes zu zusammengehörigen Gruppen zu sortieren. Nehmen wir etwa das folgende Ensemble von Erlebnisangeboten: ein Klavierkonzert von Mozart, ein Unterhaltungsabend mit den Oberkrainern, eine Ausstellung mit Objekten von Josef Beuys und ein Arztroman aus dem Bastei Verlag. Was paßt wozu? Dem Angehörigen einer fremden Kultur wäre kaum klarzumachen, daß unserem Empfinden nach die Oberkrainer nichts mit Mozart zu tun haben, dagegen gut mit dem Arztroman zusammengehen, während Beuys durchaus eine gewisse Affinität zu Mozart aufweist. In eben diesen Gefühlen von Zusammengehörigkeit und Unterschiedensein alltagsästhetischer Alternativen, kaum begreiflich für wirklich Außenstehende, normal für uns selbst, äußern sich soziale Konstruktionen, die im folgenden als alltagsästhetische Schemata bezeichnet werden. Das Hochzeitsbild vor der Schloßkulisse paßt nach unserer Einschätzung besser zu Volksliedern als zur »Todesfuge« von Paul Celan. Diese gehört in dieselbe Kategorie wie Schillers Ode an die Freude. Der Killer im Action-Film hat größere Verwandtschaft mit Donald Duck als beispielsweise mit den Helden der griechischen Mythologie, so killerhaft sie in den alten Texten auch dargestellt werden mögen.

Wir konstruieren merkwürdige Affinitäten und Distanzen zwischen alltagsästhetischen Möglichkeiten. Wie erklärt es sich etwa, daß nur eine ganz bestimmte Kollektion von kulturellen Produkten des Feuilletons würdig ist, während der Rest immer nur eingepackt in kulturkritische Rhetorik an diesen weihevollen Ort gelangt? Wenn man so will, beteiligen sich immer mehr Menschen in einer immer dichteren Folge von Alltagssituationen am großen Experiment des Sortierens von Erlebnisangeboten. Die Ästhetisierung des Alltagslebens drängt uns zu einer wachsenden Zahl von Geschmacksentscheidungen: zwischen Fernsehprogrammen, Sportarten, Zeitschriften, Kleidern, Veranstaltungen, Reisezielen, Musikstücken, Ambientes, Gesprächspartnern, Wohnungseinrichtungen, Kneipen usw. Schemata führen dazu, daß die Zusammensetzung alltagsästhetischer Warenkörbe einige wenige Grundmuster erkennen läßt. Große Variationsspielräume bei der Kombination von Erlebnisreizen bleiben ungenutzt.

Für die empirische Sozialforschung werden alltagsästhetische Schemata dadurch faßbar, daß die meisten Menschen dazu tendieren, in ihren Geschmacksentscheidungen ähnliche Gruppenbildungen vorzunehmen. Ähnlichkeit der Gruppierung ästhetischer Wahlmöglichkeiten manifestiert sich jedoch auch in Geschmacks*unterschieden*. Gerade im gegensätzlichen Geschmack werden übergreifende Schemata erst empirisch anschaulich. Wenn Person A beispielsweise häufig Theateraufführungen, Museen, Volkshochschulkurse, Konzerte mit klassischer Musik usw. besucht, Person B dagegen an diesen Orten so gut wie nie auftaucht, so kommt über der vordergründigen Gegensätzlichkeit ihres Geschmacks eine Gemeinsamkeit der Abgrenzung ästhetischer Wahlmöglichkeiten zum Ausdruck. Beide orientieren sich am selben ästhetischen Schema, sie stehen ihm nur unterschiedlich nahe.

Mit dem Begriff alltagsästhetischer Schemata ist eine kollektive Kodierung des Erlebens gemeint, ein ästhetisches Programm, das die unendliche Menge der Möglichkeiten, die Welt zum Gegenstand des Erlebens zu machen, auf eine übersichtliche Zahl von Routinen reduziert. In der Sichtweise des semantischen Paradigmas erscheinen diese Routinen als Verbindung zwischen zwei Ebenen: Die eine Ebene ist die der ästhetischen Zeichen - sinnlich erfahrbare Ereignisse, die im Kollektiv primär als Gegenstand des Erlebens definiert sind: Gemälde, Schmuckstücke, Musik, Luxusgegenstände usw. Auf dieser Ebene werden alltagsästhetische Schemata empirisch sichtbar: als gewählte oder gemiedene Kollektion von Gegenständen, Situationen, Veranstaltungen, Handlungen, Personen (sofern sich dem Wählen oder Vermeiden eine innenorientierte Motivation unterstellen läßt). Die andere Ebene enthält die Bedeutungen, die den Zeichen zugeordnet werden. Anders als die Zeichen sind die Bedeutungen nicht mit standardisierten Forschungsverfahren erreichbar. Um zur Ebene der Bedeutungen vorzudringen, muß man versuchen, die Zeichengruppen zu interpretieren, wobei Kulturgeschichte und eigene kulturelle Erfahrung eine unentbehrliche hermeneutische Hilfe sind. Kompliziert wird die Interpretation durch die Mehrschichtigkeit der Bedeutungen, der die im vorangegangenen Kapitel entwickelte Differenzierung von drei verschiedenen Bedeutungskomplexen Rechnung trägt: Genuß, Distinktion und Lebensphilosophie.

Alltagsästhetische Schemata kodieren kollektive Bedeutungsmuster für große Zeichengruppen: Sie legen erstens fest, was normalerweise zusammengehört, statten zweitens die als ähnlich definierten Zeichen mit zeichenübergreifenden Bedeutungen aus und erheben drittens beides zur sozialen Konvention. Mit einigen Anmerkungen sollen diese drei Aspekte kollektiver Kodierung verdeutlicht werden:

1. Die Abgrenzung zusammengehöriger Zeichengruppen ist kulturelles Allgemeingut. Beispielsweise verstehen alle ungefähr dasselbe unter klassischer Musik, obwohl dies angesichts der enormen Heterogenität dieser Untergruppe von Zeichen eigentlich höchst erstaunlich ist. Warum gehört »Figaros Hochzeit« dazu, »Der Vetter aus Dingsda« aber nicht? Etwa weil das eine Werk von göttlicher Inspiration geadelt ist, das andere bloße Unterhaltung darstellt? Die Untauglichkeit solcher Begründungsversuche läßt es nur umso erstaunlicher erscheinen, daß uns allen die Trennlinie klar ist: Hier die klassische Musik, dort die seichte Unterhaltung.

2. In der Wahrnehmung eines Menschen haben alle Zeichen einer Zeichengruppe gemeinsame Bedeutungskomponenten, bei aller Verschiedenartigkeit einzelner ästhetischer Episoden. Scheinbar disparate Eindrücke werden latent miteinander verklammert. So gibt es beispielsweise situationsübergreifende Elemen-

te im »Kunstgenuß«, unabhängig davon, ob man nun durch Florenz pilgert, ein Theaterstück von Edgar Albee anschaut oder ein Konzert mit zeitgenössischer Musik besucht.
3. Die Zeichen eines Ensembles werden von den Angehörigen einer Deutungsgemeinschaft mit ähnlichen Bedeutungen verbunden. Gewiß enthält der ästhetische Gesamteindruck spezifisch individuelle Komponenten, die nicht einmal in Worten ausdrückbar, geschweige denn universell verbreitet sind. Daneben trägt er aber auch Spuren des Kollektivs, kulturspezifische Muster von Genuß, Lebensphilosophie und Distinktion. Diesen kollektiven Anteil soll der Begriff der alltagsästhetischen Schemata abbilden. Es gibt, variierend mit der Extension der Deutungsgemeinschaft, unterschiedliche Niveaus des Kollektivitätsgrades von Bedeutungen (vgl. die Abschnitte 2.9, 5.2 und 5.14). Die folgende Untersuchung ist auf Bedeutungen höchsten Kollektivitätsgrades konzentriert.

Als Ergebnis sei festgehalten: Alltagsästhetische Schemata bestehen in der Zuordnung von Bedeutungen zu Zeichengruppen. Für dieses Zuordnungsverhältnis gilt eine dreifache Generalisierung: Zeichengruppen werden von den Angehörigen einer Deutungsgemeinschaft in etwa derselben Weise abgegrenzt; eine gegebene Person legt in die vielen Zeichen einer Gruppe immer wieder ähnliche Bedeutungen hinein; Teile dieser zeichenübergreifenden persönlichen Lesarten sind intersubjektiv verbreitet. Das Verhältnis einzelner Menschen zu alltagsästhetischen Schemata läßt sich begreifen als eine Beziehung von Nähe oder Distanz: Der eine sucht das Schema, der andere meidet es. Der Begriff ist gemeint als theoretische Ordnungsvorstellung. Es versteht sich fast von selbst, daß die Wirklichkeit weniger aufgeräumt ist: daß Zeichengruppen und Bedeutungszuordnungen nur mit Zubilligung einer Unschärfetoleranz als kollektiv einheitlich gelten können. Andererseits gibt es empirisch nachweisbare Tendenzen kollektiver Angleichung, für deren Abbildung der Begriff alltagsästhetischer Schemata nicht nur zweckmäßig, sondern notwendig erscheint.

Alltagsästhetische Schemata sind spezifisch für Deutungsgemeinschaften. Ihre Beschreibung ist immer erst dann vollständig, wenn der Beschreibungsversuch mit der Angabe eines Geltungsbereichs verbunden wird. Die damit entstehenden Abgrenzungsprobleme sind nicht nur methodischer, sondern vor allem theoretischer Art. Sowohl die zeitliche wie die räumliche Abgrenzung einer Kultur konfrontiert uns mit einem Unschärfeproblem: Es gibt zum einen keine exakten Grenzen, zum anderen keine grenzenlosen Kulturen. Wie soll man sich in dieser Situation bei der Beschreibung von Kulturen verhalten? Man muß sich mit unscharfen und trotzdem inhaltsträchtigen Abgrenzungen behelfen: Feudalsystem, Gründerzeit, Weimarer Republik, Nationalsozialismus, Nachkriegszeit, 68er Jahre usw. Allerdings muß man sich darüber im klaren sein, daß die impliziten Periodisierungen und geographischen Abgrenzungen dieser Begriffe nicht einfach der Natur der Sache entspringen, sondern ohne eine bestimmte Perspektive nicht begründbar, ja nicht einmal möglich sind. Die folgende Beschreibung alltagsästhetischer Schemata bezieht sich auf die Kultur der Bundesrepublik Deutschland in den späten achtziger Jahren. In dieser Zeit bewirkte die fortgeschrittene Ästhetisierung des Alltagslebens eine Universalisierung und Stabilisierung des noch darzustellenden dimensionalen Raumes der Alltagsästhetik.

Es gibt aber noch ein Abgrenzungsproblem ganz anderer Art. Genaugenommen steht jede Deutungsgemeinschaft in einer Hierarchie zwischen Individuum und Weltkultur, zwischen kleinstmöglicher und größtmöglicher Analyseeinheit. Auch hier bestimmt über die Auswahl der Hierarchieebene nicht irgendein Sachzwang, sondern das Erkenntnisinteresse. Sehr wohl ist der Begriff alltagsästhetischer Schemata auch auf kleinere analytische Einheiten anwendbar: Subkulturen, Sub-Subkulturen, Gruppen, Dyaden. In all diesen (nicht einmal disjunkten) Untereinheiten auf verschiedenen Hierarchieebenen sind eigene semiotische und semantische Strukturen zu vermuten. Betrachten wir etwa die ästhetischen Bewegungen im Bereich des Hochkulturschemas, Klassik, Sturm und Drang, Romantik, Realismus usw. bis hin zu diversen Strömungen und Unterströmungen der Gegenwart. Die Insider, sowohl die Vertreter der jeweiligen Avantgarde wie ihre professionellen Beobachter, Rezensenten und Geschichtsschreiber, bewegen sich in einem weitaus elaborierteren Bedeutungsfeld als die Normalkonsumenten. Sie gehören einer ästhetischen Enklave an, die jedoch im viel schlichteren Bedeutungsfeld der Massenästhetik insofern aufgehoben ist, als ihr die typischen Bedeutungszuweisungen des Hochkulturschemas der Gegenwart durchaus vertraut sind. Beschränkt auf Insider bleiben dagegen Sonderbedeutungen, die sich erst beim Kennenlernen ästhetisch spezialisierter kultureller Untereinheiten erschließen. Aus der Perspektive dieser Zusatzbedeutungen stehen sich etwa Expressionismus und zeitgleiche manieristische Strömungen feindlich gegenüber, während sie sich aus der Perspektive des hochkulturellen Normalkonsumenten hinsichtlich ihres kollektiven Bedeutungsgehalts nicht wesentlich unterscheiden. Um diese Normalperspektive geht es bei den folgenden Analysen.

Begriffe entstehen aus dem Zusammenwirken von analytischer Perspektive und Realität. Daß der mit dem Begriff gemeinte Aspekt der Wirklichkeit tatsächlich existiert, ist zwar nicht immer sicher, doch ist die Wahrscheinlichkeit bei dem hier entwickelten Konzept alltagsästhetischer Schemata groß. Sowohl die empirischen Daten sprechen dafür als auch eine Reihe verwandter Begriffe, die den hier gemeinten Wirklichkeitsausschnitt ebenfalls in den Blick nehmen, wenn auch aus anderen Perspektiven, etwa »Symbol« (Mead 1934), »Alltagswissen« (Schütz/Luckmann 1975), »Denkmuster« (Mühlmann u.a. 1977), »Norm« (Popitz 1980), »Lebensführung« (Weber 1956), »lifestyle« (Feldman/Thielbar 1972; Sobel 1981), »Lebensstil«, »Geschmack«, »Habitus« (Bourdieu 1982). All diese Begriffe decken sich nur teilweise mit dem Begriff alltagsästhetischer Schemata - zu wenig, um einen davon zu übernehmen. Was waren die Gründe, den Begriff der alltagsästhetischen Schemata in der soeben explizierten Form zu fassen? Sein theoretischer Zweck ist die Analyse sozialer Milieus.

In späteren Kapiteln wird diese Funktion immer deutlicher zutage treten; erstmals wird sie am Ende dieses Kapitels skizziert (Abschnitt 3.10). Aus diesem übergeordneten Anspruch leiten sich fünf Anforderungen an den Begriff alltagsästhetischer Schemata ab, die im folgenden untersucht werden: 1. historische Relevanz, 2. Konzentration auf Invarianzen, 3. Konzentration auf einfache kollektive Muster, 4. Offenheit für dimensionalen Wandel, 5. theoretische Flexibilität.

1. *Historische Relevanz*: Der Begriff alltagsästhetischer Schemata versucht, auf die speziellen analytischen Erfordernisse von Gesellschaften mit massenhafter Produktion und hoher Fluktuation ästhetischer Zeichen einzugehen. In unserer historischen Situation ist die Schematisierung der Alltagsästhetik zum ständig aktuellen Problem aller geworden. Man braucht Vereinfachungen, um nicht die Orientierung zu verlieren. Zwar ist diese Schematisierung an sich nichts Neues, wohl aber ihre Extension und Wandelbarkeit. Die Beschreibung der Dynamik moderner, erlebnisorientierter Gesellschaften erfordert einen Begriff, der direkt auf die kollektive Kodierung des Erlebens abzielt. Aus diesem Grund hat der Begriff des Lebensstils in den letzten Jahren immer größere Bedeutung gewonnen. Unbefriedigend dabei ist allerdings zum einen, daß der Ebene der Zeichen meist zu großes Gewicht zugesprochen wird. Wenn die Mode wechselt, ihre Bedeutung aber gleich bleibt, sollte man einen Begriff zur Verfügung haben, der dies abzubilden vermag. Zum anderen sind bisher entwickelte Begriffe mit einem Ballast von Annahmen verbunden, der sie zu starr macht, um den deskriptiven Erfordernissen gerecht zu werden. Darauf beziehen sich einige der folgenden analytischen Ziele.

2. *Konzentration auf Invarianzen*: Der Begriff muß in der Lage sein, stabile Elemente im scheinbaren Chaos der Zeichen festzuhalten. Wie sich im Verlauf der Analyse von Hochkulturschema, Trivialschema und Spannungsschema zeigen wird, gibt es in der gegenwärtigen Alltagsästhetik Elemente, die Jahrzehnte oder gar Jahrhunderte zurückreichen. Uns begegnen Bedeutungen mit Wurzeln in längst vergangenen Epochen (Deutsche Klassik, Bürgerliche Gesellschaft, Biedermeier, Kleinbürgertum der Gründerzeit, Protestbewegungen der späten sechziger Jahre u.a.). Ultrastabil füllt eine rudimentäre Semantik des Erlebens immer neue Zeichen mit älteren Inhalten. Umgekehrt können etablierte Zeichen umgedeutet werden, wie Burckhardt (1986) dies in einer Untersuchung neuer Modetrends herausarbeitet. So wurde der Herrenhut, einst Inbegriff der Bürgerlichkeit, innerhalb weniger Jahre zum Zeichen für Exzentrizität. Der Begriff alltagsästhetischer Schemata verfügt über die erforderliche Flexibilität, um dem chamäleonhaften Charakter ästhetischer Codes gerecht zu werden. Neue Zeichen werden eingeführt, alte aus dem Verkehr gezogen oder teilweise umgedeutet, doch das alltagsästhetische Schema behält in der Bedeutungsebene seine Identität.

3. *Konzentration auf kollektive Muster*: Der Begriff ist darauf angelegt, möglichst allgemeine, weit verbreitete Komponenten der Alltagsästhetik zu erkennen. Es handelt sich dabei um einfache, intersubjektiv leicht nachvollziehbare Grundhaltungen, etwa in Form der später zu beschreibenden Genußschemata von Kontemplation, Gemütlichkeit und Action, die täglich in zahllosen Variationen durchgespielt werden. Die Anbieter von Erlebnissen erfinden immer wieder neue Moden, Gags, Kunstrichtungen, Designs, Waves, Hits, Trends, Stile. All dieser

output wird von den Erlebnisnachfragern in unterschiedliche personale Kontexte integriert und singularisiert. Versuche einer auch nur annähernd vollständigen Beschreibung dieser millionenfachen Einzigartigkeiten müßten zu Bergen persönlicher Portraits, zu endlos aneinandergereihten Anekdoten und riesigen Museen der Massenkultur führen. Psychologisch wäre eine solche Detailgenauigkeit vielleicht von Nutzen, soziologisch dagegen ohne Wert.

Gesellschaftsanalytisch zählen die einfachen, immer wieder reproduzierten Muster, die all den Variationen unterlegt sind, denn nur diese Muster, nicht die singulären Überformungen wirken sozial strukturbildend. Sie werden Bestandteil einer allgemein gesprochenen und verstandenen Sprache des Erlebens, die weniger aus Worten als aus sichtbar angeeigneten Zeichen der Alltagsästhetik besteht: Bücher, Musikkonserven, Kleider usw. Gerade die einfachen und innerhalb einer Kultur nahezu universellen Bedeutungen solcher Zeichen sind soziologisch wichtig. Sie definieren Normalität in sozialen Großgruppen, dienen zur Abgrenzung nach außen, stimulieren oder behindern die Entstehung sozialer Beziehungen von Menschen in bestimmten Lebenssituationen, strahlen wegen ihrer ständigen Wiederholung auf andere Lebensbereiche jenseits alltagsästhetischer Episoden aus (etwa Arbeit und Politik), hinterlassen ihre Spuren in den tieferen Schichten der Psyche, so daß sich milieutypische und epochaltypische Charaktere bilden können, standardisieren das Verhalten in Szenen, den Orten der Vergesellschaftung durch Erleben (vgl. das 10. Kapitel), werden von den professionellen Erlebnisanbietern auf dem Erlebnismarkt durch Versuch und Irrtum gelernt und in die Haupttendenzen der ästhetischen Produktion übernommen. All diese Wirkungen können nur von solchen Elementen der Alltagsästhetik ausgehen, die zwei Bedingungen erfüllen: Einfachheit und intrakulturelle Universalität. Auf diese Elemente zielt das Konzept der alltagsästhetischen Schemata ab.

4. *Offenheit für dimensionalen Wandel*: Alltagsästhetische Schemata sollen es ermöglichen, die historische Ausdifferenzierung des dimensionalen Raumes der Alltagsästhetik zu beschreiben. Bourdieu geht, bei aller Elaboriertheit seines Ansatzes, implizit von einer *ein*dimensionalen Struktur dieses Raumes aus. Obwohl er legitimen, mittleren und populären Geschmack als »Dimensionen« bezeichnet (1982, S.36 ff.), meint er eigentlich drei Unterteilungen einer einzigen Dimension. Nicht vorgesehen ist dabei etwa die Möglichkeit, daß legitimer und populärer Geschmack in Kombination auftreten, bei ein und derselben Person oder in ein und demselben Sozialmilieu.

Genau dies scheint jedoch empirisch der Fall zu sein. Nur eine mehrdimensionale Auffassung alltagsästhetischer Schemata kann dem Rechnung tragen. Im dimensionalen Raum wird Alltagsästhetik als Kombination von Positionen gegenüber verschiedenen Zeichengruppen darstellbar. Der Begriff alltagsästhetischer Schemata ist nun so angelegt, daß jeder Zeichengruppe unabhängig von den anderen Zeichengruppen ein Kontinuum von Nähe und Distanz zugeordnet werden kann. Damit wird es möglich, historische Veränderungen des dimensionalen Raumes der Alltagsästhetik darzustellen (Auflösung, Verschmelzung, Trennung,

Neugruppierung von Zeichenensembles) und im Zeitablauf variable Stiltypen für eine Beschreibung sozialer Milieus zu bilden.

5. *Theoretische Flexibilität*: Im Begriff der alltagsästhetischen Schemata ist mit Absicht weder eine Annahme über die Bedingungen enthalten, welche die Position des einzelnen im dimensionalen Raum bestimmen, noch eine Annahme über die Bedingungen, von denen die Konstitution alltagsästhetischer Schemata abhängt. Beide Klassen von Annahmen haben Tradition, führen jedoch zu einem Mangel an theoretischer Flexibilität. Bei Bourdieu (1982, S.277 ff.) wird die persönliche Position im Raum der Lebensstile (den er de facto nicht als mehrdimensionalen, sondern als eindimensionalen Raum beschreibt) durch die Position im Raum der Kapitalarten (ökonomisches, kulturelles und soziales Kapital) determiniert. Beide Räume sieht Bourdieu in Homologie; Stile sind die distinktive Übersetzung von Unterschieden der Lebenslage (S. 286 ff). Wollte man es bei dieser Festlegung belassen, würde man in ein Erklärungsdefizit geraten, das mit dem Verblassen der traditionellen »kapitalorientierten« Distinktion immer größer würde. In einer späteren Arbeit (1985) spricht Bourdieu selbst davon, daß Geschmack unter Umständen auch etwas anderes ausdrücken kann als die persönliche Lage im dimensionalen Raum des Kapitals. Was dieses andere auch immer sein mag - der Begriff alltagsästhetischer Schemata muß dafür offen gehalten werden.

Auch die Konstitution alltagsästhetischer Schemata wird üblicherweise durch Homologie-Hypothesen erklärt. So ist bei Clarke (1979a, S.139) die Auswahl der Zeichen an die Verwendbarkeit für die Symbolisation bestimmter Bedeutungen gebunden, die ihrerseits den objektiven Lebensumständen korrespondieren, oft in »magischer« oder »ideologischer« Weise (Clarke 1979b; Willis 1979, Hebdige 1979). Eine solche Auffassung von der Konstitution alltagsästhetischer Schemata ist jedoch zu eingeschränkt.

Die folgenden Abschnitte gehen ausführlicher auf die Frage der genetischen Rekonstruktion alltagsästhetischer Schemata ein. Beim Versuch einer Theorie der Entstehung alltagsästhetischer Schemata sind zwei Teilfragen zu unterscheiden: Wie ist kollektive Angleichung von Zeichengruppen und Bedeutungszuweisungen möglich? Wie entstehen kulturtypische Inhalte alltagsästhetischer Schemata?

3.2 Erlebnisreiz, Tradition, Definition
Zur Entstehung von Bedeutungsäquivalenzen

Das Offensichtliche - die Kovariaton ästhetischer Handlungstendenzen - ist nur auf den ersten Blick selbstverständlich. Daran, daß fast alle Menschen in unserer Gesellschaft ästhetische Zeichengruppen in gleicher Weise abgrenzen, lassen die verfügbaren Informationen kaum einen Zweifel. In den Appetenzen und Aversionen von Millionen erscheint der ästhetische Möglichkeitsraum der Gegenwart immer wieder in derselben Gliederung. Niemand kann präzise die Grenzlinie zwischen Kunst und Nicht-Kunst (Kitsch, Kunsthandwerk, Design, Unterhaltung u.a.) definieren, obwohl fast immer Einigkeit darüber besteht, ob ein Bild, ein Text, eine Darbietung eher in den Schrein der Kulturgüter oder auf die Müllhalde der ästhetischen Wegwerfartikel gehört. Worin besteht der gemeinsame ästhetische Nenner von Heinrich Schütz und Arnold Schönberg, von Henri Matisse und Andy Warhol, von Goethe und Thomas Bernhard? Und warum zählen die Oberkrainer, der unbekannte Maler des röhrenden Hirsches oder die Autoren des Bastei Verlages nicht auch dazu, sondern bilden einen eigenen Zeichenbereich?

Meist sind Versuche, die soziale Selbstverständlichkeit der Trennlinie zwischen Kunst und verschiedenen Arten der Nicht-Kunst auf den Begriff zu bringen, nur eine Bestätigung dieser Selbstverständlichkeit. Altbekannte Abgrenzungen etwa zwischen dem Authentischen und dem Nachgemachten, dem Unvergänglichen und der Wegwerfware, dem Wahren und dem Unaufrichtigen, dem Genialen und dem Dilettantischen usw. sind nichts weniger als eine theoretische Erfassung der kollektiven Wirklichkeit. In der irrigen Annahme, diese Wirklichkeit auf den Begriff zu bringen, vollzieht man sie mit diesen nebulösen Gegenüberstellungen nur aufs Neue. Oft entpuppt sich ästhetische Theorie als bloße Distinktionsgebärde. Der Theoretiker bringt zum Ausdruck, daß er eine feine Nase hat. Mit vielen anderen weiß er sich darin einig, daß die eine Klasse von ästhetischen Episoden gut riecht, die andere schlecht. Wie aber kommt ästhetischer Konsens zustande? Wie ist es möglich, daß ästhetische Schematisierungen nicht ausschließlich Privatsache bleiben, sondern unverkennbar in sozialen Gruppen einander angeglichen werden?

Um diese Frage zu beantworten, muß man zunächst einmal zwei intuitiv plausiblen Vorstellungen abschwören, die ein soziologisches Verständnis der Schematisierung von persönlichem Stil verhindern. Unangemessen ist zum einen die Position der objektivistischen Ästhetik: Zusammengehörigkeit ästhetischer Zeichen soll unabhängig von den Rezipienten durch Eigenschaften der Zeichen selbst erklärt werden, durch inhaltliche und formale Qualitäten oder gar, als Ausdruck geistiger Kapitulation, durch ungreifbare, aber als objektiv vorgestellte Attribute wie göttlicher Funken, Inspiration, gewisses Etwas usw. Seit Hartmanns »Aesthetica« (1750) ist objektivistische Ästhetik immer wieder gescheitert, was allerdings nicht verhindert, daß sie im Alltagsverständnis eine wichtige Rolle spielt. Schön und häßlich werden als Merkmale von Sachen und Situationen gesehen, die von wahrnehmenden Subjekten nur registriert, nicht aber konstruiert werden. Daneben existiert, oft genug in denselben Köpfen, die entgegengesetzte Position einer subjektivistischen Ästhetik, derzufolge jeder seinen eigenen Geschmack mitbringt, wobei nicht nur die Auswahl von Zeichen als Privatsache erscheint, sondern auch die Konstruktion von Bedeutungen. Eindrücke sind demzufolge gar keine Eindrücke, also Spuren der Gegenstände in unserem Inneren, sondern freie Assoziationen, für die das Objekt der Ästhetik nur Anlaß, nicht aber Ursache ist. Beide Auffassungen verführen mit Teilwahrheiten, die freilich falsch werden, wenn sie isoliert bleiben. Drei Bedingungen sind notwendig, um die kollektive Angleichung alltagsästhetischer Schemata zu erklären: objektiver Erlebnisreiz, Tradition und Definition.

1. *Objektiver Erlebnisreiz*: Die These vom objektiven Erlebnisreiz ist eine Reformulierung des Standpunkts objektivistischer Ästhetik, mit der Einschränkung, daß er zur Erklärung alltagsästhetischer Schemata zwar notwendig, nicht aber ausreichend ist. Eigenschaften des Erlebnisgegenstands, die unabhängig vom Erlebenden selbst sind, begünstigen bestimmte Erlebnisinhalte. Es ist schwer, ein Rockkonzert kontemplativ zu erleben, beim zweiten Satz des Forellenquintetts dagegen außer sich zu geraten. Wenn wir annehmen, daß es allgemeine Erlebnispräferenzen gibt, etwa eine Neigung zu Kontemplation (vgl. Abschnitt 3.5) oder zu Action (vgl. Abschnitt 3.7), und wenn wir die zusätzliche Prämisse akzeptieren, daß es Objekte und Situationen gibt, die *unabhängig* von den Subjekten mit einem kontemplativen oder action-orientierten Erlebnisreiz ausgestattet sind, so liefert dies eine erste Erklärung für den Sachverhalt, der tatsächlich zu beobachten ist: eine Gliederung von ästhetischen Zeichen in solche, die kontemplativ erlebt werden und solche, die zum Ausagieren von Spannungen führen. Willis (1979) etwa baut seine Interpretation von Rockmusik ganz auf der These einer Homologie zwischen objektiven Eigenschaften der Musik und subjektiven Erlebnisbedürfnissen von Subkulturen auf. Ein anderes Beispiel ist die immer wieder ähnliche lyrische Bearbeitung objektiv gleichartiger Motive wie etwa »Frühling«, quer durch die Zeiten und Kulturen. Trotz ihrer Plausibilität ist die These vom objektiven Erlebnisreiz jedoch nicht ausreichend.

Warum? Viele Zeichen üben nur einen schwachen oder gar keinen objektiven Erlebnisreiz aus. Was unterscheidet eine Diskothek, einen Spielautomaten und eine Buddhastatue auf der einen Seite von einer Armbanduhr, einer Grünanlage und dem Portrait eines älteren Mannes auf der anderen Seite? Die erste Gruppe legt mehr als die zweite bestimmte Erlebnisse schon durch die Beschaffenheit der Zeichen nahe. Zu erklären ist der höhere objektive Erlebnisreiz durch den stärkeren Appell an den Körper: Rhythmus (Diskothek), Beanspruchung der Reaktionsbereitschaft (Spielautomat), Vorführung des körperlichen Ausdrucks von Ruhe und Heiterkeit (Buddhastatue). Um ein Erlebnis aufzubauen, genügt bei der zweiten Gruppe die objektive Beschaffenheit der Gegenstände noch nicht; wir müssen etwas über sie wissen: Wie verhält sich die Uhr zu anderen (nicht sichtbaren) Uhren - ist sie durchschnittlich oder extravagant, billig oder kostbar? Ist die Grünanlage ein Revier von Kindern, Hausfrauen und Rentnern oder von Prostituierten? Zeigt das Portrait Albert Einstein oder Iwan den Schrecklichen? Ein kurzsichtiger Betrachter, der die Portraits verwechselt und seine Empfindungen, hier Ehrfurcht, da leisen Schauder, auf das jeweils falsche Objekt richtet, führt uns die Abhängigkeit des Erlebnisses von kognitiven Beigaben in aller Deutlichkeit vor. In manchen Stücken der Rockgruppe »Emerson, Lake and Palmer« etwa kommen Passagen vor, die objektive Ähnlichkeit mit Choralphantasien von Max Reger aufweisen. Subjektiv jedoch werden die beiden Musiktypen in unterschiedliche

Erlebnisschemata eingespeist. Objektive Erlebnisreize werden kognitiv überformt. Offenbar gibt es nun Prozesse der kollektiven Angleichung kognitiver Überformungen. Die beiden wichtigsten, Tradition und Definition, werden im folgenden untersucht.

2. *Tradition*: Anbieter und Nachfrager auf dem Erlebnismarkt orientieren sich an Leitideen des schönen Erlebnisses, die im Zuge längerfristiger kulturgeschichtlicher Entwicklungen kollektiv erarbeitet wurden. So sehr sich gemeinsame ästhetische Muster auch historisch ändern mögen, sind sie doch immer nur im Zusammenhang mit Traditionen des Erlebens zu verstehen. Die moderne Version des Hochkulturschemas ist zwar ein anderer Sinnkomplex als im 18. oder 19. Jahrhundert, doch ohne Vorgeschichte wäre das Hochkulturschema der Gegenwart unverständlich. Gleiches gilt für Trivial- und Spannungschema. Empfänglichkeit für ganz bestimmte Erlebnisreize auf der einen Seite, Gestaltung von Angeboten für diese Empfänglichkeit auf der anderen Seite sind das Ergebnis eines wechselseitigen Konditionierungsvorgangs zwischen Publikum und Kulturproduzenten. In dem Wort »Tradition« zur Bezeichnung dieser kollektiven kulturellen Beziehung kommt die begrenzte theoretische Zugänglichkeit des Sachverhalts zum Ausdruck. Der Begriff der Tradition soll darauf hinweisen, daß alltagsästhetische Schemata Komponenten enthalten, die nicht prognostizierbar, sondern nur retrospektiv verstehbar sind; er macht die Analyse des historischen Einzelfalls zum Forschungsprogramm.

Die Entstehungsgeschichte ästhetischer Schemata wird von Unwägbarkeiten (Auftreten bestimmter Persönlichkeiten, politische Umwälzungen, technische Neuerungen u a.) beeinflußt, doch kann man immerhin versuchen, sie zu rekonstruieren. Dabei zeigt sich, daß das Spätere immer vom Früheren abhängt. Prognostisch aber kann man allenfalls vermuten, daß sich eine gegebene kollektive Alltagsästhetik nicht von heute auf morgen ändert. Man ist aufeinander eingespielt: hier die Nachfrager mit ihren zu persönlichen Stilen kristallisierten Erlebnisbedürfnissen, dort die Angebote, die immer wieder an diese Bedürfnisse appellieren, so daß die beiden Akteure des Erlebnismarktes sich gegenseitig stabilisieren. Alltagsästhetik kann nun zwar nicht von heute auf morgen aus ihrer Tradition ausbrechen, aber bei aller Trägheit der kulturellen Entwicklung gibt es doch keine Stagnation.

Die Wirksamkeit von Traditionen hat in unserer Gesellschaft nichts mit Traditionalismus zu tun. Von ästhetischen Provinzen abgesehen, folgt Alltagsästhetik nicht dem Imperativ der Brauchtumspflege, oft dagegen dem Imperativ der Unkonventionalität. Damit ist jedoch nur das Manifeste zu erreichen: Zeichen, Situationen, Verhaltensrituale. In Jeans in die Oper zu gehen hat eine zeitlang als unkonventionell gegolten. Von den aktuellen Top Ten der internationalen Schlagerparade ist selten ein Hit älter als drei Monate. Doch auf der Ebene der latenten Bedeutungen setzen sich Traditionen umso beharrlicher fort, da sie nicht wahrgenommen werden (auch beim »unkonventionellen« Opernbesuch und im ewigem Wechsel der Hitliste): Genußschemata, Distinktionsmuster, Lebensphilosophien.

Nur die erkannte Tradition kann gestürzt werden. Abgelenkt von der Unkonventionalität der Zeichenebene folgen die Erlebniskonsumenten in der Bedeutungsebene den alten Mustern, auch in angeblich traditionslosen Zeiten.

3. *Definition*: Neue ästhetische Zeichen sind meist weder durch ihre objektive Struktur noch durch Tradition zwingend auf ein bestimmtes Erlebnismuster festgelegt. Der Erlebnisreiz, den ein Musikstück, ein Buch oder ein Bild ausstrahlt, ergibt sich nicht allein aus der objektiven Beschaffenheit des Erlebnisgegenstands. Auch die dynamischsten musikalischen Einfälle der Klassik oder der hochkulturellen Moderne tragen den Stempel der ernsten Musik. Operetten sind als volkstümlich definiert, Opern als anspruchsvoll, so daß beide Genres ihre eigene Kundschaft anziehen. Erst diese Codes schaffen eindeutige ästhetische Verhältnisse; keineswegs legen musikalische Strukturen und Librettos die Zugehörigkeit zum Hochkulturschema oder zum Trivialschema bereits eindeutig fest.

Je stärker die Fluktuation der Zeichen wird, je mehr neue Zeichen auf den Erlebnismarkt kommen, desto unsicherer sind die Erlebniskonsumenten, wie ein bestimmtes Angebot überhaupt zu erleben ist. Welches Schema ist einschlägig? Immer wichtiger ist deshalb die explizite oder implizite Definition der Zugehörigkeit neuer Zeichen zu etablierten Zeichengruppen als Modus kollektiver Angleichung von Erlebnisschemata geworden.

Zugehörigkeitsdefinitionen sind vor allem für das Verständnis des Hochkulturschemas unentbehrlich. Es ist nicht der innere Wert des gehobenen Kulturguts allein, der es zum Schweben bringt. Erst ein kollektiver Definitionsprozeß, an dem Kulturproduzenten, Kulturkonsumenten, vor allem aber Kulturvermittler (Redakteure, Rezensenten, Kunstkritiker, Moderatoren von Kulturmagazinen, Professoren, Lehrer, Veranstalter) beteiligt sind, lädt bestimmte ästhetische Angebote so stark mit dem Stigma des Außergewöhnlichen, der Absolutheit, des Künstlerischen und der Unvergänglichkeit auf, daß jene Aura entsteht, die ein Werk selbst dann noch (oder gerade dann) adelt, wenn man nichts damit anfangen kann: Ich verstehe es zwar nicht, aber es ist Kunst, weshalb das Unverständnis nicht dem Werk, sondern meinem Unverstand anzulasten ist.

Erstaunlich ist die Einstimmigkeit, mit der das Prädikat »wertvoll« im allgemeinen verliehen oder vorenthalten wird. Man darf sich dabei von der Heftigkeit öffentlicher Definitionskonflikte nicht täuschen lassen. Ob etwa die Plastiken, die anläßlich der 750-Jahr-Feier von Berlin auf öffentlichen Plätzen aufgestellt wurden, Kunst seien oder nicht, wurde zwar kontrovers diskutiert. Aber gerade solche Diskussionen pflegen Objekte umso eindeutiger als Kunst festzulegen. Bei der überwiegenden Mehrzahl von Skulpturen, Bildern, Fotografien, Filmen, Musikstücken, Texten, szenischen Darbietungen besteht ohnehin von Anfang an weitgehende Einigkeit über ihren Rang als Kunstwerk oder ästhetisches Verbrauchsmaterial.

Historisch ändert sich der Bestand des gehobenen Kulturguts zwar unablässig - die jeweilige Nachwelt staunt über die geschmacklichen Ausrutscher der Vorfahren -, doch innerhalb der Epochen herrschen klare Verhältnisse. Bewertungsdifferenzen innerhalb der Sphäre der gehobenen Kulturgüter tun in diesem Zusammenhang nichts zur Sache. Was ist epigonal, was avantgardistisch? Was ist ein großer Wurf, was kann nur als Strohfeuer gelten? Ist, beliebte Feuilletonfrage, Roman X der zweite Ulysses oder nur literarisches Getue? Selbst das durchgefallene Werk wird von den Definitoren der Kunst doch wenigstens ernst genug genommen, um am gehobenen Anspruch gemessen zu werden. Es ist zumindest kunstverdächtig und für den Kunstliebhaber prinzipiell interessant. Das Werk hat die erste, entscheidende Definitionshürde genommen und ist, so dürftig, häßlich, ungeschlacht es auch immer sein mag, aus den Niederungen der Alltagsästhetik aufgetaucht, ausgestattet mit einem Anflug von Bedeutsamkeit. Diese ästhetische Inauguraldefinition, unbeschadet aller etwaigen Auseinandersetzungen über den künstlerischen Rang, kann beliebige Angebote mit einem hochkulturellen Erlebnisreiz ausstatten. Inzwischen ist die Definition des Künstlerischen und Hochkulturell-Anspruchsvollen ganz in die Hände professioneller Betreuer, Kommentatoren, Vermittler, Veranstalter und Produzenten von Hochkultur übergegangen. Die definitorische Beschwörung des inneren Bezirks der Hochkultur sorgt dafür, daß das Publikum Bescheid weiß, wenn es den Angeboten begegnet: Thomas Mann zum Freundschaftspreis in der Bücher-Gilde, ein Plattenstapel mit der Neunten Sinfonie als Sonderangebot neben der Kasse im Drogeriemarkt, Bernhard Minetti im Nachtprogramm der ARD.

3.3 Gesellschaftstypus und Schematisierungstendenz

Objektiver Erlebnisreiz, Tradition und Definition erklären, wie bestimmte Inhalte intersubjektiv angeglichen werden, ohne die Inhalte selbst verständlich machen zu können. Der folgende Versuch einer theoretischen Skizze zu dieser Frage geht von der Annahme aus, daß die Konstruktion von Bedeutungen in alltagsästhetischen Episoden durch zentrale existentielle Probleme bestimmt wird, die für die Menschen in einer gegebenen Kultur normal sind. Die fundamentalen Lebensziele hängen von den objektiven Verhältnissen ab, in denen man lebt. Ihrerseits beeinflußt diese allgemeine Lebensperspektive unter anderem auch die kulturspezifische Grundhaltung bei der Dekodierung alltagsästhetischer Zeichen. Auf diese Weise erlangt eine bestimmte Bedeutungsebene der Alltagsästhetik Dominanz. Davon wird die Auswahl und Produktion ästhetischer Zeichen bestimmt, und diese wirken sich ihrerseits auf den Typus der kollektiven Angleichung alltagsästhetischer Schemata aus. Durch ästhetische Praxis werden in einer Rückkoppelung die Verhältnisse bestätigt, auf die sie zurückgeht.

Die Feedback-Struktur stellt sich erst in einem eingespielten System ein: Alltagsästhetische Schemata stabilisieren die Verhältnisse, von denen sie selbst hervorgebracht werden. Störungen werden meist durch Veränderung der objektiven Verhältnisse ausgelöst. Ein Beispiel für eine solche Störung ist die explosionsartige Vermehrung der Möglichkeiten in der bundesdeutschen Nachkriegsgesellschaft. Turbulenzen, die durch solche Störungen ausgelöst werden, kommen nach Jahren oder Jahrzehnten in einem neuen Zustand relativ stabilen Gleichgewichts allmählich zur Ruhe.

Im folgenden soll dieses Modell nun auf drei verschiedene Gesellschaftstypen angewendet werden: korporative Gesellschaft, kompetitive Gesellschaft, Erlebnisgesellschaft. Die beiden ersten Typen sind der Arbeit von Tomars (1964) entnommen, der sich seinerseits an eine Typologie von McIver von 1931 anlehnt. Verfolgt man die Entwicklung dieser Typologie weiter zurück, so findet man ihre Wurzeln schließlich bei Durkheim und Tönnies. Selbstverständlich kann diese Typologie nicht das gesamte Spektrum gesellschaftlicher Möglichkeiten abbilden. Bei den folgenden Überlegungen besteht die Funktion der Typen von korporativer und kompetitiver Gesellschaft vor allem darin, im Kontrast den dritten Typus der Erlebnisgesellschaft deutlicher hervortreten zu lassen.

1. *Korporative Gesellschaft*: Hier finden die Menschen eine festgefügte, schicksalhaft vorgegebene soziale Situation vor. Sie begreifen sich als Teil einer solidarischen Gemeinschaft und beziehen den Sinn ihres Lebens aus ihrer Funktion in dieser Gemeinschaft. Diese Sicht der Wirklichkeit wird durch Religion und Mythen stabilisiert; Abweichungen werden hart sanktioniert. Korporativ ist dieser Gesellschaftstypus insofern, als die Individuen danach streben, den ihnen zugewiesenen, oft von Geburt an feststehenden Platz im statischen Gesamtzusammenhang sozialer Gruppen auszufüllen. Von daher gewinnen sie ihre existentielle Problemperspektive. Sie wollen sich durch ihre Lebenspraxis die überlebensnotwendige Zugehörigkeit zur Gemeinschaft sichern. In ihrer Alltagsästhetik dominiert die Ebene der Lebensphilosophie: die Vergegenwärtigung von Normen, Weltbildern, Mythen, religiösen Überzeugungen und eingeschliffenen sozialen Handlungsmustern, welche die Identität ihrer Gemeinschaft ausmachen; die Verherrlichung der Eliten, welche die Gemeinschaft als Symbolfiguren verkörpern; die Devotion gegenüber Gott oder den Göttern, welche die Gemeinschaft metaphysisch garantieren. Die Selektion der Zeichen ist am Inhalt orientiert. Auf Versinnbildlichung von Lebensphilosophien kommt es an, die sonst abstrakt bleiben würden. Kollektive Angleichung von Zeichen-Bedeutungs-Komplexen kann ausreichend durch Tradition garantiert werden, da sich feste Konventionen ausprägen, die über Generationen hinweg Bestand haben.

Wie Deonna in einer Untersuchung der griechischen Kunst bis zum 5. Jahrhundert vor Christus herausarbeitet, ist dabei symbolische Signifikanz wichtiger als Realismus. Kunst neigte zur Übertreibung der Inhalte, um sie möglichst klar darzustellen, sei es idealisierend im Darstellungsschema des Epheben, sei es karikierend bei der Visualisierung von Sklaven, Barbaren, Satyren, Silenen, Zentauren (de Ridder/Deonna 1927, nach Tomars 1964, S.196).

2. *Kompetitive Gesellschaft*: Hier sind wir in der Welt von Veblen und Bourdieu. Zentrales Strukturmerkmal der Gesellschaft ist eine hierarchische Schichtung von Großgruppen, die prinzipiell offen sind, so daß Mobilität zumindest

denkbar ist, wenn auch die höheren Schichten im eigenen Interesse immer die Tendenz haben, sich nach unten hin abzuschließen und den eigenen Status intergenerational zu halten. In der Gegenrichtung versuchen die unteren Schichten nach oben zu kommen. Gruppenzugehörigkeit ist in dieser Gesellschaft Ausdruck der ökonomischen Lage. Für die verschiedenen Schichten gelten verschiedene Syndrome von Chancen oder Einschränkungen (Einkommen, Besitz, Bildungsmöglichkeiten, Wohnsituation, Ernährung, Gesundheit, soziale Sicherheit u.a.), die unmittelbar am eigenen Leibe spürbar sind und in Extremsituationen auch über das physische Überleben entscheiden (wie dies etwa in allen ökonomischen Krisen seit Beginn der Bevölkerungsexpansion im 17. Jahrhundert bis zum Ende des 19. Jahrhunderts der Fall war).

Unter diesen Umständen ist das zentrale Lebensproblem der Individuen ein Statusproblem, sei es der Statusverbesserung, sei es der Statussicherung. Im Erleben schiebt sich die Bedeutungsebene der Distinktion in den Vordergrund. Die Unteren wollen sich nach oben symbolisieren, während die Oberen versuchen, die Unteren symbolisch auszuschließen. In der Konsequenz orientiert sich die Selektion von Zeichen an Kriterien von besonderer distinktiver Signifikanz, etwa Neuheit, Seltenheit und Kostspieligkeit (Tomars 1964, S.203).

Soweit es den oberen Schichten gelingt, Zeichen exklusiv für sich zu reservieren, kann die kollektive Angleichung alltagsästhetischer Schemata durch Tradition gesichert werden. Da es den unteren Schichten jedoch immer wieder gelingt, »gehobene« Zeichen zu erobern, müssen neue distinktive Zeichen durch Definition eingeführt werden. Dies kann auch in offensiver Weise, durch abwertende Definition geschehen - ein Beispiel ist das Aufkommen des Begriffes »Kitsch« in der zweiten Hälfte des 19. Jahrhunderts.

Die fundamentale Semantik der kompetitiven Gesellschaft (vgl. Abschnitt 5.6) hat außenorientierten Charakter. Die Kategorien des grundlegenden Wahrnehmungsrasters sind situativ definiert; soziale Wirklichkeit wird ökonomisch im Hinblick auf Ungleichheit von Ressourcen modelliert. Auch der dimensionale Raum alltagsästhetischer Schemata ist dieser Basisvorstellung homolog. Anders die nun darzustellende erlebnisorientierte Gesellschaft. Hier liegt eine innenorientierte fundamentale Semantik mit psychophysischen Grundkategorien vor.

3. *Erlebnisgesellschaft*: Situatives Charakteristikum dieses Gesellschaftstyps ist ein aus der Perspektive des einzelnen unendlich großer Möglichkeitsraum und ein voll entwickelter Erlebnismarkt. Ständige Versorgung mit und Entsorgung von Erlebnisangeboten ist ebenso selbstverständlich wie eine kontinuierliche Nachfrage nach Erlebnissen. Jenseits der Überlebensfrage, stimuliert durch unausgesetzten alltagsästhetischen Wahlzwang, haben die Individuen das existentielle Grundproblem, ihr Leben zu erleben. Damit beginnt die Herrschaft der Bedeutungsebene des Genusses. Auswahl und Gruppierung der Zeichen bestimmt sich nach ihrer Eignung für kollektiv etablierte Erlebnisroutinen.

Die Zubilligung dieser Eignung ergibt sich teilweise aus alltagsästhetischen Traditionen (etwa bei klassischer Musik, kunsthistorisch abgesegneter Malerei,

Baudenkmälern). Wegen der enormen Menge und der Fluktuation der Zeichen reicht Tradition jedoch nicht aus - unerläßlich ist zusätzlich die Definition der Erlebniseignung von Zeichen als Mittel der kollektiven Angleichung. Darüber hinaus wird nun auch der objektive Erlebnisreiz für die Gruppierung und Zuordnung von Zeichen zu alltagsästhetischen Schemata wichtig. In der dimensionalen Struktur alltagsästhetischer Schemata setzen sich allmählich psychophysische Dispositionen durch.

3.4 Hermeneutik von Massendaten

Selbst eine noch so gründliche Analyse der ästhetischen Gewohnheiten eines einzelnen Menschen kann keine Anhaltspunkte für die Erkenntnis alltagsästhetischer Schemata liefern. Schon der Begriff setzt ein Kollektiv voraus: Alltagsästhetische Schemata sind gemeinsame Elemente im persönlichen Stil vieler Menschen. Wie kann man solche gemeinsamen Elemente feststellen? In einer Gesellschaft der massenhaft individualisierten Lebenswelten reicht es als stilsoziologische Erkenntnismethode nicht aus, die Impressionen, die man als teilnehmender Beobachter der eigenen Kultur gesammelt hat, soziologisch aufzubereiten. Der steinige Weg standardisierter Repräsentativumfragen ist nicht zu umgehen, wenn man allgemeine ästhetische Muster erkennen will. Mehr als ein Ausgangsdatum liefert die Umfragemethode zwar nicht, um aber eine Startbasis zu errichten, gibt es keine Alternative. Grundlage der folgenden Analysen sind zahlreiche Angaben über alltagsästhetische Präferenzen (etwa beim Fernsehen, Lesen, Musikhören, Ausgehen) von mehr als tausend Personen. Bei der Datenanalyse treten alltagsästhetische Schemata in Form von Mustern in Erscheinung, die sich durch einige übergeordnete Dimensionen abbilden lassen. Was bedeutet das? Man kann sich den Inhalt dieser Aussage aus zwei verschiedenen Blickwinkeln heraus verdeutlichen: Perspektive der Handlungsklassen und Perspektive der Subjekte.

Zum einen informieren die in den Daten erkennbaren Muster darüber, daß bestimmte ästhetische Wahlmöglichkeiten in unserer Gesellschaft zusammengehören, etwa Vorliebe für klassische Musik, Besuch von Ausstellungen, Tagebuchschreiben und vieles mehr.

Zum anderen sagen sie auch etwas über die Akteure selbst aus: Es gibt kollektive Komponenten im individuellen Stil. Gemeinsamkeiten zeigen sich darin, daß ästhetische Gewohnheiten verschiedener Menschen immer wieder dieselben Handlungsfelder betreffen. Angesichts der Verschiedenartigkeit von Stiltypen übersieht man leicht die gemeinsame Dimensionalität. Der Kulturbeflissene und der kulturell Desinteressierte etwa verkörpern als gegensätzliche Typen *ein* ästhetisches Schema. Zwar sind die Distanzen zum Handlungsfeld des Hochkulturschemas unterschiedlich, doch beziehen sich beide auf dasselbe Handlungsfeld. Wir können bei jedem ästhetischen Schema unterschiedliche Grade der Annäherung, Typen und Antitypen feststellen, doch die Abgrenzung der Handlungsfelder selbst ist Allgemeingut.

An der Oberfläche einer standardisierten Massenumfrage äußern sich ästhetische Schemata als Zusammenhänge von ästhetischen Präferenzen: Fernsehquiz und Blasmusik, Theater und Vernissagen, Kino und Disco usw. Allerdings sind ästhetische Schemata nicht bereits mit dieser Oberfläche identisch. Mit der Frage nach der Bedeutung dieser Zusammenhänge verläßt man die Informationsbasis der Befragungsdaten. Was ist die allgemeine Struktur des Genusses bei Hochkulturschema, Trivialschema, Spannungsschema? Welche Distinktionen und Lebensphilosophien kommen zum Ausdruck? Die quantitativen Schritte dienen nur dem Zweck, diese interpretativen Fragen überhaupt stellen zu können.

Nach den begrifflichen und methodischen Vorüberlegungen ist es nun möglich, in den folgenden Abschnitten zur Beschreibung einzelner alltagsästhetischer Schemata überzugehen. Dabei wird jeweils zunächst die Zeichengruppe vorgestellt. Die anschließende Interpretation orientiert sich an den drei Bedeutungsebenen einer Hermeneutik des persönlichen Stils, die im vorangegangenen Kapitel expliziert wurden: Genuß, Distinktion, Lebensphilosophie.

3.5 Hochkulturschema

Wegen seiner langen Tradition ist das Hochkulturschema besonders klar sozial herausgearbeitet. Dies schlägt sich darin nieder, daß allgemein bekannt ist, welche Handlungstypen zu seinem Kernbereich zählen. Mit der empirischen Beschreibung von Handlungstendenzen erfaßt man freilich nur die Oberfläche des Phänomens. Tiefenbedeutungen des Hochkulturschemas blitzen auf, wenn man die Konnotationen des Wortes »schöngeistig« auf sich wirken läßt: Ambitioniertheit, Überheblichkeit, Gepflegtheit, aber auch Antiquiertheit, Harmlosigkeit und Nutzlosigkeit. Angestaubtes Prestige mischt sich mit Untertönen von Ironie. Freilich ist es möglich, daß das Hochkulturschema diesen Beiklängen immer weniger entspricht, ja vielleicht als besonderen Clou seine eigene Ironisierung mit in sich aufgenommen hat.

Was vor langer Zeit als Zeichen in den Bereich des Hochkulturschemas gelangte und Furore machte, gehört vielfach heute noch dazu. Im Lauf der Jahrhunderte hat sich das Hochkulturschema immer mehr mit kunstgeschichtlicher Masse angereichert: Es schluckte unter anderem Barock, Wiener Klassik, Romantik, aber auch Ibsen, Musil, Brecht, Beckett, Beuys. Es verleibte sich Andy Warhols Coca-Cola-Flaschen und dessen Siebdrucke von Marylin Monroe ein sowie Fotografien, Graffiti und Industriedenkmäler, sobald sich die Definition solcher Objekte als zugehörig zum Hochkulturschema durchgesetzt hatte. Obwohl die Zeichen des Hochkulturschemas ständig heterogener wurden, blieb die Einheitlichkeit der Zeichengruppe gewahrt, immer wieder erneuert durch wirksame Definitionsagenturen: Schulen, Universitäten, Feuilletons, Museen, kunstgeschichtliche Arbeiten, Reiseführer, Kulturmagazine im Fernsehen, Konzertwesen, Programmpolitik der öffentlichen Bühnen. All diese Instanzen bewirken die definitorische Verklammerung eines ständig wachsenden Zeichenbestandes mit einem sich träge wandelnden Bedeutungskomplex.

Worte wie »Bildungsbürger«, »Intellektueller« oder »kultiviert« haben eine umgangssprachliche Bedeutung, die sich am besten dadurch beschreiben läßt, was entsprechende Leute tun: »gute« Bücher lesen, nachdenken und diskutieren, schreiben, klassische Musik hören, Ausstellungen und Museen besuchen, ins Theater gehen und ähnliches. Solche ästhetischen Handlungstendenzen treten in der Untersuchung als homogener Block hervor (Anhang D, Tabelle 1.1). Wegen der Vielzahl ähnlicher Ergebnisse in vergleichbaren Analysen (Linster 1978; Klein/Bachmeier 1981; Giegler 1982; Uttitz 1986; Reiterer 1988 u.a.) ist der Ausnahmefall eines relativ gut bestätigten Ergebnisses der empirischen Sozialforschung gegeben. Zutage tritt eine kollektive alltagsästhetische Disposition. Nähe oder Distanz einzelner Menschen zum Hochkulturschema manifestieren sich als konsistente, situationsübergreifende Reaktionstendenz gegenüber einer in unserer Kultur wohlbekannten Zeichengruppe.

Genußschema: Hochkulturelle Alltagsästhetik ist geprägt von einer Zurücknahme des Körpers. Konzentriertes Zuhören, stilles Betrachten, versunkenes Dasitzen - fast immer befindet sich der Organismus im Ruhezustand. Heftigere körperliche Reaktionen wie Klatschen, Pfeifen, Bravo- oder Buhrufe sind nur im Anschluß an die Darbietung üblich, nicht mittendrin (ganz im Gegensatz zur Jazz- und Rockmusik, über die an anderer Stelle noch zu sprechen sein wird). Tränen, Seufzen, laute Heiterkeitsausbrüche, Erröten, Mitsingen und andere körperliche Formen des Mitgehens verstoßen gegen den Kodex vergeistigter Empfangshaltung des kunstgenießenden Publikums. Bei Schilderungen des Kunsterlebnisses herrschen Vokabeln vor, die psychische Erlebnisqualitäten gegenüber physischen in den Vordergrund stellen: Verklärung, Versenkung, Verinnerlichung, Betroffenheit, meditative Ruhe, Ergriffensein und ähnliches.

In welchem Ausmaß sich solche Erlebnisse wirklich einstellen, mag dahingestellt bleiben - sie geben zumindest die angestrebte Richtung des Erlebens an. Bei aller Betonung der psychischen Erlebniskomponenten ist der Zustand konzentrierter Ruhe freilich auch ein Körperzustand, der nicht nur durch Unbeweglichkeit zu beschreiben ist, sondern viele weitere Aspekte einschließt: Atmung, Herztätigkeit, Muskeltonus, Blutdruck, endokrine Vorgänge. »Gehobene Bildung« schließt traditionell auch jenes körperliche Training ein, das man braucht, um das hochkulturelle Genußschema praktizieren zu können. Auch wenn Sinnlichkeit oft als Gegenprinzip zur Sphäre der gehobenen Kultur dargestellt wird, enthält das hochkulturelle Gesamterlebnis eine typische Form körperlichen Spürens. Das angestrebte und durch die Tradition des Hochkulturschemas geradezu vorgeschriebene Muster des Kunstgenusses zielt allerdings nicht ähnlich direkt auf physische Reize ab wie etwa die Feinschmeckerei oder das Tanzen. Immer wieder kehren

Künstler, Interpreten, Konsumenten und Rezensenten das Geistige in der Kunst als ihr eigentliches Element hervor.

Sichtbar wird dieser Vergeistigungsanspruch im Verhältnis von formalen zu inhaltlichen Kriterien. In seinem autobiographischen Roman »Die Reise« schildert Bernward Vesper die Entstehung seines ersten Gedichtes in einer Sommernacht, die ihn, damals noch ein Kind, zutiefst beeindruckte. Es bestand nur aus der einzigen Zeile: »Es handelt sich um eine klare Sternennacht«. Das »Gedicht« wurde gefunden und im Familienkreis ausgiebig verspottet. Mit provozierender Naivität und bewußter Distanz zum Hochkulturschema ließe sich der Spott freilich auch umkehren: Warum soll man etwas geschwollen sagen, was sich auch einfach ausdrücken läßt? Sobald man beginnt, eine Poesie des nackten Informationsgehaltes zu fordern, wird man freilich schon wieder zum Protagonisten eines formalen Prinzips und nähert sich damit aus der Opposition heraus doch wieder dem Hochkulturschema an, wofür es viele Beispiele in der Kunstgeschichte gibt. Hier wird deutlich, wie wenig das Was gegenüber dem Wie der poetischen Mitteilung wiegt, denn berühmte Gedichte mit gleichem Informationsgehalt wie Vespers »Sommernacht«, aber größerem formalen Raffinement gibt es viele.

Worin jenes Geistige, Absolute, Höhere im hochkulturellen Genußschema besteht, ist damit bereits angedeutet. Nicht auf den Inhalt der poetischen Mitteilung kommt es primär an, sondern auf die Form. Selbst die Verneinung der Form wird in der kunstverständigen Wahrnehmung zum Stilmittel, so daß die lapidare Mitteilung »Es handelt sich um eine klare Sternennacht« ohne weiteres zum Schlüsselgedicht einer »neuen Poesie formaler Askese« avancieren könnte, in der etwa die »Raffinesse der Schlichtheit« kultiviert würde. Man kann sich ganze Habilitationsarbeiten dazu vorstellen - vorausgesetzt, die Definition des Gedichts als »hochkulturell« setzt sich durch. Kunstwahrnehmung hat immer etwas mit der Wahrnehmung formaler Strukturen zu tun, das Erleben von Kunst mit Wiedererkennen. Bezeichnenderweise ist Programmusik in der »ernsten« Musik etwas verpönt. Mit dem kulturhistorischen Prestige der absoluten Musik können diejenigen Stücke kaum konkurrieren, die in explizitem Bezug zur sinnlich erfahrbaren Welt stehen. So sehr das Kunsterlebnis auch von individuellen, nicht mitteilbaren Eindrücken überformt sein mag - Kommunikation über Kunst (Pausengespräche, Rezensionen, Kunstgeschichtsschreibung) nimmt typischerweise Bezug auf formale Eigenschaften und thematisiert damit eine kollektive Komponente im Kunsterlebnis.

Gerade durch Variationen, durch immer neues Umspielen, durch Revolutionsversuche werden allgemeine formale Strukturen erfahrbar. Um sie genießen zu können, muß man sie kennen. Das bedeutet nicht, daß das Formerlebnis explizit sein muß. Zum überwiegenden Teil ist die formale Erfahrung des Kunstwerks intuitiver Art. Man erkennt die harmonischen Muster in einem Musikstück, auch wenn man sie nicht der Harmonielehre zuordnen kann; man sieht den allgemeinen formalen Unterschied zwischen Bildern von Picasso, van Gogh, Rembrandt, auch wenn man ihn sprachlich nicht auf den Begriff bringen kann.

Als Formel für das Muster von Genuß, das im Hochkulturschema kodiert ist, sei der Ausdruck *Kontemplation* gewählt. Somatisch gesehen ist Kontemplation ein Zustand der Ruhe, psychisch ein Vergnügen des Dekodierens: Entdeckung von Mustern, Erkennen, Wiedererkennen, Herstellen einer komplexen kognitiven Verbindung von Subjekt und ästhetischem Gegenstand. Die intensive, introvertierte Zuwendung zum Zeichen ermöglicht sowohl besonders tiefe Ich-Erfahrung als auch Ich-Überschreitung - wenigstens einen Abglanz dessen, was in der philosophischen Mystik des europäischen Mittelalters mit »Kontemplation« gemeint war, die unmittelbare Vereinigung mit dem Göttlichen. Was im Vergleich dazu heute dem durchschnittlichen Rezipienten in der hochkulturellen Erlebnisepisode tatsächlich erreichbar ist, erscheint nur als Abglanz des Abglanzes, genug immerhin, um als Genuß empfunden zu werden.

Distinktion: Ästhetische Erlebniskompetenz im Bereich des Hochkulturschemas ist abhängig von Veranlagungen und persönlicher Schulung: Musikalität, sprachliche Kompetenz, Übung des körperlichen Genußschemas von Kontemplation, kulturhistorische Kenntnisse, Gefühl für Farben und Proportionen, Gedächtnis, langjähriger Erlebnishintergrund. Daß nicht jeder die gleiche Erlebnisintensität erreicht, mancher sogar sein Leben lang Hochkultur mehr aushalten muß als genießen kann, tapfer gegen die eigene Ratlosigkeit und Langeweile ankämpfend, ist nur deshalb kein Rätsel, weil die subjektive Bedeutung des Hochkulturschemas nicht nur im Genuß besteht. Manchmal wird Genuß nur vorgeschützt, um eine andere Bedeutung zu verheimlichen: Distinktion. In der karikierenden Darstellung läßt sich diese Bedeutungsebene sichtbar machen: Man geht ins Theater oder ins Museum, hakt im Urlaub die im Reiseführer vorgeschriebenen Kirchen ab, quält sich durch einen Roman von Thomas Mann - nicht etwa, weil all dies besonderes Vergnügen bereiten würde, sondern weil man auf sich hält. Anstatt die Sportschau anzusehen, wozu man eigentlich Lust hätte, ist man es sich selber schuldig, aufs dritte Programm zu schalten, wo Wozzeck von Alban Berg übertragen wird - schlimm genug, daß man überhaupt fernsieht.

Allerdings ist anzunehmen, daß die distinktive Bedeutung des Hochkulturschemas immer mehr ihren hierarchischen Charakter verliert. Mit der Popularisierung der Hochkultur ist viel von ihrer Exklusivität verlorengegangen. Kultiviertheit im Sinne von Bildung und Kunstbeflissenheit hat nicht mehr denselben Prestigewert wie noch bis zu Beginn der sechziger Jahre. Die subjektive Nähe zum Hochkulturmotiv ist immer weniger eine Art ständischer Vorschrift besserer Kreise, kaum noch verleiht sie ihrem Träger ein intellektuelles Adelsprädikat. Sie ist Privatvergnügen wie vieles andere auch.

In der distinguierenden Wahrnehmung spielen Besitz, Eigentum und Stellung im Produktionsprozeß eine abnehmende Rolle. Alltagsästhetische Praxis hat ihre ökonomische Zeichenfunktion weitgehend verloren, weil Nähe oder Distanz zu einem beliebigen Schema kaum noch von Ressourcenunterschieden abhängig sind. Dies war in den Zeiten der eindimensionalen Alltagsästhetik noch anders (vgl. hierzu weiter unten Abschnitt 3.9). Was Kaschuba in seiner Analyse von

Tagebüchern und Autobiographien über den Zusammenhang von persönlichem Stil und ökonomischen Ressourcen im 19. Jahrhundert berichtet, erhellt im Kontrast den Verfall dieses Zusammenhangs in der Gegenwart: »Wem es zwar nicht an Bildung, jedoch an Existenzmitteln fehlt, um sich jener › bürgerlichen Gesellschaft ‹ der Teenachmittage, der Bälle, der Vereinsmitgliedschaften mehr oder weniger anzuschließen, der schließt sich auf Dauer selber aus. Ohne ein › anständiges bürgerliches Auskommen ‹ kann die › Bürgerlichkeit ‹ damals weder als geselliger noch als beruflicher oder politischer Status überhaupt gedacht, geschweige denn gelebt werden.« (Kaschuba 1988, S.25)

Hochkultureller Stil distinguiert heute nicht mehr primär zwischen Gruppen mit verschiedenem »Auskommen«, weil die Zugänglichkeit dieses Stils nur unwesentlich von der ökonomischen Situation abhängt. Wie schon die Analyse des kontemplativen Genußschemas gezeigt hat, ist die Zugänglichkeit des Hochkulturschemas dagegen nach wie vor bildungsabhängig. Die Daten bestätigen dies nachdrücklich (Anhang D, Tabellen 4, 5.4, 5.7).

In der öffentlichen Unterscheidung von Bildungsgruppen liegt die gegenwärtige Distinktionsbedeutung des Hochkulturschemas. Distinktion richtet sich immer gegen jemand. Als Hommage an Bourdieu, der den »barbarischen Geschmack« beschrieben hat, sei hochkulturelle Distinktion in unserer Gesellschaft als *antibarbarisch* bezeichnet. Die Verfeinerten, Kultivierten, Gebildeten grenzen sich gegen den Typus des Barbaren in seiner aktuellen Version ab. Was wollen sie *nicht* sein? Als kulturelle Feindbilder der Gegenwart fungieren unter anderem der biertrinkende Vielfernseher, der Massentourist, der Bildzeitungsleser. Zu diesen neuen Mustern sozialer Distanzierung gesellen sich alte, die sich auf expressives Verhalten beziehen. Verpönt ist etwa das Geräuschvolle, das Schwitzen, das Riechen, die Korpulenz - alles, was die Körperlichkeit der Existenz besonders deutlich wahrnehmbar macht. Hier sind wir Erben des Bürgertums, das sich seinerseits an der Aristokratie orientiert hatte. Doch die späteren Untersuchungen sozialer Milieus werden zeigen, daß die Unterscheidung nach dem Bildungsgrad allein noch keineswegs zu klar definierten sozialen Großgruppen führt. Gebildete und Ungebildete sind in sich noch einmal stark nach dem Lebensalter differenziert. Dadurch wird die distinktive Bedeutung des hochkulturellen Stils undeutlich.

Lebensphilosophie: Aus der Perspektive der Urheber vereint das Hochkulturschema konträre lebensphilosophische Botschaften; dagegen sind in der Wahrnehmung der Rezipienten die Widersprüche aufgehoben. Bücher von Thomas Bernhard, der Bernhard Minetti die Freundschaft aufkündigte, weil dieser lebensbejahend genug war, im hohen Alter noch einmal Vater zu werden, stehen im selben Regal wie »Segen der Erde« von Knut Hamsun; die Impressionistenausstellung und die Munch-Retrospektive werden vom gleichen Publikum besucht, ohne daß der lebensphilosophische Kontrast zwischen den heiteren und den schrecklichen Visionen zu entsprechend gegensätzlichen Erlebnissen führen würde; das E-Musik-Programm bringt an einem Tag die Jupitersinfonie, an einem anderen die

Kindertotenlieder; im Abonnement-Zyklus der Städtischen Bühnen folgt »Orpheus und Euridike« auf ein Strindbergsches Psychodrama.

Urteilt man nach der elementarsten Klassifikation lebensphilosophischer Konnotationen von Kunstwerken, nach der Dichotomie von positiver oder negativer Kernbotschaft, so stellt sich das Zeichenensemble des Hochkulturschemas als Potpourri von Optimismus und Pessimismus dar, von Verklärung und Demaskierung, von Utopie und Weltzertrümmerung. Im Gang durch die Jahrhunderte wurde alles eingesammelt; die Kulturgeschichte präsentiert sich in ihrer vollen lebensphilosophischen Heterogenität. Eines läßt sich daraus sofort erkennen: zwischen Produzenten und Rezipienten besteht keine umfassende lebensphilosophische Deutungsgemeinschaft. Aus den gegensätzlichen Botschaften, die von den Urhebern in die Werke hineingelegt wurden, holen ihre Betrachter in der Gegenwart etwas Einheitliches heraus. Daß wir Bach und Frank Wedekind gleichermaßen im Hochkulturschema vereint finden, ist durch Affinitäten der Werke nicht erklärbar (denn worin sollten diese bestehen?), sondern nur durch die homogenisierende Umdeutung der Werke in den Köpfen der Kunstkonsumenten. Diese Homogenisierung ist in den schon behandelten Bedeutungsebenen von Genuß und Distinktion leichter nachzuvollziehen als in der Ebene der Lebensphilosophie, wo die Unvereinbarkeit der Inhalte besonders groß scheint. Welches normative Prinzip erlaubt es den Konsumenten, gegensätzliche, ja verfeindete Wertstandpunkte zu *einem* Sinnkomplex zu verbinden? Gerade in der Aufhebung normativer Konflikte zwischen Kunstwerken tritt die gegenwärtige Lebensphilosophie des Hochkulturschemas zutage.

Eindeutig hat sich die Kunstgeschichte bei ihrem Weg in die Moderne allmählich vom Pol positiver Lebensphilosophie entfernt und dem Pol negativer Deutungsmuster angenähert. Als die sakrale Kunst mit ihrem positiven Deutungspotential, das sogar den Tod zur Erlösung verklärte, allmählich an Bedeutung verlor, war dies noch nicht das Ende des Positiven überhaupt. An die Stelle Gottes traten Menschen. In der säkularen Praxis der Hochkultur stand zunächst die Glorifizierung derjenigen im Vordergrund, die überhaupt nur über Hochkultur verfügen konnten. Kunst bestätigte allegorisch soziale Hierarchien. Im 18. Jahrhundert traten abstraktere Prinzipien und transzendente Bezüge der Kunst immer stärker hervor. Die vordem beschworene Apotheose der Herrscher wurde zur Apotheose schlechthin. Es ging um das Absolute, um den Abglanz ewiger Werte. In der deutschen Klassik erreichte dieses Motiv seinen bis heute nachwirkenden Höhepunkt. Diese Zeit ist gekennzeichnet durch Optimismus und Glauben an das Schöne, Wahre und Gute, das in der Kunst möglichst vollkommen zum Ausdruck gebracht werden sollte. Das Jenseitige, Ewige im Kunstwerk sollte das Unsterbliche im Menschen, seine Seele, zum Schwingen bringen. In der zweiten Hälfte des 19. Jahrhunderts begann die allmähliche Ablösung dieses positiven Gesamtbildes menschlicher Existenz durch eine umfassende Lebensphilosophie der Enttäuschung. Der in der Klassik noch strahlende, in der deutschen Romantik mystisch verdunkelte Glauben an den metaphysischen Bezug des Menschen löste sich auf. An die Stelle positiver Imagination trat eine Haltung künstlerischer Desillusionierung. Irgendwann um die Jahrhundertwende herum ist dem Hochkulturschema die konstruktive Lebensphilosophie abhandengekommen. Man muß nicht lange suchen, um den Mangel an Optimismus, dessen Ursachen hier nicht zur Debatte stehen, mit Beispielen zu belegen. Exemplarisch ist Ernst Jandls Darstellung der Seelenlage, mit der sich ein moderner Poet ans Dichten macht (1980, S.132):

> früh und müd
>
> hier ich haben einen titeln
> ich noch nicht haben einen gedichten
> hier ich denken könn
> an langen liegens zeiten
> das da sein an den morgen
> mit ein todwachen hirnen
> in ein todmüden körperen
> ich aber denken können auch
> an ein todjungen menschen
> der sagen sich: ich haben
> den leben gesehn. dankeschön

In den modernen Produktionen, die im großen Arsenal des Hochkulturschemas landen, läßt sich die existentielle Botschaft meist nur negativ beschreiben: Alles ist problematisch, fragwürdig, relativ, kaputt usw. Prägend für die hochkulturelle Ästhetik des 18.und 19. Jahrhunderts war dagegen ein Glaube an das Absolute. Nicht nur die ästhetischen Theorien der großen Philosophen atmen diesen Geist, sondern auch die Werke. Wie sehr sich dieser Geist dem Publikum mitteilte, spiegelt sich im Vokabular des Kunstgenusses wieder: Überirdisch, Apotheose, Verklärung, Unvergänglichkeit, göttliche Inspiration, Genialität, absolute Musik usw. Das folgende Gedicht von Eduard Mörike wurde als »Kantate« zur Enthüllung der Statue Schillers am 8. Mai 1839 in Stuttgart geschrieben; es ist, wie das Gedicht von Jandl, Dichtung über Dichtung. Im Gegensatz der beiden Gedichte läßt sich der weite Weg ermessen, den die Lebensphilosophie des Hochkulturschemas seither zurückgelegt hat:

> Sprecher: Dem heitern Himmel ewger Kunst entstiegen,
> Dein Heimatland begrüßest du,
> Und aller Augen, alle Herzen fliegen,
> O Herrlicher, dir zu!
>
> Frauen: Des Lenzes frischen Segen,
> O Meister, bringen wir,
> Betränte Kränze legen
> Wir fromm zu Füßen dir.

Männer: Der in die deutsche Leier
Mit Engelsstimmen sang
ein überirdisch Feuer
In alle Seelen schwang
Der aus der Muße Blicken
selige Wahrheit las,
In ewgen Weltgeschicken
Das eigne Weh vergaß;

Frauen: Ach, der an Herz und Sitte
ein Sohn der Heimat war,
stellt sich in unsrer Mitte
Ein hoher Fremdling dar.

Sprecher: Doch stille! Horch! - Zu feierlichem Lauschen
Verstummt mit eins der Festgesang: --
Wir hörten deines Adlerfittigs Rauschen
und deines Bogen starken Klang!

Man fühlte sich metaphysisch ergriffen vom Erlebnis des Schönen. Die ehemalige Illumination ästhetischer Episoden mit dem Licht des Glaubens an etwas absolut Schönes ist bei der heutigen Praxis des Hochkulturschemas der bloßen Verherrlichung kultureller Kompetenz gewichen: Man begeistert sich an Perfektion, man redet mehr über Interpretation als über Werke, man betrachtet Theater als Inszenierung von Regie-Gags, man vergnügt sich miteinander in der Kunst des Redens über Kunst, liest das Feuilleton, ordnet Baudenkmäler Kunstepochen zu. In dieser Lebensphilosophie wird Niveau als Wert an sich zelebriert, ohne noch die Vorstellung einer Annäherung an das Absolute zu enthalten.

Eine intensive kulturelle Traditionspflege hält die positive hochkulturelle Lebensphilosophie vergangener Jahrhunderte jedoch ständig präsent. Wegen der Gleichzeitigkeit von Klassik und Moderne im gegenwärtigen Hochkulturschema stoßen gegensätzliche lebensphilosophische Botschaften in der individuellen ästhetischen Erlebnisfolge aufeinander. Dadurch relativieren sie sich gegenseitig und machen einem Kunstverständnis Platz, bei dem normative Konnotationen gelegentlich mit Interesse registriert und goutiert werden, vielleicht sogar einmal »Betroffenheit« hervorrufen; nichtsdestoweniger bleibt die Lebensphilosophie der traditionellen Hochkultur ein Museumsstück, das nicht in den Alltagsgebrauch übernommen wird. Inhalte werden durch Modalitäten der Wiedergabe verdeckt. Qualitäten der Interpretation - Brillianz, Authentizität, Originalität - bekommen ein immer stärkeres Gewicht. An die Stelle der Katharsis tritt die Begeisterung über Aufführungstechniken.

Auf den allgemeinsten Nenner gebracht, läßt sich die gegenwärtige Lebensphilosophie des Hochkulturschemas als Philosophie der *Perfektion* bezeichnen. In dieser Philosophie ist sowohl das Positive aufgehoben, die alte Idee der Vereinigung mit dem Göttlichen, wie das Negative, der Abgesang auf Gott, Mensch, Gesellschaft. Die Aufmerksamkeit für Perfektion bleibt dem Inhalt gegenüber neutral. Nicht die kulturell ausgedrückten Werte interessieren, sondern die Art des Ausdrucks, sei sie im Werk selbst angelegt (in der Komposition, im Theaterstück, im schriftlichen Text usw.) oder in seiner Präsentation (im Konzert, in der Aufführung, in der Edition). Perfektion muß *selten* sein. Wird sie normal, ist sie uninteressant - deshalb die ständige Zelebration des Besonderen, des unverbrauchten Einfalls, des überragenden kulturgeschichtlichen Ranges, der unerreichten Einfühlung, der ganz besonders gut gelungenen Demaskierung usw. Am Schönen wie am Häßlichen, am Positiven wie am Negativen begeistert man sich gleichermaßen, wenn es gut gemacht ist. Das ernstgemeinte Positive gilt als rührselig, naiv oder kitschig. Gewiß wird auch der perfektionsorientierte Hochkultur-Konsument vom Prinzip Hoffnung gestreift, wenn es in den älteren Elementen der hochkulturellen Zeichengruppe aufscheint. Dies ist jedoch nicht mit der Vitalität des Positiven in der Lebensphilosophie des Trivialschemas zu vergleichen. Als allgemeines Lebensprinzip ist Perfektion kennzeichnend für das soziale Milieu der älteren und höher gebildeten Personen, das weiter unten als »Niveaumilieu« ausführlich darzustellen ist.

3.6 Trivialschema

In der Gegenüberstellung von Kunst und Kitsch ist die Annahme enthalten, daß der hohen Kultur eine niedere gegenüberstehe, dem ästhetischen Anspruch die vergnügungsorientierte Anspruchslosigkeit, der individuellen Kultiviertheit der Massengeschmack. Richtig daran ist, daß ein Bündel alltagsästhetischer Tendenzen zu beobachten ist, das sich als Hinweis auf ein »Trivialschema« interpretieren läßt. Dabei werden Blasmusik und deutscher Schlager, Liebesfilm und Familienquiz, Heimatroman und Bunte Illustrierte, um einige Beispiele zu nennen, zu einem ästhetischen Komplex verwoben (Anhang D, Tabelle 1.2), für den es fast nur abfällige Bezeichnungen gibt: Kitsch, Schnulze, Rührseligkeit, Spießigkeit, schlechter Geschmack, Geschmacklosigkeit. Die gläsernen Kraniche auf dem Fernsehgerät gehören dazu, stark gemusterte Tapeten und Teppichböden, Farbkombinationen aus braun, beige, grün, oliv, bonbonrosa und hellblau, Kaffeefahrten und Schmiedeeisen. Das kulturkritische Feindbild vom Trivialschema verkörpert sich in der Figur des deutschen Gartenzwerges, der zwar außer Mode gekommen ist, aber immer noch als Symbol verwendet wird, um sich vom Zeichenensemble des Trivialschemas zu distanzieren. Zum traditionellen Symbolkosmos des Trivialschemas gehört in Deutschland der röhrende Hirsch und die Zigeunerin, das Liedgut des Gesangsvereins, Trachtenumzug und Blasmusik, schunkelnde Bierseligkeit beim Schützenfest, das bestickte Sofakissen, die umhäkelte Klopapierrolle im Fond des Autos, Lore-Roman, Fürstenhäuserklatsch, Andenken aller Art, Rundreisen zu den Schlössern des Bayernkönigs, die Herbstwaldtapete, das in Kupfer getriebene Pferdekopfrelief auf Teakholz.

Genußschema: Der Körper spielt im Genußschema des Trivialschemas eine aktivere Rolle als beim Hochkulturschema. Geht dort die Tendenz zur meditativen Entspannung, so lädt das Trivialschema eher zur ruhigen gleichmäßigen Bewegung ein. Dem entspricht die meist etwas behäbige, gleichförmige Rhythmik der musikalischen Formen (Blasmusik, Marschmusik, Volkslied, deutscher Schlager, Operettenmelodien, leichte Unterhaltungsmusik). Statt strenger Konzentration und peinlich eingehaltenem Silentium finden wir in der Aufführungskultur des Trivialschemas eine moderate Dynamik synchronisierter kollektiver Bewegung: Schunkeln, Stampfen, Mitklatschen, Zuprosten. Ob im Bierzelt oder beim Volksliederabend, bei der Kaffeefahrt im Autobus oder beim Trachtenumzug, der Körper kommt zu seinem Recht, er darf sich bewegen, ohne sich anstrengen zu müssen, darf laut sein, essen und trinken, berühren und berührt werden. Er darf sich bemerkbar machen, ein bißchen gehenlassen und so bleiben, wie er ist, mag er nun dick oder dünn, groß oder klein, jünger oder älter sein. Der Gegenstand des Erlebens ist einfach. Verse reimen sich, Rhythmen werden auf den ersten Taktschlag betont, Texte sind mit Bildern versehen oder bestehen nur aus Bildern. Das Erlebnis strengt nicht an. Zum hochkulturellen Prinzip der Variation elaborierter formaler Strukturen finden wir hier das Gegenprinzip: die Wiederholung des Schlichten. Man sucht nicht das Neue, sondern das Altgewohnte.

Das schöne Erlebnis im Trivialschema kommt für den deutschsprachigen Beobachter am besten in dem Wort »*Gemütlichkeit*« zum Ausdruck. In Bildern, die man mit diesem Begriff verbindet, herrscht rötliches Licht und Wärme. Man ist einander nahe; die Gesichter sind freundlich; für das leibliche Wohl ist gesorgt; man sitzt; alles ist vertraut; nichts wird vom einzelnen verlangt, außer die Gemütlichkeit nicht zu stören. Ambiente der Gemütlichkeit ist das Wohnzimmer, die Wirtshausstube, der Herrgottswinkel, die Küchenecke. Allgemein läßt sich die Szenerie der Gemütlichkeit durch Außenverhältnis und Binnenklima charakterisieren. Nach außen hin ist der Topos der Gemütlichkeit abgeschlossen: räumlich begrenzt, sozial auf die Sphäre des Bekannten reduziert, zeitlich gegen die Zukunft abgeschirmt. Es gibt keine Gemütlichkeit unter freiem Himmel, allein oder mit völlig Fremden, aufgewühlt durch etwas Unerwartetes. Im Inneren der Räume, der sozialen Gruppen und der vergegenwärtigten Traditionen lebt das Subjekt in einer Welt des Friedens, des Angenommenseins durch die anderen und der Befriedigung aller körperlichen Bedürfnisse. Treffendste Metapher für Gemütlichkeit ist der Embryo im Mutterleib.

Gemütlichkeitssehnsucht und Angst sind verwandt. Betrachten wir hierzu einige Forschungsergebnisse (Anhang D, Tabelle 1.4). Die Stellung einer Person gegenüber dem Trivialschema ist empirisch mit Persönlichkeitsmerkmalen verbunden, deren allgemeiner Nenner Rückzug und Resignation ist, ein Urmißtrauen gegenüber den anderen (Egoismus-Skala), gegenüber sich selbst und der Fähigkeit, etwas zu bewirken (Fatalismus-Skala), gegenüber unbekannten, noch nicht durch Routinen strukturierten Situationen (Rigiditäts-Skala). Alle diese Merkmale hängen eng zusammen; sie gehören einem übergeordneten Komplex an, der sich durch eine zusammenfassende Skala (Vertrauen-Mißtrauen) abbilden läßt. In der starken Beziehung dieser Skala mit dem Trivialschema werden die Teilinformationen komprimiert. Kehrseite der Angst ist ein Bedürfnis nach Schutz. Im Genußmuster des Trivialschemas vollzieht sich das psychische und physische Ausleben einer Sehnsucht nach Sicherheit, Anlehnung, Heimat; es antwortet auf die Suche nach Geborgenheit (vgl. hierzu die wissenssoziologische Interpretation des Harmoniemilieus, Abschnitt 6.3).

Distinktion: Der Geruch der kleinen Leute, der dem Trivialschema anhaftet, verweist auf Distinktionen, die gegenüber dem Trivialschema bestehen und nicht etwa in ihm selbst angelegt sind. Hier die bürgerliche Hochkultur, dort die banalen Niederungen des Geschmacks bei den ungebildeten Schichten - erst in der zweiten Hälfte des neunzehnten Jahrhunderts konnte sich diese Gleichung entwickeln, denn erst zu diesem Zeitpunkt gewannen auch die kleinen Leute allmählich genug Spielraum, um eine ästhetische Nische in ihrem Alltagsleben einzurichten. Zunächst betraf dieses allerdings nur die Oberschicht der Unterschicht, die Kleinbürger, die auch heute noch das Etikett liefern, um »kleinbürgerlichen Geschmack« zu stigmatisieren. Dem schleichenden Prestigeverlust des Hochkulturschemas scheint auf den ersten Blick kein Prestigegewinn des Trivialschemas gegenüberzustehen.

Nach der Distinktion *im* Trivialschema zu fragen, scheint also auf den ersten Blick kulturgeschichtliche Ignoranz zu offenbaren. Wir dürfen das Trivialschema jedoch nicht mehr aus der Perspektive des 19. Jahrhunderts sehen. Am Ende des 20. Jahrhunderts ist es fraglich, ob sich soziale Gruppen noch an einem einheitlichen, gruppenübergreifenden Maßstab der Distinktion orientieren. Gewiß provozierte hochkulturelle Distinktion in der Vergangenheit den Versuch ihrer »trivialen« Überwindung - in der eindimensionalen Alltagsästhetik gab es nur eine Art der Distinktion. Es entspricht den sozialen Verhältnissen der Gegenwart jedoch besser, dieses Modell durch ein anderes zu ersetzen, bei dem jedem alltagsästhetischen Schema ein eigener Typus der Distinktion zugebilligt wird.

Inhalt und Sozialformen des Trivialschemas legen die These einer *antiexzentrischen* Distinktion nahe. Dem Wunsch dazuzugehören, der in der Lebensphilosophie des Trivialschemas hervortritt, entspricht die Distinktion gegenüber den Außenstehenden. Abgelehnt werden die Fremden, die Individualisten, vor allem, wenn sie den Eindruck erwecken, mit ihrer Eigenart auch noch provozieren zu wollen. Antiexzentrische Distinktion wird von der Vorstellung einer Gemeinschaft her gedacht, der man sich selbst zugehörig fühlt, so wenig eine solche Gemeinschaft im Alltagsleben auch noch erfahrbar sein mag. Umso wichtiger ist die Beschwörung der Gemeinschaft wenigstens in der symbolischen Praxis. Negativ wird diese Beschwörung als Distinktion gegenüber denjenigen offenbar, die exzentrisch sind, außerhalb des Kreises, positiv in einer bestimmten Lebensphilosophie.

Lebensphilosophie: Welche normative Botschaft wird im Trivialschema transportiert? Wenig überzeugend scheint Bourdieus hermeneutische These vom »Notwendigkeitsgeschmack«, zumindest für deutsche Verhältnisse in der Gegenwart. Nicht die symbolische Anerkennung der Zwänge des Lebens kommt zum

Ausdruck, sondern gerade im Gegenteil die Flucht vor diesen Zwängen. Trivialkultur ist die Kultur der schönen Illusion. Das Positive ist dem Hochkulturschema abhanden gekommen. Allen metaphysischen Adels entkleidet, finden wir es als Prinzip irdischer Gemütlichkeit im Trivialschema wieder. Heinrich Bölls Karikatur der deutschen Familie, die täglich Weihnachten feiern muß, weil die Mutter übergeschnappt ist, bildet die alltagsästhetische Praxis des Trivialschemas in einem polemischen Gleichnis ab: Wir sind alle eine große Familie, haben keine Probleme, passen wunderbar zusammen. Erzählschemata sind notorisch auf Happy Ends angelegt, Musikstücke auf den Schlußakkord, Veranstaltungsformen wie etwa das Fernseh-Familienquiz aufs Beifallklatschen, wenn der Showmaster das Signal gibt: »Das war wirklich super«. Kehrseite dieser Lebensphilosophie der Harmonie ist eine Angst vor allem Neuen, Unbekannten, Konflikthaften, ein Mißtrauen gegenüber der Welt jenseits der kleinen geordneten Mikrokosmen des Trivialschemas. Daraus entsteht antiexzentrische Distinktion.

Edle Gesinnung, beruflicher Erfolg, Liebe und Besitz (Geld, Ländereien, Gutshöfe, Schlösser usw.) verdichten sich zu Szenarien des irdischen Glücks. Schönheit bei den Frauen, Größe und Charakterstärke bei den Männern sind obligat. Alles strebt auf Harmonie hin - der Arztroman zum Traualtar, das Fernsehquiz zum Trostpreis, der Männergesangsverein zur wahren Freundschaft. Musikalisch dominieren die Terzen und Sexten. Bildnerische Darstellungen machen Gebrauch von Mustern, die seit langem als schön kodiert sind, wie etwa Sonnenuntergänge, der Kopf der Nofretete, alte Stiche von Stadtansichten, Laubwald im Herbst, Pferde, Zigeunerinnen, Oldtimer. Die zentrale existentielle Botschaft lautet: Es wird alles gut. Mit dem beliebtesten Vereinsnamen deutscher Gesangsvereine kann man die Lebensphilosophie des Trivialschemas als Prinzip der *Harmonie* bezeichnen. Inhaltlich äußert sich dieses Prinzip in der Tendenz zum Positiven, formal im folkloristischen, musikalischen und literarischen Konventionalismus, sozial in der Betonung der Gruppe gegenüber der Individualität.

3.7 Spannungsschema

Von den drei kollektiven Hauptmustern des persönlichen Stils ist das Spannungsschema historisch das jüngste. Noch zum Ende der fünfziger Jahre war dieser Stil allenfalls Merkmal halbstarker Subkulturen. Elvis Presley, Bill Haley, Fats Domino und andere musikalische US-Importe stehen am Anfang der Entwicklung des Spannungsschemas zu einem dominierenden Muster der Massenkultur. Traditionelle Varianten des Paartanzes wie Foxtrott, Walzer, Rumba, Tango usw. wurden immer mehr zu einer Angelegenheit der Abschlußbälle und Tanzturniere. Neue impulsive Tanzstile erschienen auf der Bildfläche und elektrisierten das Publikum: Jitterbug, Boogie-Woogie, Rock'n Roll, Twist. Mit der Temposteigerung und Enthemmung der Bewegung ging auch eine Individualisierung des Tanzens einher, die ihren Abschluß in der heute dominierenden freien tänzerischen Selbstinszenierung gefunden hat. Das Auto begann zum Massenartikel zu werden, Telefon und Medien eroberten die Haushalte, der Nachkriegsboom lief auf Hochtouren, die Geschwindigkeit des Alltagslebens wuchs. Es entstand ein Resonanzraum für die Artikulation von Dynamik, ohne den es die Entwicklung der Popmusik in der zweiten Hälfte der sechziger Jahre nicht gegeben hätte.

In dieser Musik verbündete sich die Lebensphilosophie von Antiautoritarismus, Gegenkultur und individueller Freiheit mit Stilelementen von rhythmischer Aggressivität, Tempo, Lautstärke und expressiver Show. Verschwunden sind inzwischen die gesellschaftskritischen und lebensphilosophischen Konnotationen, geblieben ist »power« als musikalisches Stilelement und die massenhafte Nachfrage danach. Nicht nur das Auftreten der Popmusik selbst bedeutete einen Dynamisierungsschub, weg von Caterina Valente, Peter Alexander, Rudolph Schock, Roy Black und Vico Torriani. Auch innerhalb der Popmusik ging die Entwikklung ständig in Richtung auf Steigerung des Ausdrucks von »Action« weiter. Bob Dylan im Verhältnis zu Woody Guthrie, die Stones und Fleetwood Mac im Verhältnis zum traditionellen Blues, Discomusik im Verhältnis zur Popmusik: Die Nachfolger übertreffen die Wegbereiter an Suspense und Aggressivität. Bis in die achtziger Jahre hinein unterlag die Musik des Spannungsschemas einer stetigen Dynamisierung. Akustische Instrumente wurden durch lautere und rhythmisch stärker akzentuierende elektronische Instrumente verdrängt. Die technischen Anlagen leisteten immer mehr. Gleichzeitig mobilisierte sich das Publikum. In filmischen Aufzeichnungen der ersten Europatournee Bob Dylans sieht man das Publikum mucksmäuschenstill sitzen wie in einer klassischen Konzertaufführung; inzwischen ist die ekstatische Bewegung des Massenpublikums fester Bestandteil der Aufführungskultur.

Spannung kommt am klarsten in den Musikstilen zum Ausdruck: Rock, Funk, Soul, Reggae, Pop, Blues, Jazz und anderes. Das Publikum dieser Musik läßt sich Dynamik nicht nur von anderen vormachen, sondern praktiziert sie auch selbst. Es bevölkert die Diskotheken, Kneipen, Spielhallen und Kinos. Ausgehen, unterwegs sein bis spät in die Nacht hinein, Abwechslung von Szenen und Personen bringt Bewegung in den Alltag. Auch zuhause bevorzugt man die Unruhe: Irgendetwas ist immer eingeschaltet, das Radio, der Plattenspieler, der Kassettenrekorder oder das Fernsehgerät. Bevorzugt werden Krimiserien, science fiction, Zeichentrickfilme und Pop-Musik-Sendungen. Dabei steht das Telefon häufig nicht still. Fester Bestandteil des Spannungsschemas ist das Wegfahren (vgl. zu all dem Anhang D, Tabelle 1.3).

Genußschema: Im schönen Erlebnis des Spannungsschemas spielt der Körper eine zentrale Rolle. Die physikalisch meßbare Intensität von Reizen hat sich immer mehr zum eigenen Stilmittel entwickelt. Lautstärke, Geschwindigkeit, Hell-Dunkel-Kontraste und Farbeffekte sind oft bis zu einer Intensität gesteigert, wo die bloße sinnliche Erfahrung schon die ganze Aufmerksamkeit beansprucht. Neben die rezeptive Funktion des Körpers tritt die expressive. Man agiert sich aus

(Disco, Sport, Pop-Konzerte), verwendet Zeit und Geld für die äußere Erscheinung, zeigt sich her, mustert die anderen. Traditionell bezeichnet Spannung in der Literatur oder im Theater einen langsam sich aufbauenden Gefühlszustand der Anteilnahme an einem Prozeß. Diese Dramaturgie von Aufbau, Höhepunkt und Ausklang wurde im modernen Spannungsschema durch eine Dramaturgie des An- und Ausschaltens verdrängt. Man setzt sich unter Strom, läßt sich durchschütteln und hört auf, wenn es keinen Spaß mehr macht. Man schaltet am Fernseher herum, bis man eine Verfolgungsjagd im Apparat hat, sieht sie sich eine Weile lang an und wählt dann wieder ein anderes Programm, vielleicht ohne das Ende der Verfolgungsjagd abzuwarten. Man geht in die Diskothek, taucht in ein Ambiente von Musik, Lichtreflexen, Gesprächsfetzen und ein wenig Erotik ein, um nach einer gewissen Zeit einfach wieder hinauszugehen. Die Ästhetik von Spannung als konstantem Zustand, nicht als zyklischem Prozeß, ist das Genußprinzip von Computerspielen und Fahren mit Höchstgeschwindigkeit. Auch im Bedürfnis nach Abwechslung kommt dieses Prinzip zum Ausdruck. Damit die Grundspannung erhalten bleibt, muß es immer etwas Neues geben. Musikalisch wird Spannung durch Synkopen und vorwärtstreibende Rhythmen ausgedrückt, durch Lautstärke und besondere Betonung der Bässe, durch Klangfarben (Saxophon, E-Gitarre, Keyboards), Stimmlagen und Präferenz für heiseres Timbre, durch eine Harmonie der Septen, Sekunden und verminderten Quinten. Genußschema ist das Ausagieren von Spannung; ein im Bereich des Spannungsschemas häufiges Wort aufgreifend, sei dieses Genußschema als *Action* bezeichnet.

Die Einstellung gegenüber dem Spannungsschema hängt deutlich mit der Skala »Suche nach Abwechslung« zusammen (Anhang D, Tabelle 1.4). In dieser Skala kommt Neugier zum Ausdruck, Freude am Unerwarteten, Bedürfnis nach immer wieder anderen Reizen. Wer etwas Neues will, ist mit dem Alten leicht unzufrieden. Der Suche nach Abwechslung entspricht die Flucht vor Gewöhnung und die Angst vor Langeweile. Deshalb ist es plausibel, daß die Einstellung gegenüber dem Spannungsschema negativ mit der psychosozialen Dimension »Balance« zusammenhängt (Anhang D, Tabelle 1.4), in der Komponenten wie allgemeine Lebenszufriedenheit und Langeweile eingeschlossen sind. Nimmt man diese Informationen zusammen, so entsteht das Bild einer Grundorientierung, bei der Unruhe und erhöhtes Aktionspotential kombiniert sind mit der Bereitschaft, sich durch starke Erlebnisreize stimulieren zu lassen. Man möchte Energie ausleben.

Distinktion: Feindbilder des Spannungsschemas sind Langweiler in verschiedenen Varianten: Spießer, Etablierte, Konservative, biedere Familienväter, Dickwänste, Reihenhausbesitzer, Hausfrauen, Italien-Urlauber in Rimini, langsamfahrende Verkehrsteilnehmer. Die Selbstwahrnehmung als interessant, aufregend, faszinierend und einmalig, Kernstück der Lebensphilosophie des Spannungsschemas, gelingt umso besser, je konkreter die Vorstellungen von ästhetischen Antitypen der Spannungslosigkeit sind, mögen sie nun zutreffen oder nicht. Symbolisch fand diese Art von Distinktion lange Zeit darin ihren Ausdruck, daß bestimmte Accessoires verpönt waren. Die Krawatte, der Anzug, kurze Haare, das Aktenköfferchen waren noch Anfang der achtziger Jahre Antisymbole des Spannungsschemas, deren Botschaft die Distinktion gegenüber den Langweiligen war, bis schließlich die Szene darauf verfiel, solche Symbole ironisch zu zitieren und ihre Bedeutung umzudrehen.

Inzwischen scheint sich die Distinktionssymbolik mehr und mehr von Accessoires auf weniger leicht auswechselbare Attribute zu verlagern: körperliche Merkmale und Verhaltensstile. Verfestigt hat sich eine Semantik der Distanzierung, die sich am besten durch den Gegensatz »jung/alt« abbilden läßt und die bei der Analyse der gesamtgesellschaftlichen Milieustruktur noch ausführlich zu untersuchen ist. Den Abgrenzungskampf führen dabei die Jüngeren gegen die Älteren. Wahrscheinlich hat die im Spannungsschema angelegte Distinktion - der Wunsch, nicht alt zu sein - in den siebziger und achtziger Jahren zu einer allmählichen Verschiebung sozial wirksamer Altersgrenzen nach oben geführt.

Je älter die »Jüngeren« wurden, desto klarer stellte sich heraus, daß die Altersdistinktion nur Zeichen für eine Distinktion zwischen Angepaßten und Individualisten war. Bloßes Etabliertsein, beruflicher Erfolg, Geld, Besitz an sich gelten in dieser Distanzierung von den Angepaßten noch nicht als Übel, so daß der Schlachtruf der späten sechziger Jahre - »gegen das Establishment« - die Distinktion des gegenwärtigen Spannungsschemas nicht mehr zutreffend abbildet. Sie richtet sich vielmehr gegen die bürgerliche Variante des Etabliertseins im Sinne von Konventionsbestimmtheit, Sicherheitsdenken, Angst vor sozialer Ablehnung, Abwehr von Veränderungen. Diese Art der Distinktion ist *antikonventionell*. Unentdeckt bleibt meist die dieser Distinktion innewohnende Paradoxie, daß auch Unkonventionalität zur Konvention werden kann. Dies verweist auf die lebensphilosophische Bedeutung des Spannungsschemas.

Lebensphilosophie: Betrachten wir zunächst die schon untersuchten Schemata, um den normativen Gehalt des Spannungsschemas kenntlich zu machen. Sowohl die Lebensphilosophie des Hochkulturschemas als auch diejenige des Trivialschemas weisen über die Person hinaus. Die Philosophie der Perfektion mißt das Ich an Ansprüchen, die Philosophie der Harmonie gliedert es in eine Ordnung ein. In beiden Fällen hat es das Ich mit etwas zu tun, das unabhängig von ihm selbst existiert. Nur mit sich selbst konfrontiert ist das Ich dagegen in der Philosophie des Spannungsschemas. In der einfachen Form dieser Philosophie geht es darum, das Selbst gut zu stimulieren und in Szene zu setzen (Unterhaltungsmilieu), in der elaborierten, gebildeten Form um seine Entfaltung (Selbstverwirklichungsmilieu). Unterhaltung und Selbstverwirklichung sind Varianten einer Lebensphilosophie, für die sich die Bezeichnung *Narzißmus* anbietet.

Man fühlt sich an den klassischen Geniegedanken erinnert, allerdings mangelt der gegenwärtigen Form des Narzißmus im Spannungsschema die metaphysische Aura, die das Genie im herkömmlichen Sinn zwar über den Rest der Menschheit erhebt, aber auch relativiert im Verhältnis zum absolut Schönen, der Quelle genialer Inspiration. In der Lebensphilosophie des Spannungsschemas, besonders prägnant verkörpert durch Popstars, gibt es einerseits nichts Größeres als einen selbst, andererseits gibt es dies vielfach. Es ist ein Narzißmus von eigenen Gnaden, aber ohne besonderes Privileg.

3.8 Der dimensionale Raum der Stile

Entgegen der ersten Vorstellung, die durch die Aufzählung der drei Schemata suggeriert wird, handelt es sich dabei nicht um exklusive Stilmuster. Die Menschen behandeln die drei Schemata nicht als Alternativen, sondern als Kombinationsmöglichkeiten, von denen sie auf verschiedene Weise Gebrauch machen, um sich ihren persönlichen Stil zusammenzubasteln. Man wird der sozialen Wirklichkeit besser gerecht, wenn man alltagsästhetische Schemata als dimensionalen Raum auffaßt, in dem Nähe zu einem Schema nicht notwendig auch Distanz zu anderen Schemata bedeutet. Hier sind viele Kombinationen von Nähe und Distanz möglich. Die beiden analytischen Möglichkeiten werden im folgenden bildlich dargestellt (vgl. S.158).

Es überrascht vor allem, daß das Trivialschema nicht etwa den kollektiven Gegenpol zur Hochkultur darstellt. Die Nähe zum einen Schema nimmt nicht notwendig mit der Entfernung zum anderen zu. Hochkultur- und Trivialschema sind nicht mehr entgegengesetzte Endpunkte ein und derselben ästhetischen Dimension, an der sich die gesamte Bevölkerung anordnen ließe. Vielmehr haben wir es mit *zwei* Dimensionen zu tun, die in allen möglichen Ausprägungskombinationen durcheinander gemischt sind und nur eine leicht negative Korrelation aufweisen (zur dimensionalen Struktur vgl. Anhang D, Tabelle 2.1 - 2.3).

Kulturhistorisch gesehen, zeigt sich der dimensionale Raum alltagsästhetischer Schemata in einem Prozeß fortschreitender Differenzierung: Auf die lange Periode der einpoligen hochkulturellen Alltagsästhetik folgte ein Zeitalter, in dem Alltagsästhetik immer noch eindimensional, aber bipolar durch das Verhältnis von Hochkultur- und Trivialschema geprägt war. Im zwanzigsten Jahrhundert verlor sich die eindimensionale Gegensätzlichkeit dieser Schemata immer mehr. Ein zweidimensionales Modell persönlicher Stile beschreibt den kollektiven Raum der Alltagsästhetik zutreffend bis etwa Mitte der sechziger Jahre, als sich das Spannungsschema als dritte Dimension abzuzeichnen begann. Im folgenden sollen diese Überlegungen zur langfristigen Entwicklung des dimensionalen Raumes alltagsästhetischer Schemata genauer ausgeführt werden. Dies ist die Basis für Thesen zum Bedeutungswandel des Schönen im letzten Abschnitt.

> **Klassifikatorisches Modell alltagsästhetischer Schemata**
>
> | H | T | S |
>
> *Erläuterung:* Die Buchstaben H, T, S symbolisieren Gruppen alltagsästhetischer Wahlmöglichkeiten (Hochkulturschema, Trivialschema, Spannungsschema). Die Position eines Individuums ist als Lage in einem der Fächer bestimmt.
>
> **Dimensionales Modell alltagsästhetischer Schemata**
>
> *Erläuterung:* Die Pfeile bringen Nähe/Distanz zum Ausdruck. Die Position eines Individuums ist als Punkt im Raum bestimmt.

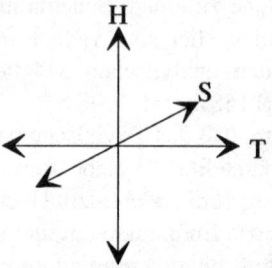

Klassifikatorisches und dimensionales Modell alltagsästhetischer Schemata

3.9 Zur Evolution des dimensionalen Raumes

Zunächst entsprach der Bündelung ästhetischer Muster zu einem Hochkulturschema auch eine sozialstrukturelle Ausgrenzung. Prunk und vornehme Zerstreuungen hatten für die Ausgeschlossenen die märchenhafte Aura einer anderen, besseren Welt. Sichtbare Zeugnisse adeliger, klerikaler und großbürgerlicher Lebenshaltung, etwa Architektur und Gartenbau, verschmolzen in der Wahrnehmung der Außenstehenden mit flüchtigen Eindrücken und Hörensagen von Garderoben, Mobiliar, Theater, Musik, Malerei zu einer Gesamtszenerie des Schönen schlechthin. Kultur war etwas, das sich höheren Ortes ereignete. Macht, Eigentum, Privilegien, Prestige und Ästhetik waren untrennbar miteinander verbunden. Im Strahlenglanz der schönen Lebensart, von der Bevölkerung wie ein ferner

Schein wahrgenommen, vereinigten sich die verschiedenen ästhetischen Manifestationen semantisch zu einem einzigen Bedeutungsgebilde, der Hochkultur.

Grob gesprochen, war die vorindustrielle Gesellschaft in kultureller Hinsicht eine Zwei-Klassen-Gesellschaft, gekennzeichnet durch eine tiefe Kluft zwischen einer dünnen Oberschicht mit Monopol auf gehobene Kultur und der davon ausgeschlossenen Bevölkerungsmehrheit. Man kann darüber streiten, wie weit die Tradition des Hochkulturschemas wirklich zurückreicht, das Zeitalter der Renaissance ist jedoch zumindest ein Fixpunkt in der Entwicklung, weil in dieser Epoche die Idee der Hochkultur besonders prägnant und nachwirkend ausmodelliert wurde. Deutlich wird dies etwa in der nachdrücklichen Distanzierung der Künstler gegenüber den Handwerkern, in der Professionalisierung des Genies und in der Bildung bohèmeartiger Künstlermilieus (Chastel 1990). Das Individuum rückte in den Mittelpunkt der Kunst, die nun immer mehr als Zweck an sich kultiviert wurde. Gleichzeitig entwickelte sich ein ästhetisches Anspruchsdenken, eine Hierarchisierung von Künstlern, Werken, Aufführenden und Publikum, die seither untrennbar mit dem Hochkulturschema verbunden ist und diese Bezeichnung überhaupt erst rechtfertigt.

Mit der Entstehung einer bürgerlichen Schicht im 18. und 19.Jahrhundert änderten sich die stilsoziologischen Verhältnisse grundlegend. Die gehobene Kultur behielt ihre Noblesse, wurde aber zugänglicher. Schnell entwickelten sich Bildungssystem, Verlagswesen und eine intensive Lesekultur. In größeren Städten entstanden Opern, Theaterhäuser und Konzertsäle. War nun auch die gehobene Kultur aus ihrem vornehmen Ghetto herausgetreten, so wurde sie doch deshalb nicht niedriger, im Gegenteil: Immer stärker wurde sie nun mit Bedeutungen verbunden, die über die bloße Erbauung der Hochgestellten hinauswiesen ins jenseitige Reich der ewigen Werte.

Der in dieser Zeit popularisierte Begriff der Genialität trägt zur Demokratisierung der gehobenen Kultur ebenso bei (denn der geheimnisvolle Funken ästhetischer Begnadung kennt keine Standesschranken) wie zu ihrer Überhöhung, kann das Genie doch in seinen Werken einen Abglanz des Absoluten vermitteln. In der Werkstatt der ambitionierten bürgerlichen Hauskultur wurde das Hochkulturschema in Deutschland zu einem machtvollen Bedeutungskomplex zusammengefügt. Klassische Bildung, literarische Beschlagenheit, Italienreisen, Klavierspielen, Französischsprechen, Tagebuchschreiben und andere Kompetenzen formierten sich zum Muster der gehobenen bürgerlichen Kultur.

Immer weniger Menschen waren hiervon ökonomisch ausgeschlossen. Zwar gab es noch die Dichotomie von Kultiviertheit und Kulturlosigkeit. Industrieproletariat, Landarbeiter, Kleinbauern und Heimarbeiterfamilien lebten bis ins zwanzigste Jahrhundert hinein als kulturelle Parias, durch beengte Wohnverhältnisse, physische Überbeanspruchung, Zeitmangel, Bildungsdefizite und Finanznöte ohne Chance auf die Herausbildung eines hochkulturellen Geschmacksmusters. Aber begünstigt durch die Landgewinne des Wohlfahrtsstaates, stimuliert auch durch die überall in Deutschland entstehenden Arbeiterkulturvereine, verbreitete sich das Hochkulturschema. Nicht alle schlossen sich in gleicher Weise dafür auf, aber immer mehr Menschen hatten zumindest die Möglichkeit dazu. Ihr Ende hat diese Entwicklung im »Zeitalter der massenhaften Reproduzierbarkeit« des Kunstwerks gefunden. Walter Benjamins Essay von 1936 reagierte auf eine neue Situation.

Das Hochkulturschema konstituierte bis ins 19. Jahrhundert hinein einen eindimensionalen Raum der Alltagsästhetik, der gleichzeitig einpolig war. Was damit gemeint ist, wird am besten sichtbar, wenn man den Wandel des dimensionalen Raumes im 19. Jahrhundert betrachtet. Zwar bleibt die Struktur eindimensional, doch entwickelt sich ein Gegenpol zum Hochkulturschema: das Trivialschema. Um 1870 herum taucht in Münchner Kunsthändlerkreisen zum ersten mal das Wort »Kitsch« auf, etwa 1950 kommt die Wortprägung »Schnulze« hinzu. Beide Worte kennzeichnen Teile eines Ensembles von Zeichen, das aus der snobistischen Perspektive des Hochkulturschemas mit dem Stigma der Trivialität versehen wurde. Von der Mitte des 19. bis zur Mitte des 20. Jahrhunderts bedeutete Distanz zum Hochkulturschema gleichzeitig Nähe zum Trivialschema und umgekehrt. In dieser Zeit haben wir es mit einer zwar eindimensionalen, aber bipolaren Alltagsästhetik zu tun.

Man könnte einwenden, daß es immer schon einen Gegenpol zum Hochkulturschema gegeben habe: die Alltagsästhetik der einfachen Leute. Aber die Vorstellung einer einheitlichen deutschen Volkskultur, sei sie derb, schlicht, rebellisch oder wie auch immer, entpuppt sich als Phantasieschöpfung sozialhistorischer Romantiker. Erst in der Aneignung durch die bürgerliche Hochkultur (Herder, Gebrüder Grimm, Volkston der deutschen Romantik u.a.) wurde Volkskultur vereinheitlicht, gleichzeitig aber auch entpopularisiert und ins Licht der Hochkultur gehoben (Bausinger 1987), ohne jemals als alltagsästhetisches Schema im oben definierten Sinn existiert zu haben: als im deutschen Kulturkreis universelles Zuordnungsverhältnis zwischen einem Ensemble von Zeichen und kollektiv bekannten Bedeutungen. Solange Volkskultur nicht für den hochkulturellen Appetit aufbereitet war, sondern sich authentisch manifestierte, wurde sie im ursprünglich einpoligen dimensionalen Raum der Alltagsästhetik zunächst nur als Dummheit, Grobklotzigkeit und Kulturlosigkeit wahrgenommen.

Mit der Ästhetisierung des Alltagslebens, der Zunahme des Lebensstandards, der weitgehenden Alphabetisierung der Bevölkerung und der Entstehung des Kleinbürgertums formierte sich das Trivialschema als kollektiv verstehbares Gegenschema zum Hochkulturschema, vornehmlich in jener Epoche, als das gehobene Bürgertum sich nach unten hin abzugrenzen begann. Nachdem das Bürgertum zunächst einen Abgrenzungskampf gegen den Adel geführt hatte, verstärkte sich in der zweiten Hälfte des 19. Jahrhunderts die Defensive gegen die unteren Schichten, denen die Wohlstandssteigerung nach 1860 immer mehr Mittel in die Hand gab, sich die Symbole der Bürgerlichkeit anzueignen (Kocka 1988, S.51 ff.). In kleinbürgerlichen Kreisen verbreitete sich beispielsweise das Paradezimmer als Imitation des bürgerlichen Salons (Bausinger 1986, S.146): ein mit Repräsentationsmobiliar ausgestatteter Raum, der fast nur zum gelegentlichen Abstauben aufgesperrt wurde.

Je mehr das Imitationspotential der unteren Schichten anwuchs, desto heftiger wurden die kuturellen Abwehrgesten der oberen Schichten. In dieser Spannung entstand die Polarität von Hochkultur- und Trivialschema. Beide Schemata sind in der Gesellschaft der Bundesrepublik Deutschland noch deutlich erkennbar, doch scheint es, daß sich ihr Verhältnis zueinander geändert hat. Sie bilden keine klare Polarität auf einer übergreifenden Dimension mehr, sondern verhalten sich mehr wie zwei verschiedene Dimensionen zueinander. Auf der Ebene der Individualdaten besteht zwar eine moderate negative Beziehung zwischen den Skalen, die zur Erfassung der subjektiven Nähe zu den beiden Schemata konstruiert wurden (Anhang D, Tabelle 2.1). Für die Vereinigung beider Schemata zu einer bipolaren Dimension reicht dies jedoch nicht aus. Das Hauptargument für ein mehrdimensionales Modell beruht auf einer statistischen Analyse der Beziehungen einzelner Komponenten alltagsästhetischer Schemata: Subdimensionen und Itemgruppen, die entsprechend ihrer Zugehörigkeit zu alltagsästhetischen Schemata gruppiert wurden, hängen intern wesentlich stärker zusammen als gruppenübergreifend (Anhang D, Tabelle 2.2). Nähe zum Hochkulturschema bedeutet in unserer Gesellschaft nicht gleichzeitig Distanz zum Trivialschema und umgekehrt. Zwar lebt die Tradition der Verachtung von Kitsch und Kleinbürgertum immer noch in Teilgruppen fort, aber sie ist nicht stark genug, um Trivialschema und Hochkulturschema in einen klaren Gegensatz zu bringen. Im Stiltypus des Integrationsmilieus wird die Kombination beider Schemata sogar zum kulturellen Normalfall einer sozialen Gruppe (vgl. Abschnitt 6.4).

Was sind die Gründe für diese dimensionale Differenzierung? Wie ist es möglich, daß sich Kunst und Kitsch nach dem Empfinden vieler Menschen nicht mehr beißen, sondern durchaus zusammengehen können? Mindestens zwei Bedingungen haben die traditionelle Spannung zwischen Hochkultur- und Trivialschema abgeschwächt: Erstens hat sich das Bürgertum im Sinne des 19. Jahrhunderts aufgelöst (Lepsius 1986); Bürgerlichkeit hat nicht mehr den Rang einer gesellschaftsprägenden Ordnungsvorstellung (Kocka 1988). Damit entfallen sowohl Akteur wie auch Basisorientierung eines von oben herab geführten kulturellen Abgrenzungskampfes. Zweitens wäre hochkulturelle Exklusivität in unserer Gesellschaft allerdings auch nicht mehr zu verteidigen. Der Erlebnismarkt ist mit erschwinglichen hochkulturellen Angeboten überschwemmt. Bildungsexpansion und Steigerung des Lebensstandards haben längst dazu geführt, daß der Tempel der Hochkultur der Profanation preisgegeben ist.

Vorläufig letzter Akt im Schauspiel der Entwicklung des dimensionalen Raumes der Alltagsästhetik ist die Entstehung des Spannungsschemas seit den sechziger Jahren. Am Ende der achtziger Jahre sind Hochkulturschema, Trivialschema und Spannungsschema fest als voneinander unabhängige, kombinierbare Muster des Erlebens im Bewußtsein der Bevölkerung verankert. Eindrucksvoll zeigt Müller-Schneider (1992) in einer quantitativen historischen Analyse zur dimensionalen Struktur, wie das Konsistenzempfinden gegenüber Zeichengruppen, die den verschiedenen Schemata korrespondieren, von 1953 bis 1987 zugenommen hat (Anhang D, Tabelle 12.3). Unter der Bedingung ständiger Aufforderung zum Erlebniskonsum wurde die Verbindung von Zeichen zu Zeichengruppen stringenter. Zunehmende Zeichenvielfalt forderte zur Vereinfachung durch Gruppierung und durch Vereinheitlichung von Bedeutungen heraus. Das Kollektiv standardisierte und routinisierte individuelles Erleben.

Insgesamt kann man die säkulare Entwicklung durch zwei Haupttendenzen charakterisieren: zum ersten eine Tendenz zur dimensionalen Differenzierung (das Repertoire an Mustern zum Aufbau von Erlebnissen wurde reichhaltiger), zum zweiten eine Tendenz zur sozialen Verbreitung (immer mehr Menschen lernten und beherrschten die Abgrenzung von Zeichengruppen und die Konstruktion der damit verbundenen Erlebnismuster). So endet dieser Abschnitt mit der Feststellung gegenläufiger Prozesse: stilistische Pluralisierung versus überregionale Vereinheitlichung.

3.10 Der Bedeutungswandel des Schönen
Eine theoretische Integration

An dieser Stelle bietet es sich nun an, die Bedeutung zentraler Thesen der bisherigen Untersuchung für die folgenden Überlegungen darzustellen. Im Interesse einer komprimierten Argumentation müssen allerdings verschiedene Begriffe hier noch unerläutert bleiben; verwiesen sei vor allem auf das 5. Kapitel. Am Anfang steht eine zusammenfassende Darstellung der drei alltagsästhetischen Schemata (vgl. S.163). Daran schließt sich ein theoretischer Kommentar in 6 Punkten an: 1. Stiltypen, 2. Milieuunterschiede, 3. Alltagsästhetik im Verweisungszusammenhang, 4. Wandel der fundamentalen Semantik, 5. Relevanzverschiebungen von Bedeutungsebenen, 6. Wandel der Distinktion.

1. *Stiltypen*: Im Laufe der Jahrhunderte hat sich die alte Dichotomie »stilvoll/stillos« zu einem differenzierten Raum alltagsästhetischer Schemata entfaltet. Fast alle Menschen in unserer Gesellschaft sind in diesem Raum verortet. Ihre Position ist als Nähe oder Distanz zu bestimmten Komplexen von Zeichen und Bedeutungen zu beschreiben, wobei zahlreiche Kombinationen möglich sind. Um persönliche Stile einzelner Menschen zu beschreiben, sind deshalb komplexere Operationen erforderlich als früher. An die Stelle eindimensionaler Kennzeichnungen tritt die Angabe von Mischungsverhältnissen oder die Diagnose von Stiltypen, wenn man eine gröbere, aber der Alltagswahrnehmung besser entsprechende Betrachtungsweise zugrunde legt.

2. *Milieuunterschiede*: Bei den folgenden Analysen sozialer Milieus (4. bis 8. Kapitel) werden Stiltypen noch eine wichtige Rolle spielen. Im dimensionalen Raum alltagsästhetischer Schemata verdichten sich Gruppen, die nach Lebensal-

Alltags-ästhetische Schemata	typische Zeichen (3 Beispiele)	Bedeutungen		
		Genuß	Distinktion	Lebens-philosophie
Hochkultur-schema	klassiche Musik, Museumsbesuch, Lektüre »guter Literatur«	Kontem-plation	anti-barbarisch	Perfektion
Trivial-schema	deutscher Schlager, Fernsehquiz, Arztroman	Gemüt-lichkeit	anti-exzentrisch	Harmonie
Spannungs-schema	Rockmusik, Thriller, Ausgehen (Kneipen, Discos, Kinos usw.)	Action	anti-konventionell	Narzißmus

Alltagsästhetische Schemata im Überblick

ter und Bildungsgrad voneinander abgegrenzt sind, in bestimmten Teilbereichen. Warum dies so ist, und was dazu berechtigt, hier von sozialen Milieus zu sprechen, soll noch ausführlich untersucht werden. Zunächst geht es nur darum, den empirischen Befund zu verdeutlichen. Weiter unten werden, orientiert an empirischen Daten, drei ältere und zwei jüngere Milieus unterschieden (ausführlich: 6. Kapitel). Aus der Untersuchung existentieller Anschauungsweisen sind die Benennungen der Milieus abgeleitet. Die älteren Milieus sollen als »Harmoniemilieu«, »Integrationsmilieu« und »Niveaumilieu« bezeichnet werden, die jüngeren als »Unterhaltungsmilieu« und »Selbstverwirklichungsmilieu«. Innerhalb der Altersschichten unterscheiden sich die Milieus nach dem Bildungsgrad.

3. *Alltagsästhetik im Verweisungszusammenhang*: Kennzeichnend für den hier vertretenen theoretischen Ansatz ist eine komplexe Betrachtungsweise, derzufolge Stiltypen in einen Kontext von objektiver und subjektiver Wirklichkeit integriert sind. Jedes Element hängt mit jedem anderen zusammen, ohne daß man Ursache und Wirkung genau trennen könnte. Entsprechend der einführenden theoretischen Skizze im Abschnitt 1.7 sei dieser Kontext als Verweisungszusammenhang bezeichnet (Abschnitt 5.5 beschäftigt sich ausführlich mit diesem Begriff). Zur Orientierung soll der Ort alltagsästhetischer Schemata in dem umfassenden Verweisungszusammenhang vorwegnehmend durch einige Anmerkungen markiert werden. Stiltypen, die in der geschilderten Weise aus alltagsästhetischen Schemata zusammengesetzt sind, gehören zum Bereich milieuspezifischer Exi-

stenzformen. Ihre Verteilung über soziale Milieus ist, wie auch die Milieusegmentierung selbst, Bestandteil der objektiven sozialen Wirklichkeit. In subjektiven Wirklichkeitsmodellen reflektieren die Menschen Grundzüge der objektiven Realität, wie sie sich ihnen in der Alltagserfahrung darbietet. Hierzu zählt auch die milieuspezifische Verteilung von Stiltypen. Alltagsästhetik taucht also in zwei Ebenen auf - in der Ebene der Tatsachen und in der Ebene subjektiver Abbildungen von Tatsachen. Es wäre eine unzulässige Verkürzung, Wirklichkeitsmodelle lediglich als Reflex zu betrachten. Sie sind nicht nur von Wirklichkeit geprägt, sondern prägen sie auch. Wirklichkeit ist zum Teil die Inszenierung von Vorstellungen, die sich die Menschen von ihr machen.

Wirklichkeitsmodelle der Gegenwart sind gleichzeitig stilsensibel und stilprovozierend. Das verbreitete Interesse am Ausagieren und Wahrnehmen von Stiltypen ist besser zu verstehen, wenn man den Verweisungszusammenhang von Wirklichkeitsmodellen und objektiver Wirklichkeit um eine dritte Komponente erweitert, die im 5. Kapitel unter dem Begriff der existentiellen Anschauungsweisen eingeführt wird. Kristallisationskern existentieller Anschauungsweisen ist die normale existentielle Problemdefinition, als deren kulturtypische Ausprägung sich die Haltung der Erlebnisorientierung herausgebildet hat. Nun gibt es allerdings disparate milieuspezifische Varianten der Erlebnisorientierung. Der dimensionale Raum alltagsästhetischer Schemata stellt den Menschen eine Sprache zur Verfügung, mit der sie die Verschiedenartigkeit ihrer Grundorientierungen ausdrücken können. Teilweise kombinieren sie dabei mehrere Schemata miteinander, um ihre besondere Erlebnisorientierung in die Realität zu projizieren. Stiltypen sind Manifestationen verschiedener Varianten der Erlebnisorientierung. Dem Konzept des Verweisungszusammenhangs entsprechend ist auch hier die Umkehrung möglich: Varianten der Erlebnisorientierung werden durch soziale Inszenierung und subjektive Abbildung von Stiltypen beeinflußt.

Im folgenden Schema wird die Übersetzung milieuspezifischer Erlebnisorientierungen - Streben nach Rang, Konformität, Geborgenheit, Selbstverwirklichung, Stimulation - in den dimensionalen Raum der Alltagsästhetik dargestellt. Bei einigen dieser Orientierungen mag es merkwürdig erscheinen, sie als Erlebnisorientierungen einzuordnen. Genau dies ist jedoch eine der zentralen Thesen: die innenorientierte Kodierung von Zielen nimmt zu. Man will etwas, weil es mit einem bestimmten Gefühl verbunden ist - in etwas weniger klarer Ausdrucksweise spricht man oft von »Selbstzwecken«. Unmerklich kann die innenorientierte Kodierung jede beliebige außenorientierte Kodierung unterspülen und verändern. Von der erlebnisorientierten Interpretation milieuspezifischer Lebensziele wird noch ausführlich zu reden sein (vgl. Abschnitt 5.8 und das 6. Kapitel); an dieser Stelle geht es zunächst nur darum, kurz die Projektion von Zielen auf den dimensionalen Raum alltagsästhetischer Schemata zu veranschaulichen.

Milieuspezifische Varianten der Erlebnisorientierung	Übersetzung in den dimensionalen Raum alltagsästhetischer Schemata (Stiltypen) »+« bedeutet Nähe, »-« bedeutet Distanz		
	Hochkultur-schema	Trivial-schema	Spannungs-schema
Streben nach Rang (Niveaumilieu)	+	-	-
Streben nach Konformität (Integrationsmilieu)	+	+	-
Streben nach Geborgenheit (Harmoniemilieu)	-	+	-
Streben nach Selbstverwirklichung (Selbstverwirklichungsmilieu)	+	-	+
Streben nach Stimulation (Unterhaltungsmilieu)	-	-	+

Milieuspezifische Varianten der Erlebnisorientierung

4. *Wandel der fundamentalen Semantik*: Zwei Begriffe sind notwendig, um die Beziehungen der Komponenten in dem eben geschilderten Verweisungszusammenhang theoretisch zu erfassen: Homologie und fundamentale Semantik. Die Menschen folgen einer Tendenz, existentielle Anschauungsweisen, Wirklichkeitsmodelle und objektive Wirklichkeit (milieuspezifische Verteilung von Existenzformen) in wechselseitiger Korrespondenz zu strukturieren (Tendenz zur Homologie), wobei sie auf übergeordnete Kategorien zurückgreifen, die es überhaupt erst ermöglichen, wechselseitige Korrespondenz zu beurteilen (fundamentale Semantik). Auch der dimensionale Raum alltagsästhetischer Schemata, der ja als Teilbereich in den Verweisungszusammenhang hineingehört, wird durch diese fundamentale Semantik reguliert.

Mit der Vermehrung der Möglichkeiten wurde die außenorientierte *ökonomische* Semantik durch die innenorientierte *psychophysische* Semantik abgelöst (Abschnitt 5.7). Bei dem Versuch, diese Semantik zu beschreiben (Abschnitt 7.2), zeichnen sich zwei Dimensionen ab, die jeweils durch einen Gegensatz charakterisiert sind: die Dimension des Denkens durch die Polarität von Einfachheit und Komplexität, die Dimension des Handelns durch die Polarität von Ordnung und Spontaneität. Was mit diesen Termini gemeint ist, bedarf eines Hinweises. Einfachheit und Komplexität, Ordnung und Spontaneität sind elementare Erlebnismuster. Die fundamentale Semantik bezieht ihre Bedeutungen aus der Sphäre unmittelbar spürbarer psychophysischer Erfahrungen. Eine fundamentale Semantik des Erlebens homologisiert existentielle Anschauungsweisen, Wirklichkeitsmodelle, Alltagsästhetik und sonstige Komponenten milieuspezifischer Existenzformen; auch die Milieustruktur in ihrer Gesamtheit läßt sich auf diese fundamentale Semantik projizieren. All diese Wirklichkeitsschichten sind spezielle Manifestationen, von denen man bei dem Versuch ausgehen kann, die allgemeineren regulativen Prinzipien zu erschließen. Am ausdrucksstärksten und hermeneutisch am ergiebigsten ist die Wirklichkeitsschicht der Alltagsästhetik.

Akzeptieren wir die These von der neuen psychophysischen Homologie des dimensionalen Raumes der Alltagsästhetik, dann müssen wir auch neu darüber nachdenken, welche Bedingungen dazu führen, daß ein Mensch eine ganz bestimmte Position in diesem Raum einnimmt. Oder wählt er diese Position frei? Dies mag durchaus sein, doch kann ja auch die freie Wahl Bedingungen unterliegen, wenn man unter Freiheit nicht voraussetzungsloses Handeln versteht, sondern Freiheit von Einschränkungen des eigenen Wollens. Es scheint keineswegs, daß alltagsästhetisches Wollen von ungefähr kommt. Sowohl psychische wie physische Dispositionen gehen teilweise auf Lernprozesse zurück, haben also etwas mit Bildung, sozialer Herkunft und Generationslage zu tun, teilweise hängen sie mit der Stellung des Menschen im Lebenszyklus zusammen. Daß auch noch andere Faktoren eine Rolle spielen, etwa genetische Dispositionen, bleibt unbestritten. Institutionalisierte Lernprozesse und das Lebensalter haben jedoch, wie in den folgenden Kapiteln darzustellen sein wird, wegen ihrer Offensichtlichkeit besondere Bedeutung für die Bildung sozialer Großgruppen, wodurch bestimmte Neigungen verdeckt und andere selektiv verstärkt werden.

Genau hier sind wir am Übergang von einer Theorie gegenwärtiger Alltagsästhetik zu einer Theorie der gegenwärtigen Großgruppenstruktur angelangt. Bildung und Lebensalter disponieren psychisch und physisch für bestimmte Positionen in der fundamentalen Semantik und damit auch im dimensionalen Raum der Alltagsästhetik. Zusammen mit dem Stiltypus (der Position im dimensionalen Raum) verbinden sich Bildung und Alter zu einer signifikanten und evidenten Zeichenkonfiguration, an der sich die Menschen bei der Konstitution sozialer Milieus orientieren. Dadurch werden Tendenzen zu bestimmten kollektiven Verdichtungen im dimensionalen Raum der Alltagsästhetik wesentlich verstärkt (ausführliche Darstellung dieser Thesen im 4. Kapitel).

5. *Relevanzverschiebungen von Bedeutungsebenen:* Mit dem Übergang zur Erlebnisgesellschaft und mit dem Wandel der fundamentalen Semantik tritt die Bedeutungsebene des Genusses in den Vordergrund der Aufmerksamkeit. Im selben Maße, wie schöne Erlebnisse zur Hauptsache aufsteigen, werden Distinktion und Lebensphilosophie sekundär. Die Distinktion sozialer Milieus folgt der Differen-

zierung von psychophysischen Dispositionsgruppen. Lebensphilosophische Konnotationen der Alltagsästhetik verlieren unter der Herrschaft der Genußebene ihre Kraft. Weil sich das Verhältnis von Lebensphilosophie und psychophysischen Reaktionen in der Weise umgekehrt hat, daß die letzteren - etwa die körperlich spürbaren Manifestationen von Betroffenheit, Katharsis, Glaubensstärke, Begeisterung für Ideale, Zynismus, Empörung usw. - nicht mehr Nebenwirkung sind, sondern primäres Handlungsziel, weil Lebensphilosophie bloß gespielt wird, um sich zu reizen, ist sie für den Spielenden selbst blaß und unglaubwürdig (vgl. hierzu Abschnitt 12.4).

6. *Wandel der Distinktion:* Üblicherweise wird Distinktion als ein von oben herab geführter kultureller Abgrenzungskampf dargestellt, etwa bei Bourdieu (1982) oder in sozialhistorischen Analysen der bürgerlichen Kultur im Deutschland des 19. Jahrhunderts (Kocka 1988; Kaschuba 1988). Das Großbürgertum blickte auf die Kleinbürger herab, und diese wiederum auf die Unterschichten. Eine solche Hierarchisierung der Distinktion war im bipolaren eindimensionalen Raum alltagsästhetischer Schemata kognitiv naheliegend. Im mehrdimensionalen Raum ist oben und unten nicht mehr eindeutig bestimmbar. Gruppen, die sich an verschiedenen Stellen in diesem Raum zusammenklumpen, könnten sich nur dann gegenseitig in einer Hierarchie wahrnehmen, wenn es ein privilegiertes alltagsästhetisches Schema gäbe. Es sieht nicht so aus, als ob dem Hochkulturschema diese Funktion noch zukäme. Gewiß gibt es noch den alten Hochkulturdünkel, es gibt aber auch das mitleidige Lächeln nächtlicher Kneipenbummler über die Leute, die gerade in festlicher Garderobe aus der Oper kommen. Statt auf einer gemeinsamen Leiter stehen die sozialen Gruppen auf einem Podest, jede für sich, und jede stellt sich auf die Zehenspitzen, um auf die anderen herabschauen zu können. Die Entvertikalisierung der Alltagsästhetik ist Teil einer umfassenden Entvertikalisierung des Verhältnisses sozialer Großgruppen (Abschnitte 8.2 und 8.3). Damit im Zusammenhang steht die Ausdünnung existentiellen Wissens hohen Kollektivitätsgrades und die Bedeutungszunahme milieuspezifischen Wissens (vgl. hierzu die Abschnitte 5.2 und 5.13).

4. Kapitel
Theorie der Milieusegmentierung

Einleitung

An dieser Stelle verläßt die Untersuchung den Themenbereich der Alltagsästhetik, um sich dem Gebiet der Analyse sozialer Großgruppen in unserer Gesellschaft zuzuwenden. Alltagsästhetik und Großgruppenstruktur hängen eng miteinander zusammen. Immer deutlicher werden deshalb in den folgenden Kapiteln die soziologischen Implikationen der vorangegangenen Kapitel hervortreten. Nicht nur die Motive, sich sozial zu gruppieren, haben sich mit dem Übergang von der Knappheitsgesellschaft zur erlebnisorientierten Gesellschaft gewandelt, sondern auch die Zeichen typisierender Alltagswahrnehmung und die gruppenspezifischen Mentalitäten. Ästhetisierung des Alltagslebens bedeutet auch Ästhetisierung der Milieubildung. Vor dem Versuch einer empirischen Milieuanalyse ist allerdings theoretische Vorarbeit zu leisten. Die folgenden beiden Kapitel zielen darauf ab, die verführerisch einfach erscheinende Formel von der Ästhetisierung der Milieubildung auf ein theoretisches Fundament zu stellen. Doch gleich zu Beginn ist zu fragen: Lohnt sich dieses Unterfangen überhaupt noch?

Eine Gesellschaft ohne soziale Milieus wäre hypothetisch denkbar, doch soziologisch ungewohnt. Endet die Geschichte der Transformation sozialer Milieus in der Gegenwart? Die fortschreitende Auflösung ortszentrierter und statuszentrierter Milieus legt diese Frage nahe. Vom Ende der Milieugeschichte kann man jedoch nur dann sprechen, wenn man einen orts- oder statuszentrierten Milieubegriff zugrundelegt. Ein allgemeineres Milieukonzept eröffnet eine Perspektive, bei der eine konstante Tendenz zur Formierung sozialer Milieus sichtbar wird, mögen sich auch ständig die Linien zwischen sozialen Gruppen verschieben. Aus Teilungen und Zusammenschlüssen, Auflösungen und Verdichtungen entstehen immer wieder neue Gesamtkonfigurationen, diskontinuierlich wie bei einem Kaleidoskop, das weitergedreht wird.

Menschen formen soziale Milieus, soziale Milieus formen Menschen. Wandlungen der Milieustruktur kommen auf der Ebene einzelner Menschen als Umgestaltung ihrer Existenzformen an, womit typische Konfigurationen von Situation und Subjekt gemeint sind. Um auf diese Quintessenz, die Neuorganisation des Verhältnisses von Situation und Subjekt, zusteuern zu können, beginnt die Analyse mit Überlegungen zum Begriff der Existenzform (Abschnitt 4.1). Darauf aufbauend werden soziale Milieus definiert als Personengruppen, die voneinander durch erhöhte Binnenkommunikation abgegrenzt sind und typische Existenzformen aufweisen (Abschnitt 4.2).

Erst wenn wir bereit sind, die Entstehung sozialer Milieus mit unterschiedlichen Modellen zu beschreiben, können wir den Wandel der Milieustruktur verstehen. In der Knappheitsgesellschaft ist die Konstitution sozialer Milieus am besten durch das Modell der Beziehungsvorgabe abzubilden (Abschnitt 4.3).

Unserer Gesellschaft dagegen ist das Modell der Beziehungswahl angemessen. Je mehr die Möglichkeiten expandieren, desto aktiver sind die Individuen selbst an der Entstehung sozialer Milieus beteiligt. Drei Gesichtspunkte sind dabei von entscheidender Bedeutung: was die Menschen typischerweise voneinander wollen, was sie aneinander wahrnehmen, wie sie ihre Wahrnehmungen deuten. Wenn sich das Interesse am anderen verändert, rücken neue Aspekte von Existenzformen in den Vordergrund der Wahrnehmung. Veränderte Gewohnheiten sozialen Sehens führen zu veränderten Grenzen sozialer Gruppen. Die Existenz von Milieus ist an ihre Erfahrbarkeit gebunden. Wenn persönliche Attribute ihre Offensichtlichkeit (Evidenz) verlieren (beispielsweise Armut) oder wenn sich ihre Interpretierbarkeit hinsichtlich bestimmter Existenzformen (Signifikanz) verändert, kann dies die Milieustruktur beeinflussen (Abschnitt 4.4).

Aus wenigen evidenten und signifikanten Zeichen bauen die Menschen in der Alltagsinteraktion Typenvorstellungen auf, die in ihrem Informationsgehalt weit über das Sichtbare hinausgehen. Man organisiert einige Details der wahrnehmbaren Oberfläche anderer Menschen zu Gestalten, die man bereits als Grundkategorien sozialer Wahrnehmung in sich trägt. Für die Konstitution sozialer Milieus haben Gestaltvorstellungen zentrale Bedeutung: Sie definieren milieuspezifische Normalität, regulieren die Richtung der Anpassung von Existenzformen, sind Kriterien stilbezogener Sanktionen, begünstigen milieuinterne Binnenkommunikation und wirken als Hindernis für die Aufnahme milieu-überschreitender Beziehungen. Prozesse der Gestaltwahrnehmung haben für eine Theorie sozialer Milieus zentrale Bedeutung (Abschnitt 4.5).

Das wahrnehmungssteuernde Interesse am anderen hat sich unter dem Einfluß der Erlebnisorientierung umgebildet. Man will den anderen als Erlebnispartner und Erlebnisgegenstand (Abschnitt 4.6). Welche Attribute, die man leicht am Gegenüber wahrnehmen kann, können nun die Menschen nach aller Lebenserfahrung als Hinweise auf das interpretieren, was sie voneinander wollen? Evidenz und Signifikanz von Milieuzeichen ändern sich historisch; manche Zeichen treten in den Vordergrund, andere werden undeutlich (Abschnitt 4.7). Es ist anzunehmen, daß in unserer Gesellschaft vor allem drei besonders evidente Merkmale Zeichenfunktion für das Interesse am anderen haben: Manifester Stiltypus (Abschnitt 4.8), Alter (Abschnitt 4.9) und Bildung (Abschnitt 4.10). Andere Zeichen verblassen: Stellung im Produktionsprozeß, Lebensstandard, Umgebung und Religion (Abschnitt 4.11). Auf einer allgemeineren Ebene erscheinen diese Veränderungen als Wandel des Verhältnisses von Situation und Subjekt. Existenzformen bilden sich auf neue Weise (Abschnitt 4.12).

Die zwei letzten Abschnitte des Kapitels beschäftigen sich mit Vorfragen der empirischen Milieubeschreibung. Man kann nur dann sinnvoll über soziale Milieus reden, wenn man erstens eine Ebene in einer Segmentierungshierarchie übergeordneter und untergeordneter Modelle festsetzt (Abschnitt 4.13), und wenn man zweitens bereit ist, Unschärfe als Eigenschaft der sozialen Realität zu behandeln. Ignoriert man diese Vorentscheidungen, erscheinen perspektivisch bedingte Diskrepanzen zwischen verschiedenen Forschungsarbeiten als Unterschied der empirischen Ergebnisse - eine Fehlinterpretation mit der Folge von Verwirrung, die sich mit jedem Forschungsprojekt vergrößert (Abschnitt 4.14).

4.1 Existenzformen

Es hätte keinen Sinn, nach sozialen Milieus zu forschen, könnte man nicht begründet vermuten, daß sie überhaupt existieren. Was spricht, neben dem bloßen Augenschein, für die Annahme, daß unsere Gesellschaft in eine überschaubare Anzahl sozialer Großgruppen segmentiert ist? Überlegen wir im Gedankenexperiment, was *ohne* eine solche Segmentierung zu erwarten wäre. Die auffälligste Konsequenz wäre Desorientierung. Es wäre nicht nur viel schwieriger, miteinander zu verkehren, weil es nicht möglich wäre, sich an einer personenübergreifenden Typologie zu orientieren, die es mit erträglich geringem Fehlerrisiko erlaubt, sich gegenseitig einzuschätzen und zu berechnen, selbst wenn man sich noch gar nicht kennt. Vor allem würde es den meisten Menschen auch schwerfallen, eine Idee davon zu entwickeln, wer sie selbst eigentlich sind. In einer Situation der Unsicherheit, wie sie in Abschnitt 1.4 beschrieben wurde, sind Identitätsdefizite besonders prekär. Soziale Milieus sind kollektive Konstruktionen im Ordnungsvakuum. Sie schränken Variabilität ein und verhindern Chaos. Eben deshalb ist die Existenzhypothese der Milieusegmentierung plausibel.

Der Begriff sozialer Milieus soll auf diese Annahme der Ordnungsfunktion sozialer Großgruppen zugeschnitten werden. Schon bei der Untersuchung persönlichen Stils wurden zwei Aspekte der Ordnung hervorgehoben, die nun wiederkehren, nur in einem größeren, die ganze Existenz einschließenden Rahmen. Ordnung äußert sich durch Wiederholung und Ähnlichkeit. Was für unsere Alltagsästhetik gilt - die Ausprägung eines repetitiven persönlichen Stils, der kollektive alltagsästhetische Schemata zitiert -, läßt sich auf unser Leben schlechthin übertragen. Wir bilden relativ stabile Existenzformen heraus, in denen wir vielen anderen Menschen gleichen.

Diese Existenzformen schließen viele Aspekte ein. Wenigstens ein Bruchteil des Spektrums wird bei den empirischen Analysen sichtbar werden. Hier interessiert eine allgemeinere Frage: Wie gelingen uns kollektive Angleichungen von Existenzformen? Hilfreich für die Beantwortung dieser Frage ist eine Unterteilung in situative und subjektive Komponenten von Existenzformen. Beide Komponenten können auf verschiedene Weise miteinander vermittelt sein (vgl. weiter unten Abschnitt 4.12). Wenn sich die Modalitäten der Vermittlung von Situation und Subjekt ändern, muß sich auch die Milieustruktur einer Gesellschaft umbilden. Wir brauchen die Unterscheidung von Situation und Subjekt für eine Theorie der Milieutransformation.

Lassen sich Subjekt und Situation überhaupt voneinander trennen? Mit einigen Überlegungen zu scheinbaren Grenzfällen wird die Berechtigung dieser Frage deutlich. Nichts ist uns beispielsweise näher als unser Körper, nichts scheint uns subjektiver, gleichzeitig aber ist er uns gegeben, großenteils in seiner Entwicklung durch genetische Dispositionen programmiert, einer objektiven Eigenexistenz folgend, der wir uns anpassen müssen (Krankheit, Alterung). Doch wer sind wir, die Subjekte? Ist Subjektivität überhaupt möglich? Haben nicht sogar unsere alltagsästhetischen Muster objektiven Charakter? Viele Geschmacksentscheidungen meinen wir beim besten Willen nicht anders treffen zu können. Obsessionen und Widerwillen werden mit derselben Unausweichlichkeit erfahren wie Krankheiten. Unsere Subjektivität kann die Starrheit eines Betonklotzes annehmen - was unterscheidet sie dann noch davon? Umgekehrt kann man auch an der Objektivität eines Betonklotzes zweifeln. Da wir ihn selbst gemacht haben, vielleicht sogar in künstlerischer Absicht, könnte er doch eigentlich als Ausdruck von Subjektivität, als Teil von uns betrachtet werden. Ist nicht gerade dies die schmerzliche Erfahrung der Gegenwart, daß sich die Grenze zwischen Mensch und Natur verwischt hat? Wir haben uns den Tatsachenblick auf Gesellschaft und Psyche angeeignet (Bonß 1982), sehen sie wie Natur und finden gleichzeitig in der sogenannten Natur kaum noch etwas Unberührtes.

Mensch und Natur, Gemachtes und Gegebenes, Veränderbares und Stabiles - all diese Begriffspaare werden immer wieder zur Modellierung des Verhältnisses von Subjekt und Situation benutzt, implizit auch in den Deutungsmustern des Alltagswissens. Geeignet sind diese Begriffspaare jedoch schon deshalb nicht, weil sich die vermeintlichen Gegensätze bei näherem Hinsehen immer wieder als nicht eindeutig trennbar erweisen. Trotzdem brauchen wir die Vorstellung von zwei Bereichen, um unser Verhältnis zur Welt abzubilden.

Die Unterscheidung von Subjekt und Situation in dieser Arbeit zeichnet die intuitive Unterscheidung von Innen und Außen nach (vgl. zum folgenden Abschnitt 1.1) »Subjekt« ist eine unauflösbare Einheit von Körper und Bewußtsein; alle Prozesse in diesen beiden Bereichen sind »innen«. »Situation« ist alles, was das Subjekt umgibt und mit ihm in Beziehung steht; ein Ausschnitt der objektiven Wirklichkeit, der einem bestimmten Menschen zugeordnet ist. Dieser Ausschnitt ist durch die *Beziehung* zwischen Subjekt und Situation abgegrenzt, die von beiden Seiten aus konstituiert wird: von seiten der Situation durch *Betreffen* mit den Modi von Begrenzen, Nahelegen und Auslösen, von seiten des Subjekts durch *Handeln* mit den Modi von Einwirken, Wählen und Symbolisieren. Durch Betreffen und Handeln vollzieht sich die Selektion derjenigen Aspekte der objektiven Wirklichkeit, die für ein gegebenes Individuum relevant werden. Ob und wie diese Aspekte kognitiv repräsentiert werden, steht auf einem anderen Blatt - diese Frage überschreitet die Grenze der Situation und zielt auf den Bereich des Subjekts.

Nach dieser Explikation gehört zur Situation etwa der Zeitbezug zur Welt in Form von Lebensalter und Generationslage, die Sozialisationsgeschichte und die Schulbildung, soziale Lage, körperliche Verfassung, Familienstand, Haushaltsstruktur. Soweit sie in den Erfahrungsbereich eines gegebenen Subjekts gelangt, ist auch die Subjektivität anderer Menschen Situation (beispielsweise die am Gegenüber erlebte Schematisierung der Alltagsästhetik). Nicht zur Situation gehört die reflexiv erfahrene eigene Subjektivität.

Subjekt und Situation tangieren und beeinflussen sich zwar, aber die beiden Sphären bleiben immer klar voneinander getrennt. Auch wenn sich in Teilen unserer gegenwärtigen Situation die Geschichte unserer Subjektivität widerspiegelt, unser früheres Wollen, Wissen und Handeln, steht uns die Situation *gegenüber*; sie läßt sich durch spontane Veränderungen unseres Bewußtseins nicht unmittelbar verändern, sondern bestenfalls durch Handeln, wobei wir oft mit der Resistenz und Unberechenbarkeit der Situation zu kämpfen haben. Markieren wir die Grenze zwischen Situation und Subjektivität durch diese einfache Formel: Subjektivität kann durch bloße innere Umorganisation (etwa durch Umdenken oder Umfühlen) in einen neuen Zustand übergehen; Situation bleibt davon (zunächst oder dauernd) unberührt. Vielleicht - aber nur vielleicht - ändert sich die Situation, wenn das gewandelte Subjekt beginnt, sie neu zu bearbeiten. Metapher für den Bereich des Subjekts ist die Wandlung vom Saulus zum Paulus. Situation ist einer solchen Konversion nicht zugänglich. Was sich in dieser Weise umorganisieren läßt, gehört zum Bereich des Subjekts; jenseits davon beginnt der Bereich der Situation.

In jeder Gesellschaft gibt es typische Verknüpfungen von Subjekt und Situation. Die Menschen sind nicht mit gleicher Wahrscheinlichkeit über die zahllosen denkbaren Kombinationen von situativen und subjektiven Aspekten der Existenz verteilt, sondern tendieren zu einer beschränkten Anzahl von Figuren. *Existenzformen* sind kollektiv verbreitete und im Lebenslauf stabile oder nur langsam veränderliche Muster von Situation und Subjekt. Ihre Komponenten haben typischerweise über Jahre hinweg Bestand: im subjektiven Bereich etwa relativ invariante psychische Dispositionen (Vertrauen/Mißtrauen, Extraversion/Introversion u.a.), alltagsästhetische Schemata, Weltbilder, stabile politische Grundhaltungen, eingeschliffene Handlungsmuster; im situativen Bereich etwa Beruf, Einkommen, Wohnsituation, Alter, Generationszugehörigkeit, körperliche Eigenschaften, Herkunftsfamilie, Bildungsverlauf, soziale Herkunft.

4.2 Soziale Milieus

Wenn in einer Gesellschaft überhaupt Existenzformen vorkommen, ist dies gleichbedeutend mit der Segmentierung der Gesellschaft in Ähnlichkeitsgruppen, denn das Typische (Existenzform) gibt es immer vielfach. Der Begriff sozialer Milieus, der nun eingeführt wird, nimmt auf die Gruppierung von Existenzformen Bezug, fügt jedoch noch ein weiteres Element hinzu: die Verdichtung sozialer Kontakte innerhalb der Gruppen. Soziale Milieus seien demnach definiert als Personengruppen, die sich durch gruppenspezifische Existenzformen und erhöhte Binnenkommunikation voneinander abheben.

Durch die Komponente der Binnenkommunikation unterscheiden sich soziale Milieus von bloßen Ähnlichkeitsgruppen beziehungslos nebeneinander lebender Personen. Nur in kleinen Gruppen kann Binnenkommunikation das Ausmaß einer vollständigen Vernetzung jedes mit jedem annehmen. In sozialen Großgruppen, um die es in dieser Arbeit geht, manifestiert sich Binnenkommunikation dadurch, daß in persönlichen Kontakten Angehörige derselben Gruppe mit erhöhter Wahrscheinlichkeit aufeinandertreffen, insbesondere in Partner- und Freundschaftsbeziehungen, im Bekanntenkreis, in Vereinen, in Szenen. Erst durch Binnenkommunikation werden Ähnlichkeitsgruppen zu einem soziologisch interessanten Sachverhalt, weil sie erst dadurch Stabilität gewinnen - jeder schaut vom anderen ab, was normal ist, alle gleichen sich immer wieder neu aneinander an. Mehr noch: Binnenkommunikation bewirkt, daß die ständigen Veränderungen der Wirklichkeit, etwa politische, wirtschaftliche oder ökologische Entwicklungen, innerhalb sozialer Milieus ähnlich verarbeitet werden, während sich zwischen sozialen Milieus Diskrepanzen auftun können. Durch Binnenkommunikation werden soziale Milieus zu segmentierten Wissensgemeinschaften, die auf öffentliche Ereignisse mit einem milieuspezifischen Kommentar reagieren. Schließlich ist Binnenkommunikation eine notwendige, wenn auch nicht hinreichende Bedingung für die Entstehung von Gruppenbewußtsein. Das Milieu kann zu einem Wissen um seine eigene Existenz gelangen, sich organisieren, als kollektiver Akteur auf der politischen Szene erscheinen.

Statt von Milieus zu sprechen, könnte man auch andere Ausdrücke verwenden, etwa Lebensstilgruppen, Subkulturen, ständische Gemeinschaften, soziokulturelle Segmente, erlebbare gesellschaftliche Großgruppen. Jede dieser Benennungen weckt besondere Assoziationen, die nicht davon ablenken sollen, worauf es in unserem Zusammenhang inhaltlich ankommt: partielle Gemeinsamkeit von Existenzformen und erhöhte Binnenkommunikation. Soziale Schichten sind immer auch Milieus in diesem Sinne, doch die Umkehrung gilt nicht, da der Schichtbegriff eine Voraussetzung enthält, die bei der Milieusegmentierung der Bundesrepublik Deutschland gerade fraglich ist: eine verhaltensrelevante und sozial wahrgenommene hierarchische Anordnung.

Es ist trotz dieser Distanzierung offensichtlich, daß der soeben definierte Milieubegriff eine Tradition von Theorien großer sozialer Gruppen fortschreibt, die etwa so alt ist wie die Soziologie selbst. In verschiedenen klassischen Begriffspaaren taucht immer wieder dieselbe Thematik der Vergesellschaftung von Existenzformen in Großgruppen auf: »Formen der Lebensführung« und »Stände« bei Max Weber, »Ideologie« und »Klasse« bei Karl Mannheim, »Mentalitäten« und »soziale Schichten« bei Theodor Geiger, »Geschmack« und »Klassen« bei Pierre Bourdieu, »Stil« und »Subkultur« bei Paul Willis, John Clarke und Dick Hebdige. Die Frage, ob es angesichts dieser Vielfalt von Benennungen für offensichtlich ähnliche Inhalte sinnvoll ist, einen neuen Terminus einzuführen, ist durchaus berechtigt. Doch die zitierten Begriffe enthalten teilweise Bedeutungskomponenten, die nicht mehr auf die Gegenwart passen, teilweise werfen sie theoretische Probleme auf.

Das Arbeiten mit einem neu explizierten Milieubegriff erscheint als das kleinere Übel. Da sich die gesellschaftlichen Verhältnisse geändert haben, ist es zweckmäßig, verschiedene Komponenten auszugrenzen, die unter anderen Umständen selbstverständlich gewesen sein mögen. Insbesondere die folgenden fünf Annahmen, die in wechselnden Kombinationen immer wieder in verwandten Begriffen (Schicht, Klasse, Subkultur) auftauchen, sollen für den hier verwendeten Milieubegriff *nicht* gelten: 1. situative Verankerung sozialer Großgruppen in den Bereichen von Arbeit, Beruf, Einkommen und Besitz; 2. hierarchische Ordnung von Großgruppen; 3. Kulturkonflikt zwischen herrschender Kultur und Gegenkultur; 4. einseitige Bedingtheit von Subjektivität durch die Situation; 5. räumliche Segregation von Großgruppen (vgl. viele der von Keim 1979 zusammengestellten Milieubegriffe).

Nicht etwa weil sie irrelevant wären, wurden diese Möglichkeiten aus dem Konzept sozialer Milieus ausgegrenzt, sondern um sie der empirischen Untersuchung *zugänglich* zu machen. Die angeführten Annahmen sollen nicht bereits definitionsgemäß feststehen, sondern sich in Frage stellen lassen. Erst unter dieser Bedingung kann der historische Wandel der Milieustruktur sichtbar gemacht werden.

Um diesen Wandel zu erkennen, reicht es jedoch nicht aus, den Milieubegriff von Einschränkungen freizuhalten, die von der gesellschaftlichen Entwicklung überholt wurden. Am Anfang des Versuchs, Milieutransformationen zu beschreiben und nachzuvollziehen, muß die Frage stehen, wie denn soziale Milieus überhaupt zustandekommen. Die folgenden Abschnitte kreisen um diese Frage. Hauptaussage wird sein, daß sich die Entstehung sozialer Milieus nicht durch ein zeitloses Modell beschreiben läßt - vielmehr müssen wir vom Modell der Beziehungsvorgabe Abschied nehmen und uns dem Modell der Beziehungswahl zuwenden. Dieses zweite, aktuelle Modell der Milieukonstitution wird dazu zwingen, sich intensiv mit Prozessen der sozialen Wahrnehmung, mit dem kulturtypischen Interesse am anderen und mit milieuindizierenden Zeichenklassen auseinanderzusetzen.

4.3 Beziehungsvorgabe

Die erste Schwierigkeit beim Versuch einer Theorie der Konstitution sozialer Milieus besteht darin, daß wir zwar heute ebenso auf soziale Milieus stoßen wie vor hundert oder zweihundert Jahren, jedoch zur Rekonstruktion der Genese sozialer Milieus unterschiedliche Modelle benötigen. In einer Welt, für die das Modell der Beziehungsvorgabe gilt, haben die Menschen typischerweise nur einen geringen räumlichen Aktionsradius. Es gibt keine Autos, keine Massenverkehrsmittel und auch kein Telefon, um große räumliche Distanzen jederzeit zu überbrücken. Kommunikation muß sich vor Ort, im direkten Kontakt und mit denjenigen Personen entfalten, die man in seiner Lebenssituation vorfindet, ob es einem gefällt oder nicht. Man hat wenig Wahlmöglichkeiten, sowohl bei der Gestaltung seines persönlichen Kommunikationsnetzwerks als auch bei der Gestaltung seines persönlichen Stils. Dominierende Bedeutungsebene ist Distinktion. Das Niveau, das man auf der Skala symbolischer Unterscheidung erreicht, ist weitgehend ökonomisch determiniert. Versuche, die Grenzen des Passenden zu überschreiten, werden sanktioniert oder durch Zugangsbarrieren zum Scheitern gebracht.

Unter diesen Bedingungen ergibt sich Milieuzugehörigkeit fast zwangsläufig aus den äußeren Lebensverhältnissen. In ökonomisch homogenen, regional konzentrierten Teilkulturen mit erhöhter Binnenkommunikation erarbeiten sich die Angehörigen sozialer Milieus ihr spezifisches Muster von Subjektivität, das sich mit dem spezifischen Muster von Situation zu einem komplexen Syndrom, der milieutypischen Existenzform, verbindet. Die hierarchisch geschichteten ländlichen und städtischen Gesellschaften des 18. und frühen 19. Jahrhunderts sind Beispiele für diese Form der Milieukonstitution. Weil es dem einzelnen kaum möglich ist, aus dem situativ bestimmten Milieu herauszutreten, soll dieser Typus der Milieuentstehung als Beziehungsvorgabe bezeichnet werden.

In der sozialen Wahrnehmung dominieren solche Attribute, die mit hoher Sicherheit auf die Milieuzugehörigkeit hinweisen - was der andere tut, woher er kommt, was er sich leisten kann. Immer wieder können wir in Romanen, Tagebüchern und Briefen des 18. und 19. Jahrhunderts die Wichtigkeit dieser Koordinaten der Existenz bei der Schilderung anderer Personen nachvollziehen. Kaum taucht eine neue Figur auf, weiß man im Handumdrehen Bescheid über ihren Beruf, ihre lokale Zuordnung, ihren Lebensstandard. Etwa: »Denn eines Tages geschah es, daß das ganze Dorf in große Bewegung gesetzt wurde durch die Ankunft eines schönen, schlanken Mannes, der einen feinen grünen Frack trug nach dem neuesten Schnitte, eng anliegende weiße Beinkleider und glänzende Suwarowstiefel mit gelben Stulpen. Wenn es regnerisch aussah, so führte er einen rotseidenen Schirm mit sich, und eine große goldene Uhr von feiner Arbeit gab ihm in den Augen der Bauern einen ungemein vornehmen Anstrich. Dieser Mann war niemand anderes als der weitgereiste Steinmetzgeselle Lee, welcher seine lange Wanderschaft ruhmvoll beendigt hatte.« (aus: Gottfried Keller, Der grüne Heinrich. Geschrieben 1847 - 1853).

Soziale Wahrnehmung ist hier zwar an Mileuzugehörigkeit interessiert, denn man will schließlich wissen, mit wem man es zu tun hat, doch hat sie hinsichtlich der Konstitution sozialer Milieus keine aktive, sondern nur reaktive Bedeutung. Sie zeichnet lediglich Bestehendes nach. Dies hat sich inzwischen geändert.

4.4 Beziehungswahl

In welcher Situation befinden wir uns in der Gegenwart? Zwar bilden die Menschen immer noch soziale Milieus, doch folgen sie dabei keiner Notwendigkeit. Milieuinterne Binnenkommunikation ist nicht mehr räumlich eingegrenzt. Sie kann sich irgendwo im Stadtgebiet (etwa im Rahmen von Szenen) ereignen, mühelos die Grenzen der Ballungsgebiete überschreiten und sich etwa auch auf griechische Inseln oder nach Indien verlagern. Man muß sich nicht einmal mehr persönlich treffen, sondern braucht einander nur anzurufen. Anfang der sechziger Jahre waren 14% der Haushalte mit einem Telefon ausgestattet, 1988 waren es 93% (Angele 1989, S.83). Abend für Abend wählen Millionen von Menschen ihre Kontakte in einem neuen Wortsinn, nämlich telefonisch. Die regionale Eingrenzung der Wahlmöglichkeiten ist ebenso weggefallen wie die bindende nachbarschaftliche Kontakterwartung. Viele leben in ihrer Wohnumgebung weitgehend anonym.

Immer weniger wird die Entfaltung persönlicher Stile durch die Einkommensverhältnisse limitiert. Nach wie vor vorhandene Einkommensunterschiede haben nicht mehr die Auswirkung, daß sie unterschiedliche Milieuzugehörigkeit durch die maximal erreichbare Aufwendigkeit der Lebensführung determinieren würden. Jede der weiter unten geschilderten Großgruppen ist für jeden Durchschnittsverdiener finanziell erreichbar.

Milieus werden den Menschen in einer gesellschaftlichen Situation, wie sie für Nationen mit einem hohen Lebensstandard charakteristisch ist, nicht einfach vom Schicksal verordnet. Man kann wählen, mehr noch: man muß wählen, wenn man überhaupt noch irgendwo dazugehören möchte. Die Entstehung von Kommunikationsnetzen durch selektive Wahl von Kontaktpartnern wird durch soziale Wahrnehmung gesteuert. Um gesamtgesellschaftliche Milieustrukturen in einer Welt zu identifizieren, für die das Modell der Beziehungswahl gilt, muß man als erstes den kulturspezifischen Blickwechsel zwischen Menschen vor der Aufnahme einer Beziehung analysieren.

Je mehr äußere Zwänge wegfallen, desto wichtiger ist die Rolle der gegenseitigen sozialen Wahrnehmung für das Zustandekommen oder Nichtzustandekommen sozialer Beziehungen. Ob sich Menschen unter der Bedingung gegenseitiger Wählbarkeit aufeinander einlassen oder nicht, hängt maßgeblich davon ab, ob sie sich gegenseitig bereits dann als wahrscheinlich ähnlich wahrgenommen haben, wenn sich noch gar kein intensiverer Kontakt entwickeln konnte. Sobald man entscheiden kann, ob man aufeinander zugeht oder den Kontakt vermeidet, ohne zu einer der Alternativen gezwungen zu werden, besteht ein enger Zusammenhang zwischen der Schematisierung sozialer Wahrnehmung und der Segmentierung sozialer Kontaktfelder. Personen mit ähnlichen Profilen von Situation und Subjektivität werden nicht nur statistisch als Gruppen sichtbar, sondern auch sozial: Intern ist die Interaktionsdichte wesentlich höher als extern.

Unsere Alltagswahrnehmung verläuft im Rahmen von Wirklichkeitsmodellen (vgl. Kapitel 5.3), bei denen milieuindizierende Zeichen auf eine Bedeutungsebene latenter subjektiver Abbildungen der sozialen Realität bezogen werden. Als Zeichen fungieren dabei persönliche Attribute wie etwa Sprachcodes, Umgangsformen, Kleidung, Besitzgegenstände, alltagsästhetische Stile, körperliche Merkmale, territoriales Verhalten und vieles mehr. Die Ebene der Bedeutungen wird konstituiert durch Vorstellungen über die Großgruppen-Struktur der Gesellschaft, der die Menschen selbst angehören. Oft äußern sich solche Vorstellungen nur implizit durch Gefühle von Vertrautheit oder Fremdheit in der Alltagsinteraktion. Dahinter stehen subjektive Milieumodelle - alltagssoziologisches Wissen, mehr empfunden als gewußt, über die Milieustruktur der Gesellschaft, über milieutypische Existenzformen und über den eigenen Standort in dieser vorgestellten Wirklichkeit. Solche kognitiven Strukturen existieren unabhängig davon, ob die Menschen dazu imstande sind, sie auch verbal auszudrücken.

Der Begriff der Existenzform bezieht sich auf die gesamte individuelle Existenz, die eine unüberschaubare Vielzahl situativer und subjektiver Aspekte einschließt. Wahrnehmungsprogramme in der Alltagsinteraktion sind im Vergleich zu dieser Totalität hochgradig selektiv; sie zielen lediglich auf eine Teilmenge persönlicher Attribute ab. Die Selektivität, die jeder denkbaren Milieusemantik zugrundeliegen muß, hat ihren Ursprung in einem gesellschaftsspezifischen Interesse am anderen. Eine Grundfrage der Theorie des Wandels sozialer Milieus lautet deshalb: Welchen säkularen Veränderungen unterliegt das Interesse am anderen? Zentrale These bei der Untersuchung dieser Frage weiter unten ist die Annahme, daß das Interesse am anderen immer stärker durch die Basismotivation der Erlebnisorientierung strukturiert wird.

Soziale Milieus haben unter der Bedingung der Beziehungswahl den Doppelcharakter einer das Denken und Handeln beeinflussenden objektiven gesellschaftlichen Wirklichkeit, die andererseits durch das Denken und Handeln ständig neu konstruiert wird und die deshalb die Subjekte nicht nur beeinflußt, sondern auch auf säkulare Veränderungen der Subjekte reagiert. Es wäre deshalb geradezu erstaunlich, wenn die Milieustruktur der Bundesrepublik Deutschland sich nicht ähnlich fundamental transformiert hätte wie die Subjekte.

Bei der Entstehung sozialer Milieus durch Beziehungswahl spielt die distinktive Bedeutungsebene der Alltagsästhetik eine theoretisch wichtige Rolle, mag sie auch im subjektiven Empfinden sekundär geworden sein (vgl. Abschnitt 3.10, Punkt 5). Persönlicher Stil wird zum Zeichen, an dem sich Individuen orientieren, um sich voneinander abzugrenzen. Wählen impliziert Nichtwählen, soziale

Annäherung impliziert soziale Distanzierung. Im Ausleben alltagsästhetischer Episoden wird soziale Distanzierung symbolisch manifest - antibarbarisch, antiexzentrisch, antikonventionell (zu diesen Distinktionsformen siehe die Abschnitte 3.5, 3.6 und 3.7). Wie weiter unten gezeigt wird, sind diese Schemata der Distinktion in eine fundamentale Semantik von Ähnlichkeit und Unähnlichkeit eingebettet.

Mit dem Übergang von Beziehungsvorgabe zu Beziehungswahl ändern sich die theoretischen Verhältnisse. Daß nun allerdings die Situation soziologisch ganz aus dem Dienst zu nehmen wäre, stellt sich bei näherem Hinsehen schnell als Übertreibung heraus. Es ändert sich nur der theoretische Status situativer Gegebenheiten: von einschränkenden werden sie zu nahelegenden Bedingungen. Am Beispiel der Milieuentstehung zeigt sich eine allgemeinere Veränderung sozialer Kausalitätsverhältnisse, die weiter unten als Wandel des Aufbaus von Existenzformen untersucht werden soll (Abschnitt 4.12). Dabei wird genauer zu begründen sein, warum milieuspezifische Existenzformen mit großer Wahrscheinlichkeit auch dann situative Komponenten enthalten, wenn sich die Konstitution sozialer Milieus durch Beziehungswahl vollzieht. Soziale Milieus mögen sich unter dieser Bedingung als bloße Subjektivitätsgemeinschaften wahrnehmen, aber sie sind es nicht.

4.5 Zeichen und Gestalt

Ohne die Fähigkeit zur Typisierung sind soziale Milieus in der Gegenwart nicht vorstellbar. Diese Fähigkeit hat zwei Aspekte: einmal die Integration vieler Erfahrungen zu allgemeinen Kategorien, zum anderen die Zuordnung aktueller Wahrnehmungen zu bereits vorhandenen Kategorien. Im folgenden Abschnitt werden diese Fähigkeiten alltagssoziologischer Inhaltsanalyse genauer untersucht.

Unsere Personenwahrnehmung ist ganzheitlich ausgerichtet; wir versuchen, möglichst viel Information in einem Bild zu integrieren. Selbst bei einem Fremden, der ins Zugabteil kommt, ist dies bereits eine ganze Menge: Kleidung, Stimme, Ausdrucksweise, Mimik, Alter, Geschlecht, Körpergröße, Frisur. All dies teilt sich in wenigen Sekunden mit und fügt sich zu einer vorläufigen Gestalt, die bei näherer Bekanntschaft weiter durch Wahrnehmungen angereichert und verändert wird. Auch unsere Selbstwahrnehmung orientiert sich an dieser ganzheitlichen Perspektive. Gerade Gefühle der inneren Widersprüchlichkeit unterstreichen, daß wir uns selbst integrativ wahrnehmen. Wir sitzen in einem dunklen Raum und blicken auf eine Leinwand, auf der sich unser momentanes Bewußtsein von uns selbst zu einem Gesamtbild vereinigt.

In der Wahrnehmung von Personen mischen sich besondere und allgemeine Elemente. Einerseits haben die Bilder, die wir uns voneinander machen, selbst bei flüchtiger Bekanntschaft individuelle Züge. An einem Lehrer, der grundsätzlich ohne Socken zum Unterricht erscheint, fällt diese Kleinigkeit viel mehr auf als die Normalität in seinem übrigen Verhalten. Andererseits bringt eine persönliche Note, so verrückt sie auch sein mag, nicht etwa radikale Originalität zum Ausdruck, sondern gerade umgekehrt eine konforme Grundgestalt. Kleine Verrücktheiten sind genau das, was der Name besagt: Unregelmäßigkeiten in einem ansonsten wohlgeordneten und typischen Gesamtbild. Normalität ist nicht das Gegenteil, sondern die wahrnehmungspsychologische Voraussetzung individueller Abweichung. Im folgenden geht es nun nicht um das, was auffällt, sondern um den unauffälligen Hintergrund, der Auffälligkeit erst ermöglicht.

Wir bewältigen unseren Alltag mit einem begrenzten Vorrat von Typenvorstellungen, die Bestandteil unserer Wirklichkeitsmodelle sind (vgl. zu diesem Begriff Kapitel 5.3). Eingeschlossen in diesen Wahrnehmungsmustern sind viele Aspekte der menschlichen Existenz: Beruf, Bildungsgrad, Lebensalter, Familienstand, persönlicher Stil, Wertvorstellungen, politische Tendenzen, Psyche und Körper. In unserer alltagssoziologischen Begrifflichkeit arbeiten wir mit komplizierten Konzepten: vieldimensional definierte Konfigurationen, die in einem unbestimmten Ausmaß abweichungsresistent sind und mit einer Normalitätserwartung verbunden werden.

Unsere Vorstellungen von normalen Existenzformen projizieren wir auf verschiedene Gegenstände. Insbesondere in drei verschiedenen Wahrnehmungszusammenhängen werden soziale Typen aktualisiert: in der Selbstwahrnehmung, in der Wahrnehmung anderer Personen, schließlich in der Vorstellung, die wir uns über die uns selbst betreffende Wahrnehmung anderer Personen bilden. Ich mache mir ein Bild von der Art und Weise, wie die anderen mich sehen - gerade diese Vorstellungen über Vorstellungen sind wichtig, um Eigendynamik und soziologische Auswirkungen sozialer Typenvorstellungen zu verstehen.

Schon der gesunde Menschenverstand nämlich hindert uns daran, uns ständig typenwidrig zu verhalten. Abgesehen davon, daß man von Entscheidungen entlastet ist, wenn man denjenigen Schemata folgt, die jeweils als angemessen gelten, erspart man sich auch Zeit und Ärger. Interaktionsstörungen wegen typenwidriger Selbstinszenierungen können verschiedenes Aussehen haben: Erstaunte Rückfragen, Gelächter, Enttäuschung, Verärgerung, Moralpredigten, Rechtfertigungsdruck, Prestigeverlust. Die Erfahrung lehrt, daß man eher draufzahlt als gewinnt. Deshalb führt die Pragmatik der Alltagsinteraktion zu einer ständigen Bestätigung von Vorstellungen über normale Existenzformen, wenn sie erst einmal im Umlauf sind. Soziale Typen haben eine selbsterhaltende Eigendynamik.

Am Anfang der kollektiven sozialen Typologien einer Deutungsgemeinschaft steht die unmittelbare Alltagserfahrung. Viele Menschen nehmen im Umgang miteinander immer wieder ähnliche Existenzformen wahr. Syndrome von Situation und Subjekt werden gestaltbildend und typisierend überzeichnet und selbstverstärkend in Alltagskommunikation und subjektiver Lebensplanung umgesetzt. Soziale Wirklichkeit und Typensemantik sind durch eine Feedback-Schleife miteinander verbunden, so daß sie einander ungefähr entsprechen. Medium dieser Zirkularstabilisierung sind ungezählte einzelne Interaktionsprozesse, in denen typologische Informationen dargestellt, wahrgenommen und zensiert werden. Bei der vermeintlichen Privatsache unserer Alltagskommunikation stimmen wir unbewußt unsere alltagssoziologische Terminologie ständig aufeinander ab. Vorstellungen und reale Typen von normalen Existenzformen sind gemeinsam erarbeitet und, wenn auch verschwommen, allgemein bekannt.

Für die Aktualisierung einer Gestaltwahrnehmung genügen bereits wenige Zeichen. Darin liegt das besondere Raffinement dieser Wahrnehmungsart, das ihr zum evolutionsgeschichtlichen Erfolg verholfen hat: Fragmente der sichtbaren Wirklichkeit zu einem ganzheitlichen Eindruck ergänzen zu können. Gestaltvorstellungen sind wesentlich komplexer als die Wahrnehmungen, durch die sie aktuell wachgerufen werden. Im Handumdrehen formen wir aus der Momentaufnahme eines anderen, den wir zum ersten Mal sehen und hören, ein komplexes Bild, das Vermutungen über seine Biographie, seine Lebenssituation, sein Seelenleben mit einschließt. Wir wissen, daß der andere uns ebenso typisiert. Diese Überlegungen führen zu einer milieutheoretisch wichtigen Frage: Auf welchen Indikatoren bauen Gestaltbildungen in der Alltagskommunikation auf?

Typisierungen müssen immer an sinnlichen Erfahrungen ansetzen. Nicht alles jedoch, was man sehen oder hören kann, hat den gleichen alltagssoziologischen Wert als Indikator. In den fünfziger und sechziger Jahren waren beispielsweise langlebige Konsumgüter, Automarken, Vorhandensein eines Telefons und Kleidungsstücke alltagssoziologisch besser lesbar als heute. Damals bestand ein starker Zusammenhang dieser Attribute mit der Gesamtexistenz ihres Trägers. Seither ist die Verbindung schwächer geworden; die Zeichen verloren ihre Signifikanz. Auf welche Zeichen sich soziale Gestaltwahrnehmung heute gründet, soll weiter unten ausführlich untersucht werden.

Erst die ganzheitliche Auffassung der sozialen Realität ermöglicht es den Menschen, mit drei Informationsproblemen fertigzuwerden, die gelöst werden müssen, wenn Milieus überhaupt möglich sein sollen: 1. Unterinformation: Meist stehen nur wenige Oberflächenzeichen für die Dekodierung von Typus und Milieuzugehörigkeit zur Verfügung. Wie man in der visuellen Wahrnehmung aus wenigen Strichen komplexe Figuren aufbauen kann, so auch in der sozialen Wahrnehmung aus wenigen Zeichen komplexe Typen. 2. Überinformation: Bei näherem Kennenlernen stellt sich immer heraus, daß der andere von der komplexen Normalitätsvorstellung, mit der man ihn zunächst besetzt hatte, teilweise abweicht. Um dieser Vielfalt gerecht zu werden, müßte man das Milieumodell ständig differenzieren. Mit zunehmender sozialer Erfahrung würde es seine Orientierungsfunktion immer mehr verlieren. Die Gestalthaftigkeit der sozialen Wahrnehmung ermöglicht es, diesen Orientierungsverlust zu vermeiden. Abweichungselastisch sucht der Wahrnehmende nach schemenhaften Gesamtbildern, die sich trotz individueller Eigenarten in groben Zügen erkennen lassen. 3. Informationswandel: Gestaltwahrnehmung ist in der Lage, die Identität einer Gesamtkonfiguration trotz des Austauschs einzelner Elemente längere Zeit ultrastabil zu erhalten. Was beispielsweise dazugehört, gut angezogen zu sein, ändert sich mit der Mode, nicht aber die Sozialfigur des kultivierten Menschen. In einer Umwelt immer schnellerer Zeichenfluktuation würde die Orientierung im Alltagsleben zusammenbrechen, wenn die Menschen nicht in der Lage wären, ständig neue Klassen persönlicher Attribute in ihre soziale Typologie einzubauen, ohne die Typologie selbst zu ändern.

Den drei Informationsproblemen geht ein grundlegendes Problem voraus: die Klärung der Frage, was man überhaupt wissen will, wenn man sich in der sozialen Interaktion zu orientieren versucht. Um etwas wahrnehmen zu können, muß man ein bestimmtes Interesse mitbringen. Erst dann ist es möglich, jene Selektivität der Wahrnehmung aufzubauen, die notwendig ist, um die Unendlichkeit der Aspekte auf ein überschaubares Maß zu reduzieren. Die Auswahl der Zeichen, aus denen wir Gestalten bilden, wird durch Interessen gesteuert. Wandelt sich die Selektivität sozialer Wahrnehmung, so kann dies nicht ohne Auswirkung auf die Milieustruktur einer Gesellschaft bleiben.

4.6 Der neue Blick für den anderen

Wenn soziale Milieus nicht mehr durch Beziehungsvorgabe, sondern durch Beziehungswahl entstehen, gewinnt das Subjekt eine makrosoziologische Bedeutung, deren Aufarbeitung erst noch geleistet werden muß. Bis zum Ende des 19. Jahrhunderts sahen sich die meisten Menschen von Notwendigkeiten umstellt: ohne spontan nutzbare Kommunikationsmöglichkeiten, die über die Grenzen des unmittelbaren lokalen Umfeldes hinausgewiesen hätten, ohne großen Spielraum zur individuellen Lebensgestaltung jenseits des Existenzminimums, in einer Warenwelt geringer Diversifizierung, eingeschränkt durch Konventionen und kontrolliert durch Sanktionen. Für die Einbindung des einzelnen in soziale Milieus spielten seine persönlichen Eigenarten und Wünsche keine große Rolle. Ungefragt sah er sich in ein bestimmtes, vor allem regional und ökonomisch definiertes Milieu hineingestellt. Je mehr die objektiven Lebensverhältnisse Wahlmöglichkeiten bei der Verbindung von Menschen zu Milieus gewährten, desto größer wurde die theoretische Bedeutung des subjektiven Faktors für die Beschreibung der Milieuentstehung.

Durch die Bedeutungszunahme des Subjekts verwirren sich soziale Beziehungen keineswegs zu einem regellosen sozialen Durcheinander. Was im Alltagsleben des einzelnen spontan und einzigartig erscheint, gewinnt bei einer soziologischen Betrachtung des Kollektivs Konturen einer Ordnung informaler Assoziation, die trotz vieler Abweichungen und Grenzfälle unübersehbar eine weiter unten noch genauer zu beschreibende gesamtgesellschaftliche Milieustruktur nach sich zieht. Mit drei Thesen kann diese Ordnung näher bestimmt werden:

1. *Die Wahl von Beziehungspartnern orientiert sich in starkem Maße am Gesichtspunkt der Ähnlichkeit.* Diese Annahme ist durch viele Studien interkulturell bestätigt (vgl. etwa Epstein/Guttman 1984; Buss 1985) und bewahrheitet sich bei der Partnerwahl selbst für physische Merkmale wie Haarfarbe oder Körpergröße (Rushton/Russel/Wells 1985). Es gibt eine umfangreiche Literatur zur Frage, inwieweit dieses Phänomen genetisch zu erklären ist; in der Tat scheint die Tendenz zur Ähnlichkeit teilweise biologisch verankerte, evolutionsgeschichtlich bedingte Ursachen zu haben (vgl. etwa Thiessen/Gregg 1980; Rushton/Nicholson 1988).

Zwei soziologische Erklärungen müssen jedoch hinzukommen, um das gesamte Ausmaß der Ähnlichkeit zu erklären. Durch eine Verallgemeinerung von Eisenstadts Erklärung der Entstehung altershomogener Gruppen (Eisenstadt 1956) gelangt man zur These der kombinierten Wirksamkeit von Selektions- und Sozialisationseffekten: Wo in unserer Gesellschaft Personen aufeinandertreffen und Beziehungen aufnehmen können, sind sie fast immer bereits durch Selektionsmechanismen vorgefiltert und im Vergleich zur übrigen Bevölkerung homogenisiert. Durch gemeinsame Erfahrungen am Ort des Zusammentreffens verstärkt sich diese Homogenität weiter, so daß Beziehungspartner schon deshalb eine gewisse Ähnlichkeit aufweisen müssen, weil die zur Auswahl stehenden Personen von Anfang an relativ ähnlich sind. Was Eisenstadt für das Kontaktfeld der Bildungsinstitutionen feststellte, kann plausibel auf andere Kontaktfelder übertragen werden, etwa Kneipen, Diskotheken, Szenen, Urlaubssituationen, Selbsterfahrungsgruppen, Volkshochschulkurse usw. Gerade in einer erlebnisorientierten Gesellschaft greift das skizzierte Erklärungsmuster in besonderem Maße. Ein zweites soziologisches Argument, das sich auf die Pragmatik der Alltagsinteraktion bezieht, ist notwendig, um die Wahlhandlungen der Subjekte abzubilden: Jeder hat die einfache Lektion gelernt, daß Interaktion umso erfolgreicher verläuft, je mehr sich die Beteiligten im Hinblick auf den hauptsächlichen Inhalt der Interaktion ähneln. Wenn es etwa darum geht, gemeinsam etwas zu lernen, werden diejenigen Gruppen am effizientesten arbeiten, die im Hinblick auf Vorwissen, Lernstil, Kommunikationsstil und andere lernrelevante Dimensionen am homogensten sind. Welcher Interaktionsinhalt hat für die Entstehung sozialer Milieus in unserer Gesellschaft besondere Bedeutung?

2. *Ähnlichkeitsurteile in der Alltagsinteraktion sind in zunehmendem Maße erlebnisorientiert.* Aus der Vielzahl möglicher Urteilskriterien greifen sich die Menschen die subjektiv bedeutsamsten Dimensionen heraus. Je mehr die innenorientierte Sinngebung der Alltagsinteraktion in den Vordergrund tritt, desto mehr tendieren die Menschen dazu, ihre sozialen Netzwerke primär nach dem Gesichtspunkt ähnlicher Erlebnisdispositionen aufzubauen. Die Definition der normalen Interaktion als Erlebnisprojekt ist weit fortgeschritten. Der Perspektivenschwenk von der Abwehr des Bedrohlichen zum Auskosten des Gesicherten läßt alles in einem spezifischen Licht erscheinen, auch den anderen. Was im Wahrnehmungsmuster der Bedrohtheit das Hauptinteresse ausmachte, wird zur Neben-

sache: die außenorientierte Bedeutung des anderen, etwa für das Überleben. So interessiert er immer weniger in seiner Eigenschaft als Gefahrenquelle, Beschützer, Gegner, Kampfgenosse, Konkurrent, Verhandlungspartner und immer mehr als Erlebnisgegenstand oder als Erlebnispartner (vgl. zur langfristigen historischen Entwicklung dieser Perspektive die Analyse von Sennet 1983).

Genau dieses innenorientierte Interesse ist der Tenor von Bekanntschafts- und Heiratsinseraten, bleibt jedoch nicht auf den Interaktionsbereich der langfristigen Zweierbeziehung beschränkt. Auch kurzfristige Interaktionen entstehen und vergehen in Erlebnissituationen: im Urlaub, in Cafés, bei Veranstaltungen. Freundesgruppen sind innenorientierte Kooperationsgemeinschaften. Verwandtschaftsbeziehungen sind ebenfalls vom Sog der innenorientierten Sinngebung erfaßt; sie leben und sterben mit dem Gefühl der Beteiligten, etwas miteinander anfangen zu können. Für soziale Netzwerke der Gegenwart gilt eine Tendenz zur Ähnlichkeit der Innenorientierungen: Selbstverwirklichung, Unterhaltung, Rang, Konformität, Geborgenheit, um auf milieuspezifische Varianten anzuspielen, die weiter unten herausgearbeitet werden. Offen ist jedoch die Frage, wie Menschen die innenorientierte Homogenisierung von Interaktionsgruppen zustandebringen. Darauf beziehen sich die folgenden Ausführungen.

3. *Die Selektivität sozialer Wahrnehmung wird zunehmend auf subjektiv bedeutsame Indikatoren programmiert*: Man hält nach solchen Zeichen am Gegenüber Ausschau, die auf erlebnisrelevante Eigenschaften hinweisen. Daß es auf diese innenorientierte Optik bei der Entstehung sozialer Milieus überhaupt ankommt, ist im Vergleich zur Milieukonstitution durch Beziehungsvorgabe etwas Neues. Die soziologische Analyse der Entstehung sozialer Milieus verlangt eine ausführliche Beschäftigung mit Wahrnehmungsprozessen. Welche Zeichen werden wie dekodiert? Mit zunehmender Wahlfreiheit der Subjekte wird soziale Semiotik zur theoretischen Notwendigkeit.

4.7 Evidenz und Signifikanz

Es gibt viele Zeichen für Milieuzugehörigkeit, die sich erst nach längerem Kontakt erschließen (beispielsweise die Wohnungseinrichtung). Damit Milieus als Großgruppen entstehen können, müssen jedoch einfache, schnell dekodierbare Zeichen verfügbar sein. Dies gilt umso mehr, je mobiler eine Gesellschaft ist und je stärker sich die Menschen von lokal begrenzten Sozialzusammenhängen ablösen. Eine kollektive Semantik sozialer Milieus, die etwas mit der Verteilung der Existenzformen zu tun hat, setzt Zeichen voraus, die zwei Bedingungen erfüllen: Evidenz und Signifikanz. Zeichen sollen als evident gelten, wenn sie leicht wahrnehmbar sind. Kleidung, Lebensalter, Sprachstil oder Automarke sind Beispiele für evidente Zeichen. Je zuverlässiger Zeichen auf das hinweisen, was den Wahrnehmenden am anderen interessiert, desto höher ist ihre Signifikanz. Bis in die siebziger Jahre hinein besaß beispielsweise die Automarke in der Bundesrepublik große Signifikanz, inzwischen nicht mehr. Um den Wandel sozialer Milieus zu verstehen, muß man neben der Veränderung der Selektivität der Wahrnehmung auch die Frage untersuchen, wie sich Evidenz und Signifikanz persönlicher Attribute verändern. Ehedem evidente und signifikante Zeichen wie Stellung im Produktionsprozeß, Lebensstandard und lokale Zugehörigkeit sind verblaßt, andere, insbesondere Stil, Alter und Bildung, in den Vordergrund getreten. Hiervon später mehr.

Bei der Überlegung, welche Attribute Zeichenfunktion für soziale Milieus haben könnten, geht es um Attribute mit dem höchsten Grad von Evidenz: Sichtbares, Hörbares, Spürbares, das sich schnell mitteilt, vielleicht sogar ohne die Erfahrungsmöglichkeiten sozialer Interaktion, spätestens aber nach einem Gespräch oder nach kurzen Explorationen an der Oberfläche der Lebenswelt eines Menschen. Nur offensichtliche Attribute taugen als Chiffren für das Eigene und das Fremde. Evidenz allein genügt jedoch nicht. Die Zeichen müssen auch signifikant sein - sie müssen einigermaßen verläßlich auf die Eigenschaften hinweisen, die einen am anderen primär interessieren: seine Zugehörigkeit zu Erlebnismilieus, die primär durch Stiltypen definiert sind.

Welche persönlichen Attribute genügen den beiden Forderungen von Evidenz und Signifikanz? Setzt man ein innenorientiertes Interesse am anderen voraus, so kommen insbesondere drei Zeichentypen in Betracht: Manifeste Zeichen des persönlichen Stils, Lebensalter (mit den beiden Aspekten von biologischem Alter und Generationszugehörigkeit) und Bildung. Alle drei Merkmale haben sowohl einen hohen Grad von Evidenz (Stil und Alter sieht man, Bildung merkt man) als auch von Signifikanz im Hinblick auf interessante latente Attribute des anderen.

Das Vermutungswissen über den anderen wird auf einem schmalen Fundament aufgebaut, wie eine auf dem Kopf stehende Pyramide. Bei der Dekodierung des persönlichen Stils unseres Gegenübers machen wir uns die Schematisierung der Alltagsästhetik zunutze. Wenn man weiß, daß jemand oft ins Konzert geht, liegt die Vermutung nahe, daß er dem Hochkulturschema nahesteht, womit man von *einer* Information zu *vielen* plausiblen Annahmen über die alltagsästhetische Praxis des anderen aufsteigt. Von diesem Plateau aus geht man weiter zur Ebene der milieuspezifischen Existenzformen. Aus der Annahme, daß jemand hochkulturell orientiert ist, läßt sich mit hoher Wahrscheinlichkeit die noch informationshaltigere Annahme ableiten, daß seine Existenzform einem bestimmten Typus ähnelt. Zusätzliche Anhaltspunkte, vor allem Alter und Bildung, erhöhen die Treffsicherheit dieser Kette von Vermutungen wesentlich. Signifikanz ist das Substrat von Bestätigungserfahrungen.

In seiner Klassifikation von Zeichen unterscheidet Peirce zwischen Symbolen, Ikonen und Indizes. Symbole werden Gegenständen willkürlich als Zeichen zugewiesen; Ikonen gewinnen ihre Zeichenhaftigkeit aus der Ähnlichkeit; Indizes sind ein Teil des Gegenstandes selbst. Stil, Alter und Bildung sind als probabilistische Indizes einzuordnen: Sie gehören in einer gegebenen Konstellation mit hoher Wahrscheinlichkeit, wenn auch nicht mit Sicherheit, zu einer bestimmten Existenzform. Die starke Kovariation von Lebensalter, Generationszugehörigkeit und Bildung einerseits, alltagsästhetischen Schemata, psychischen Dispositionen und situativen Merkmalen andererseits schlägt sich in der Alltagserfahrung nieder. Alter und Bildung integrieren eine große Menge milieurelevanter Information. Im folgenden wird zunächst die Signifikanz von manifestem Stiltypus (Abschnitt 4.8), Lebensalter (Abschnitt 4.9) und Bildung (Abschnitt 4.10) als Zeichen innerhalb gegenwärtiger Milieusemantik näher untersucht. Ein weiterer Abschnitt (4.11) beschäftigt sich mit blaß gewordenen Zeichen: Stellung im Produktionsprozeß, Lebensstandard, Umgebung und Religion. Diese Attribute haben entweder ihre Evidenz verloren oder ihre Signifikanz oder beides.

Der neue Blick, die Sensibilität für die Zeichenkonstellation von Alter, Bildung und Stil, ist Routine geworden, die in oft subtiler Weise in das Drehbuch moderner Personenbeschreibung eingeht. Nehmen wir einen Text der Gegenwart zur Hand: »Dr. Bauer, mit 28 Jahren die jüngste im Team, arbeitete gern in der Pathologie ... Daß sie die einzige Frau im Seziersaal war, störte sie nicht ... Sie kam salopp in Männerhemden und weiten Röcken daher ...« (aus: Irene Dische, Fromme Lügen, geschrieben 1989). Oder: »Wie flüssiger Diamant ... eine schöne Frau (36), Philologin und Psychologin, sensibel, geistreich, wach, künstlerisch kreativ, mit Sinn für häusliche Geborgenheit, aber auch für jede kulturelle Aushäusigkeit, sucht einen warmherzigen und klugen Mann, um mit ihm ein Stück des Weges gemeinsam zu gehen.« (Die Zeit Nr. 13, 1990, Heiratsanzeigen). Immer wieder: Alter, Bildung, Stil, Ästhetisierung der eigenen Person, des anderen, der Beziehung, Erlebnisorientierung.

4.8 Manifester Stiltypus als Milieuzeichen

Konsum in der Bundesrepublik ist zu einem immer geringeren Teil Notwendigkeitskonsum, diktiert durch existentielle Bedürfnisse und in den Wahlmöglichkeiten eingeschränkt, dagegen zu einem wachsenden Teil Wunschkonsum. Angeeignete Dinge und Dienstleistungen weisen fast immer auf Verzichtbares hin, nicht auf Lebensbedürfnisse, sondern auf Erlebnisorientierungen. In einer Welt des Überflusses enthüllen Waren nicht soziale Ungleichheit, sondern Subjektivität. Je mehr ich auf das, was ich habe, verzichten kann, desto mehr verrate ich durch seinen Besitz, worauf ich nicht verzichten will. In diesem Sinne ist Konsum nach wie vor demonstrativ: Selbstinszenierung durch den Erwerb von Angeboten, die wegen ihrer Überfülle nicht mehr in der Dimension des Gebrauchswertes miteinander konkurrieren, sondern in der Dimension des Erlebniswertes.

Es gibt zwar seit längerem empirische Hinweise auf eine säkulare Tendenz der Differenzierungen alltagsästhetischer Stile (für die USA: Felson 1976; Zablocki/ Kanter 1976), die mit der abnehmenden Determinationskraft des Haushaltseinkommens bei steigendem Lebensstandard zusammenhängt. Aber es wäre falsch, aus diesen Befunden die Annahme alltagsästhetischer Beliebigkeit abzuleiten. Die Analyse alltagsästhetischer Schemata im vorangegangenen Kapitel förderte deutliche Spuren einer dimensionalen Ordnung zutage. In den vielen, oft beiläufigen ästhetischen Wahlen des täglichen Lebens - Fernsehen, Musik, Lektüre, Kaufentscheidungen, Besuch oder Nicht-Besuch von Veranstaltungen, Kleidung, Accessoires - wirken unübersehbar einige integrierende Prinzipien. Gewiß lassen sich persönliche Stile durch kollektive alltagsästhetische Schemata nur zum Teil beschreiben; andererseits sind sie weit von einer völlig individualisierten Ausprägung entfernt. Neben einer persönlichen Note schlagen allgemeine Stiltendenzen durch, die im Strom der ständig aufeinanderfolgenden Diffusionswellen von neuen alltagsästhetischen Angeboten ultrastabil bleiben. Folgt man Simmel (1908), so ist diese persönliche Anbindung an Kollektivität im praktizierten Stil nicht etwa ein entschwindendes, sondern ein entstehendes Lebenselement in der Moderne, das in der Bodenlosigkeit des Subjektivismus etwas Halt verspricht.

Alltagsästhetische Schemata sind zentrale Bestandteile einer allgemein verständlichen Zeichensprache. Oberflächenattribute wie die Illustrierte unter dem Arm, die Kleidung, der momentane Aufenthaltsort (vielleicht eine Musikkneipe) werden zusammen mit anderen offensichtlichen Zeichen zu einer komplexen Gestalt aufgebaut: alltagsästhetischer Stiltypus als spezifische Form der Erlebnisorientierung, Element einer kollektiven Grobverständigung über Milieuzugehörigkeiten und Milieugrenzen.

Daß sich manifeste Stiltypen in bestimmten sozialen Milieus verdichten, ist dann eine schlichte Tautologie, wenn man eine Milieueinteilung zugrundelegt, die am Kriterium des manifesten Stiltypus selbst ausgerichtet ist. Nach derselben Methode könnte man die Menschen etwa zuerst nach der Schuhgröße unterteilen, um dann die Segmentierung der Gesellschaft in Schuhgrößemilieus (analog der Segmentierung in Lebensstilmilieus) zu behaupten. Nichttrivial und soziologisch interessant wird eine Gruppierung immer erst durch den Zusammenhang mit anderen als den gruppenkonstituierenden Merkmalen. Den empirischen Analysen zur milieuspezifischen Verteilung von Lebensstil weiter unten liegt ein *situatives* Gruppenmodell zugrunde, gewonnen aus einer Kombination von Alter und Bildung. Es ist zwar nicht unerwartet, aber soziologisch bedeutsam, daß sich in den Situationsgruppen bestimmte Stiltypen konzentrieren, neben vielen anderen Aspekten von Situation und Subjekt. Die eingehende Untersuchung dieser Milieus und ihrer Existenzformen ist den nächsten Kapiteln vorbehalten. Hier genügt der Hinweis, daß die Behauptung der sozialen Signifikanz persönlichen Stils auf einer breiten empirischen Basis beruht. Die Begründung dafür, in der empirischen Analyse gerade eine Klassifikation nach Alter und Bildung zugrundezulegen, ist aus der Annahme abgeleitet, daß diese beiden Merkmale hervorgehobene Evidenz und Signifikanz besitzen. In den nächsten Abschnitten soll diese Annahme ihrerseits begründet werden. Ein Teil der Begründung geht bereits aus den soeben angedeuteten Ergebnissen hervor. Dadurch, daß verschiedene evidente

Merkmale zusammenhängen, verweisen sie aufeinander. Sie konstituieren Gestalten, deren einzelne Attribute jeweils Indexzeichen (im Sinne von Peirce) für andere Attribute sind.

Auf allen Bedeutungsebenen - Genuß, Distinktion, Lebensphilosophie - wird evidente Alltagsästhetik als Zeichen der Milieuzugehörigkeit registriert. Am schärfsten freilich werden Milieugrenzen durch distinktive Botschaften markiert - etwa im verhaltenen hochkulturellen Indigniertsein bei Inkompetenz (wie es beispielsweise im Gefühl der Peinlichkeit hochkommt, wenn jemand im Konzert zu früh klatscht); im Kult der Verachtung für das Normale, typisch für das Spannungsschema; umgekehrt in der vereinsmeierischen Ablehnung von Einzelgängern, Abweichlern, Revoluzzern, Andersartigen, die sich häufig mit der Praxis des Trivialschemas verbindet.

4.9 Alter als Milieuzeichen

Das Selbst, das sich im persönlichen Stil offenbart, ist keineswegs freischwebend. Da es eng an die persönliche Lebensgeschichte gebunden ist, kann man seine Grundlinien auch dann zu erraten versuchen, wenn der andere Mimikry betreibt oder einem buchstäblich ohne alles gegenübertritt. Spuren dieser Lebensgeschichte - ungefähres Lebensalter und Bildungsgrad - lassen sich auch in der paradigmatischen Situation sozialer Wahrnehmung ohne Accessoires erkennnen: wenn man in der Gemeinschafts-Sauna miteinander ins Gespräch kommt. Offensichtliche Lebensgeschichte tritt an die Stelle von Lebensstandard als Ankerreiz der gegenseitigen Alltagsdiagnose. Nicht umsonst sind Lebensalter und Bildungsgrad diejenigen Merkmale, mit denen sich die trennschärfsten Grenzlinien zwischen Erlebnismilieus in der Bundesrepublik Deutschland zeichnen lassen. Beide gehören zur Oberflächenschicht unmittelbarer Wahrnehmbarkeit, aber sie verweisen auf viele unsichtbare Attribute. Um ungefähr zu wissen, welchen Bildungsgrad der andere hat, muß man nur ein paar Sätze mit ihm wechseln; für die Zuordnung zu groben Altersklassen ist nicht einmal dies erforderlich.

Es gibt viele Beispiele für Gesellschaften, in denen das Lebensalter für die Differenzierung sozialer Milieus keine wesentliche Rolle spielt. Altersrollen gibt es überall, altersspezifische Milieus als gegeneinander abgegrenzte Kontaktfelder mit eigenen Mentalitäten sind jedoch ein ganz anderes soziologisches Phänomen (vgl. Rose 1965), dem ausgeprägte Altersrollen eher entgegenwirken, da sie die Generationen miteinander verbinden. Doch die Lebenszusammenhänge, in denen verschiedene Altersklassen miteinander kooperieren, nehmen ab. Für eine erlebnisorientierte Gesellschaft ist eine Altersschichtung der Milieus aus zwei Gründen typisch, wahrscheinlich sogar unvermeidlich.

Erstens spricht alle sozialhistorische Erfahrung dafür, daß persönlicher Geschmack ein teilweise generationsspezifisch geprägtes Merkmal ist. Die überraschende Konsistenz grundlegender Persönlichkeitsdimensionen im Lebenslauf (Riley/Johnson/Foner 1972; Schaie/Parham 1976; Costa/McRae 1978, 1980; Schuerger/Tait/Tavernelli 1982; Conley 1984) läßt erwarten, daß auch der manifeste Ausdruck von Persönlichkeit durch alltagsästhetische Vorlieben und Abneigungen in einer persontypischen Gestalt über die Jahre hinweg ähnlich bleibt, geprägt durch das Verhältnis der Alterskohorte eines Individuums zur kollektiven Geschichte der Stile. Differenzierungen der Alltagsästhetik wandern mit den Geburtsjahrgängen durch die Zeit. Es wäre ein Ausnahmefall, wenn jemand, der heute als hochkultureller Kunstkenner und Kitschverächter auftritt, morgen Gartenzwerge und die deutsche Schlagerparade kaufen würde, es sei denn studienhalber. In konservativen Stilen älterer Leute grüßen uns die geschmacklichen Innovationen von gestern, im Trend der Gegenwart steckt schon das Altmodische von morgen. »Das Wagnis wird zur Klassik mitten in unserem Leben, noch während wir altern und sterben« (John Updike). Auch die jüngste Stilgeschichte der Bundesrepublik liefert Beispiele, an denen sich das Umkippen kohortenspezifischer Sozialfiguren von der Modernität in die Antiquiertheit beobachten läßt: Der 68er, die Emanze, der Alternative, der Psychofreak. Die ästhetischen Spannungen zwischen den Generationen führten erst zu Konflikten, dann zu Segmentierungen kohortenspezifischer Erlebnismilieus.

Zweitens werden generationsspezifische Differenzierungen wahrscheinlich durch lebenszyklische Effekte akzentuiert, die über längere historische Zeiträume hinweg ähnlich sind. Man muß diese Aussage vorsichtig formulieren, denn eine zweifelsfreie Separierung von Lebenszyklus- und Generationseffekten ist nur selten möglich. Andererseits hat sich in einer Reihe von Untersuchungen gezeigt, daß mit zunehmendem Alter immer wieder ähnliche Veränderungen von Erlebnisbedürfnissen und Erlebnismustern auftreten. Gut bestätigt ist ein steigendes Bedürfnis nach Ordnung, Ruhe, Harmonie und Tradition (Anhang, Tabelle 3; ferner: Chown 1962; Botwinick 1966; Webber/Coombs/Hollingsworth 1974; Glamser 1974; Feroleto/Goundard 1975; Meinberg 1987). Der Ausdruck »Altersrigidität«, der zur Kennzeichnung dieser Grundhaltung häufig verwendet wird, ist geprägt vom ästhetischen Konflikt der Altersgruppen, in dem an gegenseitigen Pathologisierungen nicht gespart wird.

Für die Erklärung lebenszyklischer Veränderungen der Alltagsästhetik kommen physiologische (zu physiologischen Korrelaten der Ästhetik: Nicki 1983), kognitive und sozialstrukturelle Bedingungen in Betracht. Die ausgeprägte Altersabhängigkeit des Spannungsschemas etwa (Anhang, Tabelle 3) hat wahrscheinlich auch körperliche Ursachen. Gut bestätigt sind biologische Korrelate von »sensation seeking« (Zuckermann/Buchsbaum/ Murphy 1980; Feij/Orlebeke/Gazendam/Zuilen 1985). Wir erinnern uns an das im Spannungsschema kodierte Muster von Genuß, Action, hinter dem als allgemeine psychophysische Orientierung eine Suche nach starken Reizen zu vermuten ist (Abschnitt 3.7). Die Veränderung dieser Disposition mit dem Alter ist dokumentiert bei Smith/Johnson/Sanason (1978), Cohen (1982) und anderen.

Wichtig ist nun die Frage, wie sich Lebenszykluseffekte auf die gegenseitige Wahrnehmung der Altersgruppen auswirken. Man kann das altersspezifische Bedürfnis nach Unruhe oder Ordnung als ein allgemeines Prinzip ansehen, das verschiedenen Stilvarianten unterlegt ist. Aufeinanderfolgende Generationen investieren ihren jugendspezifischen Hunger nach Erfahrung, nach eigenständiger Altersgruppenidentität und Abwechslung in die Entwicklung neuer generationsspezifischer Stilformen, um später, wenn sie in die Jahre kommen, die eigenen Schöpfungen zu konservieren und mit ihnen alt zu werden. Lebenszykluseffekte würden, wenn dies zutrifft, den Gegensatz der Generationen verstärken.

Empirisch erweisen sich sowohl das Spannungsschema wie auch das Trivialschema als stark altersbezogen. Während sich die Distanz zum Spannungsschema mit zunehmendem Alter vergrößert, verringert sich der Abstand zum Trivialschema (Anhang D, Tabelle 3; ausführlich: Tabelle 5.5). Fast durchgängig sinkt die Teilnahme an Szenen mit dem Alter (Anhang D, Tabelle 10.1; einzig für die Hochkulturszene gilt dieser Zusammenhang nicht), insbesondere aber der Besuch von Kneipen, Kinos, Discos, das Ausgehen überhaupt. Bestimmte Medien, etwa ein Stadtmagazin oder die »taz«, sind fast ausschließlich bei den Jüngeren verbreitet. Die Suche nach Abwechslung geht zurück. Körperlich treten die bekannten Veränderungen mit steigendem Alter auf: erhöhte Tendenz zum Übergewicht, zu Gelenkproblemen, Kreislaufproblemen, Atmungsproblemen, andererseits deutlich geringere Sportorientierung.

Nicht obwohl, sondern weil diese Veränderungen uns allen bekannt sind, verdienen sie soziologische Beachtung, bezeugt sich doch gerade in dieser Bekanntheit Evidenz und Signifikanz des Alters. Aus demselben Grund sind auch altersgebundene Lebensstufen erwähnenswert: Niemanden wird es überraschen, daß verwitwete Personen, Rentner und nicht berufstätige Frauen vorwiegend den älteren Schichten angehören, wogegen Ledige und Personen in Ausbildung überwiegend jünger sind, doch unterstreicht gerade die Banalität dieser Information die soziologische Bedeutung des Alters. Seine existentielle Reichweite ist allgemein sichtbar und bekannt.

Auch die weniger evidenten psychischen und normativen Begleiterscheinungen des Alters haben sich längst im Alltagswissen etabliert, so zunehmende »Abgeklärtheit« und Zufriedenheit mit dem, was man hat, aber auch zunehmende Fixiertheit (Rigidität), Gefühle der Bedrohung durch Ordnungsverlust (Anomie), Fatalismus, Mißtrauen und Rückzug. Stark ist die Kovariation zwischen Alter und Bereitschaft zur politischen Unterordnung (eine Skala in der Tradition der Autoritarismusforschung, vgl. Schulze 1988c) und, in der Gegenrichtung, die Identifikation mit grün-alternativen Ideen. All diese Zusammenhänge lassen das Alter als Zeichen für milieuspezifische Subjektivität hervortreten (alle angeführten und weitere Altersunterschiede sind im Anhang D in den Tabellen 3 und 5.5 dokumentiert).

4.10 Bildung als Milieuzeichen

Nur ein Attribut ist dem Lebensalter an alltagsästhetischem Einfluß und unmittelbarer Lesbarkeit vergleichbar: der Bildungsgrad. Seit Jahrhunderten ist höhere Bildung in Deutschland ästhetische Sozialisation auf das Hochkulturschema hin. Daß sich daran bis zur jüngsten Vergangenheit nichts Wesentliches geändert hat, wird durch die bildungsspezifische Differenzierung von Erlebnismilieus deutlich unterstrichen. Schulische Sozialisation allein bringt diese Zergliederung der kulturellen Landschaft jedoch sicherlich nicht zustande. Vielmehr war und ist sie eingebettet in einen ästhetisch homogenen Lebenszusammenhang, der schon vor der Schule im Elternhaus vorhanden ist, neben der Schule durch die Gleichaltrigen verstärkt wird und sich nach der Schule fortsetzt.

Bildung ist in einer erlebnisorientierten Gesellschaft mehr als nur Kriterium der sozialen Allokation. Sie qualifiziert nicht nur für Arbeit, sondern auch für Nichtarbeit, für den anderen Teil des Lebens, der die Arbeit immer mehr an Bedeutung überflügelt. Wer in diesem Bereich zu wem findet, hängt vom persönlichen Stil ab, von alltagsästhetischen Gewohnheiten, Fähigkeiten, Ausdrucksformen. Bei aller Pluralität der Stilformen und bei aller Permissivität im Theater der Selbstinszenierung bildet sich das Subjekt keineswegs im erwartungsfreien Raum. Für die Erwartungsbildung spielt der Bildungsgrad eine entscheidende Rolle. Bildung ist signifikant als Indikator für das Interessante am anderen: für seine Innenorientierung.

Bildung verrät sich fast ebenso schnell wie das Alter. Sie zählt zu den Standardinformationen, die beinahe unvermeidlich am Anfang jeder Bekanntschaft ausgetauscht werden, wenn auch häufig nur zwischen den Worten - oberste Oberfläche im Who's Who des täglichen Lebens. Mit einer groben Einteilung des Bildungsgrades in zwei bis drei Kategorien ziehen wir Fächer in den Rahmen ein, den das Alter vorgibt. In diesen Schubladen der Vororientierung sozialer Wahrnehmungen verwahren wir milieutypische Formen des Subjekts. Es reicht aus, nur Teile dieser Syndrome zu sehen, um die gesamte Gestalt zusammenzusetzen. Bildung und Alter aber sieht man immer. Als elementare Attribute der Person provozieren sie Subjektivitätsvermutungen und Milieuzuordnungen, ohne daß einer dem anderen viel vormachen könnte. Das Gesamtbild, das man bietet, ist elastisch gegenüber Abweichungen - dies ist der psychische Sinn einer gestalthaften Organisation von Wahrnehmung: Auffassung des Typischen in der Unregelmäßigkeit und Unvollständigkeit des Konkreten, um sich im Handeln daran orientieren zu können.

Stark ausgeprägt ist der positive Zusammenhang zwischen Bildung und Hochkulturschema, ebenso deutlich der negative Zusammenhang zwischen Bildung und Trivialschema. Deutlich nimmt mit dem Bildungsgrad die allgemeine Bereitschaft zu, die eigenen vier Wände zu verlassen und an Szenen teilzunehmen. Spiegel, Zeit, Stadtmagazin, überregionale Zeitungen sind Medien der oberen Bildungsschichten; Bildzeitung, Abendzeitung, Anzeigenblätter, Goldenes Blatt oder Frau im Spiegel haben ihre Kunden dagegen in den unteren Bildungsschichten. Dort nimmt auch das Fernsehen eine besonders wichtige Stellung ein. Gleiche Medien werden von den Bildungsschichten unterschiedlich genutzt. So haben höher Gebildete mehr Interesse an Politik, Kultur, Wirtschaft und gesellschaftlichen Prozessen, weniger Gebildete sind offener für regionale und lokale Themen, Werbung, Sonderangebote und lebenspraktische Informationen.

Dadurch wird Bildung zum Zeichen für bestimmte Ausprägungen von Alltagswissen und Formen der Wirklichkeitsverarbeitung, für Problemdefinitionen und Problemignoranzen. Zentrale Persönlichkeitseigenschaften variieren mit dem Bildungsgrad - Fatalismus, Rigidität, Anomie, Mißtrauen sind bei höherer Bildung geringer, das Dominanzstreben höher. In der Selbstbeurteilung ist der Gesundheitszustand besser. Deutlich höher ist der Anteil von Ledigen und/oder in Ausbildung befindlichen Personen. Nach wie vor eklatant sind die traditionell mit Bildung verbundenen Differenzen von beruflichem Status, von Selbstzurechnung zu Statusgruppen, von Arbeitsplatzmerkmalen und Sprache. Man setzt sich besser in Szene und wird entsprechend günstiger beurteilt. Die wesentlich höhere Anteilnahme der oberen Bildungsgruppen am öffentlichen Leben entspricht vielen Befunden der bisherigen Forschung, ebenso die geringere Bereitschaft zur politischen Unterordnung. Insgesamt ist Bildung, ähnlich dem Alter, mit vielen Aspekten der Existenz verbunden. Bildung besitzt Evidenz und Signifikanz als Zeichen im Prozeß der Milieukonstitution (alle angeführten und weitere Bildungsunterschiede sind im Anhang D in den Tabellen 4, 5.6 und 5.7 dokumentiert).

4.11 Hervortreten und Verblassen von Zeichen

Erst in den letzten Jahrzehnten haben Stil, Alter und Bildung zentrale Bedeutung für die Konstitution sozialer Milieus erlangt. Was rechtfertigt diese Behauptung?

Erstens hat sich in diesem Zeitraum, als Reflex auf die Erfahrung der Überflußgesellschaft, Erlebnisorientierung als neue kollektive Basismotivation herausgebildet. Im Gefolge der Ästhetisierung des Alltagslebens änderte sich das kulturtypische Interesse am anderen. Je mehr der andere zum Erlebnisobjekt und Erlebnispartner wurde, je mehr man sich umgekehrt auch selbst von ihm ästhetisiert wußte, desto mehr richtete sich die Aufmerksamkeit der sozialen Wahrnehmung auf neue Zeichen, die dem gewandelten gegenseitigen Interesse korrespondierten.

Zweitens veränderte sich teilweise auch der Charakter der Zeichen: Evidenz, Signifikanz oder beides. Stil als Gesamtheit der Wiederholungstendenzen in den alltagsästhetischen Episoden eines Menschen, um die obige Definition zu zitieren (Abschnitt 2.3), existierte noch im 19. Jahrhundert für viele Menschen gar nicht; er war noch weniger als bloß nicht evident - er war nicht vorhanden (vgl. hierzu etwa die »Lebenserinnerungen eines Landarbeiters« von Franz Rehbein, die sich auf die Zeit um die Jahrhundertwende beziehen. Rehbein 1985). Universell als Zeichen lesbar war lediglich das Haben oder Nichthaben von Stil. Nur bei einer privilegierten Minderheit war darüberhinaus auch die Stilrichtung als Zeichen definiert.

Mit dem Bildungsgrad verhält es sich ähnlich. Im Jahr 1952 besuchten 82% der 13jährigen die Hauptschule, die übrigen 18% verteilten sich auf Realschule und Gymnasium. Heute entfällt auf jeden Schulzweig etwa ein Drittel dieser Alterskategorie. Nur 4% der 19-22jährigen hatten 1952 das Abitur erreicht, 1987 dagegen 21% (Schwab/Voit 1989, S.185). Der Bildungsgrad unterschied also zunächst einen sehr kleinen Teil der Bevölkerung von der großen Mehrheit. Erst im Gefolge der Bildungsexplosion seit Mitte der 60er Jahre veränderte sich die Bildungsverteilung einschneidend. Plötzlich gab es keine normale Bildung im Gegensatz zur besonderen mehr, sondern alle Bildungsniveaus wurden etwa gleich normal. Ein Zeichen war entstanden, das nicht mehr nur für die Unterscheidung zwischen Elite und Durchschnittsmenschen taugte, sondern quer durch die Bevölkerung variierte.

Auch der Zeichencharakter des Alters hat sich geändert. Fitneßtraining, Kleidung, jugendlicher Habitus, Kosmetik, weniger Arbeit, mehr Urlaub, weniger Kinder, bessere medizinische Versorgung - all dies wird zur Abwehr des Alters eingesetzt, mit dem sichtbaren Erfolg, daß man heute in jedem Alter zwischen 30 und 70 Jahren typischerweise jünger aussieht als noch vor einer Generation. Evidentes Altern läßt sich zwar immer noch nicht aufhalten, aber länger abwehren. Verhielte es sich anders, so könnte die Hauptgrenze zwischen sozialen Milieus in unserer Gesellschaft nicht um das vierzigste Lebensjahr herum verlaufen (wie es der Fall zu sein scheint; siehe Abschnitt 7.5).

Daß die Bedeutung von Alter und Bildung für die Abgrenzung sozialer Milieus zugenommen hat, bestätigen Müller-Schneider (1992) und Salomon (1992) in historisch vergleichenden Sekundäranalysen (vgl. Anhang D, Tabellen 13.1 und 13.2). In dieselbe Richtung weisen die Ergebnisse von Buchmann (1989).

Die Karriere von Stil, Bildung und Alter als Milieuzeichen ist sowohl auf die Veränderung des Bezugssystems der Zeicheninterpretation wie auf die Veränderung des Charakters der Zeichen selbst zurückzuführen. Andere, ursprünglich besonders markante Zeichen, sind dagegen blasser geworden: Stellung im Produktionsprozeß, Lebensstandard, Umgebung und Religion. Für die Abwärtskarriere dieser Zeichen gilt dasselbe Erklärungsmuster wie für die Aufwärtskarriere anderer Zeichen: teils sind sie weniger interessant für uns geworden, teils weniger gut lesbar. Untersuchen wir diese Behauptung nun etwas genauer.

1. *Stellung im Produktionsprozeß*: Das klassische Kriterium der Zugehörigkeit zu gesellschaftlichen Großgruppen, ob man sie nun als Schichten oder Klassen oder allgemein als soziale Milieus bezeichnen mag, hat viel von seiner Evidenz verloren. Dem Landarbeiter im 19. Jahrhundert, dem Proletarier, dem Handwerker konnte man seine Stellung im Produktionsprozeß ebenso ansehen wie dem Großbürger, dem Kontoristen, dem Dienstboten. Bis in Physiognomie und Kör-

perhaltung hinein prägte die Arbeit den Menschen, und die Kleidung tat ein übriges. Heute ist es schwieriger geworden, den Beruf eines Menschen an seinem Äußeren abzulesen. Nach der Arbeit verflüchtigen sich letzte Reste berufsspezifischer Differenzierungen des Äußeren in eine Vielfalt von Outfits, die zwar immer noch deutbar sind, nun aber vorwiegend im Deutungssystem alltagsästhetischer Schemata, seltener im semantischen Feld der Berufe. Selbst während der Arbeit verliert mit dem Vordringen des Dienstleistungssektors die ehedem grundlegende Unterscheidung zwischen Arbeitskleidung und Bürokleidung immer mehr ihre Bedeutung als Unterscheidungskriterium von Arbeitern und Angestellten. Je differenzierter der Objektbereich berufsbezogener Zeichensprache wurde, je weiter die Arbeitsteilung voranschritt, desto mehr löste sich die symbolische Abbildung von Berufen in der Alltagsinteraktion überhaupt auf.

Nicht nur die Evidenz der Stellung im Produktionsprozeß ist zurückgegangen, sondern auch die Signifikanz. Immer weniger prägt der Beruf das Leben, immer weniger sagt er etwas darüber aus, was die Menschen am Leben interessiert. Vor allem gilt dies für den Zusammenhang von Beruf und sozialer Ungleichheit. Das Wort »Beruf« bezeichnet in der Bundesrepublik Deutschland ein anderes inhaltliches Spektrum als etwa in der Gründerzeit. Verschiedene neuere Analysen (Beck 1986; Hradil 1987; Berger 1987) kommen zu dem Ergebnis, daß die Struktur sozialer Ungleichheit komplizierter geworden ist: Es gibt mehr relevante Dimensionen der Situation (z.B. Sozialleistungen, erreichbare Infrastruktur, Umweltrisiken); traditionelle Dimensionen sind stärker differenziert (Berufe, Arbeitsplatzmerkmale, Haushaltstypen, Qualifikationen); schließlich ist der Zusammenhang zwischen verschiedenen Aspekten der Situation geringer geworden. Beruf eignet sich immer weniger als Chiffre für das traditionelle Interesse an der Stellung in der Hierarchie sozialer Ungleichheit und noch viel weniger als Chiffre für das neue Interesse an Erlebnissen.

2. *Lebensstandard*: Kaum noch signalisiert der Kaufpreis als abstraktes ökonomisches Prädikat von Konsumartikeln die persönlichen wirtschaftlichen Lebensverhältnisse, ebenso wenig das, worauf es bei der sozialen Wahrnehmung in unserer Gesellschaft zunehmend ankommt: die Gestalt des Subjekts. Wenn das Teure gelegentlich soziale Diskriminierungskraft erlangt, wie vor einigen Jahren Markenkleidung mit deutlich sichtbar gemachtem Firmenemblem als plakativem Kostennachweis (etwa Boss, Lacoste, Jil Sanders), so sind die teuren Gegenstände doch immer nur letzte, für kurze Zeit aufgewirbelte Partikel einer versinkenden Welt von Statussymbolen, deren Wert fast schneller inflationiert wird als man in die nächste Boutique laufen kann. Und nicht nur das Teure zeigt kaum noch etwas an, sondern auch das Billige. Zu hoch ist der allgemeine Lebensstandard, zu erschwinglich sind die Angebote, als daß der offensichtliche Kaufwert noch als Symbol taugen könnte. So ist der an Gütern ablesbare Lebensstandard zwar immer noch evident, aber kaum noch signifikant.

Trotzdem ist Konsum nach wie vor Gegenstand intensiven Interesses. Wir registrieren genau, wer was anhat, wir erzählen uns, was wir im Urlaub gemacht haben, wir gründen Freundschaften wegen einer gemeinsamen Vorliebe für eine bestimmte Musikrichtung und gehen zu jemandem auf Distanz, dessen Wohnungseinrichtung uns geschmacklos erscheint. Nach wie vor ist Konsum demonstrativ, nach wie vor beäugt einer den Konsum des anderen. Doch wir lesen Konsum nicht mehr als Lebensstandard, sondern als Stil. Angeeignete Waren und Dienstleistungen differenzieren immer weniger zwischen verschieden hohen Aneignunspotentialen. Telefon, Automarke, Kücheneinrichtung, Eigenheim, Urlaubsreise, Kleidung, Stereoanlage, aufwendiger Freizeitsport - es gibt kaum eine Produktklasse, deren Aussagekraft für die finanziellen Verhältnisse der Konsumenten in der Geschichte der Bundesrepublik nicht zurückgegangen wäre. Der Fahrgast im Autobus kann wohlhabend sein, der Fahrer des neuen schweren Motorrads hochverschuldet - falls uns das überhaupt interessiert. Wichtiger ist uns die Dechiffrierung der in der Auswahl von Konsumgütern inszenierten Subjektivität: ob beispielsweise im Busfahren ökologisches Bewußtsein zum Ausdruck kommt oder im Motorradfahren Nähe zum Spannungsschema.

3. *Umgebung*: Eines der ältesten Zeichen der Milieuzugehörigkeit überhaupt, dessen Geschichte in die Steinzeit zurückreicht, ist die Umgebung eines Menschen: wo er wohnt und hingehört. Sobald die Menschen seßhaft geworden waren, haben sich soziale Gruppen über das Territorium definiert, dem sie sich zugeordnet fühlten. Fremdheit und Exterritorialität waren identisch. Im Lauf der Zeit wurde Umgebung als Zeichen immer differenzierter.

Zunächst wies dieses Zeichen nur auf die kulturellen Unterschiede der *Regionen* hin, die in einer Segmentierungshierarchie (vgl. hierzu weiter unten Abschnitt 4.13) ineinander geschachtelt waren, beginnend bei großräumigen Unterteilungen bis hin zur untersten Ebene kleiner Siedlungsgemeinschaften. Differenzierungen von Sprache, Dialekten, Überlebenstechniken und Folklore markierten die Grenzen. Gerade im deutschen Sprachraum wurde diese Differenzierung territorialer Milieus durch zahllose Klein- und Kleinststaaten auch noch politisch akzentuiert. Nur langsam verwischten sich die Konturen im 19. Jahrhundert, nachdem die kleinen Gebilde durch Mediatisierung und Säkularisation größeren politischen Einheiten unterstellt worden waren.

Durch die Entstehung der *Stadt* eröffnete sich eine neue Dimension - der Unterschied zwischen Urbanität und Landleben (vgl. hierzu Borst 1983, S.184 ff.). Bis zum Ende des 18. Jahrhunderts trennte dieser Unterschied zwei sehr ungleiche Bevölkerungsteile in zwei soziale Welten, die Lichtjahre voneinander entfernt waren. Neunzig Prozent der Bevölkerung lebten auf dem Land. Erst mit dem Industrialisierungsschub im 19. Jahrhundert veränderten sich die Proportionen einschneidend, wenn auch der Milieuunterschied zwischen Stadt und Land bis weit ins 20. Jahrhundert hinein für jedermann erkennbar war.

Mit dem Wachstum der Städte entstand eine weitere Dimension: die schichtspezifische Segregation der Stadtbevölkerung verschiedener *Quartiere*. Durch die lokale Entmischung sozioökonomischer Milieus wurde die städtische Umgebung eines Menschen zum evidenten und signifikanten Zeichen. In vielen Städten ist es heute noch möglich, aus Architektur und Anlage den Gegensatz von Arbeitervierteln, besseren Wohnquartieren und großbürgerlichen Bezirken mit Villen und Gärten zu rekonstruieren.

All dies wird allmählich zur Sozialgeschichte. Seit den fünfziger Jahren ist die soziale Signifikanz des Zeichensystems »Umgebung« zurückgegangen. Geburtsort und Wohnadresse haben ihre alltagssoziologische Aussagekraft zwar nicht gänzlich verloren; wie weit der Signifikanzverfall jedoch schon fortgeschritten ist, läßt sich an einer Aussage wie beispielsweise »Ich komme aus Miesbach in Oberbayern« schlagend nachweisen: Von dem soziologischen Inhalt, den dieser Satz vor hundert Jahren hatte, ist kaum noch etwas übriggeblieben. Immer noch vorhandene Segregationstendenzen, etwa von Ausländern, Studenten, alten Menschen, reichen bei weitem nicht aus, um der Umgebung letzte Reste von Signifikanz für Milieuzugehörigkeit zu sichern. Für unsere Alltagswahrnehmung gilt immer mehr: jeder kann überall wohnen und von überall herkommen; seine gegenwärtige und vergangene Umgebung informiert nur wenig über Existenzformen. Dies schließt alle Dimensionen dieser Zeichenklasse ein: großräumige regionale Differenzierungen, Stadt-Land-Unterschiede, innerstädtische Quartiersgrenzen.

Damit ist nicht die Behauptung verbunden, daß auch der Ortsbezug sozialer Milieus zurückgegangen sei. In Kneipen, Diskotheken und Stadtteilzentren etwa, auf Sportplätzen, in der Umgebung des Hauptbahnhofs, in der Konzerthalle und an vielen anderen Plätzen treten bestimmte Milieus auf die Bühne, wie die Untersuchung großstädtischer Szenen zeigt. Zwischen den Inszenierungsorten sozialer Milieus und den individuellen Territorien ihrer Mitglieder (wo sie aufgewachsen sind, wo sie wohnen, wo sie arbeiten) besteht jedoch kein Zusammenhang. Nicht die Ortsbezogenheit sozialer Milieus ist zurückgegangen, wohl aber die klare Verankerung sozialer Milieus im Ambiente der Menschen. Reste davon gibt es zwar immer noch, aber als Zeichen für Milieuzugehörigkeit ist das Ambiente kaum noch deutbar.

Viele Faktoren haben hierzu beigetragen: technische Innovationen wie Auto, Telefon, Rundfunk und Fernsehen; soziale Veränderungen wie die Trennung von Wohnung und Arbeit, die Vergrößerung von Marktgebieten, die Entwicklung des Tourismus und die »Insulation« des Alltagslebens (vgl. hierzu die Studie von Zeiher 1983); politische Entwicklungen wie Weltkriege, Flüchtlingsströme und Integrationsprozesse. Alles spricht dafür, daß auch der immer noch signifikante Bedeutungsrest des Zeichens »Umgebung«, die Differenzierung nationaler Milieus, in den nächsten Jahrzehnten verblassen wird. Die schon jetzt im nationalen Rahmen weitgehend verwirklichte Ununterscheidbarkeit von Fußgängerzonen, Bekleidungssitten, Eßgewohnheiten, musikalischen Mustern, Vorstadtarchitektur und Konsumangeboten wird sich wohl, aller touristischen Inszenierung von Folklore und aller Heimatnostalgie zum Trotz, ins Internationale ausweiten. Als Unterscheidungsmerkmal für das Vertraute und das Fremde wird die Herkunft von einer bestimmten Umgebung immer unwichtiger.

4. *Religion*: In konfessionell einheitlichen Gesellschaften kann die Religionszugehörigkeit nicht zum Milieuzeichen werden. Dagegen scheint in konfessionell gemischten Gesellschaften eine Milieutrennung nach der Konfession fast unvermeidlich - solange sich die Menschen an ihre Religion gebunden fühlen. Noch um die Jahrhundertwende war der Gegensatz katholisch-protestantisch ein zentrales Charakteristikum der Milieustruktur (vgl. Lepsius 1973). Hartnäckig zeichnet sich dieser Gegensatz bis in die Gegenwart hinein in Differenzierungen des Wahlverhaltens ab (Pappi 1979). Erst in letzter Zeit mehren sich die Indizien für eine Erosion religiöser Milieus (Kaase 1973, Schmitt 1985). Eine der aufschlußreichsten Informationen über das Verblassen von Religion als Milieuzeichen ist die Zunahme konfessionell gemischter Ehen: von 9% im Jahre 1901 auf 39% im Jahre 1987 (Schäfers 1990, S.124). Für die spätmoderne, innenorientierte Konstitution sozialer Beziehungen spielt die Religionszugehörigkeit eine immer geringere Rolle, vor allem bei jüngeren Menschen.

4.12 Wandel des Aufbaus von Existenzformen

Soziale Homogenisierung kommt nicht allein durch Beziehungswahl zustande

Soziale Milieus wurden am Anfang dieses Kapitels als Personengruppen definiert, die sich durch gruppenspezifische Existenzformen und erhöhte Binnenkommunikation voneinander abheben. Die bisherigen Überlegungen zur Entstehung sozialer Milieus beschäftigten sich hauptsächlich mit der Erklärung von Gruppen mit erhöhter Binnenkommunikation, sagten jedoch nicht genug über die Homogenisierung von Existenzformen in diesen Gruppen aus. Rekapitulieren wir kurz: Beschrieben wurde der Übergang von Beziehungsvorgabe zu Beziehungswahl bei der Bildung von Kommunikationsgruppen. Ausschlaggebend für die Wahl von Beziehungspartnern sind nun soziale Wahrnehmungen, deren Selektivität innenorientiert bedingt ist. Den wahrnehmungssteuernden Interessen entspricht die dominierende Zeichenkonfiguration: Stil, Alter und Bildung sind evident und signifikant. Alte milieuindizierende Zeichen - Stellung im Produktionsprozeß, Lebensstandard, lokale Zuordnung, Religion - sind im Vergleich dazu undeutlich geworden.

Wir können uns vorstellen, wie erhöhte Binnenkommunikation sozialer Großgruppen in der Gegenwart zustande kommt. Doch wie steht es mit der anderen Komponente des Milieubegriffs, mit der milieuspezifischen Homogenität von Existenzformen? Gewiß erklärt bereits das Zustandekommen von Sozialbeziehungen einen Teil dieser Homogenität, da sich die Menschen nach vermuteten Ähnlichkeiten gruppieren. Aus zwei Gründen ist diese Erklärung jedoch zu schwach. Zum einen erfaßt die Ähnlichkeit auch solche Bereiche, die bei der so-

zialen Wahrnehmung keine Rolle spielen, zum anderen ist die Ähnlichkeit stärker, als wenn sie auf bloße Gruppierung zurückginge. Was mit diesem zweiten Argument gemeint ist, sei durch ein Gedankenexperiment veranschaulicht.
Nehmen wir an, unsere Gesellschaft werde in zwei Hälften geteilt. Die einen dürfen weiterleben wie bisher, über die anderen wird eine mehrjährige totale Kontaktsperre verhängt. Am Tag X wird die Kontaktsperre aufgehoben. Um den Menschen den Wiederbeginn von Geselligkeit zu erleichtern, wird ein Soziologe beauftragt, sie in Untergruppen mit möglichst großer Homogenität von Existenzformen aufzuteilen, wozu ihm alle nur erdenklichen Informationen zur Verfügung gestellt werden. Das Argument lautet nun: Auch wenn der Soziologe seine Aufgabe optimal löst, ist die milieuspezifische Homogenität von Existenzformen am Tag X im vorher getrennten Teil der Gesellschaft geringer als in der anderen Hälfte, die von der Kontaktsperre verschont blieb. Erst im Lauf der Zeit wird die Homogenität ansteigen und sich wieder den natürlichen Verhältnissen annähern.

Milieuspezifische Ähnlichkeit von Existenzformen geht nicht nur auf selektive Wahl von Beziehungspartnern zurück. Der Aufbau von Existenzformen vollzieht sich in mehreren Modi. Wie kommen bestimmte Verknüpfungen von Situation und Subjekt zustande? Der folgende Versuch, diese Modi zu bestimmen, schließt auch die beiden Typen der Milieukonstitution - Beziehungsvorgabe und Beziehungswahl - ein, geht im Allgemeinheitsanspruch jedoch darüber hinaus. Zweck der Differenzierung ist der Entwurf einer Theorie des Wandels milieuspezifischer Existenzformen.

Sechs Modi des Aufbaus von Existenzformen

Existenzformen sind relativ dauerhafte Verbindungen von Subjekt und Situation. Wie sich das Grundmuster der Verknüpfung von Subjekt und Situation ändert, ist bereits in den einführenden Überlegungen zur Theorie der Erlebnisgesellschaft angeklungen (Abschnitt 1.1). Nun soll dieses Thema ausführlicher behandelt werden. Beide Seiten sind an der Entstehung von Verknüpfungen beteiligt: die Situation durch Betreffen, das Subjekt durch Handeln. Von »Betreffen« soll nur dann die Rede sein, wenn subjektive Phänomene von der Situation beeinflußt werden; ausgeklammert bleiben alle Komponenten der Situation, die nicht wenigstens flüchtige Spuren hinterlassen. »Handeln« meint im gegebenen Zusammenhang nur solches Handeln, das die Verknüpfung des Handelnden mit der Situation ändert oder auf diese Verknüpfung hinweist (dies ist gleich noch genauer zu erläutern).

Erst wenn wir verschiedene Arten des Betreffen und Handelns unterscheiden, können wir das soziologische Potential dieser Begriffe nutzen. Auf jeder Seite lassen sich drei Modi auseinanderhalten. Die Situation betrifft das Subjekt durch Begrenzen, Nahelegen und Auslösen; das Subjekt handelt im Bezug auf die Situation durch Einwirken, Wählen und Symbolisieren. Der Wandel des Aufbaus von Existenzformen besteht in Relevanzverschiebungen zwischen diesen sechs Modi. Betrachten wir sie nun genauer.

1. *Begrenzen*: Der Begriff der Situation bezeichnet den totalen Möglichkeitsraum eines Menschen. Innerhalb seines situativen Spielraums kann das Individuum diverse Formen von Subjektivität entwickeln, bleibt aber immer an den Rahmen der momentanen Chancenstruktur gebunden. Subjektiv spürbar und prägend wird die Situation an ihrer Grenze. Innerhalb des Möglichkeitsraums kann das Subjekt ins Kraut schießen, aber am Ende der Möglichkeiten wird es zurechtgestutzt. Je kürzer die Leine ist, die uns die Verhältnisse anlegen (Geld, Zeit, Gesundheit, erreichbare Angebote, Haushaltsstruktur, Zertifikate, Kompetenzen), desto mehr ist das Subjekt durch die Verhältnisse geformt. Begrenzen bedeutet nicht, daß die Situation den Menschen völlig determinieren würde, sondern daß sie seine Variabilität einschränkt, manchmal extrem, manchmal kaum noch wahrnehmbar. Wenn beispielsweise im persönlichen Möglichkeitsraum keine Mittel zur Verfügung stehen, um größere Entfernungen zu überwinden (Auto, Massenverkehrsmittel, Telefon), so schlägt dieser Umstand notwendig auf die Wahl der Kontaktpartner durch. Wenn Luxusgüter unerschwinglich sind, bleibt man zwangsläufig vom Luxuskonsum ausgeschlossen. In beiden Fällen werden Begrenzungen in der spezifischen Gestalt des Subjekts zitiert.

Die anderen sind an der Abgrenzung des Möglichkeitsraums beteiligt. Je nach Wirksamkeit der Sanktionsmittel, mit denen sie dem Subjekt Beschränkungen zu oktroyieren vermögen, kann soziale Kontrolle auf dem ganzen Kontinuum zwischen schwachen Impulsen und starrer Reglementierung variieren. Soziale Kontrolle ist eine Sonderform des Begrenzens. Sogar sprachlich manifestierte sich dies im bürgerlichen Konventionalismus, der bestimmte Stilvarianten als »unmöglich« definierte. Für Stilbrüche wurde man mit Arroganz und kollektiver Verachtung gestraft, so daß man sie tunlichst unterließ. Noch stärker war das Subjekt im Umkreis des Adels reglementiert. Verweigerung von Ehrbezeigungen gegenüber Höhergestellten konnte für die unteren sozialen Schichten physische Sanktionen nach sich ziehen. Nach der preußischen Gesindeordnung, die bis 1845 galt, hatte der Brotherr das Recht der körperlichen Züchtigung. Sturm und Drang, Romantik, Bohème, Wandervogel, schließlich auch die Studentenbewegung der 68er Jahre waren kollektive Distanzierungen gegenüber sozialer Kontrolle des Subjekts, wobei sich freilich innerhalb der Sezessionsbewegungen schnell neue Formen sozialer Kontrolle entwickelten.

2. *Nahelegen*: Daß Menschen in ähnlichen Situationen sich auch ohne Notwendigkeit zu ähneln beginnen, kann damit zusammenhängen, daß ihnen die Situation eine bestimmte subjektive Entwicklung nahelegt, ohne sie dazu zu zwingen. Wer von der Mietwohnung ins Eigenheim zieht, wird von nun an seiner Wohnung mehr Aufmerksamkeit schenken, obwohl er das keineswegs muß. Wer Kinder hat, wird in seiner Lebensplanung längerfristige Zeitperspektiven entwickeln, obwohl er dazu nicht gezwungen ist. Wer allein lebt, kommt auf andere Ideen und hat andere Probleme als Personen in längerfristigen Beziehungen,

nicht weil es unvermeidlich wäre, sondern weil es naheliegt. Situationsbedingte Alltagserfahrungen und das Wissen um den eigenen Spielraum stellen unmerklich Weichen beim Selbstaufbau des Subjekts. In ähnlichen Situationen beginnen die Menschen, ähnliches zu wissen, ähnliches zu wollen, ähnliche praktische Routinen auszubilden, weil sie sich im Sog ähnlicher situativer Aufforderungen befinden. Zwar könnten sie sich verweigern, doch kommen sie meist nicht einmal auf den Gedanken, dies zu tun.

Nahelegen meint die Beeinflussung des Aufbaus von relativ stabilen Elementen des Subjekts: was man immer wieder tut, ohne daß es einem bereits in die Wiege gelegt worden wäre. Das Subjekt lernt, was die Situation ihm nahelegt; Wirkung des Nahelegens ist der Aufbau eines Geflechts von Dispositionen. In dieser Formulierung verbirgt sich ein Hinweis auf einen soziologisch wichtigen Unterschied zum Modus des Begrenzens. Anders als dort kommt es beim Modus des Nahelegens sehr auf das betroffene Subjekt selbst an. Betrachten wir ein Beispiel: Ein Mietshaus brennt bis auf die Grundmauern nieder. Die damit verbundene Einschränkung des Möglichkeitsraums betrifft die Bewohner des Hauses gewissermaßen ohne Ansehen der Person;dagegen ist die *Erfahrung* des Ereignisses subjektabhängig. Was legt die Situationsveränderung nahe? Welche Lehren ziehen die Menschen daraus? Viele werden nun vorsichtiger sein, manche bis zur Paranoia. Andere dagegen werden sich kaum ändern. Gänzlich unbeeindruckt bleibt keiner, doch lernen offenbar nicht alle dasselbe aus der Situation. Was sie nahelegt, ist abhängig von den betroffenen Subjekten selbst. Andererseits ist die Reaktion der Subjekte nicht völlig unberechenbar. Spuren einer intersubjektiven Vernunft des Dazulernens sind unübersehbar: Tendenzen der Entwicklung ähnlicher Dispositionen in ähnlichen Situationen. So absurd es ist, die Situation nur mit der Vorstellung vom Zwang der Verhältnisse zu erfassen, so abwegig ist andererseits die Annahme, daß jeder aus einer bestimmten Situation etwas ganz Eigenes machen würde. Wenn etwa, um das Beispiel zu variieren, auf ein Mietshaus immer wieder Brandanschläge verübt werden, wenn sich also eine bestimmte Situation wiederholt, so werden die Bewohner im Lauf der Zeit ihre Dispositionen in ähnlicher Weise verändern: Allmählich tendieren alle dazu, beim kleinsten Alarmzeichen aus dem Haus zu laufen. Damit taucht ein weiterer Modus des Betreffens auf.

3. *Auslösen*: Zu jedem Zeitpunkt seines Lebens weist das Subjekt eine relativ stabile Struktur auf, eine Konfiguration von physischen und psychischen Wiederholungstendenzen, die Ergebnis seiner Situationsgeschichte sind. Man tritt neuen Situation so gegenüber, wie man in der Auseinandersetzung mit vielen vorhergehenden Situationen geworden ist (Modus des Nahelegens). Um das Agieren des Subjekts in neuen Situationen zu verstehen, benötigen wir die Kategorie des Auslösens.

Im Hier und Jetzt trägt die Situation Material an das Subjekt heran. Es geschieht etwas: Jemand ruft an, das Wetter ändert sich, die Post kommt, im Fernsehen gibt es fünf Spielfilme, dreimal Tennis, Nachrichten, eine Talkshow, im

Supermarkt werden bestimmt Artikel angeboten, man hört den Ruf »Feuer« usw. Diesem Material steht das Subjekt mit seinen beschränkten Möglichkeiten (Modus des Begrenzens) und seinen Dispositionen (Modus des Nahelegens) gegenüber. Was man tut, ist nicht nur davon abhängig, was man kann und was man will, sondern auch davon, was aktuell auf einen zukommt. Das Material im Hier und Jetzt löst etwas aus. Auch hierbei haben wir es, wie beim Modus des Nahelegens, mit einer Form des Betreffens zu tun, deren Wirkung nur in Verbindung mit den Besonderheiten des betroffenen Subjekts zu verstehen ist. Beispielsweise kann dieselbe Zeitschrift, die neben der Registrierkasse ausgelegt ist, bei zwei aufeinanderfolgenden Kunden unterschiedliche Reaktionen hervorrufen; der eine betrachtet sie mit Widerwillen, der nächste kauft sie. Durch Nahelegen werden Dispositionen aufgebaut, durch Auslösen werden sie mobilisiert.

Zwischenbilanz: Die Situation betrifft das Subjekt, indem sie seine Handlungsmöglichkeiten einschränkt (Begrenzen), zum Aufbau seiner Handlungsmuster beiträgt (Nahelegen) und diese aktiviert (Auslösen). Untersuchen wir nun die drei Modi des Handelns gegenüber der Situation.

4. *Einwirken* ist die Veränderung der Situation durch Bearbeitung. Zur Situation gehören unter anderem Gegenstände, Menschen, Organisationen, Sozialstrukturen. Was bedeutet es, solche Komponenten der Situation durch Einwirken zu verändern? Auf Sachen wirkt man ein, indem man montiert, repariert, reinigt, transportiert usw.; auf Personen etwa durch Überredung, Drohung, Versprechungen, Verführung, Widerspruch, Wohlverhalten; auf Organisationen durch Bereitstellung von Räumen, Rekrutieren und Entlassen von Personal, Arbeitsteilung, Archivieren u.a.; auf soziale Strukturen durch Regelverstoß oder Vereinbarung neuer Ordnungen.

5. *Wählen* ist die Veränderung der Situation durch Umgestaltung von Verknüpfungen zwischen Subjekt und Situation. Was geschieht beispielsweise, wenn man das Fernsehprogramm wechselt? Eben noch war die Sportreportage in der Situation enthalten, jetzt ist diese Komponente verschwunden; statt dessen läuft eine Musikshow. Wählen bedeutet, die Verknüpfung zwischen Subjekt und Situation umzuorganisieren. Meist kommt man damit schneller, einfacher und effektiver ans Ziel als durch Einwirken. Wollte man einer langweiligen Sportsendung durch Einwirken begegnen, müßte man den Redakteur anrufen und ihn davon überzeugen, daß es besser wäre, die laufende Sendung anders zu gestalten. Wählen kann den Charakter des Dazuwählens oder Abwählens von Komponenten der Situation haben: Konsumgüter kaufen oder wegwerfen, das Fernsehgerät anschalten oder abschalten, eine Kneipe aufsuchen oder verlassen, mit einem Partner zusammenziehen oder sich von ihm trennen. Einwirken und Wählen lassen sich exakt unterscheiden: Beim Einwirken gestaltet das Subjekt eine bereits vorhandene Komponente der Situation um, was in der Regel eine gewisse Zeit beansprucht. Beim Wählen wird eine Komponente der Situation eliminiert, ausgetauscht oder neu hinzugenommen. Meist vollzieht sich dies von einem Moment zum nächsten.

6. *Symbolisierung* besteht darin, Verbindungen von Zeichen und Bedeutungen herzustellen. Bei diesem Modus des Handelns wird die Situation nicht verändert (wie beim Einwirken und Wählen), sondern lediglich explizit gemacht. Dabei kann die Situation in zwei Ebenen auftauchen. Man kann zum einen das situativ gegebene Material *verwenden*, um eine bestimmte Zeichenkonfiguration herzustellen, etwa Autos, Möbel, Kleider, Bekanntschaften, Musik usw. Elemente der Situation werden zum Gesamtbild persönlichen Stils zusammengefügt, in der Absicht, damit ein Zeichen zu setzen. Zum anderen kann man sich beim Symbolisieren auf bestimmte Charakteristika der Situation *beziehen*. Nun taucht die Situation in der Bedeutungsebene auf; sie ist das, was das Zeichen meint, beispielsweise eine gehobene soziale Position, die durch distinguierten Stil angezeigt wird.

Es gibt zwei Wege, auf denen symbolische Verbindungen von Subjekt und Situation zustandekommen: soziale Erwartung und Identifikation, der fremdbestimmte und der selbstbestimmte Weg. Symbolisierungen orientieren sich oft an kollektiven Normalitätsvorstellungen, die das immer wieder Wahrgenommene zu Typen verdichten. Zum Teil erwarten die anderen diese Typen und klagen sie ein, beispielsweise durch erstauntes Hochziehen der Augenbrauen, wenn man sich abweichend verhält. Symbolisierung wird durch soziale Kontrolle unterstützt. Meist aber schlüpfen die Individuen schon von selbst in die jeweilige Form von Subjektivität, die zu einer bestimmten Situation symbolisch dazugehört, wie etwa Sittsamkeit zur höheren Tochter, polternde Männlichkeit zum Burschenschaftler, Ironie zum Intellektuellen.

Wenn man analytisch trennt, was im Leben gleichzeitig geschieht, entsteht leicht das Trugbild einer Abfolge. Man überträgt die Sequenz des Denkens auf die Wirklichkeit und mißversteht eine bloß analytische Auflösung als zeitliche Auflösung. Von der Trennbarkeit der Begriffe geht eine Suggestion der Trennbarkeit von Ereignissen aus: erst das eine, dann das andere, einmal das Betreffen, das andere Mal das Handeln, ein Pingpongspiel der Interaktion von Subjekt und Situation, bei dem mal dieser, mal jener Modus zum Zuge kommt. In Wirklichkeit ist alles vermischt.

Betrachten wir das Beispiel einer Familie beim Abendessen. Es gibt Pizza aus der Tiefkühltruhe; die Kinder veredeln sich das Mahl durch die Beigabe von Ketchup. Da sich dieses Ereignis in der Familie oft wiederholt, gehört es zur Existenzform der beteiligten Personen. Wie lassen sich die soeben entwickelten Kategorien zur Beschreibung des Aufbaus von Existenzformen auf das Beispiel anwenden? Falsch wäre es, nach dem am besten passenden Modus zu suchen. Analytischer Zweck der Modi ist die Dekomposition des Gleichzeitigen; deshalb sind potentiell alle relevant. Das Betroffensein ist mit dem Handeln vermengt; innerhalb dieser Oberkategorien mischen sich die Modi. Um auf das Beispiel zurückzukommen: Im Handeln finden wir sowohl Elemente des Wählens – denn alles, was auf dem Tisch steht, wurde gekauft, nicht selbst produziert – als auch Elemente des Einwirkens, mögen sie auch kaum der Rede wert scheinen, so die Erwärmung des Essens als letzter Rest dessen, was man als »Zubereitung« bezeichnen könnte, oder die von den Kindern vorgenommene Verfeinerung. Auch Momente der Symbolisierung lassen sich entdecken: »schnell was aus der Tiefkühltruhe« als Zeichen der Distinktion emanzipierter Haushaltsführung gegenüber traditioneller Familienarbeit, das Bestreichen der Pizza mit Ketchup als Zeichen des Sieges kindlichen Eigensinns über elterliche Geschmacksvorschriften, umgekehrt die Nichtverwendung von Ketchup seitens der Eltern als Zeichen für guten Geschmack.

Während die Subjekte handeln, sind sie auch betroffen: kaum spürbar durch den Modus des Begrenzens (was zur Wahl steht, ist immer begrenzt, auch das Angebot von Fertiggerichten, doch ist der Möglichkeitsraum so groß, daß man seine Beschränktheit kaum noch erfassen kann), deutlich durch die Modi des Nahelegens und Auslösens. So geht die Verfügbarkeit des Essens in der Tiefkühltruhe darauf zurück, daß das Produkt irgendwann als auslösendes Material in der Situation eines der Familienmitglieder aufgetaucht ist. Daß es ein wählendes Handeln (den Kaufakt) auslösen konnte, ist nur durch die Interaktion (im kausalanalytischen Sinne) von Material und Subjekt zu erklären, bei der Dispositionen aktiviert werden, etwa haushaltstechnisches Wissen, soziale Erfahrungen mit den anderen Familienmitgliedern, Grundorientierungen wie die Norm emanzipierter Lebensführung, alltagsästhetische Schemata wie beispielsweise das Spannungsschema, an das die italienische Aufmachung des Produkts beim deutschen Konsumenten appelliert. Solche Dispositionen sind Ergebnis einer persönlichen Situationsgeschichte, die etwas Bestimmtes nahegelegt hat und die in jedem Moment weitergeht. Auslösen und Nahelegen haben bei Eltern und Kindern in unserem Beispiel allerdings unterschiedliches Gewicht. Bei den Eltern überwiegt das Auslösen; sie handeln vor allem auf Grund von eingeschliffenen Routinen und verändern ihre dispositionale Struktur nur noch selten. Dagegen spielt das Nahelegen bei den Kindern noch eine größere Rolle, da ihr Orientierungssystem erst im Aufbau begriffen ist. Sie lernen noch, was naheliegend ist, während die Eltern es bereits »wissen«.

Relevanzverschiebungen

Das soeben untersuchte Beispiel verdeutlicht die Gleichzeitigkeit der verschiedenen Modi beim Aufbau von Existenzformen. Man lernt daran, daß sich der Wandel des Aufbaus von Existenzformen nicht etwa als Verschwinden alter und Auftauchen neuer Modi vollzieht, sondern als Relevanzverschiebung: Einige Modi werden wichtiger, andere verlieren an Bedeutung. Solche Relevanzverschiebungen sind kontinuierliche Prozesse. Die Unterscheidung eines alten und eines neuen Grundmusters der Beziehung zwischen Subjekt und Situation, die im folgenden expliziert wird, sollte nicht statisch mißverstanden werden; sie behauptet nicht ein Umspringen, sondern eine Entwicklung. Altes und neues Muster sind lediglich Markierungen, um die Richtung der Relevanzverschiebungen zu kennzeichnen.

Vor der ausführlichen Beschäftigung mit den beiden kontrastierenden Mustern soll die Entwicklung zunächst zusammenfassend charakterisiert werden: Die Vermehrung der Möglichkeiten führt zu einem Wandel des Betreffens. Für den Aufbau von Existenzformen wird der Modus des Begrenzens im selben Maße unwichtig, wie sich die Spielräume der Menschen erweitern. Entscheidend für ihre Existenzform ist weniger, was ihnen die Situation erlaubt (Betreffen), mehr dagegen, was sie gelernt haben (Nahelegen) und was auf sie zukommt (Auslösen). Dem Wandel des Betreffens korrespondiert ein Wandel des Handelns. Wenn man viele Möglichkeiten hat, gewinnt das Wählen gegenüber dem Einwirken an Bedeutung. Statt an einzelnen Komponenten der Situation zu arbeiten, organisiert man die Situation um, indem man sich etwas verschafft oder sich von etwas trennt. Es kostet mehr Mühe, sein Essen selbst zuzubereiten, als es aus vorproduzierten Bestandteilen zusammenzustellen oder ins Restaurant zu gehen; es scheint oft schwieriger, mit einem Partner zusammenzubleiben, als ihn zu verlassen und nach einem neuen zu suchen; es strengt mehr an, eine langweilige Situation selbst zu beleben, als sich animieren zu lassen. Auch der Modus des Symbolisierens reagiert auf die Vermehrung der Möglichkeiten, allerdings nicht durch eine Relevanzverschiebung im Verhältnis zu den anderen Modi, sondern durch eine innere Relevanzverschiebung - von fremdbestimmtem zu selbstbestimmtem Symbolisieren. Dies betrifft sowohl die Zeichen- wie die Bedeutungsebene. Was man als Zeichen verwenden kann, ist kaum noch durch die Grenzen der Situation vorgegeben, worauf man sich durch das Zeichen beziehen soll, kaum noch durch Konventionen geregelt. Beim neuen Muster des Aufbaus von Existenzformen ist die Zeichenkonfiguration ebenso frei gestaltbar wie der Inhalt, den man zum Ausdruck bringen möchte.

In der Gegenüberstellung eines alten und eines neuen Musters lassen sich die Relevanzverschiebungen verdeutlichen. Die schematische Darstellung auf S.205 gibt einen Überblick.

Das alte Muster

Bis ins 20. Jahrhundert hinein war der Aufbau von Existenzformen weitgehend situationsbestimmt. Es herrschte der Modus des Begrenzens. Die Menschen wurden in sozioökonomische Lagen hineingeboren, die den Möglichkeitsraum definierten, und sie befanden sich an einem Ort, der die Kontaktmöglichkeiten limitierte, umgeben von anderen, denen sie nur schwer ausweichen konnten (Beziehungsvorgabe, vgl. Abschnitt 4.3).

Primär nahm die Semantik sozialer Milieus darauf Bezug, wie man seinen Lebensunterhalt sicherstellte und wo man lebte. Die Stellung im Produktionsprozeß

Modi des Aufbaus von Existenzformen	Kurzbeschreibung	Altes Muster	Neues Muster
Betreffen:			
Begrenzen	Die Situation schränkt die Variabilität des Subjekts ein	x	
Nahelegen	Die Situation setzt Lernprozesse in Gang (Beeinflussung des Aufbaus von Dispositionen)		x
Auslösen	Die Situation aktiviert Dispositionen, indem sie das Subjekt im Hier und Jetzt mit neuem Material konfrontiert		x
Handeln:			
Einwirken	Das Subjekt verändert die Situation durch Bearbeitung	x	
Wählen	Das Subjekt verändert die Situation durch Aufbau von neuen und durch Lösen von alten Verknüpfungen		x
Symbolisieren	Das Subjekt *verwendet* Komponenten seiner Situation als Zeichen und/oder *meint* Aspekte seiner Situation mit Zeichen	x (fremdbestimmt)	x (selbstbestimmt)
Erläuterung: Bei waagrechter Lektüre informiert das Schema über einzelne Relevanzverschiebungen. Das Zeichen x deutet Bedeutungszunahme, sein Fehlen Bedeutungsabnahme des jeweiligen Modus an. Bei senkrechter Lektüre werden unterschiedliche Muster des Aufbaus von Existenzformen im historischen Vergleich sichtbar.			

Muster des Aufbaus von Existenzformen

beschränkte oder eröffnete Möglichkeiten, etwa im Hinblick auf Kleidung, Hausrat, Bildung, Luxusgegenstände, räumlichen Aktionsradius, Reglementierungen und Privilegien im sozialen Kontakt. Eine zweite Begrenzung des Subjekts war der Stadt-Land-Unterschied und die Verankerung der Menschen in einer bestimmten Region. Wo immer man lebte, war man konfrontiert mit vorgegebenen Formen, die in langer Tradition kollektiv erarbeitet worden waren: Sprache, Trachten, Tänze, Musikstile, Eßkultur, Brauchtum, Volksfeste, Religion. Es war schwer, die Grenzen des nach der Geburt vorgefundenen persönlichen Aktionsraums zu überschreiten. Symbolisierungen hatten den Charakter von Konformität auf Grund ungeschriebener Regeln, von Demonstration guter Kinderstube, von peinlicher Einhaltung der Etikette. Eine primär ökonomisch, verwandtschaftlich und regional vorstrukturierte Zuordnung von Situation und Subjekt wurde symbolisch nachgezeichnet.

Weitere Begrenzungen konkretisierten sich in Form von Arbeit, Mangel an Lebensmitteln, Krankheit, Wohnung. Berichte über Arbeit im 19. Jahrhundert (Rosenbaum 1982) lesen sich wie Schilderungen anderer Welten, die weit von unserer Normalität entfernt sind. Das Alltagsleben eines Industriearbeiters, eines Landarbeiters, einer Heimarbeiterfamilie ließ keine Spielräume. Eingeschnürt in fremdbestimmte Handlungszwänge, hatte das Subjekt weder während der Arbeit noch nach ihrer Beendigung eine Entwicklungschance, denn die arbeitsfreie Zeit reichte gerade für die Reproduktion der Arbeitskraft, fürs Essen und Schlafen. Zwischen Erwerbsarbeit und Familienarbeit bestand in dieser Hinsicht kaum ein Unterschied.

Daß beim alten Muster des Aufbaus von Existenzformen auch Menschen mit relativ großen Spielräumen durch Konventionen an ihre Situation gebunden blieben, wurde durch soziale Sanktionen sichergestellt. Die Lebensstile etwa der Aristokratie, der Patrizier, des Klerus, der Zünfte brachten zwar symbolisch größere Freiheit zum Ausdruck, waren aber nicht einfach ins Belieben gestellt; vielmehr hatte man sich an die Ordnung der Zeichen zu halten.

Wie reagierten die Menschen auf das Betroffensein durch Grenzen? Dominierender Modus des Handelns im Bezug auf die Situation war das Einwirken. So wurden die Dinge für den täglichen Bedarf, Lebensmittel, Kleider, Schuhe, Möbel, Werkzeuge usw. in einem heute kaum noch vorstellbaren Maße durch physische Einwirkung erarbeitet, nicht etwa besorgt und entsorgt. Da es schwer war, den anderen auszuweichen, mußte man sich mit ihnen auseinandersetzen. Auch das Vergnügen wollte erarbeitet sein; fast nie war es möglich, sich unterhalten zu lassen, fast immer mußte man selbst etwas dafür tun.

Schon das Existieren in einem begrenzten Möglichkeitsraum erforderte die Mobilisierung der Kräfte des Subjekts, um auf die Situation einzuwirken. Erst recht galt dies für den Kampf gegen weitere Einschränkungen des Möglichkeitsraums oder für den Versuch, ihn zu erweitern: gesundzubleiben, das Eigentum zusammenzuhalten, genug zu sparen, um zu heiraten, nach oben zu kommen, den Kindern bessere Startchancen zu geben. Durch die ständige Beschäftigung mit der Grenze der Situation war die Wahrnehmung sensibel für soziale Ungleichheit. Es entstanden hierarchisch geschichtete Gesellschaftsstrukturen.

Das neue Muster

Allmählich hat sich der Aufbau von Existenzformen verändert. Noch im 19. Jahrhundert waren arbeitsbedingte Einschränkungen der Handlungsmöglichkeiten unverzichtbar zur Erklärung typischer subjektiver Unterschiede, etwa zwischen Großbürgern, Kleinbürgern, Arbeitern, Kleinhandwerkern, Heimarbeitern, landbesitzenden Bauern, Tagelöhnern. In der Gegenwart schlagen die von der Situation gesetzten Grenzen sehr viel weniger auf die Ausformung von Subjektivität durch. Je mehr die Arbeitszeit reduziert wurde und je mehr die Realeinkommen das Existenzminimum überstiegen, desto mehr verringerte sich die Bedeutung der Stellung im Produktionsprozeß.

Im dimensionalen Raum alltagsästhetischer Schemata kann sich jeder die Position suchen, die ihm zusagt, weitgehend unabhängig von Beruf, Einkommensverhältnissen, Herkunftsfamilie. Für die Sozialkontakte eines Menschen spielt es eine immer geringere Rolle, was er beruflich macht und wo er wohnt. Soziale Milieus entstehen durch Beziehungswahl. Eltern, Bildungssystem, Wohnsituation, Region, Lebenspartner, Beruf, Massenmedien, Angebote des Erlebnismarktes, großstädtische Szenen - alle mit diesen Stichworten angedeuteten potentiellen Aspekte der Situation haben ihre Unausweichlichkeit verloren.

Zentrales Charakteristikum des neuen Musters ist der Modus des Wählens. Quer durch die Lebensbereiche substituiert er allmählich die Modi des Begrenzens und Einwirkens: Ernährung, Kleidung, Wohnung, Haushaltsstruktur, Sexualität, Verwandschaftsgruppe, Freunde und Bekannte, Szenen, Erlebnisangebote, Information, Transport, Religion, Bildung, Beruf, Lebensraum. Selbst das Betroffensein durch die Situation wird vom Modus des Wählens erfaßt. Man kann sich dem Einfluß von Situationen inzwischen leichter durch Situationswechsel entziehen. Verbleibt man jedoch in einer Situation, so wirkt sie umso nachhaltiger, da man sich ihrem Einfluß mit höherer Freiwilligkeit aussetzt, ihn oft sogar sucht. Beim Wechsel vom alten zum neuen Muster des Aufbaus von Existenzformen werden Situationen für den Menschen disponibel. Auch der Modus der Symbolisierung erscheint in einem neuen Licht. Kaum noch wird man gezwungen, als passend definierte Formen der Subjektivität symbolisch an den Tag zu legen. Tut man es trotzdem, so ist die Symbolisierung selbstbestimmt.

Im Vergleich zum alten Muster nehmen die Modi des Nahelegens und Auslösens einen neuen Charakter an. Es bedarf keiner Diskussion, daß sie schon immer eine Rolle gespielt haben, doch treten sie nun viel markanter hervor. Zum ersten kommen sie stärker zum Zuge, weil der Modus des Begrenzens zurückgeht. Wenn Menschen vom Hunger bedroht sind, konzentrieren sie ihre Engergie auf das Überleben, wenn die Bedrohung nachläßt, handeln sie dagegen immer unterschiedlicher - die Modi des Nahelegens und Auslösens, deren Wirkung von der spezifischen Gestalt des Subjekts abhängt, kommen nun stärker zum Zuge. Zweitens ist der Strom der Alltagserfahrung dichter und vielfältiger geworden. Dies bedeutet, daß die Diversifikation der Situationsgeschichten der Subjekte zunimmt. Nahelegen und Auslösen führen zu stärkeren Differenzierungen, sowohl zwischen den Menschen als auch im Lebenslauf des einzelnen. Drittens versuchen die Menschen immer mehr, ihr eigenes Betroffensein die Hand zu nehmen. Sie steuern das Nahelegen durch Aufsuchen oder Verlassen von Situationen und regulieren den Strom auslösenden Materials.

Unter den geschilderten Umständen muß sich die Soziologie mehr für Wahrnehmungsvorgänge und kognitive Strukturen interessieren (vgl. hierzu die zeichentheoretischen Überlegungen zur Milieuentstehung, Abschnitte 4.4 bis 4.11, sowie die Ausführungen zur wissenssoziologischen Interpretation sozialer Milieus im 5. Kaptiel). Wenn die Menschen einmal bestimmte Verbindungen von Situation und Subjekt als normal ansehen, tendieren sie dazu, diese Vorstellung durch ihr eigenes Handeln zu bestätigen. Im Vergleich zum alten Muster des Aufbaus von Existenzformen ist die faktenschaffende Kraft persönlicher Wirklichkeitsmodelle beim neuen Muster größer, weil das Subjekt eine aktivere Rolle spielt. Solange der Modus des Begrenzens regiert, sind Wirklichkeitsmodelle weniger wichtig; dominiert dagegen der Modus des Wählens, so hängt die objektive Beschaffenheit der sozialen Wirklichkeit entscheidend davon ab, welche Wirklichkeitsmodelle im Kollektiv verbreitet sind.

Überlegungen zum Wandel soziologischer Theorie

Wenn der Möglichkeitsraum groß ist, scheint auf den ersten Blick das Reich der Herrschaft des Subjekts gekommen zu sein. Unter der Bedingung der Begrenzung werden die Subjekte der Situation angepaßt, unter der Bedingung der Wahl umgekehrt Situationen den Subjekten. Jeder versucht, sich die Umwelt zu verschaffen, die ihm gefällt. Man darf dabei aber nicht übersehen, daß sich die Menschen nicht im voraussetzungsfreien Raum entscheiden, sondern ihrerseits von situativen Gegebenheiten abhängen. Auch wenn die Wahl frei ist, wird sie von kausal wirksamen Faktoren beeinflußt. Nach einer bekannten Frotzelei entscheiden sich gerade diejenigen Personen dazu, Psychiater zu werden, die selbst psychisch labil sind. Partner versuchen, sich gegenseitig so auszuwählen, daß sie zueinander passen. Im Jazzkonzert sitzen vorwiegend solche Besucher, die gelernt haben, Jazz zu genießen. Bei jedem dieser drei Beispiele steht die gewählte Situation - Beruf, Partner, Konzert - in ursächlichem Zusammenhang mit Vorbedingungen, etwa traumatisierende Erfahrungen, Alter, Generationslage, Bildung, körperliche Merkmale, ästhetische Sozialisation.

Mit dem Übergang vom situationsbestimmten zum subjektbestimmten Aufbau von Existenzformen verändert sich der Kausalcharakter der Situation, nicht aber ihre kausale Relevanz überhaupt. Wenn das Gezwungensein durch die Situation zurückgeht, steigt das Angeregtsein. Statt das Handeln durch Einschränkung zu beeinflussen, wirkt die Situation nun dadurch, daß sie bestimmte Optionen nahelegt oder auslöst. Mag sie auch immer weniger als Zwang erscheinen, so ist sie doch nach wie vor Bedingung. Trotzdem bleibt theoretisch nicht alles beim alten. Die Veränderung des Kausalcharakters der Situation muß zu einer historischen Aktualisierung von Theorien sozialen Wandels führen. Traditionell spielt hier - zu Recht - die Grenzverschiebung situativer Einschränkungen eine zentrale Rolle: Zunahme der Naturbeherrschung, Krieg und Frieden, Naturkatastrophen, Bevölkerungsprozeß, Arbeitsteilung, Produktivität, sozialer Zwang und Emanzipation. Das Subjekt taucht in diesen Theorien als Moderatorvariable auf - wie die jeweils gegebenen Verhältnisse wirken, hängt in gewissen Grenzen davon ab, wie die Menschen damit umgehen.

Die Vermehrung der Möglichkeiten muß mit neuartigen Theorien sozialen Wandels beantwortet werden, in denen das Interesse an der Festlegung *durch* Möglichkeitsräume zurücktritt hinter dem Interesse an der Selbstfestlegung *in* Möglichkeitsräumen. Um es in einem Vergleich auszudrücken: Wenn ein Mensch in einer Zelle eingesperrt ist, so kommt es für die Erklärung seiner Verhaltensänderungen vor allem auf die Veränderung seiner Situation an. Zum Zeitpunkt eins wird ihm erlaubt, eine Stunde im Innenhof spazierenzugehen; zum Zeitpunkt zwei darf er Kontakt zu seinen Mithäftlingen aufnehmen; zum Zeitpunkt drei erhält er die Genehmigung, Zettel und Papier zu benutzen. Was er jeweils tun wird, ist mit hoher Wahrscheinlichkeit aus der Verschiebung der Grenzen seines Möglichkeitsraumes ableitbar. Zum Zeitpunkt vier wird er als unschuldig entlassen. Die Medien greifen seinen Fall auf. Er erhält eine horrende Summe als Haftentschädigung, 100 Stellenangebote und 1000 Heiratsanträge. Nun sind wir mit unserem Latein am Ende, wenn wir sein Verhalten vorhersagen wollen. Was wird er tun? Helfen kann uns unter den geänderten Umständen nur die Kenntnis seiner Persönlichkeit und der Wahrnehmungen, die auf ihn einströmen. Wenn wir beispielsweise wissen, was ihm an Frauen gefällt und wenn wir die Briefe der Interessentinnen lesen dürfen, können wir eine Prognose wagen, mit welcher Frau er sich treffen wird.

Entsprechend kommt es bei der Erklärung sozialen Wandels immer stärker auf Bedingungen an, die subjektive Entscheidungen beeinflussen: auf die persönliche Vorgeschichte (vor allem Sozialisationsprozeß); auf wahrnehmungssteuernde und wahrnehmungsverzerrende Gegebenheiten der aktuellen Situation; auf das Angebot von Wirklichkeitsmodellen durch Massenmedien, Werbung, Therapeuten, Politiker; auf typische Präferenzen und Abneigungen in sozialen Gruppen, denen man sich nahe fühlt. War es zunächst soziologisch vordringlich, sich mit den Veränderungen der Entscheidungs*möglichkeiten* zu beschäftigen, so kommt es nun darauf an, die Bedingungen zu untersuchen, die Menschen dazu bringen, sich innerhalb eines großen Möglichkeitsraums so oder so zu *entscheiden*. Bei der Untersuchung des Erlebnismarktes weiter unten soll dieses Programm zu einem kleinen Teil in Angriff genommen werden.

4.13 Die Segmentierungshierarchie

Zu einer Theorie der Milieusegmentierung gehören Vorstellungen über die Entstehung von kommunizierenden Großgruppen und über die Konstruktion von Existenzformen. Beide Fragen wurden in den vorangegangenen Abschnitten ausführlich untersucht. Ziel war jeweils eine Modernisierung der Theorie der Milieusegmentierung, die dem säkularen Abbau von Restriktionen und der Zunahme von Wahlmöglichkeiten Rechnung tragen sollte. Für die empirische Arbeit ist eine Theorie der Milieusegmentierung aber erst dann ausreichend, wenn sie auch die wichtigsten erkenntnistheoretischen Probleme der Milieuanalyse berücksichtigt. Damit beschäftigen sich die beiden folgenden Abschnitte.

Wir müssen uns, so die gemeinsame Ausgangsthese beider Abschnitte, mit der Tatsache auseinandersetzen, daß Milieustrukturen nicht eindeutig identifizierbar sind, obwohl sie als realer sozialer Sachverhalt existieren. Mit noch so raffinierten Methoden ist diese Uneindeutigkeit nicht zu beheben, denn sie ist nicht auf mangelhafte Qualität der Forschung zurückzuführen, sondern auf Eigenschaften des Gegenstandsbereichs. Würde man diese Eigenschaften nicht berücksichtigen, müßte empirische Milieuforschung im Durcheinander widersprüchlich erscheinender Forschungsergebnisse versanden, deren Unvereinbarkeit methodisch erklärt würde - zu Unrecht, und deshalb ohne Chance auf Verbesserung und allmähliche Annäherung der Beschreibungen. Im folgenden werden diese Eigenschaften als Segmentierungshierachie und Unschärfe beschrieben. Es wird sich dabei herausstellen, daß wir dazu gezwungen sind, die Vorstellung einer eindeutig bestimmbaren Milieustruktur fallenzulassen.

Betrachten wir beide Eigenschaften und ihre methodologischen Konsequenzen zunächst im Überblick: Das Problem der *Segmentierungshierarchie* besteht darin, daß es nahezu beliebig viele morphologische Modelle gibt, weil jedes Milieu sowohl in Submilieus aufgelöst wie einem übergeordneten Milieu zugeordnet werden kann. Für welches Modell wir uns auch immer entscheiden - wir kommen um die (zumindest implizite) Festlegung eines Differenzierungsniveaus nicht herum. Zur Begründung dieser Festlegung kann man sich nicht etwa auf die Natur der Sache berufen, sondern allein auf das Erkenntnisinteresse. Das Problem der *Unschärfe* besteht darin, daß milieudefinierende Existenzformen, Milieugrenzen und Milieuzugehörigkeiten nicht exakt anzugeben sind. Dies fordert vor allem zu einer Reflexion darüber heraus, wie sich unter solchen Umständen überhaupt noch Intersubjektivität sichern läßt. Wenden wir uns nun zunächst dem ersten dieser beiden Probleme zu.

Bei näherer Untersuchung unserer Vorstellungen über die Gruppenstruktur der Gesellschaft tritt eine Ambivalenz zutage. Von Extremen abgesehen, ist jede Vorstellung von sozialen Segmentierungen sowohl in noch einfachere, als auch in noch differenziertere Modelle überführbar. Zwischen dem einfachsten Modell, der Menschheit, und dem unübersichtlichsten Modell, der Vorstellung von Milliarden singulärer personaler Binnenkulturen, lavieren wir in einer Hierarchie

Festzuhalten bleibt, daß die Erkenntnishaltung der Soziologie selbst zum Befund einfacher Strukturen beiträgt. Man kann die Optik verschieden fein einstellen. Da kein Mensch dem anderen vollständig gleicht, keine der kleinen sozialen Einheiten (etwa Partnerbeziehungen, Familien, Freundesgruppen, Nachbarschaften) mit einer anderen identisch ist, könnte man so viele Typen bilden wie es Individuen gibt (die dann allerdings nichts Typisches mehr hätten), soviele Teilkulturen wie soziale Einheiten. Daß man von der sozialen Wirklichkeit zu derartiger theoretischer Kapitulation gezwungen würde, ist denkbar, aber empirisch nicht der Fall. Immer nämlich treten partielle Homogenisierungen auf: Große Gruppen von Individuen, die sich im Hinblick auf viele Aspekte ihrer Existenz ähneln. Je größer die Gruppen sind, die ein morphologisches Modell vorsieht, desto heterogener müssen sie sein. Trotzdem sind sie real, auch in ihren Konsequenzen. Deshalb gilt ihnen unser Erkenntnisinteresse.

4.14 Das Unschärfeproblem

Für die Erkenntnistheorie der Sozialwissenschaft ist es unerläßlich, zwischen Ungenauigkeit und Unschärfe zu unterscheiden. Da die Fachdiskussion diese Unterscheidung nicht berücksichtigt, können sinnlose Aussagen nicht ausbleiben, etwa: Milieu X repräsentiere 13,7% der Bevölkerung. Auf Unendlichkeit programmierte Auseinandersetzungen darüber, etwa ob wir es mit fünf Milieus, mit sieben oder mit dreizehn zu tun haben, ob die Altersgrenze bei 37 oder bei 39 Jahren verläuft, ob schwer zuordenbare Personenkategorien hierhin oder dorthin gehören, sind leicht als überflüssig zu erkennen, wenn man die Unterscheidung zwischen Ungenauigkeit und Unschärfe berücksichtigt.

Ungenauigkeit sei definiert als Sammelbegriff für alle Abweichungen der Forschungsergebnisse von der Wirklichkeit, etwa bedingt durch bewußte oder unbewußte Falschaussagen von Befragten, durch Stichprobenfehler, nicht homomorphe Kodierung, Interpretationsfehler, Fehler der Modellspezifikation. *Unschärfe* sei definiert als Abweichung realer Ordnungstendenzen von einer vorgestellten idealen Ordnungsstruktur. Man sieht den fundamentalen Unterschied: Ungenauigkeit kann durch Verbesserung der Forschungsverfahren, durch kumulative Forschung und durch wissenschaftliche Diskussion verringert werden, Unschärfe nicht.

Logisch haben beide Konzepte nichts miteinander zu tun. Ein unscharfes Ergebnis kann beispielsweise genau sein, ein Modell mit scharfen Grenzen dagegen illusionär und ungenau. Im Forschungsergebnis vermischen sich die beiden Phänomene jedoch. Auch wenn es nicht möglich ist, Ungenauigkeitskomponenten und Unschärfekomponenten exakt zu trennen und zu quantifizieren, ist doch schon ein entscheidender Schritt getan, wenn man sich der Unterschiedlichkeit dieser Komponenten bewußt ist. Die Konsequenzen erstrecken sich bis in die Datenanalyse hinein; so wird etwa eine Unschärfeanalyse der Milieustruktur, wie sie weiter unten durchgeführt wird (Abschnitt 7.9 und Anhang D, Tabelle 7.3), durch die gedankliche Trennung von Unschärfe und Ungenauigkeit erst möglich. Während nun die Literatur über das Problem der Ungenauigkeit extensiv, ja hochgradig redundant ist, zählt das Thema der Unschärfe zu den meistignorierten Erkenntnisproblemen der Sozialwissenschaft.

Im folgenden soll die Diskussion des Unschärfeproblems auf den Bereich der Milieuanalyse eingeschränkt werden, wenngleich seine Bedeutung darüber hinausweist. Unschärfe ist die Abweichung einer realen Ordnungstendenz von einer vorgestellten idealen Ordnungsstruktur. Als Ordnungstendenz begegnet uns in der sozialen Realität unter anderem die Eigenschaft von Personengruppen, sich voneinander durch erhöhte Binnenkommunikation und gruppenspezifische Existenzformen zu unterscheiden. In einer idealen Ordnungsstruktur kämen milieuüberschreitende Kontakte nicht vor, und in jedem Milieu gäbe es genau eine komplexe Existenzform, identisch bei allen Personen innerhalb des Milieus und inexistent außerhalb des Milieus. Die Vorstellung einer solchen Ordnungsstruktur ist unrealistisch, aber nützlich, sogar unerläßlich, um Realität zu beschreiben - nicht nur, um sich Komplexität gedanklich zugänglich zu machen. Vor allem ist auch die Chance groß, mit idealen Ordnungsstrukturen ungefähr diejenige Vorstellungswelt abzubilden, mit der die Menschen selbst ihre soziale Wirklichkeit erfassen.

Es ist sinnvoll, im Zusammenhang der Milieuanalyse drei Typen von Unschärfe zu unterscheiden. Der erste Typus hat mit dem schon dargestellten Problem der Segmentierungshierarchie zu tun. Zwar ist in dieser Hierarchie eine Tendenz zu einer einfachen und trotzdem klar kontrastierenden Milieustruktur angelegt, doch ist jede Einfachstruktur nur in einem Feld mehrerer Modellalternativen zu lokalisieren und nicht eindeutig identifizierbar. Dies sei als morphologische Unschärfe bezeichnet. Ein zweiter Typus der Unschärfe ist auf die Existenzform bezogen. Situation und Subjekt enthalten unendlich viele Komponenten, von denen nur ein Teil milieuspezifisch verteilt ist. Nun ist Milieuspezifität jedoch ein gradueller Begriff - es gibt stark milieuspezifische Komponenten von Existenzformen, etwa Stil, Alter und Bildung, aber auch schwach milieuspezifische Komponenten, beispielsweise das regelmäßige Betrachten der Fernsehnachrichten. Wo soll man die Grenze ziehen? Was definiert milieuspezifische Existenzformen, was nicht? Drittens müssen wir den Typus personenbezogener Unschärfe berücksichtigen. Es gibt Grenzfälle, bei denen die Milieuzuordnung nicht eindeutig ist, da sich in der persönlichen Existenzform die Spezifika mehrerer Milieus mischen. Deshalb sind Grenzen zwischen sozialen Milieus nicht als Linien, sondern als Zonen zu modellieren.

Für die soziologische Analyse bedeutet Unschärfe die Notwendigkeit zu partieller Willkür: Es ist nicht verbindlich aus irgendwelchen Daten abzuleiten, wo genau man Grenzen ziehen soll, welche existentiellen Aspekte mit in die Typologie einzubeziehen sind, wie groß die Abweichungstoleranz im Einzelfall sein soll, bei der man ein Individuum immer noch einer bestimmten sozialen Kategorie zuordnet. Völlig beliebig wird soziologische Analyse dadurch aber keineswegs. Es bleiben große Kernbereiche der Eindeutigkeit, die sich immer wieder herauskristallisieren und robust gegenüber Grenzentscheidungen sind. Die wissenschaftliche Soziologie steht vor ähnlichen erkenntnistheoretischen Problemen wie die Alltagssoziologie, die es ja mit demselben Objektbereich zu tun hat. Hier wie dort ist Erkenntnis nur mit einer probabilistischen Grundhaltung möglich, das Typische nur erkennbar, wenn man seine Unschärfe akzeptiert.

Wissenschaftliche Milieuanalyse und naive Alltagsempirie haben denselben Gegenstandsbereich und folgen derselben induktiven Forschungslogik. Der wesentliche Unterschied liegt darin, daß bei professioneller Sozialforschung die Möglichkeit besteht, ein breiteres Informationsspektrum zu erfassen. Während sich viele Menschen milieuethnozentrisch verhalten und über andere Milieus nur wenige und lückenhafte Informationen sammeln, kann die empirische Sozialforschung ein systematisches Milieu-Screening betreiben. Das Ergebnis muß ungefähr demjenigen Bild entsprechen, das sich ergeben würde, wenn man die eingeschränkten Erfahrungshorizonte verschiedener Menschen mit verschiedenen Milieustandorten zusammensetzen würde.

Wir stehen im Konflikt zwischen Präzision und kognitiver Ökonomie, sowohl in der Wissenschaft als auch im Alltagsleben. Je genauer man Existenzformen erfassen möchte, desto mehr verliert man sich in einer immer feiner differenzierten Systematik von empirischen Klassen, die sich schließlich in Einzelfälle auflösen, wenn man die Präzisierung auf die Spitze treibt. Wahrnehmungspsychologisch wird dem Ökonomierungsbedürfnis durch die Abweichungselastizität des Gestalterkennens Rechnung getragen, so daß die Überschaubarkeit grober Klassen gegen die singulären Aspekte des jeweils Wahrgenommenen verteidigt werden kann. In der wissenschaftlichen Empirie muß man versuchen, dieses Gestaltsehen nachzuvollziehen. Statistische Unschärfen zeichnen Unschärfen der Wahrnehmung und des damit zusammenhängenden sozialen Handelns nach.

In der Soziologie gibt es eine Tradition der Enttäuschung darüber, daß soziale Schichten nicht so klar trennbar sind, wie es der Begriff suggeriert. Statusinkonsistenzen, schichtexzentrische Mentalitäten, schichtübergreifender Grenzverkehr von Alltagsbeziehungen haben die wissenschaftliche Abgrenzung sozialer Schichten immer schon zu einer methodisch prekären Sache werden lassen (vgl. etwa Mayer 1977, S.217), bei der man mit dem Daumen peilen mußte. Es ist nicht erstaunlich, daß dieses Problem bei dem Versuch der Abgrenzung sozialer Milieus wieder auftaucht, denn Schichten sind ja nichts anderes als Sonderfälle von Milieus. Wer mit dem Lineal an die soziale Wirklichkeit herantritt, um Grenzlinien zu ziehen, wird feststellen, daß sich die Wirklichkeit der Idee trennscharfer multivariater Segmentierungen von Personengruppen nicht fügt. Es nützt in dieser Situation wenig, die Methoden zu tadeln - als könnte man entdecken, was es nicht zu entdecken gibt, wenn man das Raffinement von Klassifikationsverfahren erhöht. Verfehlt wäre es aber auch, in einer theoretischen Trotzreaktion die Idee der Milieusegmentierung überhaupt in der Schublade verschwinden zu lassen, denn bei aller Diffusität der empirischen Ergebnisse ist doch wiederum deutlich, daß Milieus tatsächlich existieren. Wenn es sie aber gibt, wäre es eine theoretische Unterlassungssünde, sie wegen ihrer Verschwommenheit zu ignorieren.

Geht man von einer subjektorientierten Position aus, bei der soziale Milieus aus Verhaltensweisen resultieren, die ihrerseits auf Wahrnehmungen aufbauen, so erscheint Unschärfe geradezu unvermeidlich: denn weder sind die Gestalten der Alltagssoziologie, an denen sich die Individuen orientieren, präzise und konstant, noch beeinflussen sie das Subjekt deterministisch. Sie disponieren zu einer gruppenspezifischen Selektivität der Sozialkontakte, zu Anpassungen der eigenen Existenzform, zu sozialen Kontrollen - nicht mehr, aber auch nicht weniger.

Unter der Bedingung von Unschärfe ist Intersubjektivität noch schwerer zu erreichen, als es in der empirischen Sozialforschung ohnehin der Fall ist. Auf der Liste der analytischen Wünsche müssen wichtige Positionen gestrichen werden. Hierzu zählt die Quantifikation der Anteile von Milieus an der Gesamtpopulation, wie sie in bisherigen Arbeiten versucht wurde (Nowak/Becker 1985; outfit 1986; Gluchowski 1987). Eine Milieusegmentierung ist einem pointillistischen Gemälde vergleichbar, nicht einer Landkarte. Weil es nur breite Grenzzonen statt exakter Grenzlinien gibt, ist die Ausdehnung der Terrains nicht genau zu bemessen. Auch die Frage, wieviele Milieus es genau gibt, ist sinnlos, wie die Analyse des Problems der Segmentierungshierarchie gezeigt hat.

Wie kann man trotz des Unschärfeproblems sinnvoll über Milieus reden? Die folgenden acht Prinzipien fassen das methodische Grundprogramm der Milieuanalysen weiter unten zusammen: 1. Primär sind solche Merkmale zur Klassifikation heranzuziehen, die einen hohen Grad von Evidenz und Signifikanz aufweisen, entsprechend der oben ausgeführten Theorie der Milieusegmentierung. 2. Die Beschreibung soll von dem ausgehen, was eindeutig ist, von besonders homogenen Kernbereichen sozialer Milieus, die wie Berggipfel aus dem Nebel der Daten ragen. 3. Grenzziehungen sind zu verstehen als Markierungen von Grenzbereichen, deren Undeutlichkeit hinzunehmen ist. 4. Die Theoriebildung soll sich auf diejenige empirische Substanz beziehen, die resistent ist gegenüber Verschiebungen von Grenzbereichen. Wichtig ist die Kollektivdiagnose, nicht die Zuordnung des Einzelfalles. Das Gesamtbild muß unabhängig von der Plazierung der Grenzfälle sein. 5. Die empirische Stringenz von Milieumodellen soll sichtbar gemacht werden. Ausreichend ist ein Vergleich von beobachteten Werten und Erwartungswerten. Entsprechende Angaben fehlen in der Fachliteratur. 6. Es ist zu versuchen, eine möglichst einfache Struktur zu finden. Umgekehrt formuliert: Eine gegebene Segmentierung ist dann nicht weiter zu differenzieren, wenn sich dabei kein nennenswerter Zuwachs an Gesamtstringenz ergibt. 7. Die reale Auffindbarkeit eines Milieus soll als umso gesicherter gelten, je mehr in anderen empirischen Untersuchungen ähnliche Formationen gefunden wurden. 8. Milieuanalyse darf nicht auf die statistische Arbeit beschränkt bleiben. Entscheidend ist das

Verstehen milieuspezifischer Existenzformen. Mit diesem Ziel taucht das komplexe Problem der wissenssoziologischen Interpretation sozialer Milieus auf, dem das nächste Kapitel gewidmet ist.

Jedes dieser acht Prinzipien ist für sich allein notwendig, aber nicht ausreichend. Zusammen jedoch ergeben diese Argumentationsmuster jene Form von Erkenntnissicherheit, mit der sich empirische Sozialforschung bescheiden muß: Plausibilität.

5. Kapitel

Die wissenssoziologische Interpretation sozialer Milieus

Einleitung

Das folgende Kapitel dient der Verbindung zwischen den vorangegangenen theoretischen Überlegungen und den empirischen Milieubeschreibungen im nachfolgenden Kapitel. Zusätzlich hat es die Funktion einer vorbeugenden Maßnahme gegen die bloße Aufzählung von Milieuspezifika. Auch im Alltagsleben brauchen wir Strategien, mit denen wir komplexe Informationsmengen aufeinander beziehen und ordnen, um nicht die Orientierung zu verlieren. Den Detailreichtum von Existenzformen kann man in der wissenschaftlichen Analyse nur mit einer integrativen Sichtweise bewältigen, die den alltäglichen Techniken kognitiver Selbstorganisation nachempfunden ist.

Milieuspezifische Existenzformen könnten gar nicht erst entstehen, wenn es nicht milieuspezifische Baupläne des Aufbaus von Wirklichkeit gäbe, durch die der unausgesetzte Strom neuer Erfahrungen kognitiv so organisiert wird, daß bereits etablierte Verbindungen von Situation und Subjekt halbwegs stabil bleiben. Um solche grundlegenden Muster der Organisation von Wissen geht es bei der Suche nach integrierenden Prinzipien milieuspezifischer Existenzformen. Inhalt dieses Kapitels ist die genauere Bestimmung eines wissenssoziologischen Interpretationsziels für die spätere Auseinandersetzung mit den Daten. Es geht darum, ein Verständnis der gesamtgesellschaftlichen Milieukonstellation anhand einfacher, alltagsadäquater Prinzipien der Wirklichkeitskonstruktion vorzubereiten.

Zunächst soll im Rahmen einer kurzen Zwischenbilanz geklärt werden, wie diese Zielsetzung mit den vorangegangenen Überlegungen zusammenhängt. Dabei wird das Interesse an einer wissenssoziologischen (und damit subjektorientierten) Interpretation von Milieustrukturen abgeleitet aus den im vorangegangenen Kapitel entwickelten Thesen über neue Formen des Aufbaus von sozialen Milieus und Existenzformen, bei denen sich das Schwergewicht vom situationsbestimmten zum subjektbestimmten Muster verlagert hat (Abschnitt 5.1). Der Gegenstandsbereich der Interpretation ist eingeschränkt auf kollektives existentielles Wissen (Abschnitt 5.2).

Ausgangspunkt einer subjektorientierten Analyse von Milieustrukturen ist der Begriff der Wirklichkeitsmodelle, womit relativ stabile, ganzheitlich organisierte

Normalitätsvorstellungen gemeint sind. In diesen Wirklichkeitsmodellen sind vereinfachte Abbildungen der Milieustruktur enthalten. Objektive Wirklichkeit und subjektive Modelle beeinflussen einander, wenn sie sich auch nicht perfekt entsprechen (Abschnitt 5.3).

Milieuspezifische Unterschiede von Wirklichkeitsmodellen kommen durch apriorische existentielle Anschauungsweisen zustande, zu deren näherer Bestimmung drei Komponenten erforderlich sind: Ich-Welt-Bezug, primäre Perspektive, normale existentielle Problemdefinition (Abschnitt 5.4). Existentielle Anschauungsweisen sind ein Verweisungszusammenhang dieser drei Komponenten, der seinerseits in einen übergeordneten Verweisungszusammenhang (gebildet aus objektiver Wirklichkeit, Wirklichkeitsmodellen und existentiellen Anschauungsweisen) eingebaut ist (Abschnitt 5.5).

Die Beziehung der Komponenten in den Verweisungszusammenhängen wird durch eine fundamentale Semantik reguliert, die als Richtgröße zur Herstellung von Homologien dient (Abschnitt 5.6). Im säkularen Wandel wird die traditionelle außenorientierte Semantik allmählich durch eine innenorientierte Semantik abgelöst (Abschnitt 5.7).

Eine vorwegnehmende Charakterisierung soll zeigen, was das Ergebnis des Versuches sein wird, soziale Milieus mit diesen Kategorien zu beschreiben. Das Interpretationsziel, auf das die Beschreibungsversuche im 6. Kapitel zulaufen, wird in einer kurzen Skizze dargestellt (Abschnitt 5.8). Allerdings ist dem Mißverständnis vorzubeugen, milieuspezifische Denkkategorien als unausweichliche kognitive Programmierungen aufzufassen. Es handelt sich lediglich um tendenzerzeugende Größen. Sie geben dem Subjekt eine ungefähre Richtung, lassen aber noch Variationsspielraum. Der probabilistische Charakter kollektiv erarbeiteter Kognitionen zwingt zur Beschränkung des Geltungsanspruchs (Abschnitt 5.9).

Existentielle Anschauungsweisen halten subjektive Welten zusammen. Relativ stabil überstehen die Normalitätsvorstellungen sozialer Milieus die tägliche Verunsicherung durch neue Erfahrungen (Abschnitt 5.10). Operational umgesetzt wird die stabilisierende Grundorientierung durch defensive Modi kognitiver Assimilation neuer Informationen: Selbstbestätigung, Imitation, Kommunikation, Selektion (Abschnitt 5.11). Das Programm, Milieus als Wissensgemeinschaften zu sehen (Abschnitt 5.12), ist eine Konsequenz dieser Überlegungen. Milieuspezifisches Wissen ist im Vergleich zu Wissenstypen höherer oder geringerer Kollektivitätsstufe wichtiger geworden (Abschnitt 5.13).

Als Folge des Verlustes allgemein gültiger Deutungsmuster scheint die kollektive Wissensstruktur, oberflächlich betrachtet, disparat und desintegriert. Bei näherem Hinsehen tritt jedoch ein innerer Zusammenhang der kollektiven Wissensstruktur zutage, dessen Unsichtbarkeit mit seinem negativen Charakter zusammenhängt. In einer Welt milieuspezifisch segmentierten Wissens orientieren sich die Menschen an der Gegensätzlichkeit von Gruppen. Sie gewinnen innere Konsistenz, indem sie sich im Kontrast zu anderen sehen. Homologien zwischen verschiedenen Teilen ihres Bewußtseins folgen einer negativen Semantik, zu beschreiben durch normative Polaritäten, denen sich die kollektive Wissensstruktur in ihrer Gesamtheit zuordnen läßt (Abschnitt 5.14).

Wie man an die Analyse existentieller Anschauungsweisen empirisch herangehen kann, wird in einigen methodischen Anmerkungen erläutert (Abschnitt 5.15). Dies dient zur Vorbereitung der Milieuportraits im 6. Kapitel.

5.1 Zwischenbilanz und Vorausschau

Um das Folgende in den Zusammenhang der vorangegangenen Überlegungen zu stellen, soll zunächst eine Zwischenbilanz gezogen werden. Die Thesen 1 - 13 stellen die bereits erarbeitete Basis dar, soweit sie im gegebenen Kontext wichtig ist. Die daran anschließenden Thesen 14 - 22 entwickeln daraus das Programm einer wissenssoziologischen Interpretation sozialer Milieus. Es kann bei einer so starken inhaltlichen Komprimierung nicht ausbleiben, daß der Gewinn an Verständnis für das Ganze zunächst durch Verständnisschwierigkeiten bei Details bezahlt werden muß. Deshalb wird jeweils auf ausführlichere Überlegungen zu den einzelnen Thesen in anderen Abschnitten verwiesen.

1. Soziale Milieus in der Gegenwart konstituieren sich nicht mehr durch Beziehungsvorgabe, sondern durch Beziehungswahl (Abschnitte 4.3 und 4.4).

2. Die milieukonstituierende Wahl von Interaktionspartnern orientiert sich an sozialen Wahrnehmungen (Abschnitt 4.4).

3. Die Selektivität sozialer Wahrnehmung wird durch die normale existentielle Problemdefinition bestimmt (Abschnitt 4.6).

4. Allgemein ist die normale existentielle Problemdefinition in unserer Gesellschaft als Innenorientierung zu beschreiben (Abschnitte 1.1 und 1.6).

5. Durch dieses wahrnehmungssteuernde Hintergrundinteresse treten Zeichengruppen in den Vordergrund, die besondere Evidenz und Signifikanz für die Subjektivität der anderen haben: Alter, Bildung, Stiltypus (Abschnitte 4.7 bis 4.11).

6. Subjektorientierte Wahlen, die an diesen Zeichen ausgerichtet sind, führen dazu, daß sich in sozialen Milieus bestimmte Varianten der Innenorientierung häufen. Vom allgemeinen Rahmen der Erlebnisorientierung abgesehen, unterscheiden sich die existentiellen Problemdefinitionen von Milieu zu Milieu (Abschnitte 4.6, 5.8 und 6. Kapitel).

7. Milieuspezifische Varianten existentieller Problemdefinitionen treten am deutlichsten in milieuspezifischen Stiltypen zu Tage (ohne damit identisch zu sein) (Abschnitt 5.15).

8. Stiltypen lassen sich durch einen dimensionalen Raum alltagsästhetischer Schemata beschreiben (Abschnitte 2.10 und 3.8).

9. Milieuspezifische Stiltypen sind jedoch nur Komponenten komplexerer milieuspezifischer Existenzformen. Daneben sind viele weitere Aspekte von Subjekt und Situation in Existenzformen eingeschlossen (Abschnitt 4.1).

10. Das alte Muster des Aufbaus von Existenzformen war vor allem bestimmt durch die Modi von Begrenzen, sozialer Kontrolle und Einwirken. Der Modus der Symbolisierung hatte weitgehend fremdbestimmten Charakter (Abschnitt 4.12).

11. Inzwischen vollzieht sich der Aufbau von Existenzformen gemäß einem neuen Muster, bei dem der Modus der Wahl im Vordergrund steht. Der Modus der Symbolisierung hat weitgehend selbstbestimmten Charakter (Abschnitt 4.12).

12. Der Kristallisationskern milieuspezifischer Existenzformen hat sich demnach geändert. Standen ursprünglich situative Gegebenheiten im Mittelpunkt (altes Muster), werden nunmehr soziale Milieus über Grundstrukturen des Subjekts aufgebaut (neues Muster).

13. Entsprechend muß die soziologische Analyse sozialer Milieus ihren Schwerpunkt verlagern: von situationsorientierter zu subjektorientierter Beschreibung. Das Programm subjektorientierter Beschreibung sozialer Milieus läuft auf eine wissenssoziologische Zielsetzung hinaus.

14. Zwei zentrale Aspekte des Subjekts stehen im Rahmen dieser Arbeit im Vordergrund. Die erste Komponente wird durch den Begriff der Wirklichkeitsmodelle abgebildet. Diese enthalten in ihrer Eigenschaft als Normalitätsvorstellungen auch ein vereinfachtes Abbild der objektiven Milieustruktur (Abschnitt 5.3).

15. Wirklichkeitsmodelle werden durch eine zweite zentrale Komponente der Subjektivität mitgeprägt: grundlegende existentielle Anschauungsweisen, die im folgenden Kapitel durch drei Aspekte näher bestimmt werden: Ich-Welt-Bezug, primäre Perspektive, normale existentielle Problemdefinition (Abschnitt 5.4).

16. Mit diesen Begriffen läßt sich die Selbstorgansisation von Subjektivität beschreiben. Die verschiedenen Komponenten existentieller Anschauungsweisen bilden einen Verweisungszusammenhang, der seinerseits in einen übergeordneten Verweisungszusammenhang eingebettet ist: Wirklichkeitsmodelle, objektive Wirklichkeit und existentielle Ansschauungsweisen sind rückbezüglich miteinander verbunden. In beiden Verweisungszusammenhängen streben die Menschen nach Homologie der Teilbereiche (Abschnitte 5.5 und 5.6).

17. Homologien zwischen den Komponenten von Verweisungszusammenhängen werden durch eine fundamentale Semantik reguliert. Hier sind die Schlüsselkategorien zum Verständnis kollektiver Wissensstrukturen zu suchen (Abschnitte 5.6, 5.7 und 7.3).

18. Veränderungen der Milieustruktur sind nur verständlich im Zusammenhang mit der fundamentalen Semantik. Die Transformation der hierarchisch geschichteten Milieustruktur zur gegenwärtigen Konfiguration hat ihren wissenssoziologischen Kern in der allmählichen Verdrängung einer außenorientiert-ökonomischen durch eine innenorientiert-psychophysische Semantik (Abschnitte 5.6, 5.7, 7.2, 7.3 und Kapitel 8).

19. Da existentielle Anschauungsweisen wie ein kognitiver Bauplan für milieuspezifische Welten wirken, haben sie strategische Bedeutung. Die wissensso-

ziologische Interpretation sozialer Milieus zielt primär darauf ab, diesen Bauplan in Homologie zur fundamentalen Semantik zu rekonstruieren (Kapitel 6 und 7; vorwegnehmend Abschnitt 5.8).

20. Der Versuch, dieses Interpretationsziel zu erreichen, muß von einer möglichst breiten Vergegenwärtigung milieuspezifischer Existenzformen ausgehen. Hervorgehobene Bedeutung haben dabei milieuspezifische Stiltypen. In den alltagsästhetischen Schemata, aus denen diese Stiltypen zusammengesetzt sind, werden Bedeutungen transportiert, die auf grundlegende Strukturen der Wissenskonstruktion verweisen (Kapitel 3). Neben den Stiltypen sind weitere Komponenten des Subjekts (z.B. Persönlichkeitsmerkmale) und prägende Aspekte der Situation als Bezugsmaterial wissenssoziologischer Interpretationen zu verwenden (Abschnitt 5.15).

21. Begründet ist das besondere Interesse an milieuspezifischen Wissensmustern durch eine Annahme, die sich auf die Zusammensetzung gesamtgesellschaftlichen Wissens nach dem Kollektivitätsgrad bezieht. Sowohl das allen gemeinsame Wissen ist seltener geworden als auch das nur wenigen gemeinsame. Stattgefunden hat eine Verschiebung der Wissensverteilung hin zu mittleren, milieuspezifischen Kollektivitätsgraden (Abschnitt 5.13).

22. Vor dem Hintergrund der innenorientierten fundamentalen Semantik erscheint die kollektive Wissensstruktur als Ordnung der Gegensätzlichkeit, beschreibbar durch die Polaritäten von Einfachheit und Komplexität sowie von Ordnung und Spontaneität. Innere Konsistenz wird negativ über das Anderssein definiert. Die Milieustruktur spiegelt eine Struktur gegenseitigen Nichtverstehens wider (Abschnitte 5.14, 7.2, 7.3 und 7.4).

5.2 Kollektives existentielles Wissen

Technisches und existentielles Wissen

Ausgangspunkt der folgenden Überlegungen ist eine grundlegende Unterscheidung von zwei Wissenstypen. Technisches Wissen ist die Gesamtheit der Informationen darüber, wie man möglichst effizient genau definierte Zwecke erreicht. Als Teilmengen sind Expertenwissen und technisches Alltagswissen zu unterscheiden. Existentielles Wissen dagegen betrifft das Leben in seiner Gesamtheit. Es ist nicht instrumentell in einen gegebenen Rahmen eingespannt, sondern der Rahmen selbst. Alle im folgenden zu entfaltenden wissensbezogenen Konzepte gehören hierher: Wirklichkeitsmodelle, existentielle Anschauungsweisen, Ich-Welt-Bezug, primäre Perspektive, normale existentielle Problemdefinition. Auf eine Kurzformel gebracht, enthält das existentielle Wissen eines Menschen die allgemeinen kognitiven Prämissen seiner Daseinsbewältigung, die den impliziten, kaum bewußten Hintergrund seiner Handlungen ausmachen. Technisches Wissen ist situationsspezifisch, zweckbezogen und durch Erfolg oder Mißerfolg klar zu bewerten. Existentielles Wissen dagegen ist situationsübergreifend, zwecksetzend und ohne eindeutige Kriterien zur Beurteilung seiner Qualität, deshalb unsicher.

Beide Wissenstypen haben sich unterschiedlich entwickelt. Technisches Wissen ist immer universeller geworden; die Geschwindigkeit weltweiter Universalisierung neuer Techniken hat zugenommen. Es gibt keine regionalen Enklaven technischen Wissens mehr, höchstens kulturspezifisch unterschiedliche Diffusionsgeschwindigkeiten von Innovationen. Nicht nur die Expertenkulturen der Produktionstechniker, Wirtschaftsfachleute, Agraringenieure usw. gleichen sich international an, sondern auch die technischen Alltagskulturen. Wie man mit einem Auto umgeht, wozu ein Telefon gut ist, daß man Elektrizität braucht, um fernzusehen - all dies gehört zum selbstverständlichen technischen Alltagswissen auf der ganzen Welt.

Anders verhält es sich mit existentiellem Wissen, um das es in dieser Untersuchung ausschließlich geht. Universelle Elemente im Bestand existentiellen Wissens haben an Bedeutung verloren. Diesem Rückzug in Provinzen der Subjektivität steht jedoch auf der anderen Seite auch ein Bedeutungsverlust besonders partikulärer, auf kleine soziale Einheiten (Siedlungsgemeinschaften, Familienzusammenhänge, Freundesgruppen) beschränkter Wissenskomponenten gegenüber. Festzustellen ist ein Trend zu existentiellem Wissen mittlerer Kollektivitätsstufe. Eine Begründung dieser These wird weiter unten gegeben (Abschnitt 5.13). Was die These selbst besagt, sei durch eine weitere begriffliche Differenzierung präzisiert.

Singuläre und kollektive Komponenten des Wissens

Aus der Erkenntnis, daß unsere subjektiven Welten nicht identisch sind, wird häufig die irrige Schlußfolgerung abgeleitet, jeder lebe in einer Welt, die im strikten Sinne seine eigene sei, hermetisch nach außen abgeschlossen, unerreichbar für die anderen. Diese Radikalisierung des Konstruktivismus geht an den offensichtlichen Tatbeständen ebenso vorbei wie die kindliche Erkenntnistheorie einer gemeinsamen Welt für alle. Zutreffend ist allein ein Modell der abgestuften Kollektivitätsgrade. Diesem Modell zufolge enthält die subjektive Repräsentation der Welt, das Wissen, sowohl einen vollkommen singulären Bereich, dessen Exklusivität selbst bei jahrzehntelanger Bekanntschaft nicht aufgehoben werden kann, als auch einen Bereich kollektiven Wissens auf unterschiedlichen Niveaus der Allgemeinheit: Weltwissen, Kulturwissen, Milieuwissen, Gruppenwissen, bis hin zu dyadischem Wissen. In diesem Modell der abgestuften Kollektivitätsgrade ist auch das Zwei-Welten-Modell der Alltagsästhetik (Abschnitt 2.9) als Teilaspekt enthalten. Kollektivitätsgrad meint die Extension der Personengesamtheit, in der ein gegebenes Wissenselement verbreitet ist (Deutungsgemeinschaft).

Manche Kognitionen sind im strikten Sinne singulär, so daß sie auch nicht zum Gegenstand der Mitteilung gemacht werden können, wie etwa die mit der persönlichen Lebensgeschichte zusammenhängenden Konnotationen von Erlebnissen. Andere Kognitionen teilt man nur mit einem einzigen Menschen. Viele Paare, die über Jahre hinweg zusammenleben, entwickeln im Lauf der Zeit einen Bereich dyadisch begrenzter Deutungen, über den nur die beiden Partner kommunizieren können. Über diesen Minimalfall der Kollektivität hinaus sind beliebig hohe Kollektivitätsgrade denkbar. Es gibt sogar allgemeinste gattungsspezifische Wissensmuster, etwa die Verbindung von Lächeln mit positiven Bedeutungen und andere interkulturell nachgewiesene universelle Routinen der Dekodierung des Emotionsausdrucks (vgl. Ekman 1980; Izard 1980).

Abgrenzung des Gegenstandsbereichs

Die soeben eingeführten Unterscheidungen zwischen technischem und existentiellem Wissen sowie zwischen kollektivem und singulärem Wissen sind wichtig, um den inhaltlichen Bezug der folgenden Überlegungen zu markieren. Gegenstandsbereich ist kollektives existentielles Wissen.

5.3 Die vorgestellte Welt Wirklichkeitsmodelle

Die subjektive Vereinfachung der Wirklichkeit

Schwierigkeiten bei dem Versuch, sich ein Bild von der gesellschaftlichen Wirklichkeit zu machen, sind nicht bloß eine methodologische Herausforderung für die Soziologie. Auch diejenigen, die diese Wirklichkeit durch ihr alltägliches Handeln und Denken konstruieren, müssen mit diesen Schwierigkeiten umgehen. Wären wir nicht dazu imstande, die mit Segmentierungshierarchie und Unschärfe verbundenen Erkenntnisprobleme zu lösen (vgl. die Abschnitte 4.13 und 4.14), könnte es gar nicht erst zu jenen Ordnungstendenzen von Existenzformen und Interaktionsbeziehungen kommen, die trotz dieser Probleme unverkennbar sind. Jede Milieustruktur geht aus dem täglichen Handeln vieler hervor. Als soziale Konstruktion, die unausgesetzter Rekonstruktion bedarf, ist eine Milieustruktur nur dann theoretisch denkbar, wenn neu erzeugte Ordnungstendenzen durch die subjektive Repräsentation schon erfahrener Ordnungstendenzen beeinflußt werden. Aus der relativen Veränderungsträgheit von Milieustrukturen können wir auf ein morphologisches Gedächtnis der Menschen schließen, die diese Strukturen bilden: auf vereinfachte subjektive Wirklichkeitsmodelle, die zwischen Vergangenheit und Zukunft vermitteln. Dabei muß auch der Mensch im Alltag, nicht anders als der Wissenschaftler, eine Lösung des Unschärfeproblems finden. Was motiviert ihn dazu? Aus der Perspektive des einzelnen, der versucht, sich in seiner Umwelt zurechtzufinden, ist Unschärfe nicht primär ein Erkenntnisproblem, sondern ein Orientierungsproblem. Dadurch, daß soziale Gruppen fließende Übergänge haben, daß milieuspezifische Existenzformen immer nur Tendenzen sind, daß es immer eine ganze Skala passender morphologischer Modelle gibt, wird die Umwelt komplex. Wie kann man trotzdem das Alltagsleben bewältigen? Identitätsaufbau, soziale Berechenbarkeit und alltagssoziologisches Kausalitätsbedürfnis sind die wichtigsten Gründe eines Orientierungswunsches, der sich schlecht mit der Unübersichtlichkeit objektiver Milieustrukturen verträgt. Es ist subjektiv sinnvoll, die Wirklichkeit einfacher zu sehen, als sie ist. Gelegentliche Irrtümer, bei halbwegs akzeptabler Trefferquote, sind allemal jener Desorientierung vorzuziehen, die unvermeidlich wäre, wollte man soziale Komplexität in vollem Umfang zulassen. Das Bedürfnis nach Ordnung und Vereinfachung wird in Wirklichkeitsmodellen umgesetzt. Was ist mit diesem Begriff gemeint?

Subjektive Welten

Milieuspezifische Existenzformen sind objektive Fakten, trotz des Umstands, daß sie auch subjektive Komponenten enthalten, denn aus der Perspektive eines Beobachters ist fremde Subjektivität ein objektiver Sachverhalt. Jedermann ist gleichzeitig Beobachtungsgegenstand und Beobachter. Nur ein idealer, irrealer Beobachter wäre freilich in der Lage, sich ein wahres Bild von der objektiven Wirklichkeit zu machen. Der Begriff der Wirklichkeitsmodelle ist ein Versuch, sich analytisch an die subjektive Repräsentation der Realität anzunähern.

Wirklichkeitsmodelle seien definiert als ganzheitlich zusammenhängende Komplexe von Vorstellungen über die Welt und die eigene Beziehung zur Welt (1). Meist weisen sie grobe Korrespondenz mit objektiven Gegebenheiten auf (2), sind relativ stabil (3) und enthalten sowohl empirische als auch normative Komponenten (4). Zur Präzisierung sollen die konstitutiven (1) und fakultativen (2 bis 4) Bestandteile des Begriffs zunächst kurz kommentiert werden:

1. Durch die Ganzheitlichkeit von Wirklichkeitsvorstellungen ist ein gestalthaftes Sehen der Realität möglich (vgl. oben Abschnitt 4.5). Wenige Informationen genügen, um ganze Vorstellungskomplexe zu aktivieren. Wirklichkeitsmodelle enthalten unter anderem auch Vorstellungen über zusammengehörige Zeichenklassen (alltagsästhetische Schemata), über normale Syndrome von Existenzformen, über soziale Milieus, über Zuordnungen von Zeichenklassen und Existenzformen zu sozialen Gruppierungen sowie Vorstellungen über den eigenen Platz in dieser sozialen Welt.

2. Abgesehen von Fällen ungewöhnlicher Desorientierung haben Wirklichkeitsmodelle durchaus etwas mit den wahren Verhältnissen zu tun, was freilich nicht bedeutet, daß sie im idealen Sinne wahr wären. Realistisch ist allein die An-

nahme einer beschränkten Homomorphie, einer groben Entsprechung von objektiver Wirklichkeit und subjektiven Wirklichkeitsmodellen. Unvermeidlich entstehen Realitätsdefizite als Folge von mehreren erkenntnisbeschränkenden Bedingungen. Eine davon ist das weiter oben dargestellte Bedürfnis nach Vereinfachung. Hinzu kommt zweitens die Beschränktheit der Alltagserfahrung, bedingt durch segmentierte, sich nur teilweise überschneidende Aktionskreise und Informationshorizonte. Aus dem erkenntnistheoretischen Kernsatz, daß Erfahrung ohne Theorie blind ist, läßt sich ein Hinweis auf eine dritte Bedingung partieller Subjektabhängigkeit von Wirklichkeitsmodellen ableiten: Erfahrungen werden mit unterschiedlichen Kategorien erfaßt, so daß selbst dann, wenn der Input an Wirklichkeit bei verschiedenen Menschen identisch ist, partiell unterschiedliche Wirklichkeitsmodelle herauskommen können. Auf diese Kategorien zielt das Konzept »existentieller Anschauungsweisen«, das weiter unten noch eine hervorgehobene Rolle spielen wird.

3. Der Begriff der Wirklichkeitsmodelle soll nicht alle noch so flüchtigen Bilder einschließen, die nach kurzem Aufblitzen wieder verworfen und vergessen werden, sondern nur die überdauernden Vorstellungen, deren Stabilität unter anderem darauf zurückgeht, daß sie dem gemeinten Aspekt der Wirklichkeit Stabilität unterstellen. Da sie bestimmte konstante Erwartungen an die Wirklichkeit implizieren, kann man Wirklichkeitsmodelle auch als Normalitätsvorstellungen bezeichnen. Beide Ausdrücke werden im folgenden synonym gebraucht.

4. Oft vermischen sich bei diesen Repräsentationen des Üblichen, Möglichen, Erwartbaren empirische und normative Inhalte. Sichtbar wird diese Gleichsetzung von Normalitätsbeschreibung und Normierung in der sozialen Sanktionierung des Ungewöhnlichen - »So etwas habe ich wirklich noch nicht erlebt!« - und in der partiellen Anpassung der eigenen Existenz an vorgestellte existentielle Schemata. Was normal ist, gilt als richtig.

Komponenten unterschiedlichen Kollektivitätsgrades

Es gibt kein allgemeinverbindliches Wirklichkeitsmodell in unserer Gesellschaft. Ebensowenig ist aber das Wirklichkeitsmodell eines bestimmten Menschen ohne Beziehung zu den Wirklichkeitsmodellen der anderen. Der scheinbare Widerspruch zwischen diesen Aussagen löst sich auf, wenn wir annehmen, daß sich in Wirklichkeitsmodellen Komponenten unterschiedlichen Kollektivitätsgrades mischen. Nahezu universell ist das Klassifikationsschema der evidenten und signifikanten Milieuzeichen. Die Vorstellungen über normale Kombinationen von Alter, Bildung und Stiltypus sind quer durch die Gesellschaft ungefähr dieselben. Wirklichkeitsmodelle enthalten jedoch auch Bestandteile niedrigeren Kollektivitätsgrades. Jeder weiß über das eigene Milieu besser Bescheid als über fremde Milieus, so daß es eine milieuspezifische Differenzierung der entsprechenden Komponenten von Wirklichkeitsmodellen gibt.

Jenseits milieuspezifischer Komponenten endet das Forschungsinteresse dieser Untersuchung, wenn auch nicht der Inhaltsbereich von Wirklichkeitsmodellen. Es gibt weitere Elemente noch geringeren Kollektivitätsgrades. Je kleiner der Kreis der Personen ist, die gemeinsam einen bestimmten Aspekt der Welt für normal halten, desto geringer ist der Kollektivitätsgrad von Wirklichkeitsmodellen, die sich auf diesen Aspekt beziehen. Aus der Bandbreite der Deutungsgemeinschaften vom umfassenden Kollektiv bis zu den kleinsten sozialen Einheiten resultiert die Abstufung von Kollektivitätsgraden in unseren Wirklichkeitsmodellen.

Der Aufbau von Wirklichkeitsmodellen

Woraus werden Wirklichkeitsmodelle gebildet? Das Material ist dasselbe wie bei den Modellen der empirischen Wissenschaften: Informationen und apriorische Kategorien. Informationen können entweder direkten oder vermittelten Charakter haben, aus der sinnlichen Erfahrung erwachsen oder in sozial umlaufenden Wirklich-keitsbeschreibungen und Normalitätsdefinitionen enthalten sein. Wahrnehmbare Ordnungstendenzen, wie sie in einer gegebenen Milieustruktur angelegt sind, gehen in unmittelbare Erfahrungen und kollektiv verbreitete Wissensfragmente ein, jedoch in idealtypisch überzeichneter Form. Einerseits ist es deshalb unvermeidlich, daß Wirklichkeitsmodelle immer wieder durch die Erfahrung von Abweichungen widerlegt werden. Andererseits ist jedoch die Möglichkeit der Abweichung von Anfang an einkalkuliert, denn auch dies zählt zur Alltagserfahrung: daß es keine Regel ohne Ausnahme gibt. Normalitätsvorstellungen sind Erwartungen an die soziale Wirklichkeit mit dem Zugeständnis gelegentlicher Widerlegung, eine realistische Konzession an die Erkenntnispragmatik des Alltagslebens, so daß das Unübliche nicht immer wieder zur Krise von Wirklichkeitsmodellen führt.

An dieser Stabilisierung ist die zweite der oben genannten Bedingungen des Aufbaus von Wirklichkeitsmodellen beteiligt: ein Bündel apriorischer Kategorien. Erst durch Vor-Wissen werden Informationen überhaupt subjektiv zugänglich gemacht. Sie werden durch ein Schema bedeutungsgebender Aneignung geschleust wie durch einen Transformationsapparat, an dessen Output-Seite sie mit einer subjektspezifischen Prägung wieder herauskommen, zwar meist noch in grober Entsprechung zur Wirklichkeit, aber reduziert durch Selektionsroutinen und eingeordnet in Klassifikationsmuster. Diese Andeutungen reichen freilich nur für eine ungefähre Vorstellung aus; im nächsten Abschnitt soll die apriorische Vorbestimmung des Aufbaus subjektiver Welten unter dem Begriff der existentiellen Anschauungsweisen genauer untersucht werden.

Nur einen Bruchteil unserer Wirklichkeitsmodelle haben wir explizit genug verfügbar, um eine sprachliche Beschreibung zu geben. Manifest werden Normalitätsvorstellungen vor allem in negativer Weise, als Gefühl der Irritation oder des Erstaunens im Fall der Abweichung. Da das Normale unauffällig ist, bleiben Normalitätsvorstellungen in einem abgedunkelten Raum unserer Kognitionen, der durch das Auffällige, Unnormale immer nur wie mit schwachen Lichtblitzen partiell erleuchtet wird. Hier, in der kognitiven Latenz, befindet sich jene subjektive Repräsentation der Milieustruktur, nach der zu Beginn dieses Abschnitts gefragt wurde: die Ordnungsvorstellung, welche die täglich neue Rekonstruktion einer Milieustruktur auf der Basis vergangener Alltagserfahrungen erlaubt. Das Unschärfeproblem wird durch die gestalthafte Organisation dieser Ordnungsvorstellung gelöst. Abweichungen sind kein Grund, das kognitive Grundschema zu ändern.

Soziologische Bilanz

Die theoretische Bedeutung von Wirklichkeitsmodellen kann durch die folgenden fünf Gesichtspunkte bestimmt werden:

1. Auf der *individuellen Ebene* beeinflussen Wirklichkeitsmodelle den Aufbau von Identität. Sie sind maßgeblich an der subjektiven Definition des Angemessenen und Erstrebenswerten beteiligt, etwa im Hinblick auf Konsum, Alltagsästhetik, Karriere, Sozialkontakte. Projiziert auf die eigene Existenz, fügen sich Normalitätsvorstellungen zu den Konturen eines möglichen und sozial gebilligten Selbst, dessen Suggestivkraft umso höher ist, je mehr der Aufbau von Existenzformen dem neuen, subjektbestimmten Muster entspricht (vgl. Abschnitt 4.12).

2. Auf der *mikrosoziologischen Ebene* der sozialen Interaktionen definieren Wirklichkeitsmodelle das Passende und das Unübliche. Daran sind zahlreiche Formen von Akklamation und Mißbilligung geknüpft, durch die normale Muster stabilisiert und abweichende Muster attackiert werden. Überdies steuern Wirklichkeitsmodelle den Aufbau sozialer Netzwerke, indem sie definieren, wer mit wem zusammengehört. Schließlich geben sie eine Orientierungshilfe im Umgang mit Unbekannten. Sie sind ein Drehbuch für das Verhalten in neuartigen Situationen und machen das Fremde kalkulierbar. Die mikrosoziologische Relevanz von Wirklichkeitsmodellen hat demnach drei Facetten: Stabilisierung von Mustern, Konstitution von Interaktionsgruppen, Regulierung neuartiger Situationen.

3. Wirklichkeitsmodelle sind längst nicht mehr bloß Sache der Menschen im Alltagsleben. *Professionen, Institutionen, Organisationen* erforschen sie und richten ihr korporatives Handeln danach aus. Marketingfachleute, Erlebnisanbieter, Programm-Macher, Journalisten, Politiker übernehmen kursierende Normalitätsvorstellungen, machen sich auf dieser Basis ein Bild von ihrer Klientel und richten ihre professionelle Praxis danach aus.

4. Wirklichkeitsmodelle beeinflussen *milieuübergreifende Beziehungen sozialer Großgruppen*. Dadurch beispielsweise, daß Normalitätsvorstellungen in unserer Gesellschaft stark am Lebensalter orientiert sind, wird die Aufmerksamkeit vom objektiv gegebenen Gefälle sozialer Ungleichheit zwischen sozialen Milieus

abgelenkt. Dies wirkt sich etwa auf Prestigebeziehungen des Alltagslebens und auf kollektive Verteilungskämpfe aus. Im 8. Kapitel werden diese Überlegungen aufgegriffen.

5. Alle bisher genannten sozialen Konsequenzen von Wirklichkeitsmodellen haben Bedeutung für die *Reproduktion einer gegebenen Milieustruktur*. Normalitätsvorstellungen fließen in Identitätsaufbau, mikrosoziale Beziehungen, korporative Strategien und gruppenübergreifende Handlungsmuster ein. So werden gerade jene Ordnungstendenzen stabilisiert, die sich in Wirklichkeitsmodellen idealtypisch niederschlagen. Dies gilt vor allen dann, wenn sich der Aufbau von Existenzformen nach dem neuen Typus vollzieht. Damit schließt sich der Kreis. Wirklichkeitsmodelle und Milieustruktur bedingen einander gegenseitig. Einerseits sind Normalitätsvorstellungen von der erfahrenen Wirklichkeit geprägt, andererseits führen sie zur Rekonstruktion dieser Wirklichkeit im Sinne der Erfahrungen.

Fazit und weiteres Programm

Wir müssen unterscheiden zwischen der tatsächlichen Verteilung von Existenzformen und ihrer subjektiven Vergegenwärtigung durch Wirklichkeitsmodelle. Während in der tatsächlichen Verteilung von Existenzformen lediglich Ordnungstendenzen angelegt sind, gebrochen durch vielerlei Unschärfen, zeigen Wirklichkeitsmodelle eine Tendenz zur Vereinfachung und Akzentuierung. Unregelmäßigkeiten werden geglättet, Ausnahmen ignoriert, leichte Schattierungen kräftig betont. Erst durch die Überzeichnung des Tatsächlichen gewinnen Normalitätsvorstellungen die Deutlichkeit von Orientierungsgrößen. Zwar regulieren diese Orientierungsgrößen das Denken und Handeln nicht perfekt, doch nehmen sie Einfluß darauf. Eine nur grob geordnete Wirklichkeit (tatsächliche Verteilung von Existenzformen) wird in der subjektiven Abbildung vereinfacht (Wirklichkeitsmodelle). Die mental hergestellte Ordnung wird rekonstruiert (Identitätsaufbau, mikrosoziale Beziehungen, korporative Strategien, gruppenübergreifende Handlungsmuster, Milieustruktur), wobei wieder ein Teil der gewonnenen Ordnung verlorengeht. Auf dem Umweg über die subjektive Verstärkung erneuern sich Ordnungstendenzen der tatsächlichen Verteilung von Existenzformen.

Empirische Milieuanalyse muß beide Ebenen erfassen: die tatsächliche Verteilung von Existenzformen (6. und 7. Kapitel) und die davon beeinflußten Wirklichkeitsmodelle (8. Kapitel). Zwischen diesen beiden Ebenen - objektive Wirklichkeit und subjektive Wirklichkeitsmodelle - vermitteln existentielle Anschauungsweisen, die zu partiellen milieuspezifischen Differenzierungen von Wirklichkeitsmodellen führen. Im Drehbuch der Milieubeschreibung (Abschnitt 6.1) ist die Untersuchung dieser Ebene vorgesehen. Zunächst ist jedoch begriffliche Vorarbeit zu leisten.

5.4 Existentielle Anschauungsweisen

Aprioris der Alltagserkenntnis

Beim Aufbau subjektiver Welten orientieren sich die Menschen an Routinen kognitiver Aneignung von Erfahrungen. Mit Bauplänen für Wirklichkeitsmodelle gelingt ihnen die Quadratur des Kreises - einerseits durch ständige Aktualisierung ihre Repräsentation der Welt halbwegs an den jeweiligen Stand der Dinge anzupassen, andererseits persönliche Stabilität zu sichern und die Ordnung ihres Alltagslebens aufrechtzuerhalten. Da es schwierig genug ist, unter dem ständigen Beschuß mit Erfahrungen die Balance zwischen Neu und Alt zu wahren, weder völlig den Anschluß zu verlieren, noch die Regelhaftigkeit des Lebens aufzugeben, muß wenigstens die Methode des Wissens-Managements einfach sein. Wäre sie nicht elementar verständlich und praktikabel, könnte nicht jeder damit umgehen.

Weiter oben wurden Wirklichkeitsmodelle als ganzheitlich zusammenhängende Komplexe von Vorstellungen bestimmt, die den objektiven Gegebenheiten grob entsprechen, relativ stabil sind und sowohl empirische wie normative Komponenten enthalten. Wie bauen wir sie auf? Teilweise werden Wirklichkeitsmodelle durch die Alltagserfahrung beeinflußt. Bei der Ausbeutung der Vergangenheit für die Handlungsorientierung in der Zukunft abstrahieren wir das Regelhafte, denn nur daran kann man sich orientieren. Was dabei herauskommt, hängt aber nur zum Teil von der erfahrenen Wirklichkeit ab. Wie wir in der Wissenschaftstheorie die naive Vorstellung, daß wir Fakten lediglich sammeln und ihre Regelmäßigkeiten abbilden würden, durch eine konstruktivistische Erkenntnistheorie ersetzen müssen, so sind wir auch in der Theorie der Alltagserkenntnis gezwungen, Wirklichkeitsmodelle nicht bloß als vereinfachende Projektionen der objektiven Wirklichkeit aufzufassen, sondern als kognitive Konstruktionen, in die neben den Fakten auch grundlegende subjektive Sichtweisen eingehen. Ohne solche Aprioris der Alltagserkenntnis wäre nicht erklärbar, daß dieselben objektiven Ereignisse, etwa politische Vorgänge, Katastrophen der Großtechnik, sportliche Sensationen, Bestseller und Fernsehsendungen, unterschiedlich wahrgenommen und bewertet werden.

Wirklichkeitsmodelle haben stabilisierende apriorische Bedingungen. Der Begriff der existentiellen Anschauungsweisen ist ein Versuch, diese Bedingungen begrifflich zu fassen. Was ist damit gemeint? Man kann existentielle Anschauungsweisen ebenfalls als Wirklichkeitsmodelle auffassen, wenn auch als solche von besonderer Art. Ihre Besonderheit besteht im Abstraktionsgrad. Sie sind eine stark verdichtete Quintessenz all der konkreten Normalitätsvorstellungen, mit denen sich Subjekte in ihrem Ambiente orientieren, übergreifende Ordnungsprinzipien in der Vielgestaltigkeit der vorgestellten Welt. Einerseits sind auch existentielle Anschauungsweisen Realitätsbeschreibungen gleich den Wirklichkeitsmodellen, andererseits jedoch erzeugen sie Realitätsbeschreibungen, denn sie ordnen nicht nur das bereits Erfahrene, sondern auch das Neue.

Wahrnehmungspsychologisch haben sie apriorischen Charakter, da sie nicht ständig neu an die Wirklichkeit angepaßt werden, sondern umgekehrt die Wirklichkeit den Kategorien des Subjekts anpassen. In der persönlichen Entwicklungsgeschichte freilich sind sie nicht - wie die klassischen Apriori der Philosophie - von Anfang an da, sondern erst dann, wenn sich ein Grundbestand an Erfahrungen gebildet hat, der Generalisierung erlaubt und erfordert. Allmählich schält sich die existentielle Anschauungsweise als stabilisierender Kristallisationspunkt des Subjekts heraus. Im folgenden werden existentielle Anschauungsweisen durch drei Komponenten näher bestimmt: Normale existentielle Problemdefinition, Ich-Welt-Bezug, primäre Perspektive.

Normale existentielle Problemdefinition

Kernelement existentieller Anschauungsweisen ist die normale existentielle Problemdefinition. Was mit diesem Begriff gemeint ist, tritt erst hervor, wenn man sich die Gesamtheit des Handelns, Denkens und Fühlens eines Menschen über einen längeren Zeitraum hinweg vergegenwärtigt. Implizit enthalten die vielen situationsspezifischen Orientierungen, mit denen wir täglich unserer Arbeit nachgehen, konsumieren, Kontakte pflegen usw., eine übergreifende Auffassung darüber, wozu wir überhaupt leben. Die zahllosen aneinandergereihten und sich überlagernden Einzelaktivitäten des Alltags stehen in einem kaum bewußten, mehr gefühlten Zusammenhang mit der persönlichen Grundeinstellung zum Sinn des Lebens schlechthin. Zwar sind nur wenige Menschen dazu in der Lage, über diese Grundeinstellung spontan auf Befragen Auskunft zu geben, gleichwohl verfügen sie darüber. Leben bedeutet immer den Versuch, sinnvoll zu leben. So wenig philosophisch ein Mensch auch immer veranlagt sein mag, ist es ihm doch durch sein Menschsein in die Wiege gelegt, sich der philosophischen Grundfrage nach dem Sinn mit dem ganzen Entwurf seiner ganzen Existenz zu stellen.

Handlungslogisch kann man diese Art von Sinn als Aufgabenstellung, Zielsetzung oder Problemdefinition bezeichnen, denn es geht um die Frage, wozu man eigentlich da ist. Auf diese Übersetzung der Sinnfrage in die Pragmatik des Alltagslebens spielt der Begriff der normalen existentiellen Problemdefinition an. Er bezeichnet die übergeordnete subjektive Sinngebung des Handelnden, die sich wie ein roter Faden durch das Leben zieht. Die normale existentielle Problemdefinition ist der kleinste gemeinsame Nenner in der ständigen Folge subjektiver Zielsetzungen, eine selbst konstruierte Lebensaufgabe, die von einer Situation auf die nächste übertragen wird, etwa Arbeit, Gespräche, alltagsästhetische Episoden, Konsumentscheidungen, Auswahl von Beziehungspartnern.

Die Normalität existentieller Problemdefinitionen hat eine den einzelnen betreffende und eine intersubjektive Dimension. Jeder hat eine besondere Weise, das Leben anzugehen, die im Lauf der Zeit als Wiederholungstendenz sichtbar wird. Dabei mischen sich, wie überall im Reich der Kognitionen, Komponenten unterschiedlichen Kollektivitätsgrades. Zum Teil weist die besondere Alltagspragmatik des einzelnen Ähnlichkeiten mit der Alltagspragmatik der anderen auf. Wie groß der Kreis der anderen zu ziehen ist, für die ähnliche existentielle Problemdefinitionen gelten, hängt vom Allgemeinheitsniveau der Analyse ab. Als übergeordnete Komponente existentieller Problemdefinitionen hat sich in ökonomisch hochentwickelten Konsumgesellschaften die Innenorientierung durchgesetzt (vgl. die Abschnitte 1.1 und 1.6). Im Formenreichtum der Varianten von Erlebnisorientierungen, wo sich ein ganzer Kosmos subjektiver Gegensätzlichkeiten aufzutun scheint, tritt die grundlegende Verwandtschaft der Einzelausprägungen erst dann hervor, wenn man die Gemeinsamkeit im Kontrast zur Außenorientierung bestimmt.

Gehen wir nun von der kulturübergreifenden Ebene zur subkulturellen Ebene sozialer Milieus hinab, so werden gruppenspezifische Konkretisierungen der Erlebnisorientierung sichtbar, die zu unterschiedlichen Kursbestimmungen des Alltagshandelns führen. Gegenwärtig, so das Ergebnis des Interpretationsversuches weiter unten, treten vor allem fünf Motive als existentielle Problemdefinition hervor: Rang, Konformität, Geborgenheit, Selbstverwirklichung und Stimulation. Für ein Vorverständnis mögen an dieser Stelle zunächst Stichworte ausreichen.

Gemeinsam ist allen fünf Motiven, daß sie die für bestimmte soziale Milieus normale Auffassung über den Sinn des Lebens auf den Begriff bringen. Gemeinsam ist ihnen auch, daß dieser Sinn innenorientiert konstruiert wird. Was damit gemeint ist, läßt sich am besten im Vergleich zu außenorientierten Problemdefinitionen verdeutlichen. Fokus der Problemdefinition ist nicht ein äußerer, sondern ein innerer Zustand, nicht die Optimierung situativer, sondern subjektiver Kriterien der Lebensqualität. Rang, Konformität, Geborgenheit, Selbstverwirklichung und Stimulation sind Selbstzweck. Wenn sich entsprechende Erlebnisse einstellen, ist das Ziel erreicht. Bei Innenorientierung ist objektiver Rang sekundär gegenüber gefühlter Überlegenheit; nicht auf tatsächliche Konformität kommt es an, sondern auf die Empfindung, sozial angepaßt zu sein; was zählt, ist das Erlebnis der Geborgenheit, sei es illusionär oder nicht; Selbstverwirklichung und Stimulation im objektiven Sinne gibt es erst gar nicht. Bei einer innenorientierten, erlebnisorientierten Zielsetzung sind bestimmte objektive Randbedingungen zwar oft notwendig, nicht jedoch hinreichend, denn entscheidend ist, was der Erlebende subjektiv aus den Randbedingungen macht. Es kann sein, daß ihm auch ein Übermaß nicht genügt oder daß er umgekehrt mit wenig zufrieden ist, sofern er sich selbst nur suggerieren kann, er hätte alles.

Durch die moderne psychophysische Qualität normaler existentieller Problemdefinitionen ist es schwieriger geworden, ein sinnvolles Leben zu führen (vgl. die Abschnitte 1.4 - 1.6). Auf der einen Seite steht das Leben dabei unter einem besonderen Enttäuschungsrisiko, nicht nur wegen der Unberechenbarkeit der eigenen Psyche, deren Kaprizen nur begrenzt kontrollierbar sind, sondern auch wegen der berechenbaren Abnahme der Erlebnisintensität bei der Wiederholung von Erlebnissituationen, die allmählich als farblos empfunden werden. Abwechslung und Steigerung werden als Mittel gegen Erlebnisverlust angeboten und nachgefragt. Ihr kurzfristiger psychophysischer Erfolg lenkt von ihrer langfristigen Kontraproduktivität ab. Rang, Konformität, Geborgenheit, Selbstverwirklichung oder Stimulation sind nur dann immer wieder neu und intensiv erfahrbar, wenn die situativen Reize neu gemischt werden.

Dadurch entsteht jedoch auf der anderen Seite das Problem der Unsicherheit. Es ist ein unauflöslicher innerer Widerspruch erlebnisorientierten Handelns, daß der Versuch, Erleben durch Variation der Erlebnisgegenstände sicherzustellen, zur Unklarheit darüber führt, was man will und ob einem das Neue wirklich gefällt. Erlebnisse setzen ästhetische Übung voraus, habitualisierte Routinen der Dekodierung, werden aber paradoxerweise durch Gewöhnung uninteressant. Beides miteinander in Einklang zu bringen überfordert die meisten, was jedoch nicht dazu führt, daß sie ihre Ziele anders setzen würden, sondern daß sie nur umso mehr Energie in das schwierige Projekt erlebnisorientierten Lebens investieren, dankbar für Hilfen, die ihnen Erlebnismarkt, alltagsästhetische Schemata und soziale Milieus bei ihrer Suche nach Orientierung gewähren können.

Normale existentielle Problemdefinitionen in unserer Gesellschaft sind, um ein Zwischenergebnis festzuhalten, positiv als Spielarten der Erlebnisorientierung zu bestimmen, negativ als die damit verbundenen Probleme von Enttäuschungsrisiko und Unsicherheit. Je nach Variante der Erlebnisorientierung erscheint dem Subjekt nun ein bestimmter Aspekt der Wirklichkeit interessanter und wichtiger als andere Aspekte. Er betrachtet die Wirklichkeit unter einer primären Perspektive, wobei er implizit von einem bestimmten Ich-Welt-Bezug ausgeht. Diese beiden Komponenten existentieller Anschauungsweisen sind im folgenden zu untersuchen.

Ich-Welt-Bezug

Die normale existentielle Problemdefinition enthält eine grundlegende Vorstellung von Innen und Außen, von Ich und Welt. Am Ausgangspunkt steht dabei die subjektive Festsetzung des Gegebenen und des Variablen. Im folgenden wird die-se Ausgangsvorstellung als Ich-Welt-Bezug bezeichnet. Vier Möglichkeiten sind denkbar, in einem Ich-Welt-Bezug das Gegebene und das Variable festzusetzen: (a) beides gilt als gegeben, (b) beides gilt als variabel, (c,d) eines gilt als gegeben, das andere als variabel.

Im geschlossenen Weltbild des Mittelalters finden wir ein Beispiel für die erstgenannte Möglichkeit (a). Sowohl die Welt als auch das in ihr wohnende Ich wurden als Bestandteile einer umfassenden und stabilen göttlichen Ordnung modelliert. Sozialer Ausdruck prästabilisierter Subjektivität war die ständische Ordnung der Gesellschaft, in der ausnahmslos alle ihren Platz fanden. Für die zweite oben genannte Möglichkeit totaler Variabilität von Ich und Welt (b) finden wir manches exzentrische Einzelbeispiel, nicht jedoch kollektives Anschauungsmaterial. Der Durchschnittsmensch benötigt Boden unter den Füßen. Sein Ich-Welt-Bezug braucht nicht unbedingt mittelalterliche Stabilität zu besitzen, doch die Variabilität muß beschränkt sein. Es bleiben also die beiden letztgenannten Möglichkeiten, entweder die Welt konstant zu setzen und das Ich im Verhältnis zur Welt als variabel aufzufassen (c) oder umgekehrt zu verfahren (d).

Genau hier stoßen wir nun auf eine fundamentale wissenssoziologische Grenzzone in der gegenwärtigen Milieustruktur. Eine kognitive Wasserscheide verläuft zwischen den Altersgruppen. Kennzeichnend für die älteren Milieus ist eine Tendenz, sich die Welt als gegebene Ordnung vorzustellen, nach der sich das Ich definiert. Umgekehrt neigen die jüngeren Milieus dazu, von einem gegebenen Ich auszugehen und die Welt in Bezug zu diesem Ich zu setzen. Auf der einen Seite dominiert ein weltverankertes, auf der anderen ein ichverankertes Wirklichkeitsmodell. Betrachten wir diese Anschauungsweisen nun etwas genauer.

Legt das Subjekt ein *weltverankertes* Modell zugrunde, so stellt es sich die Ordnung der Welt als gegeben vor. Dies bedeutet nicht, die Ordnung als unveränderlich anzunehmen. Als gegeben gilt die Welt nicht im ontologischen, sondern im alltagspragmatischen Sinn. Sie ist etwas, auf das man sich einstellt, ein Platz, auf dem man sich einrichtet. Veränderungen dieses Ambientes sind im weltverankerten Modell durchaus mitgedacht; auch sie sind gegeben. Es ist sogar möglich, daß sich das Subjekt selbst an der Veränderung der Welt beteiligt, etwa im Rahmen von beruflichen, politischen, kulturellen Funktionen. Aus der Perspektive der unmittelbaren persönlichen Bewältigung des Lebens jedoch nimmt das weltverankerte Modell eine gegebene Ordnung an, zu der das Ich in Bezug gesetzt wird. Selektion und Verarbeitung von Erfahrungen sind darauf programmiert, die vorgestellte Ordnung immer wieder neu zu rekonstruieren, die Position des Ich in dieser Ordnung zu lokalisieren und zu verbessern. Drei Spielarten der normalen existentiellen Problemdefinition, über die weiter unten noch ausführlicher zu reden ist, sind mit einem weltverankerten Ich-Welt-Bezug verbunden: das Streben nach Rang, nach Konformität und nach Geborgenheit. In die-sen Problemdefinitionen ist jeweils eine bestimmte Vorstellung von einer gegebenen Struktur der Welt enthalten: eine Ordnung von oben und unten, von erlaubt und verboten, von Schutz und Bedrohung. Was der einzelne tut, ist darauf angelegt, einen vorteilhaften Platz in dieser Ordnung zu erlangen. Je nach Problemdefinition will er in die Zone des Gehobenen, des Erlaubten, des Schutzes.

Gerade umgekehrt verläuft die Richtung der Zuordnung beim *ichverankerten* Modell. Nicht das Ich wird der Welt zugeordnet, sondern die Welt dem Ich. Die Annahme des Gegebenen hat den Charakter einer vorgestellten inneren Ordnung. Es tut dem ichverankerten Modell keinen Abbruch, daß die Vorstellung oft ungenau erscheint, ja inhaltsleer bis zur Reduktion auf die elementare Annahme, da sei wohl irgendetwas. Das subjektiv Gegebene kann vollkommen abstrakt bleiben, ins Dunkel gehüllt und trotzdem als gegeben gelten. Umso unsicherer fühlt man sich freilich bei dem Versuch, die Welt mit jener geheimnisvollen inneren Ordnung in Beziehung zu setzen. Man probiert eben mit der Welt herum. Sie gilt als variabel und muß dem Subjekt angepaßt werden. Neue Erfahrungen werden unter dem Gesichtspunkt der subjektiven Relevanz ausgewählt und interpretiert. Diese Art des Ich-Welt-Bezuges ist kennzeichnend für zwei noch zu erläuternde Varianten der normalen existentiellen Problemdefinition: das Streben nach Selbstverwirklichung und das Streben nach Stimulation.

Damit haben wir uns mit einem zweiten Schritt an milieuspezifische Strukturen der Wissensorganisation angenähert. Welt- und ichverankertes Modell lassen allerdings verschiedene Varianten zu. Für die Bestimmung existentieller Anschauungsweisen ist deshalb eine weitere Komponente erforderlich.

Primäre Perspektive

Ich-Welt-Bezüge geben lediglich einen groben Rahmen ab, der unterschiedlich ausgefüllt werden kann. Sie schaffen eine Vor-Ordnung der Wirklichkeit, die weiterer Strukturierung bedarf, damit ein orientierungsgebendes Wirklichkeitsmodell entsteht. Aufbauend auf der fundamentalsten Stufe der Wirklichkeitskonstruktion, der Vorstellung über das Gegebene, muß der Bauplan konkreter werden. Eine elementare Idee von der Ordnung der Welt unterwirft das Gegebene einer grundlegenden Kategorisierung, die im folgenden als »primäre Perspektive« bezeichnet wird. Gemeint ist damit eine Grundeinstellung der subjektiven Sicht des Gegebenen - Ich oder Welt -, welche die Bezugsrealität durch ein übergreifendes Klassifikationsschema gliedert.

Die primäre Perspektive konkretisiert die Vorstellung des Gegebenen in so prägnanter und einfacher Weise, daß man sie auf immer neue Situationen übertragen kann. Als Kurzformel ist sie dazu geeignet, den Strom der Erfahrungen zu bändigen und das Neue in das Alte zu integrieren. Weil man das Gegegebene unter einem bestimmten Blickwinkel anschaut, tritt eine bestimmte Dimension der vorgestellten Wirklichkeit besonders hervor. Im folgenden werden fünf Ausprägungen der primären Perspektive unterschieden, die hier zunächst nur genannt werden: Hierarchie, soziale Erwartungen, Bedrohung, Innerer Kern, Bedürfnisse (vgl. Abschnitt 5.8;). Die normale existentielle Problemdefinition legt ein Basisinteresse an der Welt fest, auf das die primäre Perspektive mit einer Grundeinstellung der Optik reagiert. Das Schema auf S.237 informiert über die fünf Kombinationen von Problemdefinition und primärer Perspektive, die in dieser Untersuchung identifiziert werden. Den drei erstgenannten Kombinationen liegt ein weltverankerter, den beiden letztgenannten ein ichverankerter Ich-Welt-Bezug zugrunde. Mit diesem Schema sind die Konkretisierungen existentieller Anschauungsweisen freilich nur angedeutet; die Schilderung der verschiedenen kognitiven Muster, auf die sich die Termini beziehen, wird im Rahmen der wissenssoziologischen Interpretation sozialer Milieus erfolgen.

Normale existentielle Problemdefinition:	Primäre Perspektive:	
Streben nach Rang	Hierarchie	
Streben nach Konformität	soziale Erwartungen	weltverankerter Ich-Welt-Bezug
Streben nach Geborgenheit	Bedrohung	
Streben nach Selbstverwirklichung	Innerer Kern	
Streben nach Stimulation	Bedürfnisse	ichverankerter Ich-Welt-Bezug

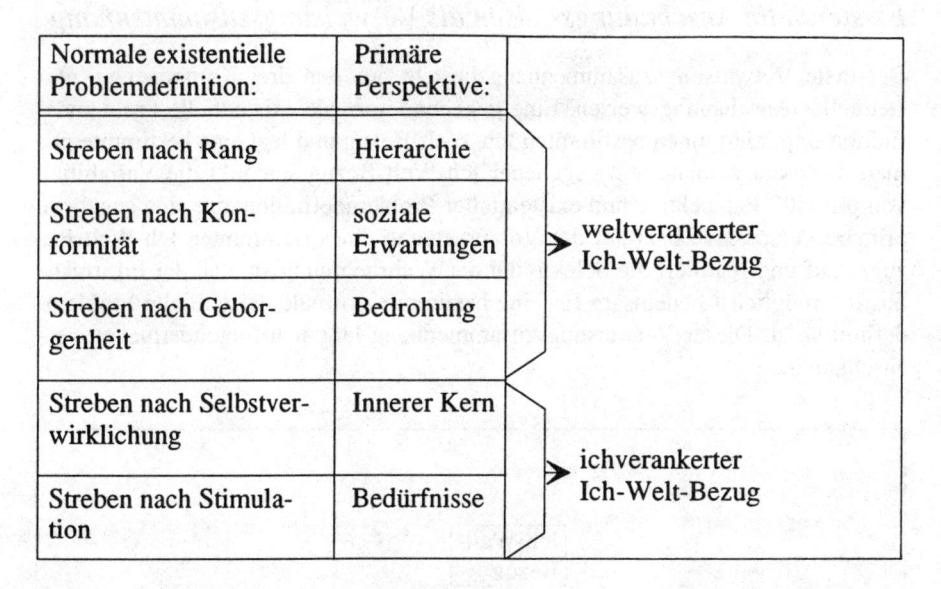

Konkretisierungen existentieller Anschauungsweisen

5.5 Subjekt und Wirklichkeit
Zwei Verweisungszusammenhänge

Modellierung von Rückbezüglichkeit

Mit den bisher in diesem Kapitel entwickelten Begriffen kann man nun versuchen, sich die milieuspezifische Selbstorganisation des Subjekts vorzustellen. Gängige theoretische Muster hierfür sind allerdings eher irreführend. Häufig trifft man - vor allem seit der Verbreitung der Pfadanalyse - auf die Beschreibung kognitiver Systeme mit mechanistischen Kausalitätsvorstellungen. Soll man die offenkundige Konsistenz von verschiedenen Aspekten des Subjekts mit den Kategorien von Ursache und Wirkung abbilden? Wir würden damit ein Menschenbild übernehmen, das mit dem allzu schlichten Modell eines Billardspiels vergleichbar ist. Der starken Vernetzung und Rückbezüglichkeit von Kognitionen wird dieses Modell nicht gerecht. Stattdessen ist im folgenden von »Verweisungszusammenhängen« die Rede, womit Konnexe miteinander verbundener Elemente gemeint sind, die immer wieder aufeinander abgestimmt werden. Es hat keinen Sinn, dabei zwischen abhängigen und unabhängigen Variablen unterscheiden zu wollen, weil jedes Element von jedem abhängt.

Existentielle Anschauungsweisen als Verweisungszusammenhang

Der erste Verweisungszusammenhang besteht aus den drei Komponenten existentieller Anschauungsweisen. Eine gegebene normale existentielle Problemdefinition impliziert einen bestimmten Ich-Welt-Bezug und legt eine bestimmte primäre Perspektive nahe; ein gegebener Ich-Welt-Bezug schränkt die Variabilität von primärer Perspektive und existentieller Problemdefinition ein; eine gegebene primäre Perspektive baut auf der Voraussetzung eines bestimmten Ich-Welt-Bezuges auf und reguliert die Selektivität der Wahrnehmung so, daß der Informationsfluß möglichst bedeutsam für eine bestimmte normale existentielle Problemdefinition ist. Dieser Verweisungszusammenhang läßt sich folgendermaßen veranschaulichen:

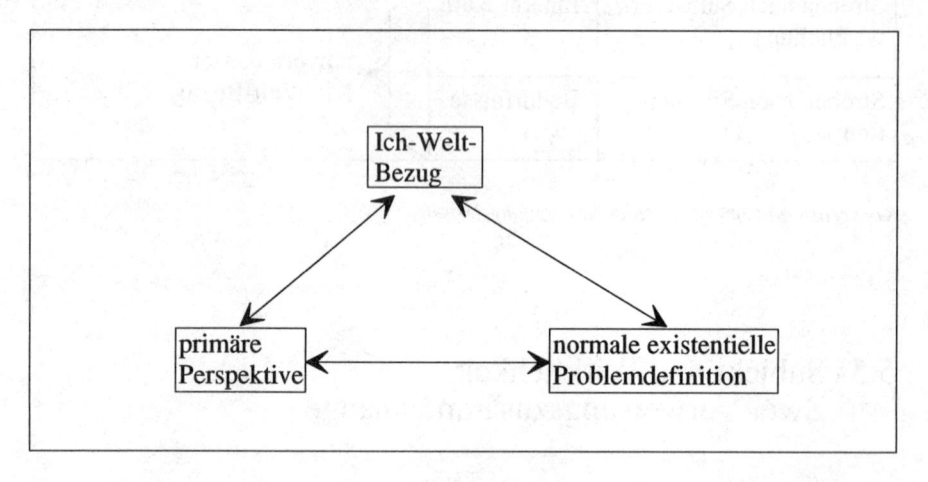

Existentielle Anschauungsweisen als Verweisungszusammenhang

Subjektive und objektive Wirklichkeit als Verweisungszusammenhang

Theoretische Bedeutung haben existentielle Anschauungsweisen durch ihre Auswirkung auf den Aufbau von Wirklichkeitsmodellen. Als Voreinstellungen der Wahrnehmung, vergleichbar den Kategorien Kants, unterwerfen sie den Strom der Erfahrungen bestimmten Auswahl- und Deutungsschemata. Diese Erfahrungen bilden sich in der Auseinandersetzung des Subjekts mit der objektiven Wirklichkeit, zu der auch die reale Verteilung von Existenzformen und die damit zusammenhängende Milieustruktur gehört. Sichtbar wird damit ein zweiter, größerer Verweisungszusammenhang von subjektiver und objektiver Wirklichkeit, in den der erste integriert ist. Er besteht ebenfalls aus drei Komponenten: Wirklichkeitsmodelle, existentielle Anschauungsweisen (erster Verweisungszusammenhang) und objektive Wirklichkeit (unter anderem Milieustruktur und reale Verteilung von Existenzformen):

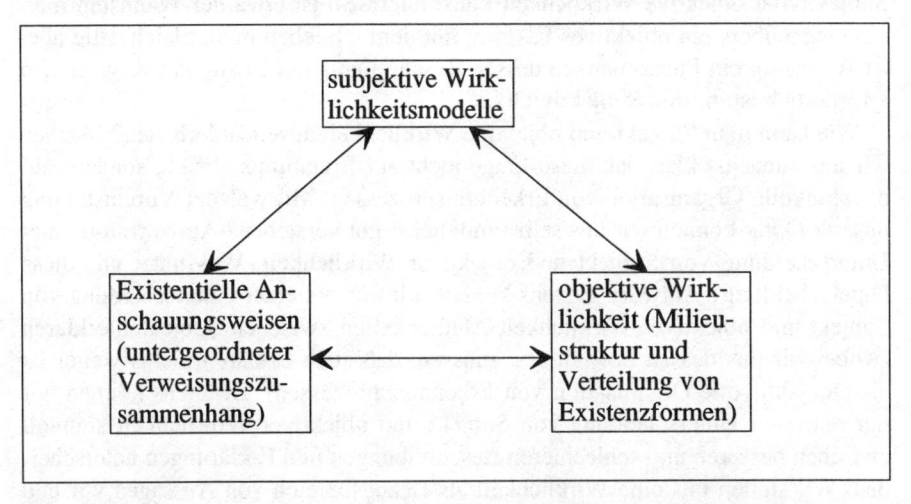

```
                    subjektive Wirk-
                    lichkeitsmodelle
                    ↗           ↘
                   ↙             ↘
    Existentielle An-          objektive Wirk-
    schauungsweisen            lichkeit (Milieu-
    (untergeordneter    ←→     struktur und
    Verweisungszu-             Verteilung von
    sammenhang)                Existenzformen)
```

Der übergeordnete Verweisungszusammenhang von subjektiver und objektiver Wirklichkeit

Das Subjekt als Bestandteil der objektiven Wirklichkeit

Zunächst ist hier noch einmal auf die Unterscheidung von objektiver Wirklichkeit und Subjekt einzugehen, um begrifflichen Unklarheiten vorzubeugen. Diese Unterscheidung operiert mit derselben Grenzlinie wie die weiter oben explizierte Differenzierung von Situation und Subjekt (Abschnitte 1.1 und 4.1). Situation wurde dort als Umwelt eines Menschen bestimmt: als derjenige Bereich der objektiven Wirklichkeit, der in Beziehung zu ihm steht (unter anderem durch Vorgabe des Möglichkeitsraums und durch Auslösung von Wahrnehmungen und Dekodierungen). Das Subjekt ist eine Koppelung von Körper und Bewußtsein. Zu seiner Beschreibung ist der Bezug auf Kognitionen notwendig (womit jede beliebige Repräsentation der Welt im Kopf des Individuums gemeint ist). Wirklichkeitsmodelle und existentielle Anschauungsweisen gehören zum Bereich des Subjekts.

Als objektive Wirklichkeit soll alles gelten, was tatsächlich der Fall ist, unabhängig davon, ob es von einem Subjekt repräsentiert wird oder nicht. Setzt man alle persönlichen Situationen zusammen, so erhält man einen Teil der objektiven Wirklichkeit. In zweifacher Hinsicht ist diese jedoch mehr als nur die Summe der Umwelten aller Menschen. Erstens enthält die objektive Wirklichkeit auch diejenigen Phänomene, die zwar der Fall sind, mit denen wir aber nicht in Beziehung stehen. Soziologisch wird das Tatsächliche freilich immer erst dann interessant, wenn es Einfluß auf unser Leben nimmt, damit aber auch unter den Situationsbegriff fällt. Mehr Beachtung verdient zweitens der Umstand, daß auch fremde Subjektivität objektive Wirklichkeit konstituiert. So ist etwa der Wahnsinn meines Gegenübers ein objektives Faktum, mit dem ich leben muß, gleichzeitig aber ist Wahnsinn ein Phänomen, zu dessen Beschreibung der Bezug auf Kognitionen erforderlich ist, mithin Subjektivität.

Wie kann man Subjekt und objektive Wirklichkeit auseinanderhalten? Machen wir uns zunächst klar, daß diese Frage nicht auf Erkenntnis abzielt, sondern auf die sinnvolle Organisation von Erkenntnisprozessen. Mit welcher Voreinstellung unserer Optik können wir uns selbst möglichst gut verstehen? Antwort: mit einer Unterscheidung von Subjekt und objektiver Wirklichkeit. Was nützt uns diese Unterscheidung? Antwort: Erstens können wir nur bei einer Unterscheidung von Subjekt und objektiver Wirklichkeit Ähnlichkeiten zwischen Subjekten erklären (wobei wir uns dessen bewußt sein müssen, daß auch Erklären nichts weiter ist als eine sinnvolle Organisation von Erkenntnisprozessen). Zweitens können wir nur bei einer Unterscheidung von Subjekt und objektiver Wirklichkeit sinnvoll zwischen besseren und schlechteren Beschreibungen und Erklärungen unterscheiden. Wir stellen uns eine Wirklichkeit als Bezugsbereich von Aussagen vor und versuchen, Aussagen anhand dieser Wirklichkeit zu qualifizieren (auch dies ist nur eine sinnvolle Organisation von Erkenntnisprozessen). Drittens können wir nur bei einer Unterscheidung von Subjekt und objektiver Wirklichkeit Erkenntnisprozesse beurteilen: Dieses Vorgehen ist wahrscheinlich sinnvoller als jenes (und selbstverständlich ist auch die Kategorie des Sinns von Erkenntnisprozessen nur eine Konstruktion, mit der wir unsere Erkenntnis sinnvoll organisieren wollen).

Man könnte diesen Argumenten entgegenhalten, sie seien nicht frei von einem gewissen erkenntnistheoretischen Optimismus. Darauf läßt sich nur antworten: Das ist keine Schande. Oder, um die Nerven des Lesers zu strapazieren: erkenntnistheoretischer Optimismus ist Bestandteil einer sinnvollen Organisation von Erkenntnisprozessen. Und nun soll die Ausgangsfrage noch einmal gestellt werden: Wie kann man Subjekt und objektive Wirklichkeit auseinanderhalten?

In der Einsicht, daß sich diese Frage auf die Organisation von Erkenntnisprozessen richtet, deutet sich die Lösung an. Das Erkenntnissubjekt, um dessen Selbstorganisation es an dieser Stelle geht, ist der Sozialwissenschaftler. Er beobachtet andere Subjekte. Dabei ist flexibles Operieren mit *zwei* Standpunkten gegenüber *einem* Inhaltsbereich gefordert. Der erste Standpunkt soll Innenperspektive (oder subjektive Perspektive) genannt werden. Jedes Subjekt lebt in seiner selbst erzeugten Welt. Indem man versucht, diese Welt zu rekonstruieren, nimmt man die Binnenperspektive ein. Wirklichkeitsmodelle und existentielle Anschauungsweisen, um auf den oben dargestellten Verweisungszusammenhang zurückzukommen, sind Begriffe, die für die Binnenperspektive konstruiert sind. Wenn sich der Sozialwissenschaftler dagegen mit dem Inhaltsbereich beschäftigt, auf den sich die Repräsentationen des Subjekts beziehen, so nimmt er einen anderen Standpunkt ein, der als Außenperspektive (oder objektive Perspektive) bezeichnet werden soll. Hier tauchen all die anderen Subjekte auf, die aus der Binnenperspektive gesehen außerhalb erscheinen.

Jeder Mensch kommt für den Sozialwissenschaftler zweimal vor: als Subjekt, das seine Welt aufbaut und dabei die anderen als Objekte verwendet (Binnenperspektive) und als Objekt, das von anderen Subjekten beim Aufbau ihrer Welt verwendet wird (Außenperspektive). Beide Perspektiven werden im Verweisungszusammenhang von subjektiver und objektiver Wirklichkeit miteinander in Beziehung gesetzt. Zwar unterscheiden sich Binnen- und Außenperspektive in der Organisation des Erkenntnisprozesses, nicht jedoch in ihrer Eigenschaft, Perspektive zu sein. Dies bedeutet: In beiden Fällen objektiviert der Sozialwissenschaftler das Subjekt, allerdings auf unterschiedliche Weise.

Man kann nun einen Schritt weitergehen: Auch der Sozialwissenschaftler ist Subjekt. Zu sagen, daß er etwas objektiviert, kann nur heißen, daß er etwas von außen Kommendes subjektiv assimiliert. Auch er betreibt nichts anderes als die Konstruktion seiner eigenen Welt. Allerdings kann er, um mit Luhmann (1990) zu reden, sein eigenes Beobachten beobachten. Er kann versuchen, sich selbst zu objektivieren (wie dies jeder über sich selbst nachdenkende Mensch tun kann), um seine Repräsentationen so zu organisieren, daß sie dem Gegenstandsbereich mit möglichst hoher Wahrscheinlichkeit möglichst isomorph sind. Nun können wir uns allerdings nicht von außen sehen. »Exzentrische Positionalität«, von der Plessner spricht, ist nur eine Metapher für die Möglichkeit der Selbstbeobachtung, nicht auch für die Angemessenheit der dabei erzielten Ergebnisse. Uns selbst beobachtend, erzeugen wir immer nur neue Subjektivität. Immerhin reicht unsere Fähigkeit zur Selbstthematisierung dazu aus, uns dessen inne zu werden, daß wir objektiv der Fall sind. Auch radikale Skeptiker müssen zumindest anerkennen, daß sie vorhanden sind. Vom Zweifel an der Fähigkeit des Subjekts zur objektiven Selbsterkenntnis gelangen wir (mit logischer Notwendigkeit) zur Vorstellung vom objektiven Gegebensein des Subjekts, von dieser Vorstellung zur Ahnung eines außersubjektiven Standpunkts, von da zur Unterstellung der Möglichkeit einer Isomorphie von Subjekt und Selbstrepräsentation. Es ist möglich, daß der Wissenschaftler sein eigenes Tun (das Beobachten einer als objektiv angenommenen Wirklichkeit) halbwegs zutreffend beurteilt, daß er sich selbst korrigiert und allmählich Fortschritte erzielt, das heißt: seine Repräsentationen der Wirklichkeit verbessert.

Konkretisierung der Zusammenhänge

Kehren wir nun zur Untersuchung des Verweisungszusammenhangs von subjektiver und objektiver Wirklichkeit zurück. Wie hängen die einzelnen Komponenten untereinander zusammen? Beginnen wir mit dem Verhältnis der beiden subjektiven Elemente. Existentielle Anschauungsweisen sind apriorische Voreinstellungen der Wahrnehmung. Für den Aufbau von Wirklichkeitsmodellen sind sie konstitutiv. Sie wirken wie ein abstrakter Bauplan, der auch mit verschiedenem Erfahrungsmaterial zu ähnlichen Konstruktionen führen muß. Umgekehrt wirkt die Konstruktion aber auch auf den Bauplan zurück, meist stabilisierend, manchmal Veränderungen provozierend. Wirklichkeitsmodelle können sich teilweise unabhängig von existentiellen Anschauungsweisen verändern, da sie auch von der objektiven Wirklichkeit abhängen.

Damit erhebt sich die Frage nach dem Verhältnis von Wirklichkeitsmodellen und objektiver Wirklichkeit. Zwar ist Erfahrung gebrochen durch existentielle Anschauungsweisen, durch standortgebundene Verzerrungen und durch Lückenhaftigkeit; trotzdem wäre es abwegig, ihr einen rein illusionären Charakter zu unterstellen. Was die Menschen wirklich tun und wie sie wirklich leben, entspricht wenigstens in groben Zügen den Bildern, die sich alle Beteiligten vom gesellschaftlichen Tun und Leben machen. In den Bildern taucht das Wirkliche freilich nur abgekürzt, verdichtet und abstrahiert auf. Die Totalität sozialen Geschehens wird auf einige Grundzüge reduziert, die oft auch noch verzerrt erscheinen. Wenn auch weit entfernt von der Wirklichkeit, sind diese Bilder aber auch weit entfernt von völliger Irrealität. Sie sind in Fragmenten der Wirklichkeit grob isomorph.

Indem Menschen ihren Normalitätsvorstellungen entsprechend handeln, rekonstruieren sie die Realität tendenziell so, wie sie sich diese vorstellen. Gerade bei Milieustrukturen und Existenzformen läßt sich dies nachvollziehen. Zum einen werden komplexe Syndrome von Existenzformen ungefähr richtig in Wirklichkeitsmodellen abgebildet; nur deshalb kann auch die Dekodierung evidenter und signifikanter Zeichen solche Bedeutung beim neuen Typus der Milieuentstehung erlangen (vgl. das 4. Kapitel). Zum anderen ist unverkennbar, daß Menschen bei der Konstruktion ihrer Existenzformen dazu tendieren, ihr Modell von Normalität selbst zu inszenieren.

Ähnlich geartet ist die Beziehung zwischen existentiellen Anschauungsweisen und objektiver Wirklichkeit, um schließlich auch das Verhältnis dieser beiden Komponenten im Verweisungszusammenhang zu untersuchen. Diese Ähnlichkeit rührt daher, daß existentielle Anschauungsweisen ebenfalls den Charakter von Wirklichkeitsmodellen haben, freilich von besonderer Art, nämlich abstrakt und zur Kurzformel komprimiert. Auf allgemeiner Ebene gilt für das Verhältnis von existentiellen Anschauungsweisen und objektiver Wirklichkeit dasselbe wie für das Verhältnis von konkreten Wirklichkeitsmodellen und objektiver Wirklichkeit.

Für die wissenssoziologische Interpretation sozialer Milieus haben existentielle Anschauungsweisen wegen der ihnen eigenen Verdichtung und Generalisierung von subjektiven Vorstellungen zu einigen Grundkategorien hervorgehobene Bedeutung. Sie sind ein hervorgehobenes Interpretationsziel.

5.6 Kognitive Selbstorganisation in der Gesellschaft Homologie und fundamentale Semantik

Die Verschärfung des Ordnungsproblems

Tatsächliche soziale Ordnung ist das Ergebnis eines Bedürfnisses nach Orientierung und innerer Konsistenz. Um überhaupt existieren zu können, müssen sich die Menschen in einem Prozeß kognitiver Selbstorganisation eine Struktur geben, die es ihnen erlaubt, sich gegenseitig einzuschätzen und Identität aufzubauen. Es ist ein Hinweis auf die Vitalität des Bedürfnisses nach Ordnung, daß Orientierungsdefizite einen so breiten Raum in der gesellschaftskritischen und psychotherapeutischen Diskussion einnehmen. Keineswegs ist die kognitive Selbstorganisation der Gesellschaft zusammengebrochen, sie ist nur komplizierter und weniger transparent geworden.

Sich in der Gesellschaft der Gegenwart zurechtzufinden, ist schwieriger als beispielsweise in einer ländlichen Gemeinde im 18. oder 19. Jahrhundert. Die Zunahme der Orientierungsprobleme sei nur durch einige Stichworte angedeutet, die auf ausführlichere Überlegungen weiter oben verweisen: Vermehrung der Möglichkeiten, Unsicherheit, Zeichenfluktuation in der Alltagsästhetik, Entstehung sozialer Milieus durch Beziehungswahl, Aufbau von Existenzformen nach dem neuen Typus, Reduktion von existentiellem Wissen höchster Kollektivitätsstufe. All dies hat die Gliederung des sozialen Raums unübersichtlich gemacht. Ebenso offensichtlich wie die Zunahme der Orientierungsprobleme ist jedoch die Anpassung der Orientierungsfähigkeit an die neue Situation.

Selbstverständlich ist es nicht, daß Gesellschaft überhaupt noch möglich ist, betrachtet man nur die enorme Vermehrung der Informationsmenge, die jeder integrieren muß, die Häufung der Unsicherheiten, die abnehmende Halbwertszeit von Symbolen und Verhaltensmustern. Trotz der gestiegenen Unübersichtlichkeit können sich die Menschen offensichtlich immer noch im sozialen Leben orientieren. Sie bauen wechselseitige Einschätzbarkeit auf und erlangen ein Bewußtsein davon, wer sie selbst eigentlich sind. Unter der verwirrenden Oberfläche ist eine verborgene Ordnung zu vermuten. Deshalb sollte Unübersichtlichkeit nicht als abschließender soziologischer Befund betrachtet werden, sondern als theoretische Herausforderung.

Wie komplex die Information ist, welche die Menschen in unserer Gesellschaft zu verarbeiten haben, ist in den empirischen Daten nur angedeutet. In der sozialen Wirklichkeit ist das Feld der Indikatoren, die man überblicken muß, wesentlich größer als bei den bereits sehr umfangreichen Tabellen dieser Untersuchung. Regelmäßigkeiten im Verhältnis dieser Indikatoren (vgl. die Tabellen der Serien 5 und 6 im Anhang D) weisen darauf hin, daß die Menschen das Informationsmanagement tatsächlich leisten, das erforderlich ist, um sich eine soziale Realität zu konstruieren. Wie lösen sie diese Aufgabe?

Die Lösung des Ordnungsproblems

Offen gelassen wurde zunächst die Frage, ob die Beziehungen der Komponenten in den oben dargestellten Verweisungszusammenhängen (Abschnitt 5.5) Regelmäßigkeiten folgen. Beginnen wir die Bearbeitung dieses Problems mit einer These: Es läßt sich eine allgemeine Wechselwirkung erkennen, die man als Tendenz zur Homologie bezeichnen kann.

Homologien sind Entsprechungen zwischen verschiedenen inhaltlichen Bereichen. Wirklichkeitsmodelle enthalten Abdrücke der objektiven Wirklichkeit; diese ist umgekehrt von dem Bild mitgeprägt, das wir uns von ihr machen. Gleiches gilt für existentielle Anschauungsweisen. Auf einer noch abstrakteren Ebene als Wirklichkeitsmodelle angesiedelt, entsprechen sie sowohl diesen als auch den tatsächlichen Gegebenheiten. Auch im untergeordneten Verweisungszusammenhang der existentiellen Anschauungsweisen herrscht eine Tendenz zur Homologie: Ich-Welt-Bezug, primäre Perspektive und normale existentielle Problemdefinition reflektieren einander in ungefährer Entsprechung. Verschiedene Teile des Bewußtseins streben nach Konsistenz.

Homologie setzt logisch eine Semantik der Entsprechung voraus. Ob beispielsweise ein Gemälde dem abgebildeten Gegenstand homolog ist, läßt sich nicht absolut beurteilen, sondern nur unter Verwendung einer auf beide Ebenen anwendbaren deskriptiven Sprache: Farben, Hell-dunkel-Kontraste, gestalthafte Konstellationen, symbolischer Gehalt, Stimmung u.a. Je nach Sprache (oder Kombination von Sprachen) wird man zu dem Ergebnis kommen, daß Bild und Gegenstand homolog sind oder nicht.

Der Begriff der Homologie, wie er im folgenden verwendet wird, impliziert zwei Ebenen: die Ebene einer fundamentalen Semantik und die Ebene von inhaltlichen Teilbereichen, die in bezug auf die fundamentale Semantik homologisiert werden. Beide Ebenen korrespondieren einander; die erste steht zur zweiten im Verhältnis des Allgemeinen zum Besonderen. Unter den Kategorien der Semantik lassen sich die inhaltlichen Teilbereiche subsumieren. Indem die Subjekte diese Subsumption vornehmen, regulieren und vereinheitlichen sie die Teilbereiche in einer Weise, daß Homologien entstehen, also Ähnlichkeiten im Rahmen der Sprache einer fundamentalen Semantik. Theoretisch wäre es denkbar, daß dieser Vorgang der Übersetzung von etwas Besonderem in etwas Allgemeineres weitergeht und in einen unendlichen Regreß umschlägt: Die allgemeine Semantik wird noch allgemeineren Kategorien zugeordnet, die ihrerseits anderen Kategorien untergeordnet sind usw. Daß die Kette der Bedeutungszuweisungen irgendwann aufhört, ist logisch nicht zwingend, kognitionspsychologisch aber unvermeidlich. Darauf verweist das Adjektiv »fundamental«. Von der Ebene der fundamentalen Semantik führt keine Übersetzung in einen noch allgemeineren bedeutungsgebenden Rahmen. Wenn die Kategorien der fundamentalen Semantik aber nicht wiederum durch Bezug auf eine andere Ebene Bedeutung erhalten, so kann ihre Bedeutung nur durch unmittelbare Erfahrung gestiftet werden.

Man könnte sich, um durch ein einfaches Beispiel zu verdeutlichen, was gemeint ist, eine fundamentale Semantik vorstellen, die in Farbempfindungen verankert ist. Unter diesen Umständen würde die kognitive Selbstorganisation der Menschen auf der Unterscheidung zwischen rot, grün, blau usw. aufbauen. Existentielle Anschauungsweisen und Wirklichkeitsmodelle würden dann homolog zu dieser Farbsemantik konstituiert. Dies hätte zur Folge, daß sich auch die objektive Wirklichkeit farben-homolog gestalten würde; vielleicht gäbe es eine Milieustruktur, in der bestimmte Kombinationen von Haarfarbe, Augenfarbe und Hautfarbe von ausschlaggebender Bedeutung für die Milieuzugehörigkeit wären.

Auf den ersten Blick wirkt dieses Beispiel absurd. Welchen Sinn sollte eine fundamentale Farbsemantik haben? Mit dieser Frage unterstellt man freilich, daß alles, was Menschen tun, einen Sinn habe. Es kann aber gar nicht alles Tun - bis hin zum Aufbau einer fundamentalen Semantik - durch etwas anderes begründet sein. Selbst wenn die gesamte Menschheit lebenslang damit beschäftigt wäre, Handeln zu begründen, dann die Gründe zu begründen usw., käme sie doch niemals ans Ende dieses Regresses.

Mit einer fundamentalen Semantik wird der Regreß gestoppt. Hier finden wir Hinweise auf normative Positionen einer Gesellschaft, die als nicht weiter begründungsbedürftig angesehen werden. Freilich beruht dieser Ausstieg aus dem unendlichen Regreß lediglich auf einer sozialen Konvention. Er ergibt sich weder aus der Natur der Sache noch gar aus der Logik, mag sie im normativen Diskurs der Gesellschaft auch noch so bedenkenlos bemüht werden. Insofern ist das Beispiel der fundamentalen Farbsemantik nicht absurder oder sinnloser als irgendein anderes Beispiel, es ist lediglich (soweit dem Verfasser bekannt) ohne empirische Entsprechung.

Zwei andere Beispiele, die weiter unten gegenübergestellt werden (Abschnitt 5.7), muten uns zwar sinnvoller an, doch entsteht dieser Eindruck nur deshalb, weil sie uns aus der sozialen Wirklichkeit vertraut sind: die ökonomische und die psychophysische Semantik. Die gemeinsame Orientierung an einer fundamentalen Semantik beruht auf einer Konvention, während die Suche nach der Begründung für diese Konvention in Grenzbereiche der Argumentation führt. Allenfalls läßt sich sagen, daß der übergeordnete Sinn einer fundamentalen Semantik in der Gewährleistung von Orientierung liegt und daß wir ohne die Bereitschaft zur geordneten Selbstorganisation wohl nicht existieren würden.

Anforderungen an eine fundamentale Semantik

Auf der Suche nach Orientierung und innerer Konsistenz profilieren sich die Menschen gruppenweise gegeneinander. Durch Gleichsein und Anderssein, Annäherung und Distanzierung, Identifikation und Desidentifikation schaffen sie sich eine Ordnung, die sich am besten als fundamentale Semantik der Gegensätze charakterisieren läßt. Diese Semantik muß, um ihre Ordnungsaufgabe zu erfüllen,

vier Bedingungen genügen: Überschaubarkeit, Intersubjektivität, Transponierbarkeit, unmittelbare Erfahrbarkeit. Betrachten wir diese Bedingungen genauer:
1. Leicht *überschaubar* ist eine Semantik dann, wenn sie lediglich eine grobe, einfache Klassifikation beinhaltet. Je feiner die Differenzierung ist, desto schwieriger wird es, die Semantik zu handhaben. Damit sie für jedermann operabel bleibt und damit Zuordnungen und Querverbindungen schnell vonstatten gehen können, muß das grundlegende Ordnungsschema einfach sein.
2. *Intersubjektivität* ist aus zwei Gründen erforderlich: Zum ersten muß eine gemeinsame, von allen Beteiligten ähnlich verstandene Ordnung etabliert werden. Die Entwicklung einer Milieustruktur ist nur möglich auf der Basis eines semantischen Konsenses. Zum zweiten wäre der einzelne mit der Entwicklung und Stabilisierung einer solchen Semantik überfordert, mag sie auch noch so einfach sein. Jeder benötigt Definitionshilfe von anderen, Hinweise darauf, was zusammengehört und was nicht. Kann ein Bankdirektor mit Hausbesetzern sympathisieren? Gewiß, aber man wird ihm Definitionshilfe angedeihen lassen - »Meinen Sie das im Ernst?« -, aus der er Lehren über die kollektive Semantik der Konsistenz ziehen wird. Natürlich hat er diese Lehren längst begriffen, sonst wäre er nicht Bankdirektor.
3. *Transponierbarkeit* bedeutet, daß die fundamentale Semantik auf verschiedene Inhaltsbereiche anwendbar sein muß: alltagsästhetische Schemata, normale existentielle Problemdefinitionen, primäre Perspektiven, Ich-Welt-Bezüge, Wirklichkeitsmodelle, Verteilung von Existenzformen und Milieustruktur. Verschiedene Wirklichkeitsschichten konstituieren einen Verweisungszusammenhang, dessen innere Ordnung kollektiv zu erarbeiten ist.
4. Damit die fundamentale Semantik dieser Funktion genügen kann, muß sie ohne Einführung einer weiteren Sprachebene verständlich sein. Sie muß *unmittelbar auf Erfahrungen* rekurrieren. Einer ökonomischen Semantik liegen Erfahrungen von Ressourcen und Ressourcendefiziten (Güter, Dienstleistungen, Rechte, Aktionsradius, Zugang zu Informationen, Risikovorsorge, Gesundheit u.a.) zugrunde, einer psychophysischen Semantik Erlebnismuster: schematisierte, interpersonal verbreitete innere Reaktionen. Von diesen Bedeutungsfeldern der fundamentalen Semantik wird noch ausführlicher die Rede sein; an dieser Stelle geht es zunächst darum, den Begriff der fundamentalen Semantik überhaupt einzuführen.

Die Anwendung der Semantik

Die soeben unter Punkt 3 genannte Bedingung der Transponierbarkeit verweist auf das Operationsgebiet, wo überhaupt Ordnung zu schaffen ist: im Verhältnis verschiedener Komponenten der subjektiven und der objektiven Wirklichkeit, die in einem Verweisungszusammenhang miteinander verbunden sind. Übergreifende Ordnung äußert sich hier als Homologie, die logisch zwingend eine transponierbare Semantik zur Beurteilung inhaltlicher Konsistenz von Teilbereichen voraussetzt - nur dann ist Ordnung oder Unordnung überhaupt definierbar und innere Stimmigkeit fühlbar. Die Semantik dieser Ordnung wird im sozialen Umgang durch elementare Operationen gegenseitiger Einschätzung nach Ähnlichkeit und Unähnlichkeit aufgebaut.

Für die fundamentale Semantik gibt es, je nach den Relationen, welche die Anwender zu einem gegebenen Moment in ihrem Bewußtsein herstellen, zwei Lesarten. Die Lesart der *Ähnlichkeit* wird verwendet, wenn sie verschiedene Teile der eigenen Persönlichkeit zueinander in Beziehung setzen (existentielle Anschauungsweisen, Wirklichkeitsmodelle, praktizierte Existenzformen) und wenn sie sich mit anderen vergleichen, die sie zu ihrer eigenen Gruppe zählen. Die Lesart der *Unähnlichkeit* wird verwendet bei gruppenübergreifenden Wahrnehmungen und Abgrenzungen. Beide Lesarten sind wechselseitig aufeinander angewiesen, um hinreichend deutlich bestimmt zu sein.

Das Wort »Homologie« hebt nur eine Lesart hervor, nämlich die der Ähnlichkeit, doch impliziert der Begriff logisch auch die Relation der Unähnlichkeit. Homologie ist erst definiert in einem Bezugsfeld der Unterscheidung. Um die fundamentale Semantik der Homologie einzuüben, sind sowohl Bewußtseinsakte der Identifikation wie auch der Desidentifikation erforderlich. In den vielschichtigen Bedeutungen der Alltagsästhetik ist beides enthalten: Genuß und Lebensphilosophie haben positive Valenz und eignen sich deshalb als Modalitäten von Empfindungen der Ähnlichkeit, Distinktion hat negative Valenz und drückt Unähnlichkeit aus. Wegen dieses Bedeutungsreichtums ist Alltagsästhetik nicht nur wichtig für die kollektive Stabilisierung einer fundamentalen Semantik, sondern auch für den sozialwissenschaftlichen Versuch ihrer Entschlüsselung. Daran wird später anzuknüpfen sein.

Durch eine fundamentale Semantik wird die Beziehung zwischen inhaltlichen Teilbereichen in Verweisungszusammenhängen homolog reguliert. Gehen wir nun der genaueren Bedeutung dieser Aussage nach. Jede Semantik impliziert eine Mehrzahl von Möglichkeiten, im einfachsten Fall zwei. Auf das Beispiel der ökonomischen Semantik übertragen, bestünde dieser vereinfachend konstruierte Fall in der Dichotomie von viel haben und wenig haben. Entwerfen wir im Gedankenexperiment eine dazu passende gesellschaftliche Wirklichkeit: In einer sozialen Welt, in der diese fundamentale Dichotomie Realität ist, weisen Alltagsästhetik, existentielle Anschauungsweisen, Wirklichkeitsmodelle, Existenzformen und Milieustruktur eine Homologie zur Abstufung zwischen mehr und weniger auf. Was dies heißt, muß für die individuelle und die kollektive Ebene getrennt erläutert werden.

Individuell äußert sich die Homologie als Tendenz zur Konsistenz. In den genannten Wirklichkeitsschichten gibt es jeweils zwei Möglichkeiten, eine für die Vielhabenden und eine für die Wenighabenden. Ein einzelner Mensch wird dazu tendieren oder durch die Umstände dazu gezwungen sein, über die Bereiche hinweg konsistent eine der beiden Möglichkeiten zu realisieren (mehr hierzu im nächsten Abschnitt). Dies führt dazu, daß im *Kollektiv* die gesamte Semantik reproduziert wird. In der Gesellschaft baut sich die Gesamtsemantik durch die Zusammensetzung der individuellen Lagen auf.

Auch in einer ungeordnet erscheinenden Situation orientieren sich die Menschen aneinander, wobei sie Relationen der Ähnlichkeit und der Unähnlichkeit einsetzen. Durch das Operieren mit der Relation der Ähnlichkeit konstruieren sie milieuhafte Gruppierungen von Mentalitätstypen. Durch das Operieren mit der Relation der Unähnlichkeit konstruieren sie Zusammenhänge zwischen verschiedenen Mentalitätstypen. Beides wird weiter unten empirisch untersucht: Im 6. Kapitel geht es um die Beschreibung einzelner Milieus und damit um die Erfassung gruppierter Ähnlichkeiten, im 7. Kapitel dagegen um die Milieustruktur in ihrer Gesamtheit, um Grenzen, um gruppierte Unähnlichkeiten, die Gegenstand einer subjektorientierten Strukturanalyse sind.

Fundamentale Interpretation

Das Stichwort »subjektorientierte Strukturanalyse« verweist bereits auf eine besondere Form der Anwedung der fundamentalen Semantik, die später eingesetzt werden soll: Fundamentale Interpretation ist ein Verfahren der soziologischen Analyse, bei dem ein Ensemble von Sinngebilden und Situationsmerkmalen einerseits (alltagsästhetische Schemata, Einstellungen, Persönlichkeitsmerkmale, existentielle Anschauungsweisen, Konstellationen von Chancen, Beruf, Haushalt, Sprachcodes, körperlicher Habitus u.a.) in Beziehung zu einer hypothetischen fundamentalen Semantik andererseits gesetzt wird. Dabei ergibt sich das übliche Münchhausen-Problem der Hermeneutik. Um die Manifestationen zu verstehen, benötigt man die Kategorien, um die Kategorien zu gewinnen, muß man die Manifestationen verstehen. Es bleibt nichts anderes übrig, als sich in vielen Iterationsschritten im hermeneutischen Zirkel zwischen Interpretationsgegenstand (Sinngebilde und Situationsmerkmale) und Interpretationsziel (fundamentale Semantik) allmählich am eigenen Schopf aus dem Sumpf zu ziehen. Wie prekär das Unterfangen tatsächlich ist, wird erst dann richtig deutlich, wenn man sich vor Augen hält, daß der Interpretationsgegenstand selbst bereits Ergebnis vorbereitender Interpretationen ist (zu denen hier etwa die Hermeneutik persönlicher Stile zählt, vgl. das 2. und das 3. Kapitel). Nichtsdestoweniger: Ohne den konsequent zu Ende geführten Versuch, kollektive Sinnkonstruktionen zu dekodieren, sollte man eine Analyse nicht als Soziologie bezeichnen. Dies wäre grobe Irreführung.

Allerdings wäre es illusionär, vom Versuch einer fundamentalen Interpretation, wie er im 6. und 7. Kapitel zu unternehmen sein wird, mehr zu erwarten als eine unscharfe Beschreibung. Hierfür gibt es, neben der selbstverständlichen Unvollkommenheit des Analytikers, zwei Gründe, die mit dem Objektbereich selbst zu tun haben. Erstens kann es in Zeiten sozialen Wandels sein, daß sich mehrere eventuell gänzlich inkommensurable fundamentale Semantiken überlagern.

Zweitens ist die fundamentale Semantik ein Ordnungsprinzip, das zwar gesellschaftlich erzeugt ist, mit dem die Gesellschaft jedoch niemals perfekt übereinstimmen kann. Ständig gibt es Innovationen, Ausbruchsversuche, Mißverständnisse. Die Gesellschaft arbeitet an ihrer Homologisierung im Bezug auf die fundamentale Semantik, ohne jemals mit den Reparaturen zum Ende zu kommen, da ununterbrochen neue Störungen auftreten. Fundamentale Interpretation bedeutet, nach einem Ordnungs*prinzip* Ausschau zu halten, nicht etwa nach einer perfekten Ordnung, die es real nicht geben kann.

5.7 Von außenorientierter zu innenorientierter Semantik

Semantischer und sozialer Wandel

Der theoretische Sinn der in den vorangegangenen Abschnitten entwickelten Begriffe erst dann richtig klar, wenn man sie zur historischen Analyse von Gesellschaften einsetzt. Sozialer Wandel wird begreifbar im Zusammenhang mit allmählichen Veränderungen grundlegender kognitiver Operationen. Schlüsselkategorie des Versuches, Umbildungen der Gesellschaft zu verstehen, ist der Begriff der fundamentalen Semantik. Wenn sich die elementaren Kategorien ändern, mit denen die Menschen sich selbst und ihre Wirklichkeit erfassen, so müssen sich auch die damit verbundenen Wirklichkeitsschichten ändern. Existentielle Anschauungsweisen, Wirklichkeitsmodelle und objektive soziale Wirklichkeit stehen in einem Verweisungszusammenhang, der durch Bezug auf die elementaren Kategorien einer fundamentalen Semantik reguliert wird. Gehen die Menschen zu einer neuen fundamentalen Semantik über, so hat dies weitreichende Folgen für ihr gesamtes kognitives System und für ihr soziales Handeln. Urteile der Ähnlichkeit und Unähnlichkeit, der Konsistenz und Inkonsistenz folgen neuen Maßstäben. Homologien zwischen verschiedenen inhaltlichen Bereichen werden nach einer neuen Formel der Entsprechung definiert. Allmählich zeichnet sich ein neuer Gesellschaftstypus ab. Der Übergang von der kompetitiven zur erlebnisorientierten Gesellschaft (vgl. Abschnitt 3.3) ist mit einem Wandel der fundamentalen Semantik verbunden.

Theoretisch gibt es unendlich viele Möglichkeiten, Relationen von Ähnlichkeit und Unähnlichkeit herzustellen; entsprechend groß ist die Menge vorstellbarer fundamentaler Semantiken. Für das Verständnis gegenwärtigen sozialen Wandels ist es nun von zentraler Bedeutung, zwischen außenorientierten und innenorientierten Semantiken zu unterscheiden. Außenorientierte Semantiken haben situativen, innenorientierte Semantiken subjektiven Bezug. Die Kategorien einer außenorientierten Semantik bilden die Stellung des Subjekts zu einem Wirklichkeitsaspekt ab, der außerhalb des Subjekts liegt, die Kategorien einer innenorientierten Semantik bilden psychophysische Ereignisse ab.

Untersuchen wir ein Beispiel: In Systemen mit gewalttätiger politischer Unterdrückung kommt es nach Jahren der Willkür und Bespitzelung regelmäßig zur Entwicklung einer außenorientierten Semantik, die hier als Semantik der Diktatur bezeichnet werden soll. Kollektive Sinnkonstruktionen und situative Syndrome bilden tendenziell den Bezug der Menschen zum Machtapparat ab - Unterdrükker, Nutznießer, Mitläufer, Apathische, Dissidenten, Untergrund. Ein anderes Beispiel ist die ökonomische Semantik, bei der Urteile über Ähnlichkeit und Unähnlichkeit durch den Bezug auf die unterschiedliche Ausstattung mit Ressourcen definiert werden (vgl. hierzu den folgenden Unterabschnitt).

Im Gegensatz dazu beziehen sich die Kategorien einer innenorientierten Semantik auf das Innenleben der Menschen. Die Situation, in der sie leben, etwa auch ihre Ausstattung mit Ressourcen, erscheint bei einer innenorientierten Konstruktion der sozialen Wirklichkeit nicht als fundamentaler Bezugsbereich der Urteilsbildung, sondern lediglich als Bereich von Indikatoren für einen psychophysischen Bezugsbereich. Viel oder wenig Geld zu besitzen ist unter diesen Umständen für sich allein noch nicht von fundamentalem Interesse, sondern erst der Typus von Subjektivität, auf den Geldbesitz hinweist. Je nach Kontext können gleiche ökonomische Potentiale bei einer innenorientierten Semantik zu gänzlich unterschiedlichen Zuordnungen führen. So kann von zwei Millionären der eine ein konservativer Millionär sein, hierarchischem Denken und derjenigen sozialen Ordnung verhaftet, in der er selbst erfolgreich ist (vgl. hierzu weiter unten die Analyse des Niveaumilieus), der andere ein kreativer Millionär, ein Spieler, für den der Reiz des Geldes weniger in seinem Besitz als im spannenden Verlauf der Jagd danach liegt. Mit dem Blick auf modernes Aussteigertum fällt es nicht schwer, sich ebenso den Typus eines kreativen Armen vorzustellen, der in einer vom »System« alimentierten Askese nach Freiheit und Selbstverwirklichung sucht. Bei einer außenorientierten Semantik wird nun der kreative Millionär unter derselben Kategorie wie der konservative Millionär subsumiert, bei einer innenorientierten Semantik dagegen unter derselben Kategorie wie der kreative Arme.

Das Fundament innenorientierter Semantiken sind Erlebnisse. Solche Semantiken können auch als psychophysisch bezeichnet werden, da Erlebnisse immer gleichzeitig kognitiven und somatischen Charakter haben; allerdings sind ganz unterschiedliche Kodierungen der psychophysischen Semantik denkbar. Die fundamentalen Interpretationen weiter unten beruhen nun auf der Annahme eines semantischen Wandels, bei dem das innenorientierte Moment immer mehr das außenorientierte Moment verdrängt. Das 19. Jahrhundert war noch weitgehend außenorientiert durch eine ökonomische Semantik geprägt; am Ende des 20. Jahrhunderts leben wir dagegen im Zeichen einer Innenorientierung, der eine durch zwei Polaritäten (Komplexität und Einfachheit; Ordnung und Spontaneität) bestimmte psychophysische Semantik zugrunde liegt. Beide fundamentalen Semantiken sind nun genauer zu charakterisieren.

Die ökonomische Semantik

Beginnen wir mit der sozialgeschichtlich älteren, der ökonomischen Semantik. Ihr liegen elementare Erfahrungen des ungleichen Zugangs zu allgemein geschätzten Werten zugrunde, deren Verteilung durch Märkte und soziale Institutionen organisiert ist. Zum großen Teil lassen sich die Wahrnehmungen, die in der Erfahrungsbasis der ökonomischen Semantik zusammengefaßt werden, ihrem Wert nach unmittelbar miteinander vergleichen, addieren, subtrahieren, bilanzieren - Geldeinkommen, Ersparnisse, Haus- und Grundbesitz, Haushaltsausstattung, Risikovorsorge, Konsumspielraum jenseits des Existenzminimums, Freistellung von Arbeit (»Zeit ist Geld«). Auch Bildung und soziale Beziehungen gehören zum Erfahrungsbestand der ökonomischen Semantik. Wenn sich die Werte von Bildung und sozialen Beziehungen auch nicht exakt berechnen lassen, so begründen sie doch der allgemeinen Erfahrung nach ungleichen Zugang zu berechenbaren Werten. In der vereinfachenden Wahrnehmung der Subjekte erscheint das eine in das andere überführbar. Was Bourdieu in ökonomisches Kapital, Bildungskapital und Beziehungskapital auseinanderdividiert, wird im Begriff der ökonomischen Semantik zusammengefaßt. Bis in die sechziger Jahre hinein war diese Zusammenfassung sozialhistorisch angemessen.

Es gibt eine besonders einfache, für jeden nachvollziehbare Formel, um all diese Erfahrungen an der Basis der ökonomischen Semantik aufeinander zu beziehen: die Unterscheidung zwischen mehr und weniger. Damit ist eine hierarchische Grundvorstellung eingeführt, die uns in diversen Übersetzungen wiederbegegnet: oben/unten, kultiviert/unkultiviert, Kunst/Kitsch. Unter der Herrschaft der ökonomischen Semantik wurden komplexe kognitive und soziale Strukturen aufgebaut und miteinander in Homologie gebracht, orientiert an einer hierarchischen Konzeption der Welt.

Distinktion in der Alltagsästhetik war demonstrativer Konsum und Ausdruck der Zugehörigkeit zu ökonomischen Klassen. In ihrer nobleren Variante war Distinktion die Unterscheidung von Feinheit oder Grobschlächtigkeit des persönlichen Stils, wobei als Pufferung gegen die Plattheit der ökonomischen Semantik eine psychische Semantik des Stilempfindens zwischengeschaltet war, die jedoch nicht fundamental war. In der lebensphilosophischen Bedeutungsebene der Alltagsästhetik mag es eine Differenzierung zwischen einer Zweckmäßigkeitsphilosophie der niederen Schichten und einer Zweckfreiheitsphilosophie der oberen Schichten gegeben haben (vgl. hierzu die interpretativen Thesen Bourdieus). Es etablierte sich eine reale Milieustruktur sozioökonomischer Schichten, die in Wirklichkeitsmodellen akzentuiert und auf ihre Ressourcenkomponente reduziert wurde. Im Repertoire evidenter und signifikanter Zeichen alltagssoziologischer Milieudiagnose traten solche persönlichen Attribute hervor, die sich direkt oder indirekt der fundamentalen Semantik zuordnen ließen: Beruf, Lebensstandard, Umgebung. Existentielle Anschauungsweisen, aus denen diese Wirklichkeitsmodelle hervorgingen, waren durch die normale existentielle Problemdefinition des

Überlebens, der Sicherung des Besitzstandes, der Mehrung der Ressourcen bestimmt. Auch die beiden anderen Komponenten existentieller Anschauungsweisen waren der fundamentalen Semantik homolog: Eine ressourcenorientierte primäre Perspektive entfaltete sich in einem weltverankerten Ich-Welt-Bezug.

Die gegenwärtige Kodierung der psychophysischen Semantik

Die Theorien der Soziologie stehen, wenn sie gut sind, ebenfalls in Homologie zur Semantik der Gesellschaft, auf die sie sich beziehen. Deshalb ist die Dominanz ökonomischer Kategorien und das Interesse an sozialer Ungleichheit in der traditionellen Soziologie nur ein Hinweis darauf, daß diese Theorien tatsächlich etwas mit der Realität zu tun hatten. Gerade der Erfolg, den die Soziologie bei dem Versuch hatte, Gesellschaft zu verstehen, macht es allerdings schwer, der Gegenwart gerecht zu werden. Um die psychophysische Semantik nachzuvollziehen, deren Konturen sich immer deutlicher abzeichnen, muß man vertraute Sichtweisen aufgeben, die noch in den siebziger Jahren ein durchaus angemessenes Modell abgaben. Wir sind Zeugen eines Wechsels der kognitiven Organisation des Alltagslebens und müssen versuchen, uns sozialwissenschaftlich dieser Entwicklung anzupassen.

Auch die psychophysische Semantik ist fundamental. Sie ist nicht nur Projektion einer anderen Semantik, Spiegel einer anderen Bedeutungsebene, vergleichbar etwa dem Gedicht, das ein Gefühl verschlüsselt, so daß man sinnvoll nach der »tieferen« Bedeutung fragen kann. Die psychophysische Semantik ist vielmehr bereits auf der fundamentalen Bedeutungsebene angekommen. Wie bei jeder fundamentalen Semantik ergeben sich ihre Grundkategorien aus konkreten Erfahrungen. Während die Bedeutungen der ökonomischen Semantik aus den Erfahrungen ungleichen Zugangs zu allgemein geschätzten Werten abgeleitet sind, bestehen die Ankerreize, aus denen die neue psychophysische Semantik ihren Gehalt bezieht, aus Erlebnissen. Von außen haben sich die bedeutungsgebenden Elementarerfahrungen nach innen verlagert, von objektiven Tatbeständen sozialer Ungleichheit zu subjektiven Tatbeständen des Fühlens.

Auch subjektive Tatbestände lassen sich objektivieren, beobachten, kategorisieren (vgl. hierzu die Überlegungen zur Trennbarkeit von Subjekt und objektiver Wirklichkeit in Abschnitt 5.5). Nur so können sie zur Grundlage einer fundamentalen Semantik werden. Gegenstand der Wahrnehmung subjektiver Tatbestände, aus denen sich die psychophysische Semantik ableitet, sind sowohl die Wahrnehmenden selbst als auch die anderen. Introspektion und Erfahrung der sozialen Umwelt werden miteinander verwoben. Wir interpretieren das Innenleben der anderen, soweit es sich äußert, auf der Grundlage unserer Selbsterfahrung; gleichzeitig wissen wir uns von den anderen in ähnlicher Weise interpretiert. In diesem kollektiven Austausch der Manifestationen von Gefühlsereignissen kristallisiert sich eine kategoriale Ordnung von Erlebnissen heraus, die alle weiter oben geforderten Eigenschaften einer fundamentalen Semantik aufweist: Überschaubarkeit, Intersubjektivität, Transponierbarkeit, unmittelbare Erfahrbarkeit.

Man könnte einwenden, daß wir einen großen Teil unseres Innenlebens für uns behalten, sei es, weil wir die anderen ausschließen wollen, sei es, weil es sich um strikt individuelle, nicht mitteilbare Komponenten handelt. Ebenso unmöglich wie totale Extraversion ist jedoch totale Introversion. Daß ein Teil des Innenlebens sich äußert und für Beobachter wahrnehmbar wird, ist unvermeidlich. Unsere Oberfläche ist an einigen Stellen durchsichtig. Vor allem drei Fenster nach innen gewähren den anderen Einblicke: erstens Körpersprache (Gestik, Mimik, Bewegungsabläufe, Erregung, Schwitzen, Atmung, Stimme u.a.), zweitens alltagsästhetische Episoden (das Aufeinanderfolgen manifester Wahlen von Situationen, Personen, Erlebnisangeboten, denen Beobachter einen subjektiven Sinn unterstellen können), schließlich drittens gefühlsorientierte Selbstbeschreibungen, freilich oft getrübt durch Rationalisierungen, Beschönigungen, Verschleierungsversuche oder auch nur sprachlicher Unfähigkeit.

Die psychophysische Semantik bezieht ihre Bedeutung aus äußeren Zeichen für innere Prozesse. Außenstehende Beobachter können diese Zeichen verstehen. Sichtbare Manifestationen des Erlebens und Erleben-Wollens sind der Stoff, aus dem die Grundkategorien der psychophysischen Semantik gemacht sind, etwa der gestische, mimische und sprachliche Habitus des Fußballfans, der sonnenbadenden Illustrierten-Schönheit, des konzentriert zuhörenden Konzertbesuchers, des gemütlichen Bayern vor seiner Schweinshaxe mit einer Maß Bier, des Skinheads in der Fußgängerzone, der rundlichen älteren Dame mit Goldschmuck beim Kaffeklatsch usw.

Zur Wahrnehmung der Personen kommt die Wahrnehmung der Sachen. Täglich türmen sich vor unseren Augen die zahllosen Möglichkeiten auf, sich das Leben schöner zu machen. Wichtig für den Aufbau der fundamentalen Semantik in der Erlebnisgesellschaft sind nicht nur unsere positiven Wahlen, sondern darüber hinaus die vielen Möglichkeiten, die wir auslassen, die aber offenbar für andere interessant sind. Aus den objektiven Erlebnisreizen gewählter und nicht gewählter Erlebnisangebote und aus den Interpretationshilfen der Werbung, denen keiner von uns entrinnen kann, strömen zahllose Informationspartikel über Möglichkeiten des Erlebens in unser kognitives System und vereinigen sich dort mit der Wahrnehmung anderer Personen und mit unserer Selbsterfahrung. Die Gesamtheit dieser Ankerreize ist das Material einer fundamentalen Semantik des Erlebens.

Für die unübersehbar vielen Manifestationen des Erlebens stellt die psychophysische Semantik ein einfaches Beschreibungsschema bereit. Empirische Befunde (Abschnitt 7.2) legen den Schluß nahe, daß gegenwärtig zwei Dimensionen, charakterisierbar durch entgegengesetzte Erlebnishaltungen, für eine fundamentale Beschreibung genügen. Die beiden Basisdimensionen haben zu tun mit der Dualität von Innen und Außen, von Kognition und Aktion, von Denken und Handeln. In der einfachst-möglichen Beschreibung, die das Kollektiv finden konnte, werden Erlebnisse als Kombinationen von Denk- und Handlungsstilen abgebildet. Die Vieldimensionalität von Denk- und Handlungsstilen wird dabei durch Reduktion auf einen besonders evidenten Aspekt radikal vereinfacht: Denkstile werden unterschieden nach der kognitiven Differenziertheit, Handlungsstile nach der Reguliertheit. Es ergibt sich eine Polarität von Einfachheit und Komplexität in der Dimension des Denkens sowie eine Polarität von Ordnung und Spontaneität in der Dimension des Handelns. Man kann diese Semantik durch ein Koordinatenkreuz veranschaulichen, in dem sich beliebige Erlebnisse verorten lassen (vgl. die Abbildung auf S.255).

Was ist mit diesen Polaritäten gemeint? Die vier Termini bedürfen der Präzisierung. Um den Gang der Argumentation nicht zu unterbrechen, sei der Wunsch nach inhaltlicher Konkretisierung jedoch zunächst zurückgestellt; erst bei dem späteren Versuch, die fundamentale Semantik durch die empirische Analyse von Alltagsästhetik und anderen inhaltlichen Bereichen zu rekonstruieren, ist darauf zurückzukommen, gestützt auf Anschauungsmaterial aus der Untersuchung (vgl. vor allem die Abschnitte 7.2 und 7.3). An dieser Stelle geht es zunächst darum, die theoretische Idee einer psychophysischen Semantik überhaupt zu entwickeln.

Psychophysisch ist die soeben skizzierte Semantik insofern, als ihre bedeutungsgebenden Ankerreize entweder unmittelbar in Erlebnissen bestehen (Selbsterfahrungen des Subjekts) oder mittelbar auf Erlebnisse verweisen (Wahrnehmung der anderen). In Erlebnissen fließen sowohl psychische (kognitive) wie physische (körperliche) Empfindungsmodalitäten zu einem Gesamteindruck zusammen. Wohl sind die Mischungsverhältnisse unterschiedlich, doch gibt es ebensowenig völlig unkörperliche geistige Erlebnisse wie völlig ungeistige körperliche Erlebnisse. Auch beim konzentrierten Lesen eines schwierigen Buches etwa ist der Körper nicht abwesend. Sein momentaner Zustand, vielleicht Ruhe kombiniert mit Konzentration, ist integraler Bestandteil des Gesamterlebnisses »lesen«. Wie wichtig dem Leser die physische Erlebniskomponente ist, wird ihm spätestens dann bewußt, wenn man ihn etwa auffordert, im Gehen zu lesen. Noch deutlicher wird die psychophysische Einheit des Erlebens bei einer Person, die unfähig ist, längere Zeit still zu sitzen und sich zu konzentrieren. Ein Leseerlebnis im üblichen Sinne kann sich unter solchen Umständen nicht einstellen. Wie die scheinbar rein kognitiven Erlebnisse physische Komponenten aufweisen, so sind umgekehrt auch besonders körperbetonte Erlebnisse, etwa das Spazierengehen, das Tanzen, die Sportausübung, erst recht natürlich die Liebe, unvermeidlich mit einem kognitiven Kontext verbunden: Fantasien, Erinnerungen, Interpretationen. Deshalb ist es gerechtfertigt, von einer psychophysischen Semantik zu reden, und deshalb muß die noch auszuführende inhaltliche Charakterisierung dieser Semantik sowohl kognitive wie somatische Elemente enthalten. Zwar ist die psychophysische Semantik einfach genug, um als fundamentale Semantik zu fungieren. Im Vergleich zur ökonomischen Semantik erscheint sie jedoch aus zwei Gründen als schwieriger: erstens ist sie zweidimensional, zweitens haben

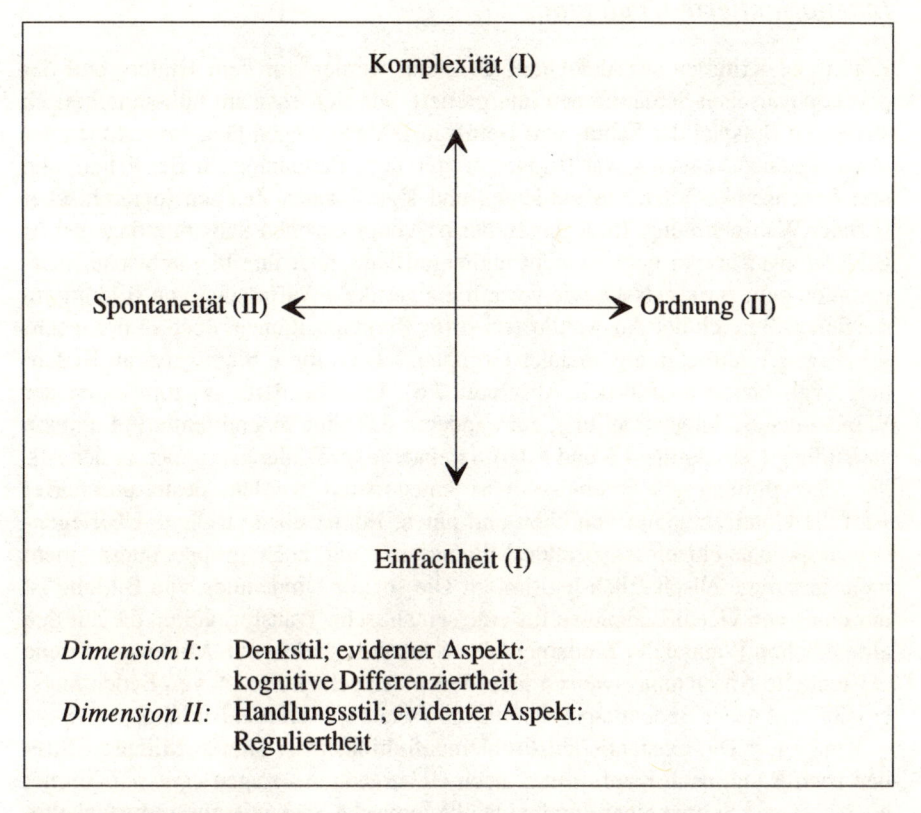

```
                        Komplexität (I)
                              ▲
                              │
Spontaneität (II) ◄───────────┼───────────► Ordnung (II)
                              │
                              ▼
                        Einfachheit (I)

Dimension I:   Denkstil; evidenter Aspekt:
               kognitive Differenziertheit
Dimension II:  Handlungsstil; evidenter Aspekt:
               Reguliertheit
```

Die fundamentale Semantik

die beiden Dimensionen nicht den hierarchischen Charakter von mehr oder weniger, sondern den horizontalen Charakter von Polaritäten. Während die Projektionen der ökonomischen Semantik zu leicht begreifbaren Oben-unten-Wirklichkeiten führen, sind die subjektiven Welten, die aus der Projektion der psychophysischen Semantik hervorgehen, unübersichtlicher. Eine nach gehobener und niedriger Kultur geordnete Alltagsästhetik ist beispielsweise einfacher aufzufassen als eine Alltagsästhetik, die in einen mehrdimensionalen Raum alltagsästhetischer Schemata eingelagert ist. Eine nach sozialen Schichten abgestufte Milieustruktur ist der intuitiven Erfassung besser zugänglich als eine Milieustruktur von Erlebnisgruppen, zwischen denen keine hierarchische Ordnung definiert ist. Wegen erschwerter Wahrnehmungsbedingungen wirkt die Gesellschaft weniger geordnet als sie tatsächlich ist.

Innenorientierte Umdeutung

Klassische Kriterien sozialer Unterscheidung werden vor dem Hintergrund der psychophysischen Semantik neu interpretiert, wie sich etwa am milieutheoretisch wichtigen Beispiel der Schul- und Berufsausbildung zeigen läßt. Im Rahmen der ökonomischen Semantik war Bildung wegen ihrer Bedeutung für Berufslaufbahn und Lebenseinkommen ein evidentes und signifikantes Zeichen hierarchischer sozialer Wahrnehmung. Im Rahmen der psychophysischen Semantik dagegen ist Bildung zwar immer noch evident und signifikant, aber ihre hierarchische Interpretation geht zurück. Nach wie vor gilt die vertikale Auffassung von Bildung im speziellen Bereich der Auswahlkriterien für Berufspositionen, doch in der wechselseitigen Wahrnehmung sozialer Gruppen verliert diese Sichtweise an Bedeutung (vgl. hierzu ausführlich Abschnitt 7.6). Ursache dafür ist zum einen der Wandel der Bildungsverteilung, zum anderen das neue innenorientierte Interesse an Bildung (Abschnitte 4.6 und 4.10). Je eindeutiger Bildungsgruppen in der Alltagswahrnehmung als Erlebnismilieus kategorisiert werden, desto unschärfer wird die Unterscheidung von oben und unten. Immer noch virulente Überlegenheitsansprüche einzelner sozialer Milieus sind nur noch gruppenintern, nicht mehr gesamtgesellschaftlich legitimiert. Die soziale Umdeutung von Bildung ist nur eines von vielen Beispielen für eine semantische Transformation, die auf den allmählichen Wandel der fundamentalen Semantik zurückgeht. Milieuspezifische existentielle Anschauungsweisen unterliegen demselben Prozeß von Bedeutungserosion und neuer Bedeutungskristallisation wie das Merkmal Bildung.

Konkreter: Die existentiellen Problemdefinitionen der älteren Milieus - Streben nach Rang, nach Konformität, nach Geborgenheit - tragen *einerseits* immer noch evidente Spuren einer durch eine ökonomische Semantik zusammengehaltenen Gesellschaft, so daß man zunächst versucht ist, ohne Abstriche das Fortbestehen der ökonomischen Semantik zumindest in diesen Teilgruppen anzunehmen. Alle drei Orientierungen sind - im Gegensatz zu den Orientierungen der jüngeren Milieus, Selbstverwirklichung und Stimulation - in ökonomische Kategorien übersetzbar: Rangstreben bedeutet in dieser Semantik »viel«, Konformitätsstreben »Sicherung der Mittellage«, Geborgenheitsstreben »genug zum Leben«. Die fundamentale Interpretation unter der Annahme einer außenorientierten Semantik führt zu dem Ergebnis, daß obere, mittlere und untere Gruppen in der ökonomischen Hierarchie elementare ökonomische Erfahrungen, die sie von der Warte ihrer jeweiligen Position aus machen, auf den inhaltlichen Bereich existentieller Anschauungsweisen projizieren.

Diese Interpretation mag teilweise immer noch zutreffen, zu bedenken ist jedoch *andererseits* die Universalisierung der Erlebnisorientierung. Für innenorientierte Deutungsmuster gibt es keinerlei Schranken. Die Vermehrung der Möglichkeiten hat einen säkularen Trend innenorientierter Umdeutungen in Gang gebracht. Rang, Konformität und Geborgenheit geraten mehr und mehr in eine Grenzzone zwischen unterschiedlichen Deutungssystemen; neben der verblassenden ökonomischen Bedeutungskonstruktion strukturiert sich immer klarer eine psychophysische Bedeutungskonstruktion heraus. Ziele werden weniger durch situative und mehr durch subjektive Komponenten definiert, weniger in der Begriffswelt von Ressourcen und mehr in der Begriffswelt von Erlebnissen.

Was zunächst weit hergeholt erscheint, weil man noch im alten Deutungssystem befangen ist, läßt sich jedoch mit vielen Beispielen belegen. Untersuchen wir etwa eine bestimmte Form von Konformität: Gehorsam. Es gibt so etwas wie die Lust am Gehorsam, ungefähr beschreibbar als das Auskosten einer Gefühlsmischung, in der sich die geistige Entlastung durch autoritative Vorgaben vereint mit der Selbsterhöhung des Werkzeugs durch Nützlichkeit und mit dem körperlichen Empfinden geordneter Erregung (gut visualisiert in militärischer Zackigkeit). Gehorsam ist ein klassisches Beispiel für die Leichtigkeit, mit der Außenorientierung in Innenorientierung umschlagen kann. Oft durchläuft das untergeordnete Subjekt eine Gehorsamkeitskarriere, an deren Anfang der Dienst an der Sache steht, sei sie national, religiös oder ideologisch. Die Radikalisierung außenorientierter Handlungsorganisation führt bis zur Selbstaufgabe. Gerade Selbstvergessenheit macht jedoch den Genuß am Gehorsam aus. Zunächst nur Nebeneffekt, erzeugt der unbeabsichtigte Erlebniswert des Gehorsams allmählich Abhängigkeit. Das Subjekt schiebt sich vor die Sache, außenorientierter Gehorsam wird zum innenorientierten, zum blinden, zum Kadavergehorsam.

In jedem Moment seines Lebens befindet sich der Mensch in einem bestimmten psychophysischen Zustand - er erlebt etwas. Bei Außenorientierung ist dieses Erleben nur Nebeneffekt; es geht um Ziele, die außerhalb der Person definiert sind, etwa um Geld, Produktion, Abwehr von Risiken. Man kann jedoch den Fokus der Zieldefinition jeder beliebigen Handlungsweise auf den Erlebnisaspekt konzentrieren und die Nebensache zum Hauptanliegen machen. Man kann Rang wollen, weil man sich damit einen bestimmten psychophysischen Zustand erhofft, man kann Konformität oder Geborgenheit aus bloßer Lust auf ihre subjektiven Begleiterscheinungen mit ihren kognitiven und körperlichen Aspekten anstreben. Rang, Konformität und Geborgenheit können zur repetitiven psychophysischen Praxis werden, die um ihrer selbst willen gelebt wird.

Die sich nun aufdrängende Frage, was mit Rang, Konformität und Geborgenheit eigentlich gemeint ist und wie sich das Streben danach innenorientiert manifestiert, sei hier noch zurückgestellt (Abschnitt 5.8 enthält Kurzbeschreibungen, das 6. Kapitel ausführliche Darstellungen). Es ging in diesem Abschnitt zunächst nur um die Exposition der allgemeinen These, daß auch ursprünglich außenorientiert gemeinte existentielle Anschauungsweisen einer innenorientierten Subversion unterliegen. In der Oszillation zwischen entgegengesetzten Typen der Handlungsorganisation ist zwar das außenorientierte Moment nicht völlig verschwunden, das innenorientierte jedoch relativ wichtiger geworden, unterstützt durch eine Flut von Angeboten, die Rang, Konformität und Geborgenheit immer wieder *als Erlebnis* offerieren. Dahinter werden die Konturen der fundamentalen psychophysischen Semantik sichtbar.

Ursachen des semantischen Wandels

Von den Bedingungen, die den beschriebenen semantischen Wandel vorantreiben, war bereits im ersten Kapitel die Rede. Daß immer häufiger das innenorientierte Deutungsmuster auftaucht, ist auf die Veränderung der Alltagserfahrung zurückzuführen.

Einerseits wurden die Menschen immer mehr von Problemen entlastet, deren Lösung ökonomische Ressourcen verlangte, etwa Ernährung, Bekleidung, Gesundheit, Risikovorsorge, Zeit für persönliche Entfaltung. Ein jenseits der Not liegendes Minimum der Befriedigung solcher Bedürfnisse gilt in unserer Gesellschaft als normal. Sich das normale Quantum oder auch mehr zu sichern verlangt kaum noch den vollen Einsatz der Person; den meisten scheint es kaum der Überlegung wert. Unter diesen Umständen büßt die ökonomische Semantik viel von ihrem praktischen Wert ein. Gewiß braucht man sie immer noch, aber ihre Wichtigkeit geht zurück.

Andererseits trifft die Alltagserfahrung auf immer größere Möglichkeitsräume. Unter dem neuen Orientierungsdruck, der gerade dadurch entsteht, daß der ökonomische Druck nachläßt, entwickelte sich die normale existentielle Problemdefinition der Innenorientierung, machtvoll stimuliert durch das Wachstum des Erlebnismarktes. Für diese Situation gibt eine ökonomische Semantik wenig Anhaltspunkte. Allmählich bildet sich die psychophysische Semantik heraus als kollektiver Versuch, in einer neuen Situation das Leben neu zu ordnen.

Zu sagen, daß die psychophysische Semantik die ökonomische Semantik abgelöst habe, wäre übertrieben. Klar ist jedoch, daß sich die Gewichte spürbar verschoben haben. Die ökonomische Semantik hat wesentlich an Bedeutung verloren, die psychophysische Semantik wesentlich an Bedeutung gewonnen. Was kommt dabei heraus, wenn wir eine neue soziologische Perspektive einnehmen, bei der Gesellschaft nicht mehr als kompetitiv, sondern als erlebnisorientiert gesehen wird (vgl. zu dieser typologischen Differenzierung Abschnitt 3.3)? Bei den Milieuanalysen im 6. und 7. Kapitel soll eine fundamentale Interpretation - der Bezug auf eine fundamentale Semantik - versucht werden. Bezugsrahmen wird die oben skizzierte psychophysische Semantik sein. Daß eine innenorientierte Interpretation möglich und sinnvoll ist, läßt sich bei den jüngeren Milieus mit größerer Sicherheit annehmen als bei den älteren. Zwar ist bei den älteren Milieus die innenorientierte Umdeutung noch im Gange, doch setzt sich auch hier das neue fundamentale Deutungsmuster durch.

5.8 Empirische Illustration

Im folgenden sollen zentrale wissenssoziologische Interpretations*ziele* durch eine vorwegnehmende Charakterisierung der Interpretations*ergebnisse* besser greifbar gemacht werden. Dabei ist in Kauf zu nehmen, daß der Bezug von Interpretation und empirischer Information nicht diskutiert werden kann. Im gegebenen Zusammenhang theoretischer Überlegungen geht es nur um Illustration, noch nicht um ausführliche Begründung. Es ist dem nächsten Kapitel vorbehalten, die Verbindung von Thesen über existentielle Anschauungsweisen in sozialen Milieus anhand von Daten transparent zu machen. Dort werden dann auch die zahlreichen mentalitätsbeschreibenden Termini erläutert, die in diesem Abschnitt unvermittelt auftauchen.

In Kurzdarstellungen milieuspezifischer existentieller Anschauungsweisen werden fünf Kombinationen von primärer Perspektive und normaler existentieller Problemdefinition geschildert. Die ersten drei Kombinationen sind nach der oben entwickelten Terminologie weltverankert, die letzten beiden ichverankert. Am Ende des Abschnitts werden die Kernaussagen in einer Übersicht zusammengefaßt.

1. Im *Niveaumilieu* regiert die primäre Perspektive der Hierarchie, die durch die Ordnungsrelation von Abstufungen zwischen oben und unten bestimmt ist. Neben dem Wirklichkeitsbereich der sozialen Positionen (vor allem der Berufe, deren hierarchisierte Wahrnehmung die Soziologie seit ihren Anfängen beschäftigt hat) gibt es viele weitere hierarchisierbare Aspekte der Welt, etwa Geschmack, Bildung, Sprachkompetenz, Kunstwerke und Darbietungen von Kunstwerken (besonders musikalische Interpretation). Normale existentielle Problemdefinition in dieser subjektiven Welt der vertikalen Ordnungen ist das Streben nach Rang: gehobene Berufspositionen, hohe Leistungsmaßstäbe, Kultiviertheit von Sprache, Erscheinungsbild und Umgangsformen, hochkulturelle Alltagsästhetik. Im Streben nach Rang wird die hierarchische Ordnung der Welt als gegeben angenommen, während die Position des Ich in dieser Welt erkämpft und behauptet werden muß. Da die Richtung der Zuordnung vom Ich zur Welt verläuft, liegt ein weltverankerter Ich-Welt-Bezug vor.

2. Andere Perspektiven gelten für die existentielle Anschauungsweise des *Integrationsmilieus*. Hier dominiert die primäre Perspektive der sozialen Erwartungen, die eine Grundeinteilung der Welt nach den Gesichtspunkten von Konformität und Abweichung vornimmt. Grundfrage ist: Wie verhält sich das Erfahrbare zu Konventionen, ungeschriebenen Regeln, Gesetzen? Paßt es in die soziale Ordnung der Welt? Dabei ergeben sich teilweise andere Klassifikationen als nach dem Ordnungsschema der Hierarchie. Wenn etwa die Wahrnehmung musikalischer Interpretation an der Perspektive der Hierarchie ausgerichtet ist, kann man auch für die einzigartige, alle Konventionen sprengende Gestaltung eines Werkes eine günstige Beurteilung erwarten; dagegen disponiert die primäre Perspektive der sozialen Erwartungen eher Reserviertheit gegenüber künstlerischen Innovationen, bis diese schließlich konventionalisiert sind. Als gut erscheint unter dieser Perspektive das Regelrechte: musikalische Aufführungen, die eingefahrene Hörgewohnheiten respektieren, solide Lebensläufe, ordentliche Kleidung, sauber geputzte Küchen, zuverlässig erledigte Aufträge. Hierarchische und erwartungsbezogene Denkweisen schließen sich zwar nicht gegenseitig aus, doch konzentrie-

ren sie sich auf unterschiedliche Aspekte der Wirklichkeit - hier das Gehobene, ob es nun innerhalb konventioneller Rangordnungen definiert ist oder seinen Rang gerade dadurch gewinnt, daß es revolutionär ist, dort das Passende, das auch in der Subordination bestehen kann. Normale existentielle Problemdefinition in der Anschauungsweise des Integrationsmilieus ist das Streben nach Konformität. Wiederum stoßen wir auf einen weltverankerten Ich-Welt-Bezug. Gegeben ist eine Ordnung sozialer Erwartungen, denen das Ich zugeordnet wird.

3. Der existentiellen Anschauungsweise des *Harmoniemilieus* liegt die primäre Perspektive der Bedrohung zugrunde. Bei der daraus resultierenden Klassifikation wird die Wirklichkeit mit einer Art Ur-Mißtrauen betrachtet. Es ergibt sich eine Ordnung der Dinge nach dem Grad der Angst, die man vor ihnen haben muß. Das Wirklichkeitsmodell wird beherrscht von Polaritäten zwischen gut und böse, harmlos und gefährlich, vertrauenerweckend und verdachterregend. Normale existentielle Problemdefinition ist das Streben nach Geborgenheit. Auch hier liegt eine weltverankerte Variante des Ich-Welt-Bezuges vor. Ausgangsvorstellung ist die gegebene Ordnung der Bedrohlichkeitsgrade, in der das Ich nach Nischen sucht.

4. Während sich bei weltverankerten existentiellen Anschauungsweisen der Blick nach außen richtet, ist die primäre Perspektive in der Anschauungsweise des *Selbstverwirklichungsmilieus* nach innen gerichtet. Sie besteht in der Ordnungsvorstellung des Inneren Kerns, die vom Modell einer endogenen psychischen Entwicklungsdynamik ausgeht und daraus eine fundamentale Unterscheidung zwischen authentischen und entfremdeten Zuständen des Ichs ableitet. Wo man gerade innerlich steht, was im Moment für das Ich richtig ist, wohin man sich entwickelt - solche Fragen operieren implizit mit der primären Perspektive des Inneren Kerns, dessen Substanz immer wieder neu bestimmt werden muß. Normale existentielle Problemdefinition ist Selbstverwirklichung, worauf auch die Benennung des Milieus anspielt. Dies impliziert eine Ich-Verankerung des Ich-Welt-Bezuges, bei der das Innere als gegeben angenommen wird, während das Äußere als variabel gilt und so einzurichten ist, daß es zur inneren Ordnung paßt.

5. Ebenfalls ichverankert ist schließlich die primäre Perspektive der Bedürfnisse, typisch für das *Unterhaltungsmilieu*. Hierbei ergibt sich eine Grundklassifikation zwischen gewollten und nichtgewollten psychophysischen Zuständen, mit denen die Vorstellung vom Ich geordnet wird. Negativ konkretisiert sich diese Ordnungsvorstellung oft als Ablehnung von Langeweile, während der positive Pol der Unterscheidung eher unklar bleibt. Dem entspricht die normale existentielle Problemdefinition des Strebens nach Stimulation, wofür der voll entwickelte Erlebnismarkt immer wieder neue Angebote bereit hält. Mit dem Ziel einer als angenehm empfundenen, von Langeweile befreienden psychophysischen Aktivierung wird das Ich ins Zentrum der Wirklichkeitsauffassung gesetzt, an dessen Gegebenheiten die äußere Welt anzupassen ist. Zusammengefaßt ergibt sich folgendes Bild:

Existentielle Anschauungsweisen			Milieu (mit Textverweis)
Ich-Welt-Bezug	Primäre Perspektive	Variante der normalen existentiellen Problemdefinition	
Weltverankert Die Welt wird als gegeben vorgestellt, das Ich wird einem dominierenden Aspekt der vorgestellten Welt zugeordnet	Hierarchie (Bezug: Welt)	Streben nach Rang (Zuordnungsrichtung: Ich→Welt)	Niveaumilieu (Kap. 6.2)
	Soziale Erwartungen (Bezug: Welt)	Streben nach Konformität (Zuordnungsrichtung: Ich→Welt)	Integrationsmilieu (Kap. 6.4)
	Bedrohung (Bezug: Welt)	Streben nach Geborgenheit (Zuordnungsrichtung: Ich→Welt)	Harmoniemilieu (Kap. 6.3)
Ichverankert Das Ich wird als gegeben vorgestellt, die Welt wird einem dominierenden Aspekt des vorgestellten Ich zugeordnet	Innerer Kern (Bezug: Ich)	Streben nach Selbstverwirklichung (Zuordnungsrichtung: Welt→Ich)	Selbstverwirklichungsmilieu (Kap. 6.5)
	Bedürfnisse (Bezug: Ich)	Streben nach Stimulation (Zuordnungsrichtung: Welt→Ich)	Unterhaltungsmilieu (Kap. 6.6)

Milieuspezifische existentielle Anschauungsweisen im Überblick

Die Betrachtung dieser Übersicht unter systematischen Kriterien provoziert eine Frage: Wird hier nicht eine Unterscheidung zwischen Konzepten konstruiert, die gar nicht kommensurabel sind, sich also weder als Gegensätze im logischen Sinne auffassen lassen noch wenigstens als Alternativen im pragmatischen Sinne? Kann man zum Beispiel nicht Niveau-Ambitionen und Anpassungs-Ambitionen gleichzeitig verfolgen? Gewiß, doch typischerweise setzen die Subjekte unterschiedliche Schwerpunkte. Die Intention des Schemas ist eine deskriptive Systematisierung realer Konkretisierungen existentieller Anschauungsweisen. Wie deren logisches Verhältnis auch immer sein mag, etwa exklusiv oder inklusiv, hierarchisch oder horizontal - im deskriptiven Schema stehen sie ebenso nebeneinander wie (bildlich gesprochen) die Menschengruppen, die sich um sie scharen. Es ergibt sich eine systematisch unbefriedigende Gesamtkonstellation. Verhielte es sich anders, müßte man allerdings den Argwohn hegen, daß der Systematiker seine Ordnung der Wirklichkeit übergestülpt hat, nicht umgekehrt. Mangel an Systematik ist kein tauglicher Einwand gegen einen Versuch der Beschreibung des Alltagsdenkens.

Trotz des Anscheins der Disparatheit besteht ein innerer Zusammenhang zwischen den dargestellten existentiellen Anschauungsweisen, der sich allerdings erst durch eine fundamentale Interpretation offenlegen läßt. Dabei wird, entsprechend der These von der innenorientierten Transformation, eine psychophysische Semantik als Bezugssystem gewählt werden.

5.9 Denkmuster. Über den probabilistischen Charakter kollektiven Wissens

Angenommen, die Rekonstruktion der existentiellen Anschauungsweise eines bestimmten Milieus ist gelungen, so bleibt noch zu klären, worüber die interpretative Aussage eigentlich informiert. Sie sollte auf keinen Fall deterministisch mißverstanden werden, als könnte man milieuspezifische Subjektivität restlos auf die Kurzformel einer bestimmten Anschauungsweise bringen. Milieuspezifische Anschauungsweisen haben probabilistischen Charakter - sie sind im Leben des einzelnen nicht allgegenwärtig, aber typisch; sie erfassen nicht alle Personen eines Milieus, aber viele; sie bestimmen die Form der Wirklichkeitskonstruktion nicht vollständig, nehmen aber spürbaren Einfluß darauf. Es wäre illusionär, bei der Analyse milieuspezifischer existentieller Anschauungsweisen nach Formeln zu suchen, die alles zu integrieren vermögen. Realistisch ist die Zielsetzung, das Häufige, Übliche, Typische abzubilden. Auch probabilistische Aussagen haben Informationsgehalt. Bei Aussagen über existentielle Anschauungsweisen ist dieser Informationsgehalt dadurch bestimmt, daß die behauptete Anschauungsweise im Bezugsmilieu vor anderen Anschauungsweisen dominiert und daß sie für das Bezugsmilieu typischer ist als für andere Milieus. Nicht ausgeschlossen ist, daß daneben auch noch andere Anschauungsweisen auftreten. Die Welt der Kognitionen ist flexibel und unscharf.

Offenkundig unsinnig wäre es, die soeben skizzierten Anschauungsweisen sozialer Milieus als subkulturelle Weltformeln zu begreifen, aus denen der große Rest an Subjektivität deduktiv ableitbar wäre. Ebenso unsinnig wäre es, die theoretische Bedeutung von Bedingungen in Abrede zu stellen, die, weit davon entfernt, deterministisch zu wirken, immerhin Tendenzen erzeugen. Soziologie als Wissenschaft kollektiver Muster von Subjektivität wird es nie mit etwas anderem als mit Tendenzen zu tun haben; sie wird gleichwohl den Anspruch erheben können, Wissenschaft zu sein, denn auch probabilistische Theoriebildung kann intersubjektiv sein. Freilich müssen wir verschiedene Grade der Intersubjektivität unterscheiden, freilich ist zuzugestehen, daß falsifikationistische Theorieüberprüfung im naturwissenschaftlichen Experiment einen höheren Grad an Verbindlichkeit beanspruchen kann als die interpretative Erarbeitung von milieuspezifischen Grundmustern der Wirklichkeitskonstruktion auf der Grundlage komplexer Informationsbündel über Kognitionen. Aus dem Umstand jedoch, daß sich der Kognitionswissenschaftler einem höheren Unsicherheitsgrad aussetzten muß als der Materiewissenschaftler, läßt sich kein Verbot der Kognitionswissenschaft ableiten. Die intellektuellen Anforderungen sind höher, das Abenteuer der Erkenntnis riskanter, unerkannt bleibendes Scheitern häufiger. Suggestive Rhetorik, durch die der Analytiker nicht nur die anderen täuscht, sondern vor allem auch sich selbst, wird oft genug mit akademischem Erfolg belohnt. Trotzdem ist es möglich, auch in unsicheren Bereichen der Interpretation zwischen plausibleren und weniger plausiblen Deutungen zu unterscheiden; vernünftige Diskurse über den Plausibilitätsgrad von Deutungsangeboten sind zumindest vorstellbar, damit aber auch eine der Kognitionswissenschaft angemessene Form von Intersubjektivität.

Die Skizze milieuspezifischer Anschauungsweisen im vorangegangenen Abschnitt war ein Deutungsangebot. Es besteht immer der Verdacht, daß Deutungsangebote nicht die volle Wahrheit treffen. Immerhin jedoch paßt die Deutung zu einer Reihe von Informationen, so daß zumindest relative Wahrheitsähnlichkeit (Popper 1973) im Verhältnis zu alternativen Deutungen erreicht sein könnte. Mehr ist grundsätzlich nicht möglich, genaugenommen nicht einmal in der Naturwissenschaft. Es gibt immer die theoretische Möglichkeit einer noch besseren, unentdeckt gebliebenen Beschreibung der untersuchten Realität. Ein gegebener Beschreibungsversuch ist deshalb jedoch nicht wertlos; er kann trotz seiner Mangelhaftigkeit ausreichend von Realität gesättigt sein, um eine brauchbare Orientierung abzugeben.

Ein Deutungsversuch, der auf milieuspezifische existentielle Anschauungsweisen abzielt, ist nur mit Irrtumsrisiken möglich, wodurch er aber nicht wissenschaftlich illegitim wird. Sein Wert liegt in der Integration vieler empirisch beobachteter Tendenzen des Subjekts unter dem gemeinsamen Nenner einer kognitiven Grundeinstellung. Aus den Tendenzen kann man auf tendenzerzeugende Bedingungen schließen. Umgekehrt erlaubt das Ergebnis dieses Interpretationsaktes – die hermeneutische These über milieuspezifische Anschauungsweisen – wiederum Rückschlüsse auch auf solche Tendenzen der Subjektivität, über die keine empirischen Informationen vorliegen. Im Beispiel: Daten über milieuspezifische Alltagsästhetik, über politische Grundeinstelleungen, Medienkonsum, psychische Dispositionen, Generationslage, über körperlichen Habitus (vgl. etwa die Korpulenz des Harmoniemilieus oder die Sportlichkeit des Selbstverwirklichungsmilieus) und über weitere Manifestationen des Subjekts legen die Annahme eines bestimmten Grundmusters der Wirklichkeitskonstruktion nahe, etwa eines ichverankerten Ich-Welt-Modells mit der Ordnungsvorstellung des Inneren Kerns und der existentiellen Problemdefinition der Selbstverwirklichung. Nun kann man auch gegengerichtet fragen: Wenn diese tendenzerzeugenden Denkmuster existieren – wie wird dann das Milieu auf neue Erfahrungen, etwa politische Entwicklungen oder Veränderungenen der Lebensbedingungen, reagieren?

5.10 Die Trägheit subjektiver Welten

Existentielle Anschauungsweisen sind Richtgrößen, mit deren Hilfe wir unsere Normalitätsvorstellungen immer wieder justieren und rekonstruieren. Wollten wir alle Deutungsangebote, die den Filter unserer Wirklichkeitszensur passieren, in unsere subjektive Repräsentation der Welt einbauen, müßten wir uns ständig innerlich umgestalten. Eine halbwegs stabile, funktionsfähige Organisation unseres Alltagslebens wäre undenkbar. Trotz des unausgesetzten Ansturms neuer Erfahrungen bleiben unsere subjektiven Welten über die Zeit hinweg weitgehend mit sich selbst identisch. Sie reagieren träge, selbst auf massive Impulse. Nur langsam und in kleinen Details, wenn überhaupt, ändern wir unsere Vorstellung von der Welt. Gelegentliche Konfusionen, schockartige Realitätskrisen, innere Erschütterungen durch neue Erkenntnisse haben erstaunlich selten den Effekt einer grundlegend neuen Sicht der Wirklichkeit. Normal ist eine weitgehende Rekonstruktion der alten Verhältnisse in unserem Kopf, wenn das Aha-Erlebnis erst einmal ein paar Tage alt ist. Normal ist ein konservativer Umgang mit der Wirklichkeit, nicht das Infragestellen, sondern die Verteidigung unseres angenommenen Wissens.

Nicht zuletzt deshalb bleibt methodologischer Falsifikationismus in der empirischen Forschung meist nur ein Lippenbekenntnis (vgl. Sahner 1982). Wir sind genau in der Gegenrichtung disponiert, gehen als methodologische Verifikationisten durchs Leben, umso mehr, je größer die Gefahr ist, durch neue Informationen und neue Deutungsangebote ständig widerlegt zu werden. Trotz der ungeheuren Dichte unterschiedlicher Wirklichkeitsangebote, die täglich auf uns einströmen, bleiben subjektive Welten einigermaßen stabil. Dafür sorgen wir zum einen durch Strategien der Selektion, die unübersehbar auf Selbstbestätigung angelegt sind. Da es nicht möglich ist, allein durch Selektion alle Inhalte von uns fern zu halten, die unser etabliertes Bild von der Wirklichkeit bedrohen, restaurieren wir dieses Bild zum anderen ständig durch defensive Strategien der Verarbeitung des Neuen, durch Umdeutung, Verdrängung, Über- oder Untertreibung, durch wissensstabilisierende Kommunikation mit solchen Personen, von denen wir Bestätigung erhoffen, durch die Bereitschaft, denjenigen zu glauben, die das Neue wieder in Einklang mit dem Alten zu bringen vermögen.

Die wissenssoziologische Analyse sozialer Milieus kann von diesen Überlegungen profitieren. Allen bietet sich täglich dieselbe gigantische Überinformation. Aus diesem Material formen die Subjekte tendenziell erneut die Wissensstruktur, mit der sie bereits dem Material gegenübergetreten sind. Massenkultur im Sinne einer Tendenz zur Gleichheit des Erfahrbaren für alle hat keineswegs die Folge einer allmählichen Angleichung verschiedener milieuspezifischer Subjekte und damit des Verschwindens sozialer Milieus. Vielmehr sind diese Subjekte spielend in der Lage, sich täglich in aller Unterschiedlichkeit neu zu reproduzieren. Durch die Möglichkeit, ja Notwendigkeit der Selektion ist die Disparatheit des Wissens gestiegen, nicht trotz, sondern wegen des massenhaften, für alle zugänglichen Angebots von Erfahrungen durch professionelle Service-Einrichtungen.

5.11 Die soziale Erarbeitung kognitiver Ähnlichkeit

Untersuchen wir nun etwas genauer, wie die Trägheit subjektiver Welten abgesichert und verteidigt wird. Existentielle Anschauungsweisen geben den Kurs subjektiver Wirklichkeitskonstruktion an, doch die Umsetzung dieser Kursangaben bedarf bestimmter Operationen. Darum geht es im folgenden Abschnitt.

Die Distanz der Wirklichkeiten, in denen soziale Milieus leben, war früher bedingt durch räumliche Distanz und durch die Verschiedenartigkeit der täglichen Erfahrung in Abhängigkeit davon, welche Stellung man bekleidete und was man sich leisten konnte. Unschwer ist zu erkennen, daß diese ehemals distanzerzeugenden Bedingungen mit obsolet gewordenen Zeichen der Alltagsdiagnose von Gruppenzugehörigkeit identisch sind. Wie im Kapitel zur Theorie der Milieusegmentierung ausgeführt, haben diese alten Zeichen teils ihre Evidenz verloren, teils ihre soziale Signifikanz (ihre Bedeutsamkeit für das Erkennen von Milieuzugehörigkeiten), teils beides. Der Signifikanzverlust geht darauf zurück, daß lokale Zuordnung, Stellung im Produktionsprozeß und ökonomische Ressourcen und Religionszugehörigkeit immer weniger Differenzierungen des Wissens erzeugen. Die neuen milieuindizierenden Zeichen - Stil, Bildung, Alter - gewinnen ihre soziale Signifikanz dementsprechend hauptsächlich aus dem Umstand, daß sie wesentliche Faktoren gegenwärtiger Wissenssegmentierung evident veranschaulichen: stilabhängige Deutungsschemata der Alltagsästhetik (Genuß, Distinktion, Lebensphilosophie), großflächige kognitive Unterteilungen der Bevölkerung nach dem Bildungsgrad mit einer Tendenz zur Dichotomisierung, generationsspezifische Lagerungen in unterschiedlichen kollektiven Erfahrungskontexten, altersabhängige Lebensstadien.

Zur Erklärung milieuinterner Homogenisierung des Wissens reichen diese Bedingungen jedoch nicht aus. In der Flut der Informations- und Deutungsangebote ist partielle Gemeinsamkeit des Wissens durch zurückliegende Bedingungen allein nicht zu gewährleisten. Erst aktive Assimilationsarbeit der Beteiligten fügt die ungefähr vorgegebenen milieuspezifischen Deutungstendenzen zu einem kollektiven Wissensbestand zusammen, der auf der Höhe der Zeit bleibt. Motiviert werden die Menschen zu dieser Assimilationsarbeit durch den Wunsch nach kollektiver Absicherung ihrer Wirklichkeitsbilder. Durch den Blick über die Schulter versuchen sie, Orientierung zu gewinnen. Eine genauere Untersuchung fördert vier Modi kognitiver Assimilation zutage: Selbstbestätigung, Imitation, verifizierende Kommunikation, Selektion.

Die drei erstgenannten Modi haben das ehrwürdige Alter anthropologischer Universalien. Normalfall alltäglicher Auseinandersetzung mit der Wirklichkeit ist

Selbstbestätigung. Dabei werden Erfahrungen so akzentuiert und interpretiert, daß sie zum schon vorhandenen Vorwissen passen. Durch *Imitation* richten sich Menschen an der Wissensbildung von Meinungsführern aus, durch *verifizierende Kommunikation* gleichen sie Einschätzungen neuer Sachverhalte aneinander an und bestätigen sich gegenseitig. Während Imitation und Kommunikation die Verarbeitung neuer Aspekte der Wirklichkeit betreffen, reguliert *Selektion* den Zugang von Wirklichkeit in die persönliche Wahrnehmungssphäre überhaupt.

Das ist sozialgeschichtlich neu. Selektion als Modus der Anpassungsarbeit setzt voraus, daß die Umstände ein redundantes Maß an potentiellen Erfahrungen bereithalten, so daß man zur Auswahl gezwungen ist. Es besteht kein Zweifel, daß diese Situation eingetreten ist, extrem übersteigert bis zur Groteske. Vergleichen wir: Im Mittelalter bestand eine Situation der ständigen Unterversorgung mit Neuigkeiten. Der dadurch verursachte Wirklichkeitshunger führte dazu, daß Kaufleute und andere Reisende an jedem neuen Ort mit Fragen eingedeckt wurden. So hoch wurde der Wert der Neuigkeit eingeschätzt, daß Träger von Neuigkeiten überall sofort von Neugierigen umringt waren und ausgefragt wurden (vgl. Borst 1983, S.530 ff.). Selektion spielte in dieser Situation keine Rolle, wohl aber die Verarbeitung der Neuigkeit durch Imitation und Kommunikation, die kollektive Absicherung kleiner und großer Umbauten am Weltbild.

Bei kognitiver Assimilation heute ist neben die Modi von Selbstbestätigung, Imitation und verifizierende Kommunikation, durch die bereits gemachte Erfahrungen verarbeitet werden, der Modus der Selektion getreten. Die Regulierung der Erfahrung, die der Mensch überhaupt noch an sich heranläßt, ist zur wichtigsten Form der Angleichung von Wissen geworden. Meinungsführer sind gleichzeitig auch Wirklichkeitspfadfinder. Man imitiert nicht mehr nur die Vorstellungen von anerkannten Interaktionspartnern, sondern auch ihre Wirklichkeitsauswahl in Form von Fernsehsendungen, Zeitschriften, Reisen, Rundfunkprogrammen, Erzeugnissen der Tagespresse, öffentlichen Szenen, Büchern, Musikstilen und Konsumartikeln, die ja mehr und mehr zu Vehikeln von Deutungsmustern geworden sind.

Möglich ist das Hervortreten der Assimilationsform der Selektion deshalb, weil die erfahrbare Wirklichkeit kaum noch der Bearbeitung bedarf, um in das subjektive Wissen integriert zu werden. Sie ist meist fix und fertig. Paradigmatisch ist etwa die Kultur der Sportübertragung im Fernsehen. Das, was man sieht, wird unmittelbar darauf in Worten wiederholt, ständig unterstützt vom Playback in Zeitlupe; das, was man mehrfach gesehen und gehört hat, erscheint oftmals kurz darauf auch noch als Schrift: »Breakball«, »Spielball«, »Matchball«. Erfahrung wird in unserer sozialen Wirklichkeit mit einem kompletten Deutungsangebot geliefert. In der Konsequenz vollzieht sich die kollektive Angleichung des Wissens bereits durch die Auswahl von Erfahrungen. Soziale Milieus sind Gemeinschaften der Wirklichkeitsinterpretation und der Wirklichkeitsselektion.

5.12 Soziale Milieus als Wissensgemeinschaften

Soziale Milieus sind Gemeinschaften der Weltdeutung. Unterschiedliche Erfahrungshorizonte und auseinanderlaufende Routinen der Verarbeitung wahrgenommener sozialer Wirklichkeit führen dazu, daß es in unserer Gesellschaft mehrere Welten gibt. Gleiche reale Ereignisse, etwa politischer Art, kommen schon unterschiedlich gefiltert und aufbereitet in den verschiedenen Milieus an, um dort in weit auseinanderliegenden semantischen und normativen Bezugssystemen noch einmal unterschiedlich interpretiert und in Handlungen (oder deren Unterlassung) umgesetzt zu werden. Daß gerade die eigene Reaktion normal ist, daß es neben der eigenen Welt keine wirklich vernünftige andere gibt, ist selbstverständlich, denn das teilkulturelle Umfeld reagiert ja genauso.

Die milieuspezifische Differenzierung existentieller Anschauungsweisen führt zu einer Differenzierung subjektiver Welten. Durch milieutypische »selective exposure« gegenüber den Massenmedien, durch Binnenkommunikation, durch Sonderformen der Wahrnehmung und der Verarbeitung von Realität werden die sozialen Grenzzonen von Bereichen des Wissens täglich neu bestätigt.

Milieus sind soziokulturelle Gravitationsfelder mit eigenen Wirklichkeiten. Eingeschlossen in der Metapher der Gravitationsfelder ist die Vorstellung, daß sich nicht alle Individuen am Zentrum zusammenklumpen, sondern sich in unterschiedlichen Distanzen dazu befinden, wenn sie auch bei aller Differenzierung den Einfluß konsistenzerzeugender Schwerkraftbereiche erkennen lassen: existentielle Anschauungsweisen und Wirklichkeitsmodelle. Milieus bilden ein stabiles Muster der Ungleichverteilung von alten und der Diffusion von neuen Deutungsschemata und Informationen.

Jener komplexe Impuls, den ein Milieu für diejenigen aussendet, die sich in seinem Einflußbereich fühlen, die soziale Definition von Normalität für einen eingegrenzten Personenkreis, kann durch umfassende Analysen milieuspezifischer Existenzformen sichtbar gemacht werden. An den kollektiven Eigenschaften des Milieus lassen sich seine individuellen Wirkungen ablesen. Im teilkulturellen Erfahrungskosmos baut der einzelne existentielle Anschauungsweisen und standortgebundenes Wissen über gängige Existenzformen auf, nach denen er sich tendenziell richtet, wodurch wiederum das Milieu so stabilisiert wird, wie es ist. Was auf den ersten Blick wie ein logischer Zirkel aussieht - die Erklärung von Subjektivität durch die Verteilung von Existenzformen und umgekehrt die Erklärung der Verteilung von Existenzformen durch Subjektivität -, ist in Wahrheit die Rekonstruktion eines empirischen Zirkels. Subjektiv erfahrene kollektive Verteilungen von Existenzformen setzen Anpassungen in Gang, die auf die objektive kollektive Verteilung von Existenzformen zurückwirken.

Im polizentrischen gesellschaftlichen Universum verschieben sich die Schwerefelder nur langsam. Manchmal spaltet sich ein Zentrum ab, wie das Selbstverwirklichungsmilieu aus dem Niveaumilieu. Manchmal vereinigen sich Zentren, wie das ehemalige Arbeitermilieu mit Teilen des kleinbürgerlichen Milieus zum

Harmoniemilieu. Aber diese Entwicklungen erstrecken sich über Jahre und Jahrzehnte, aller scheinbaren Hektik gesellschaftlichen Lebens zum Trotz. Die Beschleunigung des Lebensrhytmus im Alltagsleben, der immer schneller werdende Wechsel von Situationen, Personen, Schauplätzen, Aufgaben, Angeboten, Gegenständen, Informationen läßt eine Mobilitätsillusion entstehen. Unter der aufgewühlten Oberfläche unserer Alltagseindrücke stehen unsere Deutungssysteme wie stilles Wasser.

5.13 Zunahme mittlerer Gemeinsamkeit

Rückgang von existentiellem Wissen hohen Kollektivitätsgrades

Um die Veränderungen der Wissensstruktur nach dem Kollektivitätsgrad zu beschreiben, sind zwei Wissenstypen zu unterscheiden: technisches und existentielles Wissen (vgl. Abschnitt 5.2). Es bedarf keiner langen Erläuterung, daß der Kollektivitätsgrad technisch-instrumentellen Wissens weltweit zugenommen hat. Ganz anders hat sich die Struktur existentiellen Wissens gewandelt, zu dessen Kern die weiter oben skizzierten existentiellen Anschauungsweisen zu rechnen sind.

Einer groben Unterteilung der Segmentierungshierarchie folgend (vgl. Abschnitt 4.13), seien vereinfachend drei Niveaus des Kollektivitätsgrades unterschieden: das Makro-Niveau der Gesamtgesellschaft, das Meso-Niveau von überregionalen sozialen Milieus und das Mikro-Niveau von lokal eingegrenzten Milieus, Nachbarschaften und Kleingruppen. Betrachtet man die historische Entwicklung existentiellen Wissens mit diesen Kategorien, so scheint die Annahme plausibel, daß der Trend von den beiden Enden zur Mitte tendiert. Im Bestand existentiellen Wissens haben die besonders allgemeinen Inhalte ebenso abgenommen wie die besonders speziellen. Ausgedünnt erscheint sowohl das allen gemeinsame Wissen als auch das wenigen gemeinsame. Zugenommen hat dagegen das Wissen mittlerer Kollektivitätsstufe: Wir registrieren einen Relevanzgewinn milieuspezifischer Segmentierung des Wissens auf der Meso-Ebene. Wie ist diese These zu begründen?

Wissenselemente höchster Allgemeinheit setzen Bedingungen voraus, die sie erzeugen. Im Lauf der letzten zweihundert Jahre haben sich diese Bedingungen einschneidend verändert. Vier Gesichtspunkte sind in diesem Zusammenhang zu nennen: Lebensverhältnisse, soziale Differenzierung, kulturelle Differenzierung, Religion.

1. Solange die *Lebensverhältnisse* durch das Überwiegen von Knappheit gekennzeichnet waren, stiftete der Wunsch nach Verfügung über Ressourcen einen grundlegenden, jedermann einsichtigen Wissensbereich. Haben war besser als Nichthaben, viel war besser als wenig, das Seltene besser als das im Überfluß

Vorhandene. Je mehr es zum Normalfall wurde, viel zu haben, und je mehr das Seltene inflationiert wurde, desto uneinheitlicher wurde die Vorstellung davon, was es eigentlich heißt, besser zu leben.

2. Bei einem geringen Grad *sozialer Differenzierung* einer Gesellschaft ist es leicht, die Beziehung zwischen verschiedenen sozialen Kategorien durch einen allgemein verbindlichen Normenkanon zu beschreiben. Ländliche Feudalgesellschaft, ständisch verfaßte städtische Gesellschaft und Industriegesellschaft waren einfach genug, um durch übergreifende hierarchische Ordnungen abgebildet zu werden. Ihre durch Prestigevorstellungen normativ interpretierte soziale Topologie war ein Wissensbereich hoher Kollektivitätsstufe, der im selben Maße verfiel, wie soziale Differenzierung voranschritt und die Gesellschaft zu unübersichtlich wurde, um von allen Subjekten in ähnlicher Weise repräsentiert zu werden (vgl. hierzu die These von der Entkollektivierung von Wirklichkeitsmodellen in Abschnitt 8.6).

3. Mit der Zunahme der *kulturellen Differenzierung*, die weiter oben als Differenzierung des dimensionalen Raumes alltagsästhetischer Schemata beschrieben wurde (Abschnitt 3.9), ging ein weiterer Bereich von Wissen hoher Kollektivitätsstufe verloren. Solange es nur ein alltagsästhetisches Schema gab, das Hochkulturschema, war klar definiert, was es bedeutete, Kultur zu haben oder kulturlos zu sein. Im eindimensionalen Raum der Alltagsästhetik war der Begriff des Schönen eine allgemeine Vorstellung, an der gerade auch jene teilhatten, die durch ihre ökonomische Lage davon ausgeschlossen waren. Im mehrdimensionalen Raum der Alltagsästhetik, in dem sich die Gegenwartsgesellschaft über weit auseinanderliegende Positionen verteilt, ist der Kollektivitätsgrad von Vorstellungen über das Schöne auf den Umfang sozialer Milieus zurückgegangen.

4. Ein kollektivitätsstiftender Faktor von herausragender Bedeutung war schließlich die christliche *Religion*. Auch nach der Kirchenspaltung, die bereits eine erste Kollektivitätsreduktion verursachte, den Beginn einer Differenzierung von protestantischen und katholischen Milieus (vgl. Lepsius 1973), blieben zentrale normative Begriffe bis ins 20. Jahrhundert hinein erhalten: Sünde, Schuld, gute Werke, Erlösung, Vergebung. Es gab nicht nur überhaupt eine metaphysische Dimension des Weltbildes, sie war auch bei vielen Menschen in Grundzügen ähnlich. In wie starkem Maße dadurch Kollektivität von Wissenselementen begründet wird, läßt sich noch heute am Beispiel islamisch orientierter Gesellschaften beobachten. Wo dagegen, wie in unserer Gesellschaft, Religiosität zur Privatsache geworden ist, verschwindet die metaphysische Dimension aus dem Leben vieler Menschen gänzlich, und wenn nicht, so begründet sie doch nicht mehr Gemeinsamkeit von Subjektivität auf hohem Allgemeinheitsniveau.

Besonders eindrucksvoll ist die religiöse Vereinheitlichung des Wissens im Mittelalter. Diese Epoche stand unter der Herrschaft des christlichen Wirklichkeitsbildes. Für eine ganzes Zeitalter, etwa vom 9. Jahrhundert bis zum Beginn der Renaissance, galt eine Weltformel im doppelten Sinn, beziehbar auf die ganze Welt und akzeptiert in der ganzen (europäischen) Welt. Bereits zu Beginn des

5. Jahrhunderts hatte Augustinus diese Weltformel auf den Begriff gebracht. In einer Umwelt ohne Medienkonkurrenz, ausgestattet mit einem rhetorischen und visuellen Monopol, konnte die Kirche ihr religiöses Deutungsmuster verbreiten, vereinheitlichen und über jeden Zweifel hinaus stabilisieren. Die Konsequenz war eine einzigartige wissenssoziologische Geschlossenheit der Gesellschaft, eine Dominanz des Makro-Niveaus im kollektiven Bereich subjektiver Repräsentationen der Welt. Die großen Ideologien des 19. und 20. Jahrhunderts, Fortschrittsglaube, Nationalismus, Kommunismus, boten ähnliche, wenn auch weniger dauerhafte Weltformeln und führten, wo sie politisch zum Zuge kamen, zu Verallgemeinerungen des Wissens.

Rückgang von Wissen niedrigen Kollektivitätsgrades

Lange Zeit hatte auch Wissen der niedrigsten Kollektivitätsstufe günstige Entwicklungsbedingungen. Es bedurfte gar keines besonderen Strebens nach Identität, um eigenständig zu sein. Zahllose Enklaven von Folklore, Aberglauben, Eßkultur, Kleidungssitten, Architektur, Haushalts- und Landwirtschaftstechniken, Dialekten und anderen Aspekten des Alltagslebens, die in der sozialhistorischen Literatur dokumentiert sind, belegen die jahrhundertelange Existenz kleinräumiger und kleinsträumiger Wissenssegmente neben den Wissensformen höchster Kollektivitätsstufe. Ob beabsichtigt oder nicht, ob mit Heimatstolz verteidigt oder mit der Geniertheit der Provinz verleugnet, war diese partielle Miniaturisierung kollektiver Wissensfragmente schlicht eine kognitionspsychologische Notwendigkeit. Unvermeidlich entstanden auf jenen kleinen Räumen, auf denen man zusammen sein Leben verbrachte, oft über lange Jahre unberührt von externen kognitiven Einmischungen, viele Komponenten des Wissens, die nur in einer kleinen Deutungsgemeinschaft verbreitet waren.

Die Erosion dieser Wissenselemente niedrigen Kollektivitätsniveaus setzte mit der Überwindung von Raum- und Zeitbarrieren in der Kommunikation ein. Massenmedien, Verkehrsmittel und Telefon mobilisierten das Wissen. Plötzlich sahen sich die Menschen einer Flut von Deutungsmustern ausgesetzt. Durch die rasante Entwicklung des Erlebnismarktes ist diese Deutungsflut bis zur Absurdität angeschwollen. Zu den allgegenwärtigen Wissenspartikeln der Werbung kommt die tägliche Überinformation durch ein nicht im entferntesten mehr überschaubares Medienangebot. Verschärft wird das Deutungschaos durch das Auseinanderfallen der Schauplätze des Alltagslebens, durch jene »Insulation«, die bereits im Kindesalter einsetzt (Zeiher 1986). Unterschiedliches, teils widersprüchliches, teils inkommensurables Wissen ist ständig für alle verfügbar. Da dieses Wissen jedoch nicht mehr durch eine zentrale Instanz verwaltet und verbindlich gemacht wird, wie beispielsweise das religiöse Weltbild im Mittelalter durch die Kirche, kann kein bedeutsamer Bereich von Wissen höchster Kollektivitätsstufe entstehen, obwohl alles Wissen für jedermann herumliegt.

Zunahme milieuspezifischen und singulären Wissens

Wir befinden uns in einer Situation enormen kognitiven Selektionszwangs, den wir aus eigenen Kräften kaum zu bewältigen vermögen. Was tun wir? Soweit möglich, orientieren wir uns an den Selektions- und Verarbeitungsroutinen von Deutungsgemeinschaften, an sozialen Milieus, in deren Einflußbereich wir uns fühlen, ja deren entlastenden Einfluß wir suchen. Da die Extension sozialer Milieus durch Ausweitung von Marktgebieten, Massenkommunikation und Verschwinden von Barrieren regionaler Mobilität zugenommen hat, führt die gegenwärtige Situation zu einem Bedeutungsgewinn von Wissen der Meso-Ebene. Doch auch auf dieser mittleren Ebene kann die alltägliche Erfahrungsflut bei weitem nicht mehr kollektiv verarbeitet werden. Deshalb wächst gleichzeitig der Bestand strikt singulären, nicht kommunizierbaren Wissens, mit dem wir allein bleiben müssen, ob wir es wollen oder nicht.

Zusammengefaßt ergibt sich das Bild einer Umschichtung des Wissens. Unterteilen wir unser Wissen in einen kollektiven und einen singulären Bereich, so ist erstens im kollektiven Bereich eine Verlagerung von den Niveaus hoher und niedriger Kollektivität auf ein Niveau mittlerer (milieuspezifischer) Kollektivität festzustellen, zweitens eine Zunahme der Bedeutung von singulären im Vergleich zu kollektiven Wissensinhalten. Im Schema auf S.272 wird der Wandel veranschaulicht.

Aus diesen Thesen folgt ein besonderes Interesse an der Beschreibung von existentiellem Wissen mittleren Kollektivitätsgrades. Hier liegt das theoretische Motiv für die Milieubeschreibungen im nächsten Kapitel und für den dabei dominierenden Gesichtspunkt existentieller Anschauungsweisen.

5.14 Gegensatz und Ordnung

Zwar ist existentielles Wissen in unserer Gesellschaft zu großen Teilen milieuspezifisch segmentiert, doch sind die verschiedenen Provinzen der Subjektivität nicht völlig unverbunden. Hinter einer Struktur gegenseitigen Nichtverstehens (Abschnitt 7.4), in der auf der Ebene der Alltagsinteraktion inkommensurabel scheinende Deutungsmuster aufeinanderprallen, verbirgt sich eine grundlegende Kohärenz. Nicht als Trümmerhaufen, sondern als Gefüge subtiler Beziehungen stellt sich die Struktur kollektiven Wissens dar. Daß die latente Ordnung unter einer Oberfläche mit soviel manifester Unordnung kaum sichtbar ist, hat mit ihrem negativen Charakter zu tun. Es ist eine Ordnung der Gegensätze, nicht der Harmonie. Was bedeutet das? Gehen wir von einem Beispiel aus: Wenn der eine demonstriert, während sich der andere über die Ruhestörung ärgert, so passen die Einschätzungen der Situation offenbar nicht zusammen. Gleichwohl ist es möglich, daß auch diese Situation in einem bestimmten Sinne geordnet ist, da die Einschätzungen aufeinander bezogen sind, wenn auch in negativer Weise. Ein positi-

Zustand 1

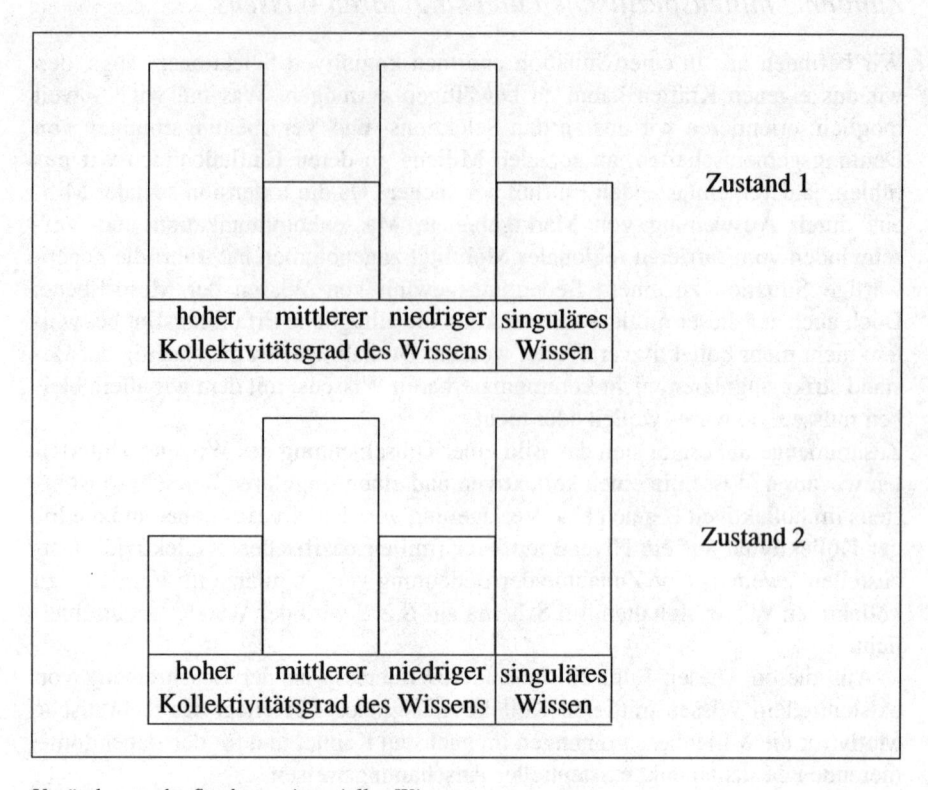

hoher	mittlerer	niedriger	singuläres
Kollektivitätsgrad des Wissens			Wissen

Zustand 2

hoher	mittlerer	niedriger	singuläres
Kollektivitätsgrad des Wissens			Wissen

Veränderung der Struktur existentiellen Wissens

tives Gegenbeispiel wäre eine Situation, in welcher der eine Herrschaft beansprucht und der andere zum Gehorsam bereit ist. Hier befindet sich die soziale Beziehung - immanent betrachtet - in einer evidenten harmonischen Ordnung.

Wenn sich dagegen die Struktur existentiellen Wissens zu mittleren Kollektivitätsgraden hin verlagert hat, tendiert die allen gemeinsame fundamentale Semantik zu einem negativen Bezug ihrer Komponenten. Gemeinsamkeit manifestiert sich als Gegensatz. Auch wenn dabei jeder nur die Bedeutung desjenigen Poles zu erfassen vermag, an dem er sich selbst befindet, ist er doch in eine übergreifende Bedeutungsstruktur eingebunden, in der das Andere, Fremde, Entfernte als Gegenteil definiert ist. Bei aller Introversion sind die kognitiven Provinzen in unserer Gesellschaft durchaus aufeinander bezogen. Ein wesentliches analytisches Hilfsmittel zum Verständnis dieser Ordnung ist das Konzept der fundamentalen Semantik. Die negative Struktur der fundamentalen Semantik der Gegenwart wird weiter unten als Kontrast von Polaritäten konkretisiert werden - auf der Dimension des Handelns als Gegensatz von Ordnung und Freiheit, auf der Dimension des Denkens als Gegensatz von Einfachheit und Komplexität.

Im übernächsten Kapitel wird diese Semantik beschrieben (Abschnitte 7.2 und 7.3). Dabei müssen Milieus jedoch bereits vorausgesetzt werden. Das nächste Kapitel ist der Zwischenschritt, der auf diesem Wege noch erforderlich ist: das Portrait einzelner Milieus. Woran kann man sich dabei orientieren?

5.15 Interpretationspfade
Empirische Einstiegsmöglichkeiten

Wie sind die Interpretationsziele von fundamentaler Semantik und milieuspezifischen existentiellen Anschauungsweisen zu erreichen? Es handelt sich dabei um allgemeine kognitive Orientierungen, die zu sehr von einzelnen Situationen abgelöst sind, als daß man etwa direkt danach fragen könnte. Worauf kann man sich bei dem Versuch, die Interpretationsziele zu erreichen, dann aber stützen? Vor allem drei Anhaltspunkte sind hervorzuheben, die auch der vorwegnehmenden Charakterisierung in Abschnitt 5.8 zugrundeliegen.

1. *Alltagsästhetische Schemata*: Milieuspezifische Stiltypen sind charakteristische Kombinationen von alltagsästhetischen Schemata. Unterhalb der Oberfläche kovariierender ästhetischer Präferenzen und Distanzierungen stoßen wir auf mehrere Bedeutungsebenen - Genuß, Distinktion, Lebensphilosopie -, die durch eine Inhaltsanalyse alltagsästhetischer Angebote und ihrer Verwendungsformen hermeneutisch herauszuarbeiten sind. Das Interpretationsergebnis ist seinerseits als Ausgangsmaterial von Interpretationen zweiter Ordnung zu verwenden. Muster von Genuß, Distinktion und Lebensphilosophie werden als Hinweise auf noch allgemeinere kognitive Dispositionen gelesen: Ich-Welt-Bezug, primäre Perspektive, normale existentielle Problemdefinition, Kategorien der fundamentalen Semantik.

Daß sich diese grundlegenden Orientierungen in der Alltagsästhetik besonders deutlich manifestieren, hängt mit dem Gestaltungsspielraum zusammen, den alltagsästhetische Episoden gewähren. Durch die Verdichtung alltagsästhetischer Episoden in der Erlebnisgesellschaft ist eine Bühne der Selbstdarstellung entstanden, auf der jeder auftritt, ob er will oder nicht und ob er es weiß oder nicht. Hier ist Subjektivität nicht nur zugelassen, sondern gefordert. Wie ein gigantischer projektiver Test provoziert das tägliche Überangebot an Erlebnismöglichkeiten die Menschen dazu, den Kern ihrer Subjektivität zu offenbaren. Umso aufschlußreicher ist dieser Test, als er nichtreaktiven Charakter hat. Die Testpersonen sind naiv, denn sie sind sich der Lesbarkeit alltagsästhetischer Episoden als Hinweise auf existentielle Anschauungsweisen und fundamentale Semantik nicht bewußt, so daß auch keine gezielte Selbstinszenierung als verzerrende Reaktion auf die sozialwissenschaftliche Messung anzunehmen ist.

2. *Sonstige Komponenten des Subjekts*: Wegen ihres allgemeinen Charakters

manifestieren sich existentielle Anschauungsweisen und fundamentale Semantik nicht nur in der alltagsästhetischen Praxis, sondern auch in anderen Aspekten des Subjekts, etwa im persönlichen Auftreten, im Sprachverhalten, im körperlichen Habitus, in allgemeinen psychischen und soziopolitischen Dispositionen.

3. *Situation*: Auch die in Beziehung zu einem Menschen stehende Umwelt, um den weiter oben entwickelten Situationsbegriff zu zitieren (Abschnitt 4.1), gibt aus zwei Gründen Aufschluß über existentielle Anschauungsweisen und fundamentale Semantik. Erstens sind viele Komponenten der Situation objektivierter Ausdruck von Subjektivität. So ist beispielsweise die momentane Arbeitssituation zwar unabhängig von der momentanen Ausprägung von Subjektivität, doch ist darin eine längere Vorgeschichte mit vielen subjektiven Anteilen enthalten, die sich jeden Tag fortsetzt, solange man die Situation nicht beendet. Auch das Verharren in einer Situation ist Ausdruck von Subjektivität, wenn Existenzformen nach dem neuen Muster (vgl. Abschnitt 4.12) aufgebaut werden. Zweitens wirkt die Situation durch selektive Konfrontation mit bestimmten Teilen der objektiven Wirklichkeit prägend auf das Subjekt ein. Situationsbedingte Vorstrukturierung der Erfahrung kann bestimmte Anschauungsweisen und Identifikationen mit Kategorien der fundamentalen Semantik nahelegen oder unwahrscheinlich machen. Veranschaulichen läßt sich dies durch das Beispiel eines jungen Arbeiters, der am Abendkolleg das Abitur nachmacht und zu studieren beginnt. Es ist nahezu sicher, daß seine existentielle Anschauungsweise durch diesen Situationswandel umgestaltet wird. Situation ist also nicht nur Ausdruck des Subjekts, sondern umgekehrt ist auch das Subjekt teilweise Ausdruck der Situation. Aus beiden Gründen ist die Situation hermeneutisch interessant.

Die interpretative Rekonstruktion von existentiellen Anschauungsweisen und fundamentaler Semantik, so läßt sich zusammenfassen, muß auf einer möglichst umfassenden empirischen Analyse von Existenzformen (Konstellationen von Situation und Subjekt) aufbauen, wobei die hermeneutische Grundidee aus der Analyse alltagsästhetischer Schemata zu beziehen ist, zur Absicherung jedoch auch sonstige Komponenten von Subjekt und Situation heranzuziehen sind. Wie ist nun das Ergebnis solchen Vorgehens unter dem Gesichtspunkt der Erkenntnissicherheit zu bewerten?

Sichere Interpretationsergebnisse sind nicht möglich. Vom Ausgangsmaterial zu den hermeneutischen Hypothesen ist ein weiter Weg zurückzulegen. Dem Interpreten steht dabei nur sein Verständnis zur Verfügung; seine Fähigkeit, fremde Subjektivität über das Medium der eigenen Subjektivität sprechen zu lassen, entscheidet über die Qualität des Ergebnisses. Da diese Fähigkeit wiederum nur subjektiv kontrollierbar ist, gibt es nur eine schwache Form von Erkenntnissicherheit: intersubjektive Plausibilität. Für die Sozialwissenschaft ist dieses geringe Sicherheitsniveau immer dann unvermeidlich, wenn sie sich mit komplexen Deutungssystemen beschäftigt. Da der Verzicht auf die Rekonstruktion komplexer Deutungssysteme keine akzeptable Alternative wäre, bleibt nichts anderes übrig, als das Fehlerrisiko deutlich zu machen und die Grundlagen der Interpretation möglichst ausführlich dazulegen, damit intersubjektiv nachvollziehbar ist, worauf die interpretativen Aussagen beruhen.

6. Kapitel
Fünf Milieubeschreibungen

Einleitung

Soziale Milieus bilden sich in unserer Gesellschaft durch Beziehungswahl. Öffnung oder Abgrenzung in der Alltagsinteraktion, Angleichung oder Distanzierung von Persönlichkeiten und subjektiven Standpunkten, Gefühle von Vertrautheit oder Nähe, Akklamation des Passenden und Mißbilligung von Stilbrüchen - all diese milieuerzeugenden Handlungstendenzen setzen voraus, daß sich Menschen gegenseitig einordnen. Dabei verwenden sie Wirklichkeitsmodelle, die der objektiven Wirklichkeit in groben Zügen entsprechen. Wie im vorangegangenen Kapitel herausgearbeitet, stehen beide Ebenen - Realität und Abbild - in einem Verweisungszusammenhang. Es ist Ziel des folgenden Kapitels, in diesen Verweisungszusammenhang einzudringen.

Alle Milieubeschreibungen folgen einem bestimmten Drehbuch, das in einem Vorspann erläutert wird (Abschnitt 6.1). Im Anschluß werden fünf soziale Milieus nach diesem Analysefahrplan beschrieben: Niveaumilieu (Abschnitt 6.2), Harmoniemilieu (Abschnitt 6.3), Integrationsmilieu (Abschnitt 6.4), Selbstverwirklichungsmilieu (Abschnitt 6.5), Unterhaltungsmilieu (Abschnitt 6.6). Situativ unterscheiden sich diese Gruppen nicht nur nach Lebensalter und Bildung, sondern beispielsweise auch nach Familienstand, Haushaltsstruktur, Teilnahme oder Nichtteilnahme am Erwerbsleben, Arbeitsplatzmerkmalen, Wohnsituation und anderem. Subjektiv zeichnen sich markante gruppenspezifische Profile ab, die neben alltagsästhetischen Schemata auch grundlegende Persönlichkeitsdispositionen und Wertvorstellungen einschließen.

Bei einer soziologischen Analyse sozialer Milieus ist das Portrait einzelner Milieus nur ein Zwischenstadium. Im nächsten Kapitel wird sich eine Analyse des Milieugefüges in seiner Gesamtheit anschließen, um die spätere Untersuchung der kognitiven Repräsentation der Milieustruktur vorzubereiten. Die Zusammenfassung der fünf Milieuportraits in einem komprimierten Milieuvergleich ist ein erster Schritt auf diesem Weg (Abschnitt 6.7).

6.1 Voreinstellung und Hintergrund
Zur Orientierung

Der Kurs der folgenden Milieubeschreibungen ist durch verschiedene Weichenstellungen bestimmt, die kurz darzulegen sind. Überblick: 1. Systematik; 2. hypothetisches Milieumodell; 3. deskriptives Schema; 4. fundamentale Interpretation; 5. Begriff der Typizität; 6. Status interpretativer Thesen; 7. Benennung der Milieus; 8. Datenlage; 9. empirische Dokumentation.

1. *Systematik:* Übergreifende Zielsetzung ist die Rekonstruktion des Verweisungszusammenhangs von objektiver Wirklichkeit (a), Wirklichkeitsmodellen (b) und existentiellen Anschauungsweisen (c). Wo finden sich diese Komponenten im folgenden wieder? Die Untersuchung gruppenspezifischer Existenzformen bezieht sich auf die objektive Wirklichkeit (Komponente a). Welche Gruppensegmentierung soll man wählen, um diese Analyse überhaupt durchführen zu können? In der Einteilung der Gruppen nach den Kriterien Lebensalter, Bildung und Stil kommt implizit ein Komplex von Annahmen über verbreitete Wahrnehmungsschemata zum Tragen (vgl. das 4. Kapitel), die in alltagssoziologischen Wirklichkeitsmodellen eine dominierende Rolle spielen (Komponente b). Von Informationen über die gruppenspezifische Verteilung von Existenzformen kann man ausgehen, um Thesen über milieuspezifische existentielle Anschauungsweisen aufzustellen (Komponente c). Entscheidende Bedeutung hat bei diesem Vorgehen die Einteilung der Gesamtstichprobe in Untergruppen, auf die sich der folgende Punkt bezieht.

2. *Hypothetisches Milieumodell:* Allen folgenden Analysen und Überlegungen liegt eine Einteilung der Gesamtstichprobe in fünf Untergruppen zugrunde, die an einem hypothetischen Milieumodell orientiert ist. Entsprechend der oben entwickelten These von der ungefähren Korrespondenz zwischen objektiver Wirklichkeit und subjektiven Wirklichkeitsmodellen hat das hypothetische Milieumodell ein doppeltes Anliegen: Es soll zum einen die realen Verhältnisse, zum anderen aber auch deren subjektive Abbildung widerspiegeln. Aus dem zuletzt genannten Ziel folgt, daß die Gruppeneinteilung einfach sein muß und an einer Kombination von evidenten und signifikanten Zeichen auszurichten ist. Ausführliche Überlegungen weiter oben enthalten die Begründung dafür, die Zeichenkategorien von Alter, Bildung und Stil zur Grundlage der Gruppeneinteilung zu machen (4. Kapitel). Um gleichzeitig dem Ziel gerecht zu werden, die realen Verhältnisse in etwa zu treffen, muß die Gruppeneinteilung zusätzlich in Zusammenhang mit der Datenstruktur stehen. Das dabei anzuwendende Prinzip ist leicht nachzuvollziehen: Bei der Grenzziehung ist so zu verfahren, daß sich die entstehenden Gruppen möglichst stark unterscheiden. Jede der im folgenden vorgestellten Alters-Bildungs-Gruppen soll ein charakteristisches Profil von Stiltypen aufweisen. Aus der Gesamtheit dieser Überlegungen ist das folgende Milieumodell hervorgegangen:

Bildung			
12 Abitur und Universität	Selbst-verwirk-lichungs-milieu	Niveau-milieu	12
11 Abitur und Fachhochschule/Lehre			11
10 Abitur ohne Zusatzausbildung			10
9 Fachabitur und Fachhochschule			9
8 Fachabitur und Lehre			8
7 Mittlere Reife und berufsbildende Schule		Integrations-milieu	7
6 Mittlere Reife und Lehre			6
5 Mittlere Reife ohne Zusatzausbildung	Unter-haltungs-milieu		5
4 Hauptschule und berufsbildende Schule			4
3 Qualifiz. Hauptschulabschluß und Lehre		Harmonie-milieu	3
2 Einfacher Hauptschulabschluß und Lehre			2
1 Hauptschule ohne Lehre/ohne Abschluß			1

⟶ Alter
20 30 40 50 60 70 Jahre

In diesem Modell werden die beiden Altersgruppen durch die Vierzig-Jahre-Linie voneinander getrennt. Das *Harmoniemilieu* umfaßt alle niedrigen Bildungsgrade bis zum Hauptschulabschluß einschließlich Abschluß einer berufsbildenden Schule; das *Integrationsmilieu* verschiedene Abstufungen der mittleren Reife (ohne Zusatzausbildung, mit Lehre, mit Abschluß einer berufsbildenden Schule); das *Niveaumilieu* alle Bildungsgrade vom Fachabitur aufwärts bis zur abgeschlossenen Universitätsausbildung. Bei den jüngeren Milieus umfaßt das *Unterhaltungsmilieu* alle niedrigen Bildungsgrade bis hin zum Niveau von mittlerer Reife und Lehre. Zum *Selbstverwirklichungsmilieu* gehören alle Personen, die mindestens die mittlere Reife erreicht und eine berufsbildende Schule absolviert haben.

Milieumodell

Mit dieser Konfiguration ist freilich nur ein Startpunkt für die Analyse gesetzt; ob sich das Modell empirisch bewährt und ob es plausibel ist, muß erst untersucht werden. Verdichten sich in den hypothetischen Milieus weitere Elemente von Existenzformen? Kennen wir sie aus der Alltagserfahrung? Wie sind Alters- und Bildungsgrenzen soziologisch zu interpretieren? Ist die Annahme erhöhter Binnenkommunikation gerechtfertigt? Wie verändert sich das Bild, wenn man das obige Startmodell durch ein realistischeres Unschärfemodell ersetzt? Nur durch die Bearbeitung dieser und anderer Fragen kann das hypothetische Ausgangsmodell Substanz gewinnen. Ein erster Schritt ist die eingehende Untersuchung der einzelnen Segmente des Milieumodells nach einem bestimmten Dreh-

3. *Deskriptives Schema:* Die Portraits der Milieus entwickeln sich in jeweils acht aufeinanderfolgenden Schritten. (1) Zunächst wird die evidente Zeichenkonfiguration als Kombination von Lebensalter, Bildung und Stiltypus dargestellt. (2) Darauf folgen Anmerkungen zur Manifestation des Milieus in der Alltagserfahrung. (3) Nach dieser Beschreibung der Oberfläche wendet sich die Analyse grundlegenden milieuspezifischen Sinnkonstruktionen zu. Im Versuch einer wissenssoziologischen Interpretation in zwei Teilen werden zunächst die Komponenten der milieuspezifischen existentiellen Anschauungsweise (Ich-Welt-Bezug, primäre Perspektive, normale existentielle Problemdefinition) rekonstruiert (4). Daran schließt sich eine fundamentale Interpretation an (vgl. zu diesem Konzept Abschnitt 5.6 sowie den nächsten Unterpunkt). In den folgenden Schritten werden im Überblick empirische Materialien vorgestellt, von denen die wissenssoziologische Interpretation wesentliche Impulse bezogen hat, aufgeteilt in (5) Alltagsästhetik, (6) sonstige Aspekte des Subjekts und (7) Situation. (8) Den Abschluß bildet eine integrative Tabelle, in der die wesentlichen Elemente der vorangegangenen Schritte zusammengestellt und Verweisungen zu den Daten im Anhang gegeben werden. Das Beschreibungsschema im Überblick:

---

(1) Evidente Zeichenkonfiguration
(2) Manifestation in der Alltagserfahrung
(3) Existentielle Anschauungsweisen (wissenssoziologische Interpretation 1)
(4) Fundamentale Interpretation (wissenssoziologische Interpretation 2)
(5) Alltagsästhetik
(6) Sonstige Aspekte der Subjektivität
(7) Situation
(8) Integrative Tabelle

Anmerkung: Die Bezifferung (1-8) wird bei der Untergliederung der folgenden Milieubeschreibungen verwendet.

---

4. *Fundamentale Interpretation:* Wie der Darstellung des deskriptiven Schemas im vorangegangenen Abschnitt zu entnehmen ist, steht im Zuge der wissenssoziologischen Interpretation auch eine fundamentale Interpretation auf dem Programm (vgl. Abschnitt 5.6). Diese Absicht läßt sich nur ausführen, wenn eine fundamentale Semantik zur Verfügung steht, doch erst das 7. Kapitel wendet sich der Ausarbeitung der fundamentalen Semantik zu, aus zwingenden systematischen Gründen, denn nur die Synopse aller Milieus erlaubt die Diagnose einer fundamentalen Semantik. Andererseits ist es bereits für das Verständnis der einzelnen Milieus wichtig, die sukzessive Beschreibung mit einer fundamentalen Interpretation zu verbinden. Dabei sind zunächst unexplizierte Termini in Kauf zu nehmen, deren Bedeutung in Abschnitt 7.2 erarbeitet wird. Entsprechend der These von der innenorientierten Umdeutung (vgl. Abschnitt 5.7) liegt der funda-

mentalen Interpretation das Bezugssystem einer psychophysischen Semantik zugrunde. Um die Inhalte der Interpretation zu vermitteln, eignet sich in diesem Stadium der Untersuchung das intuitive Mittel einer metaphorischen Umschreibung durch Erlebnisparadigmen. Gemeint sind damit Leitbilder und Mythen, in denen sich die subjektiven Projekte der Milieus verdichten. Aus der Vielzahl von Erlebnisparadigmen wurde jeweils nur ein Beispiel ausgewählt (Nobelpreisverleihung, Hochzeit, nette Runde, Künstler, Miami Beach).

5. *Anmerkungen zur Typizität:* Ein Begriff des Typischen, der nur solche Besonderheiten einer Gruppe ins Auge faßt, die innerhalb der Gruppe für nahezu jeden gelten, außerhalb für nahezu niemanden, ist soziologisch unbrauchbar. Sinnvoll ist allein ein Begriff des Typischen, der alles erfaßt, was Gruppen erkennbar voneinander unterscheidet. Als typisch soll alles gelten, was auffällt: das relativ Häufige, aber auch das relativ Seltene; Tendenzen zum oberen oder unteren Extrem, aber auch Tendenzen zur Mitte; Eigenschaften, die nur einer Gruppe zukommen, aber auch Eigenschaften, die für mehrere Gruppen gelten. Auch exotische Verhaltensmerkmale, die nur für einige Prozent einer Gruppe gelten, in anderen Gruppen aber so gut wie gar nicht auftauchen, sind auffällig und deshalb typisch (etwa Lektüre der »taz«, Wohnen in einer Wohngemeinschaft, Parteimitgliedschaft). Der Begriff des Typischen beinhaltet auch triviale, jedermann bekannte Gruppenmerkmale. Hierzu gehört etwa, daß es Rentner nur in den älteren Milieus gibt oder Personen in Ausbildung nur in den jüngeren Milieus. Gerade die selbstverständlichen, besonders evidenten Gruppenmerkmale haben hervorgehobene milieusoziologische Relevanz.

6. *Zum Status interpretativer Thesen:* Erkenntnistheoretisch haben die Thesen über existentielle Anschauungsweisen und über Zuordnungen zur fundamentalen Semantik einen anderen Status als die empirischen Ergebnisse. Sie sind nicht einfach Ergebnis im Sinne der Beschreibung von Beobachtungen. Als Versuch, eine komplexe Konfiguration von Einstellungen und Handlungsmustern ganzheitlich aus der Perspektive der Subjekte zu verstehen, unterliegt die wissenssoziologische Interpretation einem zusätzlichen Fehlerrisiko. Um in die subjektiven Welten sozialer Milieus einzudringen, ist es unumgänglich, sich diesem Risiko zu stellen, doch sollte klar sein, daß damit die Grenzen bloß registrierender Datenanalyse überschritten werden. Der Versuch, fremde Subjektivität zu verstehen, muß mit dem Medium der eigenen Subjektivität operieren.

7. *Benennung der Milieus:* Woraus sind die Bezeichnungen für die fünf Milieus abgeleitet? Weder an soziologischen Traditionen der Milieuanalyse konnte sich die Namensgebung orientieren noch am Alltagssprachgebrauch, so daß es notwendig war, eigene Benennungen zu finden. Mit den gewählten Begriffen (Niveau, Harmonie, Integration, Selbstverwirklichung, Unterhaltung) soll ein zentraler Aspekt des Subjekts zum Ausdruck gebracht werden: die im Milieu dominierende normale existentielle Problemdefinition. Zu den wissenssoziologischen Überlegungen wird auch die Formulierung der hermeneutischen Hypothesen gehören, aus der die jeweilige Benennung abgeleitet ist.

8. *Zur Datenlage:* Die Informationen stammen aus drei verschiedenen Quellen: mündliche Befragung (vor allem: Alltagsästhetik, Sozialkontakte, Lebenssituation), schriftliche Zusatzbefragung in Form eines Persönlichkeitstests (vor allem: psychosoziale Dispositionen); Interviewerfragebogen (vor allem: Dialekt, Gesamteindruck von der Persönlichkeit des Befragten, Beobachtungen in der Wohnung, im Haus und in der Wohnumgebung, körperliche Erscheinung). Zugrunde liegt eine großstädtische Repräsentativstichprobe mit 1014 Befragten (Nürnberger Raum). In Abschnitt 1.10 und im Anhang finden sich weitere Hinweise.

Milieuspezifische Subjektivität zeigt sich vor allem in der Alltagsästhetik und in tiefliegenden psychosozialen Grundorientierungen, die das Verhältnis der Person zu sich selbst betreffen, die Beziehungen zu anderen regulieren, die Wahrnehmungen immer wieder in derselben Weise beeinflussen (etwa in Form von Mißtrauen), die neue Erfahrungen abwehren oder zulassen. Auf der Suche nach milieuspezifischen Persönlichkeitstypen wurde im Rahmen der Untersuchung das Instrumentarium der standardisierten psychometrischen Forschung eingesetzt. Dem schriftlichen Testbogen, den die Befragten im Anschluß an die mündliche Befragung ausfüllten, gehörten unter anderem die folgenden Skalen an: allgemeine Lebenszufriedenheit, Anomie, Depressivität, Dominanzstreben, Egoismus, Einsamkeit, Fatalismus, Gehemmtheit, Gelassenheit, Geselligkeit, Leistungsmotivation, Offenheit, paranoide Tendenzen, Rigidität, schizoide Tendenzen, Selbstwertgefühl, vegetative Labilität. Über den Wortlaut der Skalen, die teststatistischen Kennwerte und die Quellen (Freiburger Persönlichkeitsinventar, Persönlichkeits- und Interessentest, IPC-Fragebogen zu Kontrollüberzeugungen und andere) informiert der Anhang. Wenn es milieuspezifische Persönlichkeitstypen überhaupt gibt, so ist zu erwarten, daß sie sich bei diesem Vorgehen wenigstens in groben Konturen andeuten. Die Aufgabenstellung ist bei den gegebenen Erkenntnisinteressen einfacher als in der Persönlichkeitsdiagnostik: Es geht lediglich um relationale Persönlichkeitsaussagen, um die Feststellung von Persönlichkeitsunterschieden zwischen den Milieus, nicht etwa um Diagnosen mit absolutem Geltungsanspruch.

Neben den selbst erhobenen Daten werden die Ergebnisse weiterer Untersuchungen berücksichtigt, die etwa zeitgleich durchgeführt wurden: das von Gluchowski (1987) präsentierte Projekt zum Wahlverhalten (Forschungsinstitut der Konrad-Adenauer-Stiftung in Zusammenarbeit mit Marplan und Getas), verschiedene aus der Zusammenarbeit von Sinus und Infratest hervorgegangene Arbeiten, vor allem die kurzen Milieubeschreibungen von Nowak/Becker (1985), die ausführlicheren, auf denselben Daten aufbauenden Schilderungen von Faltin (1990), die Outfit-Studie (1986) und die Wohnwelt-Studie (1988). Zwar unterscheiden sich die Milieumodelle; angesichts des Unschärfeproblems wäre es freilich erstaunlich, wenn es sich anders verhielte. Die in den Abschnitten zur Segmentierungshierarchie (4.13), zum Unschärfeproblem (4.14) und zum probabilistischen Charakter kollektiver Konstruktionen (5.9) entwickelten Argumente erklären zum einen, warum verschiedene Forscher nicht zu denselben Milieumodellen kommen können und legen zum anderen nahe, nicht bei den Unterschieden stehen zu bleiben, sondern nach Gemeinsamkeiten zu fragen. Im Abschnitt 7.10 wird dieses Programm ausgeführt. Hauptergebnis ist, daß die verschiedenen Milieumodelle parallelisierbar sind.

9. *Empirische Dokumentation:* Die folgenden Beschreibungen sind überwiegend verbal gehalten. Sie beruhen auf vielen einzelnen Daten, die den Text unlesbar gemacht hätten, wären sie alle in die Milieuportraits eingestreut worden. Um die Übersichtlichkeit zu wahren, werden alle Daten gesondert im Anhang dokumentiert; auf die Fundstellen wird in den integrativen Tabellen verwiesen (Unterpunkt 8 der Milieuportraits).

6.2 Niveaumilieu

1. *Evidente Zeichenkonfiguration:* Beginnen wir mit einer sozialen Gruppe, die uns Akademikern durch soziale Erfahrungen im Kollegenkreis und meist auch in der Verwandtschaft besonders vertraut ist: ältere Personen (jenseits der 40) mit höherer Bildung. Der Stiltypus dieses Milieus ist ganz auf das Hochkulturschema ausgerichtet. Man liest überregionale Tageszeitungen, Zeit und Spiegel, Belletristik. Musikalisch dominiert die klassische Musik, allenfalls für Jazzmusik als einer verfeinerten, quasi-klassischen Form der U-Musik besteht daneben noch Interesse. Fast alle beteiligen sich an der Hochkulturszene, gehen ins Konzert, ins Theater, ins Museum, in die Oper, in Ausstellungen, Dichterlesungen und ähnliches. Auch die Fernsehpräferenzen haben einen hochkulturellen Einschlag. Man sieht bevorzugt Kulturmagazine, Dirigentenportraits, Dokumentationen, kunsthistorische Sendungen usw. - alles, was gegenwärtig als Kultur definiert ist. Zu den anderen alltagsästhetischen Schemata geht das Milieu auf Distanz. Trivialmusik etwa, Goldenes Blatt, Heimatromane, Volkstheater und andere Zeichen des Trivialschemas sind verpönt, ebenso der Kosmos des Spannungsschemas: Pop-, Folk-, Rockmusik, Actionfilme. Schwer vorstellbar: ein Gymnasialdirektor als Teilnehmer am Trachtenumzug (Trivialschema) oder in der Diskothek (Spannungsschema).

2. *Manifestation in der Alltagserfahrung:* In besonderer Dichte tritt das Milieu in der Hochkulturszene auf; um es zu besichtigen, muß man nur während der Konzertpause ins Foyer gehen. Viele erfahren die Existenzform des Niveaumilieus in prototypischen Figuren des Berufslebens: der ältere Lehrer, der Professor, der Rechtsanwalt. Wer familiäre Bildungstraditionen fortsetzt, erlebt das Niveaumilieu in Gestalt seiner Eltern. Die Vertreter des Milieus begegnen uns im Fernsehen als Elite von Politik und Wirtschaftsleben, im Lokalteil der Tageszeitung als Agenten und Publikum kommunalpolitischer und kultureller Ereignisse. Sie sind unter sich im Lions-Club, haben ihre sportlichen Aktivitäten

immer mehr von den Tennis- in die Golf-Clubs verlagert, bevorzugen teure Restaurants mit gehobener Atmosphäre. Das Äußere ist gepflegt, die Sprache gehoben, die Umgangsformen sind gut. Der Bekleidungsstil ist eher konservativ; man legt Wert auf Qualität, oft auch Eleganz, die jedoch dezent bleibt (vgl. Outfit-Studie 1986). Ein Fluidum der Verfeinerung teilt sich mit. Umgangssprachliche Bezeichnungen enthalten meist eine Anspielung auf den Bildungsgrad: »Akademiker«, »Intellektuelle«, »Bildungsbürger«, »etwas Besseres«.

Die Wohnungseinrichtungen des Milieus entsprechen meist diesen Etikettierungen (vgl. die Wohnwelt-Studie 1988). Es herrscht eine Tendenz zur kultivierten Atmosphäre mit deutlich konventionellem Einschlag. Nicht umsonst ist in diesem Milieu der Sekretär häufiger als anderswo zu finden. Dieses Möbelstück, meist eine Antiquität, ist wertvoll, vergangenheitsgesättigt und geadelt durch seine Funktion für das Lesen und Schreiben. Typischerweise ist alles gepflegt und von guter Qualität; die Bücher in der Regalwand sind anspruchsvoll; die Musikauswahl klassisch. Verbannt sind »Geschmacklosigkeiten«, Wegwerfmöbel und avantgardistische Elemente. In der Gesamtkomposition des Interieurs präsentieren sich altbekannte Varianten gehobener Bürgerlichkeit; man meint beim ersten Besuch, schon einmal dagewesen zu sein, das Ensemble von Vitrine mit kostbarem Porzellan, Ölgemälden, lederner Sitzgarnitur, Perserteppichen schon zu kennen. Es entsteht das Gefühl, leise sein zu müssen.

3. *Existentielle Anschauungsweise:* Das Weltbild des Niveaumilieus ist von oben nach unten geordnet; als primäre Perspektive dominiert die Dimension der Hierarchie. Strukturierendes Prinzip des Wissens ist der feine Unterschied, die Abstufung zwischen höher und tiefer, die in einen außenverankerten Ich-Welt-Bezug mit verschiedenen parallel verlaufenden Rangordnungen eingebettet ist: Beruf, Bildung, Einkommen, Besitz, Geschmack, Sprachcodes, Konversation, Bekanntschaften, veranstaltete Kultur, Umgangsformen, körperliche Erscheinung, Kleidung. Auch für die Selektion neuer Erfahrungen gilt dieses Niveaudenken. Das Niveaumilieu ist der Absatzmarkt der Niveaupresse. Fernsehen ist zulässig, wenn die Sendung Qualität hat. Um die Integration neuer Erfahrungen in das etablierte Weltmodell zu leisten, werden sie hierarchisch bewertet, was jene Aura des Taxierens, Moralisierens, Pädagogisierens entstehen läßt, jene meist in Freundlichkeit gepackte Routine unfreundlicher Bewertung, die auf Außenstehende teils angsterregend wirkt (sofern sie das Urteil auch für sich selbst gelten zu lassen bereit sind), teils provozierend, teils abschreckend, oft borniert. Das Gegenüber fühlt sich typischerweise gefordert und geprüft.

Rang als dominierender Wirklichkeitsaspekt ist nicht immer leicht zu erkennen. Handelt es sich um einen stark konventionalisierten Wirklichkeitsbereich mit simpler Zeichenstruktur, etwa formale Bildungsqualifikation, so liegt das Urteil auf der Hand. Doch schon Bildung im klassischen Sinn der intellektuellen und ästhetischen Kompetenz ist schwieriger zu beurteilen. Grundlage ist das Ritual des gehobenen Gesprächs, das oft nach der geheimen Absprache abläuft, daß jeder dem anderen ein manifestes Zeichen gibt, beispielsweise durch die Erwähnung eines neuen Romans, einer Theaterkritik, einer Bildungsreise, woran sich die gegenseitige Anerkennung ohne allzu genaues Nachhaken anschließt. Auf den großen, aus eigener Kraft kaum zu bewältigenden Bewertungsbedarf des Milieus antworten die Bewertungsprofessionen, deren Dienstleistung extensiv in Anspruch genommen wird: Rezensenten, Theater- und Musikkritiker, Kunsthistoriker, Kommentatoren, Essayisten und Wissenschaftler. Damit die Welt in Ordnung ist, muß sie hierarchisiert sein.

Im Wirklichkeitsmodell des Niveaumilieus ist diese Rangordnung der Dinge das Gegebene, auch wenn die Rangordnung oft unklar ist und erst von der Priesterkaste hauptberuflicher Einschätzer vordefiniert werden muß. Gerade in der Situation der Einschätzungsunsicherheit wird die Unterstellung eines schon vorgegebenen Ranges deutlich. Die Bildung des Urteils gilt als Vorgang objektiver Erkenntnis. Dabei scheint die Hierarchieposition, die dem beurteilten Objekt zuerkannt wird, unabhängig vom Beurteilenden zu sein. Nach dieser Vorstellung von der Wirklichkeit ist das Subjekt nicht selbst Kriterium des Ranges; man sieht sich nicht als Resonanzkörper, sondern als Experten, der sich eines objektiven Kriteriums bedient. Rang wird in mühevollen Rationalisierungsritualen allmählich als innerer Wert konstruiert. Beispielhaft und prägend für diese Haltung ist die implizite Erkenntnistheorie hochkultureller Ästhetik. Die Bedeutung eines Werkes wird als geheimnisvolle, vom Betrachter unabhängige Eigenschaft gesehen, die er vorfindet und nicht etwa selbst definiert (weltverankerter Ich-Welt-Bezug).

Normale existentielle Problemdefinition in dieser Welt der hierarchischen Ordnungen ist das Streben nach Rang. Im gegebenen System der Ränge, mag es noch so schwer zu durchschauen sein, sucht der einzelne nach einer gehobenen Position. Alle Bedeutungsebenen der alltagsästhetischen Praxis des Hochkulturschemas sind auf dieses Niveaustreben ausgerichtet. Kontemplation ist das Genußschema konzentrierter Hingabe an das Höhere; antibarbarische Distinktion meint die Abgrenzung von den Niedrigeren; die Lebensphilosophie der Perfektion enthält die Botschaft, daß in jedem legitimen Rangsystem der höchste Rang der beste ist. Betrachten wir etwa die Bewertung musikalischer Aufführungen: In allen typischen Kriterien der Urteilsbildung schlägt sich Niveau als Lebensprinzip nieder, ob es sich nun um technische Beherrschung eines Musikinstruments und um möglichst fehlerfreies Auswendigspielen handelt, um die Hierarchie interpretatorischer Eigenwilligkeit oder gerade umgekehrt um die Rangordnung der Werktreue. Die Verselbständigung des Denkens in Hierarchien wird im Verhältnis zum Inhalt deutlich. Gegenüber den hierarchisierbaren Details der Darbietung erscheint die Botschaft als unwichtig. Es geht weniger um die Aussage als um die Aussageform.

Was sich im Hochkulturschema symbolisch verdichtet, gilt tendenziell für alle Lebensbereiche. Bauplan der Wirklichkeitskonstruktion ist die Reproduktion von hierarchischen Abstufungen. Diese Weltordnung verweist auf die normale existentielle Problemdefinition der Einordnung des Ichs an einem gehobenen Platz.

4. *Fundamentale Interpretation:* Die Entwicklung symbolischer Hierarchien scheint ein universelles Charakteristikum menschlicher Gemeinschaften zu sein. Viel spricht für die soziobiologische Annahme, daß Rangstreben eine angeborene Disposition ist, die evolutionsgeschichtlich durch den Überlebenserfolg kleiner Sozialgemeinschaften in einer feindlichen und ressourcenarmen Umwelt zu erklären ist. Durch die komparative, ordinale Organisation des Denkens gewinnt der Mensch eine Systematisierungsmöglichkeit, die ihm den Aufbau effizienter Wirklichkeitsmodelle erlaubt. Ordinales Denken wird auf soziale Beziehungen übertragen; es reguliert die Auswahl von Funktionsträgern, die Verteilung von Ressourcen, die Zentralisierung von Autorität, die Verbindung von Partnern u.a. Der Mensch ist evolutionsgeschichtlich als Wesen programmiert, das Rangordnungen herstellt.

Für die Soziologie liefert diese Hypothese allenfalls den Hinweis auf genetisches Rohmaterial, das wohl eine bestimmte Verhaltensrichtung vorgibt, aber in viele soziale Formen (einschließlich der Verdrängung) gegossen werden kann. Um zu verstehen, was Menschen in einer gegebenen Kultur mit sich selbst anfangen, ist der Rekurs auf ihre ererbte Ausstattung notwendig, aber nicht hinreichend. Folgen wir der traditionellen Theorie sozialer Distinktion bis hin zu Bourdieu, so wird eine im Kern außenorientierte Variante des Rangdenkens sichtbar. In der Hierarchie des Geschmacks spiegelt sich die Hierarchie der Teilhabe an Ressourcen wider. Die fundamentale Semantik hat situativen Bezug; Rangabstufungen stehen in Homologie zu ökonomischen Kategorien; das Streben nach Rang ist eine Projektion außenorientierter Lebensprojekte, in der Wirtschaftssphäre ohnehin, aber auch im Bereich der symbolischen Formen: Kleidung, Verhaltensrituale, Kunst, Prestigeordnungen.

Die existentielle Anschauungsweise des Niveaumilieus trägt deutliche Spuren der traditionellen Variante hierarchischen Denkens in der Knappheitsgesellschaft. Einerseits hat sich die ökonomische Semantik in der Überflußgesellschaft nicht völlig verflüchtigt, andererseits gab es auch schon in der Knappheitsgesellschaft unübersehbare Symptome innenorientierter Umdeutung von Rangstreben. Vor allem in den Oberschichten, wo es dem einzelnen erspart blieb, täglich auf die existentielle Relevanz der ökonomischen Semantik gestoßen zu werden, konnte sich die Lust am Niveau verselbständigen. Neben der außenorientierten Bedeutung von Rang blitzte bereits die innenorientierte auf.

Die entschiedene Distanzierung der Ästhetik des 18. und 19. Jahrhunderts von Funktionen, die außerhalb der Erlebnisse selbst liegen, war nicht bloß Ideologie, kultivierte Verachtung, Manöver der Ablenkung von bloßem ökonomischem Instrumentalismus. Vielmehr scheint hier ein Bewußtwerden und eine Umwertung der ursprünglichen Nebeneffekte von Rang durch. Es treten lange vor unserer Zeit Personen auf die Bühne, deren niveauorientierte Lebensprojekte nicht auf die fundamentale Orientierung nach »mehr« im ökonomischen Sinne verweisen, auf Erwerb, Sicherung und symbolischen Ausdruck des Besitzes von knappen Ressourcen, sondern auf Genuß von Niveau an sich. Allmählich häuften sich die innenorientierten Einsprengsel im Rangstreben, um schließlich mit dem Wohlstand in der Bundesrepublik Deutschland sprunghaft zuzunehmen. Der ökonomische Bezug des Niveaustrebens ist nicht verschwunden, hat aber relativ zum psychophysischen Bezug an Bedeutung verloren.

Niveau als geplantes Erlebnis, als angestrebtes psychophysisches Muster, enthält Erbstücke bildungsbürgerlicher Mentalität. Im Kategorienfeld der fundamentalen psychophysischen Semantik ist die gegenwärtige Kodierung von Niveau im Schnittbereich von Komplexität und Ordnung verwurzelt (zur Terminologie des folgenden Absatzes vgl. Abschnitt 7.2). Das schöne Erlebnis von Niveau läßt sich in der kognitiven Dimension als Syndrom von »Kontrolle« und »Sicherheit« beschreiben, physisch als Kombination von »Konzentration« und »Standardisierung«. Exemplarische Form der Praxis von Niveau ist der Kunstgenuß. Dabei resultiert das Gefühl von Kontrolle aus der Selbsterfahrung oder Autosuggestion von Kompetenz, das Gefühl von Sicherheit aus der Assoziation von formalen Regeln, die zwar den meisten nicht explizit verfügbar sind, aber bei der öffentlichen Definition einer Produktion als Kunstwerk allgemein unterstellt werden. Beim Scheitern von Erlebnisprojekten dokumentieren sich die angestrebten subjektiven Befindlichkeiten von Kontrollbewußtsein und Sicherheit negativ als Beschämtheit und Verunsicherung. Konzentration manifestiert sich im Körperzustand weitgehender Bewegungslosigkeit, verbunden mit erhöhter Grundspannung (vgl. etwa die Haltung des Konzertbesuchers oder Lesers), Standardisierung in der Konventionalisierung des physischen Habitus. Wichtige Projektionsbereiche von Rangstreben neben der Alltagsästhetik sind Beruf und persönliche Beziehungen. Erlebnisparadigma ist die Vision der Nobelpreisverleihung: Unter den stehenden Ovationen des internationalen Honoratiorenpublikums schreitet der Geehrte zum Rednerpult, bei aller Bescheidenheit doch weit über die öffentliche Akklamation erhaben, da er nur einem, dem höchsten Wert verpflichtet ist - der Wahrheit.

5. *Alltagsästhetik:* Im Gegensatz zu anderen Milieus ist das Niveaumilieu nur auf ein einziges alltagsästhetisches Schema, das Hochkulturschema, ausgerichtet. Genuß ist überwiegend kontemplativ schematisiert, kultivierte Ausdrucksform einer allgemeineren Suche nach Sammlung und Konzentration. Zum Nachfolgemilieu des Bildungsbürgertums wird das Niveaumilieu durch den antibarbarischen Typus seiner Distinktion, der an dem kenntlich wird, was man *nicht* sein möchte: stillos, unkultiviert, ohne Selbstkontrolle, inkompetent. Die traditionelle Verachtung von Kitsch aus der hohen Warte der Kultiviertheit, entwickelt in der zweiten Hälfte des 19. Jahrhunderts, trifft mit konservativer Distanz zum action-bestimmten Zeichenkosmos der Jugendkultur zusammen. In der Outfit-Studie (1986 S.72) bekundet sich diese neue Form der Distinktion in der milieuspezifischen Ablehnung bestimmter Merkmale des Kleidungsstils: »supermodern«, »frech«, »witzig«, »poppig«, »cool«, »antispießig«, »schockierend«, »provozierend«. Die Wohnwelt-Studie 1988 (S.28) berichtet über weitere Beispiele der Distanzierung: schlampige Kleidung, ungepflegte Menschen, Barbie-Puppen, nachgemachte Stilmöbel, verlotterte Häuser, verwahrloste Neubausiedlungen. Zahlreiche Hin-

weise auf den antibarbarischen Ekel des Milieus enthält die eigene Untersuchung (vgl. die zusammenfassende Tabelle weiter unten). Bei summarischer Betrachtung werden drei Akzente der Ablehnung sichtbar: das Praktische, das Triviale, das Unruhige.

Im Gegensatz zur Distinktion des 19. Jahrhunderts richtet sich hochkulturelle Distinktion der Gegenwart weniger klar gegen soziale Großgruppen. Distinktion ist abstrakt geworden. Die Negativfiguren der Verkäuferin, des Hilfsarbeiters, des Metzgermeisters usw. sind symbolische Personifizierungen ungewünschter Eigenschaftsbündel, von denen man sich nicht so sehr durch Arroganz gegenüber konkreten Menschen oder Gruppen distanziert wie durch Inszenierung des Gegenteils. Hierbei bedient man sich vor allem des bereits erwähnten sozialen Musters der gehobenen Konversation, orientiert an der Diskursstruktur gegenseitigen Herzeigens angeeigneter Zeichen der Hochkultur: welche Kathedralen im Urlaub besichtigt wurden, wen man als Dirigenten von was erlebt hat, was man gelesen hat. Das Gespräch darf in die Tiefe gehen, doch genügt durchaus das bloße Vorzeigen angeeigneter Hochkulturzeichen, die mit einfachen Empfindungsprädikaten - schön, interessant, großartig usw. - garniert werden. Elaborierte Formen der gehobenen Konversation sind etwa die Vernissagen-Unterhaltung, die Diskussion mit dem Autor nach der Lesung, das Podiumsgespräch, für dessen Thema immer wieder dieselben Pointierungsschemata eingesetzt werden, etwa: »Kultur ohne Ende - Ende der Kultur?«, »Menschsein 2000«, »Mythos Mann« usw. Antibarbarische Distinktion bleibt auf die milieuinterne Demonstration reduziert, kein Barbar zu sein. Das Abstraktwerden hochkultureller Feindseligkeit hängt damit zusammen, daß niemand mehr abzuwehren ist, am wenigsten die Barbaren. Diese sind weit davon entfernt, sich alltagsästhetisch etwa dem Niveaumilieu annähern zu wollen. Desinteressiert am Niveaumilieu praktizieren sie ihren eigenen Stiltypus und ihr eigenes Distinktionsschema, wie noch darzustellen ist.

Die Lebensphilosophie des Hochkulturschemas ist zentriert auf das Ideal der Perfektion, das sich im Niveaumilieu verselbständigt hat. Eigentlich ist Perfektion eine Sekundärtugend. In anderen sozialen Milieus, die ebenfalls dem Hochkulturschema nahestehen, verbindet sich Perfektion mit anderen Lebensphilosophien. So wird sie im Selbstverwirklichungsmilieu mit der narzißtischen Lebensphilosophie des Spannungsschemas kombiniert, im Integrationsmilieu mit der harmonieorientierten Lebensphilosophie des Trivialschemas. Daraus entstehen neue Wertkonfigurationen - Selbstverwirklichung und Konformität - , in denen Perfektion auf Ziele bezogen ist.

In der Ästhetik des Niveaumilieus dagegen bleibt Perfektion ein Wert an sich. Es geht nicht primär um Inhalte, sondern um die Mittel, Inhalte auszudrücken: Virtuosität, Charisma, Eloquenz, Gedächtnisleistung, neuartige Auffassungen, formale Originalität, Schlagfertigkeit, Intelligenz. Weniger wichtig ist die Frage, ob solche Kompetenzen eingesetzt werden, um Hoffnung auszudrücken oder Verzweiflung, Affirmation oder Kritik, Schönes oder Häßliches. Im Vordergrund steht die Frage, wie die Darbietung gemacht ist, nicht, worauf sie hinaus will.

Deshalb hat Kunst, die auf gar nichts hinauswill, sondern nur noch in der Handhabung formaler Möglichkeiten besteht, gute Absatzchancen. Die Perfektionsorientierung der Ästhetik des Niveaumilieus reflektiert die tieferliegende normale existentielle Problemdefinition des Strebens nach Rang, von der bei der Rekonstruktion der existentiellen Anschauungsweise des Milieus weiter oben die Rede war.

6. *Sonstige Aspekte des Subjekts:* Wodurch unterscheidet sich das typische Persönlichkeitsbild des Niveaumilieus von demjenigen der anderen Milieus? Der modale Charakter des Niveaumilieus ist im Vergleich zu den anderen älteren Milieus eher dominant, aufgeschlossen, flexibel. Eine anspruchsvolle Haltung sich selbst und dem Leben gegenüber, ausgedrückt etwa in der Suche nach Abwechslung, geht Hand in Hand mit einer leichten Tendenz zur Unzufriedenheit. Man glaubt mehr an die eigenen Fähigkeiten als an das Schicksal. Durch diese Eigenschaften unterscheidet sich die Persönlichkeit des Niveaumilieus tendenziell von der Persönlichkeit anderer Milieus, die derselben Altersklasse zugehören (Integrations- und Harmoniemilieu). Im Gesamtbild spiegelt der typische Charakter des Niveaumilieus Grundlinien der modernen Persönlichkeit wider, die im Menschenbild der Aufklärung und des Bürgertums angelegt waren (Kaschuba 1988). Stärker noch tritt dieser Persönlichkeitstyp im Selbstverwirklichungsmilieu hervor, abgesehen von der Neigung zur Reflexivität, die im Niveaumilieu am deutlichsten angelegt ist.

In keinem anderen Milieu ist die Aufgeschlossenheit gegenüber dem öffentlichen Bereich, erfaßt durch die umfangreiche Skala »öffentliches Interesse«, so groß wie im Niveaumilieu. Dem entspricht der verhältnismäßig hohe Anteil an Parteimitgliedern. Dabei tendieren die politischen Präferenzen mehr ins konservativ-bürgerliche Lager, wie sich sowohl an der relativ hohen Akzeptanz von CDU, CSU und katholischer Kirche erkennen läßt als auch an der relativ niedrigen Akzeptanz von Alternativbewegung, Friedensbewegung und Grünen. Dieses Muster politischer Einstellungen ist altersspezifisch; es gilt ähnlich für Integrations- und Harmoniemilieu.

7. *Situation:* Typisch für die Existenzform des Niveaumilieus ist ein gehobener Beruf. Legt man eine Einteilung in vier hierarchisch angeordnete Berufsgruppen zugrunde, so sind 71% der Personen über vierzig Jahren mit höherer Schulbildung den oberen beiden Rängen zuzuordnen (leitende Angestellte, Ärzte, Rechtsanwälte, Lehrer, Beamte in höheren Laufbahnen und ähnliches) - ein Prozentsatz, der von keinem anderen Milieu auch nur zur Hälfte erreicht wird. Auch das Selbstverwirklichungsmilieu, jünger zwar, aber im Bildungsgrad mit dem Niveaumilieu vergleichbar, besetzt die beiden oberen Berufsklassen nur zu 32%. Die materielle Zufriedenheit ist relativ hoch, wenn auch etwas geringer als im Integrationsmilieu, was nicht auf objektive Einkommensunterschiede, sondern auf unterschiedliche Anspruchsniveaus zurückzuführen ist (vgl. Glatzer 1984). Da das Einkommen nicht direkt erhoben werden konnte, war eine Untersuchung objektiver Einkommensunterschiede an den eigenen Daten nicht möglich. Neuere

Untersuchungen zur Einkommensverteilung in der Bundesrepublik (Dieckheuer 1980; Krause/Schäuble 1988) bestätigen jedoch, daß ein deutlicher Einkommensvorsprung der höherqualifizierten Berufstätigen in mittleren und höheren Alterslagen besteht. Die Selbsteinschätzung der eigenen Position tendiert nach oben: 46% rechnen sich zur »oberen Mittelschicht« oder zur »Oberschicht« (zum Vergleich: Selbstverwirklichungsmilieu 24%; Integrationsmilieu 20%; Harmoniemilieu und Unterhaltungsmilieu je 4%).

Die gehobene Stellung im Beruf konkretisiert sich auch in vielen Details der Arbeitssituation. Weitaus mehr als in den anderen Milieus erfordert die Arbeit hohe Konzentration, setzt mehrjährige Ausbildung voraus, ist auch außerhalb der normalen Arbeitszeiten zu leisten; umgekehrt ist die Belastung durch Lärm, Schmutz, schlechte Luft weit unter dem Durchschnitt. Arbeit an Maschinen und handwerkliche Arbeit kommt selten vor, erzieherische und pflegende, helfende, fürsorgliche Arbeit dagegen überproportional häufig. Auf der Skala »Handarbeit-Kopfarbeit«, die viele einzelne Aspekte zusammenfaßt, besetzt das Niveaumilieu den Bereich der Kopfarbeit, auf der Skala »Hierarchieposition« den Bereich der oberen Ränge.

Auch die Wohn- und Umweltsituation des Niveaumilieus unterscheidet sich von derjenigen der anderen Milieus, wenngleich weniger deutlich. Obwohl das Integrationsmilieu nach beruflicher Stellung, Einkommen und Bildung unterhalb des Niveaumilieus lokalisiert ist, ähneln sich die typischen Wohnsituationen beider Milieus weitgehend; trotzdem ist die Wohnzufriedenheit beim Niveaumilieu deutlich geringer. Erneut wird deutlich, daß die Bewertungsmaßstäbe von der Bezugsgruppe abhängen, wie sich bereits beim milieuspezifischen Gefälle der Einkommenszufriedenheit gezeigt hat. Während sich die äußeren Lebensbedingungen dieser beiden Milieus weitgehend einander angeglichen haben, bestehen deutliche Unterschiede hinsichtlich Wohnkomfort, Gesamteindruck des Ambientes auf Außenstehende (Interviewer) und Wohneigentum im Verhältnis zu den weniger gebildeten Milieus (Harmoniemilieu und Unterhaltungsmilieu).

Die milieutypische Verteilung der momentanen Tätigkeiten entspricht ungefähr dem Profil, das auch für die anderen älteren Milieus gilt. Etwa die Hälfte ist berufstätig, ein Fünftel bis ein Sechstel bezieht Rente oder Pension, kaum jemand ist in Ausbildung. In einer Hinsicht allerdings unterscheidet sich das Niveaumilieu von Integrationsmilieu und Harmoniemilieu deutlich: Der Anteil der Hausfrauen ist mit 19% nur etwa halb so hoch.

Niveaumilieu: Charakterisierung in Stichworten

Evidente Zeichenkonfiguration (Anhang, Tabelle 6.1)	älter (über 40)/gebildet Stiltypen: Nähe zum Hochkulturschema/Distanz zum Trivialschema/ Distanz zum Spannungsschema
Manifestation in der Alltagserfahrung	Publikum der Hochkulturszene/Berufsleben: älteres Personal des pädagogischen Bereichs (Schulen, Hochschulen, Erwachsenenbildung) und der akademischen Berufe (z.B. Ärzte und Rechtsanwälte)/konservatives und liberales Lager der kommunalen Honoratioren/typische freiwillige Vereinigungen: Lions-Club, Golfclub/Restaurants mit »gehobener« Atmosphäre/politische und wirtschaftliche Elite im Fernsehen/Bekleidungsstil: konservativ, qualitätsbewußt, oft »elegant«
Alltagsästhetik: Zeichen im einzelnen (Auswahl)	Präferenzen: Konzert, Museum, Oper, Theater u.ä./klassische Musik/ moderne E-Musik/Jazzmusik/überregionale Tageszeitungen/Zeit/Spiegel/ ein Buch lesen/Sprachen lernen/Fortbildung/etwas schreiben (Tagebuch u.ä.)/Beschäftigung mit einer Sammlung/Fernsehpräferenzen: politische Diskussionen, Zeitgeschichte, intellektuelle Orientierung/Tageszeitung: Kultur, Wirtschaft, Politik
(Anhang, Tabellen 5.4/5.5 /5.6/5.7)	Distanzierungen: Handarbeiten, Bastelarbeiten/Modezeitschriften/Auto oder Motorrad pflegen/Fernsehen: Action/Volksfestszene/Nachtlokale/ Diskotheken/Musik: Pop, Rock, Folk/Trivialmusik/Wohnung verschönern/Lektüre: Trivialliteratur/Bildzeitung/Abendzeitung/Goldenes Blatt u.ä./Kleinanzeigen (Tageszeitung)/Werbung (Tageszeitung)/etwas Gutes kochen/fernsehen/saubermachen (nur weibliche Befragte)/Fernsehshows, Quizsendungen/Volkstheater (Fernsehen)/deutsche Schlager
Alltagsästhetik: Bedeutungen	Genußschema: Kontemplation Distinktion: antibarbarisch Lebensphilosophie: Perfektion
Subjekt: sonstige Aspekte (Anhang, Tabellen 6.2/ 6.8/6.12/6.14)	vorherrschend Hochsprache/gute Selbstinszenierung (Interviewerurteil)/ hohes politisches Interesse/hoher Anteil an Parteimitgliedern/politisch konservative Tendenz/hohe Reflexivität/hohes Dominanzstreben. Im Vergleich innerhalb der Altersklasse: geringer Fatalismus/geringer Egoismus/geringe Bereitschaft zur politischen Unterordnung/hohes Vertrauen/häufiges Ausgehen und Suche nach Abwechslung/wenig Personen mit Übergewicht
Situation (Anhang, Tabellen 6.3/ 6.4/6.5/6.6/ 6.7/6.15)	gehobene Berufsgruppen/hohe Position in der Hierarchie am Arbeitsplatz/überwiegend Kopfarbeit/oft Arbeit außerhalb der normalen Arbeitszeiten/Arbeit erfordert hohe Konzentration/häufig erzieherische Arbeit/ keine physischen Arbeitsbelastungen (Lärm, Schmutz, Luft usw.)/hoher Wohnkomfort/häufig Wohneigentum/gehobener Bildungs- und Berufsstatus bei Eltern und Partner/geringer Hausfrauenanteil
Wissenssoziologische Interpretation	Ich-Welt-Bezug: weltverankert Primäre Perspektive: Hierarchie Existentielle Problemdefinition: Streben nach Rang Fundamentale Interpretation: Komplexität und Ordnung Erlebnisparadigma: Nobelpreisverleihung

6.3 Harmoniemilieu

1. *Evidente Zeichenkonfiguration:* Der Kern des Harmoniemilieus besteht aus älteren Personen (typischerweise über 40) mit niedriger Schulbildung (überwiegend unterhalb der mittleren Reife). Im dimensionalen Raum alltagsästhetischer Schemata verdichtet sich das Harmoniemilieu in jener Region, die durch Distanz zum Hochkulturschema und gleichzeitig Nähe zum Trivialschema bestimmt ist.

Überrascht stoßen wir hier auf eine soziale Großgruppe, deren Existenzform in vielen Details unterschichtentypisch in einem Sinn erscheint, wie er uns aus der Literatur geläufig ist. Ist das Arbeitermilieu nicht soziologisch totgesagt? Nach den im vorangegangenen Abschnitt festgestellten Parallelen zwischen Niveaumilieu und Bürgertum zeigen sich erneut Ähnlichkeiten zwischen sozialen Milieus, die verschiedenen sozialgeschichtlichen Epochen angehören. Als gäbe es eine kulturhistorische Phylogenese, sind im heutigen Phänotyp sozialer Großgruppen viele Atavismen erkennbar, denen die radikale Veränderung der Lebensumstände nicht viel anhaben konnte.

Dies soll nicht über die Andersartigkeit des gegenwärtigen Gefüges sozialer Milieus hinwegtäuschen, die sich auch im Verhältnis von Harmoniemilieu und Niveaumilieu niederschlägt. Trotz vieler Kontraste ist der klassische Gegensatz zwischen Arbeiterschaft und Bürgertum vor allem insofern nicht mehr gegeben, als beide Milieus auch eine wichtige Gemeinsamkeit aufweisen - das vorgerückte, nicht mehr jugendliche Alter. Wir begegnen hier einem der wichtigsten Strukturmerkmale unseres Milieugefüges. Die klare Vertikalität der Bildungsunterschiede wird durch das Hervortreten der Altersschichtung gebrochen. Im Strukturmodell sozialer Milieus, das sich aus einer Zusammenschau der fünf folgenden Milieuportraits ableiten läßt, ist diese durch eine Altersgrenze gespaltene Vertikalität das markanteste Charakteristikum (vgl. Abschnitt 8.2).

2. *Manifestation in der Alltagserfahrung:* Obwohl das Harmoniemilieu mehr Menschen umfaßt als das Niveaumilieu, tritt es weniger klar öffentlich in Erscheinung. Dies liegt nicht nur an der milieuspezifischen Neigung, zu Hause zu bleiben. Auch wenn sich die Angehörigen des Milieus durch die Öffentlichkeit bewegen, in der Fußgängerzone, in Kaufhäusern, Linienbussen, bleiben sie eher unauffällig. Als gelte es, sich zu tarnen, ist die Farbpalette der Kleidung überwiegend auf zurückhaltende Töne beschränkt - grau, beige, oliv, dunkelblau. Die antiexzentrische Distinktion des Trivialschemas wird übersetzt in den Stil der Mäntel von der Stange, der zeitlosen Filzhüte, der Bügelfaltenhosen und Strickjacken aus dem Sonderangebot. Mit einem Outfit der Undeutlichkeit macht sich das Milieu systematisch zum Hintergrund: ununterscheidbare dunkle Damenhandtäschchen, konservatives Schuhwerk, Baumwollhemden in Standardmustern und schwer definierbaren Farben, unaufdringliche Frisuren. Bezeichnend sind die bevorzugten Stilmerkmale der Kleidung, zu denen sich das Milieu der Outfit-Studie zufolge (1986, S.72) mehr als andere Milieus bekennt: »gepflegt«, »ordentlich«, »schlicht«, »korrekt«, »dezent«, »unauffällig«, »traditionsbewußt«.

Prototypen des Milieus sind die zur Miete wohnende Angestelltenwitwe, der ältere Arbeiter, das Rentnerehepaar, die Hausfrau im Billigmarkt mit ihrer Einkaufstasche auf Rädern, die Wurstverkäuferin, deren Alter irgendwo zwischen 40 und 60 liegen muß. Die Männer gehen gerne zum Fußball, die Frauen in die Konditorei. Man trifft das Milieu dort, wo das Billige und nicht allzu Modische zu haben ist, im Schuhdiscount, bei C&A, in der Großwohnanlage auf Mallorca. Anbieter von Kaffeefahrten und dazugehörigen Konsumartikeln (heizbare Wolldecken, Patentbügelbretter, Topfkombinationen) rekrutieren ihr Publikum fast ausschließlich aus diesem Milieu (Knoblauch 1988). Körperlich unterscheidet sich das Milieu deutlich von den anderen Milieus (auch von den etwa gleichaltrigen Gruppen - Niveaumilieu und Integrationsmilieu) durch seine Langsamkeit, Behäbigkeit, Ungelenkigkeit.

Auffälligstes Merkmal der Inneneinrichtung ist eine Tendenz zur Besetzung des Raums mit Objekten. Das Prinzip »viel ist schön« führt oft zu Überlagerungen mehrerer ästhetischer Materialschichten. Über dem dicken gemusterten Teppichboden liegt ein anders gemusterter Zierteppich, darauf ein Spitzendeckchen, auf dem ein verschnörkeltes Glastischchen steht. Die zwei Etagen des Tischchens sind mit Brokatdeckchen belegt. Darauf silberne Untersetzer, dann eine Schicht Schnapsgläser, geschart um eine Kristallvase. Die darin stehenden Papierblumen füllen den Luftraum über dem Tischchen in seiner unteren Schicht; darüber hängt eine an der Zimmerdecke befestigte Blumenampel. Die in der Wohnwelt-Studie (1988, S.70) abgebildeten milieuspezifischen Interieurs werden aus unerfindlichen Gründen als rustikal bezeichnet. Beherrschender Eindruck ist jedoch nicht Schlichtheit, sondern Anfüllung. Andere Milieus nutzen die Leere als Gestaltungsprinzip, dieses die Häufung. Die Aneignung des Innenraums vollzieht sich hier durch Besetzung von Lücken, durch Schaffen von Höhlen (die wiederum besetzt werden wie die Arkaden der Schrankwand oder wie der Raum unter dem Fernsehtischchen), durch Verdunklung, Unterbrechung glatter Flächen, Musterung und durch Erzeugung einer unverkennbaren Wolke von Stallgeruch, die aus einem heterogenen Materiallager der Gemütlichkeit gespeist wird. Diese selbstgewählte Verengung und Verdichtung der Wohnatmosphäre, für Angehörige anderer Milieus nahezu unerträglich, verweist auf Charakteristika des milieuspezifischen Subjekts, von der in den folgenden Punkten zu reden ist.

3. *Existentielle Anschauungsweise:* Um das Wirklichkeitsverständnis des Harmoniemilieus zu rekonstruieren, müssen wir uns umstellen. Die unsystematische Zerklüftung des Alltagswissens zwingt dazu, eine Perspektive einzunehmen, die sich nicht in eine logisch geordnete, nach einem einheitlichen Prinzip aufgebaute Reihe mit den existentiellen Anschauungsweisen der anderen Milieus bringen läßt. Im Weltbild des Harmoniemilieus dominiert als primäre Perspektive die Dimension der Gefahr. Gegeben ist eine potentiell bedrohliche Welt.

Aus diesem milieuspezifischen Ur-Mißtrauen heraus entsteht eine Tendenz, den Wirklichkeitshorizont überhaupt zu reduzieren. Durch Vermeidung des Neuen wird selektive Wahrnehmung auf die Spitze getrieben. Auf nichts anderes läuft Rigidität, wie sie in dieser Untersuchung durch eine Skala gemessen wurde, hinaus: Angst vor dem Unbekannten, vor nicht durch Regeln abgesicherten Situationen, vor Drahtseilakten der Bewältigung des Ungewohnten. »Unberechenbare Situationen machen mich meistens ziemlich nervös«; »Ich glaube, daß ein wohlgeordneter Lebensstil für mich das Beste ist«; »Es ärgert mich, wenn etwas Unerwartetes meinen Tagesablauf stört«; so oder ähnlich ist der Wortlaut der Items der Rigiditätsskala, die im Harmoniemilieu weit nach oben ausschlägt. Doch dies ist nur eines von vielen Details, die in dieselbe Richtung zeigen. Von der Wirklichkeit ist nichts Gutes zu erwarten, von den anderen Menschen nicht, von der Zukunft nicht, von der Gesellschaft nicht. Skalen, die diese Bereiche ansprechen, erreichen im Harmoniemilieu durchgängig Höchstwerte: paranoide Tendenzen (»Ich habe bei verschiedenen Personen das Gefühl, daß sie mich hinter meinem Rücken schlecht machen«), Egoismus (»Wer zuerst an die anderen denkt, hat meist mehr Nachteile als Vorteile«), Fatalismus (»Gegen die Umstände ist man oft ziemlich machtlos«). Selbst körperlich macht sich diffuse Angst durch höhere Werte auf der Skala der vegetativen Labilität bemerkbar (Schlafprobleme, Herzklopfen, empfindlicher Magen, Enge in der Brust, Gefühl der Anspannung u.a.).

Kein Milieu tritt öffentlich weniger in Erscheinung, wie sich an den Indikatoren für die Partizipation an verschiedenen Szenen erkennen läßt, kein Milieu hat eine stärkere Neigung zum Rückzug in die eigenen vier Wände. Man bleibt, wo man sich am sichersten fühlt: zu Hause. Die Offenheit, auch im sozialen Sinne (gemessen durch eine modifizierte Skala des Freiburger Persönlichkeitsinventars) ist gering. Verunsichernde Wirklichkeitsbereiche, insbesondere Politik, werden aus der Wahrnehmung ausgeblendet.

Die existentielle Anschauungsweise des Harmoniemilieus nimmt eine gefährliche Welt als gegeben an (außenverankerter Ich-Welt-Bezug). Einer primären Perspektive der Gefahr korrespondiert eine normale existentielle Problemdefinition der Suche nach Geborgenheit. Prägnant tritt dieses Motiv in der alltagsästhetischen Praxis hervor. Das Trivialschema hält das positive Komplement zu einer angsterregenden Welt bereit. In einem Schlager heißt es: »... und wenn Du glaubst, es geht nicht mehr / kommt irgendwo ein Lichtlein her / und es wird wieder gut«. Lichtlein dieser Art kommen von allen Seiten. In immer neuen Metamorphosen begegnet uns das Erlösungsmotiv: als Vision des Häuschens mit Spitzgiebel und Sprossenfenstern, stark nachgefragt auf dem süddeutschen Immobilienmarkt der achtziger Jahre, als »Patrona Bavariae«, Schutzheilige des Schlagermarktes 1989 mit mehreren Millionen verkauften Schallplatten, als Verbrüderung im »Musikantenstadl« der ARD. In einer schlechten Welt sucht das Ich nach der Provinz der Harmonie.

Da die Suche nach dem Schönen aus der Angst kommt, muß die Harmonie einfach sein, denn das Ungewohnte, Komplizierte, gar Avantgardistische im ästhetischen Zeichenkosmos würde gerade dort Angst erregen, wo man ihr entkommen möchte.

Im Gegensatz zu den anderen alltagsästhetischen Schemata ist das Trivialschema deshalb durch ästhetischen Konservativismus und formale Schlichtheit gekennzeichnet. Das Harmoniemilieu als prägende soziale Gruppe des Trivialschemas sucht ein stabiles und bequemes Paradies. Geborgenheit braucht Stallgeruch. Neuartige und schwer zu dekodierende ästhetische Strukturen wären bedrohlich. Dieselbe Motivation, die das Harmoniemilieu für das Trivialschema empfänglich macht, läßt es vor dem Hochkulturschema zurückschrecken. Gemütlichkeit (Genußschema), Dazugehören (antiexzentrische Distinktion), Harmonie (Lebensphilosophie): So lautet die Kursbestimmung ästhetischer Bedeutungssuche, angestoßen durch die Suche nach Geborgenheit, mit der das Harmoniemilieu auf die Vorstellung einer tendenziell gefährlichen Wirklichkeit reagiert. In der politischen Einstellungsbildung schlägt sich die Suche nach Geborgenheit in einer besonders hohen Bereitschaft zur politischen Unterordnung nieder, verbunden mit der Ablehnung von Unruhe, Innovation, Protest. Das Harmonieideal wird umgesetzt im politischen Ziel einer statischen, geführten und disziplinierten Gesellschaft. Keine Experimente!

4. *Fundamentale Interpretation:* Mehr noch als beim Niveaumilieu zeigt sich beim Harmoniemilieu das Phänomen der innenorientierten Umdeutung von urspünglich außenorientierten Handlungstendenzen (vgl. Abschnitt 5.7). Die existentiellen Anschauungsweisen beider Milieus repräsentieren zwei Seiten der vergangenen Knappheitsgesellschaft, die obere und die untere, als sozialgeschichtliche Reminiszenz in der Überflußgesellschaft. Dem Statusdenken der Oberen korrespondierte das Überlebensdenken der Unteren. Vor dem Hintergrund der ökonomischen Semantik konstruierten die einen ihr Lebensprojekt offensiv als Aufwärtsstreben, die anderen defensiv als Vermeidung des Untergangs (materialreich schildert Camporesi die Alltäglichkeit der Bedrohung durch Hunger und Krankheit; 1990). Der fundamentalen Erfahrung von »viel« stand die fundamentale Erfahrung von »wenig«, oftmals »zu wenig« gegenüber. In der ästhetischen Projektion bauten die einen am Konstrukt des Erhabenen, der Verfeinerung, der Distinktion, während die anderen kaum Ressourcen zur Verfügung hatten, um überhaupt ästhetische Projektionen zu entwickeln. Kostenlos war lediglich die mündliche Volkskultur und die Religion. In beiden Bereichen stoßen wir auf das Spannungsverhältnis von Realität und Utopie, von böser Welt und Erlösung. Zahlreiche Märchen folgen der Dramaturgie des Übergangs von der Entbehrung zum Überfluß jenseits allen Vorstellungsvermögens - Königssöhne treten strahlend in die rußgeschwärzte Welt der Armut ein, Geld fällt vom Himmel oder aus dem Dukatenesel, an den Bäumen wachsen Würste, gebratene Tauben fliegen durch die Luft. Die religiöse Entgegensetzung von irdischem Jammertal und Paradies ist eine Variation desselben Motivs. Es spricht daraus eine fundamentale Deprivationserfahrung, die in die Konstruktion der ökonomischen Semantik einfließt. Eine der Projektionen der Kategorie »wenig« ist die existentielle Anschauungsweise der Suche nach Geborgenheit in einer bedrohlichen Welt, eine andere die volkstümliche Ästhetik der Erlösung.

Daß wir immer noch auf dieses Deutungsmuster stoßen, obwohl sich die materielle Situation so grundlegend gewandelt hat, ist erstaunlich. Gewiß - es sind immer noch die relativ Deprivierten, die so denken, doch wirkt ihre objektive Deprivation im Vergleich zum Leben in der Zone des Existenzminimums wie Reichtum. Bei den relativ Deprivierten hat sich eine Mentalität konserviert, die unter der Bedingung absoluter Deprivation entstanden ist. Noch lebt die kollektive Erinnerung an das »Mittelalter« im ökonomischen Sinn, das Le Goff (1991) erst in unserem Jahrhundert wirklich zu Ende gehen läßt: »Europa ist bis ins 19. Jahrhundert eine ländliche Welt, den wiederkehrenden Hungersnöten ausgeliefert.«

Um das Harmoniemilieu zu verstehen, müssen wir noch einen Schritt weitergehen. Seine normale existentielle Problemdefinition der Suche nach Geborgenheit kann in vielen Fällen nicht mehr als außenorientiert begriffen werden - als Wunsch nach einer sprunghaften Ressourcenvermehrung in der Biographie, um endlich dem Existenzkampf zu entkommen. Seitdem diese Ressourcenvermehrung tatsächlich eingetreten ist, hat die existentielle Anschauungsweise des Harmoniemilieus zunehmend innenorientierte Züge bekommen. Worin liegt der Reiz des Erlösungsmotivs, zu dessen aktuellen Varianten etwa der Lottogewinn gehört, der Schlager, die Hochzeiten der Prominenz, der Trivialroman, die traditionalistische Folklore einer als harmonisch vorgestellten Sozialgemeinschaft? Daß den Besitzern etwas kleinerer Autos, etwas bescheidenerer Behausungen, etwas geringerer Sparkonten nichts anderes bliebe als die Flucht in eine Fiktion, wo man über Limousinen, Luxusvillen und riesige Summen verfügen kann, ist absurd. Die existentielle Anschauungsweise des Harmoniemilieus unterliegt einer innenorientierten Umdeutung. Nicht die nackte Not, sondern der Erlebnisgehalt stabilisiert in zunehmendem Maße die Suche nach Geborgenheit.

Damit erhebt sich die Frage nach dem Bezug des Harmoniemilieus zur fundamentalen psychophysischen Semantik (zur Terminologie des folgenden Absatzes vgl. Abschnitt 7.2). Kennzeichnend für das Milieu ist die Kombination der Kategorien von Einfachheit und Ordnung. Im Muster des schönen Erlebnisses verbinden sich die Körpererfahrungen von »Standardisierung« und »Unmittelbarkeit« mit den kognitiven Elementen von »Sicherheit« und »Entlastung«. Geprägt von diesem Muster ist auch das Erlebnisparadigma, mit dem das Projekt des Harmoniemilieus metaphorisch beschrieben werden soll, die Hochzeit. Es ist eine Szenerie, in der selbst Zyniker innere Kämpfe gegen die aufkeimende Rührung durchmachen. Für den Betrachter überwiegt die Perspektive der Braut: zart, rein, verletzlich, nun aber für immer beschützt. Im traditionellen Schema des Hochzeitsbildes wird der Mann oberhalb der Frau postiert. Der festgehaltene Moment ist der Moment schöner Ordnung schlechthin, nach den Unsicherheiten der Verlobungszeit, vor den Ernüchterungen des Ehelebens, kollektiv geformt durch standesamtliche und kirchliche Riten. Die Ringe sind getauscht, der Kuß bereits ein Tun jenseits der Sünde, Vollzug institutionalisierter Forderungen. Nun endlich kann die Braut sich fallenlassen. Daß dieses Paradigma wenig mit der Wirklichkeit der Hochzeit zu tun hat, ist hier nebensächlich, geht es doch nicht um die Beschreibung der tatsächlichen Gefühlswelt von Bräuten, sondern um die Wiedergabe eines populären Mythos, in dem sich die existentielle Anschauungsweise des Harmoniemilieus verdichtet.

5. *Alltagsästhetik:* Eine detaillierte Untersuchung der milieuspezifischen Alltagsästhetik fördert eine besondere Neigung zum Praktischen zutage, die auch in den anderen weniger gebildeten Milieus (Unterhaltungsmilieu, Integrationsmilieu) anzutreffen ist: das Auto oder das Motorrad pflegen, die Wohnung verschönern, Reparaturen am Haus oder in der Wohnung, Sachen in Ordnung bringen, etwas Gutes kochen, saubermachen. Umgekehrt ist die Distanz gegenüber solchen ästhetischen Zeichen besonders groß, deren Dekodierung Bildung oder Reflexion voraussetzt, vor allem, wenn es sich um ästhetische Zeichen der Neuen Kulturszene handelt, die nicht durch längere Tradition im Kollektiv etabliert sind (etwa freie Theater und Kleinkunstbühnen). Stattdessen triumphieren Blasmusik, deutscher Schlager, Heimatfilm, Fernsehquiz, Naturfilme, leichte Unterhaltungsmusik. Die milieuspezifischen Lektürepräferenzen richten sich auf Bestsellerromane (Simmel, Konsalik, Utta Danella und andere) und vermeiden »gehobene Literatur« und Sachliteratur. Goldenes Blatt, Neue Post, Frau im Spiegel, Bildzeitung haben hier ihre Abnehmer, nicht dagegen Zeit, Spiegel, die Stadtzeitung, überregionale Tageszeitungen.

Im Gegensatz zu den bevorzugten Themen des Niveaumilieus bei der Zeitungslektüre - Politik, Wirtschaft, Kultur - richtet sich das Interesse im Harmoniemilieu auf lebenspraktisch verwertbare Informationen: Kleinanzeigen, Sonderangebote, Werbung, Lokalnachrichten. Beim Radiohören und beim Fernsehen tendiert das Milieu mehr als andere zu Themen, die sich mit der Region beschäftigen. Unübersehbar ist eine milieuspezifische Tendenz zum Rückzug in die Privatsphäre und zur Inaktivität. Am deutlichsten unterscheidet sich das Harmoniemilieu in dieser Hinsicht vom Selbstverwirklichungsmilieu. Auf der einen Seite die Neigung, überwiegend zu Hause zu bleiben, auf der anderen die Tendenz nach draußen. Während andere ins Kino gehen, Konzerte besuchen, Kneipen, Cafés, Diskotheken und Nachtlokale bevölkern, zum Essen ausgehen, sich mit jemandem treffen, sitzt das Harmoniemilieu beim Fernsehen. Weniger als andere soziale Gruppen ist das Milieu in Szenen präsent (Hochkulturszene, Neue Kulturszene, Kneipenszene). Es ist groß, aber kaum sichtbar.

Das Milieu ist die soziale Heimat des Trivialschemas: Gemütlichkeit als Genußform, Harmonie als Lebensphilosophie, Antiexzentrizität als Muster der Distinktion. Explizit tritt diese Form der sozialen Distanzierung in der Outfit-Studie zutage (1986, S.72). Kleidungsstile, die das Milieu ablehnt, sind charakterisiert durch Eigenschaften wie »supermodern«, »avantgardistisch«, »extravagant«, »frech«, »witzig«, »poppig«, »originell«, »cool«, »antispießig«, »schockierend«, »provozierend«. Kommt die Ablehnung solcher Attribute beim Niveaumilieu aus der Verachtung des Unkultivierten, so speist sie sich im Harmoniemilieu aus der Ablehnung des Außenseitertums.

6. *Sonstige Aspekte des Subjekts:* Zur Kultur des Harmoniemilieus gehört das Dicksein. In keinem anderen Milieu ist der Anteil offensichtlich übergewichtiger Personen (beurteilt durch den Interviewer und durch den Befragten selbst) so hoch wie hier. Nur vordergründig ist dies auf milieuspezifische Eßgewohnheiten zurückzuführen; entscheidend ist die passive Einstellung gegenüber dem Körper in Verbindung mit dem Genußmuster der Gemütlichkeit, die zum Bedeutungskern des Trivialschemas gehört. Zwischen Lebensstil und Körperlichkeit besteht eine Wechselbeziehung: Ein gemütliches Leben macht dick, ein dicker Körper liebt die Gemütlichkeit. Dazu paßt, daß die Bereitschaft, aktiv Sport zu treiben, in diesem Milieu besonders niedrig ist.

Es dominiert die einfache Sprache, der Dialekt, der im Harmoniemilieu wesentlich häufiger und mit stärkerem Akzent vorkommt als im Niveaumilieu. Im Urteil der Interviewer fällt die Gesamteinschätzung der Person tendenziell deutlich ungünstiger aus als bei den gebildeteren Milieus (Niveaumilieu, Integrationsmilieu, Selbstverwirklichungsmilieu); die befragten Personen erscheinen als weniger freundlich, aufgeschlossen, höflich, entgegenkommend, kultiviert, ausgeglichen und anderes. Dieser Befund läßt zwei Interpretationen zu, die sich nicht gegenseitig ausschließen: Möglich ist erstens, daß die Fähigkeit zur effektiven Selbstinszenierung in diesem Milieu nicht gepflegt wird, zweitens kann es sein, daß im Interviewerurteil ein Befremden zum Ausdruck kommt, das mit der Zugehörigkeit der Interviewer zu anderen Milieus (überwiegend Selbstverwirklichung, Integration, Niveau) zusammenhängt.

In keinem Milieu ist die Distanz zum Ziel der Selbstverwirklichung größer als im Harmoniemilieu. Für die Beschäftigung mit den Mysterien des eigenen Innenlebens finden sich hier weit weniger Liebhaber als anderswo, wie sich etwa am geringen Interesse an Selbsterfahrungsgruppen und psychologischen Themen ablesen läßt. Der milieuspezifische Persönlichkeitstypus ist durch auffällig geringes Vertrauen gekennzeichnet: geringe Offenheit, hoher Fatalismus, hohe Anomie, hohe Rigidität (Angst vor neuartigen Situationen), hohe paranoide Tendenzen u.a. All diese Komponenten sind so stark miteinander verbunden, daß sie als Indikatoren einer übergreifenden psychosozialen Hyperdimension »Vertrauen« verwendet werden konnten. Auf dieser Dimension befindet sich der Großteil des Harmoniemilieus im unteren Skalenbereich, weitaus mehr als in allen anderen Milieus.

Mißtrauen bedeutet, daß man nichts Gutes von der Welt erwartet. »Jeder ist sich selbst der Nächste«. Eigentlich wäre zu vermuten, daß mißtrauische Menschen mit ihrem Leben unzufrieden sind. Erstaunlicherweise ist jedoch der Persönlichkeitstypus des Harmoniemilieus besonders zufrieden, vergleichbar nur dem Persönlichkeitstypus des Integrationsmilieus. Wie ist dies möglich? Ein Erklärungsversuch muß an der milieuspezifischen Alltagsästhetik ansetzen. Das Trivialschema, das ja seine Heimat ausschließlich in diesen beiden Milieus hat, enthält die Lebensphilosophie der heilen Welt. Dissonanzen, Konflikte, Spannungen haben in der Alltagsästhetik des Trivialschemas höchstens den Charakter des

Theaterdonners, der als Kontrast für das sichere gute Ende benötigt wird. Dieser Angst vor einer unharmonischen Wirklichkeit, unübersehbar dokumentiert in der mißtrauischen Grundhaltung der milieuspezifischen Persönlichkeit, korrespondiert die Suche nach Harmonie im Kosmos der vorgestellten Wirklichkeit. Alltagsästhetische Praxis wird durch die Angst vor der Wirklichkeit bedingt und wirkt auf diese Angst zurück. Je mehr man sich an eine heile Welt gewöhnt, desto unfähiger wird man, mit der wirklichen Welt umzugehen und desto mehr erschreckt sie einen.

Besonders gering ist die politische Beteiligung. Niedriger als in den anderen Milieus ist das Interesse an öffentlichen Angelegenheiten; der Anteil der Parteimitglieder liegt lediglich bei 2%. In der Akzeptanz von Institutionen, Parteien und Bewegungen entspricht das Harmoniemilieu dem für die älteren Milieus generell typischen Muster einer konservativen Tendenz. Auffällig ist die besonders hohe Neigung zur politischen Unterordnung.

7. *Situation:* Fast ausschließlich gehören die berufstätigen Personen in diesem Milieu den unteren Berufsgruppen an. Im Vergleich zu den anderen älteren Milieus ist die Zufriedenheit mit den Einkommensverhältnissen am niedrigsten. Dem entspricht der geringere Wohnkomfort und der deutlich höhere Anteil von Personen, die kein Wohneigentum haben, sondern zur Miete wohnen. Zur »oberen Mittelschicht« oder »Oberschicht« rechnet sich kaum einer der Befragten aus diesem Milieu, viele dagegen zur »Unterschicht« oder »Arbeiterschicht«.

Wie im Unterhaltungsmilieu, dem komplementären jüngeren Milieu der weniger Gebildeten, ist die Arbeitssituation durch körperliche Anstrengung, Umweltbelastungen und Unterordnung gekennzeichnet. Überwiegend wird die Arbeit als körperlich anstrengende Arbeit bezeichnet, dreimal so häufig wie bei den Befragten von Niveaumilieu und Integrationsmilieu. Ähnliche Prozentsätze gelten für die Charakterisierung der Arbeit als handwerkliche Arbeit. Mehr als bei anderen Milieus (das Unterhaltungsmilieu ausgenommen) handelt es sich um Arbeit an Maschinen. Während das im nächsten Abschnitt geschilderte Integrationsmilieu dem Harmoniemilieu nach Stiltypus, Lebensalter und Bildung eng benachbart ist, unterscheiden sich die Arbeitsbedingungen deutlich zum Nachteil des Harmoniemilieus: Unfallrisiko, Lärm, schlechte Luft, Schmutz. Nur 45% geben an, daß für die von ihnen geleistete Arbeit eine mehrjährige Ausbildung erforderlich war - der geringste Anteil im Milieuvergleich. Der Anteil von Hausfrauen, Rentnern und Rentnerinnen ist in diesem Milieu besonders hoch, was gewiß auch mit den ungünstigen Arbeitsbedingungen zusammenhängt.

Harmoniemilieu: Charakterisierung in Stichworten	
Evidente Zeichenkonfiguration (Anhang, Tabelle 6.1)	älter (über 40)/geringe Bildung Stiltypus: Nähe zum Trivialschema/Distanz zum Hochkulturschema/ überwiegend Distanz zum Spannungsschema
Manifestation in der Alltagserfahrung	Berufsleben: ältere Arbeiter und Verkäuferinnen/Rentner und Rentnerinnen/Bekleidungsstil: billig und unauffällig (grau, olive, beige, dunkelblau)/Billig-Einkaufsmärkte (Aldi, Norma u.ä.)/Discountläden (Schuhe, Kleidung)/Fußballpublikum (Männer)/Konditoreien (Frauen)/ Pauschaltourismus/körperlicher Habitus: ungelenk, langsam
Alltagsästhetik: Zeichen im einzelnen (Auswahl) (Anhang, Tabellen 5.3/5.5/ 5.6/5.7/6.13)	Präferenzen: häufiges Fernsehen/Fernsehpräferenzen: lokale Sendungen, Volkstheater, Fernsehshows, Quiz, Heimatfilme, Naturfilme, Unterhaltungssendungen/Volksmusik/Unterhaltungsmusik/deutsche Schlager/ Auto oder Motorrad pflegen/Wohnung verschönern/Bildzeitung/ Anzeigenblätter/Goldenes Blatt u.ä./Sachen in Ordnung bringen*/ etwas Gutes kochen*/saubermachen* (*=nur weibliche Befragte) Distanzierungen: Suche nach Abwechslung/Sportorientierung/klassische Musik/Pop, Rock, Folk/Kino/Kneipenszene/Selbsterfahrungsgruppen/Fernsehen: intellektuelle Orientierung/überregionale Tageszeitungen/Zeit/Spiegel/Stern/Modezeitschriften/Ausstellungen/ Schauspielhaus/Lektüre: »gehobene« Literatur, Sachorientierung/ psychologisches Interesse/Ausgehen/Nachtlokale/Hochkulturszene/ Neue Kulturszene/Kulturladenszene/Sprachen lernen/Kurse/Fortbildung
Alltagsästhetik: Bedeutungen	Genußschema: Gemütlichkeit Distinktion: antiexzentrisch Lebensphilosophie: Harmonie
Subjekt: sonstige Aspekte (Anhang, Tabellen 6.2/ 6.11/6.12/6.14)	ungeschickte Selbstinszenierung (Interviewerurteil)/dialektgefärbte Sprache/spazierengehen in der Wohnumgebung/geringer Kontakt zur Innenstadt/politisch eher konservativ/hohe Bereitschaft zur politischen Unterordnung/geringes Interesse an öffentlichen Angelegenheiten/ eher religiös/relativ hohe Lebenszufriedenheit/geringe Offenheit/ Fatalismus/geringe Reflexivität/hohe Anomie/hohe Rigidität/paranoide Tendenzen/geringes Vertrauen/geringes Dominanzstreben/ Körper: weniger guter Gesundheitszustand; häufig Übergewicht
Situation (Anhang, Tabellen 6.2/6.3/ 6.4/6.5/6.6/6.7/ 6.8/6.15)	verheiratet oder verwitwet/hoher Hausfrauenanteil/hoher Anteil von Rentnern und Rentnerinnen/niedriger beruflicher Status/häufige Selbstzurechnung zur »Unterschicht« oder »Arbeiterschicht«/Arbeitssituation: eher untergeordnet, häufig unqualifiziert/diverse Belastungen (Lärm, Luft, Schmutz, Anstrengung)/überwiegend Handarbeit/relativ selten Wohneigentum/niedriger Wohnkomfort/geringe Bildung und geringer beruflicher Status von Eltern und Partner
Wissenssoziologische Interpretation	Ich-Welt-Bezug: weltverankert Primäre Perspektive: Gefahr Existentielle Problemdefinition: Streben nach Geborgenheit Fundamentale Interpretation: Einfachheit und Ordnung Erlebnisparadigma: Hochzeit

6.4 Integrationsmilieu

1. *Evidente Zeichenkonfiguration:* Im Integrationsmilieu verbindet sich das Hochkulturschema mit dem Trivialschema. Nach langem Abwehrkampf endete das kulturelle Rückzugsgefecht des Bürgertums mit einer Vereinigung, und niemand stört sich mehr an der Ehe von Kitsch und Kunst. Moderate Nähe zur Hochkultur, moderate Nähe zur Trivialkultur, moderate Distanz zum Spannungsschema - diese Koordinaten im dimensionalen Raum der Alltagsästhetik sind typisch für die älteren Personen der mittleren Bildungsschicht.

Das Besondere an diesem Milieu ist seine Durchschnittlichkeit. Alle anderen Milieus haben ihre charakteristischen Extreme, im Integrationsmilieu dagegen herrscht entweder die Mittellage oder eine reduzierte Form von Besonderheit. Sofern das Milieu stark von anderen Milieus abweicht, hat es diese Abweichung fast immer mit mindestens einem anderen Milieu gemeinsam. Deshalb ist es schwer, das Integrationsmilieu empirisch aufzuspüren. Statistische Verfahren zur Entdeckung komplexer Muster reagieren auf Extreme und auf singuläre Typen stärker als auf Mittellagen und auf Mischtypen. Seinen besonderen Charakter erhält das Integrationsmilieu nicht durch eigene Stilelemente, sondern durch die Kombination von Stilelementen anderer Milieus. Komponenten des Subjekts, die teils aus dem Niveaumilieu, teils aus dem Harmoniemilieu importiert werden, ergeben in ihrer Gesamtheit ein eigenes Gemenge. Beschränkt man sich auf eine Analyse isolierter Komponenten des Subjekts, und seien es noch so viele, bleibt man für dieses milieuspezifische Mischungsverhältnis blind. Erst bei einer Gesamtschau kann man die besondere Gestalt des Milieutyps erkennen.

2. *Manifestation in der Alltagserfahrung:* Kennzeichnend für das Integrationsmilieu ist die gediegene Mittellage. Das Eigenheim ist gepflegt, bleibt aber innerhalb der architektonischen Norm, die Kleidung maßvoll modisch, aber nicht außergewöhnlich, das Auto komfortabel und in bestem Zustand, aber unauffällig. Zwar steigt im Laufe der Jahre das Niveau der Mittellage - die Eigenheime werden komfortabler, die Garderobe umfangreicher und teurer, die Autos größer. Jedoch verschieben sich nur die Maßstäbe; die Aura der Durchschnittlichkeit bleibt. Ein Angehöriger des Integrationsmilieus experimentiert nicht mit gewagten Inneneinrichtungen, hält sich eher einen Foxterrier als einen afghanischen Hirtenhund, tritt nicht aus der Kirche aus, ist ein guter Nachbar, trifft sich im Verein, hält seinen Garten in Ordnung und vermeidet öffentliches Aufsehen, ohne sich zu verstecken. Er versucht nicht, mehr zu scheinen als zu sein und unterscheidet sich dadurch vom klassischen Kleinbürger, der immer gerne größer gewesen wäre. Man kauft sich keinen Porsche, selbst wenn man ihn sich leisten könnte, nimmt aber lieber Schulden auf, als sich in einem heruntergekommenen Auto zu zeigen. Immer befindet sich das Integrationsmilieu zwischen den Extremen.

Es dominieren die Angestellten und Beamten der unteren und mittleren Ebene. Das Milieu besetzt weder besonders einflußreiche und verantwortungsvolle Positionen, noch macht es sich mit niedrigen Arbeiten die Hände schmutzig. Seine

Vertreter beherrschen die Büros, Kanzleien, Schalterhallen und die soliden Geschäfte zwischen Discount und Extravaganz. Auch die alltagsästhetische Position ist ein Zwischending, eine Mischung von Hochkultur- und Trivialschema, beides in moderaten Abstufungen. Solange Hochkultur im Rahmen bleibt, geht man durchaus mal ins Theater, in die Oper, ins Konzert. Mozart, Beethoven, Schumann ja, Schönberg, Stockhausen, Henze nein. Solange sich Trivialkultur nicht allzu sehr dekuvriert, darf auch sie das Leben verschönern. Beliebt ist das Neckische und das Rustikale, etwa in den achtziger Jahren Scheibengardinen mit eingewebten Kranichen und die holzgetäfelte Bauernecke am Kachelofen, doch Andenken aus Berchtesgaden sind nichts für das Wohnzimmer. Man tendiert eher zum Hauptvorschlagsband der Buchgemeinschaft als zum Groschenroman.

3. *Existentielle Anschauungsweise:* Aus den Befunden über das Integrationsmilieu spricht das Streben nach Konformität. Das sozial Erwünschte ist auch das subjektiv Erwünschte. Konventionen werden nicht als Einschränkungen empfunden, sondern als Möglichkeit, sich auszuleben. Indem man das Erwartete und allgemein Gebilligte tut, erlebt man Zugehörigkeit zur Gemeinschaft. Während sich das Niveaumilieu an Maßstäben orientiert, die Rangordnungen definieren und damit Risiken des Versagens, ist die Glücksstrategie des Integrationsmilieus einfacher. Normal zu sein, ist ein erreichbares Ziel.

Das Integrationsmilieu baut seine Vorstellung von der Wirklichkeit unter dem Gesichtspunkt der Normentsprechung auf. Was wird verlangt? Welche Handlungsmuster genügen den Forderungen? Wer weicht davon ab? Rangordnungen, die für das Niveaumilieu die wichtigste Dimension der Wirklichkeit darstellen, interessieren erst in zweiter Linie. Grundkategorie der Repräsentation der Welt ist die Dichotomie von Konformität und Abweichung, nicht von Oben und Unten. Deutlich wird die Unterschiedlichkeit der Perspektiven etwa in auseinanderklaffenden Bewertungen von provozierenden, aber als genial geltenden Exzentrikern (etwa Josef Beuys), deren Niveauanspruch hinlänglich abgesichert ist, um die Bewunderung des Niveaumilieus hervorzurufen, wogegen das Integrationsmilieu eher mit skeptischer Distanz reagiert, unangenehm berührt von ästhetischer Abweichung. Umgekehrt hat ein Politiker mit dem Stigma intellektueller Durchschnittlichkeit im Niveaumilieu vielleicht viele Wähler, aber wenig Verehrer, während er im Integrationsmilieu mit Sympathie rechnen kann, vorausgesetzt er versteht es, die Assoziation von Ordentlichkeit zu wecken. Dieselbe Realität wird von beiden Milieus unterschiedlich verarbeitet, weil sie diese aus unterschiedlichen Blickwinkeln betrachten.

Selektiv richtet sich die Aufmerksamkeit des Integrationsmilieus auf das, was sich gehört, was man soll, was legitim ist, was kein Aufsehen erregt - und komplementär dazu auch auf alles, was aus dem Rahmen des sozial Vorgeschriebenen fällt. An die Stelle der Verachtung des Niedrigen, typisch für das Niveaumilieu, tritt das Unbehagen angesichts des Außergewöhnlichen. Erkennbar wird damit ein außenverankerter Ich-Welt-Bezug, dessen primäre Perspektive das sozial Erwartete ist. In der normalen existentiellen Problemdefinition des Integrationsmilieus steht Konformität im Vordergrund, die Zuordnung des Ichs zur Welt des Normalen. Da es in unserer Gesellschaft nicht bloß eine Normalität gibt, muß das Milieu Elemente miteinander verbinden, die aus der Perspektive anderer Milieus widersprüchlich erscheinen. Von daher ist sein Name abgeleitet: Integrationsmilieu. Vor allem in der alltagsästhetischen Praxis tritt die Ambivalenz eines Konformitätsstrebens, das sich an verschiedenen Instanzen gleichzeitig orientiert, in der Parallelität von Hochkulturschema und Trivialschema deutlich hervor. Im Integrationsmilieu gilt als normal, was anderen als kultureller Spagat erscheint.

4. *Fundamentale Interpretation:* Es scheint eine soziologische Selbstverständlichkeit zu sein, daß soziale Ordnung durch positive und negative Sanktionen aufrechterhalten wird. Konformitätsstreben wird bei dieser Interpretation außenorientiert gedeutet. Der subjektiv gemeinte Sinn von Konformität besteht demnach im Erlangen von Belohnungen und im Vermeiden von Bestrafung, worin auch sonst? Gegen die in dieser Frage mitschwingende Unterstellung, daß Gesellschaft nur als riesige Skinnerbox gedacht werden könne, wendet sich die wissenssoziologische Interpretation des Integrationsmilieus in zweifacher Weise. Zum einen nimmt sie gruppenspezifische Unterschiede von Konformitätsbereitschaft an, zum anderen zieht sie eine innenorientierte Deutung in Erwägung.

Daß die Bereitschaft zur Konformität milieuspezifische Unterschiede aufweist, ist ein vertrauter Gedanke in Theorien abweichender Subkulturen. Die These, daß es soziale Milieus geben kann, die bewußt gegen den Strom der kulturellen Hegemonie schwimmen, korrespondiert der Vorstellung gesellschaftlichen Mitläufertums in anderen Milieus. Im Generationenkonflikt der sechziger und siebziger Jahre wird gerade Konformität und Abweichung zum Zeichen unterschiedlicher Milieuzugehörigkeit. Zwar entwickelte sich innerhalb der abweichenden Subkulturen rasch eine Aufforderung zum Nonkonformismus, die eine Konformität zweiter Ordnung - eine Anpassung an die Norm, nicht angepaßt zu sein - nach sich zog, doch können beide Arten von Konformität nur noch auf einer abstrakten soziologischen Ebene miteinander gleichgesetzt werden. In den Deutungen der Menschen selbst manifestierte sich das Verhältnis von Konformität erster und zweiter Ordnung als Gegensatz von Legitimität und subkultureller Abweichung. Zwar ist dieser Gegensatz inzwischen nicht mehr eindeutig definiert, doch sind milieuspezifische Unterschiede der Konformitäts*bereitschaft* deswegen nicht verschwunden.

Kennzeichnend für hierarchische Milieustrukturen ist eine umgekehrt u-förmige Beziehung zwischen gesellschaftlichem Rang und Konformitätsstreben. Mittlere Sozialfiguren sind regelmäßig mit dem Stigma besonderer Angepaßtheit assoziiert - der subalterne Beamte, der kleine Angestellte, der Vasall, der Spießbürger. Es zählt zu den Besonderheiten der mittleren Position, daß man etwas zu verlieren hat, sich gegen drohenden Verlust jedoch nicht durch Machtmittel, sondern nur durch Konformität gegenüber den Mächtigen schützen kann. Der brave Mann ist kein großer Mann. In den oberen Rängen hierarchischer Gesellschaften kann man sich fast soviel Nonkonformität leisten, wie man bezahlen kann; die Einschränkung durch soziale Konventionen ist geringer, weil meist niemand da ist, der Verstöße sanktionieren könnte. Deshalb zählt die Normüberschreitung, wie etwa Sombarts Untersuchung von Luxus und Kapitalismus (1922) mit vielen Beispielen belegt, zur distinktiven Praxis der gehobenen Kreise. Das sündhaft Teure, Zynismus, Launen, Zügellosigkeiten im kulinarischen und sexuellen Sinn haben nicht nur die Bedeutung von Genuß, sondern auch von sozialer Unterscheidung. Neben dem lasterhaften gibt es den tugendhaften Nonkonformismus der Oberschichten. Typisierungen wie etwa der »Herrscher«, der »kühne Feldherr«, der »innovative Unternehmer«, das »konventionssprengende Genie« zelebrieren die Vorstellung eines Individuums, das über soziale Normen erhaben ist. Der mittlere Mann paßt sich an Maßstäbe an, der große Mann setzt sie.

Die kleinen Leute am anderen Ende der Hierarchie sind für viele Maßstäbe *zu* klein. Sie sind jenseits der Satisfaktionsfähigkeit. Man kann es ihnen nicht übelnehmen, wenn sie sich nicht zu benehmen wissen. Ihr Mangel an Kultur erregt nicht Irritation, sondern Mitleid und Heiterkeit. Natürlich müssen die kleinen Leute tun, was ihnen gesagt wird, und sie werden sich hüten, dagegen aufzubegehren. Mehr jedoch kann man von ihnen nicht verlangen, schon gar nicht eine kultivierte Form von Konformität. Wie die untersten sozialen Schichten in hierarchisch strukturierten Knappheitsgesellschaften den ihnen trotz aller Unterdrückung verbleibenden Spielraum nutzen, ist für die darüberliegenden Schichten uninteressant. Das Leben der Untersten hat einen Zug anarchischer Freiheit. Immer wieder heben stereotype Vorstellungen von den Niedrigstehenden gerade diesen Zug hervor: Sie führen sich auf wie die Barbaren, schreien durcheinander, schmatzen und rülpsen beim Essen, kopulieren wie die Tiere, streiten sich und schließen Frieden ohne erkennbare soziale Regeln - »Pack schlägt sich, Pack verträgt sich«. Es reicht nicht aus, diese interkulturell feststellbare Stigmatisierung der Unterschichten (vgl. Whittacker 1991) als reine Einbildung sozial übergeordneter Schichten anzusehen. Bei aller Übertreibung, die durch den Wunsch nach Distanzierung zustande kommt, bezieht sich das Stereotyp doch auf einen realen Sachverhalt: Wer ganz unten steht, lebt ungezwungener.

Obere und untere Schichten weisen, aus unterschiedlichen Gründen, eine geringere Tendenz zur Konformität auf als die mittleren. In traditionellen hierarchischen Gesellschaftsformen gibt es milieuspezifische Unterschiede des Konformitätsstrebens. Insofern ist Konformität als normale existentielle Problemdefinition des Integrationsmilieus nichts Neues - neuartig ist jedoch die Gesellschaftsform, in der wir auf dieses Milieu treffen. Gibt es überhaupt noch ein milieuspezifisches Motiv zur Konformität? Der sprichwörtliche Konformismus der mittleren Chargen hatte seinen Sinn in überschaubaren, lokal begrenzten und überwiegend durch Knappheit bestimmten Sozialwelten. Hier gab es sowohl eine Öffentlichkeit für soziale Kontrolle wie auch ein Interesse der Sanktionsinstanzen am besonderen Konformismus mittlerer Funktionsträger, etwa von Verwaltern, Angestellten und Beamten. Sie sollten in besonderem Maße die Ordnung verkörpern, von der die sanktionierenden Instanzen profitierten, ob es sich nun um Gutsbesitzer handelte, Unternehmer oder staatliche Institutionen. Um den mittleren Status zu halten, war eine normentsprechende Lebensführung unerläßlich - etwa Beachtung von Kleidungskonventionen, Höflichkeitsritualen, Sexualmoral, Arbeitstugenden.

Nur die Erwartung von Arbeitsmoral ist geblieben, zeitlich beschränkt auf die Arbeitszeit, sozial unbeschränkt in der Extension über verschiedene Milieus. Im übrigen ist es dem einzelnen in historisch einmaligem Maße freigestellt, so zu leben, wie er möchte. Kleinräumige Öffentlichkeiten als Forum sozialer Kontrolle haben sich aufgelöst, die Maßstäbe sind unsicher geworden, Konformität läßt sich nur noch kontextabhängig definieren. Nicht nur die außenorientierte Konstruktion von Konformität ist zusammengebrochen, sondern selbst die soziale Definition des mittleren Ranges als Bezugsebene besonderer Konformitätsansprüche.

Unabhängig von ökonomisch motivierter Konformität hat in Deutschland auch politisch motivierte Konformität eine lange zurückreichende Tradition, die im Laufe der letzten zweihundert Jahre immer wieder neue Impulse erhielt: Restauration in der nachnapoleonischen Zeit, Scheitern der Revolution von 1848, Wilhelminische Ära, Nationalsozialismus, Radikalenerlaß. Doch wie der ökonomische ist auch der politische Konformitätszwang zurückgegangen.

In dieser Situation ist man nicht mehr konform, weil man muß, sondern weil man will. Das Integrationsmilieu betreibt das Projekt der Wiedergewinnung von Konformität aus Lust an der Anpassung. Es definiert die ursprünglich außenorientierte Mentalität vergangener Milieus, mit denen es entfernte ökonomische Verwandtschaft besitzt, innenorientiert um. Konformität wird nicht zur Sicherung positiver und zur Vermeidung negativer Sanktionen instrumentalisiert, sondern zur Herstellung von Konformitätserlebnissen.

Gerade das reglementierte, scheinbar erzwungene Handeln hat einen besonderen Erlebniswert, der in der Sozialgeschichte der Konformität immer wieder aufscheint. Wie es eine Sehnsucht nach Freiheit geben kann, so auch nach Eingebundensein. Neu ist nicht der Erlebniswert von Konformität, sondern seine Priorität. Nachdem der äußere Anreiz zur Konformität entfallen ist, bleibt der innere zurück, der immer schon spürbar war. Er schwingt bereits mit bei der Idyllisierung des Konventionellen in der Malerei des Biedermeier. Beim »Sonntagsspaziergang« von Carl Spitzweg (1841) etwa atmet jedes Detail den Geist des Aufgehobenseins in einer sozialen Ordnung: das intakte Ensemble der ganzen Familie, die Reihenfolge von Vater, Mutter und Kindern, der am Stock getragene Zylinder und der Bauch des Vaters als heitere Symbole bürgerlicher Gesetztheit, das reife Kornfeld und das schöne Wetter als Metaphern der menschengerechten Natur, schließlich auch das Zitat der Einbindung in den kollektiven Zeittakt durch den Titel »Sonntagsspaziergang«. Konformität wird als ästhetisches Ereignis vorgeführt. In ganz anderen Prägungen, aber mit ähnlichem Erlebniswert begegnet uns das Motiv der Konformität etwa in der Ästhetik des Kasernenhofs. Uniformierung, Hierarchisierung, standardisierte Bewegungen und Sprechweisen haben immer schon eine Faszination ausgeübt, die allein durch den außenorientierten Sinn dieser Muster, Gewährleistung möglichst effektiver kollektiver Koordinierung von Gewalt, nicht erklärbar ist, sondern eine zusätzliche Motivationsquelle in dem Ameisengefühl der Zugehörigkeit zu einer Gemeinschaft hat. In der Vorstellung der Volksgemeinschaft, um ein weiteres Beispiel zu nennen, wurde dieses Gefühl im Nerv getroffen. Es gibt eine vom situativen Ertrag abgelöste Lust an Konformität, die das Integrationsmilieu an zentraler Stelle in seine existentielle Anschauungsweise eingebaut hat.

Damit soll in keiner Weise etwa das Fortleben nationalsozialistischer Traditionen im Integrationsmilieu suggeriert werden. Aus dem Umstand, daß sich der Nationalsozialismus einer bestimmten Kodierung des schönen Erlebnisses propagandistisch bediente, folgt nicht im Umkehrschluß die faschistoide Tendenz sozialer Gruppen, die das schöne Erlebnis ähnlich konzipieren. Einzige Parallele ist die innenorientierte Konstruktion von Konformität.

In einer gesellschaftlichen Situation, in der kaum noch allgemein anerkannte Konventionen feststellbar sind, ist Konformität als Gefühl nur noch zu haben, wenn man sich das Bild einer herrschenden gesellschaftlichen Normalität konstruiert. Ironischerweise zehrt das Erlebnis von Konformität ebenso von der Fiktion einer legitimen sozialen Ordnung wie das Erlebnis der Abweichung (vgl. hierzu die Überlegungen zur Praxis von »Spontaneität« in Abschnitt 7.2). Es ist eine Als-ob-Konformität, deren Fiktionalität unwichtig ist, wenn sich nur das angestrebte schöne Erlebnis einstellt. Untersuchen wir etwa die Psychologie des Trachtenumzugs mit Marschmusik. Allen Zuschauern ist klar, daß die Konventionalisierung der Situation, ausgedrückt durch Uniformierung, berufsständische und landsmannschaftliche Symbole, Gleichschritt und disziplinierte Reihung der Gruppen nur gespielt ist. Über der Szenerie liegt ein Flair von Tradition, das wegen der Suggestion einer durch Generationen gefestigten Ordnung der Welt zum Genuß wird. Die Absurdität, daß die Ordnung, aus der Trachten und Embleme kommen, kaum einem der Zuschauer und Akteure bekannt ist, vielleicht ursprünglich sogar Aufruhr bedeutete (vgl. die Geschichte der Burschenschaften), tut nichts zur Sache. Sozialgeschichtlich betrachtet, können die Ordnungen, deren sich das Integrationsmilieu zur Konstruktion von Konformität als Erlebnis bedient, aus ehemals entgegengesetzten Lagern kommen, wie die Gleichzeitigkeit der Nähe zu Hochkulturschema und Trivialschema bezeugt.

Worin besteht das schöne Erlebnis von Konformität? Die Antwort auf diese Frage erfordert einen Rekurs auf elementare psychische und physische Erfahrungen (zur Terminologie im folgenden vgl. Abschnitt 7.2). Im Erlebnis von Konformität verbinden sich die Kategorien von Ordnung und mittlerer Komplexität. Der Denkstil ist geprägt von jenem mittleren Erreichbarkeitsgrad, der konventionalisierter Normalität eignet: Konforme Handlungen ergeben sich einerseits nicht von selbst durch bloßes Sich-gehen-lassen, doch konfrontieren sie andererseits auch nicht mit dem Risiko des Scheiterns. Ordnung wird konstruiert als Kompromiß zwischen Komplexität (Niveaumilieu) und Einfachheit (Harmoniemilieu). In der kognitiven Konstruktion des schönen Erlebnisses verbindet sich der Eindruck von »Sicherheit« mit dem Bewußtsein relativ anstrengungslos erreichbarer »Kontrolle« (im Gegensatz zu den steinigeren Pfaden, die in die Höhen des Kontrollbewußtseins des Niveaumilieus führen). Das physische Muster ist bestimmt von »Standardisierung« und mittlerer »Konzentration«.

Erlebnisparadigma ist die nette Runde. Als situativen Kontext könnte man sich etwa die Einladung oder das Setting »Urlaub« denken. Auf der Gartenterrasse oder in der Hotelbar konstituiert sich die konventionsdefinierende Öffentlichkeit, vor der sich der Genuß von Konformität erst entfalten kann, als Ensemble von Bekannten. Oft erhebt sich die soziale Konstruktion der netten Runde über der Basis eines gemeinsamen Eßprojektes, dessen Sozialgeschichte vom Fondue über das Grillen zur Pizza führt, um sich von dort aus zum ambitionierten Kochstil der neunziger Jahre aufzuschwingen. Die nette Runde vermittelt das Gefühl des Dazugehörens, dessen wechselseitige Versicherung das eigentliche Thema der Unterhaltung ist. Es dominiert die Bestätigung: »Ja«, »das geht mir genauso«, »aha«, »interessant«, »das finde ich gut«, »ich auch« usw. Witze und heitere Zwischenbemerkungen führen zu kollektiven Parallelisierungen in Form von Gelächter. Der Topos der netten Runde ist einem gemeinsamen Haus vergleichbar, zu dem jeder ein wenig beiträgt, um Wohnrecht zu erhalten; Freundlichkeiten sorgen für ein angenehmes Raumklima.

5. *Alltagsästhetik:* Im Gegensatz zu allen anderen Milieus scheint das Integrationsmilieu keine besondere alltagsästhetische Domäne zu haben. Von den vielen Präferenzen, die im Rahmen der Untersuchung erhoben wurden, erwies sich eine einzige als spezifisch für das Integrationsmilieu: die Beschäftigung mit Gartenarbeiten. Vielleicht ist dieses Datum mehr als ein bloßes Kuriosum, doch für ein soziologisches Portrait des Integrationsmilieus ist es zu wenig.

Im übrigen ähneln die Neigungen und Abneigungen des Integrationsmilieus teils der Existenzform des Niveaumilieus, teils derjenigen des Harmoniemilieus. Gemeinsam ist allen drei älteren Milieus die Distanz zum Spannungsschema. Von dieser altersspezifischen Ähnlichkeit abgesehen, unterscheidet sich die milieuspezifische Alltagsästhetik von Niveaumilieu und Harmoniemilieu fundamental. Mit dem klassischen Gegensatz von Hochkulturschema und Trivialschema kann die Vielzahl der Unterschiede auf einen einfachen Begriff gebracht werden. Wie ordnet sich das Integrationsmilieu in diese Konstellation ein? Die nächstliegende Erwartung wäre: dazwischen. Wenn es sich so verhielte, wäre das traditionelle Kontinuum zwischen Hochkultur und Trivialkultur immer noch lebendig, auf dem die Position des »kleinbürgerlichen« Integrationsmilieus als Mittelposition zu lokalisieren wäre.

Was für das 19. Jahrhundert gegolten haben mag, ist jedoch kaum noch der Fall. Nur in mancher Hinsicht ist die Existenzform des Integrationsmilieus ein Zwischentyp, in vieler Hinsicht dagegen ein Mischtyp: Sie tendiert entweder zum einen oder zum anderen Pol. Typisch für das Subjekt des Integrationsmilieus ist die Vermengung von Elementen der anderen Milieus. In der Existenzform des Integrationsmilieus bestehen diese Elemente nebeneinander; nur teilweise werden sie zu alltagsästhetischen Kompromissen verschmolzen. Beispielsweise ist das Lesen von Kleinanzeigen in der Tageszeitung typisch für das Integrationsmilieu und das Harmoniemilieu, dagegen völlig untypisch für das Niveaumilieu. Umgekehrt ist der Besuch der Oper spezifisch für Integrationsmilieu und Niveaumilieu, nicht jedoch für das Harmoniemilieu.

Systematisch läßt sich die Existenzform des Integrationsmilieus zwischen Niveau- und Harmoniemilieu durch die folgenden Ähnlichkeitsmuster beschreiben: Präferenz- und Distanzierungsmuster des Harmoniemilieus; Präferenz- und Distanzierungsmuster des Niveaumilieus; mittlere Position zwischen Harmonie- und Niveaumilieu. Geht man mit dieser Einteilung an die Daten heran, so ergibt sich folgendes Gesamtbild: Das Integrationsmilieu ähnelt dem Harmoniemilieu im Hinblick auf die Pflege der Häuslichkeit (Verschönerung der Wohnung, Sachen in Ordnung bringen, etwas Gutes kochen, Saubermachen, häufiges Fernsehen, Zuhausebleiben); im Hinblick auf den Regionalismus (Lektüre der Lokalnachrichten der Tageszeitung, lokale Sendungen im Fernsehen, wenig überregionale Tageszeitungen); schließlich im Hinblick auf die Distanz zur neuen Kulturszene (Kleintheater, Jazzkonzerte, Kulturläden, Skala »Neue Kulturszene«). Mehr in die Richtung des Niveaumilieus tendiert das Integrationsmilieu durch die Annäherung an die klassische Bildungsorientierung (intellektuelle Orientierung bei den Fersehpräferenzen, Oper, klassisches und modernes Theater im Fernsehen, Ausstellungen, Schauspielhaus, Kurse der Erwachsenenbildung, klassische Musik u.a.). Eine Zwischenposition zwischen Niveau- und Harmoniemilieu nimmt das Integrationsmilieu hinsichtlich seiner Stellung zum Trivialschema ein (Fernsehshows, Volkstheater, deutscher Schlager, Goldenes Blatt, Trivialliteratur, Trivialmusik, Bild- oder Abendzeitung; lediglich Heimatfilme werden ähnlich stark abgelehnt wie im Niveaumilieu). Auch bei Freizeitbeschäftigungen, die mit intellektueller Konsequenz und Anstrengung verbunden sind (Fortbildung, Sprachen lernen), und bei der Beteiligung an der Hochkulturszene steht das Integrationsmilieu etwa in der Mitte zwischen Niveau- und Harmoniemilieu. In seiner lebenspraktischen Orientierung tendiert es mehr zum Muster des Harmoniemilieus (Lektüre von Kleinanzeigen, Prospekten und Anzeigenblättern).

Die Vermischung von Hochkultur- und Trivialschema auf der Zeichenebene steht für die Legierung der Muster von Genuß (a), Distinktion (b) und Lebensphilosophie (c) auf der Bedeutungsebene.

Untersuchen wir diese Musterverbindungen nun etwas genauer: Im Wechsel der *Genußformen* (a) von Kontemplation und Gemütlichkeit färbt eines auf das andere ab. Kontemplation wird nicht - wie häufig im Niveaumilieu - so weit getrieben, daß sie anstrengend und ungemütlich würde; umgekehrt hat die Praxis der Gemütlichkeit im Integrationsmilieu einen beschaulichen Charakter, der sie von der »primitiven« Variante der Gemütlichkeit im Harmoniemilieu unterscheidet. Die körperbetonte Gemütlichkeit des Essens, Trinkens, Sich-gehen-Lassens wird durch eine Neigung zur Verfeinerung gebremst: Kochrezepte ausprobieren, kleine Einladungen geben, häusliche Kultur. Antibarbarische und antiexzentrische *Distinktion* (b) fließen zusammen im Selbstgefühl der anständigen Leute, die sich dadurch zusammengehörig fühlen, daß sie besser sind als andere, ohne jedoch aus der Reihe tanzen zu wollen. Die hochkulturelle *Lebensphilosophie* (c) der Perfektion schließlich, um zur dritten Bedeutungsebene überzugehen, verschmilzt mit der trivialen Lebensphilosophie der Harmonie zum Ideal der Ordnung. Nirgendwo veräußerlicht sich dieses Ideal anschaulicher als in der Landschaftsarchitektur der Reihenhausgärten. - All diese Tiefenbedeutungen der Alltagsästhetik verweisen auf die milieuspezifische existentielle Anschauungsweise, in deren Mittelpunkt die normale existentielle Problemdefinition des Strebens nach Konformität steht.

6. *Sonstige Aspekte des Subjekts:* Nach dem äußeren Anschein geurteilt, hat der vorherrschende Typus Ähnlichkeit mit dem Typus des Niveaumilieus: Man achtet körperlich auf sich und macht im sozialen Umgang (in diesem Falle in der Interviewsituation) einen guten Eindruck. Unübersehbar ist die Distanz zum Harmoniemilieu, aber auch vom Niveaumilieu ist das Integrationsmilieu bereits auf der Ebene evidenter und signifikanter Zeichen unterschieden: Die Sprachkultur ist anders, wie sich aus dem Anteil dialektsprechender Personen ablesen läßt, der im Verhältnis zum Niveaumilieu wesentlich höher ist.

Wichtigster Lebensbereich ist das Heim und die darum gezogenen konzentrischen Kreise - Haus, Garten, Küche, Nachbarschaftskontakte, angenehme Wohnumgebung, bei vielen auch kirchliches Leben und lokale Vereine. Dieser Orientierung entspricht eine eher mißtrauische Haltung gegenüber dem Fremden (geringe Offenheit, vergleichsweise geringes Vertrauen) und eine abwehrende Haltung gegenüber dem Neuartigen, wenn auch Rigidität, Anomie und Fatalismus weniger stark ausgeprägt sind als im Harmoniemilieu. Dies geht wahrscheinlich auf den Einfluß weiterführender Bildung zurück. Höhere Reflexivität und intensivere Auseinandersetzung mit öffentlichen Angelegenheiten senken die Angst vor der Komplexität des Unbekannten, die im Harmoniemilieu so stark ausgeprägt ist. Trotzdem herrscht eine eher konservative politische Grundorientierung vor. Relativ hoch ist die Bereitschaft zur politischen Unterordnung. Nicht der Wandel der Gesellschaft ist wichtig, das Benennen der großen Probleme, das Austragen von Konflikten, sondern die Garantie der bestehenden Ordnung, mit der man bisher gut gefahren ist. Daß die Dinge so bleiben können, wie sie sind, drückt sich in der relativ hohen Zufriedenheit mit dem Leben im allgemeinen, der Wohnsituation und den materiellen Umständen im besonderen aus.

7. *Situation:* Nach Haushaltsstruktur und Familienstand entspricht das Milieu dem Standard, der für die gesamte Altersgruppe gilt: 82% leben mit einem Partner oder einer Partnerin zusammen, die Hälfte davon auch mit Kind oder Kindern. 8% sind verwitwet, 5% sind ledig. Relativ hoch ist der Anteil der Frauen, die sich als »Hausfrauen« bezeichnen; in dieser Hinsicht orientiert sich das Milieu am Harmoniemilieu (36%), in deutlicher Distanz zum Niveaumilieu (19%). Nach der durchschnittlichen Statuslage des Haushalts befindet sich das Integra-

tionsmilieu in jenem mittleren Bereich, in dem auch das Selbstverwirklichungsmilieu angesiedelt ist, oberhalb der beiden Milieus mit niedriger Bildung (Unterhaltungsmilieu und Harmoniemilieu), aber deutlich unterhalb des Niveaumilieus. Während aber die gegenwärtige Statuslage für viele Personen im Selbstverwirklichungsmilieu nur Durchgangsstation ist, befinden sich die meisten Angehörigen des Integrationsmilieus bereits in der sozioökonomischen Endstation. Daß die materielle Zufriedenheit im Integrationsmilieu trotz annähernd gleicher Bedingungen wesentlich höher ist als im Selbstverwirklichungsmilieu, hängt mit den unterschiedlichen Karriere-Erwartungen zusammen. Im Selbstverwirklichungsmilieu will man mehr, im Integrationsmilieu hat man sich mit seiner sozialen Lage arrangiert. Man weiß, daß es noch untergeordnete Statuslagen gibt: Nur 8% rechnen sich zur »Unterschicht« oder »Arbeiterschicht«, vergleichbar den Anteilen in Selbstverwirklichungsmilieu und Niveaumilieu. Es überwiegt das Gefühl, zur »Mittelschicht« zu gehören. 20% rechnen sich zur »oberen Mittelschicht« oder »Oberschicht«, wenig im Vergleich zum Niveaumilieu (46%).

Es ist das Milieu der Angestellten. 90% geben an, »Büroarbeit« zu leisten, mehr als in allen anderen Milieus: einer der wenigen Extremwerte, die das Integrationsmilieu für sich alleine aufweist. Nicht erstaunlich ist es angesichts dieses Befundes, daß die milieuspezifischen Arbeitsanforderungen eher zur Kopfarbeit als zur Handarbeit tendieren, wodurch ein starker situativer Kontrast zum Harmoniemilieu und zum Unterhaltungsmilieu entsteht. Entsprechend niedrig sind arbeitsbedingte Belastungen wie Schmutz, körperliche Anstrengung, schlechte Luft und Lärm. Das Unfallrisiko ist mit Abstand das geringste im Milieuvergleich. Auch die für das Niveaumilieu typischen beruflichen Belastungen spielen eine deutlich geringere Rolle. Ein weiterer Unterschied innerhalb der drei »Kopfarbeitermilieus« (Integrationsmilieu, Selbstverwirklichungsmilieu, Niveaumilieu) besteht im Inhalt der Arbeit. Erzieherische, pflegende, helfende und sozialpädagogische Berufe konzentrieren sich im Selbstverwirklichungsmilieu und im Niveaumilieu. Im Integrationsmilieu ist der Anteil dieser Berufstypen gering; überwiegend handelt es sich um Sachbearbeiter, Verwaltungsangestellte, Beamte der mittleren Laufbahn, technische Zeichner und ähnliches. Dem entspricht die im Vergleich zum Niveaumilieu mittlere Hierarchieposition.

Hinsichtlich der Wohnsituation nimmt das Integrationsmilieu zusammen mit dem Niveaumilieu einen Spitzenplatz ein; trotz ähnlicher Einkommensverhältnisse besteht ein deutlicher Abstand zum Selbstverwirklichungsmilieu. Im Eigentumsanteil lassen die beiden gutsituierten Milieus alle anderen weit hinter sich; mehr als die Hälfte wohnt im eigenen Haus oder in einer Eigentumswohnung, im Harmoniemilieu weniger als ein Drittel, im Unterhaltungs- und Selbstverwirklichungsmilieu jeweils nur ein Fünftel. Weit höher als in allen anderen Milieus, das Niveaumilieu eingeschlossen, ist die Wohnzufriedenheit.

Integrationsmilieu: Charakterisierung in Stichworten	
Evidente Zeichenkonfiguration (Anhang, Tabelle 6.1)	älter (über 40)/mittlere Bildung Stiltypen: Nähe zum Hochkulturschema/Nähe zum Trivialschema/ überwiegend Distanz zum Spannungsschema
Manifestation in der Alltagserfahrung	Berufsleben: mittlere Angestellte und Beamte (Banken, Versicherungen, Behörden)/Besitzer von Eigenheimen/besonders aktive Gruppe im Vereinsleben/Bekleidungsstil: konservativ-gediegen, tendenziell unauffällig/ Mittelklassewagem
Alltagsästhetik: Zeichen im einzelnen (Auswahl) (Anhang, Tabellen 5.8 und 5.13)	Präferenzen: (a) Präferenzmuster der ungebildeten Milieus: Reparaturen im Haus oder in der Wohnung/Lektüre: Trivialliteratur/zuhausebleiben/ fernsehen/saubermachen, Sachen in Ordnung bringen, etwas Gutes kochen (nur weibliche Befragte)/leichte Unterhaltungsmusik/Goldenes Blatt u.ä./Werbung, lokale Nachrichten, Kleinanzeigen (Tageszeitung), Anzeigenblätter/Musikpräferenzen: Trivialmusik/Fernsehpräferenzen: Harmonie (b) Präferenzmuster der gebildeten Milieus: E-Musik/Jazzmusik/Fernsehpräferenzen: intellektuelle Orientierung (Politik, Zeitgeschichte, Kultur u.ä.)/Oper/Schauspielhaus/Ausstellungen/Konzerte mit klassischer Musik/Lektüre: »gehobene« Literatur, Sachorientierung/ Hochkulturszene

Distanzierungen: (a) Distanzierungsmuster der ungebildeten Milieus: etwas schreiben (Tagebuch u.ä.)/Jazz-Festival/überregionale Tageszeitungen/Stadtteilzentren mit Affinität zur Neuen Kulturszene/Neue Kulturszene (b) Distanzierungsmuster der gebildeten Milieus: Auto oder Motorrad pflegen/Bildzeitung/Abendzeitung/Heimatfilme (c) Distanzierungsmuster der älteren Milieus: Kino/Diskotheken/Café, Eisdiele/Nachtlokale/Musik: Pop, Rock, Folk/Fernsehen: action/ Kneipenszene/Suche nach Abwechslung |
Alltagsästhetik: Bedeutungen	Genußschema: Gemütlichkeit und Kontemplation Distinktion: antiexzentrisch und antibarbarisch Lebensphilosophie: Harmonie und Perfektion
Subjekt: sonstige Aspekte (Anhang, Tabellen 5.8/ 6.2/6.10/6.11/ 6.12/6.14)	Nachbarschaftskontakte/Gartenarbeiten/spazierengehen in der Wohnumgebung/politisch konservative Tendenz/Distanz zu Alternativbewegung, Friedensbewegung, Grünen/Religiosität/relativ hohe Bereitschaft zu politischer Unterordnung/hohes politisches Interesse/hohe allgemeine Lebenszufriedenheit/hohe Wohnzufriedenheit/hohe materielle Zufriedenheit/geringe Offenheit/Mittelposition: Fatalismus, Anomie, Rigidität, Vertrauen, Reflexivität/gute Selbstinszenierung (Interviewerurteil)
Situation (Anhang, Tabellen 6.3/ 6.4/6.5/6.6/ 6.15)	überwiegend verheiratet oder verwitwet/hoher Hausfrauenanteil/mittlere Status- und Einkommensgruppen/Arbeitssituation: typische Merkmale der Tätigkeit des mittleren Angestellten/hoher Wohnkomfort/hoher Anteil von Wohneigentum/mittlerer bis gehobener Bildungs- und Berufsstatus bei Eltern und Partnern
Wissenssoziologische Interpretation	Ich-Welt-Bezug: weltverankert Primäre Perspektive: soziale Erwartungen Existentielle Problemdefinition: Streben nach Konformität Fundamentale Interpretation: mittlere Komplexität und Ordnung Erlebnisparadigma: nette Runde

6.5 Selbstverwirklichungsmilieu

1. *Evidente Zeichenkonfiguration:* Die offensichtliche Existenzform dieses Milieus ist der Antityp zur Existenzform des Harmoniemilieus. Hier die Jüngeren, dort die Älteren; hier die Gebildeteren, dort die wenig Gebildeten. Entgegengesetzt zum Harmoniemilieu ist auch der Stiltypus. Es dominiert ein Muster, das positiv durch Nähe zu Hochkulturschema und Spannungsschema, negativ durch Distanz zum Trivialschema bestimmt ist. In der Kombination von Hochkulturnähe und Trivialitätsdistanz zitiert das Milieu den traditionellen Stiltypus des Bildungsbürgertums, der im Niveaumilieu noch in Reinkultur dominiert. Durch die gleichzeitige Nähe zum Spannungsschema erhält der klassische Stiltypus allerdings einen ungewohnten Kontrapunkt. Typisch für das Selbstverwirklichungsmilieu ist der Grenzverkehr zwischen verschiedenen alltagsästhetischen Zeichen- und Bedeutungskosmen, zwischen Mozart und Rockmusik, Kunstausstellung und Kino, Kontemplation und Action, antibarbarischer und antikonventioneller Distinktion, Lebensphilosophie der Perfektion und Lebensphilosophie des Narzißmus.

2. *Manifestation in der Alltagserfahrung:* Dank seiner Mobilität, seinem Drang nach außen und seiner Neigung zur Selbstdarstellung besetzt das Selbstverwirklichungsmilieu unsere Alltagserfahrung stärker als jedes andere Milieu. Es dominiert in den Studentenkneipen, den »Griechen« und »Italienern« der Großstädte, bevölkert die Bistros, Cafés, Bars, drängt in die Kinos, Jazzkonzerte, Kleinkunsttheater, beherrscht das Feld des Freizeitsports, flutet durch die Boutiquen, überzieht die Welt mit kollektivem Individualtourismus.

Das Bedürfnis nach Originalität führt zu Empfänglichkeit für neue Zeichen: Moden, Sportarten, Musikstile, Redensarten, Ansichten. Aus dem gleichen Motiv heraus ist die innere Segmentierung des Milieus besonders ausgeprägt. Es schließt Alternative ein und Yuppies, Weiblichkeit alten und neuen Stils, Aufsteiger und Aussteiger, Konsumsüchtige und Abstinente. Doch die existentielle Anschauungsweise begründet Verwandtschaft. Personelle Fluktuation zwischen den Submilieus ist häufig. Soziologisch wichtiger als die Unterschiedlichkeit der Attribute und Verhaltensformen, die von vielen als austauschbares Repertoire gehandhabt werden, ist die Gleichartigkeit der Sinnkonstruktion des Inneren Kerns als einer zentralen Bezugsgröße (vgl. hierzu die Darstellung der primären Perspektive weiter unten). Dieser Selbstbezug - »Weil ich es so will« - definiert Verwandtschaft über die symbolischen Differenzen hinweg.

Ein wichtiger Typ des Milieus ist die Sozialfigur des Studenten. Auch nach Beendigung des Studiums, schon im Berufsleben, bleiben viele noch über Jahre hinweg studentenähnlich. Milieutheoretisch ist Student-Sein eine Existenzform, für welche die Einbindung in Institutionen nur eine untergeordnete Rolle spielt. Zur Manifestation dieser Existenzform in der Alltagserfahrung gehört die Teilnahme an Neuer Kulturszene und Kneipenszene, die Rhetorik der Selbstverwirklichung und die Symbolik der unabgeschlossenen Entwicklung - Zeichenwechsel,

Ortswechsel, Beziehungswechsel, Karrierewechsel, Einsteigen, Umsteigen, Aussteigen.

Immer wieder wurde das Milieu seit Ende der sechziger Jahre zum Ausgangspunkt sozialer Bewegungen: Studentenbewegung, Frauenbewegung, Alternativbewegung, Anti-AKW-Bewegung, Friedensbewegung, Ökologiebewegung. Durch die in diesen Bewegungen liegende Provokation, die durch die Berichterstattung in den Medien noch pointiert wurde, setzte sich das Milieu unübersehbar in Szene. Im Konsumstil tendiert das Milieu zu einer Mischung von Nachlässigkeit und gewählter Stilisierung. Der Wechsel von Jeans und T-shirt zum besonderen Outfit ist etwas Alltägliches. Beide Stile, Nonchalance und Chic, eignen sich gleichermaßen zur Symbolisierung der ichbezogenen existentiellen Anschauungsweise. Eine Synthese dieser Stilelemente ist sportlich-legere teure Markenkleidung, die in den achtziger Jahren in Mode kam und inzwischen über die Grenzen des Milieus getreten ist. Auch in den Inneneinrichtungen begegnen uns beide Ausdrucksformen besonderer Individualität - die betonte Unbekümmertheit des Obstkistenstils und die Extravaganz sorgfältig komponierter avantgardistischer Wohnungsdesigns (vgl. die Wohnwelt-Studie 1988). Häufig sind kreative und psychosoziale Berufe (etwa Therapeuten, Sozialpädagogen, Lehrer, Designer, Architekten). Doch auch in klassischen Anpassungsberufen wie Manager und Ingenieur macht sich das Milieu mehr und mehr durch eine selbstbestimmte Berufsauffassung bemerkbar.

3. *Existentielle Anschauungsweise:* Mit dem Schritt vom Harmoniemilieu zum Selbstverwirklichungsmilieu vollziehen wir den Perspektivenwechsel von den älteren zu den jüngeren Milieus und damit vom weltverankerten zum ichverankerten Ich-Welt-Bezug. Als gegeben gilt dabei das Ich, auf dessen vorgestellte Ordnung die Welt als variierbare Größe bezogen wird. Vergleichen wir, bevor es um Details geht, zunächst noch einmal beide Muster der Wirklichkeitskonstruktion auf allgemeiner Ebene (vgl. Abschnitt 5.4). Die älteren Milieus formen sich, orientiert an einer dominierenden Dimension der Wahrnehmung, ein Bild von der Welt, um ihr Lebensprogramm mit Bezug auf ihre Weltvorstellung zu definieren: Niveau in einer hierarchischen Ordnung, Integration in einer sozial erwarteten Ordnung, Harmonie in einer gefährdeten Ordnung. Damit hat das Ich seinen Kurs. Umgekehrt bringen die jüngeren Milieus bei ihrer Wirklichkeitskonstruktion die Welt in Kurs auf ihr Ich. Sie denken: So bin ich - wie kann die Welt für mich passend gemacht werden? Ihr Interesse gilt primär der inneren Wirklichkeit. Aus der Vorstellung dieser inneren Wirklichkeit leiten sie ihre normale existentielle Problemdefinition ab, Grundlage ihres Musters der Selektion und Verarbeitung von Erfahrungen.

Im Ich-Modell des Selbstverwirklichungsmilieus, dominiert die primäre Perspektive des Inneren Kerns, der Psyche. Obwohl unanschaulich und ungreifbar, hat der Innere Kern in der Auffassung des Selbstverwirklichungsmilieus konkreten Wirklichkeitsgehalt. Es »gibt« ihn mit gleicher Eindeutigkeit wie den Körper, und er wird als ebenso existenzentscheidend angesehen. Am besten läßt sich die

Vorstellung des Inneren Kerns mit einer Reihe pflanzlicher Metamorphosen darstellen: vom Samenkorn über den Keimling zur jungen Pflanze, die immer mehr Gestalt annimmt und sich bis zum Stadium voll ausgereifter Individualität weiterentwickelt. Wesentliche Komponente dieses Ich-Modells ist eine Art psychischer Prädestinationslehre, die besagt, daß der Innere Kern auf eine ganz bestimmte, gleichzeitig aber nur schwer bestimmbare Entwicklung programmiert ist, als wäre er genetisch disponiert. Es handelt sich um ein finales Ich-Modell, für dessen Verwirklichung psychischer Sachzwang postuliert wird.

Doch ist der Innere Kern empfindlich; seine Entwicklung kann leicht gestört werden. Fast immer ist das subjektive Modell des Inneren Kerns verbunden mit Vorstellungen seiner Beschädigung. Mit populärpsychologischen Schemata von Persönlichkeitsdiagnose und Kausalattribution werden die Beschädigungen als Realität konstruiert. Für ihre Entdeckung und Heilung wird Zeit und Energie aufgewendet. Viele Gespräche drehen sich vorwiegend um dieses Thema; Selbsterfahrungsgruppen sind Anfang der siebziger Jahre sogar im Kursangebot von Volkshochschulen zur Routine geworden; Selbstdeutungsliteratur flutet mit immer neuen Bestsellern in die Bücherregale des Milieus. Viele entschließen sich nach einer Selbsterfahrungskarriere als Klient dazu, selbst Therapeut zu werden. Meditationsworkshops, kreatives Malen, Yoga, Tanztherapie und zahlreiche andere Formen der Beschäftigung mit sich selbst haben sich an die ursprünglich eng in psychoanalytischer Tradition definierte Psychotherapie angegliedert. Längst hat Psychotherapie das Stigma der Krankheitsintervention verloren. Diagnosebedürftigkeit und Therapiebedürftigkeit des Inneren Kerns sind nicht Abweichungen, sondern Normalzustand.

Schädigungen des Inneren Kerns sind als Entschuldigung anerkannt, seine vermuteten Entwicklungstendenzen haben Priorität in der Lebensgestaltung. Es ist nicht üblich, an der Unsicherheit von darauf bezogenen Aussagen Anstoß zu nehmen; im Gegenteil gilt eine Erkenntnistheorie der spontanen Introspektion, die keinen Zweifel an der Authentizität des kognitiven Leistungsvermögens von Intuition, »Bauch«, Gefühl, Lust und Unlust zuläßt. In der unterschiedlichen Bewertung der Laune zeigt sich der Gegensatz zwischen weltverankerten und ichverankerten Wirklichkeitsmodellen besonders deutlich. Während etwa im Niveaumilieu noch die traditionelle Auffassung gilt, daß Launen, seien sie schlecht oder euphorisch, nicht mit gehobenen Umgangsformen vereinbar und deshalb zu kontrollieren sind, haben Launen im Selbstverwirklichungsmilieu die Rechtfertigung einer Offenbarung des Inneren Kerns. Geradezu dankbar für die besondere Klarheit, mit welcher der Innere Kern bei Launen zutage tritt, folgt man dem Imperativ, sie zuzulassen, auszuagieren, zu leben. Im einen Fall wird das Ich der vorgestellten Ordnung der Welt zugeordnet, im anderen Fall die Welt dem vorgestellten Ich. Bei diesem Bauplan der Wirklichkeitskonstruktion wird das, was außen ist, auf die innere Ordnung bezogen: der Beruf, der Partner, die Wohnung, der tägliche Konsum. Normale existentielle Problemdefinition ist Selbstverwirklichung, die Entfaltung des Inneren Kerns. Die Situation soll so eingerichtet sein, daß diese Entfaltung möglich ist. Wegen der Schwierigkeit, Genaueres über den Inneren Kern auszusagen, gehört egozentrierte Erkenntnisarbeit zur normalen existentiellen Problemdefinition dazu. Die Verbindung von Hochkulturschema und Spannungsschema, gleichzeitig die Ablehnung des Trivialschemas, ist ein Ausdruck dieser Sicht der Wirklichkeit. Das Selbstverwirklichungsmilieu verfügt sowohl über das Genußschema von Action wie von Kontemplation. Beides gilt dem Inneren Kern: einmal wird er ausagiert, das andere Mal in Stille erfahren. Im Gegensatz zur traditionellen Bedeutung von Kontemplation als Ichtranszendenz, als Versenkung und damit Aufhebung des Ichs in etwas Höherem, noch präsent im hochkulturellen Genußschema des Niveaumilieus, wird Kontemplation im egozentrischen Wirklichkeitsmodell des Selbstverwirklichungsmilieus zur konzentrierten Selbsterfahrung. Nicht auf das, was schön an sich ist, richtet sich die Konzentration, sondern auf die Offenbarung des Inneren Kerns in seinen ästhetischen Schwingungen.

Gemütlichkeit als kollektivorientiertes, die Besonderheit des Inneren Kerns leugnendes Genußschema ist dem Selbstverwirklichungsmilieu fremd. Aus demselben Grund widerstrebt dem Milieu die antiexcentrische Distinktion des Trivialschemas, käme es doch einer Profanation des Inneren Kerns gleich, wenn man zur Masse gehören würde, gar noch stolz darauf, nicht einzigartig zu sein. Nein: Die Distinktion des Milieus ist gleichzeitig antibarbarisch und antikonventionell - man grenzt sich gegen das Niedere, Gemeine, Unentwickelte ab, gegen den Mangel an Selbstverwirklichung, und gleichzeitig gegen die schematisierte, genormte, verformte und deshalb nicht mit sich selbst identische Psyche. Das Selbstverwirklichungsmilieu bedient sich der in Hochkulturschema und Spannungsschema angelegten Distinktionspfade in einem spezifischen, auf die milieutypische Wirklichkeitsdeutung zugeschnittenen Sinn. In der Legierung der Lebensphilosophien von Hochkulturschema und Spannungsschema tritt dieser Sinn zutage - Perfektion und Narzißmus, Vervollkommnung des Ichs, Selbstverwirklichung als ambitioniertes Ichprojekt.

4. *Fundamentale Interpretation:* Rangstreben, Geborgenheitsstreben und Konformitätsstreben, die Problemdefinitionen der weiter oben untersuchten älteren Milieus, haben ihre mentalitätsgeschichtlichen Wurzeln in einer ursprünglich außenorientierten Lebensplanung. Anders das Ziel der Selbstverwirklichung: es war von Anfang an als innenorientiertes Projekt gemeint. Ob Selbstverwirklichung einen situativen Ertrag abwirft, ist nicht etwa von einer primären zu einer sekundären Frage geworden, wie dies bei den anderen existentiellen Problemdefinitionen unterstellt werden kann, sondern war von Anfang an bedeutungslos. Man verwirklicht sich nicht selbst, um beispielsweise eine einflußreiche Berufsposition zu erringen und viel Geld zu verdienen, sondern man will (wenn überhaupt) Beruf und Geld, um sich selbst zu verwirklichen. In den Zukunftsplänen des Milieus können situative Aspekte durchaus auftauchen, allerdings nicht als Endziel, sondern als Zwischenziel. Die Situation wird für das Selbst instrumentalisiert, nicht das Selbst für die Situation.

Deshalb fällt es den Angehörigen des Milieus relativ leicht, auch große situative Diskrepanzen zu überbrücken, sowohl im Kontakt untereinander als auch in der persönlichen Lebensgeschichte. Soziale Homogenität und persönliche Kontinuität werden ichbezogen, nicht situationsbezogen aufgefaßt. Unvereinbar scheinende Untermilieus sind wegen dieser grundsätzlichen Gemeinsamkeit nicht exklusiv gegeneinander abgeschottet: Alternative und Integrierte, Feministinnen und Karrierefrauen, Singles und Familienorientierte, Arbeitslose und Berufstätige. Zwischen diesen Gruppen sind soziale Beziehungen und Übergänge leicht möglich. Auf die grundsätzlich transitorische Auffassung der Situation hat das Milieu in den achtziger Jahren mit der Umdeutung des Wortes »Trip« reagiert. Ursprünglich beschränkt auf den Zustand nach der Einnahme von Drogen, bezeichnet »Trip« inzwischen eine beliebige situative Passage in der Biographie: Familientrip, Therapietrip, Eigenheimtrip, Geldtrip, Alternativtrip, Karrieretrip, Sporttrip usw. Kontinuität kommt dabei demjenigen zu, der sich auf welchem Trip auch immer befindet, während die wechselnden situativen Arrangements als Episoden erscheinen, in denen das Subjekt anfallsweise das jeweilige Programm des Inneren Kerns auslebt.

Von den subjektiven Projekten anderer Milieus unterscheidet sich Selbstverwirklichung nur auf den ersten Blick durch die Offenheit des gewünschten situativen Arrangements und der Erlebnisabsicht. Betrachten wir zum Vergleich das Streben nach Rang: Selbst wenn Rangstreben nur noch innenorientiert, durch seinen Erlebniswert motiviert ist, impliziert es doch ein bestimmtes Drehbuch, in dem Erlebnisziel und erlebnisbedingende Situationen ungefähr beschrieben sind. Nach Selbstverwirklichung zu streben bedeutet zwar dem Anspruch nach, beides variabel zu halten. Das Selbst soll das Recht haben, jederzeit etwas Beliebiges zu wollen und die Situation seiner Entwicklung anzupassen. Aber das gilt nur theoretisch. Bei näherem Hinsehen zeigt sich, daß das Selbstverwirklichungsmilieu seine Existenzformen nur in einem deutlich eingeschränkten Bereich der Variabilität entwirft. Würde das Selbstverwirklichungsmilieu über die Gesamtheit der Möglichkeiten hinweg fluktuieren, könnte es als Milieu nicht existieren.

In der psychophysischen Semantik hat das Selbstverwirklichungsmilieu seinen Platz im Schnittbereich von Komplexität und Spontaneität. Kognitive Konstruktionselemente des schönen Erlebnisses sind »Kontrolle« und »Ich-Bestimmtheit«, somatische Bestandteile sind Körpererfahrungen von »Konzentration« und »Ausagieren« (vgl. zu diesen Termini Abschnitt 7.2).

Das Erlebnisparadigma des Künstlers zeichnet dieses Muster nach. Im Mythos des Künstlers am Ende des 20. Jahrhunderts sind die traditionellen Komponenten von Meisterschaft und privilegierter Partizipation am Erhabenen weitgehend verschwunden. Beide Elemente spielten auf Ordnungen an, die nicht unmittelbar aus der Persönlichkeit des Künstlers selbst kamen, sondern denen er sich anzunähern versuchte; sie mußten im selben Maße obsolet werden, wie der Künstler zur Projektion der Idee von Selbstverwirklichung schlechthin wurde. Der Künstler ist primär Darsteller seiner Subjektivität. Im Massenansturm auf Kunstakademien und kreative Berufe und in der engen Beziehung von Neuer Kulturszene und Selbstverwirklichungsmilieu (vgl. Abschnitt 10.8) wird deutlich, daß der Künstler zum Vehikel der Ich-Visionen des Selbstverwirklichungsmilieus geworden ist. In der Vorstellung des Milieus ist der Künstler jemand, der »verdammt hart an sich arbeitet«, oft in Einsamkeit, aber unbeirrbar, einzig sich selbst verpflichtet. Zum Erlebnisparadigma gehört freilich der Durchbruch dazu. Die narzißtische Pointe des Künstlermythos bemüht die große Öffentlichkeit als Kulisse für den Triumph des Inneren Kerns.

5. *Alltagsästhetik:* Die Alltagsästhetik des Selbstverwirklichungsmilieus ist durch die Gleichzeitigkeit von Hochkulturschema und Spannungsschema gekennzeichnet. Zwar ist die Affinität zu den klassischen Einrichtungen der bürgerlichen Kultur (großes Theater, Oper, Konzertsaal, Museum, Kunstausstellung und ähnliches) durchgängig geringer als beim Niveaumilieu, im Vergleich zur Hochkulturdistanz der weniger gebildeten Milieus (Harmoniemilieu und Unterhaltungsmilieu) wird jedoch deutlich, daß das Selbstverwirklichungsmilieu relativ stark in die hochkulturelle Richtung tendiert. Trotzdem ist das Selbstverwirklichungsmilieu nicht bloß die jüngere Ausgabe des Niveaumilieus. Durch die besondere Nähe zum Spannungsschema erhält die Alltagsästhetik des Selbstverwirklichungsmilieus ihr eigenes Gepräge. Diskotheken, Nachtlokale, Kneipen, Rock- und Popkonzerte, Kino und ähnliche Konstellationen ästhetischer Zeichen trennen die beiden gebildeten Milieus unübersehbar.

Im Schnittbereich von Hochkulturschema und Spannungsschema hat sich das Selbstverwirklichungsmilieu seine eigene Bühne geschaffen: die Neue Kulturszene. Hierzu gehören unter anderem kleine, oft von freien Gruppen getragene Theater (die sich zunächst »alternativ« nannten, inzwischen aber immer ambitionierter auftreten), eine Reihe von Stadtteilzentren, Filmkunst, Kabarett, Jazz, Folk und andere anspruchsvolle U-Musik, experimentelle Theaterfestivals und anderes. Mit dem Wort »Kleinkunst«, das in den letzten Jahren immer mehr das Wort »Alternativkultur« verdrängt hat, wird die Neue Kulturszene mehr schlecht als recht auf den Begriff gebracht, denn die verniedlichende Bedeutung dieses Wortes paßt nicht zum steigenden Anspruchsniveau. So heterogen die Neue Kulturszene auf den ersten Blick scheinen mag, ist sie doch sozial vergleichsweise eindeutig definiert durch die Verbindung kulturellen Anspruchsdenkens mit den Bedeutungsmustern des Spannungsschemas: Kontemplation und Action als Formen des Genusses; Primitive und Normalbürger als Feindbilder der Distinktion; Perfektion und Narzißmus als Lebensphilosophien.

Im Stiltypus des Selbstverwirklichungsmilieus ist die Nähe zu Hochkulturschema und Spannungsschema mit einer deutlichen Distanz zum Trivialschema kombiniert, die noch stärker ausgeprägt ist als beim Niveaumilieu. Unterhaltungssendungen im Fernsehen, Volkstheater, Heimatfilme, Blasmusik, Volksmusik, Volkslieder und lokale Sendungen, Fernsehshows, Quizsendungen, deutsche Schlager und ähnliche Erlebnisangebote treffen in keinem Milieu auf mehr Ablehnung als im Selbstverwirklichungsmilieu. Der »gemütliche« Wohnstil des

Harmoniemilieus, gekennzeichnet durch ein Gedränge rundlicher und verzierter Möbel und eine Anhäufung von Polstern, Kissen, Decken, Stofftieren usw., gilt im Selbstverwirklichungsmilieu als »miefig«; er wird ebenso abgelehnt wie die gediegene kulturgesättigte Wohnatmosphäre des Niveaumilieus (vgl. die Wohnwelt-Studie 1988). Diese Distanzierung setzt sich im Stil der Kleidung fort. Man will weder »vornehm« sein, noch gar »dezent«, »korrekt«, »traditionsbewußt« oder »unauffällig«; stattdessen bekundet das Milieu mehr als andere eine Präferenz für Stileigenschaften wie »ausgefallen«, »frech«, »originell«, »cool«, »selbstgemacht«, »antispießig«, »provozierend« (Outfit-Studie 1986, S.72).

Am Medienkonsum des Selbstverwirklichungsmilieus fällt als erstes die Distanz zum Fernsehen auf. Selbst im Niveaumilieu liegt der Fernsehkonsum höher. Andererseits gibt es Medien, die fast ausschließlich auf das Selbstverwirklichungsmilieu beschränkt bleiben, etwa die »tageszeitung«, über deren Milieusignifikanz die gering erscheinende Leserquote von 5% nicht täuschen darf, denn diese Zeitung kommt in den anderen Milieus überhaupt nicht vor. Ähnlich verhält es sich mit dem Stadtmagazin, das sich zum zentralen Medium der Neuen Kulturszene entwickelt hat. Die Leserquote des Selbstverwirklichungsmilieus wird in keinem anderen Milieu auch nur annähernd erreicht. Im übrigen herrschen die Muster gebildeten Medienkonsums, wie sie auch im Niveaumilieu auftreten: Distanz gegenüber der Boulevardpresse, relativ weite milieuspezifische Verbreitung überregionaler Tageszeitungen, milieuspezifische Präferenz für Zeit und Spiegel.

6. *Sonstige Aspekte des Subjekts:* In der Wahrnehmung durch die Interviewer heben sich die Angehörigen des Selbstverwirklichungsmilieus vor allem durch die körperliche Erscheinung von den anderen Milieus ab: Nirgendwo gibt es weniger übergewichtige Personen. Dialektfärbung der Sprache stellten die Interviewer bei knapp 60% fest, was deutlich unter dem Anteil in den weniger gebildeten Milieus (Unterhaltungsmilieu und Harmoniemilieu) liegt, jedoch über dem Anteil im Niveaumilieu. Der Gesamteindruck auf den Interviewer weist die gleiche positive Tendenz auf wie bei den anderen gebildeten Milieus.

Ausgeprägt ist das psychologische Interesse und die Teilnahme am Psychoboom durch den Besuch von Selbsterfahrungsgruppen. Am auffälligsten an der typischen Persönlichkeit des Milieus ist eine allgemeine Unbekümmertheit, die durch eine generelle Skala »Vertrauen« abgebildet werden konnte, zusammengesetzt aus Komponenten wie Offenheit einerseits (hier hat es die höchste Ausprägung) und Egoismus, Fatalismus, Anomie und Rigidität andererseits (hier hat das Selbstverwirklichungsmilieu jeweils den geringsten Durchschnittswert). Dem gehobenen Bildungsgrad entsprechend tendiert das Selbstverwirklichungsmilieu zur sozialen Dominanz und zur Reflexivität (vergleichbar dem Niveaumilieu). Altersspezifisch ist die Suche nach Abwechslung und die relativ geringe Lebenszufriedenheit (vergleichbar dem Unterhaltungsmilieu).

Auffällig ist auch das territoriale Verhalten des Selbstverwirklichungsmilieus. Es ist das mobilste Milieu, mit der ausgeprägtesten Tendenz, die eigenen vier

Wände zu verlassen und auszugehen. Außerhalb der Wohnung setzt sich diese Tendenz zum Weggehen fort: Spazierengehen in der Wohnumgebung ist mehr eine Sache der älteren Milieus, während das Stadtzentrum, etwa die Fußgängerzone, ein bevorzugtes Zielgebiet des Selbstverwirklichungsmilieus ist. Auch sozial ist das Milieu expansiv. Typisch ist ein großer Freundeskreis. Entsprechend viele überschreiten in ihren sozialen Kontakten die Grenzen von Kleinfamilie und erweiterter Familie. 70% geben als häufige Freizeitpartner enge Freunde an (Niveaumilieu: 41%; Harmoniemilieu: 29%).

Das Selbstverwirklichungsmilieu ist das Kernmilieu sozialer Bewegungen. Alternativbewegung, Friedensbewegung, die Grünen, alle zur Erhebungszeit noch vom Fluidum politischer Unkonventionalität und Aktualität umgeben, finden im Selbstverwirklichungsmilieu die meisten Anhänger. Spiegelbildlich dazu haben konservative Kräfte, so die bürgerlichen Parteien und die katholische Kirche, hier die wenigsten Parteigänger. Das Interesse an öffentlichen Angelegenheiten bleibt deutlich hinter dem Standard zurück, der in den älteren gebildeten Milieus (Niveau und Integration) gilt. Nur zum Teil dürfte dieses Ergebnis auf die milieuspezifische Tendenz zur Unkonventionalität zurückzuführen sein (die Skala »öffentliches Interesse« erfaßt lediglich konventionelle politische Partizipation). Zum anderen Teil hängt die relativ niedrige politische Teilnahme wohl mit der Innenzentriertheit des Denkens zusammen, die zur Philosophie der Selbstverwirklichung dazugehört. Auch die Abgrenzung gegen fremde Autoritäten ist Bestandteil dieser Grundhaltung. Höchste Autorität ist das Subjekt selbst. Mehr als jede andere Dimension begründet die Bereitschaft zur politischen Unterordnung Differenzen zwischen den Milieus. Während das Harmoniemilieu gehorsam und angepaßt erscheint, ist das Selbstverwirklichungsmilieu skeptisch gegenüber Autoritäten und hierarchischen Strukturen.

7. *Situation:* Die persönlichen Lebensumstände unterscheiden sich deutlich von den anderen Milieus. 22% wohnen noch bei den Eltern (Unterhaltungsmilieu: 14%; ältere Milieus: nahe 0%). Mit einem Partner oder einer Partnerin leben 51% zusammen, wesentlich weniger als in den anderen Milieus, wo dieser Anteil etwa zwischen 70% und 80% liegt. Auffälligste Komponente der privaten Lebensform im Milieuvergleich ist der Familienstand: Eine Mehrheit von 57% ist ledig, deutlich mehr als im Unterhaltungsmilieu, das derselben Altersklasse angehört (37%). In den älteren Milieus fällt der Anteil der Ledigen quantitativ dagegen kaum ins Gewicht. 7% wohnen in Wohngemeinschaften, 13% wohnen alleine nach Ablösung von der Herkunftsfamilie (im Gegensatz zum Alleinewohnen nach Verwitwung, typische Form des Alleinewohnens in den älteren Milieus). Diese Prozentsätze scheinen zunächst gering; trotzdem deuten sie auf signifikante Milieuzeichen hin, da diese seltenen Existenzformen im Selbstverwirklichungsmilieu kulminieren.

Wie sich das Selbstverwirklichungsmilieu in seiner Privatsphäre von den anderen Milieus unterscheidet, so auch in den Außenbeziehungen. Der Anteil der abhängig Beschäftigten ist mit 46% deutlich niedriger als im gleichaltrigen Unterhaltungsmilieu (68%); umgekehrt ist der Anteil derjenigen, die sich in Ausbildung befinden, deutlich höher (31% versus 6%). Auch hier stoßen wir auf ein Milieucharakteristikum, das zwar nicht für die Mehrheit gilt, aber fast nur in diesem Milieu auftritt und dadurch soziale Signifikanz bekommt.

Die Statuslage des Milieus tendiert zur Mitte. Mit 40% liegt der Anteil der Personen, deren Haushalt den beiden oberen Statusgruppen zugehört (bei einer vierstufigen Gruppierung), deutlich unter dem Anteil im Niveaumilieu (76%), jedoch auch deutlich über dem Anteil im Unterhaltungsmilieu (13%). Hinsichtlich der sozialen Lage befindet sich das Milieu etwa auf der Ebene des Integrationsmilieus, allerdings ist die materielle Zufriedenheit niedriger. Dies deutet darauf hin, daß sich das Selbstverwirklichungsmilieu an den Ansprüchen des Niveaumilieus orientiert. Viele befinden sich noch vor dem Beginn oder erst am Anfang einer Berufskarriere, die schließlich doch oben enden wird. In der hierarchischen Selbsteinstufung tendieren die meisten zur Mittelschicht (was mit leichten Abweichungen auch für die anderen Milieus gilt). Aufschlußreicher für die milieuspezifische Selbsteinschätzung sind die Extreme. Nur 9% rechnen sich zur »Unterschicht« oder »Arbeiterschicht« (Unterhaltungsmilieu: 26%), 24% dagegen betrachten sich als Angehörige der »oberen Mittelschicht« oder »Oberschicht« (Unterhaltungsmilieu: 4%).

Die Arbeitssituation der Milieuangehörigen, die im Erwerbsleben stehen, weist weniger Auffälligkeiten und Extreme auf als die typische Arbeitssituation in Unterhaltungsmilieu, Harmoniemilieu, Niveaumilieu. Zwei Faktoren sind für das Verständnis des Profils wichtig: erstens der hohe milieuspezifische Bildungsgrad, zweitens die Unabgeschlossenheit der Karriere. Der erste Faktor bewirkt eine deutliche Tendenz zur Kopfarbeit im Gegensatz zur Handarbeit. Wegen der Wirksamkeit des zweiten Faktors ist die milieutypische Lage in der Hierarchie der Arbeitsbeziehungen andererseits niedriger als beim Niveaumilieu. Wenige wohnen in einer Eigentumswohnung oder im eigenen Haus (davon wiederum ein erheblicher Anteil bei den Eltern). Wohnkomfort und Wohnzufriedenheit sind niedrig. Darin bekundet sich erneut, wie bereits im hohen Anteil von Ledigen und von Personen in Ausbildung, eine milieuspezifische Tendenz zur unfertigen Situation.

	Selbstverwirklichungsmilieu: Charakterisierung in Stichworten
Evidente Zeichenkonfiguration (Anhang, Tabelle 6.1)	jünger (unter 40)/mittlere oder höhere Bildung Stiltypus: Nähe zum Spannungsschema/Nähe zum Hochkulturschema/Distanz zum Trivialschema
Manifestation in der Alltagserfahrung	Neue Kulturszene (Kleinbühnen, Konzerte)/große Teile der Kneipenszene (Studentenkneipen, neuere Cafés, Griechen, Italiener, alternative Kneipenszene)/Berufsleben: soziale, therapeutische und pädagogische Berufe sowie »Yuppies«/Individualtourismus (häufig als Rucksacktourismus)/moderner Freizeitsport (Surfen, Radfahren, Joggen, Tennis, Bergsteigen usw.)/Boutiquen/Naturkostläden/politische Bewegungen/Bekleidungsstile: sportlich, alternativ, elegant
Alltagsästhetik: Zeichen im einzelnen (Auswahl) (Anhang, Tabellen 5.2/5.5/ 5.6/5.7/6.13)	Präferenzen: Neue Kulturszene/Kulturzirkus (Theaterfestival)/Jazz-Ost-West (Festival)/Tennis, Skifahren, Surfen/Bardentreffen (Liedermacher-Festival)/Stadtteilzentren mit Affinität zur Neuen Kulturszene/Lektüre: Sachorientierung/Musik hören/Suche nach Abwechslung/Modezeitschriften (nur weibliche Befragte)/Rockfestival/Café, Eisdiele/Kneipenszene/Diskotheken/ausgehen/Musikpräferenzen: Pop, Rock, Folk/Hochkulturszene/Selbsterfahrungsgruppen/Fernsehen: Wissenschaft, Technik, Zeitgeschichte, Politik, intellektuelle Orientierung/Zeit/Spiegel/Stern/taz/Stadtmagazin/Ausstellungen/klassische Musik/Schauspielhaus Distanzierungen: Fernsehen: Talkshows, Naturfilme, lokale Sendungen, Unterhaltungssendungen, Volkstheater, Heimatfilme/Volksmusik/deutscher Schlager/Blasmusik/Volkslieder/Trivialliteratur/Bildzeitung/Abendzeitung/Goldenes Blatt u.ä./Werbung/fernsehen/saubermachen
Alltagsästhetik: Bedeutungen	Genußschema: Action und Kontemplation Distinktion: antikonventionell und antibarbarisch Lebensphilosophie: Narzißmus und Perfektion
Subjekt: sonstige Aspekte (Anhang, Tabellen 6.2/ 6.10/6.11/6.12/ 6.14)	gute Selbstinszenierung/geringe vegetative Labilität/großer Freundeskreis/häufiger Aufenthalt in Fußgängerzone und Innenstadt/Nähe zu Alternativbewegung, Friedensbewegung, Grünen/geringe Bereitschaft zur politischen Unterordnung/Dominanzstreben/geringe allgemeine Lebenszufriedenheit/hohe Offenheit/Suche nach Abwechslung/geringer Fatalismus/hohe Reflexivität/geringe Anomie/geringe Rigidität/hohes Vertrauen/geringer Anteil von Personen mit Übergewicht/guter körperlicher Zustand
Situation (Anhang, Tabellen 6.3/ 6.4/6.5/6.6/ 6.7/6.8/6.15)	hoher Anteil lediger Personen/hoher Anteil von Personen in Ausbildung/Dominanz mittlerer Statusgruppen/Arbeitsmotivation: tendenziell Kopfarbeit, viele soziale Berufe, qualifizierte Tätigkeiten, Arbeit am Bildschirm/Schulbildung des Partners mittel oder höher
Wissenssoziologische Interpretation	Ich-Welt-Bezug: ichverankert Primäre Perspektive: Innerer Kern Existentielle Problemdefinition: Streben nach Selbstverwirklichung Fundamentale Interpretation: Komplexität und Spontaneität Erlebnisparadigma: Künstler

6.6 Unterhaltungsmilieu

1. *Evidente Zeichenkonfiguration:* Den Kern dieses Milieus bilden jüngere Personen mit niedrigem Schulabschluß. Weder läßt sich dieses Milieu mit dem Selbstverwirklichungsmilieu zu einer einheitlichen Jugendkultur zusammenlegen noch mit dem Harmoniemilieu zu einer einheitlichen Arbeiterkultur. Zusammen mit dem milieuspezifischen Stiltypus verbinden sich die situativen Charakteristika zu einer Sozialfigur, die für sich steht. Wie das Niveaumilieu zeigt das Unterhaltungsmilieu eine Tendenz zu nur *einem* alltagsästhetischen Schema. Während in der Alltagsästhetik des Niveaumilieus das Hochkulturschema dominiert, steht die Alltagsästhetik des Unterhaltungsmilieus weitgehend im Zeichen des Spannungsschemas. Anders als im Selbstverwirklichungsmilieu, wo Spannungsorientierung und Hochkulturorientierung zu einem besonderen Stiltypus legiert werden, geht das Unterhaltungsmilieu zu den übrigen alltagsästhetischen Schemata auf Distanz.

2. *Manifestation in der Alltagserfahrung:* Ähnlich dem Harmoniemilieu ist auch das Unterhaltungsmilieu wenig in der Öffentlichkeit sichtbar, aber aus anderen Gründen. Nicht Tarnung und Rückzug sind die Ursache - im Gegenteil ist das Milieu mobil und keineswegs zurückhaltend -, sondern das Verschwinden in Angebotsfallen: Kino, Fußballplatz, Automatensalon, Videothek, Autorennen, Fitneßstudios, Diskotheken, Kneipenszene. Für andere auffällig wird das Milieu eher unterwegs. Sowohl der Fahrstil, den man unter Anspielung auf die unvermeidliche Verfolgungsjagd in amerikanischen Krimiserien als action-orientiert bezeichnen kann, ist Ausdruck des Spannungsschemas als auch die symbolischen Zitate der Rennfahrerkultur durch Veränderungen am Auto: getunte Motoren mit besonderem Sound, extra breite Reifen, tiefergelegte Karosserie, Schalensitze, verkürzter Schaltknüppel. Auch die überdimensionierte Auto-Stereoanlage, die beim Warten an der Ampel selbst bei geschlossenen Fenstern dumpf nach draußen dröhnt, ist typisch für das Milieu. Epidemisch breitete sich in den achtziger Jahren der Heckspoiler aus, eines der wenigen Zeichen, das zuerst im Unterhaltungsmilieu entwickelt wurde, um nach einigen Jahren auch von anderen Milieus übernommen zu werden, wenn auch seltener und teilweise nur auf Andeutungen reduziert. Meist aber kopiert das Milieu umgekehrt Zeichen des Selbstverwirklichungsmilieus, wie etwa in den achtziger Jahren Turnschuhe, enge Jeans und Anoraks, ehemals Stilelemente des studentischen Milieus, die nun als billige Massenangebote vom Unterhaltungsmilieu so weitgehend vulgarisiert wurden, daß sie aus dem Selbstverwirklichungsmilieu fast verschwunden sind; an ihre Stelle ist dort (neben dem resistenten Alternativlook) sportlich-legere teurere Markenware getreten, die inzwischen auch im Unterhaltungsmilieu immer häufiger auftaucht. Es ist das Milieu der Fließbandarbeiterinnen, der Kfz-Mechaniker, der ungelernten Verkäuferinnen und Kassiererinnen, ohne auf diese Berufsgruppen beschränkt zu sein. Typisch sind Berufe, die wenig Aufmerksamkeit auf sich ziehen, im Gegensatz zum Arzt, zum Jungmanager, zum Lehrer. Auch deshalb

tritt das Milieu in der Alltagswahrnehmung zurück. Für sich selbst wird das Milieu durchaus anschaulich, insbesondere dort, wo es sich als Publikum zusammenfindet, anderen fällt es nur hin und wieder auf, etwa durch unübersehbare Randgruppen wie Fußballfans, Skinheads, jüngere Arbeitslose.

3. *Existentielle Anschauungsweise:* Wie beim Selbstverwirklichungsmilieu treffen wir auch beim Unterhaltungsmilieu auf eine ichverankerte existentielle Anschauungsweise. Ausgehend von der Vorstellung eines gegebenen Ichs, einer inneren Ordnung, wird das Äußere, die Welt, im Wirklichkeitsaufbau durch den Bezug zur inneren Ordnung definiert. Im Gegensatz zur dynamischen Vorstellung des Selbstverwirklichungsmilieus erscheint die Konzeption des Ichs im Unterhaltungsmilieu statisch. Primäre Perspektive der Wahrnehmung der inneren Wirklichkeit ist die Kategorie des Bedürfnisses.

Vordergründig ähnelt diese Auffassung dem Ich-Modell des Selbstverwirklichungsmilieus insofern, als auch dort das Bedürfnis als wichtigster Ich-Indikator gewertet wird. Allerdings weist der Begriff des Inneren Kerns mit der Vorstellung einer langfristigen Entwicklung über den Horizont aktueller Bedürfnisse hinaus. Ich-Interpretationen im Selbstverwirklichungsmilieu enthalten eine dynamische Komponente, eine prozessuale Sicht der psychischen Biographie, die Veränderungen als Stadien modelliert und retrospektiv zu einer Stufenfolge zusammenfügt. Dieses Denkschema erlaubt Veränderungen der Bedürfniskonstellation von Stufe zu Stufe. Da im Gegensatz dazu das Ich-Modell des Unterhaltungsmilieus nicht in eine Entwicklungsvorstellung eingebettet ist, reduziert sich seine Bedeutung auf die Gegenwart. Ich bin das, was ich gerade will. Auch wenn sich die Bedürfniskonstellation immer wieder ändert, das Ich also offensichtlich Transformationen unterliegt, erscheint dieser Ich-Begriff statisch, da ihm zeitliche Extensionen in Zukunft und Vergangenheit abgehen. Beschränkt auf den Geltungshorizont der Gegenwart, steht das Ich scheinbar auf der Stelle.

Nur mit einer dynamischen Konzeption des Ichs lassen sich auch Begriffe wie Entwicklungsstörung und Entwicklungsblockade denken. Im Selbstverwirklichungsmilieu nimmt die Reparatur von vergangenen Beeinträchtigungen der Ich-Entwicklung und die Beseitigung von Hindernissen in der Zukunft breiten Raum ein. Dagegen spielt die Vorstellung einer gefährdeten Entwicklung im Unterhaltungsmilieu keine wesentliche Rolle. Es geht darum, sich mit dem zu versorgen, was man möchte, unbeschwert vom Ehrgeiz inneren Wachstums.

Hier liegt einer der fundamentalen Unterschiede zwischen den beiden jüngeren Milieus. Die Egozentrizität des Unterhaltungsmilieus ist ohne besondere Ambitionen. Stilelemente in der Kleidung, die Ansprüche an sich selbst zum Ausdruck bringen, werden, wie wir der Outfit-Studie (1986, S.72) entnehmen können, im Selbstverwirklichungsmilieu hoch, im Unterhaltungsmilieu niedrig eingeschätzt, etwa die Attribute »originell«, »antispießig«, »frech«, »witzig«, »selbstgemacht«. Umgekehrt werden die Attribute »korrekt«, »schlicht«, »traditionsbewußt« und »unauffällig« im Unterhaltungsmilieu deutlich höher bewertet als im Selbstverwirklichungsmilieu. Auch in der Wohnkultur macht sich dieser Gegensatz bemerkbar. Für den Trend des Selbstverwirklichungsmilieus zum innenarchitektonischen Avantgardismus einerseits und zur Studentenwohnkultur andererseits (Möbel vom Sperrmüll, Improvisationen aus Preßspanplatten, Sitzen auf dem Fußboden, Poster an der Wand usw.) findet sich im Unterhaltungsmilieu keine Gefolgschaft; hier ist kein ausgeprägter Wunsch erkennbar, ganz anders zu sein als die anderen, eher eine Tendenz, die Wohnkultur der Eltern zu übernehmen (vgl. hierzu die Wohnwelt-Studie 1988).

Jene skrupulöse Suche nach den eigentlichen Bedürfnissen, die für das Selbstverwirklichungsmilieu so typisch ist, erscheint im Unterhaltungsmilieu unwichtig. Gerne greift man auf die Serviceleistungen der Erlebnisanbieter zurück. Das Ich wird vom Erlebniserfolg her konstruiert, Bedürfnisse durch das Gefühl der Befriedigung erst nachträglich erkennbar. Da es mir gefallen hat, habe ich es offenbar gewollt, da ich es gewollt habe, bin ich offenbar so. Es schält sich eine normale existentielle Problemdefinition heraus, die auf Stimulation aus ist. Daraus ist die Bezeichnung des Milieus als »Unterhaltungsmilieu« abgeleitet.

Mit der Ausgangsvorstellung des statischen Ichs als Bedürfnisbündel, von dem aus die Welt als Ressource der Befriedigung angeschaut wird, liegt ein Bauplan zur Wirklichkeitskonstruktion bereit. Die Selektion von Erfahrungen ist auf Stimulation programmiert, auf möglichst stark spürbare psychische und physische Vereinnahmung. Uninteressant ist die komplizierte, mit kognitiver Arbeit verbundene Erfahrung, etwa in Form eines Leitartikels, einer Für und Wider abwägenden Analyse, einer längeren Rede, einer Fernsehdiskussion. Politische Anteilnahme und Neigung zum Nachdenken und Diskutieren (gemessen durch die Skala »Reflexionsbereitschaft«) sind gering.

Bildzeitung und andere Boulevardblätter finden in diesem Milieu viele Kunden. Erfahrung, ob sie nun aus den Printmedien, dem Radio, dem Fernsehen kommt, soll vor allen Dingen starken objektiven Erlebnisreiz besitzen und in kurzer Periodisierung angeboten werden. Anders als bei den älteren Milieus, deren weltverankerte Anschauungsweisen mit einem Interesse an wahrer Information gekoppelt sind, spielt der Informationsgehalt der Erfahrung keine wichtige Rolle für die Erfahrungssuche. Darin unterscheidet sich das Unterhaltungsmilieu auch vom Selbstverwirklichungsmilieu, das schon deshalb an einer zutreffenden Repräsentation der Welt interessiert ist, weil in das Ich-Projekt Teile der Welt eingebaut werden, etwa andere Menschen, Berufsrollen, Ambientes, Probleme als Herausforderungen an die Persönlichkeit.

Im Gegensatz zur Egozentrizität des Selbstverwirklichungsmilieus, die sich mit einem Interesse an der Welt verbindet, ist die Egozentrizität des Unterhaltungsmilieus von Desinteresse an der Realität geprägt. Was zählt, ist nicht die Information im Verhältnis zum objektiven Sachverhalt, sondern die Information im Verhältnis zu ihrem Empfänger. Damit bekommen formale Eigenschaften von Realitätsangeboten, etwa Pointierung, Ungewöhnlichkeit, Exklusivität, Aktualität, Kürze, Prägnanz und emotionale Aufladung ein Primat gegenüber inhaltlichen Eigenschaften wie Informationsgehalt, Wahrheit, analytischer Tiefe. Es entspricht dieser an Wirklichkeit nicht sonderlich interessierten Selektion von Erfahrung, daß die kommunikative Verarbeitung des Neuen und die soziale Aushandlung richtiger Deutungen wenig Raum in der milieuspezifischen Beziehungskultur beansprucht.

Im Extrem wird dieser Umgang mit der Realität am Beispiel der Autonomen und der Skinheads deutlich, beides Randmilieus im Einzugsbereich des Unterhaltungsmilieus. Wir treffen hier auf angeblich politisch motivierte Handlungs- und Denkmuster, deren argumentativer Hintergrund nicht etwa von der Konfrontation mit der Wirklichkeit lebt, sondern entschlossen gegen eine solche Konfrontation verteidigt wird. In der politischen Praxis mischt sich Protest aus guten, das heißt wirklichkeitsverankerten Gründen, mit Protest ohne anderen Grund als den des Erlebnisreizes von Gefahr und Öffentlichkeit. Am Ende gewinnt der zweite Typ von Protest oft die Oberhand, und dies um so leichter, als er sich durch den Hinweis auf das ursprüngliche Anliegen, seien es Umweltprobleme, spekulative Stadtsanierungen, Arbeitslosigkeit, Ausländer oder anderes, mühelos rationalisieren läßt.

Diese Enklaven des Milieus sind vor allem deshalb erwähnenswert, weil sie ein milieuspezifisches Muster der Wirklichkeitskonstruktion veranschaulichen, das im sozialverträglichen Normalfall unauffällig bleibt. Längst ist dieser Normalfall zur festen Größe auf dem Erlebnismarkt geworden. Gefragt sind Erfahrungen mit starkem objektivem Erlebnisreiz und geringer Anforderung an subjektive Erlebniskompetenz. Auf das rasche Absinken objektiver Erlebnisreize mit der Wiederholung reagieren die Erlebnisanbieter mit Produktabwandlungen und Erlebnissuggestionen. Beides gehört zum Strategierepertoire der Rationalität des Erlebnisangebots, um die es weiter unten (9. Kapitel) gehen wird. Trotzdem ist ein Nachlassen der Erlebnisintensität unvermeidlich, solange die Konsumenten die Verantwortung für ihre Erlebnisse nicht selbst übernehmen, sondern Angeboten und ihren Herstellern zuweisen. Langeweile und Unzufriedenheit werden umgesetzt in eine Steigerung der Nachfrage und eine Verdichtung des Erlebniskonsums.

Da das Defizit an Erlebnissen so nicht auf Dauer überdeckt werden kann, hat sich eine Technologie der Verdrängung von Enttäuschung entwickelt, deren Grundgedanke die Inanspruchnahme des Konsumenten durch Stimulationsbeschuß ist. Das Angebot beschäftigt den Konsumenten, nicht umgekehrt. Am klarsten wird dieses Prinzip durch Unterhaltungsapparate vorgeführt, die unablässig Stimuli produzieren, um den menschlichen Partner des Apparates zu Reaktionen zu provozieren. Vieles läßt sich in dieser Weise funktionalisieren. Es genügt, mit dem Auto oder dem Motorrad durch die Gegend zu fahren, um sich Stimulationen und Erlebnisillusionen zu verschaffen. Das Fernsehgerät, die Sportveranstaltung, das Rockkonzert, die Diskothek, der Animateur, der Spielautomat sind Beispiele für Erfindungen, die sich zur Erzeugung von Stimulationen nutzen lassen.

Kontemplation oder Gemütlichkeit, die Genußroutinen von Hochkulturschema bzw. Trivialschema, sind für den besonderen Erlebnisbedarf des Unterhaltungsmilieus ungeeignet. Im Action-Muster des Spannungsschemas ist eine geeignete Form vorgeprägt, in der sich die Erfahrung von Stimulationen subjektiv organisieren und habitualisieren läßt. Auch in Distinktion und Lebensphilosophie folgt das Unterhaltungsmilieu den Vorprägungen des Spannungsschemas. Eine beliebige Rockgruppe, ein Motorrad, zahllose Werbespots für Zigaretten, Filme, Videoclips, Modeartikel, Reiseangebote und andere Produktarten transportieren immer wieder dieselben Botschaften: antikonventionelle Distinktion und narzißtische Lebensphilosophie. Diese Botschaften werden von Selbstverwirklichungsmilieu und Unterhaltungsmilieu gleichermaßen übernommen, geraten jedoch in unterschiedliche subjektive Kontexte. Während die Inhalte des Spannungsschemas im Selbstverwirklichungsmilieu durch die hierarchischen Muster des Hochkulturschemas modifiziert werden (antikonventionelle Distinktion wird kombiniert mit antibarbarischer Distinktion; Narzißmus mit Perfektionsstreben), stehen sie in der kulturellen Praxis des Unterhaltungsmilieus für sich. Antikonventionalität bleibt ohne Distanzierung gegenüber dem Barbarischen, Narzißmus ohne Anspruch auf Selbstvervollkommnung. Das damit zusammenhängende Konsumieren von Unterhaltung erregt die kulturkritische Irritation derjenigen Milieus, die etwas Besonderes aus sich machen wollen.

4. *Fundamentale Interpretation:* Eine außenorientierte Reminiszenz ist in der existentiellen Anschauungsweise des Unterhaltungsmilieus nicht zu erkennen. Gleich dem Selbstverwirklichungsmilieu von Anfang an innenorientiert, besetzt das Unterhaltungsmilieu eine Zone in der fundamentalen Semantik, wo sich die Kategorien von Einfachheit und Spontaneität verbinden. Körperlich entspricht dieser Position ein Muster der Kombination von »Ausagieren« und »Unmittelbarkeit«, psychisch die kognitive Konstruktion des schönen Erlebnisses mit den Elementen von »Ich-Bestimmtheit« und »Entlastung« (zur Terminologie vgl. Abschnitt 7.2). Als Erlebnisparadigma sei »Miami Beach« gewählt: der Longdrink des Millionärs am Rande des Swimmingpools, serviert von einer schönen Frau während eines im schnoddrigen Tonfall geführten Telefongesprächs.

5. *Alltagsästhetik:* Typisch für die Alltagsästhetik des Milieus ist eine Mischung von Aktivität und Passivität. Orientiert am Spannungsschema, auf der Suche nach Action als Genußform, bedient sich das Milieu mehr als jedes andere solcher Erlebnisangebote, die reines Aktiviert-Werden ohne ästhetische Dekodierungsarbeit verheißen, oft in Verbindung mit Unterhaltungsmaschinen. Charakteristische Beispiele für solche Beschäftigungen in Interaktion mit Stimulationsapparaten sind Flippern, Automatenspiele, Videosehen, mit dem Auto oder dem Motorrad durch die Gegend fahren. In dieselbe Sparte fällt die milieutypische Beteiligung an der Sportszene, deren ästhetische Idee darin besteht, Konkurrenzsituationen zu inszenieren, um das Ausagieren der darin angelegten Spannung anzuschauen und sich dadurch stimulieren zu lassen. Am nächsten Spieltag geht alles wieder von vorne los. Zur selben Kategorie gehört der Besuch des »Vergnügungsviertels«, eine (befragungsbedingt) euphemistische Umschreibung für ein paar Seitenstraßen mit Sex- und Automaten-Etablissements. Die milieuspezifi-

schen Fernsehinteressen richten sich unter anderem auf Zeichentrickfilme und amerikanische Krimiserien.

Das Spannungsschema begründet einen deutlichen Unterschied zum Harmoniemilieu (das auf derselben Bildungsstufe steht, aber älter ist). Dazu kommen jedoch Elemente der traditionellen Unterschichtenkultur, die beide Milieus einander verwandt erscheinen lassen, entsprechend den Verwandtschaftsbeziehungen im tatsächlichen Sinn (die Eltern der Angehörigen des Unterhaltungsmilieus gehören meist zum Harmoniemilieu): Ein Hang zum Praktischen, etwa die Pflege von Auto oder Motorrad und das Herumbasteln in der Wohnung bei den Männern; Aufräumen, Sachen in Ordnung bringen, etwas Gutes kochen, Saubermachen bei den Frauen. An manchen Stellen wird auch eine Affinität des Unterhaltungsmilieus zum Trivialschema sichtbar, vor allem bei der Lektüre und im Fernsehverhalten. Von solchen Einsprengseln abgesehen, die daher rühren mögen, daß sich Unterhaltungsmilieu und Harmoniemilieu oft in denselben Haushalten begegnen, besteht deutliche Distanz zum Trivialschema. Die Alternative Spannungsschema/Trivialschema markiert den wesentlichen Unterschied der Alltagsästhetik von Unterhaltungsmilieu und Harmoniemilieu.

Im Vergleich zum Harmoniemilieu ist die Partizipation an Szenen im Unterhaltungsmilieu wesentlich größer; lediglich zur Hochkulturszene befinden sich beide Milieus in gleicher Distanz. Mehr als jedes andere Milieu tendiert das Unterhaltungsmilieu zur Sportszene und zur Volksfestszene. Zusammen mit dem Selbstverwirklichungsmilieu beherrscht das Unterhaltungsmilieu die Kulturladenszene und die Kneipenszene. Wahrscheinlich würde sich bei einer differenzierten Erforschung der Kneipenszene (die im Rahmen dieser Untersuchung nicht möglich war) herausstellen, daß die beiden jüngeren Milieus die Kneipenszene in mehrere Teilszenen aufspalten. Die Partizipation an der Neuen Kulturszene liegt deutlich über dem Durchschnittswert des Harmoniemilieus und deutlich unter dem Durchschnittswert des Selbstverwirklichungsmilieus.

Diese Mittelposition des Unterhaltungsmilieus zwischen Selbstverwirklichungsmilieu und Harmoniemilieu ist charakteristisch für alle Bereiche der Alltagsästhetik, die etwas mit Aktivität zu tun haben. Ein altersspezifischer Aktivitätsvorsprung wird durch eine bildungsspezifische Aktivitätshemmung reduziert. Spiegelbildlich dazu verhalten sich passiv-rezeptive Aspekte des Subjekts, etwa die vergleichsweise größere Fernsehhäufigkeit, die geringere Sportorientierung, das schwächere soziale Dominanzstreben.

Bildzeitung und Abendzeitung haben in keinem anderen Milieu mehr Leser als hier. Auch dadurch entsteht eine deutliche Trennlinie zum Selbstverwirklichungsmilieu, dessen milieutypische Informationsmedien - überregionale Tageszeitungen, Spiegel, Zeit, Stadtmagazin, Tageszeitung - wiederum im Unterhaltungsmilieu wesentlich weniger oder gar nicht verbreitet sind.

6. *Sonstige Aspekte des Subjekts:* Die Sprache ist überwiegend dialektgefärbt wie beim Harmoniemilieu. Es gibt mehr übergewichtige Personen als im Selbstverwirklichungsmilieu, was auf eine andere Körperästhetik oder auf eine geringe-

re Beachtung des Körpers schließen läßt, wahrscheinlich orientiert an der Elterngeneration, die überwiegend dem Harmoniemilieu angehört. Verglichen mit den gebildeteren Milieus (Selbstverwirklichung, Integration, Niveau), ist der Gesamteindruck der Interviewer eher negativ.

Im milieutypischen Persönlichkeitsbild ähnelt das Unterhaltungsmilieu nur in einer Hinsicht dem Selbstverwirklichungsmilieu: in beiden Gruppen ist die altersspezifische Unruhe, gemessen durch die Skala »Suche nach Abwechslung«, ähnlich stark ausgeprägt; korrespondierend dazu ist die allgemeine Lebenszufriedenheit relativ gering. Der wichtigste Persönlichkeitsunterschied zwischen den beiden jüngeren Milieus läßt sich auf die Kurzformel bringen, daß im Unterhaltungsmilieu eine signifikant negativere Beziehung zur Realität vorherrscht, die sich auf eine Reihe von einzelnen Dispositionen auswirkt: die Vermutung, daß einem andere übel wollen (Skala »paranoide Tendenzen«); die Erwartung, daß man wenig Hilfe erwarten kann, so daß man besser erst an sich selbst denkt (Skala »Egoismus«); die Angst vor Orientierungsverlust (Skala »Anomie«); die Angst vor dem Unbekannten (Skala »Rigidität«). Die diesen Haltungen eigene Selbstverstärkung wird durch die Abneigung unterstützt, sich selbst zum Thema des Nachdenkens zu machen.

Die Position im Verhältnis zu neueren sozialen Bewegungen (Alternativbewegung, Friedensbewegung, Die Grünen) ist ähnlich positiv wie beim Selbstverwirklichungsmilieu und damit deutlich von der Gesamtheit der älteren Milieus abgehoben. Wahrscheinlich kommt damit nur eine altersspezifische Sympathie für politische Kräfte zum Ausdruck, die zum Erhebungszeitpunkt noch das Image der Jugendlichkeit beanspruchen konnten, weniger eine politische Stellungnahme. Das Interesse an öffentlichen Angelegenheiten und die Informiertheit über politische Vorgänge und Ziele ist im Milieuvergleich niedrig und entspricht dem Muster politischer Apathie im Harmoniemilieu. Am klarsten erkennt man den Unterschied der politischen Kultur zwischen Selbstverwirklichungsmilieu und Unterhaltungsmilieu an der Bereitschaft zur politischen Unterordnung, die im Unterhaltungsmilieu deutlich höher ist.

Eklatant sind die Unterschiede im Zigarettenkonsum: 54% geben an, häufig zu rauchen, dagegen nur 33% im Selbstverwirklichungsmilieu und jeweils unter 30% in den übrigen Milieus. Hier tritt eine allgemeinere Orientierung zutage, die dem milieuspezifischen alltagsästhetischen Stiltypus (Spannungsschema; Genußmuster von Action) insofern verwandt ist, als dieselbe existentielle Anschauungsweise dahintersteht: eine Suche nach Stimulation, orientiert an der primären Perspektive der Bedürfnisse (vgl. weiter oben).

7. *Situation:* Im Vergleich zum Selbstverwirklichungsmilieu zeigt das Unterhaltungsmilieu eine stärkere Tendenz zur Familienbildung: 68% leben mit einem Partner bzw. einer Partnerin zusammen (Selbstverwirklichungsmilieu: 51%), davon 63% mit Kind oder Kindern (Selbstverwirklichungsmilieu: 50%). Während beim Selbstverwirklichungsmilieu die Ledigen überwiegen, ist beim Unterhaltungsmilieu die Mehrheit verheiratet.

Der Anteil der abhängig beschäftigten Personen übertrifft mit 68% bei weitem den entsprechenden Anteil in den anderen Milieus. Nur ein geringer Prozentsatz (6%) befindet sich in Ausbildung, viel weniger als im Selbstverwirklichungsmilieu (31%). Etwa ein Fünftel der weiblichen Befragten ordnet sich in die Kategorie »Hausfrau« ein, weniger als im Harmoniemilieu (dem ein Großteil der Eltern zuzurechnen ist). In dieser Hinsicht ist das Unterhaltungsmilieu eher mit dem gleichaltrigen Selbstverwirklichungsmilieu zu vergleichen.

Die niedrige Statuslage des Haushalts zeigt Verwandtschaft zum Harmoniemilieu. Dagegen ist das Selbstverwirklichungsmilieu im Status deutlich vom Unterhaltungsmilieu abgehoben. Maximale Statusdiskrepanz herrscht im Vergleich zum Niveaumilieu. Die durchschnittliche Zufriedenheit mit der materiellen Situation ist die niedrigste im Vergleich aller Milieus. Eine starke Minorität rechnet sich zur »Unterschicht« oder »Arbeiterschicht«, orientiert am Gesellschaftsbild der Elterngeneration. Umgekehrt verhält es sich mit der Selbstzurechnung zur »oberen Mittelschicht« oder »Oberschicht«, die im Unterhaltungsmilieu und im Harmoniemilieu fast nicht vorkommt, während der Prozentsatz in den anderen Milieus über 20% liegt, im Niveaumilieu sogar bei 46%.

Die situative Entsprechung von Harmoniemilieu und Unterhaltungsmilieu erstreckt sich auch auf die Arbeitssituation. Hier wie dort dominiert die körperliche Arbeit, verbunden mit diversen milieuspezifischen Belastungen (Unfallrisiko, Lärm, schlechte Luft, Schmutz). Nur hinsichtlich der Qualifikationsanforderungen besteht ein Unterschied: Im Unterhaltungsmilieu ist der Prozentsatz der Personen, deren Berufsausübung eine mehrjährige Ausbildung erfordert, wesentlich höher als im Harmoniemilieu. Nach allen genannten Gesichtspunkten ist das Unterhaltungsmilieu deutlich vom Selbstverwirklichungsmilieu abgehoben, dessen Arbeitssituation Ähnlichkeiten mit der typischen Arbeitssituation des Niveaumilieus aufweist, freilich noch mit deutlichem Abstand in der Hierarchie, bedingt durch den Altersunterschied. Im Verhältnis von Unterhaltungsmilieu und Harmoniemilieu wirkt sich der Altersabstand jedoch nicht entsprechend aus; beide befinden sich etwa auf derselben Stufe.

Die niedrige Wohnzufriedenheit spiegelt eine Wohnsituation wieder, die etwa der des Harmoniemilieus vergleichbar ist und gegenüber den bessergestellten Milieus (Integrationsmilieu und Niveaumilieu) deutlich abfällt. Nur 19% wohnen in einer Eigentumswohnung oder im eigenen Haus; im Selbstverwirklichungsmilieu sind die Verhältnisse ähnlich (Integrationsmilieu und Niveaumilieu: jeweils über 50%).

Unterhaltungsmilieu: Charakterisierung in Stichworten	
Evidente Zeichenkonfiguration (Anhang, Tabelle 6.1)	jünger (unter 40)/geringe Bildung Stiltypus: Nähe zum Spannungsschema/Distanz zum Hochkulturschema/ Distanz zum Trivialschema
Manifestation in der Alltagserfahrung	Fußballfans/Bodybuilding/Bräunungsstudio/Spielhallen und Automatensalons/Publikum der Sportszene/Volksfestszene/Autos mit auffälligem Zubehör und Stilelementen von Rennautos/Bekleidungsstil: sportlich, oft billige Massenware/Berufsleben: jüngere Arbeiter und Arbeiterinnen, Verkäuferinnen
Alltagsästhetik: Zeichen im einzelnen (Auswahl) (Anhang, Tabellen 5.1/5.5/ 5.6/5.7/6.13)	Präferenzen: mit Auto oder Motorrad durch die Gegend fahren/Auto oder Motorrad pflegen/Vergnügungsviertel/Sportszene/Abendzeitung/Video sehen/Science-fiction (TV)/flippern/amerikanische Krimis (TV)/Sportzeitschriften/Zeichentrickfilme (TV)/Norisring-Rennen/Musik hören/ Suche nach Abwechslung/Sportorientierung/Volksfestszene/Kulturladenszene/Musik: Pop, Rock, Folk/deutsche Schlager/leichte Unterhaltungsmusik/Kino/Ausgehen/Kneipenszene/Diskotheken/Wohnung verschönern/Lektüre: Trivialliteratur/Bildzeitung/Modezeitschriften*/Goldenes Blatt, Frau im Spiegel u.ä.*/Sachen in Ordnung bringen*/saubermachen* (*=nur weibliche Befragte) Distanzierungen: politische Diskussionen (TV)/klassisches oder modernes Theater/Oper/Schauspielhaus/Lektüre »gehobene Literatur«, Sachorientierung/Hochkulturszene/Jazz/Ausstellungen/Fernsehen: intellektuelle Orientierung/Stadtteilzentren mit Affinität zur Neuen Kulturszene/ Zeit/Spiegel/überregionale Tageszeitungen
Alltagsästhetik: Bedeutungen	Genußschema: Action Distinktion: antikonventionell Lebensphilosophie: Narzißmus
Subjekt: sonstige Aspekte (Anhang, Tabellen 6.2/ 6.8/6.12/6.14)	dialektgefärbte Sprache/hoher Zigarettenkonsum/geringe Religiosität/ geringe Reflexivität/geringes Interesse an öffentlichen Angelegenheiten/ Sympathie für Alternativbewegung und Friedensbewegung/relativ hohe Bereitschaft zur politischen Unterordnung*/Egoismus*/Fatalismus*/ Anomie*/Rigidität*/wenig Vertrauen* (*=stärker ausgeprägt als im Selbstverwirklichungsmilieu; weniger stark als im Harmoniemilieu)
Situation (Anhang, Tabellen 6.3/ 6.4/6.5/6.6/ 6.7/6.8/6.15)	überwiegend verheiratet oder mit Partner zusammenlebend/abhängig beschäftigt/überwiegend niedriger beruflicher Status/geringe materielle Zufriedenheit/Arbeitssituation: überwiegend Handarbeit mit diversen Belastungen (Lärm, Schmutz, körperliche Anstrengung, schlechte Luft, Unfallrisiko)/selten Wohneigentum/geringe Wohnzufriedenheit/Schulbildung und Status der Eltern gering/ Schulbildung und Status des Partners gering
Wissenssoziologische Interpretation	Ich-Welt-Bezug: ichverankert Primäre Perspektive: Bedürfnisse Existentielle Problemdefinition: Streben nach Stimulation Fundamentale Interpretation: Einfachheit und Spontaneität Erlebnisparadigma: Miami Beach

6.7 Zwischenbilanz
Zwei milieuvergleichende Tableaus

Um die vielen Details der vorangegangenen Milieuportraits zusammenzufassen, gibt es kein besseres Mittel als eine milieuübergreifende vergleichende Betrachtung. Die beiden folgenden Schemata sind so angelegt, daß jedes Milieu mit jedem anderen Milieu in Beziehung gesetzt wird. Was sind die markantesten Unterschiede zwischen je zwei Milieus? Das erste Schema ist eine Zusammenstellung manifester empirischer Auffälligkeiten (S.332), während das zweite Schema interpretative Aussagen über Milieuunterschiede zusammenfaßt (S.333). Beide Schemata sind unmittelbar aus den vorangegangenen Milieuportraits abgeleitet, fügen jedoch durch die komparative Profilierung der Gruppen neue Aspekte hinzu. Warum es sich dabei nur um eine Zwischenbilanz handeln kann, nicht um eine abschließende Zusammenfassung zeigt ein Blick auf die beiden Tabellen. Der erste Eindruck dürfte bei den meisten Betrachtern darauf hinauslaufen, daß trotz des Weglassens vieler Details, trotz Verdichtung und Systematisierung die Gesamtinformation immer noch unübersichtlich bleibt. Darin liegt eine theoretische Herausforderung. Wie könnten die Menschen die Milieustruktur täglich neu reproduzieren, wenn sie nicht in der Lage wären, sich ein einfaches Bild davon zu machen? Es muß eine Möglichkeit geben, die komplexe Information intuitiv zugänglich zu machen, nicht allein, um Forschungsergebnisse optimal zu präsentieren, sondern vor allem, um dem soziologischen Sachverhalt gerecht zu werden.

Vergleichende Feststellungen, welche die Besonderheit eines gegebenen Milieus im Verhältnis zu den anderen hervorheben, können eine alle Milieus umfassende Perspektive nicht ersetzen. Durch die Technik der komparativen Profilierung, wie sie in den vorangegangenen Milieuportraits verwendet wurde, erreicht man lediglich eine Vorstufe der Analyse von Milieukonstellationen. Verdichtungen von Situation und Subjektivität zu milieuspezifischen Existenzformen treten zwar umso deutlicher hervor, je stärker man den Unterschied zu anderen Verdichtungszonen herausarbeitet. Die Untersuchung der Gesamtstruktur dieser Verdichtungszonen ist damit aber noch nicht erledigt, sondern allenfalls vorbereitet. Das folgende Kapitel wendet sich diesem Thema zu. Als integratives Konzept wird dabei der im 5. Kapitel entwickelte Begriff der fundamentalen Semantik eingesetzt werden.

Fünf Milieubeschreibungen

	U	S		U	H		U	I		U	N	
Bildung	-	+	Alter	-	+	Alter	-	+	Alter	-	+	
Hochkulturschema	-	+	Trivialschema	-	+	Hochkulturschema	-	+	Bildung	-	+	
Status	-	+	polit. Unterordng.	-	+	Trivialschema	-	+	Hochkulturschema	-	+	Unter-
Schulbild. Partner	-	+	Rigidität	-	+	Status	-	+	polit. Interesse	-	+	haltungs-
Zeit, Spiegel u.ä.	-	+	Übergewicht	-	+	polit. Interesse	-	+	Status	-	+	milieu
ledig/in Ausbildg.	-	+	Spannungsschema	+	-	Spannungsschema	+	-	Spannungsschema	+	-	
Trivialschema	+	-	Ausgehen	+	-	Ausgehen	+	-	Dialekt	+	-	
Handarbeit	+	-	Sportszene	+	-	Sportszene	+	-	Ausgehen	+	-	
Bild-, Abendztg.	+	-	Kneipenszene	+	-	Handarbeit	+	-	Kneipenszene	+	-	
polit. Unterordng.	+	-	ledig	+	-	ledig	+	-	Handarbeit	+	-	

	S	H		S	I		S	N	
Bildung	+	-	Bildung	+	-	Spannungsschema	+	-	
Hochkulturschema	+	-	Spannungsschema	+	-	Kneipenszene	+	-	Selbst-
Spannungsschema	+	-	Ausgehen	+	-	Sport	+	-	verwirk-
Vertrauen	+	-	Soziale Berufe	+	-	Neue Kulturszene	+	-	lichungs-
Ausgehen	+	-	Alter	-	+	ledig/in Ausbildg.	+	-	milieu
Status	-	+	Trivialschema	-	+	Alter	-	+	
Alter	-	+	Wohneigentum	-	+	Hierarchie (Arb.)	-	+	
Trivialschema	-	+	Zufriedenheit	-	+	Wohneigentum	-	+	
polit. konservativ	-	+	polit. konservativ	-	+	polit. konservativ	-	+	
polit. Unterordng.	-	+	polit. Unterordng.	-	+	polit. Unterordg.	-	+	

	H	I		H	N	
Bildung	-	+	Bildung	-	+	
Hochkulturschema	-	+	Hochkulturschema	-	+	
Status	-	+	Status	-	+	
Wohneigentum	-	+	Schulbild. Partner	-	+	Harmonie-
Schulbild. Partner	-	+	Dominanzstreben	-	+	milieu
Vertrauen	-	+	Vertrauen	-	+	
Hausfrauenanteil	-	+	Trivialschema	+	-	
polit. Interesse	-	+	polit. Unterordng.	+	-	
polit. Unterordng.	+	-	Dialekt	+	-	
Handarbeit	+	-	Handarbeit	+	-	

Erläuterung: In jeder Zelle der Matrix
werden je zwei Milieus miteinander
verglichen. Die Milieus werden mit
Großbuchstaben angegeben:

	I	N	
Bildung	-	+	
Status	-	+	
Hierarchie (Arb.)	-	+	Integrations-
Dominanzstreben	-	+	milieu
Soziale Berufe	-	+	
Trivialschema	-	+	
Fernsehhäufigkeit	+	-	
Dialekt	+	-	

U = Unterhaltungsmilieu
S = Selbstverwirklichungsmilieu
H = Harmoniemilieu
I = Integrationsmilieu
N = Niveaumilieu

+ = das jeweilige Merkmal ist im zugeordneten Milieu stärker, höher,
häufiger ausgeprägt

- = das jeweilige Merkmal ist im zugeordneten Milieu schwächer,
geringer, seltener ausgeprägt

Empirischer Milieuvergleich

Zwischenbilanz: Zwei milieuvergleichende Tableaus

	Selbstverwirklichungsmilieu		Harmoniemilieu		Integrationsmilieu		Niveaumilieu		
	U	S	U	H	U	I	U	N	
(1)	Action	Action/Kontemplation	Action	Gemütlichkeit	Action	Gemütlichkeit/Kontemplation	Action	Kontemplation	Unterhaltungsmilieu
(2)	antikonventionell	antikonventionell/antibarbarisch	antikonventionell	antiexzentrisch	antikonventionell	antiexzentrisch/antibarbarisch	antikonventionell	antibarbarisch	
(3)	Narzißmus	Narzißmus/Perfektion	Narzißmus	Harmonie	Narzißmus	Harmonie/Perfektion	Narzißmus	Perfektion	
(4)	ichverankert	ichverankert	ichverankert	weltverankert	ichverankert	weltverankert	ichverankert	ichverankert	
(5)	Bedürfnisse	Innerer Kern	Bedürfnisse	Gefahr	Bedürfnisse	soziale Erwartungen	Bedürfnisse	Hierarchie	
(6)	Stimulation	Selbstverwirklichung	Stimulation	Geborgenheit	Stimulation	Konformität	Stimulation	Rang	
			S	H	S	I	S	N	Selbstverwirklichungsmilieu
		(1)	Action/Kontemplation	Gemütlichkeit	Action/Kontemplation	Gemütlichkeit/Kontemplation	Action/Kontemplation	Kontemplation	
		(2)	antikonventionell/antibarbarisch	antiexzentrisch	antikonventionell/antibarbarisch	antiexzentrisch/antibarbarisch	antikonventionell/antibarbarisch	antibarbarisch	
		(3)	Narzißmus/Perfektion	Harmonie	Narzißmus/Perfektion	Harmonie/Perfektion	Narzißmus/Perfektion	Perfektion	
		(4)	ichverankert	weltverankert	ichverankert	weltverankert	ichverankert	weltverankert	
		(5)	Innerer Kern	Gefahr	Innerer Kern	soziale Erwartungen	Innerer Kern	Hierarchie	
		(6)	Selbstverwirklichung	Geborgenheit	Selbstverwirklichung	Konformität	Selbstverwirklichung	Rang	
					H	I	H	N	Harmoniemilieu
				(1)	Gemütlichkeit	Gemütlichkeit/Kontemplation	Gemütlichkeit	Kontemplation	
				(2)	antiexzentrisch	antiexzentrisch/antibarbarisch	antiexzentrisch	antibarbarisch	
				(3)	Harmonie	Harmonie/Perfektion	Harmonie	Perfektion	
				(4)	weltverankert	weltverankert	weltverankert	weltverankert	
				(5)	Gefahr	soziale Erwartungen	Gefahr	Hierarchie	
				(6)	Geborgenheit	Konformität	Geborgenheit	Rang	
							I	N	Integrationsmilieu
						(1)	Gemütlichkeit/Kontemplation	Kontemplation	
						(2)	antiexzentrisch/antibarbarisch	antibarbarisch	
						(3)	Harmonie/Perfektion	Perfektion	
						(4)	weltverankert	weltverankert	
						(5)	soziale Erwartungen	Hierarchie	
						(6)	Konformität	Rang	

Erläuterung: In jeder Zelle der Matrix werden je zwei Milieus miteinander verglichen. Die Milieus werden mit Großbuchstaben angegeben:

U = Unterhaltungsmilieu
S = Selbstverwirklichungsmilieu
H = Harmoniemilieu
I = Integrationsmilieu
N = Niveaumilieu

Der Vergleich wird hinsichtlich der folgenden Kriterien durchgeführt:

(1) Genußschema
(2) Distinktionen
(3) Lebensphilosophien
(4) Ich-Welt-Bezug
(5) primäre Perspektive
(6) normale existentielle Problemdefinition

Interpretativer Milieuvergleich

7. Kapitel
Das Ganze
Zur Milieukonstellation der Gegenwart

Einleitung

Wie die fünf Milieuportraits in den vorangegangenen Abschnitten gezeigt haben, besteht Anlaß, die These voranschreitender Individualisierung mit einer Fußnote zu versehen: Soziale Großgruppen, verstanden als Milieus mit besonderen Existenzformen und erhöhter Binnenkommunikation, sind immer noch vorhanden. Es ist empirisch offenkundig, daß die Individuen nicht kreuz und quer durch die neuen Möglichkeitsräume schießen, sondern sich an existentiellen Schemata ausrichten. Im rauhen Wind der Individualisierung gruppieren sie sich um soziokulturelle Fixpunkte. Die Verteilung der Existenzformen läßt Verdichtungen und Unterbesetzungen erkennen. Große Gruppierungen deuten sich an, mit unscharfen Grenzen zwar, aber auch mit klar profilierten Kernbereichen.

Mit der Beschreibung dieser Gruppierungen steht die soziologische Analyse allerdings erst am Anfang. Wollte man sich mit den Milieuportraits des vorangegangenen Kapitels begnügen, hätte man die interessanteste Frage gar nicht erst gestellt: Welches Gesamtbild ergibt sich? Teilprobleme dieser Frage werden in diesem und im nächsten Kapitel untersucht. Dabei ist eine milieuübergreifende Perspektive einzunehmen. Um Beziehungen zwischen sozialen Milieus erkennen zu können, muß man den Beobachtungsstandpunkt verlagern: von einer Position der Nähe zu den einzelnen Milieus, offen für Details und bemüht um verstehende Milieupsychologie, zu einer Position der Distanz, die es erlaubt, das Milieugefüge in seiner Gesamtheit zu erfassen.

Zunächst gilt es, die Suche nach einem integrierenden Prinzip vorzubereiten. Als theoretischer Kristallisationspunkt einer subjektorientierten Strukturanalyse dient der Begriff der fundamentalen Semantik (Abschnitt 7.1). Nach der Exposition der hermeneutischen Thesen zu den Kategorien der fundamentalen Semantik (Abschnitt 7.2) wird die Homologie verschiedener Schichten der sozialen Wirklichkeit untersucht. Welche Bedeutung haben Subjekt und Situation bei der Entstehung dieser Ordnung? (Abschnitt 7.3). Das gesamtgesellschaftliche Gefüge von Subjektivität läßt sich als eine Struktur gegenseitigen Nichtverstehens charakterisieren (Abschnitt 7.4), die durch Altersgrenzen (Abschnitt 7.5) und Bildungsgrenzen (Abschnitt 7.6) bestimmt ist.

An diese Versuche, die Milieustruktur als intersubjektives Sinngebilde zu verstehen, schließen sich Überlegungen zur empirischen Angemessenheit des hier gewählten Modells der Milieustruktur an. Auf welche Gesichtspunkte es dabei ankommt, geht unmittelbar aus dem Begriff sozialer Milieus hervor, die als Personengruppen mit erhöhter Binnenkommunikation und relativer Homogenität von Existenzformen definiert sind. Wie klar die Konturen einer Milieustruktur sind, ist zum einen durch die Untersuchung der milieuspezifischen Selektivität von Sozialkontakten zu bestimmen (Abschnitt 7.7), zum anderen durch Analysen der Milieuhomogenität. Teilweise wird diese Homogenität durch die Wahl des Niveaus in der Segmentierungshierarchie beeinflußt. Welche Argumente sprechen für die hier getroffene Entscheidung (Abschnitt 7.8)? Und welche Inkonsistenzen treten bei dem gewählten Differenzierungsniveau auf? Das Unschärfeproblem macht es erforderlich, besondere Analysemethoden zur Untersuchung dieser Frage zu entwickeln. Durch eine Unschärfeanalyse lassen sich inkonsistente Fälle angemessen diagnostizieren. Zwei dominierende Muster der Abweichung deuten sich an: sozialisationsbedingte und aufwärtsorientierte Inkonsistenz (Abschnitt 7.9).

Am Schluß des Kapitels werden Zweifel und Einwände diskutiert. Wichtig ist in diesem Zusammenhang ein Vergleich mit anderen Forschungsarbeiten. Dabei treten Parallelen zutage (Abschnitt 7.10).

Auch das nächste Kapitel wird die Milieustruktur in ihrer Gesamtheit behandeln, allerdings mit einem anderen Akzent. Dort soll die Frage bearbeitet werden, ob und wie sich die gegebene Milieustruktur im Bewußtsein der Menschen abbildet. Hier geht es zunächst um objektive Aspekte der Milieustruktur, unabhängig von der Art und Weise, wie sie den Menschen erscheint.

7.1 Vom Einzelnen zum Ganzen

Die Milieubeschreibungen im vorangegangenen Kapitel standen unter dem Ziel, eine komplexe Informationsmenge übersichtlich zu organisieren. Trotzdem ergibt sich ein Gesamtbild, das nur schwer zu erfassen ist. Wir stehen hier nicht bloß vor einem Problem der Darstellungsweise, sondern auch der Theorie. Es muß eine einfachere Abbildung des Sachverhalts milieuspezifischer Existenzformen geben, weil eine Milieustruktur sonst gar nicht möglich wäre. Das Vorhandensein einer Milieustruktur setzt voraus, daß die Menschen, die diese Struktur durch ihr Handeln aufbauen, verschiedene komplexe Inhaltsbereiche miteinander verknüpfen: existentielle Anschauungsweisen, Wirklichkeitsmodelle, objektive Wirklichkeit. Wie sollten sie dazu imstande sein, wenn nicht einmal die wissenschaftliche Untersuchung der Verteilung von Existenzformen zu einem überschaubaren Ergebnis führt? Unübersichtlichkeit ist eine theoretische Herausforderung, der man durch noch so systematische Datenanalyse und optimale Präsentation der Ergebnisse nicht beikommen kann. Erst wenn wir versuchen, Orientierung mit denjenigen Techniken zu gewinnen, die in der sozialen Wirklichkeit selbst dominieren, kann eine weitere Integration der Ergebnisse gelingen. Der Weg hierzu wurde weiter oben beschrieben (Abschnitt 5.6). Ziel ist die Entdeckung einer fundamentalen Semantik, die vier Bedingungen erfüllt: Sie muß einfach sein, intersubjektiv verständlich, verankert in Alltagserfahrungen und auf verschiedene inhaltliche Bereiche anwendbar - auch auf die Milieustruktur in ihrer Gesamtheit.

Wenn es möglich ist, die Milieustruktur auf eine fundamentale Semantik zu beziehen, so betritt man das theoretische Terrain einer subjektorientierten Strukturanalyse. Üblicherweise wird Sozialstrukturanalyse als Beschreibung der gesamtgesellschaftlichen Verteilung von Situationen verstanden; auch mehrere der folgenden Abschnitte (etwa über Alters- und Bildungsgrenzen und soziale Lagen) gehören in diese Kategorie. Aber auch das Subjektive ist ein Aspekt der Sozialstruktur. Die soziologische Relevanz dieses Aspekts wächst im selben Maße, wie sich das neue Muster des Aufbaus von Existenzformen durchsetzt (Abschnitt 4.12). Unter dieser Bedingung läßt sich die Verteilung von Subjekttypen nicht mehr bloß als Folgeerscheinung der Verteilung von Situationen verstehen. Das kollektive Gefüge von Subjektivität wird zum eigenständig wirksamen Faktor; umgekehrt wird die Verteilung von Situationen teilweise zur Folgeerscheinung.

Wie kann man an die Analyse des Gefüges von Subjektivität herangehen? Beschreibungen von Mentalitäten jenseits bloßer Situations-Verteilungs-Analysen sind erforderlich, aber nicht hinreichend. Was soll sich daran anschließen? Diese Frage weist auf ein soziologisches Defizit hin. Es fehlt eine etablierte Tradition integrativer soziologischer Analysen von Subjektivität. Das Ganze ist mehr als die Summe seiner Teile; die gesellschaftliche Struktur von Subjektivität ist mehr als das Nebeneinander ihrer Mentalitätsgruppen.

Das Programm der subjektorientierten Strukturanalyse läuft darauf hinaus, typische Mentalitäten in einer Gesellschaft nicht bloß additiv, sondern integrativ zu beschreiben: ihren latenten Zusammenhang sichtbar zu machen. Zur Charakterisierung milieuspezifischer Subjekte muß die Analyse von Beziehungen zwischen Subjekttypen hinzukommen. Sich ein solches Programm vorzunehmen, ist freilich nur sinnvoll, wenn man von der Existenzhypothese ausgeht, daß wechselseitige Beziehungen von Subjekttypen überhaupt vorliegen, angesichts der scheinbaren kognitiven Zersplitterung der Gesellschaft gewiß keine selbstverständliche Annahme. Zur Begründung sei auf die Überlegungen in Abschnitt 5.6 verwiesen: Aus dem Bedürfnis nach Orientierung und Konsistenz heraus entwickeln die Menschen eine intersubjektive fundamentale Semantik, in deren Bedeutungsfeld sich die Beziehung einzelner Subjekttypen entfaltet. Ihre Kategorien müssen der Soziologie die Sprache liefern, um subjektorientierte Strukturanalysen zu versuchen.

7.2 Komplexität und Einfachheit, Ordnung und Spontaneität

Übersicht

Um die Darstellung möglichst übersichtlich zu halten, soll in diesem Abschnitt zunächst das übergeordnete integrative Prinzip geschildert werden: die fundamentale Semantik. Erst im darauffolgenden Abschnitt (7.3) werden verschiedene Wirklichkeitsschichten untersucht, in denen sich die fundamentale Semantik empirisch manifestiert. Bei dieser Textsequenz rangiert der zweite Schritt vor dem ersten, die interpretative Verallgemeinerung vor dem Studium der Details. Begründet ist diese Reihung allein durch die Überlegung, daß sich die Inhalte so besser übermitteln lassen.

In der empirischen Konfiguration, so die zentrale hermeneutische These, tritt eine fundamentale psychophysische Semantik zutage, die Konsistenz und Inkonsistenz definiert. Dadurch erhält auch die Konstellation sozialer Milieus eine Struktur, die der psychophysischen Semantik homolog ist (vgl. die Abschnitte 5.6, 5.7 und 7.1). Aus Informationen über Gruppenunterschiede muß sich deshalb die fundamentale Semantik rekonstruieren lassen. Menschen suchen Identität zu gewinnen, indem sie sich gruppenweise voneinander unterscheiden.

Das Gesamtbild legt nun die Annahme nahe, daß die fundamentale Attribution von Ähnlichkeit und Unähnlichkeit an zwei Typen von Urteilen über manifestes menschliches Verhalten orientiert ist: Urteile über Denkstile und Urteile über Handlungsstile. Wir begutachten uns gegenseitig als Kognitionswesen (Denken) im Verhältnis zur Umwelt (Handeln); wir charakterisieren uns fundamental anhand von Innenseite und Außenseite. In beiden Dimensionen der Einschätzung konzentriert sich das Urteil auf möglichst evidente Verhaltenskomponenten, die sich oft identifizieren lassen und gute Unterscheidungen zwischen den Menschen erlauben. Um das Innenleben zu beurteilen, eignet sich die Dimension der kognitiven Differenziertheit, variierend zwischen Einfachheit und Komplexität. Die Beurteilung der Außenseite orientiert sich an der Dimension der Reguliertheit, womit die Steuerung des Handelns durch vorgegebene Normen gemeint ist. Diese zweite Dimension variiert zwischen den Polen von Ordnung und Spontaneität. Beide Dimensionen zusammen sagen etwas über den psychophysischen Habitus eines Menschen aus, der in vielen Einzelheiten manifest wird, etwa was und wie er redet, welche Fernsehprogramme er wählt, wie sein Freundes- und Bekanntenkreis zusammengesetzt ist, bis hin zu bestimmten körperlichen Eigenschaften.

Die vier Kategorien dieser fundamentalen Semantik sollen nun ausführlicher dargestellt und hinsichtlich der mit ihnen verbundenen psychischen und physischen Grunderfahrungen charakterisiert werden. In den folgenden Unterabschnitten wird zunächst die Polarität von Komplexität und Einfachheit bearbeitet, dann die Polarität von Ordnung und Spontaneität.

Komplexität

Viele Aspekte unseres Innenlebens bleiben für andere unergründlich, sei es, weil wir sie verstecken, sei es, weil sie strikt singulär und deshalb nicht mitteilbar sind. Von denjenigen Eigenarten, die offenbar werden können, ist die Dimension der kognitiven Differenziertheit am evidentesten. Gemeint ist damit eine Unterscheidung von Denkstilen nach dem Grad der im Bewußtsein präsenten Vernetzung von Informationen. Evident wird kognitive Differenziertheit etwa im Sprachstil, in der Argumentationsweise, im spontan verfügbaren Wissen, in Bildungs- und Berufskarrieren, im Wählen oder Vermeiden von anspruchsvollen oder anspruchslosen Interaktionspartnern, Erlebnisangeboten, Tätigkeiten. Man kann die Verschiedenartigkeit von höherem und niedrigerem kognitiven Vernetzungsgrad sowohl bei den anderen wie auch sich selbst wahrnehmen, weshalb kognitive Differenziertheit intersubjektiv in groben Zügen bedeutungsäquivalent aufgefaßt wird. Aus dieser gemeinsamen Verständigungsbasis resultiert die besondere Eignung der Dimension als Baustein einer fundamentalen Semantik.

Komplexität ist ein Pol dieser Dimension. Komplexe Denkstile sind durch einen hohen Grad der Vernetzung von Informationen gekennzeichnet. Was damit gemeint ist, läßt sich am besten durch kognitive Operationen veranschaulichen, die für komplexe Denkstile typisch sind. Die Operation des Deutens etwa, untrennbar mit dem Hochkulturschema verbunden, besteht in der Verbindung einer manifesten Ebene (Bilder, Texte, mimische Darstellungen, Musikstücke, Bauwerke u.a.) mit komplexen latenten Ebenen. Beim Abstrahieren werden viele Detailinformationen zu übergeordneten Prinzipien verdichtet; beim Erklären und Subsumieren wird umgekeht ein schon vorhandenes allgemeines Prinzip zur Integration von Einzelheiten eingesetzt. Abwägendes Argumentieren besteht in der Bilanzierung von möglichst vielen Pro- und Kontra-Informationen. Durch freies Assoziieren werden einfache Bezugsreize individuell durch Erinnerungen und Phantasien angereichert und durch diese Informationsvernetzung zu einem Erlebnis höherer Komplexität gesteigert. Im kreativen Prozeß, etwa beim Schreiben, Komponieren, Regieführen, Abbilden, versucht der Künstler, einen vielfältig deutbaren Verweisungszusammenhang von Informationen zu erschaffen. Auch Bildung, die Aneignung und innere Organisation von Wissen, zählt zu den komplexen informationsvernetzenden kognitiven Operationen.

Alltagsästhetisch bekundet sich die Kategorie der Komplexität vor allem in der Nähe zum Hochkulturschema. Der Denkstil des Hochkulturschemas wird im Spannungsverhältnis von anspruchsvoller Vorgabe und kompetentem Subjekt kultiviert, etwa in der Beziehung von Aufführung und Publikum, von Bildungspresse und ihren Konsumenten, von Komposition und Interpret, von Bild und Betrachter, von Buch und Leser, von Wissen und Gebildetem.

Wie ist nun diese Existenzform als Erlebnisform, also psychophysisch zu interpretieren? Worin liegt der Genuß im Denkstil der Komplexität? Um die *psychische* Komponente des Komplexitätserlebnisses zu verstehen, ist es sinnvoll, zunächst die damit typischerweise verbundenen Ängste zu untersuchen. Regelmäßig taucht in Verbindung mit Komplexität das Motiv der Ohnmacht und Hilflosigkeit auf. Der Kultur- und Bildungsbeflissene hat Angst vor der Blamage, vor öffentlich sichtbarer Inkompetenz. Die Angst des Argumentierenden besteht in der Befürchtung, der Fehlerhaftigkeit überführt zu werden; oft genug setzt er sich sogar wider besseres Wissen zur Wehr, statt eine Niederlage zuzugeben. Sein Instrument nicht richtig zu beherrschen und das Vortragsstück nicht mehr auswendig zu können, ist die professionelle Angst des Interpreten. Schriftsteller, Komponisten und Wissenschaftler haben Angst davor, keine Worte und Ideen zu finden; ihre Rezipienten haben Angst, die Autoren nicht zu verstehen.

Vor diesem Hintergrund wird klar, worin der Genuß von Komplexität besteht: im Machtgefühl des Wissens, Könnens, Verstehens. Kontrolle zu gewinnen ist der allgemeinste Sinn kognitiver Aktivität. Auch wo der ursprüngliche evolutionsgeschichtliche Zweck der Orientierung in einer bedrohlichen Umwelt völlig verschwunden ist, etwa beim Besuch einer Kunstausstellung, ist doch der emotionale Bezugsrahmen komplexen Denkens, die Polarität von Ohnmachtsängsten und Machtwillen, noch spürbar. Die Befriedigung, die im Gefühl der Beherrschung liegt, wird immer dann manifest, wenn der Handelnde das Gefühl hat, daß ihm Komplexität tatsächlich gelungen sei: im Aha-Erlebnis, im versteckten Triumph des Bescheidwissens, in der Faszination des Erkennens von Nuancen, im plötzlichen Verstehen des Schwerverständlichen, im Durchschauen des Verworrenen, im Auflösen des Rätselhaften. Auch in der Kunstwahrnehmung scheint dieser Genuß des Gefühls von Kontrolle auf. Gelungene Dekodierung wird immer als kognitiver Machtgewinn erlebt, ob sie nun in kulturhistorischer Zuordnung besteht, in der unbewußten Entschlüsselung formaler Prinzipien (erfahrbar als Erlebnis des Wiedererkennens, vor allem bei der musikalischen Kunstwahrnehmung) oder in der Suche nach tieferem Sinn, versteckten Botschaften, neuartigen Möglichkeiten der Auffassung (etwa bei der modernen Rezeption des klassischen Theaters). Die Erfahrung von Sicherheit ist der angestrebte Lohn für jene Verunsicherung, die typischerweise mit dem Denkstil der Komplexität verbunden ist.

Die *physische* Komponente des Erlebens von Komplexität besteht in einer Kombination von Ruhe und Spannung. Typisch ist dieser körperliche Zustand etwa für Beschäftigungen wie Lesen, Schreiben, Zuhören, konzentriertes Betrachten, Nachdenken, intensive Konversation. Mit der Entwicklung des hochkulturellen Aufführungswesens wurde diese Haltung allmählich zur zwingenden Konvention für das Publikum, das freilich erst im Lauf der Zeit so konzentriert und diszipliniert wurde, wie wir es heute erleben. Durch die Kombination von Ruhe und Spannung entsteht ein körperlicher Eindruck der Konzentration auf sich selbst, vergleichbar dem Erlebnis der Meditation. Allerdings gelingt dieser Zustand nicht ohne weiteres; er bedarf der Übung und ist immer von Störungen und Spannungsverlust bedroht. Je besser der Aufbau des kognitiven Teils des Erlebnisses gelingt, desto befriedigender ist auch die körperliche Erfahrung.

Beim Erlernen der Konzentrationsfähigkeit muß der Körper unterdrückt werden; erst allmählich wandelt sich Konzentration vom Zwang zum Bedürfnis. Gegen den Widerstand des Körpers, der unzivilisiert auf die Welt kommt und seinen Bedürfnissen zunächst unmittelbar folgt, wird Selbstdisziplin eingeübt, im Elternhaus, im Kindergarten, in der Schule, im Berufsleben. Keinem Angehörigen unserer Kultur bleibt die Domestikation des Körpers zugunsten geistiger Leistungsfähigkeit erspart, doch geht sie unterschiedlich weit. Auf die Spitze getrieben wird sie im komplexen Stil, der im Extremfall zu einem Verlust unmittelbarer Körperlichkeit überhaupt führen kann, so daß der Körper am Ende nur noch Instrument ist, somatische Operationsbasis einer im kognitiven schwebenden Existenz, ohne Recht auf Eigenleben, reduziert auf alltägliche Konzentration, die der Körper schließlich nicht mehr als Beschränkung empfindet, sondern als Bedürfnis.

Einfachheit

Das Gegenprinzip zum Stil der Komplexität läßt sich in dreifacher Weise beschreiben - als Reduktionstendenz, als Unterlassungstendenz, als Präferenz für bestimmte Denkmuster.

1. Reduziert sind jene kognitiven Operationen, die für komplexe Denkstile typisch sind: das Deuten, Abstrahieren, Erklären, Subsumieren, Argumentieren, Assoziieren u.a. Komplexe und einfache Denkstile streben in verschiedene Richtungen. Beide Denkstile sind darauf angelegt, dem Individuum Orientierung zu verschaffen, doch die Strategien zur Lösung des Orientierungsproblems sind einander entgegengesetzt. Während der komplexe Denkstil darauf angelegt ist, Übersicht über möglichst viele Informationen zu schaffen, besteht der Clou des einfachen Denkstils im Orientierungsgewinn durch Informationsreduktion. Paradoxerweise gewinnt man sowohl bei besonderer Vielschichtigkeit wie bei schlichter Eindimensionalität von Deutungen ein Gefühl von Sicherheit und Orientierung, sowohl bei differenzierenden wie simplifizierenden Abstraktionen, sowohl bei multifaktoriellen wie monokausalen Erklärungsversuchen. Im einen Fall resultiert das Gefühl der Sicherheit aus der Überzeugung, alles Wichtige berücksichtigt zu haben (wobei freilich immer jener Rest von Unsicherheit bleibt, der für komplexes Denken typisch ist), im anderen Fall aus einer Übersichtlichkeit, die methodisch durch Informationsreduktion herbeigeführt wird.

2. Auf die Spitze getrieben wird die Strategie der Vereinfachung durch die Unterlassung vernetzender Denkakte überhaupt. Wenn man sich kein Übersichtsproblem stellt - auf wie reduziertem Niveau auch immer -, entsteht auch keine Gefahr der Desorientierung. Indem man sich mit Nichtverstehen begnügt, Abstraktionen abwehrt, nicht nach Erklärungen fragt, vermeidet man sowohl Anstrengung wie Irrtumsrisiken. Kognitive Unterlassung verschafft subjektiv noch höhere Sicherheit als kognitive Reduktion.

3. Bezogen auf die kognitiven Operationen der Komplexität scheint Einfachheit zunächst nur negativ beschreibbar zu sein, als Reduktion und Unterlassungstendenz. Doch ist nicht zu übersehen, daß es auch eigene Denkmuster der Einfachheit gibt. Hierzu zählt die Tendenz zur Wiederholung. Einfaches Denken ist auf subjektive Routinen fixiert, während der Stil der Komplexität eher zur subjektiven Variation neigt. Durch Konventionalisierung des Denkens, durch Anlehnung an kollektiv vorgeprägte Muster, wird die Wiederholungstendenz auf die interpersonale Ebene ausgeweitet. Denkakte der Absicherung stabilisieren das bereits für wahr gehaltene Wissen. Einfaches Denken ist defensiv und affirmativ, einfache Kommunikation neigt zur gegenseitigen Bestätigung. Zwar gilt dies für Kommunikation generell, doch finden sich im komplexen Gespräch immerhin dialektische Einsprengsel, Kritik und Gegenkritik, Zweifel, gemeinsame Exkursionen in unsichere Bereiche. Zu den Charakteristika einfachen Denkens gehört auch die Tendenz zur Schließung. Man will zum Ende kommen, nichts in der Schwebe lassen. Offene Fragen werden wie Löcher im Gewebe des Wissens empfunden, die schnell auszubessern und zu stopfen, am besten aber ganz zu vermeiden sind. Kennzeichnend für den einfachen Denkstil ist schließlich Rezeptivität, eine Neigung zum Zuschauen, Zuhören, Konsumieren, zur Übernahme des Vor-Gedachten.

Einfachheit als Erlebnis hat eine psychische und eine physische Dimension. In der *psychisch*en Dimension liegt der Genuß von Einfachheit im Gefühl der Entlastung. Ähnlich dem Gefühl der Kontrolle, kennzeichnend für die Kategorie der Komplexität, ist das Gefühl der Entlastung am besten vor dem Hintergrund der Angst vor Versagen und Desorientierung zu verstehen. Kontrolle ist ein Gefühl des Sieges über Schwierigkeiten, Entlastung ein Gefühl des Davonkommens. In beiden Fällen empfindet man sich schließlich in Sicherheit, freilich mit dem Unterschied, daß nur im Gefühl der Kontrolle eine psychische Bewältigung von Anforderungen enthalten ist (mag sie auch illusionär sein), während das Gefühl der Entlastung einen unerledigten Rest birgt, weil vermiedene Probleme bedrohlich bleiben. Jederzeit können neue Anforderungen an das kognitive Differenzierungsvermögen auftauchen, Verwirrungen in der mühsam genug vereinfachten Welt, desorientierende Komplikationen in der Situation künstlicher Unkompliziertheit. Entlastung als Gefühl korrespondiert mit der Ahnung ungelöster Orientierungsaufgaben. Um im Gehäuse der Einfachheit leben zu können, muß man mit einem Hintergrundempfinden leichter Unsicherheit bezahlen. Sichtbar für jedermann wird diese Unsicherheit dann, wenn Einfachheit in Frage gestellt wird. Die Friedfertigkeit des Entlastungsgefühls kann schnell in aggressive Abwehr der Bedrohung durch Komplexität umschlagen.

Psychische und physische Komponenten des Erlebens bilden eine Einheit. Kognitive Reduktion im einfachen Denkstil verbindet sich in der *physischen* Dimension mit der Körpererfahrung der Unmittelbarkeit. Für die Beschreibung von Unmittelbarkeit ist es hilfreich, auf den Gegensatz dazu einzugehen: das schon geschilderte Körpererlebnis der Konzentration im komplexen Denkstil. Im Erlebnis der Konzentration, etwa beim Lesen, Schreiben, Spielen eines Musikinstruments, Zuhören, Argumentieren usw., ist der typische körperliche Zustand längerer Anspannung bei geringer Bewegungsaktivität dem kognitiven Bereich untergeordnet. Im einfachen Stil hat sich der Körper mehr Rechte bewahrt. Er wird nicht etwa nur mittelbar erfahren, im instrumentellen Verhältnis zu einem überwiegend kognitiv ausgerichteten Leben, sondern auch unmittelbar, nur in eigenen Diensten stehend und unbekümmert. Damit ist ein gemeinsames Merkmal für eine Klasse von Verhaltensweisen gefunden, die zunächst sehr unterschiedlich erscheinen. Häufig manifestiert sich Unmittelbarkeit als körperliche Trägheit. Je weniger man den Körper fordert, desto größer wird der Widerstand gegen Bewegung und Anspannung. Man strengt sich schließlich nur noch an, um Anstrengung zu vermeiden, man wird behäbig, nicht selten dick und ungelenk, bevorzugt die Zustände der Ruhe, der Spannungslosigkeit, der Bequemlichkeit: zuhausebleiben, schlafen, fernsehen, keine Aufregungen, leicht erreichbare Ziele.

Dem passiven Typus der Unmittelbarkeit steht der aktive gegenüber. Dabei wird das körperliche Tätigkeitsbedürfnis mit einfachen Beschäftigungsprogrammen befriedigt, etwa Autowaschen, Bastelarbeiten, Staubwischen. Besonders deutlich wird die latente erlebnisorientierte Funktion solcher Tätigkeiten dann, wenn die manifeste Begründung offensichtlich falsch ist, weil das Auto schon vor dem Waschen sauber war, weil sich die Strohsterne für Weihnachten aus den Vorjahren häufen, weil kein Staub auf den Möbeln liegt. Auch sinnlos scheinende Tätigkeiten haben einen Sinn; sie dienen unmittelbar der Befriedigung. Freilich ist die einfache Tätigkeit als Selbstzweck meist nicht in Reinform zu identifizieren, weil die Definition von Notwendigkeiten flexibel ist. Haushalt, Familie, Fahrzeuge versorgen uns reichlich mit Möglichkeiten, das Ausleben von körperlichen Neigungen vor uns selbst und anderen als Pflicht zu legitimieren. Meist ist beides nicht exakt voneinander zu trennen, auch besteht kein analytischer Anlaß, dies zu tun. Es genügt hier die Feststellung, daß sich das Mischungsverhältnis der Motivationen einfacher Tätigkeiten mit steigendem Lebensstandard geändert hat, so daß Notwendigkeiten, wie immer man sie definieren mag, eine geringere und Erlebnisbedürfnisse eine größere Rolle spielen. Unmittelbarkeit als physisches Prinzip der Einfachheit fließt in einfache Tätigkeiten ein, womit hier leicht erlernbare Tätigkeiten gemeint sind, die geringe kognitive Unsicherheit implizieren und mit ruhiger, repetitiver Motorik verbunden sind: Gartenarbeit, Heimwerkertätigkeiten, Pflege von Auto und Motorrad, Kochen, Basteln, Saubermachen, Aufräumen und ähnliches.

Ordnung

Während die Dimension der kognitiven Differenziertheit, die sich zwischen den soeben beschriebenen Polen von Komplexität und Einfachheit bewegt, einen evidenten Zug des Innenlebens abbildet, repräsentiert die Dimension der Reguliertheit mit den beiden Polen von Ordnung und Spontaneität ein zentrales Merkmal der Außenbeziehungen des Individuums. Die fundamentale Semantik unserer Gesellschaft besteht in einer elementaren Klassifikation von Denk- und Handlungsstilen. Nach der Polarität der Denkstile ist im folgenden die Polarität der Handlungsstile zu untersuchen.

Der Begriff der Reguliertheit kennzeichnet das Mischungsverhältnis von vorgegebenen Ordnungen und Eigensinn im Handeln. Sich einer Ordnung zu fügen ist eine Sache, die besondere Art der Ordnung eine andere. Es entspricht der Grundhaltung einer Gesellschaft, die sich als pluralistisch versteht, daß es mehr auf Reguliertheit schlechthin ankommt als auf ihre Richtung. Die fundamentale Semantik lenkt die Aufmerksamkeit mehr auf Prinzipientreue als auf die Prinzipien selbst.

Ordnung im Sinne der fundamentalen Semantik meint nicht bloß Regelhaftigkeit, sondern legitime Regelhaftigkeit. Wie wir sehen werden, folgt auch Spontaneität bestimmten Konventionen. Die Grenze zwischen dem Ordentlichen und dem Unordentlichen wird durch soziale Definitionen errichtet, an denen beide Seiten mit gleichem Eifer arbeiten. Es zählt zu den Ideologien des Alltagslebens, die Konstruiertheit dieser Abgrenzung zu leugnen und so zu tun, als handele es sich um etwas Absolutes. Welche Regeln als ordentlich gelten und welche als spontan, wird durch allgemein bekannte, aber unausgesprochene Meta-Regeln festgelegt. Hier sozial abgesegnete existentielle Vorgaben - da individuelle Regellosigkeit: diese Alternative ist eine Fiktion. Weder wird das Ordentliche allgemein gefordert, noch ist das Spontane eine Erfindung des Subjekts im Hier und Jetzt. Diese Fiktion ist eine Projektion fundamentaler Erlebnisorientierungen.

In jedem Lebensbereich stoßen wir auf Definitionen des Ordentlichen und des Unordentlichen: Tischsitten, Kleidung, Sprache, Musik, Wissenschaft, politisches Handeln, Publikumsverhalten, Beziehungen zwischen Mann und Frau, berufliches Handeln, Haushaltsführung, Erziehung usw. Zwar konkurrieren in jedem Bereich mehrere Ordnungsangebote miteinander, doch bleibt das Spektrum der gängigen Ordnungen überschaubar. Beispielsweise gibt es verbreitete Vorstellungen über gute Tischsitten und ordentliche Kleidung. Für die Sprache gilt die Ordnung der Hochsprache. In der Musik gibt es die Ordnung der einfachen Harmonielehre, nach der sich Volkslied, Blasmusik, deutscher Schlager u.a. richten, aber auch komplexe Ordnungen, etwa die Polyphonie des Spätbarock, die Homophonie der Wiener Klassik, die immer eigenwilligeren und doch geordneten Klangwelten der Romantik, das Ordnungssystem der Zwölftonmusik u.a. Hier wird die Zweidimensionalität der fundamentalen Semantik sichtbar; quer zur Kategorie der Ordnung variiert die Dimension der kognitiven Differenziertheit zwischen Einfachheit und Komplexität.

Das Erlebnis von Ordnung hat mit der Konstruktion überpersönlicher, absoluter Legitimität zu tun. Worin der *psychische* Gewinn besteht, wird dann am deutlichsten, wenn Ordnung plötzlich attackiert wird oder ganz verloren geht. Politische Umstürze können Ordnungskrisen nach sich ziehen, ebenso gesellschaftskritische soziale Bewegungen (Arbeiterbewegung, Wandervogel, 68er Bewegung, neue Frauenbewegung u.a.), Trennungen, selbst Ortsveränderungen. Wie der Verlust von Ordnung als Verunsicherung erlebt wird, so die Praxis von Ordnung als Aufgehobensein und Sicherheit. Es ist klar, was man zu tun und zu lassen hat, was schön und häßlich ist, richtig und falsch, gut und böse. Das Leben hat eine Struktur, die unabhängig von dem Subjekt scheint, das ihr folgt (wenn auch die Unterstellung des Vorgegebenseins von Ordnung eine Selbsttäuschung über die modernen subjektbestimmten Konstruktionsweisen von Existenzformen bedeutet; vergleiche hierzu Abschnitt 4.12).

Physisch wird der Handlungsstil der Ordnung durch verschiedene Formen körperlicher Standardisierung erfahren: Kontrolle, Regelmäßigkeit und kollektive Parallelisierung. Kontrolle bedeutet, daß körperliche Manifestationen (Bewegungen, Lautstärke, Mimik, Gestik) durch eine standardisierte Choreographie reguliert werden. In Anstandsbüchern ist genau festgelegt, wie man sich etwa beim Essen zu halten hat, wer wem zuerst die Hand gibt, nach welchem Bewegungsablauf die Aufforderung zum Tanz zu erfolgen hat usw. Die Dienstordnung der Bundeswehr schreibt vor, daß die Füße beim Kommando »Stillgestanden« einen »Winkel von nicht ganz 90 Grad« bilden sollen. In der Aufführungskultur der Hochkulturszene ist jeder Laut während der Darbietung möglichst zu unterdrücken, etwa Husten, Schneuzen, Reden mit dem Nachbarn. Wie sehr Ordnung in einen kontrollierten körperlichen Habitus übergeht, sieht man am Verlust der Fähigkeit zu expressiven Bewegungen im Laufe der Normalbiographie eines mitteleuropäischen Akademikers. Ein wichtiges Element jeder Choreographie der Ordnung ist Regelmäßigkeit, denn nur in der Wiederholung kann Geordnetheit sichtbar und körperlich spürbar werden. Besonders manifest wird der körperliche Genuß von Ordnung in kollektiver Parallelisierung, etwa beim Schunkeln im Bierzelt, beim Volkstanz, beim Vorbeimarsch der Musikkapelle, beim Trachtenumzug, beim Schlußapplaus, beim gemeinsamen Singen (vgl. hierzu die Beschreibungen von Trivialschema und Harmoniemilieu, Abschnitte 3.6 und 6.3).

Spontaneität

Spontaneität steht als unregulierter Handlungsstil dem regulierten Handlungsstil der Ordnung gegenüber. Hier werden wir in besonderem Maße mit der Doppelbödigkeit der sozialen Realität konfrontiert. Gängige Deutungsmuster sind genauso wirklich wie die Sachverhalte, auf die sie sich beziehen, doch kann beides weit auseinanderfallen: Auf der Ebene der Deutungen wird Spontaneität als Ich-Bestimmtheit begriffen, als Unabhängigkeit von Ordnungen, als Autonomie, als souveräne Regellosigkeit. Auf der Ebene der gedeuteten Sachverhalte aber zeigt sich, daß Spontaneität repetitive Elemente enthält. Was als frei gilt, wird oft als Ausagieren eines unbedingten inneren Kerns begriffen, als Durchsetzung persönlicher Eigenart ohne Respekt vor Konventionen. Zwar enthält diese Auffassung eine zutreffende Komponente, doch durch die Verkürzung wird sie falsch. »Unkonventionalität« ist nur ein Etikett für eine besondere Klasse von Konventionen, die den Handlungsstil der Spontaneität prägen und die lediglich als Manifestationen persönlicher Eigenart *gelten*. Auch Freiheit ist an Muster gebunden, deren Einhaltung oft sogar sanktioniert wird (beispielsweise durch den Vorwurf der Spießigkeit). Wäre es anders, wüßten viele unkonventionelle Menschen gar nicht, wie sie sich eigentlich verhalten sollten; hinzu käme, daß der spontane Handlungsstil nicht interpersonal interpretierbar und deshalb ungeeignet wäre als Kategorie der fundamentalen Semantik.

In der *psychischen* Dimension läßt sich das Erleben von Spontaneität als Erfahrung der Ich-Bestimmtheit beschreiben, die vor allem in zwei Formen kodiert ist: als Opposition und als Expressivität. Untersuchen wir diese beiden Formen nun genauer:

1. Die soziale Inszenierung von Freiheit ist angewiesen auf geltende Regeln, versehen mit dem Stempel der Richtigkeit, des Anstands, der Wohlerzogenheit, des offiziell Geforderten, um sich durch Distanzierung zu profilieren. Opposition ist eine Art kontrapunktischer Subjektivität, die überhaupt nur im Verhältnis zum Leitthema einer geltenden Ordnung entfaltet werden kann. Abweichungen sind auf Vorschriften angewiesen. Nur solange konnten beispielsweise unordentliche Haarmähnen als frei gelten, wie Kurzhaarigkeit selbstverständlich erwartet wurde. Wenn nun legitime Ordnungen erodieren, Liberalisierung und Pluralisierung von Lebensstilen Platz greift, wird es schwierig, Freiheit überhaupt noch sozial zu definieren. Auf den ersten Blick scheint es so, als würde sich Freiheit gerade durch ihre gesellschaftsweite Durchsetzung die Bedingung ihrer Möglichkeit entziehen, da es am Ende keine Ordnung mehr gibt, durch die sie sich einen oppositionellen Inhalt geben könnte.

Je mehr sich unsere Gesellschaft diesem Stadium annähert, desto klarer zeichnet sich jedoch eine überraschend einfache Lösung ab: Legitime Ordnung wird fingiert, um sich ein bißchen rebellisch fühlen zu können. So zählt zu den symbolischen Accessoires ungezwungener Kleidung die Vorstellung des gezwungenen Normalbürgers im Outfit des mittleren Angestellten der fünfziger Jahre, obwohl dieser Typus längst exotisch geworden ist, auch unter den mittleren Angestellten. Rucksacktourismus hat schon vor Jahren objektiv jegliches Außenseitertum eingebüßt, doch taugt er immer noch zur antikonventionellen Distanzierung vom Pauschaltouristen. Das provokative, kritische, tabuverletzende Theater der Gegenwart bezieht sein oppositionelles Stigma aus der bloßen Einbildung, daß die gesellschaftliche Majorität etwas dagegen haben könnte. Richtig ist aber, daß dieses Theater vielen gleichgültig ist, während sich die daran Interessierten durch gegenseitige Versicherung ihrer ästhetischen Radikalität das Gefühl der Freiheit erst durch eine Vorspiegelung verschaffen. Diese Beispiele zeigen Opposition als symbolische Praxis. Nicht-Reguliertheit bedient sich der Gebärden von Überschreitung und Gegensatz.

2. Negativ manifestiert sich Spontaneität als Opposition, positiv als Expressivität. Damit ist hier die Symbolisierung von Authentizität gemeint. Komplementär zum Stil der Ordnung tendiert der Stil der Spontaneität zur Unregelmäßigkeit und zur Durchbrechung kollektiver Parallelisierung. Gut lassen sich diese Elemente am freien Tanzstil studieren, der sich in den sechziger Jahren entwickelt hat. Im Vergleich zum regulierten Standardtanz wird die Polarität von Ordnung und Spontaneität anschaulich: hier die Reglementierung durch Tanzfiguren, da die Choreographie der momentanen subjektiven Erfindung, hier die Wiederholung des Bewegungsrepertoires, da die ständige Abwandlung nach Lust und Laune, hier die kollektive Parallelisierung, da die gewollte Unkoordiniertheit der Partner. Dieselbe Expressivität gilt etwa auch für den touristischen Habitus des Drauflosfahrens, für die Aufführungskultur von Rock- und Jazz-Konzerten, für den bequemen, demonstrativ subjektbezogenen Bekleidungsstil, für öffentlich dargestellte »Ausgeflipptheit«, in besonderem Maße schließlich für die Formeln der Handlungsbegründung und Handlungsverweigerung: »weil es mir gefällt«, »weil ich keine Lust habe« oder ähnlich. Expressiv sind all diese Muster insofern, als sie innere Determiniertheit symbolisieren. Sie sind mit dem Anspruch verbunden, das Ich zum Ausdruck zu bringen.

Opposition und Expressivität sind allgemeine, immer wiederkehrende Erlebniskomponenten im Handlungsstil der Spontaneität. Beide Komponenten des Handelns konstituieren Selbsterfahrung, sei es durch Negation einer als äußerlich betrachteten Ordnung, sei es durch Veräußerlichung des eigenen Innenlebens. Im Spüren des Ichs, im Gefühl des Eigensinns liegt die elementare Erfahrung von Spontaneität. Durch Ablehnung von etwas anderem (Opposition) scheint das Eigene auf, durch Ungeregeltheit (Expressivität) manifestiert es seine Einzigartigkeit. Spontaneität als Gefühl ist das schöne Erlebnis von Ich-Bezogenheit und Ich-Bestimmtheit. Wohlgemerkt ist hier von einer kognitiven Konstruktion die Rede, von der psychischen Komponente des Erlebnisses von Opposition und Expressivität. Daß sich der Erlebende objektiv im Irrtum befinden kann, ist nur eine Randbemerkung wert, da es an dieser Stelle primär darum geht, die Kategorien der psychophysischen Semantik zu erarbeiten.

An den Irrtümern läßt sich freilich besonders gut veranschaulichen, worauf es eigentlich ankommt. Nehmen wir das Beispiel von Charles Bukowski, dessen literarischer Erfolg in Deutschland eng mit der Kategorie der Spontaneität zusammenhängt. Das Zeichen »Bukowski« ist als Symbol für Opposition und Expressivität definiert. Indem Bukowski durch die Marketing-Strategien der Verleger notorisch mit Prostitution, Alkohol und der Poesie der Four-letter-words verbunden wurde, formte er sich in der Wahrnehmung des Publikums als ein beispielhaftes Selbst, das sich seiner Existenz durch Abweichung von bürgerlichen Normen und Ausleben spontaner Regungen versichert. Ob dies irgendwann gestimmt hat oder nicht, ist für die Analyse des sozialen Phänomens Bukowski unwichtig. Es kommt allein darauf an, die Konstruktion von Ich-Erfahrung am Studienobjekt nachzuvollziehen. Die Fiktion einer herrschenden Moral ist ebenso ein Element dieser Konstruktion wie die Schematisierung der Figur Bukowski. Die Fernsehbilder zu seinem 70. Geburtstag zeigten ihn, auf der Toilette sitzend, mit Whiskyflasche in der einen und Pornoheft in der anderen Hand. Obwohl die herrschende Moral, gegen die er opponiert, eine Erfindung ist, obwohl seine Expressivität alle Anzeichen eines Dressurakts aufweist, taugt Bukowski als Gegenstand von Spontaneitätserlebnissen, die letztlich das Ich des Konsumenten feiern, wenn sie sich auch am Beispiel eines anderen entzünden.

Physische Erfahrungsform von Spontaneität ist das körperliche Ausagieren, die Spannungsabfuhr, das Durchleben dynamischer Prozesse. Im Laufe der Jahre wurde die körperliche Darstellung von Spontaneität zu einem selbstverständlichen Element unseres Handlungsrepertoires kultiviert, etwa im Freizeitsport, unterstrichen durch immer expressivere, buntere und individuellere Sportkleidung. Rock- und Popmusiker bringen das körperliche Erlebnisschema der Spontaneität auf die Bühne und vor die Fernsehkamera, wobei sie sich eines Repertoires von Bewegung, Mimik und Gestik bedienen, das bei aller Verfestigung und Konventionalisierung in den letzten 20 Jahren doch als physischer Ausdruck von Unmittelbarkeit und Individualität interpretiert wird, als körperliche Manifestation des »Auslebens«. Kaum davon zu unterscheiden sind die Tanzstile, die in der Diskothekenszene dominieren.

Zwischenbilanz

Die Quintessenz der vorangegangenen Interpretation wird in dem Schema auf S.349 zusammengefaßt.

7.3 Homologien im Zeichen der fundamentalen Semantik

Zur Orientierung

Vielleicht ist es gut, diesem Abschnitt zunächst eine Warnung vorauszuschicken: Er ist in einem bestimmten Sinne die komplexeste Passage dieser Untersuchung. Inwiefern? Bei der Erläuterung der fundamentalen Semantik im vorangegangenen Abschnitt wurde Komplexität definiert als hohes Niveau der Vernetzung von Informationen. Genau dies steht nun auf dem Programm. Es geht darum, mit einer Fülle von Inhalten gleichzeitig umzugehen: Theorie, Daten, Interpretationsergebnisse, Methoden. Damit in diesem Informationsgemenge der Überblick nicht verloren geht, sind mehrere Vorbemerkungen erforderlich.In seiner Gesamtheit läuft das Programm des folgenden Abschnitts auf den Versuch hinaus, die subjektive Integration der sozialen Wirklichkeit nachzuvollziehen. Wie verhindern

Dimensionen	Polaritäten	Erlebnisformen	
		psychische Komponenten	physische Komponenten
Kognitive Differenziertheit (Denkstil)	Komplexität	Kontrolle	Konzentration
	Einfachheit	Entlastung	Unmittelbarkeit
Reguliertheit (Handlungsstil)	Ordnung	Sicherheit	Standardisierung
	Spontaneität	Ich-Bestimmtheit	Ausagieren

Erlebnisformen der psychophysischen Semantik

die Menschen eine kognitive Katastrophe, bei der das Leben in zahllose unzusammenhängende Details zersplittert? Zweifellos ist es für den einzelnen schwieriger geworden, sein Innenleben und seine Situation zu einer halbwegs überschaubaren Ganzheit zusammenzufügen. Gewachsen sind die Optionen, zurückgegangen ist die Regulierung von Entscheidungen durch Konventionen und autoritative Instanzen. Jeder muß selbst versuchen, Einheit und Ordnung in sein Leben zu bringen. Die Menschen lösen diese Aufgabe durch umfassende Formeln für Konsistenz. Dies bedeutet nicht, daß etwa jeder eine ganz eigene Lösung finden müßte. Es ist nicht vorgeschrieben, aber erlaubt, voneinander abzuschauen. Davon wird reichlich Gebrauch gemacht. Verschiedene Lösungsmuster sind zu erkennen, an denen sich jeweils viele Menschen orientieren.

Diese Lösungsmuster stehen nicht disparat nebeneinander, sondern fügen sich zu einer übergreifenden kollektiven Ordnung der Ordnungen, deren Strukturmerkmal der Gegensatz ist. Der polare Aufbau der fundamentalen Semantik kommt dadurch zustande, daß die in ihr eingeschlossenen Formeln für Konsistenz erst durch Unterscheidungsoperationen inhaltliches Profil annehmen. Man gewinnt Klarheit über sich selbst, indem man konstatiert, daß man nicht so ist wie bestimmte andere. Daraus entsteht eine Sozialstruktur sozialer Milieus, deren Existenzformen sich in Homologie zu auseinanderstrebenden Konsistenzdefinitionen entwickeln.

Der vorangegangene Abschnitt beschäftigte sich mit den Kategorien der fundamentalen Semantik, der folgende untersucht Homologien einzelner Wirklichkeitsschichten im Zeichen dieser Kategorien. In dieser Sequenz kommt das Allgemeine vor dem Besonderen, das Interpretationsergebnis vor der Interpretationsgrundlage. Begründet ist diese Anordnung ausschließlich durch redaktionelle Überlegungen, nicht etwa durch ein Primat der deduktiven Forschungslogik. Deduktion und Induktion, der Schritt von der Generalisierung zur Anschauung und umgekehrt der Schritt von der Anschauung zur Generalisierung, wechseln im hermeneutischen Zirkel ständig ab; ein Primat gibt es dabei nicht. Anders verhält es sich mit der Darstellung der Ergebnisse. Es dient dem Anliegen einer möglichst eingängigen Vermittlung, erst das integrierende Prinzip zu erläutern, dann die Details, aus denen es abstrahiert wurde. Verfügt man über eine grundlegende Ordnungsvorstellung, werden zunächst disparat erscheinende Einzelheiten überschaubar. Man ist in der Lage, Informationen zu vernetzen und Komplexität zu bewältigen.

Es geht bei dem Ziel, eine auf den ersten Blick verwirrende Menge von Inhalten der subjektiven Auffassung zugänglich zu machen, freilich um mehr als bloß um Fragen der Textgestaltung. An erster Stelle steht das theoretische Anliegen, die Operationen nachzuvollziehen, mit denen sich Menschen in der sozialen Wirklichkeit Übersicht verschaffen. Wie lösen sie das Problem, ihre subjektiven Wirklichkeiten zu ordnen und aufeinander abzustimmen? Wenn es gelingt, die impliziten Ordnungsoperationen der Menschen explizit zu machen, verfügt man über den Schlüssel zum Verständnis einer Deutungsgemeinschaft. Führt dieses Unternehmen zum Erfolg, so werden auch Forschungsergebnisse auf hohem Komplexitätsniveau vermittelbar.

In dieser Überlegung steckt eine erkenntnistheoretische Substanz, die einer kurzen Betrachtung wert ist. Primär geht es zwar nicht um gute Vermittlung, sondern um gute Theorie, doch stehen Vermittlung und Theorie in einem bestimmten Zusammenhang: Die Verstehbarkeit eines empirisch-analytischen Textes in der Soziologie steigt tendenziell mit der Qualität der Theorie, denn diese versucht etwas abzubilden, was offenbar alle verstehen (sonst würde die soziale Wirklichkeit zusammenbrechen). Gute Theorie ist leichter verstehbar als schlechte Theorie. Zwar gilt die Umkehrung nicht - aus Verstehbarkeit kann man nicht auf das Zutreffen der Theorie schließen. Immerhin aber läßt sich die Überlegung quasifalsifikationistisch fortdenken: Unübersichtlichkeit ist ein Indiz für theoretische Defizite, Verstehbarkeit ein eigenständiger Plausibilitätshinweis. Komplementär zum Begriff der empirischen Bestätigung kann man in diesem Zusammenhang von interpretativer Bestätigung sprechen. Beweise gibt es selbstverständlich nicht. In diesem Sinne möge der Leser den Integrationsversuch in diesem Abschnitt als Theorietest auffassen, dessen Maßstab er selber ist.

Übersicht soll im folgenden die fundamentale Semantik schaffen. Zu zeigen ist, daß die soziale Wirklichkeit um ein einfaches Strukturgerüst herum aufgebaut ist, beschreibbar durch die beiden Gegensatzpaare von Einfachheit und Komplexität sowie von Ordnung und Spontaneität. Diese vier Kategorien bündeln Unterschiede *zwischen* und Gemeinsamkeiten *in* sozialen Milieus, zwar mit Unschärfen, aber umfassend, so daß eine diffuse Ordnung in der Vielgestaltigkeit des Alltagslebens entsteht, eine grobe, niemals perfekt gelingende Vereinfachung, die den Menschen doch ausreicht, um ihre Existenz zu integrieren. Es zeigt sich eine unscharfe Ordnung der sozialen Wirklichkeit in Homologie zu den Kategorien der fundamentalen Semantik. Homologie bedeutet Ähnlichkeit: zwischen einer

Vielzahl von Milieuunterschieden einerseits und den beiden genannten Polaritäten andererseits.

Welche Methoden sind für eine komplexe Homologieanalyse geeignet? Diese Frage zielt nicht nur auf statistische Verfahren ab; sie ist umfassender zu verstehen: als Frage nach einer geeigneten Ordnung des Denkens. Damit beschäftigen sich die folgenden Unterabschnitte. Erst nach Überlegungen zum Zustandekommen der Ergebnisse sollen diese selbst im Überblick dargestellt werden (eine ausführliche Dokumentation enthält Anhang D.8). Es genügt jedoch nicht, Homologien verschiedener Wirklichkeitsschichten im Zeichen der fundamentalen Semantik zu beschreiben. Wie kommen sie zustande? Homologien sind durch ein neues Verhältnis von Subjekt und Situation bedingt. Um den grundlegenden Wandel der Kausalverhältnisse geht es am Ende des Abschnitts.

Das Problem der gedanklichen Integration

Die fundamentale Semantik ist kognitionspsychologisch auf einer übergeordneten Ebene angesiedelt, von wo aus sie in verschiedene Bereiche hineinwirkt. Was uns empirisch begegnet, sind immer nur Konkretisierungen des allgemeinen Prinzips, nicht aber das Prinzip selber. Um die übergeordnete Ebene zu erreichen, gibt es nur einen erfolgversprechenden Weg: die simultane, integrative Analyse aller nur greifbaren Konkretisierungen. Je mehr Details man gleichzeitig berücksichtigt, desto besser sieht man das Allgemeine. Zum Einstieg eignet sich, wie in Abschnitt 5.15 ausgeführt, der Bereich der Alltagsästhetik, doch muß der Interpretationspfad nach und nach auch andere Bereiche durchqueren. Der Weg führt durch ein Dickicht von Einzelheiten.

Weiter unten und im Anhang werden diese Einzelheiten allerdings nicht simultan auf die übergeordneten Prinzipien bezogen, sondern sukzessiv, Schicht für Schicht, Bereich für Bereich. Begründet ist dieses schrittweise Vorgehen allein durch die Absicht, eine Informationsüberflutung zu vermeiden. Das tatsächliche Vorgehen bei der Analyse war zwar anders geartet, doch ist es sinnvoll, für den Darstellungszusammenhang eine andere Methode zu wählen als für den Entdeckungszusammenhang. Die analytisch verknüpfte Informationsmenge wird portionsweise präsentiert. Am Ende ergibt sich dasselbe Gesamtbild.

Um Integration zu erzielen, muß man in bestimmter Weise denken und analysieren. Die für unseren Zusammenhang entwickelte Strategie beruht auf drei Hauptelementen: Korrespondenzanalyse, polare Interpretation, Gesamtperspektive. Im folgenden werden diese Integrationsmethoden erläutert.

Korrespondenzanalyse und Alltagsbewußtsein

Welche Verbindung besteht zwischen den bisher entwickelten Annahmen über den subjektiven Aufbau der sozialen Wirklichkeit einerseits und dem zur empirischen Analyse eingesetzten statistischen Verfahren andererseits? Methode der Wahl ist das Verfahren der Korrespondenzanalyse. Zu zeigen ist, daß die besondere Art der Informationsverdichtung, welche die Korrespondenzanalyse vornimmt, sich mit jener Art der Informationsverdichtung parallelisieren läßt, die für die Konstruktion der sozialen Wirklichkeit gilt. Die folgende Argumentation entwickelt sich in drei Schritten: zuerst werden schon eingeführte Annahmen über das Informationsmanagement in der sozialen Wirklichkeit in einigen Thesen zusammengefaßt. Daraus wird im zweiten Schritt abgeleitet, auf welche empirische Information ein statistisches Verfahren reagieren muß, um den entsprechenden Aspekt der Wirklichkeit sichtbar zu machen. Drittens schließlich wird das Verfahren der Korrespondenzanalyse vorgestellt.

Erster Schritt: Die Annahmen, zu denen das Verfahren der Datenanalyse passen soll, lassen sich zu sechs Thesen verdichten:

1. Existentielle Anschauungsweisen, Wirklichkeitsmodelle und objektive Verteilung von Existenzformen stehen in einem Verweisungszusammenhang.

2. Die Beziehungen zwischen den Komponenten dieses Verweisungszusammenhangs werden durch eine fundamentale Semantik reguliert.

3. Es besteht eine Tendenz zur Segmentierung sozialer Milieus nach Ähnlichkeit/Unähnlichkeit von Existenzformen (objektive Wirklichkeit).

4. Eine einmal entwickelte Milieustruktur wird durch die Tendenz zu milieutypischem Verhalten stabilisiert und akzentuiert.

5. Vorstellungen von Milieutypizität (Wirklichkeitsmodelle) beruhen auf sozialen Erfahrungen. Als typisch registrieren die Menschen jedes Merkmal, das in einer gegebenen Gruppe deutlich (d.h. in der Alltagsinteraktion wahrnehmbar) häufiger oder seltener vorkommt als in vergleichbaren Gruppen (vgl. hierzu die Überlegungen zur Typizität in Abschnitt 6.1, Punkt 5).

6. Aus den Thesen 1 - 5 folgt, daß die fundamentale Semantik in der milieuspezifischen Verteilung von Existenzformen abgebildet sein muß.

Zweiter Schritt: Gebraucht wird demnach ein statistisches Verfahren, das auf gruppenspezifische Verteilungen (»Verteilungsprofile«) einer größeren Zahl von Merkmalen reagiert. Das Verfahren muß Ähnlichkeiten der gruppenspezifischen Verteilungen verschiedener Merkmale erkennen und zusammenfassen können. Wenn es tatsächlich eine fundamentale Semantik gibt und wenn die ausgewählten Merkmale darauf reagieren, wenn außerdem die gewählte Gruppenaufteilung in etwa der realen Milieustruktur entspricht, dann besteht eine Chance, daß sich die fundamentale Semantik in Merkmalsgruppen mit ähnlichen gruppenspezifischen Verteilungen manifestiert.

Die Analyse muß mit einem hypothetischen Milieumodell beginnen, nach dem die Stichprobe in Untergruppen aufgeteilt wird. Zu untersuchen ist nun, welche Merkmalsgruppen für welche Personengruppen typisch sind. Daran schließt sich eine Interpretation an, die von der Annahme ausgeht, daß die Merkmalsgruppen verschiedene kategoriale Bereiche der latenten fundamentalen Semantik repräsentieren. Wesentlich für die Interpretation ist eine Vergegenwärtigung der Gesamtkonfiguration, damit die wechselseitige Verweisung der Kategorien der fundamentalen Semantik zutage treten kann.

Dritter Schritt: Das Verfahren der Korrespondenzanalyse ist für die Entdekkung des soeben dargestellten Informationstypus geeignet. Ausgangsinformation ist das gesamte Datenmaterial, das den Milieuportraits im vorangegangenen Kapitel zugrundeliegt. Im Anhang ist diese Ausgangsinformation zusammengestellt. Durch eine Einteilung der Gesamtheit in fünf Alters-Bildungs-Gruppen (Milieumodell) ergibt sich eine große Zahl von Verteilungsprofilen, die darüber Aufschluß geben, wie stark sich bestimmte Merkmale in bestimmten Gruppen verdichten. Man kann solche Verteilungsprofile nun gleichzeitig nach zwei Gesichtspunkten ordnen. Zum ersten kann man sie nach ihrer Ähnlichkeit gruppieren. (So enthalten alle Untertabellen der Serie 5 im Anhang D Verteilungsprofile, in denen bestimmte Milieus den Maximalwert oder Minimalwert aufweisen. Dies ist durch Einrahmungen optisch gekennzeichnet.) Zum zweiten ist es möglich, die Verteilungsprofile nach der Stärke der Gruppenunterschiede zu sortieren. Genau diese beiden Ordnungsgesichtspunkte werden auch von der Korrespondenzanalyse berücksichtigt und zum Aufbau eines integrativen Gesamtbildes verwendet. Das Verfahren sucht nach Dimensionen der Ähnlichkeit - der »Korrespondenz« - von Verteilungsprofilen. Es konstruiert einen Raum, in dem die Merkmale nach dem Gesichtspunkt von Ähnlichkeit oder Unähnlichkeit angeordnet sind. Einzelheiten zur Korrespondenzanalyse enthält der Anhang (Abschnitt B.1).

Die Methode der polaren Interpretation

Wie gewinnen die Kategorien der fundamentalen Semantik für die Individuen inhaltlich Kontur? Es ist ein methodisches Motiv, das diese Frage anregt: die Absicht, es den Menschen gleichzutun, um die Kategorien der fundamentalen Semantik soziologisch zu verstehen. Interpretative Verfahren haben dann am meisten Aussicht auf Erfolg, wenn sie die Wege der tatsächlichen kognitiven Operationen der Menschen benutzen. Die Methode der polaren Interpretation hat ihren Ursprung in diesem Gedanken.

Die Ankerreize der fundamentalen Semantik sind im Strom der Alltagserfahrung enthalten, etwa die Erfahrung von viel oder wenig Ressourcen (ökonomische Semantik) oder bestimmte kognitiv-körperliche Erfahrungskomplexe (psychophysische Semantik). Nun macht zwar jeder seine Erfahrungen für sich alleine, doch ist die soziale Umwelt darin enthalten. Durch Vergleiche werden Erfahrungen interpretierbar. Ob man beispielsweise viel hat oder wenig, kann man erst sagen, wenn man die Ausstattung der anderen zum Maßstab macht. Die kognitiven Operationen, mit denen wir die anderen in die alltägliche Selbsterfahrung einbeziehen, sind Urteile der Ähnlichkeit und der Unähnlichkeit. In der Differenz zum Fremden wird das Vertraute erkennbar. Wegen der Unerläßlichkeit von Unterscheidungsoperationen für den Selbstaufbau kognitiver Systeme haben soziale

Milieus eine Tendenz zur Polarisierung von Existenzformen, deren Substrat in der fundamentalen Semantik abgebildet wird.

Was läßt sich aus diesen Überlegungen methodisch lernen? Wir können uns dem Denken der Menschen annähern, indem wir die wechselseitige Verweisung ihrer Existenzformen in das Zentrum der Interpretation stellen. Man greift zu kurz, wenn man einzelne Milieus für sich betrachtet. Erst im Bezug aufeinander versteht man einzelne Sphären der Sozialwelt. Um den semantischen Raum zu rekonstruieren, in dem Milieus verortet sind, müssen wir den semantischen *Gegensatz* zum zentralen Erkenntnisobjekt erheben.

Diesem Programm folgt die Methode der polaren Interpretation. Sie setzt an den Ergebnissen der Korrespondenzanalyse an: Merkmale, die in einem gemeinsamen semantischen Raum von Gruppenunterschieden lokalisiert sind. In einem ersten Schritt werden die Merkmale durch eine Unterteilung des Raumes zu Gruppen gebündelt. Semantisch benachbarte Merkmale kommen in dieselbe Gruppe und bilden zusammen mit den anderen Merkmalen der Gruppe einen inhaltlichen Komplex. Im nächsten Schritt werden die Komplexe ihrerseits gebündelt, jedoch nicht (wie die in ihnen eingeschlossenen Merkmale) nach dem Gesichtspunkt der Nähe, sondern nach dem Gesichtspunkt der Distanz. Polaritäten werden gebildet, die aus je zwei gegensätzlichen Komplexen bestehen. Diese Polaritäten sind das Bezugsmaterial der polaren Interpretation. Aus der Synopse der Interpretationen aller Polaritäten ist das Hauptergebnis abzuleiten: die fundamentale Semantik. Sie beruht auf einer dreifachen Informationsverdichtung: Merkmale zu Komplexen, Komplexe zu Polaritäten, Polaritäten zu einem Gesamtzusammenhang. Eine ausführliche Erläuterung des Verfahrens findet sich im Anhang (Abschnitt B.2).

Die Priorität der Gesamtperspektive

Die Interpretation soll sich nicht auf Einzelheiten beschränken, sondern immer ganze Komplexe ins Auge zu fassen, mehr noch: Spannungsverhältnisse von Komplexpaaren. Es zählt zu den scheinbaren Paradoxa der empirischen Analyse in der Soziologie, daß Einzelergebnisse mehr Skepsis verdienen als die aus diesen Einzelergebnissen zusammengesetzten komplexen Ergebnisse. Wie können Details, die teilweise dubios sind, im Ensemble an Glaubwürdigkeit gewinnen?

Die Antwort erfordert eine kurze Rückbesinnung auf die Erkenntnisinteressen der Soziologie. Beschreibungen von kollektiven Mustern des Handelns und der Deutung sind immer aus vielen Details zusammengesetzte Abstraktionen (nicht nur in der Wissenschaft, sondern auch in der Lebenswirklichkeit). Abweichungen, Irrtümer und standortgebundene Verzerrungen der Lebenserfahrung bringen kollektive Muster keineswegs zum Verschwinden. Wäre unser aller Vorstellung von Normalität plötzlich nicht mehr elastisch gegenüber Unregelmäßigkeiten, würde soziale Wirklichkeit sofort zusammenbrechen. Wie wir in unserer alltäglichen Modellierung der Wirklichkeit Einzelereignisse nicht überbewerten dürfen, so auch in der soziologischen Analyse des Alltagslebens. Gegenüber dem einzelnen Inhalt gibt es zwar Vorbehalte: Selektivität, Meßfehler, Unschärfe. Es offenbart jedoch ein Soziologiedefizit der Methode, bei einzelnen Inhalten zu verweilen und ihre Fehlerhaftigkeit zu beklagen. Das Argument, mit brüchigen Ziegelsteinen lasse sich kein Haus bauen, operiert mit einer unpassenden Analogie. In der empirischen Sozialforschung verhält es sich anders. Dort ist es durchaus möglich, aus mangelhaftem Material etwas Brauchbares zu machen. Die grundlegenden Ordnungsprinzipien des Alltagslebens manifestieren sich erst im Spannungsverhältnis vieler Einzelheiten. Jene Relationen großer Merkmalsmengen, auf welche die Methode der polaren Interpretation abzielt, sind weitgehend resistent gegenüber den Ambivalenzen und Irrtumsbelastungen der einzelnen Merkmale, ja sogar gegenüber der Auswahl der Merkmale. Durch die Konzentration auf die Gesamtperspektive macht sich die Interpretation das Abstraktionsprinzip des Alltagsverstandes zu eigen. Sie nähert sich dem Alltagsverstand mit seinen eigenen Mitteln.

Homologien verschiedener Wirklichkeitsschichten im Überblick

Korrespondenzanalyse, polare Interpretation, Konzentration auf die Gesamtperspektive: diese Stichworte kennzeichnen die Struktur der Analysen zum Auffinden der fundamentalen Semantik. Das Hauptergebnis - die Polaritäten von Einfachheit und Komplexität, Ordnung und Spontanität - wurde in Abschnitt 7.2 dargestellt. Die Dokumentation der Analysen wurde wegen ihres Umfangs im Anhang plaziert. Als Wegweiser möge der folgende Überblick dienen.

Die Analysen gliedern sich in drei Bereiche: Korrespondenzanalysen verschiedener Wirklichkeitsschichten, integrative Polaritätenanalyse, Zuordnung interpretativer Konstrukte zu Positionen im semantischen Raum.

1. Die Korrespondenzanalysen untersuchen die Semantik milieuspezifischer Merkmalsdifferenzierungen, aufgeteilt in verschiedene Wirklichkeitsschichten: Gesamtspektrum der Alltagsästhetik (Anhang D, Tabelle 8.1), Indikatoren für alltagsästetische Schemata und milieuspezifische Stiltypen (Anhang D, Tabelle 8.2), Persönlichkeitsdispositionen, Werte und politische Einstellungen (Anhang D, Tabelle 8.3), Situation (Anhang D, Tabelle 8.4). Es ergibt sich jeweils ein zweidimensionaler Raum, in dem die Merkmale entsprechend ihrer milieuspezifischen Verteilung angeordnet sind. Aus Anordnung und Inhalt der Merkmale läßt sich schließen, daß die Verteilungsprofile der Merkmale zwei Hauptgegensätze zum Ausdruck bringen.

2. Was ist der Inhalt dieser Gegensätze? In der Polaritätenanalyse werden die Ergebnisse der verschiedenen Korrespondenzanalysen zusammengefaßt, um die Interpretation auf ein möglichst breites Fundament zu stellen. Zentrale Information ist ein Polaritätentableau (Anhang D, Tabelle 8.5), in dem viele einzelne In-

halte zu größeren Komplexen gruppiert werden. Gegenstand der Polaritätenanalyse ist die wechselseitige Verweisung dieser Komplexe. Auf der Betrachtung des Polaritätentableaus unter verschiedenen Blickwinkeln beruht die integrative dimensionale Interpretation. Der semantische Raum wird durch zwei Dimensionen der sozialen Klassifikation konstituiert, deren Erfahrungsquellen das Denken und das soziale Handeln sind, das Innenleben (kognitive Differenziertheit) und das Außenverhältnis (Reguliertheit). In beiden Dimensionen operieren die Menschen mit elementaren, dichotomen Unterscheidungen: einfach und komplex, geordnet und spontan. Der Einsatz dieser Kategorien im Alltagsleben hat das Aussehen einer fortgesetzten wechselseitigen Ähnlichkeits-Unähnlichkeits-Diagnose. Beim Aufbau der persönlichen Existenzform dient die subjektive Position im semantischen Raum der fundamentalen Semantik als umfassende, verschiedene Wirklichkeitsschichten durchdringende Formel für Konsistenz. Soweit es die Grenzen des Möglichkeitsraums zulassen, leben die Menschen diese Formel bei der Konstruktion von Existenzformen aus - durch die Modi von Wahl, freiem Symbolisieren und selbstgesteuertem Nahelegen und Auslösen. Im Kollektiv führt dies zur Entstehung von Ähnlichkeitsgruppen, die sich durch die Tendenz zur existenzform-homogenen Interaktion als soziale Milieus konstituieren.

3. Von der erreichten Plattform aus können wir nun Brücken schlagen. Das Interpretationsergebnis muß sich mit anderen Interpretationsergebnissen verbinden lassen, wenn sein Plausibilitätsanspruch gewahrt bleiben soll. Wie verhält sich die fundamentale Semantik zu den Bedeutungsmustern alltagsästhetischer Schemata (Genuß, Distinktion, Lebensphilosophie)? Wie verhält es sich zu milieuspezifischen existentiellen Anschauungsweisen (Ich-Welt-Bezug, primäre Perspektive, normale existentielle Problemdefinition)? Wenn die fundamentale Semantik wirklich, wie behauptet, ein übergreifender Deutungsrahmen des Alltagslebens ist, müssen auch andere Deutungsmuster darin aufgehoben sein, so komplex sie auch sein mögen.

Die Zuordnung der verschiedenen Deutungsmuster beruht gleichzeitig auf Datenanalyse und interpretativer Analyse. Aus der Datenanalyse werden die Positionen im semantischen Raum gewonnen, die Bezugspunkte der Zuordnung sein sollen. Für die Bedeutungsmuster alltagsästhetischer Schemata sind dies die Positionen der manifesten Indikatoren (Anhang D, Tabelle 8.2), für milieuspezifische existentielle Anschauungsweisen die Positionen der fünf Alters-Bildungs-Gruppen im semantischen Raum (das Positionsmuster ist in den Analysen der Tabellen 8.1 bis 8.4 ähnlich). Nun schließt sich der interpretative Teil an. Den so gefundenen Positionen werden Deutungsmuster zugeordnet: alltagsästhetische Schemata (Anhang D, Tabelle 8.6) und milieuspezifische existentielle Anschauungsweisen (Anhang D, Tabelle 8.7).

Damit ist die Analyse am Ziel. Erhebungsdaten wurden in einen Verweisungszusammenhang von Sinngebilden transformiert. Aus vielen Informationen ist ein einfaches Bild von der Ordnung des Alltagslebens entstanden. Nebenbei zeigt sich, wie verfehlt die Auffassung ist, Hermeneutik sei ein Monopol nichtstandardisierter Sozialforschung. Die Forschungsinteressen dieser Arbeit verlangen zwingend eine Hermeneutik von Massendaten. Wie der interpretierende Soziologe auf das Erhebungsinstrument der Standardrepräsentativumfrage angewiesen ist, so der quantitativ arbeitende Soziologe auf Interpretation - eine Feststellung, die in der gegenwärtigen Forschungslandschaft immer noch exotisch wirkt, obwohl sie, bei Licht besehen, bloß eine Selbstverständlichkeit zum Ausdruck bringt.

Die neue Ordnung der sozialen Wirklichkeit

Das Verstehen von Sinnzusammenhängen ist ein mehrschichtiger Vorgang. Zunächst geht es darum, die verschiedenen Sinnelemente überhaupt zu erfassen und einander zuzuordnen. Diese erste Schicht des Verstehens läßt sich als dimensionale Interpretation bezeichnen; sie war Gegenstand der vorangegangenen Überlegungen. Darunter liegt eine zweite Schicht, mit der man sich erst beschäftigen kann, wenn die dimensionale Interpretation abgeschlossen ist. Nun wird die Frage möglich, wie der Sinnzusammenhang entstanden sein könnte. An die dimensionale schließt sich die genetische Interpretation an.

Exposition: Soziale Wirklichkeit ordnet sich auf neue Weise. Um die Ergebnisse genetisch zu verstehen, müssen wir zwei gedankliche Komplexe zusammenfügen: die Theorie des Aufbaus von Existenzformen nach dem neuen Muster (Abschnitt 4.12) und die Theorie der fundamentalen Semantik (5. Kapitel). Die Kerngedanken lassen sich in einigen Sätzen zusammenfassen: Existenzformen (relativ dauerhafte Verbindungen von Subjekt und Situation) entstehen aus dem Zusammenwirken von Betreffen und Handeln. Die Situation betrifft das Subjekt in den Modi von Begrenzen, Nahelegen und Auslösen, das Subjekt handelt gegenüber der Situation durch Einwirken, Wählen und Symbolisieren. Relevanzverschiebungen zwischen diesen Modi haben zu einer Veränderung der Entstehung von Existenzformen geführt.

Beim alten Muster dominierten die Modi von Begrenzen, Einwirken und fremdbestimmtem Symbolisieren, beim neuen Muster treten die Modi von Wählen, selbstbestimmtem Symbolisieren, Nahelegen und Auslösen in den Vordergrund. Unter der Bedingung des alten Musters wurden die Menschen eingeordnet, unter der Bedingung des neuen Musters stehen sie vor einer Ordnungsaufgabe. Sie schaffen sich eine fundamentale Semantik als existentielles Drehbuch mit verschiedenen Regieanweisungen für verschiedene soziale Milieus. Im Rahmen der Modi des neuen Musters wird die fundamentale Semantik operativ umgesetzt. Was Situationen nahelegen und auslösen, was man wählt und was man mit welchen Zeichen symbolisiert, steht in einem Verweisungszusammenhang mit der Position des Subjekts im semantischen Raum. Ergebnis der an der fundamentalen Semantik orientierten Operationen ist eine milieuspezifische Verteilung von Existenzformen, in der sich die fundamentale Semantik abbildet. An diese komprimierte Darstellung der Hintergrundtheorie zum genetischen Verständnis der empirischen Ergebnisse schließen sich sieben Kommentare an, die einzelne Aspekte etwas ausführlicher beleuchten. Leitfrage ist: Wie kommen Existenzformen der Gegenwart zustande?

1. *Rückblick auf das alte Muster*: Jeder Versuch der Erkenntnis, auch soziologische Theorie, ist auf Unterscheidungen und Vergleiche angewiesen. Erst in der Relation zueinander gewinnen die Phänomene für uns Konturen. Der Rückblick auf das alte Muster erleichtert das Verständnis des neuen. Zentral für das alte Muster ist der Modus des Begrenzens. Er führt zu einer tendenziell eindimensionalen Wirklichkeit mit einer ökonomischen Fundamentalsemantik. Soziale Milieus sind hierarchisch übereinander geschichtet; ihre Existenzformen spiegeln verschiedene Lagen im Gefüge sozialer Ungleichheit. Subjektivität richtet sich danach, was die Verhältnisse zulassen. Besonders sinnfällig wird dies in den Symbolen, mit denen sich die Menschen umgeben. An den Zeichen, die sich jemand aneignen kann, läßt sich ungefähr ablesen, in welcher Situation er steht (anders als beim neuen Muster). Kultur zu haben ist eine Frage von Geld, Zeit für Müßiggang, Energiereserven, Beschränkungen durch Konventionen, Umgebung, Geburt. Ungleichheit des Betroffenseins durch Grenzen ist die Hauptursache für Unterschiede von Existenzformen.

Dem Betroffensein durch Begrenzen steht das Handeln durch Einwirken gegenüber. Der Modus des Einwirkens entfaltet sich in drei Zeitebenen: Kurzfristig ermöglicht er das Überleben der Menschen von Tag zu Tag. Man bekommt nichts geschenkt; das meiste, was man zum Existieren braucht, muß man der Situation abringen. Sie bestimmt das Gesetz des Handelns. Mittelfristig können die Menschen versuchen, ihren Handlungsspielraum zu erweitern, indem sie (oder ihre Nachkommen) auf der Statusleiter nach oben klettern. Das Einwirken richtet sich dabei auf soziale Aspekte der Situation. Orientiert am Ziel der Aufwärtsmobilität, setzt man im Handeln an den Mechanismen der Statuszuteilung an. Man verhält sich konform, leistet beruflich etwas, korrumpiert wichtige Instanzen, mobilisiert soziale Beziehungen für das eigene Fortkommen, verbessert seine Chancen auf dem Arbeitsmarkt durch Qualifikation. Langfristig schließlich verändert das Einwirken den Möglichkeitsraum von allen. Über Jahrhunderte hinweg ging dies nur in kleinen Schritten vorwärts. Mit der Industrialisierung beschleunigte sich der Prozeß der Situationsveränderung, begann zu galoppieren, um schließlich zu explodieren.

2. *Die neue Bedeutung subjektiver Ordnungsvorstellungen*: Plötzlich finden sich die Menschen in einer Situation wieder, deren Grenze kaum noch spürbar ist. Das Gesetz des Handelns geht von der Situation auf die Subjekte über. Nun vollzieht sich eine Relevanzverschiebung zwischen den Modi des Betreffens und Handelns, die zu einer Neuordnung der sozialen Wirklichkeit führt: Wählen, freies Symbolisieren, Nahelegen und Auslösen gewinnen im Verhältnis zu den Modi von Begrenzen, Einwirken und fremdbestimmtem Symbolisieren an Bedeutung.

Beim alten Muster des Aufbaus von Existenzformen wurde den Menschen die Ordnung des Lebens vorgegeben, beim neuen Muster wird sie ihnen als eigene Leistung abverlangt. Zuerst reagierten sie, jetzt liegt die Initiative bei ihnen. Fast erübrigt sich der Hinweis, daß diese Entgegensetzung die Wirklichkeit vergröbert. Auch früher gab es Elemente der Freiheit, auch jetzt begrenzen uns noch Elemente der Notwendigkeit. Worauf es an dieser Stelle ankommt, ist die vorherrschende Tendenz.

Menschen, die ihr Leben nach dem neuen Typus ordnen, hantieren mit der fundamentalen Semantik, um zwischen Innen und Außen zu vermitteln. Die fundamentale Semantik eignet sich zur Beschreibung beider Bereiche. Sie kategorisiert auf der einen Seite das Subjekt, auf der anderen Seite die Situation. In Homologie gebracht wird sowohl das Ich, etwa persönliche Muster von Genuß, Distinktion und Lebensphilosophie, Persönlichkeitsmerkmale, politische Einstellungen, existentielle Anschauungsweisen, als auch der in Beziehung zu einer gegebenen Person stehende Ausschnitt der objektiven Wirklichkeit (Situation): Interaktionspartner, Berufe, Gegenstände, Erlebnisangebote, soziale Umfelder, Fortbewegungsmittel, Wohnformen u.a. Nach innen gewendet hat die fundamentale Semantik die Funktion einer beschreibenden Kurzformel, nach außen gewendet die Funktion der Definition des Passenden. Sie vermittelt in radikal vereinfachender Weise zwischen dem sich selbst abbildenden Ich und der vorgestellten Welt.

Beim alten Muster spielten etwaige Ordnungsvorstellungen der Subjekte für die Entstehung von Milieuunterschieden eine geringere Rolle. Unter der Bedingung des alten Musters hatte die fundamentale Semantik überwiegend reaktiven Charakter. Ihre Kategorien gaben die übergreifenden Grunderfahrungen wieder, die von der Wahrnehmung situativer Grenzen geprägt waren. Bei der ökonomischen Semantik war dieses Erfahrungssubstrat die Hierarchie von mehr und weniger. Einmal etabliert, hatte die fundamentale Semantik auch strukturstabilisierende und wahrnehmungssteuernde Wirkungen.

Folgt der Aufbau von Existenzformen dem neuen Muster, so hat die fundamentale Semantik größere Bedeutung für das Handeln der Individuen. Sie ist nicht nur Reflex des Tatsächlichen, sondern Bauplan des Möglichen. Sie zeichnet nicht bloß nach, sondern auch vor. Sie dient den Menschen als Vorlage, wenn sie die für das neue Muster geltenden Modi handhaben: Wählen, freies Symbolisieren, selbstgesteuertes Nahelegen und Auslösen.

3. *Das Operieren mit der fundamentalen Semantik*: Bei der Entwicklung ihrer Existenzformen orientieren sich die Menschen aneinander. Eine der Grundoperationen dieser Orientierung ist die Grenzziehung zwischen einer vertrauten und einer fremden Sozialsphäre. Auch die primitivsten Wirklichkeitsmodelle enthalten zumindest diese Dichotomie; bei vielen Menschen ist darüberhinaus die fremde Sphäre in einige Hauptgruppen unterteilt. Auf dieser Basis entfalten sich Ähnlichkeits- und Unterscheidungsurteile, an denen sich die Menschen beim Aufbau ihrer Existenzformen orientieren; es kommt zur Entwicklung von Ähnlichkeitsgruppen, die sich wechselseitig voneinander distanzieren.

Es würde den einzelnen jedoch überfordern, Ähnlichkeits- und Unterscheidungsurteile nach den zahllosen Einzelheiten zu detaillieren, die das Merkmalsspektrum von Menschen ausmachen, erst recht in einem Zeitalter bisher nie gekannter Zeichenfluktuation. Notwendig sind allgemeine Ordnungskategorien, die den Menschen eine umfassende Semantik der Konsistenz zur Verfügung stellen. Damit verkürzt sich die Definition des Vertrauten und des Fremden radikal. Statt einer endlosen und stets wechselnden Liste von Attributen benötigt man nur eine fundamentale Semantik und die Kompetenz, den Strom der sozialen Erfahrungen nach intersubjektiven Zuordnungsregeln grob zu sortieren. Unsicherheiten, Irrtümer und interpersonale Unstimmigkeiten in der Zuordnung gehören zum normalen Grundbestand an sozialer Unschärfe, mit der zu leben wir alle gewöhnt sind. Wichtig ist der trotz Unschärfe entstehende Ordnungseffekt: die tendenzielle Homogenisierung von Existenzformen in sozialen Milieus. Im Milieuvergleich treten die grundlegenden Ordnungsvorstellungen zutage. Nicht jedes Ordnungssystem eignet sich als fundamentale Semantik. Das Ensemble der Grundkategorien muß vier Bedingungen erfüllen: Überschaubarkeit, Intersubjektivität, Transponierbarkeit auf verschiedene Wirklichkeitsschichten und unmittelbare Erfahrbarkeit (Abschnitt 5.6).

Die fundamentale Semantik ist ein subjektives Phänomen. Wie kann sie sich außerhalb des Subjekts niederschlagen, in der Sphäre der Situation? Primärer Modus der Selbstprojektion des Subjekts auf seine Umgebung ist das Wählen. (Der Modus des Einwirkens wäre zu aufwendig, um eine freie Anpassung der Situation an subjektive Ordnungsvorstellungen zu erlauben.) Wählen ist der Versuch, sich seine Situation nach eigenem Gutdünken zusammenbauen (von den Grenzen der Situationswahl wird gleich noch zu reden sein): Ob man mit oder ohne Partner lebt, Kinder hat oder nicht, welchen Beruf man wie lange ausübt, wo und wie man wohnt, wohin man in Urlaub fährt, mit welchen Gegenständen man sich umgibt, welche Kleider man anzieht, welche Erlebnisangebote man wahrnimmt, was man ißt, ob man das Fernsehgerät einschaltet, welche Sendung man sich ansieht usw. Im Großen und im Kleinen wählt man Situationen. (Alles Genannte, vom Partner bis zum laufenden Fernseher, ist Situation.)

Der Modus des Wählens erfaßt auch die anderen Modi, die für das neue Muster typisch sind. Durch Situationsmanagement steuern die Menschen ihre eigene Entwicklung (Modus des Nahelegens) und ihr aktuelles Erleben (Modus des Auslösens). Sie lassen sich von der Situation in einer Weise betreffen, daß sie so werden, wie sie sein möchten, und daß sie so bleiben, wie sie sind. Sie erziehen sich selbst. Dieses Bild von der subjektbestimmten Ordnung desLebens ist allerdings unvollständig. Wie die folgenden Abschnitte verdeutlichen, sind der neuen Autonomie Grenzen gesetzt.

4. *Die Vorgeprägtheit des Wählbaren*: Die Aktivitätsanforderung, der sich die Menschen gegenübersehen, bringt Schwierigkeiten und Verunsicherungen mit sich (etwa in der Wirklichkeitsschicht der Alltagsästhetik die Probleme von Unsicherheit und Enttäuschung, vgl. die Abschnitte 1.4 bis 1.6). Es entsteht eine Be-

reitschaft, Dienstleistungen anzunehmen, die sich, sobald Anbieter auftreten, rasch zur Abhängigkeit entwickelt. In keinem gesellschaftlichen Bereich ist dies so weit fortgeschritten wie in der Alltagsästhetik. Auf dem Erlebnismarkt, mit dem sich das neunte Kapitel ausführlich befaßt, werden die Ordnungserfindungen der Menschen aufgegriffen, akzentuiert und in massenhafte Angebote übersetzt. Ein wichtiger Bereich der Situation gerät in die Regie korporativ organisierter Anbieter, zu denen nicht nur der »böse« Kommerz zu rechnen ist, sondern auch die »gute« Kulturpolitik (vgl. das 11. Kapitel). Professionell wird der Möglichkeitsraum der Menschen aufgebläht und mit Ordnungssuggestionen durchsetzt, die von der Alltagsästhetik auf andere Wirklichkeitsschichten ausstrahlen. Die Vorgeprägtheit des Wählbaren erscheint bei Habermas (1981) als Kolonialisierung der Lebenswelt, bei Beck (1986) als Begleitphänomen der Individualisierung, bei Mayer und Müller (1989) als Regulierung von Lebensläufen.

5. *Die Nichteliminierbarkeit des Begrenzens*: Grenzen lassen sich erweitern, aber nicht aufheben. Facelifting, Geschlechtsumwandlungen, nachgeholte Bildungsabschlüsse, variable Altersgrenzen bei der Pensionierung sind einige Beispiele für Grenzverschiebungen, die oft als Sprengung letzter Grenzen mißverstanden werden. Das Unausweichliche ist eine vielleicht ignorierbare, nichtsdestoweniger existentiell bedeutsame Realität. Tragisch-komische Metapher für den Versuch der Überschreitung unüberschreitbarer Grenzen sind die Menschen, die sich in Erwartung besserer Zeiten einfrieren lassen wollen.

Betrachten wir einige Beispiele für die Nichteliminierbarkeit des Begrenzens. An unserem Alter etwa können wir nicht das Geringste ändern. Wir kommen mit einer genetischen Disposition auf die Welt, die unsere Variabilität einschränkt (unter anderem durch die Festlegung des Geschlechts). Begrenzt sind wir auch von der Umgebung, in die wir hineingeboren werden und in der wir unsere Kindheit verbringen; erst allmählich werden uns die Modi von Situationswahl, freier Symbolisierung und selbstgewählter Prägung zugänglich. Je älter wir werden, desto mehr reichert sich unsere Situation durch Spuren unserer Lebensgeschichte an: irreversible körperliche Veränderungen, Bildungszertifikate oder Bildungsdefizite, nicht rückgängig zu machende, gesetzlich verankerte soziale Verpflichtungen (etwa durch Eheschließung oder Elternschaft), endgültig verpaßte Gelegenheiten (etwa wenn sich eine Frau zu spät zur Mutterschaft entschließt), Bindung eines Teils des Monatseinkommens durch langjährige Kreditverpflichtungen. Ereignisse betreffen uns, auf die wir keinen Einfluß haben, manche vorhersehbar, wie die Pensionierung, manche unerwartet, wie der Verlust eines Partners. Wir bekommen nicht jede Chance, die wir gerne hätten - beruflich, auf dem Wohnungsmarkt, bei der Suche nach einem Partner machen wir die Erfahrung situativ vorgegebener Beschränkungen. Ein letztes Beispiel für das Betroffensein durch Grenzen sind ökologische Bedingungen. Ihre Verschlechterung »überfällt« uns immer wieder als Verengung der Optionen: Man kann an bestimmten Stränden nicht mehr baden, sollte bestimmte Dinge besser nicht mehr zu sich nehmen, bei bestimmten Wetterlagen zu Hause bleiben.

Während nahelegende und auslösende Vorgaben von den Betroffenen ohne Widerstand in das Leben eingebaut werden, ist die typische Reaktion auf begrenzende Vorgaben Rebellion. Nahelegende und auslösende Vorgaben sind Anregungen zur Ordnung der Existenz. Sie führen zu Verbindungen von Situation und Subjekt, die weitere Verbindungen von Situation und Subjekt nach sich ziehen. Im Rahmen des Normalen gelegen, stoßen solche Vorgaben zusätzliche Normalisierungen aus freien Stücken an. Begrenzende Vorgaben dagegen zwingen Subjekt und Situation zu ungewollten Verbindungen zusammen: Nach einem Unfall muß ein sportbegeisterter Mensch plötzlich von seinen Freizeitgewohnheiten lassen. Ein anderer strandet in seiner Beziehung und scheitert immer wieder bei dem Versuch, eine neue Beziehung aufzubauen. Ein dritter würde gerne Rockmusiker werden, ist aber ohne musikalisches Talent. In allen drei Fällen macht die Situation (körperlicher Zustand nach Unfall, Partnerverlust, Unmusikalität) einen Strich durch die Rechnung; gewünschte Existenzformen scheitern notwendig an den Umständen. Die theoretische Bedeutung begrenzender Vorgaben liegt vor allem in der Erklärung von Unschärfen und Inkonsistenzen (siehe Abschnitt 4.14).

Der Modus des Wählens führt beim neuen Muster der Konstruktion von Existenzformen zur Normalität; Begrenzungen dagegen wirken entnormalisierend. Unter der Herrschaft des alten Musters verhielt es sich umgekehrt: Dort wirkten Begrenzungen normalisierend, Wählen und Selbstbestimmung dagegen störend.

6. *Primäre Dispositionen*: Je älter man wird, desto besser kann man das Betroffensein durch die Situation selbst in die Hand nehmen. Dabei überwiegt eine Tendenz zur Selbststabilisierung. Man arrangiert die persönliche Situationsgeschichte so, daß man dazulernt, was man schon weiß (Nahelegen), und daß neues Material an eingespielte Dekodierungsschemata appelliert (Auslösen). Auf diese Weise entsteht jene Doppelgesichtigkeit von Lebensläufen, die für das neue Muster der Konstruktion von Existenzformen typisch ist: Ständig geschieht etwas Neues, doch im Grunde ändert sich nichts. »Im Grunde« meint die tieferen Bedeutungsebenen (bis hin zur fundamentalen Semantik) über deren Oberfläche Situationen und Zeichen hinweghuschen.

Allerdings bildet sich die Fähigkeit des Subjekts zur selbststabilisierenden Steuerung erst im Laufe der Jahre heraus. Am Anfang des Lebens fehlt hierfür nicht nur der Spielraum, sondern auch die Strukturiertheit des Subjekts. Man muß erst lernen, was man will. Noch ist das Betroffensein durch die Situation nicht mit dem Situationsmanagement des Subjekts vermengt. Was die Situation nahelegt und auslöst, wird erst im Laufe der Entwicklung des Subjekts mit der dispositionalen Struktur gekoppelt. Zunächst noch unfertig und aufnahmebereit, ist das Subjekt der Situation ausgeliefert. Seine primären Dispositionen entwickeln sich unwillkürlich. Die wachsende Fähigkeit des Subjekts zur Willkür baut auf einer dispositionalen Struktur auf, die überwiegend ohne Zutun des Subjekts auf Grund äußerer Einflüsse entstanden ist.

Der Mensch handelt auf Grund von Bedingungen. Er ist zwar mit zunehmendem Alter immer mehr Herr seiner Situation, agiert dabei aber als Erfüllungsgehilfe von Umständen, die ihn geprägt haben. Man wählt so, wie man ist, und man ist so, wie man primär disponiert wurde - durch frühkindliche Erfahrungen, durch die Jahre in den Bildungsinstitutionen, durch die ersten Berührungen mit den Medien und anderes. In der gegenwärtigen Milieustruktur machen sich die sozialen Konsequenzen primärer Dispositionen als Generationsgrenze bemerkbar.

7. *Körper und Bewußtsein*: In den bisherigen Überlegungen war der Situationsbegriff auf das Subjekt in seiner Gesamtheit bezogen: auf die Verbindung von Körper und Bewußtsein. Betrachtet man jedoch diese beiden Sphären jeweils für sich, so wird es sinnvoll, den Situationsbegriff zu erweitern. Körper und Bewußtsein sind füreinander Situation (vgl. Luhmann 1990). Der Körper betrifft das Bewußtsein, das Bewußtsein den Körper. Durch die Verlängerung des Situationsbegriffs in die innersubjektive Beziehung der beiden Systeme, die den Menschen ausmachen, wird es möglich, Einsichten in die Genese der psychophysischen Semantik und in die Entstehung sozialer Ordnung zu gewinnen.

Schaltstelle für den Aufbau von Existenzformen nach dem neuen Muster ist das Bewußtsein. Hier laufen die Fäden zusammen; hier bilden sich Urteile über Ähnlichkeit und Unähnlichkeit; hier entwickelt sich die fundamentale Semantik. Unverkennbar hinterläßt die vom Bewußtsein inszenierte Lebenspraxis ihre Spuren im Körper: Er entwickelt Bewegungsformen und Bewegungsblockaden, Haltungsmuster, physiologische Routinen, etwa im Rahmen der weiter oben beschriebenen Genußschemata von Kontemplation, Gemütlichkeit und Action. Milieuspezifische Körpertypen bilden sich heraus. Frappierend ist beispielsweise der unterschiedliche Anteil übergewichtiger Personen in Harmonie- und Niveaumilieu.

Allerdings ist die Beziehung zwischen Bewußtsein und Körper wechselseitig. Das Bewußtsein ist Situation für den Körper und umgekehrt. Lebenspraxis objektiviert sich in einem Bündel körperlicher Dispositionen, die auf das Bewußtsein zurückwirken. Unmerklich bemächtigt sich der Körper seiner Steuerungsinstanz und legt die zukünftige Lebenspraxis entsprechend der vergangenen fest. Erst konditioniert das Bewußtsein den Körper auf bestimmte Schemata, um danach körperkonform zu agieren. Dadurch gewinnt die Position des Subjekts im Bedeutungsraum der fundamentalen Semantik Erdenschwere; sie ist mit zunehmendem Alter immer weniger durch Spontanentscheidungen veränderbar, weil körperliche Muster längere Zeit benötigen, um sich umzubilden.

Daß das Verhältnis zwischen Körper und Bewußtsein wechselseitig ist, daß also jede Seite sowohl aktiv wie reaktiv in Erscheinung tritt, zeigt sich in der sozialen Relevanz lebenszyklisch angelegter körperlicher Prozesse. Bei der Altersgliederung der Milieustruktur wirken generationsspezifische primäre Dispositionen (vgl. den vorhergehenden Punkt) und körperliche Veränderungen im Lebenslauf zusammen.

7.4 Die Struktur gegenseitigen Nichtverstehens

Die gegenwärtige kollektive Struktur von Subjektivität ist gekennzeichnet durch gruppierte Disparatheit. Diese These knüpft an wissenssoziologische Überlegungen weiter oben an, denen zufolge sich die Verteilung des Wissens nach dem Kollektivitätsgrad von den Extremen zur Mitte hin verschoben hat: von höchster Kollektivitätsstufe auf der einen und von niedrigster Kollektivitätsstufe auf der anderen Seite hin zu mittlerer milieuspezifischer Kollektivitätsstufe (Abschnitt 5.13). Gefangen in subjektiven Welten mittlerer Reichweite, stehen soziale Milieus in einer Beziehung gegenseitigen Nichtverstehens - nicht bloß des oberflächlichen, durch Wahrnehmungsverzerrungen verursachten Irrtums, sondern des fundamentalen Nichtbegreifens. Menschen mit inkommensurablen Deutungssystemen, die versuchen, sich gegenseitig zu deuten, begreifen noch nicht einmal ihr Nichtbegreifen. Sie ähneln U-Booten mit fehlerhaften Radaranlagen, die sich gegenseitig nicht orten können, ohne daß die Besatzungen dies wüßten.

Gewiß ist nur ein Teilbereich unserer Kommunikationswirklichkeit durch dieses Bild zu beschreiben, doch hat dieser Bereich deutlich zugenommen. Wissenselemente besonders hohen Kollektivitätsgrades sind zwar nicht völlig verschwunden, aber im Vergleich zu früher ausgedünnt und inhaltlich reduziert auf instrumentelles Wissen: Bedienung von Apparaten, Verhalten im Straßenverkehr, Inanspruchnahme von Service-Einrichtungen usw. Diesem Aufstieg technischer Wissenselemente auf höchste Kollektivitätsstufen steht der Rückzug existentieller Wissenselemente auf mittlere, milieuspezifische Kollektivitätsebenen gegenüber (zur Unterscheidung von technischem und existentiellem Wissen siehe Abschnitt 5.2).

In der traditionellen Gesellschaft gab es ein Nebeneinander von übergreifender Homogenität und kleinteiliger Heterogenität des Wissens. Der Begrenzung gegenseitigen Verstehens standen vorgebahnte Möglichkeiten des Verstehens gegenüber. Anders ist die Situation der Gegenwartsgesellschaft, wo eine großflächige Heterogenität des Wissens vorherrscht. Quellen, die existentielles Wissen hoher Kollektivitätsstufe genährt haben, sind versiegt (Ressourcenknappheit, geringer Grad sozialer Differenzierung, eindimensionale Alltagsästhetik, Religion; vgl. Abschnitt 5.13). Wie in einem langsam eintrocknenden See sind auseinanderliegende Tümpel übriggeblieben: die Wissensenklaven sozialer Milieus. Auf der einen Seite reduzierte sich Kollektivität auf große Gemeinschaften der Wirklichkeitsselektion und Weltdeutung. Auf der anderern Seite kam es zu einer Entparzellierung existentiellen Wissens besonders niedriger Kollektivitätsstufe, verursacht durch zunehmende räumliche Mobilität, überregionale Kommunikation, Standardisierung von Angeboten. Von zwei Seiten her wird also der Relevanzgewinn milieuspezifischen Wissens genährt.

Nehmen wir alle bisherigen Ergebnisse zusammen, um in die Struktur gegenseitigen Nichtverstehens einzudringen: alltagsästhetische Schemata und gegenwärtige Muster von Genuß, Distinktion, Lebensphilosophie; Verdichtung von

Existenzformen in situativen Gruppen nach Bildung und Lebensalter; Wissenssoziologie sozialer Milieus. Nur bei oberflächlicher Betrachtung wird das Bild durch diese Zusammenschau unübersichtlicher; beim zweiten Hinsehen wird eine Ordnung der Gegensätze sichtbar (Abschnitt 5.14). Der Begriff der fundamentalen Semantik erschließt einen zweidimensionalen Raum gegenwärtiger Typen des Subjekts, aufgespannt zwischen zwei Polaritäten, die geeignet erscheinen, Beziehungen durch unterschiedliche Positionen in einem gemeinsamen latenten Bezugssystem existentieller Alternativen zu beschreiben. Im Fadenkreuz psychophysischer Gegensätze - Komplexität und Einfachheit, Ordnung und Spontaneität - wird die gesamtgesellschaftliche Struktur von Subjektivität über die ganze Breite von Existenzformen hinweg sichtbar.

Am deutlichsten äußert sich die Struktur des Nichtverstehens in der Alltagsästhetik. Keine Form gegenseitigen Unverständnisses ist häufiger, keine empfindet man intensiver. Zwei Bedingungen wirken hierbei zusammen: zum einen besondere Sensibilität für Geschmacksunterschiede als Folge der Innenorientierung, zum anderen die Vielschichtigkeit der Erfahrung von Geschmacksunterschieden. Über verschiedene Ebenen hinweg - Genuß, Distinktion, Lebensphilosophie - spüren wir dieselben fundamentalen Gegensätze. So wird etwa die ästhetische Distanz zwischen Niveaumilieu und Harmoniemilieu in allen Schichten des Erlebens als Gegensatz von Komplexität und Einfachheit erfahren: auf der einen Seite das komplexe Genußschema von Kontemplation als Haltung konzentrierter Zuwendung, antibarbarische Distinktion als Distanzierung vom allzu Menschlichen, Perfektion als Ideal der Makellosigkeit; auf der anderen Seite Reduktion auf das Einfache - Gemütlichkeit, nicht auffallen (antiexzentrische Distinktion), Vermeidung von Risiken (Lebensphilosophie der einfachen Harmonie). Der Kontrast von Komplexität und Einfachheit reicht jedoch nicht aus, um Geschmacksunterschiede in unserer Gesellschaft zu beschreiben. Durch das Spannungsschema wird ein zweiter Konflikt in das alltagsästhetische Nichtverstehen eingeführt, der Gegensatz von Ordnung und Spontaneität. Im Verhältnis zum Genußschema von Action als Prinzip spontaner psychophysischer Freisetzung von Energie erscheinen die anderen Genußschemata, Kontemplation und Gemütlichkeit, als ordnungsbestimmte Gegenprinzipien; antikonventionelle Distinktion unterscheidet sich gleichermaßen von antibarbarischer und antiexzentrischer Distinktion durch die Distanzierung von Regeln; Narzißmus schließlich ist eine Lebensphilosophie der Anarchie, während Perfektion und Harmonie Lebensphilosophien der Ordnung sind.

Die Intoleranz in ästhetischen Fragen hat ihre Wurzeln in allgemeineren psychophysischen Gegensätzen. Wir versuchen, uns durch die Formel zu beschwichtigen, über Geschmack lasse sich nicht streiten, aber umsonst. Wir fühlen uns provoziert und spüren, daß wir selbst provozierend wirken. Jenseits aller Klassenkämpfe ist Alltagsästhetik immer noch ein Feld von Aggression und Defensive. Unterschiedliche Lebenskonzepte prallen aufeinander. Allerdings sind die Distanzen unterschiedlich groß. Von den zehn möglichen Beziehungspaaren zwischen sozialen Milieus treten diejenigen hervor, die durch besonders große Distanz im Bedeutungsraum der fundamentalen Semantik gekennzeichnet sind. Zwei Hauptgegensätze werden erkennbar: Niveau- versus Unterhaltungsmilieu und Harmonie- versus Selbstverwirklichungsmilieu. Hier kulminieren die Konflikte - einmal Ordnung und Komplexität (Niveaumilieu) gegen Spontaneität und Einfachheit (Unterhaltungsmilieu), zum anderen Spontaneität und Komplexität (Selbstverwirklichungsmilieu) gegen Ordnung und Einfachheit (Harmoniemilieu). Entsprechend scharf ist die wechselseitige Aburteilung. Die Geringschätzung von Primitivität (Niveaumilieu kontra Unterhaltungsmilieu) stößt sich mit der Belustigung über Langweiligkeit und Hochgestochenheit der Eingebildeten (Unterhaltungsmilieu kontra Niveaumilieu), die Verachtung der Spießer (Selbstverwirklichungsmilieu kontra Harmoniemilieu) mit der Aversion gegen die Störer der öffentlichen Ruhe und Ordnung (Harmoniemilieu kontra Selbstverwirklichungsmilieu). Diese Gegensätze, darstellbar als Spannung mit auseinanderliegenden Positionen im dimensionalen Raum der fundamentalen Semantik, werden im Schema auf S.367 noch einmal zusammengefaßt.

Im weiter oben abgebildeten Milieumodell (Abschnitt 6.1) schlagen sich diese Gegensätze als Distanzen in einem durch Alter und Bildung konstituierten Raum nieder. Die beiden nächsten Abschnitte beschäftigen sich mit den Grenzverläufen in diesem Raum.

7.5 Die Altersgrenze
Zur Soziologie der Lebensmitte

Übergang, Gegenkultur, Normalität. Zum Wandel des Jungseins

Noch zu Beginn der sechziger Jahre war das Alter kein zentrales Merkmal der gesamtgesellschaftlichen Milieustruktur. An seiner soziologischen Bedeutung, auch zu dieser Zeit, besteht freilich kein Zweifel. Sie manifestierte sich sowohl in den klassischen Altersrollen, etwa der Berufsvorbereitung, der Erwerbstätigkeit, der Elternschaft, des Ruhestands, als auch in altershomogenen Milieus von Jugendlichen. Doch als zentrales Gliederungsmerkmal der Milieustruktur dominierte die sozioökonomische Lage, damals noch deutlich modifiziert durch regionale Differenzierungen. Nehmen wir die einstimmige soziologische Diagnose der fünfziger und frühen sechziger Jahre beim Wort, so war das Jugendalter vorwiegend eine Statuspassage. Die Altersgruppe der Jugendlichen bildete eine zwar auffällige, aber unbeständige Verbindung, der man auf dem Wege zum Erwachsensein vorübergehend angehörte. Als Übergangsstation hatte das Milieu der Jugend im Verhältnis zur Milieustruktur der Erwachsenen marginalen, untergeordneten Charakter. Nichts bringt diese Unterordnung besser zum Ausdruck als die weitgehende Sicherheit, mit der man bereits in der Jugend die spätere Milieuzu-

Richtung des Affronts	Feindbild	Inhalt des Affronts im Bezugssystem der fundamentalen Semantik
Niveaumilieu kontra Unterhaltungsmilieu	»Primitive«	Ordnung und Komplexität im Gegensatz zu Spontaneität und Einfachheit
Unterhaltungsmilieu kontra Niveaumilieu	»Eingebildete«	
Selbstverwirklichungsmilieu kontra Harmoniemilieu	»Spießer«	Spontaneität und Komplexität im Gegensatz zu Ordnung und Einfachheit
Harmoniemilieu kontra Selbstverwirklichungsmilieu	»Ruhestörer«	

Subjektgegensätze

gehörigkeit vorwegnehmen konnte. Die Gliederung der Erwachsenenwelt wirkte in die Gliederung der Jugendlichen hinein. Unterschicht, Mittelschicht, Oberschicht waren in den altershomogenen Gruppen der Heranwachsenden keineswegs verwischt, sondern nachgezeichnet. Jugendliche bildeten intermediäre Milieus im Schoß ihrer Elternmilieus, mit denen sie sich nach Beendigung der Jugendphase als einer Übergangsphase vermischten.

Erst als die Soziologie allmählich umlernen mußte, weil sich die Verhältnisse änderten, als sie das integrative, wesentlich von Eisenstadt (1956) geprägte Paradigma des Übergangs durch das Paradigma der Gegenkultur zu ersetzen begann, bereitete sich die heutige Milieustruktur in ersten Ansätzen vor. Nicht umsonst verfestigte sich die Vorstellung einer Altersgruppengliederung, in der die Jüngeren nicht nur als Anhang der Älteren erschienen, gegen Ende der sechziger Jahre, um sich im darauffolgenden Jahrzehnt vollends durchzusetzen.

In Theorien der Gegenkultur (Willis 1979; Clarke u.a. 1979; Brake 1981) werden altershomogene Beziehungen nicht als funktionale Notwendigkeit, sondern als abweichendes, destabilisierendes, sogar gesellschaftsveränderndes Element gesehen. Jugendliche machen sich in ihren Milieus gerade nicht fit für den Einstieg ins Erwachsenenleben, sondern für das Aussteigen. Vielleicht nur symbolisch und vorübergehend, ist diese Haltung doch gewiß nicht durch ein Übergangsmodell zu beschreiben. Dies gilt umso mehr, wenn jugendliche Gegenkulturen die Dimension von Protestbewegungen, Revolten und alternativen Existenzformen annehmen. Informelle Beziehungen zwischen jüngeren Menschen schaffen ein Netz von Kommunikationsadern, durch die der Symbolvorrat der Auflehnung pulst.

Die Paradigmen des Übergangs und der Gegenkultur reichen jedoch nicht aus, um der Gesellschaft der Gegenwart gerecht zu werden. Ein drittes Paradigma der Normalität ist erforderlich, bei dem altershomogene Beziehungen innerhalb jüngerer Altersschichten nicht als Übergangsphase, sondern als Einstiegsphase in eine Existenzform erscheinen, die nicht gegen andere Existenzformen gerichtet ist, sondern neben ihnen besteht. Die ursprüngliche Zwischenstation in einer Folge lebenszyklischer Metamorphosen wandelt sich zur längerfristigen Existenzform, jugendlich im Habitus, aber erwachsen im Geltungsanspruch. Altershomogene Beziehungen konstituieren soziale Milieus, die gegenüber anderen Milieus durch hohe Verdichtung von Kontakten abgegrenzt sind. Dazwischen bestehen keine strukturierten, klar durch Initiationsriten gekennzeichneten Übergangskorridore. Wegen der biographischen Normalisierung von Jugendlichkeit weisen die Milieus zwar eine Altersdifferenzierung auf, doch ist diese viel breiter angelegt als die Jugendphase im traditionellen Sinn (vgl. hierzu Neidhardt 1970, S.15 f.). Dieses Paradigma verwendet Überlegungen von Tenbruck (1962: Jugend als Teilkultur), von Kreutz (1974: Jugend als schichtähnliche Mentalitätsgruppe) und von Gillis (1980: postadoleszente Phase im dritten Lebensjahrzehnt als Spezifikum nachindustrieller Gesellschaften), um sie mit der Analyse gegenwärtiger Milieusegmentierungen zu verbinden. »Vor allem der Freizeitbereich verstärkt einen Trend, der auch gesamtgesellschaftlich aufweisbar ist...: die Separierung...von altershomogenen Gruppen« (Schäfers 1982, S.152). Unverkennbar zeichnet sich eine doppelte Segmentierung der Bevölkerung der Bundesrepublik Deutschland nach Lebensalter und Bildungsgrad ab. Die wichtigste Grenzzone zwischen den Altersgruppen hat sich in einen Bereich um das vierzigste Lebensjahr herum verschoben. Jugend im traditionellen Sinne erscheint nur als ein erster Abschnitt in einer längeren Phase der Zugehörigkeit zu einem der jüngeren Hauptmilieus, deren Unterschiedlichkeit durch die Rede von der Jugendkultur verwischt wird.

Die Verschiebung der Altersgrenze für Jugendlichkeit in die mittleren Jahre hinein erlaubt zwei Deutungen: entweder hat sich die Jugendphase verlängert, oder sie verschwindet überhaupt. Im ersten Fall gäbe es nach wie vor intraindividuelle Übergänge zwischen Altersmilieus, im zweiten Fall würden Milieus in ihrer Gesamtheit altern. Die gegenwärtige Altersschichtung würde eine fundamentale Generationsdifferenzierung zum Ausdruck bringen, die nun immer mehr in die Jahre kommt und sich irgendwann überlebt, um einer neuen generationsspezifischen Differenzierung Platz zu machen - oder gelangen wir auch an das Ende der Generationsdifferenzierung?

Drei Themen sind in diesem Zusammenhang zu bearbeiten, um einer Antwort näherzukommen: gesellschaftliche Strukturierung des Lebenslaufs, endogene Lebenszykluseffekte und Generationsbildung.

Gesellschaftliche Strukturierung des Lebenslaufs

Längere Zeit war Jugend in der Bundesrepublik Deutschland Bestandteil eines allgemeinen biographischen Ablaufschemas, das vor dem Eintritt in die Verantwortlichkeiten des Erwachsenenlebens ein Moratorium mit verschiedenen Funktionen vorsah: Berufsvorbereitung (Lehre bzw. weiterführende Bildung); Partnersuche für die eigene Familiengründung; allmähliche Ablösung vom Elternhaus; Entwicklung von Persönlichkeit und Identität; letzte, augenzwinkernd zugestandene Gelegenheit, über die Stränge zu schlagen, bevor der Ernst des Lebens einsetzt. So reibungslos, wie es diese Darstellung suggeriert, ist das Erwachsenwerden selten gewesen, aber es gab zumindest eine klare lebenszyklische Ordnungsvorstellung davon, die in die einzelnen Lebensläufe hineinwirkte. Daß sich altershomogene Beziehungen gerade in der Jugendphase verdichteten, war nicht nur Nebenprodukt dieser sozialen Strukturierung des Lebenslaufs, sondern zentraler Bestandteil des als normal geltenden Lebensprogramms. Im Umgang mit seinesgleichen sollte der Jugendliche suchen, ausprobieren, lernen, ohne sich sofort festzulegen.

Mit der Popularisierung des Spannungsschemas hat Spontaneität im normativen Gefüge einen neuen Platz eingenommen. Galt sie früher als Merkmal der Unreife, zugestanden für eine Übergangszeit, nach deren Ablauf Zuverlässigkeit, Gesetztheit, Berechenbarkeit und langfristige Konstanz in Sozialbeziehungen erwartet wurden, so wird Spontaneität heute nicht mehr als Durchgangsstadium bewertet, sondern als Entwicklungsziel. Dies hat zur Folge, daß ursprünglich jugendtypische soziale Stile inzwischen eine wesentlich breitere Altersstreuung aufweisen und weit jenseits der Altersgrenze von 25 Jahren immer noch normal sind. Gegenwärtig reichen die jüngeren Hauptmilieus bis zur Altersschicht der etwa 40jährigen. Die Entkoppelung traditioneller Attribute der Jugendlichkeit von engen Altersgrenzen nach der Pubertät kommt in vielerlei Weise zum Ausdruck: Körperkultur, Bekleidungsstil, Jargon, Freizeitverhalten, milieuspezifische Vernetzung von Sozialbeziehungen.

Diesem Trend kommt eine Entstrukturierung der sozialen Typik des Erwachsenenalters entgegen (Beck 1986, S.205 f.). Verheiratet sein, Kinder haben, Eigentum bilden: All dies zählt nicht mehr mit gleicher Selbstverständlichkeit zum Erwachsenenleben wie früher. Mit dem Verschwimmen der Zielperspektive »Erwachsensein« verliert auch die Jugendphase soziologisch an Profil (vgl. Olte 1986). Die Passage zwischen Pubertät und Erwachsenenalter verliert eine ihrer beiden Grenzen: Was ist das Erwachsenenalter? Teilhabe an altershomogenen Kontaktnetzen ist unter diesen Umständen nicht bloße Übergangserscheinung, Ausdruck einer Heuristik der Ungeregeltheit, die durch ihre Funktion der Vorbereitung auf ein Leben in festen Bahnen gerechtfertigt scheint, sondern normale Sozialform individualisierter Lebensentwürfe. Wie die gesellschaftliche Strukturierung des Lebenslaufs diese biographische Ausweitung von Jugendlichkeit einst unterdrückte, so provoziert die voranschreitende Entstrukturierung des Lebenslaufs umgekehrt dazu, Jugendlichkeit als langfristige Lebensform zu kultivieren. Gibt es dafür eine innere Grenze, die mit dem Alterungsprozeß zusammenhängt?

Lebenszyklus

Die endogene Determiniertheit des Lebenslaufs durch eine innere, entwicklungspsychologische Dynamik nimmt im Laufe des Lebens ab, die Abhängigkeit von eigenen Entscheidungen oder gesellschaftlichen Vorgaben steigt. Aus dem Umstand, daß die Entwicklungspsychologie vor allem eine Psychologie der ersten beiden Lebensjahrzehnte ist, läßt sich allerdings nicht ableiten, daß die folgenden Jahre nicht auch typischen endogenen Effekten unterliegen würden, die sich in verschiedenen Zeiten und Kulturen doch immer wieder bemerkbar machen. In der Tat wird Erlebnishunger, Abwechslungsbedürfnis, Offenheit für unerwartete Situationen, Expressivität und soziale Kontaktbereitschaft quer durch die Sozialgeschichte immer wieder als spezifische Tendenz jüngerer Menschen geschildert. (Als Überblick über die psychologische Forschung vgl. Hulicka 1977, S.161 f.) Bei der Suche nach Erklärungen stößt man vor allem auf zwei allgemeine Modelle zur Entwicklung im Erwachsenenalter, die sich nicht gegenseitig ausschließen, das kognitive und das physiologische Modell.

Das kognitive Modell besagt, daß sich mit der Anzahl der gelebten Jahre und der Verminderung der wahrscheinlich noch zu erwartenden Jahre tendenziell in der Lebensmitte die Perspektiven ändern (Erikson 1963; Levinson 1978; Rossi 1980; Rodeheaver/Datan 1981). Die Endlichkeit des zukünftigen Lebens tritt deutlicher hervor, die Erfolgsbilanz des vergangenen Lebens wird prekärer, weil sich der Kredit der langen Zeiträume aufzehrt.

Siegert und Chapman (1987, S.144 f.) bringen in einer plausiblen Überlegung die hervorgehobene subjektive Bedeutung der Lebensmitte in Zusammenhang mit den persönlichen Zeitperspektiven. Während vorher die wahrscheinlich noch zu erwartende Lebensspanne länger war als das bereits gelebte Leben, kehrt sich nun das Verhältnis allmählich um. Immer unausweichlicher wird die Erkenntnis, daß die subjektive Zukunft kürzer sein wird als die subjektive Vergangenheit - eine fundamentale Veränderung der Selbstwahrnehmung, die zu Identitätstransformationen im Erwachsenenalter (Siegert/Chapman) führt. Bei der subjektiven Zeitarithmetik der Verhältnisbildung von Zukunft und Vergangenheit scheint nun der vierzigste Geburtstag eine wichtige Rolle zu spielen. Mehr als jeder andere Geburtstag symbolisiert er die Lebensmitte; seine Tragweite für die Selbstdefinition ist nur dem achtzehnten und dem sechzigsten Geburtstag vergleichbar. Schon Jahre vorher bereiten viele die Identitätstransformation vor oder nehmen sie vorweg: »Ich gehe auf die vierzig zu.« Umgekehrt läßt sich der qualitative Sprung im Verhältnis von Zukunft und Vergangenheit nach dem vierzigsten Lebensjahr wohl noch einige Jahre verdrängen, aber nicht auf Dauer.

Diese Thesen sind durch ein physiologisches Modell der Entwicklung zu ergänzen. In der Lebensmitte geht, allen kosmetischen und sportlichen Anstrengungen zum Trotz, das Erscheinungsbild evidenter physischer Jugendlichkeit allmählich verloren. Auch innere Funktionen ändern sich, etwa im Bereich der Sexualität (Pfeiffer/Verwoerd/Davis 1972; Laws 1980; Rossi 1980 u.a.). Reicht bereits dies aus, um eine Distanzierung zwischen älteren und jüngeren Menschen zu begründen, so kommt noch hinzu, daß die Ästhetik des Spannungsschemas eine körperliche Genußschematisierung (Action; Ausagieren) einschließt, die mit dem Alter schwerer zugänglich wird.

Endogene Lebenszykluseffekte sind plastisch: Sie können individuell, sozialstrukturell oder generationsspezifisch überformt, akzeleriert oder retardiert werden. Gänzlich ignorieren lassen sie sich nicht. In einer zunehmend subjektorientierten Gesellschaft tragen sie wahrscheinlich zur Entstehung einer sozialen Grenze um die Lebensmitte herum bei. Andererseits sind sie formbar genug, um eine Verlängerung von Jugendlichkeit bis zu dieser Grenze hin zu erlauben.

Der Spielraum sozialer Definitionen von »jünger« und »älter« hat in den Jahren um die Lebensmitte eine Obergrenze. Es ist ein sozialhistorisch neues Faktum, daß dieser Spielraum tatsächlich bis zur Grenze ausgenutzt wird. Noch in den fünfziger und sechziger Jahren hörte das Jungsein mit Eintritt in das Erwerbsleben, mit Familiengründung, Elternschaft und eigenem Haushalt auf. Im zunächst nur schmalen Zwischenbereich der Ungebundenheit, den die Statuspassage vom Elternhaus zur eigenen Erwachsenenexistenz gewährte, entfalteten sich die früheren Jugendkulturen als Keimzellen der heutigen jüngeren Milieus.

Generationsbildung

Die Verdichtung von Altersunterschieden zu Milieus, deren Trennbereich gegenwärtig bei der Lebensmitte liegt, ist schließlich in starkem Maße generationsbedingt. Getragen wird die Spontaneitätskultur der jüngeren Milieus von einer Generation, die nach 1945 geboren wurde und keine andere Gesellschaft kennengelernt hat als die vollentwickelte Konsumgesellschaft. Kulturelles Integrationszentrum dieser Generation ist das Spannungsschema, dessen Evolution ausschließlich von jüngeren Menschen vorangetrieben wurde. Längst hat sich der Widerstand der Kriegs- und Vorkriegsgeneration gegen die neuen kulturellen Muster gelegt. Geblieben ist eine Milieusegmentierung, deren Altersgrenze sich mit der Trennlinie zwischen den Generationen nach oben verschoben hat. Würde die Entwicklung in dieser Weise weitergehen, so käme mit dem Ende der älteren Generation das Ende der altersspezifischen Milieusegmentierung überhaupt. Gegen diese Annahme spricht erstens die These von der Wirksamkeit endogener lebenszyklischer Faktoren, zweitens die soziologische Erwartung sozialer Veränderungen, aus denen neue Generationen hervorgehen werden. Historisch haben sich die jüngeren Milieus zwar aus jugendkulturellen Kernen etwa ab Ende der sechziger Jahre heraus entwickelt, doch sind sie keine Jugendkulturen geblieben. Weit entfernt vom transitorischen Charakter früherer Jugendkulturen, die überwiegend als Randgruppen wahrgenommen wurden und einen guten Teil ihrer Romantik aus dieser Marginalität bezogen, sind sie fest etablierte soziale Großgruppen, deren Existenzformen längst als normal anerkannt werden, unbekümmert um die Paradoxie, daß gerade Normalität in diesen Milieus als suspekt gilt. Die gegenwärtige Milieustruktur ist wesentlich durch Generationsdifferenzierungen bedingt. Wenn Erfahrungen nach dem neuen Muster aufgebaut werden (Abschnitte 4.12 und 7.3), wenn sich die Relevanz der Situation vom Modus des Betreffens zum Modus des Nahelegens verschiebt, wächst die Wahrscheinlichkeit, daß gemeinsame Erfahrungen von Alterskohorten in Lebensphasen besonderer Empfänglichkeit Spuren in der Milieustruktur hinterlassen.

7.6 Die Verschiebung der Bildungsgrenzen in der Generationenfolge

In der gegenwärtigen Konstellation sozialer Milieus verlaufen die Bildungsgrenzen zwischen den älteren Milieus anders als zwischen den jüngeren. Während sich jenseits der Vierzig die mittlere Bildungsgruppe als Integrationsmilieu sozial profiliert hat, gibt es bei den jüngeren Milieus nur zwei Bildungsgruppen (vgl. das Milieumodell in Abschnitt 6.1). Wo bleiben dort die Personen mit mittleren Bildungsabschlüssen? Alle empirischen Hinweise sprechen dafür, daß sie überwiegend zum Selbstverwirklichungsmilieu tendieren und sich nicht etwa, in Korrespondenz zu den älteren Milieus, als eigene Gruppierung herauskristallisieren. Täuschung oder soziale Realität?

Bei einem Erklärungsversuch der gegenwärtigen Umsetzung von Bildungsdifferenzierungen in soziale Milieus hat man zwischen Alternativen zu wählen. Möglich ist erstens, daß der Unterschied zwischen jüngeren und älteren Milieus etwas mit dem Lebenszyklus zu tun hat. Sollte dies zutreffen, so müßten sich die Angehörigen der beiden jüngeren Milieus mit zunehmenden Alter auf drei ältere Milieus aufteilen. Zweitens ist denkbar, daß die Unregelmäßigkeit der Bildungsdifferenzierung auf Generationsunterschiede zurückzuführen ist. In diesem Fall wäre langfristig ein Umbau der Milieustruktur zu erwarten, eine Reduktion von drei auf zwei Hauptgruppen bei den älteren Milieus. Was ist plausibler? Für die zweite Interpretation sprechen die stärkeren Argumente. Generationsunterschiede haben zu einem unterschiedlichen Verlauf der Bildungsgrenzen bei jüngeren und älteren Milieus geführt.

Überraschend scheint diese These insofern, als sich an der manifesten Erscheinungsform von Bildung kaum etwas geändert hat. Nach wie vor ist das Bildungssystem dreigliedrig, nach wie vor ist das schließlich erworbene Bildungszertifikat ein Meilenstein im Lebenslauf, nach wie vor entscheidet der Bildungsabschluß über die beruflichen Möglichkeiten. Warum also interpretieren jüngere und ältere Menschen Bildung offenbar so verschieden, daß sie zu verschiedenen Milieukonstruktionen gelangen?

Es ist, um die folgenden Argumente in einem Vergleich vorwegzunehmen, wie beim allmählichen Absinken des Geldwertes: Während die Älteren an jene Geldillusion gebunden bleiben, die in die alte Währung auch den alten Wert hineinlegt, haben die Jüngeren den alten Wert nicht mehr erfahren. Sie orientieren sich an einer neuen Wertdefinition, die den tatsächlichen Verhältnissen angemessener ist. In der sozialen Bewertung ist höhere Bildung nicht mehr so weit von mittlerer Bildung entfernt wie früher und mittlere Bildung nicht mehr so weit von niedriger. Durch diese Stauchung der Skala des Bildungsprestiges, kennzeichnend für die Vorstellungswelt der jüngeren Generation, liegen die verschiedenen Bildungsniveaus näher beisammen, so daß sie sich auch leichter in sozialen Milieus assoziieren. Das Ergebnis ist der Übergang von drei zu zwei Bildungsgruppen in der Generationenfolge. Auf welche kollektiven Erfahrungen geht die Reduktion mittlerer und höherer Bildungsvorsprünge hauptsächlich zurück?

Die Verschiebung der Bildungsverteilung seit den sechziger Jahren war eine einschneidende Veränderung der Sozialstruktur. Sie ist die Hauptursache der Neubewertung von Bildung. Während vorher auch die mittlere Reife noch etwas Besonderes war, als »Einjähriges« früher sogar mit dem Privileg einer Verkürzung des Wehrdienstes verbunden, ist inzwischen selbst das Studium normal geworden. Studenten und noch mehr Studenten, Akademikerarbeitslosigkeit, überfüllte Hochschulen machen den Verfall der elitären Aura gehobener Bildungsqualifikationen für jedermann sichtbar. Mittlere Reife definiert die kulturelle Mindestanforderung und verdrängt den Hauptschulabschluß von diesem Platz. Immer mehr wurde die Hauptschule zur stigmatisierten Restschule. 1952 besuchten 82% der 13jährigen die Hauptschule, 1987 nur noch noch 37% (Schwab/Voit 1989, S.185). Die Definition des Hauptschulabschlusses verlagert sich ins Negative, vom Selbstverständlichen zum Problematischen, von der Bildungsqualifikation des Durchschnittsbürgers zur Minderqualifikation. Erst bei dieser sozialen Gruppe verläuft die Bildungsgrenze des Selbstverwirklichungsmilieus.

Zusätzlich zur Verschiebung der Bildungsverteilung tragen zwei weitere Umstände dazu bei, daß die oberen Bildungsränge in der allgemeinen Einschätzung nach unten gerutscht sind. Zum einen wurde das Bildungssystem durchlässiger. Neue Übergänge von unten nach oben wurden eingeführt, Nachholmöglichkeiten, Umwege, die letztlich doch zu einem gehobenen Bildungsziel führen. Auch wer von diesen Möglichkeiten keinen Gebrauch macht, weiß, daß es sie gibt. Damit hat gehobene Bildung das Stigma der Unerreichbarkeit verloren. Zweitens führt gehobene Bildung nicht mehr mit gleicher Sicherheit wie früher in gehobene Berufspositionen. Sie wurde für den Zugang zu solchen Positionen zwar »immer mehr notwendig, aber immer weniger hinreichend« (Beck 1986).

Spuren dieser Veränderungen schlagen sich in der gegenwärtigen Milieustruktur nieder. In der älteren Generation hat sich die Besonderheit des Abiturs und der akademischen Ausbildung erhalten. Nicht zuletzt durch traditionelle Bildungsdistinktion fühlt sich das Niveaumilieu von anderen sozialen Gruppen abgehoben. Das Integrationsmilieu steht im Wirkungsbereich der Definitionsmacht der gehobenen Kreise. Es orientiert sich nach oben und zitiert viele kulturelle Muster des Niveaumilieus, ohne freilich wirklich dazuzugehören. Das Harmoniemilieu bleibt gegenüber dem Spiel von Imitation und Abgrenzung in den darüberliegenden Bildungsschichten gleichgültig. Da man sich als normal empfindet, als Bildungsdurchschnitt, läßt sich die untere Position verschmerzen. Ohnehin erscheint der Abstand nach oben unüberbrückbar.

Andere Verhältnisse herrschen in der jüngeren Generation. Durch die Veränderung der Bildungsverteilung sind mittlere und höhere Bildung in der sozialen Wahrnehmung näher zusammengerückt. Übergänge zwischen mittleren und höheren Schulen sind häufig, die Curricula überschneiden sich teilweise. Die Verschmelzung mittlerer und höherer Bildungsabschlüsse zu *einem* Milieu, dem Selbstverwirklichungsmilieu, ist sozial naheliegend. Auf der anderen Seite der neuen Bildungsdichotomie stehen die trotz Ausweitung der Bildungsinhalte relativ deklassierten Absolventen der Hauptschulen, die sich zum Unterhaltungsmilieu verdichten. Der Wechsel von einer Trichotomie zu einer Dichotomie bringt es mit sich, daß die höhere Position nun weniger hoch erscheint. In einem dreistufigen Rangsystem ist der obere Rang mehr wert als in einem zweistufigen. Deshalb ist das mit dem Bildungsgrad verbundene Rangempfinden in der jüngeren Generation schwächer geworden.

7.7 Binnenkommunikation

Für den Nachweis der Existenz sozialer Milieus reicht die empirisch festgestellte Häufung bestimmter Existenzformen nicht aus. Nicht umsonst enthält der weiter oben definierte Begriff sozialer Milieus neben der Komponente milieutypischer Existenzformen auch die Komponente milieuinterner Binnenkommunikation. Die soziale Vernetzung derjenigen Personen, die einem bestimmten Milieu angehören, macht es erst möglich, daß sich das Milieu für eine gewisse Zeit stabilisiert und soziologische Bedeutung erlangt. Soziale Milieus sind (definitionsgemäß) immer mit Verdichtungen von Existenzformen verbunden, doch die Umkehrung gilt nicht. Verdichtungen von Existenzformen zeigen nicht notwendig das Vorhandensein sozialer Milieus an, weil es denkbar ist, daß Menschen trotz ähnlicher Lebenssituation und ähnlichen Lebensstils nichts miteinander zu tun haben. Besonders wahrscheinlich ist dies allerdings nicht, denn wie könnte es zur Stabilisierung vieldimensionaler Syndrome von Situation und Subjektivität kommen, wenn nicht durch orientierungsgebende Normalitätsvorstellungen? Diese können sich nur dann herausbilden, wenn Menschen mit ähnlichen Existenzformen eine höhere Kontaktdichte haben. Für die Richtigkeit der Annahme erhöhter

Binnenkommunikation in den hier untersuchten Gruppen sprechen nicht nur theoretische Überlegungen, sondern auch empirische Hinweise. Sie sollen unter vier Stichworten erläutert werden: Szenen, altershomogene Beziehungen, Partnerbeziehungen, Kontaktnetze.

1. *Szenen*: Eine Szene ist eine spezifisch moderne Sozialform, die darauf beruht, daß sich in erlebnisorientierten Gesellschaften unablässig an verschiedenen Orten Menschen als Publikum von Erlebnisangeboten vereinen. Szenen sind publikumsübergreifende Strukturen, deren Identität in dreierlei Weise konstituiert wird: lokal (eine Szene ist ortsgebunden), personal (eine Szene hat ihr Stammpublikum), inhaltlich (es dominieren bestimmte ästhetische Zeichen und Deutungsmuster). Wenn nun der Zugang zu einzelnen Szenen stark milieuspezifisch ist, so weist dies auf milieuinterne Kommunikation in der Szene hin. Was ergibt sich bei der Analyse von Szenen im 10. Kapitel?

Besonders deutlich ist die Inszenierung milieuinterner Kommunikation in der *Kneipenszene*. Die beiden jüngeren Milieus, Selbstverwirklichung und Unterhaltung, haben weitaus mehr mit dieser Szene zu tun als die älteren Milieus (Anhang D, Tabelle 6.13). Hauptzweck des Besuchs von Kneipen, Diskotheken, Pizzerias, Cafés, Bars usw. ist Kommunikation. Daß es sich dabei fast immer um milieuinterne Binnenkommunikation handelt, zeigt ein nächtlicher Streifzug durch die Stadt. Viele Lokalitäten sind schon von der Eingangstür aus als spezieller Kommunikationsort eines der beiden Milieus zu erkennen, welche die Kneipenszene tragen. So ist etwa McDonald's in vielen Großstädten ein Treffpunkt des Unterhaltungsmilieus, während die elegant mit Glas, Marmor und Keramik eingerichteten Cafés, die Ende der achtziger Jahre in Mode kamen, typischerweise Domänen des Selbstverwirklichungsmilieus sind. Selbst wenn sich Unterhaltungsmilieu und Selbstverwirklichungsmilieu im Publikum eines Lokals mischen, bleiben sie doch in der Kommunikation voneinander abgegrenzt.

Die *Neue Kulturszene* wird vom Selbstverwirklichungsmilieu beherrscht. Hochgradig selektiv ziehen die kleinen Theater, Kinokneipen, Kabaretts, Jazzkonzerte usw. dieses Milieu an (Anhang D, Tabelle 6.13), so daß es auch im Publikum eindeutig dominiert (Anhang D, Tabelle 10.2). Die anderen Milieus werden, sofern sie hier auftauchen, an den Rand gedrängt. Kommunikation in dieser kontaktintensiven Szene ist überwiegend Binnenkommunikation des Selbstverwirklichungsmilieus.

Milieuspezifische Selektivität und Publikumszusammensetzung von Szenen sind allerdings als verschiedene Aspekte auseinanderzuhalten (zur Unterscheidung der beiden Aspekte vgl. Abschnitt 10.5). So steht beispielsweise das Unterhaltungsmilieu der Sportszene näher als irgendein anderes Milieu, ohne daß es die Sportszene majorisieren würde. Es ist jedoch anzunehmen, daß eine Szene zum Schauplatz milieuspezifischer Binnenkommunikation für dasjenige Milieu wird, dessen Affinität zur Szene die der anderen Milieus deutlich übertrifft. So zeigen etwa Analysen des Fußballpublikums, daß es gerade die Personen aus dem Unterhaltungsmilieu sind, die hier gemeinschaftlich auftreten.

Ähnliches gilt für die *Hochkulturszene*. Kein Milieu hat intensiveren Kontakt zur Hochkulturszene als das Niveaumilieu, trotzdem bleibt es im Publikum in der Minderheit. Es gibt eine Analogie zwischen Fußballplatz und Theaterfoyer: Die Szene dient vor allem demjenigen Milieu als Rahmen interner Kommunikation, das sich durch eine besonders hohe Präferenz für diese Szene von den anderen Milieus abhebt. Die Erklärung liegt darin, daß den Insidern des Milieus die milieuspezifische Selektivität bewußt ist. Man redet im Milieu über die Szene, sucht sie gemeinsam auf, verabredet sich dort oder trifft zufällig aufeinander und kommt ins Gespräch. Je vertrauter ein Milieu mit einer Szene ist, je mehr es die Szene als seinen angestammten sozialen Raum begreift, desto höher ist die milieuspezifische Kommunikationschance innerhalb der Szene.

Andere Szenen, deren Erfassung im Rahmen dieser Untersuchung nicht möglich war, lassen sich als Kommunikationsorte von Integrationsmilieu und Harmoniemilieu vermuten. Etwa ist das Publikum von Kaffeefahrten, wie Knoblauch (1988) in einer empirischen Untersuchung feststellt, Bestandteil einer Kultur der Älteren, in der die unteren und mittleren Bildungsgrade überwiegen. Trachtenvereine, Heimatvereine, Schützenvereine, Gesangsvereine und ähnliche Gruppierungen bilden wahrscheinlich eine weitverzweigte Szene, die durch gegenseitige Besuche, Feste, Wettbewerbe, Umzüge, Reisen und regelmäßige Vereinsabende lebendig gehalten wird. Auch diese Szene läßt sich als Ort milieuspezifischer Binnenkommunikation von Harmonie- und Integrationsmilieu vermuten.

2. *Altershomogene Beziehungen*: Verschiedene Studien deuten darauf hin, daß sich die Binnenkommunikation der jüngeren Milieus erhöht hat. Die Untersuchung von Allerbeck/Hoag (1985) erlaubt einen Vergleich von Jugendlichen im Jahre 1962 mit Jugendlichen im Jahre 1983. Kaum eine Veränderung ist dabei so auffällig wie die Intensivierung informeller Gruppenkontakte von Jugendlichen (Altersspanne: 16 bis 18jährige; S.38). Mit anderen Datensätzen und einer anderen Altersabgrenzung (15 bis 24jährige) bestätigt Zinnecker (1987, S.261) dieses Ergebnis im Vergleich der Jahre 1964 und 1984. Beide Befunde legen die Annahme nahe, daß sich auch Anzahl und Fluktuation der Beziehungspartner erhöht hat: Man lernt mehr neue Personen kennen und beendet (meist ohne darauf zu achten) mehr Kontakte als früher (Schulze 1989, S.555). Dem entspricht das Ergebnis, daß in den beiden jüngeren Milieus enge Freunde als Freizeitpartner dominieren, mit weitem Abstand zu den älteren Milieus (Anhang D, Tabelle 6.10). Ähnliche Ergebnisse berichten Ziegler (1983) und Reuband (1990). Wenn es stimmt, daß diese Unterschiede generationsbedingt sind (Reuband 1990, S.35), so ist zu erwarten, daß sich im Laufe der Jahre auch bei älteren Personen Vertrauenskontakte innerhalb der eigenen Altersgruppe durchsetzen werden oder schon durchgesetzt haben.

3. *Partnerbeziehungen*: 63% der Befragten gaben an, verheiratet zu sein und mit dem Partner zusammenzuleben. Von den übrigen erklärten etwa zwei Drittel, einen festen Partner zu haben. Insgesamt lebten also etwas mehr als 85% in einer längerfristigen Beziehung. Bei dieser Mehrheit der Befragten wurden Beruf und

Bildungsstand des Partners bzw. der Partnerin erhoben. Damit liegt zumindest für die wichtigste Person im sozialen Umfeld ein Hinweis darauf vor, ob es sich um eine milieuinterne oder um eine milieuübergreifende Beziehung handelt.

Es bietet sich an, Milieuhomogenität von Sozialbeziehungen nach den drei evidenten und signifikanten Zeichenklassen - persönlicher Stil, Lebensalter, Bildung - zu beurteilen. Daß die Partner Ähnlichkeiten im persönlichen Stil aufweisen, ist eine plausible Unterstellung. Ebenso läßt sich die Annahme vertreten, daß in den meisten Fällen beide Partner in etwa derselben Altersklasse angehören. Braun (1985) untersuchte anhand einer Repräsentativstichprobe von 1982 (ALLBUS) unter anderem den Altersunterschied zwischen Partnern. Er betrug bei über 80% der Paare nicht mehr als 4 Jahre (S.38). Wie verhält es sich mit dem Bildungsgrad? Bei allen fünf Milieus zeigt sich in dieser Untersuchung eine starke Tendenz zur Bildungsendogamie. Die überwiegende Mehrheit der Befragten ist mit einem Partner derselben milieuspezifischen Bildungsstufe zusammen (im einzelnen: Unterhaltungsmilieu 70%; Selbstverwirklichungsmilieu 79%; Niveaumilieu 70%; Integrationsmilieu 66%; Harmoniemilieu 82%). Ähnliche Ergebnisse berichten Braun (1985) und Ziegler (1985).

4. *Kontaktnetze*: Schließlich belegen auch Forschungen über die Zusammensetzung von Kontaktnetzen Tendenzen zur Altershomogenität (Schneider 1970, Ziegler 1983) wie zur Bildungshomogenität (Pappi 1973, Reuband 1975, Clar 1985. Bildungshomogenität läßt sich in diesen Studien allerdings nur indirekt aus der Berufshomogenität von Kontaktpräferenzen folgern.).

Die Befunde über Kommunikation in Szenen, über die Zunahme von Spontanbeziehungen bei jüngeren Menschen, über Merkmale des Partners und über Kontaktnetze sprechen für die Annahme erhöhter Binnenkommunikation in den weiter oben beschriebenen fünf sozialen Gruppen. Eine direktere und weitergehende empirische Untersuchung der Frage der Binnenkommunikation ist erst in einem fortgeschrittenen Stadium der Milieuforschung möglich. Bevor man untersuchen kann, ob die Kontaktpartner der Menschen dem milieuspezifischen Typus entsprechen, den sie jeweils selbst verkörpern, muß man milieuspezifische Typen bereits entdeckt haben, sonst bleibt unklar, nach welchen Merkmalen von Kontaktpartnern man überhaupt fragen soll. Um es paradox zu formulieren: Die Entdeckung von Milieus setzt voraus, daß man sie bereits kennt. Nur in mehreren Stufen der Forschung läßt sich dieser Widerspruch auflösen: Zuerst die Analyse typischer Existenzformen, dann die Formulierung eines hypothetischen Milieumodells, dann die gezielte Untersuchung der Annahme milieuinterner Kommunikation. Die vorliegende Untersuchung ist überwiegend dem ersten und zweiten Stadium zuzuordnen. Eine weitergehende Untersuchung von Sozialkontakten muß auf den Ergebnissen der ersten beiden Stadien aufbauen.

7.8 Zwischen Vereinfachung und Differenzierung

Das Problem der Segmentierungshierarchie zählt zu den unvermeidlichen Ambivalenzen jeder Milieuanalyse (vgl. Abschnitt 4.13). Nur dann wäre die Einteilung in gerade fünf soziale Milieus zwingend, wenn jede Teilgruppe in sich völlig homogen wäre. In der sozialen Realität ist Homogenität von Unterpopulationen aber immer nur relativ, weit entfernt vom statistischen Modell multidimensionaler gruppeninterner Gleichförmigkeit. Nur wenn man jeden einzelnen Fall als Klasse für sich betrachtet, entspricht die Wirklichkeit dieser Vorstellung. Zwar ist diese Betrachtungsweise milieutheoretisch insofern nicht absurd, als die Existenzform jedes Menschen im strikten Sinne singuläre Komponenten von Situation und Subjekt enthält und jeder mit sich selbst in reflexiver Binnenkommunikation steht, die nur zu einem Bruchteil nach außen dringt. Soziologisch gesehen, ist jedoch die Feststellung, daß jeder Mensch als eigenes Milieu betrachtet werden kann, nicht mehr als eine Randbemerkung, deren Nutzen allein darin besteht, den theoretisch unerheblichen Extrempunkt möglicher Milieudifferenzierung zu markieren. Entgegengesetztes Extrem ist das Gebilde mit maximaler Heterogenität: die Gesamtpopulation. Jede soziologische Beschreibung einer Milieustruktur, etwa die von Geiger (1932) oder von Lepsius (1973), impliziert eine Entscheidung über ein Differenzierungsniveau zwischen diesen beiden Extremen. Unvermeidlich ist diese Entscheidung ein Kompromiß, bei dem das gewählte Allgemeinheitsniveau mit dem Verzicht auf Differenzierungsmöglichkeiten bezahlt werden muß - und umgekehrt die gewählte Differenzierung mit dem Verzicht auf Generalisierungsmöglichkeiten. Auch die hier gewählte Unterscheidung von fünf sozialen Milieus beruht auf einem solchen Kompromiß.

Es ist vor dem Hintergrund dieser Überlegungen klar, daß verschiedene Forscher nur zu ungefähr ähnlichen Modellen kommen können. Der Vergleich mit anderen Studien weiter unten (Abschnitt 7.10) belegt dies deutlich: Teilweise wird dasselbe Differenzierungsniveau gewählt (Niveaumilieu und Unterhaltungsmilieu), teilweise stimmen nur jeweils zwei Studien im gewählten Differenzierungsniveau überein (Selbstverwirklichungsmilieu und Integrationsmilieu), teilweise gilt für jede Studie ein unterschiedliches Differenzierungsniveau (Harmoniemilieu). Angesichts dieser Unterschiede von unvereinbaren Forschungsergebnissen zu sprechen wäre freilich einer optischen Täuschung vergleichbar. Nicht die Ergebnisse sind unterschiedlich, sondern das Differenzierungsniveau, auf dem sie dargestellt und interpretiert werden. Da aber dieses Differenzierungsniveau für die Theoriebildung wichtig ist, muß man fragen, wie sich eine gegebene Klassifikationsentscheidung begründen läßt - oder gibt es keine Begründungen? Wenn es sich so verhielte, wäre die makrostrukturelle Milieuanalyse an einem bedeutsamen Punkt der Beliebigkeit ausgeliefert. Deshalb lohnt sich der Versuch, den Grundsatz der Intersubjektivität auch hier durchzuhalten. Um die Entscheidung für ein bestimmtes gesamtgesellschaftliches Modell zu begründen, benötigt man zwei Typen von Argumenten: erstens Argumente gegen eine noch weitergehende Vereinfachung durch Verschmelzung von Teilklassen, zweitens Argumente gegen eine noch höhere Differenzierung durch weitere Unterteilung von Teilklassen. Wie ist die Einteilung in fünf soziale Milieus unter Berufung auf solche Argumente zu rechtfertigen?

1. *Gründe gegen weitergehende Vereinfachung*: In der Milieustruktur der Bundesrepublik gibt es unübersehbare Verwandtschaften, welche die Frage nahelegen, ob man die soziale Wirklichkeit nicht besser träfe, wenn man bestimmte Milieus als Komponenten eines übergeordneten Milieus auffassen würde. Vor allem die folgenden Vereinigungen scheinen erwägenswert: Zusammenfassung von Unterhaltungsmilieu und Selbstverwirklichungsmilieu zu einem Jugendmilieu; Zusammenfassung von Unterhaltungsmilieu und Harmoniemilieu zu einem Arbeitermilieu; Zusammenfassung von Selbstverwirklichungsmilieu und Niveaumilieu zu einem intellektuellen Milieu; schließlich auch die Koalition des Integrationsmilieus mit Harmoniemilieu oder Niveaumilieu. Bei jeder dieser Verbindungen würde die Heterogenität der Klassifikation jedoch sprunghaft zunehmen. Hinter diesem statistischen Kriterium verbirgt sich ein realer sozialer Sachverhalt: Menschen verschiedener Milieuzugehörigkeit, die analytisch zu einer übergeordneten Gruppe vereinigt werden, empfinden sich als so unterschiedlich, daß sie wenig aufeinander zugehen. Zusammenlegungen würden zu Gruppierungen führen, die durch markante Kommunikationsbarrieren geteilt wären. Diese Grenzzonen sollten jedoch nicht verwischt werden. Worin bestehen die Unterschiede innerhalb der genannten Milieupaare?

Gegen die Annahme eines einheitlichen Jugendmilieus, zusammengesetzt aus Unterhaltungsmilieu und Selbstverwirklichungsmilieu, spricht die gravierende Differenz in der Stellung zum Hochkulturschema, die Nähe des Unterhaltungsmilieus zum Trivialschema, die Unterschiedlichkeit der Medienwelten, normative und psychische Differenzen (politische Unterordnung, Fatalismus, Anomie, Rigidität, Reflexivität), sowie die Andersartigkeit typischer Komponenten der Lebenssituation (Familienstand, Ausbildung, Merkmale der Arbeitssituation).

Ebenso würde man der sozialen Wirklichkeit Gewalt antun, wollte man eines der jüngeren Milieus mit einem der älteren zusammenlegen. Weder bilden Unterhaltungsmilieu und Harmoniemilieu ein Arbeitermilieu, noch Selbstverwirklichungsmilieu und Niveaumilieu ein intellektuelles Milieu. Die Begründung ist jeweils dieselbe: Zu tiefgreifend sind die Unterschiede im Hinblick auf das Spannungsschema, zu stark die Differenzen der Partizipation an Szenen (Kneipenszene, Neue Kulturszene, Kulturladenszene, Sportszene). Hinzu kommt die Verschiedenartigkeit der Lebenssituation (Körper, Wohnsituation, typische Phasen im Familienzyklus, Ausbildungsprozesse, Rentnerstatus u.a.).

Auch das Integrationsmilieu kann nicht ohne Gewalt einem der beiden angrenzenden älteren Milieus einverleibt werden. Harmoniemilieu und Niveaumilieu liegen in fast jeder Hinsicht weit auseinander, abgesehen von ihrer Stellung zum Spannungsschema. Die zahlreichen Gegensätze vereinigen sich bei den Personen des Integrationsmilieus zu einer Mixtur, die nicht nur Verwandtschaft zu beiden

Seiten hin begründet, sondern auch schroffe Gegensätzlichkeit. Aus der Perspektive des Niveaumilieus wirkt vor allem die Nähe zum Trivialschema fremd. Auch mit der anderen Seite, dem Harmoniemilieu, kann sich das Integrationsmilieu nicht bis zur Selbstauflösung assoziieren; dies verhindert schon die unterschiedliche Arbeitssituation (Büroarbeit versus Handarbeit), aber auch die unterschiedliche Distanz zum Hochkulturschema.

Zusammenfassend läßt sich feststellen: Bei einer noch einfacheren Modellierung wäre die Zusammenlegung sozial getrennter Gruppen unvermeidlich.

2. *Gründe gegen weitergehende Differenzierung*: Muß man aber nicht eben diesen Fehler einer Vereinigung sozial getrennter Teilgruppen auch dem Modell mit fünf Milieus unterstellen? Was läßt sich gegen die Forderung nach stärkerer Differenzierung vorbringen? Beginnen wir die Antwort auf diese Frage mit einem statistischen Argument: Bei aller in den fünf Milieus verbleibenden Heterogenität gibt es doch keine Möglichkeit, Untergruppen nach evidenten und signifikanten Kriterien (etwa Geschlecht, Wohnsituation, Tätigkeit) zu bilden. Gewiß lassen sich die fünf Milieus weiter unterteilen, doch die Trivialität dieser Feststellung wird schnell offenbar, wenn wir den Vorschlag prüfen, weitere Unterteilungen etwa nach der Schuhgröße vorzunehmen (vgl. die Überlegungen hierzu in Abschnitt 4.8). Soziologisch interessant sind allein Unterteilungen nach mehreren Merkmalen gleichzeitig. Differenzieren wir etwa das Selbstverwirklichungsmilieu entsprechend dem Vorschlag von Gluchowski (1987) nach normativen Gesichtspunkten in »Aufstiegsorientierte«, »Postmaterialisten« und »Linksalternative«, so ist dies erst dann theoretisch bedeutsam, wenn dieser Differenzierung *weitere* Unterschiede parallel laufen. Dies ist jedoch nicht der Fall. Es stellen sich bei weiteren Differenzierungen nicht auch komplexe Typen von Existenzformen heraus, die umfassend und klar genug abgegrenzt wären, um die Vermutung klar identifizierbarer Submilieus zu stützen.

Vor allem in bezug auf das Selbstverwirklichungsmilieu scheint diese Aussage zunächst zweifelhaft, spielt hier doch Individualität eine besondere Rolle. Besorgt um die eigene Individualitätssicherung, streben die Angehörigen des Selbstverwirklichungsmilieus nach einer besonderen Art von Distinktion, die sich weniger nach außen richtet, gegen die anderen Milieus, als nach innen. Um die soziale Abgrenzung etwa gegen das Harmoniemilieu oder gegen das Unterhaltungsmilieu braucht man sich keine Gedanken zu machen, denn sie versteht sich von selbst und wird von niemandem attackiert. Bei der traditionellen Distinktion im 19. Jahrhundert war dies anders: Die Kleinbürger wollten wie die Großbürger sein, die ihrerseits Distinktion als Abwehrwaffe im Grenzkrieg der Milieus einsetzten. Weder das Harmoniemilieu noch das Unterhaltungsmilieu noch irgendein anderes Milieu hat jedoch die Ambition, mit dem Selbstverwirklichungsmilieu zu verschmelzen. Unter diesen Umständen konnte sich eine milieu*interne* Distinktion entwickeln, die Gegenstand großer Aufmerksamkeit ist. Mit einem riesigen Arsenal von Musikstilen, Kleidungsstilen, Verhaltensstilen, Lokalitäten, Besitzgegenständen, Sprachmustern, Ritualen und anderen Zeichenklassen gruppieren sich die Angehörigen des Selbstverwirklichungsmilieus zu kleinen und deshalb individuell erscheinenden Symbolgemeinschaften. Die starken Kontraste an der Oberfläche können jedoch leicht darüber hinwegtäuschen, daß alltagsästhetische Grundorientierungen, Persönlichkeitszüge, Werthaltungen, Muster der Informationsaufnahme, grundlegende Merkmale der Lebenssituation (etwa Familienstand) in diesen Teilgruppen relativ ähnlich sind, während sich das Milieu in seiner Gesamtheit von den übrigen Milieus deutlich unterscheidet.

Zwischen den zahlreichen Teilgruppen des Selbstverwirklichungsmilieus bestehen nur geringe Kommunikationsbarrieren. Übergänge sind leicht möglich, sei es in einer Sequenz von kürzeren Lebensabschnitten, sei es im Rahmen der alltäglichen Lebenspraxis als Wechsel zwischen sozialen Schauplätzen, die zwar deutlich unterschieden sind, wie etwa ein elegant eingerichtetes Café von einem etwas heruntergekommen wirkenden Stadtteilzentrum, aber vom selben Milieu besetzt werden. Es scheint paradox, wenn ein Milieu gerade das Spiel mit Verschiedenartigkeit zum Standard macht. Wie ist dieses Spiel möglich?

Dem Selbstverwirklichungsmilieu gelingt das semiotische Kunststück, im Zeichenchaos Eindeutigkeit herzustellen. Dadurch, daß die Menge und der persönliche Umsatz von Zeichen zu einer absurden Beinahe-Unendlichkeit geführt wird, entsteht unversehens wieder das ganz Einfache, die äußerste semantische Reduktion. Der Trick des Selbstverwirklichungsmilieus ist von verblüffender Einfachheit: Der Bezug zum Zeichen selbst wird seinerseits als Zeichen aufgefaßt. Durch die Erfahrung der Austauschbarkeit, Beliebigkeit, Folgenlosigkeit der Zeichen entsteht eine für das Selbstverwirklichungsmilieu charakteristische Distanz. Gebrochen ist das Verhältnis zu Zeichen überhaupt, mag es sich nun um Kleidungsstile, Sprachstile, Aufenthaltsorte, Automaten, Muster körperlicher Selbstinszenierung usw. handeln. Es ist wie im Karneval: Dadurch, daß Kleidungsstile aus ihrem ursprünglichen alltäglichen Kontext in die Szenerie des Maskenballs versetzt werden, nehmen sie bei aller Unterschiedlichkeit denselben unernsten, spielerischen Bedeutungshintergrund an (insofern sagt das Kostüm des Scharfrichters dasselbe aus wie das Kostüm der Wassernixe). Ironie, Zynismus, Lust auf X haben, herumprobieren mit Y, alle Varianten des Unernstes im Umgang mit Zeichen haben einen gemeinsamen Nenner, der selbst zeichenhaft interpretierbar ist und auch so interpretiert wird. Sogar das Ernstmeinen ist relativiert durch das Deutungsschema der Selbstverwirklichung. In den sprachlichen Mustern der Beschreibung des Ernstmeinens schwingt die Assoziation eines psychischen Anfalls mit, der wohl irgendwann durch einen anderen Anfall abgelöst werden wird: »angetörnt sein«, »total auf etwas abfahren«, »auf etwas einsteigen« usw. Erst das Zeichen des Unernstes, der niemals letzten Verbindlichkeit, wird ernst genommen und ist letztlich verbindlich. Dieses doppelte Spiel kann selbst den im unklaren lassen, der es selber spielt. Die Gemeinsamkeiten des Selbstverwirklichungsmilieus sind für ihre Hersteller selbst nur schwer wahrzunehmen, da die Aufmerksamkeit auf die Verschiedenheit der Oberflächen fixiert bleibt.

Beide Argumentationslinien - gegen Übervereinheitlichung und Überdifferenzierung - können folgendermaßen zusammengefaßt werden: der Homogenitätsgewinn bei einer weiteren Differenzierung der Milieustruktur ist gering; umgekehrt ist der Homogenitätsverlust bei einem weiteren Zusammenlegen verschiedener Milieus hoch. Die Einteilung in fünf Milieus hat das Argument einer Balance zwischen Einfachheit und Differenziertheit für sich, die auf den realen Verlauf von Kommunikationsgrenzen zurückzuführen ist.

7.9 Grenzfälle und Inkonsistenzen
Eine Unschärfeanalyse

Es läuft dem gängigen Verständnis zuwider, Unschärfe nicht als Makel empirischer Modelle, sondern als Eigenschaft der sozialen Wirklichkeit zu betrachten, ohne deren Berücksichtigung die Modelle als fehlerhaft gelten müssen (eine ausführliche Auseinandersetzung mit dem Unschärfeproblem enthält Abschnitt 4.14). Das Stigma der Störung, das methodenbedingter Unschärfe zu Recht angeheftet wird, ist jedoch bei realer Unschärfe fehl am Platz. Wegen des undifferenzierten, in der empirischen Sozialforschung allerdings vorherrschenden Programms der Ausrottung von Unschärfe, orientiert an der unerreichbaren Idealvorstellung hundertprozentiger Varianzaufklärung, gibt es nicht einmal Ansätze einer Tradition der expliziten Modellierung von realer Unschärfe.

Gerade bei einem zeichentheoretischen Modell der Entstehung sozialer Milieus durch Beziehungswahl, das angesichts der gegenwärtigen gesellschaftlichen Situation das Modell der Beziehungsvorgabe ablösen muß, ist die Annahme realer Unschärfe notwendig, da nicht nur die Zeichen selbst Interpretationsspielräume offen lassen (so wird beispielsweise das Zeichen »Alter« in der Alltagsinteraktion an körperlichen Merkmalen abgelesen); vielmehr besteht auch die semantische Ebene sozialer Kategorisierung, der die Zeichen zugeordnet werden, lediglich aus groben, diffusen Kategorien, wie sich etwa an der umgangssprachlichen Bedeutung von Ausdrücken wie »jünger«, »älter«, »kleinbürgerlich«, »Kitsch«, »Kunst« usw. nachweisen läßt. Modelle, die reale Unschärfe nicht berücksichtigen, müssen fehlerhafter sein als andere. Wie kann man dem Tatbestand der Unschärfe in der Datenanalyse Rechnung tragen? Im folgenden soll das Modell der Milieustruktur so modifiziert werden, daß es als Unschärfemodell gelten kann. Nach seiner Exposition soll dieses Modell auf die Daten angewendet werden. Interessant ist dabei nicht nur die Erklärungskraft des Modells, sondern auch die theoretische Interpretation inkonsistenter Fälle, die trotz der Zulassung von Unschärfe nicht verschwinden. Vielleicht gibt es typische Muster der Inkonsistenz, die ebenso soziologische Beachtung verdienen wie die konsistenten Normalfälle.

Grundlegend für die folgenden Überlegungen ist die Umsetzung des Begriffs der Unschärfe in die Vorstellung von Grenzzonen zwischen sozialen Milieus. Die scharf konturierte Abgrenzung von fünf Milieus, die den Datenanalysen bisher aus Gründen der Einfachheit unterlegt wurde, ist nun zugunsten einer unscharfen Einteilung aufzugeben. Bereiche relativer Unbestimmtheit zwischen sozialen Milieus sind zugelassen, etwa statt der Altersgrenze von 40 Jahren eine Alterszone von 35 bis 45 Jahren. Logisch zwingend kann bei einer solchen Analysestrategie die Zahl der modellkonsistenten Fälle im Vergleich zu einem Modell mit exakten Grenzen nur steigen, nicht aber fallen. Für alle Personen im Unschärfebereich erlaubt das Modell ja mindestens zwei Milieuzugehörigkeiten, während bei einem scharf abgegrenzten Modell jede beliebige Person nur einem einzigen Milieu zugehören kann und als inkonsistent gelten muß, wenn sie nicht das milieuspezifische Merkmalsprofil aufweist.

Diese triviale Steigerung der Modellkonsistenz durch explizite Zulassung von Unschärfe ist freilich nicht das Ziel der Operation. Es geht nicht darum, das Ergebnis schöner aussehen zu lassen, sondern die soziale Wirklichkeit zu modellieren. Dort gibt es diese Grenzzonen relativer Unbestimmtheit tatsächlich, wie theoretische Überlegungen gezeigt haben. Die triviale Steigerung der Erklärungskapazität des Modells hat ein nichttriviales, sachlich gerechtfertigtes Motiv.

Ein Unschärfemodell läßt Grenzzonen der Unbestimmtheit zwischen den sozialen Milieus zu. In der Abbildung auf S.384 wird der Unterschied zwischen einem scharf abgegrenzten und einem unscharfen Milieumodell schematisch dargestellt. Beide Modelle bauen auf dem in Abschnitt 6.1 dargestellten Modell auf.

Beim unscharfen Milieumodell gibt es zwei Arten von Zonen: Kernbereiche (weiß) und Bereiche relativer Unbestimmtheit (grau). Zweck dieser Unterteilung ist eine Differenzierung der modellimmanenten Konsistenzerwartungen. Für die Kernbereiche gilt die Erwartung, daß die Personen der entsprechenden Alters-Bildungs-Kategorie denjenigen Typus verkörpern, den das Modell für ein bestimmtes Milieu postuliert (zur Präzisierung modellimmanenter Typenerwartungen vgl. Anhang D, Tabelle 7.1). In den Bereichen relativer Unbestimmtheit gilt eine weniger genau umschriebene Erwartung. Als modellkonsistent gelten hier *zwei* Typen: diejenigen, die für die beiden angrenzenden Kernbereiche erwartet werden. An dieser Stelle wird eine Komponente von Unbestimmtheit in das Modell eingeführt, doch bleibt diese Unbestimmtheit eingeschränkt, denn das Modell läßt in den Unschärfezonen keineswegs alle Typen zu. Ausgeschlossen sind diejenigen der nicht angrenzenden Milieus. Eine Mittelzone völliger Unbestimmtheit, für die das Modell keine Festlegung trifft, ist vorstellbar, spielt aber bei den empirischen Analysen wegen ihrer geringen Ausdehnung keine Rolle (zu Einzelheiten des Vorgehens vgl. Anhang D, Tabelle 7.1).

Das unscharfe Milieumodell ist ein Versuch, die Klarheit oder Unklarheit von Zeichenprofilen abzubilden. In den Kernbereichen ist die milieutypische Ausprägung der situativen Komponenten - Alter und Bildungskarriere, - so eindeutig, daß der normale Stiltypus wohldefiniert ist. Die Personen in den Bereichen relativer Unbestimmtheit befinden sich in einer Grenzzone zwischen zwei Altersklas-

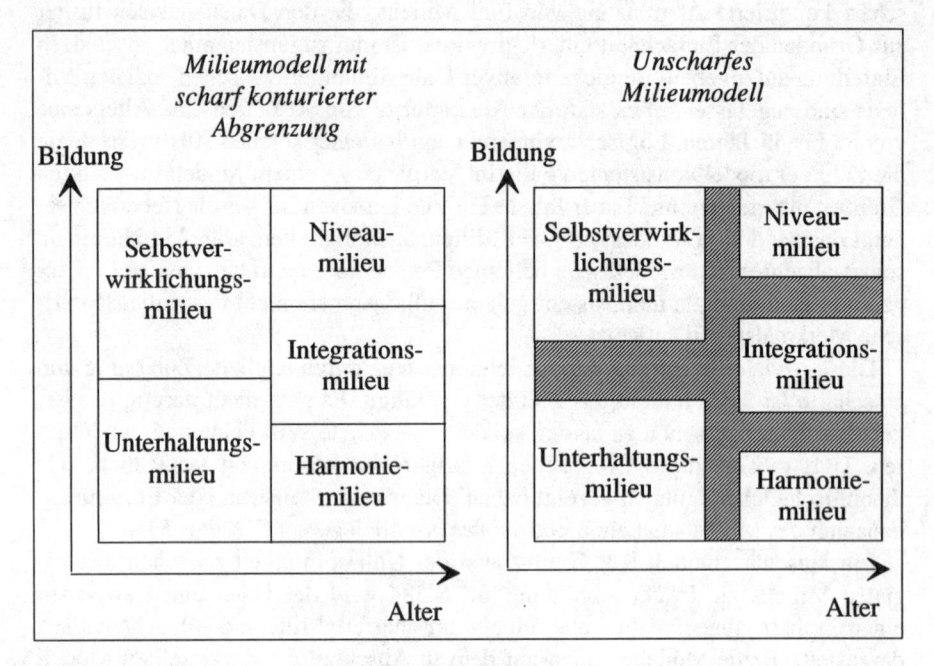

Scharf konturiertes Milieumodell und Unschärfemodell

sen oder zwei Bildungsklassen. Anders als ein Fünfzigjähriger kann beispielsweise ein Vierzigjähriger, der sich in der Grenzzone zwischen den Altersklassen befindet, noch einen als jugendlich geltenden Stiltypus verkörpern, etwa den des Selbstverwirklichungsmilieus, ohne sich als Exzentriker fühlen zu müssen und anderen als merkwürdige Figur zu erscheinen. Er kann sich jedoch auch nach der anderen Seite hin orientieren und den Stiltypus des Niveaumilieus annehmen. In besonderem Maße gilt diese Ambivalenz für die Personen mittleren Alters und mittlerer Bildung: Sie können sich unauffällig und ohne Fremdheitsgefühle nach jeder beliebigen Richtung hin orientieren. Die Milieuzugehörigkeit der Personen in den Bereichen relativer oder völliger Unbestimmtheit richtet sich nach dem Stiltypus, den sie annehmen.

Im Unschärfemodell gibt es nach wie vor Grenzen, doch verbindet sich damit ein anderer theoretischer Sinn, als man ihn von Grenzen gewohnt ist. Betrachten wir zur Erläuterung die Alterszone von 35 bis 45 Jahren. Die Grenzmarken dieser Zone sind zwar exakt formuliert, aber unscharf gemeint. Man könnte die Grenzmarken durch *Zonen* für Grenzmarken ersetzen, etwa »35« durch »34 bis 36«. Dies ist jedoch eine unnötige Komplikation, überdies eine unbefriedigende, weil das Problem der Scheinexaktheit bei der Definition von Zonen für Grenzmarken wieder auftaucht; man gerät in einen unendlichen Regreß. Die Grenzpunkte sollen zum Ausdruck bringen: ungefähr hier. Es wäre statistisch möglich, aber soziologisch bedeutungslos, ein Optimierungsverfahren für die Grenzziehung zu entwickeln, das den Prozentsatz der modellkonsistenten Fälle maximiert. Gleich in zweierlei Hinsicht würde man damit sinnlose Ziele ansteuern: Erstens kommt es nicht auf marginale Erhöhungen der erklärten Varianz an, sondern auf das Gesamtbild, und zwar nur insofern, als seine theoretische Substanz gegenüber marginalen Veränderungen der erklärten Varianz resistent ist. Zweitens ist es absurd, im Modell exakte Grenzen festzulegen, wenn es in der sozialen Wirklichkeit keine exakten Grenzen gibt. Zonen im Unschärfemodell sind als ungefähre Zonen gemeint: Sie könnten auch etwas anders verlaufen, ohne daß sich die theoretische Substanz des Gesamtbildes ändern würde. (So ließen sich etwa die genannten Altersmarken um einige Jahre nach oben oder unten verschieben.) Wichtig ist allein, daß für Zonen und Kernbereiche bestimmte statistische Erwartungen formuliert werden, die auf einem hypothetischen Gesamtbild beruhen. Diese Erwartungen sind: 1. In den Kernbereichen herrscht höhere Konsistenz als in den Grenzzonen. 2. In den Grenzzonen tritt relative Unbestimmtheit zwischen je zwei Stiltypen auf. 3. Sowohl in den Kernbereichen wie in den Grenzzonen liegt der beobachtete Anteil konsistenter Fälle über demjenigen Anteil, der bei Ungültigkeit des Modells zu erwarten wäre.

Nun lassen sich allerdings auch im Unschärfemodell die Grenzmarken nicht beliebig verschieben. Es muß Grenzziehungen geben, bei denen sich die theoretische Substanz des Gesamtbildes auflöst. Auch Unschärfemodelle gelten nicht unter allen Umständen. Das Problem, die Auflösungsschwelle eines gegebenen Unschärfemodells zu ermitteln, ist lösbar, doch brauchen wir uns hier nicht damit zu beschäftigen. Wichtig ist nicht, die Schwelle herauszufinden, von der ab ein Modell unbrauchbar wird, sondern sich diesseits dieser Schwelle zu bewegen, in deutlicher Distanz dazu. Indiz dafür ist die Klarheit der Befunde, sowohl in statistischer Hinsicht (Anteil konsistenter Fälle) als auch in theoretischer Hinsicht (Interpretierbarkeit).

Anhang D enthält zwei Analysen der Modellkonsistenz: eine Analyse mit scharf konturierten Gruppengrenzen (Tabelle 7.2) und eine Unschärfeanalyse (Tabelle 7.3). Bei der ersten Analyse ergeben sich 49% modellkonsistente Fälle, bei der Unschärfeanalyse 63%.

Wie sind die inkonsistenten Fälle zu erklären? Gibt es bestimmte Muster, unter denen sich ein nennenswerter Anteil von Inkonsistenz subsumieren läßt? Eine genauere Untersuchung der inkonsistenten Fälle fördert zutage, daß zwei Typen dominieren: 1. Jüngere Personen, die sich im Stiltypus am Muster desjenigen älteren Milieus orientieren, das ihrer Bildungsstufe entspricht. Im folgenden soll diese Art von Inkonsistenz als sozialisationsbedingte Inkonsistenz bezeichnet werden. Dahinter steht die Hypothese, daß sich ein begrenzter Teil der nachwachsenden Generation am Stilmodell der vorangehenden Generation orientiert, wobei die Auswahl des Stiltypus, der als Vorbild dient, durch bildungsbestimmte Vorstellungen über das Passende gesteuert wird. 2. Innerhalb derselben Altersklasse kommt es überzufällig häufig vor, daß Personen einer gegebenen Bildungskategorie den Stiltypus der nächsthöheren Bildungskategorie praktizieren. Dieser Typus von Inkonsistenz wird im folgenden als aufwärtsorientierte Inkonsistenz bezeichnet: eine Kurzformel für die Annahme, daß Teile der Population dem klassischen Muster stilistischer Imitation folgen und es der nächsthöheren Bildungsschicht gleichtun wollen.

Beide Muster der Inkonsistenz sind alte Bekannte der Kultursoziologie. Daß kulüsturelle Sozialisation und kulturelle Aufwärtsmobilität nur eine untergeordnete Rolle spielen, sieht man daran, daß sie nicht überzufällig häufig vorkommen. Doch zeigen die Daten auch, daß beide Muster der Abweichung vom reinen Milieumodell theoretische Beachtung verdienen: Sie fallen quantitativ stärker ins Gewicht als die gegenläufigen Muster, nach denen sich die Älteren an den Jüngeren beziehungsweise die nach Bildung Überlegenen an den weniger Gebildeten orientieren würden. Auch das »Überspringen« einer Bildungsschicht, das im Verhältnis von Harmoniemilieu zum Niveaumilieu möglich wäre, spielt keine Rolle.

7.10 Kritische Bilanz und Forschungsvergleich

Zur Rolle des Forschers

Gerade bei der Analyse sozialer Kollektive muß der Forscher eine aktivere Rolle spielen, als ihm lieb sein kann. Ohne sich selbst als Subjekt einzubringen, gelangt er zu keinem soziologisch interessanten Ergebnis. Kollekivdiagnose verleitet in besonderem Maße zu erkenntnistheoretischer Naivität. Es herrscht eine Sichtweise vor, bei der sozialen Gruppierungen die gleiche objektive Erkennbarkeit zugeschrieben wird wie etwa Bergen und Flüssen. Man redet von sozialen Kollektiven, als handelte es sich um Naturtatsachen. »Intellektuelle«, »Bürger«, »Yuppies«, »Arbeiter«, »neue Mittelschichten«, »Jugendkulturen«, »Generationen« usw. tauchen im öffentlichen Diskurs mit suggestiver Ausstrahlung von Wirklichkeit auf. Doch nicht nur das kollektive Phänomen selbst ist eine Konstruktion, sondern auch seine Diagnose. Es gibt unzählig viele Möglichkeiten, in einer gegebenen Gesellschaft soziale Kollektive gegeneinander abzugrenzen. Deshalb kann niemand für sich in Anspruch nehmen, soziale Gruppen wie konkrete Gegenstände vorzufinden. Selektivität ist das oft vergessene Apriori jeder Kollektivdiagnose, wissenssoziologische Interpretation mit all ihren Irrtumsrisiken ihr Endpunkt (bei deren Gelingen die Weichenstellung am Anfang eine gewisse Rechtfertigung erhält, vgl. hierzu die Einleitung zu Abschnitt 7.3). Trotzdem besteht die Chance, bei der Analyse von Milieustrukturen etwas über die objektive Wirklichkeit auszusagen.

Als selektives Prinzip ist eine theoretische Ausgangsbasis notwendig, aber nicht ausreichend. Da individuelle Existenzformen nicht perfekt deckungsgleich sind, so daß keine eindeutigen natürlichen Gruppierungen auftreten, muß die Abgrenzung von Milieus nach dem Kriterium relativer Ähnlichkeit von Existenzformen immer verbunden sein mit einer analytischen Vorentscheidung zwischen den gegensätzlichen Prinzipien von Detailgenauigkeit und Einfachheit. Treibt man den Grundsatz der gruppeninternen Homogenität von Existenzformen auf die Spitze, so bildet am Ende jeder einzelne eine »Gruppe« für sich. Das andere Extrem ist eine Aufteilung der Gesellschaft in eine möglichst einfache Konstellation von Großgruppen, die weit von perfekter Homogenität der Existenzformen entfernt sind und doch als relativ homogene Einheiten hervortreten. Diese Großgruppen können eine Vielzahl von hierarchisch ineinander geschachtelten und sich überlappenden Untermilieus enthalten, auf deren unterster Differenzierungsebene man auf Kleingruppen, Familien und Paarbeziehungen stößt, ohne daß deshalb bereits die Annahme einer übergreifenden Großgruppenstruktur anzuzweifeln wäre.

Als leicht faßliches Ordnungsschema bewährt sich das oben entwickelte Milieumodell empirisch, sowohl im Alltag wie in der Sozialforschung. Übertreiben sollte man das Gefühl der Informationssicherheit allerdings nicht, da das Gesamtbild unvermeidlich von theoretischen und methodischen Prämissen abhängt. Man muß diese Positionsabhängigkeit explizit machen, auch wenn das Standardmißverständnis der empirischen Sozialforschung schon um die Ecke lauert: Mit Daten lasse sich eben alles belegen. Doch bedarf es nur einer methodischen Anfängerkompetenz, um zu erkennen, worin das epistemologische Kapital von Daten liegt - im Ausschluß von theoretischen Möglichkeiten mit hinreichend geringem Irrtumsrisiko. Daß dabei meist mehrere Möglichkeiten übrigbleiben, ist nicht nur ein Problem der empirischen Sozialforschung, sondern menschlicher Erkenntnis überhaupt. Nahezu ausgeschlossen wird durch die vorliegenden Daten eine soziale Wirklichkeit, in der sich Situation und Subjekt voneinander gelöst haben, ein soziokultureller Raum der partikularisierten Individuen ohne milieuhafte Verdichtungen. Nahezu ausgeschlossen wird auch eine Milieusegmentierung, die nichts mit Alltagsästhetik, Bildung und Lebensalter zu tun hat. Doch bereits diese rudimentäre Aussage beruht auf einer theoriegeleiteten Datenanalyse, deren Grundlinien noch einmal kurz dargestellt werden sollen.

Rückblende zur Theorie der Milieusegmentierung

Das Erkenntnisinteresse der Milieutheorie, die weiter oben entwickelt wurde, richtet sich auf Personengruppen, die durch relative Homogenität von Existenzformen und erhöhte Binnenkommunikation voneinander abgegrenzt sind. Je größer die Möglichkeitsräume der Menschen werden, desto mehr bilden sich soziale Milieus durch Beziehungswahl statt durch Beziehungsvorgabe, und desto stärker werden soziale Milieus von Wahrnehmungen und gestalthaften Typisierungen beeinflußt. Mit zunehmender Ästhetisierung des Alltagslebens wird die Selektivität der Wahrnehmung immer stärker von Erlebnisbedürfnissen gesteuert. Alter,

Bildung und Stiltypus ergeben ein hochgradig evidentes und signifikantes Zeichengemisch und dienen als Anhaltspunkte für Assoziation oder Dissoziation in der Alltagsinteraktion. Da soziale Wahrnehmung an Gestaltvorstellungen ausgerichtet ist, genügen wenige Anhaltspunkte, um komplexe Typisierungen in Gang zu setzen. Diese Wahrnehmungsform setzt die Menschen auch in die Lage, Unschärfen im Verhältnis von Typensemantik und Alltagswahrnehmung zu verkraften, ohne ihre semantischen Kategorien ständig zu verändern.

Erst diese Vorüberlegungen führen zu einer bestimmten Organisation der Datenanalyse: Wenn der Versuch, bei einem gegebenen Datensatz soziale Milieus voneinander abzugrenzen, mit einer Basisklassifikation nach den genannten Merkmalen startet, besteht begründete Aussicht, die tatsächlichen Wahrnehmungen datenanalytisch zu parallelisieren und auf diesem Wege zu einem Eindruck von den Milieus zu gelangen, die durch eben diese Wahrnehmungen konstituiert werden. Dieser Versuch - darin liegt das theoriekritische Moment des Vorgehens - kann scheitern. Das oben dargestellte Modell (vgl. Abschnitt 6.1) wird durch die Daten bestätigt.

Einige Einwände

Es gibt keine Bestätigung ohne Zweifel. Im folgenden werden vier Einwände vorgestellt und kommentiert.

Erstens ist die Möglichkeit zu diskutieren, daß die behauptete Milieustruktur ein Zufallsergebnis oder bloßes Methodenartefakt sei. Für empirische Details und einzelne Schlußfolgerungen kann man dies zwar nicht ausschließen. Daß jedoch die Gesamttendenz der Ergebnisse, wie sie sich im obigen Milieumodell niederschlagen, nichts weiter als eine Vorspiegelung sei, ist nicht plausibel. Dagegen spricht zum einen die Parallelisierbarkeit der Ergebnisse mit anderen Studien (vgl. weiter unten). Zum anderen sind die Informationen, die hier zusammenfließen, zu umfangreich und die Zusammenhänge zu stark, als daß alles bloß auf Zufall oder systematischen Antwortverzerrungen beruhen könnte. Es ist unwahrscheinlich, daß Zufall und/oder Irreführung durch die Befragten so viele Fragen und Items in theoretisch interpretierbarer Weise miteinander verknüpft haben könnten, zumal verschiedene Variablen, die sich markant in das Gesamtbild einfügen, auf nichtreaktiven Verfahren beruhen (etwa Interviewerbeobachtungen zu Sprachverhalten und Körperlichkeit).

Ein zweiter Einwand zielt auf die innere Differenzierung sozialer Milieus. Jede der fünf Gruppen, so könnte man kritisieren, zerfalle in kleinere und allerkleinste Einheiten, die sich als Untermilieus deutlich voneinander abheben. Es kann keinen Zweifel geben, daß dies zutrifft - allerdings wird dies auch gar nicht ausgeschlossen. Wie in den Überlegungen zur Methodik der Milieumorphologie deutlich gemacht wurde (Abschnitte 4.13 und 7.8), impliziert jedes beliebige Milieumodell die Festlegung eines Niveaus in einer Segmentierungshierarchie, wobei man einen Kompromiß zu schließen hat zwischen den beiden Zielen, Ähnliches zusammenzulegen und Verschiedenes auseinanderzuhalten. Heuristisches Prinzip bei der hier vorgeschlagenen Lösung war die Suche nach einer möglichst einfachen Struktur, die trotz ihres geringen Differenzierungsgrades hohe Stringenz im Sinne überzufälliger Verdichtung von Existenzformen besitzt. Jede noch einfachere Lösung würde die Heterogenität innerhalb der Gruppen sprunghaft anwachsen lassen, während umgekehrt die weitere Unterteilung von Gruppen keine besonders klar voneinander abgehobenen Teilgruppen erbringen würde. Trotzdem ist offensichtlich, daß innerhalb der Hauptsegmente Unterteilungen bestehen, die allerdings typischerweise nicht die Grenzen der Hauptsegmente überschreiten. Ein Beispiel hierfür sind zwischengeschlechtliche Paarbeziehungen als Minimalfall von Submilieus.

Ein dritter Einwand lautet, daß man all dies bereits vorher gewußt habe. Nun ist zwar anzunehmen, daß ein richtiges Ergebnis dieses Gefühl hervorruft, da es ja der Alltagserfahrung korrespondiert. Als Einwand ist diese Kritik allerdings nur dann ernstzunehmen, wenn sie nicht erst nachträglich formuliert wird. Da vorher immer vieles möglich erscheint, sowohl A als auch Non-A, ist dieser Einwand hinterher auch immer zu erwarten, gleichgültig, ob das Ergebnis A oder Non-A lautet. Im gegebenen Zusammenhang ist, bedenkt man die laufende soziologische Diskussion, das Vorwissen zumindest unsicher, im Kontext bestimmter Varianten der Individualisierungsthese läuft es teilweise sogar auf Non-A hinaus.

Ein vierter Einwand trifft sicher zu: Die Ergebnisse sind unvollständig. So großflächig der Versuch einer Topographie sozialen Milieus in dieser Untersuchung auch angelegt war, bleiben doch weiße Flecken auf der Landkarte. Unerforscht sind vor allem drei Regionen. (a) Die Stichprobe repräsentiert die Altersgruppe der 18- bis 70jährigen. Milieusoziologische Studien von Kindern, Jugendlichen und alten Leuten waren in dieser Untersuchung nicht möglich. (b) Gleiches gilt für den wachsenden Anteil von Ausländern und Immigranten an der Gesamtbevölkerung. Von einer integrativ und wissenssoziologisch orientierten Milieusoziologie, wie sie weiter oben entwickelt wurde, sind wesentliche Beiträge zur Analyse des Ausländerproblems zu erwarten. Diese Aufgabe weist jedoch über den gegebenen Rahmen hinaus. (c) Terra incognita bleibt schließlich auch die Gesellschaft von Ostdeutschland. Soziologisch wissen wir bisher wenig mehr über diese Gesellschaft, als daß wir sie nicht einfach als Appendix der westdeutschen Gesellschaft betrachten können. Die Untersuchung war im Jahre 1989 bereits zu weit gediehen, um der neuen Entwicklung noch gerecht werden zu können.

Parallelen mit anderen Forschungsarbeiten

Bei dem folgenden Forschungsvergleich sollen mehrere Studien miteinander in Verbindung gebracht werden, die alle etwa zeitgleich (Mitte der achtziger Jahre) durchgeführt wurden: Eine Untersuchung des Sinus-Instituts (vgl. Nowak/Becker 1985; outfit 1986; Wohnwelt-Studie 1988), eine Untersuchung des Forschungsinstituts der Konrad-Adenauer-Stiftung (in Zusammenarbeit mit Marplan und Getas; vgl. Gluchowski 1987) sowie das vom Verfasser selbst durchgeführte Forschungsprojekt (vgl. Abschnitt 1.10 und Anhang B). Gemeinsam ist allen drei Studien ein stark induktiv orientiertes Vorgehen, bei dem bewußt jeder möglichen kollektiven Syndromstruktur die Chance gegeben wurde, sich zu manifestieren. Dies erforderte ein aufwendiges Instrumentarium: viele Situationsmerkmale, viele Aspekte von Subjektivität, viele Individuen.

Läßt sich das Strukturmodell sozialer Milieus bei den anderen Studien nachvollziehen? Wegen des Unschärfeproblems ist diese Frage von erheblicher Bedeutung. Auf den ersten Blick scheint nur geringe Korrespondenz zu bestehen. Sowohl bei Nowak/Becker (1985, S.14) als auch bei Gluchowski (1987, S.28) werden Milieus in einem Koordinatensystem der Existenzformen lokalisiert, dessen eine Achse vor allem mit der Situation zu tun hat (beschrieben durch Schichtbegriffe), während die andere Achse Subjektivität in Form einer Dimension »Traditionalismus-Postmaterialismus« repräsentieren soll. Auf S.391 sind diese Koordinatensysteme wiedergegeben. Die obere Abbildung zeigt das Milieumodell von Nowak/Becker, die untere das Milieumodell von Gluchowski.

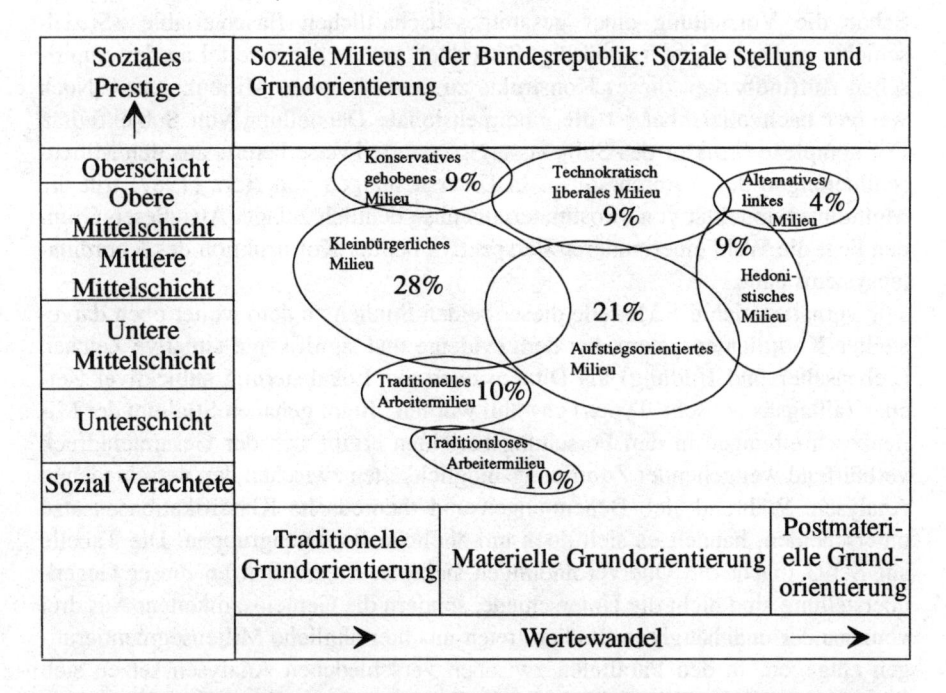

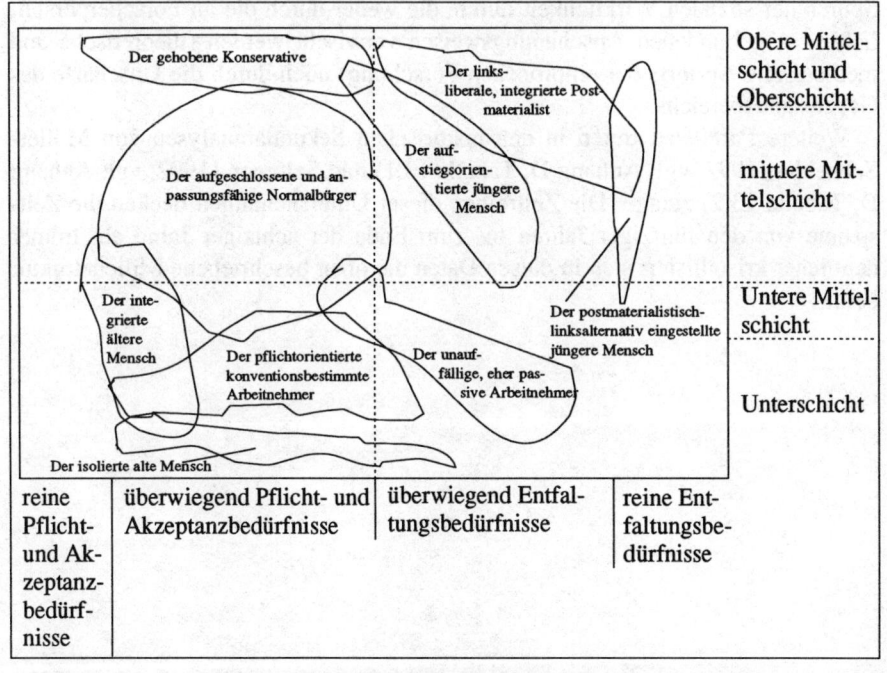

Soziale Milieus in der Bundesrepublik: Soziale Stellung und Grundorientierung

Soziales Prestige ↑

- Oberschicht
- Obere Mittelschicht
- Mittlere Mittelschicht
- Untere Mittelschicht
- Unterschicht
- Sozial Verachtete

- Konservatives gehobenes Milieu 9%
- Technokratisch liberales Milieu 9%
- Alternatives/linkes Milieu 4%
- Kleinbürgerliches Milieu 28%
- 9%
- Hedonistisches Milieu
- 21% Aufstiegsorientiertes Milieu
- Traditionelles Arbeitermilieu 10%
- Traditionsloses Arbeitermilieu 10%

Traditionelle Grundorientierung | Materielle Grundorientierung | Postmaterielle Grundorientierung

→ Wertewandel →

- Der gehobene Konservative
- Der linksliberale, integrierte Postmaterialist
- Der aufgeschlossene und anpassungsfähige Normalbürger
- Der aufstiegsorientierte jüngere Mensch
- Der integrierte ältere Mensch
- Der pflichtorientierte konventionsbestimmte Arbeitnehmer
- Der unauffällige, eher passive Arbeitnehmer
- Der postmaterialistisch-linksalternativ eingestellte jüngere Mensch
- Der isolierte alte Mensch

Obere Mittelschicht und Oberschicht | mittlere Mittelschicht | Untere Mittelschicht | Unterschicht

reine Pflicht- und Akzeptanzbedürfnisse | überwiegend Pflicht- und Akzeptanzbedürfnisse | überwiegend Entfaltungsbedürfnisse | reine Entfaltungsbedürfnisse

Die Milieumodelle von Nowak/Becker (oben) und Gluchowski (unten)

Schon die Vorstellung einer gesamtgesellschaftlichen Basisvariable »Sozialschicht« erscheint hier fragwürdig, führt doch gerade der Zweifel an der empirischen Auffindbarkeit dieses Konstrukts zu dem offeneren Milieukonzept. Noch weniger nachvollziehbar ist die eindimensionale Darstellung von Subjektivität. Die komplexe Struktur des Subjekts ergibt sich teilweise bereits aus den Milieuschilderungen der Autoren selbst. In Untersuchungen von Herz (1987) tritt die Multidimensionalität von »Postmaterialismus« deutlich zutage. Aus diesen Gründen liegt die Wahl einer anderen Perspektive bei der Konstruktion des Koordinatensystems nahe.

Wie verhalten sich die Modelle dieser beiden Studien zu dem weiter oben dargestellten Koordinatensystem, bei dem evidente und signifikante situative Zeichen (Lebensalter und Bildung) als Dimensionen zur Lokalisierung subjektiver Zeichen (alltagsästhetische Typen) gewählt wurden? Beim genauen Studium der Milieubeschreibungen in den Forschungsberichten ergibt sich der Gesamteindruck verblüffend weitgehender Zuordnungsmöglichkeiten zwischen den verschiedenen Analysen. Während sich Benennungen und theoretische Klassifikationsansätze unterscheiden, handelt es sich doch um ähnliche Personengruppen. Die Tabelle auf S.393 macht die Querverbindungen sichtbar. Erstaunlich an dieser Gegenüberstellung sind nicht die Unterschiede, sondern die Gemeinsamkeiten. Aus drei voneinander unabhängigen Studien treten uns hier ähnliche Milieusegmentierungen entgegen. In den Parallelen zwischen verschiedenen Analysen setzen sich Spuren der sozialen Wirklichkeit durch, die weder durch die an Forscherpersönlichkeiten gebundenen Anschauungsweisen verwischt werden (theoretische und methodische Aprioris der empirischen Forschung) noch durch die Unschärfe des Gegenstandsbereichs.

Weitere Parallelen treten in den historischen Sekundäranalysen von Müller-Schneider (1992; vgl. Anhang D, Tabelle 13.1) und Salomon (1992; vgl. Anhang D, Tabelle 13.2) zutage. Die Zeitreihen dieser Untersuchungen decken die Zeitspanne von den fünfziger Jahren bis zum Ende der achtziger Jahre ab. Immer deutlicher kristallisiert sich in diesen Daten die oben beschriebene Milieustruktur heraus.

Schulze	Sinus	Forschungsinstitut der Konrad-Adenauer Stiftung/Marplan/Getas
Niveaumilieu	konservatives gehobenes Milieu	gehobene Konservative
Selbstverwirklichungsmilieu	technokratisch-liberales Milieu	aufstiegsorientierter jüngerer Mensch
	hedonistisches Milieu	linksliberaler integrierter Postmaterialist
	alternatives linkes Milieu	postmaterialist. linksalternativ eingestellter jüngerer Mensch
Integrationsmilieu	aufstiegsorientiertes Milieu	aufgeschlossener integrierter Normalbürger
		integrierter älterer Mensch (z. T.)
Harmoniemilieu	kleinbürgerliches Milieu	pflichtorientierter konventionsbestimmter Arbeitnehmer
	traditionelles Arbeitermilieu	integrierter älterer Mensch (z. T.)
		isolierter alter Mensch
Unterhaltungsmilieu	traditionsloses Arbeitermilieu	unauffälliger, eher passiver Arbeitnehmer

Milieusegmentierung in der Bundesrepublik Deutschland: Synopse von drei empirischen Studien Mitte der achtziger Jahre

8. Kapitel
Vorstellungen vom Ganzen

Einleitung

Im folgenden Kapitel geht es darum, jenes Bild zu rekonstruieren, das sich die Menschen selbst von der beschriebenen Milieukonstellation machen. An die Untersuchung der objektiven Milieustruktur schließt sich die Untersuchung von Wirklichkeitsmodellen an, konzentriert auf ausgewählte Aspekte, die weiter unten als strukturabbildendes Wissen bezeichnet werden. Es geht darum, eine soziologische Vorstellung von Vorstellungen zu entwickeln. Ein Bild vom Bild soll gezeichnet werden, zusammengesetzt aus Hypothesen über die Wahrnehmung der sozialen Wirklichkeit. Wenn, so die leitende Fragestellung, soziale Wirklichkeit ungefähr dem oben herausgearbeiteten Modell entspricht und wenn Menschen diese Wirklichkeit aus einer bestimmten kulturtypischen Perspektive betrachten: Welche subjektive Wirklichkeit entsteht dann wahrscheinlich im Kopf?

Für die soziologische Untersuchung von Vorstellungen über die Wirklichkeit gilt dieselbe Reduktion der analytischen Möglichkeiten wie für die Erforschung des Gegenstands dieser Vorstellungen. Im subjektiven wie im objektiven Bereich sehen wir uns gleichermaßen einer Totalität gegenüber, die wir nur auszugsweise, auf Einzelaspekte beschränkt, wiedergeben können. Zunächst ist deshalb die Selektivität der Analyse zu programmieren. Welche Aspekte der subjektiven Repräsentation einer Milieustruktur verdienen die besondere Aufmerksamkeit der Soziologie? Hierbei können wir von der soziologischen Tradition der Analyse von Großgruppen profitieren und alte Fragestellungen, deren soziologische Relevanz immer wieder bestätigt wurde, auf die gegenwärtige Situation beziehen (Abschnitt 8.1).

Nach ihrer Konkretisierung werden diese analytischen Perspektiven bei der Untersuchung subjektiver Vorstellungen über die Milieustruktur eingesetzt. Ist die soziale Lage eine wichtige Komponente des Gesellschaftsbildes (Abschnitt 8.2)? Gibt es eine im allgemeinen Bewußtsein verankerte Prestigeordnung sozialer Großgruppen (Abschnitt 8.3)? Werden soziale Milieus in ein subjektives Vorstellungsmuster gesellschaftlicher Konflikte eingeordnet (Abschnitt 8.4)? Und schließlich: Gibt es so etwas wie ein Wir-Gefühl, ein Großgruppenbewußtsein, das einen expliziten Zusammenhang zwischen eigener Person und Milieu herstellt (Abschnitt 8.5)? Eine zusammenfassende Betrachtung führt zur These von der Entkollektivierung der Wirklichkeitsmodelle (Abschnitt 8.6).

8.1 Wonach fragen?
Relevanztraditionen der Großgruppensoziologie

Um die gesellschaftlichen Impulse zu beurteilen, die von einer gegebenen Milieustruktur ausgehen, ist die Analyse des Bewußtseins von dieser Milieustruktur gewiß nicht hinreichend, aber notwendig. Soziale Strukturen wirken zweifach auf das Alltagsleben zurück, aus dem sie hervorgegangen sind: zum einen als objektive Tatbestände, zum anderen durch die subjektive Vorstellung von den objektiven Tatbeständen.

Auch wenn sich die Menschen der gesellschaftlichen Verhältnisse nicht bewußt sind, werden sie doch dadurch in ihrem sozialen Handeln eingegrenzt, gesteuert, provoziert, angeregt. Sobald die objektive soziale Wirklichkeit subjektiv abgebildet wird, entsteht ein eigener, zusätzlicher Bereich von Bedingungen sozialen Wandels. Alltagsästhetik im 19. Jahrhundert wurde stark durch die Situation bestimmt: Verteilung von Ressourcen, Märkte, Bildungschancen, regionale Zuordnung. Mit der Veränderung dieser Verhältnisse änderte sich auch die Alltagsästhetik. Nur durch die Dynamik objektiver Bedingungen läßt sich der säkulare Stilwandel jedoch nicht erklären. Großbürgerliche Distinktion und kleinbürgerliche Imitation sind erst dann verstehbar, wenn man die kognitive Repräsentation der Sozialstruktur mit einbezieht: Durch die subjektive Modellierung der Gesellschaft als einer geschichteten Großgruppengesellschaft mit dem Bürgertum in den oberen Etagen nahm die Entwicklung einen besonderen, subjektiv beeinflußten Verlauf.

Beginnen wir, um uns dem Thema der Wirklichkeitsmodelle anzunähern, mit einer Differenzierung milieubezogenen Wissens in zwei Bereiche. Als *milieukonstituierendes* Wissen sollen jene Bewußtseinshalte bezeichnet werden, die dazu führen, daß sich eine bestimmte Milieustruktur ausbildet. Solche Wirkungen können nur ganz bestimmte Bewußtseinsinhalte haben: Vorstellungen der Menschen darüber, welche Existenzformen für sie selbst normal sind. Nach den in den vorangegangenen Kapiteln entwickelten Thesen bilden sich diese Vorstellungen zunehmend im semantischen Raum einer innenorientierten Semantik. Allgemeines Substrat dieser Vorstellungen sind existentielle Anschauungsweisen, die sich in der milieuspezifischen Alltagsästhetik, in den handlungsleitenden Dispositionen, in der Situation niederschlagen. Beim neuen Muster des Aufbaus von Existenzformen sind es vor allem die Modi der Wahl und der selbstbestimmten Symbolisierung, die für die partielle Anpassung individuellen Lebens an milieuspezifische Typen sorgen (Abschnitt 4.12). Milieukonstituierende Normalitätsvorstellungen führen jedoch nicht nur zur Ausprägung gruppenspezifischer Existenzformen, sondern - da sie soziale Ähnlichkeit und Unähnlichkeit definieren - auch zur gruppenspezifischen Verdichtung von Sozialkontakten. Erst wenn beide Bedingungen erfüllt sind, kann man von sozialen Milieus sprechen.

Von diesem milieukonstituierenden Wissen ist das *strukturabbildende* zu unterscheiden. Gemeint ist damit der Bewußtseinsbereich subjektiver Wirklichkeitsmodelle, in dem sich die durch viele individuelle Handlungen konstituierte Großgruppenstruktur widerspiegelt - sei es nun richtig, falsch, lückenhaft, vielleicht auch gar nicht vorhanden (auch das Nichtwissen ist also Gegenstand der Untersuchung). Freilich ist die Grenze zwischen milieukonstituierendem und strukturabbildendem Wissen nicht exakt zu ziehen, weil es sich um kognitive Phänomene handelt, die in einem Verweisungszusammenhang stehen und die durch eine gemeinsame fundamentale Semantik in Homologie gebracht werden. Trotzdem kann man abgrenzbare Hauptbereiche milieukonstituierenden und strukturabbildenden Wissens unterscheiden. Als Anhaltspunkt genügt an dieser Stelle eine Charakterisierung der thematischen Schwerpunkte. Milieukonstituierendes Wissen ist um das Thema der eigenen Existenz herum kristallisiert, strukturabbildendes Wissen kreist um den Inhaltsbereich des Kollektivs und seiner Untergliederungen. Von jedem dieser Schwerpunkte aus läßt sich der andere Pol ins Auge fassen, weshalb keine exakte Trennung möglich ist. Sinnvoll ist die Unterscheidung gleichwohl. Gegenstand der folgenden Überlegungen ist nun ausschließlich strukturabbildendes Wissen.

Gleich den Strukturen, die es reflektiert, hat auch das darauf bezogene Wissen unübersehbar viele Aspekte. Es wird dem Soziologen nicht als fertiges Päckchen vor die Füße gelegt, dessen Inhalt er nur auszuwickeln braucht. Wir stehen einem überkomplexen Wirklichkeitsbereich gegenüber, der sich nur selektiv erschließen läßt. Vor der Analyse strukturabbildenden Wissens müssen wir überlegen, worauf wir uns eigentlich konzentrieren wollen. Das Programm, sich auf soziologisch relevante Dimensionen einzuschränken, ist noch zu unbestimmt. In dieser Situation können wir uns den Umstand zunutze machen, daß sich die Soziologie seit langem mit der Untersuchung eines bestimmten Typs sozialer Milieus beschäftigt hat. Dabei hat sie in einer Geschichte von theoretischem Versuch und Irrtum zentrale Dimensionen der Analyse strukturabbildenden Wissens herausgearbeitet, an denen wir uns nun orientieren können.

Soziale Schichtung ist ein Spezialfall der Milieusegmentierung. Von der Besonderheit einer hierarchischen Ordnung der Milieus abgesehen, gelten alle vorangegangenen Überlegungen auch für soziale Schichten: Verdichtung komplexer Existenzformen (Konstellationen von Situation und Subjekt), gestalthafte Repräsentation im Bewußtsein, hohe interne Kontaktdichte, relative Abgegrenztheit, Unschärfeproblem. Wenn auch bezogen auf einen Spezialfall der Milieusegmentierung, kann die soziologische Tradition der Analyse sozialer Schichten und Klassen doch allgemeine milieutheoretische Anregungen geben. Die Perspektiven, die sich hier als soziologisch relevant herausgestellt haben, sind auf beliebige Milieustrukturen übertragbar. Sekundär ist dabei die akademische Frage, ob etwa Milieus der Gegenwart noch als Schichten bezeichnet werden können. Worauf es in unserem Zusammenhang ankommt, ist nicht die Zuordnung eines Sachverhalts zu einem Terminus, sondern die in einer bestimmten Organisation strukturabbildenden Wissens angelegte gesellschaftliche Dynamik. Durchmustert man nun den Bestand der Theorien sozialer Schichtung, so schälen sich vier Dimensionen der kognitiven Repräsentation von Milieustrukturen heraus, die wegen ihrer gesellschaftlichen Bedeutung besondere Beachtung verdienen:

1. *Soziale Ungleichheit*: Je klarer die Menschen das Empfinden haben, daß globale Unterschiede der sozialen Lage (Ressourcen, Lebensverhältnisse und Risiken, vgl. Hradil 1987, S.88, 157) zwischen sozialen Milieus bestehen, desto mehr ist individuelle Lebensplanung am Muster milieuüberschreitender Aufwärtsmobilität orientiert. Die Aneignung von Gütern, Kompetenzen, Rechten und Sicherheiten wird zu einem umso zentraleren Motiv des Handelns, je mehr die Aufmerksamkeit auf die Ungleichheit des Besitzstandes gelenkt wird. Durch nichts wird nun soziale Ungleichheit stärker akzentuiert als durch die Wahrnehmung, daß sie kollektiv gebündelt ist.

2. *Prestige*: Vorstellungen über die Milieustruktur können mit einer Differenzierung der Wertschätzung sozialer Großgruppen verbunden sein. Keineswegs muß diese Differenzierung dem Gefälle der sozialen Lage parallel laufen. Es ist deshalb notwendig, den Aspekt des Prestiges für sich zu behandeln. Wenn zum Wissen über die Sozialstruktur tatsächlich auch die Komponente einer allgemeinen Prestigeordnung sozialer Gruppen gehört, so ist die soziologische Bedeutung dieses Wissens vor allem durch die Verteilung von Definitionsmacht zu beschreiben. Die angesehenen Gruppen haben Einfluß darauf, was als wirklich, gut, schön gilt und was nicht.

3. *Gegensätze*: Wenn soziale Gruppen als gegensätzlich erlebt werden, beeinflußt dies die Thematik öffentlicher Auseinandersetzungen. Im Klassengegensatz etwa werden milieuspezifische Unterschiede der sozialen Lage als Widerspruch interpretiert. Dadurch wird die soziale Lage zum öffentlichen Problem. Kollektive Aktion und politische Entscheidungsfindung beschäftigen sich mit dem Konflikt und vergessen darüber anderes. Doch kann sich die Wahrnehmung von Gegensätzen zwischen sozialen Gruppen auch auf andere Aspekte konzentrieren, weshalb es sinnvoll ist, Konflikt und soziale Ungleichheit analytisch voneinander zu trennen. Möglich ist etwa auch die Fokussierung des Wissens auf normative oder ästhetische Gegensätze. Mit der Veränderung der Abbildung von Gegensätzen zwischen sozialen Gruppen ändert sich die gesellschaftliche Tagesordnung, neue Themen verdrängen alte. Es ist denkbar, daß Unterschiede der sozialen Lage unbeachtet bleiben. Fehlt die Wahrnehmung von Gegensätzen zwischen Milieus, so werden objektiv bestehende Differenzierungen nicht bearbeitet.

4. *Großgruppenbewußtsein*: Wie deutlich wird den Menschen bewußt, daß sie einem bestimmten Milieu angehören? Wie klar erkennen sie die Umrisse dieses Milieus? Wie wir sehen werden, sind die Chancen kollektiver Selbstwahrnehmung unterschiedlich über die sozialen Gruppen verteilt. Mit dem Gruppenbewußtsein ist die formale und informale Organisierbarkeit sozialer Milieus verbunden, mithin auch die Möglichkeit, sich politisch zu artikulieren und durchzusetzen.

Für die Untersuchung dieser Dimensionen des Wissens in den folgenden Abschnitten stehen keine Auskünfte von Befragten zur Verfügung. Dieser Mangel hat insofern System, als direkte Fragen zur milieubezogenen Wahrnehmung von sozialer Ungleichheit, von Prestige, von Gegensätzen und von Gruppenzugehörigkeit nur unter bestimmten Bedingungen brauchbare Informationen erwarten lassen, wenn überhaupt. Man müßte die Milieukonstellation bereits in den Interviewfragen explizit machen können, man müßte viel Befragungszeit zur Verfügung haben, und man bräuchte Daten früherer Untersuchungen für historische Vergleiche. Keine dieser Voraussetzungen war gegeben. Skepsis wäre jedoch auch dann am Platze, wenn die Forschungssituation günstiger gewesen wäre, denn es geht um Inhalte, die im Alltagsleben wenig bearbeitet werden, um unausgesprochene Selbstverständlichkeiten, an die Befragte in der Interviewsituation schwer heranzuführen sind. Aussagen über diese Bereiche des Bewußtseins sind zu wenig durch die Alltagskommunikation vorgebahnt, um im Ping-Pong-Spiel von Frage und Antwort schnell und zuverlässig abrufbar zu sein. Es sagt beispielsweise wenig aus, wenn sich die Mehrheit der Befragten zur »Mittelschicht« rechnet - ein immer wieder (auch in dieser Untersuchung) repliziertes Ergebnis. Zu naheliegend ist der Verdacht, daß die Befragten, bedrängt von einer ungewohnten, nur für den Soziologen selbst alltäglichen Frage schnell die unverbindlichste Antwort geben.

Im folgenden wird ein anderer Zugang gewählt. An die Stelle von Befragungsdaten tritt die indirekte Methode der wahrnehmungspsychologischen Schlußfolgerung. Leitfrage ist: Welches Bild der Milieukonstellation entsteht in unserem Kopf, wenn bestimmte Prämissen gelten? Zu diesen Prämissen zählt die Milieukonstellation selbst, daneben eine Reihe weiterer Bedingungen: die neuen Möglichkeitsräume, deren Expansion im 1. Kapitel beschrieben wurde (Ausweitung von Angebotsvolumen und Nachfragekapazität, Wegfall von Zugangsbarrieren, Glaube an die Gestaltbarkeit der Welt), spezifische Erfahrungsformen der Gegenwart (Darstellung sozialer Milieus in den Medien), besondere Vergesellschaftungsformen (Szenen, Trends, soziale Bewegungen), schließlich auch unsere Optik - unsere epochaltypische oder milieutypische Selektivität bei der Wahrnehmung sozialer Strukturen. Damit ist der Kurs der folgenden Überlegungen vorgezeichnet. Es ist klar, daß das Ergebnis nur hypothetischer Natur sein kann. Dies sollte jedoch kein Grund sein, einem Thema auszuweichen.

8.2 Gespaltene Vertikalität sozialer Lagen

Was in der Schichtungssoziologie bereits im Kernbegriff eingeschlossen ist - soziale Ungleichheit zwischen Mentalitätsgruppen -, muß bei der Soziologie sozialer Milieus wieder zum Thema werden. Die Wahrnehmung von Unterschieden der sozialen Lage beeinflußt die individuelle Lebensplanung und die typischen Muster sozialer Mobilität zwischen Milieus. Je nach der Position, in die man sich selbst einordnet, legt die klare Vorstellung einer Hierarchie sozialer Großgruppen entweder Distinktion (von oben nach unten) oder Aufwärtsstreben (von unten nach oben) nahe. Wer oben ist, will oben bleiben, wer unten ist, will höher kommen. Dies steuert Ängste und Begierden, trägt zur Vereinheitlichung des Wertesystems bei, stattet diejenigen mit Macht aus, die über das Vorwärtskommen anderer entscheiden können, definiert das vorherrschende Belohnungssystem. Ohne die Wahrnehmung einer Hierarchie, ob sie nun existiert oder nicht, fehlt ein Motiv zur Grenzüberschreitung.

Wie sich gezeigt hat (6. Kapitel), weist die objektive Struktur sozialer Milieus vertikale Charakteristika auf, bedingt durch die zentrale Bedeutung des Bildungsgrades. Vor allem berufliche Stellung, Arbeitsbedingungen, Wohnsituation, Einkommen und Eigentum sind klar milieuspezifisch verteilt. Bei einer hierarchischen Interpretation der Milieustruktur resultiert folgendes Modell:

	Niveaumilieu
Selbstverwirklichungs-milieu	Integrations-milieu
Harmonie-milieu	Unterhaltungs-milieu

Hierarchisches Modell der Milieustruktur nach der globalen sozialen Lage

Selbst wenn man, der Empfehlung Hradils (1987, S.88) folgend, die traditionelle Ressourcenperspektive der Ungleichheitsforschung um die Gesichtspunkte von Lebensverhältnissen und Risiken erweitert, bleibt das Gesamtbild einer milieuspezifischen Differenzierung sozialer Ungleichheit erhalten. Verschiedene Dimensionen erzeugen immer wieder dasselbe Rangordnungsmuster. Aber das Gesamtbild ist kompliziert. Auf der einen Seite stößt man, fast schon überrascht, auf eine globale, viele Einzelkriterien einschließende milieuspezifische Abstufung sozialer Ungleichheit. Auf der anderen Seite tritt soziale Ungleichheit nicht nur zwischen, sondern auch in den Milieus auf. Im Erfahrungskosmos des Selbstverwirklichungsmilieus beispielsweise trifft man auf Gutverdienende und relativ Mittellose (Studenten), auf Arbeitsplatzbesitzer und Arbeitssuchende, auf Aufsteiger und Aussteiger. Erst im Vergleich mit anderen Kollektiven wirkt diese Heterogenität relativ homogen. Größer noch wird die Unübersichtlichkeit, wenn man nicht einzelne *Kriterien* sozialer Ungleichheit innerhalb eines gegebenen Milieus betrachtet, sondern die komplexe, vieldimensionale Lebenslage einzelner *Fälle*. Angesichts der Vielzahl der Konstellationen kann man mit Hradils Konzept der sozialen Lage etwas Ordnung schaffen. Als »typische Kontexte ungleicher Handlungsbedingungen« (vgl. Hradil 1987, S.151 f.) sind soziale Lagen Kurzformeln für häufig vorkommende Konglomerate von Ressourcen, Lebensverhältnissen und Risiken, summarische Begriffe für Chancen zur Befriedigung allgemein anerkannter Bedürfnisse.

Es ergibt sich nun folgendes Gesamtbild: Jedes Milieu enthält eine Mehrzahl von sozialen Lagen; bestimmte soziale Lagen treten in mehreren Milieus auf; gleichzeitig ist aber auch eine deutliche milieuübergreifende Abstufung zu erkennen - nicht nur für Sozialwissenschaftler, sondern auch für die Menschen im Alltag. Daß etwa ein globaler Unterschied zwischen Niveaumilieu und Harmoniemilieu besteht, welche milieutypischen Einzellagen man auch immer miteinander vergleichen mag, ist nicht zu bezweifeln. Sofern milieuübergreifende soziale Lagen vorkommen, beschränken sie sich auf *einige* Milieus. Die meisten sozialen Lagen häufen sich in bestimmten Milieus, für die allerdings immer gleich eine Mehrzahl von Lagen charakteristisch ist. An die Stelle des Arbeitermilieus beispielsweise sind andere Milieus (Integration, Harmonie, Unterhaltung) getreten, die arbeitertypische soziale Lagen einschließen, aber nicht nur diese.

Doch das Bild, das wir uns von der Milieustruktur machen, entspricht nicht der objektiv gegebenen vertikalen Ordnung. Subjektive Modelle der Großgruppenstruktur nähern sich immer mehr einem Bild von Nachbarschaften und Distanzen an, in dem die Relation von höher und tiefer nur verschwommen definiert ist. Vor allem fünf Gesichtspunkte sprechen für die These des Abbruchs und Umbaus vertikaler Gesellschaftsmodelle:

1. *Gespaltene Vertikalität*: Schon die Gesamtanlage des Milieugefüges legt eine subjektive Repräsentation nahe, die nicht durch eine dominierende vertikale Achse geprägt ist. Eindeutig überlagert eine moderne, fast ausschließlich erlebnisorientierte Altersschichtung die traditionelle ressourcenorientierte Bildungs- und Berufsschichtung, deren soziale Interpretation als hierarchische Ungleichheit dadurch immer mehr verdrängt wird. In der Struktur gespaltener Vertikalität existieren Milieus als deutlich abgegrenzte Großgruppen nebeneinander, die sich nicht in eine klare Rangordnung nach dem Kriterienbündel sozialer Ungleichheit bringen lassen. Der Vertikalisierungseffekt der Bildung wird durch den Horizontalisierungseffekt des Lebensalters konterkariert. Das Nebeneinander in sich geschichteter Altersgruppen eignet sich nicht für eine klare Semantik milieuspezifischer Lageunterschiede.

2. *Verblassen hierarchisch interpretierbarer Zeichen*: Attribute, die auf den Lebensstandard hinweisen, erfüllen zwar das Kriterium der Evidenz, aber kaum noch das Kriterium der Signifikanz. Konsum kann nur dann demonstrativ sein, wenn man der angeeigneten Ware ihren Preis ungefähr ansieht (Evidenz). Diese Bedingung ist meist erfüllt. Alle wissen, daß ein Auto teurer ist als ein Fahrrad; alle kennen den Unterschied zwischen einem wirtschaftlichen Auto und einer Luxuslimousine; der Mantel sieht teuer oder billig aus usw. Aber die ökonomisch-hierarchische Indikatorfunktion der Konsumgüter ist weitgehend verlorengegangen (Signifikanz). Gerade das besonders Offensichtliche ist sozioökonomisch

nichtssagend geworden. Man weiß beispielsweise nicht, wer reicher ist: der Autobesitzer oder der Radfahrer. Die klassischen Hinweise auf soziale Über- und Unterordnung, angeeignete Güter und Dienstleistungen, differenzieren immer weniger zwischen abgestuften Aneignungspotentialen. Einem hierarchischen Gesellschaftsmodell fehlt das Anschauungsmaterial aus vielen alltäglichen Erfahrungen, ohne die es nicht existieren kann.

3. *Milieuinterne Differenzierungen*: Bei einer milieuübergreifenden Perspektive erscheinen einzelne Milieus relativ lagehomogen im Vergleich zu anderen. Innerhalb der Milieus, im Nahbereich der Alltagserfahrung, verbleiben jedoch erhebliche Unterschiede der sozialen Lage. Einiges läßt erwarten, daß die Differenzierung sozialer Lagen, die in der Nachkriegsgeschichte der Bundesrepublik zu beobachten ist, sogar noch weitergehen wird. Es wird immer schwieriger, innerhalb sozialer Milieus eine einheitliche Interpretation der unterschiedlichen Lagen zu entwickeln und diese Interpretation dann in ein milieuübergreifendes Modell der sozialen Wirklichkeit einzubauen.

4. *Abnehmende Spürbarkeit von Ungleichheit*: Zurückgegangen ist nicht nur die Wahrnehmbarkeit von Milieus als Personengemeinschaften in gleicher Lage, sondern auch die Schmerzhaftigkeit der Lageunterschiede und die subjektiv empfundene Dringlichkeit ihrer Überwindung. Mit dem »Fahrstuhleffekt« (Beck 1983) der Verschiebung des Niveaus sozialer Ungleichheit spürt man die Unterschiede weniger stark: Deprivationen tun weniger weh, Privilegien haben geringere subjektive Bedeutungen.

5. *Veränderung der normalen existentiellen Problemdefinition*: Man kann nicht über soziale Ungleichheit und Unterschiede der Lebenslage sprechen, ohne wenigstens zwischen den Zeilen auf allgemeine existentielle Ziele Bezug zu nehmen. Graduierungen zwischen Besser- und Schlechtergestellten setzen logisch eine Wertskala voraus. Solange es um Probleme des Überlebens geht, um Ernährung, Wohnen, Gesundheit, Schutz in existentiellen Notlagen, Risikovorsorge, spielen die damit zusammenhängenden Komponenten der sozialen Lage eine dominierende Rolle in der vergleichenden sozialen Wahrnehmung: Eigentum, Einkommen, Arbeitsplatzsicherheit, Mitbestimmungsmöglichkeiten. Je stärker Außenorientierung durch Innenorientierung verdrängt wird, desto unwichtiger werden die traditionellen Dimensionen sozialer Ungleichheit.

Die Waffen im Kampf ums Dasein werden umgedeutet, wenn der Kampf abgeblasen ist. In einer ambivalenten Situation, wo Kampf- und Spielmotiv nebeneinander bestehen, werden auch Kriterien sozialer Ungleichheit ambivalent. In der Kampfsituation begründen die traditionellen Kriterien sozialer Ungleichheit Hierarchien. Wer mehr Geld, mehr Wissen, mehr Weisungsbefugnisse und mehr nützliche Beziehungen hat, setzt sich auch besser durch. In der Spielsituation sind materielle Ressourcen weniger wichtig, während kognitive und soziale Ressourcen eher qualitative als hierarchische Unterschiede begründen. Besonders deutlich ist dies beim Merkmal Bildung. Wenn Macht und Kampf die wesentlichen Koordinaten des Bezugssystems sind, begründet Bildung eine soziale Hierarchie mit den typischen Beziehungen von Neid, Arroganz und Konflikt. Im erlebnisorientierten System des ästhetisierten Alltags dagegen begründet Bildung Fraktionierungen des persönlichen Stils, die sich nicht in eine allgemeinverbindliche Rangordnung bringen lassen.

Diese allgemeinen Tendenzen des Wandels strukturabbildender Wirklichkeitsmodelle (vgl. zu diesem Terminus Abschnitt 8.1) werden durch milieuspezifische existentielle Anschauungsweisen modifiziert. Vor allem im Niveaumilieu ist eine vergleichsweise höhere Sensibilität für Unterschiede der sozialen Lage zu erwarten, weil die primäre Perspektive der Wahrnehmung auf Hierarchien ausgerichtet ist und weil die normale existentielle Problemdefinition darauf abzielt, eine obere Position in vertikalen Ordnungen zu erreichen. Deshalb wird es in diesem Milieu aufmerksam registriert, ob jemand besser oder schlechter gestellt ist, wenn es auch als unfein gilt, darüber zu reden. Aus einer anderen existentiellen Anschauungsweise heraus hat sich auch im Harmoniemilieu ein Bewußtsein für milieuspezifische Unterschiede der sozialen Lage erhalten. Hier ist es die primäre Perspektive der Gefahr, die für soziale Ungleichheit sensibilisiert. Immer noch ist Armut mit Bedrohung verbunden, wenn auch in viel geringerem Maße als im 19. Jahrhundert oder in den Jahren nach den beiden Weltkriegen. Die gedankliche Verbindung von Mangel und existentiellen Risiken hat sich vor allem im Harmoniemilieu behauptet. Hier kommt die relative Benachteiligung in der Gegenwart (wenn auch auf dem Niveau der Wohlstandsgesellschaft) mit dem Generationserlebnis des Mangels in der Zeit nach 1945 zusammen. Die primäre Perspektive der Gefahr akzentuiert diese Erfahrungen. Einkommen und Besitz haben im Harmoniemilieu große Bedeutung, weil sie aus der Perspektive des Strebens nach Geborgenheit interpretiert werden.

Während die existentiellen Anschauungsweisen von Niveaumilieu und Harmoniemilieu dem geschilderten Trend zur abnehmenden Aufmerksamkeit für milieuspezifische Unterschiede der sozialen Lage entgegenwirken, verstärken die existentiellen Anschauungsweisen anderer Milieus diese Tendenz. Das Streben nach Stimulation (Unterhaltungsmilieu) oder nach Selbstverwirklichung läßt soziale Ungleichheit in den Hintergrund treten.

8.3 Sozialprestige
Die Segmentierung des Jahrmarkts der Eitelkeiten

Quantitativ fällt der Anteil des Bürgertums an der Gesamtbevölkerung im 19. Jahrhundert kaum ins Gewicht (Wehler 1987; Kocka 1988). Daß trotzdem das 19. Jahrhundert als das bürgerliche Jahrhundert einzuschätzen ist, weist auf die soziologische Relevanz des Sozialprestiges hin. Vom Aufwind allgemeinen Respekts wurde das Bürgertum so weit nach oben getragen, daß es weithin sichtbare Signale geben konnte: gut oder böse, schön oder häßlich, legitim oder tabuisiert, akzeptabel oder problematisch. Aus der Sozialgeschichte ist uns eine vertikale Struktur der gegenseitigen Einschätzung soziokultureller Milieus vertraut. Auf verschiedenen Sprossen der Prestigeleiter stehend, schauen die einen von unten nach oben, die andern von oben nach unten.

Eine allgemeinverbindliche Semantik des Sozialprestiges muß einfach sein. Damit sie die Beziehung auch zwischen einander fremden Personen regulieren kann, müssen diese die Vorstellung einer hierarchisch abgestuften Einfachstruktur von großen gesellschaftlichen Gruppen im Kopf haben, verbunden mit einem universellen Identifikationssystem, das sich eines Registers besonders offensichtlicher, schnell dechiffrierbarer Signale bedient - die altbekannten Statussymbole. Enthält die für jedermann erfahrbare soziale Wirklichkeit der Gegenwart Voraussetzungen einer Hierarchisierung der Gesamtgesellschaft? »Ständische Lagen« im Sinne von Max Weber sind Positionen im Gefüge der Ehre, »die sich an irgendeine gemeinsame Eigenschaft vieler knüpfen« (1956, S.534). Es besteht kein Zweifel, daß sich »gemeinsame Eigenschaften vieler« in unserer Gesellschaft geradezu kumulieren. Empirische Analysen von Existenzformen in der Bundesrepublik Deutschland haben vieldimensionale Muster gemeinsamer Eigenschaften zutage gefördert, die sich durch einfache Zeichen repräsentieren lassen (6. und 7. Kapitel). Zu diesen Eigenschaften zählen auch Aspekte der sozialen Lage.

Wichtige Voraussetzungen einer allgemeinen Prestigeordnung sind gegeben. Trotzdem ist es plausibel, gerade das Gegenteil anzunehmen: Kaum noch wird die Milieustruktur subjektiv in die Relation sozialer Achtung übersetzt. Diese These wurzelt im Befund einer Milieustruktur mit gespaltener Vertikalität, bei der in sich geschichtete Altersgruppen nebeneinander existieren. Unter diesen Umständen kann sich schwerlich ein einheitliches Normensystem etablieren, nach dem jeder jeden taxiert. Im babylonischen Gewirr der sozialen Bewertung achtet jeder auf die eigene Muttersprache. Soziale Geltung bestimmt sich nach milieuspezifischen Maßstäben (vgl. Wegener 1985).

Zwar hat es neben gesamtgesellschaftlichen Bewertungssystemen schon immer auch andere gegeben: subkulturspezifische, organisationsspezifische, intimgruppenspezifische Rangsysteme mit eigener Semantik. Der Generaldirektor war nicht dagegen gefeit, zu Hause als Trottel angesehen zu werden. Altbekannt erscheint uns die Gleichzeitigkeit mehrerer Prestigeordnungen. Aber die Akzente haben sich verschoben. Zentrale These ist nicht etwa der Übergang von einem einheitlichen zu einem pluralen Prestigesystem (dies wäre zu grob gezeichnet), sondern der Bedeutungsverlust von universellen gegenüber partikularen Kriterien.

Man würde deshalb an den empirischen Gegebenheiten vorbeifragen, wollte man nun nach neuen Statuskriterien suchen. Statt einer Schönheitskonkurrenz finden viele statt, deren Regeln durch milieuspezifische existentielle Anschauungsweisen bestimmt werden. Jedes Milieu veranstaltet seinen eigenen Jahrmarkt der Eitelkeiten. Im weltverankerten Ich-Welt-Bezug des Niveaumilieus zählen vorgefundene hierarchische Ordnungen wie Bildung, Eigentum, berufliche Position. Dagegen wird ein Star im Selbstverwirklichungsmilieu ichverankert definiert; es kommt auf die Darstellung des Inneren Kerns im persönlichen Auftreten an. Gefragt sind Schlagfertigkeit, Eleganz, körperliche Attraktivität, Unterhaltsamkeit, Ausdrucksvermögen, Unkonventionalität, Spontaneität, Selbstsicherheit, Coolness u.ä. Am unteren Ende der Prestigeskala stehen hier nicht Arbeitslose und Gelegenheitsjobber, sondern Langweiler, Verklemmte, Angepaßte. Gerade dies wiederum: Anpassung, Unauffälligkeit, traditionelle Regelhaftigkeit und anspruchslose Nettigkeit, schlimmste Beleidigungen im Selbstverwirklichungsmilieu, führen in den Prestigeordnungen von Harmonie- und Integrationsmilieu nach oben.

Wir stoßen hier auf ein Beispiel für die Milieuzentrierung des Denkens. In Abschnitt 5.13 wurde diese Tendenz allgemein als Zunahme der mittleren Gemeinsamkeit von existentiellem Wissen beschrieben. Im Bann des eigenen normativen Gravitationsfeldes vergleichen sich die Menschen vorwiegend mit denen, die sie als ähnlich empfinden, und achten hauptsächlich auf den Eindruck, den sie im eigenen Milieu machen. Grenzen zwischen Milieus sind keine Prestigegrenzen im hergebrachten Sinne, weil die Prestigeordnungen inkommensurabel sind. Kein Milieu genügt den Ansprüchen irgendeines anderen Milieus, keines ordnet sich einem anderen unter. Zwischen den Milieus herrscht ein Klima von Indifferenz oder achselzuckender Verächtlichkeit, nicht geregelt und hierarchisiert durch eine umfassende Semantik des Oben und Unten. Wo die Angehörigen der Bildungselite, der Geldelite, der Machtelite sich noch in den fünfziger Jahren schnell Respekt verschaffen konnten (»Was nehmen Sie sich heraus!«), müssen sie jetzt aufpassen, sich nicht lächerlich zu machen. Im Austausch von Prestige und Arroganz gibt es verschiedene Zahlungsmittel. Die traditionelle gesamtgesellschaftliche Währung der sozialen Ehre verliert ihre Leitfunktion und Konvertierbarkeit. Sie wird verdrängt durch milieuspezifische Maßstäbe gegenseitiger Bewertung.

Weder durch die Theorie einer umfassenden Massenkultur ist die Gesellschaft zutreffend zu beschreiben, noch durch die These einer Partikularisierung des Geschmacks, wo jeder als Erfinder seines eigenen Stils auftritt. Persönlicher Stil wendet sich immer an ein Publikum. Weil dieses fachkundig sein muß, zählt nicht jeder beliebige dazu. Wir tanzen auf verschiedenen Hochzeiten, für die jeweils eine eigene milieuinterne Ästhetik gilt. Milieuübergreifende Prestigebeziehungen werden uneinheitlich und standortgebunden. Wer über den Tellerrand des eigenen Umfeldes hinweg auf andere herabschaut, kann nicht erwarten, daß diese zu ihm aufschauen.

Widerspricht dieses Bild nicht dem empirischen Sachverhalt langjähriger Konstanz der Prestigeordnung von Berufen, das Hradil (1983, 1986) als Argument für die Stabilität des gesamtgesellschaftlichen Prestigesystems anführt? Man muß an dieser Stelle zwischen dem Prestige von Berufen und dem Prestige von Personen differenzieren. Vom Berufsprestige kann man nur dann auf persönliches Prestige schließen, wenn Personen hauptsächlich als Träger einer Berufsrolle wahrgenommen werden. Daß nach wie vor eine stabile und durchgängige vertikale

Ordnung von Berufen nach dem Prestige existiert, wird durch die neuere empirische Forschung belegt (Mayer 1987). Mit der Fokussierung der sozialen Wahrnehmung auf das Subjekt tritt jedoch der Beruf als Gesichtspunkt der Prestigeattribuierung zurück. Unbeschadet seiner immer noch machtvollen existentiellen Innenwirkung variiert seine Außenwirkung mit dem Milieu. Gemeint ist damit nicht sein Prestigerang, der als weitgehend konstant unterstellt werden kann, sondern sein Aufmerksamkeitswert. Wo der Aufmerksamkeitswert des Berufs als Bezugspunkt der sozialen Wahrnehmung nicht über alle Milieus hinweg gesichert ist, schwindet seine statusdefinierende Macht.

Hinzu kommt, daß Berufe nur ungenau auf einzelne Milieus aufgeteilt sind. Die gehobenen Berufe fluktuieren, je nach Lebensalter, zwischen Niveau- und Selbstverwirklichungsmilieu, die Berufe am unteren Ende der Prestigskala zwischen Harmonie- und Unterhaltungsmilieu, die mittleren Berufe zwischen Integrations- und Harmoniemilieu. In bestimmten Milieus häufen sich Personen *ohne* Berufe, so Studenten im Selbstverwirklichungsmilieu, Rentner und ältere Hausfrauen im Harmoniemilieu.

8.4 Vom sozialen Konflikt zur gegenseitigen Distanz

Soziale Ungleichheit schlägt nur dann in manifeste Konflikte um, wenn soziale Lagen Basis von Milieubildung werden. Im Vokabular der Theorie sozialer Konflikte - Klassenbewußtsein, Solidarisierung, Organisation von Interessen - klingt eine wissenssoziologische Voraussetzung an: die Segmentierung von Milieus entsprechend den Differenzierungen der sozialen Lage. Freilich ist diese Bedingung nur notwendig, nicht auch hinreichend für das Aufbrechen von Konflikten. Zwar begründet die Milieusegmentierung einer Gesellschaft immer auch ein Konfliktpotential, doch kann dies latent bleiben. Die Wahrnehmung von persönlichen Unterschieden verläuft parallel zur Wahrnehmung sozialer Gruppen. Private Erfahrungen des Andersseins können kollektiv interpretiert, persönliche Gegensätze sozial überhöht werden. Dabei muß es nicht immer um milieuspezifische Unterschiede der sozialen Lage gehen. Auch Symbole, Rituale, alltagsästhetische Schemata, religiöse Überzeugungen und andere Manifestationen des Subjekts können zum Konfliktgegenstand werden. Soziologisch interessant ist die erlebte Gegensätzlichkeit zwischen Milieus vor allem durch ihren Einfluß auf die gesamtgesellschaftliche Tagesordnung. Was wird zum Verhandlungsgegenstand? An welchen Themen entzünden sich kollektiv verstärkte Meinungskonflikte? Welche Interessengegensätze werden umgekehrt gar nicht erst zum Thema?

Im 19. und beginnenden 20. Jahrhundert bezogen soziale und politische Konflikte ihre Themen aus der Wahrnehmung kollektiver Ungleichheit; umgekehrt wurde kollektive Selbst- und Fremdwahrnehmung durch öffentlich ausgetragene Konflikte akzentuiert. Inzwischen sind Konflikte, die typische Lagemerkmale einzelner Milieus betreffen, so weitgehend institutionalisiert, daß sie aus dem Erfahrungsbereich des Alltagslebens fast verschwunden sind. Sie ereignen sich hinter den Türen. Persönliche Angelegenheiten wurden zu Angelegenheiten von Parteien, Tarifpartnern, Ausschüssen, Planungsgremien, Vorständen. An öffentlichen Diskussionen mangelt es zwar nicht, etwa über Steuern, Gesundheitswesen, Rentenversicherung, Arbeitslosigkeit, Wohnungsbau. Aber man empfindet sich dabei nicht als handelndes Subjekt, sondern als Betroffener. Interessengegensätze, die durchaus milieuspezifisch interpretiert werden könnten, verstärken nicht die Erfahrung der Gemeinsamkeit sozialer Lagen, sondern werden als mal ärgerliches, mal amüsantes, mal skandalöses Gerangel in jenem gesellschaftlichen Bereich wahrgenommen, der sich solcher Konflikte anzunehmen hat. Politik ist kein Feld kollektiver Selbsterfahrung, sondern ein Spektakel, das andere veranstalten; vielleicht schaut man zu, vielleicht auch nicht.

Hinzu kommt, daß die vordergründigen situativen Zeichen der Milieusemantik in der Alltagswahrnehmung - Lebensalter, Generationszugehörigkeit, Bildung - schicksalhaft und deshalb nicht politikfähig erscheinen, im Gegensatz zur Verteilung von Eigentum, Sozialprodukt und öffentlichen Leistungen. Die gegenwärtige Milieusemantik begünstigt die öffentliche Thematisierung subjektiver Gegensätze: Geschmacksfragen, Wertkonflikte, gegensätzliche Problemdefinitionen, Unterschiede von Habitus und Persönlichkeit.

Dies spiegelt sich in der Sozialgeschichte des Selbstverwirklichungsmilieus wider, dessen Entstehungszeit in den sechziger Jahren liegt. Innerhalb des dominierenden Milieus der Nachkriegsgeschichte, des Niveaumilieus, bildete sich eine Generationsgrenze. Damit begann die Abspaltung des Selbstverwirklichungsmilieus. Soziologisch gesehen, waren die Protestbewegungen nicht etwa destruktiv, sondern Motor einer Milieusegmentierung, Bedingung nicht nur einer gemeinsamen Selbsterfahrung, der sich kaum ein jüngerer Mensch entziehen konnte, sondern auch einer klaren kollektiven Grenzziehung, die sich zunächst im Verhältnis von Niveau- und Selbstverwirklichungsmilieu vollzog.

In der revolutionären Rhetorik, in den Theoriedebatten und im intellektuellen Prestigekampf der Aktiven schlugen sich damals zwar noch Elemente der existentiellen Anschauungsweise des Niveaumilieus nieder, vor allem gesamtgesellschaftliches Verantwortungsdenken und Bezug auf allgemeinverbindliche Maßstäbe, doch darunter war schon deutlich der Phänotyp der neuen Ichzentrierung zu erkennen: antiautoritäres Prinzip, Psychologisierung des Alltagsdenkens, »Spontitum«, Hinwendung zu Grenzerfahrungen des Ichs (Drogen), erste Vollblüte des Spannungsschemas. All diese kulturellen Elemente sind in der Selbstverwirklichungskultur von heute so präsent wie damals, doch bleiben sie unangefochten, selbstverständlich zugestandene Spezifika eines etablierten Milieus. Längst ist der Generationenkonflikt der gebildeten Kollektive Geschichte, nur noch historisches Anschauungsmaterial für eine bestimmte Modalität der Beziehung zwischen großen gesellschaftlichen Gruppen (Konflikt), die in der Gegenwart kaum noch feststellbar ist. Man muß sich intensive Konfliktverläufe vergegenwärtigen - die Bauernaufstände, die Auseinandersetzung von Bürgertum und Adel, der Klassengegensatz im 19. Jahrhundert - um die gegenwärtige Ruhe zwischen den Kollektiven wirklich ermessen zu können.

Im Konflikt der sechziger Jahre schlägt sich die neue Qualität gesellschaftlichen Lebens auf dem gestiegenen wirtschaftlichen Niveau deutlich nieder. Nur verbal hatte die Thematik des Konflikts noch etwas mit Problemen der Lebenssituation zu tun, denn das klassenkämpferische Vokabular wurde ja von Privilegierten bemüht. Das Engagement für Randgruppen und Deprivierte entwickelte sich in den Schonräumen gehobener bürgerlicher Erziehung. Es war kein Konflikt zwischen Privilegierten und Unterprivilegierten, sondern ein Kampf der Bessergestellten um unterschiedliche Lebensauffassungen, von dem die vielbeschworenen Betroffenen sich nichts weniger als betroffen fühlen mußten. Machtvoll trumpfte dabei zum ersten Mal eine neue existentielle Anschauungsweise - Selbstverwirklichung - als Gegenprinzip zur Rangorientierung der traditionellen Niveaukultur auf. Es verfing nicht mehr, unter Berufung auf die Autorität überpersönlicher Maßstäbe (Absolutheitsprinzip der Ästhetik, Wahrheitsprinzip der Erkenntnis, Verantwortungsprinzip der Politik, Leistungsprinzip der Arbeit) persönliche Autorität abzusichern. Dieser normative Gegensatz ist kein Diskussionsgegenstand mehr. Die ehemals im Konflikt stehenden Kollektive verharren in einem sozialen Frieden gegenseitigen Nichtverstehens. Irgendwie, so sagt man sich auf beiden Seiten, lohnt sich die Auseinandersetzung nicht - soll doch jeder nach seiner Fasson selig werden.

Und die anderen Milieus? Immerhin gibt es, wenn man von einer Unterteilung in fünf Hauptmilieus ausgeht, rechnerisch zehn verschiedene potentielle Konfliktpaarungen. Aber es gibt weder empirische Anzeichen für spätindustrielle Klassenkonflikte (Harmoniemilieu kontra Niveaumilieu; Unterhaltungsmilieu kontra Selbstverwirklichungsmilieu) noch für einen Generationenkonflikt der unteren Schichten, obwohl es zwischen Unterhaltungs- und Harmoniemilieu durchaus normativen Sprengstoff gäbe. Dieser mag sich beim abendlichen Streit um die Wahl des Fernsehprogramms entzünden, in Diskussionen um familiäre oder berufliche Entscheidungen, in privaten Auseinandersetzungen. Hier aber geht es um die Frage, ob solche Auseinandersetzungen auf einen *kollektiven* Rahmen bezogen werden, wodurch eine besondere Dynamik der milieuinternen Solidarisierung und der kollektiven Distanzierung in Gang käme. Gegenwärtig ist diese Frage zu verneinen. Die Wahrnehmung von Gegensätzlichkeit beschränkt sich auf das persönliche Befremden aneinander, dessen Inhalt soziologisch als Struktur gegenseitigen Nichtverstehens zu beschreiben ist. Konsequenz davon sind nicht kollektive Auseinandersetzungen, sondern Antipathien, die sich an schematisierten Feindbildern orientieren: Primitive, Eingebildete, Spießer, Ruhestörer (s.o. Abschnitt 7.4).

8.5 Abschwächung kollektiver Selbsterfahrung

Um Übersicht zu schaffen, soll der folgende Abschnitt als Sequenz von zehn Thesen mit Kommentar gestaltet werden. Kollektive Selbsterfahrung kann überhaupt nur zum Thema werden, wenn sie nicht bereits im Milieubegriff vorausgesetzt wird (These 1). Ihre soziologische Relevanz besteht vor allem in der politischen Artikulation milieuspezifischer Anliegen (These 2). Traditionelle Bedingungen kollektiver Selbstwahrnehmung (räumliche Verdichtung, gemeinsame Betroffenheit, Ähnlichkeit der Arbeitserfahrung) haben an Bedeutung verloren, moderne Bedingungen (Konsumtrend, Publikum und Szene, soziale Bewegungen, öffentliche Kollektivbeschreibungen) sind entstanden (Thesen 3 bis 7). Die Folge ist eine Asymmetrie der kollektiven Selbstwahrnehmung verschiedener Milieus. Besonders günstige Bedingungen gelten für das Selbstverwirklichungsmilieu (These 8), doch auch hier herrscht eine Tendenz zur Fraktionierung des Milieubewußtseins (These 9). Generell gilt: Man sieht das eigene Milieu weniger klar als die fremden, aber man ist über die fremden Milieus mehr im Irrtum als über das eigene (These 10).

1. *Die Zugehörigkeit zu einem sozialen Milieu reicht nicht aus, um das Milieu wahrzunehmen (Unabhängigkeit von Milieubegriff und kollektiver Selbsterfahrung).* Bloße Gemeinsamkeit von Lebenslage und Subjektivität ist notwendig, aber nicht hinreichend für die Anwendung des Milieubegriffs. Hinzukommen muß hohe Kontaktdichte innerhalb des Kollektivs. Erst dies berechtigt uns dazu, Ähnlichkeitsgruppen als Milieus zu bezeichnen. Innerhalb milieuhomogener Sozialkontakte entwickeln sich eigene Interaktionsstile, Rituale, soziale Spielstrukturen, Sprachregelungen, die den Insidern vertraut sind. Mit schlafwandlerischer Selbstverständlichkeit bewegt man sich im Milieu wie in einer Wohnung, in der man seit langem lebt. Fremde ecken an. Wegen ihrer Orientierungsprobleme tendieren sie dazu, sich ins Heimatmilieu zurückzuziehen. Kollektivbewußtsein als weitverbreitete Vorstellung der Zusammengehörigkeit ist immer mit Milieuerfahrungen verbunden. Die Umkehrung aber gilt nicht. Milieuerfahrungen führen nicht notwendig zu Kollektivbewußtsein.

Empirische Sozialforschung kann gesellschaftliche Großgruppen besser identifizieren als die Alltagserfahrung. Zwar bilden sich in der Alltagsinteraktion Typologien heraus, die das Vorhandensein großer sozialer Gruppen mit bestimmten Existenzformen widerspiegeln. Von der Wahrnehmung des Typus zur Wahrnehmung der Gruppe, für die der Typus charakteristisch ist, bedarf es jedoch eines eigenen Erkenntnisschrittes. Wenn es nicht dazu kommt, erfaßt die Wahrnehmung nicht die Makrostruktur und bleibt in der Partikularität des subjektiven Lebenshorizonts befangen, ohne Gespür für eigene und fremde Kollektivität. Der oben eingeführte Milieubegriff impliziert nicht, daß diejenigen, die dazugehören, sich klar als soziale Gruppe wahrnehmen.

2. *Kollektive Selbstwahrnehmung beeinflußt die öffentliche Artikulation milieuspezifischer Anliegen.* Die gesellschaftliche Bedeutung eines Personenaggre-

gats hängt von der Deutlichkeit ab, mit der die Menschen ihre Zugehörigkeit zu diesem Aggregat in der Alltagsinteraktion erfahren können. Es hat Konsequenzen für die politische Dynamik einer Gesellschaft, ob sich in einzelnen Milieus Kollektivbewußtsein entwickelt; welches Gefälle der Klarheit kollektiver Selbstwahrnehmung besteht; welche Konnotationen sich damit verbinden, etwa Überlegenheit oder Machtlosigkeit, Marginalität oder Massenhaftigkeit, Aufstieg oder Dekadenz.

Wann wird ein politisch wirkungsloses »Milieu an sich« zu einem seiner selbst bewußten und dadurch aktionsfähigen »Milieu für sich«? Die politische Soziologie des Marxismus stellt verschiedene Formen kollektiver Selbsterfahrung in den Vordergrund: sichtbare und massenhafte Betroffenheit von einer existentiellen Krise (Verelendung), soziologische Aufklärung, kollektive Aktion. Wie wir sehen werden, sind dies nicht die einzigen Formen kollektiver Selbsterfahrung, wohl aber besonders wirksame. Die Sozialgeschichte bezeugt diese Wirksamkeit nicht nur in positiver, sondern auch in negativer Weise. Mit dem Verlust der Selbstwahrnehmung büßen Personenaggregate auch einen Teil ihrer politischen Bedeutung ein. Anschauungsmaterial hierfür liefert etwa die Sozialgeschichte des Bürgertums.

3. Die Bedingungen kollektiver Selbsterfahrung haben sich geändert. Traditionelle Formen kollektiver Selbsterfahrung, die das bloße Spüren von Vertrautheit und Fremdheit zu größerer alltagssoziologischer Klarheit bringen, sind im Lauf der Zeit fast verschwunden. Fast vollständig hat sich die *räumliche Anschaulichkeit* von Kollektiven (Arbeitersiedlungen, Bauerndörfer, Villenviertel der oberen Schichten) aufgelöst. Moderate Segregationen, wie wir sie bei aller räumlichen Durchmischung der Bevölkerung immer noch feststellen, lassen sich meist nur noch mit sozialwissenschaftlichen Forschungsverfahren feststellen, kaum aber mit der Alltagswahrnehmung. Ähnlich ist es mit der *gemeinsamen Betroffenheit* durch Notlagen. Entweder sind Notlagen heute nicht mehr milieuspezifisch oder sie werden individualisiert durchlitten, zu Hause, auf der Wartebank im Sozialamt, im Einzelkontakt mit den Notlagenprofessionen - Sozialarbeiter, Therapeuten, Ärzte, Sachbearbeiter, Rechtsanwälte -, so daß die kollektive Evidenz milieuspezifischer Betroffenheit verlorengegangen ist. Die Ähnlichkeit der *Arbeitserfahrung* schließlich, traditionell eine machtvolle Quelle des Kollektivbewußtseins großer gesellschaftlicher Gruppen, ist durch die Differenzierung der Erwerbstätigkeit in tausende von partikularen Erfahrungsfeldern aufgesplittert worden.

Gegenläufig zu dieser Entwicklung haben sich neue Formen kollektiver Selbsterfahrung entwickelt, die im folgenden kurz charakterisiert werden sollen: Konsumtrends, Publikum und Szene, soziale Bewegungen, öffentliche Beschreibungen.

4. Konsumtrends als moderne Bedingung kollektiver Selbsterfahrung: In immer neuen Diffusionswellen markieren alltagsästhetische Angebote soziale Milieus. Kleider, Schuhe, Spielfilme im Kino, Hits, Autos, Einrichtungsgegenstände, Reiseangebote usw. werden in die alltagsästhetischen Stiltypen sozialer Milieus integriert und verbreiten sich dort mit besonders großer Geschwindigkeit. Zwar gilt diese milieuspezifische Aneignung als Kollektivsymbol nicht für alle Angebote, doch ereignet sie sich oft genug, um ständig neue kollektive Selbsterfahrung zu ermöglichen. Viele Konsumartikel verlieren allerdings im Lauf der Zeit ihre milieudefinierende Bedeutung, da sie allmählich in andere Milieus einsickern. Besonders oft nimmt die Diffusionsgeschichte von Konsumtrends ihren Anfang im Selbstverwirklichungsmilieu. In der heißen Trendphase, wenn die Auffälligkeit noch nicht verbraucht ist, markieren neue Produkte meist eines der beiden jüngeren Milieus.

5. *Publikum und Szene als moderne Bedingung kollektiver Selbsterfahrung*: Als Sozialform ist das Publikum von einer außergewöhnlichen zu einer alltäglichen Erscheinung geworden. Fast jeder gehört fast täglich mehrfach irgendeinem Publikum an, als Käufer, Leser, Fernsehzuschauer, Kinobesucher usw. Oft handelt es sich dabei um eine Form des Publikums, bei dem jeder für den anderen unsichtbar bleibt. Diese Art von Publikum ist für kollektive Selbsterfahrung unerheblich. Anders ist es mit einem Publikum, wo man sich gegenseitig erkennen kann, etwa in Kneipen und Cafés, in Diskotheken, im Theater, im Konzert, in Kaufhäusern. Ist eine Mehrzahl solcher Publika miteinander vernetzt, so soll dieses soziale Gebilde als Szene bezeichnet werden (vgl. hierzu ausführlich das 10. Kapitel). Hier ist das Publikum auch für sich selbst Publikum. Auch wenn das Auge an einzelnen Personen hängenbleibt, sammelt man doch Erfahrungen über das Publikum in seiner Gesamtheit (beispielsweise erfaßt man seine ungefähre Zusammensetzung nach Alter, Geschlecht und Verhaltenstypen).

Wenn nun das Publikum relativ milieuhomogen zusammengesetzt ist, wird Kollektivität konkret, beispielsweise in Rockkonzerten, in Stadtteilzentren, in Kleinkunsttheatern, im Kneipen- und Kinopublikum, wo Selbstverwirklichungs- und Unterhaltungsmilieu deutlich hervortreten. Es ist nicht erstaunlich, daß viele Szenen eine Tendenz zur Milieuhomogenität haben, denn die Teilnahme an einer Szene ist mit sozialen Beziehungen verbunden. In der Szenenerfahrung tritt allerdings das umfassende Milieu gegenüber Submilieus zurück; das kleine Kollektiv lenkt die Aufmerksamkeit von dem großen Kollektiv ab, in dem es eingeschlossen ist.

6. *Soziale Bewegungen als moderne Bedingung kollektiver Selbsterfahrung*: Ähnlich verhält es sich mit sozialen Bewegungen, die als kollektive Handlungsepisoden Erlebnisse der Gemeinsamkeit vermitteln. Immer häufiger werden seit den sechziger Jahren Konflikte im Rahmen sozialer Bewegungen politisiert: Alternativbewegung, Ökologiebewegung, Antikernkraftbewegung, Frauenbewegung, Bürgerinitiativen. Hierbei ging es nicht um Verbesserung milieuspezifischer Lagen oder um Besitzstandswahrung, sondern um milieuübergreifende Probleme: Umweltrisiken, Geschlechterrollen, neue Formen kultureller Kommunikation. Raschke beschreibt in seiner Analyse des Wandels sozialer Bewegungen eine Verlagerung der zentralen Problemkomplexe von sozialer Ungleichheit zu

Fragen der soziokulturellen Identität (1985, S.443 ff.). Die Themen der Konflikte sind meist gruppenübergreifend angelegt, die Beteiligung aber ist deutlich milieuspezifisch. In allen sozialen Bewegungen der vergangenen Jahre und in den meisten Bürgerinitiativen hat das Selbstverwirklichungsmilieu eine tragende Rolle gespielt. Dadurch verschafft sich dieses Milieu eine besondere Chance kollektiver Selbstwahrnehmung, die allerdings auf die Gemeinsamkeit der Partizipation, des Mitlaufens, Sympathisierens und Diskutierens beschränkt bleibt, ohne als Kern ein milieuspezifisches Sonderinteresse zu enthalten. Entsteht dadurch eine Art Milieubewußtsein?

7. *Öffentliche Beschreibung als moderne Bedingung kollektiver Selbsterfahrung*: In den Massenmedien hat sich eine neue Gattung der soziologisierenden Reportage entwickelt, in der soziale Kollektive durch öffentliche Beschreibungen erfahrbar werden, als Soundsoviel-tun-das-und-das-Kollektive von Demoskopie, Marktforschung, Wahlanalyse usw. In immer wieder neuen Untergliederungen tritt dem Informationskonsumenten die Bevölkerung eingeteilt in diese und jene vor Augen. Aus diesem Analysen-Salat erheben sich neue Gestalten: »Yuppies«, »Neue Alte«, »Aussteiger«, »Junge Narzißten« u.a. Solche neuen Kollektivbegriffe, die manchmal nur Monate brauchen, um zuerst popularisiert und dann vergessen zu werden, mischen sich im öffentlichen Informationsstrom mit altem alltagssoziologischen Vokabular, etwa »Arbeiterschichten«, »intellektuelle Kreise«, »soziale Randgruppen«. Das Alltagsbewußtsein ist mit einer wachsenden Menge kollektiver Erfahrung aus zweiter Hand konfrontiert. Daß eine bestimmte Sozialfigur existiert, die man vielleicht sogar selbst verkörpert, erfährt man nicht nur als teilnehmender Beobachter der eigenen Lebenswelt, sondern auch als Fernsehzuschauer und Zeitungsleser. Kollektivbewußtsein, das auf diese Weise entsteht, ist entsprechend den unterschiedlichen Mustern der Informationsaufnahme verteilt. Es sind vor allem die höher gebildeten Personen, die an öffentlichen Beschreibungen sozialer Kollektive in den Medien interessiert sind, während solche Informationen vor allem am Harmoniemilieu und am Unterhaltungsmilieu weitgehend vorbeifließen.

8. *Kollektive Selbstwahrnehmung ist asymmetrisch über die Milieus verteilt.* Nun erregt vor allem das Selbstverwirklichungsmilieu die Aufmerksamkeit der Medien, da es bei neuen Konsumtrends und sozialen Bewegungen führend ist. Der kollektive Selbsterfahrungsvorteil, den sich dieses Milieu bereits durch sein Handeln verschafft, wird durch die öffentliche Berichterstattung und durch die Bezugnahme der politischen Diskussion reflexiv verstärkt. Die soziologische Wirkung von Berichterstattung und öffentlichem Diskurs beschränkt sich nicht auf die Verbreitung von Informationen und Bewertungen, sondern besteht auch in der öffentlichen Veranschaulichung eines nach Alter, Bildungsgrad und persönlichem Stil deutlich von der übrigen Bevölkerung abgehobenen Kollektivs. Personen, die sich in der Alltagserfahrung nur begrenzt als Gruppe wahrnehmen, erkennen sich erst in der öffentlichen Definition durch Politik und Medien in ihrer vollen soziologischen Dimension.

Wohl spüren auch die schweigenden Gruppen, daß es sie gibt, aber sie erlangen kein klares kollektives Selbstbewußtsein. Weit ist beispielsweise das heutige Niveaumilieu von der Deutlichkeit entfernt, mit der das akademisch gebildete Bürgertum im wilhelminischen Zeitalter sich selbst wahrnahm; ebenso kann man dem Harmoniemilieu kein kollektives Selbstbewußtsein unterstellen, das dem traditionellen Arbeiterbewußtsein entspräche.

Vor allem die älteren und weniger gebildeten Milieus haben keine Bühne für die Inszenierung ihrer Kollektivität. Sie sind weniger mobil und treten kaum als lokal konzentriertes Publikum in Erscheinung. Als individualisiertes Massenpublikum von Fernsehzuschauern und Zeitschriftenlesern bleiben sie für sich selbst unsichtbar. Die Abwesenheit anderer Milieus in der Öffentlichkeit wirkt der privilegierten kollektiven Selbsterfahrung des Selbstverwirklichungsmilieus jedoch eher entgegen, denn in Ermangelung starker Kontrastwahrnehmungen treten die vergleichsweise kleinen Unterschiede im eigenen Milieu übergroß hervor, zusätzlich akzentuiert durch das milieuspezifische Individualitätsbedürfnis. Was dabei noch an kollektiver Selbsterfahrung übrigbleibt, hat nicht die existentielle Tragweite der traditionellen Wahrnehmungsmodalitäten von gemeinsamer Not, gemeinsamer Wohnsituation, gemeinsamer Arbeit.

9. *Das Kollektivbewußtsein des Selbstverwirklichungsmilieus ist fraktioniert.* Das Verbindende in diesem Milieu ist ja gerade die Betonung der individuellen Eigenarten. Der Psychofreak befremdet sich am Politfreak, der Hardrockfan am Jazzfan, der Aufsteiger am Aussteiger, der Gestylte am Alternativen. In der Kommunikation spielt der milieuspezifische Phänotyp eine geringere Rolle als die milieuinternen Unterschiede: ob eine neue Rockgruppe gut ist oder nicht, was von rigorosen Vegetariern zu halten ist, wie man zu Beruf und Karriere eingestellt ist. Nicht das Selbstverständliche ist interessant, sondern der individuelle Variationsspielraum, den das Selbstverständliche noch übrigläßt. Hinter den kleinen Unterschieden tritt die große Gemeinsamkeit zurück. Sie wird nur noch negativ manifest: als symbolischer Konflikt sozialer Milieus in einer Struktur gegenseitigen Nichtverstehens.

10. *Man sieht das eigene Milieu weniger klar als die fremden, aber man ist über die fremden Milieus mehr im Irrtum als über das eigene.* Die subjektive Vorstellung von Teilkollektiven hat zwei semantische Dimensionen: das Vertraute und das Fremde. Obwohl beide Kategorien nur zwei Seiten desselben Sachverhalts zu sein scheinen, ist es wahrnehmungspsychologisch sinnvoll, sie jeweils für sich zu betrachten. Oft unterscheiden sich die Bilder des Vertrauten und des Fremden in ihrer Deutlichkeit, wobei das Fremde klarer im Bewußtsein repräsentiert wird als das Vertraute. Von einer Minderheit mit priviligierter kollektiver Selbsterfahrung abgesehen, erreicht die Semantik sozialer Vertrautheit im Normalfall nicht das kognitive Niveau einer expliziten, etwa gar noch durch einen umgangssprachlichen Begriff wiedergegebenen Vorstellung über ein Teilkollektiv von Menschen in ähnlichen Situationen und mit ähnlichen Mentalitäten. Viele Menschen haben ein klareres Bild von fremden Milieus als vom eigenen, mag

dieses Bild auch viele objektiv falsche Details enthalten. Die Erkenntnis des Nahen, Selbstverständlichen, Vertrauten setzt entweder Reflexion voraus oder wahrnehmungspsychologische Sonderbedingungen wie etwa Konsumtrends und soziale Bewegungen. Das Fremde dagegen sticht ins Auge. Man sieht den anderen leichter als sich selbst.

Schon die Existenz einer Milieustruktur läßt vermuten, daß es Ansätze kollektiver Selbstwahrnehmung gibt. Minimale Form kollektiver Selbstwahrnehmung ist das Gefühl, daß viele Menschen existieren, die ungefähr so sind wie man selbst. Leicht wahrnehmbare Attribute an den anderen - Stil, Lebensalter, Bildungsgrad - fügen sich in der ganzheitlichen Wahrnehmung immer wieder zu ähnlichen Gestalten zusammen. Vornehmlich unter seinesgleichen, lernt man, wer man selber ist. Man abstrahiert den typischen Anderen aus zahllosen Einzelerfahrungen; man lernt, die Konfiguration der sichtbaren Eigenschaften zu einer komplexen Gestalt zu ergänzen, die auch das Unsichtbare einschließt; man entwickelt ein Gefühl für das Normale. Die Vorstellung von Normalität ist ein Spurenelement des sozialen Milieus, dem man selbst angehört. Im Gefühl der Selbstverständlichkeit von Selbstinszenierungen, besonders aber in den Grenzerfahrungen - kleine Abweichungen, persönliche Note, Stilbruch - wird kollektive Zugehörigkeit subjektiv spürbar, unabhängig von ihrer sprachlichen Repräsentation.

Zwar ist auch die Erfahrung des Fremden Selbsterfahrung, aber nur in negativer Weise, als Empfindung des Unterschiedenseins. Daß man selbst anders ist als beispielsweise Hausbesetzer oder randalierende Fußballfans, mag man deutlich empfinden, wenn man beim Abendessen die Fernsehnachrichten sieht. Doch diese Wahrnehmung enthält keine konkrete Selbstbeschreibung. Umgekehrt haben vielleicht die Demonstranten eine klarere, wenn auch stereotype Vorstellung vom Fernsehpublikum als von sich selbst.

Das Fremde kommt über die Massenmedien in die eigenen vier Wände, es sei denn, man blendet es aus, schaltet es ab, überspringt es beim Lesen. Es wird flüchtig anschaulich im Strom der Passanten, manifestiert sich deutlicher in zufällig erlebten Straßenszenen und berührt manchmal direkt die Sphäre der eigenen Existenz, wenn sich beiläufige soziale Begegnungen ergeben: Gespräche über den Ladentisch, Wortwechsel im Straßenverkehr, versehentliche Besuche milieufremder Lokalitäten. Unmittelbar tritt das Fremde in der erweiterten Familie und in Arbeitsbeziehungen an einen heran, hier als Generationsunterschied, dort als positionstypischer kultureller Gegensatz. Inwieweit und mit welchen blinden Flecken das Fremde für einen Menschen sichtbar wird, hängt von seiner Situation und seinem Verhalten ab, also auch von seiner eigenen Milieuzugehörigkeit.

Klassische Erfahrungsform des Fremden ist die Beziehung zu anderen Kollektiven. Die Intensität von Milieubeziehungen ist zurückgegangen. Der industriegesellschaftliche Klassenkonflikt und die Ehrerbietung des Gesindes gegenüber der Herrschaft sind verschwundene Beispiele für Milieubeziehungen, in denen das Fremde für beide Seiten erfahrbar wurde. Im Vergleich wird deutlich, daß der

Kontakt zwischen den Milieus schwächer geworden ist, bis hin zur weitgehenden Auflösung irgendeiner Art von Beziehung. Dadurch wird das alltagssoziologische Wissen in der Gegenwart inhomogen, asymmetrisch, lückenhaft und teilweise falsch. Von der Beobachtungswarte des eigenen Milieustandpunkts aus bilden die Menschen verzerrte Wirklichkeitsmodelle.

8.6 Entkollektivierung von Wirklichkeitsmodellen

Wie verhalten sich subjektive Wirklichkeitsmodelle und objektive Wirklichkeit? Bei einer Zusammenfassung zeigt sich, daß den in diesem Kapitel beschriebenen Entwicklungen eine gemeinsame Tendenz zugrunde liegt. Die These von der Entkollektivierung der Wirklichkeitsmodelle formuliert den gemeinsamen Nenner der vorausgegangenen Überlegungen zu Unterschieden der sozialen Lage, zu Prestigedifferenzierungen, zu Großgruppenkonflikten und Großgruppenidentität: *Zwar gibt es nach wie vor eine Milieustruktur, doch wird ihre subjektive Repräsentation zunehmend verschwommen und lückenhaft. Wir konstituieren soziale Milieus, ohne es zu wissen.*

Einerseits orientieren wir uns an kollektiven Schablonen milieukonstituierenden Wissens - Normalitätsvorstellungen mit Bezug auf unsere Existenzformen, reguliert durch eine psychophysische Semantik, konkretisiert in existentiellen Anschauungsweisen, Stiltypen, situativen Syndromen. Täglich wird deshalb die bestehende Milieustruktur als objektive Wirklichkeit neu hergestellt. Andererseits verlieren wir das Gespür für die von uns selbst konstruierte Kollektivität. Festzustellen ist eine Individualisierung strukturabbildenden Wissens. Entkollektivierung von Wirklichkeitsmodellen bedeutet: Bewußtseinsspaltung zwischen Strukturkonstitution und Strukturabbildung (zum Begriffspaar von milieukonstituierendem und strukturabbildendem Wissen vgl. oben Abschnitt 8.1). In einer Wissenslandschaft mittlerer Gemeinsamkeit konstituiert sich kollektive Ordnung nur noch negativ über Gegensätze (vgl. hierzu die Abschnitte 5.13 und 5.14). Milieuübergreifende Beziehungen verfestigen sich als eine Struktur gegenseitigen Nichtverstehens (Abschnitt 7.4), deren Kristallisationskern eine aus zwei Polaritäten zusammengesetzte fundamentale Semantik ist: Einfachheit und Komplexität, Ordnung und Spontaneität.

Im Vergleich zur Industriegesellschaft mit ihrer geschichteten Milieustruktur wird die Veränderung der Bewußtseinslage deutlich. Kennzeichnend für die stratifizierte Gesellschaft ist ein ausgeprägtes Kollektivitätsbewußtsein, das den tatsächlichen Verhältnissen in groben Zügen entspricht. Für die Gesellschaft der Gegenwart gilt zwar immer noch der Befund einer großflächigen kollektiven Untergliederung, in der die Mehrzahl der Menschen ihren Platz hat, zurückgegangen ist jedoch das alltagssoziologische Gespür dafür. Wie kann dieser Individualisierungsirrtum entstehen? Wichtige Ursachen wurden in den vorangegangenen Abschnitten untersucht: abnehmende Wahrnehmbarkeit von Gemeinsamkeiten der sozialen Lage, milieuspezifische Partikularisierung von Prestigekriterien, Reduktion von Kollektivitätserfahrungen im Rahmen von Großgruppenkonflikten, Verringerung milieurepräsentierender Wir-Erfahrungen. Daß trotzdem eine Milieustruktur existiert, hängt maßgeblich mit dem Erlebnismarkt und seinen Akteuren zusammen: erlebnisnachfragenden Individuen und erlebnisanbietenden Korporationen. Das nächste Kapitel beschäftigt sich eingehend mit diesem Themenkomplex.

9. Kapitel
Der Erlebnismarkt

Einleitung

Nach der Analyse alltagsästhetischer Schemata und sozialer Milieus wendet sich die Analyse nun dem sozialen Handlungsfeld des Erlebnismarktes zu. Forschungsleitende Hypothese bei der Eröffnung dieses Themenkomplexes ist die Annahme, daß alle bisherigen Befunde mit dem Erlebnismarkt zusammenhängen. Ohne Erlebnismarkt würden wir auf eine andere Alltagsästhetik, auf andere soziale Großgruppen, auf eine andere soziale Wirklichkeit stoßen.

Die Herausbildung des Erlebnismarktes hat einen Epochenwandel der Alltagsästhetik herbeigeführt. Eine kollektive Interaktion zwischen Erlebnisproduzenten und Erlebniskonsumenten ist entstanden, die sich dem Einfluß einzelner Akteure immer mehr entzieht, gleichwohl aber tief in die persönliche Existenz eingreift. Die gebündelten Rationalitäten von Anbietern und Nachfragern auf dem Erlebnismarkt reagieren mit einer besonderen, nicht kontrollierbaren Eigendynamik aufeinander. Was dabei herauskommt, trägt zwar teilweise noch die Spuren individueller Bedürfnisse, oft aber steht es in Widerspruch dazu.

Indem sie ihre Rationalitäten ausagieren, arbeiten Erlebnisanbieter und Erlebnisnachfrager gemeinsam an der Veränderung von Alltagsästhetik und Sozialstruktur. Gefangen im eigenen Zielhorizont, befriedigt jeder Akteur des Erlebnismarktes seine aktuellen Bedürfnisse, indem er im Rahmen seiner Strategien den anderen funktionalisiert. Ziele und Strategien werden zu kulturtypischen Handlungsroutinen gebündelt, deren Analyse im Mittelpunkt dieses Kapitels steht.

Mit der Rationalisierung des Erlebens wendet sich der Prozeß der Modernisierung nach innen (Abschnitt 9.1). Die systematische und massenhafte Suche nach Erlebnismitteln für Erlebnisziele führt zur Ausbildung eines Marktes, wo Erlebnisangebot und Erlebnisnachfrage aufeinandertreffen (Abschnitt 9.2). Beide Akteure auf dem Erlebnismarkt - Anbieter und Nachfrager - orientieren sich an stabilen und weitverbreiteten Rationalitätstypen (Abschnitt 9.3). Kennzeichnend für die Rationalität der Nachfrager ist eine Kehrtwendung der Zweckdefinition von außen nach innen - ein Wandel von außenorientierter zu innenorientierter Konsummotivation (Abschnitt 9.4). Dabei werden Erlebnisse zum Handlungsziel (Abschnitt 9.5), das die Menschen mit typischen Strategien verfolgen (Abschnitt 9.6). Auf der anderen Seite stehen die Anbieter von Erlebnissen, orientiert am Handlungsziel der Publikumswirksamkeit (Abschnitt 9.7). In ihren Strategien stellen sie sich auf die innenorientierte Rationalität der Nachfrager ein, ohne deshalb selbst innenorientiert zu handeln. Ihr Rationalitätstypus ist außenorientiert - das klassische Muster der Modernisierung (Abschnitt 9.8). Aus dem Zusammenspiel beider Rationalitätstypen resultiert die Dynamik des Erlebnismarktes (Abschnitt 9.9). Zwei Komponenten dieser Dynamik gehören zu Themenkomplexen, die bereits in den vorangegangenen Kapiteln behandelt wurden: Schematisierung der Alltagsästhetik (Abschnitt 9.10) und Milieusegmentierung (Abschnitt 9.11).

9.1 Innengerichtete Modernisierung

Daß es eine allgemeine Entwicklungsrichtung gebe, der alle Gesellschaften folgen, wenn auch in unterschiedlichem Tempo, ist eine weitverbreitete soziologische Vermutung. Diese allgemeine Tendenz als Modernisierung zu bezeichnen, ist uns zur Selbstverständlichkeit geworden. Hebt man diese Selbstverständlichkeit für einen Moment auf, blickt man auf ein Gestrüpp von Theorien, die einen schließlich daran zweifeln lassen, ob Modernisierung überhaupt definierbar ist. Immerhin zielt dieser Terminus auf nichts Geringeres ab als darauf, Universalien sozialen Wandels in der Neuzeit auf den Begriff zu bringen. Soll man der theoretischen Unterstellung trauen, daß solche Universalien existieren?

Eine Zeitlang verstand man unter Modernisierung Fortschritt: Verbesserungen der Lebensverhältnisse. Nicht nur in der Sozialwissenschaft scheint diese Zeit vorbei zu sein. Sind moderne Waffen fortschrittlich? Ist eine neue Autobahn eine Verbesserung der Lebensverhältnisse? Wohin führt die Optimierung von Techniken der Ausbeutung natürlicher Ressourcen? Unsicher geworden durch solche Fragen, könnte man dem Vorschlag Endruweits (1989, Seite 454) folgen, schlechthin jede Veränderung als Modernisierung zu bezeichnen; allerdings wird dabei der Begriff der Modernisierung unter Beibehaltung des Wortes inhaltlich entleert. Dagegen spricht das Argument, daß es empirische Indizien für universelle gesellschaftliche Entwicklungen gibt, die es lohnend erscheinen lassen, am Begriff der Modernisierung festzuhalten, etwa Monetarisierung, Professionalisierung, Bürokratisierung, Spezialisierung, Alphabetisierung, Technisierung, Differenzierung (vgl. J. Berger 1986, S.8). Was ist der gemeinsame Nenner dieser Prozesse?

Gerade im Kontext dieser Untersuchung ist es der Mühe wert, Modernisierung als eine allgemeine Tendenz auf den Begriff zu bringen. Auch das Erleben, so die Ausgangsthese, wird inzwischen von dieser Tendenz erfaßt, wie schon seit langem Produktionsverhältnisse, öffentliche Verwaltung, Wirtschaftsbeziehungen, Umgang mit der Natur, Wissenschaft und andere Lebensbereiche. Entscheidend für den im folgenden verwendeten Modernisierungsbegriff ist eine subjektive Komponente: die *Absicht*, Mittel zum Erreichen gegebener Zwecke zu verbessern. Jede Veränderung, die durch diese Absicht motiviert ist, sei im folgenden als Modernisierung bezeichnet. Die kürzeste Formel hierfür ist Webers Kategorie des zweckrationalen Handelns. Modernisierung ist zweckrationale Umbildung von Handlungsstrukturen.

Diese Auffassung mag zunächst nach längst widerlegtem Fortschrittsdenken klingen, doch ist sie davon genauso weit entfernt wie subjektive Absichten von der tatsächlichen Verwirklichung von Zielen. Daß ein Unterschied zwischen Wollen und Wirklichkeit besteht, scheint eine kaum erwähnenswerte Binsenweisheit zu sein, die freilich ständig ignoriert wird. Wir neigen dazu, für *objektiv* zweckrational zu halten, was wir lediglich *subjektiv* zweckrational intendieren, ohne die Möglichkeit des Irrtums in Betracht zu ziehen. Der Glaube, daß die zweckrational motivierte Veränderung von Handlungsstrukturen auch tatsächlich zweckdienlich sei, ist eine groteske Vermengung von Hoffnung und Realität, die durch die Geschichte der Modernisierung längst als Ideologie entlarvt wurde. Gleichwohl geht die Geschichte der Modernisierung weiter. Auch wenn wir wissen, daß wir uns im Irrtum befinden könnten, hören wir nicht auf, zweckrational zu handeln, solange wir uns davon eine höhere Wahrscheinlichkeit objektiver Zweckrationalität versprechen als von anderen Handlungsformen. Es kann sein, daß alle Gesellschaften denselben Irrtümern anheimfallen, nicht obwohl, sondern weil sie sich auf einen zweckrationalen Entwicklungspfad begeben.

Mit der Ästhetisierung des Alltagslebens ist Modernisierung in ein neues Stadium eingetreten. Zunächst lagen die Zwecke moderner Rationalität außerhalb der Handelnden. Es ging um die Leistungskraft von Maschinen, um Gewinnmargen, um Effektivität von Arbeitsabläufen, um Verbesserungen der Verwaltung, um die Verbindung von Regierungshandeln und politischem Willen der Regierten, um Krankheitsprophylaxe, um intersubjektive Plausibilität wissenschaftlicher Methoden u.a. Wann immer Handlungsstrukturen im Hinblick auf solche Zielsetzungen geändert wurden, richtete sich Modernisierung nach außen, auf Zustände, die den *Bedingungen* zugehörten, unter denen die Menschen zu leben hatten. Auch in der »reflexiven Modernisierung« (Beck 1986), die sich auf Folgeprobleme der primären Modernisierung bezieht, bleibt dieser Zweckbezug auf Lebensverhältnisse gewahrt.

Modernisierung des Erlebens bedeutet nun eine Wendung der Zweckdefinition nach innen. Die neue Zweckdefinition löst die alte nicht ab, sondern kommt hinzu. Während außengerichtete Modernisierung weiter voranschreitet, auch in der Infrastruktur des Erlebens (etwa mit der Entwicklung immer raffinierterer optischer und akustischer Kommunikations- und Reproduktionstechniken und mit der Organisation von Großinstitutionen, die massenhaft Erlebnisangebote produzieren), gewinnt seit einigen Jahrzehnten eine innenorientierte Variante der Zweckrationalität an Boden: Erlebnisrationalität (vgl. hierzu Abschnitt 1.1).

Einerseits begegnet uns im erlebnisrationalen Handeln ein weiteres Mal das altvertraute Charakteristikum der Moderne: Subjekte agieren »rational«, indem sie die ihrer Ansicht nach optimalen Mittel in Bewegung setzen, um bestimmte Ziele zu erreichen, und indem sie systematisch an der Verbesserung der Mittel arbeiten. Soziologisch ungewohnt ist andererseits der unmittelbare Subjektbezug des Handelns. Man will etwas an sich selbst erreichen; das Subjekt behandelt sich selbst als Objekt, dessen Zustand manipuliert werden soll. Innerhalb dieser generellen Orientierung kommt es zu milieuspezifischen Differenzierungen. Bei aller Individualisierung der Definition des Angenehmen und Unangenehmen sind Schematisierungen von Erlebnisbedürfnissen in Teilkollektiven deutlich zu erkennen. In den Varianten der normalen existentiellen Problemdefinition verschiedener sozialer Milieus sind Schablonen angelegt, die in tausendfachen persönlichen Ausgestaltungen zitiert und partiell singularisiert werden. Weiter oben wurden solche Grundmuster des Erlebens herausgearbeitet: Rang, Konformität, Geborgenheit, Selbstverwirklichung, Stimulation. Alles kommt als Mittel erlebnisrationalen Handelns in Betracht, um solche Zustände zu erreichen: Berufstätigkeit und Nichtstun, Sozialkontakte und sozialer Rückzug, Familiengründung und Singledasein, Reisen und Zuhausebleiben, Wahlentscheidung und Wahlenthaltung usw. Ein wichtiges Feld erlebnisrationalen Handelns sind alltagsästhetische Episoden: Einkäufe, Musik, Kosmetik, Sport, Fernsehprogramme, Ausgehen, Urlaube, Konzerte, Museumsbesuche, Kleiderwechsel, Essen, Trinken, Zeitschriften, Süßigkeiten, neue Frisuren, durch die Stadt gehen usw.

Handlungslogisch besteht kein Unterschied zwischen Comic-Heft und Kafka-Gesamtausgabe. Die Käufer der einen wie der anderen Produktklasse eignen sich zweckrational Erlebnismittel an, um bei sich selbst Erlebnisziele zu realisieren. Dabei orientieren sie sich, wie gezeigt wurde, an verschiedenen alltagsästhetischen Schemata, die zu milieuspezifischen Stiltypen kombiniert werden. Die Korrespondenz zwischen normaler existentieller Problemdefinition, alltagsästhetischen Schemata und anderen Bereichen der subjektiven Wirklichkeit wird durch eine fundamentale Semantik hergestellt. Auch die Milieustruktur hat sich in Homologie zur fundamentalen Semantik stabilisiert. Die Karriere der Erlebnisorientierung hat zur Ausbildung einer psychophysischen Semantik mit den Gegensatzpaaren von Einfachheit und Komplexität sowie von Ordnung und Spontaneität geführt. In diesem Rahmen entwickeln die Individuen erlebnisrationale Handlungsroutinen: ihr Drehbuch für den Aufbau von Existenzformen nach dem neuen Muster (vgl. die Abschnitte 4.12 und 7.3).

Man kann wählen; Mittel stehen reichlich zur Verfügung; Ziele sind im Subjekt selbst verankert: eine optimale Lage? Ist die Modernisierung des Erlebens ohne Risiko? Fallen subjektive Zweckrationalität und objektive Zweckrationalität endlich zusammen? Dies anzunehmen entspräche lediglich der Ideologie unseres Alltagslebens, während die handlungstheoretische Analyse der Erlebnisorientierung skeptisch stimmt (vgl. das 1. Kapitel und die Ausführungen in den folgenden Abschnitten). Gerade durch den Subjektbezug der Zweckdefinition wird es schwierig, das Ziel des Handelns zu erreichen. Es ist leichter, einen Raum so einzurichten, daß er eine bestimmte Funktion erfüllt (etwa als Eßplatz oder Schlafplatz), als ihn so zu gestalten, daß er gut gefällt. Außenorientierte Zweckrationalität birgt ein geringeres Irrtumsrisiko als innenorientierte, da subjektive Reaktionen immer wieder sogar die Kalkulation desjenigen über den Haufen werfen, der eigentlich erster Experte sein müßte - der Handelnde selbst. Rezepte sind schwer zu finden, weil gleiche Erlebnismittel das eine Mal Freude bereiten, das andere Mal versagen. Die Unsicherheit geht sogar noch über das Problem der mangelnden Zweckdienlichkeit der Mittel hinaus. Oft ist den Menschen nicht einmal wenigstens das Ergebnis ihres Handelns klar. Um zu »wissen«, ob sie Erfolg oder Mißerfolg gehabt haben, benötigen sie die Interpretationshilfe anderer Instanzen. Solche Besonderheiten innenorientierter Handlungsplanung führen zum Aufbau von Rationalitätstypen, die sich von den gewohnten Rationalitätstypen außenorientierter Nutzenmaximierung grundlegend unterscheiden (vgl. Abschnitt 9.6).

Erlebnisse lassen sich nicht in Dauerzustände verwandeln. Schon deshalb mobilisiert das Vordringen der Erlebnisorientierung immer neue Handlungsenergie. Der Problemdruck von Unsicherheit und Enttäuschung führt zu einer permanenten Erneuerung dieses Handlungspotentials. Miterzeuger und Nutznießer der gewaltigen Ressourcen von Geld, Zeit und Aufmerksamkeit, die unsere Gesellschaft unablässig in den Bereich des Erlebens investiert, sind die Erlebnisanbieter. Auch sie folgen einer eigenen Rationalität, die allerdings klassisch-außenorientierten Charakter hat. Erlebnisanbietende Korporationen ziehen die innenorientierte Zweckrationalität der Erlebnisnachfrager zwar ins Kalkül, doch haben sie dabei nicht subjektive, sondern ökonomische, organisatorische oder politische Ziele im Auge. Auf dem Erlebnismarkt verschränken sich die innenorientierte Rationalität der Nachfrager und die außenorientierte Rationalität der Anbieter zu einem dynamischen Gemenge, von dem viele gesellschaftliche Wirkungen ausgehen, auch auf diejenigen Bereiche, die bisher Gegenstand der Untersuchung waren: alltagsästhetische Schemata und Milieustruktur. Im folgenden wendet sich die Analyse dem Erlebnismarkt als dem sozialen Schauplatz innengerichteter Modernisierung zu.

9.2 Erlebnismarkt, Erlebnisangebot, Erlebnisnachfrage

Seit dem Ende des Zweiten Weltkriegs hat die gesellschaftliche Bedeutung des Erlebnismarktes in der Bundesrepublik Deutschland ständig zugenommen. Mit dem Terminus »Erlebnismarkt« soll hier das Zusammentreffen von Erlebnisnachfrage und Erlebnisangeboten bezeichnet werden. Am Ausgangspunkt der Analysen des Erlebnismarktes in den folgenden Abschnitten steht die These, daß sowohl Erlebnisnachfrage wie Erlebnisangebot einer besonderen Rationalität unterliegen. Wer Erlebnisse nachfragt, handelt nach anderen Gesichtspunkten als der Konsument von Gebrauchsartikeln. Die Anbieter von Erlebnissen müssen der besonderen Rationalität der Erlebnisnachfrage Rechnung tragen. Dies gilt, mit einigen Modifikationen, auch für Erlebnisangebote, die im öffentlichen Auftrag oder mit öffentlicher Unterstützung produziert werden.

Auf dem Erlebnismarkt werden Erlebnisangebote gegen Geld und/oder Aufmerksamkeit getauscht. Als Erlebnisangebot wird im folgenden jedes Produkt bezeichnet, dessen Nutzen überwiegend in ästhetischen Begriffen definiert wird (schön, spannend, gemütlich, stilvoll, interessant usw.). »Erlebnisnachfrage« oder »innenorientierter Konsum« ist der Verbrauch von Erlebnisangeboten. Zwar handelt es sich dabei nur um einen Spezialfall erlebnisorientierten Handelns, doch erfordert die gestiegene Bedeutung dieses Spezialfalles eine soziologische Analyse. Ästhetische Episoden, seien sie alltäglich oder nicht, entfalten sich immer mehr im Rahmen von Marktbeziehungen.

Es ist klar, daß die Begriffe Erlebnismarkt, Erlebnisangebot und Erlebnisnachfrage erst dann sinnvoll verwendbar sind, wenn man den gemeinten Sinn von Produkten, also die in einer Gesellschaft gängigen Nutzendefinitionen, rekonstruiert. Meist ist dies einfacher, als es zunächst scheinen mag. Im Hinblick etwa auf Fernsehsendungen, Illustrierte, Volksliederstunden im Rundfunk, Rockkonzerte, Kleider, Pauschalreisen, Schallplatten usw. bedarf es keiner großen hermeneutischen Anstrengungen, um diese Produkte als Erlebnisangebote zu identifizieren. Es ist die normale, vorherrschende Konsummotivation, die ein Angebot zum Erlebnisangebot macht, ungeachtet abweichender Einzelfälle. Ein Traktor ist auch dann kein Erlebnisangebot, wenn es jemanden gibt, der sich nur zum Vergnügen einen Traktor kauft. Umgekehrt wird das Menü eines Spezialitätenrestaurants nicht dadurch zum bloßen Nahrungsmittel, daß es ausnahmsweise ohne kulinarischen Genuß verschlungen wird, bloß um den Hunger zu stillen.

Als winziges Detail eines riesigen Sortiments von Erlebnisangeboten steht das Menü in Konkurrenz nicht nur mit anderen Gerichten, sondern auch mit Schuhen aus Italien, Büchern, Sportartikeln, Blumenzwiebeln, Figaros Hochzeit, Yogakursen, verchromten Radkappen, Bundesligaspielen, Thomas Gottschalk, Leonard Bernstein, Busfahrten nach Oberammergau und einem neuen Haarschnitt. Ob ein Angebot ein Erlebnisangebot ist oder nicht, mag nicht immer so eindeutig sein wie bei diesen Beispielen. Soziologisch bedeutsam ist jedoch nicht die Grenzzone, sondern der unstrittige Kernbereich von Erlebnisangeboten, der sich ständig ausdehnt. Es gibt eine lange Liste von Produkten, die im Laufe der vergangenen Jahrzehnte an Gebrauchsbedeutung verloren haben, um Erlebnisbedeutungen dazuzugewinnen: Möbel, Haushaltsgeräte, Nahrungsmittel, Bekleidungsartikel, Fahrzeuge, Autozubehör und anderes. Zwischen dem Markt der reinen Erlebnisangebote und dem Markt der Gebrauchsgüterangebote (beispielsweise Investitionsgüter, Werkzeuge, Grundnahrungsmittel) liegt ein Bereich von Produkten mit gemischten Bedeutungen, deren Erlebniskomponente immer mehr in den Vordergrund tritt.

Nur in einem Teilbereich des Erlebnismarktes besteht die Gegenleistung der Nachfrager in Geld. Mit einem rein ökonomischen Marktbegriff wird das soziologische Phänomen nur unvollständig abgebildet. Nicht die Form der Gegenleistung ist wichtig für den Begriff des Erlebnismarktes, sondern das Motiv, aus dem heraus irgendeine Gegenleistung erbracht wird - der Wunsch nach einem Erlebnis. Auch Zeit, Aufmerksamkeit und Anerkennung sind Gegenlei-stungen, die den Erlebnisanbietern heftige Konkurrenzkämpfe wert sind. Fernseh- und Radioprogramme oder Angebote der kommunalen Kulturpolitik gehören genauso zum Erlebnismarkt wie eine Musikkonserve mit der italienischen Hitparade. Die Unterscheidung zwischen kommerzieller und authentischer Kultur wirkt manchmal wie ein Beschwörungsversuch der nichtkommerziellen Erlebnisanbieter. Ihre Teilnahme an einem übergreifenden Erlebnismarkt bleibt freilich von verbalen Distanzierungen unberührt.

Erlebnisangebote werden in unserer Gesellschaft von einer unablässig produzierenden Infrastruktur bereitgestellt. Die Dynamik gegenwärtiger Alltagsästhetik ist nur aus dem Spannungsverhältnis von ästhetischem Produktionsapparat und Publikum zu verstehen, in dem jede Seite die andere beeinflußt. Beide Seiten handeln im Zeichen einer eigenen Rationalität. Das Wissen voneinander entspricht Colemans Analyse von der »asymmetrischen Gesellschaft« (1986, insbesondere S.140 ff.): es ist einseitig. Während die Erlebnisanbieter versuchen müssen, den Zielhorizont ihrer Klientel möglichst gut zu erfassen, brauchen die Erlebnisnachfrager nur zu wissen, wo ihnen was wofür geboten wird. Freilich führt das Verständnis der Anbieter für die Wünsche der Nachfrager nicht etwa zu einer Gemeinsamkeit der Interessen. Vergleichbar mit Informationen über Zinssätze, Fixkosten, Vertriebswege, Mitarbeiterqualifikationen usw. ist das Verbraucherbedürfnis nur einer von vielen Parametern, die in die Handlungsplanung der Erlebnisanbieter einfließen. Was schließlich als Ergebnis des Zusammenwirkens von Angebot und Nachfrage konkret wird - der reale Erlebnismarkt -, ist weder durch die kulturkritische Floskel von der totalen Manipulation der Konsumenten zutreffend beschrieben, noch durch die naive Gegenvorstellung ästhetischer Autonomie des Publikums: Schließlich könne ja jeder genau das tun, was ihm gefällt. Der reale Erlebnismarkt ist ein Kompromiß zwischen Erlebnisproduzenten und Erlebnisverbrauchern.

Kaum ein Erlebnisnachfrager kommt auf die Idee, daß er durch den schlichten, immer beiläufiger werdenden Akt des Erlebniskonsums, durch den Kauf der Illustrierten, durch das Einschalten des Fernsehgerätes, durch die Urlaubsreise in den Süden usw. zur Existenz eines gewaltigen Produktionsapparats beiträgt. Indem er sich bedient, schafft er erst die Voraussetzungen dafür, sich überhaupt bedienen zu können. Zu gering ist jedoch die Relevanz des singulären Erlebniskonsums für die Entwicklung des Erlebnismarktes, zu ungreifbar der Anbieter des Produkts, zu stark die Fixierung der Handlungsplanung auf den kleinen Erlebniserfolg in der nächsten Zukunft, als daß die Erlebnisnachfrager jemals ins Auge fassen könnten, den Erlebnismarkt zu kontrollieren. In ihrer Rationalität gehen die Erlebnisnachfrager von gegebenen Erlebnisangeboten aus, als handelte es sich dabei um eine von ihnen selbst unbeeinflußte Wirklichkeit.

Umgekehrt versuchen die Erlebnisanbieter, ihre Kundschaft in einen anderen Zielhorizont einzuspannen, etwa korporatives Überleben, Gewinn, künstlerische Selbstverwirklichung, Prestige, kulturpolitische Utopien. Was auch immer ihre letzte Absicht sein mag, müssen sie sich doch samt und sonders dazu bereit finden, auf dem Erlebnismarkt gegeneinander um Anteile an der Gesamtkapazität von Erlebnisnachfrage zu konkurrieren. Um die Erlebnisnachfrager für die eigenen Ziele zu mobilisieren, müssen sich alle Konkurrenten auf ähnliche Strategien einlassen, der Manager des Popstars und die Firma für Joggingschuhe, der städtische Kulturreferent und der Hersteller von Gummibärchen, der Konzertpianist und der Kulturarbeiter im Stadtteilzentrum. Sie alle müssen überlegen, was ankommen könnte, und ihre Angebote entsprechend herrichten. Mit Raffinement und Einfühlung versuchen sie, Geld, Zeit und Aufmerksamkeit des Publikums in die eigene Richtung zu kanalisieren.

Symbiotisch koexistieren Erlebnisnachfrager und Erlebnisanbieter in einer sozialen Beziehung miteinander verflochtener Rationalitäten, die inkommensurabel sind und dennoch harmonieren. Erlebnisnachfrager und Erlebnisanbieter sind nur in der Aggregation wirksam; als einzelne Teilnehmer des Erlebnismarktes stehen sie ohne Einflußmöglichkeiten Bedingungen gegenüber, denen sie sich nur anpassen oder gänzlich verschließen können: Erlebnisangebote auf der einen Seite, Massenreaktionen der Erlebnisnachfrager auf der anderen Seite. Man kann den Erlebnismarkt nicht steuern, sondern höchstens verlassen. Wer an ihm teilnimmt, gleichgültig auf welcher Seite, erbringt einen verschwindend kleinen, kaum verantwortungsrelevanten Beitrag zur kulturellen Interaktion von Kollektiven, die blind aufeinander eingespielt sind.

Die langfristigen Wirkungen dieser Interaktion stellen sich ohne Wissen und Absicht der Handelnden ein, vergleichbar den allmählichen Veränderungen der Natur, die dadurch ausgelöst werden, daß ununterbrochen Millionen von Menschen eben mal schnell irgendwo hinfahren, die Waschmaschine anstellen, Kühlschränke benutzen, Haarspray verwenden, warmes Wasser verbrauchen usw. Während jedoch unbeabsichtigte Naturveränderungen sich irgendwann einmal katastrophal bemerkbar machen und spätestens dann ein Handlungssignal setzen, können sich die Menschen den Kulturveränderungen, die sich als Nebenwirkung ihres erlebnisorientierten Handelns ergeben, durchaus anpassen, wenn auch nicht ohne unerkannte Verluste.

9.3 Handlungsroutinen auf dem Erlebnismarkt

So chaotisch das Durcheinander auf dem Erlebnismarkt auch oft erscheinen mag, folgt das Handeln von Anbietern und Nachfragern doch bestimmten Mustern, die im folgenden durch den Begriff des Rationalitätstyps abgebildet werden sollen. Was ist ein Rationalitätstyp? In unserem Zusammenhang soll damit ein Konglomerat von Handlungsstrategien bezeichnet werden, die auf immer wiederkehrende Ziele bezogen sind. Handlungsstrategien und Ziele stehen in einem hierarchischen Verhältnis. Auf beide Ebenen muß die Analyse von Rationalitätstypen gesondert eingehen: zunächst auf die integrierenden Kristallisationskerne - verfestigte und selbstverständlich gewordene Ziele -, dann auf die eingefahrenen Handlungsroutinen, die zu den Zielen führen sollen. Ob sie diesem Zweck tatsächlich angemessen sind oder nicht, ist im Begriff des Rationalitätstypus nicht festgelegt. Es geht um empirisch vorfindbares Tun und Denken.

Zur vorläufigen Bestimmung der soziologischen Bedeutung eines Rationalitätstypus kann man sich an drei Dimensionen orientieren: Verbreitung im Kollektiv, Stabilität, Häufigkeit der Aktualisierung. Nach allen drei Gesichtspunkten ragt der Rationalitätstypus der Erlebnisnachfrage im Vergleich zu anderen Rationalitätstypen heraus: Er ist nahezu universell, verfestigt sich mehr und mehr und ist alltäglich. Erst in der Nachkriegszeit hat die Rationalität der Erlebnisnachfrage diese eminente Stellung erlangt, als neue Lebenstechnik vor dem Hintergrund einer neuen innengerichteten Lebensauffassung, scheinbar notwendig zur Orientierung im expandierten Raum der alltagsästhetischen Möglichkeiten, stabilisiert durch die Marktstrategien der Erlebnisanbieter.

Das Ziel, etwas zu erleben, ist das Kernstück der gegenwärtigen Rationalität der Erlebnisnachfrage. Dieses Ziel ist nicht so eindeutig, wie wir alle selbstverständlich voraussetzen. Auch die Annahme, daß es leicht zu erreichen sei, ist eine Selbsttäuschung. Es dominiert die Auffassung, daß man sich nur das geeignete Erlebnisangebot verschaffen müsse, um auf seine Kosten zu kommen. Doch die Untersuchung der im Rationalitätstypus der Erlebnisnachfrage kombinierten Strategien wird zeigen, daß das Korrespondenzprinzip, die Abstimmung von Bedürfnis und gewähltem Produkt, lediglich neben anderen, diffus angelegten Strategien steht, die dem Mangel an Klarheit der Zieldefinition angemessen sind: Abstraktion, Kumulation, Variation, Autosuggestion.

Auf der anderen Seite, bei den Erlebnisanbietern, hat sich ebenfalls ein Rationalitätstypus herausgebildet. Integrierendes Ziel ist hier Publikumswirksamkeit, doch spielen auch noch andere Ziele eine Rolle, meist eine übergeordnete: Gewinn, langfristiges Überleben von Korporationen, kreative Selbstverwirklichung, kulturpolitische Ambitionen. Notwendige Voraussetzung für diese und andere Zielsetzungen ist jedoch immer Publikumswirksamkeit, so daß hier der Angelpunkt zum Verständnis der Strategien von Erlebnisanbietern liegt. Auch wenn die wichtigsten dieser Strategien - Schematisierung, Profilierung, Abwandlung und Suggestion - lediglich wie ein Reflex auf die Rationalität der Erlebnisnachfrage erscheinen, führen sie doch zu einer neuen Situation, die auf das Publikum zurückwirkt. Erlebnisanbieter und Erlebnisnachfrager lernen voneinander.

Es gibt innenorientierte und außenorientierte Rationalitätstypen. Bei einem innenorientierten Rationalitätstypus bezieht sich die Definition des integrierenden Zieles auf das Innenleben des Handelnden selbst: sein Wissen, seine Fähigkeiten, seine Grundeinstellungen, seine Gefühle, seine Erlebnisse. Im Gegensatz dazu kann das Ziel außenorientierter Rationalitätstypen unabhängig vom handelnden Subjekt beschrieben werden: etwa Geld, Produkteigenschaften, Systemzustände von Organisationen, Merkmalsverteilungen in sozialen Kollektiven.

Mit dieser Unterscheidung soll eine Abstufung der Schwierigkeit gekennzeichnet werden, Handeln effizient zu planen. Allgemein gilt: Außenorientierte Rationalitätstypen sind leichter zu optimieren als innenorientierte. Außenorientiertes Handeln bezieht sich in der Regel auf klar definierbare und meßbare Zielzustände; Ist-Zustand und Soll-Zustand sind miteinander vergleichbar; instrumentelle Handlungen lassen sich evaluieren. Liegen die Ziele in uns selbst, so wird alles undeutlich. Man tut sich bereits schwer, eine genaue Vorstellung von innenorientierten Zielzuständen zu entwickeln (vgl. die Abschnitte über Unsicherheit und über Erlebnis als Handlungsziel: 1.4 und 9.5). Hinzu kommt, daß psychische Effekte nicht unabhängig von demjenigen meßbar sind, der sie an sich selbst beobachtet. Ob man einen psychischen Effekt tatsächlich hat, ob man ihn nur suggeriert bekommt, ob man ihn sich gar selbst suggeriert, ist nicht mit Sicherheit zu sagen.

Außenorientierte Handlungstypen lassen sich, im Gegensatz zu innenorientierten, technisch perfektionieren. Stoßen beide Handlungstypen aufeinander, wie dies auf dem Erlebnismarkt der Fall ist, so wird nach kurzer Zeit der außenorientierte Typ das Gesetz des Handelns übernehmen, der innenorientierte reagieren und nur durch unkalkulierbare, scheinbar irrationale Kurswechsel und Bocksprünge Verwirrung stiften. Doch auch dies läßt sich in außenorientierte Risikoberechnungen einplanen. Von der Rationalität des Erlebnisangebots wird die Rationalität der Erlebnisnachfrage in den Dienst genommen.

Wie Heiner (1983) ausführt, ist Unsicherheit eine Bedingung, welche die Herausbildung voraussagbarer Verhaltensmuster fördert. Liegen bewährte Informationen vor, eindeutige Kosten-Nutzen-Kriterien, große subjektive Wahrscheinlichkeiten von Erfolg oder Mißerfolg, so wird das Verhalten mit den Situationen fluktuieren. Je weniger man weiß, worin sich die Alternativen unterscheiden und was man überhaupt will, desto mehr ist man geneigt, immer wieder dasselbe zu tun. Daß etwa die alljährliche Völkerwanderung zum Mittelmeer mehr mit Ratlosigkeit als mit effizienter Erlebnisplanung zu tun hat, ist zumindest intuitiv plausibel, bedenkt man die verschiedenen Aspekte des Produkts »Urlaub im Süden«: Qualität des Wassers, Zustand der Küsten, Unterbringung, Verdichtung von Menschenmassen, Strapazen der Hin- und Rückreise u.a. Ein innenorientierter Rationalitätstyp tendiert zur Regelmäßigkeit, nicht unbedingt zur Zweckmäßigkeit.

Wie eine optimal erlebnisrationale Handlungsplanung auszusehen hätte, ist nicht das Thema dieses Abschnitts. Betrachtet man, orientiert an Elster (1987), Erlebnisse als »Ereignisse, die eigentlich Nebenprodukt sind«, so liegt es sogar nahe, die Möglichkeit erlebnisrationaler Handlungsplanung überhaupt als unsinnige Utopie zu betrachten. Erlebnisrationalität könnte gerade in der Vermeidung expliziter Erlebnisplanung bestehen, damit der sensible Vorgang des Erlebens nicht durch die Absicht gestört wird, ihn herbeizuführen. Nicht umsonst hat diese Philosophie eine lange Tradition, die in Schopenhauers »Aphorismen zur Lebensweisheit« auf den Punkt gebracht wird. Die philosophische Einsicht vermochte sich nicht durchzusetzen. Kennzeichnend für eine wachsende Zahl von Gesellschaften ist methodische und aufwendige Erlebnisarbeit. Welche Strategien sich dabei erkennen lassen, ist im folgenden Gegenstand der Untersuchung. Ausgeklammert bleibt zunächst die Frage, ob die Strategien auch etwas taugen. Es geht um die Analyse von gegenwärtig wichtigen Rationalitätstypen, um die Beschreibung von dominierenden Handlungsorientierungen und instrumentell darauf bezogenen Handlungsmustern, nicht um Optimierungsprobleme. Man kann die Rationalität von Erlebnisnachfrage und Erlebnisangebot empirisch oder normativ analysieren. Empirisch gegebene Rationalitätstypen können sich zu normativen Modellen optimierter Rationalität in beliebiger Distanz befinden.

9.4 Von außenorientiertem zu innenorientiertem Konsum

Die Unterscheidung von außenorientiertem und innenorientiertem Konsum erleichtert das Verständnis der Rationalität der Erlebnisnachfrage. Kauft man eine Brille als Mittel, um besser zu sehen, ein Auto als fahrbaren Untersatz, Mehl als Lebensmittel usw., so handelt man außenorientiert. Der innenorientierte Konsument sucht eine Brille, mit der er sich schön fühlt, ein Auto, das ihn fasziniert, eine Mehlsorte, mit der etwas erleben kann: Erlebnismehl. Was uns heute noch absurd erscheint, kann morgen bereits selbstverständlich geworden sein. Jedes Produkt kann innenorientiert angeboten und nachgefragt werden; dem Mehl steht jene Umdeutung vielleicht nur noch bevor, die bei Brillen und Autos schon weit vorangeschritten ist. »Innen« ist das Subjekt. Redewendungen, die innenorientierten Konsum begründen, verweisen auf Prozesse, die sich im Subjekt ereignen: »Weil es mir Spaß macht«, »weil es mir gefällt«, »weil es gut zu mir paßt«. Beim außenorientierten Konsum wird die Qualität des Produkts unabhängig vom Konsumenten definiert. Es geht um objektive Eigenschaften von Produkten, so sehr diese Eigenschaften auch auf die Bedürfnisse des Subjekts bezogen sein mögen und so falsch sie der Konsument möglicherweise wahrnimmt. Ob ein Gebrauchtwagen »gut« ist, könnte ein Experte meist besser feststellen als der außenorientierte Konsument selbst. Der innenorientierte Konsument, auf der Suche nach einem »schönen« Gebrauchtwagen, kann die Qualitätsprüfung an niemand anderen delegieren. Er definiert die gewünschten Eigenschaften des Produkts unter Verweisung auf Reaktionen, die es bei ihm selbst auslöst.

Viele Angebote werden fast ausschließlich aus innenorientierter Motivation nachgefragt: Fernseh- und Radioprogramme, Musikkonserven, Zeitschriften, Urlaubsreisen, modische Accessoires, Ausstellungen, Theater, Konzerte, Belletristik und vieles mehr. Bei anderen Produkten mischen sich außenorientierte und innenorientierte Komponenten, wobei die Bedeutung des innenorientierten Komplexes in den letzten Jahrzehnten gewachsen ist: Bekleidung, Fahrzeuge, Eigenheime, Möbel, Nahrungsmittel, um nur das Wichtigste zu nennen. Es fällt schwer, noch irgendwelche Angebote ausfindig zu machen, deren Konsum überwiegend außenorientiert motiviert wäre - von Schuhcreme, Kochsalz, Blumendünger und ähnlichen Nebensächlichkeiten abgesehen, bleibt kaum etwas übrig. Doch der Prozeß der Ästhetisierung, der Herrichtung von Produkten für Erlebnisse, geht ständig weiter. Produktentwicklungen der vergangenen Jahrzehnte zeigen, daß beispielsweise auch Glühbirnen, Streichholzschachteln, Büroklammern, Reißnägel oder Autoreifen ästhetisierbar sind. Der Markt für Investitionsgüter ist das letzte Reservat von Wirtschaftsbeziehungen, für deren Verständnis es genügt, außenorientierte Motivationen zu untersuchen. Der unternehmerische Nachfrager nach Gütern und Dienstleistungen erwirbt Angebote wegen ihrer Funktion in einem außersubjektiven Zusammenhang, der erlebnisorientierte private Konsument wegen ihres Appells an sein Innenleben.

Würde man dem innenorientierten Normalverbraucher erklären, mit welchen Modellen die Ökonomie sein Verhalten zu beschreiben versucht, so wäre seine Reaktion wohl ungläubiges Erstaunen, nicht nur über die ihm unterstellte Art von Rationalität, sondern auch über das Vertrauen in seine Rechenkünste und Fähigkeiten zur Informationsverarbeitung. Für die mit der Fernbedienung spielenden TV-Zuschauer, für die Einkaufsbummler in der Fußgängerzone, für Touristen, Konzertbesucher, Gäste im Restaurant usw. wäre das Modell der zweckbestimmten Handlungsplanung nach der Wert-Erwartungs-Theorie wohl Anlaß zu Gelächter.

Es mag sein, daß traditionelle ökonomische Entscheidungsmodelle unter bestimmten Randbedingungen brauchbare Erklärungen liefern: Ressourcenknappheit, hohe Wichtigkeit der tangierten subjektiven Zielsetzungen, langjähriges Training im Zweck-Mittel-Denken einschließlich der Kalkulation von Nebenfolgen, geringe Diversifizierung der Angebote. All diese Bedingungen sind für Konsumsituationen in unserer Gesellschaft untypisch. Das Motiv zu einer scharfen Nutzen-Kalkulation entfällt in dem Maße, in dem das konsumierte Gut die eigenen Ressourcen an Zeit und Geld nur geringfügig belastet und eine Fehlinvestition nur einen Bagatellschaden anrichtet. Außenorientierte Motive, etwa in den Konsumbereichen von Essen, Wohnen, Transport oder Kleidung, werden umgedeutet. Zunehmend richten sich die Motive nach innen: Es geht um »gutes« Essen, »stilvolles« Wohnen, Fortbewegung als Erlebnis, Bekleidung als Selbstinszenierung. Grundbedürfnisse werden nicht als Not gespürt, sondern als minimale Abweichungen von einem Sättigungszustand, dessen Wiederherstellbarkeit als selbstverständlich gilt. Wichtiger als der Zustand der Sättigung ist die kleine Deprivation als Voraussetzung dafür, daß das Konsumieren überhaupt Spaß macht: »Ich hatte einen wunderbaren Appetit«.

Je größer die Vielfalt von Angeboten gleicher außenorientierter Zweckbestimmung ist, desto mehr treten innenorientierte Motive in den Vordergrund. Wenn beispielsweise nur ein einziges Brillengestell zur Verfügung steht, spielt für den Erwerb dieses Artikels nur das Bedürfnis eine Rolle, besser zu sehen. Hat man dagegen hunderte von Gestellen zur Auswahl, so ist das ursprüngliche Bedürfnis nur noch dafür ausreichend, überhaupt das Brillengeschäft zu betreten. Bei der Kaufentscheidung stehen andere Ziele im Vordergrund, die mit »gutem Aussehen« oberflächlich angedeutet sind.

Innenorientierter Konsum ist ein Spezialfall erlebnisorientierten Handelns, der durch die Einbindung in Marktbeziehungen definiert ist. Neue Handlungsroutinen haben sich entwickelt, die in ihrer Gesamtheit den Rationalitätstypus der Erlebnisnachfrage bilden. In den beiden folgenden Abschnitten wird dieser Rationalitätstypus beschrieben.

9.5 Erlebnis als Handlungsziel

Wie handeln wir, wenn wir einer großen Menge von Erlebnisangeboten gegenüberstehen, die wir uns nach Belieben aneignen können, zu keinem anderen Zweck, als uns selbst ein schönes Erlebnis zu bereiten? Daß erlebnisrationales Handeln bisher in der Soziologie nicht ein ähnlich intensives Interesse gefunden hat wie außenorientiertes Handeln, liegt an der irreführenden Gleichsetzung beider Handlungstypen. Erlebnisorientiertes Handeln läßt sich jedoch nicht als Spezialfall unter traditionelle Modelle rationalen Handelns subsumieren.

Längst hat Erlebnisorientierung unseren Alltag durchtränkt, längst ist die Situation, in der wir unter Erlebnisangeboten auswählen, zu einer Standardsituation geworden. Ob nun unser Verhalten in dieser Situation theoretisch sinnvoll etwa als »Maximierung des Erlebnisnutzens« zu beschreiben ist, orientiert am Kosten-Nutzen-Vergleich verschiedener Alternativen auf der Basis subjektiver Wertwartungen, erscheint aus mehreren Gründen zweifelhaft: weil erlebnisorientiertes Handeln oft gerade nicht abwägend, sondern betont spontan inszeniert wird, weil der Erlebnisnutzen für den Handelnden zu ungreifbar ist, um eine ähnlich brauchbare Kalkulationsgrundlage abzugeben wie beispielsweise die Kriterien von Reparaturanfälligkeit oder durchschnittlichen Kosten pro Kilometer beim Autokauf, vor allem aber, weil sich der Handelnde meist in einer Situation großer Unsicherheit befindet. Wie wird wohl Angebot A auf mich wirken? Wie im Vergleich dazu all die zahllosen Konkurrenzangebote? Wird meine Nutzenkalkulation auf der Basis meiner jetzigen Vorlieben und Abneigungen auch in Zukunft noch stimmen, wenn ich meine Entscheidung getroffen haben werde? Und fundamentaler: Was gefällt mir eigentlich, was nicht?

Erlebnisrationales Handeln zielt auf ein Zentrum, das im Handelnden selbst liegt. Was auch immer das Erlebnisziel sein mag, innenorientierte Konsummotivation will auf einen subjektiven Prozeß hinaus. Zur Konkretisierung sei auf die Beschreibungen von Mustern des Genießens im Rahmen gegenwärtiger alltagsästhetischer Schemata verwiesen: Kontemplation, Gemütlichkeit, Action (Abschnitte 3.5 bis 3.7). Nun befinden wir uns allerdings ohnehin, ob wir wollen oder nicht, ununterbrochen in subjektiven Prozessen. Gerade wenn wir meinen, gar nichts zu erleben, wenn wir uns zu Tode langweilen, erfahren wir unser Leben besonders intensiv, wenn auch unangenehm. Durch unsere Konstitution als Menschen sind wir zum Erleben verurteilt oder privilegiert, je nachdem, was gerade kommt, nur »abschalten« können wir nicht. Um schlechthin etwas zu erleben, müssen wir nicht erst erlebnisrational handeln. Wir stehen aber durchaus vor der Alternative, das, was ohnehin ständig in uns der Fall ist - Bewußtsein, Innenleben, Selbsterfahrung, subjektive Reaktion auf die Welt - als Nebenprodukt anzusehen oder zur Hauptsache zu machen. Wir können systematisch unser Handeln im Dienste ganz bestimmter Erlebnisse instrumentalisieren, doch sind wir dazu nicht gezwungen.

Sobald wir den unentrinnbaren Strom der Erlebnisse nicht mehr hinnehmen, wie er gerade kommt, sondern selbst zu regulieren versuchen, handeln wir erlebnisrational. Unsere Aktionen lassen sich dann verstehen als Versuche, die für uns unmittelbar erfahrbare Umwelt so zu gestalten, daß sich ein gewollter psychophysischer Prozeß einstellt, etwa indem wir in eine bestimmte Region reisen oder uns per Knopfdruck optische und akustische Reize verschaffen.

Es überrascht zunächst, wie verschwommen die Angaben über konkrete Erlebnisziele selbst bei denjenigen sind, die ihre Energie weitgehend in den Dienst der Erlebnisrationalität gestellt haben. »Interessante« oder »schöne« Erlebnisse sollen es sein, man ist auf der Suche nach »Faszination«, man tut dieses oder jenes, um sich nicht zu »langweilen«. Hinterher ist die Klarheit etwas größer: Man kann (im günstigen Fall) wenigstens angeben, *ob* sich ein wünschenswertes Erlebnis eingestellt hat, auch wenn die Beschreibung des Erlebnisses selbst meist mißlingt.

Auch professionelle Erlebnis-Kommunikatoren wie Romanautoren, Lyriker, Dramatiker, Reporter, Regisseure können diese Sprachlosigkeit nur teilweise aufheben, aber immerhin teilweise, worauf auch ihr Erfolg beruht. Das Publikum sucht nach einer Beschreibung seiner selbst. Ohne Ausnahme stößt jeder, der Erlebnisse beschreiben will, an Grenzen der Mitteilbarkeit. Wir konstruieren unsere Erlebnisse in einem Bedeutungskosmos, der von einem Subjekt mit universell einmaliger genetischer Ausstattung in einer universell einmaligen Lebensgeschichte aufgebaut wurde. Niemand kann sich vollständig in den Kopf eines anderen Menschen hineinversetzen; entsprechend oberflächlich ist die Kommunikation über unsere Erlebnisse.

Noch viel beschränkter ist die Kommunikation über Erlebnisse, die wir haben *wollen*. Hier wirkt sich die sprachliche Restriktion, das Mißverhältnis zwischen Worten und subjektiver Bedeutungsvielfalt, nicht nur zwischenmenschlich aus, sondern auch innersubjektiv: als Beschränkung unseres Vorstellungsvermögens. Ein erlebnisrational agierender Mensch befindet sich in der Situation eines Diskjockeys, der alle denkbaren Platten zur Verfügung hat, aber nicht so recht weiß, was seinem Publikum gefällt. Wir sind unser eigenes Publikum, aber wir wissen oft nicht genau, was bei uns ankommt.

Außenorientierter und innenorientierter Konsum unterscheiden sich nach dem Ausmaß der subjektiv empfundenen Unsicherheit. Ein außenorientierter Konsument kann klare Angaben darüber machen, wofür er das nachgefragte Produkt braucht. Daraus kann er ebenso klare Qualitätskriterien ableiten. Er kann Güter und Dienstleistungen nach ihrer Brauchbarkeit für definierte Anforderungen unterscheiden und schließlich eine vernünftige Entscheidung treffen. Sich ein Paar »gute« Schuhe zu kaufen ist einfach im Verhältnis zu dem Ziel, ein Paar »schöne« Schuhe zu finden. Was schön ist oder häßlich, kann der Nachfrager meist nur tautologisch definieren. »Es ist schön, weil es eben schön ist.« Die Existenz von Reklame, Mode, Feuilleton und anderen Erscheinungsformen ästhetischer Definition erklärt sich zu einem guten Teil aus dem Rationalisierungsbedürfnis eines Publikums, das weder genau sagen kann, ob ein Angebot hohe ästhetische Qualität hat, noch wenigstens dazu imstande ist, die eigenen ästhetischen Qualitätskriterien anzugeben. Diese Unsicherheit ist nicht etwa Ausdruck von Dummheit, Unbildung, Oberflächlichkeit, sondern unvermeidliche Begleiterscheinung innenorientierten Konsums. Argumentationslogisch gesehen, befindet man sich dabei auf der Ebene letzter Werte, denn das Schöne wird ja um seiner selbst willen gesucht. Entscheidungen sind hier nur noch möglich als spontane emotionale Akte, nicht als rationale Kalküle. Qualitätskriterium innenorientierten Konsums ist die psychophysische Wirkung auf den Konsumenten selbst. Worin diese Wirkung genau bestehen soll, warum sie gerade so sein soll und nicht anders, ob ein bestimmtes Angebot größeren Erlebnisnutzen verspricht als konkurrierende Angebote, ob sich schließlich dieser Nutzen beim Konsum auch tatsächlich einstellt – all dies ist viel schwerer zu erkennen, als ob ein Paar Schuhe wasserdicht ist.

9.6 Rationalität der Erlebnisnachfrage

Die Rationalität der Erlebnisnachfrage, wie sie für unsere Gesellschaft charakteristisch ist, beruht auf der Prämisse, daß man schöne Erlebnisse herbeiführen kann, indem man aus einer Fülle von Erlebnisangeboten die richtigen, individuell passenden auswählt. Mit dieser Annahme, für die meisten eine schlichte Selbstverständlichkeit, wird ein doppeltes Defizit überspielt, wenn auch nicht beseitigt. Erstens ist oft unklar, welche Art von Erlebnissen der Handelnde eigentlich anstrebt. Aber auch wenn er genau weiß, was er will, bleibt zweitens die Frage, ob es gelingen wird, dieses Erlebnis auch zu produzieren – denn auf dem Erlebnismarkt bekommt man nur die Zutaten. Niemand kann jedoch auch noch die subjektive Konstruktion des Erlebnisses als alltagsästhetische Dienstleistung mitliefern. Typischerweise ignoriert der erlebnisrationale Konsument diese beiden Probleme – Unsicherheit und Enttäuschungsrisiko –, um sich desto expliziter mit einem dritten zu beschäftigen: Welches Angebot soll er wählen, um sein Erlebnisziel zu erreichen?

Wer weiß, wie stark die Teilnahme am Erlebnismarkt zurückginge, wenn es Mode wäre, sich genauer mit den Vorfragen zu befassen? Durch Ausklammern werden die Vorfragen freilich nicht unerheblich. Oft genug bekommt es der Erlebnisnachfrager in seinem konsumtiven Aktivismus zu spüren, daß er kein klares Erlebnisziel hat und daß der Konsum von Angeboten allein nicht ausreicht, um Erlebnisse zu haben. Von diesen Erfahrungen sind die Strategien der Produktauswahl, die sich in unserer Gesellschaft zusammen mit dem Erlebnisziel zu einem Rationalitätstypus verfestigt haben, erkennbar mitgeprägt. Insbesondere fünf Prinzipien sind für diesen Rationalitätstypus charakteristisch: Korrespondenz, Abstraktion, Kumulation, Variation, Autosuggestion. Im folgenden sollen diese Prinzipien erläutert werden:

1. *Korrespondenz*: Sich diejenigen Erlebnisangebote zu verschaffen, auf die man Lust zu haben meint, scheint auf den ersten Blick die einzig mögliche und sinnvolle Strategie der Erlebnisnachfrage zu sein. Sie läuft darauf hinaus, eine Korrespondenz von angenommenen Erlebnisbedürfnissen und angeeigneten Waren und Dienstleistungen herzustellen und soll deshalb als Korrespondenzprinzip bezeichnet werden. Zwar kann der Verbraucher seine Erlebnisbedürfnisse nur schwer explizit machen (wenn überhaupt), doch wenigstens verschwommen spürt er Interesse, Indifferenz oder Abneigung, wenn Erlebnisangebote an ihn herandrängen. Dies sind seine Richtgrößen beim Operieren mit dem Korrespondenzprinzip. Welche Angebote den eigenen Bedürfnissen korrespondieren, kann der Verbraucher allerdings nicht in jeder Situation neu überlegen. Er bildet Korrespondenzroutinen aus, die sich zu einem persönlichen Konsumstil verbinden. Erst gesteuert durch eine Art ästhetisches Grundprogramm sind wir in der Lage, uns im Durcheinander des Erlebnismarktes überhaupt zurechtzufinden.

Theoretisch wäre es nun zwar denkbar, daß jeder seinen ganz eigenen Konsumstil pflegt, doch dominieren in der Praxis des Korrespondenzprinzips kollektive Elemente. Ein Teil der Erklärung hierfür liegt in der noch zu erläuternden Rationalität des Erlebnisangebots. Da die Anbieter gezwungen sind, auf Publikumswirksamkeit abzustellen, reagieren sie gezielt auf häufige und wiederholte Nachfrage. Die Akteure auf dem Erlebnismarkt stellen sich aufeinander ein; ihre Symbiose führt zu einer alltagsästhetischen Evolution, deren Selektionsprinzip solche Zeichen-Bedeutungskomplexe begünstigt, auf die sich *viele* verständigen können. Alltagsästhetische Schemata bilden sich heraus, die zur Parallelisierung des Korrespondenzprinzips bei großen Verbrauchergruppen führen. Eine jüngere Hausfrau mit niedriger Bildung reagiert typischerweise auf andere Erlebnisreize als ein älterer Akademiker. Die Grundbedeutungen alltagsästhetischer Schemata lassen sich mit zahllosen Zeichen verbinden. Das »Spannungsschema« etwa wird aktualisiert durch bestimmte Musikgattungen, Lektürearten, Fernsehsendungen, Verhaltensweisen beim abendlichen Ausgehen und auf Reisen; es tritt in Bekleidungsstilen, Fahrstilen, Bewegungsstilen usw. zutage. Durch Nähe oder Distanz der Subjekte zu verschiedenen alltagsästhetischen Schemata ist ihre Nähe oder Distanz zu unübersehbar vielen Erlebnisangeboten in groben Zügen vordefiniert.

Zwei Eigenschaften, die das Korrespondenzprinzip auszuzeichnen scheinen, machen es zur gegenwärtig populärsten Rechtfertigungsformel für den Kurs, den Konsumenten auf ihrer Bahn durch die Fluten der Erlebnisangebote steuern: Man hält es erstens für einfach zu praktizieren, zweitens auch für hinreichend, um erlebnisoptimal zu konsumieren. Beide Annahmen sind fragwürdig.

Einfach ist das Korrespondenzprinzip schon deshalb nicht, weil Erlebnisbedürfnisse sich nicht so klar zu Wort melden wie Hunger, Durst, Müdigkeit und andere physiologisch begründete Bedürfnisse. Gewiß kommt es immer wieder vor, daß ein ganz bestimmtes Erlebnisbedürfnis dominiert, beispielsweise jenes, in Urlaub zu fahren. Aber auch wenn die Bedürfnislage halbwegs eindeutig ist, wird die Handhabung des Korrespondenzprinzips schwierig, sobald man sich für ein konkretes Angebot entscheiden soll. Die Produktklasse »Urlaub« ist, wie alle anderen Klassen von Erlebnisangeboten auch, so unendlich vielgestaltig ausdifferenziert, daß es selbst dann schwierig ist, irgendein Angebot als das bedürfnisadäquateste herauszufiltern, wenn man genau weiß, was man will. Ob der Konsument nun Urlaub in den Bergen machen möchte, im Fernen Osten, am Mittelmeer usw. - fast immer steht er am Ende doch vor einer Mehrzahl von Möglichkeiten, die so wenig voneinander unterschieden sind, daß die endgültige Wahl mit dem Korrespondenzprinzip allein nicht zu bewerkstelligen ist. Dies gilt trotz der erläuterten Schematisierung des Korrespondenzprinzips, denn zu einer gegebenen Schablone passen jeweils viele Angebote.

Daß man zu einem gegebenen Zeitpunkt mehrere Erlebnismöglichkeiten als etwa gleich attraktiv empfindet und nicht weiß, wie man sich entscheiden soll, ist nicht die einzige Form der Unklarheit. Es verbreitet sich ein Typus der Erlebnisnachfrage *ohne* konkreten Erlebniswunsch. Der Verbraucher hat nur allgemein das Bedürfnis, irgendetwas zu erleben. Im ersten Fall ist das Korrespondenzprinzip schwierig zu handhaben, wenn es überhaupt hinreichend ist, im zweiten Fall ist es nicht anwendbar. Der erste Augenschein trügt also: Es ist weder einfach noch hinreichend, bei der Auswahl von Erlebnisangeboten ausschließlich dem Korrespondenzprinzip zu folgen und sich das zu nehmen, worauf man am meisten Lust hat. Um das Problem zu lösen, sich das Leben schön zu machen, benötigen die Erlebnisnachfrager zusätzliche Strategien.

2. *Abstraktion*: Nur selten ist das Korrespondenzprinzip dazu geeignet, ein bestimmtes Produkt eindeutig vor allen anderen auszuzeichnen. Erst durch Abstraktion kann das Korrespondenzprinzip für die Alltagspraxis anwendbar gemacht werden. Was ist damit gemeint? Gerade bei einer besonders erlebnisintensiven Alltagsgestaltung rückt die konkrete alltagsästhetische Episode, der Genuß im Hier und Jetzt, in den Hintergrund der Aufmerksamkeit. Nicht die Optimierung einzelner Konsumakte, sondern die Optimierung von Konsumgewohnheiten kennzeichnet den gegenwärtigen Rationalitätstyp der Erlebnisnachfrage. Obwohl Genuß immer aus den Details singulärer Situationen und Erlebnisgegenstände erwächst, orientieren sich die Verbraucher mehr an abstrakten Selektionsprinzipien als daran, was sie in einzelnen Momenten erleben. Entsprechend be-

steht die Funktion des Korrespondenzprinzips oft nur noch darin, eine diffuse Vorauswahl zu treffen, selektive Empfänglichkeit für bestimmte Produktklassen herzustellen und andere von vornherein auszublenden.

Je dichter die Konsumakte aufeinanderfolgen, desto weniger kommt es noch darauf an, die Korrespondenz von alltagsästhetischen Bedürfnissen und Produkten im Einzelfall zu erarbeiten, desto wichtiger wird stattdessen die Rationalisierung der Konsumentscheidung durch mengenbezogene Voreinstellungen. Um zu überlegen, ob man dieses oder jenes wirklich will, reicht weder Zeit noch Energie. Der Durchschnittskonsument ist auf Erlebnisdurchschnitte eingestellt; er versucht, die Wahrscheinlichkeit von Befriedigungen in einer kontinuierlichen Konsumfolge zu maximieren und nimmt dabei durchaus den einen oder anderen Mißerfolg in Kauf. Nicht auf die einzelne alltagsästhetische Episode kommt es ihm dabei an, sondern auf die erlebnisoptimale Regulierung von Produktströmen, sowohl annehmend wie abwehrend. Durch das Abstraktionsprinzip automatisiert der Verbraucher seine Nachfrage.

Im Alltagshandeln manifestiert sich das Abstraktionsprinzip etwa durch den Konsum von Serienangeboten (Fernsehserien, Zeitschriftenabonnements, Buchprogramme der Trivialliteratur, Bestsellerreihen berühmter Autoren in der Belletristik, Konzertzyklen, Hitfolgen von Popstars u.a.), durch das Aufsuchen der Lokalitäten von Szenen (vgl. das 10. Kapitel), durch die Präferenz für bestimmte Hörfunkprogramme, die ganztägig als akustischer Hintergrund eingestellt werden, durch die Bevorzugung bestimmter Typen von Verkaufsambiente. Viele solcher Abstraktionen sind in den Hyper-Abstraktionen der alltagsästhetischen Schemata eingeschlossen. Riesige Zeichengruppen werden mit gleichartigen allgemeinen Erlebniserwartungen besetzt, die sich oft selbst erfüllen (vgl. weiter unten Punkt 5: Autosuggestion).

3. *Kumulation*: Mit zunehmender Habitualisierung innenorientierten Konsums ist eine Tendenz zu beobachten, Erlebnisse zu häufen und ihren Zeittakt zu verdichten. Zwar geht Erlebnishäufigkeit auf Kosten der Intensität, nicht nur wegen der Schwierigkeit, immer wieder wirksame Erlebnisangebote zu finden, sondern auch wegen des Verbrauchs von Energie. Täglich oder stündlich fasziniert, freudig erregt oder tief befriedigt zu sein, überfordert die meisten. Für intensive Erlebnisse braucht man zeitliche Zwischenräume. Es gehört zur Psychologie der Erlebnisse, daß sie episodenhaft sind. Wenn sie nun schon ständig zu Ende gehen und immer wieder neu in Gang gesetzt werden müssen, so wollen sich die Konsumenten dem unmöglichen Ziel, Erlebnisse von Prozessen in Zustände zu überführen, wenigstens dadurch annähern, daß sie die Zwischenräume zwischen den Erlebnissen verkleinern. Das Außergewöhnliche alltäglich zu machen - diese paradoxe Intention des habituellen Erlebniskonsumenten führt zu einer Erhöhung der Erlebnisgeschwindigkeit auf Kosten der Erlebnistiefe.

Bei voll entwickelter Routine der Erlebnisnachfrage bedarf es zur Aktivierung der Konsumbereitschaft nicht einmal mehr eines Erlebnisbedürfnisses. Man ergreift altbewährte oder vielversprechende neue Erlebnisangebote in der Erwartung, daß diese schon irgendwelche kleinen Befriedigungen einbringen werden (Abstraktionsprinzip). Durch den ständigen Umgang mit massenhaften Erlebnisangeboten verschwindet schließlich selbst die Notwendigkeit, wenigstens noch verschwommene Erlebnisziele in eigener Regie zu definieren. Man findet umso mehr, je weniger man sucht. Unter der Bedingung des voll entwickelten Erlebnismark-tes ist es eine erlebnisrationale Strategie, zwar nahezu blind und ziellos, dafür aber in kurzer Folge und kontinuierlich auf Erlebnisangebote zuzugreifen. Die beiläufigen Faszinationen stellen sich mit der kalkulierbaren Verläßlichkeit von Zufallstreffern ein. Es genügt, bloß das Radio laufen zu lassen, am Fernseher herumzuspielen, durch die Stadt zu bummeln, in der Gegend herumzufahren. Wo selbst der Anreiz zur Klärung von Erlebnisabsichten schwindet, weil man ja auch aufs Geratewohl erlebnisrational handeln kann, wird der Erlebnisanspruch auf ein minimales Niveau reduziert. Die Handlungsstrategie (Kumulation) verkleinert das Handlungsziel (Erlebnis) in einer Weise, daß nachträglich die Strategie trotz des bescheidenen Erfolgs gerechtfertigt erscheint.

4. *Variation*: Um bei der Kumulation von Erlebnisangeboten den jeweils nächsten Stimulus überhaupt noch fühlen zu können, muß der Handelnde Abwechslungsstrategien entwickeln. Je mehr er die Verantwortung für sein Erlebnis von innen nach außen verlagert, von sich selbst zu den Angeboten, desto mehr hängt das Zustandekommen einer Reaktion von den *Differenzen* der aufeinanderfolgenden Erlebnisgegenstände ab. Überschreiten diese Differenzen allerdings die subjektive Toleranzschwelle, so besteht die Gefahr der Desorientierung. Radikale Wechsel sind selten. Es dominiert die Strategie der Variation innerhalb desselben allgemeinen Rahmens. Man wechselt die Kneipe, aber nicht die Szene. Man schaltet um, bis man ein Programm gefunden hat, das dem bisher konsumierten Angebot ähnelt. Man stellt einen Sender ein, um immer wieder neue Musikstücke zu hören, die alle demselben alltagsästhetischen Schema zugehören. Man kauft neue Kleider, bleibt aber seinem Typ treu. Um etwas Neues zu erleben, verbringt man die Ferien auf Rhodos, nachdem man im letzten Urlaub auf Kreta war.

5. *Autosuggestion*: Typisch für die Rationalität erlebnisorientierten Konsums ist schließlich die autosuggestive Maximierung von Sicherheit. Daß Sicherheit ausschließlich durch eigene Anschauung und Erfahrung gewonnen wird, ist eine seltene Ausnahme. Sowohl Erlebniserwartungen vor der Konsumentscheidung als auch Erlebnisreflexionen danach (»schön«, »interessant«, »langweilig«, »geschmacklos« usw.) kommen meist nur unter massiver sozialer Deutungshilfe zustande. Um zu wissen, ob etwas schön ist und deshalb die Zuwendung von Geld, Zeit und Aufmerksamkeit verdient, hält man nach anderen Personen Ausschau, die diese Gewißheit zu haben scheinen oder wenigstens dazu beitragen könnten: Fans, Kritiker, Angeödete, Mitkonsumenten, Antikonsumenten, Modellkonsumenten.

Nicht alle anderen sind für jedermann signifikant. Ein Erlebnisangebot strahlt umso mehr alltagsästhetische Gewißheit aus, je mehr ein Konsument wahrnimmt, daß es von anderen konsumiert wird, die ihm selbst offensichtlich ähnlich sind.

Deshalb beobachten gerade die Konsumenten in der »individualisierten« Erlebnisgesellschaft sorgfältig ihr soziales Milieu - nicht mehr aus der Angst des 19. Jahrhunderts heraus, sich zu blamieren, sondern aus der Angst des späten 20. Jahrhunderts heraus, nichts vom Leben zu haben. Autosuggestion von Erlebnissen ist eine Strategie, diese Angst zu bekämpfen. Um Autosuggestion zu erzeugen, ist das massenhafte Erlebnisbeispiel im Bezugskollektiv ein effektives Mittel. Demselben Zweck dient die subjektive Empfänglichkeit für Werbung, die meist größer ist, als man sich eingesteht. Sich überzeugen zu lassen, ist erlebnisrational. Wegen der Unsicherheit des Erlebniskonsumenten, ob er nun eigentlich erreicht hat, was er wollte, wegen der Unmöglichkeit exakter innerer Qualitätskontrollen besteht ein notorischer ästhetischer Definitionsbedarf.

Unsicherheit kann man dadurch reduzieren, daß man sich einreden läßt, ein bestimmtes Erlebnis anzustreben bzw. gehabt zu haben. Die Absatzchance eines Erlebnisangebots ist umso höher, je mehr es dem Bedürfnis nach Sicherheit entgegenkommt und mit Suggestionen aufgeladen ist. Oft hat der Hinweis auf die objektiven Qualitäten des Angebots nur noch den Zweck der Selbstbeschwichtigung angesichts eines beunruhigenden Sachverhalts: Ob das Produkt sein ästhetisches Versprechen hält, ist nicht unabhängig von demjenigen zu beurteilen, der das Versprechen glaubt. Anders als bei der Suche nach einem »guten« Paar Schuhe (außenorientierter Konsum) ist es bei der Suche nach einem »schönen« Paar Schuhe (innenorientierter Konsum) durchaus eine sinnvolle Strategie, den Beteuerungen des Verkäufers zu vertrauen, weil sich genau unter dieser Bedingung bereits der Konsumzweck realisieren kann (das schöne Erlebnis oder wenigstens die Vorstellung, ein solches gehabt zu haben), ohne daß man spätestens dann eines Besseren belehrt werden könnte, wenn man nasse Füße bekommt.

Der rationale Erlebniskonsument wehrt sich nicht etwa gegen Suggestionen (wie es der rationale außenorientierte Konsument tun muß), sondern er fragt sie nach: den Ruhm des Virtuosen, den Massenandrang zum Rockkonzert, die aktuelle Etabliertheit modischer Details im eigenen Milieu, die Absegnung eines Films als »Kultfilm«, die Verklärung von Reisezielen durch enthusiastische Schilderungen, die feuilletonistische Elevation von Literatur, die Definition des Erlebnisgehalts von Angeboten durch Werbung, die Erzeugung einer Aura von Besonderheit durch exorbitante Preise.

Die soeben beschriebene Rationalität der Erlebnisnachfrage war in den vergangenen Jahrzehnten eine entscheidende Wachstumsbedingung für erlebnisanbietende Organisationen, die, kaum ins Leben gerufen, alles getan haben, um diesen Handlungstypus zu fördern. Längst haben die Erlebnisanbieter ihrerseits einen korrespondierenden Rationalitätstypus entwickelt. Aus dem Zusammenspiel beider Handlungsstrukturen entsteht makrosoziologisch die Dynamik des Erlebnismarktes (vgl. hierzu die Abschnitte 9.9 bis 9.11).

9.7 Publikumswirksamkeit als Handlungsziel

Mit ihren Strategien versuchen die Erlebnisanbieter, die Handlungsmuster der Erlebnisnachfrager möglichst gut für ihre eigenen Ziele auszunutzen. Sie haben einen durch und durch außenorientierten Rationalitätstypus entwickelt, der zwangsläufig scheint und doch nur spezifisch für unsere Kultur ist. Daß es Alternativen zu diesem Rationalitätstypus gibt, zeigt der traditionelle Rationalitätstypus des Erlebnisangebots, bei dem die Innenorientierung überwiegt.

Nichts ist offensichtlicher, als daß gegenwärtige Erlebnisproduktion kein Selbstzweck ist, l'art pour l'art, in die Welt gesetzt mit der Haltung selbstgenügsamen Künstlertums, bei der das Werk allein zählt, die Gunst des Publikums dagegen nur ein angenehmer Nebeneffekt ist. Natürlich war solche Kompromißlosigkeit immer schon gefährdet durch Eitelkeit und Gewinnstreben, war die angebliche Verpflichtung auf den künstlerischen Zweck oft genug nur ein Vorwand, um das Erlebnisbedürfnis anderer für eigene, ganz und gar profane Zwecke zu instrumentalisieren, doch war der Rationalitätstypus innenorientierten Erlebnisangebots immerhin ein Leitprinzip, dem sich viele anzunähern versuchten.

Das ungeschminkte, zweckbezogene Anbieten von Erlebnissen ist erst hoffähig geworden im Zeitalter industrialisierter Erlebnisproduktion. Mag sich auch ab und zu ein primär aus subjektiver, künstlerischer Motivation entstandenes Werk auf dem Erlebnismarkt durchsetzen, ein Roman, ein Film, ein Bild usw., so bleibt doch die traditionelle innenorientierte Rationalität des Erlebnisangebots auf private Nischen beschränkt. Auf dem Erlebnismarkt dominiert ein Rationalitätstypus, der das Erlebnisangebot nicht als Selbstzweck definiert, sondern als Zweck für etwas anderes. Innenorientierter Konsum, kennzeichnend für die Rationalität der Erlebnisnachfrage, ist mit außenorientierter Produktion von Erlebnisangeboten verschränkt. Nachfrager und Anbieter bewegen sich in unterschiedlichen Bedeutungssystemen - hier das Innenleben, da Publikumswirksamkeit. Im Ziel der Publikumswirksamkeit geht es zwar auch um das Innenleben, aber nur bei den anderen, den Nachfragern, nicht beim Erlebnisanbieter selbst.

Auf dem Erlebnismarkt kommen die Anbieter besser auf ihre Kosten als die Nachfrager. Dies hängt einmal damit zusammen, daß ein außenorientierter Rationalitätstyp leichter zu optimieren ist als ein innenorientierter. Es ist einfacher, Wirkungen jenseits der eigenen Subjektivität zu kontrollieren - Publikumswirksamkeit, Gewinn, korporatives Überleben, soziale Anerkennung -, als psychophysische Innenwirkungen zu erzielen: das eigene Erleben in eine bestimmte Richtung zu steuern, vorausgesetzt, man weiß überhaupt, in welche. Zum zweiten resultiert der Nutzenvorsprung der Erlebnisanbieter aus ihrer überwiegend korporativen Struktur. Im Rahmen einer Organisation, ob es sich nun um eine Bilderrahmenfabrik handelt, um einen Medienkonzern oder um ein städtisches Theater, besteht ein stärkerer Druck zur Optimierung der Handlungsstrategien, als wenn eine Einzelperson ihr Handeln plant. Wenn dieses Handeln auch noch erlebnisorientiert ist, so ist das Gefälle der Optimierungsanstrengung zwischen Korporationen und Personen besonders groß, weil erlebnisorientiertes Handeln meist den beiläufigen Charakter der Herbeiführung kleiner Freuden hat und weil sich Mißerfolge (Langeweile, Nichtgefallen, Erlebnisdefizite) rasch durch Anschlußerlebnisse verdrängen lassen.

Es gehört zur Dynamik des Erlebnismarktes, daß die Produktion von Erlebnisangeboten immer mehr in die Hand von Korporationen übergeht. Längst ist der als Privatperson auftretende Erlebnisanbieter (Künstler, Schriftsteller, Musiker usw.) zur Ausnahme geworden, für den die Freiheit von institutionalisierten Sachzwängen eine selbstverständliche Vorbedingung seiner Arbeit ist. Gewiß gibt es kreative Einzelpersönlichkeiten, die innenorientiert produzieren oder dies zumindest versuchen, ebenso gewiß jedoch bleibt der Großteil ihrer Produktion außerhalb des Erlebnismarktes, verbannt in Schubladen, Archive, Abstellkammern, Lagerhallen, reduziert auf die Öffentlichkeit kleiner privater Zirkel. Auf dem Erlebnismarkt kommen die Originalgenies fast nur noch im Rahmen arbeitsteiliger Produktionsprozesse zum Zuge, als Ideenlieferanten ohne Einfluß auf die Ideenselektion, als Kommunikationstalente, denen die Inhalte vorgegeben werden, als Detailgestalter, deren Meinung zum Ganzen nicht gefragt ist.

Einzelne können, wenn sie stark genug sind, die Berechnung ihrer Wirkung auf das Publikum künstlerischen Intentionen unterordnen, Korporationen dagegen nicht. Sobald Erlebnisproduktion regelrecht organisiert wird, gerät sie in den Sog der Rationalität korporativen Überlebens. Dabei geht es nicht um einzelne Menschen, Gebäude und Maschinen - korporative Identität ist gegenüber dem Wandel ihrer persönlichen und gegenständlichen Konkretisierungen ultrastabil. Ziel ist vielmehr, ein soziales Gebilde mit austauschbarem Personal und veränderlicher sachlicher Basis, aber gleichbleibendem Gesamtzweck über die Zeit hinweg zu sichern: die Firma, die Zeitschrift, die Diskothek usw. Dem Sachzwang langfristigen korporativen Weiterexistierens werden innenorientierte Ziele untergeordnet, die sich auf das Erlebnisangebot selbst beziehen mögen. Erfolg geht vor künstlerischer Ambition, muß vorgehen, was bestenfalls zu dem Kompromiß führt, daß künstlerische Ambition insoweit zugelassen wird, als sie erfolgreich ist.

Innenorientierte Motivation der Produktion von Erlebnisangeboten ist für korporatives Überleben nicht notwendig, doch muß sie dem Publikum oft suggeriert werden, damit sich der Erfolg einstellt. Korporationen, die das Primat des Publikumserfolgs ignorieren, sind aller Ehren wert, aber sie gehen in Ehren unter, wenn alle anderen Korporationen primär überlebensorientiert agieren. Im Interesse an Publikumswirksamkeit treffen sich private und öffentliche Erlebnisanbieter. Auch städtische Bühnen, Kulturzentren, öffentlich geförderte freie Gruppen, Volkshochschulen, Bibliotheken, Museen, Rundfunkanstalten, Freizeit- und Kulturämter usw. brauchen Nachfrager. Korporative Existenzsicherung im öffentlichen Bereich ist von anderen Bedingungen abhängig als auf dem freien Markt. Zudem ist die Zielstruktur komplexer, da drei Ebenen zu berücksichtigen sind: Ziele der Korporation (einschließlich des Überlebenszieles), übergreifende kulturpolitische Ziele und persönliche Ziele von Künstlern und »Kulturarbeitern«. Weil aber in jedem dieser Zielhorizonte Publikumswirksamkeit als unverzichtbares Zwischenziel auftaucht, müssen öffentliche Erlebnisanbieter mit ähnlichen Strategien arbeiten wie private.

Der Gegensatz, in dem sich öffentliche Erlebnisanbieter im Vergleich zu privaten sehen, ist trotz unterschiedlicher Ziele und Überlebensbedingungen geringer, als es den Anschein hat. Gewiß entscheidet sich das Überleben privater Erlebnisanbieter nach ökonomischen Gesichtspunkten, während öffentliche Erlebnisanbieter, wie noch auszuführen sein wird, sich sogar den Luxus der Mißwirtschaft leisten können, wenn sie verschiedene andere Bedingungen erfüllen, vor allem öffentliche Anerkennung, gute informale Beziehungen zur Administration, institutionelle Festigung. Um den Publikumserfolg jedoch kommen beide Kategorien von Erlebnisanbietern nicht herum. Ob eine erlebnisanbietende Korporation nun auf dem freien Markt oder in der öffentlichen Kulturförderung ums Überleben kämpft - sie wird diesen Kampf nur dann bestehen, wenn sie ihr Produkt abzusetzen versteht.

9.8 Rationalität des Erlebnisangebots

Durch das Nadelöhr, nachgefragt zu werden, müssen alle hindurch, die sich auf dem Erlebnismarkt behaupten wollen, so daß hier das Herzstück der gegenwärtigen Rationalität des Erlebnisangebots zu suchen ist. Um Publikum anzuziehen, müssen die Erlebnisanbieter die Rationalität der Erlebnisnachfrager berücksichtigen. Vermutungen über ihre Klientel, begründet auf vielen Erfahrungen, haben zur Herausbildung verschiedener Strategien geführt.

Das Denken der Anbieter bewegt sich in einem Dreieck mit den Eckpunkten von Produkteigenschaften, Absatz und Publikum. Zwei Eckpunkte dieses Dreiecks sind für den Anbieter als Beobachter seines eigenen Marktes deutlich sichtbare Größen: das Produkt mit all seinen Attributen (einschließlich der Art, in der es angeboten wird - Verpackung, Werbung, atmosphärische Details der Angebotssituation) und der Absatz des Produkts. Aus der Analyse von Stabilität und Schwankung beider Größen im Zeitablauf konstruiert sich der Anbieter ein Bild vom großen Unbekannten - dem Publikum. Wen erreiche ich? Warum ließen sich zum Zeitpunkt 1 Konsumenten hinzugewinnen; warum gingen zum Zeitpunkt 2 Konsumenten verloren? Im Lauf der Zeit stellen sich Regelmäßigkeiten im Verhältnis von Produktvariationen und Absatzvariationen heraus. Diese Regelmäßigkeiten sind der Stoff, aus dem die Anbieter Vermutungen über ihr spezielles Publikum fertigen. Bei aller Unterstützung durch die Marktforschung ist das Bild der Anbieter über die soziale Wirklichkeit freilich oft lückenhaft und verzerrt.

Unter Konkurrenzdruck müssen die Anbieter Strategien kollektiven Erlebnismanagements perfektionieren, um ihr Fortbestehen zu sichern. Wie lassen sich

Erlebnisbedürfnisse mobilisieren? Anbieter auf dem Erlebnismarkt haben auf die Rationalität der Erlebnisnachfrage mit der Herausbildung einer Rationalität des Erlebnisangebots reagiert, die durch vier Strategien zu beschreiben ist: Schematisierung, Profilierung, Abwandlung und Suggestion.

(1) *Schematisierung*: Konsumenten sind in Teilkulturen des Geschmacks fraktioniert, Äckern vergleichbar, die von verschiedenen Nutznießern bestellt werden. Wie das Saatgut auf die Bodenbeschaffenheit eingestellt sein muß, so der Erlebnisappell des Angebots auf spezielle Erlebnisbedürfnisse von Konsumenten. Bei aller scheinbar chaotischen Dynamik des Erlebnismarktes gibt es stabile Elemente. Erlebnisbedürfnisse lassen sich bestimmten Schemata zuordnen, die innerhalb großer Bevölkerungsgruppen ähnlich sind und über Jahre hinweg gleich bleiben. Weiter oben wurden drei solcher Schemata herausgearbeitet: Hochkulturschema, Trivialschema und Spannungsschema. Mit der Methode von Versuch und Irrtum erteilt der Markt jedem Anbieter Soziologieunterricht. Paradoxer Inhalt der Lektion: Wer viele erreichen will, muß ästhetisch spezialisierte Produkte anbieten. Am ehesten überleben diejenigen Anbieter, die in ihren Produkten an Schemata appellieren.

»Erschließen« von Käuferschichten ist ein Ausdruck, der das tatsächliche Geschehen gut abbildet: Das Produkt ist mit einem semantischen Code ausgestattet (beispielsweise »Individualität«, »Niveau«, »Harmonie« usw.), der wie ein Schlüssel wirkt und den Zugang zu denjenigen eröffnet, deren allgemeine Erlebnisdisposition mit demselben Code zu beschreiben ist. Was Schematisierung von Produkten bedeutet, läßt sich an nahezu beliebigen Artikeln nachweisen. Ein leicht zu erfassendes Beispiel ist der Musikmarkt mit seinen Schematisierungen von (a) E-Musik, (b) volkstümlicher Musik (Blasmusik, deutscher Schlager, Operette u.a.) und (c) moderner U-Musik (Pop, Rock, Folk, Jazz u.a.). Keinem Produzenten würde es einfallen, alle Richtungen in einem einzigen Produkt zusammenzumixen - warum? Die Schematasierung des Angebots wäre zerstört, der Artikel unverkäuflich. Es ist eine marktstrategische Selbstverständlichkeit, Grenzüberschreitungen zu vermeiden, um die Produkte so eindeutig wie möglich einer Zeichengruppe zuzuordnen. Unterstützend wird die optische Aufmachung eingesetzt: bei klassischer Musik etwa Dirigenten- und Solistenprotraits, Abbildungen alter Instrumente, Fotografien von Altartafeln und Kunstreproduktionen; bei volkstümlicher Musik Trachtengruppen, Berge, gemütliche Stuben, warmherzig lächelnde Schlagerstars; bei Pop, Rock, Jazz und ähnlichen Musikformen dämonische oder ekstatische Posen, ungewöhnlicher Aufzug, provokative oder ausgefallene Titel, ungewohnte Designs mit der Austrahlung von Unkonventionalität. Ergänzt wird die programmatische und optische Schematisierung der Produkte durch die Bildung verschiedener Abteilungen bei der Auslegung der Ware im Geschäft. Die räumliche Trennung der Angebote unterstreicht die semantische Trennung.

2. *Profilierung*: Um sich auf einem bestimmten Teilmarkt durchzusetzen, genügt es jedoch nicht, das Design des Produktes auf das ästhetische Schema des

Teilmarktes hin anzulegen. Dies tun ja auch andere, die ebenfalls Nachfrage auf sich ziehen wollen. Jeder Anbieter muß deshalb versuchen, seine Angebote mit einer Aura zu umgeben, die ihnen etwas Einzigartiges verleiht: das Produktimage. Der ästhetische Code von Produkten enthält demnach eine allgemeine und eine produktspezifische Komponente. Während durch die Schematisierung eines Erlebnisangebots die Zuordnung zu einer alltagsästhetischen Zeichengruppe verdeutlicht werden soll, zielt die Strategie der Profilierung darauf ab, einzelne Zeichen vor anderen hervorzuheben. Auf allen Teilmärkten drängen sich Angebote, die nach Gebrauchswert, Qualität, technischem Standard und kultureller Basisschematisierung ähnlich sind - nur das Image ist unterschiedlich. Um diese Unterschiedlichkeit als notwendige Bedingung der Konsumentscheidung zu erreichen, muß der Erlebnisimpuls innerhalb des Grundschemas ergänzt werden. Anbieter konstruieren ihre Identität auf dem Markt als markenspezifisches Erlebnisversprechen, dem sie über längere Zeit hinweg treu bleiben.

Je weniger sich Produkte nach ihren objektiven Merkmalen unterscheiden, desto mehr müssen die Anbieter symbolische Unterschiede durch Profilierung erzeugen. Kaum ein Warenbereich eignet sich besser zum Studienobjekt von Profilierungstechniken als die Produktklasse der Zigaretten. Die Grundschematisierung, auf der hier die Profilierung aufbaut, hat überwiegend mit dem Spannungsschema zu tun, wohl im Zusammenhang mit der Psychologie des Rauchens und der Raucher (der Anteil der Raucher ist in demjenigen Milieu am größten, wo sich der ausschließlich am Spannungsschema orientierte Stiltypus verdichtet: im Unterhaltungsmilieu; vgl. Anhang D, Tabelle 6.8). Erlebnisszenarien, die dem Produkt durch Werbeimpulse als symbolische Eigenschaft beigegeben werden, prägen innerhalb des allgemeinen Schemas spezifische Codes für spezifische Marken. Objektiv gleiche Angebote werden auf diese Weise subjektiv unterscheidbar: Cowboy-Ambiente, Motoren und Geschwindigkeit, Sex, Urwald und Abenteuer. In letzter Zeit taucht immer häufiger das Motiv der Originalität auf, das auf das Selbstverwirklichungsmilieu abzielt: lockere Kneipenatmosphäre, auffällige Typen, selbstbewußte Karrierefrauen. Wie Zigaretten werden auch andere Produktklassen vermarktet. Überall stoßen wir auf das Phänomen der Profilierung, mögen sich auch Rahmenschemata und Themen der Profilierung unterscheiden. Untersuchen wir als weitere Klasse von Beispielen Dirigenten, Pianisten und Opernsänger. Das Gedränge der Zeichen im Bereich des Hochkulturschemas ist groß; oft können nur noch Experten die einzelnen Angebote auseinanderhalten. Deshalb ist Profilierung durch persönliche Attribute und interpretative Eigenarten unerläßlich: vulkanisches Temperament, italienisches Flair, Werktreue bis zur Besessenheit, revolutionäres Durchbrechen eingespielter Routinen, Spezialisierung auf bestimmte Komponisten, Physiognomie, Posen bei der Aufführung usw. Um den Künstler herum entsteht eine Aura, deren marktstrategische Bedeutung dieselbe ist wie das Image einer Zigarettensorte - Profilierung.

3. *Abwandlung*: Auch wenn ein Anbieter nun die ersten beiden Prinzipien berücksichtigt, genügt dies nicht, um den Absatz von Produktfolgen sicherzustellen,

denn der Konsumreiz sinkt mit der Gewöhnung. Es zählt zu den Besonderheiten der erlebnisorientierten Ökonomie, daß das Altgewohnte (Grundschema und Produktimage) mit dem Stimulus des Neuartigen verbunden werden muß. Auf der einen Seite muß dem Nachfrager Sicherheit geboten werden, auf der anderen Seite ein dosierter Reiz des Neuen. Abwandlung ist deshalb die Regel, Umwandlung oder Einführung völlig neuer Produkte die Ausnahme.

Im Zeitalter außenorientierten Konsums dominierte als Abwandlungsstrategie die Verbesserung der Gebrauchswerteigenschaften von Produkten, beispielsweise technische Weiterentwicklung von Apparaten, Erhöhung des Komforts von Hotelzimmern, Qualitätssteigerungen von Lebensmitteln. Daß sich Konsum zunehmend nach innen orientiert, ist auch am Vordringen traditioneller gebrauchswertorientierter Abwandlungsformen in Bereiche absurder Übersteigerung zu erkennen, wo weitere »Verbesserungen« nur noch symbolischen Charakter haben können. Immer häufiger stoßen Gebrauchswertsteigerungen in die Sphäre des Unbrauchbaren vor: Erhöhung der Höchstgeschwindigkeit von Autos, Erhöhung der Lautstärke von Boxen, Erhöhung der Genauigkeit von Armbanduhren. Wenn die Autos schon vor der Produktabwandlung schneller waren, als man fahren kann, die Boxen lauter, als sich ertragen läßt, die Uhren genauer, als man seine Zeit einzuteilen pflegt, so hat die Gebrauchswertsteigerung illusionären Charakter. Worauf es ankommt, ist unter diesen Bedingungen allein das Wachrufen neuer Erlebniserwartungen, während die objektive Produktveränderung irrelevant ist. Es zählt zur Rationalität des Erlebnisangebots, auf subjektive Relevanz zu setzen.

Meist haben Abwandlungen von Angeboten nichts mehr mit Gebrauchswerteigenschaften zu tun. »Verbesserungen« durch Abwandlung sind innenorientiert, nur für den Erlebnishorizont der Konsumenten berechnet. Hierfür gibt es zahlreiche Möglichkeiten: bei gegenständlichen Produkten neue Verpackungen, Designwandel, neuartiges Zubehör, Veränderungen der Produktbezeichnungen (durch Zusätze wie etwa »de luxe«, »super«, »comfort«, »special« oder durch einfaches Numerieren von Modellfolgen); bei Informationsangeboten Aktualität; angebliche Stilbrüche und Interpretations-Revolutionen im Bereich des Hochkulturschemas; Wechsel von Entertainern und minimale Veränderungen von Spielstrukturen in der Fernsehunterhaltung; auf dem Bekleidungsmarkt die zur kollektiven Routine gewordene Frühjahrs- und Herbstumstellung unter dem Etikett der Modeneuheit; Neugestaltung der Inneneinrichtung von Kneipen, Cafés, Diskotheken; Einführung neuer Geräte für den Freizeitsport (in den siebziger und achtziger Jahren waren dies unter anderem Flugdrachen, Snowboards, diverse Heimtrainer, Mountainbikes) und Umgestaltung von Sportzubehör (Ski und Skischuhe, Fahrradkleidung, Tennisschläger, Sportschuhe usw.).

4. *Suggestion*: Wenn Produkte, deren Gebrauchswert nahezu unverändert geblieben ist, nach ihrer Abwandlung als »neu« auf den Markt geworfen werden, so ist das einzig Neue an ihnen eben diese Etikettierung. Das Neue hat symbolische Qualität; es muß suggeriert werden. Suggestion ist dann keine Lüge mehr, wenn sie von den Abnehmern geglaubt wird, weil auf dem Erlebnismarkt das Innenle-

ben zählt. Die Qualität von Erlebnisangeboten hängt weniger von den objektiven Eigenschaften der Produkte ab als von den subjektiven Konstruktionen der Erlebnisnachfrager. Ihnen Konstruktionshilfe zu geben, gehört zu den unverzichtbaren Strategien der Anbieter. Sobald die Nachfrager das Produkt für neu *halten*, ist es im subjektiven Sinne tatsächlich neu. Suggestionen bleiben jedoch nicht auf die Versicherung beschränkt, daß ein Produkt neu sei. Alles, was erlebnisrelevant sein könnte, taucht in den suggestiven Botschaften auf - daß das Angebot vorzugsweise von einem bestimmten Milieu konsumiert werde, daß es eine bestimmte Art von Genuß bereite, den Konsumenten von bestimmten sozialen Gruppen distinguiere, Ausdruck bestimmter Lebensphilosophien und existentieller Anschauungsweisen sei, in eine bestimmte Zone der fundamentalen Semantik gehöre.

Man sieht die Verhältnisse zu einseitig, wenn man die Suggestions-Taktiken der Erlebnisanbieter als »Verführung« kritisiert, wird dabei doch unterstellt, daß die Nachfrager hintergangen würden. Nur auf einem außenorientierten Markt wäre diese Unterstellung gerechtfertigt. Für den innenorientierten Konsumenten gilt, daß sein Konsumzweck erreicht ist, wenn er ein Erlebnis hat, das er als befriedigend ansieht. Die bloße Ware ohne symbolisches Zubehör ist hierfür selten ausreichend, weil die meisten Verbraucher entweder nicht fähig oder nicht willens sind, die gesamte psychophysische Reaktion selbst aufzubauen, die zum Erleben der Ware erforderlich ist. Auf die Verbraucherstrategie der Autosuggestion antworten die Anbieter mit Fremdsuggestion. Beide Akteure arbeiten zusammen; Suggestion gehört zum Service. Unbrauchbar sind die Begriffe von Lüge und Wahrheit, wo es im Einvernehmen aller Marktteilnehmer primär darum geht, dem Endverbraucher gewünschte psychophysische Prozesse zu verschaffen. Unter diesen Bedingungen gilt: je wirksamer die Suggestion, desto besser das Produkt. Der Glaube des Abnehmers an zugesicherte Eigenschaften der Ware läßt die zugesicherten Eigenschaften überhaupt erst entstehen.

9.9 Dynamik des Erlebnismarktes

In enger Beziehung zueinander haben Erlebnisnachfrager und Erlebnisanbieter ihre Rationalitäten entwickelt. Nach einigen Jahrzehnten hat sich die Bevölkerung der Bundesrepublik bereits so weitgehend an das Zusammenspiel beider Rationalitäten gewöhnt, daß den meisten Menschen eine andere Gesellschaft kaum noch vorstellbar scheint. Eine Hand wäscht die andere, die eine Partei will ihr Vergnügen, die andere ihr Publikum. Die Anbieter stellen sich in ihren Strategien auf die Handlungsmuster der Nachfrager ein, wodurch sich beide Rationalitätstypen ständig gegenseitig bestätigen. Der gewaltige, immer noch anschwellende Transfer von Erlebnisangeboten gegen Geld, Zeit und Aufmerksamkeit der Konsumenten folgt einem sich selbst perpetuierenden Muster aufeinander bezogenen

Handelns, gleichgültig gegenüber Kritikern oder Aussteigern, durch Unzufriedenheit nicht gefährdet, sondern sogar noch gefestigt, immun gegen Versuche kulturpolitischer Kurskorrektur. Alle geraten in die Sogwirkung der ineinandergreifenden Rationalitätstypen.

Doch die Beziehung zwischen den beiden Akteuren auf dem Erlebnismarkt ist einseitig. Nur die Produzenten ziehen die Gegenseite ins Kalkül, während umgekehrt die Konsumenten kaum einen Gedanken an die Erlebnisanbieter verschwenden. Im Normalfall endet der Horizont der Nachfrager bei den Produkten. Die seltenen Fälle, wo die Hersteller im Denken der Nachfrager überhaupt vorkommen, so daß es möglich wird, anbieterbezogene Strategien aufzubauen (wie dies etwa bei einem Verbraucherboykott der Fall ist), sind für die Dynamik des Erlebnismarktes ohne Bedeutung. Aus der Asymmetrie der sozialen Beziehung zwischen Korporationen und Individuen (Coleman 1986) folgt eine Asymmetrie der Anpassungsvorgänge. Die Strategien der Anbieter zielen explizit auf die Beeinflussung der Nachfrager ab; dagegen vollzieht sich der Einfluß der Nachfrager auf die Anbieter nicht durch planvolles Handeln, sondern allein durch die Aggregation individualisierter Nachfrageakte, die erlebnisrational angelegt sind.

Beim Vergleich der Handlungsstrategien beider Seiten wird die Asymmetrie offenkundig: Immer sind es die Anbieter, die sich planvoll auf die Nachfrager einstellen. Ihre Schematisierungsstrategie ist eine Antwort auf Korrespondenz- und Abstraktionsstrategien der Konsumenten. Gleiches gilt für die Anbieterstrategie der Profilierung, die ja nichts weiter ist, als eine produktbezogene Schematisierung. Profilierung kommt dem Variationsprinzip der Nachfrager entgegen, da sie zu einer symbolischen Diversifizierung der Produkte führt. Demselben Zweck dienen Abwandlungsstrategien. Besonders offensichtlich ist die Entsprechung von Suggestion und Autosuggestion. Für das Kumulationsprinzip der Nachfrager schließlich braucht es auf seiten der Anbieter keine eigene Strategie - es genügt, daß die Anbieter da sind und ihren Geschäften nachgehen. Dadurch, daß sie soviel wie möglich unter die Leute bringen wollen, ermöglichen sie Kumulation in beliebigem Umfang. Das Schema auf S.445 zeigt die Beziehungen von Anbieter- und Nachfragerstrategien im Überblick.

Aus dem Zusammenspiel der Rationalitäten ergibt sich die Dynamik des Erlebnismarktes. Sieben Hauptaspekte sollen im folgenden beschrieben werden: 1. erlebnisorientierte Veränderung der Produktstruktur, 2. Expansion des Tauschvolumens, 3. räumliche Expansion von Absatzgebieten und Entregionalisierung, 4. Korporatisierung und Konzentration, 5. Progredienz. Zwei weitere Charakteristika der Dynamik des Erlebnismarktes - 6. Schematisierung der Alltagsästhetik und 7. Milieusegmentierung - werden gesondert in den nachfolgenden Abschnitten 9.10 und 9.11 untersucht.

1. *Erlebnisorientierte Veränderung der Produktstruktur*: Die qualitative Entwicklung des Gesamtangebots von Erlebnissen in den vergangenen Jahrzehnten läßt sich durch drei Trends zunehmender Erlebnisorientierung beschreiben: Inno-

Strategien der Erlebnis-anbieter	Strategien der Erlebnis-nachfrager
Schematisierung →	Korrespondenz Abstraktion
Profilierung →	Korrespondenz Abstraktion Variation
Abwandlung →	Variation
Suggestion →	Autosuggestion
	Kumulation
Anmerkung: Die Pfeile bringen den Bezug von Anbieterstrategien auf Nachfragerstrategien zum Ausdruck.	

Entsprechung der Rationalität von Erlebnisangebot und Erlebnisnachfrage

vation, Diversifizierung und Umdeutung. Verschiedene Produktarten erscheinen im säkularen Vergleich völlig *neuartig*: Kino, Radio, Fernsehen, Musikkonserven, Massentourismus, Diskotheken, Automatenspiele, produktgebundene neue Sportarten, Kulturzentren u.a. Sobald eine Angebotskategorie existiert, setzt ein Prozeß der *Diversifizierung* in immer mehr konkurrierende Produkte mit ähnlicher Schematisierung ein, wobei sich die Anbieter im Zuge ihrer Profilierungsstrategien bemühen, Unterschiede so groß wie möglich erscheinen zu lassen. Angereichert wird die Produktstruktur des Erlebnismarktes schließlich durch die *Umdeutung* von Produkten, die bisher als Gebrauchsgüter angeboten wurden, in Erlebnisgüter: Lebensmittel, Sportkleidung, Küchenmobiliar und vieles mehr.

2. *Expansion des Tauschvolumens*: Wäre die Erlebniskapazität der Bevölkerung eine konstante Größe, so wäre der ökonomische Anreiz für eine Diversifizierung der Produkte gering, denn die durchschnittlich von einem Anbieter pro Zeiteinheit abgesetzten Mengen müßten fallen, wenn die Anzahl der Konkurrenten um die limitierte Nachfragekapazität steigen würde. Gewiß gab es auf dem Erlebnismarkt immer wieder auch Stagnation und Schrumpfung, aber die Gesamttendenz war über Jahrzehnte hinweg kontinuierlich steigend. Immer mehr Angebote ließen sich bei immer mehr Abnehmern plazieren - Zeitschriften, Rundfunk- und Fernsehprogramme, Reisen, Bücher, Kleider, Möbel, Gastronomie, Selbsterfahrung usw.

Die Anbieter reagieren ihrem Daseinszweck und ihrer ökonomischen Logik entsprechend auf die Nachfragerstrategie der Kumulation mit Mehrangeboten, ohne daß eine Grenze absehbar wäre. Um die Entwicklung anschaulich zu machen, sei en passant der Begriff des gesamtgesellschaftlichen Tauschvolumens auf dem Erlebnismarkt eingeführt, definiert durch zwei Dimensionen: (a) Anzahl innenorientierter Konsumakte im Kollektiv pro Zeiteinheit und (b) Geldwert dieser Konsumakte (der auf dem privaten Erlebnismarkt über den Preis zu bestimmen ist, auf dem öffentlichen Erlebnismarkt über den Aufwand). In beiden Dimensionen wächst das Tauschvolumen; es gibt keinen endogenen Mechanismus auf dem Erlebnismarkt, der Stagnation oder Reduktion auslösen würde. Nur exogene Faktoren wie Kriege, Naturkatastrophen oder jenseits des Erlebnismarktes entstandene Rezessionen können die Entwicklung umkehren. Es liegt in der Rationalität beider Akteure auf dem Erlebnismarkt, das Tauschvolumen fortgesetzt zu steigern.

Möglich ist die Aufwärtsentwicklung des Tauschvolumens auf dem Erlebnismarkt durch eine ständige Intensivierung des Erlebniskonsums. Zunächst bestand diese Intensivierung nur darin, daß alltagsästhetische Episoden in immer größerer Dichte aufeinanderfolgten: Pro Zeiteinheit verreiste der Durchschnittsverbraucher immer häufiger, besuchte mehr Kneipen und Restaurants, trank mehr Gläser Sekt, blätterte in mehr Illustrierten herum, wechselte öfter die Garderobe, machte mehr Fotografien, Dias, Filme, hörte mehr Musik usw. Allmählich sind zwischen den Erlebnisepisoden keine Zeiträume mehr frei. Nun erreicht die Intensivierung des Erlebens ihre nächste Stufe. Die durchschnittliche Erlebnisdauer wird immer kürzer. Das Springen zwischen den Fernsehprogrammen ist Symptom einer allgemeinen Entwicklung, die sich vielfältig niederschlägt: in der steigenden Tendenz zum Kurzurlaub, in der Abnahme der durchschnittlichen Aufenthaltsdauer in Diskotheken, im Trend des Fernsehens zu kürzeren Programmeinheiten, in der Verringerung der Lebenszeit von Konsumgütern wie Kleider, Möbel und Autos.

Eine weitere Stufe der Intensivierung ist die Überlagerung von Erlebnisepisoden. Während der Fernseher läuft, blättert man in einer Illustrierten und telefoniert gleichzeitig mit einem Bekannten, um sich zum Squash-Spielen zu verabreden. Für immer mehr Urlauber bedeutet Reisen nicht nur das Erleben von Landschaften und Kulturen - sie bewegen sich durch die Fremde mit einem Arsenal von Erlebnisinstrumenten, deren Einsatz ebenso wichtig ist wie das Reisen selbst: Gelände- und Campingautos, Sportgeräte, Wasserfahrzeuge, Foto- und Filmausrüstungen, eigens für die Freizeit angeschaffte Erlebniskleidung. Musik ist oft nur noch *Begleit*musik - irgendein Radio, Kasettenrecorder oder CD-Gerät läuft meistens, ob man nun Auto fährt, in einer Kneipe sitzt, durch Geschäfte bummelt, sich im Fitneß-Studio aufhält oder zu Hause Kreuzworträtsel löst. Auf dieser letzten Stufe bleibt den Teilnehmern auf dem Erlebnismarkt noch die Möglichkeit einer produktbezogenen Form der Intensivierung des Erlebniskonsums: Verfeinerung, Anreicherung, Luxurierung. Längst hat der Trend in diese Richtung eingesetzt; die Steigerungsmöglichkeiten sind unbegrenzt.

3. *Räumliche Expansion von Absatzgebieten und Entregionalisierung*: Um auf dem Erlebnismarkt bestehen zu können, müssen die Anbieter ein möglichst großes Publikum erreichen. Durch die Strategien von Schematisierung, Profilierung, Variation und Suggestion versuchen sie, einem gegebenen Publikum möglichst viel Nachfrage zu entlocken. Aber welches Publikum ist »gegeben«? Moderne Kommunikations- und Transporttechniken sowie der Wegfall von Handelshemmnissen haben immer weitere Räume zugänglich gemacht. Die Anbieter können deshalb zusätzlich eine Strategie der Ausdehnung des Absatzgebiets verfolgen. Dabei werden sie von der wachsenden räumlichen Mobilität der Nachfrager unterstützt. In der Entwicklung des Erlebnismarktes zeichnet sich eine ungebrochene Tendenz zur Großräumigkeit ab.

Konsequenz dieser Entwicklung ist die Auflösung der traditionellen Beziehung von räumlicher Nähe und Vertrautheit. Kleinräumige soziale Milieus mit eigenen Traditionen und unverkennbarem Flair verblassen. Allein dadurch, daß zwei Menschen Nachbarn sind oder in derselben Gemeinde wohnen, haben sie noch keinen höheren Grad von Gemeinsamkeit als beliebige Fremde. Andererseits kann man überall auf Personen stoßen, die man zwar nicht kennt, die einem aber schon wegen ihres Konsumverhaltens bekannt vorkommen. An die Stelle einer unübersehbaren Vielzahl räumlich segregierter Milieus mit hoher persönlicher Vertrautheit sind wenige räumlich diffuse Milieus von Unbekannten getreten. Nach wie vor gibt es unübersehbare Tendenzen zur Verräumlichung, Verkleinerung und Besonderung von Milieus, etwa in der großstädtischen Kneipen- und Diskothekenszene. Dabei handelt es sich aber regelmäßig um Ableger überregionaler Gruppierungen, die an vielen Orten gleichzeitig aufkeimen und ähnliche Muster erkennen lassen.

Durch die expansive Dynamik des Erlebnismarktes haben sich regionale Besonderheiten alltagsästhetischer Schemata zurückgebildet. Unterschiede des Lokalkolorits, die früher oft schon zwischen benachbarten Gemeinden unübersehbar waren, sind weiträumiger verteilt und auf weniger Bereiche des Alltagslebens reduziert. Mit fortschreitender Konzentration werden die Anbieter weniger, die Verbreitungsgebiete dagegen größer. Am meisten ist die Entregionalisierung der Alltagskultur im Zeichenbereich des Spannungsschemas vorangeschritten. In den Diskotheken aller europäischen Länder hört man ungefähr denselben Sound und tanzt im selben Stil, im Fernsehen kommen dieselben Action-Serien, man kleidet sich ähnlich, raucht dieselben Zigaretten usw.

An eine natürliche Grenze stößt die Expansion von Verbreitungsgebieten erst mit der weltweiten Vermarktung von Erlebnisangeboten. Dieser Grenze haben sich verschiedene Teilmärkte bereits weit angenähert. So wurde durch die Einrichtung von Kabel- und Satellitenfernsehen lediglich die Internationalisierung von Programmangeboten fortgesetzt, die schon lange vorher mit Importen und Exporten von Spielfilmen und Serien begonnen hatte. Große Sportereignisse und aktuelle Sensationsberichte werden über die Medien auf dem ganzen Globus angeboten. Immer weniger Winkel der Erde werden von den jeweils aktuellen Hits noch nicht erreicht. Moden, Zeitschriften, Speisen, Getränke, Autos, Motorräder, Frisuren, Zigaretten, Möbeldesigns, Armbanduhren, Parfums, Sinfonieorchester und Schokoriegel - alles strebt in die großen Räume.

4. *Korporatisierung und Konzentration*: Anbieter, welche die weiter oben beschriebene Rationalität des Erlebnisangebots praktizieren, haben auf dem Erlebnismarkt mehr Erfolg als andere. Nun ist die Wahrscheinlichkeit, daß ein Anbieter dieser Rationalität mit Effizienz folgt, bei Korporationen höher als bei Einzelpersonen oder losen Gruppierungen und bei großen Korporationen höher als bei kleinen. Die Rationalität des Erlebnisangebots schafft sich im Lauf der Zeit durch Korporatisierung und Konzentration selbst die soziale Struktur ihrer professionellen Verfestigung. Anbieter organisieren sich in Form von Apparaten, denen die Rationalität des Erlebnisangebots von Anfang an einprogrammiert ist, unabhängig vom Willen einzelner Personen. Es ist schwer, auf dem Markt überhaupt noch einzelne Produkte ausfindig zu machen, die ihre Existenz nicht einer komplexen Organisation verdanken. Das Wachstum von Korporationen betrifft alle Branchen der Erlebnisproduktion gleichermaßen: Fernsehen, Radio, Musikproduktion, Verlags- und Pressewesen, Tourismus, Gastronomie, Konsumgüterindustrie, Filmindustrie. Auch kommunale Kulturpolitik unterliegt der Korporatisierungstendenz. In den letzten Jahrzehnten sind vielerorts bürokratische Strukturen und neue kulturanbietende Einrichtungen entstanden. Zwar gelten für den öffentlich-rechtlich betreuten Teil des Erlebnismarktes besondere Bedingungen (vgl. das 11. Kapitel), doch befreien diese nicht von dem Druck, der Rationalität des Erlebnisangebots zumindest teilweise zu folgen.

Korporatisierung bedeutet langfristige Verstetigung von Handlungszusammenhängen: Gebäude, Maschinen, Einrichtungen, Planstellen, Arbeitsteilung, Entwicklung von Herstellungsroutinen, Professionalisierung (Designer, Werbefachleute, Animateure, Marktforscher, Regisseure, Texter usw.). Zur Korporatisierung gehört auch der Ausbau der Marktbeobachtung: Wie verändern sich Einschaltquoten, Besucherzahlen, Kundenströme in Abhängigkeit von Produktveränderungen, und was ist daraus zu lernen, um die Existenz des Apparates möglichst gut abzusichern?

5. *Progredienz*: In der Dynamik des Erlebnismarktes sind keine selbsterzeugten Gleichgewichtszustände oder gar Rückentwicklungen angelegt. Ein Endpunkt kollektiver Saturiertheit ist ebensowenig zu erwarten wie etwa eine allgemeine Umorientierung zur Askese. Die in den vorhergehenden Punkten beschriebenen Entwicklungen sind progredient; sie galoppieren nur nach vorn, es sei denn, sie werden durch Bedingungen gestoppt, die jenseits des Erlebnismarktes entstehen und eine Rückkehr zu außenorientiertem Konsum erzwingen. »Jenseits des Erlebnismarktes« meint lediglich: jenseits der Rationalitäten der Akteure. Doch gerade die Nebenwirkungen erlebnisrationalen Handelns können schließlich zum Zusammenbruch des Erlebnismarktes führen. Sollte etwa, was mit einiger Wahrscheinlichkeit anzunehmen ist, die Progredienz des Erlebnismarktes durch Umweltveränderungen und ihre Folgeprobleme gestoppt werden, so wird dieser Be-

dingungswandel gleich zweifach durch den Erlebnismarkt selbst mitverursacht sein: erstens durch seine direkten ökologischen Konsequenzen, zweitens durch die Ablenkung der Aufmerksamkeit von zwar vorhersehbaren, aber noch verdrängbaren Überlebensproblemen.

Was fängt man auf einer einsamen Insel an, die alles zum Überleben Notwendige bietet, aber sonst nichts - kein Fernsehen, keine Zeitschriften, keine Stereo-Anlagen, keine Diskotheken, keine Veranstaltungen usw.? Wohl oder übel muß man in einem Ambiente, das nicht professionell für das Erlebtwerden hergerichtet ist, die Erlebbarkeit der Welt selbst herstellen. Das Unscheinbare ästhetisch zu sehen, Spiele zu erfinden, sich selbst zu beschäftigen ist eine persönliche Herausforderung. »Die freie Zeit eines Menschen ist soviel wert wie er selbst« (Schopenhauer). Die Angst vor Langeweile und das Problem, sie ohne Hilfsmittel zu besiegen, haben zu einer gesamtgesellschaftlichen Flucht von dieser Insel geführt, sobald die Mittel dafür vorhanden waren. Angekommen in Disneyland, mag sich mancher in eine Welt einfacher und eigener Freuden zurücksehnen, aber die Rückkehr scheint ausgeschlossen. Gerade der Überdruß ist ein Wachstumsfaktor des Erlebnismarktes.

Wir leben in einer Umwelt, die sorgfältig für die verschiedensten Genußansprüche hergerichtet ist. Die Insel-Metapher verdeutlicht das enorme Ausmaß der Aufbereitung der Welt für Erlebniszwecke. Daß wir uns progredient von der Ursituation einer Welt ohne Erlebnisangebote entfernen, hat mit der Schwierigkeit autonomer Erlebnisproduktion zu tun. Jedes Erlebnisangebot entlastet von der Aufgabe, etwas mit sich selbst anzufangen und befreit von der Angst, bei dieser Aufgabe zu scheitern. Erlebnisangebote üben eine schier unwiderstehliche Anziehung aus. Der Weg der Distanzierung von Erlebnisangeboten ist steinig: Selbstüberwindung und eigene Bemühung. Wer sich dem Sog der Erlebnisangebote nicht entgegenstemmt, wählt den Weg des geringsten Widerstandes und der vielen kleinen Zufriedenheiten. Freilich sind diese oft durch Unsicherheit und Enttäuschung bedroht. Doch die subjektiven Kalamitäten der Erlebnisorientierung bremsen die Erlebnisnachfrage nicht etwa, sondern steigern sie immer mehr. Die Befürchtung entgangener Lebensfreude ist eine unerschöpfliche Ressource des Erlebnismarktes.

Der Unersättlichkeit der Nachfrager entspricht die Unermüdlichkeit der Anbieter. Wer auf dem Erlebnismarkt als Anbieter überleben möchte, kann sich nicht mit der Frage aufhalten, ob ihm die geschilderten Strategien der Anbieterrationalität gefallen oder nicht. Der Markt zwingt dazu; wer sie ignoriert, geht unter. Dies gilt auch, mit einem durch das Subventionswesen gemilderten Härtegrad, für das Erlebnisangebot der Kulturpolitik. Unter dem Schutzmantel öffentlich-rechtlicher Protektion ist es zwar immer wieder möglich, aus den Zwängen des Erlebnismarktes auszubrechen. Dies solle jedoch nicht von der überwiegenden Tendenz ablenken. Wenn es um die Beschaffung öffentlicher Ressourcen für Kulturangebote geht, ist das Publikumsinteresse, die Besucherfrequenz, die Einschaltquote, die Auflagenhöhe ein zunehmend wichtiges Argument. Dem Kulturnachfrager ist es gleichgültig, ob ein Angebot öffentlich subventioniert oder privatwirtschaftlich produziert wird - für ihn ist entscheidend, was ihm besser gefällt. Deshalb steht Kulturpolitik ständig unter dem Druck, die Spielregeln des Erlebnismarktes ebenfalls zu praktizieren.

Die Progredienz des Erlebnismarktes ist mit dem Anwachsen von Freizeit und finanziellen Möglichkeiten nur unzureichend erklärt. Hinzukommen muß ein Verständnis der Rationalität von Anbietern und Konsumenten. Erlebnisbedürfnisse sind nicht mit Hunger und Durst zu vergleichen. Man hat irgendwann genug gegessen und getrunken. Erlebnisse aber sättigen nicht, sondern stimulieren den Appetit auf weitere Erlebnisse. Sie fallen in sich zusammen und hinterlassen nur eine Erinnerung und den Wunsch nach einer neuen psychophysischen Aktivierung: »Was mache ich jetzt?« Auf unbegrenzte Erlebnisnachfrage antworten die Anbieter mit unendlichen Produktmengen.

Die beiden folgenden Abschnitte beschäftigen sich mit zwei weiteren Tendenzen, die zur Dynamik des Erlebnismarktes gehören: 6. Schematisierung der Alltagsästhetik und 7. Milieusegmentierung.

9.10 Zur Entwicklung alltagsästhetischer Schemata

Schematisierung von Erlebnisangeboten ist eine gemeinsame Leistung von Anbietern und Publikum. Im Bestreben, eine bestimmte Klientel anzusprechen, statten die Anbieter ihr Produkt mit Oberflächenreizen aus, die alltagsästhetischen Schemata korrespondieren. Um das Produkt mit einem Erlebnisversprechen zu verbinden, kommen verschiedene Techniken in Betracht: Werbung, Design, Verpackung, Ambiente des Verkaufs, Bezeichnung von Waren, Betitelung von Programmen und Veranstaltungen, Herstellen einer Assoziation zwischen dem Produkt und einer bestimmten Konsumentengruppe. Oft verwenden die Anbieter dabei kulturelles Material, das zunächst eine autonome stilistische Kreation des Publikums war: Jargons, Bekleidungsstile, Arten des Reisens, Ernährungsgewohnheiten, Musik, Tanzformen u.a. Man spart dadurch marktpädagogische Kosten. Wenn das Publikum bereits weiß, für welches alltagsästhetische Schema ein bestimmtes Stilelement kodiert ist, muß der kulturelle Assoziationshintergrund des Angebots nicht erst in aufwendigen Kampagnen konstruiert werden. Wie die Anbieter den Symbolvorrat von Milieus verwenden, so verwenden umgekehrt Konsumentenmilieus symbolisch noch nicht festgelegte Angebote, um sie ästhetisch so zu schematisieren, daß sie zu ihnen passen. Dem Kampf der Anbieter um Marktsegmente entspricht die versteckte Auseinandersetzung von Konsumentenmilieus um Erlebnisangebote. So werden etwa Diskotheken, Kneipen, Kulturzentren, Modeartikel, Reiseziele oder Fahrzeuge (Autotypen, Fahrräder, Motorräder und Motorroller) von einem speziellen Publikum erobert und eine Zeitlang als symbolisches Eigentum beansprucht, was wiederum die Anbieter zu Anpassungsreaktionen zwingt.

Wie ein Kompaß gibt ein alltagsästhetisches Schema Orientierungshilfe auf dem Erlebnismarkt. Es ermöglicht den Nachfragern eine grobe Klassifikation von Erlebnisangeboten: Was gefällt mir, was nicht? Durch das Korrespondenzprinzip stellen die Erlebniskonsumenten eine Beziehung zwischen Produkten und ihrem Innenleben her. Wie sich die Erlebnisanbieter bemühen, die Schematisierung ihrer Produkte auf die ästhetische Semantik des Kollektivs einzustellen, so passen sich die Nachfrager den manifesten Schematisierungen der Erlebnisangebote an. Beide Seiten haben ein Interesse an einem gemeinsamen dimensionalen Raum alltagsästhetischer Schemata: hier die marktstrategische Notwendigkeit einfacher Schlüsselreize, die sich verschiedenen Produkten beigeben lassen und immer wieder etwa dasselbe Publikum ansprechen, so daß Produktions- und Absatzplanung möglich wird; dort das Bedürfnis nach Vereinfachung und Orientierung.

Welche Zeichen zum Kosmos eines bestimmten alltagsästhetischen Schemas gehören, wird durch verschiedene Instanzen definiert: Werbung, Verpackung, Bildungsinstitutionen, Feuilleton, TV-Kulturmagazine, Aufführungsorte, schließlich auch stillschweigende semantische Übereinkünfte der Erlebnisnachfrager, die sich immer wieder epidemisch ausbreiten. Irgendwie, meist durch die gemeinsame Aktivität einer Mehrzahl von Definitoren, weiß man ungefähr, was wohin gehört. So ist es beispielsweise unzweideutig, daß der im Kulturteil der Zeitung angekündigte Konzertabend in den Zeichenbereich des Hochkulturschemas gehört, wo ein kontemplatives Genußmuster am Platze ist, nicht etwa Gemütlichkeit oder Action. Umgekehrt: Wer ein Rockkonzert in der Haltung konzentrierter Versunkenheit anhören würde, könnte in unserer Gesellschaft nur als verrückt gelten, denn es ist selbstverständlich, daß das ästhetische Zeichen »Rockkonzert« zum Spannungsschema gehört. Ebenso übereinstimmend ordnen wir Boulevardpresse, Blasmusik und Familienserien dem Trivialschema zu.

Um die Verbindung ihres Produkts mit einem bestimmten alltagsästhetischen Schema sicherzustellen, operieren die Erlebnisanbieter mit diversen Signalen, die dem Publikum die Zuordnung zu einem alltagsästhetischen Schema erleichtern. Betrachten wir etwa die Gastronomie: Wo der Ober einen schwarzen Frack trägt, exquisite und teuere Spezialitäten auf der Speisekarte stehen und die akzeptierten Kreditkarten neben dem Eingang ausgewiesen sind, sprechen die Indizien für das Hochkulturschema. Hier ißt man kontemplativ, mit antibarbarischer Distinktion und perfektionsorientierter Lebensphilosophie. Stimmungsmusik, gutbürgerliche Küche und Butzenscheiben dagegen sind definitorische Kürzel für die Zugehörigkeit eines Lokals zum Trivialschema. Am häufigsten werden Kneipen allerdings mit Attributen versehen, die das Spannungsschema aktivieren, denn dieses hat besondere Nähe zum kneipen-aktiven Teil der Bevölkerung. Ein Name wie »Bistro« oder eine ironische Bezeichnung wie »Wirtschaftswunder«, modern kühle oder betont heruntergewirtschaftete Innenarchitektur, vor allem aber Musikstile (Rock, Pop, Jazz u.ä.) setzen die Zuordnung zum Spannungsschema in

Gang. Komplettiert wird die Konvention über die alltagsästhetische Schematisierung eines Lokals durch Verhaltensstile des Publikums - Gedämpftheit und gutes Benehmen als Zeichen für das Hochkulturschema; Lautstärke, Essen in großen Mengen, Kartenspielen, Wein- oder Bierseligkeit als Zeichen für das Trivialschema; Coolneß, Spontaneität, Stimmengewirr und ausgesuchtes Styling als Zeichen für das Spannungsschema. Indem das Publikum auf die manifeste Verbindung mit einem alltagsästhetischen Schema reagiert, setzt es ein zusätzliches Zeichen und trägt damit erneut zum Definitionsprozeß bei.

Es gibt Bereiche der Alltagsästhetik, wo die Definitionen so eingeschliffen sind, daß Aufführungsorte und Angebotstypen ohne zusätzliche Kennzeichnungen bereits genügen, um das Publikum über die angemessene Kodierung zu informieren. Vor allem gilt dies für die traditionellen Angebote der Hochkulturszene: Konzerte mit klassischer Musik, Kunstausstellungen, Opern- und Theaterabende, Dichterlesungen, Museen und anderes. Neue Produkte dagegen müssen erst in den existierenden dimensionalen Raum alltagsästhetischer Schemata hineindefiniert werden. Die Art der Ankündigung einer Programminnovation im Fernsehen informiert beispielsweise nicht nur über den Zeitpunkt, sondern auch über die angemessene Dekodierung durch die Routinen eines bestimmten alltagsästhetischen Schemas.

Noch nie haben soviele Hände am Gewebe der Alltagsästhetik gewirkt. Das entstehende Muster erscheint jedoch nur auf den ersten Blick chaotisch. Sieht man über die durch Profilierungs- und Abwandlungsstrategien der Anbieter erzeugte Zeichenvielfalt hinweg, so werden zwei kontinuierliche Entwicklungen sichtbar: semantische Stagnation und dimensionale Entkoppelung.

1. *Semantische Stagnation*: Durch die Kumulation alltagsästhetischer Episoden unter dem Einfluß des Erlebnismarktes geht zwar die Intensität des Erlebens zurück, doch nimmt die *relative* Bedeutung des Genusses im Verhältnis zu den Komponenten von Distinktion und Lebensphilosophie zu. Diese Komponenten werden in der subjektiven Verarbeitung alltagsästhetischer Episoden blasser und nebensächlicher. Der dimensionale Raum alltagsästhetische Schemata wird in Homologie zur psychophysischen Semantik umkonstruiert, weil diese sich besonders gut als Semantik des Genusses eignet. Dagegen war die ökonomische Semantik vor allem eine Distinktions-Semantik.

Mit der Dominanz des Genusses im Verhältnis zu den anderen Bedeutungsebenen entsteht eine Tendenz zum ästhetischen Stillstand. Kontemplation, Gemütlichkeit und Action können zeitlos werden wie der Wunsch nach Essen, Trinken, Behausung, Sexualität und sozialen Kontakten. Während Distinktion immer auf eine singuläre, kulturspezifische Großgruppenstruktur verweist, während lebensphilosophische Bedeutungskomponenten ihre Basis in veränderlichen Deutungsmustern haben, lassen sich Präferenzen für bestimmte psychophysische Zustände vom Wandel der Gesellschaft loslösen. Variabel sind lediglich die Zeichen, die mit diesen Zuständen verbunden werden. Immer wieder neue Auslöser werden einem begrenzten Repertoire an psychophysischen Strukturen des Genusses zugeordnet, derselbe Reflex von Wohlgefühl auf immer wieder neue Stimuli konditioniert. Ständig beschleunigt sich die Dynamik des Entstehens und Verschwindens alltagsästhetischer Zeichen, doch die Bedeutung dieser Zeichen bleibt gleich. Sie erschöpft sich in einigen ungefähr gleichbleibenden Schemata von angenehmen Gefühlen. Anstelle jener historischen Dynamik, die von anderen Bedeutungsebenen (Distinktion und Lebensphilosophie) ausgeht, finden wir in der Ebene des Genusses eine Tendenz zur semantischen Stagnation.

2. *Dimensionale Entkoppelung*: Die Sanktionierung persönlichen Stils hat nachgelassen. Eine im Vergleich zu früher grenzenlos erscheinende Stilpermissivität erlaubt jedem, weitgehend das zu tun und zu lassen, was ihm gerade in den Sinn kommt. Zwar verstehen sich soziale Milieus gegenseitig nicht und halten Feindbilder füreinander bereit (vgl. Abschnitt 7.4), abgeschwächt hat sich aber der milieuinterne Druck zur ästhetischen Gruppenhomogenität, wie er den älteren Jahrgängen noch erinnerlich ist, sei es in Form ungeschriebener Regeln der Distinktion (»Das ist schlechter Stil«), sei es in Form der Erwartung eines Konformitätsbekenntnisses, das sich etwa in der Kleidung manifestieren sollte. Nähe und Distanz zu alltagsästhetischen Schemata sind zwar nach wie vor gruppenspezifisch verteilt, doch kommt diese Gruppenspezifität weniger durch situationsbestimmte Beschränkungen zustande als durch subjektbestimmte Wahlen (vgl. Abschnitt 4.12).

Bei einem Vergleich der Gegenwart mit dem Ende des 19. Jahrhunderts werden die kultursoziologischen Folgen der extensiven Vermarktung alltagsästhetischer Schemata sichtbar. Je mehr das Trivialschema vor etwa einem Jahrhundert aufblühte, und je mehr die Gesellschaft mit billigen alltagsästhetischen Konsumartikeln überschwemmt wurde, für die sich bald das Wort »Kitsch« etablierte, desto heftiger wurden die kulturellen Abwehrgefechte des Bürgertums als derjenigen gesellschaftlichen Gruppe, aus deren Zeichenvorrat sich die Kitschkultur bediente. Stil unterlag einer sozialen Kontrolle aus den Augenwinkeln und hinter vorgehaltener Hand. Wer dazugehören wollte, mußte sich einer unablässigen klammheimlichen Prüfung seiner Umgangsformen und seiner alltagsästhetischen Attribute unterziehen. Unter dem Druck der alltagsästhetisch herrschenden Gruppen lebten viele über ihre Verhältnisse, zu jedem Opfer bereit, um nur als standesgemäß zu gelten.

Zwischen sozialen Gruppen gab es eifersüchtig bewachte Grenzen, bei deren Überschreitung man sich der Gefahr der Peinlichkeit, des Spottes oder des Ignoriertwerdens aussetzte. Zur distinktionsorientierten Alltagsästhetik des ausgehenden 19. Jahrhunderts gehörten Definitionen des Verpönten, die man nur in langfristigen Sozialisationsvorgängen in den stilprägenden Gruppen erwerben konnte. Was »Kitsch« war, wußten nur stilistisch Eingeweihte, deren ästhetische Verdikte den Konsumenten von Kitsch immer wieder rätselhaft erscheinen mußten. Unter der Bedingung sozial kontrollierter Alltagsästhetik entstanden kulturelle Gegensätze, die heute in der geringen negativen Korrelation zwischen Hochkulturschema und Trivialschema noch schwach nachwirken.

Distinktionsbestimmte Alltagsästhetik begünstigte eine negative dimensionale Koppelung alltagsästhetischer Schemata: Wer Schema A nahestand, befand sich mit erhöhter Wahrscheinlichkeit in Distanz zu Schema B und umgekehrt. Soziale Abgrenzungen verursachten eine Tendenz zur Bipolarität. Mit dem Übergang von der distinktionsorientierten zur genußorientierten Alltagsästhetik des voll entwickelten Erlebnismarktes trat eine dimensionale *Entkoppelung* alltagsästhetischer Schemata ein.

Durch die Befreiung persönlichen Stils vom Druck sozialer Gruppen, die in einen Exklusivitätskampf verwickelt waren, wurden alltagsästhetische Schemata kombinierbar. An die Stelle der bipolaren Dimension Hochkulturschema/Trivialschema sind unipolare Dimensionen getreten, die weitgehend unabhängig voneinander sind. Auch das Spannungsschema erscheint in den empirischen Analysen weiter oben als unipolare Dimension - Distanz zum Spannungsschema bedeutet nicht gleichzeitig Nähe zu einem anderen alltagsästhetischen Schema. In diesem dimensionalen Raum ist es möglich, zwischen den Schemata hin- und herzuspringen wie ein Fernsehzuschauer, der alle zehn Minuten das Programm wechselt. Es ist derjenige dimensionale Raum, der durch den Erlebnismarkt nahegelegt wird. Bei der Untersuchung sozialer Milieus sind überraschende Kombinationen alltagsästhetischer Schemata zutage getreten: Hochkulturschema und Spannungsschema als kulturelles Muster des Selbstverwirklichungsmilieus; Trivialschema und Hochkulturschema als kulturelles Muster des Integrationsmilieus. Im dimensionalen Raum alltagsästhetischer Schemata ist jede Position erlaubt. Daß sich trotz dieser Beliebigkeit an einigen Stellen Gruppen zusammenballen, ist nicht Resultat von sozialer Kontrolle, sondern gerade im Gegenteil von zunehmend freier Konsumentscheidung auf dem Erlebnismarkt.

9.11 Milieusegmentierung im Zeichen des Erlebnismarktes

Die weiter oben eingeführte Unterscheidung zwischen außenorientiertem und innenorientiertem Konsum ist bedeutsam für die Entstehung sozialer Milieus: Das Publikum wird verschieden gebündelt. Publikumsstrukturen auf dem Erlebnismarkt werden bei einer dynamischen Betrachtungsweise am besten sichtbar. Wenn man das ständige Strömen und Versickern der Waren und Dienstleistungen beobachtet und dabei versucht, Verteilungsmuster zu erkennen, die sich bei der Diffusion von Angeboten aufbauen, werden unscharfe Gruppierungen erkennbar, die sich sozialen Milieus zuordnen lassen. Hauptthese der folgenden Überlegungen ist, daß durch das Vordringen innenorientierten Konsums die Bildung sozialer Milieus durch Marktkräfte mitgestaltet wird. Die Rationalitäten von Erlebnisnachfrage und Erlebnisangebot modifizieren die Beziehungswahl, aus der die Milieus der Gegenwart hervorgehen (Abschnitt 4.4), in charakteristischer Weise.

Spontan und individuell erscheinende Kontaktwahlen sind von Stilelementen beeinflußt (vgl. Abschnitt 4.8), die immer stärker von erlebnisproduzierenden Korporationen in die Regie genommen werden. Untersuchen wir diese These nun genauer.

Ist die Nachfrage nach einem Produkt überwiegend außenorientiert, so ist die Abnehmergruppe durch das Vorherrschen einer bestimmten Problemlage gekennzeichnet, bei der das Produkt Abhilfe schaffen soll. Traktoren werden von Bauern gekauft, Windeln von frischgebackenen Eltern, Überwachungsanlagen von Personen, die genug besitzen, um Anlaß zu haben, sich vor Dieben zu fürchten. Hat außenorientierter Konsum Bedeutung für die Konstitution sozialer Gruppen? Zu verneinen ist diese Frage zunächst für solche Bedürfnisse, die bei allen ungefähr gleich sind. Der Konsum von Brot, Tempotaschentüchern, Waschmitteln und ähnlichen Erzeugnissen kann nicht gruppenkonstituierend wirken, weil der Bedarf nicht gruppenspezifisch ist. Anders verhält es sich mit Traktoren, Windeln oder Überwachungsanlagen. Die Gruppenspezifität der Nachfrage nach solchen Angeboten wird jedoch erst dann soziologisch bedeutsam, wenn sie *viele* verschiedene Produkte mit einschließt. Erst unter diesen Umständen hat die soziale Wahrnehmung genügend Anschauungsmaterial, um eine Beziehung zwischen Warenkörben und Subjekten herzustellen und Typisierungen vorzunehmen, die als Grundlage von Identifikation, Desidentifikation, Erwartungsbildung und normativen Überformungen dienen könnten. Wegen der zunehmenden Vielfalt individueller Verknüpfungen von Lebenslagen (Berufe, Einkommens- und Vermögensverhältnisse, persönliche Risikoabsicherung, Familien- und Haushaltsstrukturen u.a.) ist es jedoch immer weniger möglich, von dem, was einer *braucht*, auf das zu schließen, was er gesellschaftlich *ist*; umgekehrt lassen sich aus globalen situationsbezogenen Charakterisierungen wie etwa »Bauer«, »Arbeiter«, »Jugendlicher«, »Arzt«, »Hausfrau« kaum noch Aussagen darüber ableiten, was jemand braucht.

Außenorientierter Konsum hat seine ursprüngliche Bedeutung für die Entstehung sozialer Milieus verloren; innenorientierter Konsum ist wichtig geworden. Soziale Zusammengehörigkeit definiert sich nicht mehr durch Gemeinsamkeit des Zweckmäßigen, sondern durch Gemeinsamkeit des Zweckfreien. Auf den ersten Blick scheint dies wenig plausibel. Müssen die Warenkörbe nicht umso verschiedener werden, je schrankenloser Subjektivität als Determinante von Konsumentscheidungen zum Zuge kommt? Subjektivität ist nicht identisch mit Originalität. Unter der Bedingung der Freiheit entstehen neue Ähnlichkeiten. Die kleinen und großen Verliebtheiten in Angebote tragen die Züge milieuspezifisch verteilter Erlebnisschablonen.

Das Publikum gleicht einem riesigen Feld von Lichtpunkten, die dann aufleuchten, wenn ein Angebot einen Konsumenten erreicht hat. Die Folge der Angebotswellen manifestiert sich als Folge von Impulsen, die über das Feld hinweghuschen und bestimmte Konfigurationen von Leuchtpunkten zum Aufblitzen bringen. Bei längerer Betrachtung stellt sich nun heraus, daß sich bestimmte Muster wiederholen, zwar nicht exakt, aber unverkennbar: zeitstabile Konsumentenmilieus, die für eine Vielzahl verschiedener Produkte Relevanz besitzen. Nehmen wir nun weiter an, bestimmte Kombinationen von Lebensalter und Bildungsgrad wären durch bestimmte Farben markiert. Dies würde zu der Entdeckung führen, daß die Muster eine deutliche Tendenz zur Einfarbigkeit aufweisen. Die Gruppierung der Menschen nach ihren Konsumstilen entspricht ungefähr ihrer Gruppierung nach Lebensalter und Bildungsgrad.

In der sozialen Wirklichkeit sind die Beobachtungsbedingungen schlechter als in dem gerade ausgeführten Vergleich. Andererseits erhaschen doch fast alle, sowohl Anbieter wie Nachfrager, von ihrem spezifischen Standort aus Teilinformationen über einen Gesamtprozeß, der durch die Metapher zutreffend modelliert wird. Diese Teilinformationen werden zu Wirklichkeitsmodellen verarbeitet, welche die wahren Verhältnisse ungefähr widerspiegeln. Da sich das Handeln am Bild über die Wirklichkeit orientiert, besteht eine Tendenz zur Stabilisierung und Akzentuierung der Segmentierung des Publikums.

Bei dieser Wirklichkeitskonstruktion spielt das soziologische Wissen der Erlebnisanbieter eine immer wichtigere Rolle. Trotz der selbstverständlichen Fehlerbelastung enthalten die Publikumstheorien der Anbieter doch meist einen wahren Kern. Nur selten verzeiht der Markt vollständige Ignoranz. Die Kenntnis seines Marktsegmentes wird dem Anbieter »falsifikationistisch« eingebleut: Jede Produktvariation ist ein Experiment mit einer impliziten Theorie über einen Ausschnitt der gesellschaftlichen Realität. Anders als in der Wissenschaft bekommt der Anbieter auf dem Erlebnismarkt beim Scheitern seiner Theorie sein Gehalt nicht weiter, sondern er muß draufzahlen. Was dabei als erfolgreiches Wissen übrigbleibt, macht in Anbieterkreisen schneller die Runde als in den meisten anderen wissenssoziologischen Zusammenhängen. Es bilden sich gemeinsame Vorstellungen über die Segmentierung des Publikums heraus, die allenthalben in das ökonomische Wissen integriert werden. Daraus folgt eine bestimmte Gestaltung von Produkten, die massiv auf das Publikum im Sinne derselben marktsoziologischen Theorie zurückwirkt, auf der sie beruht. Auf diese Weise beeinflussen die Anbieter die soziale Wirklichkeit im Sinne ihrer Vorstellungen.

Das schematisierte, an schon existierende Gruppenhomogenitäten anknüpfende Erlebnisangebot ist eine neue, machtvolle Bedingung für die alte gesellschaftliche Tendenz, soziale Großgruppen zu bilden. Wegen der Massenhaftigkeit und der überregionalen Diffusion von Erlebnisangeboten kommt mit dieser neuen Bedingung auch eine neue quantitative Dimension ins Spiel. Aus dem Flickenteppich kleinräumiger soziokultureller Artenvielfalt wird nationale und internationale Weitläufigkeit von Konsumentenmilieus. Überall kann jedermann sehen, was für seinesgleichen typisch und atypisch ist.

Die segmentierte Struktur des Publikums ist eine soziale Konstruktion, die sowohl auf den Einfluß der Anbieter zurückgeht als auch auf das Denken und Handeln des Publikums selbst. Grundlage dieser sozialen Konstruktion ist ein Wissen über das Typische. Wäre das typologische Wissen völlig unzutreffend, würde es wegen seiner lebenspraktischen Ineffizienz schnell absterben. Es kann nur existieren, wenn es sich als nützlich zur Groborientierung erweist - für die Verbraucher in ihren sozialen Beziehungen ebenso wie für die Produzenten, welche die Verbraucher beliefern. Die Irrtumsrate ist jedoch hoch. Rascher sozialer Wandel, Unschärfe von Gruppengrenzen, individuelle antitypische Profilierungsbedürfnisse und die Fehlerhaftigkeit sozialer Wahrnehmung stören den Aufbau festen typologischen Wissens. Schwerfällig reagiert der Wissensbestand der Gesellschaft über sich selbst auf die vielen kleinen Irrtümer, die er produziert. Wie die einzelnen Menschen untereinander, so stehen auch die großen Widerlager des Erlebnismarktes, Anbieter und Nachfrager, in einer lückenhaften und teilweise verzerrten Feed-back-Beziehung, in der die Information über die Segmentierung des Marktes ausgetauscht und angepaßt wird. Dabei sind alle Beteiligten daran interessiert, den Fall der totalen Fluktuation zu vermeiden, ohne freilich jemals den Gegenpol der perfekten Segmentierung erreichen zu können.

Zwischen diesen beiden Grenzmodellen - totale Fluktuation und perfekte Segmentierung - liegt die Wirklichkeit. Im einen Grenzfall würden sich Konsumenten und Nicht-Konsumenten gegenüber jedem Angebot neu gruppieren, ohne daß dabei irgendwelche übergreifenden Gruppenähnlichkeiten zu beobachten wären. Im anderen Grenzfall gäbe es eine Aufteilung der Gesamtbevölkerung in Teilkollektive, deren Struktur sich bei einer Folge von Angeboten durch die Zuordnung verschiedener Güter zu denselben Personengruppen immer wieder exakt reproduzieren würde. Dabei wäre die Identität der Teilkollektive daran zu erkennen, daß alle Angebote entweder von der gesamten Gruppe konsumiert oder abgelehnt würden. Zwischen diesen beiden Grenzmodellen ist das oben beschriebene Unschärfemodell angesiedelt.

Die Vielfalt der Milieus ist zwar zurückgegangen, doch ist anzunehmen, daß dieser Prozeß nicht bis zum Punkt einer Welt-Massenkultur voranschreiten wird, die keine Milieudifferenzierung mehr erkennen läßt. Es gibt fundamentale Unterschiede von Erlebnisbedürfnissen, die etwa durch Generationszugehörigkeit und Altersunterschiede (einschließlich ihrer körperlichen Dimension) verursacht sein können. Die Anbieter zitieren diese Unterschiede durch die Schematisierung ihrer Produkte. Weit entfernt von ehemaliger kultureller Vielfalt, aber noch diesseits von globaler ästhetischer Konformität, etabliert sich eine großräumige Differenzierung in wenige Milieus.

10. Kapitel
Theorie der Szene

Einleitung

Machen die Teilnehmer am Erlebnismarkt soziale Erfahrungen? Wer ein beliebiges Erlebnisangebot X konsumiert, wird vorübergehend zum Angehörigen einer Konsumentengemeinschaft. Es mag sein, daß die soziale Kategorie »Konsumenten von Angebot X« ein ephemeres Gebilde ist, das vielleicht nur eine halbe Stunde lang existiert, genausolange wie eine bestimmte Fernsehsendung. Verglichen mit der tiefgreifenden und langfristigen Bedeutung, die im 19. Jahrhundert etwa mit der Zugehörigkeit zur sozialen Schicht der Arbeiter verbunden war, ist die subjektive Relevanz der Wahrnehmung, daß man zur Gruppe der Leserinnen von »Frau im Spiegel« zählt, verschwindend gering. Andererseits hat sich die Häufigkeit, mit der man sich als Angehöriger irgendeiner Gruppe von Erlebniskonsumenten erfährt, enorm verdichtet. Mehr noch: Selbst der Nichtkonsum von Erlebnisangeboten kann minimale Erfahrungen von Kollektivität konstituieren. Sich ein bestimmtes Auto *nicht* zu kaufen, keinesfalls an die Costa Brava zu fahren oder bei Rockmusik den Sender zu wechseln, läßt einen Hauch von Outgroup-Identität entstehen.

Daß sich solche Spurenelemente von Kollektivbewußtsein zu einer subjektiv wahrnehmbaren Quantität anreichern, ist die Ausgangsthese des folgenden Kapitels. In den Rationalitäten von Erlebnisnachfrage und Erlebnisangebot sind Wiederholungstendenzen angelegt (auf der Nachfragerseite Korrespondenz und Abstraktion, auf der Anbieterseite Schematisierung und Profilierung), die dazu führen, daß sich immer wieder ähnliche Konsumentengruppen bilden. Die Teilnahme am Erlebnismarkt bedingt Erfahrungen von Gruppenzugehörigkeit.

Wir stehen also einer widersprüchlichen Entwicklung gegenüber. Auf der einen Seite wirken Erlebnisangebote wie allgegenwärtige Individualisierungsfallen. Scharenweise locken sie die Menschen in alltagsästhetische Episoden, bei denen die anderen oft nur noch als Begleitpersonen und Mitkonsumenten vorkommen. »Irgendwie ist es schöner, zu zweit ins Kino zu gehen.« Es dominiert eine indirekte Form der Gemeinsamkeit, die lediglich durch gleichgerichtete Aufmerksamkeit auf ein simultan konsumiertes Angebot begründet wird. Der andere gerät aus dem Blickfeld. Seine Anwesenheit ist wohl erwünscht, in vielen Fällen aber auch bereits ausreichend. Das Gegenüber wird zum Nebenan; man beschäftigt sich beim Erlebniskonsum nicht miteinander, sondern parallel.

Doch die anderen sind ständig präsent. Der Individualisierung des Erlebens korrespondiert paradoxerweise eine Explosion der täglichen Erfahrungen von Kollektivität. Jedes Angebot, das auf den Erlebnismarkt geworfen wird, erzeugt ein Publikum. Mit der Verdichtung alltagsästhetischer Episoden in unserem Leben gehören wir immer häufiger wechselnden Gruppen an, die durch den Konsum bestimmter Erlebnisangebote definiert sind. Eine beliebig herausgegriffene Person könnte an einem beliebigen Tag nacheinander etwa folgenden Kollektiven angehören: Leserpublikum einer Zeitung, Radiopublikum, Käuferpublikum verschiedener Konsumartikel, Publikum in einem Stadtcafé, Fernsehpublikum, Kinopublikum, Publikum in verschiedenen Kneipen und Diskotheken. Diese tägliche Sequenz von Publikumszugehörigkeiten ist ein sozialgeschichtlich neuer Sachverhalt, der noch kaum soziologisch durchdacht wurde.

Um solche Kollektivitätserfahrungen im Erlebniskonsum geht es in den folgenden Abschnitten. Soziale Konstruktion von Wirklichkeit setzt die Wahrnehmung von Regelmäßigkeiten voraus. Wiederholte Beobachtungen von Konsumentengemeinschaften, denen man selbst angehört, können die Schematisierung der Alltagsästhetik steuern, Grundlage einer neuen Semantik sozialer Großgruppen sein, Zuordnungen von Subjekt und Lebenssituation stabilisieren. Das Publikum als Fabrik sozialer Konstruktion von Wirklichkeit steht am Ausgangspunkt der folgenden Überlegungen (Abschnitt 10.1). Darauf aufbauend wird die soziologische Kategorie der Szene entwickelt (Abschnitt 10.2). Anschließend geht es darum, wie Szenen entstehen (Abschnitt 10.3), was ihre soziologische Bedeutung ausmacht (Abschnitt 10.4) und wie sie empirisch zu erforschen sind (Abschnitt 10.5). Damit ist eine theoretische Basis für die empirische Untersuchung großstädtischer Szenen geschaffen. In einer Überblicksanalyse (Abschnitt 10.6) kristallisieren sich sechs Szenen heraus; vier davon werden eingehend dargestellt: Hochkulturszene (Abschnitt 10.7), Neue Kulturszene (Abschnitt 10.8), Kulturladenszene (Abschnitt 10.9) und Kneipenszene (Abschnitt 10.10). Die abschließende soziologische Beurteilung des Gesamtergebnisses ist auf zwei Thesen zentriert: Individualisierung der Trivialkultur und kulturelle Dominanz des Selbstverwirklichungsmilieus (Abschnitt 10.11).

10.1 Publikum

Als Publikum wird im folgenden jedes Personenkollektiv bezeichnet, das durch den gleichzeitigen Konsum eines bestimmten Erlebnisangebots abgegrenzt ist. Gleichzeitigkeit im Sinne dieser Definition ist gekoppelt an produktbezogene Zeitvorstellungen, die unterschiedliche chronologische Ausdehnung haben können. Bei Fernsehsendungen, Konzerten, Theatervorstellungen oder Kinovorführungen ist die Phase, für die Gleichzeitigkeit gilt, in Stunden und Minuten zu messen; bei Zeitschriften in Tagen und Wochen; bei Modeartikeln, Büchern, kommerziellen Musiktiteln in Monaten; bei Autos, Möbelstücken, neuen Frisurstilen in Jahren. Während der Beginn der publikumsrelevanten Phase eines Erlebnisangebots meist eindeutig identifizierbar ist, läßt sich das Ende oft nicht genau bestimmen. Nach dem Auslaufen von Produktion und Vermarktung bleiben viele Artikel, beispielsweise Kleidungsstücke, noch einige Zeit als Zeichen einer Personenkategorie sozial signifikant, um erst allmählich blasser zu werden und schließlich massenhaft zu verschwinden. Wegen der unterschiedlichen zeitlichen Ausdehnung der publikumsrelevanten Phase von Erlebnisangeboten kommt es unvermeidlich zur Kumulation von Publikumszugehörigkeiten. Die Besucher einer Diskothek sind nicht nur einfach Diskothekenpublikum, sondern gleichzeitig Konsumenten von Kleidung, Schmuck, Musik, Autos, Zigaretten, Getränken, Möbeln, Frisuren und anderem. Nicht nur durch ihr schnelleres Aufeinanderfolgen haben sich also Publikumszugehörigkeiten in unserem Alltagsleben verdichtet, sondern auch durch die immer komplexere Schichtung der Zeitebenen, auf denen sich die Publikumszugehörigkeiten drängen.

Im Laufe der Jahrhunderte haben sich die Publikumstypen allmählich verändert. Zunächst überwog das *lokale Publikum*: eine Ansammlung von Personen zur selben Zeit am selben Ort, etwa das Publikum von Kirchen, Jahrmärkten, Hinrichtungen, Prozessionen, Volksfesten. Erst mit dem Vordringen der Massenmedien und mit der Industrialisierung der Erlebnisproduktion entstand das *individualisierte Publikum*, dessen kollektiver Charakter dem einzelnen nur noch durch punktuelle Wahrnehmungen erfahrbar wird: durch Unterhaltungen beispielsweise, die darauf schließen lassen, daß der Gesprächspartner eine bestimmte Zeitschrift gelesen hat, in einen bestimmten Film gehen will, einen bestimmten neuen Musiktitel kennt; durch Beobachtungen von Passanten in der Fußgängerzone; durch Seitenblicke auf die anderen Kunden im Jeansshop. Zum Typus des individualisierten Publikums zählen etwa Zuschauer einer Fernsehsendung, Leser einer Zeitschrift, Konsumenten der jeweils aktuellen Kleidermode, Touristen, Zuhörer eines Musikangebots im Rundfunk.

Das lokale Publikum vor dem Zeitalter des Erlebnismarktes war oft ein distinguiertes Publikum, in dem die oberen sozialen Schichten zumindest den Ton angaben, wenn es sich nicht überhaupt um ein exklusives, nach unten hin abgeschlossenes Publikum handelte. Wenn Kollektive als Publikum anschaulich wurden, so waren dies überwiegend die gehobenen Milieus. Von diesem Monopol kollektiver Selbstinszenierung ist wenig übrig geblieben. Daß es heute schwierig geworden ist, gehobene Milieus soziologisch zu identifizieren, hängt auch mit der sozialen Diffusion von Publikumszugehörigkeiten zusammen. Trotzdem gibt es, wie noch zu zeigen sein wird, ein klares milieuspezifisches Gefälle der Chancen kollektiver Selbstwahrnehmung, bedingt durch unterschiedliche Teilnahme an Publikumstypen von hoher Anschaulichkeit.

In diesen Überlegungen deutet sich an, daß die gesellschaftliche Bedeutung eines gegebenen Publikums von bestimmten Bedingungen abhängt. Worauf kommt es hauptsächlich an?

1. *Anschaulichkeit*: Die soziologische Relevanz eines Publikums hängt von seiner Wahrnehmbarkeit ab. Am negativen Pol der Erfahrbarkeit steht das vollständig individualisierte Publikum. So ist etwa das Publikum einer bestimmten Fernsehsendung nur für die Medienforschung rekonstruierbar. Allenfalls in winzigen Bruchstücken kann sich der Fernsehzuschauer selbst ein Bild von dem Publikum machen, dem er angehört, etwa durch Anschauung des symbolisch demonstrierten Publikums am Übertragungsort oder durch sozialen Austausch im Bekanntenkreis. Den Gegenpol bildet das lokale Publikum, das zur selben Zeit am selben Ort versammelt ist. Im Kinopublikum, Kneipenpublikum, Konzertpublikum, Fußballpublikum oder in der Selbsterfahrungsgruppe kann jeder die Konsumentengemeinschaft, der er momentan angehört, sinnlich wahrnehmen. Erst unter dieser Bedingung kann die Konsumentengemeinschaft zum sozialen Faktum werden, von dem möglicherweise gesellschaftliche Wirkungen ausgehen. Alle folgenden Punkte beziehen sich auf spezifische Relevanzbedingungen des *lokalen* Publikums.

2. *Kontaktintensität*: Gesteigert wird die soziologische Bedeutung eines Publikums durch Kontakte der Teilnehmer untereinander. Soziale Kommunikation macht es wahrscheinlich, daß sich die Angehörigen eines Publikums gegenseitig beeinflussen. Dabei werden kollektive Konstruktionen (etwa alltagsästhetische Schemata, Milieugrenzen, existentielle Anschauungsweisen) aufgebaut, stabilisiert und modifiziert.

3. *Homogenität*: Die soziologische Relevanz eines Publikums ist umso größer, je spezifischer es zusammengesetzt ist, je deutlicher also eine bestimmte Personengruppe im Publikum hervortritt. Heterogenität ist verwirrend, Homogenität kognitiv anregend. Die Anschauung charakteristisch zusammengesetzter Publika beeinflußt subjektive Gruppenbegriffe, Wirklichkeitsmodelle, Definitionen von Milieugrenzen und Vorstellungen von normalen Existenzformen.

4. *Evidenz publikumsspezifischer Merkmale*: Nur diejenigen Besonderheiten der Publikumszusammensetzung haben Bedeutung, die äußerlich hervortreten oder sich nach kurzem Kontakt erschließen (Alter, Geschlecht, Bildung, Jargon, musikalische Präferenzen, Kleidungsstile u.a.; vgl. Abschnitt 4.7).

5. *Signifikanz publikumsspezifischer Merkmale*: Wichtig ist zusätzlich die Frage, ob die Besonderheiten der Publikumszusammensetzung im Kollektiv als Zeichen für soziale Gestaltvorstellungen definiert sind. Wenn beispielsweise die versammelten Personen überwiegend derselben Altersklasse angehören, so hat dies höhere soziologische Bedeutung, als wenn man lediglich erkennen kann, daß die meisten ein Auto besitzen (auch hierzu vgl. Abschnitt 4.7).

6. *Vernetzung*: Mit der Integration eines Publikums in eine Szene erhöht sich die Wahrscheinlichkeit, daß sich bestimmte soziale Erfahrungen bei den Teilnehmern wiederholen. Erst durch szenische Stabilisierung werden Publikumserfahrungen soziologisch relevant: Je häufiger ein Mensch zu verschiedenen Zeiten und Orten ähnliche Grundtypen von Publika erlebt, desto mehr wird er zu alltagssoziologischen Abstraktionen angeregt, zur Bildung von Kollektivbegriffen, zu

Wirklichkeitsmodellen, die auf den Publikumserfahrungen aufbauen. Auf diese Häufung ähnlicher Publikumserfahrungen zielt der soziologische Begriff der Szene ab, der im nächsten Abschnitt zu behandeln ist.

10.2 Szenen

Die Erfahrung des Publikums, zu dem man gerade gehört, wird erst durch die Verbindung mit anderen Publikumserfahrungen soziologisch bedeutsam. Das ständige Zusammenströmen und Auseinanderlaufen der Menschen bliebe sozial folgenlos, wenn das Entstehen und Zerfallen von Publika nicht in übergreifende Strukturen eingebettet wäre. Darauf bezieht sich der Begriff der Szene. Eine Szene ist ein Netzwerk von Publika, das aus drei Arten der Ähnlichkeit entsteht: partielle Identität von Personen, von Orten und von Inhalten. Eine Szene hat ihr Stammpublikum, ihre festen Lokalitäten und ihr typisches Erlebnisangebot. Wenn umgangssprachlich etwa von »Discoszene«, »Kneipenszene«, »Kulturszene« oder auch nur »der Szene« die Rede ist, so ist in der Regel ein sozialer Sachverhalt gemeint, der unter den soeben definierten Begriff fällt.

Jede Szene hat eine zeitliche und eine räumliche Ausdehnung. Es gibt rasch zerfallende Szenen, aber auch solche, die monatelang oder jahrelang bestehen. Die Kontinuität langfristiger Szenen wird durch den allmählichen Austausch der Personen nicht in Frage gestellt. Neu Hinzukommende werden rasch in die Szene hineinsozialisiert. Ein Beispiel für eine Szene mit besonders geringer zeitlicher und räumlicher Extension ist das Publikum einer Kneipe in einer Universitätsstadt, das sich zu Semesterbeginn aus Studienanfängern bildet, um sich rasch wieder zu zerstreuen, wenn die Teilnehmer in der neuen Umgebung Fuß gefaßt haben. Am anderen Extrem finden wir etwa die weiter unten zu beschreibende Hochkulturszene, die eine Vielzahl von Orten besetzt und über Jahrzehnte hinweg stabil geblieben ist.

Der Begriff der Szene setzt lokale Publika voraus: Personen, die zur gleichen Zeit am gleichen Ort zusammenkommen. Aus individualisierten Publika können keine Szenen entstehen. Fernsehkonsumenten, Radiohörer, Leser von Büchern und Zeitschriften, Käufer von Musikkonserven etwa bleiben füreinander unsichtbar. Im Theater dagegen, im Stadtteilzentrum, im Konzert, in der Kneipe oder im Fußballstadion wird der Erlebniskonsument zum Bestandteil einer unmittelbar erfahrbaren Öffentlichkeit. Daraus erwächst, wenn bestimmte weitere Bedingungen vorliegen (vgl. Abschnitt 10.1), der soziologische Relevanzvorsprung von lokalen vor individualisierten Publika.

Typisch für unsere Gesellschaft sind multilokale Szenen, bei denen ein Stammpublikum zwischen einer Mehrzahl verschiedener Einrichtungen hin- und herwechselt. Durch ihr Nachfrageverhalten bündeln die Erlebniskonsumenten eine Mehrzahl von Einrichtungen zu einem übergreifenden Zusammenhang. Dies führt dazu, daß sich der einzelne als Teilnehmer einer bestimmten Szene in verschiedenen räumlichen Kontexten immer wieder als Bestandteil ähnlicher Publika erfährt.

Unvermeidlich treten bei der wissenschaftlichen Untersuchung von Szenen Unschärfeprobleme auf, ähnlich den Unschärfeproblemen in der Milieuanalyse (vgl. Abschnitt 4.14): Wie stark muß die Tendenz zu einem übergreifenden Besucherstamm sein und in welcher zeitlichen Ausdehnung muß diese Tendenz auftreten, damit man von einer Szene sprechen kann? Nur wenn man Unschärfe in Kauf nimmt, ist der Begriff flexibel genug, um Aspekte der sozialen Wirklichkeit zu beschreiben, die sich nicht mit letzter Exaktheit eingrenzen lassen, gleichwohl aber real sind und das Denken und Handeln der Menschen beeinflussen.

10.3 Entstehung von Szenen

Erst wenn eine Vielzahl von erlebnisanbietenden Einrichtungen über das ganze Stadtgebiet verstreut ist - Kneipen, Diskotheken, Theater, Stadtteilzentren, Galerien, Kinos, Konzertsäle u.a. -, kann es zur Entwicklung von Szenen kommen. Die Entwicklung von Szenen in den Großstädten steht in unmittelbarem Zusammenhang mit der Evolution des Erlebnismarktes. Dadurch allein kann die Entstehung von Szenen jedoch nicht erklärt werden. Sozialhistorisch sind Szenen ein neuartiges Phänomen. Was hat die Menschen zur sozialen Erfindung der Szene motiviert? Es gibt einen gemeinsamen Nenner nicht nur der Erklärung von Szenen, sondern auch von alltagsästhetischen Schemata und sozialen Milieus. All diese kollektiven Konstruktionen entspringen der Suche nach Eindeutigkeit, nach Anhaltspunkten, nach kognitiver Sicherheit in einer zunehmend unübersichtlichen Situation. Dem ständig drohenden Chaos setzen die Menschen vereinfachende Strukturvorstellungen entgegen. Szenen, alltagsästhetische Schemata, soziale Milieus sind Versuche, sich in einer schwer überschaubaren sozialen Wirklichkeit zu orientieren.

Die enorme Verdichtung von Erlebnisangeboten stiftet ständig neue Verwirrung. Im raschen Pulsieren alltagsästhetischer Episoden verlören die Erlebniskonsumenten immer mehr den Überblick, würde diese wuchernde Komplexität nicht durch neue Formen der Ordnung reduziert. Mit der einen Hand räumen Erlebnisnachfrager und Erlebnisanbieter das Durcheinander auf, das sie mit der anderen Hand anrichten. In einer Situation, wo letzte Enklaven der Privatheit von ganzen Produktpaletten konkurrierender Erlebnisangebote besetzt werden, hat die Aufrechterhaltung halbwegs klarer alltagsästhetischer Verhältnisse die Bedeutung einer Schutzmaßnahme gegen psychische Desorganisation bei den Nachfragern von Erlebnissen. Auch die Gegenspieler - die Erlebnisanbieter - sind auf kollektive Ordnungsstrukturen angewiesen, um überhaupt marktstrategisch operieren zu können.

Die Herausbildung von Szenen ist immer eine Gemeinschaftsleistung von Publikum und Erlebnisanbietern. Aus meist unklaren Anfängen heraus entwickeln sich prägnante atmosphärische Charakteristika, auf die sich nach einem kollektiven Lernprozeß beide Seiten einstellen: die Anbieter durch Bereitstellung der Opportunitätsstrukturen zur Erzeugung einer bestimmten Atmosphäre (Raumaufteilung, Beleuchtung, akkustischer Hintergrund, Programmangebot u.a.), die Nachfrager durch selektiven Besuch eines bestimmten Ensembles von Einrichtungen, die dadurch atmosphärisch miteinander verbunden werden wie durch ein System kommunizierender Röhren.

Das Auftreten eines neuen Anbieters auf dem kommunalen Erlebnismarkt zieht meist eine Phase der ästhetischen Schematisierung nach sich. In städtischen Bevölkerungen entwickeln sich Vorstellungen darüber, welche Einrichtungen zu Szenen zusammenzufassen sind, welches Publikum dazugehört, welche Erlebniserwartungen angemessen sind, welche Verhaltensmuster normal und erwünscht sind. Wenn die ästhetische Schematisierung einer Szene einmal kollektiv erarbeitet ist, führt das Zusammenspiel der Rationalitäten von Anbietern und Nachfragern zu ihrer langfristigen Stabilisierung.

In Szenen kommen alle Elemente der Rationalität der Erlebnisnachfrage zum Ausdruck (vgl. Abschnitt 9.6). Das *Korrespondenzprinzip* reguliert den Zugang zur Szene in ihrer Gesamtheit. Sobald die Schematisierung der Szene im Kollektiv etabliert ist, sobald die Vorstellung von der Szene bei potentiellen Erlebnisnachfragern mit konkreten Erlebniserwartungen verbunden ist, können die Menschen entscheiden, ob sie den Kontakt zur Szene wollen oder nicht. Mit dem *Abstraktionsprinzip* generalisieren sie ihre Erlebniserwartungen über verschiedene Einrichtungen und längere Zeiträume hinweg und gelangen auf diese Weise zu einer multilokalen Struktur, die es ihnen erlaubt, *Variationsprinzip* und *Kumulationsprinzip* auszuleben, ohne gegen das Korrespondenzprinzip zu verstoßen. Man kann durch die Szene streifen, das Ambiente variieren und die Erlebnissequenz pro Zeiteinheit verdichten, gleichzeitig aber das voreingestellte Erlebnismuster beibehalten. Mit der Strategie der *Autosuggestion* schließlich verwendet der Erlebnisnachfrager den offensichtlichen Tatbestand, daß die Szene für eine größere Zahl von Personen attraktiv ist, als Konstruktionselement für diejenigen Erlebnisse, die er sich von der Szene verspricht. Indem er die Anziehungskraft der Szene auf andere wahrnimmt, indem er den Erlebniserfolg bei den Mitkonsumenten registriert, baut er ästhetisches Vertrauen zur Szene auf und beginnt zu glauben, daß er die erhofften Erlebnisse tatsächlich habe: eine sich selbst erfüllende Prophezeiung.

Hand in Hand mit der Rationalität der Erlebnisnachfrage agieren die Anbieter im Rahmen ihrer eigenen Rationalität (vgl. Abschnitt 9.8). Durch *Schematisierung* und *Profilierung* bauen sie systematisch ein Image der von ihnen betriebenen erlebnisanbietenden Einrichtung auf, das den Erlebnisnachfragern als Code dienen kann: Inneneinrichtungen, Musik, Werbung, Programme. Allmählich pendeln sich Anbieter und Nachfrager aufeinander ein. Es entsteht eine szenenspezifische Atmosphäre, die neben den angebotenen Inhalten auch Aufführungsstile und Konsumstile einschließt. In diesem Rahmen werden moderate *Abwandlungen* vorgenommen, deren Erlebnisreiz häufig durch *Suggestion* (Werbung, Animation durch Discjockeys, Vorbesprechungen in der Lokalpresse, Aufführungsrituale u.a.) gesteigert wird.

10.4 Soziologische Bedeutung von Szenen

Durch die Integration von Publika zu übergreifenden Szenen werden vereinzelte Kollektiverlebnisse, die einander ähnlich sind, gebündelt. Eine Szene vermittelt den Erlebnisnachfragern immer wieder ähnliche Botschaften und verstärkt minimale soziale Wirkungstendenzen, die in der Zugehörigkeit zu einem einzelnen Publikum angelegt sind. Auf die Erlebniskonsumenten wirkt eine Szene wie ein kognitiver Durchlauferhitzer. Die soziologische Bedeutung von Szenen läßt sich in vier Punkten zusammenfassen: Entstehung von alltagsästhetischen Schemata, von sozialen Milieus, von Wirklichkeitsmodellen und von asymmetrischen Milieuwahrnehmungen.

1. *Entstehung alltagsästhetischer Schemata*: Als teilnehmende Beobachter in diversen Publika lernen wir, welche Zeichen zu bestimmten alltagsästhetischen Schemata gehören und welche Bedeutungen diesen Zeichen korrespondieren. Eines dieser Zeichen steht immer ganz im Vordergrund: das Erlebnisangebot, durch welches das Publikum überhaupt erst zum Publikum wird. Durch gemeinsame Verarbeitung, bei der die Teilnehmer ihre ästhetische Kompetenz zum Ausdruck bringen, oft überdeutlich, demonstrativ, intolerant gegenüber ungewöhnlichen Verarbeitungsformen, wird die Zuordnung des jeweils zentralen Zeichens zu einem gemeinsamen Bedeutungskomplex kollektiv einstudiert und stabilisiert. Das Kirchenkonzert als ästhetisches Zeichen wird durch Schweigen schon beim Betreten der Kirche, durch gemessene Bewegungen, ernsten Gesichtsausdruck und versunkene Haltung während der Darbietung dem Bezirk hochkultureller Kontemplation zugeordnet; das Rockkonzert wird durch Händeklatschen über dem Kopf, Abbrennen von Wunderkerzen und delirierenden Gesichtsausdruck zum Element des Spannungsschemas mit seinen weiter oben beschriebenen Bedeutungsmustern erklärt. Fehlzuordnungen, etwa rockkonzertmäßiges Verhalten im Kirchenschiff, wirken peinlich und werden sofort unterdrückt.

Szenen sind Orte, wo alltagsästhetische Schemata in einer gemeinsamen Aufführung der Beteiligten auf die Bühne gebracht werden. Jeder ist gleichzeitig Zuschauer und Darsteller. Alle definieren einander vor, welche Zeichen zum semiotischen Vorrat eines alltagsästhetischen Schemas gehören. Die Teilnehmer einer Szene erarbeiten zusammen ästhetisches Vertrauen in nachdrängende neue Erlebnisangebote. Sie bilden die Kulisse öffentlicher Anerkennung, die der einzelne für die autosuggestive Konstruktion seines Erlebnisses benötigt. Genußroutinen

(Kontemplation, Gemütlichkeit, Action), Distinktionsmuster und lebensphilosophische Konnotationen alltagsästhetischer Schemata schauen die Teilnehmer von Szenen immer wieder voneinander ab. Auf diese Weise ist sichergestellt, daß alltagsästhetische Schemata auf der Ebene der Bedeutungen (Genuß, Distinktion, Lebensphilosophie) auch dann stabil bleiben, wenn immer wieder alte Zeichen durch neue übermalt werden. Im Vergleich zur pulsierenden Fluktuation der Erlebnisangebote, hervorgerufen durch das Variationsprinzip der Erlebnisnachfrage und das Abwandlungsprinzip des Erlebnisangebots, verändern sich Bedeutungen nur träge.

Kürzer als in allen anderen Bereichen ist die Lebensdauer der Zeichen des Spannungsschemas. Kaum eingeführt, kaum »verstanden«, sind sie schon wieder passé: Breakdance, Aerobic, Funk, Rapmusic und viele andere Erfindungen sind ebenso schnell veraltet wie sie in Mode gekommen waren. Innovation und Erosion laufen nahezu gleichzeitig ab. Während ein neuer Musiktitel noch zum Hit wird, wirkt er schon wie sein eigener Abgesang. Aber auch im Zeichenbereich des Hochkulturschemas, wo es viel weniger hektisch zugeht, muß der klassische Bestand immer wieder stabilisiert, das Neue durch öffentliche Definition als »Kunst« dem Hochkulturschema einverleibt werden. Durch Inszenierung in bestimmten Kontexten, die ihrerseits als hochkulturell definiert sind, kann die Zuordnung von Zeichen und Bedeutungen bereits durch den situativen Hintergrund zur Selbstverständlichkeit werden. Im Kontext »Konzert« wird Atonalität zu Musik, im Kontext »Theater« kann ein inhaltloses Stück Respekt beanspruchen, im Kontext »Kunstmuseum« wird jeder beliebige Gegenstand ausstellungswürdig, im Kontext »Dichterlesung« lauscht man regungslos dem Kauderwelsch, im Kontext »Förderpreis« findet der monströse Brunnen überregionale Beachtung usw. Solche Beispiele zeigen, daß sich in Szenen (hier: Hochkulturszene) beliebige Produktionen mit beliebigen Bedeutungen verbinden lassen. Darüber hinaus werden in Szenen Bedeutungen stabilisiert, die seit Jahrzehnten, manchmal seit Jahrhunderten eingeführt sind. Ohne die stete Erneuerung eingefahrener Definitionen durch Inszenierung würde das Hochkulturschema im Lauf der Zeit verfallen wie ein verlassener Tempel.

Weiter oben wurden drei Mechanismen unterschieden, durch die sich die Zuordnung ästhetischer Zeichen zu gemeinsamen Bedeutungen vollzieht: objektiver Erlebnisreiz, Tradition, Definition (Abschnitt 3.2). Szenen wirken hauptsächlich durch Definition. Erlebnisanbietende Einrichtungen, die zu einer Szene gehören, sind alltagsästhetische Definitionsinstanzen, die ein einzelnes Angebot von vornherein und unbesehen einem bestimmten alltagsästhetischen Schema zuordnen. Ein und derselbe objektive Sachverhalt kann dabei in unterschiedliche Erlebnisroutinen geraten. Ob man Sekt im Theaterfoyer trinkt, in der Kinokneipe oder auf dem Fußballplatz nach dem Sieg der Heimmannschaft, macht deshalb einen großen Unterschied aus, weil die szenentypische Programmierung der Erlebnisschemata verschieden ist. In Szenen werden alltagsästhetische Schemata öffentlich anschaulich und damit immer wieder kollektiv homogenisiert und stabilisiert.

2. *Entstehung sozialer Milieus*: Die Bedeutung einer gegebenen Struktur von Szenen für die Entstehung sozialer Milieus liegt auf der Hand, wenn man sich die zentralen Elemente des Milieubegriffs vergegenwärtigt: Binnenkommunikation und Gemeinsamkeit von Existenzformen. Szenen sind erstens Opportunitätsstrukturen, die geradezu dazu herausfordern, Beziehungswahl zu praktizieren (vgl. Abschnitt 4.4): soziale Vermischung und Vernetzung von Menschen, die einander ähnlich sind. Zweitens werden in Szenen normale Existenzformen öffentlich sichtbar. Es bilden sich unausgesprochene Konventionen über Kombinationen von Sprache, Kleidung, Körper, Konsumstilen, Alter, Bildung, politischen und sozialen Einstellungen, Musikpräferenzen usw. heraus, die sich innerhalb von sozialen Milieus verbreiten.

Oft wird die Teilnahme an der Szene selbst zum Zeichen für Milieuzugehörigkeit. Das Zeichen wird wahrnehmbar, wenn sich die Angehörigen eines Milieus in der Szene selbst treffen. Aber auch in der sozialen Kommunikation außerhalb von Szenen wird meist schnell deutlich, wer zu welchen Szenen Kontakt hat oder auch nicht. Am stärksten ist die semiotische Verbindung von Szene und sozialem Milieu dann, wenn die sichtbare Zusammensetzung des Publikums milieuspezifische Tendenzen aufweist.

3. *Entstehung von Wirklichkeitsmodellen*: In Szenen können soziale Milieus für sich selbst und für andere anschaulich werden. Erfahrbare Regelmäßigkeiten werden zu einem stabilen Strukturbild der kollektiven Gliederung der Gesellschaft verarbeitet. Dabei nehmen die Szenenteilnehmer eine Zuordnung von Zeichen und Bedeutungen vor: auf der Seite der Zeichen persönliche Attribute (das vom Publikum konsumierte Erlebnisangebot, andere Erlebnisangebote, deren Publikum als ähnlich empfunden wurde, Accessoires wie Kleidung und Schmuck, Verhaltensmuster, Sprachstile, Lebensalter, selbst die Transportmittel), auf der Seite der Bedeutungen soziale Typisierungen und Großgruppenvorstellungen. Zwei wichtige Auswirkungen dieser kognitiven Operationen auf Wirklichkeitsmodelle wurden bereits weiter oben untersucht: milieu-ethnozentrische Binnenorientierung von Prestigekriterien (Abschnitt 8.3) und Entstehung von Großgruppenbewußtsein (Abschnitt 8.5). Betroffen sind davon freilich nur diejenigen Milieus, die sich aktiv an Szenen beteiligen. Dies verweist auf den letzten Gesichtspunkt der soziologischen Bedeutung von Szenen.

4. *Entstehung asymmetrischer Milieuwahrnehmung*: Nicht jedem sozialen Milieu sind charakteristische Szenen zugeordnet. Umso stärker treten soziale Milieus hervor, die über die Möglichkeit kollektiver Selbsterfahrungen in Szenen verfügen. Wie ein Vergrößerungsglas hebt die Beteiligung an Szenen das partizipierende Milieu im Vergleich zu anderen hervor. Asymmetrie der Beteiligung an Szenen verursacht Asymmetrie der Milieuwahrnehmung. Das Gefälle der Wahrnehmungsmöglichkeiten bedingt ein Gefälle der gesellschaftlichen Bedeutung sozialer Milieus. Zu diesem Vergrößerungsglas-Effekt gehört auch eine Asymmetrie der Wahrnehmung milieuinterner Differenzierungen. Während etwa, wie zu zeigen sein wird, das Selbstverwirklichungsmilieu seine zahlreichen Teilmilieus

ständig öffentlich in Szene setzt, so daß man über der Beschäftigung mit seinen Schattierungen den Kontrast zu anderen Gruppen leicht aus dem Blick verliert, wird ein zurückgezogenes Milieu wie das Harmoniemilieu, das kaum in Szenen in Erscheinung tritt, nicht nur weniger, sondern auch undifferenzierter wahrgenommen, als es ist.

10.5 Die empirische Erforschung von Szenen

Szenen bestehen in der Vernetzung lokaler Publika. Eine empirische Analyse von Szenen müßte bei einer überregionalen Studie ins Leere laufen. Entdecken lassen sich Szenen erst dann, wenn man sich regional konzentriert. In der vorliegenden Studie wird exemplarisch die kommunale Szenenstruktur einer Großstadt (Nürnberg) untersucht. Als Gegenstand der Szenen-Forschung kommen prinzipiell alle lokalen Publika in Betracht, die sich ständig in einer Großstadt bilden und wieder verlaufen: in Kneipen, Diskotheken, Kinos, Cafés, Sportstadien, Schwimmbädern, Theatern, Konzertsälen, Stadtteilzentren, Spielhallen usw. Eine Auswahl davon ist Gegenstand der folgenden Analysen.

An welchen Dimensionen soll sich die Beschreibung von Szenen orientieren? (1) In erster Annäherung läßt sich eine Szene zunächst durch ihre *Extension* darstellen: die Gesamtheit der erlebnisanbietenden Einrichtungen, aus denen sich die Szene zusammensetzt. (2) Als Ganzes weist dieses Ensemble einen bestimmten Grad von *Kohärenz* auf, der zwischen den beiden Extremen totaler Besucherfluktuation und völliger Konstanz eines bestimmten Besucherstammes variiert. (3) Der Zusammenhang zwischen verschiedenen Szenen wird durch den Begriff der *Affinität* erfaßt. Die Affinität zwischen zwei Szenen ist umso größer, je wahrscheinlicher die Fluktuation von Personen zwischen den beiden Szenen ist. (4) *Reichweite* ist definiert als der mit einer Szene in Kontakt stehende Anteil einer abgegrenzten Population. (5) Das Konzept der *Atmosphäre* bezeichnet die in der Szene dominierenden Verhaltensstile, vor allem die manifesten Formen des Erlebens. (6) Mit dem Begriff der *Selektivität* einer Szene ist die Gesamtheit der Personengruppen gemeint, für die der Besuch der Szene überzufällig wahrscheinlich ist: etwa Bewohner eines bestimmten Stadtteils, Angehörige eines bestimmten sozialen Milieus, Menschen mit einer bestimmten Persönlichkeitsstruktur usw. (7) Davon zu unterscheiden ist der Begriff der *Publikumszusammensetzung*, der die relative Verteilung bestimmter Teilgruppen der Bevölkerung bei den Besuchern selbst zum Ausdruck bringt: Welcher Anteil der Besucher kommt aus Stadtteil X, gehört Milieu Y an, weist Persönlichkeitsstruktur Z auf?

Die Vernetzung von Erlebnisanbietern zu Szenen manifestiert sich empirisch durch den Zusammenhang von Teilnahmebereitschaften. Je höher die Wahrscheinlichkeit ist, daß Besucher von Einrichtung A auch Besucher von Einrichtung B sind (bei Nicht-Besuchern entsprechend), desto enger sind die Einrichtungen zu einer Szene verschmolzen. Die Entdeckung von Szenen beginnt mit der statistischen Untersuchung der Zusammenhänge von Besuchsindikatoren. Daran schließt sich die Frage an, ob der statistischen Kohärenz auch typische Verhaltensstile, Erlebnismuster und Erlebnisangebote entsprechen. Erst durch eine übergreifende Atmosphäre werden verschiedene Erlebnisanbieter zu einer Szene integriert.

Im Vergleich zum Fernsehen, dem am besten erforschten Bereich des Erlebnismarktes, steht die soziologische Analyse von Szenen auf dem kommunalen Erlebnismarkt noch am Anfang. Zwar gibt es etwa die amtlichen Statistiken über Kulturhaushalte und Besucherzahlen (statistische Jahrbücher deutscher Gemeinden), die Untersuchung von Fohrbeck/Wiesand über »kulturelle Öffentlichkeit in Bremen« (1980), die von Hübner (1981) vorgelegte Bestandsaufnahme von Kulturzentren und viele Arbeiten, die sich auf Details beziehen (etwa die Studie von Klein/Bachmayer über »Museum und Öffentlichkeit«, 1981). Doch existiert bisher keine umfassende empirische Analyse von Szenen. Schwierig ist eine solche Untersuchung schon wegen der Unübersichtlichkeit und Vielfältigkeit von Erlebnisangeboten in einer einzelnen Stadt. Erst recht wird das Bild verworren, wenn man die Gesamtheit von Städten ins Auge faßt. Differenzierungen werden notwendig: nach Gemeindegröße, finanziellem Spielraum, lokalen Traditionen, politischer Couleur der Mehrheit im Gemeindeparlament, Sozialstruktur der Bevölkerung und anderem. Der hier untersuchte regionale Einzelfall - Nürnberg - mag für eine Reihe anderer Städte exemplarisch sein, für andere nicht. Eine lokale Besonderheit Nürnbergs sind die Stadtteilzentren (»Kulturläden«, vgl. Abschnitt 10.9).

Zunächst soll die Szenen-Landschaft in Umrissen gezeichnet werden: Welche Publika werden von den Nachfragern zu Szenen gebündelt (Extension)? Wie stark ist der innere Zusammenhang einzelner Szenen (Kohärenz)? Wie hängen Szenen miteinander zusammen (Affinität)? Wie groß ist ihre quantitative Bedeutung (Reichweite)? Im Anschluß an die Untersuchung dieser die Gesamtstruktur betreffenden Fragen sollen in den folgenden Abschnitten ausgewählte einzelne Szenen analysiert werden (nach den Gesichtspunkten von Atmosphäre, Selektivität und Publikumszusammensetzung).

10.6 Umrisse einer großstädtischen Szenenstruktur

Vernetzung lokaler Publika zu Szenen

Welche Landschaft zeigt sich hinter den Daten? Die Vernetzung lokaler Publika läßt sich durch ein Modell von sechs Szenen abbilden (in den Tabellen 8.1 bis 8.3 im Anhang werden diese Szenen statistisch beschrieben). Für einen ersten Überblick mögen die folgenden kurzen Charakterisierungen genügen:

1. *Hochkulturszene*: Einrichtungen und Veranstaltungen der traditionellen bildungsbürgerlichen Kultur (unter anderem Theater, Oper, Konzerte mit klassischer Musik, Kunstausstellungen).
2. *Neue Kulturszene*: Kleinkunst, freie Theatergruppen, Jazz-Rock-Pop-Folk-Konzerte, Kabarett, Tanztheater, Filmkunst.
3. *Kulturladenszene*: Gesamtheit der kommunal geförderten Stadtteilzentren.
4. *Kneipenszene*: Cafés, Kneipen, Diskotheken.
5. *Sportszene*: Diverse Sportveranstaltungen.
6. *Volksfestszene*: Stadtteilfeste, Umzüge, Altstadtfest.

Vor der Darstellung weiterer empirischer Ergebnisse, die auf dieser Einteilung aufbauen, soll das Panorama mit einigen Sätzen kommentiert werden: Von allen genannten Szenen ist die *Hochkulturszene* wahrscheinlich interregional am einheitlichsten. Verhaltensstile, Erlebnismuster und Programminhalte ähneln sich von Stadt zu Stadt ebenso wie die Einrichtungen, die zu dieser Szene gehören: Städtische Bühnen, Museen, Kunsthallen, Konzertsäle - die etablierten Aufführungsorte der Hochkultur.

Stärkeres Lokalkolorit ist bei der *Neuen Kulturszene* anzunehmen. Gewiß existiert auch sie gegenwärtig in den meisten Großstädten der Bundesrepublik, doch schwanken ihre Extension, ihre Vitalität und ihre Atmosphäre mit lokalen Bedingungen: kommunale Kulturpolitik, örtliche Traditionen, Merkmale der Stadtbevölkerung, Tätigkeit von Organisatoren, Profil der Künstler vor Ort. Oft wird der Kernbereich der Neuen Kulturszene als »Kleinkunst« bezeichnet, eine Reminiszenz an die Entstehungsgeschichte der Neuen Kulturszene, die wesentliche Impulse von der Alternativbewegung in den siebziger Jahren erhielt. Freilich könnte zunehmende Professionalisierung und Ökonomisierung der Vorstellung von »Kleinheit« immer mehr den Boden entziehen. Zu beobachten ist eine Distanzierung von Sehnsuchtsmotiven wie Kultur von unten, Laienhaftigkeit, Alltagsbezug, Intimität usw.

Enger noch als die Neue Kulturszene ist die *Kulturladenszene* mit dem Ideal einer Kultur von unten verbunden, was schon in der Wortprägung »Kulturladen« zum Ausdruck kommt. Der Kulturladen war der Topos einer kulturpolitischen Bewegung, zu deren heimlicher Hauptstadt Nürnberg in der Ära des Kulturreferenten Glaser wurde. Kultur von unten mußte freilich von oben, durch das Amt für Kultur und Freizeit, organisiert werden. Ergebnis ist ein knappes Dutzend von Stadtteilzentren, die deutlich als Szene hervortreten - in dieser Extension gewiß ein Spezifikum von Nürnberg, wenn auch anzunehmen ist, daß sich in allen Städten, wo es eine Mehrzahl von Stadtteilzentren gibt, eine eigene Szene gebildet hat.

Soziologisch wichtig, aber empirisch nur schwer zu erfassen ist die *Kneipenszene*. Der Vielzahl von Lokalitäten konnte die vorliegende Untersuchung nicht gerecht werden, ohne daß dies Abstriche an anderen Forschungsinteressen nach sich gezogen hätte. Auch die wenigen pauschalen Indikatoren, die der Fragebogen enthält, bestätigen bereits, was man ohne Standardumfrage als Beobachter erkennen kann: daß es eine übergreifende Kneipenszene mit bestimmten atmosphärischen Tendenzen und unterschiedlichen Distanzen zu den einzelnen sozialen Milieus gibt. Verborgen bleibt dabei die wahrscheinliche Differenzierung der Kneipenszene in viele Teilszenen, für die jeweils eigene Zeichensysteme, Publikumszusammensetzungen und Erlebnisangebote charakteristisch sind. Je mehr man sich auf diese Vielfalt einläßt, desto mehr schieben sich die Unterschiede vor die Gemeinsamkeiten. Einige allgemeine, wahrscheinlich überregional verbreitete Charakteristika der Kneipenszene lassen sich jedoch auch mit dem beschränkten Zugang dieser Untersuchung sichtbar machen.

Auch die Sportszene wurde nur mit einigen Fragen gestreift, die Hinweise auf szenenartige Verknüpfungen verschiedener Sportpublika erbrachten. Abstufungen, wie sie etwa zwischen der »Fußballszene« und der »Tennisszene« anzunehmen sind, waren mit den Instrumenten dieser Untersuchung nicht zu erreichen. Schließlich liefern die Daten Hinweise auf das Vorhandensein einer Volksfestszene. Beiden Szenen - Sportszene und Volksfestszene - ist gemeinsam, daß sie weniger klare eigene Konturen aufweisen als die anderen oben genannten Szenen. Hinzu kommt, daß sie weniger ortsfest und zeitlich diskontinuierlich sind. Dies schränkt, sicherlich nicht nur in der untersuchten Region, ihre soziologische Bedeutung ein.

Methodische Anmerkungen

Verschiedene Szenen waren für diese Untersuchung nicht erreichbar: Drogen, Homosexuelle, Spielhallen, Prostitution u.a. Die hier sichtbare Szenenstruktur des lokalen Erlebnismarktes ist zwar weder detailgenau noch vollständig, doch zeigt die folgende Analyse immerhin Differenzierungen und innere Zusammenhänge umfangreicher Teile des lokalen Erlebnismarktes. Dies soll am Ende des Kapitels für weitergehende Überlegungen genutzt werden.

Szenen sind subjektive Konstruktionen, bei denen sich viele Menschen aufeinander abgestimmt haben. Unvermeidlich entstehen dabei Ungenauigkeiten. Jede Analyse von subjektiven Konstruktionen mit kollektiver Verbreitung konfrontiert den Forscher mit dem Problem realer (nicht methodenbedingter) Unschärfe, ob es sich nun um alltagsästhetische Schemata handelt, um soziale Milieus oder um Szenen. Das Unschärfeproblem bringt es mit sich, daß die soeben skizzierte Aufteilung von Szenen nicht die einzig mögliche ist. Man könnte das eine oder andere Element aus einer Szene in eine andere versetzen, ohne die Gesamtinformation wesentlich zu verändern. Auf diese Gesamtinformation kommt es jedoch mehr an als auf die Details, nicht nur, weil sie unschärferesistenter ist, weniger abhängig von den gewählten Methoden und der Persönlichkeit des Forschers, sondern vor allem auch, weil sie gerade in ihrer Globalität dem Modell von der sozialen Wirklichkeit nahekommt, das sich die Menschen selbst machen. Orientiert an dieser Vorstellung, reproduzieren sie die soziale Realität.

Reichweite

Ein Reichweite-Vergleich verschiedener Szenen setzt eine komplexe Analyse voraus, bei der die zur Szene gehörenden Einrichtungen jeweils zusammengefaßt werden. Dabei zeigt sich, daß die Reichweiten verschiedener Szenen wohl ein gewisses Gefälle aufweisen; beschränkt man sich jedoch auf den soziologisch relevanten Informationskern, so tritt als Hauptergebnis die Feststellung hervor, daß zwischen den Szenen keineswegs Verhältnisse von Dominanz und Marginalität bestehen. Kulturladenszene und Neue Kulturszene sind in ihrer quantitativen Relevanz durchaus der Hochkulturszene vergleichbar (vgl. Anhang D, Tabelle 9.4).

Dies genügt zum Thema der Reichweite. Zwar scheint es in der empirischen Erforschung von kulturellen Einrichtungen, Freizeitangeboten und Massenmedien kaum etwas Wichtigeres zu geben als Bekanntheitsgrade, Nutzungsumfänge, Einschaltquoten und ähnliches. Soziologisch gesehen ist allerdings das Interesse an solchen Informationen aufschlußreicher als die Informationen selbst: Es weist auf die Rationalität der Erlebnisanbieter hin, seien sie nun dem privatwirtschaftlichen oder dem öffentlichen Bereich zuzurechnen. Das Streben nach Publikumswirksamkeit bestimmt die Bewertung des reichlich strömenden Zahlenmaterials. Es geht um möglichst viele Kunden, Besucher, Zuschauer, Leser, Teilnehmer. In Bewertungen wie »verschwindend wenig«, »nur«, »immerhin«, »beachtlich«, »erfreulich viele« tritt ungeschminkt und einseitig die Rationalität der Mobilisierung großer Zahlen zutage. Nur so ist zu verstehen, daß »viel« immer »erfreulich« ist, »wenig« immer »erschreckend«.

Affinitäten

Soziologisch ist aus den meisten Statistiken über Publikumsströme auf dem Erlebnismarkt nicht mehr herauszuholen als eine Beurteilung der Auftraggeber. Das liegt auch daran, daß die Datenanalyse über die isolierte Betrachtung einzelner Angebote nicht hinauskommt: Welche Einschaltquote hatte eine bestimmte Fernsehsendung? War das Städtische Theater im abgelaufenen Jahr ausgebucht? Wieviele Personen kaufen ein bestimmtes Haargel? Vergleichende Darstellungen von Bekanntheitsgraden und Nutzungsanteilen können allenfalls der ersten Orientierung dienen. Die Unterschiede, die sich dabei etwa zwischen traditionellen und neuen Angebotsklassen zeigen, mag man als »interessant« empfinden, aber warum eigentlich? Um von der schlichten marktbezogenen zu einer soziologischen Betrachtung zu gelangen, ist es notwendig, Informationen über viele einzelne Einrichtungen zu verknüpfen.

Es zeigt sich dabei eine vernetzte Struktur von Affinitäten, die jede der sechs erfaßten Szenen einschließt. Deutlich erkennbar ist eine Zweiteilung: Auf der einen Seite finden wir die Felder der kommunalen Kulturpolitik: Hochkulturszene, Neue Kulturszene, Kulturladenszene. Wenig miteinander zu tun haben Hochkulturszene und Kulturladenszene, wenn auch kein Verhältnis wechselseitiger Exklusivität besteht. Mit starken Affinitäten nach beiden Seiten steht die Neue Kulturszene dazwischen. Auf der anderen Seite stehen Volksfestszene und Sportszene, ebenfalls durch starke Affinität miteinander verbunden. Zwischen diesen beiden Bereichen ist die Kneipenszene wie eine Drehscheibe eingebettet (vgl. die Tabellen 9.1 bis 9.3 im Anhang D). Man erkennt bei diesem Gesamtbild eine globale Trennung lokaler Publika - auf der einen Seite die verschiedenen Publika der kulturpolitisch geförderten, anerkannten und feuilletonfähigen Erlebnisangebote, auf der anderen Seite die Publika anspruchsloser, reiner Unterhaltung. Auch die Kulturläden, als kulturpolitische Kopfgeburt mit dem Ziel in die Welt gesetzt, eine Gegenwelt zur Hochkultur zu institutionalisieren, gehören eindeutig zum Bereich der gehobenen Ansprüche.

Es fällt auf, daß die Beziehung verschiedener Szenen zueinander immer nur die Form von Affinität oder Unabhängigkeit annimmt, in keinem Fall aber die Form von Exklusivität. Zumindest bei den hier erfaßten Einrichtungen und Veranstaltungen gibt es keine Polarisierungen zwischen kulturell verfeindeten Szenen; es kommt nicht vor, daß die Teilnahme an Szene A typischerweise eine Tendenz zum Vermeiden von Szene B einschließen würde. So hätte die kulturpolitische Opposition gegen die Hochkultur, aus der heraus die Stadtteilzentren entstanden sind, eine negative Beziehung zwischen diesen beiden Teilszenen der öffentlich geförderten Kultur erwarten lassen: Wer den einen Bereich frequentiert, klammert den anderen aus und umgekehrt. Ein solcher Kulturkonflikt zeigt sich jedoch nicht einmal im Verhältnis der beiden großen Bereiche von ambitionierter und unterhaltungsorientierter Kultur.

Auf der Ebene des Individuums verhält sich dies gewiß anders: Hier sind alltagsästhetische Präferenzen mit Abneigungen kombiniert. Das Kollektiv vermittelt dem einzelnen jedoch nur Muster für die Kombination von Präferenzen, nicht auch von Abneigungen. Alltagsästhetische Intoleranz bleibt ins Belieben des einzelnen gestellt und streut zufällig über alle möglichen Bereiche. Was sich bereits bei der Analyse des dimensionalen Raums alltagsästhetischer Schemata gezeigt hat, gilt auch für das Verhältnis von Szenen (vgl. die Abschnitte 3.9 und 9.10): An die Stelle bipolarer Strukturen in einer Entweder-Oder-Kultur, wie sie wahrscheinlich einmal für das Verhältnis von aristokratischen und bürgerlichen Szenen, später für das Verhältnis von bürgerlichen und proletarischen Szenen charakteristisch war, ist in der Bundesrepublik Deutschland eine Kultur vielfacher Einpoligkeit getreten. In der kollektiven Kodierung von Zeichen und Publika ist die Definition des Zusammengehörigen nicht auch mit einer Definition des Gegensätzlichen gepaart.

Im folgenden werden vier Szenen - Hochkulturszene, Neue Kulturszene, Kulturladenszene, Kneipenszene - eingehender betrachtet. Dabei stehen kulturgeschichtliche Entwicklung, Atmosphäre, Selektivität und Publikumszusammensetzung im Vordergrund.

10.7 Hochkulturszene

Erst mit der Emanzipation des Bürgertums wurde es üblich, Kultur im Rahmen öffentlicher Darbietungen zu veranstalten. Bis dahin hatte es Aufführungen von Kultur vor Publikum hauptsächlich im klerikalen und im höfischen Rahmen gegeben. Nun entwickelte sich, oft unter der Schirmherrschaft kulturell ambitionierter Landesfürsten, gerade im deutschsprachigen Raum mit seinen vielen staatlichen Einheiten in kurzer Zeit ein reges Aufführungswesen mit Konzerten, Theatervorstellungen, Opernabenden. Allmählich kam es dadurch zu einer so starken Verdichtung von Publika, daß sich erstmalig publikumsübergreifende Szenen bilden konnten. In Weimar beispielsweise fand in der Zeit um das Jahr 1800 herum fast täglich eine Theateraufführung statt, obwohl Weimar mit damals etwa fünftausend Einwohnern nach heutigen Begriffen kaum mehr als ein Dorf war (Safranski 1988). Das Bürgertum besetzte den kulturellen Raum, indem es Publika bildete, die zu städtischen Szenen verklammert wurden. Die heute noch übliche Etikettierung der Hochkulturszene als »bürgerliche Kultur« ist insofern korrekt, als es das bürgerliche Publikum im 18. und 19. Jahrhundert war, das nicht nur die Institutionalisierung der Hochkultur ermöglichte (und andererseits als Publikum durch diese Institutionalisierung konsolidiert wurde), sondern auch die soziale Definition des Hochkulturschemas prägte und für alle Schichten anschaulich machte. Wenn Bürger als Publikum zusammenkamen, waren die Darbietungen als schöne und hohe Kunst definiert.

Obwohl es das Bürgertum nur noch als eher polemischen Begriff gibt, nicht mehr jedoch als reale soziale Kategorie, obwohl auch die Künste seit dem Ende des 19. Jahrhunderts immer weniger die Ambition haben, »schön« zu sein, wirkt diese Definition machtvoll bis in unsere Tage nach. Geblieben ist ein umfangreiches Repertoire »unvergänglicher Werke«, geblieben ist das Spektrum der ästhetischen Bereiche, die als zusammengehörig empfunden werden (Theater, klassische Musik, kunsthistorisch anerkannte Malerei, nicht dagegen etwa Sport, Volkstheater, Kitsch im Sinne der Abgrenzung, die sich in der zweiten Hälfte des 19. Jahrhunderts etablierte), geblieben ist das Hochkulturschema. Sofern sie nicht in den Kriegen zerstört wurden, sind selbst die Gebäude in vielen Städten noch dieselben wie im 19. Jahrhundert.

Keine der anderen Szenen hat eine so weit in die Vergangenheit zurückreichende Tradition wie die Hochkulturszene; trotzdem kann von ungebrochener Kontinuität keine Rede sein. Auf dem immer rascher pulsierenden Erlebnismarkt, umgeben von anderen Szenen, eingebettet in eine von Grund auf geänderte Sozialstruktur, wirkt die Hochkulturszene heute wie ein restauriertes historisches Gebäude, das ursprünglich alleine stand, nach einigen Jahrhunderten aber zwischen all den Gebäuden der City - Banken, Kinos, Diskotheken usw. - nur noch mit dem Stadtführer zu finden ist. Publikumszusammensetzung, Selektivität und soziale Bedeutung der Hochkulturszene sind in der Gegenwart neu zu bestimmen.

Umso erstaunlicher ist die Resistenz der Atmosphäre der Hochkulturszene. Zwar haben sich die Kleidungssitten gelockert, doch herrscht immer noch eine gewisse Feierlichkeit. Regungslos verfolgt das Publikum die Darbietungen; selbst das Husten und Räuspern wird auf die Pausen verschoben. Am Gefühl der Peinlichkeit, das aufkommt, wenn jemand klatscht, obwohl das Stück noch nicht zu Ende ist, läßt sich die rigorose soziale Normierung der Situation ermessen: Kompetenz, Konzentration, Schweigen sind verbindlich für alle. Gemeinsam praktiziert man Kontemplation als Erlebnismuster des Hochkulturschemas. Erst wenn das Stück zu Ende ist, geht das Publikum zum Zeremoniell des Klatschens über. Der Pianist kommt dreimal auf die Bühne, bis er sich schließlich vom Beifall zur Zugabe bewegen läßt, der einzigen erlaubten Form von Spontaneität und Publikumsbeteiligung.

Das Repertoire der Kulturgeschichte spielt eine größere Rolle als das Neue. Mit besonderem Nachdruck gilt dies für den musikalischen Bereich. Kompositionen der Gegenwart scheinen im normalen Konzertbetrieb mit großem Publikum fast nicht aufführbar – ganz anders als im 19. Jahrhundert. Kaum ein Abend, der nicht von den Namen der ewigen Stars unter den Komponisten beherrscht wird – Bach, Haydn, Mozart, Beethoven, Schumann usw. Im Theater und in Ausstellungen kommt das Zeitgenössische eher zum Zuge, immer freilich mit dem Anspruch, Kunstgeschichte zu werden, wenn das Werk nicht ohnehin schon als Kunstwerk für alle Zeit abgesegnet ist, nachlesbar in Kulturführern, gelehrt und erklärt in Schulen und Universitäten, gewußt von Kennern. Dieser Konservativismus im mehrfachen Sinne – als Liebe zum Vergangenen, als Tendenz, Gegenwärtiges festzuhalten, als quasi-liturgisches Zeremoniell von Aufführungen, als Bereitschaft, das Neue nur ernst zu nehmen, wenn man sich seiner Zeitlosigkeit versichern kann – ist das Fluidum der Hochkulturszene, kleinster gemeinsamer Nenner zwischen den Gattungen, zwischen den Epochen, zwischen Künstlern und Konsumenten.

Der Unvergänglichkeitserwartung an die Produkte entspricht die Perfektionserwartung an die Produzenten. Für Autoren, Maler und Komponisten ist die Zubilligung von »Talent« fast schon eine Disqualifikation; nur »Genies« gehören wirklich dazu. Die Aufführenden unterliegen dem Anspruch auf ästhetische Professionalität. Musiker, Sänger, Schauspieler, Regisseure, Dramaturgen, Balletttänzer und andere haben spezialisierte Ausbildungen hinter sich. Sie verdienen ihren Lebensunterhalt als berufsmäßige Interpreten, orientiert an den etablierten Standards ihres Berufs: Virtuosität, Gedächtnis, Fehlerlosigkeit, Originalität der Auffassung, Inspiration, Kongenialität u.ä. Nach diesen Normen beurteilen Jurys, Kollegen, Kritiker und Auftraggeber künstlerische Leistungen.

Wonach urteilt das Publikum? Daß hier die wirklichen Kenner, welche die Abstufungen der Annäherung an die genannten Standards beurteilen und die Schattierungen persönlicher Eigenart empfinden können, in der Minderheit sind, zählte schon immer zu den Merkwürdigkeiten des Hochkulturbetriebs. Es geht um Qualitäten, über die alle reden, für die aber nur wenige das Wahrnehmungsvermögen besitzen. Ob eine Darbietung gut oder schlecht war, ist für Normalkonsumenten nur mit Hilfestellungen zu entschlüsseln: Rezensionen, Attribute der Darsteller (Berühmtheit), Pausengespräche mit Personen, die als Kenner gelten, Beifallsstärke. Das komplizierte Urteil über die Interpretation gründet sich oft auf einfache Beobachtungen, die darüber kaum Aufschluß geben können: ob der Pianist auswendig gespielt hat, wie schnell er war, ob er daneben gegriffen hat, wie eindrucksvoll er sich bewegt hat. Ohne Autosuggestion und eine Vielzahl eingeschliffener Routinen zur Reduktion von Unsicherheit wäre die Hochkulturszene nicht vorstellbar.

Ein Vergleich der Selektivität der Hochkulturszene in den verschiedenen Milieus zeigt starke Unterschiede. Erwartungsgemäß hat das Niveaumilieu die engste Verbindung zur Hochkulturszene, mit einigem Abstand folgen Selbstverwirklichungsmilieu und Integrationsmilieu. Im Vergleich dazu spielt die Teilnahme an der Hochkulturszene im Unterhaltungsmilieu und im Harmoniemilieu nur eine geringe Rolle. Parallel dazu verläuft die Selektivität nach dem Bildungsgrad und nach der Statuslage des Haushalts (Anhang D, Tabelle 10.4): Je höher die Bildungskategorie und je höher die Statuskategorie, desto wahrscheinlicher ist der Zugang zur Hochkulturszene. Nicht selektiv ist Hochkulturszene dagegen im Hinblick auf das Lebensalter. Dies kommt durch die relativ hohe Teilnahme des Selbstverwirklichungsmilieus an der Hochkulturszene zustande, wenn diese Teilnahme auch deutlich unterhalb derjenigen des Niveaumilieus liegt (Anhang D, Tabellen 6.13, 10.1 und 10.2).

In diesem hauptsächlich durch den Bildungsgrad geprägten Gefälle der Teilnahme an der Hochkulturszene setzt sich die Tradition des bildungsbürgerlichen Publikums fort, die sich aus dem 18. und 19. Jahrhundert herleitet. Trotz der nach wie vor starken milieuspezifischen Unterschiede auch in der Gegenwart ist jedoch anzunehmen, daß sich die Selektivität der Hochkulturszene abgeschwächt hat. Die weniger gebildeten Milieus partizipieren ebenfalls an der Hochkulturszene, wenn auch in deutlich geringerem Umfang als die gebildeten Milieus. In der ersten Phase der Industrialisierung dagegen blieben die sozialen Unterschichten - Arbeiter und große Teile der ländlichen Bevölkerung - aus Mangel an Geld, an Zeit, an kultureller Kompetenz nahezu vollständig von der Hochkulturszene ausgeschlossen. Mit der Gründung der Arbeiterbildungsvereine gegen Ende des 19. Jahrhunderts begann sich die rigide Selektivität der Hochkulturszene allmählich aufzulockern, die damals einen kleinen Teil der Bevölkerung vollständig erfaßte, den größten Teil jedoch gar nicht. Wie die Ergebnisse zeigen, hat diese Entwicklung aber nicht zur Nivellierung geführt.

Im Niveaumilieu hat die Teilnahme an der Hochkulturszene nahezu den Rang einer Selbstverständlichkeit. Man erzählt sich gegenseitig, welche Ausstellungen man besucht hat, wie das Konzert gewesen ist, ob es sich gelohnt hat, ins Theater zu gehen. Längere Ausführungen über »die Interpretation« oder »die künstlerische Konzeption« sind nicht obligatorisch, aber zulässig und häufig. Teilnahme an der Hochkulturszene ist immer noch ein Zeichen für die Zugehörigkeit zum

Niveaumilieu, das insofern als Nachfolgemilieu des Bürgertums erscheint. Allerdings ist die Signifikanz dieses Zeichens reduziert: Herrschte früher ein eindeutiges Zuordnungsverhältnis von Zeichen und Milieu, da man sowohl vom Zeichen auf das Milieu schließen konnte als auch vom Milieu auf das Zeichen, so gilt die Zuordnung inzwischen nur noch in einer Richtung: Zwar kann man von der Zugehörigkeit zum Niveaumilieu auf die Teilnahme an der Hochkulturszene schließen, nicht jedoch von der Teilnahme an der Hochkulturszene auf die Zugehörigkeit zu einem bestimmten Milieu. In der Publikumsanalyse der Hochkulturszene ist dies auch empirisch nachweisbar (Anhang D, Tabelle 11.1).

Wie sich die Signifikanz der Teilnahme an der Hochkulturszene vermindert hat, so auch die Möglichkeit milieuspezifischer Selbstinszenierung. Das Publikum ist gemischt; die Kommunikation bleibt auf Pausengespräche und kurze Grußwechsel vor oder nach der Vorstellung beschränkt. Auch diese minimalen Interaktionen sind jedoch soziologisch bedeutsam. Im gemischten Publikum tritt dasjenige Milieu als Kollektiv besonders hervor, bei dem die Teilnahme an der Szene am intensivsten, die Verhaltenssicherheit in der Szene am höchsten, die gegenseitige Bekanntheit am wahrscheinlichsten ist. Innerhalb des Niveaumilieus kennt man sich, auch in größeren Städten. Es ist unwahrscheinlich, daß ein Arbeiter, der ins Konzert geht, auf einen Bekannten stößt. Umgekehrt ist es wahrscheinlich, daß etwa ein Arzt, ein Lehrer, ein Notar, ein Professor usw. Bekannten begegnet, die demselben Milieu angehören. Durch die hervorgehobene Kommunikationschance entsteht trotz der relativen Heterogenität der Publikumszusammensetzung der Eindruck einer Szene, in der das Niveaumilieu überwiegt. So erscheint die gegenwärtige Hochkulturszene wie ein Tempel, dessen Tore für jedermann geöffnet wurden, wenn auch noch die alten Priester herrschen. Immer noch wirkt die Weihe des Ortes so stark, daß niemand auf die Idee kommt, sich unangemessen zu benehmen. Die Intention des Publikums besteht nicht darin, das Heiligtum zu profanieren, sondern im Gegenteil die Heiligkeit des Ortes auszukosten. Dem Niveaumilieu wird ein Einfluß eingeräumt, der über seine quantitative Bedeutung im Publikum hinausgeht. Mit dem machtvollen Impuls, den die Hochkulturszene im 18. und 19. Jahrhundert für die Entstehung bürgerlichen Bewußtseins gab, ist die kollektive Selbsterfahrung des Niveaumilieus in der heutigen Hochkulturszene allerdings nicht mehr vergleichbar. Die Szene hat nicht nur ihre Exklusivität verloren, sondern auch ihre Dominanz auf dem Erlebnismarkt. Zahllose konkurrierende Erlebnisangebote sind hinzugekommen, so daß die Veranstaltungen der Hochkulturszene nicht mehr das gesellschaftliche Ereignis des jeweiligen Tages sein können, sondern immer nur eines von vielen.

10.8 Neue Kulturszene

Vor der Zeit des Nationalsozialismus gab es in manchen Großstädten, etwa Berlin, Wien, Paris, eine kurze, aber intensive Blüte einer Szene, die entfernt an die Neue Kulturszene von heute erinnert. Jene bald versunkene Welt der kleinen Theater, Varietés, Kabaretts, Literaturcafés und Galerien war von einem jungen, intellektuellen und erlebnishungrigen Publikum bevölkert. Umgeben von einer noch stark konventionsbestimmten Gesellschaft, die stocksteif und piekfein Kultur zu zelebrieren pflegte, bezog diese Szene ihre Faszination vor allem aus der provokativen Abweichung. Legerer Habitus, ästhetische Revolution und skeptische Lebensphilosophie vermochten zur Zeit der Weimarer Republik eine erregende Spannung zwischen Szene und Umfeld zu erzeugen. Im Gegensatzpaar von Bürger und Bohèmien war ein Konflikt zwischen zwei sozialen Typen angelegt, die in wechselseitiger Distinktion Gott dankten, nicht so zu sein wie der andere.

Den rapiden Verfall dieser Szene im Berlin der dreißiger Jahre schildert etwa Stefanie Roussel (1988) in ihren Erinnerungen. Selbst dann hätte der Nationalsozialismus diese Szene nicht toleriert, wenn der Einfluß von jüdischen Intellektuellen und Künstlern geringer gewesen wäre. Das Schräge, die spöttische Distanz, die betonte Individualität flossen zum Feindbild der Dekadenz zusammen. Uniformierte SA-Truppen stürmten immer häufiger in die Lokalitäten der Szene. In »Tadellöser und Wolf« erzählt Walter Kempowski sowohl von der Anziehungskraft, die der Zeichenkosmos dieser Szene bereits auf Heranwachsende ausübte, als auch von der Bekämpfung der Zeichen, etwa Jazzmusik und lange Haare, durch die Machthaber.

Nach der Auslöschung dieser Szene durch Exil, Deportation oder Anpassung an die politischen Verhältnisse konnte es kein Wiederaufleben geben. Wohl aber ist Jahrzehnte danach eine in mancher Hinsicht vergleichbare Szene in der Bundesrepublik entstanden. Bereits in den fünfziger Jahren bereitete sich die Neue Kulturszene durch ein schüchternes Comeback des Bohèmien vor - hier und da ein Jazzkeller, ein wenig Kabarett, vereinzelte Existentialisten mit der Attitüde der Illusionslosigkeit: »Liebe ist nur die Berührung zweier Hautoberflächen« (Sartre). Gegen die erneut dominierende Hochkulturszene wirkte diese Szene marginal, was ihr allerdings auch einen Hauch von Exzentrizität verlieh. Das merkwürdige Double von Bürger und Bohèmien, wo jeder Partner seinen Wert durch die Abwertung des anderen gewinnt, war wieder auf der Bühne aufgetaucht, mehr als Vorstellungsmuster denn als vitaler Kulturkonflikt zwischen gegensätzlichen Szenen. Wer durch die Landschaft deutscher Städte Ende der fünfziger und Anfang der sechziger Jahre ging, konnte die Vorläufer der Neuen Kulturszene nur in Spurenelementen entdecken.

Inzwischen hat die Neue Kulturszene zunehmend Terrain besetzt. Die Erlebnisangebote, welche die Publika der Neuen Kulturszene zusammenführen, sind schwer auf einen Nenner zu bringen: Kleine Theater, Kabarett, Filmkunst, Tanztheater, Pantomime, Jazz, Blues, Folkmusik u.ä. In Ermangelung einer ins Auge springenden inhaltlichen Gemeinsamkeit hat sich das Etikett »Kleinkunst« eingebürgert - ein später Widerhall der Nostalgie für das Kleine und Alltägliche aus der Zeit der Alternativbewegung in den siebziger Jahren, als die Neue Kulturszene allmählich Konturen annahm. Zumindest insofern ist das Etikett immer noch gerechtfertigt, als die Publika der Neuen Kulturszene im Vergleich zur Hochkulturszene meist intimeren Charakter haben. Doch die Tendenz zu künstlerischem Anspruch und Professionalität Ende der achtziger Jahre drängt die ursprüngliche Kleinkunstorientierung allmählich in die Antiquiertheit. Die in dieser Arbeit gewählte Bezeichnung »Neue Kulturszene« ist nur eine Verlegenheitslösung. Offensichtlich bezieht sich diese Bezeichnung jedoch auf einen realen sozialen Sachverhalt: ein kohärentes, zeitstabiles Netz lokaler Publika.

Worauf die Kohärenz beruht, zeigt sich am besten bei einer Betrachtung der Atmosphäre der Neuen Kulturszene. Maßgeblich wurde diese Atmosphäre durch den Zeichenkosmos des Spannungsschemas geprägt. Zeitgleich entwickelten sich in der zweiten Hälfte der sechziger Jahre Selbstverwirklichungsmilieu, Spannungsschema und Neue Kulturszene. Die neu entstehende soziale Gruppe prägte sich ihre alltagsästhetischen Codes und schuf sich eine Szene, um sie zu praktizieren. Zur Beschreibung der Neuen Kulturszene ist das Spannungsschema zwar nicht ausreichend, aber notwendig, wie sich vor allem bei einer Untersuchung der Musikstile zeigt - sowohl der bevorzugten wie der abgelehnten. Hochgradig selektiv zieht die Neue Kulturszene vor allem diejenigen an, die gleichzeitig hohe Präferenz für Pop- und Jazzmusik und hohe Abneigung für Trivialmusik bekunden (Anhang D, Tabelle 10.1). Diese Tradition wurde Ende der sechziger und Anfang der siebziger Jahre begründet, als eine neue Musikkultur in der Bundesrepublik auflebte. Zahlreiche Konzerte mit Folk, Rock, Jazz, Blues und Protestliedern schufen eine Szene, die es vorher nicht gegeben hatte, für ein Publikum, das sich vorher selbst nicht gekannt hatte.

Neben dem Zeichenvorrat des Spannungsschemas sind Elemente der älteren intellektuell-avantgardistischen Tradition in die Neue Kulturszene eingeflossen. Diese Tradition reicht über die existentialistischen Zirkel, die Studentenbühnen und das Kabarett der fünfziger Jahre bis in die zwanziger Jahre zurück. Die Neue Kulturszene ist offen für ambitionierte ästhetische Projekte, ohne freilich ihre Identität lediglich von daher zu gewinnen. Durch ihre ästhetische Anspruchshaltung gerät die Neue Kulturszene in die Nähe der Hochkulturszene. Es ist deshalb nicht erstaunlich, daß die Hochkulturszene ständig die Archive der Neuen Kulturszene und ihrer Vorläufer plündert. Kurt Tucholsky, Erich Kästner, Joachim Ringelnatz, Christian Morgenstern etwa wurden im Laufe der Jahrzehnte salonfähiger, als es ihnen jemals lieb gewesen wäre. Die Bilder des Expressionismus finden sich in den Museen und auf dem Kunstmarkt wieder. Brecht wurde in das Curriculum des Deutschunterrichts übernommen. Mit angemessenem Zeitabstand vereinnahmt die Hochkulturszene die Innovationen von Gestern und befördert sie endgültig in die Vergangenheit.

Verwandtschaft zwischen Hochkulturszene und Neuer Kulturszene kommt auch in einer relativ hohen Fluktuation zwischen den beiden Szenen (Affinität) zum Ausdruck (Anhang D, Tabellen 9.1 - 9.3). Allerdings bewegen sich die zahlreichen Grenzgänger zwischen verschiedenen Welten. Die Neue Kulturszene einschließlich der Stadtteilzentren steht zur Hochkulturszene in deutlichem Gegensatz. Angeboten und nachgefragt wird nicht ein klassisches Repertoire, sondern ästhetische Aktualität: neue Gruppen, neue Stile, neue Inhalte. Variation spielt eine viel wichtigere Rolle als im Bereich der Hochkultur. Allerdings bleiben grundlegende Schemata über Jahrzehnte hinweg gleich, wie sich etwa anhand der Entwicklung musikalischer Formen zeigen läßt. Ebenso auffällig wie der Unterschied der ästhetischen Inhalte ist der Kontrast der Oberflächen: Ambiente, Kleidungsstile, Aufführungskultur. Die äußerlich wahrnehmbaren Begleitumstände können zum einen selbst ästhetischer Inhalt werden, der den Teilnehmern der Szene oft wichtiger erscheint als der Inhalt der Darbietung. Zum anderen werden Äußerlichkeiten als Zeichen gelesen, die verschiedene Aufführungsorte, Veranstaltungsarten und ästhetische Orientierungen als zusammengehörig erkennbar machen und damit definieren, was zur Szene gehört und was nicht.

Deutlichstes Merkmal der Neuen Kulturszene ist Zwanglosigkeit, manchmal gesteigert bis zur Zwanghaftigkeit. Es gibt zwar keine eingeschliffenen Kleidungstraditionen wie in der Hochkulturszene, aber frei ist die Wahl der Kleidung doch nicht ganz, denn wer »spießig« nach dem jeweiligen Geschmack der Saison angezogen ist, ohne dies durch Accessoires oder Habitus zu ironisieren, wird zum Gegenstand unbehaglicher Seitenblicke. Es ist keineswegs peinlich, zu spät zu kommen oder vorzeitig zu gehen, symbolisiert man dadurch doch nicht nur die eigene Nonchalance, sondern auch die Zwanglosigkeit der Veranstaltung. Ein in bewegungsloser Konzentration verharrendes Publikum, das der Virtuose im traditionellen Konzert als unabdingbare Voraussetzung seiner Höchstleistung ansieht, bringt den Jazz- oder Popmusiker gerade aus dem Konzept. Er braucht zu seiner Stimulation ein Publikum, das »mitgeht«; seine Intensität lebt von Zurufen, Pfiffen, Mitklatschen, Mitsingen, Tanzen, Taktschlagen usw. Zur Aufführungskultur der Zwanglosigkeit gehört auch das Essen, Trinken und Rauchen während der Veranstaltung. So undenkbar ein Opernzuschauer ist, der einen Zug aus der Flasche nimmt, so abwegig ist die Vorstellung eines Popkonzerts ohne Cola und Bier. Bis in Sitzhaltungen, Mienenspiel und Gesprächsgegenstände hinein wirkt die Aufführungskultur der Spontaneität, die sich von der traditionellen Aufführungskultur der feierlichen Ordnung krass unterscheidet. Freilich ist auch Unkonventionalität zur Konvention geworden. Als Import aus den USA wird sie etwa in Jazzkonzerten geradezu zelebriert. Wie sehr sich das europäische Publikum inzwischen diesen Stil zu eigen gemacht hat, sieht man im Vergleich der Filmaufzeichnungen von Popkonzerten in den sechziger und achtziger Jahren. Das Publikum ist in Bewegung geraten.

Die Neue Kulturszene profiliert sich klarer als alle anderen Szenen. Sie hat die höchste milieuspezifische Selektivität (Anhang D, Tabellen 6.13 und 10.1) und die am stärksten von der Gesamtbevölkerung abweichende Publikumszusammensetzung (Anhang D, Tabelle 11.2). Nach beiden Gesichtspunkten erscheint das Selbstverwirklichungsmilieu als dominierende soziale Gruppe. Im Selbstverwirklichungsmilieu ist die Teilnahme an der Neuen Kulturszene ähnlich selbstverständlich wie im Niveaumilieu die Teilnahme an der Hochkulturszene. Während jedoch das Niveaumilieu in der Hochkulturszene in der Minderheit bleibt, drängt das Selbstverwirklichungsmilieu in der Neuen Kulturszene alle anderen Milieus auch quantitativ an den Rand. So entsteht der Eindruck, daß Zeichen und Bedeutung in »ein-eindeutiger« Beziehung stehen: Wer zum Selbstverwirklichungsmilieu gehört (Bedeutung), ist auch mit der Neuen Kulturszene verbunden (Zeichen), umgekehrt ist anzunehmen, daß diejenigen, die in der Neuen Kulturszene auftauchen, auch zum Selbstverwirklichungsmilieu gehören.

Im Vergleich zur Hochkulturszene ist die Neue Kulturszene offener für Kommunikation. Die Aufführungskultur verlangt kein striktes Silentium, meist sind Gespräche, Kommentare, Zwischenapplaus, Kommen und Gehen möglich, oft sogar als atmosphärische Attribute erwünscht. Der Übergang zwischen Neuer Kulturszene und Kneipenszene ist fließend (Anhang D, Tabellen 9.1 bis 9.3). Reinen Veranstaltungsbetrieb, der nur in der Pause ein kleines Kommunikationssegment vorsieht, gibt es in der Neuen Kulturszene kaum noch. Fast alle Einrichtungen kommen dem Kommunikationsbedürfnis des Publikums durch Kneipenbetrieb entgegen. Oft gibt die Kneipe nicht mehr bloß den Rahmen ab, sondern wird zur Hauptsache, wie sich aus der wachsenden Zahl von Musikkneipen, Kinokneipen, Theaterkneipen, Kleinkunstkneipen und ähnlichem ablesen läßt. Auch einige Stadtteilzentren fallen in diese Kategorie von Kneipenbetrieb mit Veranstaltung. Das typische Ambiente der Neuen Kulturszene macht es möglich, schon lange vor der Vorstellung dazusein und hinterher dazubleiben.

Aus der Verbindung von Kommunikationsmöglichkeiten und Milieusignifikanz ergibt sich die besondere soziologische Bedeutung der Neuen Kulturszene. Zusammen mit eng benachbarten Teilen der Kneipenszene und der Kulturladenszene bildet sie ein Forum des Selbstverwirklichungsmilieus. Die milieuspezifische Zeichenkonfiguration wird hier in vielen persönlichen Varianten vorgeführt. Milieuinterne Binnenkommunikation macht auch weniger evidente Bereiche von Existenzformen erfahrbar, etwa politische Ansichten und psychische Dispositionen (Anhang D, Tabellen 6.12, 6.14, 10.1 und 11.2). Durch Beobachtung lernt der Teilnehmer in der Neuen Kulturszene, was für ihn selbst normal ist. Darüber hinaus erlebt er sich als Angehörigen eines sozialen Kollektivs, in dem diese Normalitätsdefinition gilt. Es entsteht Milieubewußtsein.

In den Inhalten der Erlebnisangebote, die für die Neue Kulturszene typisch sind, wird der alltagsästhetische Kern dieses Milieubewußtseins immer wieder versinnbildlicht. Auf allen drei Bedeutungsebenen persönlichen Stils - Genuß, Distinktion, Lebensphilosophie - manifestiert sich eine Kombination von Hochkultur- und Spannungsschema. Das Genußmuster ist eine Art aufgelockerter Kontemplation, ein Wechsel zwischen ruhiger Konzentration und spontaner Reaktion, zu beobachten etwa in Jazz-Sessions, im Kino, in Kleinkunstbühnen. Die Distinktion richtet sich gegen »Angepaßte«, »Durchschnittsmenschen«, »verkrampfte Typen«. In ihrer Herablassung enthält diese Distinktion zum einen Elemente der traditionellen antibarbarischen Distinktion des Hochkulturschemas. Damit verbindet sich zum anderen die im Spannungsschema enthaltene antikonventionelle Distinktion gegenüber Langeweile, Gleichförmigkeit, Faszinationsarmut, Einschränkung, Kontrolle. Uneingeschränkt herrschende Lebensphilosophie ist Selbstverwirklichung. Auch diese Orientierung ist als Verknüpfung lebensphilosophischer Bedeutungen von Hochkulturschema und Spannungsschema zu verstehen. Das Prinzip des Ausagierens, kennzeichnend für die Lebensphilosophie des Spannungsschemas, ist mit dem Niveauanspruch des Hochkulturschemas kombiniert. In der fundamentalen Semantik hat die Neue Kulturszene ihren Platz im Überschneidungsbereich von Spontaneität und Komplexität (Abschnitte 7.2 und 7.3; Anhang D, Tabelle 8.1).

10.9 Kulturladenszene

Wie eine Verheißung tauchte die Idee stadtteilbezogener Kommunikationszentren in der kulturpolitischen Diskussion der siebziger Jahre auf. Sie war eng verbunden mit der Alternativbewegung, die damals in Fahrt kam: alltagsbezogen, basisorientiert, bourgeoisie-skeptisch. Die Ziele waren weit gesteckt. Pädagogisch ging es um die Mobilisierung der kreativen Fähigkeiten des einzelnen, kulturhistorisch um die »Wiedergewinnung des Ästhetischen« (Glaser/Stahl 1974), sozialpolitisch um das klientennahe Angebot von Lebenshilfen, therapeutisch um die Überwindung sozialer Isolation, milieupolitisch um den Aufbau überschaubarer lokaler Öffentlichkeiten.

Was ist aus den Utopien geworden? Es wäre ein billiges Geschäft, zwei Jahrzehnte danach ihr Scheitern nachweisen zu wollen. Daß es in der sozialen Wirklichkeit immer anders kommt als geplant, versteht sich von selbst. Die »Aktivisten« in Stadtteilzentren handeln aus einer anderen Rationalität heraus als der Kulturpolitiker, der ihre Einrichtung betrieben hat; die Besucher handeln anders als die Organisatoren dies gerne hätten; der gesamte Handlungszusammenhang schließlich ist in eine kollektive Dynamik eingebettet, die Dynamik des Erlebnismarktes, die den Willen einzelner ignoriert oder gar latent konterkariert (vgl. zu diesen Diskrepanzen das 11. Kapitel). Umso offener ist die Frage, was aus der Institutionalisierung des Kulturladenmodells geworden ist. Allerdings soll dieses Modell hier nicht ex post abgeurteilt werden. Unabhängig von eventuellen Deformationen durch die Praxis war es bereits eine kulturpolitische Leistung, die Praxis überhaupt zu beginnen. Die folgende empirische Analyse soll nicht das Aussehen einer »Evaluation« haben, bei der am Ende womöglich nur die frustrierende Feststellung bleibt, daß die Absichten zu hoch gesteckt waren, sondern darauf beschränkt sein, die Kulturladenszene nach denselben theoretischen und empirischen Kriterien wie die übrigen Szenen zu untersuchen.

Seit den Gründerjahren haben sich in der Bundesrepublik vielerorts Stadtteil- und Kommunikationszentren etabliert. In vielen Großstädten, aber auch in einer Reihe kleinerer Städte gibt es inzwischen solche Einrichtungen, wenn auch in unterschiedlicher Dichte. Nürnberg ist nach wie vor eine Hochburg im Vergleich zu anderen Städten (dies hat auch den Ausschlag für die regionale Konzentration der vorliegenden Untersuchung auf Nürnberg gegeben). Zwar stagniert die Entwicklung auch in Nürnberg seit einigen Jahren - entgegen dem Bedarfsplan von 1976, der eine flächendeckende Versorgung der Bevölkerung mit Kulturzentren vorgesehen hatte -, aber die vorhandenen Einrichtungen scheinen immerhin gesichert zu sein, schon deshalb, weil sie von Teilen der Bevölkerung inzwischen als kulturpolitischer Besitzstand angesehen werden, der nicht ohne erheblichen öffentlichen Widerstand zu kassieren wäre.

Daß die Stadtteilzentren nicht in Kürze wieder verschwinden werden, gilt wahrscheinlich für die ganze Bundesrepublik, wenn sich auch der kulturpolitische Trend wieder etwas von ihnen abgewandt hat. Es scheint, daß nach der Gründerphase die existierenden Einrichtungen als Bestandteil der kulturpolitischen Normalität zurückbleiben. Allerdings spielen sie im kommunalen Kuluretat nur eine untergeordnete Rolle. Selbst in Nürnberg machen die Ausgaben für die soziokulturellen Zentren nur einen Bruchteil des gesamten Kulturetats aus, dessen Löwenanteil hier wie in allen anderen Großstädten in die Hochkultur fließt. Spiegelt diese fiskalische Randposition auch Bedeutungslosigkeit im soziologischen Sinne wider?

Es gibt inzwischen viele empirische Untersuchungen von Stadtteilzentren. Dabei dominieren Studien, die mit Beobachtungsverfahren, Experteninterviews, Besucherbefragungen, Besucherstatistiken und Dokumentenanalysen operieren. Zwar liefern solche Untersuchungen brauchbare Informationen über das Innenleben soziokultureller Zentren und über die offiziellen Zielsetzungen. An die Grenze ihrer Erkenntnismöglichkeiten stoßen sie jedoch bei Fragen, die sich auf das Verhältnis von Stadtteilzentren und Gesamtbevölkerung beziehen, auf die Vernetzung von Stadtteilzentren zu übergreifenden Szenen, auf ihre Einbettung in die Gesamtszenerie des lokalen Erlebnismarktes, auf ihre milieusoziologische Relevanz einschließlich ihres Bezugs zum Stadtquartier. Auf solche Fragen, die den blinden Fleck der bisherigen Forschung markieren, zielte das Design der vorliegenden Untersuchung ab. Es weist im Vergleich zur Forschungsliteratur vor allem die folgenden Besonderheiten auf: 1. Gegenstand der Untersuchung sind nicht nur die Besucher von Veranstaltungen und Einrichtungen, sondern auch die Nichtbesucher. Erst wenn auch Nichtbesucher erfaßt werden, ja sogar Personen ohne jede Kenntnis von der Existenz der Zentren, ist es möglich, die Selektivität des Zugangs zu den Zentren zu beschreiben. 2. Die Stichprobe ist für das gesamte Gebiet einer großstädtischen Ballungszone (Nürnberg mit Vororten) repräsentativ. Da die Lage der Wohnung im Stadtgebiet mit erhoben wurde, ist es möglich, auch die räumliche Selektivität des Zugangs zu untersuchen. 3. Darüberhinaus liegen viele weitere Informationen bis hin zu politischen Wertvorstellungen und Persönlichkeitsmerkmalen vor. 4. Schließlich erfaßt die Untersuchung die Gesamtheit der Zentren (insgesamt elf), so daß es möglich ist, Vernetzungen zu analysieren und institutionelle Vergleiche anzustellen.

Bei einem ersten Blick auf die Daten scheint sich die Vermutung zu bestätigen, daß Stadtteilzentren im Vergleich zu anderen Einrichtungen auf dem kommunalen Erlebnismarkt nur geringe Bedeutung haben. Betrachtet man jedoch die Kulturzentren in ihrer Gesamtheit, so ergibt sich ein anderer Eindruck. Die Stadtteilzentren rücken hinsichtlich Bekanntheit und Besuchshäufigkeit in die Nähe der Einrichtungen der Hochkulturszene (Oper, Museum, Schauspielhaus u.a.). Zumindest in ihrer Gesamtheit sind die Stadtteilzentren im Vergleich zu den klassischen Einrichtungen nicht so marginal, wie man auf den ersten Blick meinen könnte. Zwar sagt dieser quantitative Aspekt allein noch nichts über die soziologische Bedeutung der Kulturzentren in Nürnberg aus, doch legt er zumindest die Vermutung nahe, daß sie überhaupt soziologische Bedeutung haben.

Eines ist den Stadtteilzentren jedenfalls gelungen: sich auf dem kommunalen Erlebnismarkt zu verankern und zu überleben. Gemessen am Image der Marginalität, das den »Kulturläden« immer noch anhaftet, zeigen die Daten über Bekanntheitsgrade und Besucherquoten eine überraschend hohe Reichweite der Stadtteilzentren insgesamt an. Daß eine solche summarische Betrachtungsweise auch soziologisch gerechtfertigt ist, erweist sich bei der Untersuchung der Zusammenhänge zwischen den einzelnen Einrichtungen. Die Publika der einzelnen Zentren sind untereinander vernetzt; es gibt eine Kulturladenszene in Nürnberg. Manche der Zentren stehen zwar nur am Rande, doch ändert dies nichts am Gesamtbild. Auch die hohe Affinität zur Neuen Kulturszene schränkt die Identifizierbarkeit einer eigenständigen Kulturladenszene nicht ein (Anhang D, Tabellen 9.1 bis 9.3).

Die Bezeichnung »Kulturladenszene« spielt darauf an, daß sich in Nürnberg der Ausdruck »Kulturladen« als Bezeichnung für soziokulturelle Stadtteilzentren fest eingebürgert hat, wozu vor allem die Benennung verschiedener Zentren beigetragen haben dürfte (»Kulturladen Nord«, »Kulturladen Rothenburger Straße«, »Kulturladen Süd«). Wahrscheinlich hat die langjährige öffentliche Diskussion über die Kulturläden, womit immer die Zentren in ihrer Gesamtheit gemeint waren, mit dazu beigetragen, daß die Zentren als eigene Szene neben Hochkulturszene und Neuer Kulturszene hervortreten. Die Kohärenz der Stadtteilzentren ist ein klarer Hinweis darauf, daß der Besuch dieser Einrichtungen eine raumübergreifende Komponente aufweist. Unabhängig von der Lage im Stadtquartier werden die Zentren in ihrer Gesamtheit als Szene wahrgenommen und tendenziell von denselben Personen besucht. Welche Merkmale sind für die Kulturladenszene charakteristisch? Wodurch unterscheidet sie sich von anderen Szenen?

Betrachten wir die *Selektivität* der Kulturladenszene in ihrer Gesamtheit (Anhang D, Tabellen 10.1 bis 10.3), so zeigen sich Ähnlichkeiten mit der Neuen

Kulturszene. Wiederum ist es das Selbstverwirklichungsmilieu, das am intensivsten an der Szene partizipiert, gefolgt vom Unterhaltungsmilieu. Allerdings ist das Ausmaß dieser Selektivität geringer als in der Neuen Kulturszene. Die beiden Szenen ähneln sich jedoch nur teilweise. Ungefähr gleich ist zwar die Nähe zum Spannungsschema und die Distanz zum Trivialschema; im Vergleich zur Neuen Kulturszene spricht die Kulturladenszene aber deutlich weniger selektiv Personen an, die dem Hochkulturschema nahestehen. Auch politisch und psychisch ähneln sich die Teilnehmer von Kulturladenszene und Neuer Kulturszene. Die Teilnahmewahrscheinlichkeit ist signifikant größer bei Personen mit relativ hohem Interesse an Politik und öffentlichen Angelegenheiten, bei den Anhängern grün-alternativer Ideen, bei Personen mit besonders niedriger Bereitschaft zur politischen Unterordnung und bei Personen mit einer vertrauensvoll-offenen psychosozialen Grundorientierung.

Verschiedene Indizien deuten darauf hin, daß die Vereinnahmung durch das Selbstverwirklichungsmilieu mit der Lage im Stadtgebiet zusammenhängt. Je geringer die Entfernung eines Stadtteilzentrums zur Innenstadt ist, so die These, desto mehr gerät es in den Sog der Neuen Kulturszene. Im Zuge eines mehrjährigen Anpassungsvorgangs, bei dem die kulturelle Okkupation durch das Selbstverwirklichungsmilieu die Schematisierung und Profilierung der Stadtteilzentren beeinflußt, vollzieht sich eine Entwicklung, die den Unterschied der Einrichtungen zur Neuen Kulturszene immer mehr einebnet, ohne ihn gänzlich zum Verschwinden zu bringen. Weit draußen gelegene Zentren entsprechen eher der ursprünglichen Intention: ein Ort der Kommunikation für das Stadtviertel in seiner Gesamtheit zu sein.

Die Analyse der *Publikumszusammensetzung* führt zu ähnlichen Erkenntnissen (Anhang D, Tabellen 11.3 und 11.5). Gegenüber der Gesamtbevölkerung ist die Zusammensetzung zugunsten der jüngeren Milieus, insbesondere des Selbstverwirklichungsmilieus, verschoben. Allerdings geht dies meist nicht so weit, daß das Selbstverwirklichungsmilieu die Mehrheit bilden würde. Dem Überwiegen der Personen unter 40 Jahren entspricht die Nähe des Publikums zum Spannungsschema, die geringe Bereitschaft zur politischen Unterordnung und die eher grünalternative politische Ausrichtung. Wiederum zeigen sich im Vergleich der einzelnen Zentren starke Unterschiede. Vor allem in den city-nahen Zentren dominiert das Selbstverwirklichungsmilieu. Sowohl der Anteil der Personen unter 40 Jahren als auch der Personen mit höherer Bildung (mittlere Reife oder Abitur) ist hier unübersehbar höher als in der Gesamtbevölkerung. Deutlich näher am Bevölkerungsdurchschnitt liegen die peripheren Zentren.

Zur Frage des Nachbarschaftsbezugs: Schon die bloße Existenz einer Kulturladenszene, nachweisbar durch Zusammenhänge von Besuchsindikatoren, deutet darauf hin, daß ein Teil der Besucher aus dem ganzen Stadtgebiet kommt. Wären die Besucher überwiegend Bewohner des umliegenden Stadtviertels, gäbe es keine Kulturladenszene, sondern eine Reihe nebeneinander existierender lokaler Zentren. Die empirischen Ergebnisse legen den Schluß nahe, daß die überörtliche

Kulturladenszene vor allem durch das Selbstverwirklichungsmilieu geschaffen wird. Nur weit von der Innenstadt entfernt gelegene Kulturzentren bleiben davon unbeeinflußt, während die Einrichtungen in der Nähe des Stadtkerns allmählich zum Nebenschauplatz der Neuen Kulturszene werden. Haben die Kulturzentren also, entgegen ihrem ursprünglichen Zweck, mit der Nachbarschaft nichts zu tun? Die Daten der Untersuchung erlauben es, die Befragten räumlich zuzuordnen, so daß eine direkte empirische Analyse des Nachbarschaftsbezugs der Stadtteilzentren möglich ist.

Vergleiche der Quartiersbevölkerung im Umkreis der einzelnen Zentren mit der restlichen Stadtbevölkerung (Anhang D, Tabellen 12.1 und 12.2) zeigen, daß die Zentren ausnahmslos in der Nachbarschaft mehr Resonanz finden als im übrigen Stadtgebiet. Dabei treten zwar erhebliche Unterschiede zwischen den einzelnen Einrichtungen auf; betrachtet man aber die allgemeine Tendenz, indem man Durchschnittswerte für die Gesamtheit der Zentren bildet (Anhang D, Tabelle 12.3), so ist das Ergebnis deutlich genug: Bei den Quartiersbewohnern ist der Bekanntheitsgrad im Vergleich zur übrigen Stadtbevölkerung verdreifacht, die Quote mehrmaligen Besuchs des Zentrums vervierfacht. Neben der oben dargestellten überörtlichen Komponente bei den Besuchern von Stadtteilzentren gibt es unübersehbare Anzeichen einer Verankerung im Stadtviertel. In jedem der elf Zentren ist die Bevölkerung des umliegenden Quartiers überproportional im Publikum vertreten. Wiederum zeigen sich erhebliche Unterschiede zwischen den einzelnen Zentren. Zwar gibt es kein Zentrum, das von der Quartiersbevölkerung majorisiert würde, doch liegt bei einigen Zentren der Anteil der Quartiersbevölkerung um ein Vielfaches über dem Anteil in der Gesamtbevölkerung der Stadt.

10.10 Kneipenszene

Im Netzwerk typischer Übergänge zwischen den einzelnen Szenen erscheint die Kneipenszene wie eine Umverteilungsinstanz. Hier werden die Erlebnisnachfrager an die anderen Szenen verteilt und wieder eingesammelt. Kneipen, Cafés und Diskotheken, Nachtlokale, Restaurants, all die Schauplätze scheinbar nebensächlicher Kommunikation, unverbindlicher Begegnungen und entbehrlichen Konsums, sind in Wahrheit ein wichtiger Schauplatz gesellschaftlicher Begegnung. Im Small talk, im Seitenblick, im Kommen und Gehen werden kollektive Muster von Subjektivität ausgetauscht, stabilisiert, verändert, gelöscht oder neu erfunden. Sie präsentieren sich der sozialen Wahrnehmung konkreter und vielfältiger als an irgendeinem anderen Ort. Die besondere Dynamik, mit der sich gerade die Kneipenszene deutscher Großstädte in den letzten Jahrzehnten entwickelt hat, ist eine der vielen Erscheinungsformen der Ästhetisierung des Alltagslebens. Getränke, Speisen, Einrichtungen, Hintergrundmusik, Kleidung, Kommunikationsstile - jedes atmosphärische Detail ist überwiegend innenorientiert (durch seinen

Erlebniswert) bestimmt. Es entbehrt nicht der Ironie, daß gerade dort, wo das Essen und Trinken nach wie vor obligatorisch ist, das Ziel der Befriedigung leiblicher Bedürfnisse weitgehend bedeutungslos geworden ist. In kaum einem Detail enthüllt sich der Triumph von innenorientierter über außenorientierte Sinngebung deutlicher als in dem Umstand, daß es normal geworden ist, ganz unabhängig von Hunger und Durst zu essen und zu trinken, ja gegen die eigene Sattheit anzuessen und anzutrinken.

Der Wandel der Kneipen- und Wirtshauskultur ist ein Lehrstück für den Wandel der gesamtgesellschaftlichen Milieustruktur. Nur noch in Spurenelementen ist der vormals zentrale Gegensatz zwischen vornehmen Etablissements und volkstümlichen Gaststätten, Arbeiterkneipen und Spelunken vorzufinden, der dem distinktiven Paradigma der bürgerlichen Gesellschaft angepaßt war. Auf den ersten Blick ist die säuberliche Milieutrennung, die in der traditionellen Gastronomie vorherrschte, in der heutigen Kneipenszene nicht mehr nachzuvollziehen. Bei näherem Hinsehen zeigt sich, daß dies nur teilweise richtig ist. Rechnet man zur Kneipenszene im weiteren Sinne auch Cafés, Pizzerias, Restaurants, Ausflugslokale, Schnellgaststätten in der City, Diskotheken, Eisdielen, Kino- und Theaterkneipen, so zeigt sich eine vielgestaltige Landschaft, extensiver als die frühere Gastronomie und wahrscheinlich in mehrere Teilszenen untergliedert. Eine differenzierte Analyse der Kneipenszene, die ihrer soziologischen Bedeutung gerecht geworden wäre, hätte allerdings den Rahmen dieser Untersuchung gesprengt. Die wenigen Indikatoren zur Beschreibung dieser Szene sind gewiß zu pauschal, um sie gut abzubilden (Besuch von Café oder Eisdiele; zum Essen ausgehen; Kneipe, Wirtshaus oder Weinlokal; Nachtlokal; Diskothek). Immerhin reichen die spärlichen Informationen aus, um Hinweise auf die Existenz einer eigenen Szene zu gewinnen, Affinitäten zu erkennen, besonders deutliche Muster von Selektivität und Publikumszusammensetzung zu identifizieren.

Die Kneipenszene ist eine Nachtszene. Von welchen sozialen Gruppen wird sie getragen? Klarer als alle anderen hier untersuchten Szenen differenziert die Kneipenszene zwischen den jüngeren und den älteren Milieus. So selbstverständlich die Partizipation an der Kneipenszene im Unterhaltungsmilieu und im Selbstverwirklichungsmilieu ist, so selbstverständlich ist die Distanz zur Kneipenszene in Harmoniemilieu, Integrationsmilieu und Niveaumilieu (Anhang D, Tabelle 10.2). Mit zunehmendem Alter ziehen sich die Menschen mehr und mehr aus dem nächtlichen Betrieb der Bars, Diskotheken, Bistros, Cafés, Crêperien usw. zurück. Kontinuierlich erstreckt sich diese Abnahme des Interesses über die gesamte Lebensspanne (Anhang D, Tabelle 3), so daß auch innerhalb von sozialen Milieus, die jeweils zwei bis drei Lebensjahrzehnte einschließen, noch deutliche altersspezifische Differenzen festzustellen sind.

Im Publikum der Kneipenszene dominiert die Altersgruppe bis zu 40 Jahren zu drei Vierteln (Anhang D, Tabelle 11.4). Viele Kneipen sind mit solcher Ausschließlichkeit von einem jüngeren Publikum besetzt, daß sich ein älterer Mensch oft nur als kulturfremder Beobachter fühlen kann, der selbst zum Gegenstand des

Erstaunens wird. Zu den unübersehbaren Zeichen der Fremdheit gesellen sich die unüberhörbaren. In den Musikstilen der Kneipenszene dominiert die Orientierung am Spannungsschema, an Pop, Rock, Blues, Jazz, Folk, Reggae und ähnlichem, während gerade Musikstile, die früher zur deutschen Wirtshauskultur gehörten, Blasmusik, leichte Unterhaltungsmusik und Schlager, obsolet sind, es sei denn, sie werden ironisch als nostalgische Einlage präsentiert (Anhang D, Tabelle 10.1).

Soweit sich aus den Daten ablesen läßt, wird die Kneipenszene vor allem durch das Selbstverwirklichungsmilieu geprägt. Im Vergleich zur Gesamtbevölkerung zeigt das Publikum das für das Selbstverwirklichungsmilieu charakteristische Profil: eine Kombination von Hochkultur- und Spannungsorientierung bei gleichzeitiger Distanz zum Trivialschema. Auch die psychosozialen Grundhaltungen und die politischen Standorte entsprechen dem Muster der jüngeren Gebildeten (Anhang D, Tabelle 11.4).

Gerade in der Vielfalt der Kneipenszene dokumentiert sich die Vorherrschaft des Selbstverwirklichungsmilieus. Hier zelebriert eine soziale Gruppe, deren Credo Individualität ist, ihre stilistischen Schattierungen. Im Kontrast der Oberflächen verschwimmt die übergreifende Gemeinsamkeit. Ganz dem oben entwickelten soziologischen Konzept der Szene entsprechend, redet man auch in der Kneipenszene von »scenes«, womit allerdings meist nur kleine Teilszenen gemeint sind, deren Unterschiedlichkeit die Existenz einer umfassenden Szene verdeckt. Der stilistische Spezialisierungsdrang des Selbstverwirklichungsmilieus führt zu einer vordergründigen Heterogenität, hinter der sich gemeinsame existentielle Anschauungsweisen verbergen. Das Heruntergekommene konkurriert mit dem Aufpolierten, das Nostalgische mit dem Nüchternen, der Alternative mit dem Yuppie, Nonchalance mit stilistischer Intoleranz, laut mit leise, homo mit hetero, Massenauftrieb mit Intimität.

In der Kneipenszene existieren unterschiedliche Grade der Publikumshomogenität nebeneinander. Es kann sein, daß sich der Stil einer Kneipe oder einer Diskothek mit voraussagbarer Regelmäßigkeit im Zyklus von 24 Stunden oder im Wochenrhythmus ändert. Neue Trends kommen auf und verschwinden, die Pächter wechseln, das alte Publikum findet plötzlich eine ganz neue Einrichtung vor, im alten Ambiente sitzt auf einmal ein neues Publikum, alte Stammgäste ändern im Laufe von Monaten ihren Geschmack und ziehen neue Sitten auf. Invariant in der Kneipenszene ist gerade die Variabilität. Durch Stilpluralismus entsteht Einheitlichkeit (vgl. Abschnitt 7.8).

Ob es neben der durch das Selbstverwirklichungsmilieu geprägten Kneipenszene eine Kneipenszene des Unterhaltungsmilieus gibt, läßt sich aus den Daten dieser Untersuchung nicht ablesen. Die Beobachtung unserer großstädtischen Szenerien spricht jedoch dafür. Zur Domäne des Unterhaltungsmilieus scheinen derzeit unter anderem die Spielhallen und Automatensalons zu gehören, zentral gelegene fast-food-Restaurants, Vorortkneipen, vereinzelte Diskotheken, Stehimbisse, Bierbars im Bahnhof oder in Bahnhofsnähe. Allerdings hat die Kneipenszene des Unterhaltungsmilieus eine geringere Extension als die Kneipenszene des Selbstverwirklichungsmilieus. In Einrichtungen, die von beiden Milieus besucht werden, wird das Verhaltensmuster der kulturellen Aufwärtsmobilität aktiviert (vgl. Abschnitt 7.9): Das Unterhaltungsmilieu orientiert sich am Selbstverwirklichungsmilieu, nicht umgekehrt.

Auch über eventuelle Kneipenszenen der älteren Milieus läßt sich bei der gegenwärtigen Forschungslage allenfalls auf der Basis von Alltagserfahrung spekulieren. Vor allem für das Harmoniemilieu und das Integrationsmilieu spielen Tagescafés und Konditoreien eine wichtige Rolle. Dafür spricht die empirische Beobachtung, daß sich das Publikum von Kaffeefahrten vor allem aus dem Umkreis dieser Milieus rekrutiert (vgl. Knoblauch 1988). Wohl nicht umsonst ist die »Kaffeetante« zu einem Begriff der Alltagssprache geworden. Der nächtlichen Kneipenszene jüngerer Milieus scheint die Tortenszene älterer Milieus gegenüberzustehen, zeitlich beschränkt auf die Geschäftszeiten und weniger signifikant für die Milieuzugehörigkeit. Fraglich ist, ob das Niveaumilieu noch einen eigenen Ort gastronomischer Selbstinszenierung hat, nachdem auch exquisite Lokale für viele erschwinglich geworden sind und andere Milieus dort ihren Einzug gehalten haben.

10.11 Szenenstruktur und Milieudynamik

Versuchen wir nun, die Ergebnisse der empirischen Analysen großstädtischer Szenen in ihrer Gesamtheit zu bewerten. Allerdings steht die Ableitung soziologischer Schlußfolgerungen unter dem Vorbehalt, daß verschiedene Fragen offen bleiben. Es liegen beispielsweise zuwenig Informationen über die Sportszene vor, um sie ausreichend differenziert darzustellen, unterteilt in mehrere, wahrscheinlich kaum verbundene Unterszenen. Über die Volksfestszene läßt sich auf der Grundlage dieser Untersuchung lediglich sagen, daß sie im Vergleich zu allen anderen erfaßten Szenen soziologisch am wenigsten greifbar ist, urteilt man nach Selektivität und Publikumszusammensetzung (Anhang D, Tabellen 10.1 und 10.2). Trotz empirischer Defizite ist es sinnvoll, hypothetisch eine erste soziologische Einschätzung zu wagen. Um welche Themen es dabei geht, wurde weiter oben dargestellt (Abschnitt 10.4): Entstehung von alltagsästhetischen Schemata, von sozialen Milieus, von Wirklichkeitsmodellen und von Asymmetrien der Milieuwahrnehmung. Befragt man das Material unter diesen theoretischen Perspektiven, so liegen vor allem zwei Thesen nahe: Individualisierung der Trivialkultur und kulturelle Dominanz des Selbstverwirklichungsmilieus.

Individualisierung der Trivialkultur

Betrachtet man die weiter oben beschriebenen Szenen unter dem Gesichtspunkt der Inszenierung alltagsästhetischer Schemata, so findet man nicht für jedes der drei Schemata auch einen Aufführungsort. Es ist klar, daß das Hochkulturschema mit der Hochkulturszene eine Bühne besitzt, wo hochkulturelle Praxis dargestellt und eingeübt werden kann. Kraft seiner homogenen hochkulturorientierten Zusammensetzung (Anhang D, Tabelle 11.1) hat das Publikum den Charakter einer Gemeinde. Gleich mehrere Szenen stellen das Spannungsschema dar, am deutlichsten Neue Kulturszene und Kneipenszene. Aber auch Kulturladenszene, Sportszene und Volksfestszene bedienen sich der Zeichen des Spannungsschemas und weisen entsprechende Tendenzen in der Publikumszusammensetzung auf (Anhang D, Tabellen 11.2 bis 11.4). Unentdeckt geblieben ist jedoch der Inszenierungsort des Trivialschemas. Urteilt man nach der Publikumszusammensetzung, so findet man entweder Szenen, die hinsichtlich des Trivialschemas neutral sind - Kulturladenszene, Sportszene, Volksfestszene - oder Szenen, die das Trivialschema ablehnen. Am deutlichsten ist die Distanz zum Trivialschema im Publikum der Neuen Kulturszene zu erkennen.

Es ist durchaus möglich, daß Szenen, deren Kultur vom Trivialschema beherrscht wird, lediglich mit dem Instrumentarium der Untersuchung nicht entdeckt wurden. Kaffeefahrten, Volksliederabende, Heimatfilme, Busreisen nach Österreich etwa wurden in der Befragung nicht gesondert thematisiert. Vielleicht integrieren solche Angebotstypen besondere Publika zu einer Szene, die dem Trivialschema eine Aufführungsmöglichkeit bietet. Denkbar ist, daß diese Szene, falls sie existiert, durch Ableger im Bereich der Vereine ergänzt wird (Heimatvereine, Trachtenvereine, Kleingartenvereine, Schützenvereine, Kaninchenzüchtervereine u.a.), durch die Gemütlichkeitskultur in Bierzelten, durch Enklaven der Kneipenszene mit althergebrachter Bräustüberl-Atmosphäre und gutbürgerlicher Küche.

Allerdings liegt die Annahme nahe, daß sich diese (vermutete) Trivialszene auf dem Rückzug befindet. Hochkulturschema und Spannungsschema werden von den sozial aktiven Milieus getragen: Niveaumilieu, Selbstverwirklichungsmilieu, Unterhaltungsmilieu. Hier, bei den gebildeten und/oder jüngeren Gruppen, ist die Bereitschaft am größten, nach außen zu gehen, Publika zu bilden und an Szenen teilzunehmen. Dagegen dominiert das Trivialschema in den älteren und weniger gebildeten Milieus. Seine soziale Heimat ist das Harmoniemilieu und das Integrationsmilieu. In diesen Milieus herrscht eine besondere Tendenz zum Rückzug in die eigenen vier Wände (Anhang D, Tabellen 6.9 und 6.10). Das Trivialschema wird von sozialen Milieus getragen, die weniger szenen-aktiv sind als die anderen.

Als sich gegen Ende des 19. Jahrhunderts das Trivialschema entwickelte, war es keineswegs auf die älteren, weniger kontaktfreudigen sozialen Gruppen beschränkt. Seine Entfaltung verdankte es hauptsächlich den aktiven Milieus der

Arbeiter und des Kleinbürgertums. Die bildungsbürgerliche Ablehnung des Trivialschemas bezeugte seine Vitalität. Bei der damaligen Intensität von Nachbarschaftsbeziehungen war die Inszenierung eines alltagsästhetischen Schemas auch vor Ort, im räumlichen Umfeld der Wohnung möglich. Um ihre kulturellen Formen für sich selbst anschaulich zu machen, mußte eine soziale Gruppe nicht mobil sein; sie konnte zu Hause bleiben.

Dies änderte sich mit der Anonymisierung der Wohnverhältnisse. Inzwischen setzt die Selbstinszenierung sozialer Milieus unabdingbar Mobilität voraus. Je größer die Bereitschaft eines Milieus zur Bildung lokaler Publika ist, desto höher ist seine öffentliche Darstellungschance. Die immobilen Milieus geraten ins Hintertreffen. Besonders augenfällig ist die kulturelle Landnahme durch die beweglichen, publikumsbildenden Milieus bei denjenigen Szenen, die früher weitgehend vom Trivialmotiv geprägt waren: Kneipenszene und Volksfestszene. Noch in den fünfziger und frühen sechziger Jahren scheint es eine kohärente Unterschichten- und Kleinbürgerkultur mit einer deutlich hervortretenden Szene gegeben zu haben. Gewiß sind bei genaueren empirischen Analysen noch Reservate der Trivialszene zu finden, doch die verschiedenen Spielarten des Spannungsschemas haben großflächig Terrain besetzt. An den Veränderungen des Stadtbildes durch neue Kneipen, Cafés, Diskotheken, Restaurants, am Wandel der Inneneinrichtungen von Lokalen, an der allmählichen Umgestaltung des typischen Musikhintergrunds läßt sich ablesen, wie stark die Erlebnisanbieter auf die Ausdünnung der Trivialszene bereits reagiert haben. Durch die neue Schematisierung ihrer Produkte verstärken sie den Rückzug des Trivialschemas aus den lokalen Publika der Stadt.

Wie aber ist unter diesen Umständen die Existenz des Trivialschemas überhaupt noch möglich? Obwohl die Stabilisierung durch szenische Kommunikation abnimmt, wird der Zeichenvorrat immer wieder neu zusammengeschweißt, auch nach dem Verschwinden von Zeichen, die früher zentral waren: Gartenzwerge, feurige Zigeunerin, Dirndl, umhäkelte Klopapierrolle im Heckfenster, Vico Torriani usw. Neue Zeichen ersetzen die alten, etwa bestimmte Fernsehserien einschließlich ihres Zubehörs (Bücher, Puzzles, T-Shirts, Stofftiere usw.), Zeitschriften und Wochenmagazine, neue und teurere Eigenheimtypen, Teppichböden, Wohnzimmermöbel, Reiseziele. Die allmähliche Auflösung der Trivialszene geht Hand in Hand mit einer Individualisierung der Trivialkultur. Im Bereich des Trivialschemas treten individualisierte Publika an die Stelle der lokalen Publika. Von szenisch verbundenen Kneipen, Vereinen, Volksfesten, Abendveranstaltungen, Nachbarschaften, Reisegruppen usw. wechseln die Erlebnisnachfrager allmählich zu nicht szenenfähigen Formen individualisierten Erlebniskonsums: fernsehen, in Zeitschriften blättern, einkaufen.

Aus milieutheoretischer Sicht sind vor allem zwei Konsequenzen hervorzuheben: Erstens wird Aufmerksamkeit für die Wahrnehmung neuer alltagsästhetischer Unterschiede freigesetzt, die bisher durch den Gegensatz zwischen Trivialschema und den anderen Schemata gebunden war. Es entsteht Platz für die Kristallisation neuer alltagsästhetischer Schemata aus kulturellen Formen, die man so lange noch als ähnlich empfinden konnte, wie das Trivialschema öffentlich in lokalen Publika hervortrat. So spielt im Bereich des Spannungsschemas seit einigen Jahren der Gegensatz zwischen angepaßten und provokativ-anarchischen Formen eine immer größere Rolle. Je weniger dieser Gegensatz im größeren Gegensatz zum Trivialschema aufgehoben ist, desto deutlicher und verhaltensbestimmender tritt er hervor. Es mehren sich die Anzeichen eines Auseinanderbrechens des Selbstverwirklichungsmilieus. Das Ende der Inszenierung des Trivialschemas führt zweitens dazu, daß auch diejenigen Milieus, für die das Trivialschema signifikant ist, Harmoniemilieu und Integrationsmilieu, in der sozialen Wahrnehmung gegenüber anderen Milieus zurücktreten. Die Milieuwahrnehmung wird asymmetrisch. Für die professionelle Wahrnehmung durch Erlebnisanbieter, Politiker, Journalisten, Wissenschaftler gilt dies ebenso wie für die Alltagswahrnehmung. Durch die Verzerrung der Milieuwahrnehmung tritt vor allem das Selbstverwirklichungsmilieu stärker hervor.

Kulturelle Dominanz des Selbstverwirklichungsmilieus

Mit dem Selbstverwirklichungsmilieu ist in den letzten Jahrzehnten ein neues gesellschaftliches Kräftefeld entstanden. Konstitutive Idee dieses Milieus war von Anfang an, das Subjekt in den Mittelpunkt zu stellen, sowohl in der normalen existentiellen Problemdefinition der Selbstverwirklichung als auch in den sozialen Bindungen und Abgrenzungen des Alltagslebens. Zunächst hatte diese Gruppe ihren Einzugsbereich hauptsächlich im studentischen Milieu. Im Lauf der Zeit verminderte sich die Exklusivität. Die Bildungsgrenze ging nach unten, die Altersgrenze nach oben - im selben Maße, wie die Angehörigen der Keimzelle des Selbstverwirklichungsmilieus in die Jahre kamen. Schon durch diese Veränderung der Gruppendefinition mußte das Milieu stark anwachsen. Bildungsexpansion und demographische Entwicklung taten ein übriges. In der Gegenwart ist dieses Milieu bereits so umfangreich geworden, daß es, gemessen an den eigenen Ansprüchen auf Originalität und Exzentrizität, zu normal erscheint, um als kohärente Gruppe noch lange Zeit weiterbestehen zu können. Je größer das Selbstverwirklichungsmilieu wird, desto mehr verliert es jene Besonderheit, durch die sich diese soziale Gruppe gerade zu definieren trachtet. Deshalb kann die Stabilisierung des Selbstverwirklichungsmilieus Bedingung seiner Destabilisierung und späteren Aufteilung in Untergruppen sein, die auf der Suche nach neuen Besonderheiten sind.

Gegenwärtig - diesen Schluß legt die Analyse von Szenen nahe - ist das Selbstverwirklichungsmilieu in den besten Jahren. Noch überwiegt der Eindruck gruppeninterner Homogenität im Kontrast zu einem deutlich abgesetzten Umfeld anderer sozialer Großgruppen mit anderen Kombinationen von Lebensalter und Bildung. Die momentane Dominanz des Selbstverwirklichungsmilieus ist nicht allein auf seine quantitative Bedeutung zurückzuführen. So unpräzise quantitative Angaben wegen des Unschärfeproblems auch bleiben müssen, kann man doch plausibel annehmen, daß das Harmoniemilieu gegenwärtig zwar größeren Umfang, aber geringere soziale Bedeutung hat als das Selbstverwirklichungsmilieu. Die kulturelle Dominanz des Selbstverwirklichungsmilieus hängt eng mit seiner Selbstinszenierung auf dem großstädtischen Erlebnismarkt zusammen. Für diese These sprechen vor allem drei Argumente.

1. Als einziges der beschriebenen fünf Milieus verfügt das Selbstverwirklichungsmilieu über eine eigene Szene - die Neue Kulturszene. Im Publikum der Neuen Kulturszene ist dieses Milieu etwa doppelt so stark vertreten, wie es seinem Anteil an der Gesamtbevölkerung entspricht. Die Neue Kulturszene wird vom Selbstverwirklichungsmilieu majorisiert. Da jedermann die Besonderheiten der Publikumszusammensetzung in der Neuen Kulturszene leicht erkennen kann, hat das Selbstverwirklichungsmilieu einen sozialen Ort, wo es für sich selbst anschaulich wird. Im Vergleich zu allen anderen Milieus besitzt es dadurch einen kognitiven Vorteil zur Entwicklung von Gruppenbewußtsein, der immer wieder in alltagsästhetische und politische Bewegungen umgesetzt wird.

2. Auch in allen anderen Szenen ist das Selbstverwirklichungsmilieu stark vertreten. Nach vielen Seiten hin entfaltet die Neue Kulturszene ihre Affinitäten: Hochkulturszene, Kulturladenszene, Kneipenszene. In Sportszene und Volksfestszene ist das Selbstverwirklichungsmilieu zumindest nicht unterrepräsentiert, während jedes der anderen Milieus zumindest in einer Szene deutlich unterrepräsentiert ist; das Harmoniemilieu sogar in allen sechs untersuchten Szenen. Der Wahrnehmungsvorteil des Selbstverwirklichungsmilieus ist also nicht auf eine Szene beschränkt, sondern wiederholt sich, wenn auch abgeschwächt, wo immer ein lokales Publikum zusammenkommt.

3. Die Selbstdarstellung vor anderen stabilisiert die eigene Subjektivität. Welche Typen von Subjektivität gelangen vorzugsweise auf Szenen zur Darstellung? Aus den Selektivitätsanalysen (Anhang D, Tabelle 10.1) geht hervor, daß jede der festgestellten selektiven Tendenzen bei allen Szenen Merkmale des Selbstverwirklichungsmilieus hervorhebt. So sprechen alle Szenen entweder jüngere Altersgruppen an oder gehobene Bildungsgruppen oder beide. Keine der festgestellten Szenen wird dagegen selektiv von höheren Altersgruppen und/oder niedrigeren Bildungsgruppen bevorzugt. Dies setzt sich im Bereich subjektiver Merkmale fort: Musikpräferenzen, Fernsehpräferenzen, Lektürepräferenzen, psychische Dimension »Vertrauen«, politische Identifikation mit alternativen Vorstellungen. Gerade diejenigen subjektiven Tendenzen setzen sich in Szenen durch, die für das Selbstverwirklichungsmilieu typisch sind. Die Erlebnisanbieter reagieren auf das Offensichtliche und verstärken dadurch diese Tendenzen. Das Selbstverwirklichungsmilieu verschafft sich Feedback auf allen hier untersuchten Szenen. Auch die Kehrseite dieser Information ist wichtig. Für die anderen Milieus gibt es ein solches Feedback nicht im selben Umfang, teilweise gar nicht.

11. Kapitel
Paradoxien der Kulturpolitik

Einleitung

Die Klage über unzureichende Kulturetats ist nicht etwa ein Zeichen kulturpolitischen Niedergangs, sondern Ausdruck eines Booms. Immer kulturhungriger und anspruchsvoller, wird die Öffentlichkeit allmählich sensibel gegenüber einem Politikbereich, der noch vor wenigen Jahrzehnten nicht einmal als eigenes Ressort eingerichtet war. Kulturpolitik wurde zwar bereits gemacht, als noch niemand davon sprach, verändert hat sich jedoch ihre kommunalpolitische Bedeutung. Seit ihren Anfängen in der Nachkriegszeit rückt Kulturpolitik immer mehr von der Peripherie zum Zentrum vor. Die voranschreitende Institutionalisierung der Kulturpolitik konkretisiert sich vielfältig. Nach den kulturpolitischen Gründerjahren gibt es allenthalben Kulturämter, Kulturreferenten, Kuluretats, Kulturstatistiken, Kulturentwicklungsplanungen.

Es hat mit dem dezentralen Charakter der Kulturpolitik zu tun, daß sie nicht längst zu einem beherrschenden nationalen Thema wurde. Wegen der primären Kompetenz der Kommunen tauchen kulturpolitische Maßnahmen und Programme vorwiegend in den regionalen Abteilungen der Medien auf. Auch wenn die Aufmerksamkeit der überregionalen Öffentlichkeit einmal auf ein kulturpolitisches Thema gelenkt wird, etwa bei wichtigen Personalentscheidungen in den Metropolen, hat die Diskussion eingeschränkten örtlichen Bezug, so daß sich die meisten Menschen nicht unmittelbar betroffen fühlen.

Ohne das Fluidum der großen Politik wird Kulturpolitik dennoch groß, in der Nebensächlichkeit der Lokalteile, provinzialisiert und buntscheckig, aber flächendeckend und immer stärker administrativ verfestigt. Eine integrative, auf die Gesamtgesellschaft bezogene kulturpolitische Diskussion gibt es allerdings nach wie vor nur in der Abgeschiedenheit von Tagungen und Fachpublikationen. Was sich kulturpolitisch ändert in der Bundesrepublik, wird unter diesen Umständen nur als ein lokales Ereignis sichtbar, dessen Zugehörigkeit zu einer allgemeinen, überörtlichen Entwicklung latent bleibt. Unbeschadet seiner kommunalen Vereinzelung ist die Bedeutungszunahme und Institutionalisierung der Kulturpolitik jedoch ein gesamtgesellschaftliches Phänomen, das eine entsprechende soziologische Bearbeitung verlangt.

Die Erlebnisnachfrager nehmen keine Rücksicht darauf, daß Kulturpolitiker sich vielleicht mißverstanden fühlen könnten. Aus ihrer Perspektive zählt das kulturpolitisch administrierte Erlebnisangebot zum Erlebnismarkt. Als bloße Verwaltung erlebnisorientierter Dienstleistungen ist Kulturpolitik von ihren Urhebern freilich gerade nicht gemeint. Eine Videothek ist nichts weiter als eine erlebnisanbietende Einrichtung, ein Kulturzentrum dagegen soll mehr sein. Die Unterschiede beginnen beim »Anspruch«. Während für den kommerziellen Erlebnisanbieter das Profitstreben als Daseinszweck ausreicht, hat Kulturpolitik den Menschen und die Gesellschaft im Auge. Sie legitimiert sich durch pädagogische und gesellschaftspolitische Zielsetzungen; in ihrer existentiellen Interventionsabsicht ist sie allenfalls der Bildungspolitik vergleichbar.

Entsprechen die tatsächlichen Wirkungen der Kulturpolitik ihren Ambitionen? Es ist üblich, diese Frage mit Hoffnungen zu verbinden. Daß sich in diese Hoffnungen so wenig skeptische Untertöne und Befürchtungen mischen, wo es doch nicht gerade um Bagatellen geht, erklärt sich zum Teil aus der unausgesprochenen Vermutung, daß die Ansprüche der Kulturpolitik doch immer nur Utopien bleiben werden, die keinen großen Schaden anrichten können. Zu sehr ist Kulturpolitik aber aus der ursprünglichen Marginalität herausgewachsen, als daß man sie folgenlos träumen lassen könnte, soviel sie will; zu sehr wird ihr inzwischen Verantwortung nicht nur zugestanden, sondern zugeschoben. Ein Rechtfertigungskonsens hat sich etabliert: Kulturpolitik ist gut. Kulturpolitik verdient jedoch dieselbe skeptische Distanz wie jeder andere Versuch, in das Alltagsleben oder in die Natur einzugreifen. Betroffen von dieser Intervention sind genau diejenigen Aspekte der sozialen Wirklichkeit, die Gegenstand dieser Untersuchung sind - Alltagsästhetik, soziale Milieus, Szenen. Deshalb soll am Ende dieser Arbeit von Kulturpolitik die Rede sein.

Im Zentrum steht dabei die Frage nach den gesellschaftlichen Wirkungen der Kulturpolitik. Zur Systematisierung des Themas werden drei Wirkungstypen unterschieden: Irrelevanz, Gestaltung, unbeabsichtige Folgen (Abschnitt 11.1). Der Akzent der Abhandlung soll auf die unbeabsichtigten Folgen gelegt werden. Um das Unbeabsichtigte darzustellen, muß man zunächst die Absichten charakterisieren. Vor allem vier kulturpolitische Leitmotive haben gegenwärtig Bedeutung: Hochkulturmotiv, Demokratisierungsmotiv, Soziokulturmotiv und Ökonomiemotiv (Abschnitt 11.2). Was in der Praxis aus kulturpolitischen Zielvorstellungen wird, entscheidet sich in einem sozialen Handlungsfeld, dem vier Klassen von Akteuren angehören: auf der einen Seite die Kulturpolitik, auf der anderen Seite das Publikum. Dazwischen stehen erlebnisanbietende Korporationen (Theater, Oper, Kulturzentren u.a.) und Künstler. Bei jedem dieser Akteure dominiert ein eigener Rationalitätstypus (Abschnitt 11.3). Das Verhältnis der Eigenrationalitäten ist gekennzeichnet durch eine Mischung aus Chaos und Übereinkunft (Abschnitt 11.4). Die kritische Untersuchung des kulturpolitischen Handlungsfeldes wird durch einen Rechtfertigungskonsens erschwert, der selbst bereits Ergebnis der Interaktion der verschiedenen Eigenrationalitäten ist (Abschnitt 11.5). Hinter der Kulisse kulturpolitischer Idylle können sich paradoxe Nebenwirkungen entfalten: Förderung ästhetischer Anspruchslosigkeit (Abschnitt 11.6), Kolonialisierung (Abschnitt 11.7), Verstärkung sozialer Asymmetrien (Abschnitt 11.8), politische Funktionalisierung (Abschnitt 11.9).

Wie sind die Nebenwirkungen der Kulturpolitik im Verhältnis zu den Zielen zu gewichten? Der letzte Abschnitt des Kapitels ist der Versuch einer Gesamtbewertung, orientiert an den drei Wirkungstypen von Irrelevanz, Gestaltung und unbeabsichtigten Folgen (Abschnitt 11.10).

11.1 Irrelevanz, Gestaltung, Nebenfolgen Zur Wirkungsanalyse der Kulturpolitik

Daß Kulturpolitik gesellschaftliche Folgen habe, ist eine naheliegende Vermutung. Nur in den ersten Anfängen nach dem zweiten Weltkrieg war es ein Ziel der Kulturpolitik, gesellschaftspolitisch möglichst neutral zu bleiben. Bald jedoch ließ man von Forderungen ab, die ohnehin nicht realisierbar waren, freilich weniger aus soziologischer Einsicht als aus Parteinahme für bestimmte Interessen. Auch das Engagement für die Hochkultur, kennzeichnend für die erste Phase, war keineswegs so zweckfrei, wie die kulturpolitisch geförderte Kunst es oft zu sein beansprucht, sondern stand im Dienst spätbürgerlich-hierarchischer Wertvorstellungen. Die Kulturgeschichte der Bundesrepublik Deutschland durchlief ein »Bourdieu-Stadium«, in dem Alltagsästhetik in Homologie zu einer ökonomischen Semantik konstruiert wurde. In Opposition dazu wurde die linke Konzeption einer Kulturpolitik zur Emanzipation der Arbeiterklasse entwickelt. Später profilierte sich der »soziokulturelle Ansatz« als Rettungsversuch für die von Individualisierung bedrohten kleinen Kontaktnetze und für die von den Massenmedien ausgehöhlte Alltagskultur. Inzwischen wird Kulturpolitik auch als Strukturpolitik verstanden, die einen kommunalpolitisch wichtigen Teil des Erlebnismarktes pflegen und fördern soll.

Man diskutiert über die gesellschaftspolitischen Ansprüche der Kulturpolitik, doch mißt man sie kaum einmal daran. Von einzelnen Arbeiten über die wirtschaftlichen Effekte kommunaler Kulturpolitik abgesehen, steht der umfangreichen Diskussion über Ziele und Modelle keine gleichwertige Auseinandersetzung über Wirkungen gegenüber. Eine der Ursachen hierfür könnte das hartnäckige Image von Kulturpolitik als intellektueller Spielwiese sein, das den administrativen Apparaten und Jahresetats freilich nicht mehr angemessen ist. Hinzu kommt als wahrscheinlich wichtigere Erklärung, daß es leichter ist, über das Mögliche als über das Tatsächliche zu sprechen. Kann man über die gesellschaftlichen Wirkungen der Kulturpolitik überhaupt etwas sagen?

Der folgende Versuch zu diesem Thema ist lediglich eine erste Annäherung. Immerhin stehen einige Grundlagen zur Verfügung, um eine vorsichtige Einschätzung zu wagen. Alle bisher in dieser Arbeit analysierten Komplexe - Ästhetisierung des Alltagslebens, persönlicher Stil, alltagsästhetische Schemata, soziale Milieus, Erlebnismarkt, Szenen - gehören zum potentiellen Einflußbereich der Kulturpolitik. Wenn Kulturpolitik überhaupt gesellschaftliche Wirkungen hat, dann vor allem hier.

Von gesellschaftlichen Wirkungen der Kulturpolitik schlechthin zu sprechen, ist freilich noch zu allgemein. Bei dem Versuch, konkreter zu werden, ist es sinnvoll, die Intentionen der Kulturpolitik selbst als Bezugspunkt zu nehmen. Wirkt Kulturpolitik so, wie sie will? Implizit enthält diese Frage zwei Zusatzfragen: Wirkt sie überhaupt und provoziert sie unbeabsichtigte Folgen? Daraus lassen sich drei Hauptkategorien der Wirkungsanalyse gewinnen: Irrelevanz, Gestaltung, unbeabsichtigte Folgen. Irrelevanz bedeutet, daß ein gegebener Aspekt der sozialen Wirklichkeit durch Kulturpolitik unbeeinflußt bleibt. Um Irrelevanz zu untersuchen, eignen sich Gedankenexperimente: Hätte der untersuchte Aspekt der sozialen Wirklichkeit ohne Kulturpolitik wahrscheinlich dasselbe oder ein ganz anderes Aussehen? Gestaltung bedeutet, daß Kulturpolitik im Sinne ihrer Intentionen wirkt. Unbeabsichtigte Folgen schließlich sind Wirkungen, die sich zu proklamierten Zielen der Kulturpolitik neutral verhalten oder ihnen zuwiderlaufen.

Was ist der Fall? Um nicht zum Opfer einer naiven Frage zu werden, muß man sich schon vor der Anwendung dieser Kategorien auf zwei Komplikationen einstellen: Erstens ist niemals bloß eines der Fall. Jedes Handeln hat unübersehbar viele Ursachen und unübersehbar viele Wirkungen. Aus der zweiten Satzhälfte folgt, daß Kulturpolitik nicht schlechthin irrelevant sein kann, sondern nur irrelevant im Hinblick auf bestimmte angestrebte Wirkungen. Es folgt weiterhin, daß sie - wie alles Handeln - immer unbeabsichtigte Nebenwirkungen haben wird. Weder reicht die instrumentelle Beherrschung des Handlungsfeldes jemals aus, um alle unerwünschten Folgen zu vermeiden, noch auch nur die kognitive Beherrschung, um sich alle Nebenwirkungen zumindest vorzustellen und gedanklich in die Handlungsplanung einzubeziehen. Es kann deshalb bei der Untersuchung der gesellschaftlichen Wirkungen der Kulturpolitik nur um die Bestimmung des Mischungsverhältnisses von Irrelevanz, Gestaltung und Nebenfolgen gehen. Zweitens darf man nicht unterstellen, daß eine exhaustive Wirkungsanalyse möglich wäre. Die unendlich große Zahl der Wirkungen zwingt zur Selektivität.

Man könnte die Selektivität der Wirkungsanalyse auf die Gestaltungswirkungen der Kulturpolitik programmieren und würde sicherlich fündig werden. Im folgenden wird dieser Themenbereich jedoch nur eingeschränkte Bedeutung haben, weil er in der Diskussion ohnehin dominiert. Ein umfassender kulturpolitischer Rechtfertigungskonsens (siehe unten Abschnitt 11.5) räumt den Chancen der Kulturpolitik mehr Diskursenergie ein als den Risiken. In dieser Situation ist es interessanter, sich den Nebenfolgen der Kulturpolitik zuzuwenden, als sich mit ihren möglichen oder tatsächlichen Verdiensten zu beschäftigen.

Mit der Konzentration auf Paradoxien der Kulturpolitik rücken solche Nebenfolgen ins Zentrum der Analyse, die den Zielen der Kulturpolitik entgegengesetzt sind. Paradox sind diese Wirkungen insofern, als sie mit den Maßnahmen verbunden sind, die zu den Zielen führen sollen. Indem man bestimmte Ziele verfolgt, gefährdet man sie. Dies klingt ungewöhnlich, ist aber normal. Überraschend wäre es, wenn Kulturpolitik von den Ironien des Schicksals verschont bliebe. Nicht ob Kulturpolitik paradoxe Wirkungen hat, ist die Kernfrage der folgenden Überlegungen, sondern welche. Dieses Untersuchungsprogramm macht es zunächst erforderlich, typische Absichten der Kulturpolitik darzustellen und das soziale Feld zu beschreiben, in dem Kulturpolitik operiert.

11.2 Kulturpolitische Leitmotive

Welchen Zielen dient die Kulturpolitik? Es gibt allgemeine kulturpolitische Tendenzen, die sich breiten Konsens erobert haben. In der Nachkriegsgeschichte treten verschiedene Hauptfiguren kulturpolitischen Denkens hervor, die im folgenden kurz charakterisiert werden sollen. Allerdings lösen sich diese Figuren nicht etwa gegenseitig ab, sondern bleiben auf der Bühne stehen und bevölkern sie immer mehr. Die Geschichte kulturpolitischen Denkens in der Bundesrepublik ist eine Geschichte zunehmender Zielpluralität. Nach und nach kristallisierten sich einige Grundmotive heraus, die im folgenden in der zeitlichen Reihenfolge ihres Auftretens kurz dargestellt werden sollen.

(1) *Hochkulturmotiv*: Nach 1945 bis in die sechziger Jahre hinein griff Kulturpolitik ästhetische Vorstellungen des bürgerlichen Zeitalters auf. Ihr Ziel war die Bestandssicherung der Hochkultur. Kulturpolitische Maßnahmen bezogen ihre Rechtfertigung aus dem Motiv der Pflege des »kulturellen Erbes des Abendlandes«, eine etwas außer Mode gekommene, dennoch aktuelle Sammelbezeichnung für den Zeichenvorrat des Hochkulturschemas. Politisch wurde und wird Hochkulturpflege vor allem durch die personelle und institutionelle Sicherung öffentlicher Darbietungen verwirklicht (Theater, Konzerte, Museen, Denkmalspflege, Archive). Das gesellschaftspolitische Ziel, die Existenz der Kunst zu garantieren, wird ergänzt durch das pädagogische Ziel, die Menschen hochkulturfähig zu machen. Integraler Bestandteil des Hochkulturmotivs ist das Ideal des ästhetisch kompetenten Menschen.

(2) *Demokratisierungsmotiv*: In der Geschichte der Arbeiterbewegung spielt der Gedanke der Emanzipation der Arbeiterklasse durch Bildung eine zentrale Rolle. Lange vor der Institutionalisierung von Kulturpolitik im Rahmen der öffentlichen Leistungsverwaltung wurde diese Idee bereits in zahlreichen Arbeiterbildungsvereinen umgesetzt. Nach dem zweiten Weltkrieg knüpfte die sozialdemokratische Partei wieder an diese Tradition an. Demokratisierung von Kultur bedeutete in diesem Zusammenhang nicht kulturelle Aufwertung des Volkstümlichen, sondern Popularisierung der Hochkultur. Es hängt mit dem Wandel der gesellschaftlichen Verhältnisse zusammen, daß die einst so einflußreiche sozialde-

mokratische Idee einer Kulturpolitik für die Arbeiter und kleinen Leute ihre ursprüngliche Prägnanz verloren hat. Vom Gedanken einer kompensatorischen Kulturpolitik zugunsten der Ungebildeten ist schließlich das Programm einer Kulturpolitik für alle übriggeblieben (vgl. Hoffmann 1981). Die Idee einer kompensatorischen Kulturpolitik wurde dabei gleichzeitig ausgeweitet und relativiert. Einerseits vergrößerte sich das Spektrum der Gruppen, denen kulturpolitischer Betreuungsbedarf zugebilligt wurde - etwa Jugendliche, Alte, Ausländer, Frauen, Behinderte, Arbeitslose, Alleinwohnende und andere. Auf der anderen Seite wurde das kompensatorische Programm der Kulturpolitik allmählich zum sozialpädagogischen Appendix, der in der umfassenden Vorstellung einer demokratischen, »gleichen« Kulturpolitik aufgehoben war. Neben die kompensatorische Variante des Gleichheitspostulats - kulturpolitischer Ausgleich sozialer Asymmetrien - trat die bedürfnisorientierte Variante: für jeden etwas.

(3) *Soziokulturmotiv*: Mit dem Ausbau der Konsumgesellschaft wandte sich der kulturkritische Diskurs mehr und mehr den Problemen des Alltagslebens zu. Daraus entstand Ende der sechziger Jahre eine eigenständige und einflußreiche kulturpolitische Konzeption. Das Kunstwerk an sich überließ der soziokulturelle Ansatz getrost der Hochkulturpolitik, gegen die er sich profilierte. Nicht Kunstwerkspolitik, sondern Milieupolitik ist nach diesem Ansatz Ziel der Kulturpolitik. Man will die in die Individualisierung getriebenen Menschen wieder zum Kommunizieren bringen. Die Schutzwürdigkeit der Alltagskultur wird ausgerufen. Ursprünglicher Zweck der Kommunikationszentren, einer kulturpolitischen Innovation der siebziger Jahre, war die Revitalisierung von sozialen Milieus vor Ort. Kultur und Alltag wurden nicht mehr als gegensätzlich verstanden, sondern als identisch. Nicht das Werk wurde in den Mittelpunkt der Kulturpolitik gestellt, sondern der soziale Prozeß seiner Entstehung. An die Stelle der pädagogischen Idee des gebildeten Menschen im hochkulturellen Ansatz trat im soziokulturellen Ansatz die pädagogische Idee des autonomen, sich selbst verwirklichenden Menschen.

(4) *Ökonomiemotiv*: In den letzten Jahren wird Kulturpolitik immer häufiger ökonomisch und strukturpolitisch begründet, wobei vor allem drei Gesichtspunkte eine Rolle spielen. Erstens wird man sich immer mehr der arbeitsmarktpolitischen Bedeutung öffentlicher Erlebnisproduktion bewußt, wobei zu den direkten Effekten diverse Sekundäreffekte im Dienstleistungsgewerbe hinzuzurechnen sind, vor allem dann, wenn es gelingt, neben der lokalen Kulturnachfrage auch noch einen überregionalen Kulturtourismus zu aktivieren. Zweitens werden kommunale Kulturangebote immer mehr als ein wichtiger Faktor regionaler Mobilität angesehen. Ob es einer Kommune gelingt, zahlungskräftige Bürger anzuziehen und zu halten, hängt demzufolge auch von dem in Freizeitwert umgerechneten öffentlichen Erlebnisangebot ab, das die Kommune ihren Bürgern langfristig garantieren kann. Damit im Zusammenhang steht drittens die Auffassung, daß in zunehmendem Maße Standortentscheidungen von Unternehmungen nicht nur etwa von Autobahnanbindungen einer Kommune beeinflußt werden, sondern auch

von ihrer kulturellen Attraktivität, nachgewiesen durch Einrichtungen, für die sich die Bezeichnung »kulturelle Infrastruktur« einzubürgern beginnt, fast als handele es sich um etwas Ähnliches wie das Wasserwerk oder die Kläranlage. Zum Leitmotiv ist die ökonomische Zielsetzung der Kulturpolitik bisher nicht geworden, doch taucht sie immer häufiger im kulturpolitischen Diskurs auf. Die wirtschaftlichen Effekte beginnen sich als Nebenziel zu etablieren, dem eines Tages die anderen Zielsetzungen untergeordnet werden könnten. Die folgenden Überlegungen sind auf die drei erstgenannten Ansätze - Hochkulturmotiv, Demokratisierungsmotiv, Soziokulturmotiv - konzentriert, behalten aber auch den ökonomischen Zielkomplex im Auge.

Nicht umsonst wurden die verschiedenen kulturpolitischen Konzeptionen als »Motive« vorgestellt. Diese Formulierung spielt auf die zahlreichen Varianten und Mischungsverhältnisse der Grundideen in kulturpolitischen Publikationen an. Es gibt keine Kombination, die nicht schon irgendwo einmal propagiert worden wäre. Gerade weil sich die verschiedenen Motive so vielfältig überlagern, ist es wichtig, sie auseinanderzuhalten. Nur so kann klar werden, was gewollt und was nicht gewollt ist. Vor allem der zweite Gesichtspunkt wird weiter unten noch eine Rolle spielen.

Zwar ist keines der kulturpolitischen Konzepte ohne Widerspruch geblieben. Hochkulturpolitik wurde als Inszenierung elitärer bildungsbürgerlicher Rituale angegriffen, Demokratisierungs- und Soziokulturpolitik gerade umgekehrt als Niveauverlust und Abmarsch in die Provinz kritisiert. Gegen den ökonomischen Ansatz wendet sich die Kritik der Vermengung von Politik und Wirtschaftsinteressen. Doch auf die politische Konsensfähigkeit der genannten kulturpolitischen Orientierungen wirkten sich solche und andere Vorbehalte kaum aus. In der öffentlichen Diskussion geht es nicht um Ziele der Kulturpolitik oder gar um ihre Existenzberechtigung, sondern um instrumentelle Probleme bei *akzeptierten* Zielsetzungen, um Personalentscheidungen, Aufbau und Erhaltung kultureller Einrichtungen, Plazierung von Subventionen, Programmgestaltung. Kulturpolitik, so die Prämisse, von der alle ausgehen, kann vielleicht besser oder schlechter sein, nicht aber wirklich von Übel, denn Kultur ist ja immer gut, zumindest aber schadet sie nicht. Dieser Rechtfertigungskonsens entsteht in einem sozialen Zusammenhang, der im folgenden als »kulturpolitisches Handlungsfeld« bezeichnet wird.

11.3 Das kulturpolitische Handlungsfeld

Unkalkulierbarkeit

Die Kulturgeschichte der Bundesrepublik Deutschland ist reich an Beispielen für die Verkehrung guter Absichten in ihr Gegenteil. Maßnahmen kultureller Demokratisierung führen zur Stabilisierung von Eliten; Einrichtungen, die als Spielraum für kulturelle Eigenaktivität gedacht waren, werden von wenigen Machern usurpiert; Kommunikationszentren driften in pure Veranstaltungsbetriebsamkeit ab; Rieseninvestitionen für aufwendige Produktionen erscheinen wie gewaltige Fundamente, auf die eine Reihenhauskolonie mittelmäßiger Inszenierungen gestellt wird; statt betroffen zu sein, amüsiert sich das Publikum bestens; großzügig unterstützte künstlerische Experimente geraten zu effektbemühtem Avantgarde-Getue usw. Wirksam ist Kulturpolitik gewiß auch auf diese Weise, aber oft anders als sie will. Kulturpolitiker müssen sich mit einer Unberechenbarkeit ihres sozialen Handlungsfeldes abfinden, die das neue Wort »Kulturentwicklungsplanung« als soziologische Naivität erscheinen lassen.

Kulturpolitische Programme werden nicht einfach ausgeführt, wie man dies von Marktstrategien privater Erlebnisanbieter behaupten kann, sondern vermittelt. Zwischen den Kulturpolitiker und seinen Adressaten, das Publikum, schieben sich weitere Akteure. Die Einrichtungen, die durch Kulturpolitik ins Leben gerufen und erhalten werden - Theater, Opernhäuser, Museen, Kulturzentren, auch die Organisationseinheiten der Kulturpolitik selbst - folgen ihrer eigenen Logik. Gleiches gilt für Regisseure, Schauspieler, Musiker, Tänzer und andere Personen, die dem Publikum unmittelbar gegenübertreten. Was im Bereich öffentlicher Kulturförderung tatsächlich geschieht, ist das schwer kalkulierbare Ergebnis eines Rationalitäten-Gemenges, an dem vier Klassen von Akteuren beteiligt sind: Kulturpolitik, Korporationen, Künstler und Publikum. Zusammen konstituieren diese Akteure das kulturpolitische Handlungsfeld. Kulturpolitik kann nicht nach Belieben steuern. Sie ist lediglich ein Vektor in einem sozialen Zusammenhang, dessen Gesamtdynamik erst bei Berücksichtigung der Eigenrationalitäten aller Beteiligten verständlich wird. Betrachten wir deshalb die vier Akteure etwas genauer.

Kulturpolitik

Kulturpolitik läßt sich in einer ersten Annäherung als Gesamtheit legislativer und administrativer Maßnahmen beschreiben, die in unserer Gesellschaft als »kulturpolitisch« gelten. Ein wesentlicher - und steigender - Teil dieser Maßnahmen zielt in der Bundesrepublik auf die Beeinflussung von Erlebnisangebot und Erlebnisnachfrage ab. Um diesen Bereich der Kulturpolitik geht es im folgenden. Konkret: Einrichtung, Erhaltung, Veränderung erlebnisanbietender Korporationen wie Theater, Museen, Opernhäuser, Kommunikationszentren; Personalentscheidungen für hervorgehobene Positionen; Organisationsentscheidungen (etwa hinsichtlich Trägerschaft und Selbstverwaltungsspielraum von Kommunikationszentren); Management von Veranstaltungen (etwa Festivals); Planung und Vollzug der Kulturhaushalte öffentlich-rechtlicher Träger der Kulturpolitik; Subventionierung privater Erlebnisanbieter, sei es direkt durch Geldzuwendungen, sei es indirekt durch Bereitstellung von Einrichtungen; Ausübung von Rechts- und Fachaufsicht.

Willens- und Entscheidungsträger der Kulturpolitik sind die Parteien und ihre kulturpolitischen Arbeitskreise, Ausschüsse kommunaler Selbstverwaltungsgremien, kulturpolitische Beauftragte, Spitzenfunktionäre der großstädtischen Kulturadministrationen. Charakteristisch für ihr Handeln ist der Rationalitätstypus der *Gesellschaftspolitik*. Dieser Rationalitätstypus ist auf das Ziel der Stabilisierung oder Veränderung bestimmter Aspekte der sozialen Wirklichkeit ausgerichtet. Auf drei der im vorangegangenen Abschnitt genannten kulturpolitischen Ansätze trifft dies zu: Hochkulturmotiv, Demokratisierungsmotiv, Soziokulturmotiv. Zu jedem Rationalitätstypus gehören neben integrierenden Zielvorstellungen auch typische Strategien. Die weiter oben aufgezählten Maßnahmen der Kulturpolitik lassen sich in zwei Hauptklassen gesellschaftspolitischer Interventionen unterteilen: Institutionalisierung und Selektion. Institutionalisierung ist die Schaffung, Veränderung und Bestandssicherung von erlebnisproduzierenden Einrichtungen (Theaterhäuser, Orchester, Büchereien, Kulturzentren, Museen usw.), Selektion die gezielte Förderung von Erlebnisangeboten (etwa einzelne Veranstaltungen) und von Künstlern (Förderpreise, Subventionen für freie Gruppen u.a.).

Nur der ökonomische Ansatz der Kulturpolitik läßt sich nicht der Rationalität der Gesellschaftspolitik zuordnen. Ihm entspricht ein eigener Rationalitätstypus, der gegenwärtig in der Bundesrepublik Deutschland noch keine kulturpolitische Dominanz erlangt hat. Betrachten wir den ökonomischen Rationalitätstypus deshalb als ein Kapitel für sich, das an dieser Stelle nicht zu bearbeiten ist.

Zwei weitere Rationalitätstypen sind für das Verstehen kulturpolitischen Handelns wichtig. Kulturpolitische Maßnahmen sind zum einen eingebettet in die Rationalität kommunalpolitischen Machterwerbs und Machterhalts. Im Extremfall kann die Beziehung der Kulturpolitik zur Rationalität der Machtsicherung die Form völliger Unterordnung annehmen, meist jedoch wird die übergeordnete Rationalität nur als Rahmenbedingung einkalkuliert, die den gesellschaftspolitischen Spielraum einschränkt. Aus den folgenden Überlegungen bleibt die Rationalität der Machtbeschaffung ausgeklammert; sie interessiert nur insoweit, als ihre Impulse auf der Ebene der gesellschaftspolitischen Rationalität ankommen.

Zusätzlich spielt die Rationalität korporativen Überlebens eine Rolle. Sobald Kulturpolitik in Form von Behörden und Abteilungen organisiert wird, beginnen die Organisationseinheiten ein Eigenleben zu führen, das vom Motiv institutioneller Selbsterhaltung beherrscht wird. Korporationen sind als besondere Klasse von Akteuren im kulturpolitischen Handlungsfeld zu berücksichtigen.

Korporationen

Im kulturpolitischen Handlungsfeld kommen zwei Typen von Korporationen vor: organisatorische Einheiten der Kulturpolitik selbst (Ämter, Abteilungen, Unterabteilungen) und integrierte soziale Zusammenhänge der Produktion von Erlebnisangeboten.

Auf den ersten Blick haben diese Korporationen so unterschiedliches Aussehen, daß es nicht sinnvoll scheint, sie zu einem Typus von Akteuren zusammenzufassen. Was ist der gemeinsame Nenner von Städtischen Bühnen, Museen, Kulturzentren, Orchestern, Musikschulen, Vereinen und Organisationseinheiten der Kulturpolitik selbst? Aus soziologischer Sicht ist die Gleichartigkeit der Rationalitäten entscheidend. Es dominiert der Rationalitätstypus *korporativer Selbsterhaltung*. Dieses Ziel wird beispielsweise gewährleistet durch Subventionen, Planstellen, Zeitarbeitsverträge, Gebäude, Bereitstellung von Inventar und von Aufführungsmöglichkeiten.

Mehr als von privatwirtschaftlich arbeitenden Organisationen erwartet man von öffentlich geförderten Korporationen eine Art Selbstlosigkeit, als ginge es hier nicht auch um Existenzsicherung, sondern einzig um den kulturellen Auftrag. Beides schließt sich zwar nicht gegenseitig aus; während aber eine Korporation, die ihr Überlebensproblem nicht zu lösen vermag, unbeschadet der Qualität ihrer Angebote verschwinden muß, kann eine Korporation ohne kulturpolitischen Wert sehr wohl jahrzehntelang weiterexistieren, wenn sie mit guten Überlebensstrategien agiert. Die Überlebenschance von Korporationen im Einflußbereich der Kulturpolitik errechnet sich nach einem Kalkül, in dem ökonomische Größen nur neben anderen vorkommen. Öffentlich geförderte und private Korporationen haben zwar das gleiche zentrale Ziel, doch arbeiten sie mit unterschiedlichen Strategien. Etats, Subventionen, Honorare, Planstellen, administrative Hilfestellungen, bauliche Infrastrukturen hängen bei öffentlich geförderten Korporationen von politischen Entscheidungen, Mehrheitsbeschlüssen und Verwaltungsakten ab. Um administratives und politisches Handeln zu beeinflussen, setzen die Korporationen vor allem folgende Strategien ein:

1. Am wichtigsten für die Sicherung korporativen Überlebens ist die Beschaffung von *Legitimität*: Anerkennung als wertvoll und förderungswürdig. Den traditionellen Institutionen der Hochkultur ist diese Ressource fast diskussionslos garantiert, während sich freie Gruppen, Stadtteilzentren, Kleinkunstbühnen und andere Korporationen der Neuen Kulturszene aktiver um den Nachweis ihrer Existenzberechtigung kümmern müssen, sei es direkt in der Auseinandersetzung mit kulturpolitischen Entscheidungsträgern, sei es indirekt durch Mobilisierung der lokalen öffentlichen Meinung. Für den Oberbürgermeister, den Stadtrat und die Kulturverwaltung wird die öffentliche Meinung auf verschiedene Weise spürbar: durch Feuilletons, Leserbriefe, Unterschriftensammlungen, Protestaktionen bei geplanten Schließungen, Bürgerversammlungen, Berichterstattung in den Lokalnachrichten, Stimmung in den lokalen Parteiorganisationen, langsam wach-

sende Traditionen der öffentlichen Anerkennung. Zum schlagenden Argument jedoch, das jeden Legitimitätszweifel besiegt, hat sich der Nachweis von Publikumswirksamkeit entwickelt: Gut ist, was gut läuft.

2. Unabhängig vom Legitimitätsnachweis haben *informale Beziehungen* zu administrativen Handlungsträgern große Bedeutung. Ob eine Subvention fließt, ein Stadtteilzentrum fortbestehen kann, das Theaterfestival stattfinden wird usw., ist auch abhängig von einem guten Draht der Initiatoren zum richtigen Schreibtisch, von persönlichen Vorlieben und Aversionen der Kulturadministratoren, von Rivalitäten zwischen verschiedenen Ressorts und Ämtern, von Parteimitgliedschaften, Freundschaften und Feindschaften.

3. Eine wichtige Rolle spielt zusätzlich das erreichte Ausmaß von *institutioneller Verfestigung*. Im Laufe der Jahre werden Etatzuweisungen, Stellenkontingente, Gebäude und langfristig tätiges Personal allmählich zu politischen Selbstverständlichkeiten mit einer Eigendynamik des Fortbestehens. Wenn eine öffentliche Institution längere Zeit existiert hat, ist die zukünftige Existenz oft ausreichend durch die vergangene legitimiert. Deshalb streben Korporationen von Werkverträgen zu Arbeitsverträgen, von kurzfristigen Engagements zu Planstellen, von einzelnen Subventionen zu regelmäßigen Zuweisungen, von teilgenutzten Räumen zum eigenen Gebäude, von Kleinheit zur Größe.

4. Schließlich ist nicht zu übersehen, daß auch *wirtschaftlicher Erfolg* eine Rolle spielt: das Einspielergebnis, die Bilanz von Kosten einerseits und Ertrag aus Eintrittsgeldern, Gebühren, Beiträgen andererseits. Nicht nur wegen der Undurchsichtigkeit der Kostenseite verdienen darauf gerichtete Strategien der Korporationen jedoch allenfalls das Prädikat »halbökonomisch«, sondern auch, weil der Gewinn im öffentlichen Bereich nicht das Maß aller Dinge ist. Unwirtschaftliche Korporationen können durchaus überleben, wenn sie die anderen Strategien geschickt einsetzen. Allerdings ist Wirtschaftlichkeit ein gutes Argument, um die eigene Existenzberechtigung nachzuweisen.

5. Die *Rationalität des Erlebnisangebots*, die darin besteht, Publikumswirksamkeit durch Schematisierung, Profilierung, Abwandlung und Suggestion zu maximieren (vgl. Abschnitt 9.8), spielt an zwei Stellen in die bisher genannten Strategien der Korporationen hinein: als Hilfsstrategie der Legitimitätssicherung und als Hilfsstrategie des wirtschaftlichen Erfolgs. Aus öffentlichen Mitteln geförderte Korporationen unterscheiden sich von privaten Unternehmungen dadurch, daß ihnen zur Sicherung ihres Überlebens zusätzliche Strategien zur Verfügung stehen. Sie können jedoch die Rationalität des Erlebnisangebots nicht völlig ignorieren.

Künstler

Für das Publikum bleiben die bisher vorgestellten Akteure der Produktion von Erlebnisangeboten, Kulturpolitik und Korporationen, nahezu unsichtbar. Im Vordergrund des Erlebnisses der Konsumenten stehen Personen: Musiker, Schauspieler, Regisseure, Maler, Schriftsteller, Kabarettisten u.a. Mit der Sammelbezeichnung »Künstler« sind in unserem Zusammenhang alle gemeint, die im sozialen Handlungsfeld als solche auftreten. Nicht Eigenschaften des Werkes definieren also den Künstler im soziologischen Sinne, sondern soziales Handeln.

Künstlertum wird konstituiert durch eine Handlungsorientierung, die sich als Rationalitätstypus der *Selbstdarstellung* beschreiben läßt. Die beiden Hälften dieses Wortes bezeichnen einen Zielkomplex, der aus zwei Elementen zusammengesetzt ist. Dem Künstler geht es erstens darum, sich selbst in einzigartiger Weise auszudrücken. Zweitens will er dabei von einem Publikum wahrgenommen und als Künstler anerkannt werden. Aus dieser Spaltung von Zielen folgt eine Spaltung künstlerischer Strategien.

Zum einen ist das Handeln des Künstlers darauf ausgerichtet, ein präsentables künstlerisches Selbst zu erarbeiten. Das knappe Gut der Einzigartigkeit läßt sich zum Teil durch Perfektionierung des Handwerks sichern (bildnerische Mittel, Bewegungskunst, Bühnentechnik, rezitatorische Kompetenz, manuelle Beherrschung von Instrumenten, poetische Kunstgriffe u.a.). Doch die Verfügung über Ausdrucksmittel reicht im Rahmen künstlerischer Rationalität nicht aus. Künstler verstehen sich nicht als Artisten, sondern als Kommunikatoren. Sie verwalten monopolistisch einen künstlerischen Inhalt, den sie dem Publikum nahebringen wollen, etwa »inspirierte musikalische Interpretation«, »poetisch verdichtete Wirklichkeit«, »bildnerische Unmittelbarkeit«, »Bühnenpräsenz«, »dramaturgische Geschlossenheit«, »völlig neuartige Sichtweisen«, »ästhetische Revolutionen« usw. Die Strategien, mit denen der Künstler an den Inhalt seiner Darstellung gelangt, entziehen sich der Verallgemeinerung; betrachten wir sie, dem Brauch entsprechend, als »künstlerisches Geheimnis«.

Weniger hermetisch sind die Strategien, mit denen Künstler die zweite Zielkomponente ihrer Rationalität der Selbstdarstellung verfolgen. Als Erlebnisanbieter hat ein Künstler umso mehr Erfolg, je effizienter er die allgemeinen Strategien des Erlebnisangebots handhabt: Selbstschematisierung, Profilierung, Abwandlung und Suggestion. Dieser Bereich künstlerischen Handelns ist allerdings verpönt. Viele Künstler tragen eine demonstrative Verachtung ihrer Vermarktung zur Schau, oft sogar eine Ablehnung des Publikums, vor dem sie sich doch erfolgreich darstellen wollen. Ihrem Selbstdarstellungsziel ist dies keineswegs abträglich, weil es die Suggestion des Künstlertums erhöht.

Publikum

Kulturpolitik, Korporationen und Künstler haben - aus dem Blickwinkel ihrer jeweiligen Eigenrationalität - den vierten Akteur des kulturpolitischen Handlungsfeldes im Auge: das Publikum. Dieses folgt, gleichgültig gegenüber den drei anderen Akteuren, dem schon beschriebenen Rationalitätstypus der Erlebnisnachfrage (vgl. Abschnitt 9.6). Korrespondenz, Abstraktion, Kumulation, Variation und Autosuggestion sind die Strategien, mit denen das Publikum sein Erlebnisziel zu erreichen versucht.

Aus der Perspektive der Erlebnisnachfrager besteht kein Unterschied zwischen öffentlich und privat produzierten Erlebnisangeboten. Der Erlebnismarkt setzt sich aus denjenigen Gütern zusammen, die typischerweise zu Erlebniszwecken nachgefragt werden. Für die Nachfrager spielt der Entstehungszusammenhang dieser Güter keine soziologisch bedeutsame Rolle. Am Entscheidungshorizont eines Großstadtbewohners, der gerade dabei ist, sein Wochenende zu planen, tauchen öffentlich geförderte Erlebnisangebote neben vielen anderen Möglichkeiten auf. Das Theater konkurriert mit der Sportschau, die Oper mit der Disco, das Museum mit dem Freizeitpark, die öffentlich subventionierte Kleinkunstbühne mit dem Kino, der deutsch-türkische Folkloreabend im Kulturzentrum mit dem nächstgelegenen Skigebiet, das kommunale Hallenbad mit dem privaten Fitneßstudio, die Dichterlesung des Kulturpreisträgers mit dem Zeitschriftenkiosk. Nicht von der Herstellungsgeschichte hängt es ab, für welche Möglichkeiten sich der Konsument entscheidet, sondern von der Rationalität der Erlebnisnachfrage. Öffentliche und private Erlebnisangebote müssen sich denselben Selektionskriterien der Erlebnisverbraucher stellen - insofern gibt es keinen Unterschied zwischen Theater, Kulturzentrum, Museum auf der einen Seite und Automatensalon, Comics und Fitneßstudio auf der anderen.

11.4 Arrangements von Rationalitäten

Kulturpolitische Rationalität der Gesellschaftspolitik, korporative Rationalität des Überlebens, künstlerische Rationalität der Selbstdarstellung und Publikumsrationalität der Erlebnisnachfrage - wie reagieren diese Rationalitätstypen aufeinander, wenn sie im sozialen Handlungsfeld zusammentreffen? Im folgenden soll das Gemenge der Rationalitätstypen aus dem Blickwinkel von drei verschiedenen Modellen untersucht werden: Hierarchie, Chaos, Übereinkunft. Was ist darunter zu verstehen? Bei einer *hierarchischen* Struktur gibt es eine herrschende Rationalität, der die anderen zu dienen haben. Untergeordnete Rationalitäten kommen nur insoweit zum Zuge, als es der übergeordneten Rationalität nützt. Ist das Handlungsfeld *chaotisch* beschaffen, so setzt sich mal die eine, mal die andere Rationalität durch, ohne daß eine Dominanz erkennbar wäre. Eine Struktur der *Übereinkunft* schließlich liegt vor, wenn sich aus der Interaktion der verschiedenen Rationalitätstypen ein kleinster gemeinsamer Nenner herauskristallisiert, der im Interesse aller beteiligten Akteure liegt; trotz der Eigenständigkeit der Rationalitäten ziehen alle an einem Strang. In der sozialen Wirklichkeit sind Mischungsverhältnisse dieser drei Modelle wahrscheinlicher als Reinformen.

Hierarchie

Am historischen Beispiel der Kulturpolitik der DDR kann man eine hierarchische Organisation der vier Rationalitätstypen studieren. Eindeutig herrschte die Rationalität der kulturpolitischen Handlungsebene. Die Überlebensrationalität von Korporationen - etwa Verlage, Theater, Opernhäuser - war unmittelbar mit der Umsetzung der übergeordneten gesellschaftspolitischen Rationalität gekoppelt. Künstler (»Kulturschaffende«) hatten sich ebenfalls in diese Rationalität einzugliedern. Die Eigenrationalität der Selbstdarstellung wurde ihnen nur insoweit zugestanden, als sie die Grenze nicht überschritt, die durch die herrschende Rationalität gezogen war. Am unteren Ende der Rationalitätenhierarchie stand das Publikum. Schon während der SED-Herrschaft reagierte das Publikum auf seine Mißachtung mit einer alltagsästhetischen Subversion, die sich vor allem in zwei Formen konkretisierte: Faszination am Westlichen und Faszination am Oppositionellen.

Nur durch einen rigiden Kontroll- und Sanktionsapparat war das hierarchische Rationalitätengefüge aufrechtzuerhalten. In einem demokratischen System ohne eine das gesamte Alltagsleben durchdringende Überwachung kann sich eine hierarchische Rationalitätenordnung im kulturpolitischen Handlungsfeld nicht durchsetzen. Zwar stehen verschiedene Akteure in einer *verwaltungsrechtlichen* Hierarchie - kulturpolitische Vorgaben, korporative Organisation von Rahmenbedingungen, individuelle künstlerische Dienstleistungen -, doch ist diese nicht mit einer Hierarchie im *handlungstheoretischen* Sinne gleichzusetzen. Die Abstufung von kulturpolitischen Regelungskompetenzen, von Macht über Ressourcen, von Kontrollbefugnissen und - in umgekehrter Richtung - von Rechtfertigungszwängen wird vielfältig durch die Verselbständigung der Akteure durchbrochen. Kulturpolitik wird nicht einfach korporativ umgesetzt; Künstler behaupten ihren Eigensinn gegen kulturpolitische und korporative Anforderungen, oft auch gegen den Publikumsgeschmack; das Publikum schließlich tut, was es will.

Chaos

Kennzeichnend für ein chaotisches Verhältnis der Rationalitäten ist Nicht-Prognostizierbarkeit. Mal setzt sich der eine Akteur durch, mal der andere, ohne daß sich ein stabiles Gefälle von Über- und Unterordnung erkennen ließe. Jeder folgt seiner Eigenrationalität und handelt innerhalb eines Zielhorizontes, der ohne Verbindung zum Zielhorizont der anderen Akteure bleibt. Handlungstheoretisch gesehen, bewohnen die Akteure nicht dasselbe Haus. Man sitzt im eigenen Bau von Grundorientierungen - Gesellschaftspolitik, korporatives Überleben, Selbstdarstellung, Erlebnisnachfrage - und nimmt die anderen Akteure nur als Bestandteil einer Umwelt wahr, die man teilweise im Dienst der eigenen Interessen funktionalisieren kann, teilweise ignorieren darf, teilweise als lästige Bedingung einkalkulieren muß. Chaos bedeutet für jede Klasse von Akteuren ein unkalkulierbares Auf und Ab von Durchsetzung und Scheitern. Dies kommt einer zutreffenden Beschreibung der kulturpolitischen Wirklichkeit in der Bundesrepublik Deutschland bereits sehr nahe, mit einer gleich noch darzustellenden Einschränkung. Untersuchen wir zunächst die Chaos-These etwas genauer.

Es scheint zunächst, als ob die Kulturpolitik mit ihren beiden Instrumenten von Institutionalisierung und Selektion wirksame Strategien in der Hand hätte, um ihre gesellschaftspolitischen Vorstellungen durchzusetzen. Unbestreitbar wirkt Kulturpolitik teilweise so, wie sie beabsichtigt. Selbst der soziokulturelle Ansatz mit seinem anspruchsvollen Programm einer Förderung von Kommunikation und Nachbarschaftsbeziehungen hat, wie gezeigt wurde, gewisse Erfolge; erst recht gilt dies für hochkulturorientierte und ökonomisch ausgerichtete Kulturpolitik. Auf der anderen Seite gibt es zahlreiche Beispiele für das Scheitern kulturpolitischer Steuerungsversuche. Institutionalisierung und Selektion sind nur schwach wirksame Instrumente.

Kulturpolitische Mißerfolge sind jedoch weniger auf Fehlleistungen der Kulturpolitiker selbst zurückzuführen als auf die Struktur des Handlungsfeldes. Korporationen beginnen, sobald sie ins Leben gerufen sind, ein Eigenleben zu führen. Ihre Rationalität ist auf Überleben ausgerichtet; die Strategien, die sie hierfür einsetzen - Legitimitätssicherung, informale Beziehungen, institutionelle Verfestigung, wirtschaftlicher Erfolg - sind in einem Fall mehr, im anderen weniger mit kulturpolitischen Zielen gekoppelt. Immer wieder setzen sie sich mit diesen Strategien auch gegen kulturpolitische Kontrollversuche durch. Selbst Einrichtungen, die aus kulturpolitischer Sicht versagen, können sich durch Mobilisierung von öffentlicher Unterstützung und durch gute Kontakte zur Administration über die Zeit retten, je länger, desto sicherer, denn der vergangene Überlebenserfolg fördert den zukünftigen.

Chaotische Züge nimmt die Situation dadurch an, daß jeder der vier Akteure im Rahmen seiner Eigenrationalität Strategien einsetzen kann, die ihn teilweise oder ganz unabhängig von den anderen Akteuren machen. Dies gilt auch für Künstler und Publikum. So beruht die Selbstdarstellung der Künstler auf den Strategien von künstlerischer Produktion und Erlebnisangebot; korporative und kulturpolitische Ebene spielen in ihren Augen nur eine untergeordnete Rolle. Für die Künstler ist das Überleben der Korporationen, die ihnen Selbstdarstellungsmöglichkeiten geben, zwar eine notwendige, aber eine sekundäre Bedingung. Ebensowenig können die Künstler dazu gedrängt werden, sich als Werkzeug der Kulturpolitik zu begreifen. Noch eigenständiger als die anderen Akteure ist das Publikum. Während Kulturpolitik, Korporationen und Künstler in ihren Strategien die anderen Akteure als »Umwelt« berücksichtigen müssen, bleibt das Publikum blind gegenüber den Rationalitäten der Erlebnisanbieter. Unbekümmert folgt es der Rationalität der Erlebnisnachfrage.

Übereinkunft

Alle denken an das Publikum: Kulturpolitik, Korporationen, Künstler - und das Publikum selbst. Dadurch entsteht eine heimliche Übereinkunft, ein Rationalitätenvertrag, der die Chaotik des kulturpolitischen Handlungsfeldes zwar nicht verschwinden läßt, aber vermindert. Zwischen den Eigenrationalitäten gibt es den gemeinsamen Nenner der Publikumswirksamkeit. Auch wenn Publikumswirksamkeit nicht den Rang eines übergeordneten Zieles oder einer notwendigen Bedingung hat, wie dies für den kommerziellen Sektor des Erlebnismarktes gilt, ist sie doch für jeden der vier Akteure hinreichend, um Erfolg zu signalisieren.

Das Verständnis dieses Phänomens setzt eine Untersuchung von Erfolgsdefinitionen voraus. Gerade die zentralen Ziele sind überwiegend unklar. Nur für korporative Akteure gilt dies nicht. Ob eine Einrichtung überleben wird oder von Schließung bedroht ist, läßt sich aus deutlichen Indikatoren ablesen. Wenn es öffentliche Debatten über die Existenzberechtigung gibt, Mittel gekürzt, Stellen gestrichen, Räume umgewidmet werden, bedarf die Krisendiagnose keiner besonderen Interpretationskunst. Anders verhält es sich bei den übrigen Akteuren. Inwieweit Kulturpolitik im Rahmen ihrer gesellschaftspolitischen Rationalität Erfolg hat, läßt sich nicht an irgendwelchen einfachen Kriterien ablesen, zumindest nicht im Rahmen des hochkulturellen und soziokulturellen Ansatzes. Auch für den Künstler ist Erfolg schwer einzuschätzen. Wohl merkt er, ob er Applaus bekommt, doch zur Rationalität der Selbstdarstellung gehört nicht nur die gelungene Präsentation, sondern vor allem auch der gelungene Inhalt. Ob der Künstler seinen Applaus wirklich verdient, kann er nicht verbindlich klären. Das Publikum schließlich, orientiert an der Rationalität der Erlebnisnachfrage, ist sich seines eigenen Erlebens oft unsicher (vgl. hierzu die Abschnitte 1.4 und 9.5). Fazit: Für Kulturpolitik, Künstler und Publikum ist zwar das Ziel klar definiert, nicht aber der Erfolg.

Diese Situation erlaubt den Akteuren einen kognitiven Kurzschluß. Je diffuser die von den Akteuren unabhängigen und in diesem Sinne objektiven Erfolgskriterien sind, desto mehr kann Erfolg subjektiv konstruiert werden. Ohne hartes Erfolgskriterium tendiert man dazu, Erfolg selbst zu definieren. Da gesellschaftspolitische Erfolge nicht eindeutig empirisch identifizierbar sind, steht es der Kulturpolitik frei, sich von ihrem Erfolg durch die bloße Versicherung zu überzeugen, daß sie ihn habe. Da es kein Meßinstrument für wahres Künstlertum gibt, bleibt den Künstlern bei allen Selbstzweifeln nichts anderes übrig, als sich ihre Handlungsfähigkeit dadurch zu erhalten, daß sie sich die Eigenschaft künstlerischer Originalität selbst zubilligen. Da man angestrebter Erlebnisse umso sicherer sein kann, je mehr man sie sich einredet, zählt Autosuggestion zu den zentralen Strategien der Erlebnisnachfrage des Publikums (vgl. Abschnitt 9.6) - um einen Erlebniserfolg zu haben, ist das Publikum gut beraten, daran zu glauben.

Bei Selbstkonstruktionen von Erfolg im kulturpolitischen Handlungsfeld hat Publikumswirksamkeit nun eine hervorgehobene Bedeutung. Sie fungiert als Beweismittel von besonders hoher Überzeugungskraft. Wie könnte man von erfolgloser Kulturpolitik reden, wenn Hunderttausende oder Millionen von Menschen erreicht werden? Welcher Künstler könnte der Versuchung widerstehen, an sich selbst zu glauben, wenn er mit Ovationen gefeiert wird? Wer bleibt unbeeindruckt, wenn er einem großen und offenbar beeindruckten Publikum angehört? Unterderhand wird Publikumserfolg zum Erfolgsindikator, obwohl die Rationalitäten von Gesellschaftspolitik, Selbstdarstellung und Erlebnisnachfrage primär andere Ziele im Auge haben, die keineswegs durch Publikumserfolg garantiert sind. Daß auch die Korporationen Publikumswirksamkeit strategisch einsetzen können (vor allem zur Mobilisierung von Legitimität und zur Beschaffung selbstverdienter Finanzmittel), bedarf kaum der Erwähnung. Einrichtungen, die beim Publikum ankommen, brauchen um ihr Überleben nicht zu fürchten. So werden denn, trotz divergierender Eigenrationalitäten, alle handelseinig.

Über den Nutzen des Chaos und das Risiko der Übereinkunft

Das kulturpolitische Handlungsfeld präsentiert sich als sozialer Zusammenhang, in dem sich Elemente von Chaos und Übereinkunft mischen. Damit ist eine soziologische Ausgangsbasis geschaffen, um Wirkungen der Kulturpolitik besser zu verstehen. Es ist klar, daß etwa bei einer streng hierarchischen Struktur der Rationalitätenbeziehungen andere Paradoxien zu erwarten wären, als wir sie vorfinden. Hierarchisierung erzeugt Opposition und Langeweile. Bei einer hierarchischen Struktur des kulturpolitischen Handlungsfeldes droht typischerweise eine Legitimitätskrise gerade derjenigen gesellschaftlichen Strukturen, die am lautesten propagiert werden. Herrscht dagegen Chaos und partielle Übereinkunft im kulturpolitischen Handlungsfeld, so sind solche Paradoxien unwahrscheinlich, andere aber umso wahrscheinlicher. Intuitiv neigt man zunächst dazu, Chaos abzulehnen und Übereinkunft zu wünschen. Beim zweiten Hinsehen liegt es jedoch nahe, die beiden Zustände gerade umgekehrt zu bewerten. Hinter dieser These steht die Überlegung, daß sich die Akteure bei einer chaotischen Struktur gegenseitig ungefähr chancengleich fördern und behindern, so daß zwar beliebige Ziele immer nur mit vielen Abstrichen zu realisieren sind, andererseits aber auch die Risiken klein gehalten werden. Dagegen besteht bei einer Übereinkunft der Akteure die Gefahr einer Risikokumulation.

Betrachten wir etwa korporative Akteure in einer rein chaotischen Situation. Sie folgen der Rationalität korporativen Überlebens. Auch die anderen Akteure - Kulturpolitiker, Künstler und Publikum - sind in ihren Eigenrationalitäten befangen. Ihr Handeln setzt Korporationen voraus, ohne dafür berechnet zu sein. Aus der Perspektive der Korporationen ist das Handeln der anderen Akteure - Kulturpolitiker, Künstler, Publikum - teils zweckdienlich, teils krisenerzeugend: Ob sich ein Kulturpolitiker für eine Institution einsetzt, hängt davon ab, wie er die Bedeutung dieser Institution für seine gesellschaftspolitischen Ziele einschätzt und wie eng er ihre Existenz mit seinem eigenen politischen Überleben verknüpft sieht. Künstler benutzen Korporationen im Rahmen ihrer Rationalität der Selbstdarstellung. Dies kann den Korporationen nützen oder sie ruinieren. Indem das Publikum Angebote wahrnimmt oder nicht, stabilisiert oder destabilisiert es die anbietenden Korporationen, ohne sich darüber Gedanken zu machen.

Allerdings sind die Korporationen den anderen Akteuren nicht völlig ausgeliefert. Ihre Überlebensstrategien sichern ihnen begrenzte Unabhängigkeit - mit zwiespältigem Ergebnis: Einerseits besteht durchaus die Möglichkeit, daß sie überleben, obwohl sie kulturpolitische Intentionen konterkarieren, daß sie künstlerische Impulse verhindern, statt sie zu fördern, daß sie das Publikum nicht animieren, sondern frustrieren. Nicht umsonst gibt es bestimmte Schemata der Polemik gegen öffentlich-rechtlich geförderte Korporationen: Ihre Ökonomie wird »Vergeudung von Steuermitteln« genannt, die Legitimation durch öffentliche Anerkennung »irrationale Stimmungsdemokratie«, der informale Faktor »Filz« und die Verfestigung von Institutionen »bürokratische Erstarrung«. Andererseits muß offen bleiben, ob das Unbehagen, das sich in solchen Vorwürfen Luft macht, im Einzelfall tatsächlich gerechtfertigt ist. Gerade die angeführten Bedingungen administrativen Handelns beinhalten auch Chancen: Entlastung von ökonomischem Erfolgsdruck; öffentliche Artikulation und Diskussion von Bedürfnissen, die sonst in der Privatheit individuellen Konsums verschwinden würden; Realisierbarkeit neuer Ideen durch persönliche Überzeugungsarbeit; Bestandssicherung kultureller Einrichtungen unabhängig von Meinungskonjunkturen.

Ein chaotisches Handlungsfeld ist unberechenbar. Nutzen und Schaden bleiben begrenzt, welche Eigenrationalität man auch immer als Maßstab nehmen mag. Kulturpolitisches Chaos bedeutet, daß keiner der vier Rationalitätstypen die Oberhand gewinnen kann. Was aus der Perspektive der Eigenrationalitäten als Problem erscheint, wird aus übergeordneter Perspektive zum Vorteil. Jeder Akteur kann ein wenig von seinen Intentionen einbringen und nicht allzuviel Probleme verursachen.

Nun weicht das kulturpolitische Handlungsfeld allerdings durch eine Übereinkunft zwischen allen Akteuren vom reinen Chaos-Modell ab. Bei aller Disparatheit der Eigenrationalitäten gibt es den kleinsten gemeinsamen Nenner der Publikumswirksamkeit. Umso beherrschender schiebt sich dieses Kriterium in den Vordergrund, als das Erreichen der Hauptziele (gesellschaftspolitische Wirkungen, künstlerische Selbstdarstellung, Erlebnisse) nicht kontrollierbar ist (vgl. die weiter oben ausgeführten Überlegungen zur Erfolgsdefinition). Publikumswirksamkeit wird zum Ersatzindikator für ungreifbaren Erfolg.

Je stärker die Komponente der Übereinkunft zwischen den Akteuren ausgeprägt ist, desto mehr kumulieren sich Chancen und Risiken. So ist das Risiko einer Konvergenz von kulturpolitischem Handlungsfeld und kommerziellem Erlebnismarkt im Vergleich zur rein chaotischen Situation höher. Alle Paradoxien der Kulturpolitik, um die es weiter unten gehen wird, hängen mit der Komponente der Übereinkunft im kulturpolitischen Handlungsfeld zusammen. Wie ein Zukkerguß liegt über diesen Paradoxien ein Rechtfertigungskonsens, der ebenfalls auf die dargestellte Struktur des Handlungsfeldes zurückgeht.

11.5 Der Rechtfertigungskonsens

Im babylonischen Gewirr der Eigenrationalitäten haben die einzelnen Fraktionen - Kulturpolitiker, Korporationen, Künstler und Publikum - wenig miteinander zu schaffen. Da sich aber alle an einem gemeinsamen Erfolgskriterium orientieren, wird die Disparatheit der Eigenrationalitäten durch Harmonie überdeckt. Kulturpolitik kann einen generellen Respekt vor allem, was »Kultur« genannt wird, für sich in Anspruch nehmen. Sie profitiert von einer kollektiven Billigung, die zumindest den Charakter einer generellen Harmlosigkeitsvermutung hat, meist aber weiter geht und in »Kultur« einen der wenigen sicheren Werte an sich sieht, selbst dann, wenn sie negativ erlebt wird - »was soll's, es ist eben Kunst«. Ein Rechtfertigungskonsens hat sich etabliert: Kulturpolitik ist gut.

Eine fundamentale Kritik, bei der es nicht um den Wettstreit kulturpolitischer Konzepte, sondern um die Berechtigung kulturpolitischer Eingriffe schlechthin ginge, ist kein Thema der gegenwärtigen Diskussion. Ist dies ein Vorzug? Diese Frage kann nur bejahen, wer selbst in den Rechtfertigungskonsens mit einstimmt. Hierzu besteht kein Anlaß, denn der Rechtfertigungskonsens geht nicht auf eine kritische Überprüfung der Kulturpolitik zurück, sondern im Gegenteil auf die Vermeidung dieser Überprüfung. Diese Vermeidung hat System - sie steht in Zusammenhang mit der im vorangegangenen Abschnitt analysierten Struktur des kulturpolitischen Handlungsfeldes. Für Kulturpolitik, Künstler und Publikum ist Erfolg eine selbst konstruierbare Größe. Jeder Beteiligte hat ein Interesse an der Selbstkonstruktion des Erfolgs; er glaubt daran umso mehr, als sich Erfolg (der im Rahmen der jeweiligen Eigenrationalität definiert ist) scheinbar überdeutlich als Publikumserfolg manifestiert. Allein die Korporationen können Erfolg nicht einfach kognitiv konstruieren; haben sie jedoch Mißerfolg, so hören sie auf zu existieren und scheiden als Instanz der Artikulation von Kritik aus.

Es ist nicht nur Taktik, wenn Kulturpolitik oft als defizitär dargestellt wird - Geldmangel, Planstellenmangel, begrenzte Phantasie der politischen Gremien, Dominanz von Wirtschaftsinteressen usw. Vielfach herrscht eine zur Gewohnheit gewordene Aufbruchsstimmung. Wie könnte man des Guten je zuviel tun? Kulturpolitiker, Kulturorganisatoren, Kulturarbeiter treten als Kämpfer für das Gute auf, denen man eigentlich gar nicht genug Mittel geben kann. Doch läßt sich nicht bestreiten, daß sich Kulturpolitik in den letzten zwanzig Jahren politisch zu etablieren wußte. Sie ist nicht defizitärer als andere Politikbereiche auch, aber sie genießt größere öffentliche Anerkennung.

Die Romantik der Marginalität paßt nicht mehr zur gegenwärtigen Situation. Gegen die fällige kritische Auseinandersetzung mit Kulturpolitik steht der Rechtfertigungskonsens: Öffentliche Kulturförderung kann immer nur gut sein, Steigerungen der Kuluretats immer nur wünschenswert, jedes kulturelle Angebot immer nur eine Bereicherung. Gesellschaftspolitische Ambitionen unterstützen diese selbstverständliche Legitimität. Kulturpolitik soll der Verödung der Städte entgegenwirken, soziale Randgruppen integrieren, lokale Milieus neu aufblühen lassen, therapeutisch und pädagogisch wirken, aktivieren, ein Gegengewicht zur Unterhaltungsindustrie verkörpern, Kommunikationsräume öffnen, Mäzen der künstlerischen Avantgarde und Hüter der traditionellen Hochkultur sein, die kommunale Wirtschaft fördern und die am Ende der Arbeitsgesellschaft drohenden Sinndefizite verhindern. Daß sich kaum jemand gegen diesen Erwartungsdruck wehrt, viele Akteure im kulturpolitischen Handlungsfeld ihn dagegen nach Kräften provozieren, ist vor allem durch die Rationalität korporativer Selbsterhaltung zu erklären, die ja nicht nur für die geförderten Einrichtungen gilt, sondern auch für die Organisationseinheiten der Kulturpolitik selbst. Legitimationsbeschaffung durch Utopien sichert die administrative Etablierung der Kulturpolitik.

Mit dem Rechtfertigungskonsens kann man sich auf mehreren Ebenen auseinandersetzen, bei Gefahr widersprüchlicher Ergebnisse. Die erste Reaktion ist Erleichterung darüber, daß die Zeiten aggressiver Intoleranz bis hin zur Bücherverbrennung vorbei zu sein scheinen. Jeder erlaubt jedem alles, Hauptsache es ist »Kultur«. Abweichungen von dieser Haltung erlangen schnell eine Publizität, die den Repressionsversuch zum Promotion-Feldzug umkehrt. Als etwa vor einigen Jahren die Fernseh-Auguren in Bayern glaubten, die Bevölkerung vor einer Kabarettsendung mit Dieter Hildebrandt (»Scheibenwischer«) durch Abschalten schützen zu müssen, provozierte dies landesweiten Protest und die Verbreitung der Sendung auf Videokasetten, die vielerorts öffentlich abgespielt wurden.

Ein zweite, ganz andere Einschätzung kann unmittelbar an solche Beobachtungen anschließen. Je weniger Kultur gegen Widerstände durchgesetzt werden muß, je mehr sie in allen Varianten gar noch staatlich gehegt und gepflegt wird, desto schwerer ist es für das Gros ihrer Konsumenten, sie überhaupt noch intensiv zu erleben. Das plötzlich aufflammende kulturelle Engagement in solchen Situationen, wo man in der Bundesrepublik Deutschland ausnahmsweise doch noch einmal für Kultur kämpfen muß, macht den Einschläferungseffekt der normalen Widerspruchslosigkeit sichtbar. Ähnliche Beobachtungen ließen sich bis 1989 in der DDR machen. Nicht die offiziell erlaubte Kultur, sondern die offiziell attakkierte Kultur war vital in einem Ausmaß, das in der Bundesrepublik kaum noch möglich scheint. Wird hier bereits eines der Risiken der Kulturpolitik Realität?

Kulturpolitik bedarf nicht besonderer Schonung, sondern einer kritischen Diskussion. Darf man eine Politik kritisieren, die das Schöne pflegen und die Identität der Menschen fördern will? Kritik ist nicht Gegnerschaft. Verdient die gegenwärtige kulturpolitische Diskussion, »kritisch« genannt zu werden? Wo sie kritisch wird, richtet sich der Angriff meist gegen Abwesende. Man weiß sich einig in der Attacke auf Gegner, die sich gar nicht an der Diskussion beteiligen: »Unterhaltungsindustrie«, »Planungsbürokraten«, »Manipulatoren«, »Kultursnobs«,

»Immobilismus«, »Wirtschaftsinteressen«, »Technisierung«. Es droht die Gefahr einer undialektischen intellektuellen Abkapselung der Alt-Progressiven, die sich beim Veteranentreffen gegenseitig auf die Schulter klopfen.

In den folgenden Abschnitten geht es um verschiedene kulturpolitische Paradoxien, die sichtbar werden, wenn man den Rechtfertigungskonsens aufgibt. Die erste dieser Paradoxien hat mit dem Hochkulturmotiv zu tun (Abschnitt 11.6), die zweite mit dem Soziokulturmotiv (Abschnitt 11.7), die dritte mit dem Demokratisierungsmotiv (Abschnitt 11.8). Die vierte schließlich gilt für alle Konzeptionen der Kulturpolitik gleichermaßen (Abschnitt 11.9).

11.6 Anstrengung und Bequemlichkeit

Kulturpolitik versteht sich nicht als Teil des Erlebnismarktes, sondern als Gegenkraft. Es besteht ein feiner Unterschied zwischen Kulturpolitik und Kommerz. Aus dem Gefühl der Einbindung in ein höheres Zielsystem leitet der Aktivist im Stadtteilzentrum seinen Prestigevorsprung vor dem Animateur in der Ferienkolonie ab, das alternative Theater seinen Anspruch auf kulturelle Überlegenheit gegenüber den Showgirls im Fernsehen, der Kulturreferent sein Recht auf Kritik am Manager des Medienkonzerns. Kulturpolitik legitimiert sich durch die Funktion der ästhetischen Existenzsicherung einer Freizeitgesellschaft, die davon bedroht scheint, im Vollzug bloßer ökonomischer Rationalität kulturell heruntergewirtschaftet zu werden.

Durch die Verteidigung der Anstrengung gegen die Bequemlichkeit macht sich Kulturpolitik zur Sachwalterin eines ästhetischen Anspruchsdenkens, das schon immer mit dem Hochkulturschema verbunden war, wenn auch das Vokabular modernisiert wurde. Statt »Tiefsinn«, »Ideal« und »Unvergänglichkeit« sagt man nun »Herstellen von Betroffenheit«, »Bewußtmachen«, »Identitätsbildung«, »Ideologiekritik«, »schonungslose Offenlegung«, »sensible Interpretation«, »Anregung von Reflexion«, »Freisetzen kreativer Energien«, »künstlerische Durchdringung des Alltagslebens«, »Entdeckung neuer ästhetischer Strukturen« usw. Die mit diesen Ansprüchen verbundene Distinktion richtet sich gegen »Oberflächlichkeit«, »Konsumhaltung«, »Passivität«, »Unreflektiertheit«, »bloße Rezeption«, »Unterhaltungsorientierung«.

Was steht hinter diesen Formulierungen? Worin besteht der Anspruch, durch den sich anstrengende Ästhetik von bequemer abhebt? Dem folgenden Explikationsversuch liegt die Unterscheidung mehrerer Bedeutungsebenen von Stil zugrunde (vgl. das 2. Kapitel). Kennzeichnend für anspruchsvolle Ästhetik ist erstens ein kontemplatives, geistige und körperliche Konzentration vereinigendes Muster des Genießens (im Gegensatz etwa zu den Mustern von Gemütlichkeit und Action; vgl. das 3. Kapitel), zweitens ein relativ hohes Gewicht der Ebene der Lebensphilosophie im Verhältnis zu den Ebenen von Genuß und Distinktion.

Durch den Versuch, Kontemplation und lebensphilosophische Deutung kulturpolitisch zu garantieren, entsteht allerdings, so die These dieses Abschnitts, eine ambivalente Situation. Einerseits sind ästhetische Angebote, die zur Anstrengung einladen, zum großen Teil von kulturpolitischer Förderung abhängig. Andererseits trägt gerade die Kulturpolitik dazu bei, daß diese Einladung immer weniger in Anspruch genommen wird. Indem sie Mittel zur Verfügung stellt - Aufführungen, Räume, Existenzsicherung der Künstler, Förderung freier Gruppen, Veranstaltung von Festivals usw. - gefährdet sie ihr Ziel. Absicht der Kulturpolitik ist eine anspruchsvolle Wahrnehmung ihrer Angebote, unbeabsichtigte Folge des Anbietens ist eine Tendenz zur Anspruchslosigkeit. Der Grund für die Gefahr, daß sich kulturpolitische Absichten in ihr Gegenteil verkehren, sobald man sie zu verwirklichen versucht, liegt in der Struktur des kulturpolitischen Handlungsfeldes. Eingelagert in einen umfassenden Erlebnismarkt, versuchen die anbietenden Akteure des Handlungsfeldes - Kulturpolitik, Korporationen und Künstler - sich als ästhetische Opposition zu definieren; ob sie aber auch so agieren können, hängt vom Publikum als viertem Mitspieler ab.

Spielt das Publikum mit? Die Erlebnisnachfrager sehen sich einem einheitlichen Erlebnismarkt gegenüber. Daß der kulturpolitisch geförderte Teil des gesamten Erlebnisangebots möglicherweise mit oppositioneller Absicht dem kommerziell gefertigten Teil entgegengestellt wird, ist für das Publikum bedeutungslos. Zwischen den verschiedenen Angeboten entscheidet es nach denselben Gesichtspunkten. Der Besuch eines Konzerts kann handlungstheoretisch mit demselben Rationalitätstypus beschrieben werden wie der Kauf eines rosa Skianoraks. Durch die Gleichgültigkeit der Erlebnisnachfrage gegenüber der Herstellung des Erlebnisangebots, sei die Produktion nun privatwirtschaftlich organisiert oder öffentlich gefördert, rückt das Publikum in eine strategische Position auf dem Erlebnismarkt. Der Gestaltungsspielraum der Kulturpolitik wird durch das definiert, was den Erlebnisnachfragern Spaß macht.

Einer anspruchsvollen, fordernden, unbequemen Kulturpolitik könnte das Publikum jederzeit auf den privaten Erlebnismarkt ausweichen. Das Publikum tut jedoch etwas anderes: Es läuft nicht davon, sondern vergnügt sich an Angeboten, die offiziell nicht für das Vergnügen gedacht sind. Es behandelt die anspruchsvollen Angebote anspruchslos. Dabei kommen ihm die Anbieter entgegen. Orientiert an der großen Übereinkunft, Publikumswirksamkeit als Erfolg anzusehen, verhalten sie sich nach den Regeln des normalen Erlebnisanbieters auf dem Erlebnismarkt, auf dem sie doch eigentlich eine kulturelle Enklave bilden wollen. Je mehr der Erlebnismarkt ausufert, je mehr das Publikum zum knappen Gut wird, desto eher sind die Anbieter im kulturpolitischen Handlungsfeld bereit, ihre offizielle Anspruchshaltung durch eine inoffizielle Bereitschaft zu unterlaufen, sich auf das Spiel des Publikums einzulassen: Starkult, megalomane Produktionen, Fixierung des klassischen Konzertbetriebs auf gängiges Repertoire, Förderung dessen, was läuft. Die offizielle Lesart der anspruchsvollen Ästhetik wird jedoch beibehalten, insbesondere auch vom Publikum selbst. Im »Schematisierungsvertrag« zwischen Anbietern und Publikum dominieren Niveau- und Selbstverwirklichungsmilieu, deren normale existentielle Problemdefinitionen - Rang und Selbstverwirklichung - nach anspruchsvollen Angeboten verlangen. Kennzeichnend für das kulturpolitische Handlungsfeld ist eine wachsende Diskrepanz zwischen manifester Ambitioniertheit und latenter Bequemlichkeit der ästhetischen Praxis.

Unübersehbar folgt Kulturpolitik demselben expansiven Entwicklungsmuster, das auch für den kommerziellen Sektor des Erlebnismarktes gilt. Der Kulturbetrieb wird langfristig dichter und hektischer. Das Publikum zeigt sich aktiv: Es strömt zu den großen Namen, überrennt Ausstellungen und Museen, läßt sich keine Veranstaltung entgehen, die in den Medien als »kulturelles Ereignis« definiert wird. Inhalte und lebensphilosophische Dechiffrierung spielen dabei jedoch eine immer geringere Rolle.

Gefragt ist Vorzeigbarkeit, Medienwirksamkeit, Imageträchtigkeit, Publikumswirksamkeit. Scheint dies gewährleistet, kann Kultur so aggressiv, subversiv, provozierend sein wie sie möchte. Längst haben alle Verantwortlichen die gesellschaftliche Folgenlosigkeit einer Kultur begriffen, die nur der Abwechslung und des Erlebnisreizes halber goutiert wird. Auch wilde Stilbrüche und kompromißlose Attacken haben keine Chance gegenüber einem Publikum, das in der frohen Erwartung wilder Stilbrüche und kompromißloser Attacken Eintrittskarten löst. Politiker brauchen sich vor Kultur nicht zu fürchten, sondern können sie, wie auch immer sie im Einzelfall aussehen mag, in den Dienst nehmen, vorausgesetzt, ihr Aufmerksamkeitswert ist groß genug. Angriffe auf das System werden beifällig zur Kenntnis genommen, wenn sie nur gut gemacht sind. Die Kritisierten selbst sind Mäzene ihrer Kritik. Theater der Hoffnungslosigkeit wird vom Publikum gefeiert, wenn dem Regisseur etwas sensationell Neues eingefallen ist. Ihres identitätsbildenden Charakters entledigt, diesseits der Katharsis, bleibt die hochkulturelle Episode als entleerte Erlebnisdroge zurück, die keine bleibenden Wirkungen hinterläßt.

In dieser Situation kulturpolitisch gegensteuern zu wollen, ist ein paradoxes Unterfangen. Konsumhaltung läßt sich ebensowenig durch zusätzliche Angebote bekämpfen wie Abhängigkeit durch zusätzliche Suchtmittel. Der Umstand, daß sich die Inhalte kulturpolitisch geförderter Angebote von den Inhalten kommerzieller Erlebnisangebote unterscheiden, etwa durch Gesellschaftskritik, ästhetische Innovation, Denkanstöße, Provokationen und formale Komplexität, kann weitgehend unbemerkt bleiben. Das Erlebnis ist eingebettet in Fragen wie »Wohin gehen wir heute abend?«, und »Was machen wir hinterher?«. Zwar besteht Konsens, daß der Besuch einer Ausstellung, ein Theaterabend, das Anhören eines Oratoriums usw. besser sei als eine Stunde am Spielautomaten, doch die Begründung durch den »Niveauunterschied« ist fragwürdig, weil Niveau nicht nur eine Frage des Angebots ist, sondern auch der Art des Konsumierens. Die Subversion der Anstrengung ist ein paradoxer Nebeneffekt der Kulturpolitik.

11.7 Autonomie und Kolonialisierung

Anfang der neunziger Jahre erscheint die Alternativbewegung nur noch als Nadelstich ins dicke Fell der Konsumgesellschaft, gegen die sie Front gemacht hat. Die Figur des Alternativen erinnert an den »Hungerkünstler« von Kafka: vor Jahren noch weltberühmt, liegt er vergessen unter einer Strohschütte. Ist es dem soziokulturellen Ansatz, der wesentlich von der Alternativbewegung inspiriert war, ähnlich ergangen? Seine Institutionalisierungsgeschichte spricht dagegen. Einrichtungen der neuen Kulturszene, vor allem Stadtteil- und Kommunikationszentren, sind zu festen Bestandteilen der kulturpolitischen Landschaft geworden. Zu den wichtigsten Zielen soziokulturell orientierter Kulturpolitik gehört die Stärkung der Autonomie des einzelnen und des überschaubaren sozialen Zusammenhangs gegenüber den anonymen gesellschaftlichen Mächten: Markt, Massenmedien, Großorganisationen, Politik, Technik.

Läßt sich Individualität institutionell garantieren? Die Reichweite der Formel von der Kolonialisierung der Lebenswelt muß auch für denjenigen Handlungsbereich erwogen werden, den Habermas, Weber interpretierend, als persönlichen Kompensationsbereich in einem ansonsten völlig durchrationalisierten, durch Großinstitutionen enteigneten Alltagsleben darstellt (Habermas 1987, Band II, S.477 f.): für den ästhetisch-hedonistischen Lebensstil des Genußmenschen ohne Herz. Bei aller expressiven Vereinseitigung wäre dieser Lebensstil doch immerhin etwas Eigenes. Nun soll eine politische Institution dafür sorgen, daß sich jener Eigensinn wieder entfalten kann, der so lange selbstverständlich war, wie fremde Angebote fehlten. Kulturpolitik nimmt dabei das Argument für sich in Anspruch, daß das Terrain, welches sie als Nische der Kultur freihalten möchte, von den Vergnügungsparks der Freizeitindustrie besetzt werde, wenn sie es freigäbe. Am Ende der Entwicklung steht allerdings eine große Kulturbehörde, die kulturelle Infrastrukturen bereitstellt, Erlebnisbedürfnisse registriert und in Maßnahmen umsetzt, künstlerischen Nachwuchs protegiert, Kulturlenkung durch selektive Subventionsvergabe betreibt, Publikum aktiviert, Programme plant. Kulturpolitik kann gar nicht anders, als politische Landnahme eines immer wichtigeren Lebensbereiches zu sein - Kunst, Symbolwelt, Lebesstile.

Selbst in ihrer liberalsten Form, als zurückhaltende Leistungsverwaltung, bedeutet Kulturpolitik administrative Herrschaft. Am subtilsten ist Herrschaft dann, wenn sie in der Vorgabe von Möglichkeiten besteht: Programme, Subventionen, Einrichtungen, Planstellen, Jahresetats. Sie verbirgt sich sogar in der Freiwilligkeit, mit der das Publikum Erlebnisangebote wahrnimmt, die für seine vermuteten Bedürfnisse eingerichtet wurden. In der unvermeidlichen Selektivität der öffentlichen Förderung von Erlebnisangeboten verwirklicht sich eine Form von Herrschaft, die man als Typus der Möglichkeitsherrschaft bezeichnen könnte: das Aufstellen von Opportunitäts-Fallen, in die das Publikum freiwillig geht, die als angenehm empfunden werden, und die doch besonders wirksam das Verhalten zu kontrollieren vermögen, weil sie - anders als direktere Formen der Herrschaft -

keinen Widerstand provozieren. Zu glauben, daß eine nicht in das Alltagsleben eingreifende, sondern dieses nur schützende Kulturpolitik möglich sei, ist eine Illusion.

Unsere Gewöhnung an die institutionalisierte Produktion von Kultur geht so weit, daß wir uns die Eigenproduktion von Kultur als Normalfall der Alltagsästhetik kaum noch vorstellen können. Das bürgerliche Zeitalter bezog seine kulturelle Kraft aus der Idee der freien Entfaltung der Individualität, auch im ästhetischen Sinne. Unabgelenkt durch einen Erlebnismarkt, wie er für die Bundesrepublik charakteristisch ist, konnte diese Idee kollektiv ausgelebt und zum Hochkulturschema verdichtet werden. Diese Tradition wurde zur paradoxen Leitidee kulturpolitischer Sicherung von Autonomie fortentwickelt. Im soziokulturellen Ansatz tritt dieses Ziel hervor. Man will Gelegenheiten zur Selbstentfaltung bieten, gegen Passivität und Konsumhaltung zu Felde ziehen, den Menschen dabei helfen, ihre Lebenswelt wieder zu entkolonialisieren und neu anzueignen. Doch auch im hochkulturellen Ansatz hat das Ideal der Autonomie zentrale Bedeutung, nicht nur im Originalitätsanspruch an die Künstler, sondern auch in der Vorstellung vom gebildeten Kunstgenießer, der in seiner Annäherung an das Absolute den Akt der Kunstwahrnehmung zum Kunstwerk macht und selbst zum Schöpfer wird, wenn er über ästhetische Kompetenz verfügt.

Die Paradoxie liegt in der Tendenz, daß Kulturpolitik die Bevormundung des einzelnen, zu deren Bekämpfung sie angetreten ist, gerade selbst erzeugt - als freundliche, reglementierende Großinstitution. Sobald Alltagskultur entdeckt und unter die Fittiche der Kulturpolitik genommen wird, droht sie sich nach kurzer Zeit in angebotene und nachgefragte Kultur zu verwandeln. Die Zukunft könnte so aussehen: Im Zangengriff der korporatisierten Erlebnisproduktion - hier das privatwirtschaftliche Vergnügungsmarketing, dort der durchgeplante, bürokratisierte Kulturbetrieb - bleibt am Ende kaum noch eine Nische für ästhetischen Eigensinn. Autonome Impulse entstehen entweder gar nicht mehr, oder sie werden von den Institutionen der ästhetischen Produktion geortet, verschlungen und als korporativ verfremdetes Massengut wieder auf den Erlebnismarkt geboxt. Wirksame Opposition ist so lange nicht zu erwarten, wie im Publikum der Rationalitätstypus der Erlebnisnachfrage dominiert. Das Publikum ist zufrieden, wenn es etwas geboten bekommt, die Korporationen sind zufrieden, wenn sie sich etablieren können, die Künstler sind zufrieden, wenn sie Gelegenheit zur Selbstdarstellung haben. Für kulturpolitisches Problembewußtsein scheint in dieser Situation kein Anlaß zu bestehen, vor allem dann, wenn man den Erfolgssuggestionen von Publikumswirksamkeit und Rechtfertigungskonsens glaubt.

11.8 Gleichheit und Asymmetrie

Kaum noch ist die Milieustruktur der Bundesrepublik als Schichtstruktur interpretierbar. Die Vertikalität der Milieustruktur ist gespalten, die immer noch vorhandenen Unterschiede der sozialen Lage sind weniger spürbar als früher, kollektive Prestigekriterien sind gegenüber milieuspezifischen verblaßt. Nach der Bedeutungsminderung der ökonomischen Semantik und dem Bedeutungsgewinn der psychophysischen Semantik hat sich eine Struktur des Nichtverstehens etabliert, die einhergeht mit einem Rückzug sozialer Kollektive auf sich selbst. Wo kulturell herrschende Gruppen, vergleichbar dem Bürgertum, dem Adel oder dem Klerus in vergangenen Jahrhunderten, nicht zu finden sind, muß auch die Suche nach den kulturell beherrschten Gruppen ohne Ergebnis bleiben.

Wegen dieser gesellschaftlichen Veränderungen hat sich der Beiklang des Demokratisierungsmotivs im kulturpolitischen Diskurs gewandelt: Die klassenkämpferischen Untertöne sind schwächer, die pluralistischen stärker geworden. Kulturpolitik soll alle gesellschaftlichen Gruppen ansprechen. Nur in der besonderen Aufmerksamkeit für Randgruppen hat sich noch ein Element der ursprünglichen kompensatorischen Vorstellungen gehalten. Allerdings werden die Angebote der Kulturpolitik ungleich rezipiert. Wie demokratisch Kulturpolitik auch immer gemeint sein mag, muß man sich doch mit der Paradoxie auseinandersetzen, daß sie möglicherweise soziale Asymmetrien nicht abzubauen hilft, sondern verstärkt. Was im kulturpolitischen Handlungsfeld aus einer Maßnahme wie etwa der Einrichtung eines Stadtteilzentrums wird, welche Angebote zu Szenen vernetzt werden, welche sozialen Milieus stärker und welche schwächer auf Angebote reagieren, ist kulturpolitisch nicht programmierbar.

Konsumenten kulturpolitischer Leistungen sind gegenwärtig hauptsächlich zwei soziale Milieus: Niveaumilieu und Selbstverwirklichungsmilieu. Würde man einen milieuspezifischen Pro-Kopf-Index der jährlich konsumierten kulturpolitischen Finanzmittel errechnen, so läge der Wert für diese beiden Milieus weit über dem der anderen. Soziologisch interessiert jedoch nicht allein die ökonomisch meßbare Ungleichheit der Verteilung kulturpolitischer Leistungen, sondern vor allem die damit verbundene soziale Asymmetrie. Niveaumilieu und Selbstverwirklichungsmilieu konsumieren nicht bloß Erlebnisangebote, sondern schaffen sich Öffentlichkeiten in Form von Szenen, wo sie existentielle Anschauungsweisen darstellen, sich orientieren, ästhetische Muster stabilisieren und Ansätze von Großgruppenbewußtsein entwickeln. Ihre asymmetrische Präsenz führt zur Entstehung asymmetrischer Wirklichkeitsmodelle.

Nicht nur im Publikum, sondern im gesamten kulturpolitischen Handlungsfeld dominieren die beiden gebildeten Milieus. Ihre Vertreter formulieren die gesellschaftspolitischen Programme der Kulturpolitik, organisieren und betreiben die Korporationen und stellen sich selbst als Künstler dar. Aus öffentlichen Mitteln geförderte Kultur wird von den gebildeten Milieus geprägt; sie produzieren auf der einen Seite das Angebot und beeinflussen auf der anderen Seite die Muster der Rezeption. Das demokratische Element bleibt darauf reduziert, daß den anderen Milieus die Teilnahme an der Kultur der Gebildeten offensteht.

Wenn Erlebnisangebote nicht von allen Teilgruppen der Bevölkerung gleichmäßig wahrgenommen oder vermieden werden, gilt kulturelle Partizipation als undemokratisch. Es entspricht dem allgemeinen kulturpolitischen Konsens, daß die geradezu notorischen empirischen Befunde über alterspezifische, bildungsspezifische, schichtspezifische und andere Muster der Selektivität der Nachfrage nach Erlebnisangeboten mit Bedauern kommentiert werden. Aber ist es wirklich wünschenswert, Kulturpolitik »für alle« in dem Sinne zu interpretieren, daß die unterschiedlichen Zugangswahrscheinlichkeiten verschiedener sozialer Gruppen zu Erlebnisangeboten möglichst weitgehend nivelliert werden sollen? Es gibt eine Art konditionierten Reflex der fürsorglichen Empörung gegen das kulturelle Establishment, mit dem Intellektuelle ihr schlechtes Gewissen darüber beruhigen, daß sie selbst dazu gehören.

Dagegen läßt sich erstens anführen, daß es bei der gegenwärtigen Struktur des kulturpolitischen Handlungsfeldes nicht möglich ist, die Situation grundlegend zu ändern. Wie ein Bumerang kehrt jede kulturpolitische Initiative, die marginalisierter Kultur eine Artikulationschance verschaffen sollte, zu denen zurück, die sie ergriffen haben. Am Ende artikuliert sich vor allem diejenige Kultur, die schon vorher öffentlich präsent war. Die Verklärung der »Alltagskultur« in der Gegenwart hat Züge einer Fortsetzung der Romantisierung der »Volkskultur« im 19. Jahrhundert, von der sich immer mehr herausstellt, daß sie vor allem eine Schöpfung der Gebildeten war (Bausinger 1987). All die subtil ausgedeuteten Arbeiterbiographien, die Museen für Alltagskultur, die bibliophil gestalteten Dokumentationen der Sozialgeschichte von unten, die Ethnographien von Vorstadtsiedlungen usw., sind nur zum Teil Abbildungen einer unterdrückten Wirklichkeit; zum anderen Teil sind sie Kulturprodukte von Niveau- und Selbstverwirklichungsmilieu.

Zweitens ist zu fragen, warum man den Asymmetrieeffekt der Kulturpolitik eigentlich nicht akzeptieren sollte. Was wäre die Alternative? Wie wollte man soziale Gruppen, die mehr als andere dazu tendieren, Angebote wahrzunehmen und Gestaltungsmöglichkeiten in ihrem Sinne zu nutzen, daran hindern, dies zu tun, wenn nicht durch die Abschaffung der Angebote? Wenn es keine gleiche Kulturpolitik geben kann, soll es wenigstens eine asymmetrische geben (vorausgesetzt, es spricht nichts anderes dagegen). Davon profitieren auch diejenigen sozialen Milieus, die sich in größerer Distanz zum kulturpolitischen Handlungsfeld befinden. Zwar ist etwa die Hochkulturszene wesentlich durch die Kultur des Niveaumilieus geprägt, die Neue Kulturszene durch die Kultur des Selbstverwirklichungsmilieus, doch handelt es sich dabei immerhin um kulturelle Bereiche, die auch den anderen Milieus offenstehen.

Ein drittes Argument nimmt das Publikum selbst in die Pflicht. In einer Situation, wo mehr Erlebnismöglichkeiten angeboten werden, als der einzelne verkraften kann, wo Stile hauptsächlich durch subjektive Entscheidungen, kaum dagegen noch durch objektive Zwänge bestimmt werden, wo ein Gutteil der Verantwortung für individuelle ästhetische Praxis nicht mehr den Umständen in die Schuhe geschoben werden kann, sondern beim Individuum selbst liegt, in einer solchen Zeit wirkt das kämpferische Pathos des Rufes nach Demokratisierung von Kultur antiquiert. Wenn überhaupt, müßte inzwischen die Forderung nach Demokratisierung an die Erlebnisnachfrager selbst gerichtet werden.

11.9 Neutralität und Politisierung

Kann eine politische Institution neutral bleiben? Die Administration von Ästhetik ist nicht schon deshalb vertrauenswürdig, weil sie ja die Versorgung des Menschen mit Schönem auf freiwilliger Basis im Auge hat. Je größer der Apparat wird, je voluminöser die Etats und je zahlreicher die Kulturverwalter, desto größer wird das Risiko einer Politisierung der öffentlichen Kulturförderung. Es gibt ein Kontinuum kulturpolitischer Steuerung von Ästhetik zwischen Politisierung und Neutralität. Gleich zwei Beispiele der jüngeren deutschen Geschichte - die politischen Systeme von Nationalsozialismus und DDR - führen uns eine total politisierte Kulturpolitik vor Augen. Am entgegengesetzten Pol befinden sich Gesellschaften mit einem sich selbst überlassenen Erlebnismarkt, auf dem der Staat höchstens als Garant des freien Spiels von Erlebnisangebot und Erlebnisnachfrage und als Hüter einiger allgemeiner Ordnungsprinzipien (beispielsweise moralischer Art) interveniert. Markante Beispiele liberaler Zurückhaltung des politischen Bereichs sind etwa die USA und Großbritannien. Der Platz der Bundesrepublik auf diesem Kontinuum liegt zwischen den Extremen. Kulturpolitisch praktizieren wir eine Vermeidungshaltung nach beiden Richtungen.

Zur intellektuellen Tradition der bundesdeutschen Nachkriegsgeschichte gehört zum *einen* die Distanzierung von Faschismus und Totalitarismus. Nicht das gelegentliche Aufflackern des Rechtsradikalismus bis in die jüngste Vergangenheit hinein ist kennzeichnend für die intellektuelle Kultur der Bundesrepublik, sondern die Entrüstung darüber. Der unbestreitbaren Unzulänglichkeit der Vergangenheitsbewältigung steht die Resonanz von Publikationen gegenüber, in denen darauf hingewiesen wird (vgl. Ralph Giordanos Buch »Die zweite Schuld«, 1987). Im Gegensatz zu anderen gesellschaftlichen Bereichen - etwa der Justiz - war der Anfang der Kulturpolitik in der Bundesrepublik Deutschland von einer antifaschistischen Haltung geprägt, für die politische Zurückhaltung selbstverständlich war.

Auf der *anderen* Seite steht, nicht weniger zur Selbstverständlichkeit geworden, die Kulturkritik der Konsumgesellschaft, verbunden mit dem Ruf nach gesellschaftspolitischen Interventionen. Nicht erst der soziokulturelle Ansatz der Kulturpolitik war ein Versuch, gegen den Strom der kommerzialisierten Massenkultur zu schwimmen. Die Verteidigung der Ästhetik gegen den Konsum mit politischen Mitteln war bereits kulturpolitisches Programm, als Kulturpolitik noch identisch war mit Hochkulturpolitik.

Die eine dieser beiden Denkfiguren tendiert zur politischen Zurückhaltung, die andere zur gesellschaftspolitischen Gestaltung. Aus dem Zusammenwirken dieser Kräfte ergibt sich die Position der Kulturpolitik der Bundesrepublik Deutschland als Gratwanderung zwischen Neutralität und Politisierung, orientiert an zwei Vermeidungsimperativen. Ebensowenig allerdings, wie Kulturpolitik von dieser Position aus den kommerziellen Erlebnismarkt zurückdrängen kann, ist es ihr möglich, sich völlig von Politisierung freizuhalten. Die lokal jeweils herrschende politische Konstellation mit ihrem gesellschaftspolitischen Hintergrund entscheidet über den Kurs kulturpolitischer Institutionalisierungs- und Selektionshandlungen; umgekehrt orientieren sich die Korporationen bei ihrer Legitimitätsbeschaffung und bei der Benutzung informaler Kontakte zur Administration an den momentanen Machtverhältnissen. Nicht umsonst sehen beispielsweise die Stadtteilzentren in Nürnberg ihre Existenz mit der SPD-Mehrheit im Stadtrat verknüpft. Zum Testfall einer politischen Veränderung ist es zwar noch nicht gekommen, doch macht bereits diese Einschätzung die Normalität einer Kulturpolitik deutlich, die nicht politisch neutral bleiben kann.

Nicht die Politisierung der Kulturpolitik ist erstaunlich, sondern die relative Unabhängigkeit, die dem kulturpolitischen Handlungsfeld verblieben ist. Kulturpolitik ist auf dem Kontinuum zwischen Neutralität und Politisierung in der Zone der kleinsten Übel angesiedelt. Wie kommt es, daß die Parteien nicht viel ungenierter versuchen, Einfluß zu nehmen? Die Geschichte des öffentlich-rechtlichen Fernsehens zeigt, daß die Mittelposition zwischen den beiden Polen von Neutralität und Politisierung stets gefährdet ist; eindeutig hat sich hier die parteipolitische Einflußnahme im Laufe der Jahre verstärkt. Daß Ähnliches in der Kulturpolitik nicht zu beobachten ist, läßt sich durch den Imperativ politischer Zurückhaltung allein nicht erklären.

Als Politisierungshindernis wirkt sich erstens die dezentrale Organisation der Kulturpolitik aus. Da sie überwiegend in kommunaler Verantwortung liegt, bleiben politische Einflußnahmen lokal begrenzt. Eine überregionale politische Gleichschaltung der Kulturpolitik ist wegen der unterschiedlichen und wechselnden lokalen Machtkonstellationen ausgeschlossen. Gegen die parteipolitische Vereinnahmung der Kulturpolitik wirkt zweitens die Chaotik des kulturpolitischen Handlungsfeldes. Schon die korporativen Akteure, die noch am politiknächsten handeln müssen, haben viele Möglichkeiten, sich von politischer Programmatik abzukoppeln. Um ihrer Eigenrationalität des Überlebens zu genügen, ist politische Konformität nicht zwingend erforderlich, wenn auch häufig förderlich. Für die Selbstdarstellungs-Rationalität der Künstler ist politische Mißbilligung häufig nicht nur unschädlich, sondern sogar von Vorteil. In der Neuen Kulturszene wird politischer Nonkonformismus von vielen Künstlern geradezu routinemäßig beansprucht, selbst dann, wenn die Repressionsversuche, die diesen Anspruch rechtfertigen würden, gar nicht nachweisbar sind. Am wenigsten kümmert sich das Publikum darum, welche politischen Intentionen vielleicht hinter einem bestimmten Erlebnisangebot stecken könnten.

Bilanz: Als Nebenwirkung der Kulturpolitik entsteht ein politisches Machtinstrument. Wie das Herrschaftspotential kulturpolitischer Institutionen zu beurteilen ist, hängt von dem Gebrauch ab, der davon gemacht wird. Paradox wird diese Nebenwirkung dann, wenn die Politisierung der Kulturpolitik schließlich diejenigen Ziele bedroht, die zunächst den Aufbau kulturpolitischer Institutionen motiviert haben: Hochkulturförderung, Demokratisierung, soziokulturelle Gestaltung. Gegenwärtig scheint dies nicht der Fall zu sein. Zwischen Neutralität und Politisierung besetzt die Kulturpolitik der Bundesrepublik eine mittlere Position. Damit es dabei bleibt, müssen mehrere Bedingungen zusammenkommen: dezentrale Verfassung der Kulturpolitik, tendenziell chaotischer Zustand des Handlungsfeldes, kritische Öffentlichkeit.

11.10 Kulturpolitik nach der utopischen Phase

Kulturpolitik tritt von der utopischen in die nachutopische Phase ein. Zunächst war es produktiv, die Gestaltungsmöglichkeiten in den Mittelpunkt des Diskurses zu stellen, um das Projekt der Kulturpolitik überhaupt auf den Weg zu bringen. Nachdem es nun im Gange ist, wird es wichtig, nicht nur die beabsichtigten Wirkungen der Kulturpolitik zu würdigen, sondern sich auch mit ihren Grenzen und paradoxen Nebenwirkungen zu beschäftigen. Der letzte Abschnitt dieses Kapitels kehrt deshalb zu den drei Wirkungsmodellen zurück, die eingangs unterschieden wurden, um Effekte kulturpolitischer Interventionen zu beschreiben: Irrelevanz, Gestaltung, unbeabsichtigte Folgen.

Irrelevanz

Kulturpolitik und Erlebnismarkt sind in der bundesdeutschen Nachkriegsgeschichte gleichzeitig gewachsen. Von Anfang an war der kommerzielle Erlebnismarkt eine Herausforderung für gesellschaftspolitische Interventionsversuche, als deren Instrument sich mehr und mehr die Kulturpolitik profilierte. Inzwischen ist genug Zeit vergangen, um die Auswirkungen dieses sozialen Experiments auf den Erlebnismarkt zu beurteilen. Es ist, so läßt sich lapidar feststellen, folgenlos geblieben. Die Dynamik des Erlebnismarktes nimmt ihren Fortgang (vgl. hierzu die Abschnitte 9.9 bis 9.11): Wandlungen der Produktstruktur durch Innovation, Diversifizierung und Umdeutung führen zu einer kontinuierlichen Ausweitung von Erlebnisangeboten; der Anteil innenorientierter Konsumakte nimmt zu; die Verteilungsgebiete von Erlebnisangeboten vergrößern sich; die Anbieter werden mächtiger; Milieustruktur und dimensionaler Raum der Alltagsästhetik geraten in den Einflußbereich des Erlebnismarktes.

Die Irrelevanz der Kulturpolitik für die Dynamik des Erlebnismarktes wäre durch höhere Geldmittel und weitere administrative Verfestigung nicht zu beheben. Solange die Herrschaft der Erlebnisorientierung andauert, werden die Nachfrager ihre Ressourcen an Geld, Zeit und Aufmerksamkeit denjenigen zur Verfügung stellen, die lohnend scheinende Erlebnisse anbieten. Wenn den kommerziellen Erlebnisanbietern Marktanteile verloren zu gehen drohen, setzen sie Strategien ein, um dies zu verhindern - mit wachsender Effizienz. Kulturpolitik kann in dieser Situation nur versuchen, eine gewisse Eigenständigkeit zu bewahren. Die Hoffnung jedoch, daß sie die Dynamik des Erlebnismarktes bremsen, korrigieren oder zurückschrauben könnte, ist eine offenkundige Überschätzung ihrer Möglichkeiten. Weil die einzige Handlungsform, die der Kulturpolitik dem Publikum gegenüber zur Verfügung steht, das Anbieten von Erlebnissen ist, wird sie aus der Perspektive der Nachfrager selbst zum Teil des Erlebnismarktes. Sie muß mit den kommerziellen Erlebnisanbietern um das Publikum konkurrieren und kann dabei die Logik des Erlebnismarktes, gegen den sie eigentlich opponieren wollte, nicht gänzlich unterlaufen.

Allerdings muß die Produktion von Erlebnisangeboten im kulturpolitischen Handlungsfeld nicht ausschließlich ökonomischen Kriterien untergeordnet werden. Andere Rationalitätstypen spielen mit hinein: die gesellschaftspolitische Rationalität der Kulturpolitik, die Selbstdarstellungsrationalität der Künstler, die korporative Rationalität des Überlebens unter den besonderen Bedingungen öffentlich-rechtlicher Förderung (Überleben hängt nicht bloß vom wirtschaftlichen Erfolg ab, sondern auch von Legitimität, informalen Beziehungen und bereits erreichter institutioneller Verfestigung; vgl. Abschnitt 11.3). Auf diese Weise entsteht zwar eine besondere kulturpolitische Enklave im gesamtgesellschaftlichen Erlebnisangebot. Durch die Einrichtung dieser Abteilung wird das Kaufhaus aber nicht beseitigt, sondern erweitert. Die hiervon ausgehenden gesellschaftlichen Wirkungen haben teils den Charakter von Gestaltung, teils von unbeabsichtigten Folgen.

Gestaltung

Mit dem Sammelbegriff »Gestaltung« sind alle Wirkungen der Kulturpolitik gemeint, die ihren proklamierten Zielen entsprechen. In wesentlichen handelt es sich dabei um Hochkultureffekte und Soziokultureffekte.

Am auffälligsten sind die *Hochkultureffekte* der Kulturpolitik. Die Existenz des Hochkulturschemas in der Bundesrepublik Deutschland mit seinem spezifischen Zeichen- und Bedeutungskosmos geht wesentlich auf kulturpolitische Förderung zurück. Ohne die gezielte Konservierung des Zeichenbestandes (Museen, Archive, Bibliotheken, Gebäude), ohne kulturpolitische Institutionalisierung von produzierenden Korporationen (Theater, Opernhäuser, Orchester, Freie Gruppen, Ausbildungseinrichtungen) und ohne selektive Förderung von einzelnen Aufführrungen, Festivals und Künstlern hätte das Hochkulturschema im dimensionalen Raum der Alltagsästhetik nur marginale Bedeutung.

Mit der Bereitstellung von Möglichkeiten ist der Hochkultureffekt der Kulturpolitik aber nur unvollständig beschrieben. Durch die Gestaltung der Situation wird auch typische Subjektivität gestaltet. Kulturpolitik definiert uns vor, was das Hochkulturschema überhaupt ausmacht. Zwar ist Kulturpolitik nicht die einzige Definitionsinstanz, aber eine besonders wichtige, auf die andere Definitionsinstanzen - etwa Schulen, Feuilletons, Kulturmagazine - angewiesen sind. Ohne Kulturpolitik wäre die Konstruktion der sozialen Wirklichkeit in der Bundesrepublik Deutschland anders beschaffen; das Bauelement »Hochkulturschema« wäre nicht verfügbar. Dies wiederum hätte Konsequenzen für die Existenzformen sozialer Milieus und für den subjektiven Aufbau existentieller Anschauungsweisen.

Das Hochkulturschema transportiert die Muster kontemplativen Genießens, antibarbarischer Distinktion und perfektionsorientierter Lebensphilosophie. Es ist (wie in Abschnitt 7.3 dargestellt) eine von vielen möglichen Konkretisierungen des Bedeutungsbereichs der Komplexität in der psychophysischen Semantik. Kulturpolitik lenkt die alltagsästhetischen Optionen der Subjekte, die sich im Bereich der Komplexität befinden, in eine bestimmte Richtung, wodurch andere, homolog konstruierte Schichten der Subjektivität beeinflußt werden, etwa primäre Perspektive (»Hierarchie« und »Innerer Kern«) und normale existentielle Problemdefinition (»Rang« und »Selbstverwirklichung«). Zusammengefaßt besteht der Hochkultureffekt der Kulturpolitik zum einen in der Erhaltung der objektiven Möglichkeit von Hochkultur, zum anderen in der Definition und Popularisierung des Hochkulturschemas.

Weniger signifikant, gleichwohl nicht zu bestreiten sind die *Soziokultureffekte*, der Kulturpolitik. Zum Bedeutungsfeld des Wortes »Soziokultur« gehören in der kulturpolitischen Diskussion vor allem Symbolwelten und Kommunikationszusammenhänge des Alltagslebens. Als wichtigster Soziokultureffekt zeichnet sich die Bildung lokaler Szenen ab. Zwar ist die Kulturladenszene als eine überörtliche soziale Struktur im ursprünglichen Zielbündel soziokulturell orientierter Kulturpolitik nicht enthalten. Trotzdem ist sie der auffälligste Soziokultureffekt überhaupt. Wie die empirischen Ergebnisse dieser Untersuchung zeigen, gibt es neben der Kulturladenszene noch mindestens zwei weitere Szenen, die ohne kulturpolitische Förderung der tragenden Einrichtungen kaum existieren könnten: Neue Kulturszene und Hochkulturszene. Soziokultureffekte bleiben also nicht auf die Stadtteilzentren beschränkt, obwohl meist nur diese Einrichtungen als soziokulturell relevant angesehen werden.

Neben dem Szeneneffekt haben Stadtteilzentren, den Gründungsintentionen entsprechend, auch einen deutlichen Nachbarschaftseffekt, dessen Ausmaß mit dem Typus der Einrichtungen schwankt. Wie gezeigt wurde, ist die Publikumsresonanz in der räumlichen Umgebung der Zentren wesentlich größer als im übrigen Stadtgebiet. Dies schlägt sich zwar nur abgeschwächt in der Publikumszusammensetzung nieder, doch ist zumindest bei einigen der untersuchten Zentren anzunehmen, daß der Nachbarschaftsbezug auch für die Besucher erfahrbar ist. Im Publikum können sich nachbarschaftliche Enklaven bilden.

Hinzu kommt ein besonderer Kommunikationseffekt von Stadtteilzentren. Von allen Befragten der vorliegenden Studie, die bereits mindestens einmal in einem der Stadtteilzentren waren, haben sich 20% schon einmal an einer Gruppe beteiligt, die sich mehrmals getroffen hat; 50% haben das Zentrum auch einmal ohne die Absicht besucht, ein bestimmtes Programmangebot wahrzunehmen; 55% geben an, im Zentrum mit Personen ins Gespräch gekommen zu sein, die sie vorher nicht gekannt haben; 61% haben Bekannte getroffen. In den Publikumsanalysen weiter oben hat sich gezeigt, daß in den meisten Zentren ein deutlich erkennbarer Teil des Publikums aus Stammbesuchern besteht, bei denen anzunehmen ist, daß sie viel Kontakt untereinander haben (Anhang D, Tabelle 10.6). In der Herausforderung zur sozialen Beziehung liegt ein atmosphärisches Spezifikum der Kulturladenszene, das die Unterscheidung von der Neuen Kulturszene trotz hoher Affinität rechtfertigt.

Nur beiläufig sollen die *ökonomischen* Effekte der Kulturpolitik erwähnt werden. Diese Akzentsetzung hängt mit dem Interesse an einer gesellschaftspolitisch gemeinten Kulturpolitik zusammen, das hier im Vordergrund steht. Gesellschaftspolitische und ökonomische Rationalität sind nur begrenzt miteinander vereinbar. Gegenwärtig erscheinen ökonomische Wirkungen nur als Nebeneffekte einer überwiegend gesellschaftspolitisch orientierten Kulturpolitik. Wichtiger als die möglichen beabsichtigten Nebenwirkungen der Kulturpolitik sind im Kontext dieser Untersuchung ihre unbeabsichtigten Folgen.

Unbeabsichtigte Folgen. Thesen zum kulturpolitischen Diskurs nach der utopischen Phase

Wie soll sich Kulturpolitik mit den paradoxen Imparativen arrangieren, die sie sich selbst gestellt hat? Angebote sollen Konsumhaltungen bekämpfen; Institutionen sollen Autonomie verteidigen; milieuspezifisch geprägte Programme sollen sich an alle wenden; Politik soll unpolitisch bleiben. Unvermeidlich, vielleicht auch ohne es wissen zu wollen, gerät Kulturpolitik in Widersprüche zu sich selbst. Es wäre allerdings zu kurz gedacht, Wege zu suchen, diese Widersprüche aufzuheben, da es kein klinisch reines Handeln gibt, dessen unbeabsichtigte Folgen sich nicht teilweise gegen die expliziten Ziele richten würden.

Selbst der ökonomische Ansatz der Kulturpolitik ist gegen Paradoxien nicht gefeit. Der Gedanke ist nicht abwegig, daß eine ausschließlich an Beschäftigungseffekten, Standorteffekten und Nachfrageeffekten ausgerichtete Kulturpolitik wirtschaftlich weniger einbringen könnte als die jetzige Kulturpolitik, gemessen an eben diesen Kriterien. Für die einzelne Gemeinde in der doppelten Konkurrenz mit anderen Kommunen und mit den Profis des kommerziellen Erlebnisangebots könnte es sich ökonomisch lohnen, eine Kulturpolitik zu verfolgen, die ihre Attraktivität gerade der Abkoppelung von der Rationalität der Ökonomie verdankt. Unwirtschaftliche Kulturpolitik kann wirtschaftlich sinnvoll sein, ökonomisch orientierte Kulturpolitik relative Verluste verursachen.

Nicht einmal durch die Abschaffung der Kulturpolitik ließen sich Paradoxien vermeiden, da durch die radikale Vermeidung unbeabsichtigter Folgen die Gestaltungseffekte ebenfalls verschwänden. Der kulturpolitische Diskurs vollzieht sich in einer Welt, in der paradoxe Nebenwirkungen Normalität sind, wie auch immer man sich drehen und wenden mag. Kennzeichnend für den kulturpolitischen Diskurs ist allerdings bisher eine geringe Sensibilität für diese Situation.

Wollte man sich in Gründerzeiten mehr mit Nebenwirkungen als mit Zielen beschäftigen, käme es erst gar nicht zu Gründungen. Der kulturpolitische Diskurs in der Bundesrepublik Deutschland durchlief legitimerweise eine utopische Phase, ohne deren Impuls Kulturpolitik wohl gar nicht erst auf den Weg gekommen wäre. Inzwischen ist Kulturpolitik gut genug etabliert, um nicht nur ihre Utopien, sondern auch ihre unbeabsichtigten Folgen zum Gegenstand der Auseinandersetzung zu machen. Aufgabe des Diskurses nach der utopischen Phase ist die Suche nach Szenarien der kleinsten Übel, bei der neben den Zielen die Kosten bedacht werden, ausgedrückt in den Währungseinheiten der Ziele selbst: Wieviel ästhetische Kompetenz wird dadurch zerstört, daß man sie bewahren möchte? Wieviel Autonomie geht durch den Versuch der Wiedergewinnung von Autonomie verloren? Wieviel soziale Asymmetrie entsteht durch die Politik kultureller Demokratisierung? Welche politische Bedrohung wird durch die bloße Institutionalisierung des kulturpolitischen Handlungsfeldes latent verursacht, trotz aller Selbstverpflichtung auf politische Neutralität? In der nachutopischen Phase des kulturpolitischen Diskurses muß das Nachdenken über drohende Verluste denselben Rang erhalten wie die utopische Phantasie.

Weshalb sind Verschlechterungen der gegenwärtigen kulturpolitischen Situation wahrscheinlich genug, um es notwendig erscheinen zu lassen, sich damit zu beschäftigen? Zum ersten wird es unter dem Druck der Dynamik des Erlebnismarktes immer schwieriger werden, die Enklave des kulturpolitischen Handlungsfeldes nicht gänzlich der Rationalität des Erlebnisangebots unterzuordnen. Weitergegeben wird dieser Druck durch das Publikum, um das Kulturpolitik, Korporationen und Künstler mit den kommerziellen Erlebnisanbietern konkurrieren. Zweitens hat die gesellschaftspolitische Rationalität der Kulturpolitik eine natürliche Nähe zur Rationalität der Macht und der korporativen Verfestigung. Je mehr sich Kulturpolitik im politischen Leben etabliert, desto schwieriger wird es, gesellschaftspolitische Intentionen gegen diese anderen Rationalitäten abzusichern. Mit dem öffentlichen Relevanzgewinn der Kulturpolitik wächst drittens die Versuchung, sie politisch zu kontrollieren. Anlaß für nachutopisches Denken im kulturpolitischen Diskurs sind Tendenzen, die bereits jetzt im kulturpolitischen Handlungsfeld angelegt sind.

Nachutopisches Denken ist der Übergang von der Offensive zur Defensive. Die Abwehr muß sich dabei weniger auf Kräfte außerhalb des kulturpolitischen

Handlungsfeldes richten als auf seine endogenen Destruktionstendenzen, die sich unter dem Signum der Konstruktivität vorwärts arbeiten. Die folgenden Thesen beschäftigen sich mit Gefahren, die zunächst den Anschein des Wünschenswerten haben.

1. Durch den Rechtfertigungskonsens entsteht die Illusion einer paradoxiefreien Kulturpolitik. Uns muß bewußt werden, daß die Gestaltungsmöglichkeiten der Kulturpolitik Gefahr laufen, von den eigenen Nebenwirkungen zerstört zu werden.

2. Kulturpolitisches Wachstum gilt als grundsätzlich wünschenswert. Die Risiken der Kulturpolitik wachsen im inzwischen erreichten Stadium jedoch schneller als die Chancen. Deshalb muß die Utopie kulturpolitischer Grenzenlosigkeit durch die Vorstellung eines kulturpolitischen Optimums ersetzt werden. Kulturpolitik kann nicht nur zuwenig sein, sondern auch zuviel.

3. Wegen der zunehmenden gesellschaftlichen Relevanz der Kulturpolitik scheint es wichtig zu werden, übergeordneten politischen Ebenen - Länder, Bund, Europa - mehr kulturpolitische Kompetenz einzuräumen. Mit zunehmender Zentralisierung geriete jedoch nicht nur die Bürgernähe der Kulturpolitik in Gefahr, sondern auch ihre Mittelposition zwischen Neutralität und Politisierung. Die Versuchung, Kulturpolitik als Herrschaftsinstrument einzusetzen, wächst im selben Maße wie ihr Herrschaftspotential.

4. Die chaotische Struktur des kulturpolitischen Handlungsfeldes fordert den Versuch heraus, Ordnung zu schaffen. Gerade die chaotische Struktur ist aber produktiv. Eine stärkere Hierarchisierung der verschiedenen Eigenrationalitäten unter der Vorherrschaft der Kulturpolitik steigert das Risikopotential der Kulturpolitik.

5. Der Einfluß des Publikums beruht auf einer Übereinkunft zwischen den Akteuren des kulturpolitischen Handlungsfeldes: Publikumserfolg ist ein gemeinsames Ziel. Die traditionelle Kritik gegenüber der Selbstauslieferung an den Publikumsgeschmack wurde umso schwächer, je mehr sich die Akteure aufeinander einspielten. Publikumswirksamkeit ist jedoch nur ein Ersatzkriterium für andere, weniger greifbare Ziele, die Gefahr laufen, allmählich vergessen zu werden.

6. Wie der ökonomische Ansatz in der Kulturpolitik zu bewerten ist, hängt von der Bedeutung ab, die man ihm einräumt. Solange ökonomische Wirkungen lediglich als Nebenwirkungen betrachtet werden, bleiben sie ohne Folgen. Es besteht aber ein Anreiz, die ökonomische Rationalität der gesellschaftspolitischen überzuordnen - immerhin scheint sie sich durch zwei Vorzüge auszuzeichnen: relativ einfache Praktizierbarkeit und allgemeine Nützlichkeit. Ob diese Annahmen richtig sind, ist zweifelhaft und mag hier dahingestellt bleiben. Wichtig ist in unserem Zusammenhang, daß durch eine ökonomische Wende die Konvergenz von kulturpolitischer Enklave und kommerziellem Erlebnismarkt schließlich bis zur Unterschiedslosigkeit vorangetrieben würde. Wozu dann noch Kulturpolitik?

12. Kapitel
Die Bundesrepublik Deutschland im kulturellen Übergang

Einleitung

Bei dem folgenden Versuch einer Integration sollen die zentralen Inhalte der vorangegangenen Überlegungen in eine kulturhistorische Betrachtung der Bundesrepublik Deutschland eingebracht werden. Um Übersicht zu schaffen, werden drei Szenarien unterschieden. Dabei ist zunächst einem Mißverständnis vorzubeugen. Nicht eine diskontinuierliche Abfolge von Epochen soll mit dieser Einteilung zum Ausdruck kommen, nicht eine Periodisierung angeblich stabiler gesellschaftlicher Verhältnisse mit ungefähren Zeitgrenzen, sondern eine Reihe von Übergangszuständen. Eine Sequenz von soziologischen Zwischenbilanzen soll wie durch die aneinandergereihten Momentaufnahmen eines Films Bewegung darstellen. Was dabei als Wandel anschaulich wird, ist unvermeidlich auch abhängig von der gewählten Optik, vom zeitlichen Auflösungsvermögen der Bilderfolge. Man könnte etwa versuchen, die Entwicklung seit 1945 nicht in drei, sondern in dreißig aufeinanderfolgende Querschnitte aufzuteilen, doch würde dies den Rahmen sprengen. Absicht der folgenden Darstellung ist eine erste Annäherung an eine ganzheitliche Gesellschaftsgeschichte mit dem begrifflichen Instrumentarium dieser Untersuchung, wobei die Einteilung so einfach wie möglich gehalten werden soll. Wenn die Bewegung von Bild zu Bild ruckartig erscheint, so entspricht dies nicht der Realität, sondern ist lediglich auf die unvollkommene Technik der Wiedergabe zurückzuführen.

Drei »Standbilder« der Bundesrepublik in zeitlicher Reihenfolge sollen die Bewegung der Gesellschaft veranschaulichen: Restauration der Industriegesellschaft (Abschnitt 12.1), Kulturkonflikt (Abschnitt 12.2), Erlebnisgesellschaft (Abschnitt 12.3). Beim Übergang von einem Zustand zum nächsten hat sich Subjektivität jeweils tiefgreifend gewandelt (Abschnitt 12.4). In einem zusammenfassenden Tableau am Ende dieser Arbeit werden zentrale Thesen und Begriffe der gesamten Untersuchung auf die drei Stadien bezogen (Abschnitt 12.5).

12.1 Erstes Bild
Restauration der Industriegesellschaft

In der ersten Dekade nach dem Zweiten Weltkrieg lebte noch einmal die traditionelle industriegesellschaftliche Struktur soziokultureller Segmentierung auf. Als der Staub des Zusammenbruchs sich allmählich legte, wurden die Umrisse einer wohlvertrauten Großgruppenformation sichtbar. Die Gesellschaft der entstehenden Bundesrepublik reproduzierte eine Konfiguration sozialer Milieus, die insofern industriegesellschaftliche Züge hatte, als die Stellung im Produktionsprozeß zentrales Kriterium der Definition von Milieuzugehörigkeit und Milieugrenzen war. Soziologisch gesehen stand die Nachkriegsgesellschaft dem 19. Jahrhundert näher als dem Jahre 1968.

Noch einmal begriffen die Menschen, gedrängt durch die Not der Nachkriegsjahre, ihr Leben aus der Perspektive der normalen existentiellen Problemdefinition des Überlebens, die Jahrhunderte lang gegolten hatte; erst mit zunehmendem Wohlstand kündigte sich in den fünfziger Jahren die Erosion dieses Denkmusters und der Aufstieg der Erlebnisorientierung an. Zentrum des ressourcenorientierten Denkens der Menschen war eine fundamentale Semantik, die auf elementaren ökonomischen Erfahrungen beruhte, ein Wahrnehmungsmuster von Mehr und Weniger, Oben und Unten. Homologien erzeugend, wirkte diese fundamentale Semantik in verschiedene Bereiche hinein. So dominierten hierarchische Wirklichkeitsmodelle der Großgruppenstruktur und eine dazu parallele Alltagsästhetik, die mit Rangordnungsbegriffen beschrieben wurde. Kultur zerfiel in eine »hohe« und eine »niedrige« Region. Zentraler Lebensbereich in diesem industriegesellschaftlichen Entwurf der sozialen Wirklichkeit war die Arbeit.

Neben der materiellen Bedrängnis gab es in Deutschland besondere Gründe, die Arbeit in das Zentrum des Lebens zu stellen - sie entlastete von den moralischen Themen der Stunde Null. Wie intensiv in der normativen Agonie der Jahre nach dem Nationalsozialismus die allgemeine Suche nach Lebenssinn war, belegen historische Darstellungen von katholischer und protestantischer Kirche nach dem Zweiten Weltkrieg (Blessing 1988; Vollnhals 1988). Dem religiösen Interesse der Bevölkerung korrespondierte ein oft zur Lebensphilosophie erhobener Arbeitseifer. Arbeit brachte nicht nur Geld, sondern auch garantierten Lebenssinn als ethisches Kapital.

Rasch erneuerte sich durch diese Wiederbelebung der Arbeitsgesellschaft auch die für sie typische Struktur soziokultureller Segmentierung, die in der nationalsozialistischen Epoche, vor allem in den Kriegsjahren, undeutlich geworden war: eine Hierarchie von Statusgruppen. Durch die Zentrierung des Denkens auf die Stellung im Produktionsprozeß wurde die soziale Wahrnehmung mit einer Vielzahl komparativer Kategorien ausgestattet, die Oben und Unten definierten: Einkommen, Weisungsbefugnisse, Qualifikationen, Prestige, Ausstattung mit Gütern. Das Zeichensystem der Besitzgegenstände besaß noch seine soziale Signifikanz. Man konnte aus dem Vorhandensein oder Nichtvorhandensein eines Autos, aus der Kleidung oder der Wohnungsausstattung halbwegs zutreffende Schlüsse auf die Schicht ableiten, welcher der andere angehörte.

Die alten milieuindizierenden Zeichen - Lebensstandard, Arbeit, Umgebung - waren noch aussagekräftig. Zum letzten Mal spielte Beziehungsvorgabe, das Hineingeborensein in einen sozialen und räumlichen Kontext, eine wichtige Rolle für die Konstitution sozialer Milieus, wenn sich auch schon die Auflösung dieser Form der Milieuentstehung durch Mobilisierung, Massenkommunikation und Massenkonsum abzeichnete.

Der dimensionale Raum alltagsästhetischer Schemata lief dieser Großgruppenstruktur parallel. Eindimensional entfaltete sich die Alltagsästhetik der Nachkriegszeit zwischen den beiden traditionellen Polen von Hochkulturschema und Trivialschema. Zum Konzert ging man nur in feiner Garderobe und versinnbildlichte dadurch die weihevolle Aura, die den Zeichenbereich des Hochkulturschemas umgab. Schnell war das Prestige des gesunden Volksempfindens wieder verfallen. Masse und Elite beendeten ihren ästhetischen Annäherungsversuch und kehrten auf die Plätze zurück, die ihnen das 19. Jahrhundert zugewiesen hatte. Antibarbarische Distinktion erhob sich wieder, als ob nichts gewesen wäre. Im wiederbelebten Wahrnehmungs- und Handlungsschema der bipolaren Alltagsästhetik erneuerten sich die alten Gegensatzpaare: Kunst und Kitsch, Kultiviertheit und Unbildung, Niveau und Primitivität, Apollo und Gartenzwerg, Klavierkonzert und Schlager. Die restaurierte Rangordnung der Alltagsästhetik ließ sich bruchlos mit der Hierarchie sozialer Milieus verbinden.

In dieser Zeit hatte Erlebnisnachfrage noch den Charakter des Feierabendvergnügens. Innenorientierter Konsum war etwas Besonderes in einer überwiegend außenorientierten Warenwelt. Auch in alltagsästhetischer Hinsicht gab es eine Stunde Null. Die Expansion des Erlebnismarktes stand vor unerschlossenen Räumen, das Kumulationsprinzip war noch nicht ausgereizt, Intensivierung des Konsums hatte noch nicht eingesetzt. Ein rationaler Nachfrager nach Erlebnissen hatte nur einen Bruchteil des Erlebnisquantums pro Zeiteinheit zu verarbeiten, das seither normal geworden ist. Betrachtet man Filme, Wochenschauen oder Sportreportagen aus jener Zeit unter dem Gesichtspunkt, welches Publikum dabei implizit vorausgesetzt wurde, so fällt vor allen Dingen die Emphase auf. Was einem Publikum unserer Tage betulich und übertrieben, ja kindisch erscheinen müßte, konnte damals ungläubiges Staunen provozieren, Erregung, Anteilnahme, Triumphgefühl, Heiterkeit. Die Sprecher der Wochenschau in der Nachkriegszeit appellierten an eine unverbrauchte ästhetische Energie. In einer glücklichen Übergangszeit, wo eine bescheidene Versorgung mit Erlebnisangeboten noch vor dem dunklen Hintergrund völliger Entbehrung erlebt wurde, am Anfang des Erlebnismarktes, war Befriedigung noch leicht erreichbar.

Statt vor einem riesigen Berg von Spielzeug in Ratlosigkeit zu verfallen, findet das Kind ein, zwei Gegenstände vor, an denen es sich freuen kann. Einige Jahre lang schwelgt die Gesellschaft in der ephemeren Situation des unschuldigen Vergnügens. Nylonstrümpfe, Bohnenkaffee, Zigaretten, das erste Auto, die erste Reise in die Berge, die neue Sitzgarnitur, Himbeereis, Kino, rare Konzertabende im Gemeindesaal, Lichtbildervorträge usw. heben sich als vereinzelte alltagsästhetische Episoden vom Grau der Normalität ab. Weit entfernt von der Wiedergabeperfektion heutiger Klangtechnik hatten Musikkonserven in der Nachkriegszeit eine ungleich höhere subjektive Bedeutung als im Alltagsleben mehrere Jahrzehnte später, wo oft nicht mehr das Hören von Musik einer besonderen zielgerichteten Handlung bedarf, sondern das Nichthören - die Ruhe.

Im Vergleich zu späteren Phasen tritt vor allem ein Merkmal der Erlebnisnachfrage hervor. Es war einfach, erlebnisrational zu handeln. Strategien der Erlebnisnachfrage - Korrespondenz, Abstraktion, Kumulation, Variation, Suggestion - waren kaum erforderlich. Es reichte aus, daß Angebote überhaupt an die innenorientierte Konsummotivation appellierten, um die Erwartung von Faszination zu erwecken. Das Korrespondenzprinzip war im bipolaren Raum der Alltagsästhetik problemlos umzusetzen: Für die Bildungsbürger gab es das Kultivierte und das Geschmacklose, für die »einfachen« Menschen die heile Welt und die Frostregion der Hochgestochenheit. Was nach damaligen Maßstäben »viel« war, überforderte die Empfindungsfähigkeit bei weitem nicht.

Das Erlebnisangebot trug noch persönliche Züge. Uns Heutigen erscheint die damalige Stufe von Expansion und Intensivierung geradezu archaisch. Entsprechend gering war die Konkurrenz der Angebote untereinander. Die Marketingstrategien von Schematisierung und Profilierung genügten; Abwandlung und Suggestion spielten nur eine untergeordnete Rolle, weil sie für das korporative Überleben noch nicht zwingend notwendig waren. Geradezu asketisch wirkt heute das Volumen der Erlebnisangebote; ihre Aufladung mit Reizen erscheint bescheiden.

Das Ende des NS-Staates bedeutete auch den Zusammenbruch einer hochorganisierten totalitären Kulturpolitik. Einflußreichste kulturpolitische Strömung nach 1945 war der Rückzug auf traditionelle Kulturvorstellungen, um den Traum vom Schönen, Wahren und Guten neu zu träumen. Vielen konnte die Kunst gar nicht weit genug weg sein vom Alltag, von der Politik, von der Gegenwart und der unmittelbaren Vergangenheit. Schleunigst wurden die kurz zuvor Verfemten kulturell repatriiert: Thomas Mann, Hermann Hesse, Bert Brecht, Ernst Barlach, Arnold Schönberg und viele andere. Im Nachwirken des Erschreckens über die eigene Geschichte entwickelten sich die Ziele von Denkmalspflege und ästhetischer Bildung zu Hauptmotiven der Kulturpolitik. Das kulturelle Erbe des Abendlands wurde zum Prüfungsstoff im Abitur, Opernhäuser und Theater wurden wieder eingerichtet, Museen neu aufgebaut, Kirchen instandgesetzt. Wer die zum Kunstgenuß erforderliche Allgemeinbildung nicht schon hatte, konnte sie nun an der Volkshochschule erwerben. Allmählich bildete sich in den Städten eine Hochkulturszene heraus.

Bis in die sechziger Jahre hinein gab es einen breiten Konsens darüber, daß Kulturpolitik vor allem Hochkulturpolitik zu sein hatte. Eingeschlossen in diesem Konsens war die Definition des unvergänglichen Schönen. Hochkulturpolitik besteht darin, das riesige Magazin der genialen Produktionen zu pflegen, zu vermehren, zu zeigen. Sinfonien, Gemälde, Schlösser, klassische Dramen usw. werden als kostbare Einzelstücke immer wieder aus dem Fundus der Kulturgeschichte hervorgeholt und ausgestellt, aufgeführt, vorgetragen. Auch moderner Kunst und Literatur wurde, teils gegen die erklärten Absichten ihrer Urheber, umgehend in den Tempel der Klassik transportiert und zum Gegenstand einer zeremoniell-distanzierenden Andacht gemacht zu werden. Wolfgang Borchert, Bert Brecht, Max Frisch wurden genauso als Hochkultur dargeboten und wahrgenommen wie die kleine Nachtmusik oder das Käthchen von Heilbronn: als meisterhaft aufgebaut, großartig, kulturell schutzwürdig.

Was die kulturpolitische Konzeption der Nachkriegszeit vom Sammler- und Mäzenatentum der Fürstenhöfe unterschied, war das Ziel der Demokratisierung des Kunstgenusses. Die bürgerliche Aneignung der Hochkultur im 18. und 19. Jahrhundert hatte zwar zu einer Entfeudalisierung und Entklerikalisierung der Kunst geführt, nicht jedoch zu einer Demokratisierung, war sie doch gerade Vehikel einer neuen Elitebildung. So breitenwirksam auch immer die Bildungsinitiativen der Arbeiterbewegung gewesen sein mögen, haben sie doch die Okkupation der Hochkultur durch das Bürgertum nicht in Frage stellen können. Was vor der nationalsozialistischen Ära fast noch etwas Subversives an sich hatte, war hinterher Leitlinie der Kulturpolitik: Bildung und Kultur für alle. Der demokratische Gedanke war in der Bundesrepublik Deutschland nach 1945 neu. Noch nicht durch zahllose Sonntagsreden verbraucht, noch als Fortschritt spürbar, war die Idee der Demokratisierung gleichzeitig konsensbildend und begeisternd.

12.2 Zweites Bild
Kulturkonflikt

Die Metamorphose von Großgruppen, die in den sechziger Jahren vor sich ging, wurde lange Zeit soziologisch nicht richtig begriffen. Das traditionelle industriegesellschaftliche Schema der Beschreibung von Sozialstruktur konnte nur solche Milieudifferenzierungen erfassen, die etwas mit der Stellung im Produktionsprozeß zu tun hatten. Versuche, die für alle Beobachter offensichtlichen gesellschaftlichen Veränderungen klassen- oder schichtungstheoretisch abzubilden, gingen an der Sache vorbei. Etikettierungen durch Begriffe, die das Neue zeitlich und sozialstrukturell isolierten und zum theoretischen Sonderfall machten, etwa »Subkultur«, »soziale Bewegung«, »Protest«, »Wertewandel«, »Revolte«, waren dem Phänomen gewiß besser angemessen, doch reichten sie nicht aus, um den fundamentalen Sachverhalt auszudrücken, daß sich die gesamte Segmentierungsstruktur der Bundesrepublik Deutschland wandelte, weil neue Gruppierungen in das Relationsgefüge eingriffen und den Kontext veränderten. Sozialgeschichtlich ältere Gruppierungen waren plötzlich nicht mehr die alten, auch wenn die ihnen zuzurechnenden Personen dieselben geblieben waren. Nach wie vor gehörten beispielsweise beruflich etablierte Akademiker soziokulturell zusammen, aber ihr Milieu veränderte seine strukturelle Identität mit dem Entstehen neuer Milieus.

Die traditionelle vertikale Schichtung sozialer Milieus wurde durch eine neue Bedingung der Milieuentstehung unversehens ihrer hierarchischen Eindeutigkeit beraubt. Machtvoll schob sich das Lebensalter in den Vordergrund der sozialen Wahrnehmung. Die jungen Gebildeten - Gymnasiasten und Studenten - waren das Milieu der Stunde. Vor dem Wahrnehmungsraster »jung/alt« erschienen hergebrachte Positionsbestimmungen von oben und unten als ambivalent, ja vorübergehend auf den Kopf gestellt. Man lernte in kurzer Zeit, daß es Perspektiven gab, aus denen das Establishment alt aussah. Ökonomische Hierarchisierung von sozialen Milieus wurde konterkariert durch altersbezogene Hierarchisierung. Neue Sichtweisen sozialer Milieus erschienen umso zwingender, als im Kriterium des Lebensalters untrennbar zwei verschiedene Gesichtspunkte der Differenzierung vereint waren, die beide in den sechziger Jahren besondere soziale Signifikanz erlangten: der Aspekt der Generationslage wurde sozial auffällig, als die erste Nachkriegsgeneration erwachsen wurde; gleichzeitig trat auch der Aspekt der körperlichen Alterung im Vorstadium der Erlebnisgesellschaft deutlicher hervor.

Es wurde unter den geänderten materiellen Bedingungen denkbar, das zentrale existentielle Problem nicht mehr im Überleben, sondern im Erleben zu sehen. Als erste machten sich diese Perspektive diejenigen zu eigen, die wegen ihrer Generationslage für neue Orientierungen offen waren. Hinter den verblassenden Kategorien der ökonomischen Semantik zeichneten sich die Konturen der psychophysischen Semantik ab. Ungewohnt daran ist vor allem die Kategorie der Spontaneität, deren soziale Kodierung etwa auf den Anfang der siebziger Jahre fällt.

Im theoretischen Kontext der Großgruppenevolution erscheinen die Hauptsachen von damals fast sekundär: die politischen Zielsetzungen, die Themen der öffentlichen Kontroversen, die Strategien und Gegenstrategien. Der Begleitumstand dagegen, daß die damit zusammenhängenden Gruppenbildungen immer auch die Trennung von Altersgruppen für jedermann sichtbar machten, hatte langfristige soziologische Bedeutung. Was nicht, wie etwa Kleidung, Frisur und Ausdrucksweise, von vornherein als Altersgruppensymbol gemeint war, wurde durch altersgruppenspezifische Aneignung oder Ablehnung unversehens dazu: politische Haltungen, Wohn- und Familienformen, Karrieren und Antikarrieren.

In den jüngeren Milieus traten neue milieuindizierende Zeichen an die Stelle der alten, vor allem Lebensalter und Stil. Der alte Typus der Entstehung von Existenzformen mit seinen Modi von Notwendigkeit und sozialer Kontrolle geriet in die Kritik; Wahl war der zentrale neue Modus. Unterstützt durch die antikonventionelle Distinktion des Spannungsschemas, wurde dieser Modus von den jüngeren Milieus durchgesetzt. Dementsprechend konstituierten sich diese Milieus durch Beziehungswahl.

Allmählich zeichnete sich eine Milieustruktur mit gespaltener Vertikalität ab. Wenn auch die immer mehr zum Strukturmerkmal werdende Altersgruppendifferenzierung die traditionelle ökonomische Differenzierung zunächst nicht ablöste, sondern lediglich überlagerte, so führte sie doch zu einer Verschiebung der dominierenden Kriterien, nach denen die Menschen ihr Verhältnis zueinander bestimmten. Die Definition von gleich und ungleich erweiterte sich über den Bereich der objektiven Lebensverhältnisse hinaus. Immer wichtiger wurde der Bereich der Subjektivität, für den das Lebensalter besonders signifikant ist. Obwohl soziale Milieus bis in die unmittelbare Gegenwart hinein deutlich nach Merkmalen der objektiven Lebenssituation unterschieden sind, begannen die Menschen seit den sechziger Jahren, die traditionelle Situationsgruppenidentität durch eine neue Subjektgruppenidentität zu ersetzen. Damit wandelte sich auch die Thematik sozialer Auseinandersetzungen. An die Stelle der traditionellen Verteilungskämpfe traten Kulturkonflikte. Stilfragen, Ansichtssachen, Lebensphilosophien wurden subjektiv wichtiger als soziale Gerechtigkeit, Chancengleichheit, Steigerung des Lebensstandards. Gewiß war die öffentliche Diskussion nach wie vor von solchen auf die objektiven Lebensverhältnisse bezogenen Begriffen durchsetzt, doch waren diese Begriffe immer weniger Ausdruck vitaler eigener Interessen, immer mehr dagegen Symbol für die Zugehörigkeit zu Subjektgruppen. Der »Klassenkampf« wurde nicht von der Arbeiterklasse vorangetragen, sondern von angeblichen intellektuellen Stellvertretern, die das Vokabular des Klassenkampfes in die Symbolkultur ihres Milieus integrierten wie Jeans, freie Sexualität und Marihuana.

Die negativen Emotionen bei der Auseinandersetzung des neu entstehenden Selbstverwirklichungsmilieus mit dem »herrschenden System« waren nicht mehr, wie bei früheren Großgruppenkonflikten, Neid auf der einen und Geiz auf der anderen Seite, sondern Verachtung, kulturelle Verunsicherung, Angst vor Identitätsverlust und Besserwisserei. Auch in den Abwehrgesten der Angegriffenen kam deutlich zum Ausdruck, daß diese Zeit (vor allem das Jahrzehnt zwischen 1965 und 1975) maßgeblich durch einen Kulturkonflikt zwischen soziokulturellen Milieus gekennzeichnet war. Der Ruf nach Ruhe und Ordnung war nicht etwa durch die Verteidigung bedrohter objektiver Besitzstände motiviert, sondern durch kulturelle Provokationen, durch Fremdheitserlebnisse angesichts neuer politischer, intellektueller, sprachlicher und alltagsästhetischer Stile, durch das Gefühl der Abwertung. Ein jugendspezifischer Anspruch auf Progressivität und Überlegenheit kam auf, von dem sich ältere Personen, unabhängig von ihrer Lebensstellung, plötzlich ausgeschlossen sahen. Im kulturellen Abwehrkampf gegen die Attacken des Selbstverwirklichungsmilieus gerieten die Antipoden der traditionellen Ressourcenkonflikte unversehens auf dieselbe (unterlegene) Seite.

Zum signifikantesten Ausdrucksmittel für die neue altersbezogene Relation zwischen sozialen Milieus wurde das Spannungsschema: Action, antikonventionelle Distinktion, Narzißmus. Bis heute hat das Spannungsschema seine enge Bindung zum Lebensalter behalten, allerdings deutet vieles darauf hin, daß sich die Altersgrenze zwischen den Milieus seit den sechziger Jahren ständig nach oben verschoben hat. Folk, Pop, Rock, Blues und andere Musikstile fanden ihre Anhänger zunächst nur in der Gruppe der Jugendlichen und jungen Erwachsenen unter dreißig; inzwischen ist diese Altersgrenze längst überschritten. Mit großer Wahrscheinlichkeit liegt hier ein Generationseffekt vor. Die Erfinder des Spannungsschemas nehmen dieses alltagsästhetische Muster in diejenigen Lebensphasen mit, gegen die sie sich ursprünglich gerade durch das Spannungsschema abgrenzen wollten.

Der dimensionale Raum der Alltagsästhetik wurde durch die rasche Evolution des Spannungsschemas gründlich verändert. Zwischen Spannungsschema einerseits, Hochkultur- und Trivialschema andererseits bestand und besteht keine Polarität. Die Nähe oder Distanz eines Menschen zum Spannungsschema ist weitgehend unabhängig von seiner Nähe oder Distanz zu den beiden anderen Schemata.

Mit diesem Differenzierungsschub im dimensionalen Raum alltagsästhetischer Stile erweiterte sich das ästhetische Repertoire von jedermann. Es wurde möglich, verschiedene Schemata gleichzeitig zu praktizieren, ohne damit besonders aufzufallen. Die Pluralisierung von Lebensstilen wäre unzureichend erfaßt, wollte man darunter nur die Entwicklung jeweils eigener Stile in verschiedenen sozialen Milieus verstehen. Vielmehr hat die Pluralisierung von Stilen auch einen innersubjektiven Aspekt: Der einzelne kann seine Nähe oder Distanz zu verschiedenen alltagsästhetischen Schemata simultan und unabhängig voneinander bestimmen. Auch das Verhältnis von Hochkulturschema und Trivialschema wurde schließlich von dieser Pluralisierungstendenz erfaßt - beides kann bei einem Menschen nebeneinander existieren (wie es für das Integrationsmilieu charakteristisch ist). Die Formulierung »kann« spielt in diesem Zusammenhang auf die abnehmende Kraft von Konventionen an. Der alltagsästhetische Aktionsradius, innerhalb dessen man noch nicht als exzentrisch gilt, ist größer geworden. Der Übergang vom bipolaren dimensionalen Raum zu einem Raum tendenziell unabhängiger unipolarer Dimensionen bedeutet auf der Ebene des einzelnen die Eröffnung von Kombinationsmöglichkeiten und damit die Erweiterung des Bereichs alltagsästhetischer Normalität. Die alltagsästhetische Praxis sozialer Milieus ist nicht mehr eindimensional beschreibbar, sondern nur als Kombination von Distanzen zu verschiedenen alltagsästhetischen Schemata. In dieser Zeit bildeten sich zwei neue alltagsästhetische Konfigurationen heraus, die inzwischen fest in sozialen Milieus verankert sind: die Verbindung von Hochkulturschema und Trivialschema im Integrationsmilieu sowie die Verbindung von Hochkulturschema und Spannungsschema im Selbstverwirklichungsmilieu.

Nach den bescheidenen Anfängen des Erlebnismarktes in der Nachkriegszeit standen die sechziger Jahre im Zeichen eines enormen Ästhetisierungsschubs. Anbieter und Nachfrager schraubten den Umsatz von Erlebnisangeboten immer weiter nach oben. Von der Ausnahme zum Normalfall gewandelt, stimulierten die sich ständig verdichtenden alltagsästhetischen Episoden die rasche Ablösung traditioneller Definitionen von Lebenssinn durch die subjektorientierte Definition der Erlebnissuche. Innenorientierte Konsummotivation trat ihren Siegeszug an. Ausgestattet mit immer höheren Potentialen der Erlebnisnachfrage - Zeit, Geld, Mobilität, Apparate - entdeckten die Konsumenten die Ästhetisierbarkeit des gesamten Alltagslebens. Das Publikum eroberte sich die Unbeschränktheit: des Musikhörens, des Reisens, des Kleiderkaufens, des Essens und Trinkens, der Sexualität, des Tanzens, des abendlichen Ausgehens usw. Noch konnte die neue Erlebnisfülle faszinieren. Am meisten galt dies gewiß für die Praxis des Spannungsschemas, wo sich zum erregenden Eindruck der plötzlich gesteigerten Erlebnisdichte der Reiz von Exzentrizität und kulturellen Pioniertagen hinzugesellte. Als Antwort auf die wachsende Flut von Erlebnisangeboten bildeten sich Kumulation und Abstraktion als neue Strategien der Erlebnisnachfrage heraus.

Die Anbieter auf dem Erlebnismarkt nutzten ihre Expansionsmöglichkeiten. Sie arbeiteten daran, zusätzliche ästhetisierbare Produktarten zu erschließen, Absatzmengen weiter zu steigern und Verteilungsgebiete zu vergrößern. Es begann die Phase der Intensivierung des Erlebniskonsums durch bessere Ausnutzung der Erlebniskapazität der Nachfrager: Besetzung freier Zeitintervalle zwischen alltagsästhetischen Episoden, Abkürzung und Überlagerung von Erlebnisepisoden, Luxurierung der Angebote. Im zunehmenden Gedränge der Erlebnisangebote perfektionierten die Hersteller neben den alten Strategien von Schematisierung und Profilierung die planmäßige Abwandlung ihrer Produkte. Setzt schon die Massenproduktion von Erlebnisangeboten im Stadium fortgeschrittener Expansion große Korporationen voraus, so gilt dies umso mehr, wenn professionelles Wissen zur Handhabung von Techniken gefordert ist, um Produkte auf dem überbordenden Erlebnismarkt durchzusetzen. Bald regte sich Kritik an der rapiden Entpersönlichung; »Kommerz« und »Konsum« wurden zu Schlagworten mit negativem Beiklang, Kampfbegriffe gegen die Konditionierung des »Massenpublikums« für die ungeschminkten ökonomischen Überlebensinteressen der »Kulturindustrie«.

Kulturpolitik wurde immer als Gegenpol, nicht als Bestandteil des Erlebnismarktes empfunden. So bezogen die Diskussionen, die gegen das Ende der sechziger Jahre in der Bundesrepublik aufbrachen, ihr Profil und ihre Aggressivität aus einer doppelten Konfliktstellung gegen das Gehobene und gegen das Kommerzielle. Im eigenen Lager, innerhalb der kommunalen Kulturadministration, wurde Opposition zur Hochkultur laut. Dies war symbolischer Ausdruck der Abgrenzung des erstarkenden Selbstverwirklichungsmilieus vom Niveaumilieu, ohne daß es tatsächlich zum Bruch mit dem Hochkultur-Schema gekommen wäre. Aus heutiger Perspektive erscheint der Konflikt zwischen Hochkultur und Alternativkultur wie ein Strohfeuer. Zweiter Angriffspunkt der kulturpolitischen Diskussion war die kommerzialisierte Freizeitgesellschaft.

Die kulturpolitischen Ansatzpunkte der Nachkriegszeit, Kunstwerkspolitik und Demokratisierung, waren inzwischen zu selbstverständlich geworden, um noch Enthusiasmus zu erzeugen. In den sechziger und siebziger Jahren, als das Wort »Kulturpolitik« öffentliche Karriere machte, entwickelte sich als Gegenprinzip zur kulturellen Erbschaftsverwaltung die Distanzierung von der traditionellen Hochkultur. Äußeres Signal dafür war eine manchmal verbissen wirkende Zwanglosigkeit. Unversehens geriet das Unbezweifelbare, die heilige Messe der Hochkultur, ins Zwielicht. Mit der Verbreitung der linken Kulturkritik Ende der sechziger Jahre war es möglich geworden, zur Hochkultur auf Distanz zu gehen, ohne gleich als Banause zu gelten - im Gegenteil: Negation verband sich mit dem Prestige der Entlarvung. Die Stigmata - Affirmation! Ideologie! Bürgerlichkeit! - brachten die Hochkultur zwar nicht zu Fall, doch verlor sie ihren Nimbus. Zunächst außerhalb der offiziellen Kulturpolitik, entwickelte sich die Vorstellungswelt der Alternativkultur. Im Lauf der Jahre übernahm die kulturpolitische Diskussion wesentliche Ideen der Alternativbewegung und setzte sie allmählich in Modelle und Projekte um: Kleinkunstförderung, Kultur vor Ort, Stadtteilzentren, Selbsthilfeprojekte, Straßenfeste, Festivals der Neuen Kulturszene u.a.

An der zweiten Konfliktfront der kulturpolitischen Diskussion, in der Attacke gegen den »Kommerz«, kristallisierten sich zwei Schwerpunkte des neuen kulturpolitischen Denkens heraus: das autonome Ich und die lokale Gruppe. Beides sah - und sieht - man in Gefahr. Die Ziele der Unterstützung persönlicher und lokaler Eigenart sind eine Antwort auf die Kritik der Konsumgesellschaft, die spätestens seit den sechziger Jahren zum intellektuellen Allgemeingut geworden ist. Für die kulturpolitische Diskussion war diese Kritik Signal für einen neuartigen Handlungsbedarf. Das Motiv der Wiederbelebung von Alltagskultur schob sich in den Vordergrund. Weder durch diesen Themenwandel der kulturpolitischen Diskussion noch durch die Kritik der etablierten Hochkultur geriet freilich die institutionelle Absicherung der Hochkultur jemals in Gefahr. Die Einrichtung von Jugend- und Stadtteilzentren, die Förderung von Kleinkunst, die Entwicklung quartiersbezogener Programme war keine Umorientierung, sondern eine Ergänzung der Kulturpolitik. Die Definition des Publikums als Rezipientengemeinschaft wurde erweitert um die Definition des Publikums als Kulturproduzent.

Magische Worte dieser kulturpolitischen Diskussionsphase sind etwa »Kreativität«, »Selbstverwirklichung«, »Autonomie«, »Identität«, »Selbermachen«, »Aktivierung«, »Animation«. Der »Kulturarbeiter« der siebziger und achtziger Jahre versteht sich als Auslöser kultureller Eigendynamik: Er will Denkanstöße geben, Initiativen in Bewegung bringen, schlummernde Potentiale wecken, aus der Passivität herausreißen, zum Mitmachen stimulieren. Anders als für den traditionellen Kulturpolitiker ist nicht die Objektivation von Kultur, das Kunstwerk, oberstes Anliegen des Kulturarbeiters, sondern der Prozeß seiner Entstehung. Es geht nicht um Ergebnisse, sondern um Beteiligung. Im Theater kommt das »Einbeziehen« von Zuschauern in Mode. In den Figuren des passiven Fernsehkonsumenten, des lethargischen Riminiurlaubers, des von Automaten beherrschten Spielers, des grußlos vorbeigehenden Hochhausbewohners verdichtet sich das Problembewußtsein der neuen Kulturpolitik. Ihr Klient ist der seiner kulturellen Eigenständigkeit und seines sozialen Kontextes beraubte Mensch im festen Griff der Kommerzkultur.

In der Gegenutopie zu diesem Ende des Traums vom Reich der Freiheit spielt der Rückhalt des einzelnen in der Gruppe eine wichtige Rolle. Um sich selbst zu finden, braucht man die anderen. Der »Kulturladen« wird zum Vehikel einer Kulturpolitik, die als Milieupolitik gedacht ist. Er soll zum dezentralen Kristallisationspunkt von Nachbarschaften, Wohnquartieren und lokalen Gruppen werden. Orte der Begegnung sollen entstehen, der Widerspruch von Vertrautheit und Öffentlichkeit soll aufgehoben werden. Wo diese Idee in die Tat umgesetzt wurde, entwickelte sich im Lauf der Jahre eine regional begrenzte Kulturladenszene. Überregionale Bedeutung gewinnt die Neue Kulturszene, die sich abzuzeichnen beginnt und bald zum Feld der Kulturpolitik wird.

12.3 Drittes Bild
Die Erlebnisgesellschaft

»Man versorge mich mit Luxus. Auf das Notwendige kann ich verzichten.« (Oscar Wilde) Mit der Durchsetzung der Erlebnisorientierung etablieren sich soziale Milieus, deren existentielle Ansschauungsweisen in Homologie zu einer psychophysischen Semantik stehen. Einfachheit und Komplexität, Ordnung und Spontaneität bilden den Orientierungsrahmen, auf den erlebnisorientierte existentielle Problemdefinitionen bezogen werden: Rang, Konformität, Harmonie, Selbstverwirklichung, Unterhaltung. Soziale Milieus sind überregional und bilden sich durch Beziehungswahl, orientiert an den Zeichenklassen von Alter, Bildung und Stil. Milieuspezifische Stiltypen sind lokalisiert im multidimensionalen Raum alltagsästhetischer Schemata, der ebenfalls in Homologie zur psychophysischen Semantik steht.

Es kommt zu einer Entkollektivierung von Wirklichkeitsmodellen. Erst in einer auf Erlebnisdispositionen begründeten Milieustruktur löst sich der Bezug des Denkens und Handelns zur Gesamtstruktur sozialer Milieus auf, wie im Vergleich zu den vorhergehenden gesellschaftlichen Stadien deutlich wird. So entsprach das Motiv der Aufwärtsmobilität, kennzeichnend für das industriegesellschaftliche Stadium (Abschnitt 12.1), einem hierarchischen Wirklichkeitsmodell; so entsprachen die Distanzierungsgesten im Stadium des Kulturkonflikts (Abschnitt 12.2) einem horizontal-konflikthaften Wirklichkeitsmodell: Unkonventionalität auf der einen und offensiver Traditionalismus auf der anderen Seite. In beiden Fällen wurde die Milieustruktur in ihrer Gesamtheit repräsentiert. Erst in der Erlebnisgesellschaft existieren Geschmacksgruppen nebeneinander, ohne sich in ihrem Denken aufeinander zu beziehen. Allmählich verblaßt die alltagssoziologische Denkfigur einer gesamtgesellschaftlichen Großgruppenkonstellation, um einer Art Milieuethnozentrismus Platz zu machen.

Wo Erlebnisse zum beherrschenden Thema werden, beginnt man, sich vor allem mit sich selbst zu beschäftigen. Neid und Geiz, Aufstiegsstreben und Abstiegsangst, kultureller Missionierungsdrang und Imitationswille sind dagegen Beispiele für außengerichtete Muster sozialer Wahrnehmung, die jeweils andere soziale Großgruppen ins Blickfeld bringen, sei es positiv oder negativ. In der Restaurationsphase der Industriegesellschaft nach dem zweiten Weltkrieg und im Getümmel der sechziger Jahre führten solche Denkstrukturen zu intensiven Beziehungen zwischen sozialen Milieus, mögen sie auch konflikthaft gewesen sein. Je mehr die Menschen begannen, sich mit Urlauben, Wochenenden, Garderoben, Autos, Fernsehangeboten, Illustrierten, Speisekarten, generell: mit dem Erlebnisgehalt ihrer unmittelbaren Zukunft auseinanderzusetzen, desto uninteressanter wurden andere soziale Milieus.

Auf den ersten Blick scheint dies die Zersplitterung sozialer Gruppen in immer kleinere kulturelle Einheiten zu implizieren. Zwei Komponenten sind in dieser fast schon selbstverständlichen Annahme enthalten: daß es früher eine einfache Milieustruktur gegeben habe, und daß die Milieustruktur heute immer unübersichtlicher werde. Doch verhält es sich nicht gerade anders herum? Weder die Annahme einer vorgängigen überregionalen Einfachstruktur sozialer Milieus ist gesichert noch die Behauptung ihres Verschwindens in der Gegenwart. Die zunehmende Erlebnisorientierung der Bevölkerung und die Etablierung eines längst in internationale Dimensionen expandierten Erlebnismarktes sprechen für das Gegenteil. Am Ende der achtziger Jahre erscheint die Bundesrepublik im historischen Vergleich nicht als unendlich zerklüftetes Gebilde kleiner und kleinster Lebensstilgrüppchen, sondern als eine Gesellschaft mit einer ausgeprägten überregionalen Einfachstruktur sozialer Milieus (wovon noch in der Nachkriegszeit keine Rede sein konnte).

Der Erblebnismarkt hat sich zu einem beherrschenden Bereich des täglichen Lebens entwickelt. Er bündelt enorme Mengen an Produktionskapazität, Nachfragepotential, politischer Energie, gedanklicher Aktivität und Lebenszeit. Längst sind Publikum und Erlebnisanbieter aufeinander eingespielt. Routiniert handhaben die Produzenten die ungeschriebenen Regeln des Erlebnismarketings, wobei sie immer mehr zu Techniken der Suggestion greifen. Nach wie vor ist der Erlebnismarkt eine Wachstumsbranche. Neben den früher dominierenden Wachstumspfad der Expansion (Erweiterung des Produktspektrums, Erweiterung der Absatzmengen bei gegebenen Produktarten, Erweiterung der Absatzgebiete) ist der Wachstumspfad der Intensivierung getreten (Steigerung der Erlebnisdichte, Verfeinerung, Qualitätssteigerung).

Routiniert sind auch die Nachfrager geworden. Alles ist ausprobiert, die etablierten Produkte ohnehin, aber auch, so paradox es klingen mag, die innovativen. Das Publikum ist an das Neue gewöhnt. Wenn Abwechslung zum Prinzip erhoben wird, gerät sie unterderhand zur Wiederholung. Gleichmütig registriert das Publikum den unablässigen Strom der Mutationen von Erlebnisangeboten: Moden und Trends, Informationen, Produktveränderungen, Gags der Erlebnissuggestion, Programminnovationen in den elektronischen Medien, Neuerscheinungen auf dem Musikmarkt und im Zeitschriftenhandel, letzte und allerletzte

Entdeckungen im Tourismus, gewagte Neuinszenierungen, revolutionäre Stilbrüche, unerhörte Provokationen usw. Allenthalben, im Zeichenbereich des Hochkulturschemas ebenso wie im Symbolkosmos von Trivialschema und Spannungsschema, ist gerade deshalb nichts Neues mehr zu erleben, weil das Neue ständig angeboten wird - freilich durch Schematisierung und Profilierung der Produkte ausreichend mit Schlüsselreizen versehen, um an schon vorhandene Erlebnismuster zu appellieren. Der Erlebniskonsument der Gegenwart pflegt nicht außer sich zu geraten, wenn aber doch, dann dosiert und mit einem Hauch von Selbstironie.

Das Kumulationsprinzip der Erlebnisnachfrage, ständig wachgehalten durch die Appelle der Erlebnisanbieter, sorgt dafür, daß die riesige Menge der neu auf den Markt kommenden Produkte immer wieder abgeräumt wird, so daß die nächste Produktwelle nachgeliefert werden kann. Wer in diesem Zusammenhang von »Konsumentenbedürfnissen« spricht, sollte sich den Grad der Erlebnisdichte im Alltagsleben vor Augen halten. Bei dem erreichten Standard sind Erlebnisbedürfnisse nicht mehr, wie bis in die sechziger Jahre hinein, als ästhetischer Erfahrungshunger zu beschreiben. Andere Bilder sind zutreffender: Wie ein bequemes Sofa, an das man sich gewöhnt hat, ist das tägliche Erlebnisangebot bereits zu selbstverständlich geworden, als daß man den Wunsch danach noch intensiv spüren könnte. Oder: Wie Medikamentenabhängige sich an ihren Stoff gewöhnt haben, seien es Tranquilizer oder Aufputschmittel, so die Erlebniskonsumenten an die tägliche Ration psychophysischer Stimulation. »Bedarf« ist die Angst vor dem Absinken des habitualisierten Niveaus an Erlebnissen. Je weiter das Kumulationsprinzip auf die Spitze getrieben wird, desto mehr schlägt das Motiv der Sehnsucht nach dem Schönen in das Motiv der Vermeidung von Langeweile um.

Das Korrespondenzprinzip der Erlebnisnachfrage bekommt eine defensive Note: Im Dickicht der Erlebnisangebote dient die subjektive Kodierung des Schönen der Abwehr von Chaos. Die Herstellung von Korrespondenz zwischen subjektiven Erlebnisschemata und ausgewählten Erlebnisangeboten hat den Charakter des raschen, unausgesetzten Sortierens von Offerten. Aus der Suche nach dem Schönen ist das Auswählen und Abwehren von ständig auf das Bewußtsein einströmenden Möglichkeiten geworden. In der Unübersichtlichkeit des Erlebnismarktes ist der Erlebniskonsument auf Suggestionen angewiesen. Bei immer mehr Produkten wird eine ästhetische Gebrauchsanleitung dazugeliefert, Software für die emotionale Selbstprogrammierung. Die Strategien der Erlebnisnachfrage werden erweitert um das Prinzip der Autosuggestion.

Kulturpolitik ist zu einer fest institutionalisierten kommunalpolitischen Größe geworden. Ein kulturpolitischer Rechtfertigungskonsens lenkt zunächst noch von paradoxen Nebenwirkungen der Kulturpolitik ab. Als Thema der nachutopischen Phase des kulturpolitischen Diskurses kristallisiert sich die Frage von Grenzen und Risiken der Kulturpolitik heraus.

12.4 Zum Wandel des Erlebens

Die drei Szenarien der vorangegangenen Abschnitte führen uns in nahezu inkommensurable Sozialwelten. Es fällt schwer, an der Vorstellung gesamtgesellschaftlicher Identität festzuhalten, die im Begriff der »Bundesrepublik Deutschland« mitschwingt. Was ist eigentlich so geblieben, wie es war? Zwischen der spätindustriegesellschaftlichen sozialen Landschaft in der Zeit des Wiederaufbaus und der voll entwickelten Erlebnisgesellschaft am Anfang der neunziger Jahre liegt eine Distanz, die kaum überbrückbar scheint, obwohl an der sozialen Konstruktion der unterschiedlichen Wirklichkeiten in den verschiedenen Stadien teilweise sogar dieselben Menschen beteiligt waren und sind. Doch angesichts der tiefgreifenden Wandlungen der Subjekte scheint es kaum noch Sinn zu haben, von »denselben« Menschen zu sprechen. Auch persönliche Identität entpuppt sich, gleich der gesamtgesellschaftlichen, als Fiktion.

Von den vielen Aspekten der Transformation von Subjekten betrifft uns die Veränderung des schönen Erlebnisses am unmittelbarsten. Vor allem in der Art und Weise, wie wir positiv mit der Welt umgehen, spüren wir uns selbst. Zwar konstituiert auch die Abwehr des Negativen Selbsterfahrung, doch tritt unsere persönliche Substanz viel markanter im Aneignen als im Zurückweisen zutage. Die Frage nach der Veränderung des schönen Erlebnisses zielt auf den Kern des Subjekts. Dabei kommt es weniger auf die Auswahl von Objekten und Situationen an, die positiv erlebt werden, als auf die innere Konstruktion des Erlebnisses. Robert Lembkes »Heiteres Beruferaten«, das mehr als 1000 Sendungen überstand, wurde am Ende der Serie anders erlebt als am Anfang. Die Platte mit den Beatles, vor Jahrzehnten gekauft, klingt heute anders als früher. An objektiv identisch gebliebenen Gegenständen des Erlebens wird der Wandel der Subjekte am deutlichsten spürbar. Der Versuch, diesen Wandel in Grundzügen zu skizzieren, kann von der analytischen Unterscheidung zwischen verschiedenen Bedeutungsebenen der Alltagsästhetik profitieren. Sowohl die Inhalte von Genuß, Distinktion und Lebensphilosophie haben sich geändert, als auch die Relevanzverhältnisse zwischen den verschiedenen Ebenen.

In der spätindustriegesellschaftlichen Sozialstruktur der fünfziger Jahre war der dimensionale Raum der Alltagsästhetik noch bipolar strukturiert. Das Verhältnis von Hochkulturschema und Trivialschema ließ sich durch eine Dimension abbilden, die in Homologie zu einer fundamentalen ökonomischen Semantik und zum vertikalen Wirklichkeitsmodell einer geschichteten Milieustruktur aufgebaut war. Zu dieser Zeit, aber nur zu dieser, finden wir in der Bundesrepublik Deutschland Verhältnisse vor, die sich gut durch die Theorie Bourdieus (1979) beschreiben lassen. In der Praxis des Hochkulturschemas dominierten antibarbarische Distinktion und Restbestände der alten hochkulturellen Lebensphilosophie des Wahren, Schönen und Guten, die sich unter dem Eindruck der modernen Skepsis allmählich zur Lebensphilosophie der Perfektion wandelte, gleichermaßen verträglich mit dem Positiven wie mit dem Negativen im heterogenen Zeichenbestand des Hochkulturschemas. Normative Widersprüchlichkeit wurde mit einer Art wertneutraler Lebensphilosophie beantwortet. Am anderen, trivialen Pol der Alltagsästhetik spielte die Bedeutungsebene des Genusses die Hauptrolle, denn Distinktion und Lebensphilosophie waren von der Hochkultur gepachtet. Die Praxis des Trivialschemas war und ist vor allem eine Praxis von Gemütlichkeit, einer spezifisch deutschen psychophysischen Grundhaltung.

In der Phase des Kulturkonflikts ändern sich die Verhältnisse grundlegend. Der dimensionale Raum der Alltagsästhetik wird multidimensional - es entsteht das Spannungsschema, gleichzeitig schert das Trivialschema aus der eindimensionalen Polarität mit dem Hochkulturschema aus und wird zu einem Zeichen-Bedeutungs-Komplex, der mehr und mehr quer zu den anderen Schemata verläuft. Kulturelle Gegensätze zwischen den Altersgruppen brechen auf; soziale Milieus provozieren sich gegenseitig dazu, Stellung zu beziehen. In dieser Phase verliert hochkulturelle Ästhetik ihr Monopol auf Distinktion. Andere Muster sozialer Unterscheidung bilden sich heraus, so die antikonventionelle Distinktion des Spannungsschemas und die antiexzentrische Distinktion des Trivialschemas. Mit dem Niedergang der ökonomischen Semantik enthierarchisiert sich die Distinktion. War Distinktion alten Typs noch gekennzeichnet durch eine Beziehung von Arroganz und Respekt, so gilt für Distinktion neuen Typs ein Verhältnis gegenseitiger Abgrenzung. Kulturkonflikt fordert zur Ortsbestimmung heraus - negativ durch Distinktion, positiv durch Lebensphilosophie. Auf beiden Ebenen verliert das Hochkulturschema sein Monopol. Rasch wird die Lebensphilosophie des Narzißmus populär. Im Bereich des Trivialschemas gewinnt die Lebensphilosophie der Harmonie, der Ruhe und der Ordnung eine vorübergehende Deutlichkeit, die ihr vorher deshalb fehlte, weil sie noch nicht in Frage gestellt wurde. Insgesamt steht das Szenario des Kulturkonflikts für eine Phase der Pluralisierung, der Entvertikalisierung und der Relevanzsteigerung von Distinktion und Lebensphilosophie.

Im Verhältnis dazu ist das Szenario der Erlebnisgesellschaft durch eine Relevanzminderung von Distinktion und Lebensphilosophie einerseits und eine Relevanzsteigerung von Genuß andererseits zu charakterisieren. Der wichtigste Impuls für die relative Karriere des Genußmotivs geht vom Verhalten der Anbieter auf dem Erlebnismarkt aus. Ihre Erlebnissuggestionen, unverzichtbares Beiwerk der Erlebnisangebote, appellieren überwiegend an die Bedeutungsebene des Genießens beim Erlebnisverbraucher. Daß andere Bedeutungsebenen angesprochen werden, etwa das Distinktionsmotiv im Slogan »Es war schon immer etwas teurer, einen besonderen Geschmack zu haben«, kommt zwar vor, spielt jedoch nur eine untergeordnete Rolle in der erlebnisbezogenen Werbung. Unübersehbar dominieren psychische und physische Formen des Genusses: gute Laune, Entspannung, Erregung, Unterhaltung, Gemütlichkeit, Coolness, Sensationen der Sinne - nie Gesehenes, nie Gehörtes, unverergleichliche Gefühle usw.

Distinktion ist Nebenprodukt. Daß in verschiedenen Alters- und Bildungsmilieus verschiedene alltagsästhetische Typen herrschen, kommt nicht durch den

Wunsch zustande, sich voneinander zu unterscheiden, sondern durch unterschiedliche psychophysische Orientierungen in einzelnen Alters- und Bildungskategorien. Die Unterschiedlichkeit sozialer Großgruppen wird durch alltagsästhetische Praxis lediglich transparent, ohne im Erlebnis selbst eine ähnlich wichtige Rolle zu spielen wie die Distinktion im bürgerlichen Zeitalter.

Vor der Evolution des Erlebnismarktes spielte neben Distinktion die Bedeutungsebene der Lebensphilosophie eine wichtige Rolle. Der Begriff der Katharsis stellte die lebensphilosophische Klärung ins Zentrum der Ästhetik des griechischen Dramas. Bei allem Wandel des Zeichenbereichs der Hochkultur im Laufe der Jahrhunderte blieb doch eines unverändert: die Verbindung mit allgemeinen Themen der Existenz - Menschenbild, Gesellschaftsbild, metaphysische Fragen, nationale Identität, soziale und politische Grundwerte, Sinn des Lebens. Musik, Malerei, Poesie, Architektur, Theater und andere Kunstgattungen waren sowohl Ausdrucksmittel für die lebensphilosophischen Positionen ihrer Urheber als auch Gegenstand lebensphilosophischer Dekodierung durch das Publikum. In der habitualisierten Grundfrage der traditionellen ästhetischen Erziehung - »was sagt das Kunstwerk aus?« - kommt die altgewohnte Nähe der Hochkultur zur lebensphilosophisch orientierten Rezeption zum Ausdruck.

Alle alltagsästhetischen Schemata sind in ähnlicher Weise vom Rückgang der lebensphilosophischen Komponente des Erlebens betroffen, nirgendwo freilich ist der Verfall der normativen Konnotationen der Ästhetik deutlicher als im Bereich des Hochkulturschemas. In der modernen Aufführungs- und Ausstellungskultur ist die lebensphilosophische Botschaft im Erlebnishorizont des Publikums verblaßt. Allenfalls Gegenstand von Interpretationsspielen nach dem Theaterbesuch in der Pizzeria, tangiert der Inhalt das Publikum viel weniger als die Darstellung. Mehr und mehr überlagern Nebenattribute und Oberflächenreize inhaltliche Tiefenstrukturen. Oft genügt die bloße Suggestion von Bedeutsamkeit, das Einstreuen von Signalen der Besonderheit, die symbolische Versicherung, daß sich der Urheber etwas gedacht habe und daß die Veranstaltung das Prädikat »Hochkultur« verdiene. Urheber, Interpreten, Rezensenten und Publikum verbrüdern sich zu einer Bedeutungskumpanei, bei der alle Beteiligten einander schmeichelhafterweise unterstellen, daß sie wüßten, worum es eigentlich geht. Über dem ungeöffneten, geheimnisumwitterten Grab der lebensphilosophischen Bedeutung, in den Rauchwolken eines zur Routine gewordenen Kulturpessimismus, spielen sich Spektakel der Beschwörung großer Ansprüche ab. Es zählt die raffinierte formale Idee, der prickelnde kleine Schock noch unverbrauchter Stilbrüche, die Eindrücklichkeit der Aufmachung, die gut in Szene gesetzte Enttabuisierung, auch wenn die Tabus nur noch sozialhistorische Erinnerung sind.

Stärker noch als im modernen Bereich der Hochkultur ist das Verblassen der lebensphilosophischen Bedeutungsebene im klassischen Bereich zu spüren. Über der Frage, ob die Interpretation gut oder schlecht gewesen sei, wird die Frage nach dem Inhalt unwichtig. Interessant an der Neuinszenierung des Schillerdramas ist nicht der Ruf nach Freiheit, sondern der Umstand, daß die Schauspieler in moderne Kostüme gesteckt wurden und daß ab und zu Rockmusik ertönt. Neugierig, voyeuristisch, manchmal kenntnisreich konsumiert das Publikum solche Einfälle als Genußreiz. Daß irgendjemand darüber hinaus in der Ebene seiner fundamentalen Deutungsmuster berührt würde, ist unwahrscheinlich. Der ergriffene Kulturkonsument, der nicht nur formale Perfektion bewundert, sondern aufgewühlt wird und existentielle Standpunkte klärt, erscheint im modernen Kulturbetrieb provinziell und altmodisch: eine rührende, komische Figur. Man bleibt kühl, auch wenn man meint, man fühle sich betroffen. Das Besondere an der Kunstausstellung sind nicht die Bilder, sondern die großen Namen. Interessanter als das Streichquartett von Haydn ist die Frage, ob sich einer der Musiker verspielt hat. Beachtlich ist ein hochkulturelles Ereignis erst dann, wenn es Beachtung findet - die Reaktion des Publikums wird zum eigentlichen Reiz, der sich vor das Werk stellt.

Unnachahmlich brachte 1989 der Ministerpräsident von Schleswig-Holstein, Björn Engholm, das neue Muster des Kunstgenusses in seiner Werbung für das Schleswig-Holstein-Musikfestival zum Ausdruck: »Drei Übernachtungen, zwei Candlelight-dinners mit schleswig-holsteinischem Essen und zwei hervorragende Konzerte... Musik im Erlebnispackage« (Der Spiegel Nr. 31/1989, S.136). Die Vermarktung des Hochkulturschemas schreitet voran: Das »Künstlerdorf« Worpswede mit seinen Andenkenläden, Herbert von Karajan als »Magier«, die »unvergleichliche Atmosphäre« von Opernaufführungen in der Arena von Verona usw.

Die Erlebnismuster des Publikums werden in starkem Maße vom Rezensionswesen geprägt. Vordergründig geht es im Feuilleton um die Frage, wie ein Buch, ein Film, eine Inszenierung, ein Interpret zu beurteilen sei. Aus kultursoziologischer Sicht ist die jeweilige Einschätzung als gut oder schlecht jedoch unwichtig im Vergleich zur Vermittlung allgemeiner Einschätzungskriterien. Diese unterstreichen immer wieder die Bedeutungsebene des Genusses. Es geht um den hochkulturellen Unterhaltungswert: Ob etwa das Werk als faszinierend oder langweilig, als originell oder epigonal, als perfekt oder verpfuscht zu beurteilen sei. Auch »Betroffenheit«, die eigentlich eine Gefühlsqualität auf der Ebene der Lebensphilosophie wäre, ist längst zu einer Kategorie des Genusses geworden. Katharsis wird nicht als Erfahrung lebensphilosophischer Klärung und Selbstfindung, sondern als Appetithäppchen für den hochkulturellen Gourmet angeboten und konsumiert. Man feiert Schauer der Betroffenheit (wenn sie einem vergönnt sind) wie Teilnehmer an Selbsterfahrungsgruppen ihre Tränenausbrüche. Hier wie dort geht es meist nicht darum, das Leben, die Gesellschaft, die Welt zu erkennen, sondern an Gefühle heranzukommen.

Ähnliche Entwicklungen im Bereich des Spannungsschemas sind unübersehbar. Woodstock ist vorbei. An die Stelle der enthusiastischen Identifikation mit neuen Leitbildern durch alltagsästhetische Praxis ist die nostalgische Erinnerung der kulturellen Veteranen getreten. Jene bekenntnishafte Erlebnistiefe, mit der Rock, Blues und andere Musikstile des Spannungsschemas Ende der sechziger

Jahre empfunden wurden, ist unerreichbar geworden. Propheten einer Lebensphilosophie der Entfesselung, etwa Jimmy Hendrix, Jim Morrison, Janis Joplin, sind nicht nur physisch tot, sondern auch kulturell. Heute werden sie unter der Rubrik »Oldies« vermarktet. Die Rolling Stones, 25 Jahre nach ihrem Aufstieg immer noch präsent, haben sich von Verkündern eines neuen Zeitalters in Unterhaltungsartikel verwandelt. Zwar ist das Publikum der Rockkonzerte expressiver geworden, aber die wirklichen oder eingebildeten Ekstasen der Fans haben nicht mehr jene lebensphilosophische Basis, die dem Ausagieren des Spannungsschemas in seiner Kristallisationsphase Faszination verlieh. Es dominiert die Bedeutungsebene des Genusses; verblaßt ist die Aura der Gegenkultur (Distinktion) und der Reiz der persönlichen Stellungnahme durch Erleben (Lebensphilosophie). Das Abreagieren durch Action ist der auf psychophysische Erregungszustände reduzierte Bedeutungsrest einer Erlebnismodalität, die zunächst eine zentrale lebensphilosophische Komponente aufwies: Jeans tragen, Motorrad fahren, Popmusik, freie Reise- und Tanzstile als Ausdruck einer Weltanschauung. Inzwischen sind normative Konnotationen weitgehend verkümmert, überdeckt vom Wunsch, einfach ein bißchen Spaß zu haben.

Unablässig fluten Wellen von Erlebnisangeboten über die Gesellschaft. Im Akt des Konsumierens ist schon das Drängen des nächsten Angebots spürbar: die nächste Sendung, die neue Zeitschriftennummer, der letzte Hit, das Folgemodell auf dem Automobilmarkt, die aktuelle Modekollektion usw. Das unaufhörliche Pulsieren der nachfolgenden Produktionsausstöße setzt einen Konsumenten voraus, dem es mehr auf das Nehmen ankommt als auf das Haben. Der Idealkonsument des Erlebnismarktes ist ein Kanal, durch den die Angebote hindurchströmen, nicht ein Behältnis, in dem sie sich sammeln.

Die ständigen Verfeinerungen und Qualitätsverbesserungen der Produkte können den Rückgang der Erlebnisintensität nicht ausgleichen. Man reist immer weiter und komfortabler, die Fotoapparate werden raffinierter, das Joghurtangebot fächert sich in immer exotischere Varianten auf, den Autos wachsen Heckspoiler und breitere Reifen, alte Stereogeräte werden durch CD-Anlagen ersetzt, »spießige« Möbel machen schicken Einrichtungen Platz, die Innenstädte werden in konsumfreundliche Fußgängerzonen verwandelt. Doch kaufen läßt sich immer nur das Erlebnisangebot, nicht das Erlebnis selbst - dieses muß jeder in eigener Regie produzieren. Widerspenstig entzieht sich der angestrebte Erfolg erlebnisorientierten Handelns immer wieder der rationalen Handlungsplanung. Erlebnisse sind ein Paradebeispiel für »Zustände, die wesentlich Nebenprodukt sind« (Elster 1987). Sobald man sie zur Hauptsache macht, sie mit Ernst und Entschlossenheit anstrebt, werden sie fragwürdig. Was eigentlich ein Circulus Vitiosus ist, scheint vernünftig. Statt sich Befriedigung zu verschaffen, vergrößern die Nachfrager ihren Erlebnishunger umso mehr, je mehr sie ihn zu stillen versuchen. Genuß steigt nicht proportional zu den dafür eingesetzten Mitteln.

Sollen wir uns als Opfer betrachten? Als handelte es sich um einen soziokulturellen Pflegefall, taucht das Publikum in der kulturpolitischen Diskussion überwiegend als therapiebedürftiges Objekt auf, das vielfältigen Gefährdungen ausgesetzt ist. Unfähig, den Fernseher abzuschalten, Konsumreizen zu widerstehen, gedankliche Komplexität auszuhalten, sieht man das Publikum von Verdummung, Manipulation, Passivität und Vereinsamung bedroht. Gesellschaftspfleger und kulturpolitische Therapeuten treten auf den Plan, um dem darniederliegenden Patienten wieder auf die Beine zu helfen. Denkanstöße soll er erhalten, animiert und aktiviert soll er werden, sensibilisiert, aufgeklärt usw. Es dominiert eine Haltung des Verständnisses und der Anteilnahme. Dem rasch populär gewordenen soziologischen Konsens der sechziger Jahre entsprechend, sieht man das Publikum üblicherweise in Abhängigkeit von gesellschaftlichen Bedingungen. Damit kann das Publikum, selbst dann, wenn es versagt, mildernde Umstände infolge verminderter Zurechnungsfähigkeit beanspruchen. Man schiebt ihm keine Verantwortung zu, sondern analysiert die Umstände, denen es unterworfen ist. Die gegenwärtige Krise des Subjekts ist durch fürsorgliche Entmündigung jedoch nicht zu entschärfen. Wir, das Publikum, müssen erkennen, daß wir die Situation, in der wir uns befinden, nicht anders verdienen.

12.5 Ein zusammenfassendes Tableau

Das folgende Tableau bezieht wesentliche Aussagen der gesamten Untersuchung auf drei kulturelle Übergangsstadien der Bundesrepublik Deutschland: Restauration der Industriegesellschaft, Kulturkonflikt, Erlebnisgesellschaft. Zum einen informiert das Tableau über die Dynamik einzelner Aspekte der sozialen Wirklichkeit (bei vertikaler Lektüre), zum anderen über die gesellschaftliche Situation zu einem bestimmten Zeitpunkt (bei horizontaler Lektüre).

Kulturelles Übergangsstadium	Existentielle Anschauungsweisen	Fundamentale Semantik	Milieukonstitution
Restauration der Industriegesellschaft (zwischen Ende der 40er u. Mitte der 60er Jahre)	Zunächst Dominanz außenorientierter Lebensauffassungen; mit zunehmendem Wohlstand allmähliche Erosion	Ökonomische Semantik. Grundkategorien: Abstufung v. »Mehr« und »Weniger«. Homologe Kategorien: Abstufungen von »Oben« und »Unten«	Mischform von Beziehungsvorgabe und Beziehungswahl
Kulturkonflikt (zwischen Mitte der 60er und Ende der 70er Jahre)	Entwicklung innenorientierter Lebensauffassungen, zunächst begrenzt auf jugendliche Subkulturen	Vorbereitung der psychophysischen Semantik durch Kodierung von »Spontaneität«. Daneben besteht die ökonomische Sematik fort	Starker Rückgang der Milieukonstitution durch Beziehungsvorgabe; Normalisierung der Milieukonstitution durch Beziehungswahl
Erlebnisorientierte Gesellschaft (ab Anfang der 80er Jahre)	Durchsetzung der Erlebnisorientierung in verschiedenen milieuspezifischen Varianten (Rang, Konformität, Harmonie, Selbstverwirklichung, Unterhaltung)	Psychophysische Semantik mit den Dimensionen von kognitiver Differenziertheit (Denkstile) und Reguliertheit (Handlungsstile). Grundkategorien: Einfachheit versus Komplexität und Ordnung versus Spontaneität. Diverse Homologien: existentielle Anschauungsweisen; Genuß, Distinktion, Lebensphilosophien in der Alltagsästhetik; psychosoziale Dispositionen; Aspekte der Lebenssituation)	Dominanz der Milieukonstitution durch Beziehungswahl
Hinweise auf besonders einschlägige Textabschnitte	1.1 - 1.3/1.6/1.7/ 5.8/6.2 - 6.6	5.7/7.2/7.3	4.3/4.4

(Fortsetzung:)

Kulturelles Übergangsstadium	Konstitution von Existenzformen	Milieuindizierende Zeichen	Wirklichkeitsmodelle
Restauration der Industriegesellschaft (zwischen Ende der 40er u. Mitte der 60er Jahre)	Mischform von altem und neuem Muster; die Charakteristika des alten Musters (Begrenzen und soziale Kontrolle) haben noch große Bedeutung	Stellung im Produktionsprozeß/ Lebensstandard (alte Zeichen)	Ausgeprägte Vorstellung vertikaler Großgruppenstrukturen; gruppenübergreifende Prestigekriterien; auf Stellung im Produktionsprozeß bezogenes Großgruppenbewußtsein; Wahrnehmung von Gruppengegensätzen im Rahmen von Verteilungskonflikten
Kulturkonflikt (zwischen Mitte der 60er und Ende der 70er Jahre)	Kritische Distanzierung von Begrenzungen und sozialer Kontrolle als Modi der Konstitution von Existenzformen in jugendlichen Milieus; Bedeutungszunahme des neuen Modus der Wahl	Nebeneinander von alten und neuen Zeichen	Ausgliederung jugendlicher Subkulturen aus den traditionellen vertikalen Wirklichkeitsmodellen; Entstehung neuer erlebnisorientierter Prestigekriterien in sozialen Milieus (Spontaneität, Nonkonformismus, persönlicher Stil u.a.); Überlagerung von Verteilungskonflikten durch Kulturkonflikte; Vordringen altersbezogenen Großgruppenbewußtseins
Erlebnisorientierte Gesellschaft (ab Anfang der 80er Jahre)	Normalisierung des neuen Musters: Dominanz von Wahl und selbstbestimmten Formen der Symbolisierung; stark verringerte Bedeutung von Begrenzung und sozialer Kontrolle	Alter (mit der Doppelbedeutung von biologischem Alter und Generationszugehörigkeit)/ Bildung/persönlicher Stil	Milieustruktur gespaltener Vertikalität; milieuspezifische Prestigekriterien; Milieu-Ethnozentrismus und Nichtverstehen anstelle der früheren Milieukonflikte; Asymmetrien durch unterschiedliche Sichtbarkeit einzelner Milieus; Entkollektivierung von Wirklichkeitsmodellen
Hinweise auf besonders einschlägige Textabschnitte	1.1/4.12/7.3	4.6-4.11/ 7.5/7.6	8.1-8.6

(Fortsetzung:)

552 *Die Bundesrepublik Deutschland im kulturellen Übergang*

Kulturelles Übergangsstadium	Dimens. Raum alltagsästh. Schemata	Erlebnisstrukturen	Erlebnismarkt
Restauration der Industriegesellschaft (zwischen Ende der 40er u. Mitte der 60er Jahre)	Bipolar-eindimensionaler Raum: Hochkulturschema versus Trivialschema	Dominanz von Distinktion und Lebensphilosophie bei der Praxis des Hochkulturschemas; Dominanz des Genusses bei der Praxis des Trivialschemas	Dominanz der außenorientierten Konsummotivation; gebrauchswertorientierte Produktstruktur, wenig entwickelte Rationalitäten von Erlebnisangebot und Erlebnisnachfrage
Kulturkonflikt (zwischen Mitte der 60er und Ende der 70er Jahre)	Evolution des Spannungsschemas; Beginn der dimesionalen Entkoppelung von Hochkultur- und Trivialschema	Pluralisierung der Distinktion (antibarbarische, antiexzentrische und antikonventionelle Distinktion) und der Lebensphilosophie (Perfektion, Harmonie, Narzißmus). Im Kulturkonflikt haben distinktive und lebensphilosophische Ebene bei allen Stiltypen große Relevanz	Vordringen der innenorientierten Konsummotivation; Veränderung der Produktstruktur durch erlebnisbezogene Umdeutung, Innovation, Diversifizierung, Expansion des Volumens innenorientierten Konsums; Expansion der Distributionsgebiete von Erlebnisangeboten; Korporatisierung und Konzentration; Entwicklungssprung der Rationalitäten von Erlebnisangebot und Erlebnisnachfrage
Erlebnisorientierte Gesellschaft (ab Anfang der 80er Jahre)	Multidimensionaler Raum mit unipolaren Dimensionen: Hochkulturschema, Trivialschema, Spannungsschema; Tendenz zur semantischen Stagnation und zur weiteren Entkoppelung	Relevanzverlust von Distinktion und Lebensphilosophie. Die Bedeutungstraditionen der Phase des Kulturkonfliktes werden fortgesetzt. Relevanz der Bedeutungsebene des Genusses (dominierende psychophysische Kodierungen: Kontemplation, Gemütlichkeit, Action)	Dominanz der innenorientierten Konsummotivation; voll entwickelter Erlebnismarkt mit ausgereiften Rationalitäten von Erlebnisangebot und Erlebnisnachfrage; zunehmender Einfluß des Erlebnismarktes auf den dimensionalen Raum alltagsästhetischer Schemata und auf die Milieustruktur
Hinweise auf besonders einschlägige Textabschnitte	3.9/9.10	2.4-2.6/3.9/9.10	9.4 - 9.11

(Fortsetzung:)

Zusammenfassendes Tableau 553

Kulturelles Übergangsstadium	Rationalität der Erlebnisnachfrage	Rationalität des Erlebnisangebotes	Szenenkultur in Großstädten	Kulturpolitische Leitmotive
Restauration der Industriegesellschaft (zwischen Ende der 40er u. Mitte der 60er Jahre)	Einfache Rationalität: Korrespondenzprinzip (Auswahlstrategie)	Schematisierungs- und Profilierungsprinzip (in Entsprechung zum Korrespondenzprinzip der Erlebnisnachfrage)	Hochkulturszene	Hochkulturmotiv und Demokratiemotiv
Kulturkonflikt (zwischen Mitte der 60er und Ende der 70er Jahre)	Erste Erweiterung: Kumulations- und Variationsprinzip (Strategien der Erlebnisverdichtung pro Zeiteinheit)	Abwandlungsprinzip (in Entsprechung zum Variationsprinzip der Erlebnisnachfrage)	Entwicklung weiterer Szenen: Kneipenszene, Sportszene, Volksfestszene, Neue Kulturszene, vereinzelt Kulturladenszene	Erste Erweiterung: Soziokulturmotiv
Erlebnisorientierte Gesellschaft (ab Anfang der 80er Jahre)	Zweite Erweiterung: Abstraktions- und Autosuggestionsprinzip (Strategien der Orientierungssicherung). Die voll entwickelte Rationalität der Erlebnisnachfrage enthält alle fünf Prinzipien.	Suggestionsprinzip (in Entsprechung zum Autosuggestionsprinzip der Erlebnisnachfrage)	Ausweitung und Differenzierung der bestehenden Szenen	Zweite Erweiterung: Ökonomiemotiv. Alle Leitmotive existieren nebeneinander
Hinweise auf besonders einschlägige Textabschnitte	9.5/9.6	9.7/9.8	10.6 - 10.10	11.2

Anhang

Inhaltsverzeichnis (Anhang)

Einleitung 559

Teil A: Daten soziologisch sehen

Einleitung. 561

1. Hermeneutische Grenzüberschreitung
   Zum Verhältnis von Daten und Text 562
2. Syndrome und Konsistenzfelder
   Über die Unwichtigkeit des Einzelbefunds.. 563
3. Heuristik und Darstellung intersubjektiver Konstruktionen
   hoher Komplexität 564
4. Illusionäre Urteile und relationale Interpretation 567
5. Grenzen der Exaktheit. 569
6. Informationspotential und Erkenntnisgrenzen von
   Standardrepräsentativumfragen 570
7. Skalierungsverfahren. 573
8. Erkennen und Abbilden von Mehrdimensionalität
   Über den vorsichtigen Gebrauch der Faktorenanalyse 575

Teil B: Semantische Analyse von Milieustrukturen

Einleitung. 577

1. Korrespondenzanalyse. 578
2. Polare Interpretation 584

Teil C: Erhebungsinstrumente und Indikatoren

Einleitung. 591

1. Die Untersuchung. 591
2. Hauptfragebogen (mündliche Befragung). 594

3. Zusatzfragebogen (schriftliche Befragung)................... 600
4. Interviewerfragebogen 607
5. Skalen.. 609
6. Berufsgruppen...................................... 615
7. Probleme der Generalisierung.......................... 616

Teil D: Kommentierte Tabellen

Einleitung 619

1. Alltagsästhetische Schemata
   Tabellen 1.1 - 1.4.................................... 620
2. Dimensionaler Raum alltagsästhetischer Schemata
   Tabellen 2.1 - 2.3.................................... 625
3. Altersunterschiede
   Tabelle 3 630
4. Bildungsunterschiede
   Tabelle 4 633
5. Milieuspezifische Alltagsästhetik
   Tabellen 5.1 - 5.8.................................... 635
6. Milieuspezifische Existenzformen
   Tabellen 6.1 - 6.15 652
7. Segmentierungsanalysen
   Tabellen 7.1 - 7.3.................................... 662
8. Semantik der Milieudifferenzierung
   Tabellen 8.1 - 8.7.................................... 675
9. Szenen: Kohärenz, Affinitäten, Reichweite
   Tabellen 9.1 - 9.4.................................... 696
10. Szenen: Selektivität
    Tabellen 10.1 - 10.3 703
11. Szenen: Publikumszusammensetzung
    Tabellen 11.1 - 11.6 707
12. Raumbezug von Stadtteilzentren
    Tabellen 12.1 - 12.4 714
13. Historische, dimensionsanalytische und methodische
    Anschlußuntersuchungen
    Tabellen 13.1 - 13.7 719

Einleitung

Bei einer so umfangreichen Studie wie der hier vorgelegten Arbeit wird die Integration von Daten und Theorie zu einem redaktionellen Problem. Versuche, beides im fortlaufenden Text miteinander zu verweben, mögen noch so systematisch angelegt sein - sie führen in ein leserpsychologisches Desaster, wenn der Text mehrere hundert Seiten umfaßt. Am Ende bleibt als potentieller Konsument des Textes nur sein Produzent übrig. Deshalb die Aufteilung dieser Untersuchung in Analyse und Anhang. Die Verbindung zwischen beiden Teilen wird durch Verweise hergestellt.

Der Anhang enthält empirische Materialien, Erläuterungen zu statistischen Analysetechniken und methodische Grundsatzüberlegungen. Er gliedert sich in vier Teile. In Teil A geht es um methodische Weichenstellungen und ihre Begründung. In Teil B werden spezielle Techniken der semantischen Analyse von Milieustrukturen erläutert. Teil C stellt die Begleituntersuchung und ihre Erhebungsinstrumente vor. Teil D schließlich enthält alle Tabellen, auf die im Haupttext verwiesen wird. Das Material hierzu stammt nicht nur aus der Begleituntersuchung, sondern auch aus verschiedenen Anschlußstudien, die im Laufe der letzten Jahre in Zusammenarbeit mit dem Verfasser entstanden sind.

Nicht im Anhang enthalten sind detaillierte Angaben zu den Skalen und eine empirische Typologie von Stadtteilzentren. Dieses Material wurde in der Reihe »Bamberger Hochschulschriften« publiziert.

Teil A
Daten soziologisch sehen

Einleitung

Erkenntnisprogramm und Wissenschaftsentwicklung sind in der Soziologie zunehmend voneinander abgekoppelt. Während sich das grundlegende Erkenntnisinteresse auf Kollektive in ihrer Gesamtheit richtet und nach einer integrativen, möglichst viele Wirklichkeitsschichten umfassenden Forschungsperspektive verlangt, verästelt und segmentiert sich soziologisches Wissen immer mehr. »Soziologie ist das, was Leute, die sich Soziologen nennen, tun, wenn sie von sich sagen, daß sie Soziologie betreiben.« (Dahrendorf 1989, S.2) Der wissenschaftssystematische Standort der Soziologie wird im selben Maße undeutlich, wie die Disparatheit des Wissens und die Partikularisierung der wissenschaftlichen Öffentlichkeit in akademische Milieus voranschreitet. Nicht nur in der Differenzierung der Themen manifestiert sich die Desintegration soziologischen Denkens, sondern auch - fundamentaler - in der Art zu denken. Mehr und mehr sind theoretisches, empirisches und methodenkritisches Denken in der Soziologie auf verschiedene Köpfe verteilt. Eine intellektuelle Arbeitsteilung hat sich etabliert, die vordergründig durch die Binsenweisheit gerechtfertigt scheint, daß eben nicht jeder alles verstehen könne. Aber das Gegenteil ist richtig: Wer nicht Theorie, Forschung und Methoden in einem Kopf vereinen kann, versteht wenig oder nichts. Es gibt keine intellektuelle Arbeitsteilung zwischen Perspektiven, die nur in der Verweisung aufeinander sinnvoll sind. Daß sich diese Verweisung intersubjektiv herstellen lasse, indem die Methodologen die Forschenden beraten, diese den Theoretikern Ergebnisse liefern, um umgekehrt von jenen Themen zu erhalten usw., ist eine schöne, aber wissenssoziologisch unhaltbare Hoffnung. In Wirklichkeit bilden sich unverbundene, sich geradezu wechselseitig meidende wissenschaftliche Kulturen. Dies kann die fatale Konsequenz haben, daß soziologische Theorie nicht mehr in der Lage ist, sich empirisch zu informieren, und daß auf der anderen Seite empirische Sozialforschung unsoziologisch wird: zwar immer raffinierter, doch theoretisch desorientiert, im Glasperlenspiel der Verfahren verfangen, ohne Blick für das Wesentliche. Was dabei herauskommt, wird nicht unverdient zum Gegenstand empiriekritischen Spottes, der seinerseits freilich oft pharisäische Züge hat. Datenanalyse und Soziologie müssen miteinander verbunden sein. In den folgenden Abschnitten geht es um methodische Konsequenzen soziologischer Erkenntnisinteressen.

Übersicht

1. Hermeneutische Grenzüberschreitung. Zum Verhältnis von Daten und Text
2. Syndrome und Konsistenzfelder. Über die Unwichtigkeit des Einzelbefundes
3. Heuristik und Darstellung kollektiver subjektiver Konstruktionen hoher Komplexität
4. Relationale Interpretation
5. Grenzen der Exaktheit
6. Informationspotential und Erkenntnisgrenzen von Standardrepräsentativumfragen
7. Skalierungsverfahren
8. Erkennen und Abbilden von Mehrdimensionalität. Über den vorsichtigen Gebrauch der Faktorenanalyse

1. Hermeneutische Grenzüberschreitung Zum Verhältnis von Daten und Text

Wenn an den empirischen Sozialforscher die Frage gerichtet wird, was denn nun bei seiner Untersuchung »herausgekommen« sei, so bringt in der Regel bereits dies eine grundlegend unangemessene, nichtsdestoweniger übliche Auffassung darüber zum Ausdruck, wie man durch empirische Verfahren Erkenntnisse über die Gesellschaft gewinnen kann. Das »Ergebnis« der empirischen Sozialforschung ist keineswegs identisch mit den Daten. In der Naturwissenschaft mag ein Forschungsprojekt dann an sein Ende kommen, wenn die Meßoperationen abgeschlossen und die dabei gewonnenen Informationen zu möglichst aussagekräftigen Daten verdichtet sind. An diesem Punkt hat empirische Sozialforschung jedoch immer erst ein Zwischenstadium erreicht. Die letzte Etappe des Forschungsprozesses ist nicht mehr mit irgendwelchen selbstlaufenden Vehikeln methodischer Routinen zu bewältigen. Der Weg muß sozusagen auf Schusters Rappen zurückgelegt werden; man kommt nicht umhin, mit Interpretation und soziologischer Einfühlung zu arbeiten.

Relative Häufigkeitsverteilungen, Zusammenhangsmaße, Alphakoeffizienten und andere Daten, wie sie in den folgenden Tabellen enthalten sind, bleiben ohne zusätzliche hermeneutische Bemühungen bedeutungslos. Die Tabellen sind nicht etwa das zahlenmäßige Substrat der Überlegungen in den analytischen Kapiteln, sondern lediglich die Ausgangsbasis einer hermeneutischen Expedition. Bei dem Versuch, kollektiv verbreitete Empfindungs-, Denk- und Handlungsmuster zu rekonstruieren, muß man weit über die Informationsbasis der Daten hinausgehen. Es mag sein, daß dies hier und da den Schreckensruf »unwissenschaftlich« provoziert, doch ohne die Bereitschaft, die Irrtumsrisiken der Interpretation einzugehen, müssen Daten gerade im thematischen Zusammenhang der Analyse von Milieus und alltagsästhetischen Schemata sinnlos bleiben. Umso wichtiger ist es, den Prozeß der Datenentstehung nachvollziehbar zu machen und die Daten selbst darzustellen. Aus der Sinnlosigkeit uninterpretierter Daten läßt sich nicht ihre Entbehrlichkeit ableiten. Sie sind Ankerpunkte von Deutungsversuchen, in die viele andere Elemente einfließen: historische Überlegungen, sozialwissenschaftliche Theorie, Nachvollziehen fremder Subjektivität, vor allem aber die Alltagserfahrung des Forschers selbst in der Gesellschaft, die er untersucht, das ungeschriebene Protokoll lebenslanger teilnehmender Beobachtung. Zweck der Datenpräsentation kann nicht die Mitteilung »des Ergebnisses« in statistischer Form sein, sondern nur die Exposition jener Spuren der sozialen Realität in Befragungsdaten, die im Text zum Gegenstand eines Deutungsversuches gemacht werden. Dieser Deutungsversuch ist das eigentliche Ergebnis; ob er plausibel ist, läßt sich anhand der Daten allein nicht entscheiden. Man muß jedoch zeigen, daß die Daten mit dem Deutungsversuch vereinbar sind. Die Frage, was bei der Untersuchung »herausgekommen« sei, ist zu ersetzen durch die Frage, welche Ansicht sich der Forscher auf Grund der Daten gebildet habe.

2. Syndrome und Konsistenzfelder
Über die Unwichtigkeit des Einzelbefunds

Forschungsinteressen, die sich wie im vorliegenden Fall auf soziale und psychische Strukturen, erfahrbare gesellschaftliche Großgruppen, Typenwahrnehmungen in der Alltagsinteraktion, Ordnungsvorstellungen und Handlungsdispositionen richten, all dies verbunden mit der Frage nach kollektiven Differenzierungen, erfordern eine Synopse von vielen Variablen und eine Suche nach komplexen, multidimensionalen Mustern.

Es geht um Aspekte der Realität, welche die Abstraktion vom Einzelereignis zwingend voraussetzen. Keineswegs muß diese Abstraktion immer nur eine Ausgeburt der theoretischen Phantasie sein - ganz im Gegenteil ist sie unumgänglich, um soziale Realität zu beschreiben. Im Alltagsgeschehen existieren Abstraktionen als Vorstellungen und als Handlungsdispositionen, die eine unübersehbare Fülle von Situationen integrieren. Bei der Suche nach diesen handlungssteuernden Grundorientierungen ist die Analyse des einzelnen Aspektes grundsätzlich verfehlt. Was läßt sich beispielsweise aus dem Befund ableiten, daß Volkslieder älteren Menschen besser gefallen als jüngeren? Was bedeutet etwa ein Zusammenhang zwischen Rigidität und Tendenz zur politischen Unterordnung, und sei er noch so signifikant? Gewiß ist es möglich, auch solche Ergebnisse als »interessant« zu zelebrieren, gar noch ein kleines kausalanalytisches Interpretationsspiel beizufügen und Einzelheiten nach Ursache und Wirkung zu sortieren, von denen man doch eigentlich nur sagen kann, daß sie Elemente einer übergeordneten Struktur kovariierender Sachverhalte sind.

Alltagsästhetischen Schemata und fundamentale Semantiken manifestieren sich als Komplexe von zahlreichen Einzelaspekten des Verhaltens, deren interne Vernetzung erst dann auffällt, wenn man viele Verhaltenstendenzen bei vielen Personen untersucht. Ähnlich umfassend ist der Begriff der sozialen Milieus angelegt, bei dem es auf gruppenspezifische Verbindungen von Subjektivität und Situation ankommt. Folgt man der inneren Logik dieser Begriffe in der Datenanalyse, so ist die Untersuchung von Syndromen zum Forschungsprogramm zu erheben. Das Erkennen statistischer Muster (komplexe Kovariationen) ist dabei nur ein Zwischenziel auf dem Weg zum Verstehen eines Syndroms als einer Grundorientierung, die letztlich als kognitive Konstruktion zu beschreiben ist. Dabei kommt es nicht auf die einzelnen Variablen an (die ja immer nur eine Auswahl aus dem Kosmos der betroffenen Variablen darstellen und austauschbar sind), sondern auf die Gesamtkonfiguration (vgl. Abschnitt 7.3).

Analytisch besonders gut zugängliche Spezialfälle von Syndromen sind Konsistenzfelder. Vorausgesetzt ist dabei mindestens ordinales Skalenniveau nicht nur der manifesten Variablen, sondern auch der latenten Konstrukte, auf die sie sich beziehen. Konsistenzfelder liegen dann vor, wenn alle Variablen untereinander in Form monotoner Beziehungen kommunizieren. Insbesondere alltagsästhetische Schemata, Szenen und situationsübergreifende Handlungsdispositionen lassen sich mit der Vorstellung solcher Konsistenzfelder erfassen. Dadurch wird es möglich, individuelle Ausprägungen unter Bezug auf das gesamte Konsistenzfeld als Nähe oder Distanz zu entgegengesetzten Polen zum Ausdruck zu bringen.

3. Heuristik und Darstellung intersubjektiver Konstruktionen hoher Komplexität

Alltagsästhetische Schemata, Milieus und fundamentale Semantik sind das Ergebnis subjektiven Strebens nach Ordnung. Ordnung bedeutet in diesem Zusammenhang, daß viele Aspekte der erfahrbaren Welt in wenigen Grundgestalten integriert werden. Alltagsästhetische Schemata ordnen viele Aspekte der Welt einem dimensionalen Raum weniger Grundvorstellungen über schön und häßlich zu; Milieuwahrnehmungen bündeln die zahlreichen Spielarten von Existenzformen zu einer überschaubaren Gruppenstruktur; die fundamentale Semantik stellt umfassende Formeln für subjektive Konsistenz und intersubjektive Ähnlichkeit bereit. Ordnung beruht darauf, daß Individuen sich untereinander abstimmen. Gemeinsam bringen sie eine gewisse kollektive Einheitlichkeit der integrierenden subjektiven Konstruktionen hervor, die freilich immer unvollständig bleiben muß. Nichtsdestoweniger bezeugt sich die Realität der integrierenden subjektiven Konstruktionen in weit verbreiteten und empirisch belegbaren Handlungsmustern.

Um diesen integrierenden subjektiven Konstruktionen auf die Spur zu kommen, kann man eine große Zahl multivariater statistischer Verfahren einsetzen: klassifikatorische Verfahren, Faktorenanalyse, Diskriminanzanalyse, multivariate Analyse von Kontingenztabellen, Analyse latenter Klassen u.a. Man sollte allerdings die Erkenntnisleistung dieser und anderer Verfahren nicht zu hoch bewerten. Von Extremfällen ohne empirische Bedeutung abgesehen, können beispielsweise klassifikatorische Verfahren nicht herausfinden, wieviele Klassen es »wirklich« gibt und welcher Klasse ein bestimmtes Individuum »wirklich« zuzuordnen ist, wenn die Wirklichkeit, um die es dabei geht, eine intersubjektive Konstruktion mit all ihren Unschärfen ist. Man kann Unschärfen nicht durch irgendwelche Methoden herausrechnen oder durch Verbesserung der Meßinstrumente reduzieren, weil sie Bestandteil der zu erfassenden Wirklichkeit selbst sind. Der Erkenntniswert der genannten multivariaten Verfahren beschränkt sich auf die Aufdeckung komplexer Kovarianzstrukturen, die genauso ganzheitlich und unscharf, wie sie in den Köpfen der Menschen existieren, auch theoretisch zu bearbeiten sind.

Für das Auffinden des Gesamtbildes ist die statistische Methode nahezu irrelevant. Die Hauptergebnisse dieser Arbeit sind invariant gegenüber der gewählten Analysemethode. Die für die Heuristik eingesetzten Verfahren sind jedoch für eine theoriedidaktisch möglichst griffige Darstellung der Ergebnisse oft weniger gut geeignet. Wegen der angestrebten Bedeutungslosigkeit der statistischen Suchverfahren für die zentralen Ergebnisse bestand freie Wahl bei der Gestaltung der Tabellen. Wichtigster Grundsatz dabei war die Maximierung der intuitiven Zugänglichkeit multivariater Ergebnisse. Im folgenden werden vor allem drei Darstellungsformen verwendet:

1. *Geordnete Sequenzen bivariater Prozenttabellen*: Bei den Tabellenserien 5 und 6 wird eine Aufteilung der Gesamtstichprobe in immer wieder dieselben fünf Untergruppen zugrundegelegt, die sich aus einer Kombination von Alter und Bildungsgrad ergeben. Warum ausgerechnet diese Art der Gruppenbildung? Sie ist durch das Motiv begründet, soziale Wahrnehmung auf den ersten Blick ungefähr nachzuzeichnen. Alter und Bildung bemerkt jeder an jedem sofort, weil sich die dazugehörigen Attribute erstens deutlich manifestieren und weil sie zweitens in unserer Kultur von besonders hohem Interesse sind. In den Tabellen werden nun Differenzierungen zwischen diesen Gruppen in möglichst einfacher Weise dargestellt: Die jeweils ausgewählte Variable wurde dichotomisiert, um die Anteilsunterschiede einer festgesetzten Kategorie zwischen den einzelnen Gruppen zum Ausdruck bringen zu können. Jede Zeile in den Sequenztabellen repräsentiert also eine bivariate Datenmatrix, deren Spalten durch die Gruppen konstituiert werden und deren Zeilen auf die beiden Kategorien der dichotomisierten Variablen bezogen sind. Um redundante Information zu vermeiden, wird jedoch immer nur eine der beiden Zeilen mitgeteilt. Die weggelassene Zeile ist komplementär dazu und ergibt sich durch Ergänzung auf 100 Prozent. Doch Einzelbefunde haben nur untergeordnete Bedeutung: Es kommt auf die Vielzahl der Differenzierungen an,

die sich jeweils unter einer bestimmten in der Tabellenüberschrift angegebenen inhaltlichen Perspektive ergeben. Die Sequenz läßt sich nach dem Gesichtspunkt der Diskriminierungskraft aufsteigend ordnen. Um übergreifende Muster zu erkennen, muß man die Sequenztabellen vertikal lesen. Dabei treten die multidimensionalen Besonderheiten der einzelnen Gruppen hervor.

2. *Korrelationsfelder*: Wenn die Vielzahl der Aspekte, um die es geht, eine Tendenz zur Konsistenz (im Sinne monotoner Beziehungen) aufweist, ist es sinnvoll, multivariate Strukturen durch Felder bivariater Korrelationen darzustellen. Diese Methode wurde bei der Analyse von alltagsästhetischen Schemata und Szenen eingesetzt. Dabei werden die Variablen zu Feldern umgruppiert, die besonders hohe interne Korrelationen und deutlich niedrigere feldexterne Korrelationen aufweisen. Im Grunde entspricht dies dem Denkansatz der Faktorenanalyse, weshalb es sich anbot, die Faktorenanalyse als heuristisches Verfahren einzusetzen. Man geht dabei vom annahmebelasteten faktorenanalytischen Endergebnis wieder einige Schritte zurück auf eine Ebene, wo man auf unsichere Annahmen verzichten kann, ohne die theoretisch verwertbare Information der Faktorenanalyse über Bord zu werfen. Mit der Methode der Korrelationsfelder läßt sich auf simple Weise zeigen, welche Variablen »zusammengehören«, was dann Ausgangspunkt für die Frage sein kann, welche subjektive Sinnkonstruktion diese Zusammengehörigkeit zustandebringt. Zusätzlich kann man Überlegungen zu feldübergreifenden Zusammenhängen anstellen, die auf die verfügbare Grundinformation rekurrieren und nicht etwa auf Korrelationskoeffizienten zwischen Faktoren, die immer unter dem Vorbehalt stehen, Methodenartefakte zu sein.

3. *Informationsverdichtung*: Die soeben erläuterten Darstellungsformen sind darauf angelegt, Details in übersichtlicher Weise darzustellen. Es dient jedoch nicht nur der Übersicht, sondern vor allem auch der Theoriebildung, daneben Analysetechniken zu verwenden, die viele Informationen zusammenfassen und die zu möglichst einfachen Modellen führen. Ein erster Schritt in diese Richtung ist die Verdichtung von Feldern konsistenter Einzelindikatoren zu globalen Variablen, etwa um die Position eines Menschen im Verhältnis zu alltagsästhetischen Schemata zu beschreiben. Davon kann ein zweiter Schritt der Informationsverdichtung ausgehen, der darauf abzielt, die komplexe Syndromstruktur von großen Merkmalsbereichen in einem Kollektiv komprimiert zu beschreiben. Diesem Zweck dienen die Verfahren von Korrespondenzanalyse und polarer Interpretation (vgl. Anhang B und Tabellenserie 8 im Anhang D) sowie der Vergleich von beobachteten und (bei Unterstellung einer zufälligen Syndromstruktur) erwarteten Häufigkeiten (vgl. Tabellenserie 7 im Anhang D). Zur theoretischen Begründung für die Wahl der Korrespondenzanalyse sei auf Abschnitt 7.3 verwiesen.

4. Illusionäre Urteile und relationale Interpretation

Der Erkenntniswert beispielsweise einer Analyse allgemeiner Bekanntheitsgrade und Benutzerquoten steht in einem merkwürdigen Gegensatz zu ihrem Aufmerksamkeitswert. Wieviel Prozent der Bevölkerung dieses oder jenes meinen oder tun, wie hoch der Anteil der Personen ist, die mehrmals im Theater gewesen sind, von Kulturzentrum X schon einmal etwas gehört haben usw. ist immer wieder mal eine Pressemeldung wert, wird öffentlich zur Kenntnis genommen und gerne als Argument eingesetzt. Aber was kann man aus Prozentsätzen folgern? Ist eine Besucherquote von 7% für ein Stadtteilzentrum »viel« oder »wenig«? Es ist reine Willkür, einen solchen Prozentsatz mit positiven oder negativen Wertattributen zu versehen - »immerhin«, »erstaunlich«, »beachtlich« oder »bedeutungslos«, »unwichtig«, »erschreckend wenig« usw.

Die Haltlosigkeit solcher Urteile wird oft nicht einmal in der empirischen Wissenschaft erkannt - ganz im Gegenteil werden Pseudoargumente dieser Art meist auch noch mit der Prätention wissenschaftlicher Fundiertheit aufgeladen. Empirisch fundiert ist in diesem Zusammenhang jedoch immer nur das bloße Datum, seine Bewertung ist Gefühl, nichts weiter. Erst wenn Prozentsätze nicht absolut, sondern relational beurteilt werden, wenn etwa zwischen verschiedenen Einrichtungen Vergleiche angestellt werden, sind wenigstens komparative Urteile im Sinne von »mehr« oder »weniger« möglich. Die Beschränkung auf diese vergleichende Perspektive schließt analytische Fragen nach den Ursachen von Unterschieden nicht aus.

In den meisten Fällen sind Daten der empirischen Sozialforschung nicht absolut interpretierbar. Man kann sie bei eindimensionaler Betrachtungsweise nicht als Indikatoren für theoretisch relevante Ereignisse, sondern lediglich als Indikatoren für Meßprozesse verstehen. Die Information beispielsweise, daß 55% der Befragten angegeben haben, »gerne« oder »sehr gerne« Volkslieder zu hören, hat für sich allein keinerlei theoretisch verwertbare Bedeutung. Sie ist nichts weiter als ein Hinweis darauf, wie die Befragten auf ein bestimmtes Meßinstrument reagiert haben, anhand dessen sich die Stichprobe in die zwei Kategorien von »mehr« und »weniger« Volkslieder-Interessierten aufteilen läßt. Die reale subjektive Bedeutung von »mehr« oder »weniger« ist jedoch unbekannt, denn niemand kann sagen, an welcher Position einer theoretisch durchaus vorstellbaren absoluten Skala der Volksliederpräferenz das Meßinstrument die obere von der unteren Gruppe trennt. Noch viel weniger ist bekannt, wie ein gegebener Prozentsatz zu *bewerten* ist. Selbst wenn man den empirischen Sachverhalt absolut beschreiben könnte, wäre unklar, ob seine vorgefundene Verteilung im Kollektiv nun erfreulich oder alarmierend wäre.

Zu dieser doppelten Ignoranz, die als epistemologische Grenze zum Geschäft der empirischen Sozialforschung dazugehört, gesellt sich oft ein drittes Defizit, das freilich nicht schicksalhaft, sondern selbstverschuldet ist: die Unkenntnis der eigenen Erkenntnisgrenzen. »13% der Deutschen haben eine faschistische Grundorientierung!« (Sinus-Studie 1981) Wer Lust dazu hat, kann täglich in Massenmedien und Fachpublikationen neue Belege für das pseudosozialwissenschaftliche Gesellschaftsspiel sammeln, methodenabhängige Verteilungsaussagen nicht nur als absolut verstehbare Sachverhaltsaussagen zu fingieren, sondern auch noch so zu tun, als könne man die Verteilung der erfundenen Sachverhalte bewerten.

Theoretisch fruchtbar werden Informationen über die Verteilung von Meinungen, Einstellungen, Wissen, Handlungsmustern, ästhetischen Präferenzen, psychosozialen Grundorientierungen u.ä. erst dann, wenn man sie relational betrachtet. Daß 55% der Befragten gerne Volkslieder hören, hat keine theoretische Relevanz. Daß dieser Prozentsatz aber stark gruppenspezifisch variiert, ist eine Information, die für das soziologische Verständnis einer Gesellschaft durchaus etwas abwerfen kann.

Daten relational zu interpretieren, bedeutet Selbstbeschränkung auf vergleichende Aussagen, die entweder als Unterschiedsaussagen oder als Zusammenhangsaussagen formuliert werden können. Es gibt drei relationale Grundperspektiven: den intertemporalen Vergleich, den interkategorialen Vergleich (z.B. zwischen Alters-Bildungs-Gruppen) und den interthematischen Vergleich (z.B. Vergleich der Kenntnis von verschiedenen Stadtteilzentren). Bei Querschnittsdaten wie den hier analysierten bleiben nur die zweite und die dritte Möglichkeit, während bei Panel- oder Kohortendaten auch die Möglichkeit besteht, das Kollektiv im Zeitablauf relational zu begutachten.

Kennzeichnend für diese Untersuchung ist eine relationale Grundhaltung bei der Dateninterpretation selbst dann, wenn gelegentlich absolut verstehbare Daten vorliegen. Angaben wie »Hausfrau«, »in Ausbildung«, »nie« oder »einmal« u.a. sind zwar absolut interpretierbar, doch haben sie im Verhältnis zur Hauptmasse der Daten nur geringes Gewicht, abgesehen davon, daß das Bewertungsproblem auch bei diesen Sonderfällen nicht lösbar erscheint. Soll man beispielsweise bei einer bevölkerungsbezogenen Besuchsquote von 20% eines gegebenen Stadtteilzentrums von einer »hohen« oder »niedrigen« Quote sprechen? Erst wenn man andere Stadtteilzentren zum Vergleich heranzieht, wird wenigstens eine Beurteilung anhand der Kategorien »mehr« oder »weniger« möglich, womit man jedoch bereits wieder zu einer relationalen Interpretation, und zwar interthematischer Art, zurückgekehrt ist.

Relationale Ergebnisse sind methodenrobust. Sie bleiben oft invariant selbst bei unterschiedlichen Frageformulierungen und Antwortvorgaben. Es spielt keine wesentliche Rolle, welchen von mehreren möglichen Zusammenhangskoeffizienten man wählt (ob man beispielsweise trotz Unsicherheiten im Hinblick auf die Skalenniveaus den pearson'schen Koeffizienten wählt oder ein Rangkorrelationsmaß). Arbeitet man mit interkategorialen Vergleichen dichotomisierter Variablen, so reicht es aus, Dichotomisierungen bei extremen Punkten der Verteilung (die beispielsweise 90% zu 10% unterteilen) zu vermeiden; ansonsten ist es nahezu unerheblich, an welcher Stelle man dichotomisiert. Wenn eine deutliche relationale Grundinformation gegeben ist, bleibt diese fast immer erhalten, gleichgültig, ob man im oberen Drittel, im unteren Drittel oder in der Mitte der Verteilung einer relational zu interpretierenden Variable dichotomisiert. Am besten sind Differenzierungen allerdings meist bei Dichotomisierungen im mittleren Bereich zu erkennen, weshalb diese Methode bei den Tabellen im Anhang D vorherrscht.

5. Grenzen der Exaktheit

Prozentzahlen und Zusammenhangskoeffizienten, die in den nachfolgenden Tabellen durchweg zweistellig angegeben werden, suggerieren eine Genauigkeit, die der wirklich mitteilenswerten Information unangemessen ist. Es würde dem Gebrauch, den soziologische Theoriebildung von diesen Zahlen überhaupt nur machen kann, besser entsprechen, Transformationen in wesentlich gröbere Kategorien vorzunehmen; bei Zusammenhangsmaßen etwa »schwach«, »mittel« und »stark«, bei Prozentzahlen nur noch Prozentsatzintervalle. Solche Transformationen würden allerdings zusätzlichen Aufwand bereiten; darüberhinaus sind sie unüblich und bei einem aufgeklärten Umgang mit Daten der empirischen Sozialforschung auch gar nicht notwendig.

Diese Skepsis gegenüber einem naiv-exakten Verständnis von empirischen Ergebnissen, die sich bei aller Ungenauigkeit nun einmal als Zahlen manifestieren, ist nicht etwa durch induktiv-statistische Überlegungen motiviert. Die Schätzung von Eigenschaften der Grundgesamtheit aufgrund von Stichprobendaten verbindet sich in der induktiven Statistik zwar mit der Angabe eines Sicherheitsintervalls, innerhalb dessen der Wert der Grundgesamtheit mit angebbarer Wahrscheinlichkeit schwankt. Trotzdem versucht die induktive Statistik, die beste aller möglichen Schätzungen abzugeben; ihr Analyseziel ist durchaus Punktgenauigkeit, nicht Intervallgenauigkeit. Doch in der empirischen Sozialforschung ist es aus drei Gründen fast immer illusionär, Punktgenauigkeit anzustreben.

Erstens erweist es sich bei Standardrepräsentativumfragen zunehmend als unmöglich, saubere Zufallsstichproben herzustellen. Ausfallquoten mit säkular steigender Tendenz (Steeh 1981; Anders 1985) führen zu einer unkalkulierbaren systematischen Fehlerkomponente, die zwar die Daten nicht unbrauchbar machen muß (ausführliche Untersuchungen hierzu wurden anhand der Nachbefragung »harter« Verweigerer im Rahmen des Forschungsprojektes angestellt: Schwarz 1987, vgl. Anhang D, Tabelle 13.5), doch legt es die trotz aller Anstrengungen immer prekär bleibende Stichprobenqualität nahe, Prozentsätze und Koeffizienten nicht als exakte Zahlen, sondern nur als ungefähre Hinweise zu interpretieren.

Zweitens sind Befragungsdaten auch bei optimalen Stichprobenverhältnissen immer unter dem Vorbehalt von Fehlern zu sehen, die im Meßprozeß selbst liegen und mit den Reaktionen des Befragten in der Untersuchungssituation zusammenhängen. Dies gilt vor allem für Einstellungen, psychosoziale Dispositionen und Handlungsmuster. Beispielsweise ist es unmöglich, durch Befragung den exakten Prozentsatz von Personen zu ermitteln, die im langfristigen Durchschnitt täglich mindestens einmal das Fernsehgerät anschalten. Mißverständnisse, Gedächtnislücken, falsche Wahrnehmung des eigenen Alltags, bewußte Fehlinformation, um in einem guten Licht zu erscheinen, Interviewereinflüsse, Einflüsse dritter Personen in der Interviewsituation und andere Faktoren führen dazu, daß sich die wahren Verhältnisse selbst bei optimalen Stichprobenbedingungen nur ungefähr niederschlagen. Dementsprechend sollten dabei resultierende Daten auch nur als grobe Informationen interpretiert werden, ungeachtet ihrer Erscheinungsform als exakte Zahlen.

Drittens schließlich verbirgt sich hinter scheinbar exakten Zahlen oft eine Unschärfekomponente, die nicht auf methodische Probleme zurückgeht, sondern als Eigenschaft der sozialen Realität selbst aufzufassen ist. Da sich der Haupttext ausführlich mit dem Problem der Unschärfe auseinandersetzt (Abschnitt 4.14), genügt es an dieser Stelle, auf den Sachverhalt hinzuweisen. Auch auf die Datenanalyse wirkte sich die Vorstellung authentischer (das heißt nicht methodenbedingter) Unschärfe aus; in Tabelle 7.3 im Anhang D wird eine »Unschärfeanalyse« der Milieustruktur präsentiert.

Die relationale Betrachtungsweise kommt dem Wunsch nach einem realistischen Datenverständnis entgegen. Es ist zwar unwahrscheinlich, daß gruppenspezifische Anteile unter den Bedingungen einer Standardrepräsentativumfrage exakt geschätzt werden können. Andererseits ist es jedoch auch unwahrscheinlich, daß eine real existierende multivariate Differenzierung zwischen Gruppen, die anhand einer Vielzahl von Indikatoren untersucht wird, sich nicht als parallele Differenzierung in den Daten niederschlägt. Zumindest die Rangordnung der Gruppen bleibt auch unter ungünstigen Meßbedingungen erhalten; gleiches gilt für die Rangordnung und das Vorzeichen von Zusammenhangsmaßen. Spezielle methodische Untersuchungen am Datensatz zeigen, daß inhaltsunabhängige Antworttendenzen die relationalen Hauptergebnisse (Gruppendifferenzierungen und Zusammenhangsstrukturen) nicht wesentlich tangieren (Meinberg 1987, vgl. Anhang D, Tabelle 13.7).

6. Informationspotential und Erkenntnisgrenzen von Standardrepräsentativumfragen

Inzwischen ist es fast ein Gemeinplatz, daß kein Gegensatz, sondern ein Verhältnis wechselseitiger Ergänzung zwischen standardisierten und nichtstandardisierten Verfahren besteht. (Die übliche Terminologie »qualitative versus quantitative Verfahren« ist irreführend) Während jedoch auf der Seite der Standardforscher längst anerkannt ist, daß sich die Bedeutung nichtstandardisierter Verfahren nicht in der Vorbereitung von Fragebögen erschöpft, gibt es auf der Seite der explorativen Forscher immer noch eine starke Gruppe, bei der das Wort »Standardrepräsentativumfrage« eine Schreckreaktion hervorruft, als hätte man den Leibhaftigen beim Namen genannt.

Wenn es allerdings, wie in der vorliegenden Untersuchung, um die multivariate Kovariation einer Vielzahl von subjektiven und objektiven Komponenten der Existenzformen in einem Kollektiv geht, stoßen nichtstandardisierte Verfahren wie teilnehmende Beobachtung, narratives Interview oder Tiefeninterview an eine Grenze, die nur mit den Mitteln einer standardisierten Massenerhebung überschritten werden kann. Nur unter diesen Umständen nämlich ist es möglich, halbwegs vergleichbare Informationen über eine Vielzahl von Variablen bei einer Vielzahl von Individuen unter größtmöglicher Annäherung an das Ideal einer Zufallsstichprobe zu erheben und eine ausreichende Variation der thematisierten Variablen sicherzustellen. Das Typische läßt sich anhand von Einzelfällen gewiß illustrieren, nicht aber in seiner Eigenschaft als Typisches nachweisen, d.h. als multivariate Merkmalskombination, deren empirische Häufigkeit den Erwartungswert bei Zufall signifikant übertrifft.

Nun mag es zwar richtig sein, daß sozialwissenschaftlich relevante Informationen über multivariate Verteilungen in Personenkollektiven nur durch Standardrepräsentativumfragen zu erreichen sind. Aber wird man dabei nicht lediglich über Oberflächlichkeiten informiert und dies auch noch falsch? Man muß bei der Diskussion dieser Frage zunächst den impliziten methodischen Alternativvorschlag offenlegen: auf das Instrument der standardisierten Befragung großer Personenmengen ganz zu verzichten und sich bei analytischen Aussagen über Personenkollektive auf ein Gemisch aus Lebenserfahrung, Seherkraft und theoretischer Risikofreude zu verlassen. Der Umstand, daß es bei der soziologischen Analyse der Gegenwartsgesellschaft kaum noch eine Position gibt, die nicht von irgendjemandem vertreten würde, verdankt sich allerdings genau dieser analytischen Grundhaltung. Im Vergleich zu dieser Beliebigkeit erscheinen standardisierte Verfahren auch dann noch als eine erwägenswerte methodische Alternative, wenn sie mit Mängeln belastet sind.

In einer methodologischen Diskussionsphase, wo die Faszination am Unterhaltungswert nichtstandardisierten Materials vielfach immer noch nicht einer nüchternen Betrachtungsweise gewichen ist, die auch das scheinbar Langweilige (die Tabelle, den Koeffizienten, die Prozentzahl usw.) als interessant zu erkennen vermag, erscheint es vielleicht provozierend, das Argument von der »Oberflächlichkeit« der Standardbefragung nicht nur in Abrede zu stellen, sondern im Gegenteil auch noch zu behaupten, daß man gerade mit dieser Methode sonst nicht zugängliche Inhalte zutage fördern kann. Doch nach einer gewiß notwendigen Phase der Kritik an der Überschätzung von Befragungsdaten ist es an der Zeit, etwas gegen ihre Unterschätzung vorzubringen. Zwei Argumente scheinen in diesem Zusammenhang wesentlich:

1. In der Forschung mit standardisierten Persönlichkeitstests wurden zahlreiche Nachweise dafür erbracht, daß die Reaktionen der Befragten durchaus nicht nur die Qualität beliebigen Ankreuzverhaltens haben, dessen nicht-zufällige Va-

riationsquellen auf die bekannten Fehlerfaktoren beschränkt sind, sondern daß Zusammenhänge mit anderen Daten bestehen, die den Einwand der »bloßen Artefaktforschung« in Frage stellen. Man denke etwa an die Korrelationen von Testergebnissen im FPI mit dem unabhängig erhobenen Urteil von Personen, die mit den Befragten im Alltagsleben engen Kontakt haben (Fahrenberg/Selg/Hampel 1978, S.77).

2. Es gibt eine Informationsebene, die dem einzelnen auch bei ganz offensichtlichen und im Bewußtsein klar repräsentierten Merkmalen kaum zugänglich ist und die sich gerade durch standardisierte Verfahren erschließen läßt: die von ihm verwirklichte multivariate Konfiguration von Merkmalsausprägungen und die Zuordnung dieser Konfiguration zu einer kollektiven Typologie. Es ist ein Normalfall der Befragungsforschung, daß Befragte jeweils einzelne Inhalte bewußt oder unbewußt verfälschen. Daß sie jedoch eine komplexe Konfiguration fingieren, erscheint unwahrscheinlich. Je mehr einzelne Items in die Konfigurationsanalyse einbezogen werden, desto größer ist umgekehrt die Wahrscheinlichkeit, daß sich ein latentes Gesamtbild gegen die Detailfehler durchsetzt.

Bei der Suche nach multivariaten Mustern in Personenkollektiven ist ein anderer Fehlerbegriff zugrundezulegen als bei der Individualdiagnose. Es ist durchaus möglich, daß sich aus individualdiagnostisch falschen Ergebnissen eine richtige Kollektivdiagnose ableiten läßt. Betrachten wir hierzu folgendes Beispiel: Gemessen wird die Fernsehhäufigkeit und das politische Interesse. Weiter sei angenommen, daß die Befragten allgemein die Tendenz haben, ihre Fernsehhäufigkeit zu untertreiben und ihr politisches Interesse zu übertreiben, beides mit dem Motiv, einen guten Eindruck zu machen. Wir erhalten also falsche Informationen über den Einzelfall und ebenso falsche eindimensionale Informationen über das Kollektiv (Mittelwerte bzw. Prozentsätze). Trotzdem wird sich unter den genannten Voraussetzungen der Zusammenhang von Fernsehhäufigkeit und politischem Interesse fast genauso darstellen, wie wenn die Variablen fehlerfrei gemessen worden wären, da metrische Zusammenhangsmaße invariant gegenüber linearen Transformationen sind, Rangkorrelationen sogar gegenüber monotonen Transformationen (was es erlauben würde, daß die Fehlerkomponenten auch noch in Abhängigkeit von der Ausprägung der Merkmale variieren, ohne daß sich der gemessene Zusammenhang ändert).

Sind dagegen die Fehlerannahmen der klassischen Testtheorie erfüllt, d.h. haben die Fehler den Erwartungswert Null und hängen sie nicht mit den zu messenden Merkmalen zusammen, so ergibt sich zwar eine Differenz zwischen gemessenem und tatsächlichem Zusammenhang, aber von einer Art, die aus falsifikationistischer Sicht wünschenswert ist: Man nimmt kleinere Zusammenhänge an, als es der Wirklichkeit entspricht. Umso mehr kann man sich unter diesen Umständen darauf verlassen, daß tatsächlich Zusammenhänge existieren. Fazit dieser Überlegungen ist eine Kritik der Kritik. Die spezifischen Erkenntnischancen von Standardumfragen zur relationalen Diagnose von Kollektiven werden ignoriert, wenn man bei der Forschungskritik implizit davon ausgeht, daß die Aufgabenstellungen von empirischer Sozialforschung und psychologischer Individualdiagnostik identisch sind.

7. Skalierungsverfahren

Die zahlreichen heftigen Attacken gegen die Skalierung nach der klassischen Testtheorie, spätestens seit Fischer (1968) allgegenwärtig in der psychometrischen Methodenlehre (Wottawa 1977, Hilke 1980, Gigerenzer 1983, Heidenreich 1987 und viele andere) stehen in einem eigenartigen Kontrast zur ungebrochenen forschungspraktischen Dominanz dieser Methode, von der man sich durch einen Blick in aktuelle Indikatorensammlungen (vgl. etwa ZUMA-Handbuch sozialwissenschaftlicher Skalen) leicht überzeugen kann. Auch bei neuen Testentwicklungen, etwa den Frankfurter Selbstkonzeptskalen (Deusinger 1986) wird mit dem Verfahren nach der klassischen Testtheorie gearbeitet, trotz aller bekannten Kritik. Gleiches gilt für die Gesamtheit der im folgenden dargestellten Skalen. Welche Gründe waren für diese Entscheidung zugunsten der klassischen Testtheorie ausschlaggebend? Warum dieses Festhalten an einer Skalierungstechnik, die schon längst ad acta gelegt zu sein scheint?

1. Zunächst ist festzustellen, daß die Verfahren, die als Alternativen zur Skalierung nach der klassischen Testtheorie gepriesen werden, vor allem die Modelle von Rasch und Birnbaum, zwar als methodologische Konzepte eine Reihe faszinierender Vorteile aufweisen, jedoch an Voraussetzungen gebunden sind, die kaum einmal erfüllt sind. In der Forschungspraxis gelingt es nicht, die Luftschlösser der neuesten Skalierungsverfahren auf den Boden sozialwissenschaftlicher Standarddaten herunterzuholen. Angeblich geglückte Skalierungen (Hehl/ Hehl 1975) haben heftige Kritik provoziert (Henning 1980). Krebs/Schüssler (1987) konnten trotz großer Itemmengen keine guten Rasch- oder Birnbaum-Skalen finden, eine Erfahrung, die sich auch in dieser Untersuchung bestätigte. Allerdings ist einzuräumen, daß sich aus dem Fehlschlagen von Versuchen, Rasch-Skalen zu konstruieren, zwar Einwände gegen die Rasch-Skalierung ableiten lassen, nicht aber Argumente für die Skalierung nach der klassischen Testtheorie. Wodurch also läßt sich die Wahl dieses Verfahrens positiv begründen?

2. Ein methodologisch schwaches, forschungspragmatisch dagegen starkes Pro-Argument liegt in der universellen Verbreitung der klassischen Testtheorie (in eindimensionaler oder mehrdimensional-faktorenanalytischer Form) in der empirischen Fachliteratur. Wer teilweise auf etablierte Meßinstrumente zurückgreifen will (wofür oft gute Gründe sprechen), hat kaum etwas anderes zur Verfügung als Skalen, die nach der klassischen Testtheorie gebildet wurden. Dem ließe sich entgegenhalten, daß die Fortsetzung einer methodologischen Tradition dann nicht gut sein kann, wenn die Tradition schlecht ist. Aber wie schlecht ist diese Tradition wirklich?

3. Je nach Erkenntnisinteressen ist diese Frage unterschiedlich zu beantworten. Für das methodologische Urteil ist der Gesichtspunkt der Erkenntnisinteressen entscheidend, wenn er auch in der Fachdiskussion leider keine Rolle spielt. Wesentliche Impulse zur Entwicklung von Skalierungstheorien stammen aus dem Denkzusammenhang der Psychologie. Beim Transfer des methodologischen Know-how in den Denkzusammenhang der Soziologie großer Populationen wurde jedoch der Unterschiedlichkeit der Erkenntnisinteressen nicht Rechnung getragen. Diese Unterschiedlichkeit führt dazu, daß Vorbehalte gegen die klassische Testtheorie, die bei typischen psychologischen Problemstellungen gerechtfertigt sind, bei typischen soziologischen Problemstellungen gegenstandslos werden. Es trifft durchaus zu, daß die klassische Testtheorie dort versagt, wo es darum geht, Individualdiagnosen mit dem Charakter absoluter Urteile (pathologisch oder nicht? geeignet oder nicht? usw.) zu fällen. Ebenso ist die klassische Testtheorie ungeeignet für die individuelle Veränderungsmessung, etwa zur Kontrolle der Wirksamkeit therapeutischer oder pädagogischer Interventionen (vgl. Fischer 1974, Abbildung 9.3.1). Geht es dagegen um die Analyse großer Kollektive mit der Zielrichtung, Teilkollektive abzugrenzen (etwa soziale Milieus), die nur relativ zueinander zu beurteilen sind, wobei auch noch Unschärfeprobleme als unvermeidlich hinzunehmen sind, so ist das Verfahren nach der klassischen Testtheorie ausreichend, um Indikatoren zu bilden, mit denen sich die anstehenden analytischen Operationen durchführen lassen. Für die Aussage, daß die soziale Kategorie A hinsichtlich der in ihr vorherrschenden Syndrome von Subjektivität und Situation unterschieden ist von der sozialen Kategorie B, benötigt man keine populationsunabhängigen Skalen, die angeblich absolut interpretierbare Meßwerte liefern - es tut der Theoriebildung keinen Abbruch, wenn man auf klassisch-testtheoretische Art vorgeht. Mehr noch: Die Suche nach populationsunabhängigen Skalen ist im theoretischen Zusammenhang der Soziologie oft geradzu absurd - dann nämlich, wenn intersubjektive Konstruktionen zu messen sind, die historisch variieren. Alltagsästhetische Schemata sind ein Paradebeispiel hierfür.

4. Allerdings bleibt zu überlegen, ob man nicht, in Abhängigkeit vom gewählten Skalierungsverfahren, zu unterschiedlichen theoretischen Schlußfolgerungen kommt. Diese Frage läßt sich empirisch in folgenden Teilschritten untersuchen: 1.Schritt: Unter Verwendung desselben Itemmaterials werden verschiedene Skalierungsverfahren durchgespielt (etwa Skalierung nach der klassischen Testtheorie, Mokken-Skalierung, Rasch-Skalierung). Nach den jeweiligen modellimmanenten Kriterien werden möglichst gute Skalen gebildet. 2.Schritt: Die Skalen werden inhaltlich verglichen (Untersuchung der jeweils ausgewählten Items) und hinsichtlich ihres statistischen Zusammenhanges untersucht. Je größer die dabei zutage tretende Ähnlichkeit von Skalen ist, desto weniger beeinflußt die Wahl des Skalierungsverfahrens die soziologische Analyse von Kollektiven. 3.Schritt: Dies läßt sich durch eine direkte Kontrolle der Auswirkungen des Skalierungsverfahrens auf die Theoriebildung ergänzen, indem man die Beziehung der nach verschiedenen Methoden gebildeten Skalen zu theoretisch relevanten Kriterien

untersucht. Je weniger die Zusammenhänge nach Stärke und Richtung voneinander abweichen, desto weniger beeinflußt die Wahl des Skalierungsverfahrens die Theoriebildung.

Solche Untersuchungen wurden am Datensatz des Projektes durchgeführt (Müller-Schneider, vgl. Anhang D, Tabelle 13.6). Das Hauptergebnis ist eindeutig: Für soziologische Argumentationszusammenhänge ist das gewählte Skalierungsverfahren ohne markante theoretische Bedeutung. Wie man auch skaliert - man gelangt zu weitgehend identischen Schlußfolgerungen (vgl. hierzu auch die Arbeiten von Henning/Six 1977 und Lippert/Schneider/Wakenhut 1978, die ebenfalls auf die Parallelität verschiedener Skalierungsverfahren hinweisen).

5. Besser als die Rasch-Skalierung ist die Skalierung nach der klassischen Testtheorie geeignet, die Frage zu untersuchen, ob eine angenommene Dimension überhaupt existiert. Das Bestehen oder Nicht-Bestehen von Dimensionen in einem gegebenen Personenkollektiv kann eine theoretische Frage von großem Gewicht sein (vgl. die Analyse alltagsästhetischer Schemata). Latente Dispositionen, um die es an dieser Stelle geht, sind situationsübergreifende Handlungstendenzen, deren Existenznachweis immer nur mit einer Mehrzahl von Items möglich ist, denn nur dann kann sich die Generalisierungstendenz der Disposition manifestieren. Die Existenzhypothese ist umso eher gerechtfertigt, je homogener die Items sind. Während nun die Heuristik der klassischen Testtheorie ganz auf die Suche homogener Itemfelder angelegt ist, wird bei der Rasch-Skalierung Homogenität nicht untersucht, sondern vorausgesetzt. Inhomogenität scheint bei der Rasch-Skalierung nur indirekt als Modellunverträglichkeit auf. Für die explizite Untersuchung der Existenz von Dispositionen ist die klassische Testtheorie besser geeignet.

8. Erkennen und Abbilden von Mehrdimensionalität
Über den vorsichtigen Gebrauch der Faktorenanalyse

Bei mehrdimensionalen Fragestellungen kann man die Faktorenanalyse als heuristisches Mittel einsetzen. Es ist durchaus möglich, mit der Faktorenanalyse sinnvoll zu arbeiten, ohne ihre restriktiven Modellvoraussetzungen zu akzeptieren. Die Faktorenanalyse ist ein effizientes Verfahren, um in großen, unübersichtlichen Korrelationsmatrizen relativ homogene Itemfelder aufzuspüren, die von anderen homogenen Itemfeldern deutlich abgesetzt sind. Bei der Analyse alltagsästhetischer Schemata wurde die Faktorenanalyse lediglich in dieser Funktion eingesetzt. Die so gefundenen Itemfelder wurden dann jeweils für sich einer dimensionalen Interpretation unterzogen und eindimensional nach dem Verfahren der klassischen Testtheorie weiterbearbeitet. Auf diese Weise läßt sich die oft kritisierte Annahme der Orthogonalität vermeiden, ohne daß es notwendig wäre, sich auf risikobelastete Schätzungen der Zusammenhänge zwischen Dimensionen im

Rahmen obliquer Faktorenrotationen einzulassen. Der beste, »datennächste« Ausdruck für den Zusammenhang zwischen Dimensionen ist die Korrelation zwischen eindimensional konstruierten Skalen, deren Itembasis im Rahmen einer multidimensionalen Heuristik gefunden wurde. Die »Relevanz« von Faktoren im Sinne von itembezogenem Varianzaufklärungspotential, die in der Regel bei faktorenanalytischen Publikationen getreulich berichtet wird, ist wegen der unvermeidlichen Abhängigkeit von der Itemauswahl theoretisch nicht interpretierbar; ihr wurde im Rahmen der Datenanalyse keine Beachtung geschenkt.

Die Tragweite dieser Argumentation wird erst dann richtig klar, wenn man sich bewußt macht, daß die Existenz oder Nichtexistenz von Dispositionen historisch variiert. Für die Soziologie ist gerade der kulturelle Wandel von Dispositionen ein Thema von zentraler Bedeutung, mag sich dies in der Forschungsliteratur bisher auch noch nicht bemerkbar machen. Wenn man den dimensionalen Raum der Alltagsästhetik in seiner Veränderung untersuchen will, verbietet sich das Arbeiten mit der Rasch-Skalierung als einer populationsunabhängigen und Homogenität voraussetzenden Verfahrensart geradezu. Benötigt wird eine Technik, mit der sich das Entstehen und Vergehen von Homogenität großer Klassen von Handlungsmustern in wandelbaren Populationen abbilden läßt. Wegen seiner apriorischen Universalitätsillusion im Bezug auf kulturell variable Dispositionen ist das Rasch-Verfahren soziologisch ungeeignet; es meldet uns Modell-Unverträglichkeit, wo wir es eigentlich mit einem Sachverhalt von zentralem soziologischem Interesse zu tun haben: mit dem Wandel der dimensionalen Struktur von Grundorientierungen (zur empirischen Illustration vergleiche die historische Analyse von Müller-Schneider zur Entwicklung alltagsästhetischer Schemata 1953 - 1987; einige Ergebnisse dieser Studie enthält Tabelle 13.3 im Anhang D).

Häufig wird gegen die Faktorenanalyse eingewandt, sie setzte Intervallskalenniveau voraus, habe jedoch meist nur Ordinalskalen zur Verfügung. Was die Deformation von Variablen für das Ergebnis der Faktorenanalyse bedeutet, untersuchte Serr (1987) in einer Simulationsstudie. Sein Hauptergebnis: Dimensionale Strukturen werden auch unter problematischen Bedingungen zuverlässig erkannt.

Teil B
Semantische Analyse von Milieustrukturen

Einleitung

Die wissenssoziologische Analyse sozialer Milieus strebt nach möglichst weitgehender Integration von möglichst vielen Einzelinformationen. Ziel ist die Beschreibung der fundamentalen Semantik; wie aber gelangt man zu diesem Ziel? Auch bei dieser Frage geht es, wie bei den vorangegangenen Abschnitten, nicht einfach um Techniken der Datenreduktion, sondern um dezidiert soziologische Datenanalyse.

Am Anfang steht das Forschungsinteresse an grundlegenden Ordnungsvorstellungen des Alltagslebens (vergleiche hierzu die Abschnitte 5.6 und 7.3). Wenn es eine fundamentale Semantik gibt, muß sie sich in Gruppenunterschieden manifestieren. Deshalb setzen die Techniken zur semantischen Analyse sozialer Milieus an Gruppenunterschieden an. Die Korrespondenzanalyse ist ein statistisches Verfahren, das dazu geeignet ist, Gemeinsamkeiten einer großen Zahl von Gruppenunterschieden zu entdecken. Allerdings sind diese Gemeinsamkeiten zunächst bloß statistischer Natur. Um sie soziologisch zu verstehen, bedarf es einer an den Ergebnissen der Korrespondenzanalyse ansetzenden hermeneutischen Methode. Das Verfahren der polaren Interpretation führt von der statistischen zur inhaltlichen Integration.

Übersicht

1. Korrespondenzanalyse
2. Polare Interpretation

1. Korrespondenzanalyse

Einführung

Das Verfahren der Korrespondenzanalyse soll zunächst im Überblick dargestellt werden. Ausgangsinformation ist das gesamte Datenmaterial, das den Milieuportraits im vorangegangenen Kapitel zugrunde liegt. Bezogen auf eine Einteilung der Gesamtheit in fünf Alters-Bildungs-Gruppen (Milieumodell), besteht die Ausgangsinformation in einer großen Zahl von Verteilungsprofilen, die darüber informieren, wie groß die relative Häufigkeit einer bestimmten Merkmalsausprägung in den fünf Gruppen ist. Beispielsweise hat das Verteilungsprofil des Merkmals »ledig« folgendes Aussehen: Unterhaltungsmilieu 37%; Selbstverwirklichungsmilieu 57%; Harmoniemilieu 4%; Integrationsmilieu 5%; Niveaumilieu 13%.

Man kann solche Verteilungsprofile nun gleichzeitig nach zwei Gesichtspunkten ordnen. Zum ersten kann man sie nach ihrer *Ähnlichkeit* gruppieren. (So enthalten alle Untertabellen der Serie 5 im Anhang D Verteilungsprofile, in denen bestimmte Milieus den Maximalwert oder Minimalwert aufweisen. Dies wird optisch gekennzeichnet.) Zum zweiten ist es möglich, die Verteilungsprofile nach der *Stärke* der Gruppenunterschiede zu sortieren. (In den Tabellen der Serie 5 kommt dies durch die Reihenfolge zum Ausdruck. Als Maß für die Stärke der Gruppenunterschiede werden, je nach Skalenniveau, die Koeffizienten Eta oder Cramer's V verwendet).

Genau diese beiden Ordnungsgesichtspunkte werden auch von der Korrespondenzanalyse berücksichtigt und zum Aufbau eines integrativen Gesamtbildes verwendet. Das Verfahren sucht nach Dimensionen der Ähnlichkeit - der »Korrespondenz« - von Verteilungsprofilen. Es konstruiert einen Raum, in dem die Merkmale nach dem Gesichtspunkt von Ähnlichkeit oder Unähnlichkeit angeordnet sind.

Im einfachsten Fall ist dieser Raum eindimensional. Der dimensionale Raum wird so konstruiert, daß Merkmale mit ähnlichen Verteilungsprofilen nahe beieinander und Merkmale mit einander entgegengesetzten Verteilungsprofilen weit voneinander entfernt liegen. Ein Beispiel soll das Verfahren verdeutlichen:

Anhang B: Semantische Analyse von Milieustrukturen 579

Gegeben sind die vier Merkmale: (1) Nähe zum Hochkulturschema
(2) relativ hohe Reflexivität
(3) häufiges Fernsehen
(4) Interesse an Werbung

Den Verteilungsprofilen dieser Merkmale liegt folgende Gruppenaufteilung zugrunde: U = Unterhaltungsmilieu
S = Selbstverwirklichungsmilieu
H = Harmoniemilieu
I = Integrationsmilieu
N = Niveaumilieu

Die Verteilungsprofile der Merkmale (1) und (2) haben ungefähr folgendes Aussehen:

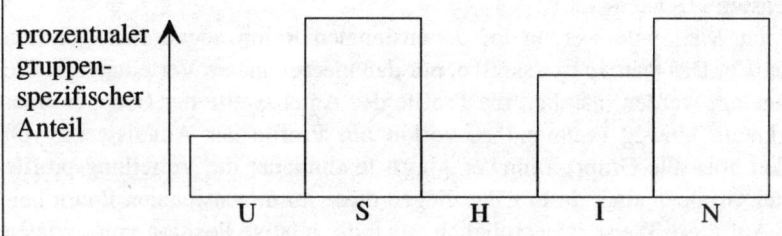

prozentualer
gruppen-
spezifischer
Anteil

U   S   H   I   N

Die Verteilungsprofile der Merkmale (3) und (4) haben ungefähr folgendes Aussehen:

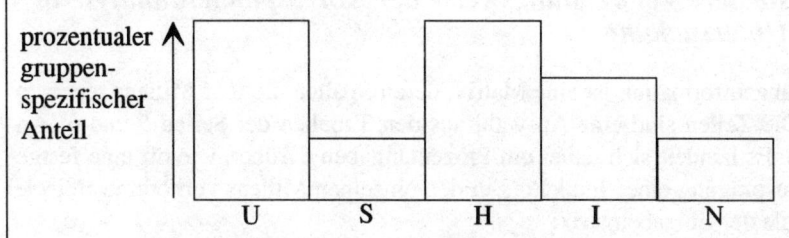

prozentualer
gruppen-
spezifischer
Anteil

U   S   H   I   N

Ergebnis der Korrespondenzanalyse ist ein eindimensionaler Raum mit folgender Anordnung der Merkmale und Gruppen:

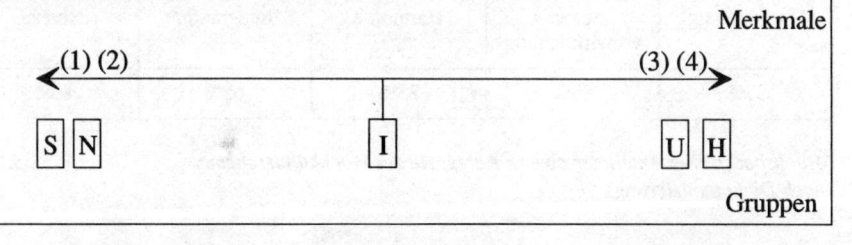

Merkmale

←(1) (2)   (3) (4)→

S N   I   U H

Gruppen

Es ist nicht selbstverständlich, daß die in einer Untersuchung erhobenen Merkmale Ähnlichkeitsmuster von Verteilungsprofilen aufweisen. Wenn dies nicht der Fall ist, gibt es keinen klaren dimensionalen Raum; alle Merkmale klumpen sich um die Mitte herum zusammen. Je stärker die Verteilungen profiliert sind (je markanter also die Gruppenunterschiede sind) und je höhere Korrespondenzen zwischen den Verteilungsprofilen auftreten, desto eindeutiger ist der dimensionale Raum, den die Korrespondenzanalyse liefert.

Wenn sich eine eindeutige Lösung zeigt, kann man eine Interpretation versuchen. In unserem Zusammenhang zielt die Interpretation auf die Entschlüsselung der fundamentalen Semantik. Zeigen sich in der milieuspezifischen Verteilung von Existenzformen übergreifende Prinzipien, die jeweils ganze Merkmalsgruppen einschließen? Um eine Antwort auf diese Frage zu finden, muß man nach einem gemeinsamen Nenner für Merkmale suchen, die auf einer Dimension liegen. Im obigen Beispiel deuten sich die Pole von »Komplexität« und »Einfachheit« der Dimension »Denken« an.

Nicht nur Merkmale werden im dimensionalen Raum angeordnet, sondern auch Gruppen. Das Prinzip ist dasselbe, nur daß hierbei andere Verteilungsprofile zugrundegelegt werden, nämlich die Profile der Anteilswerte der Gruppen über alle Merkmale hinweg (während es vorhin um Profile der Anteilswerte von Merkmalen über alle Gruppen hinweg ging). Je ähnlicher die Verteilungsprofile bestimmter Gruppen sind, desto näher liegen diese im dimensionalen Raum beisammen. Auf diese Weise ist es möglich, auch die relative Position von sozialen Milieus im semantischen Raum zu bestimmen.

Die besondere Verwendungsweise der Korrespondenzanalyse in dieser Untersuchung

1. Ausgangsinformation ist eine Matrix, deren Spalten die fünf Milieus repräsentieren. Die Zeilen sind eine Auswahl aus den Tabellen der Serien 5 und 6 (Anhang D). Es handelt sich dabei um Prozentangaben darüber, wie oft eine festgesetzte Ausprägung eines Indikators in den einzelnen Milieus vorkommt. Beispiel einer Zeile der Eingabematrix:

Milieu				
Unterhaltung	Selbstverwirklichung	Harmonie	Integration	Niveau
37%	80%	25%	65%	80%

Milieuspezifischer Anteil der oberen Kategorie des Hochkulturschemas (nach Dichotomisierung)

2. Zusammen mit dem Prozentanteil der unteren Kategorie würden sich für jedes Milieu 100% ergeben. Üblicherweise werden in der Korrespondenzanalyse absolute Zahlen verwendet, im gegeben Fall sind jedoch Prozentzahlen vorzuziehen, weil die Milieus sehr unterschiedlich besetzt sind. Durch das gewählte Vorgehen erhält jedes Milieu gleiches Gewicht, ohne daß die Information über die Ähnlichkeit von Verteilungsprofilen verloren ginge.

3. Um die Unterschiedlichkeit der Dichotomisierung auszugleichen, die zu methodenbedingten Verzerrungen zwischen den Indikatoren führen kann, werden die Prozentzahlen mit einem Faktor multipliziert, der so gewählt ist, daß sich ein durchschnittlicher Prozentsatz von 50 ergibt. Auch hierbei bleibt die Information über Ähnlichkeiten von Verteilungsprofilen erhalten, da sich die Proportionen der Zahlen in einer Zeile nicht ändern. Es wird lediglich der Effekt unterschiedlicher Dichotomisierungen ausgeglichen. Für das obige Beispiel ist ein Faktor von .87 zu wählen, so daß schließlich folgende Daten eingegeben werden:

Milieu				
Unterhaltung	Selbst-verwirklichung	Harmonie	Integration	Niveau
32%	70%	22%	56%	70%
Durchschnittlicher Prozentsatz: 32 + 70 + 22 + 56 + 70 = 250; 250/5 = 50				

Milieuspezifischer Anteil der oberen Kategorie des Hochkulturschemas nach Ausgleich von Unregelmäßigkeiten der Dichotomisierung (hier: Multiplikation mit dem Faktor .87)

4. Die in der geschilderten Weise transformierten Daten sind die Eingabeinformation der Korrespondenzanalyse. Ergebnis der Korrespondenzanalyse bei einem zweidimensionalen Modell, wie es sich angesichts der Daten als zweckmäßig erweist, ist ein Koordinatenkreuz, in dem sowohl die milieuspezifisch variierenden Merkmale eine bestimmte Position erhalten wie auch die Milieus selbst.

Die zunächst von der Korrespondenzanalyse gefundene Lösung ist jedoch ausschließlich durch mathematische, nicht auch durch semantische Prinzipien bestimmt. Der Algorithmus ist auf die Optimierung von zwei Gesichtspunkten ausgerichtet: (a) Auffinden einer möglichst ökonomischen Beschreibung der Merkmalskorrespondenzen der Milieus; (b) Auffinden einer möglichst ökonomischen Beschreibung der Milieukorrespondenzen der Merkmale. Unter semantischen Gesichtspunkten ist dieses Vorgehen noch nicht optimal. Es kommt darauf an, die Unterschiede und Ähnlichkeiten zwischen den Gruppen möglichst klar herauszuarbeiten. Die mathemathische Lösung der Korrespondenzanalyse läßt sich hierfür in folgender Weise zum Ausgangspunkt nehmen:

Angenommen, die Korrespondenzanalyse präsentiert zunächst folgende Lösung (das Beispiel gibt die Ausgangskonfiguration wieder, die bei den Tabellen 8.1 bis 8.4 im Anhang D jeweils ungefähr dieselbe ist):

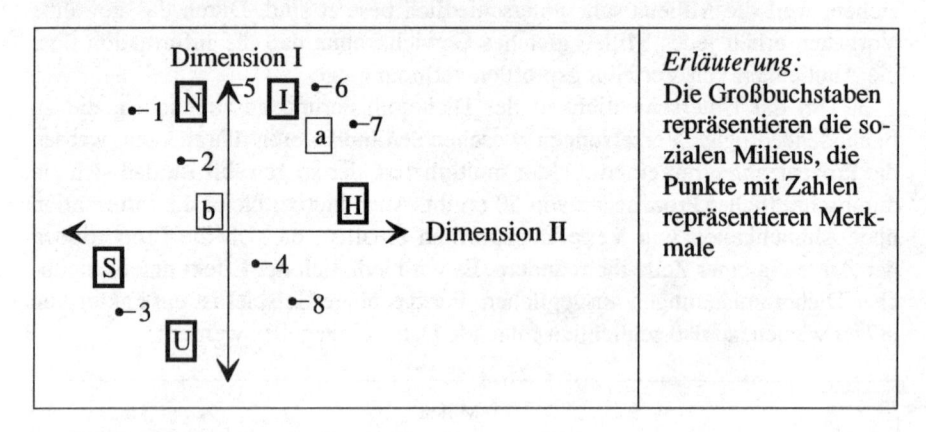

Erläuterung:
Die Großbuchstaben repräsentieren die sozialen Milieus, die Punkte mit Zahlen repräsentieren Merkmale

Bei der hermeneutischen Weiterbearbeitung dieser Lösung steht nun die Frage im Vordergrund, wie die Menschen sich im Verhältnis zueinander empfinden. Nimmt man an, daß sich Empfindungen sozialer Ähnlichkeit und Unähnlichkeit an evidenten und signifikanten Zeichen orientieren, dann scheint es sinnvoll, das Koordinatenkreuz mit den Zeichen zu parallelisieren, um die Interpretationslage zu verbessern.

Der evidente Unterschied zwischen den fünf Milieus besteht nun in der Kombination der Zeichen »Alter« und »Bildung«. Auch dieser Unterschied läßt sich durch Punkte im Koordinatensystem darstellen. In der folgenden Graphik bedeutet der Punkt (a) relativ höheres Alter, der Punkt (b) relativ geringere Bildung. Beide Punkte können nun als Orientierungspunkte einer orthogonalen Drehung des Koordinatenkreuzes verwendet werden. Dabei bleibt das räumliche Verhältnis aller Punkte der ursprünglichen korrespondenzanalytischen Lösung erhalten, lediglich die Koordinaten ändern sich. Die neuen Dimensionen enthalten Hinweise auf die Inhalte von Unterschiedsempfindungen zwischen sozialen Gruppen, sofern diese Unterschiedsempfindungen dem evidenten Zeichenunterschied parallel laufen. Ob der evidente Zeichenunterschied auch signifikant ist (d.h. mit vielen anderen Merkmalen zu tun hat), ergibt sich bereits aus der Stringenz oder Indifferenz der ursprünglichen korrespondenzanalytischen Lösung (da diese ja bereits die Gruppenaufteilung nach Alters-Bildungs-Kombinationen enthält); durch die Drehung des Koordinatenkreuzes wird der Alters- und Bildungsbezug dieser (zunächst nur hypothetischen) Signifikanz lediglich deutlicher herausgearbeitet. Die folgende Graphik veranschaulicht die Rotation des Achsenkreuzes:

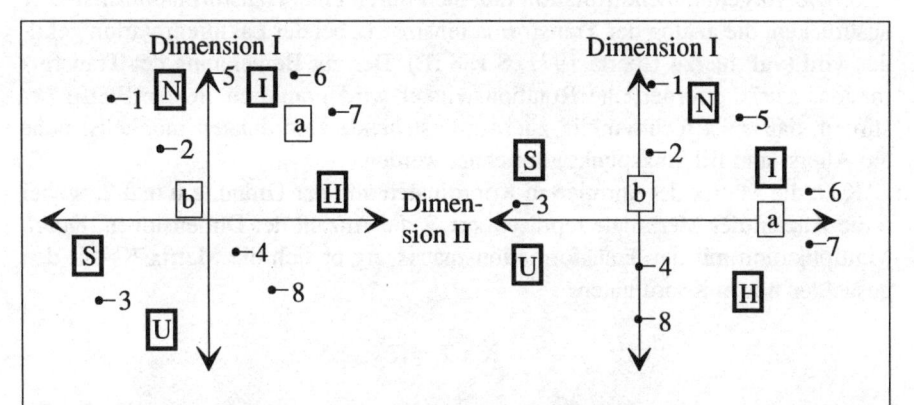

Erläuterung: Das linke Koordinatensystem ist identisch mit dem weiter oben gezeigten Koordinatensystem; zusätzlich sind die Punkte (a) und (b) zur Markierung der milieuspezifischen Bildungsunterschiede eingetragen. Die neuen Achsen (rotiert) verlaufen möglichst nahe an diesen Punkten. Rechts befindet sich das neue Koordinatensystem nach der Rotation. Es zeigt sich, daß Bildungsunterschiede vor allem anhand der Merkmale 1, 2, 4 und 8 zu interpretieren sind, Altersunterschiede anhand der Merkmale 3, 6 und 7. Die Großbuchstaben repräsentieren die sozialen Milieus.

5. Alters- und Bildungsunterschiede werden durch folgende konstruierte Merkmale markiert:

	Milieu				
	Unterhaltung	Selbstverwirklichung	Harmonie	Integration	Niveau
Alter	23%	23%	68%	68%	68%
Bildung	25%	75%	25%	50%	75%

Dadurch werden Alters- und Bildungsunterschiede in die Sprache dichotomisierter Merkmale übersetzt. Bei den älteren Milieus liegt ein hoher Anteil der dichotomisierten Altersvariable vor, bei den jüngeren Milieus ein niedriger Anteil; analog werden Anteile für die Bildungsvariable festgesetzt. In der Korrespondenzanalyse resultieren nun je ein Alters- und ein Bildungspunkt im dimensionalen Raum, die fast orthogonal zueinander liegen und zum Bezugspunkt einer Drehung des Koordinatenkreuzes gemacht werden, so daß die eine Achse möglichst nahe am Alterspunkt verläuft, die andere möglichst nahe am Bildungspunkt. Die Relationen der Punkte im Raum bleiben dabei unverändert.

6. Die vorgenommene Rotation läßt sich durch eine Transformationsmatrix T ausdrücken, die analog der Transformationsmatrix bei der Faktorenrotation gebildet wird (vgl. hierzu Überla 1971, S.188 ff.). Der zur Berechnung der Transformationsmatrix erforderliche Rotationswinkel wird graphisch in der Weise bestimmt, daß zwei rechtwinklig zueinanderstehende Koordinaten möglichst nahe am Alters- und Bildungspunkt gezeichnet werden.

K ist die Matrix der unrotierten Koordinaten von der Ordnung n mal 2, wobei n die Anzahl der Merkmale repräsentiert, 2 die Anzahl der Dimensionen. Durch Multiplikation mit der Transformationsmatrix ergibt sich die Matrix K' mit den gesuchten neuen Koordinaten.

$$K \times T = K'$$

Die Tabellen 8.1 bis 8.4 im Anhang D enthalten folgende Informationen:
- Korrespondenzanalytisch ermittelte Koordinaten von Merkmalen und Milieus (Matrix K)
- Transformationsmatrix T
- Verteilung von Merkmalen und Milieus im rotierten Koordinatensystem, beruhend auf der Matrix K' = K x T
- Stringenz der zweidimensionalen Lösung, ausgedrückt als Prozentsatz der durch die zweidimensionale Lösung erklärten Unterschiedlichkeit von Verteilungsprofilen (Koeffizient »inertia«).

7. Die Interpretation bedient sich der im nächsten Abschnitt erläuterten Methode der polaren Interpretation.

2. Polare Interpretation

Ausgangsinformation der polaren Interpretation ist eine auf möglichst wenig Dimensionen komprimierte Darstellung von möglichst vielen Gruppenunterschieden. Die Korrespondenzanalyse stellt die gewünschte Ausgangsinformation zur Verfügung. Im dimensionalen Raum sind sowohl die Merkmale verortet, nach denen sich die Gruppen unterscheiden (das hier untersuchte Merkmalsspektrum wird weiter unten präsentiert, gegliedert nach Wirklichkeitsschichten) als auch die Gruppen selbst. Wir unterstellen nun, daß es sich bei den Gruppen um soziale Milieus handelt, bei den gruppenspezifischen Merkmalssyndromen um milieuspezifische Existenzformen, bei den Hauptdimensionen (zur Abbildung der Gruppenunterschiede) um Polaritäten der fundamentalen Semantik, deren Bestimmung Ziel der polaren Interpretation ist. Informationen und Interpretationen werden entsprechend der folgenden Abbildung organisiert:

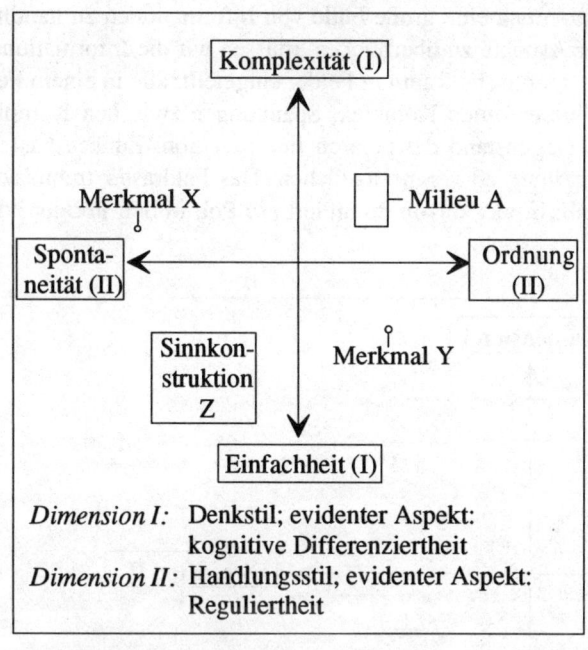

Anhang B: Semantische Analyse von Milieustrukturen 585

```
                    Komplexität (I)
                         ▲
                         │
     Merkmal X           │     ┌─ Milieu A
         ╎               │     │
  ┌────────────┐         │     ┌─────────┐
  │  Sponta-   │◄────────┼────►│ Ordnung │
  │ neität (II)│         │     │  (II)   │
  └────────────┘         │     └─────────┘
                         │
        ┌────────┐       ╎
        │Sinnkon-│  Merkmal Y
        │struktion│      │
        │   Z    │       │
        └────────┘       │
                         ▼
                   Einfachheit (I)
```

Die Abbildung illustriert eine zweidimensionale Lösung. Die Gleichsetzung der beiden Hauptdimensionen mit den Polaritäten »Komplexität/Einfachheit« und »Spontaneität/Ordnung« nimmt das Interpretationsergebnis vorweg, dessen Plausibilität anhand der Verteilung der gruppendifferenzierenden Merkmale und Sinnkonstruktionen zu beurteilen ist.

Dimension I: Denkstil; evidenter Aspekt: kognitive Differenziertheit
Dimension II: Handlungsstil; evidenter Aspekt: Reguliertheit

Eintragungen: Drei Klassen von Phänomenen werden dem semantischen Raum zugeordnet:
(1) soziale Milieus
(2) milieudifferenzierende Merkmale
(3) interpretativ bestimmte Sinnkonstruktionen
Die Zuordnung von Phänomenen der Klassen (1) und (2) beruht auf empirischen Ergebnissen, die Zuordnung von Phänomenen der Klasse (3) auf der Substitution von Phänomenen der Klassen (1) und (2) durch bereits erarbeitete Interpretationsergebnisse (Manifestationen alltagsästhetischer Schemata werden durch Muster von Genuß, Distinktion, Lebensphilosophie substituiert; soziale Milieus durch milieuspezifische existentielle Anschauungsweisen).

Lesarten:
- Milieu A ist tendenziell komplexitäts- und ordnungsorientiert
- Merkmal X bringt Spontaneitätsorientierung zum Ausdruck
- Merkmal Y bringt eine Kombination von Ordnungs- und Einfachheitsorientierung zum Ausdruck
- Sinnkonstruktion Z ist dem Pol der Einfachheit zuzuordnen

Die Sichtweise der polaren Interpretation: Darstellungsform und Lesarten

586 *Die Erlebnisgesellschaft*

Die Eintragungen sind hier auf das zur Illustration erforderliche Minimum beschränkt; weiter unten ist jedoch eine große Fülle von Informationen zu handhaben. Um die Vielzahl der Aspekte zu überblicken, müssen wir die Informationen bündeln. Dazu wird der semantische Raum in Felder eingeteilt; alle in einem Feld verwendeten Merkmale bilden einen Komplex. Spannungen zwischen Komplexen sind der eigentliche Gegenstand der polaren Interpretation. Zunächst ist an dieser Stelle die Feldeinteilung zu veranschaulichen. Das Feldraster trennt acht Komplexe voneinander ab; in vier davon dominiert *ein* Pol, in den übrigen vier mischen sich *zwei* Pole.

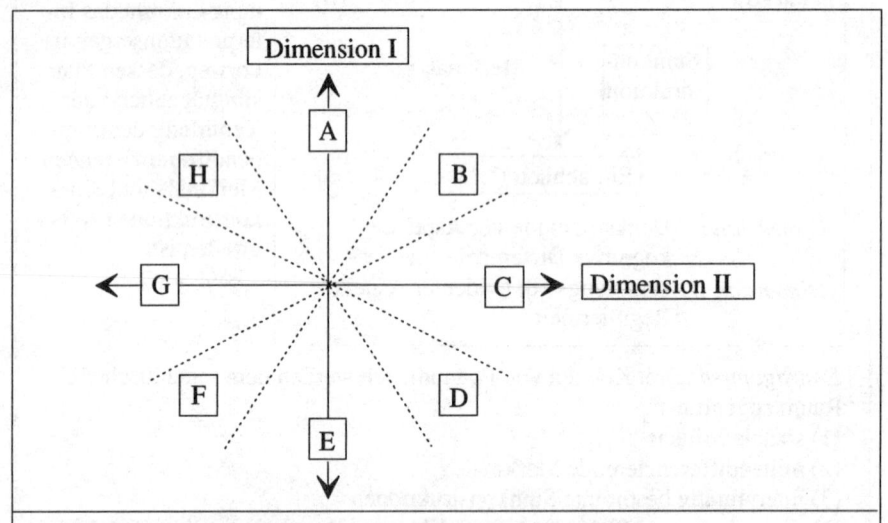

Erläuterung: Alle in einem Feld verorteten Merkmale bilden einen »Komplex«. Zu unterscheiden sind zwei Klassen von Komplexen:
(1) Komplexe, in denen ein Pol dominiert (A, C, E, G)
(2) Komplexe, in denen sich zwei Pole mischen (B, D, F, H)

Felder im semantischen Raum

Nun sind wir beim Kern der polaren Interpretation angelangt. Nicht auf den einzelnen Komplex kommt es an, sondern auf das Spannungsverhältnis zwischen je zwei Komplexen. Von den 28 möglichen Kombinationen sind nur acht interpretativ bedeutsam: zwei Hauptpolaritäten, dazu je zwei Parallelpolaritäten, schließlich zwei Doppelpolaritäten. Die beiden Hauptpolaritäten bestehen im Gegensatz der eindimensionalen Komplexe. Alle übrigen Polaritäten sind durch je zwei der vier gemischten Komplexe definiert. Bei den Parallelpolaritäten wiederholt sich die in einer gegebenen Hauptpolarität angelegte Spannung in einer bestimmten Zone der jeweils anderen Dimension. Zur Hauptpolarität Einfachheit/Komplexität (Dimension I) gibt es beispielsweise eine linke Parallelpolarität (Gegensatz Einfachheit/Komplexität in der Zone der Spontaneität) und eine rechte (derselbe Gegensatz in der Zone der Ordnung). Bei den Hauptpolaritäten und den Parallelpolaritäten variiert jeweils *eine* Dimension, während die andere konstant gesetzt ist. Im Gegensatz dazu variieren bei den Doppelpolaritäten *beide* Dimensionen. Die Abbildung auf Seite 588 faßt all dies zusammen.

Wir besitzen mit diesem Polaritätenmuster ein Interpretationsschema, dem sich die Ergebnisse der empirischen Analysen unmittelbar zuordnen lassen. Von da aus ist es nur noch ein kleiner Schritt zur textlichen Organisation der unmittelbaren Interpretationsgrundlage in Form eines Polaritätentableaus, bei dem die Inhalte lediglich etwas anders angeordnet werden. An den von der Korrespondenzanalyse konstruierten semantischen Raum wird das Feldraster angelegt; die auf die einzelnen Felder entfallenden Inhalte werden zu einem Tableau gruppiert. Dies ist nichts weiter als eine Modifikation der Schreibweise, um eine übersichtlichere Textanordnung zu erreichen. Nichts ändert sich dabei am inneren Spannungsverhältnis der Komplexe; für die acht Felder des Tableaus gelten die bereits definierten acht Polaritäten. An der Abbildung auf Seite 589 läßt sich der Übergang vom Feldraster der korrespondenzanalytischen Darstellungsform zum Feldraster des Polaritätentableaus nachvollziehen.

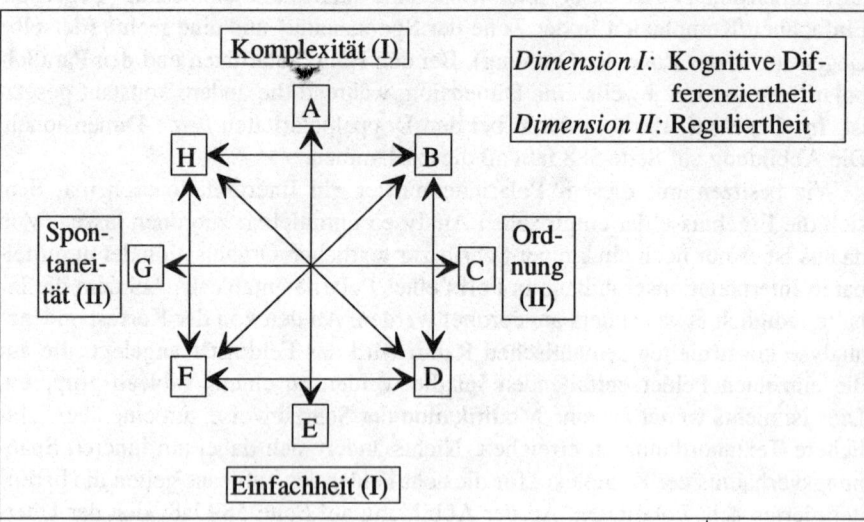

Dimension I: Kognitive Differenziertheit
Dimension II: Reguliertheit

Komplexität (I) — A
H, B
Spontaneität (II) — G
C — Ordnung (II)
F, D
E — Einfachheit (I)

Klassifikation von Polaritäten	Felder
1. Hauptpolaritäten: Dimensionen I und II	
Dimension I (senkrechte Dimension)	A - E
Dimension II (waagrechte Dimension)	G - C
2. Parallelpolaritäten zu Dimension I	
linke Parallelpolarität	H - F
rechte Parallelpolarität	B - D
3. Parallelpolaritäten zu Dimension II	
obere Parallelpolarität	H - B
untere Parallelpolarität	F - D
4. Doppelpolaritäten dimensionaler Mischungen	
erste Doppelpolarität	H - D
zweite Doppelpolarität	F - B

Die Vorwegnahme des Interpretationsergebnisses durch die Benennung der Pole und Dimensionen soll hier lediglich die Anschaulichkeit erhöhen; die Klassifikation ist nicht an ein bestimmtes Interpretationsergebnis gebunden, sondern soll dieses erst ermöglichen.

Anhang B: Semantische Analyse von Milieustrukturen 589

Korrespondenzanalytische Darstellungsform

Polaritätentableau

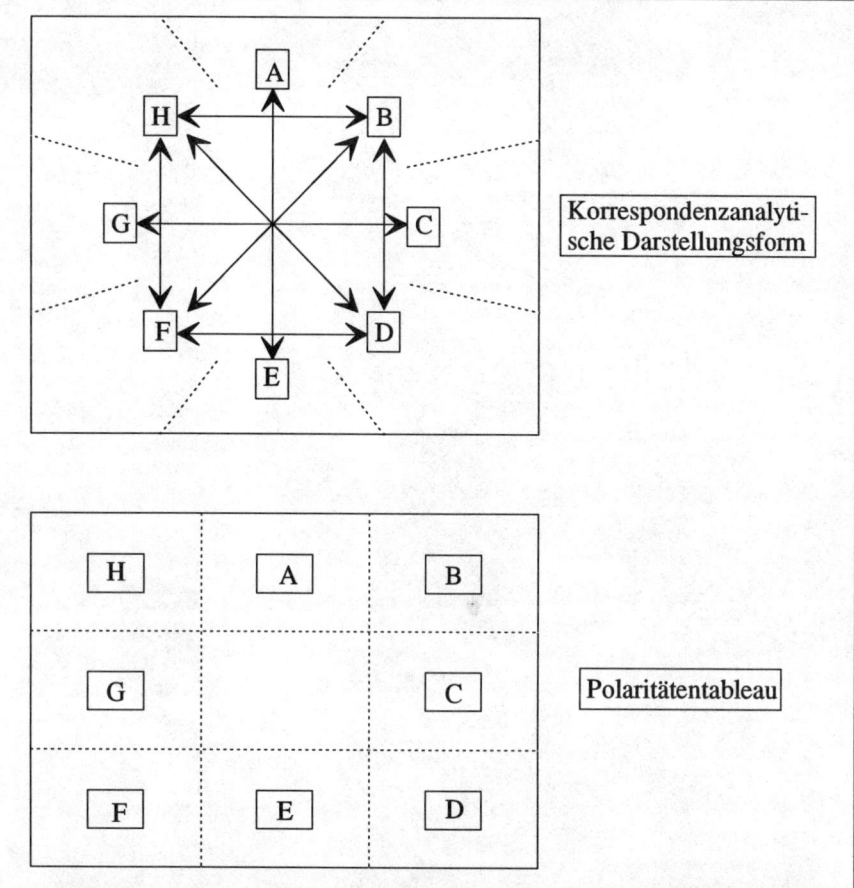

Erläuterung: Der korrespondenzanalytisch konstruierte semantische Raum wird durch das spitzwinklig auf den Ursprung zulaufende Feldraster unterteilt. Die auf die einzelnen Felder entfallenden Inhalte werden im Polaritätentableau übersichtlich angeordnet. Unverändert bleiben dabei die zwischen den Feldern definierten 8 Polaritäten.

Teil C
Erhebungsinstrumente und Indikatoren

Einleitung

Die folgende Dokumentation zeigt, wie die Daten zustande gekommen sind, auf denen die Ergebnisse in den Tabellen weiter unten beruhen. In diesem Zusammenhang ist auch die Frage der Verallgemeinerung der Ergebnisse zu diskutieren.

Übersicht

1. Die Untersuchung
2. Hauptfragebogen (mündliche Befragung)
3. Zusatzfragebogen (schriftliche Befragung)
4. Interviewerfragebogen
5. Skalen
6. Berufsgruppen
7. Probleme der Generalisierung

1. Die Untersuchung

Das Forschungsprojekt wurde von der Deutschen Forschungsgemeinschaft finanziert. Es wurde unter Leitung des Verfassers an der Universität Bamberg durchgeführt. Mitarbeiter in der Vorphase war Michael Beck; er erarbeitete einen Überblick über die kulturpolitische Diskussion und untersuchte die Kulturzentren der Stadt Nürnberg durch Beobachtungen, Experteninterviews und standardisierte Befragungen. Aus den Vorarbeiten ging ein gemeinsamer Antrag (Michael Beck/Gerhard Schulze) an die Deutschen Forschungsgemeinschaft hervor, dessen Bewilligung die Durchführung des Projektes ermöglichte. Projektmitarbeiter in der Durchführungsphase waren Ulrike Fuchs, Georg Hopfengärtner, Ruth Schlötterer und Werner Steffan. Mit der Abwicklung der Hauptbefragung wurde die »Arbeitsgemeinschaft Angewandte Sozialforschung e.V. Bamberg« unter Leitung von Laszlo Vaskovics beauftragt.

Erhebungsgebiet war die Stadt Nürnberg mit den eingemeindeten Vororten (ca. 500.000 Einwohner). Die Datenerhebung umfaßte eine Standardrepräsentativumfrage und verschiedene qualitative Zusatzerhebungen: teilnehmende Beobachtung und nichtstandardisierte Interviews in Stadtteilzentren (Werner Hopfengärtner), Beobachtung auf Straßen und öffentlichen Plätzen (Werner Steffan), teilnehmende Beobachtungen in der Rolle einer Bedienung in Diskotheken (Ulrike Fuchs).

Das Material der Standardrepräsentativumfrage war in drei Teilfragebögen aufgeteilt: Hauptfragebogen, Zusatzfragebogen und Interviewerfragebogen.

1. Mit dem Hauptfragebogen wurden Informationen über Alltagsästhetik, Sozialkontakte, Lebenssituation, Nutzung der kulturellen Infrastruktur, Sozialstatus, Gesundheit und territoriales Verhalten erhoben. Die durchschnittliche Befragungszeit betrug etwa 50 Minuten. Die Interviews wurden mündlich durchgeführt, wobei der Befragte zur Beschleunigung des Interviews in einem »Antwortenbogen« mitlesen konnte. Durch diese visuelle Erleichterung ließ sich eine umfangreiche Informationsmenge in vergleichsweise kurzer Zeit erheben.

2. Im Anschluß an die Bearbeitung des Hauptfragebogens wurde den Befragten ein Zusatzfragebogen zur schriftlichen Bearbeitung ausgehändigt. Dieser Zusatzfragebogen enthielt ausschließlich Items, die mit »stimmt« oder »stimmt nicht« zu beantworten waren (insgesamt 180). Alle Items waren Bestandteile vorgetesteter Mehr-Item-Skalen, die zum Teil aus bewährten Persönlichkeitstests übernommen worden waren (vgl. Anhang B.5). Wegen des überwiegend persönlichen Inhalts der Items erschien es besser, diesen Teil des Interviews schriftlich in Anwesenheit des Interviewers durchzuführen, wobei die Befragten allerdings die Möglichkeit hatten, für die mündliche Durchführung zu optieren. Neun Prozent der Befragten machten von dieser Möglichkeit Gebrauch. Die Zeitdauer für das Ausfüllen des Zusatzfragebogens betrug durchschnittlich etwa 20 Minuten.

3. Im Interviewerfragebogen wurden Informationen zur Interviewsituation erhoben (Anwesenheit dritter Personen; Störungen; Verständnisschwierigkeiten; Zeitdauer; Kooperationsbereitschaft u.a.) sowie Beobachtungen, die sich auf den Befragten selbst bezogen (etwa Dialekt und Gesamteindruck nach einer 10-Item-Skala), auf seine Wohnung, auf das Wohnhaus und auf die unmittelbare Umgebung.

Grundgesamtheit waren die im Einwohnermeldeamt registrierten Einwohner von Nürnberg mit eingemeindeten Vororten im Alter von 18 bis 70 Jahren. Es wurde auf eine möglichst gleichmäßige Streuung über das ganze Stadtgebiet geachtet. Die Adressenstichprobe wurde als Zufallsauswahl vom Einwohnermeldeamt Nürnberg zur Verfügung gestellt. Als teilweise schwierig erwies sich die Realisierung der Interviews. Bei Berücksichtigung der Ausfälle errechnet sich die folgende Nettoausschöpfungsquote:

Berechnung der Nettoausschöpfungsquote			
(A)	Bearbeitete Adressen		2.343
(B)	Stichprobenneutrale Ausfälle - fehlerhafte Adressen - nicht erreichbare Personen - Interview nicht durchführbar (Krankheit, Sprachschwierigkeiten, Behinderungen u.ä.) Summe:	253 172 229 654	 654
(C)	Verweigerungen		675
(D)	Auswertbare Interviews = A - (B + C)		1.014
Nettoausschöpfungsquote = (D x 100)/(A - B) = (1.014 x 100)/(2.343 - 654) = 60%			

Die Untersuchung liegt damit im Trend sinkender Ausschöpfungsquoten, über den seit den achtziger Jahren berichtet wird, wobei sich insbesondere Großstädte als zunehmend schwieriges Terrain für Standardrepräsentativumfagen erweisen. (Steeh 1981; Anders 1985; Schwarz 1987). Um wenigstens Hinweise auf den Effekt der Ausfälle zu gewinnen, wurden speziell geschulte Interviewer beauftragt, den Versuch zu unternehmen, von Verweigerern (nach mehrmaliger Ablehnung) doch noch ein Interview zu erhalten. Auf diese Weise war es möglich, 44 zusätzliche Interviews durchzuführen, die als Grundlage einer eigenen methodischen Begleituntersuchung über die Auswirkungen von Ausfällen auf die Ergebnisse dienten (Schwarz 1987). Aus dieser Studie ergibt sich, daß bei der hier dominierenden relationalen Betrachtungsweise (vgl. Anhang A.4) eine Auswirkung der Stichprobenmängel auf die Hauptergebnisse unwahrscheinlich ist (eine weitergehende Darstellung der Untersuchung von Schwarz enthält Tabelle 13.6 im Anhang D).

Befragungszeitpunkt war das Frühjahr 1985. Der Hauptuntersuchung gingen verschiedene Voruntersuchungen voraus, darunter auch ein quantitativ ausgewerteter Vortest des gesamten standardisierten Erhebungsinstrumentariums im Dezember 1984, der an einer Quotenstichprobe mit 91 Personen durchgeführt wurde.

2. Hauptfragebogen (mündliche Befragung)

Im folgenden werden nur diejenigen Teile des Hauptfragebogens wiedergegeben, auf die in der Skalenübersicht (Anhang C.5) verwiesen wird. Der gesamte Fragebogen ist vom Verfasser zu beziehen.

Übersicht

Frage 8:	Zufriedenheit mit der Wohnumgebung
Frage 10:	Freizeitbeschäftigungen zu Hause
Frage 13:	Interesse an ausgewählten Fernsehsendungen
Frage 14:	Vorliebe für bestimmte Musikarten
Frage 17:	Bevorzugte Themenbereiche
Frage 19:	Sonstige Lesegewohnheiten
Frage 57:	Kenntnis und Besuch von Einrichtungen
Frage 59:	Häufigkeit von ausgewählten Freizeittätigkeiten außer Haus
Frage 63:	Beurteilung gesellschaftlicher Kräfte
Frage 75:	Charakterisierung der Arbeit

Frage 8: Zufriedenheit mit der Wohnumgebung

Gibt es in Ihrer Wohnumgebung etwas, mit dem Sie nicht zufrieden sind? Welche der folgenden Feststellungen stimmen ganz oder teilweise?
● *Mehrere Antworten möglich*

	stimmt	stimmt teilweise	stimmt nicht
Umgebung zu laut	1	2	3
schlechte Luft	1	2	3
zu wenig Grün in der Nähe	1	2	3
Probleme mit den Nachbarn	1	2	3
Probleme mit dem Hausbesitzer	1	2	3
liegt zu weit vom Stadtzentrum entfernt	1	2	3
die Gegend ist zu langweilig, zu wenig „Betrieb"	1	2	3
mir fehlt ein eigener Garten	1	2	3
schlechter Gesamtzustand des Hauses	1	2	3
Wohnung ist mir zu dunkel	1	2	3
Wohnung ist mir zu klein	1	2	3
Wohnung ist mir zu teuer	1	2	3
die Gesamtatmosphäre ist mir zu unpersönlich	1	2	3

(Fortsetzung:)

Hauptfragebogen (Fortsetzung)

Frage 10: Freizeitbeschäftigungen zu Hause (Auswahl)

Bei der folgenden Frage geht es darum, was Sie am häufigsten tun, wenn Sie zuhause sind und genug Zeit für sich selbst haben. Ich nenne Ihnen nun eine Auswahl von Tätigkeiten, die man nur so zu seinem Vergnügen machen kann. Bitte geben Sie an, wie oft Sie Ihre Zeit mit solchen Tätigkeiten verbringen.

	sehr oft	oft	gelegentlich	selten	nie
Musik hören	1	2	3	4	5
mit Freunden oder Verwandten telefonieren	1	2	3	4	5
Videofilme anschauen	1	2	3	4	5
mit Besuchern zusammensitzen	1	2	3	4	5
ein Buch lesen	1	2	3	4	5
die Wohnung verschönern	1	2	3	4	5
irgendwelche Bastelarbeiten	1	2	3	4	5
Reparaturen am Haus oder in der Wohnung	1	2	3	4	5
das Auto oder das Motorrad pflegen	1	2	3	4	5
etwas Gutes kochen	1	2	3	4	5
etwas niederschreiben (Tagebuch, Gedanken, Phantasievorstellungen usw.)	1	2	3	4	5
meine Sachen in Ordnung bringen	1	2	3	4	5
Handarbeiten (Stricken, Sticken u. ä.)	1	2	3	4	5
Gartenarbeiten	1	2	3	4	5
sich mit einer Sammlung beschäftigen (Briefmarken, Münzen u. ä.)	1	2	3	4	5
Sprachen lernen	1	2	3	4	5
Fortbildung	1	2	3	4	5
mit Mitbewohner(n) zusammensitzen und sich unterhalten	1	2	3	4	5
Kosmetik	1	2	3	4	5
Photographie	1	2	3	4	5
sauber machen, aufräumen	1	2	3	4	5
Briefe schreiben	1	2	3	4	5

Frage 13: Interesse an ausgewählten Fernsehsendungen

Und welche Sendungen interessieren Sie, welche interessieren Sie nicht so sehr (egal, wie oft Sie nun dazukommen fernzusehen)?

interessiert mich .....

	sehr	ziemlich	mittelmäßig	wenig	gar nicht
Amerikanische Krimiserien	1	2	3	4	5
Heimatfilme	1	2	3	4	5
Kulturmagazine wie z.B. Aspekte, TTT usw.	1	2	3	4	5
Zeichentrick-Filme	1	2	3	4	5
Talk-Shows	1	2	3	4	5
politische Diskussionen	1	2	3	4	5
längere Kriminalfilme	1	2	3	4	5
Spielfilme	1	2	3	4	5
Popmusik, Rockmusik u. ähnliches	1	2	3	4	5
Natursendungen (Tiere, Pflanzen usw.)	1	2	3	4	5
Filmkomödien	1	2	3	4	5
Fernsehshows, Quizsendungen	1	2	3	4	5
Sport	1	2	3	4	5
Volkstheater (z.B. Komödienstadel)	1	2	3	4	5

(Fortsetzung ♦)

Hauptfragebogen (Fortsetzung)

interessiert mich .....

	sehr	ziemlich	mittelmäßig	wenig	gar nicht
klassisches oder modernes Theater	1	2	3	4	5
Oper	1	2	3	4	5
Dokumentationen zur Zeitgeschichte	1	2	3	4	5
Sendungen über Franken oder Bayern	1	2	3	4	5
Sachfilme über Probleme unserer Zeit (z.B. Ausländer, Arbeitslosigkeit, Drogen u.a.)	1	2	3	4	5
Informationen aus Wissenschaft und Technik	1	2	3	4	5
Science Fiction, Fantasy	1	2	3	4	5

Frage 14: Vorliebe für bestimmte Musikarten

Nach Ihren Fernsehinteressen geht es jetzt um Ihren **musikalischen** Geschmack. Im folgenden werden verschiedene Arten von Musik genannt. Können Sie mir bitte angeben, wie gut Ihnen diese Musikarten gefallen?

gefällt mir ....

	sehr	ziemlich	mittelmäßig	weniger	gar nicht (unbekannt)
Jazzmusik	1	2	3	4	5
Deutsche Schlagermusik	1	2	3	4	5
Volkslieder	1	2	3	4	5
Oper	1	2	3	4	5
Rockmusik	1	2	3	4	5
Leichte Unterhaltungsmusik	1	2	3	4	5
Oldies (z.B. Beatles)	1	2	3	4	5
Klassische Musik (z.B. Bach, Mozart usw.)	1	2	3	4	5
Moderne ernste Musik (z.B. Bartok, Hindemith)	1	2	3	4	5
Raggae-Musik	1	2	3	4	5
Bayerische Volksmusik	1	2	3	4	5
Blasmusik	1	2	3	4	5
Soul-Musik	1	2	3	4	5
Pop-Musik	1	2	3	4	5
Folk-Musik (z.B. Joan Baez, Bob Dylan, irische Musik usw.)	1	2	3	4	5
Blues	1	2	3	4	5

Frage 17: Bevorzugte Themenbereiche

Wenn Sie die Zeitung zur Hand nehmen, was interessiert Sie dann besonders, was interessiert Sie weniger?

interessiert mich ....

	sehr	ziemlich	mittelmäßig	wenig	nicht
Politik	1	2	3	4	5
Wirtschaft	1	2	3	4	5
Kultur	1	2	3	4	5
Sport	1	2	3	4	5
Kleinanzeigen	1	2	3	4	5
Sonderangebote/Werbung	1	2	3	4	5
Lokalnachrichten über Nürnberg	1	2	3	4	5
Veranstaltungshinweise/Programmhinweise	1	2	3	4	5
Nachrichten über die Region Mittelfranken	1	2	3	4	5

Hauptfragebogen (Fortsetzung)

Frage 19: Sonstige Lesegewohnheiten

Können Sie mir nun bitte einige Angaben über Ihre sonstigen Lesegewohnheiten machen? Im Fragebogen ist Verschiedenes angeführt: Wie stark interessiert Sie: ....

	sehr	ziemlich	mittelmäßig	weniger	gar nicht
„Spiegel"	1	2	3	4	5
Stern	1	2	3	4	5
Quick	1	2	3	4	5
Sportzeitschriften	1	2	3	4	5
Modezeitschriften	1	2	3	4	5
Hobbyzeitschriften, Fachzeitschriften	1	2	3	4	5
Goldenes Blatt, Neue Post, Frau im Spiegel u.ä.	1	2	3	4	5
„Die Zeit"	1	2	3	4	5
Kriminalromane	1	2	3	4	5
Bücher über gesellschaftliche/politische Probleme	1	2	3	4	5
Heimatromane	1	2	3	4	5
Romane (Simmel, Konsalik, Uta Danella u.ä.)	1	2	3	4	5
Moderne Literatur	1	2	3	4	5
Klassische Literatur	1	2	3	4	5
Gedichte	1	2	3	4	5
Texte über psychische Probleme	1	2	3	4	5
Literatur über Selbsterfahrung/Persönl.entwicklung	1	2	3	4	5

Frage 57: Kenntnis und Besuch von Einrichtungen

Im folgenden geht es darum, ob Sie bestimmte Einrichtungen in Nürnberg kennen und in den letzten Jahren besucht haben?

	kenne ich nicht	kenne ich, aber noch nicht besucht	einmal besucht	mehrmals besucht
Germanisches Nationalmuseum	1	2	3	4
Spielzeugmuseum	1	2	3	4
Verkehrsmuseum	1	2	3	4
Stadtmuseum Fembohaus	1	2	3	4
Centrum Industriekultur	1	2	3	4
Messen und Ausstellungen im Messezentrum	1	2	3	4
Internationale Orgelwoche	1	2	3	4
Veranstaltungen der Reihe „Sommer in Nürnberg"	1	2	3	4
Oper	1	2	3	4
Schauspielhaus/Kammerspiele	1	2	3	4
Gostner Hoftheater	1	2	3	4
Burgtheater	1	2	3	4
Tassilotheater	1	2	3	4
Altstadtbühne	1	2	3	4
Paradies	1	2	3	4
Heimspiele des FCN	1	2	3	4
Planetarium/Sternwarte	1	2	3	4
Bardentreffen	1	2	3	4
Trempelmarkt	1	2	3	4
Jazz-Ost-West	1	2	3	4
Rockfestival (Stadion, Zeppelinfeld)	1	2	3	4
Kulturzirkus	1	2	3	4
Altstadtfest	1	2	3	4
Volksfestumzüge/Kirchweihumzüge	1	2	3	4

(Fortsetzung ♦)

Hauptfragebogen (Fortsetzung)

	kenne ich nicht	kenne ich, aber noch nicht besucht	einmal besucht	mehrmals besucht
Ausstellung „J. Miro" (Kunsthalle)	1	2	3	4
Veranstaltungen im Katharinenkloster	1	2	3	4
Stadtmarathon	1	2	3	4
Volksfest am Dutzendteich	1	2	3	4
Ausstellung „Arbeitererinnerungen" (Norishalle)	1	2	3	4
Volksfeste in der Innenstadt (Frühjahr, Fasching, Herbst)	1	2	3	4
Stadtteilkirchweihen	1	2	3	4
Straßenfeste/Stadtteilfeste	1	2	3	4
Norisringrennen	1	2	3	4
Kunsthalle/Norishalle	1	2	3	4

Frage 59: Häufigkeit von ausgewählten Freizeittätigkeiten außer Haus

Kommen wir noch einmal auf Ihre Freizeitgewohnheiten zurück. Im Fragebogen sind verschiedene Tätigkeiten genannt; bitte geben Sie an, wie oft Sie Ihre Zeit mit solchen Tätigkeiten verbringen.

	sehr oft	oft	gelegentlich	selten	nie
ins Kino gehen	1	2	3	4	5
zu Sportveranstaltungen gehen	1	2	3	4	5
Waldlauf, Jogging, Trimm-Dich	1	2	3	4	5
Radfahren	1	2	3	4	5
Schwimmen gehen	1	2	3	4	5
Fußball spielen	1	2	3	4	5
Tennis, Skifahren, Surfen und ähnliches	1	2	3	4	5
jemand besuchen	1	2	3	4	5
sich mit anderen in der Stadt treffen	1	2	3	4	5
ins Grüne fahren, größe Spaziergänge, Wandern	1	2	3	4	5
Tanzveranstaltungen besuchen	1	2	3	4	5
Konzerte mit klassischer Musik besuchen	1	2	3	4	5
Konzerte mit anderer Musik besuchen (Rock, Pop, Jazz, Liedermacher usw.)	1	2	3	4	5
in ein Café oder in eine Eisdiele gehen	1	2	3	4	5
zum Essen ausgehen	1	2	3	4	5
Ausstellungen oder Galerien besuchen	1	2	3	4	5
Schaufenster anschauen, Einkaufsbummel machen	1	2	3	4	5
in ein Nachtlokal gehen	1	2	3	4	5
in Kneipe, Wirtshaus oder Weinlokal gehen	1	2	3	4	5
für ein paar Tage verreisen, übers Wochenende	1	2	3	4	5
mit Auto o.Motorrad durch die Gegend fahren	1	2	3	4	5
Kurse besuchen, etwas für die Bildung tun	1	2	3	4	5
Selbsterfahrungsgruppe/etwas für die Persönlichkeitsentwicklung tun	1	2	3	4	5
Flippern/Kickern/mit Automaten spielen	1	2	3	4	5
in eine Diskothek gehen	1	2	3	4	5

● entfällt, falls „nie" in Diskothek:
In welche Diskotheken gehen Sie am liebsten?
1. ....
2. ....
3. ....

Anhang C: Erhebungsinstrumente und Indikatoren

Hauptfragebogen (Fortsetzung)

Frage 63: Beurteilung gesellschaftlicher Kräfte

Wie finden Sie im großen und ganzen den Einfluß der folgenden gesellschaftlichen Kräfte und Organisationen?

	sehr gut	ziemlich gut	mittelmäßig	weniger gut	nicht gut	weiß nicht
Katholische Kirche	1	2	3	4	5	6
Evangelische Kirche	1	2	3	4	5	6
Gewerkschaften	1	2	3	4	5	6
Unternehmerverbände	1	2	3	4	5	6
CDU/CSU	1	2	3	4	5	6
SPD	1	2	3	4	5	6
FDP	1	2	3	4	5	6
Die Grünen	1	2	3	4	5	6
Friedensbewegung	1	2	3	4	5	6
Alternativbewegung	1	2	3	4	5	6

Frage 75: Charakterisierung der Arbeit

Würden Sie bitte Ihre Arbeit noch etwas näher schildern:
Um welche Art von Arbeit handelt es sich dabei?
Wie gut treffen die folgenden Merkmale auf Ihre Arbeit zu?

	trifft zu	trifft teilweise zu	trifft nicht zu
Büroarbeit	1	2	3
handwerkliche Arbeit	1	2	3
Arbeit an Maschinen	1	2	3
Arbeit am Bildschirm	1	2	3
erzieherische Arbeit	1	2	3
pflegerische, helfende oder fürsorgliche Arbeit	1	2	3
körperlich anstrengende Arbeit	1	2	3
Arbeit, die mit Anleitung von Untergebenen verbunden ist	1	2	3
Arbeit, die enge Zusammenarbeit mit Kollegen verlangt	1	2	3
Arbeit, bei der sich viele sonstige Kontakte zu Kollegen ergeben	1	2	3
Arbeit mit viel Kontakt zu immer neuen Menschen	1	2	3
Arbeit, bei der man viel herumkommt	1	2	3
Arbeit mit erhöhtem Unfallrisiko	1	2	3
Viel Arbeit außerhalb der normalen Arbeitszeiten	1	2	3
Arbeit mit viel Spielraum für eigene Entscheidungen	1	2	3
Arbeit unter Zeitdruck	1	2	3
Arbeitsstelle, bei der man keine Angst vor der Zukunft haben muß (Verlust des Arbeitsplatzes)	1	2	3
Arbeit, die mehrjährige Ausbildung erfordert	1	2	3
Arbeit, die mit Lärm verbunden ist	1	2	3
Arbeit, die hohe Konzentration verlangt	1	2	3
Arbeit, die immer wieder mit neuen Aufgaben verbunden ist	1	2	3
Arbeit, die mit Schmutz verbunden ist	1	2	3
Arbeit, die mit schlechter Luftqualität verbunden ist	1	2	3
Arbeit, die hohes Können verlangt	1	2	3

3. Zusatzfragebogen (schriftliche Befragung)

Vor der Bearbeitung des schriftlichen Fragebogens wurde nach einer kurzen Überleitung durch den Interviewer folgende schriftliche Instruktion gegeben:

Der folgende Fragebogen besteht hauptsächlich aus verschiedenen Feststellungen. Sie können bei jeder Fragestellung ankreuzen: »stimmt« oder »stimmt nicht«.
  Nach unseren Erfahrungen werden Ihnen die meisten Antworten leicht fallen. Es wird aber wahrscheinlich auch vorkommen, daß Sie sich einmal nicht so recht zwischen den zwei Antwortmöglichkeiten entscheiden können. Bitte lassen Sie auch diese Stellen nicht aus, sondern geben Sie dort diejenige Antwort an, die Ihnen noch am ehesten richtig erscheint.
  Sie werden vermutlich das Gefühl haben, daß sich manche Feststellungen wiederholen. Solche Feststellungen ähneln sich aber immer nur teilweise; sie sind in ihrer Stärke abgestuft. Deshalb kann es durchaus vorkommen, daß Sie ähnlich klingende Feststellungen verschieden beantworten.
  Es ist am besten, wenn Sie den Fragebogen in einem Zuge durchgehen und Ihre Antworten mehr aus dem Gefühl heraus geben, ohne lange zu überlegen.
  Ich verbürge mich nochmals dafür, daß Ihre Angaben absolut vertraulich behandelt werden und nur für den wissenschaftlichen Gebrauch bestimmt sind.

1. Ich unterhalte mich oft über Politik.
2. Mit ruhigen Typen kann ich wenig anfangen.
3. Gegen die Umstände ist man oft ziemlich machtlos.
4. Ich bin mit meinem Leben sehr zufrieden.
5. Ich bin für die strenge Durchsetzung aller Gesetze, egal welche Folgen das hat.
6. Es macht mir großen Spaß, ab und zu ins Schwitzen zu kommen und mich richtiggehend zu verausgaben.
7. Ich bekomme vor bestimmten Ereignissen leicht Lampenfieber und körperliche Unruhe.
8. Gespräche über allgemeine Lebensfragen finde ich oft etwas abstrakt und weniger interessant.
9. Ich bin immer guter Laune.
10. Hin und wieder gebe ich ein bißchen an.
11. Berufstätige: Meine Arbeit macht mir ab und zu keinen besonderen Spaß. Nicht-Berufstätige: Meine täglichen Aufgaben machen mir ab und zu keinen besonderen Spaß.
12. Es gibt wohl immer einige Leute, die einem nicht wohl gesonnen sind.
13. Es fällt mir manchmal etwas schwer, den richtigen Gesprächsstoff zu finden, wenn ich jemanden kennenlernen will.
14. Manchmal würde ich gerne einfach nur so dasitzen und tagträumen.

Anhang C: Erhebungsinstrumente und Indikatoren 601

15. Ich glaube, daß ich für Führungspositionen geeignet bin.
16. Ich könnte manchmal etwas Abwechslung gebrauchen.
17. Die gesetzlichen Vorschriften zur Abtreibung sollten wieder verschärft werden.
18. Eigentlich kann man es keinem übelnehmen, wenn er einen anderen ausnutzt, der Gelegenheit dazu gibt.
19. Ich habe Schwierigkeiten einzuschlafen oder durchzuschlafen.
20. Alles in allem bin ich doch häufiger allein, als ich eigentlich will.
21. Andere finden, daß ich mehr arbeite als nötig ist.
22. Mit dem Tode ist alles zu Ende.
23. Ab und zu habe ich alles gründlich satt.
24. Heute ändert sich alles so schnell, daß man nicht weiß, woran man sich halten soll.
25. Wirtschaftlich gesehen habe ich wirklich alles, was ich will.
26. Hin und wieder zweifle ich an mir selbst.
27. Zur Gemütlichkeit gehört manchmal auch ein bißchen was zu trinken.
28. Es langweilt mich, immer nur dieselben alten Gesichter zu sehen.
29. Mein Leben wird oft von zufälligen Ereignissen bestimmt.
30. Ich bin manchmal etwas unzufrieden mit der Situation, in der ich lebe.
31. Ich habe gern für jedes Ding seinen festen Platz.
32. Es gefällt mir ganz besonders, an der frischen Luft zu arbeiten.
33. Wenn mich Leute auf der Straße oder in einem Geschäft beobachten, ist mir das etwas unangenehm.
34. Es gibt Wichtigeres für mich, als für alles eine Erklärung zu finden.
35. Über Enttäuschungen komme ich ziemlich leicht hinweg.
36. Ich habe schon manchmal Leute schlecht gemacht.
37. Berufstätige: Die Arbeit gibt mir die Mögichkeit, meine besonderen Fähigkeiten und Begabungen einzusetzen.
    Nicht-Berufstätige: Meine täglichen Aufgaben geben mir die Möglichkeit, meine besonderen Fähigkeiten und Begabungen einzusetzen.
38. So mancher Plan von mir ist schon gescheitert, weil andere ihre Hände im Spiel hatten.
39. Ich neige hin und wieder dazu, nicht mit Leuten zu sprechen, bis diese mich ansprechen.
40. Von seinen Träumen soll man sich leiten und warnen lassen.
41. Ich fühle mich anderen oft überlegen.
42. Eigentlich hat mir meine Umgebung wenig Neues zu bieten.
43. Was uns in Deutschland fehlt, ist das Gefühl, eine Art Volksgemeinschaft zu sein.
44. Ich finde es sehr gut, daß man den Kriegsdienst verweigern kann.
45. Ich borge prinzipiell nur ungerne etwas her.
46. Ich spüre mein Herz gelegentlich bis zum Halse herauf schlagen.
47. Manchmal fehlt mir jemand, der einfach den Arm um mich legt.

48. Ich stelle ziemlich hohe Anforderungen an meine Arbeit.
49. Durch den Glauben habe ich schon oft die Nähe Gottes erfahren.
50. Meine Laune wechselt ziemlich oft.
51. In diesen Tagen ist alles so unsicher, daß man auf alles gefaßt sein muß.
52. Ich muß in meinem Leben manches entbehren, weil meine finanziellen Mittel bisweilen zu knapp sind.
53. Das Gefühl, ein wertvoller Mensch zu sein, ist ganz fest in mir verankert.
54. Gelegentlich nehme ich ganz gerne einen kleinen Schluck Wein, Bier oder ähnliches zu mir.
55. Ich finde Politik sehr interessant.
56. Ich habe gerne Spannung und Ablenkung in meinem Leben.
57. Es gibt eine Art Schicksal, das man nur schwer beeinflussen kann.
58. Wenn ich die Wahl hätte, würde ich gerne so manches in meinem Leben ändern.
59. Es ärgert mich, wenn etwas Unerwartetes meinen Tagesablauf stört.
60. Ich vermeide es nach Möglichkeit, mich so anzustrengen, daß ich richtig außer Puste komme.
61. Ich erröte oder erblasse leicht.
62. Ich lese gerne anspruchsvolle Literatur.
63. Wenn mir einmal etwas schiefgeht, regt mich das nicht weiter auf.
64. Manchmal habe ich Gedanken, derer ich mich schämen muß.
65. Berufstätige: Meine Arbeit bietet mir eigentlich wenig Abwechslung.
Nicht-Berufstätige: Meine täglichen Aufgaben bieten mir eigentlich wenig Abwechslung.
66. Ich habe manchmal das Gefühl, daß sich andere zu viel um meine Privatangelegenheiten kümmern.
67. Es fällt mir leicht, andere Leute für mich zu gewinnen.
68. Ich habe schon ganz eigenartige und seltsame Erlebnisse gehabt.
69. Ich trage gerne Verantwortung bei gemeinsamen Unternehmungen.
70. Es gibt immer wieder Zeiten, wo mir alles leer und öde vorkommt.
71. Es wäre besser, wenn es wieder gesetzliche Bestimmungen gegen Homosexualität gäbe.
72. Man sollte sich endlich damit abfinden, daß es zwei deutsche Staaten gibt.
73. Manchmal darf man um der Sache willen auf andere keine Rücksicht nehmen.
74. Ich habe einen empfindlichen Magen (Magendrücken, Völlegefühl, Magenschmerzen).
75. Manchmal könnte ich etwas mehr »Streicheleinheiten« gebrauchen.
76. Ich neige ganz besonders dazu, hart zu arbeiten.
77. Der Glaube an Gott hilft mir, in schwierigen Lebenslagen durchzuhalten.
78. Ich tue so manches, was ich hinterher bereue.
79. In der heutigen Zeit schaut man nicht mehr durch, was eigentlich passiert.
80. Ich bin mit meinem Lebensstandard sehr zufrieden.

81. Es gibt Augenblicke, wo ich etwas mehr Selbstachtung gebrauchen könnte.
82. Es kommt mir ein bißchen übertrieben vor, auf jeden Alkoholkonsum zu verzichten.
83. Es würde mir Spaß machen, eine Zeit lang im Ausland zu leben.
84. Ich achte darauf, daß meine Arbeit sorgfältig geplant und organisiert ist.
85. Arbeiten, die den ganzen Körper beanspruchen, gefallen mir besonders gut.
86. Mein Leben verläuft zur Zeit genauso, wie ich es haben möchte.
87. Ich neige manchmal dazu, etwas verlegen zu werden.
88. Ich denke oft darüber nach, wie alles auf der Welt entstanden ist und untereinander zusammenhängt.
89. Meistens blicke ich voller Zuversicht in die Zukunft.
90. Berufstätige: Ich habe richtige Freude an meiner Arbeit.
 Nicht-Berufstätige: Ich habe richtige Freude an meinen täglichen Aufgaben.
91. Gerade wenn jemand besonders freundlich zu einem ist, sollte man lieber etwas vorsichtig sein.
92. Ich habe in meinem Leben schon Erfahrungen gemacht, die mir übernatürlich vorkommen.
93. Im Umgang mit anderen Menschen bin ich manchmal etwas ungeschickt.
94. Ab und zu habe ich das Gefühl, daß das Leben wenig Interessantes zu bieten hat.
95. Auch in der heutigen Zeit sollte wohl eher der Mann das Sagen haben in der Familie.
96. Es könnte mir Spaß machen, Chef eines Unternehmens zu sein.
97. In unserem öffentlichen Leben gibt es zu viel Kritik und zu wenig Ruhe und Ordnung.
98. Anderen zu helfen zahlt sich oft nicht aus.
99. Ich habe manchmal das Gefühl, nicht richtig Luft zu bekommen, ein Gefühl von Enge in der Brust.
100. Wenn ich sehe, wie andere Menschen zusammen glücklich sind, habe ich ab und zu die Empfindung, daß mir etwas fehlt.
101. Ich bin hin und wieder etwas gedankenverloren.
102. Ich fühle mich manchmal ohne erkennbaren Grund ziemlich elend.
103. Ich erfülle meine Aufgaben besser als viele andere Leute.
104. Ich habe oft das Bedürfnis, etwas Aufregendes zu erleben.
105. Ich kann ohne Umschweife sagen, daß ich große Stücke auf mich selbst halte.
106. Der Ärger mit den meisten Leuten besteht darin, daß sie die Dinge nicht ernst genug nehmen.
107. Es kostet mich etwas Überwindung, allein in einen Raum zu gehen, in dem schon andere zusammensitzen und sich unterhalten.
108. Ich träume tagsüber gelegentlich von Dingen, die doch nicht verwirklicht werden können.
109. Ich interessiere mich für Psychologie.

110. Ich gehöre zu den Menschen, welche die Dinge im allgemeinen leicht nehmen.
111. Mein Leben gefällt mir dann besonders gut, wenn ständig etwas los ist.
112. Berufstätige: Bei meiner Arbeit fühle ich mich manchmal irgendwie leer.
 Nicht-Berufstätige: Bei meinen täglichen Aufgaben fühle ich mich manchmal irgendwie leer.
113. Von manchen Leuten habe ich den Eindruck, daß sie es auf mich abgesehen haben.
114. Ich bin ziemlich lebhaft.
115. Ab und zu habe ich Wahrnehmungen, die nur schwer zu erklären sind.
116. Ich verstehe es, andere Leute von meiner Meinung zu überzeugen.
117. Oft erscheint mir ein Tag wie der andere.
118. Die vielen Ausländer in der Bundesrepublik können irgendwann zu einer Bedrohung für unsere Kultur werden.
119. Jeder ist sich selbst der Nächste.
120. Mein Herz beginnt manchmal zu jagen oder zu stolpern und unregelmäßig zu schlagen.
121. Ganz tief im Inneren habe ich gelegentlich ein Gefühl von Einsamkeit.
122. Alles Geschehen richtet sich nach den Gesetzen der Natur, Gott ist dabei überflüssig.
123. Bisweilen beschäftigen mich unnütze Gedanken, die mir immer wieder durch den Kopf gehen.
124. Es ist heute alles so in Unordnung geraten, daß viele nicht mehr wissen, wo sie eigentlich stehen.
125. Mein Geld reicht mir manchmal nur für das wirklich Notwendige.
126. Es kommt immer wieder vor, daß ich unzufrieden mit mir selbst bin.
127. Manchmal denke ich mir, in meinem Leben könnte ein bißchen mehr los sein.
128. Wenn ich bekomme, was ich will, so geschieht das oft durch Glück.
129. Ab und zu hätte ich Lust, alles hinzuschmeißen und ein anderes Leben zu führen.
130. Ich liebe körperliche Anstrengungen.
131. Ich bin im Grunde vielleicht eher zurückhaltend und etwas schüchtern.
132. Unberechenbare Situationen machen mich meistens ziemlich nervös.
133. Es kann Spaß machen, ein Tagebuch zu führen und sich über alles seine Gedanken zu machen.
134. Ich brauche immer wieder neue Reize.
135. Selbst wenn sich alles gegen mich verschworen hat, bleibe ich guten Mutes.
136. Ich sage manchmal die Unwahrheit.
137. Berufstätige: Meine Arbeit gibt mir sehr viel Selbstbestätigung.
 Nicht-Berufstätige: Meine täglichen Aufgaben geben mir sehr viel Selbstbestätigung.

138. Ich denke, daß einem andere oft nur deshalb einen Gefallen erweisen, weil sie eine bestimmte Absicht damit verfolgen.
139. Ich kann in eine ziemlich langweilige Gesellschaft schnell Leben bringen.
140. Manchmal habe ich das Gefühl, das irgendetwas Macht über meine Gedanken hat.
141. Es fällt mir leicht, anderen Leuten Befehle zu geben.
142. Man sollte mit den Jugendlichen vielleicht wieder etwas strenger umgehen, dann bliebe uns manches Problem erspart.
143. Bisweilen ist mir einfach ein wenig langweilig.
144. Im Leben bleibt einem oft nichts anderes übrig, als zuerst an den eigenen Vorteil zu denken.
145. Ich bin häufiger abgespannt, matt und erschöpft.
146. Ab und zu könnte ich ruhig etwas mehr Zärtlichkeit und menschliche Nähe vertragen.
147. Ich halte es schon für wichtig, mehr zu leisten als andere.
148. Ohne Glaube wäre meine Leben sinnlos.
149. Ich grüble viel über mein bisheriges Leben nach.
150. Wenn man so die Ereignisse der letzten Jahre betrachtet, wird man richtig unsicher.
151. Ich kann mir im täglichen Leben manches nicht leisten, was mir eigentlich ein Bedürfnis wäre.
152. Ich bin mir ziemlich sicher, daß ich viele gute Eigenschaften besitze.
153. Manchmal brauche ich ein bißchen was zu trinken, um in Stimmung zu kommen.
154. Ich denke oft über politische Fragen nach.
155. Ich bin häufig auf der Suche nach irgendwelchen besonderen Erlebnissen und neuen Eindrücken.
156. Vieles in unserem Leben ist vorherbestimmt; man kann wenig dagegen ausrichten.
157. Wenn meine Lebensumstände so bleiben, wie sie zur Zeit sind, bin ich wunschlos glücklich.
158. Ich glaube, daß ein wohlgeordneter Lebensstil mit regelmäßiger Zeiteinteilung für mich das Beste ist.
159. Es gefällt mir, mich in der Freizeit körperlich zu betätigen.
160. Die Gegenwart von bedeutenden Menschen oder Vorgesetzten macht mich manchmal etwas verlegen.
161. Ich bin ein Mensch, der sehr viel überlegt und versucht, allen Dingen auf den Grund zu kommen.
162. Es gibt nur wenige Dinge, die mich leicht erregen oder ärgern.
163. Mitunter gebrauche ich eine Ausrede.
164. Berufstätige: Meine Arbeit ist wirklich interessant und befriedigend.
Nicht-Berufstätige: Meine täglichen Aufgaben sind wirklich interessant und befriedigend.

165. Ich habe bei verschiedenen Personen das Gefühl, daß sie mich hinter meinem Rücken schlecht machen.
166. Ich würde mich selbst eher als gesprächig und besonders kontaktfreudig bezeichnen.
167. Ich habe manchmal das Gefühl, als wären die Dinge nur Schein.
168. Es fällt mir schwer, Entscheidungen für eine Gruppe von Menschen zu treffen.
169. Eine möglichst straffe politische Führung scheint mir das Beste für uns zu sein.
170. Manchmal hätte ich auch gerne so ein aufregendes Leben wie andere Leute.
171. Wer zuerst an die anderen denkt, hat oft mehr Nachteile als Vorteile.
172. Ich habe manchmal ein Pochen oder deutliches Pulsieren in den Adern.
173. Des öfteren fehlt mir der Kontakt zu anderen Menschen, die einen wirklich mögen und denen man voll vertrauen kann.
174. Wenn ich eine schwierige Aufgabe begonnen habe, strenge ich mich sehr an, um sie erfolgreich zu Ende zu bringen.
175. Ich glaube an die Existenz eines höheren Wesens.
176. Manchmal fühle ich mich irgendwie teilnahmslos und innerlich leer.
177. Die Dinge sind heute so schwierig geworden, daß man nicht mehr weiß, was los ist.
178. Es wirkt auf mich manchmal ganz entspannend, am Abend ein Gläschen zu trinken.
179. Ich habe das Gefühl, das es viel an mir gibt, worauf ich wirklich stolz sein kann.
180. Ich kann gut leben, ohne mich irgendwie einschränken zu müssen.

4. Interviewerfragebogen

Im folgenden werden nur Auszüge aus dem Interviewerfragebogen wiedergegeben: Einschätzungen, die sich auf den Befragten und seine Umgebung beziehen.

Dialekt
(1) leicht fränkischer Dialekt   (4) bayrischer Dialekteinschlag (2) starker fränkischer Dialekt   (5) schwäbischer Dialekteinschlag (3) kein Dialekt; akzentfreies   (6) norddeutscher Dialekteinschlag   Hochdeutsch   (7) sonstiger Dialekt

Bitte charakterisieren Sie den Gesamteindruck von der Wohnung des Befragten anhand der folgenden Eigenschaftsliste:
hell   (1) (2) (3) (4)   düster billige Ausstattung   (1) (2) (3) (4)   teure Ausstattung gepflegt   (1) (2) (3) (4)   vernachlässigt eng   (1) (2) (3) (4)   geräumig modern   (1) (2) (3) (4)   bürgerl.-konventionell verspielt   (1) (2) (3) (4)   nüchtern-sachlich ( ) Interview fand außerhalb der Wohnung statt

Haustyp

(1) alleinstehendes Einfamilienhaus   (5) Hochhaus (mehr als 6 Stock-
(2) Reihenhaus   werke)
(3) Mehrfamilienhaus   (6) modernes Mietshaus, Wohnblock
     (2- ca. 6 Familien)   (mehrere Eingänge)
(4) größeres alleinstehendes Haus,   (7) älteres Mietshaus, geschlossene
     eine Art »Villa«   Straßenfront
                                                  (8) sonstiges

Verkehrsdichte in der *unmittelbaren* Umgebung des Hauses:
(1) stark befahrene Straße   (3) überwiegend Anliegerverkehr; (2) Straße mit mäßigem Ver-   sehr geringes Verkehrsaufkommen   kehr (nicht nur Anlieger)   (4) ausschließlich Anliegerverkehr

Verkehr im *weiteren* Umkreis (Wohngebiet)
(1) sehr ruhiges Gebiet   (3) hohes Verkehrsaufkommen (2) mäßiges Verkehrsauf-   (4) extrem hohes Verkehrsaufkommen   kommen

Distanz zur Straße des Hauses

(1) unmittelbar an die Straße   (3) mehr als 10 Meter von der
     gebaut   Straße zurückgesetzt
(2) etwas von der Straße zurück-
     gesetzt (etwa 5-10 Meter)

(Fortsetzung:)

Interviewerfragebogen (Fortsetzung)

Gesamteindruck vom Allgemeinzustand des Hauses

(1) heruntergekommen, etwas verwahrlost
(2) nicht besonders gepflegt aber halbwegs in Ordnung
(3) sauber und ordentlich; normal
(4) auffallend gepflegt

Bebauungsdichte

(1) großstädtisches Viertel mit geschlossener Straßenfront
(2) aufgelockerte Bauweise mit Grünflächen
(3) sonstiges

Gebäudetypen in der Umgebung (Mehrfachnennungen möglich)

(1) alleinstehende Einfamilienhäuser
(1) Reihenhäuser
(1) Mehrfamilienhäuser (2- ca. 6 Familien)
(1) größere alleinstehende Häuser, »Villen«
(1) Hochhäuser (mehr als 6 Stockwerke)
(1) moderne Mietshäuser, Wohnblöcke (mehrere Eingänge)
(1) ältere Mietshäuser (geschlossene Straßenfront)

Wie alt ist die Hauptmasse der Gebäude in der Umgebung

(1) weniger als 15 Jahre
(2) gebaut zwischen Kriegsende und 1970
(3) vor dem 2. Weltkrieg gebaut

Bäume und Pflanzen

(1) nahezu vegetationsloses Gebiet
(2) Gebiet mit gelegentlichen, unterbrochenen Vegetationszonen
(3) Gebiet mit zusammenhängenden Vegetationszonen (Vorgärten, Grünanlagen, landwirtschaftlich genutzte Flächen u.a.)

5. Skalen

Vorbemerkung zur Skalenqualität

Bei den folgenden Skalen handelt es sich zum Teil um eigene Entwicklungen, zum Teil um Adaptionen bereits getesteter Meßinstrumente. Sofern Skalen aus der Fachliteratur Verwendung fanden, wird dies im folgenden kenntlich gemacht. Die Quellen sind weiter unten verzeichnet.

Die Qualität der Skalen wird durch den Alphakoeffizienten zum Ausdruck gebracht. Dies soll in erster Linie über Homogenität informieren. Die weit darüber hinausgehende Interpretation der klassischen Testtheorie im Sinn von »Reliabilität« (Varianzanteil der wahren Werte an den Testwerten) ist an so viele Voraussetzungen gebunden, daß sie besser unterbleiben sollte.

Bescheidet man sich mit der bloßen Information über Homogenität von Items, so läßt sich nichtsdestoweniger zwischen guten und weniger guten Skalen differenzieren. Eine Durchsicht der weiter unten dokumentierten Skalen zeigt, daß die Qualität unterschiedlich ist. Die Alphawerte liegen meist zwischen .70 und .90, vereinzelt kommen aber auch Werte um .60 vor. Dies ist auf zwei Ursachen zurückzuführen: Zum ersten war es wegen der Vielzahl der gebildeten Skalen nicht möglich, denselben Aufwand bei der Entwicklung von Meßinstrumenten zu treiben, wie dies in Untersuchungen mit wenigen zentralen Merkmalen möglich ist. Zweitens bestehen die meisten Skalen dieser Untersuchung aus vergleichsweise wenig Items. Die Forschungsinteressen machten es erforderlich, möglichst viele Variablen gleichzeitig zu erheben. Wegen der Begrenzung der Befragungszeit ergibt sich daraus die Konsequenz, daß die meisten Skalen auf weniger als 10 Items beruhen; in einigen Fällen bestehen die Skalen lediglich aus drei Items. Diese Beschränkung der Item-Zahl führt zu einer Reduktion des Alphakoeffizienten als Maß für die interne Konsistenz der Items.

Unter Validitätsgesichtspunkten ist es jedoch immer noch besser, mit »Minimalskalen« auf der Grundlage mehrerer Items (und seien es nur drei) zu arbeiten als auf der Ebene der Einzelitems zu bleiben und auf multiple Indikatoren zu verzichten. Die teilweise niedrigen Alphakoeffizienten sind Ausdruck eines Kompromisses zwischen den Erfordernissen einer Vielvariablenuntersuchung und dem Ziel möglichst hoher Validität. Die wichtigste Konsequenz niedriger Alphakoeffizienten besteht darin, daß existierende Zusammenhänge in den Ergebnissen schwächer erscheinen als sie in der Realität sind. Das gewählte Vorgehen ist also theoriekritisch; man macht eher den Fehler, gerechtfertigte Hypothesen zu verwerfen, als den Fehler der Annahme nicht gerechtfertigter Hypothesen.

Skalenübersicht

Bezeichnung	Alpha	Fundstellen*	Quelle
Allgemeine Lebenszufriedenheit	.78	Z 4/30/58/86/ 129/157	Neubildung
Alltagsästhetische Schemata: Hochkulturschema	.92	Anhang D. 1.1	Neubildung
Alltagsästhetische Schemata: Trivialschema	.89	Anhang D. 1.2	Neubildung
Alltagsästhetische Schemata: Spannungsschema	.90	Anhang D. 1.3	Neubildung
Anomie	.79	Z 24/51/79/124/ 150/177	SOPO
Arbeitsplatzmerkmale: Hierarchieposition	.81	H 75: 8/11/12/15/20/ 21/24	Neubildung
Arbeitsplatzmerkmale: Kopfarbeit/Handarbeit	.85	H 75: 1/2/3/4/7/19/ 22/23	Neubildung
Arbeitszufriedenheit	.82	Z 11/37/65/90/104/ 112/137	SAZ (modifiziert)
Ausgehen	.82	H 59: 1/8/9/11/13/14/ 15/18/19/24/25	Neubildung
Depressivität	.77	Z 23/50/78/101/102/ 108/123/149/176	FPI (modifiziert)
Dominanzstreben	.75	Z 15/69/96/116/ 141/168	SOPO
Egoismus	.68	Z 18/45/73/98/119/ 144/171	PIT (modifiziert und ergänzt)
Einsamkeit	.80	Z 20/47/75/100/ 121/146/173	Neubildung
Fatalismus	.57	Z 3/57/156	Neubildung
Fernsehpräferenzen: action	.66	H 13: 1/4/7/9/21	Neubildung
Fernsehpräferenzen: Harmonie	.79	H 13: 2/5/8/10/11/12/14	Neubildung
Fernsehpräferenzen: intellektuelle Orientierung	.73	H 13: 3/6/15/17/19/20	Neubildung

(Fortsetzung:)

Skalenübersicht (Fortsetzung)

Freizeit zu Hause: intellektuelle Orientierung	.67	H 10:	5/11/16/17/22	Neubildung
Gehemmtheit	.74	Z	7/33/61/87/107/ 131/160	FPI (modifiziert)
Gelassenheit	.68	Z	9/35/63/89/110/ 135/162	FPI
Geselligkeit	.73	Z	13/67/114/139/ 166	FPI (leicht modifiziert)
Körperorientierung	.72	Z	6/60/85/130/159	SOPO, (modifiziert)
Langeweile	.75	Z	16/42/70/94/117/ 127/143/170	Neubildung
Leistungsmotivation	.59	Z	21/48/76/147	LM
Lektüre: »gehobene Literatur«	.81	H 19:	13/14/15	Neubildung
Lektüre: Sachorientierung	.76	H 19:	1/2/8/10/16	Neubildung
Lektüre: Trivialorientierung	.55	H 19:	7/11/12	Neubildung
Materielle Zufriedenheit	.81	Z	25/52/80/125/ 151/180	Neubildung
Medienkonsum: Regionalorientierung	.73	H 13: 18 H 17: 7/9		Neubildung
Musikpräferenzen: E-Musik	.76	H 14:	4/8/9	Neubildung
Musikpräferenzen: Pop, Rock, Folk	.87	H 14:	1/5/7/10/13/14/ 15/16	Neubildung
Musikpräferenzen: Trivialmusik	.88	H 14:	2/3/6/11/12	Neubildung
Offenheit	.65	Z	10/36/64/136/ 163	FPI und PIT (Auswahl)
Öffentliches Interesse	.91	H 13: 6/17/19 H 17: 1 H 19: 1/8/10 H 63: 5/6/7/8/9/10 Z 1/55/154		Neubildung

(Fortsetzung:)

Skalenübersicht (Fortsetzung)

Paranoide Tendenzen	.66	Z 38/66/91/113/ 138/165	PIT (stark modifiziert, ergänzt)
Politische Identifikation: grün-alternativ	.85	H 63: 8/9/10	Neubildung
Politische Identifikation: konservativ-liberal	.80	H 63: 4/5/7	Neubildung
Politische Unterordnung	.78	Z 17/43/44/71/95/ 97/118/142/169	SINUS (modifiziert)
Psychologisches Interesse	.72	H 19: 16/17 H 59: 23 Z 109	Neubildung
Psychosoziale Hyperdimension: »Balance«	.93	vgl. Subskalen: Allg. Lebenszufriedenh./ Langeweile/Einsamkeit/ Suche nach Abwechslung/Depressivität/ Materielle Zufriedenheit	Neubildung; vgl. Subskalen
Psychosoziale Hyperdimension: »Ich-Stärke«	.89	vgl. Subskalen: Dominanzstreben/ Selbstwertgefühl/ Leistungsmotivation/ Geselligkeit/ Gelassenheit	Neubildung; vgl. Subskalen
Psychosoziale Hyperdimension: »Vertrauen«	.93	vgl. Subskalen: Fatalismus/Rigidität/ Paranoide Tendenzen/ Egoismus/Vegetative Labilität/Anomie	Neubildung vgl. Subskalen
Reflexivität	.68	Z 8/34/88/109/ 133/161	
Religiosität	.83	Z 22/49/77/122 148/175	REL (Auswahl ergänzt)
Rigidität	.68	Z 5/31/59/84/ 106/132/158	TBR
Selbstwertgefühl	.66	Z 26/53/81/103/ 105/126/152/159	SE
Sportorientierung	.64	H 59: 3/4/5/7	Neubildung

(Fortsetzung:)

Skalenübersicht (Fortsetzung)

Suche nach Abwechslung	.73	Z 28/56/83/104 111/134/155	Neubildung
Szenenteilnahme: Hochkulturszene	.78	H 57: 1/4/7/9/10 H 59: 12	Neubildung
Szenenteilnahme: Kneipenszene	.67	H 59: 14/15/19/25	Neubildung
Szenenteilnahme: Kulturladenszene	.82	H 20: 1-11 H 21: 1-11	Neubildung
Szenenteilnahme: Neue Kulturszene	.83	H 57: 11/12/13/14/ 18/20/22	Neubildung
Szenenteilnahme: Sportszene	.55	H 57: 16/22/33 H 59: 2	Neubildung
Szenenteilnahme: Volksfestszene	.77	H 57: 6/23/24/28/ 30/31/32	Neubildung
Vegetative Labilität	.70	Z 19/46/74/99/120/ 145/172	FPI
Wohnkomfort	.70	H 6: 1/4/7/10	Neubildung
Wohnungsrating (Interviewer)	.75	Interviewerfragebogen: Gesamteindruck von der Wohnung Item: 1-4	Neubildung
Wohnzufriedenheit	.60	H 8: 5/8/9/10/11/ 12/13	Neubildung
Zeitungslektüre: allgemeingesellschaftliche Orientierung	.68	H 17: 1/2/3	Neubildung
Zeitungslektüre: lebenspraktische Orientierung	.65	H 17: 5/6/7/9 H 18: 3	Neubildung

* Z = Zusatzfragebogen (vgl. Anhang B.3): Item-Nummern
   H = Hauptfragebogen (vgl. Anhang B.2): Fragen-Nummern und Positionen innerhalb der Frage.
   Beispiel: H10: 5 = Item in Frage 10 an 5. Stelle (»ein Buch lesen«)

Quellen von Skalen

FPI	Fahrenberg, J./ Selg, H./ Hampel, R.: Das Freiburger Persönlichkeitsinventar, Göttingen/ Toronto/ Zürich 1978 (3. Auflage).
IPC	Krampen, G.: IPC-Fragebogen zu Kontrollüberzeugungen, Nürnberg 1981.
LM	Modick, H. E.: Ein dreiskaliger Fragebogen zur Erfassung des Leistungsmotivs: Bericht über eine deutschsprachige Weiterentwicklung, in: Diagnostica 23, 197 .
PIT	Mittenecker, E./ Tomann, W.: Persönlichkeits- und Interessentest, Bern/ Stuttgart/ Wien 1975.
REL	Boos-Nünning, U.: Dimensionen der Religiosität: Zur Operationalisierung und Messung religiöser Einstellungen, München 1972.
SAZ	Fischer, L./ Lück, H.: Entwicklung einer Skala zur Messung von Arbeitszufriedenheit (SAZ), in: Psychologie und Praxis, 16, 1972.
SE	Rosenberg, M.: Society and the Adolescent Self-Image; S.305 ff.: Self-Esteem-Scale, Princeton 1965.
SINUS	Fünf Millionen Deutsche: Wir sollten wieder einen Führer haben. Die SINUS-Studie über Rechtsextremismus, Reinbek bei Hamburg 1981.
SOPO	Bundeszentrale für politische Bildung (Hg.): Meßinstrument für soziopolitische Einstellungen: »SOPO«, Bonn 1978 (3. Auflage).
TBR	Krampen, G.: TBR-Fragebogen zur behavioralen Rigidität, in: Trierer Psychologische Berichte, 4, 1977, Heft 9 (Übersetzung von: Schaie, K.: »Test of behavioral rigidity«. Palo Alto: Consulting Psychologists Press 1960).

6. Berufsgruppen

Berufe sind wegen der starken Differenzierung von Tätigkeiten und wegen der Vagheit vieler Bezeichnungen (etwa »Angestellte«) besonders schwierig zu erheben. Für die Untersuchung wurde eine Kombination von standardisierter Tätigkeitsfrage mit offener Nachfrage gewählt. Mit der durch die Nachfrage angeforderten genaueren Tätigkeitsbeschreibung wurde es möglich, die standardisierte Kategorisierung zu kontrollieren, zu korrigieren oder zu spezifizieren. Die auf diese Weise gewonnenen Imformationen wurden zur Bildung von Berufsgruppen nach dem Status verwendet. Im Rahmen der Forschungsinteressen dieser Untersuchung genügte eine grobe Einteilung in vier Gruppen. Dabei wurden zwei verschiedene Techniken angewandt: personenbezogene und haushaltsbezogene Gruppierung. Die beiden Techniken unterscheiden sich hinsichtlich der Einordnung von Frauen, die mit einem Partner zusammenleben. Bei der haushaltsbezogenen Gruppierung richtet sich die Einordnung dieser Frauen nach dem Beruf des Partners, bei der personenbezogenen Gruppierung bleibt der Beruf des Partners dagegen unberücksichtigt. Das haushaltsbezogene Gruppierungsverfahren führt zu einer stärkeren Besetzung der oberen und zu einer geringeren Besetzung der unteren Ränge. Dieser Effekt kommt dadurch zustande, daß bei einem Statusgefälle zwischen zusammenlebenden Partnern meist der Mann die höhere Position einnimmt. Bei der Datenanalyse, etwa bei der Untersuchung von Milieuunterschieden, wurden immer beide Gruppierungsvariablen einbezogen. Dabei zeigte sich, daß sie sich nicht in theoretisch relevanter Weise unterscheiden.

Berufsgruppen	Anteile bei personenbezogener Gruppierung	Anteile bei haushaltsbezogener Gruppierung
Gruppe 1: Ungelernte und angelernte Arbeiter, einfache Angestellte, Beamte im einfachen Dienst	30%	22%
Gruppe 2: Facharbeiter, mittlere Angestellte, Beamte im mittleren Dienst	46%	48%
Gruppe 3: Höhere Angestellte, Beamte im gehobenen Dienst, Selbständige I (Handwerk, Gastronomie, Handel u.ä.)	16%	17%
Gruppe 4: Leitende Angestellte, Beamte im höheren Dienst, Selbständige II (Ärzte, Rechtsanwälte, Großunternehmer u.ä.)	8%	13%
	100%	100%

Nicht berücksichtigt wurden Auszubildende, Schüler, Studenten, Arbeitslose, »Sonstige« und Befragte, bei denen Angaben zum Beruf fehlten. Personen in Rente oder Pension und Hausfrauen wurden mit ihrem früheren Beruf bei der personenbezogenen Gruppierung berücksichtigt, falls sie einmal einen Beruf ausgeübt hatten. Ansonsten galten auch sie als nicht zuordenbar. Der Anteil nicht zuordenbarer Personen an der Gesamtstichprobe beträgt 15% bei personenbezogener und 13% bei haushaltsbezogener Gruppierung.

7. Probleme der Generalisierung

Im Rahmen der vorliegenden Untersuchung lag es aus verschiedenen Gründen nahe, eine regionale Studie einer bundesweiten Untersuchung vorzuziehen:
1. Alltagsästhetische Schemata entfalten sich in einem speziellen lokalen Kontext, der bei einer überregionalen Befragung nicht zum Zuge kommen kann. Es war eines der Anliegen der Untersuchung, die Konkretisierung allgemeiner Erlebnisdispositionen in einem ortsgebundenen Möglichkeitsraum zu untersuchen. 2. Besonderes Augenmerk galt dabei den Stadtteilzentren. Eine vergleichende Analyse der Reaktion einer gegebenen Bevölkerung auf eine Mehrzahl von Stadtteilzentren war nur bei einer regionalen Studie möglich. 3. Bei der Untersuchung von Stadtteilzentren ging es unter anderem um die Resonanz im Stadtviertel. Bei einer bundesweiten Studie wäre es endgültig nicht mehr möglich gewesen, ausreichende Fallzahlen für Quartiersbevölkerungen um die Stadtteilzentren herum zustandezubringen; selbst bei der vorliegenden regionalen Studie erwies sich dies bereits als problematisch. 4. Schließlich legten auch finanzielle, personelle und organisatorische Gründe die Beschränkung auf eine lokal begrenzte Stichprobe nahe.

Die Frage, inwieweit sich die Ergebnisse dieser regionalen Studie verallgemeinern lassen, ist für verschiedene Informationsbereiche unterschiedlich zu beantworten.

Nicht verallgemeinerbar sind alle Ergebnisse, die sich auf Spezifika der lokalen Infrastruktur beziehen oder die mit großer Wahrscheinlichkeit von Besonderheiten der regionalen Grundgesamtheit beeinflußt werden. Beide Bedingungen fallen zusammen bei Bekanntheitsgraden und Besuchsquoten verschiedener lokaler Erlebnisangebote. Allenfalls scheinen grob vergleichende Aussagen für einen Geltungsbereich möglich, der Großstädte mit ähnlicher kultureller Infrastruktur einschließt: etwa daß Bekanntheitsgrad und Nutzung eines ausgebauten Netzes von Stadtteilzentren durchaus an die Resonanz traditioneller Kulturinstitutionen heranreichen. Ingesamt scheint es jedoch besser, hinsichtlich der Generalisierungsfrage eher eine vorsichtige Haltung einzunehmen. Alle Ergebnisse, die sich auf eindimensionale Verteilungen beziehen, insbesondere Prozentsätze und Mittelwerte, sollten wegen der Gefahr eines »Klumpeneffektes«, der durch die relative Homogentität des untersuchten Teilgebietes im Verhältnis zum gesamten Bundesgebiet zustande kommt, nicht verallgemeinert werden. Allerdings haben Ergebnisse dieser Art im Rahmen der analytischen Überlegungen keine Bedeutung. Zudem sind sie meist für sich allein nicht interpretierbar, wie bereits weiter oben ausgeführt wurde. Im Rahmen der nachfolgenden Tabellen werden solche Daten deshalb auch immer nur in Kontexten dargestellt, die eine relationale Betrachtung (Gruppendifferenzierung, Zusammenhangsstrukturen, Institutionenvergleiche) ermöglichen.

Weniger problematisch erscheint die Verallgemeinerung der relationalen Hauptergebnisse dieser Arbeit: die Diagnose der Existenz alltagsästhetischer Schemata; der aus dem geringen Zusammenhang alltagsästhetischer Schemata hervorgehende Befund einer Mehrdimensionalität kollektiver Erlebnisdispositionen; die fundamentale Bedeutung von Lebensalter und Bildung für die Zuordnung von Subjekt und Situation in der Bundesrepublik Deutschland; das schemenhafte Bild verschiedener sozialer Milieus und die zu dieser Milieustruktur gehörenden typischen Differenzierungen von alltagsästhetischem Stil, Haushaltsstruktur, Beruf und Arbeitsplatz, sozialem Umfeld, Wertvorstellungen und psychosozialen Basisdispositionen.

Begründet ist die Annahme der Verallgemeinerbarkeit zum einen durch eine Vielzahl verstreuter empirischer Hinweise, die den zentralen Aussagen dieser Arbeit parallel laufen, teils aus bundesweiten, teils aus regionalen Studien. Zum anderen spricht jedoch auch eine plausible Überlegung für den überörtlichen Charakter der Befunde: Die Vernetzung der Bevölkerung (Massenkommunikation, Telefon, Verkehrsmittel) und die räumliche Expansion standardisierter Erlebnisangebote ist so weit vorangeschritten, daß die Herausbildung überörtlicher Muster mit großer Wahrscheinlichkeit anzunehmen ist.

Teil D
Kommentierte Tabellen

Einleitung

Es folgen 13 Serien von Tabellen mit empirischen Ergebnissen. Jede Serie wird in einer Vorbemerkung näher erläutert.

Übersicht

1. Alltagsästhetische Schemata
2. Dimensionaler Raum alltagsästhetischer Schemata
3. Altersunterschiede
4. Bildungsunterschiede
5. Milieuspezifische Alltagsästhetik
6. Milieuspezifische Existenzformen
7. Segmentierungsanalysen
8. Semantik der Milieudifferenzierung
9. Szenen: Kohärenz, Affinitäten, Reichweite
10. Szenen: Selektivität
11. Szenen: Publikumszusammensetzung
12. Raumbezug von Stadtteilzentren
13. Historische, dimensionsanalytische und methodische Anschlußuntersuchungen

1. Alltagsästhetische Schemata (Tabellen 1.1 - 1.4)

Vorbemerkungen

Alltagsästhetische Schemata manifestieren sich als größere Gruppen ästhetischer Zeichen, die im Kollektiv tendenziell von allen Individuen in ähnlicher Weise abgegrenzt werden. Die überindividuelle Ähnlichkeit der Abgrenzungen zeigt sich darin, daß Individuen gegenüber den Zeichen einer gegebenen Gruppe konsistent reagieren, so unterschiedlich ihre Position zwischen den Polen von Nähe oder Distanz auch sein mag.

Die Grundinformationen zur Identifikation von alltagsästhetischen Schemata sind Korrelationsfelder von Nähe-Distanz-Indikatoren (hier: Interessen, Präferenzen, Häufigkeiten in Bezug auf eine Auswahl von Items, die Typen alltagsästhetischer Episoden thematisieren).

Die Information über solche Korrelationsfelder läßt sich sinnvoll verdichten
- in Form von Trennschärfekoeffizienten als Maß für die Konsistenz eines gegebenen Items im Verhältnis zu allen übrigen Items einer Gruppe;
- in Form von Alphakoeffizienten als Maß für die Konsistenz einer Gruppe.

Für die Heuristik wurden faktorenanalytische Verfahren und Hypothesen über die Zusammengehörigkeit von Zeichen verwendet. Die Darstellung beruht auf jeweils eindimensionalen Berechnungen nach der klassischen Testtheorie.

Tabellen

1.1 Hochkulturschema
1.2 Trivialschema
1.3 Spannungsschema
1.4 Alltagsästhetische Schemata und psychische Grundorientierungen

Tabelle 1.1: Hochkulturschema (Alpha = .92)

Items		Trennschärfe
Freizeitbeschäftigungen zu Hause		
1	ein Buch lesen	.49
2	etwas niederschreiben (Tagebuch, Gedanken, Phantasievorstellungen usw.)	.46
3	Sprachen lernen	.45
4	Fortbildung	.52
Interesse an ausgewählten Fernsehsendungen		
5	Kulturmagazine wie z.B. Aspekte, Titel-Thesen-Temperamente usw.	.41
6	politische Diskussionen	.41
7	Dokumentationen zur Zeitgeschichte	.50
8	Sachfilme über Probleme unserer Zeit (z.B. Ausländer, Arbeitslosigkeit, Drogen u.a.)	.32
9	Informationen aus Wissenschaft und Technik	.35
Vorliebe für bestimmte Musikarten		
10	Oper	.40
11	Klassische Musik (z.B. Bach, Mozart usw.)	.62
12	Moderne ernste Musik (z.B. Bartok, Hindemith usw.)	.50
Bevorzugte Themenbereiche (Zeitung)		
13	Politik	.50
14	Wirtschaft	.34
15	Kultur	.53
Sonstige Lesegewohnheiten		
16	Spiegel	.54
17	Stern	.31
18	Die Zeit	.50
19	Bücher über gesellschaftliche/politische Probleme	.62
20	Moderne Literatur	.64
21	Klassische Literatur	.69
22	Gedichte	.52
23	Texte über psychische Probleme	.57
24	Literatur über Selbsterfahrung/Persönlichkeitsentwicklung	.54
Kenntnis und Besuch von Einrichtungen		
25	Germanisches Nationalmuseum	.44
26	Spielzeugmuseum	.35
27	Verkehrsmuseum	.29
28	Stadtmuseum Fembohaus	.38
29	Oper	.37
30	Schauspielhaus/Kammerspiele	.42
31	Planetarium/Sternwarte	.27
Häufigkeiten von ausgewählten Freizeittätigkeiten außer Haus		
32	Konzerte mit klassischer Musik besuchen	.55
33	Ausstellungen oder Galerien besuchen	.59
34	Kurse besuchen, etwas für die Bildung tun	.50
35	Selbsterfahrungsgruppe/etwas für die Persönlichkeitsentwicklung tun	.36
36	Skala »psychologisches Interesse«	.64

Tabelle 1.2: Trivialschema (Alpha = .89)

Items	Trennschärfe
Interesse an ausgewählten Fernsehsendungen	
1 Heimatfilme	.65
2 Talk-Shows	.37
3 Spielfilme	.34
4 Natursendungen (Tiere, Pflanzen usw.)	.49
5 Filmkomödien	.46
6 Fernsehshows, Quizsendungen	.69
7 Volkstheater (z.B. Komödienstadel)	.70
8 Sendungen über Franken oder Bayern	.53
Vorliebe für bestimmte Musikarten	
9 Deutsche Schlagermusik	.68
10 Volkslieder	.70
11 Leichte Unterhaltungsmusik	.60
12 Bayerische Volksmusik	.69
13 Blasmusik	.67
Bevorzugte Themenbereiche (Zeitung)	
14 Sonderangebote, Werbung	.47
15 Lokalnachrichten über Nürnberg	.31
16 Nachrichten über die Region Mittelfranken	.32
Sonstige Lektüre	
17 Anzeigen und Verbraucherinformationen wie Marktspiegel, Report am Sonntag, Wochenmagazin u.ä.	.46
18 Goldenes Blatt, Neue Post, Frau im Spiegel	.39
19 Heimatromane	.44
20 Romane (Simmel, Konsalik, Utta Danella)	.30

Tabelle 1.3: Spannungsschema (Alpha = .90)

Items		Trennschärfe
Interesse an ausgewählten Fernsehsendungen		
1	Amerikanische Krimiserien	.29
2	Zeichentrick-Filme	.38
3	längere Kriminalfilme	.22
4	Popmusik, Rockmusik u. ähnliches	.67
5	Science-fiction, Fantasy	.41
Vorliebe für bestimmte Musikarten		
6	Jazzmusik	.30
7	Rockmusik	.66
8	Oldies (z.B. Beatles)	.55
9	Reggae-Musik	.60
10	Soul-Musik	.61
11	Pop-Musik	.71
12	Folk-Musik (z.B. Joan Baez, Bob Dylan, irische Musik usw.)	.51
13	Blues	.53
Kenntnis und Besuch von Einrichtungen		
14	Messen und Ausstellungen im Messezentrum, z.B. Consumenta	.24
15	Heimspiele des FCN	.31
16	Trempelmarkt	.36
17	Altstadtfest	.42
18	Volksfestumzüge/Kirchweihumzüge	.19
19	Stadtmarathon	.20
20	Volksfest am Dutzendteich	.26
21	Volksfeste in der Innenstadt (Frühjahr, Fasching, Herbst)	.43
22	Stadtteilkirchweihen	.29
23	Straßenfeste/Stadtteilfeste	.38
24	Norisringrennen	.30
Häufigkeiten von ausgewählten Freizeittätigkeiten außer Haus		
25	ins Kino gehen	.61
26	jemand besuchen	.37
27	sich mit anderen in der Stadt treffen	.50
28	Tanzveranstaltungen besuchen	.37
29	Konzerte mit anderer Musik besuchen (Rock, Pop, Jazz, Liedermacher usw.)	.57
30	in ein Café oder in eine Eisdiele gehen	.41
31	zum Essen ausgehen	.34
32	in ein Nachtlokal gehen	.44
33	in Kneipe, Wirtshaus oder Weinlokal gehen	.54
34	Flippern/Kickern/mit Automaten spielen	.32
35	in eine Diskothek gehen	.56

Tabelle 1.4: Alltagsästhetische Schemata und psychische Grundorientierungen

Psychische Grundorientierungen (Skalen)	Korrelationen		
	Hochkulturschema (Skala)	Trivialschema (Skala)	Spannungsschema (Skala)
Reflexivität	.68	-.12	.05
Fatalismus	-.22	.35	-.14
Rigidität	-.28	.43	-.25
Egoismus	-.30	.26	.01
Anomie	-.28	.39	-.17
Psychosoziale Hyperdimension »Vertrauen«	.30	-.42	.15
Soziales Dominanzstreben	.24	.0	.24
Suche nach Abwechslung	.20	-.13	.41
Psychosoziale Hyperdimension »Balance«	.07	.03	.31

2. Dimensionaler Raum alltagsästhetischer Schemata (Tabellen 2.1 - 2.3)

Vorbemerkungen

In den folgenden Tabellen wird anhand verschiedener Methoden der Zusammenhang alltagsästhetischer Schemata dargestellt. Hauptergebnis ist die weitgehende Unabhängigkeit der Dimensionen. Beispielsweise besteht nur eine schwache Tendenz dahingehend, daß Nähe zum Hochkulturschema Distanz zum Trivialschema einschließt - entgegen allen gängigen Annahmen über das Verhältnis von Hoch- und Trivialkultur. Der dimensionale Raum wird durch ein orthogonales Modell approximiert; die Individuen verteilen sich in etwa gleichmäßig über den gesamten Raum (vgl. Abschnitt 3.8)

Die empirische Analyse wurde von dem Versuch bestimmt, das substantielle Ergebnis möglichst unabhängig vom gewählten Verfahren herauszuarbeiten. Das Instrument der schiefwinklichen Faktorenanalyse wurde nicht eingesetzt, weil das Ergebnis zu sehr vom Handeln des Datenanalytikers abhängt. Diese Abhängigkeit ist auch bei den gewählten drei Verfahren vorhanden, jedoch in geringerem Maße.

Tabelle 2.1 zeigt den Zusammenhang der jeweils »für sich« (also eindimensional) gebildeten Skalen unter Verwendung von jeweils allen in den Tabellen 1 - 3 dargestellten Items.

Tabelle 2.2 stellt Korrelationsfelder von Subdimensionen dar, die aus Items der verschiedenen alltagsästhetischen Schemata gebildet wurden.

Tabelle 2.3 enthält das Ergebnis einer orthogonalen Faktorenanalyse. Hier werden die Dimensionenen so unabhängig wie möglich dargestellt. Das Ladungsmuster zeigt, inwieweit sich die Daten dem ex ante angenommenen Modell annähern lassen.

Tabellen:

2.1 Korrelationen der Hauptskalen
2.2 Korrelationsfelder von ausgewählten Subdimensionen
2.3 Faktorladungen

Tabelle 2.1: Der dimensionale Raum alltagsästhetischer Schemata/ Korrelationen der Hauptskalen

		H	T	S
Hochkulturschema	H	1	-.26	.25
Trivialschema	T	-.26	1	-.24
Spannungsschema	S	.25	-.24	1

Die drei Variablen wurden als additive Summenscores aus den dichotomisierten Items der Item-Felder für Hochkulturschema, Trivialschema, und Spannungsschema gebildet (vgl. hierzu Tabellen 1.1-1.3).

Tabelle 2.2: Der dimensionale Raum alltagsästhetischer Schemata/ Korrelationsfelder von ausgewählten Subdimensionen

		H						T				S			
		1	2	3	4	5	6	7	8	9	10	11	12	13	14
H	1	--	.54	.36	.47	.45	.45	.05	-.20	-.14	-.09	-.06	.09	.18	-.03
	2	.54	--	.29	.45	.61	.53	-.03	-.28	-.20	-.02	.05	.29	.35	.13
	3	.36	.29	--	.36	.31	.50	.08	-.12	-.11	-.01	-.09	.01	.15	-.11
	4	.47	.45	.36	--	.47	.56	-.06	-.35	-.29	-.01	.02	.30	.28	.06
	5	.45	.61	.31	.47	--	.57	-.04	-.37	-.31	-.02	.28	.27	.35	.10
	6	.45	.53	.50	.56	.57	--	-.01	-.31	-.22	.11	-.00	.24	.31	.04
T	7	.05	.03	.08	-.06	-.04	-.00	--	.32	.29	.14	.11	-.12	-.08	-.06
	8	-.20	-.28	-.12	-.35	-.37	-.31	.32	--	.62	.31	-.01	-.39	-.38	-.12
	9	-.14	-.20	-.11	-.29	-.31	-.22	.29	.62	--	.36	.02	-.23	-.24	.09
	10	-.09	-.02	-.01	-.01	-.02	.11	.14	.31	.36	--	.06	.01	.00	.16
S	11	-.06	.05	-.09	.02	.03	-.00	.11	-.01	.02	.06	--	.34	.23	.27
	12	.09	.26	.01	.30	.27	.24	-.12	-.39	-.23	.01	.34	--	.51	.37
	13	.18	.35	.15	.28	.35	.31	-.08	-.38	-.24	.00	.23	.51	--	.44
	14	-.03	.13	-.11	.07	.10	.04	-.06	-.12	.09	.16	.27	.37	.44	--

H = Hochkulturschema
T = Trivialschema
S = Spannungsschema

Subdimensionen (vgl. Anhang C.5: Skalen)	
1 Reflexivität 2 Psychologisches Interesse 3 Musikpräferenzen: ernste Musik 4 Freizeit zuhause: intellektuelle Orientierung 5 Lektüre: Sachorientierung 6 Lektüre: »anspruchsvolle« Literatur	Hochkulturschema (H)
7 Regionalorientierung 8 Musikpräferenzen: Trivialmusik 9 Fernsehpräferenzen: Harmonie 10 Lektüre: Trivialorientierung	Trivialschema (T)
11 Volksfeste 12 Freizeit: außerhäusliche Orientierung 13 Musikpräferenzen: Popmusik 14 Fernsehpräferenzen: action	Spannungsschema (S)

Tabelle 2.2 (Fortsetzung):
Durchschnittliche Korrelationen in den Korrelationsfeldern

		H	T	S
Hochkulturschema (1-6)	H	.46	-.14	.15
Trivialschema (7-10)	T	-.14	.34	-.08
Spannungsschema (11-13)	S	.15	-.08	.36

Tabelle 2.3: Der dimensionale Raum alltagsästhetischer Schemata / Faktorladungen

Items (Auswahl)		Faktor Hochkulturschema	Faktor Trivialschema	Faktor Spannungsschema
Markierungsitems des Hochkulturschemas				
Interesse an ausgewählten Fernsehsendungen				
1	Dokumentationen zur Zeitgeschichte	.57	.03	.05
2	Kulturmagazine wie z.B. Aspekte, Titel-Thesen-Temperamente usw.	.50	.12	.02
3	Politische Diskussionen	.50	.04	-.05
Vorliebe für bestimmte Musikarten				
4	Klassische Musik (z.B. Bach, Mozart usw.)	.70	-.12	-.03
5	Oper	.54	.10	-.21
6	Moderne Ernste Musik (z.B. Bartok, Hindemith usw.)	.54	-.01	.08
Lesegewohnheiten				
7	Gesellschaftliche/politische Probleme	.62	-.22	.15
8	Moderne Literatur	.63	-.24	.26
9	Gedichte	.57	-.04	.09
10	Klassische Literatur	.74	-.20	.09
11	Texte über psychische Probleme	.51	-.06	.22
12	Spiegel	.47	-.29	.23
13	Die Zeit	.46	-.25	.16
Zeitungslektüre				
14	Politik	.57	-.03	.12
15	Kultur	.53	-.09	-.01
Markierungsitems des Trivialschemas				
Interesse an ausgewählten Fernsehsendungen				
16	Fernsehshows, Quizsendungen	-.12	.71	-.15
17	Volkstheater (z.B. Komödienstadel)	-.11	.69	-.25
18	Filmkomödien	.08	.50	.00
19	Talkshows	.09	.46	.13
20	Natursendungen (Tiere, Pflanzen)	.07	.50	-.12
21	Heimatfilme	-.24	.65	-.21
Vorliebe für bestimmte Musikarten				
22	Volkslieder	-.06	.69	-.39
23	Blasmusik	-.11	.62	-.39

(Fortsetzung:)

Tabelle 2.3 (Fortsetzung)

Items (Auswahl)		Faktor Hochkulturschema	Faktor Trivialschema	Faktor Spannungsschema
24	Deutsche Schlagermusik	-.23	.70	-.11
25	Leichte Unterhaltungsmusik	-.05	.65	-.02
Lesegewohnheiten				
26	Anzeigenblätter, Verbraucherinformationen	-.12	.45	.02
27	Goldenes Blatt, Neue Post, Frau im Spiegel	-.21	.40	-.04
28	Heimatromane	-.00	.43	-.07
29	andere Romane (Simmel, Konsalik, Utta Danella u.ä.)	.13	.37	.19
Zeitungslektüre				
30	Sonderangebote/Werbung	-.08	.47	-.03
Markierungsitems des Spannungsschemas				
Interesse an ausgewählten Fernsehsendungen				
31	Science-fiction/Fantasy	.01	.03	.44
32	Popmusik, Rockmusik u.ä.	-.09	-.13	.73
33	Zeichentrickfilme	.02	.13	.42
Vorliebe für bestimmte Musikarten				
34	Pop-Musik	.11	.04	.71
35	Oldies (z.B. Beatles)	.12	.06	.68
36	Blues	.27	-.07	.52
37	Rock-Musik	.05	-.23	.72
Lesegewohnheiten				
38	Stern	.22	-.22	.35
Zeitungslektüre				
39	Veranstaltungshinweise/Programmhinweise	.27	.05	.35
Ausgewählte Freizeittätigkeiten				
40	Ins Kino gehen	.06	-.29	.64
41	In die Kneipe, ins Wirtshaus oder Weinlokal gehen	.02	-.23	.51
42	In eine Diskothek gehen	-.10	-.22	.57
43	Sich mit anderen in der Stadt treffen	.10	-.10	.49
44	In ein Café oder in eine Eisdiele gehen	.00	.03	.41
45	Jemanden besuchen	.10	-.07	.40

3. Altersunterschiede (Tabelle 3)

Vorbemerkungen

Ziel der folgenden Tabelle ist es, Altersunterschiede darzustellen, von denen sich plausibel annehmen läßt, daß sie in der Alltagsinteraktion erfahrbar sind. Die durch Forschungsverfahren gewonnenen Erkenntnisse über Altersunterschiede sind im Rahmen dieser Untersuchung nicht an sich von Bedeutung. Ihre Relevanz bemißt sich nach der Antwort auf die Frage: Werden die Altersunterschiede, die hier unabhängig vom Wissen der Individuen zutage gefördert wurden, auf der Ebene subjektiver Rekonstruktion der sozialen Wirklichkeit einigermaßen homomorph abgebildet? Je mehr dies der Fall ist, desto signifikanter tritt das Alter als Zeichen für gestalthaft wahrgenommene Existenzformen hervor, die, einmal in der kollektiven Typensemantik etabliert, eine Tendenz zur Selbstreproduktion haben.

Interpretative Hauptthese ist, daß die im folgenden dargestellten Altersunterschiede auch in der Alltagswahrnehmung spürbar sind, wobei die Differenziertheit dieser Wahrnehmung von Mensch zu Mensch durchaus unterschiedlich sein kann, während die allgemeine Wahrnehmungstendenz doch bei den meisten in dieselbe Richtung geht. Um die Grobheit der Alltagswahrnehmung zu simulieren, wurde das Merkmal »Alter« in den folgenden Berechnungen in fünf Intervalle unterteilt: 18 bis 30 Jahre; 31 bis 40 Jahre; 41 bis 50 Jahre; 51 bis 60 Jahre; 61 bis 70 Jahre.

Auf den ersten Blick mag es befremden, daß Altersunterschiede in der folgenden Tabelle durch Zusammenhangsmaße (Gamma) dargestellt werden. Es gibt jedoch keine bessere Möglichkeit, in komprimierter Form über Gruppenunterschiede zu informieren. Je stärker sich Altersgruppen hinsichtlich eines gegebenen Merkmals X unterscheiden, desto höher muß der statistische Zusammenhang zwischen Lebensalter und Merkmal X sein. In der Tabelle sind die Merkmale nach der Deutlichkeit von Altersunterschieden aufsteigend geordnet. Ein positives Vorzeichen bedeutet, daß bestimmte Präferenzen, Handlungstendenzen, Häufigkeiten usw. mit dem Alter ansteigen; ein negatives Vorzeichen bedeutet, daß sie abnehmen.

Auch »niedrig« erscheinende Gammakoeffizienten deuten auf erfahrbare Gruppenunterschiede. Einem Gamma von -.26 etwa (der niedrigste Koeffizient in der folgenden Tabelle) entspricht eine deutliche Abstufung zwischen den Altersgruppen (im Beispiel: 70% der 16- bis 30jährigen, aber nur etwa 40% der 61- bis 70jährigen haben Kontakt zur Sportszene). Solche Abstufungen werden auch in der Alltagsinteraktion erkannt.

Die Liste enthält auch solche Merkmale, deren Unterschiedlichkeit in Altersgruppen so selbstverständlich ist, daß ihr Nachweis keiner empirischen Untersuchung bedarf, etwa die Zustände »ledig«, »in Ausbildung« oder »Renter/Pensionär«. Die hohen Gammakoeffizienten dieser Merkmale können schwerlich überraschen. Es geht an dieser Stelle jedoch um eine möglichst detaillierte Abbildung der Zeichenkonfiguration von Altersspezifika. Gerade die selbstverständlichen Komponenten dieser Konfiguration sind wahrnehmungspsychologisch wichtig: als leicht dem Alter zuordenbare Ankerreize, in deren Einflußbereich auch andere Attribute den Charakter altersspezifischer Zeichen erhalten.

Viele der im folgenden angeführten Merkmale sind Skalen, die eine Mehrzahl von Einzelinformationen integrieren. Dies bedeutet, daß die Zahl der gefundenen Altersunterschiede die Zahl der Merkmale in der folgenden Liste bei weitem übersteigt; die Skalen fassen jeweils ganze Unterschiedsgruppen zusammen.

Tabelle 3: Altersunterschiede

Merkmal	Gamma
Szenenteilnahme: Sportszene (Skala)	-.26
Psychosoziale Hyperdimension »Balance« (Skala)	.27
Allgemeine Lebenszufriedenheit (Skala)	.27
Szenenteilnahme: Volksfestszene (Skala)	-.28
Szenenteilnahme: Kulturladenszene (ohne Jugendzentrum »Komm«) (Skala)	-.28
Gesundheitliche Probleme: Atmung	.30
Gesundheitliche Probleme: Haut	-.30
Übergewicht (Interviewerurteil)	.32
Psychologisches Interesse (Skala)	-.33
Gesundheitliche Probleme: Kreislauf	.35
Wohnzufriedenheit (Skala)	.35
Anomie (Skala)	.36
Offenheit (Skala)	-.36
Medienkonsum: Regionalorientierung (Skala)	.37
Gesundheitliche Probleme: Gelenke	.40
Suche nach Abwechslung (Skala)	-.40
Zufriedenheit mit lokalen Freizeitangeboten	.42
Häufiger Freizeitkontakt mit engen Freunden	-.44
Fernsehpräferenzen: Harmonie (Skala)	.45
Politische Identifikation: grün-alternativ (Skala)	-.46
	(Fortsetzung:)

Tabelle 3: (Fortsetzung)

Merkmal	Gamma
Trivialschema (Skala)	.48
Fernsehpräferenzen: action (Skala)	-.50
Rigidität (Skala)	.50
Pschosoziale Hyperdimension »Vertrauen« (Skala)	-.50
Politische Unterordnung (Skala)	.51
Sportorientierung (Skala)	-.51
Szenenteilnahme: Neue Kulturszene (Skala)	-.53
Lektüre von »Plärrer« (Stadtmagazin)	-.54
Fatalismus (Skala)	.56
Musikpräferenzen: Trivialmusik (Skala)	.64
Nicht berufstätig (nur weibliche Befragte)	.66
Ausgehen (Skala)	-.67
Spannungsschema (Skala)	-.69
Szenenteilnahme: Kneipenszene (Skala)	-.69
Jugendzentrum »Komm« (Besuchsindikator)	-.72
Verwitwet	.74
Kino (Besuchsindikator)	-.76
Musikpräferenzen: Pop, Rock, Folk (Skala)	-.76
Ledig	-.82
Disko (Besuchsindikator)	-.83
In Ausbildung	-.94
Rentner/Pensionär	.97

4. Bildungsunterschiede (Tabelle 4)

Vorbemerkungen

Die Vorbemerkungen zu Tabelle 3 über Altersunterschiede gelten analog. Ein positives Vorzeichen von Gamma bedeutet, daß bestimmte Präferenzen, Handlungstendenzen, Häufigkeiten usw. mit dem Bildungsgrad ansteigen, ein negatives Vorzeichen bedeutet, daß sie abnehmen.

Tabelle 4: Bildungsunterschiede

Merkmal	Gamma
Gesundheitliche Probleme: Kreislauf	-.22
Gesundheitliche Probleme: Gelenke	-.23
Übergewicht (Interviewerurteil)	-.23
Szenenteilnahme: Kulturladenszene (ohne Jugendzentrum »Komm«) (Skala)	.23
Sportorientierung (Skala)	.24
Medienkonsum: Regionalorientierung (Skala)	-.26
Personwahrnehmung (Interviewer): positive Tendenz (Skala)	.28
Gesundheitliche Probleme: Durchblutung	-.28
Politische Identifikation: grün-alternativ (Skala)	.28
Dialekt	-.29
Dominanzstreben (Skala)	.30
Fernsehpräferenzen: intellektuelle Orientierung (Skala)	.32
Gesundheitliche Probleme: Blutdruck	-.34
Musikpräferenzen: Pop, Rock, Folk (Skala)	.36
Fatalismus (Skala)	-.38
Fernsehhäufigkeit	-.39
Szenenteilnahme: Neue Kulturszene (Skala)	.41
Interesse an Werbung	-.41
Ledig	.41
Zeitungslektüre: allgemein-gesellschaftliche Orientierung (Skala)	.42
Lektüre: »Plärrer« (Stadtmagazin)	.43
Zufriedenheit mit lokalen Freizeitangeboten	-.43
	(Fortsetzung:)

Tabelle 4 (Fortsetzung)

Merkmal	Gamma
Anomie (Skala)	-.44
Szenenteilnahme: Hochkulturszene (Skala)	.44
Zeitungslektüre: lebenspraktische Orientierung (Skala)	-.44
Musikpräferenzen: E-Musik (Skala)	.45
Öffentliches Interesse (Skala)	.46
Rigidität (Skala)	-.46
Lektüre: Trivialorientierung (Skala)	-.48
Besuch von Jugendzentrum »Komm«	.48
Psychosoziale Hyperdimension »Vertrauen« (Skala)	.48
Politische Unterordnung (Skala)	-.55
Lektüre: Der Spiegel	.55
Lektüre: »gehobene Literatur« (Skala)	.56
Fernsehpräferenzen: Harmonie (Skala)	-.57
Lektüre: Sachorientierung (Skala)	.57
Trivialschema (Skala)	.63
Lektüre: Die Zeit	.63
Arbeitssituation: Handarbeit vs. Kopfarbeit (Skala)	.63
Schulbildung des Vaters	.63
Status des Haushalts	.64
Musikpräferenzen: Trivialmusik (Skala)	-.65
Selbstzurechnung zu sozialen Schichten	.68
Hochkulturschema (Skala)	.71
In Ausbildung	.71
Schulbildung der Mutter	.73
Schulbildung des Partners	.78

5. Milieuspezifische Alltagsästhetik (Tabellen 5.1 - 5.8)

Vorbemerkungen

Die komplexe Alltagsästhetik sozialer Milieus verlangt nach der simultanen Darstellung einer möglichst großen Menge von Detailinformationen. Wollte man die vielen einzelnen Aspekte nur in einigen wenigen Dimensionen integrieren, wie dies durch die Verwendung hochgradig informationsverdichtender Indikatoren für alltagsästhetischen Schemata möglich gewesen wäre, so würde die soziale Realität noch unanschaulicher widergespiegelt, als dies bei Standarddaten ohnehin der Fall ist. In den folgenden Tabellen werden Konkretheit und Abstraktion miteinander verbunden. Im Vordergrund stehen Indikatoren der untersten Stufe auf der Ebene von Einzelitems; daneben werden jeweils auch einige summarische Indikatoren berücksichtigt, die eine Mehrzahl von Einzelitems einschließen und wesentliche Tendenzen in komprimierter Form zum Ausdruck bringen.

Dadurch entsteht eine relativ lange Liste von Merkmalen, die zur Milieucharakterisierung herangezogen werden. Es wird zum Problem, die empirischen Informationen noch anschaulich zu vermitteln. Gefragt ist eine Darstellungsmethode, die folgenden Anforderungen genügt: 1. Eine Anzahl sozialer Milieus wird simultan nach einer Fülle von Aspekten charakterisiert. 2. Die milieuspezifischen Merkmalsprofile sind intuitiv leicht zu erfassen. 3. Die (sehr unterschiedliche) Diskriminationskraft der Merkmale wird prägnant dargestellt. Für diese Anforderungen wurde die Methode von geordneten Sequenzen bivariater Prozenttabellen entwickelt, die bereits im Anhang A.3 skizziert wurde.

Bei den folgenden Tabellen wird immer wieder dieselbe Aufteilung der Gesamtstichprobe in fünf Untergruppen zugrundegelegt, die durch Kombinationen von Lebensalter und Bildungsgrad definiert sind (vgl. hierzu die Überlegungen im Haupttext). Die Differenzierungen zwischen diesen Gruppen werden in möglichst einfacher Weise dargestellt: Jedes der zur Charakterisierung herangezogenen Merkmale wird dichotomisiert, um die prozentualen Unterschiede einer bestimmten Ausprägungsrichtung zwischen den einzelnen Gruppen zum Ausdruck bringen zu können. Jede Zeile in den Tabellen repräsentiert also eine bivariate Datenmatrix, deren Spalten durch die Gruppen konstituiert werden und deren Zellen auf die Kategorien der dichotomisierten Variablen bezogen sind. Um redundante Informationen zu vermeiden, wird jedoch immer nur eine der beiden Zeilen mitgeteilt. Die weggelassene Zeile ist komplementär dazu und ergibt sich durch Ergänzung auf 100%.

Der Einzelbefund hat jedoch nur untergeordnete Bedeutung. Es kommt auf die Vielzahl der Differenzierungen an. Um übergreifende Muster zu erkennen, muß man die Tabellen vertikal lesen. Dabei treten mehrdimensionale Besonderheiten einzelner Gruppen hervor. Das vertikale Lesen der Tabellen wird durch graphische Hervorhebung von Kolonnen erleichtert, die jeweils ein Milieu oder eine

Auswahl von Milieus charakterisieren. Zweck der Darstellungsmethode ist, durch die Synopse von vielen Einzelheiten einen Gesamteindruck zu ermöglichen. Die Tabellen sind als Bezugsmaterial einer interpretativen Gestaltbildung gedacht.

Erst in den Tabellen der Serien 7 und 8 werden integrative Analyseverfahren angewandt, welche die im folgenden dargestellten Informationen stark verdichten. Dabei wird die Analyse jedoch abstrakter; zudem sind weitere Interpretationsschritte erforderlich. Die folgenden Tabellen sind dagegen so konkret wie möglich angelegt.

Die Tabellen sind geordnet nach dem Gesichtspunkt aufsteigender Diskriminationskraft, die entweder durch Cramer's V oder durch eta zum Ausdruck gebracht wird. Beide Koeffizienten sind bei dichotomen Variablen identisch. Den Etakoeffizienten liegen nicht-dichotomisierte abhängige Variablen zugrunde, bei denen sich cum grano salis Intervallskalenannahmen vertreten ließen. Auch wenn die Diskriminationskraft durch eta ausgedrückt wird, beziehen sich die Prozentzahlen jedoch immer auf dichotome Variable.

Vom Fall dichotomer Variablen abgesehen, sind eta-Koeffizienten und Cramer's V nicht exakt vergleichbar. Eta tendiert dazu, im Betrag leicht (zweite Stelle hinter dem Komma) über dem Wert zu liegen, den Cramer's V bei einer Dichotomisierung annehmen würde. Die Wahl von eta, wo dies möglich schien, war durch den Wunsch motiviert, möglichst wenig Informationen zu verlieren. Außerdem hat eta-Quadrat den Vorteil der PRE-Interpretierbarkeit.

Ohnehin ist die Ordnung der Sequenztabellen nur als schwach anzusehen: erstens wegen der eingeschränkten Vergleichbarkeit von eta und Cramer's V, zweitens wegen leichter Schwankungen der Koeffizienten entsprechend der gewählten Dichotomisierung, drittens wegen leichter Einflüsse unterschiedlicher Randverteilungen auf die Koeffizienten bei gegebener Stärke von Zusammenhängen und schließlich viertens wegen Meßfehlern, soweit sie sich auf die Stärke bivariater Zusammenhänge auswirken. »Schwache Ordnung« soll in diesem Zusammenhang heißen, daß nur eine grobe Unterteilung der Diskriminationskraft (etwa in leicht/mittel/stark) möglich ist; mehr ist analytisch auch nicht erforderlich.

Bezugskategorie der Prozentsätze ist in jedem Fall die positive Ausprägung der dichotomisierten Variablen (relativ hohes Interesse, häufiger Besuch, Vorliebe, häufige Beschäftigung oder ähnliches).

Je nach fehlenden Angaben unterliegen die Fallzahlen leichten Schwankungen zwischen etwa 950 und 1000 Personen. Statistisch hat dies keine Bedeutung; um die Tabellen nicht zu überfrachten, werden Fallzahlen nicht angegeben.

Alle Milieuunterschiede sind signifikant auf dem Niveau von mindestens 1 Promille. Wegen des Ausfallproblems sind die Stichproben von Standardrepräsentativumfragen allerdings kaum einmal als Zufallsstichproben zu betrachten. Deshalb sind Signifikanzaussagen in der Sozialforschung meist dubios: Ihre Prämissen sind selten erfüllt.

Das Signifikanzkriterium ist nur ein Nebengesichtspunkt bei der Auswahl von diskriminierenden Variablen. Entscheidend ist die Frage: Sind die Verteilungsverhältnisse in einer Weise milieuspezifisch, daß dies wahrscheinlich in der Alltagserfahrung spürbar ist? Die Frage ist oft auch dann zu bejahen, wenn der das Diskriminationspotential zum Ausdruck bringende Koeffizient (Cramer's V oder eta) »klein« zu sein scheint. Beispielsweise kann es sein, daß sich alle Milieus ähneln bis auf eines, das in der Verteilung nach oben oder unten »ausreißt«. In einem solchen Fall liegt Cramer's V bzw. eta oft nur um .20 oder darunter, obwohl die betreffende Variable sozial signifikant sein kann.

»Milieuspezifität« eines Handlungsmusters bedeutet im übrigen nicht, daß das Handlungsmuster tendenziell für alle Angehörigen eines Milieus charakteristisch ist, sondern daß sich die relativen Häufigkeiten zwischen den Milieus deutlich unterscheiden. Unter anderem gibt es folgende Typen von Milieuspezifität:
- Zwischen allen Milieus bestehen deutliche Häufigkeitsabstufungen.
- Eine Gruppe von Milieus weicht von einer anderen Gruppe ab.
- Ein einzelnes Milieu weicht von den übrigen ab, sei es nach oben oder nach unten.
- Es handelt sich um eine seltene Verhaltensweise, die jedoch fast nur in einem Milieu vorkommt (z.B. die Lektüre der »taz« im Selbstverwirklichungsmilieu).

Erst die Kumulation unterschiedlicher Arten und Aspekte von Milieuspezifität berechtigt jedoch dazu, von Milieus im definierten Sinne zu sprechen: Syndrome von Subjektivität und Situation, die sich in der sozialen Wahrnehmung zu einer kollektiven Einfachstruktur von Existenzformen verdichten.

Tabellen

5.1 Unterhaltungsmilieu
5.2 Selbstverwirklichungsmilieu
5.3 Harmoniemilieu
5.4 Niveaumilieu
5.5 Jüngere Milieus
5.6 Milieus mit geringerer Bildung
5.7 Milieus mit mittlerer und gehobener Bildung
5.8 Integrationsmilieu

Tabelle 5.1: Milieuspezifische Alltagsästhetik/Unterhaltungsmilieu

(relativ...) - hohes Interesse an: - häufiger Besuch von: - starke Vorliebe für: - häufige Beschäftigung mit:	Jüngere Personen (bis 40 Jahre)		Ältere Personen (über 40 Jahre)			eta (e) bzw. Cramer's V (V)
	untere Bildungsgrade (Unterhaltung)	mittl. u. gehob. Bildungsgrade (Selbstverwirklichung)	untere Bildungsgrade (Harmonie)	mittlere Bildungsgrade (Integration)	gehobene Bildungsgrade (Niveau)	
Präferenzen						
mit dem Auto oder Motorrad durch die Gegend fahren	48 %	36 %	37 %	28 %	30 %	.16 (e)
das Auto oder Motorrad pflegen	47 %	29 %	40 %	26 %	18 %	.18 (e)
Vergnügungsviertel	43 %	30 %	24 %	22 %	27 %	.18 (e)
Besuch von Sportveranstaltungen	68 %	58 %	49 %	48 %	52 %	.18 (e)
Sportszene (Skala)	44 %	31 %	11 %	6 %	19 %	.19 (e)
Abendzeitung	31 %	9 %	19 %	13 %	8 %	.21 (V)
Video sehen	43 %	26 %	21 %	16 %	13 %	.21 (e)
Science-fiction (Fernsehen)	31 %	22 %	10 %	12 %	10 %	.23 (e)
Flippern, Automatenspiele	39 %	23 %	8 %	4 %	7 %	.24 (e)
amerikanische Krimis (Fernsehen)	36 %	19 %	22 %	13 %	5 %	.25 (e)
Sportzeitschriften	31 %	22 %	22 %	19 %	13 %	.30 (e)
Zeichentrickfilme (Fernsehen)	43 %	26 %	16 %	16 %	10 %	.31 (e)
Fernsehpräferenzen: action (Skala)	79 %	65 %	40 %	38 %	25 %	.35 (e)
Distanzierungen						
Politische Diskussionen (Fernsehen)	27 %	39 %	42 %	51 %	63 %	.19 (e)
Klassisches und modernes Theater (Fernsehen)	5 %	20 %	13 %	32 %	37 %	.30 (e)
Oper (Nürnberg)	17 %	39 %	28 %	52 %	59 %	.30 (V)
Musikpräferenzen: E-Musik (Skala)	13 %	30 %	21 %	56 %	60 %	.34 (e)
Oper (Fernsehen)	4 %	10 %	12 %	27 %	28 %	.38 (e)

Tabelle 5.2: Milieuspezifische Alltagsästhetik/Selbstverwirklichungsmilieu

	Gruppenspezifische Anteile					
	Jüngere Personen (bis 40 Jahre)		Ältere Personen (über 40 Jahre)			
(relativ...) - hohes Interesse an: - häufiger Besuch von: - starke Vorliebe für: - häufige Beschäftigung mit:	untere Bildungsgrade (Unterhaltung)	mittl. u. gehob. Bildungsgrade (Selbstverwirklichung)	untere Bildungsgrade (Harmonie)	mittlere Bildungsgrade (Integration)	gehobene Bildungsgrade (Niveau)	eta (e) bzw. Cramer's V (V)
Präferenzen						
»taz«	1 %	**5 %**	0 %	0 %	0 %	.16 (V)
Stadtteilzentrum »Loni-Übler-Haus«	5 %	**12 %**	2 %	3 %	6 %	.20 (V)
Stadtteilzentrum »Kulturladen Süd«	5 %	**12 %**	4 %	3 %	1 %	.22 (V)
»Plärrer« (Stadtmagazin)	19 %	**41 %**	7 %	10 %	16 %	.23 (V)
Kulturzirkus (Theaterfestival)	12 %	**28 %**	5 %	9 %	17 %	.26 (V)
Jazz Ost-West (Festival)	9 %	**24 %**	2 %	3 %	15 %	.27 (V)
Stadtteilzentrum »Kulturladen Rothenburger Straße«	11 %	**24 %**	6 %	2 %	12 %	.28 (V)
Tennis, Skifahren, Surfen u.ä.	38 %	**55 %**	22 %	34 %	30 %	.29 (e)
Stadtteilzentrum »Kulturladen Nord«	7 %	**19 %**	2 %	1 %	12 %	.30 (V)
Blues	62 %	**74 %**	38 %	48 %	51 %	.31 (e)
Bardentreffen (Liedermacher-Festival)	48 %	**70 %**	29 %	49 %	37 %	.32 (V)
Lektüre: Sachorientierung (Skala)	23 %	**55 %**	13 %	36 %	38 %	.32 (e)
»Stern«	39 %	**58 %**	20 %	23 %	30 %	.33 (e)
Gesamtheit der Stadtteilzentren ohne Jugendzentrum »Komm« (mehrmaliger Besuch beliebiger Zentren)	42 %	**52 %**	25 %	31 %	24 %	.35 (V)
Gostner Hoftheater (Kleinkunstbühne)	8 %	**29 %**	2 %	3 %	16 %	.38 (V)
Stadtteilzentrum »Desi«	8 %	**32 %**	4 %	1 %	9 %	.38 (V)
Folkmusik	59 %	**83 %**	35 %	39 %	46 %	.38 (e)
Jugendzentrum »Komm«	26 %	**45 %**	4 %	7 %	14 %	.45 (V)
Neue Kulturszene (Skala)	59 %	**81 %**	20 %	33 %	45 %	.52 (e)

(Fortsetzung:)

Tabelle 5.2 (Fortsetzung)

(relativ...) - hohes Interesse an: - häufiger Besuch von: - starke Vorliebe für: - häufige Beschäftigung mit:	Jüngere Personen (bis 40 Jahre) untere Bildungsgrade (Unterhaltung)	Jüngere Personen (bis 40 Jahre) mittl. u. gehob. Bildungsgrade (Selbstverwirklichung)	Ältere Personen (über 40 Jahre) untere Bildungsgrade (Harmonie)	Ältere Personen (über 40 Jahre) mittlere Bildungsgrade (Integration)	Ältere Personen (über 40 Jahre) gehobene Bildungsgrade (Niveau)	eta (e) bzw. Cramer's V (V)
Distanzierungen						
Talk-Shows (Fernsehen)	30 %	11 %	29 %	27 %	25 %	.19 (e)
Naturfilme (Fernsehen)	65 %	43 %	80 %	71 %	57 %	.36 (e)
Lokale Sendungen im Fernsehen (Franken und Bayern)	43 %	29 %	71 %	64 %	43 %	.38 (e)
Fernsehpräferenzen: Harmonie (Skala)	52 %	22 %	74 %	54 %	37 %	.40 (e)
Volkstheater (Fernsehen)	28 %	9 %	59 %	39 %	22 %	.46 (e)
Heimatfilme (Fernsehen)	26 %	6 %	52 %	16 %	16 %	.47 (e)
Bayerische Volksmusik	42 %	21 %	83 %	54 %	43 %	.54 (e)
Blasmusik	33 %	14 %	77 %	51 %	32 %	.54 (e)
Musikpräferenzen: Trivialmusik (Skala)	43 %	14 %	84 %	54 %	34 %	.55 (e)
Volkslieder	45 %	19 %	88 %	72 %	56 %	.60 (e)

Tabelle 5.3: Milieuspezifische Alltagsästhetik/Harmoniemilieu

(relativ...) - hohes Interesse an: - häufiger Besuch von: - starke Vorliebe für: - häufige Beschäftigung mit:	Jüngere Personen (bis 40 Jahre)		Ältere Personen (über 40 Jahre)			eta (e) bzw. Cramer's V (V)
	untere Bildungsgrade (Unterhaltung)	mittl. u. gehob. Bildungsgrade (Selbstverwirklichung)	untere Bildungsgrade (Harmonie)	mittlere Bildungsgrade (Integration)	gehobene Bildungsgrade (Niveau)	
Präferenzen						
Lokale Sendungen im Fernsehen (Franken und Bayern)	43 %	29 %	**71 %**	64 %	43 %	.38 (e)
Fernsehpräferenzen: Harmonie (Skala)	52 %	22 %	**74 %**	54 %	37 %	.40 (e)
Volkstheater (Fernsehen)	28 %	9 %	**59 %**	39 %	22 %	.46 (e)
Fernsehshows, Quiz	40 %	19 %	**67 %**	44 %	23 %	.46 (e)
Heimatfilme (Fernsehen)	26 %	6 %	**52 %**	16 %	16 %	.47 (e)
Deutsche Schlager	60 %	27 %	**79 %**	55 %	28 %	.47 (e)
Bayerische Volksmusik	42 %	21 %	**83 %**	54 %	43 %	.54 (e)
Blasmusik	33 %	14 %	**77 %**	51 %	32 %	.54 (e)
Naturfilme (Fernsehen)	65 %	43 %	**80 %**	71 %	57 %	.54 (e)
Musikpräferenzen: Trivialmusik (Skala)	43 %	14 %	**84 %**	54 %	34 %	.55 (e)
Distanzierungen						
Selbsterfahrungsgruppen	19 %	30 %	**11 %**	17 %	26 %	.19 (V)
Burgtheater (Keinkunstbühne)	9 %	14 %	**3 %**	6 %	13 %	.20 (V)
Tassilotheater (Keinkunstbühne)	3 %	12 %	**1 %**	10 %	18 %	.23 (V)
»Plärrer« (Stadtmagazin)	19 %	41 %	**7 %**	10 %	16 %	.23 (V)
Veranstaltungsreihe »Sommer in Nürnberg«	16 %	27 %	**6 %**	20 %	21 %	.24 (V)
Kulturzirkus (Theaterfestival)	12 %	28 %	**5 %**	9 %	18 %	.26 (V)
Germanisches Museum	42 %	58 %	**34 %**	58 %	84 %	.27 (V)
Jazz Ost-West (Festival)	9 %	24 %	**2 %**	3 %	15 %	.28 (V)
Bardentreffen (Liedermacher-Festival)	48 %	70 %	**29 %**	49 %	37 %	.32 (V)
Sprachen lernen	16 %	39 %	**9 %**	26 %	40 %	.33 (e)

(Fortsetzung:)

Tabelle 5.3 (Fortsetzung)

(relativ...) - hohes Interesse an: - häufiger Besuch von: - starke Vorliebe für: - häufige Beschäftigung mit:	Gruppenspezifische Anteile					eta (e) bzw. Cramer's V (V)
	Jüngere Personen (bis 40 Jahre)		Ältere Personen (über 40 Jahre)			
	untere Bildungs- grade (Unter- haltung)	mittl. u. gehob. Bil- dungsgrade (Selbst- verwirk- lichung)	untere Bildungs- grade (Harmo- nie)	mittlere Bildungs- grade (Inte- gration)	gehobene Bildungs- grade (Niveau)	
Die Zeit	9 %	36 %	**8 %**	19 %	40 %	.35 (e)
Kurse der Erwachsenenbildung	30 %	51 %	**18 %**	37 %	49 %	.36 (V)
Gostner Hoftheater (Kleinkunstbühne)	8 %	29 %	**2 %**	3 %	16 %	.38 (V)
Kneipen	64 %	75 %	**34 %**	46 %	43 %	.41 (e)
Fortbildung	29 %	66 %	**17 %**	36 %	54 %	.45 (e)

Tabelle 5.4: Milieuspezifische Alltagsästhetik/Niveaumilieu

Präferenzen

Beschäftigung mit einer Samm- lung (Marken, Münzen u.ä.)	22 %	25 %	24 %	27 %	**44 %**	.15 (e)
Verkehrsmuseum	38 %	38 %	31 %	37 %	**59 %**	.17 (V)
Politische Diskussionen (Fernsehen)	27 %	39 %	42 %	51 %	**63 %**	.19 (e)
Kulturteil der Tageszeitung	30 %	47 %	33 %	48 %	**63 %**	.20 (e)
Informationen aus Wissenschaft und Technik (Fernsehen)	45 %	52 %	45 %	52 %	**71 %**	.20 (e)
Briefe schreiben	30 %	40 %	34 %	48 %	**68 %**	.20 (e)
Wirtschaftsteil der Tageszeitung	31 %	47 %	43 %	63 %	**72 %**	.22 (e)
Spielzeugmuseum	26 %	35 %	20 %	32 %	**53 %**	.23 (V)
Dokumentation zur Zeitgeschichte (Fernsehen)	33 %	53 %	41 %	53 %	**68 %**	.23 (e)
Stadtmuseum	12 %	14 %	12 %	25 %	**43 %**	.25 (V)
Politischer Teil der Tageszeitung	36 %	66 %	53 %	69 %	**81 %**	.26 (e)
Fernsehpräferenzen: intel- lektuelle Orientierung (Skala)	42 %	64 %	50 %	68 %	**76 %**	.27 (e)
Germanisches Museum	42 %	58 %	34 %	58 %	**84 %**	.27 (V)

(Fortsetzung:)

Tabelle 5.4 (Fortsetzung)

(relativ...) - hohes Interesse an: - häufiger Besuch von: - starke Vorliebe für: - häufige Beschäftigung mit:	Gruppenspezifische Anteile					eta (e) bzw. Cramer's V (V)
	Jüngere Personen (bis 40 Jahre)		Ältere Personen (über 40 Jahre)			
	untere Bildungs- grade (Unter- haltung)	mittl. u. gehob. Bil- dungsgrade (Selbst- verwirk- lichung)	untere Bildungs- grade (Harmo- nie)	mittlere Bildungs- grade (Inte- gration)	gehobene Bildungs- grade (Niveau)	
Oper	17 %	40 %	28 %	52 %	60 %	.30 (V)
Klassisches und modernes Theater (Fernsehen)	5 %	20 %	13 %	32 %	37 %	.30 (e)
Internationale Orgelwoche Nürnberg	1 %	5 %	2 %	15 %	26 %	.32 (V)
Lektüre: »gehobene Literatur« (Skala)	20 %	44 %	14 %	39 %	59 %	.32 (e)
Musikpräferenzen: E-Musik (Skala)	13 %	30 %	21 %	56 %	60 %	.34 (e)
Kunsthalle	9 %	30 %	4 %	22 %	41 %	.37 (V)
Oper (Fernsehen)	4 %	10 %	12 %	27 %	28 %	.38 (e)
Konzerte mit klassischer Musik	30 %	55 %	25 %	63 %	81 %	.41 (e)
Hochkulturszene (Skala)	31 %	57 %	28 %	60 %	81 %	.41 (e)
Distanzierungen						
Handarbeiten, Bastelarbeiten	35 %	39 %	40 %	47 %	22 %	.15 (e)
Kosmetik (nur weibliche Befragte)	39 %	34 %	30 %	46 %	19 %	.16 (e)
Auto oder Motorrad pflegen	47 %	29 %	40 %	26 %	18 %	.18 (e)
Volksfestszene (Skala)	57 %	48 %	35 %	34 %	21 %	.21 (e)
Kleinanzeigen (Tageszeitung)	40 %	21 %	31 %	29 %	2 %	.24 (e)
Modezeitschriften (nur weibliche Befragte)	51 %	52 %	33 %	40 %	21 %	.25 (e)
Amerikanische Krimis (Fernsehen)	36 %	19 %	22 %	13 %	5 %	.25 (e)
Fernsehpräferenzen: Action (Skala)	79 %	65 %	40 %	38 %	25 %	.35 (e)

Tabelle 5.5: Milieuspezifische Alltagsästhetik/jüngere Milieus

(relativ...) - hohes Interesse an: - häufiger Besuch von: - starke Vorliebe für: - häufige Beschäftigung mit:	Jüngere Personen (bis 40 Jahre) untere Bildungsgrade (Unterhaltung)	Jüngere Personen (bis 40 Jahre) mittl. u. gehob. Bildungsgrade (Selbstverwirklichung)	Ältere Personen (über 40 Jahre) untere Bildungsgrade (Harmonie)	Ältere Personen (über 40 Jahre) mittlere Bildungsgrade (Integration)	Ältere Personen (über 40 Jahre) gehobene Bildungsgrade (Niveau)	eta (e) bzw. Cramer's V (V)
Stadtteilzentrum »Gemeinschaftshaus Langwasser«	41 %	33 %	25 %	23 %	22 %	.17 (V)
Norisring-Rennen	46 %	34 %	26 %	21 %	21 %	.17 (V)
Musik hören	71 %	71 %	54 %	54 %	50 %	.18 (e)
Radfahren	74 %	71 %	55 %	64 %	51 %	.18 (e)
Essen gehen	87 %	85 %	70 %	77 %	73 %	.19 (e)
Science-fiction (Fernsehen)	31 %	24 %	10 %	12 %	10 %	.23 (e)
Schwimmen	73 %	76 %	50 %	64 %	60 %	.23 (e)
mit Besuchern zusammensitzen	42 %	37 %	22 %	26 %	29 %	.23 (e)
Suche nach Abwechslung (Skala)	58 %	61 %	36 %	32 %	49 %	.24 (e)
Modezeitschriften (nur weibliche Befragte)	51 %	52 %	33 %	40 %	21 %	.25 (e)
Volksfestszene (Skala)	57 %	48 %	35 %	34 %	21 %	.26 (e)
Café, Eisdiele u.ä.	76 %	75 %	56 %	53 %	36 %	.29 (e)
Zeichentrickfilme (Fernsehen)	63 %	48 %	28 %	30 %	27 %	.31 (e)
Blues	62 %	74 %	38 %	48 %	51 %	.31 (e)
Sportorientierung (Skala)	64 %	74 %	35 %	46 %	41 %	.32 (e)
Rockfestival	24 %	31 %	3 %	2 %	8 %	.33 (V)
Stern	39 %	58 %	20 %	23 %	30 %	.33 (e)
jemand besuchen	64 %	68 %	34 %	34 %	51 %	.33 (e)
sich mit anderen in der Stadt treffen	73 %	70 %	45 %	54 %	59 %	.33 (e)
Nachtlokale	39 %	47 %	13 %	11 %	21 %	.34 (e)
Kulturladenszene (Skala)	65 %	69 %	38 %	46 %	48 %	.36 (e)
Fußball (nur männliche Befragte)	58 %	56 %	23 %	17 %	22 %	.37 (e)

(Fortsetzung:)

Tabelle 5.5 (Fortsetzung)

(relativ...) - hohes Interesse an: - häufiger Besuch von: - starke Vorliebe für: - häufige Beschäftigung mit:	Jüngere Personen (bis 40 Jahre) untere Bildungsgrade (Unterhaltung)	Jüngere Personen (bis 40 Jahre) mittl. u. gehob. Bildungsgrade (Selbstverwirklichung)	Ältere Personen (über 40 Jahre) untere Bildungsgrade (Harmonie)	Ältere Personen (über 40 Jahre) mittlere Bildungsgrade (Integration)	Ältere Personen (über 40 Jahre) gehobene Bildungsgrade (Niveau)	eta (e) bzw. Cramer's V (V)
Folkmusik	59 %	83 %	35 %	39 %	46 %	.38 (e)
Oldies	88 %	85 %	50 %	56 %	51 %	.41 (e)
Kneipen	64 %	75 %	34 %	46 %	43 %	.41 (e)
Soul	59 %	66 %	24 %	36 %	30 %	.42 (e)
Jogging	75 %	71 %	30 %	27 %	33 %	.43 (e)
Jugendzentrum »Komm«	36 %	58 %	10 %	17 %	27 %	.45 (V)
Diskotheken	42 %	57 %	6 %	6 %	6 %	.46 (e)
Kneipenszene (Skala)	68 %	78 %	27 %	35 %	31 %	.47 (e)
Rock- und Popkonzerte	32 %	46 %	7 %	9 %	16 %	.48 (e)
Reggae	55 %	58 %	11 %	15 %	9 %	.49 (e)
Ausgehen (Skala)	75 %	81 %	28 %	36 %	37 %	.49 (e)
Musikpräferenzen: Pop, Rock, Folk (Skala)	74 %	87 %	27 %	35 %	36 %	.52 (e)
Kino	62 %	47 %	6 %	9 %	19 %	.55 (e)
Rockmusik	63 %	73 %	14 %	19 %	22 %	.56 (e)
Popmusik	68 %	75 %	17 %	17 %	14 %	.59 (e)

Anmerkung: Diese Tabelle informiert gleichzeitig über relative Distanzierungen der älteren Milieus.

646 *Die Erlebnisgesellschaft*

Tabelle 5.6: Milieuspezifische Alltagsästhetik/Milieus mit geringerer Bildung

(relativ...) - hohes Interesse an: - häufiger Besuch von: - starke Vorliebe für: - häufige Beschäftigung mit:	Jüngere Personen (bis 40 Jahre)		Ältere Personen (über 40 Jahre)			eta (e) bzw. Cramer's V (V)
	untere Bildungsgrade (Unterhaltung)	mittl. u. gehob. Bildungsgrade (Selbstverwirklichung)	untere Bildungsgrade (Harmonie)	mittlere Bildungsgrade (Integration)	gehobene Bildungsgrade (Niveau)	
Präferenzen						
Auto oder Motorrad pflegen	**47 %**	29 %	**40 %**	26 %	18 %	.18 (e)
die Wohnung verschönern	27 %	15 %	29 %	31 %	14 %	.18 (e)
Reparaturen am Haus oder in der Wohnung	47 %	32 %	52 %	53 %	39 %	.18 (e)
Lokale Nachrichten (Tageszeitung)	71 %	64 %	83 %	79 %	62 %	.18 (e)
Spazierengehen am Europakanal (Vorstadtgebiet)	59 %	46 %	61 %	69 %	49 %	.18 (e)
Lektüre: Trivialliteratur (Skala)	61 %	42 %	65 %	59 %	46 %	.19 (e)
Bildzeitung	24 %	6 %	21 %	11 %	6 %	.20 (V)
Abendzeitung	31 %	9 %	19 %	13 %	8 %	.21 (V)
Lektüre von Goldenes Blatt, Frau im Spiegel, Neue Post u.ä. (nur weibliche Befragte)	57 %	22 %	59 %	41 %	19 %.	23 (V)
meine Sachen in Ordnung bringen (nur weibliche Befragte)	75 %	55 %	81 %	75 %	55 %	.24 (e)
Kleinanzeigen (Tageszeitung)	40 %	21 %	31 %	29 %	2 %	.24 (e)
Amerikanische Krimis (Fernsehen)	36 %	19 %	22 %	13 %	5 %	.25 (e)
Werbung (Tageszeitung)	37 %	16 %	45 %	32 %	10 %	.27 (e)
etwas Gutes kochen (nur weibliche Befragte)	70 %	49 %	80 %	77 %	43 %	.28 (e)
Anzeigenblätter	89 %	65 %	88 %	80 %	60 %	.30 (V)
Fernsehen (allgemeine Fernsehhäufigkeit)	60 %	40 %	73 %	71 %	48 %	.31 (e)
Saubermachen (nur weibliche Befragte)	43 %	17 %	48 %	40 %	24 %	.34 (e)
Naturfilme (Fernsehen)	65 %	43 %	80 %	71 %	57 %	.36 (e)
Leichte Unterhaltungsmusik	75 %	49 %	87 %	74 %	49 %	.36 (e)

(Fortsetzung:)

Anhang D: Kommentierte Tabellen 647

Tabelle 5.6 (Fortsetzung)

(relativ...) - hohes Interesse an: - häufiger Besuch von: - starke Vorliebe für: - häufige Beschäftigung mit:	Jüngere Personen (bis 40 Jahre) untere Bildungsgrade (Unterhaltung)	Jüngere Personen (bis 40 Jahre) mittl. u. gehob. Bildungsgrade (Selbstverwirklichung)	Ältere Personen (über 40 Jahre) untere Bildungsgrade (Harmonie)	Ältere Personen (über 40 Jahre) mittlere Bildungsgrade (Integration)	Ältere Personen (über 40 Jahre) gehobene Bildungsgrade (Niveau)	eta (e) bzw. Cramer's V (V)
Lokale Sendungen im Fernsehen (Franken und Bayern)	**43 %**	29 %	**71 %**	**64 %**	43 %	.38 (e)
Fernsehshows, Quizsendungen (Fernsehen)	**40 %**	19 %	**67 %**	44 %	23 %	.46 (e)
Volkstheater (Fernsehen)	**28 %**	9 %	**59 %**	39 %	22 %	.46 (e)
Heimatfilme (Fernsehen)	**26 %**	6 %	**52 %**	16 %	16 %	.47 (e)
Deutsche Schlager	**60 %**	27 %	**79 %**	55 %	28 %	.47 (e)
Distanzierungen						
Lektüre: »gehobene Literatur« (Skala)	20 %	44 %	**14 %**	39 %	59 %	.32 (e)
Lektüre: Sachorientierung (Skala)	23 %	55 %	**13 %**	36 %	38 %	.36 (e)
Hochkulturszene (Skala)	31 %	57 %	**28 %**	60 %	81 %	.41 (e)

Anmerkung: Diese Tabelle informiert gleichzeitig über relative Distanzierungen und Präferenzen der Milieus mit gehobener Bildung.

Tabelle 5.7: Milieuspezifische Alltagsästhetik/ Milieus mit mittlerer und gehobener Bildung

Stadtteilzentrum »Gostenhof«	5 %	**10 %**	1 %	0 %	**10 %**	.18 (V)
Selbsterfahrungsgruppen	19 %	**30 %**	11 %	17 %	**26 %**	.19 (e)
Burgtheater (Kleinkunstbühne)	9 %	**14 %**	3 %	6 %	**13 %**	.20 (V)
Informationssendungen zu Wissenschaft und Technik (Fernsehen)	45 %	**52 %**	45 %	**52 %**	**71 %**	.20 (e)
Dokumentationen zur Zeitgeschichte (Fernsehen)	33 %	**53 %**	40 %	**53 %**	**68 %**	.23 (e)
Veranstaltungsreihe »Sommer in Nürnberg«	16 %	**27 %**	6 %	**20 %**	**21 %**	.24 (V)
Tassilo (Kleinkunstbühne)	3 %	**12 %**	1 %	**10 %**	**18 %**	.24 (V)

(Fortsetzung:)

Tabelle 5.7 (Fortsetzung)

(relativ...) - hohes Interesse an: - häufiger Besuch von: - starke Vorliebe für: - häufige Beschäftigung mit:	Jüngere Personen (bis 40 Jahre) untere Bildungsgrade (Unterhaltung)	Jüngere Personen (bis 40 Jahre) mittl. u. gehob. Bildungsgrade (Selbstverwirklichung)	Ältere Personen (über 40 Jahre) untere Bildungsgrade (Harmonie)	Ältere Personen (über 40 Jahre) mittlere Bildungsgrade (Integration)	Ältere Personen (über 40 Jahre) gehobene Bildungsgrade (Niveau)	eta (e) bzw. Cramer's V (V)
etwas schreiben (Tagebuch u.ä.)	14 %	36 %	13 %	19 %	37 %	.25 (e)
Moderne E-Musik	17 %	32 %	13 %	35 %	37 %	.25 (e)
Kulturelle Veranstaltungen im Katharinenkloster	6 %	14 %	4 %	18 %	16 %	.26 (V)
Germanisches Museum	42 %	58 %	35 %	58 %	83 %	.27 (V)
Jazzmusik	28 %	50 %	24 %	39 %	43 %	.27 (e)
Jazz Ost-West (Festival)	9 %	24 %	2 %	3 %	15 %	.27 (V)
Fernsehpräferenzen: intellektuelle Orientierung (Skala)	42 %	64 %	50 %	68 %	76 %	.27 (e)
Oper	17 %	39 %	28 %	52 %	59 %	.30 (V)
Ausstellung »J. Miro«	1 %	5 %	0 %	4 %	7 %	.30 (V)
überregionale Tageszeitungen	7 %	28 %	4 %	13 %	27 %	.30 (V)
Stadtteilzentrum »Kulturladen Nord«	7 %	19 %	2 %	1 %	12 %	.30 (V)
Klassisches und modernes Theater (Fernsehen)	5 %	20 %	13 %	32 %	37 %	.30 (e)
ein Buch lesen	25 %	50 %	25 %	45 %	61 %	.31 (e)
Ausstellungen allgemein	25 %	46 %	25 %	53 %	66 %	.32 (e)
Sprachen lernen	16 %	39 %	9 %	26 %	40 %	.33 (e)
Schauspielhaus	30 %	59 %	24 %	49 %	62 %	.34 (V)
Die Zeit	9 %	36 %	8 %	19 %	40 %	.35 (e)
Kurse der Erwachsenenbildung	30 %	51 %	18 %	37 %	49 %	.36 (V)
Der Spiegel	25 %	58 %	20 %	40 %	56 %	.37 (e)
Kunsthalle	9 %	30 %	4 %	22 %	41 %	.37 (V)
Gostner Hoftheater (Kleinkunstbühne)	8 %	29 %	2 %	3 %	16 %	.38 (V)
Klassische Musik	31 %	65 %	36 %	72 %	82 %	.41 (e)
Fortbildung	29 %	66 %	17 %	36 %	54 %	.45 (e)

Anmerkung: Diese Tabelle informiert gleichzeitig über relative Distanzierungen der Milieus mit geringerer Bildung.

Tabelle 5.8: Milierspezifische Alltagsästhetik/Integrationsmilieu

(relativ...) - hohes Interesse an: - häufiger Besuch von: - starke Vorliebe für: - häufige Beschäftigung mit:	Jüngere Personen (bis 40 Jahre)		Ältere Personen (über 40 Jahre)			eta (e) bzw. Cramer's V (V)
	untere Bildungsgrade (Unterhaltung)	mittl. u. gehob. Bildungsgrade (Selbstverwirklichung)	untere Bildungsgrade (Harmonie)	mittlere Bildungsgrade (Integration)	gehobene Bildungsgrade (Niveau)	
Spezifische Präferenz						
Gartenarbeiten	32 %	22 %	45 %	**62 %**	39 %	.27 (e)
Präferenzmuster der gebildeten Milieus						
Veranstaltungsreihe »Sommer in Nürnberg«	16 %	27 %	6 %	20 %	21 %	.24 (V)
Moderne E-Musik	17 %	32 %	13 %	35 %	37 %	.25 (e)
Kulturelle Veranstaltungen im Katharinenkloster	6 %	14 %	4 %	18 %	16 %	.26 (e)
Jazzmusik	28 %	50 %	24 %	39 %	43 %	.27 (e)
Fernsehpräferenzen: intellektuelle Orientierung (Skala)	42 %	64 %	50 %	68 %	76 %	.27 (e)
Klassisches und modernes Theater (Fernsehen)	5 %	20 %	13 %	32 %	37 %	.30 (e)
Oper	17 %	39 %	28 %	52 %	59 %	.30 (V)
Ausstellungen allgemein	25 %	46 %	25 %	53 %	66 %	.32 (e)
Lektüre: »gehobene Literatur« (Skala)	20 %	44 %	14 %	39 %	59 %	.32 (e)
Schauspielhaus	30 %	59 %	24 %	49 %	62 %	.34 (e)
Lektüre: Sachorientierung (Skala)	23 %	55 %	13 %	36 %	38 %	.36 (e)
Konzerte mit klassischer Musik	31 %	65 %	36 %	72 %	82 %	.41 (e)
Hochkulturschema (Skala)	37 %	80 %	25 %	65 %	80 %	.51 (e)
Präferenzmuster der ungebildeten Milieus						
die Wohnung verschönern	27 %	15 %	29 %	31 %	14 %	.18 (e)
Reparaturen am Haus oder in der Wohnung	47 %	32 %	52 %	53 %	39 %	.18 (e)
Lokale Nachrichten (Tageszeitung)	71 %	64 %	83 %	79 %	62 %	.18 (e)
Lektüre: Trivialliteratur (Skala)	61 %	42 %	65 %	59 %	46 %	.19 (e)

(Fortsetzung:)

Tabelle 5.8 (Fortsetzung)

(relativ...) - hohes Interesse an: - häufiger Besuch von: - starke Vorliebe für: - häufige Beschäftigung mit:	Jüngere Personen (bis 40 Jahre) untere Bildungsgrade (Unterhaltung)	Jüngere Personen (bis 40 Jahre) mittl. u. gehob. Bildungsgrade (Selbstverwirklichung)	Ältere Personen (über 40 Jahre) untere Bildungsgrade (Harmonie)	Ältere Personen (über 40 Jahre) mittlere Bildungsgrade (Integration)	Ältere Personen (über 40 Jahre) gehobene Bildungsgrade (Niveau)	eta (e) bzw. Cramer's V (V)
meine Sachen in Ordnung bringen (nur weibliche Befragte)	75 %	55 %	81 %	75 %	55 %	.24 (e)
Kleinanzeigen (Tageszeitung)	40 %	21 %	31 %	29 %	2 %	.24 (e)
Werbung (Tageszeitung)	37 %	16 %	45 %	32 %	10 %	.27 (e)
etwas Gutes kochen (nur weibliche Befragte)	70 %	49 %	80 %	77 %	43 %	.28 (e)
Anzeigenblätter	89 %	65 %	88 %	80 %	60 %	.30 (V)
häufiges Zuhausebleiben (Gegenkategorie: Ausgehen)	47 %	29 %	68 %	61 %	48 %	.30 (e)
Fernsehen	60 %	40 %	73 %	71 %	48 %	.31 (e)
Saubermachen (nur weibliche Befragte)	43 %	17 %	48 %	40 %	24 %	.34 (e)
Leichte Unterhaltungsmusik	75 %	49 %	87 %	74 %	49 %	.36 (e)
Trivialschema (Skala)	41 %	20 %	77 %	57 %	22 %	.49 (e)
Distanzierungsmuster der gebildeten Milieus						
das Auto oder Motorrad pflegen	47 %	29 %	40 %	26 %	18 %	.18 (e)
Bildzeitung	24 %	6 %	21 %	11 %	6 %	.20 (V)
Abendzeitung	31 %	9 %	19 %	13 %	8 %	.21 (V)
Heimatfilme	26 %	6 %	52 %	16 %	16 %	.47 (e)
Distanzierungsmuster der ungebildeten Milieus						
etwas schreiben (Tagebuch u.ä.)	14 %	36 %	13 %	18 %	37 %	.25 (e)
Jazz Ost-West (Festival)	9 %	24 %	2 %	3 %	15 %	.27 (V)
Überregionale Tageszeitungen	7 %	28 %	4 %	13 %	27 %	.30 (V)
Stadtteilzentrum »Gostenhof«	5 %	10 %	1 %	0 %	10 %	.18 (V)
Staddteilzentrum »Kulturladen Nord«	7 %	19 %	2 %	1 %	12 %	.30 (V)
Neue Kulturszene (Skala)	59 %	81 %	20 %	33 %	45 %	.52 (e)

(Fortsetzung:)

Tabelle 5.8 (Fortsetzung)

(relativ...) - hohes Interesse an: - häufiger Besuch von: - starke Vorliebe für: - häufige Beschäftigung mit:	Jüngere Personen (bis 40 Jahre)		Ältere Personen (über 40 Jahre)			eta (e) bzw. Cramer's V (V)
	untere Bildungsgrade (Unterhaltung)	mittl. u. gehob. Bildungsgrade (Selbstverwirklichung)	untere Bildungsgrade (Harmonie)	mittlere Bildungsgrade (Integration)	gehobene Bildungsgrade (Niveau)	
Mittelposition						
Lektüre von Goldenes Blatt, Frau im Spiegel, Neue Post u.ä. (nur weibliche Befragte)	57 %	22 %	59 %	41 %	19 %	.23 (V)
Zeitungslektüre: lebenspraktische Orientierung (Skala)	61 %	40 %	68 %	52 %	29 %	.31 (e)
ein Buch lesen	25 %	50 %	25 %	45 %	62 %	.31 (e)
Sprachen lernen	16 %	39 %	9 %	26 %	40 %	.33 (e)
Die Zeit	9 %	36 %	8 %	19 %	40 %	.35 (e)
Der Spiegel	25 %	58 %	20 %	40 %	56 %	.37 (e)
Fernsehpräferenzen: Harmonie (Skala)	52 %	22 %	74 %	54 %	27 %	.40 (e)
Hochkulturszene	31 %	57 %	26 %	60 %	81 %	.41 (e)
Fortbildung	29 %	66 %	17 %	36 %	54 %	.45 (e)
klassische Musik	29 %	66 %	17 %	36 %	54 %	.45 (e)
Fernsehshows, Quizsendungen (Fernsehen)	40 %	19 %	67 %	44 %	23 %	.46 (e)
Volkstheater (Fernsehen)	28 %	9 %	59 %	39 %	22 %	.46 (e)
Deutsche Schlager	60 %	27 %	79 %	55 %	28 %	.47 (e)
Neue Kulturszene (Skala)	59 %	81 %	20 %	33 %	45 %	.52 (e)
Musikpräferenzen: Trivialmusik (Skala)	43 %	14 %	84 %	54 %	34 %	.55 (e)

6. Milieuspezifische Existenzformen (Tabellen 6.1 - 6.15)

Vorbemerkungen

Milieuspezifische Existenzformen sind komplexe Syndrome von Subjektivität und Lebenssituation, die für Teilkollektive mit erhöhter Binnenkommunikation typisch sind.

Der folgenden Darstellung milieuspezifischer Existenzformen liegt ein Modell von 5 Hauptmilieus zugrunde. Wie bei den Tabellen der Serie 5 wird eine Sequenz von bivariaten Häufigkeitsverteilungen in komprimierter Form zusammengefaßt. Die Spalten der integrativen Tabelle beziehen sich auf 5 Teilgruppen nach verschiedenen Kombinationen von Lebensalter und Bildung. Die Zeilen beziehen sich auf dichotomisierte (oder bereits ursprünglich dichotome) Merkmale, deren Verteilung in den Gruppen signifikant unterschiedlich ist. Dargestellt wird jeweils die relative milieuspezifische Verteilung der »positiven« Ausprägung der Variable, während die Information über die »negative« Ausprägung weggelassen wurde. Diese Information ist jedoch durch Ergänzung auf 100% leicht zu rekonstruieren.

Lesebeispiel zu Tabelle 6.1, erste Zeile, erste Spalte: 41% der Personen unter 40 Jahren mit geringen Bildungsabschlüssen stehen dem Trivialschema relativ nahe (komplementär dazu sind 59% gegenüber dem Trivialschema relativ distanziert).

Die Diskriminationskraft der einzelnen Variablen wird durch Cramer's V bzw. eta ausgedrückt. Zur Interpretation sei auf die ausführlicheren Überlegungen bei den Vorbemerkungen zu den Tabellen der Serie 5 verwiesen. Auch bei der folgenden Serie 6 wird das Prinzip der aufsteigenden Ordnung nach dem Kriterium der Diskriminationskraft angewandt (mit Ausnahme von Tabelle 6.5).

Wichtig zum Verständnis ist der Hinweis, daß die dichotomisierten Kategorien der Variablen in der Regel nicht absolut interpretierbar sind. Eine »relativ positive Ausprägung im Sinn der Skalenbenennung« besagt für sich alleine betrachtet meist gar nichts. Erst im Vergleich der 5 Gruppen werden die Informationen sinnvoll.

Die Variablenauswahl der folgenden Tabellen kam nach drei Gesichtspunkten zustande: 1. Milieuspezifische Existenzformen sollten möglichst umfassend dargestellt werden (also weit über den Bereich der der Alltagsästhetik hinausgehend, der nach der detaillierten Information in den Tabellen der Serie 5 hier nur noch im komprimierter Form, reduziert auf verschiedene Skalen, zum Zuge kommmt). 2. Nur solche Merkmale wurden ausgewählt, die signifikante Unterschiede zwischen Milieus aufweisen (Niveau: 1 Promille). 3. Es sollte bei jedem Merkmal plausibel sein, daß zumindest der Unterschied zwischen dem Milieu mit der größten und demjenigen mit der geringsten Häufigkeit auch in der Alltagserfahrung wahrnehmbar ist.

Durch eine Untergliederung in 15 Bereiche soll die Gesamtinformation etwas besser zugänglich gemacht werden. Trotzdem sind die Tabellen nicht (wie die Tabellen der Serie 5) auf einen Blick in ihrer Gesamtheit zu erfassen. Sie dienen der Vermittlung einer komplexen Information, die sich nicht weiter vereinfachen läßt. Es kommt auf die Differenzierung mehrerer Milieus nach einer Vielzahl von Merkmalen in ihrer Gesamtheit an; jede Zelle der gesamten Matrix ist relevant.

Das Erfassen dieser Information erfordert längeres Studium. Für eine Groborientierung ist es am besten, zunächst jede Gruppe für sich zu betrachten, also die Tabelle sukzessive kolonnenweise zu lesen, und die Auffälligkeiten der jeweiligen Gruppe im Verhältnis zu den anderen Gruppen zu untersuchen (etwa mit drei Kategorien: Abweichung nach oben/Mittellage/Abweichung nach unten).

Liest man die Tabellen zeilenweise, so ist es hilfreich, mehrere Typen der Differenzierung zu unterscheiden, etwa:
- Merkmale, die zwischen allen Gruppen differenzieren;
- Merkmale, die eine Gruppe gegenüber den übrigen hervorheben (Ausreißer nach oben oder unten);
- Merkmale, die zwischen Teilgruppen höherer Ordnung differenzieren (insbesondere: jüngere vs. ältere Milieus/gebildete vs. weniger gebildete Milieus)
- Mischtypen.

Tabellen

6.1 Alltagsästhetik
6.2 Äußere Merkmale der Person im Interviewerurteil
6.3 Haushalt und Familienstand
6.4 Tätigkeit
6.5 Status
6.6 Arbeitssituation
6.7 Umwelt
6.8 Körper
6.9 Mediennutzung
6.10 Sozialkontakte
6.11 Territoriales Verhalten
6.12 Akzeptanz von Institutionen, Parteien, Bewegungen; Werte; Partizipation
6.13 Partizipation an Szenen
6.14 Persönlichkeit
6.15 Status von Eltern und Partner(in)

Die Erlebnisgesellschaft

Vergleichsmerkmale: (relativ...) - hohes Interesse an: - häufiger Besuch von: - starke Vorliebe für: - häufige Beschäftigung mit: - hohe Ausprägung von: (oder ähnlich. Alle Skalen wurden dichotomisiert)	Gruppenspezifische Anteile					
	Jüngere Personen (bis 40 Jahre)		Ältere Personen (über 40 Jahre)			eta (e) bzw. Cramer's V (V)
	untere Bildungs- grade (Unter- haltung)	mittl. u. gehob. Bil- dungsgrade (Selbst- verwirk- lichung)	untere Bildungs- grade (Harmo- nie)	mittlere Bildungs- grade (Inte- gration)	gehobene Bildungs- grade (Niveau)	

Tabelle 6.1: Alltagsästhetik (komprimierte Darstellung)

Alltagsästhetische Schemata						
Trivialschema (Skala)	41 %	20 %	77 %	57 %	22 %	.49 (e)
Hochkulturschema (Skala)	37 %	80 %	25 %	65 %	80 %	.51 (e)
Spannungsschema (Skala)	80 %	82 %	36 %	35 %	27 %	.53 (e)
Ausgewählte Komponenten alltagsästhetischer Schemata						
Fernsehpräferenzen: intellek- tuelle Orientierung (Skala)	42 %	64 %	50 %	68 %	76 %	.27 (e)
Psychologisches Interesse (Skala)	38 %	54 %	20 %	38 %	41 %	.28 (e)
Zufriedenheit mit lokalen Freizeitangeboten	81 %	63 %	93 %	89 %	70 %	.30 (e)
Lektüre: »gehobene Literatur« (Skala)	20 %	44 %	14 %	39 %	59 %	.32 (e)
Musikpräferenzen: E-Musik (Skala)	13 %	30 %	21 %	56 %	60 %	.34 (e)
Fernsehpräferenzen: Action (Skala)	79 %	65 %	40 %	38 %	25 %	.35 (e)
Lektüre: Sachorientierung (Skala)	23 %	55 %	13 %	36 %	38 %	.36 (e)
Fernsehpräferenzen: Harmonie (Skala)	52 %	22 %	74 %	54 %	27 %	.40 (e)
Ausgehen (Skala)	75 %	81 %	28 %	36 %	37 %	.49 (e)
Musikpräferenzen: Pop-Rock-Folk (Skala)	74 %	87 %	27 %	35 %	36 %	.52 (e)
Musikpräferenzen: Trivialmusik (Skala)	43 %	14 %	84 %	54 %	34 %	.55 (e)

Vergleichsmerkmale:	Gruppenspezifische Anteile					
(relativ...) - hohes Interesse an: - häufiger Besuch von: - starke Vorliebe für: - häufige Beschäftigung mit: - hohe Ausprägung von: (oder ähnlich. Alle Skalen wurden dichotomisiert)	Jüngere Personen (bis 40 Jahre)		Ältere Personen (über 40 Jahre)			eta (e) bzw. Cramer's V (V)
	untere Bildungs-grade (Unter-haltung)	mittl. u. gehob. Bil-dungsgrade (Selbst-verwirk-lichung)	untere Bildungs-grade (Harmo-nie)	mittlere Bildungs-grade (Inte-gration)	gehobene Bildungs-grade (Niveau)	

Tabelle 6.2: Äußere Merkmale der Person im Interviewerurteil

Dialekt der Region	82 %	59 %	80 %	61 %	42 %	.24 (V)
Übergewicht	27 %	18 %	46 %	30 %	27 %	.24 (V)
Personwahrnehmung (Skala): positive Tendenz	46 %	57 %	40 %	59 %	63 %	.25 (e)

Tabelle 6.3: Haushalt und Familienstand

bei den Eltern wohnend	14 %	22 %	0 %	0 %	2 %	.34 (V)
mit Partner(in), kinderlos	24 %	25 %	10 %	14 %	8 %	.19 (V)
mit Partner(in) und Kind(ern)	43 %	25 %	33 %	41 %	37 %	.15 (V)
mit Partner(in), Kinder ausgezogen	1 %	1 %	36 %	27 %	23 %	.42 (V)
Wohngemeinschaft	4 %	7 %	0 %	0 %	0 %	.19 (V)
Alleinwohnend nach Ablösung von der Herkunftsfamilie	8 %	13 %	2 %	1 %	8 %	.19 (V)
Ledig	37 %	57 %	4 %	5 %	13 %	.52 (V)
Verheiratet	55 %	36 %	81 %	77 %	75 %	.38 (V)
Verwitwet	1 %	2 %	14 %	8 %	10 %	.37 (V)

Tabelle 6.4: Tätigkeit

Hausfrauen (nur weibliche Befragte)	20 %	17 %	36 %	34 %	19 %	.19 (V)
Rentner/Pensionäre	0 %	0 %	23 %	16 %	16 %	.32 (V)
Abhängig Beschäftigte	68 %	46 %	49 %	47 %	52 %	.33 (V)
in Ausbildung	6 %	31 %	0 %	1 %	3 %	.44 (V)

656 Die Erlebnisgesellschaft

Vergleichsmerkmale: (relativ...) - hohes Interesse an: - häufiger Besuch von: - starke Vorliebe für: - häufige Beschäftigung mit: - hohe Ausprägung von: (oder ähnlich. Alle Skalen wurden dichotomisiert)	Gruppenspezifische Anteile					eta (e) bzw. Cramer's V (V)
	Jüngere Personen (bis 40 Jahre)		Ältere Personen (über 40 Jahre)			
	untere Bildungs- grade (Unter- haltung)	mittl. u. gehob. Bil- dungsgrade (Selbst- verwirk- lichung)	untere Bildungs- grade (Harmo- nie)	mittlere Bildungs- grade (Inte- gration)	gehobene Bildungs- grade (Niveau)	

Tabelle 6.5: Status

Persönliche Statuslage (nur bei Berufstätigen; obere 2 Gruppen bei Einteilung in 4 Gruppen)	11 %	32 %	17 %	27 %	71 %	.36 (V)
Statuslage des Haushalts (obere 2 Gruppen bei Aufteilung in 4 Gruppen)	13 %	40 %	17 %	47 %	76 %	.40 (V)
Materielle Zufriedenheit (Skala)	34 %	45 %	49 %	70 %	62 %	.22 (V)
Selbstzurechnung zur Unter- schicht oder Arbeiterschicht	26 %	9 %	40 %	8 %	5 %	.34 (V)
Selbstzurechnung zur Mittelschicht	69 %	67 %	56 %	71 %	49 %	.15 (V)
Selbstzurechnung zur oberen Mittelschicht oder Oberschicht	4 %	24 %	4 %	20 %	46 %	.35 (V)

Tabelle 6.6: Arbeitssituation

Arbeitssituation: Hierarchieposition (Skala)	47 %	53 %	44 %	49 %	79 %	.18 (e)
Arbeit mit erhöhtem Unfallrisiko	40 %	31 %	42 %	16 %	31 %	.18 (e)
Arbeit außerhalb der normalen Arbeitszeiten	55 %	56 %	44 %	50 %	81 %	.18 (e)
Arbeit am Bildschirm	27 %	39 %	16 %	33 %	26 %	.19 (e)
Arbeit an Maschinen	45 %	34 %	44 %	21 %	12 %	.22 (e)
Arbeit, die hohe Konzentration erfordert	47 %	63 %	56 %	61 %	93 %	.23 (e)
Arbeit, die mit Lärm verbunden ist	44 %	31 %	50 %	23 %	19 %	.24 (e)
Erzieherische Arbeit	20 %	30 %	9 %	14 %	48 %	.27 (e)
Arbeit, die mehrjährige Ausbildung erfordert	61 %	77 %	45 %	65 %	88 %	.27 (e)

(Fortsetzung:)

Anhang D: Kommentierte Tabellen 657

Vergleichsmerkmale: (relativ...) - hohes Interesse an: - häufiger Besuch von: - starke Vorliebe für: - häufige Beschäftigung mit: - hohe Ausprägung von: (oder ähnlich. Alle Skalen wurden dichotomisiert)	Gruppenspezifische Anteile					eta (e) bzw. Cramer's V (V)
	Jüngere Personen (bis 40 Jahre)		Ältere Personen (über 40 Jahre)			
	untere Bildungsgrade (Unterhaltung)	mittl. u. gehob. Bildungsgrade (Selbstverwirklichung)	untere Bildungsgrade (Harmonie)	mittlere Bildungsgrade (Integration)	gehobene Bildungsgrade (Niveau)	

Tabelle 6.6 (Fortsetzung)

Pflegende, helfende, fürsorgliche Arbeit	9 %	25 %	3 %	6 %	29 %	.28 (e)
Handwerkliche Arbeit	56 %	36 %	59 %	23 %	12 %	.32 (e)
Arbeit, die mit schlechter Luft verbunden ist	60 %	29 %	50 %	23 %	12 %	.33 (e)
Büroarbeit	50 %	82 %	50 %	90 %	81 %	.36 (e)
Körperlich anstrengende Arbeit	65 %	30 %	60 %	21 %	23 %	.36 (e)
Arbeit, die mit Schmutz verbunden ist	60 %	27 %	59 %	20 %	7 %	.39 (e)
Arbeitssituation: Kopfarbeit-Handarbeit (Skala)	69 %	33 %	67 %	24 %	15 %	.48 (e)

Tabelle 6.7: Umwelt

Wohnkomfort (Garten, Balkon oder Terrasse, Zentralheizung, Doppelfenster)	59 %	51 %	57 %	74 %	80 %	.18 (V)
Wohnungsrating (Skala): Positiver Gesamteindruck (Interviewer-Urteil)	51 %	59 %	57 %	74 %	77 %	.18 (e)
Positiver Gesamteindruck vom Haus (Interviewerurteil)	76 %	80 %	83 %	93 %	93 %	.19 (e)
Wohnen in Eigentumswohnung oder eigenem Haus	19 %	20 %	31 %	55 %	53 %	.28 (V)
Wohnzufriedenheit (Skala)	40 %	39 %	60 %	76 %	62 %	.30 (e)

Vergleichsmerkmale: (relativ...) - hohes Interesse an: - häufiger Besuch von: - starke Vorliebe für: - häufige Beschäftigung mit: - hohe Ausprägung von: (oder ähnlich. Alle Skalen wurden dichotomisiert)	\multicolumn{5}{c|}{Gruppenspezifische Anteile}	
	\multicolumn{2}{c|}{Jüngere Personen (bis 40 Jahre)}	\multicolumn{3}{c|}{Ältere Personen (über 40 Jahre)}	
	untere Bildungs- grade (Unter- haltung)	mittl. u. gehob. Bil- dungsgrade (Selbst- verwirk- lichung)	untere Bildungs- grade (Harmo- nie)	mittlere Bildungs- grade (Inte- gration)	gehobene Bildungs- grade (Niveau)	eta (e) bzw. Cramer's V (V)

Tabelle 6.8: Körper

Vegetative Labilität (Skala)	42 %	35 %	52 %	44 %	41 %	.16 (V)
Durchblutungsprobleme (Selbstbeurteilung)	29 %	28 %	45 %	32 %	37 %	.19 (V)
Übergewicht (Selbstbeurteilung)	34 %	26 %	49 %	38 %	25 %	.22 (V)
Probleme mit den Gelenken (Selbstbeurteilung)	36 %	34 %	55 %	48 %	46 %	.24 (V)
häufiger Zigarettenkonsum	54 %	33 %	28 %	21 %	24 %	.25 (V)
Hautprobleme (Selbstbeurteilung)	47 %	47 %	21 %	27 %	31 %	.26 (V)
Sportorientierung (Skala)	64 %	74 %	35 %	46 %	41 %	.36 (e)

Tabelle 6.9: Mediennutzung

Bildzeitung und/oder Abendzeitung	40 %	15 %	31 %	21 %	12 %	.24 (V)
Medienkonsum: Regionalorientierung (Skala)	39 %	28 %	56 %	56 %	37 %	.24 (e)
Anzeigenblätter	60 %	67 %	79 %	87 %	89 %	.30 (e)
Fernsehhäufigkeit	60 %	40 %	73 %	71 %	50 %	.30 (e)
Überregionale Tageszeitungen	7 %	28 %	4 %	13 %	27 %	.30 (V)
Zeitungslektüre: lebens- praktische Orientierung (Skala)	61 %	40 %	68 %	52 %	29 %	.31 (e)
Zeitungslektüre: allgemein- gesellschaftliche Orientierung (Skala)	27 %	54 %	46 %	68 %	80 %	.33 (e)
»Der Spiegel«	25 %	58 %	20 %	40 %	56 %	.38 (e)
»Plärrer« (Stadtmagazin)	19 %	41 %	7 %	10 %	16 %	.39 (e)

Anhang D: Kommentierte Tabellen

Vergleichsmerkmale: (relativ...) - hohes Interesse an: - häufiger Besuch von: - starke Vorliebe für: - häufige Beschäftigung mit: - hohe Ausprägung von: (oder ähnlich. Alle Skalen wurden dichotomisiert)	Gruppenspezifische Anteile					
	Jüngere Personen (bis 40 Jahre)		Ältere Personen (über 40 Jahre)			
	untere Bildungsgrade (Unterhaltung)	mittl. u. gehob. Bildungsgrade (Selbstverwirklichung)	untere Bildungsgrade (Harmonie)	mittlere Bildungsgrade (Integration)	gehobene Bildungsgrade (Niveau)	eta (e) bzw. Cramer's V (V)

Tabelle 6.10: Sozialkontakte

Größe des Freundeskreises (über 10 Personen)	61 %	71 %	49 %	60 %	63 %	.19 (V)
Gespräche mit Nachbarn	53 %	50 %	67 %	77 %	71 %	.20 (e)
häufige Freizeitpartner: Geschwister	53 %	45 %	33 %	25 %	30 %	.19 (e)
häufige Freizeitpartner: eigene Kinder	41 %	26 %	50 %	49 %	45 %	.37 (e)
häufige Freizeitpartner: enge Freunde	60 %	70 %	29 %	41 %	41 %	.37 (e)
häufige Freizeitpartner: Eltern	33 %	29 %	15 %	19 %	5 %	.45 (e)

Tabelle 6.11: Territoriales Verhalten

Spazierengehen in der Wohnumgebung	31 %	29 %	44 %	44 %	41 %	.17 (e)
häufiger Aufenthalt in der Fußgängerzone	61 %	72 %	53 %	61 %	60 %	.17 (e)
häufiger Aufenthalt im Burgviertel Altstadt	40 %	64 %	30 %	41 %	44 %	.27 (e)
häufiges Ausgehen (Gegenkategorie: zu Hause bleiben)	53 %	71 %	32 %	39 %	52 %	.30 (e)

Vergleichsmerkmale:	Gruppenspezifische Anteile					
(relativ...) - hohes Interesse an: - häufiger Besuch von: - starke Vorliebe für: - häufige Beschäftigung mit: - hohe Ausprägung von: (oder ähnlich. Alle Skalen wurden dichotomisiert)	Jüngere Personen (bis 40 Jahre)		Ältere Personen (über 40 Jahre)			eta (e) bzw. Cramer's V (V)
	untere Bildungsgrade (Unterhaltung)	mittl. u. gehob. Bildungsgrade (Selbstverwirklichung)	untere Bildungsgrade (Harmonie)	mittlere Bildungsgrade (Integration)	gehobene Bildungsgrade (Niveau)	

Tabelle 6.12: Akzeptanz von Institutionen, Parteien, Bewegungen; Werte; Partizipation

Akzeptanz von Institutionen, Parteien, Bewegungen						
CDU/CSU	53 %	47 %	65 %	74 %	75 %	.21 (e)
Katholische Kirche	61 %	47 %	74 %	71 %	71 %	.25 (e)
Alternativbewegung	63 %	67 %	41 %	46 %	34 %	.26 (e)
Friedensbewegung	76 %	84 %	55 %	56 %	48 %	.32 (e)
Die Grünen	54 %	71 %	36 %	41 %	36 %	.33 (e)
Werte						
Religiosität (Skala)	36 %	38 %	52 %	53 %	42 %	.19 (e)
politische Unterordnung (Skala)	52 %	23 %	81 %	60 %	56 %	.45 (e)
Partizipation						
Parteimitgliedschaft	2 %	7 %	2 %	5 %	10 %	.13 (e) (p<0.03)
Öffentliches Interesse (Skala)	30 %	47 %	27 %	65 %	76 %	.33 (e)

Tabelle 6.13: Partizipation an Szenen

Sportszene (Skala)	44 %	31 %	11 %	6 %	19 %	.19 (e)
Volksfestszene (Skala)	57 %	48 %	35 %	34 %	21 %	.21 (e)
Jugendzentrum »Komm« (mehrfacher Besuch)	26 %	45 %	4 %	7 %	14 %	.23 (e)
Kulturladenszene (Skala)	65 %	69 %	38 %	46 %	48 %	.36 (e)
Hochkulturszene (Skala)	31 %	57 %	28 %	60 %	81 %	.41 (e)
Kneipenszene (Skala)	68 %	78 %	27 %	35 %	31 %	.47 (e)
Neue Kulturszene (Skala)	59 %	81 %	20 %	33 %	45 %	.52 (e)

Vergleichsmerkmale: (relativ...) - hohes Interesse an: - häufiger Besuch von: - starke Vorliebe für: - häufige Beschäftigung mit: - hohe Ausprägung von: (oder ähnlich. Alle Skalen wurden dichotomisiert)	\multicolumn{5}{c	}{Gruppenspezifische Anteile}	
	\multicolumn{2}{c	}{Jüngere Personen (bis 40 Jahre)}	\multicolumn{3}{c	}{Ältere Personen (über 40 Jahre)}	eta (e) bzw. Cramer's V (V)
	untere Bildungsgrade (Unterhaltung)	mittl. u. gehob. Bildungsgrade (Selbstverwirklichung)	untere Bildungsgrade (Harmonie)	mittlere Bildungsgrade (Integration)	gehobene Bildungsgrade (Niveau)	

Tabelle 6.14: Persönlichkeit

Paranoide Tendenzen (Skala)	60 %	45 %	60 %	42 %	56 %	.20 (e)
Dominanz (Skala)	54 %	71 %	47 %	55 %	70 %	.20 (e)
Allgemeine Lebenszufriedenheit (Skala)	44 %	42 %	62 %	63 %	48 %	.22 (e)
Offenheit (Skala)	49 %	54 %	30 %	31 %	40 %	.23 (e)
Egoismus (Skala)	48 %	31 %	58 %	37 %	34 %	.23 (e)
Suche nach Abwechslung (Skala)	58 %	60 %	36 %	32 %	51 %	.28 (e)
Fatalismus (Skala)	35 %	17 %	53 %	45 %	33 %	.32 (e)
Reflexivität (Skala)	19 %	46 %	18 %	39 %	54 %	.33 (e)
Psychosoziale Hyperdimension »Vertrauen« (Skala)	43 %	68 %	25 %	50 %	48 %	.36 (e)
Anomie (Skala)	44 %	25 %	64 %	41 %	40 %	.37 (e)
Rigidität (Skala)	39 %	20 %	66 %	48 %	48 %	.45 (e)

Tabelle 6.15: Status von Eltern und Partner(in)

Status der Mutter (obere 2 Gruppen bei Einteilung in 4 Gruppen)	5 %	10 %	1 %	13 %	11 %	.17 (V)
Status des Vaters (obere 2 Gruppen bei Einteilung in 4 Gruppen)	13 %	33 %	5 %	30 %	49 %	.36 (V)
Status des Partners/der Partnerin (obere 2 Gruppen bei Einteilung in 4 Gruppen)	14 %	38 %	13 %	52 %	60 %	.38 (V)
Schulbildung des Vaters (mindestens mittlere Reife)	11 %	42 %	11 %	44 %	57 %	.39 (V)
Schulbildung der Mutter (mindestens mittlere Reife)	6 %	44 %	5 %	26 %	57 %	.41 (V)
Schulbildung des Partners/der Partnerin (mindestens mittlere Reife)	30 %	79 %	18 %	66 %	70 %	53 (V)

7. Segmentierungsanalysen (Tabellen 7.1 - 7.3)

Vorbemerkungen

Die folgende Serie von Analysen ist auf die Frage bezogen, wie stark die Beziehung zwischen Milieumodell und milieuspezifischen Existenzformen ausgeprägt ist. Dabei werden die drei zentralen Zeichenklassen für Milieuzugehörigkeit - Alter, Bildung, Stil - miteinander in Beziehung gesetzt. Die Tabellen stellen dar, wie sich diese Variablenklassen im untersuchten Kollektiv zu einigen markanten milieuspezifischen Mustern verbinden. Mit diesen Mustern sind viele weitere situative und subjektive Merkmale assoziiert, wie aus den vorangegangenen Analysen hervorgeht.

Die Ausprägungskombinationen alltagsästhetischer Schemata werden im folgenden durch dreidimensionale Typenvariablen repräsentiert, die aus den dichotomisierten Skalen für die drei Schemata gebildet wurden. Dabei ergeben sich acht Typen, die teilweise für die einzelnen Milieus zusammengefaßt werden.

In Tabelle 7.1 wird untersucht, wie stark sich bestimmte alltagsästhetische Typen in bestimmten Alter-Bildungs-Gruppen häufen. Die Stringenz des Modells wird durch den Vergleich der Anteile von modellkonformen Fällen und nicht modellkonformen Fällen zum Ausdruck gebracht.

Um Konsistenz und Inkonsistenz geht es in den Tabellen 7.2 und 7.3. Dabei werden die tatsächlichen Häufigkeiten bestimmter Muster von Alter, Bildung und persönlichem Stil, die mit dem Strukturmodell sozialer Milieus konsistent sind, mit denjenigen Häufigkeiten verglichen, die zu erwarten sind, wenn das Modell nicht gelten sollte. Je stärker die beobachteten von den erwarteten Häufigkeiten abweichen, desto höher ist die Erklärungskraft des Modells. Inkonsistente Fälle werden in verschiedene Typen aufgespalten: solche, die sich durch zusätzliche Modellkomponenten (»Sozialisation« und »Aufwärtsmobilität«) erklären lassen, und solche, die unerklärt bleiben.

Tabellen

7.1 Verdichtung alltagsästhetischer Typen in Alters-Bildungs-Gruppen
7.2 Konsistenzanalyse eines Modells mit scharfer Abgrenzung
7.3 Konsistenzanalyse eines Unschärfemodells

Tabelle 7.1: Milieustruktur/Verdichtung alltagsästhetischer Typen in Alters-Bildungs-Gruppen

Alters-Bildungs-Gruppen	Milieu-bezeichnung	milieuspezifische alltagsästhetische Typen			Anteil der milieuspezifischen Typen in der zugehörigen Alters-Bildungs-Gruppe	Anteil der milieuspezifischen Typen in den nicht zugehörigen Alters-Bildungs-Gruppen
		Hochkulturschema (Skala)	Trivialschema (Skala)	Spannungsschema (Skala)		
18-40 Jahre Volksschule	Unterhaltung (I)	-	-	+	32 %	5 %
18-40 Jahre mittlere Reife/Abitur	Selbstverwirklichung (II)	+	-	+	55 %	8 %
40-70 Jahre Volksschule	Harmonie (III)	- - -	+ + -	- + -	71 %	22 %
40-70 Jahre mittlere Reife	Integration (IV)	+ +	+ +	- +	31 %	11 %
40-70 Jahre Abitur	Niveau (V)	+	-	-	42 %	7 %

Anmerkung: Die alltagsästhetischen Typen beruhen auf einer Ausprägungskombination aller drei alltagsästhetischer Schemata. Das Pluszeichen bedeutet: Oberhalb des Medians der jeweiligen Skala. Das Minuszeichen bedeutet: Unterhalb des Medians der jeweiligen Skala. Der Typenzuordnung einer Person liegen jeweils 88 verschiedene Informationen zugrunde (Items der drei Skalen).

Tabelle 7.2: Milieustruktur/Konsistenzanalyse eines Modells mit scharfer Abgrenzung

Ausgangspunkt ist das folgende Modell:

Bildung			Bildung
12 Abitur und Uni-Ausbildung			12
11 Abitur und Fachhochschule/Lehre			11
10 Abitur ohne Zusatzausbildung	Selbstver- wirklichungs- milieu	Niveaumilieu	10
9 Fachabitur und Fachhochschule			9
8 Fachabitur und Lehre			8
7 Mittlere Reife und berufsbildende Schle			7
6 Mittlere Reife und Lehre		Integrationsmilieu	6
5 Mittlere Reife ohne Zusatzausbildung			5
4 Hauptschule und berufsbildende Schule	Unterhaltungs- milieu		4
3 Qualifizierter Hauptschulabschluß und Lehre		Harmoniemilieu	3
2 Einfacher Hauptschulabschluß und Lehre			2
1 Hauptschule ohne Lehre/ohne Schulabschluß			1

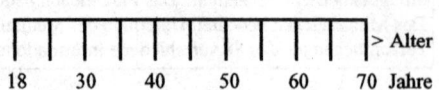

> Alter
18   30   40   50   60   70 Jahre

Als konsistent gelten diejenigen Personen, deren Stiltypus milieuadäquat entsprechend der Festlegung auf S.665 ist. Alle übrigen Personen gelten als inkonsistent.

(Fortsetzung:)

Tabelle 7.2 (Fortsetzung)

Milieuadäquatheit: In den fünf Alters-Bildungs-Gruppen gelten folgende Stiltypen als milieuadäquat:

Alters-Bildungs-Gruppen	Milieu-bezeichnung	milieuspezifische alltagsästhetische Typen		
		Hochkulturschema (Skala)	Trivialschema (Skala)	Spannungsschema (Skala)
18-40 Jahre Volksschule	Unterhaltung (I)	-	-	+
18-40 Jahre mittlere Reife/ Abitur	Selbst-verwirklichung (II)	+	-	+
40-70 Jahre Volksschule	Harmonie (III)	- - -	+ + -	- + -
40-70 Jahre mittlere Reife	Integration (IV)	+ +	+ +	- +
40-70 Jahre Abitur	Niveau (V)	+	-	-

Anmerkung: Die alltagsästhetischen Typen beruhen auf einer Ausprägungskombination aller drei alltagsästhetischen Schemata. Das Pluszeichen bedeutet: oberhalb des Medians der jeweiligen Skala. Das Minuszeichen bedeutet: unterhalb des Medians der jeweiligen Skala. Der Typenzuordnung einer Person liegen jeweils 88 verschiedene Informationen zugrunde (Items der drei Skalen).

(Fortsetzung:)

666   *Die Erlebnisgesellschaft*

| Tabelle 7.2   (Fortsetzung) |

In der Abbildung auf S.667 werden die Befragten in 5 Teilgruppen nach milieuspezifischen Stiltypen aufgeteilt. Für jede Teilgruppe wird die Verteilung von Alters-Bildungs-Kombinationen durch eine bivariate Matrix dargestellt, deren Unterteilung dem Modell von S.664 folgt. Für die Zellen dieser Matrix werden Bezeichnungen durch Großbuchstaben festgelegt:

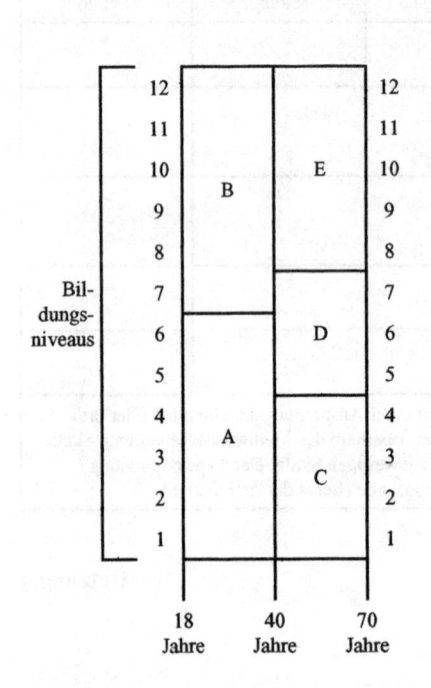

Bildungsniveaus:
12 Abitur und Uni-Ausbildung
11 Abitur und Fachhochschule/Lehre
10 Abitur ohne Zusatzausbildung
9 Fachabitur und Fachhochschule
8 Fachabitur und Lehre
7 Mittlere Reife und berufsbildende Schule
6 Mittlere Reife und Lehre
5 Mittlere Reife ohne Zusatzausbildung
4 Hauptschule und berufsbildende Schule
3 Qualifizierter Hauptschulabschluß und Lehre
2 Einfacher Hauptschulabschluß und Lehre
1 Hauptschule ohne Lehre/ohne Schulabschluß

Diese Struktur liegt der im folgenden dargestellten dreidimensionalen Matrix absoluter Häufigkeiten zugrunde, in der die Merkmale Stiltypus, Alter und Bildung kreuztabuliert werden. Die Bereiche mit konsistenten Konfigurationen (entsprechend der Konsistenzdefinition von S.664) der drei Merkmale sind verstärkt umrandet. Die nicht eingeklammerten Zahlen sind *beobachtete* Häufigkeiten, die eingeklammerten Zahlen sind *erwartete* Häufigkeiten (für den Fall der Nichtgeltung des Modells, also bei statistischer Unabhängigkeit).

(Fortsetzung:)

Tabelle 7.2 (Fortsetzung)

Bildungs-niveaus	Typus des Unterhaltungs-milieus (I)	Typus des Selbstverwirk-lichungs-milieus (II)	Typus des Harmonie-milieus (III)	Typus des Integrations-milieus (IV)	Typus des Niveaumilieus (V)
9–12	16 (10)	4 (11)	**69 (17)**	13 (18)	6 (35)	16 (39)	9 (18)	10 (20)	21 (11)	**25 (12)**
5–8		3 (10)		3 (17)	26 (37)		**33 (18)**	22 (11)	
1–4	**47 (25)**		44 (41)		54 (87)	**181 (84)**	37 (44)		11 (26)	7 (26)
		10 (24)		3 (39)				53 (42)		

x-Achse je Spalte: 18 – 40 – 70 Jahre

Auf S.668 werden *beobachtete* Häufigkeiten und *erwartete* Häufigkeiten miteinander verglichen. Die erwarteten Häufigkeiten sind eine theoretische Größe. Sie wurden unter der Annahme errechnet, daß die drei Merkmalsklassen (Alter, Bildung, Stiltypus) nichts miteinander zu tun haben, daß es also keinerlei statistische Anzeichen für die Gültigkeit des angenommenen Milieumodells gibt. Wenn es mehr konsistente Fälle (Kategorie 1) und weniger nicht erklärte inkonsistente Fälle (Kategorie 4) gibt, als unter der Annahme statistischer Unabhängigkeit zu erwarten wäre, ist dies ein Hinweis auf die Stringenz des Modells: Es prognostiziert »überzufällige« Häufigkeit bzw. Seltenheit von Merkmalskombinationen.

Die Sozialisationskomponente des Modells (Kategorie 2) besagt: Jüngere Personen orientieren sich am Stiltypus des jeweiligen älteren Milieus gleicher Bildungsstufe. Die Komponente der Aufwärtsorientierung (Kategorie 3) besagt: Weniger gebildete Personen orientieren sich am Stiltypus des jeweiligen gebildeteren Milieus gleicher Altersstufe.

(Fortsetzung:)

Tabelle 7.2 (Fortsetzung)

	Zellen in der dreidimensionalen Matrix		Beobachtete Häufigkeiten	Erwartete Häufigkeiten
1. Konsistente Fälle				
Unterhaltungsmilieu	I	A	47	25
Selbstverwirklichungsmilieu	II	B	69	17
Harmoniemilieu	III	C	181	84
Integrationsmilieu	IV	D	33	18
Niveaumilieu	V	E	25	12
Summe			355	156
(Prozent)			(49,1 %)	(21,6 %)
2. Inkonsistente Fälle: Sozialisationskomponente				
Unterhaltungsmilieu/Harmoniemilieu	III	A	54	87
Unterhaltungsmilieu/Integrationsmilieu	IV	A	37	44
Selbstverwirklichungsmilieu/Niveaumilieu	V	B	21	11
Summe			112	142
(Prozent)			(15,4 %)	(19,6 %)
3. Inkonsistente Fälle: Komponente der Aufwärtsorientierung				
Unterhaltungsmilieu/Selbstverwirklichungsmilieu	II	A	44	41
Harmoniemilieu/Integrationsmilieu	IV	C	53	42
Integrationsmilieu/Niveaumilieu	V	E	22	12
Summe			119	95
(Prozent)			(16,5 %)	(13,1 %)
4. Nicht erklärte inkonsistente Fälle				
Gruppe I	I	B,C,D,E	33	55
Gruppe II	II	C,D,E	19	74
Gruppe III	III	B,D,E	48	111
Gruppe IV	IV	B,E	19	38
Gruppe V	V	A,C	18	52
Summe			137	330
(Prozent)			(18,9 %)	(45,7 %)
Summe			723	723
(Prozent)			(100 %)	(100 %)

(Fortsetzung:)

Tabelle 7.2 (Fortsetzung)

Zusammengefaßt ergibt sich folgendes Bild:

	Beobachtete Häufigkeiten		Erwartete Häufigkeiten	
	absolut	Prozent	absolut	Prozent
1. Konsistente Fälle	355	49,1 %	156	21,6 %
2. Inkonsistente Fälle/Sozialisationskomponente	112	15,4 %	142	19,6 %
3. Inkonsistente Fälle/Komponente der Aufwärtsorientierung	119	16,5 %	95	13,1 %
4. Nicht erklärte inkonsistente Fälle	137	18,9 %	330	45,7 %
	723	100 %	723	100 %
- Konsistente Fälle (Nr. 1)	355	49,1 %	156	21,6 %
- Erklärte inkonsistente Fälle (Nr. 2 + 3)	231	31,9 %	237	32,7 %
- Nicht erklärte inkonsistente Fälle (Nr. 4)	137	18,9 %	330	45,7 %
	723	100 %	723	100 %
- Soziale Milieus im weiteren Sinne (Kernbereiche, hineinsozialisierte und aufwärtsorientierte Fälle: Nr. 1 + 2 + 3)	586	81,1 %	393	54,3 %
- Nicht erklärte inkonsistente Fälle (Nr. 4)	137	18,9 %	330	45,7 %
	723	100 %	723	100 %

Randhäufigkeiten zur Berechnung der Erwartungswerte:

Alterskategorien		Bildungskategorien			Stilkategorien	
18-39	314	1	84	7	34	I	80
41-70	409	2	195	8	18	II	132
		3	30	9	49	III	283
		4	73	10	14	IV	142
		5	27	11	26	V	86
		6	105	12	68		
Summe:	723	Summe:		723	Summe:		723
Gesamtzahl der auswertbaren Fälle: 723							
Nicht auswertbare Fälle: 291. Diese Zahl ist vor dem Hintergrund zu sehen, daß 93 Ausgangsinformationen integriert wurden. Zwar weisen die Basisvariablen nur jeweils wenige fehlende Werte auf (1% - 3%), diese summieren sich jedoch bei einer integrierten Auswertung.							

| Tabelle 7.3: | Milieustruktur/Konsistenzanalyse eines Unschärfemodells |

Ausgangspunkt ist das folgende Unschärfemodell, bei dem zwischen den Kernbereichen sozialer Milieus Grenzzonen definiert sind:

Bildung		Bildung
12 Abitur und Uni-Ausbildung		12
11 Abitur und Fachhochschule/Lehre	Selbst-	11
10 Abitur ohne Zusatzausbildung	verwirk-	10
9 Fachabitur und Fachhochschule	lichungs-	9
8 Fachabitur und Lehre	milieu	8
7 Mittlere Reife und berufsbildende Schlue	Integrationsmilieu	7
6 Mittlere Reife und Lehre		6
5 Mittlere Reife ohne Zusatzausbildung		5
4 Hauptschule und berufsbildende Schule	Unter-	4
3 Qualifizierter Hauptschulabschluß und Lehre	haltungs-	3
2 Einfacher Hauptschulabschluß und Lehre	milieu Harmoniemilieu	2
1 Hauptschule ohne Lehre/ohne Schulabschluß		1

> Alter
18 30 40 50 60 70 Jahre

Als konsistent gelten
- in den Kernbereichen diejenigen Personen, deren Stiltypus milieuadäquat ist;
- in den Grenzzonen diejenigen Personen, deren Stiltypus in einem der angrenzenden Kernbereiche milieuadäquat ist.

Alle übrigen Fälle gelten als inkonsistent.

Zur Definition von Milieuadäquatheit vgl. S.665.

(Fortsetzung:)

Tabelle 7.3	(Fortsetzung)

In der Abbildung auf S.672 werden die Befragten in 5 Teilgruppen nach milieuspezifischen Stiltypen aufgeteilt. Für jede Teilgruppe wird die Verteilung von Alters-Bildungs-Kombinationen durch eine bivariate Matrix dargestellt, deren Unterteilung dem Unschärfemodell von S.670 folgt. Für die Zellen dieser Matrix werden Bezeichnungen durch Großbuchstaben festgelegt. Die Kernbereiche der fünf Milieus sind verstärkt umrandet.

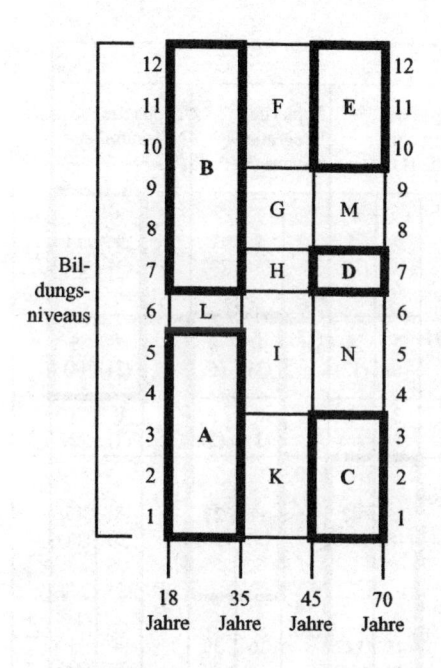

Bildungsniveaus:
12 Abitur und Uni-Ausbildung
11 Abitur und Fachhochschule/Lehre
10 Abitur ohne Zusatzausbildung
9 Fachabitur und Fachhochschule
8 Fachabitur und Lehre
7 Mittlere Reife und berufsbildende Schule
6 Mittlere Reife und Lehre
5 Mittlere Reife ohne Zusatzausbildung
4 Hauptschule und berufsbildende Schule
3 Qualifizierter Hauptschulabschluß und Lehre
2 Einfacher Hauptschulabschluß und Lehre
1 Hauptschule ohne Lehre/ohne Schulabschluß

(Fortsetzung:)

| Tabelle 7.3 | (Fortsetzung) |

Die auf S.671 explizierte Struktur liegt der im folgenden dargestellten dreidimensionalen Matrix absoluter Häufigkeiten zugrunde, in der die Merkmale Stiltypus, Alter und Bildung kreuztabuliert werden. Die Bereiche mit konsistenten Konfigurationen (entsprechend der Konsistenzdefinition von S.670) der drei Merkmale sind verstärkt umrandet. Die nicht eingeklammerten Zahlen sind *beobachtete* Häufigkeiten, die eingeklammerten Zahlen sind *erwartete* Häufigkeiten (für den Fall der Nichtgeltung des Modells, also bei statistischer Unabhängigkeit).

Fünf Stiltypus-Gruppen:

Bildungsniveaus	Typus des Unterhaltungsmilieus (I)			Typus des Selbstverwirklichungsmilieus (II)			Typus des Harmoniemilieus (III)			Typus des Integrationsmilieus (IV)			Typus des Niveaumilieus (V)		
12–11	14 (7)	2 (3)	3 (5)	60 (12)	7 (5)	4 (9)	5 (27)	0 (10)	6 (19)	6 (13)	1 (5)	2 (9)	16 (8)	9 (3)	14 (6)
10–8		1 (2)	0 (3)		4 (3)	5 (6)		2 (6)	8 (12)		1 (3)	8 (6)		2 (2)	5 (4)
7		0 (1)	1 (2)		3 (1)	0 (3)		2 (3)	3 (6)		3 (2)	9 (3)		0 (1)	3 (2)
6–5	13 (4)	7 (5)	1 (10)	14 (6)	13 (8)	2 (17)	5 (13)	15 (18)	42 (36)	10 (7)	11 (9)	27 (18)	6 (4)	8 (5)	13 (11)
4–1	25 (15)	6 (8)	7 (15)	16 (24)	3 (13)	1 (25)	25 (52)	43 (27)	127 (54)	18 (26)	16 (14)	30 (27)	3 (16)	4 (8)	3 (16)
	18 35 45 70 Jahre			18 35 45 70 Jahre			18 35 45 70 Jahre			18 35 45 70 Jahre			18 35 45 70 Jahre		

(Fortsetzung:)

| Tabelle 7.3 | (Fortsetzung) |

Im folgenden werden *beobachtete* Häufigkeiten und *erwartete* Häufigkeiten miteinander verglichen (zur Erläuterung siehe S.667):

	Zellen in der dreidimensionalen Matrix	Beobachtete Häufigkeiten	Erwartete Häufigkeiten
1. Konsistente Fälle in den Kernbereichen			
Unterhaltungsmilieu	I A	25	15
Selbstverwirklichungsmilieu	II B	60	12
Harmoniemilieu	III C	127	54
Integrationsmilieu	IV D	9	3
Niveaumilieu	V E	14	6
Summe		235	90
(Prozent)		(32,5 %)	(12,5 %)
2. Konsistente Fälle in den Grenzzonen			
Unterhaltungsmilieu	I L,I,K	26	17
Selbstverwirklichungsmilieu	II F,G,H,L	28	15
Harmoniemilieu	III N,I,K	100	81
Integrationsmilieu	IV M,G,H,I,N	50	38
Niveaumilieu	V F,G,M	16	9
Summe		220	160
(Prozent)		(30,4 %)	(22,1 %)
3. Inkonsistente Fälle: Sozialisationskomponente			
Unterhaltungsmilieu/Harmoniemilieu	III A,L	30	65
Unterhaltungsmilieu/Integrationsmilieu	IV A,L	28	33
Selbstverwirklichungsmilieu/Niveaumilieu	V B,L	22	12
Summe		80	110
(Prozent)		(11,1 %)	(15,2 %)
4. Inkonsistente Fälle: Komponente der Aufwärtsorientierung			
Unterhaltungsmilieu/Selbstverwirklichungsmilieu	II A,I,K	32	45
Harmoniemilieu/Integrationsmilieu	IV K,C	46	41
Integrationsmilieu/Niveaumilieu	V I,N,O,H	24	19
Summe		102	105
(Prozent)		(14,1 %)	(14,5 %)
5. Nicht erklärte inkonsistente Fälle			
Gruppe I	I E,M,D,N,C,F,G,H	29	48
Gruppe II	II E,M,D,N,C	12	60
Gruppe III	III B,F,G,H,E,M,D	26	83
Gruppe IV	IV B,F,E	9	27
Gruppe V	V A,K,C	10	40
Summe		86	258
(Prozent)		(11,9 %)	(35,7 %)
Summe		723	723
(Prozent)		(100 %)	(100 %)

(Fortsetzung:)

Tabelle 7.3 (Fortsetzung)

Zusammengefaßt ergibt sich folgendes Bild:

	Beobachtete Häufigkeiten		Erwartete Häufigkeiten	
	absolut	Prozent	absolut	Prozent
1. Konsistente Fälle in den Kernbereichen	235	32,5 %	90	12,5 %
2. Konsistente Fälle in den Grenzzonen	220	30,4 %	160	22,1 %
3. Inkonsistente Fälle/Sozialisationskomponente	80	11,1 %	110	15,2 %
4. Inkonsistente Fälle/Komponente der Aufwärtsorientierung	102	14,1 %	105	14,5 %
5. Nicht erklärte inkonsistente Fälle	86	11,9 %	258	35,7 %
	723	100 %	723	100 %
- Konsistente Fälle (Nr. 1 + 2)	455	62,9 %	250	34,6 %
- Erklärte inkonsistente Fälle (Nr. 3 + 4)	182	25,2 %	215	29,7 %
- Nicht erklärte inkonsistente Fälle (Nr. 5)	86	11,9 %	258	35,7 %
	723	100 %	723	100 %
- Soziale Milieus im weiteren Sinne (Kernbereiche, hineinsozialisierte und aufwärtsorientierte Fälle: Nr. 1 + 2 + 3 + 4)	637	88,1 %	465	64,3 %
- Nicht erklärte inkonsistente Fälle (Nr. 5)	86	11,9 %	258	35,7 %
	723	100 %	723	100 %

Randhäufigkeiten zur Berechnung der Erwartungswerte:

Alterskategorien		Bildungskategorien				Stilkategorien	
18-34	236	1	84	7	34	I	80
35-44	163	2	195	8	18	II	132
45-70	324	3	30	9	49	III	283
		4	73	10	14	IV	142
		5	27	11	26	V	86
		6	105	12	68		
Summe:	723	Summe:		723		Summe:	723

Gesamtzahl der auswertbaren Fälle: 723

Nicht auswertbare Fälle: 291. Diese Zahl ist vor dem Hintergrund zu sehen, daß 93 Ausgangsinformationen integriert wurden. Zwar weisen die Basisvariablen nur jeweils wenige fehlende Werte auf (1% - 3%), diese summieren sich jedoch bei einer integrierten Auswertung.

8. Semantik der Milieudifferenzierung (Tabellen 8.1 - 8.7)

Vorbemerkung

Die Tabellen der Serien 5 und 6 enthalten eine Fülle von Detailinformationen, die in ihrer Gesamtheit kaum noch zu überblicken sind. Im folgenden ist nun zu versuchen, die vorgefundene Milieustruktur in möglichst einfacher Weise integriert darzustellen. Die Suche nach einer übergreifenden Ordnungsstruktur geht vom theoretischen Konzept der fundamentalen Semantik aus. Interpretationsziel ist die Zuordnung von sozialen Milieus und milieuspezifischen Existenzformen zu hypothetischen Basisdimensionen sozialer Unterscheidung. Verfahren der Wahl ist die Korrespondenzanalyse, deren besondere Verwendungsweise weiter oben (Anhang B.1) dargestellt wurde. Bei den folgenden Analysen wird die Gesamtinformation in mehrere Schichten aufgelöst: Tabelle 8.1 enthält den Bereich der Alltagsästhetik im Detail. Gezeigt wird, daß sich die Unterschiede sozialer Milieus im Hinblick auf etwa 100 konkrete alltagsästhetische Präferenzen auf zwei Hauptdimensionen zurückführen lassen. In Tabelle 8.2 wird diese Information komprimiert; Gegenstand der Analyse sind hier nicht mehr einzelne Präferenzen, sondern die daraus abgeleiteten alltagsästhetischen Schemata (die jeweils viele Präferenzen einschließen) sowie milieuspezifische Stiltypen. Tabelle 8.3 stellt die Zuordnung sonstiger Komponenten der Subjektivität (psychische Dispositionen, politische Einstellungen, Grundüberzeugungen) zu den beiden Hauptdimensionen der Unterschiedlichkeit sozialer Milieus dar. In Tabelle 8.4 wird dieselbe Analyse für verschiedene Aspekte der Situation durchgeführt. Aus der Zusammenschau aller Analysen mit Hilfe der im Anhang B.2 erläuterten Methode der polaren Interpretation lassen sich interpretative Hypothesen über die Inhalte der fundamentalen Semantik gewinnen (Tabelle 8.5). Ergebnis der Interpretation ist die Annahme, daß sich soziale Unterscheidungsoperationen an den zwei Basisdimensionen orientieren: Denkstil, wahrgenommen als kognitive Differenziertheit, und Handlungsstil, wahrgenommen als Reguliertheit. Dabei stehen sich jeweils zwei Pole gegenüber: Einfachheit versus Komplexität und Ordnung versus Spontaneität. Nicht nur manifeste Daten sind in diesem semantischen Raum lokalisiert, sondern auch latente Deutungsmuster: Schemata von Genuß, Distinktion und Lebensphilosophie (Tabelle 8.6) sowie milieuspezifische existentielle Anschauungsweisen (Tabelle 8.7).

Zum genaueren Verständnis sei verwiesen auf Überlegungen zur Theorie der fundamentalen Semantik (Abschnitt 5.6), zur Informationsbasis der Analyse der fundamentalen Semantik (Abschnitt 5.15), zum Inhalt der Kategorien der fundamentalen Semantik (Abschnitt 7.2), zur Homologie von Wirklichkeitsschichten (Abschnitt 7.3), zur Korrespondenzanalyse (Anhang B.1) und zur polaren Interpretation (Anhang B.2).

676 *Die Erlebnisgesellschaft*

Tabellen

8.1 Semantik der Alltagsästhetik im Detail
8.2 Semantik von alltagsästhetischen Schemata und Stiltypen
8.3 Semantik von psychosozialen Dispositionen und politischen Einstellungen
8.4 Semantik von Merkmalen der Situation
8.5 Polaritätentableau
8.6 Genuß, Distinktion und Lebensphilosophie im semantischen Raum
8.7 Milieuspezifische existentielle Anschauungsweisen im semantischen Raum

Tabelle 8.1   Semantik der Alltagsästhetik im Detail

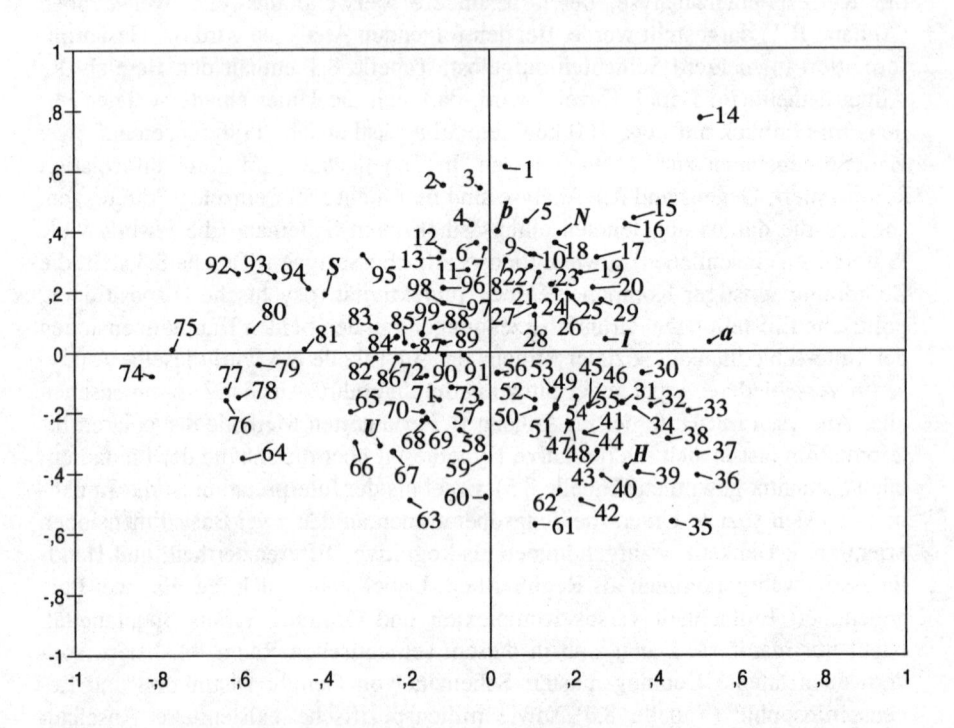

Die Nummern in der Grafik symbolisieren alltagsästhetische Präferenzen. Im folgenden wird die inhaltliche Zuordnung angegeben. In der Tabelle werden die Koordinaten aufgelistet, die bei einer zweidimensionalen Korrespondenzanalyse resultieren (Matrix K). Bei Postmultiplikation der Koordinatenmatrix mit der weiter unten angegebenen Transformationsmatrix ergeben sich die neuen Koordinaten für das aus Interpretationsgründen rotierte Achsenkreuz (Matrix K'). Diese neuen Koordinaten liegen der Grafik zugrunde.

Der zweidimensionale Raum wird bei der polaren Interpretation in die Felder A bis H unterteilt (vgl. Anhang B.2). Diesen Feldern entsprechen die Variablengruppen A bis H.

Tabelle 8.1 (Fortsetzung)

Nr.	Inhalt	Ursprüngliche Koordinaten (Matrix K) I	II	Transformierte Koordinaten (Matrix K') I	II	Variablengruppe
1	Kunsthalle	.53	-.31	.61	.04	
2	Überregionale Tageszeitungen	.40	-.40	.55	-.11	
3	Die Zeit	.44	-.32	.54	-.02	
4	Sprachen lernen	.33	-.27	.42	-.04	
5	Lektüre: »gehobene Literatur« (Skala)	.41	-.17	.43	.09	
6	etwas schreiben (Tagebuch u.ä.)	.28	-.23	.36	-.03	
7	Der Spiegel	.27	-.20	.34	-.01	A
8	Schauspielhaus	.27	-.13	.30	.04	
9	Moderne E-Musik	.32	-.09	.32	.10	
10	ein Buch lesen	.33	-.09	.32	.11	
11	Kurse der Erwachsenenbildung	.20	-.19	.27	-.05	
12	Fortbildung	.21	-.28	.33	-.11	
13	Bücher über gesellschaftliche/politische Probleme	.19	-.27	.31	-.12	
14	Internationale Orgelwoche Nürnberg	.93	-.01	.77	.51	
15	Klassisches und modernes Theater (Fernsehen)	.56	.04	.44	.35	
16	Stadtmuseum	.53	.04	.42	.33	
17	Oper	.40	.04	.31	.26	
18	Konzerte mit klassischer Musik	.39	-.07	.36	.16	
19	Klassische Musik	.34	.03	.26	.22	
20	Wirtschaftsteil der Tageszeitung	.31	.09	.21	.25	
21	Germanisches Museum	.28	-.05	.26	.12	B
22	Spielzeugmuseum	.29	-.07	.28	.10	
23	Kulturteil der Tageszeitung	.27	.00	.22	.15	
24	Dokumentation zur Zeitgeschichte (Fernsehen)	.26	.02	.20	.16	
25	Politischer Teil der Tageszeitung	.26	.05	.19	.19	
26	Beschäftigung mit einer Sammlung (Marken, Münzen u.ä.)	.26	.06	.18	.20	
27	Informationen aus Wissenschaft und Technik (Fernsehen)	.16	.03	.12	.11	

(Fortsetzung:)

Tabelle 8.1 (Fortsetzung)

Nr.	Inhalt	Ursprüngliche Koordinaten (Matrix K) I	Ursprüngliche Koordinaten (Matrix K) II	Transformierte Koordinaten (Matrix K') I	Transformierte Koordinaten (Matrix K') II	Variablengruppe
28	Verkehrsmuseum	.19	.01	.15	.11	
29	Politische Diskussionen (Fernsehen)	.29	.13	.17	.27	
30	Gartenarbeiten	.15	.35	-.07	.37	
31	zu Hause bleiben	.04	.36	-.17	.32	C
32	Spazierengehen in der Wohnumgebung	.07	.42	-.18	.39	
33	Volkslieder	.10	.51	-.20	.48	
34	Lokale Sendungen im Fernsehen (Franken und Bayern)	.04	.40	-.19	.35	
35	Heimatfilme (Fernsehen)	-.22	.68	-.56	.44	
36	Volkstheater (Fernsehen)	-.06	.64	-.41	.50	
37	Blasmusik	.00	.61	-.34	.50	
38	Bayerische Volksmusik	.00	.52	-.29	.43	
39	Fernsehshows, Quiz	-.13	.52	-.40	.36	
40	Deutsche Schlager	-.19	.45	-.41	.27	
41	Gespräche mit Nachbarn	-.10	.34	-.27	.23	
42	Werbung (Tageszeitung)	-.28	.46	-.49	.22	
43	Saubermachen (nur weibliche Befragte)	-.13	.40	-.33	.26	
44	die Wohnung verschönern	-.10	.34	-.27	.23	
45	Talkshows (Fernsehen)	-.01	.30	-.18	.24	
46	Naturfilme (Fernsehen)	-.01	.30	-.18	.24	D
47	etwas Gutes kochen (nur weibliche Befragte)	-.09	.29	-.24	.19	
48	Leichte Unterhaltungsmusik	-.09	.30	-.24	.20	
49	Lektüre: Trivialliteratur (Skala)	-.06	.24	-.18	.16	
50	Kleinanzeigen (Tageszeitung)	-.09	.20	-.19	.11	
51	meine Sachen in Ordnung bringen (nur weibliche Befragte)	-.07	.24	-.19	.16	
52	Handarbeiten, Bastelarbeiten	-.06	.18	-.16	.11	
53	Lokale Nachrichten (Tageszeitung)	-.02	.20	-.13	.15	
54	Reparaturen am Haus oder in der Wohnung	-.01	.26	-.15	.21	
55	Fernsehen	-.01	.30	-.18	.24	
56	Besuch von Sportveranstaltungen	-.07	.03	-.07	.02	E
57	mit dem Auto oder Motorrad durch die Gegend fahren	-.15	.08	-.17	-.02	

(Fortsetzung:)

Tabelle 8.1 (Fortsetzung)

Nr.	Inhalt	Ursprüngliche Koordinaten (Matrix K) I	II	Transformierte Koordinaten (Matrix K') I	II	Variablen-gruppe
58	Sportzeitschriften	-.25	.09	-.26	-.07	
59	das Auto oder Motorrad pflegen	-.29	.19	-.35	-.01	
60	Abendzeitung	-.41	.26	-.48	-.01	
61	Bildzeitung	-.41	.41	-.57	.11	E
62	Lektüre von Goldenes Blatt, Frau im Spiegel, Neue Post u.ä. (nur weibliche Befragte)	-.28	.40	-.46	.17	
63	Amerikanische Krimis (Fernsehen)	-.51	.12	-.49	-.19	
64	Flippern, Automatenspiele	-.62	-.29	-.35	-.59	
65	Science-fiction (Fernsehen)	-.35	-.16	-.20	-.33	
66	Zeichtrickfilme (Fernsehen)	-.43	-.10	-.30	-.32	
67	Video sehen	-.40	-.01	-.33	-.23	
68	Zigaretten rauchen	-.28	.00	-.23	-.16	F
69	Volksfestszene (Skala)	-.27	.00	-.22	-.15	
70	Norisring-Rennen	-.26	-.02	-.20	-.16	
71	Café, Eisdiele u.ä.	-.20	-.01	-.16	-.12	
72	Oldies	-.15	-.08	-.08	-.15	
73	Vergnügungsviertel	-.15	-.01	-.12	-.09	
74	Diskotheken	-.52	-.63	-.08	-.81	
75	Rockfestival	-.42	-.63	.01	-.76	
76	Reggae	-.49	-.43	-.16	-.63	
77	Kino	-.46	-.44	-.13	-.63	
78	Popmusik	-.46	-.42	-.15	-.60	
79	Rockmusik	-.34	-.43	-.04	-.55	
80	Rock- und Popkonzerte	-.26	-.51	.07	-.57	
81	Nachtlokale	-.24	-.37	.01	-.44	G
82	Soul	-.17	-.21	-.02	-.27	
83	Stern	-.09	-.27	.08	-.27	
84	Folkmusik	-.08	-.21	.05	-.22	
85	häufige Freizeitpartner: enge Freunde	-.09	-.18	.03	-.20	
86	Sportorientierung (Skala)	-.14	-.17	-.02	-.22	
87	jemand besuchen	-.08	-.16	.02	-.18	
88	Kneipen	-.01	-.15	.08	-.13	
89	Blues	-.04	-.11	.03	-.11	

(Fortsetzung:)

Tabelle 8.1 (Fortsetzung)

Nr.	Inhalt	Ursprüngliche Koordinaten (Matrix K) I	Ursprüngliche Koordinaten (Matrix K) II	Transformierte Koordinaten (Matrix K') I	Transformierte Koordinaten (Matrix K') II	Variablengruppe
90	Kulturladenszene (Skala)	-.07	-.09	-.01	-.11	G
91	sich mit anderen in der Stadt treffen	-.04	-.05	-.01	-.06	
92	Jazz Ost-West (Festival)	.12	-.64	.26	-.60	H
93	taz	-.08	-.56	.25	-.51	
94	Plärrer (Stadtmagazin)	-.07	-.47	.21	-.43	
95	Kulturzirkus (Theaterfestival)	.10	-.43	.32	-.30	
96	Selbsterfahrungsgruppen	.11	-.21	.21	-.11	
97	Bücher über psychische Probleme	.07	-.18	.16	-.11	
98	Psychologisches Interesse (Skala)	.07	-.18	.16	-.11	
99	Tennis, Skifahren, Surfen u.ä.	-.04	-.17	.06	-.16	
U	Unterhaltungsmilieu	-.40	-.04	-.31	-.26	Soziale Milieus
S	Selbstverwirklichungsmilieu	-.06	-.43	.19	-.39	
H	Harmoniemilieu	-.13	.49	-.38	.33	
I	Integrationsmilieu	.19	.21	.04	.28	
N	Niveaumilieu	.42	-.08	.39	.17	
a	Alter	.32	.42	.03	.53	Evidente und signifikante Zeichen
b	Bildung	.34	-.21	.40	.02	

Transformationsmatrix T: $\begin{matrix} .827 & .56 \\ -.56 & .827 \end{matrix}$

Es gilt: K x T = K'

wobei K = Matrix der ursprünglichen Koordinaten (s.o.)
T = Transformationsmatrix
K' = Matrix der Koordinaten, die der obigen grafischen Darstellung zugrunde liegen

Inertia der unrotierten Dimensionen:

Dimension I: 49,27 %
Dimension II: <u>42,59 %</u>
91,86 %

Anhang D: Kommentierte Tabellen 681

| Tabelle 8.2: | Semantik von alltagsästhetischen Schemata und Stiltypen |

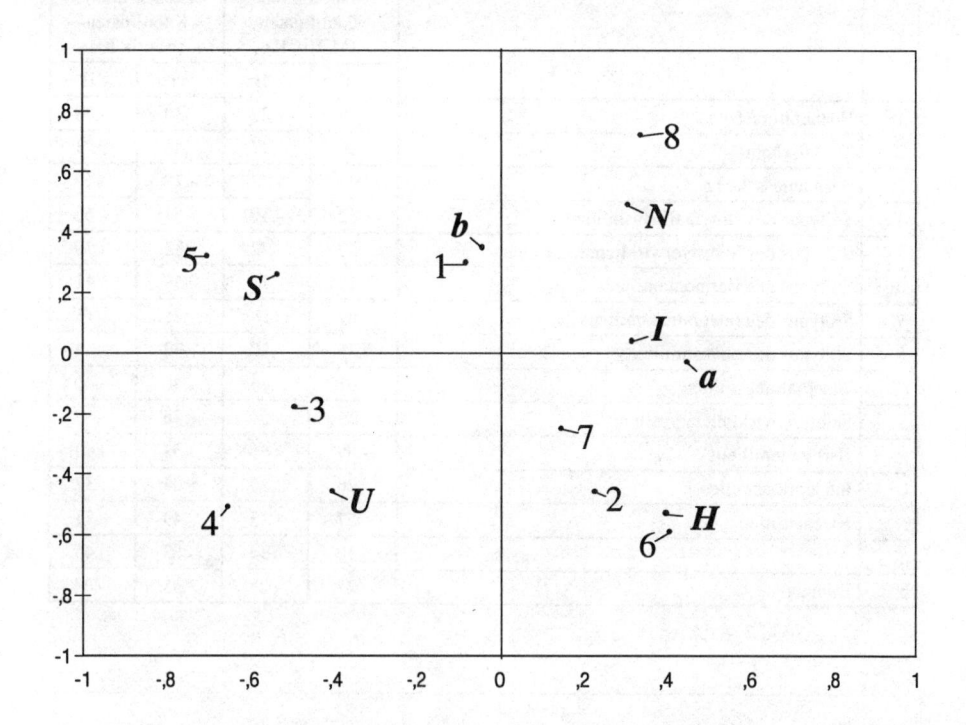

Die Nummern in der Grafik symbolisieren alltagsästhetische Schemata und milieuspezifische Stiltypen. Im folgenden wird die inhaltliche Zuordnung angegeben. In der Tabelle werden die Koordinaten aufgelistet, die bei einer zweidimensionalen Korrespondenzanalyse resultieren (Matrix K). Bei Postmultiplikation der Koordinatenmatrix mit der weiter unten angegebenen Transformationsmatrix ergeben sich die neuen Koordinaten für das aus Interpretationsgründen rotierte Achsenkreuz (Matrix K'). Diese neuen Koordinaten liegen der Grafik zugrunde.

Tabelle 8.2 (Fortsetzung)

Nr.	Inhalt	Ursprüngliche Koordinaten (Matrix K)		Transformierte Koordinaten (Matrix K')	
		I	II	I	II
1	Hochkulturschema	.16	-.27	.30	-.08
2	Trivialschema	-.16	.49	-.46	.23
3	Spannungsschema	-.47	-.22	-.18	-.49
4	Stiltypus des Unterhaltungsmilieus	-.82	-.10	-.51	-.65
5	Stiltypus des Selbstverwirklichungsmilieus	-.27	-.72	.32	-.70
6	Stiltypus des Harmoniemilieus	-.13	.71	-.59	.41
7	Stiltypus des Integrationsmilieus	-.07	.28	-.25	.15
8	Stiltypus des Niveaumilieus	.75	-.27	.72	.34
U	Unterhaltungsmilieu	-.61	.04	-.46	-.40
S	Selbstverwirklichungsmilieu	-.19	-.56	.26	-.53
H	Harmoniemilieu	-.09	.66	-.53	.40
I	Integrationsmilieu	.26	.20	.04	.32
N	Niveaumilieu	.57	-.13	.49	.31
a	Alter	.30	.34	-.03	.45
b	Bildung	.22	-.28	.35	-.04

Transformationsmatrix T: $\begin{matrix} .707 & -.707 \\ -.707 & .707 \end{matrix}$

Es gilt: K x T = K'

wobei K = Matrix der ursprünglichen Koordinaten (s.o.)
T = Transformationsmatrix
K' = Matrix der Koordinaten, die der obigen grafischen Darstellung zugrunde liegen

Inertia der unrotierten Dimensionen:

Dimension I: 46,41 %
Dimension II: <u>43,79 %</u>
               90,20 %

Anhang D: Kommentierte Tabellen 683

Tabelle 8.3: Semantik von psychosozialen Dispositionen und politischen Einstellungen

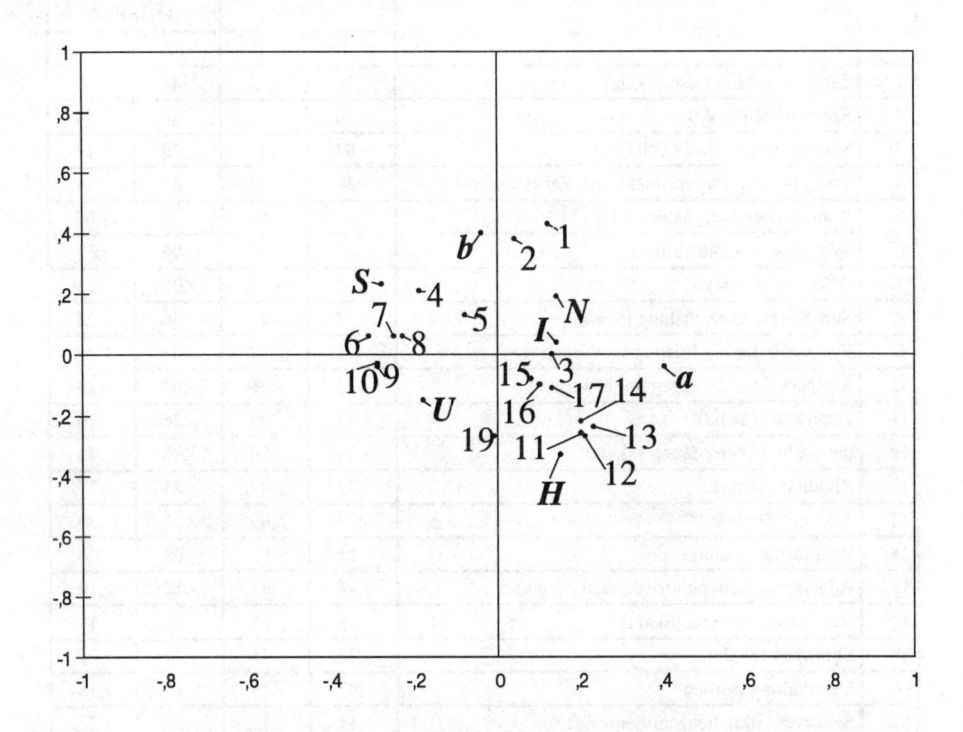

Die Nummern in der Grafik symbolisieren psychosoziale Dispositionen und politische Einstellungen. Im folgenden wird die inhaltliche Zuordnung angegeben. In der Tabelle werden die Koordinaten aufgelistet, die bei einer zweidimensionalen Korrespondenzanalyse resultieren (Matrix K). Bei Postmultiplikation der Koordinatenmatrix mit der weiter unten angegebenen Transformationsmatrix ergeben sich die neuen Koordinaten für das aus Interpretationsgründen rotierte Achsenkreuz (Matrix K'). Diese neuen Koordinaten liegen der Grafik zugrunde.

Tabelle 8.3 (Fortsetzung)

Nr.	Inhalt	Ursprüngliche Koordinaten (Matrix K) I	Ursprüngliche Koordinaten (Matrix K) II	Transformierte Koordinaten (Matrix K') I	Transformierte Koordinaten (Matrix K') II
1	Öffentliches Interesse (Skala)	.30	.33	.43	.12
2	Reflexivität (Skala)	.30	.23	.38	.04
3	Sympathie für CDU / CSU	-.07	.11	.00	.13
4	Psychosoziale Hyperdimension »Vertrauen« (Skala)	.28	-.05	.21	-.19
5	Dominanzstreben (Skala)	.15	.00	.13	-.08
6	Sympathie für Die Grünen	.21	-.23	.06	-.31
7	Offenheit (Skala)	.18	-.18	.06	-.25
8	Suche nach Abwechslung (Skala)	.17	-.16	.06	-.23
9	Sympathie für die Friedensbewegung	.12	-.27	-.04	-.29
10	Sympathie für die Alternativbewegung	.13	-.26	-.03	-.29
11	Fatalismus (Skala)	-.33	.03	-.26	.20
12	politische Unterordnung (Skala)	-.34	.04	-.27	.21
13	Rigidität (Skala)	-.32	.07	-.24	.23
14	Anomie (Skala)	-.29	.05	-.22	.20
15	Religiosität (Skala)	-.11	.03	-.08	.08
16	Allgemeine Lebenszufriedenheit (Skala)	-.14	.03	-.10	.10
17	Vegetative Labilität (Skala)	-.16	.05	-.11	.13
18	Egoismus (Skala)	-.22	-.15	-.27	-.01
U	Unterhaltungsmilieu	-.03	-.23	-.15	-.18
S	Selbstverwirklichungsmilieu	.34	-.12	.23	-.28
H	Harmoniemilieu	-.36	-.05	-.33	.15
I	Integrationsmilieu	-.04	.14	.04	.14
N	Niveaumilieu	.09	.22	.19	.14
a	Alter	-.25	.32	-.04	.40
b	Bildung	.36	.18	.40	-.04

Transformationsmatrix T:
$$\begin{pmatrix} .85 & -.527 \\ .527 & .85 \end{pmatrix}$$

Es gilt: K x T = K'

wobei K = Matrix der ursprünglichen Koordinaten (s.o.)
T = Transformationsmatrix
K' = Matrix der Koordinaten, die der obigen grafischen Darstellung zugrunde liegen

Inertia der unrotierten Dimensionen:

Dimension I: 60,7 %
Dimension II: <u>33,2 %</u>
93,9 %

Tabelle 8.4: Semantik von Merkmalen der Situation

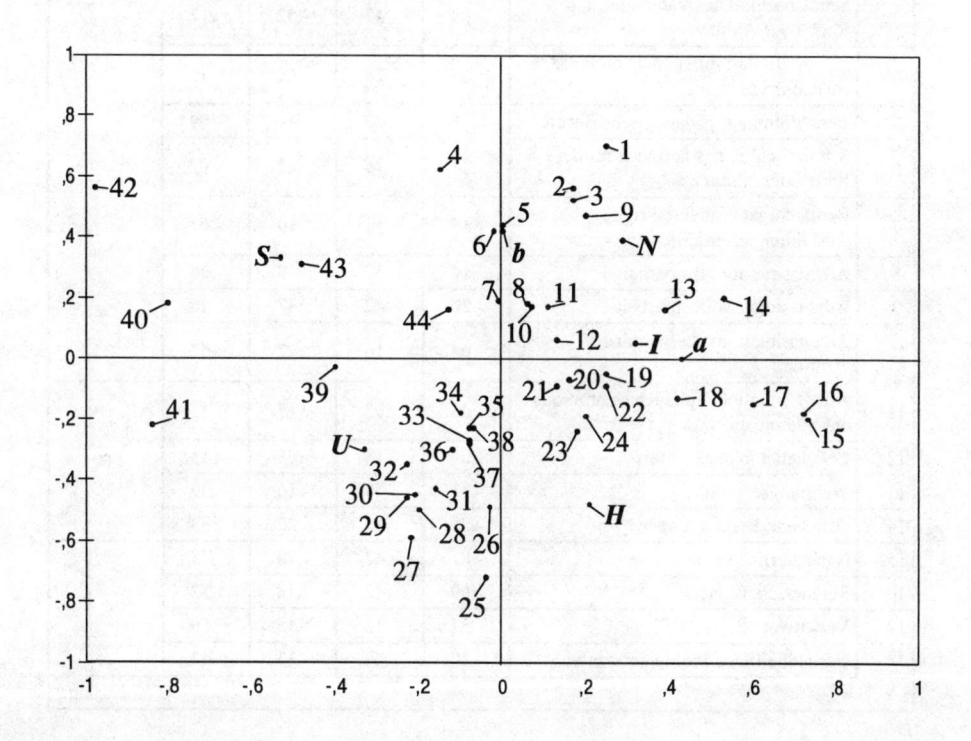

Die Nummern in der Grafik symbolisieren alltagsästhetische Präferenzen. Im folgenden wird die inhaltliche Zuordnung angegeben. In der Tabelle werden die Koordinaten aufgelistet, die bei einer zweidimensionalen Korrespondenzanalyse resultieren (Matrix K). Bei Postmultiplikation der Koordinatenmatrix mit der weiter unten angegebenen Transformationsmatrix ergeben sich die neuen Koordinaten für das aus Interpretationsgründen rotierte Achsenkreuz (Matrix K'). Diese neuen Koordinaten liegen der Grafik zugrunde.

Der zweidimensionale Raum wird bei der polaren Interpretation in die Felder A bis H unterteilt (vgl. Anhang B.2). Diesen Feldern entsprechen die Variablengruppen A bis H.

Tabelle 8.4 (Fortsetzung)

Nr.	Inhalt	Ursprüngliche Koordinaten (Matrix K) I	II	Transformierte Koordinaten (Matrix K') I	II	Variablengruppe (Feld)
1	»obere Mittelschicht«, »Oberschicht« (Selbsteinschätzung)	.37	.65	.70	.25	
2	Hochsprache (Interviewerbeobachtung)	.31	.50	.56	.17	
3	Schulabschluß des Vaters: mittlere Reife oder Abitur	.28	.47	.52	.17	
4	Berufstätigkeit: pflegende, helfende, soziale Berufe	.57	.29	.62	-.15	
5	Berufstätigkeit: pädagogische Berufe	.34	.28	.44	.00	A
6	Schulabschluß des Partners: mittlere Reife oder Abitur	.33	.26	.42	-.02	
7	Berufstätigkeit: mehrjährige Ausbildung erforderlich	.15	.11	.19	-.01	
8	Arbeitssituation: Büroarbeit	.10	.17	.18	.06	
9	Arbeitssituation: Kopfarbeit	.22	.42	.47	.20	
10	Arbeitssituation: übergeordnete Position	.08	.16	.17	.07	
11	Arbeitssituation: hohe Konzentrationsanforderungen	.05	.02	.17	.11	
12	Gehobener Wohnkomfort	-.04	.14	.06	.13	B
13	Wohnungseigentum	-.11	.40	.16	.39	
14	Gehobene Berufsgruppen	-.20	.53	.20	.53	
15	Nachelterliche Phase	-.61	.42	-.20	.73	
16	Rentner, Pensionär	-.60	.42	-.18	.72	C
17	Verwitwet	-.51	.35	-.15	.60	
18	Gesundheitliche Probleme: Atmung	-.37	.24	-.13	.42	

(Fortsetzung:)

Tabelle 8.4 (Fortsetzung)

Nr.	Inhalt	Ursprüngliche Koordinaten (Matrix K) I	II	Transformierte Koordinaten (Matrix K') I	II	Variablengruppe
19	Gesundheitliche Probleme: Kreislauf	-.20	.16	-.05	.25	
20	Gesundheitliche Probleme: Gelenke	-.16	.07	-.07	.16	C
21	Gesundheitl. Probleme: Durchblutung	-.15	.04	-.09	.13	
22	Verheiratet	-.23	.13	-.09	.25	
23	Übergewicht	-.30	-.02	-.24	.18	D
24	Hausfrau	-.28	.03	-.19	.20	
25	»Arbeiterschicht«, »untere Mittelschicht« (Selbsteinschätzung)	-.52	-.50	-.72	-.04	
26	Schulabschluß des Partners: Hauptschule	-.40	-.30	-.49	-.03	
27	Arbeitssituation: Schmutzarbeit	-.30	-.55	-.59	-.22	
28	Arbeitssituation: Handarbeit	-.25	-.48	-.50	-.20	
29	Arbeitssituation: schlechte Luft	-.20	-.47	-.46	-.23	
30	Berufstätigkeit: handwerkliche Berufe	-.20	-.45	-.45	-.21	
31	Arbeitssituation: körperlich anstrengende Arbeit	-.22	-.40	-.43	-.16	E
32	Arbeitssituation: Arbeit an Maschinen	-.11	-.40	-.35	-.23	
33	Arbeitssituation: Lärm	-.15	-.23	-.27	-.08	
34	Arbeitssituation: Unfallrisiko	-.07	-.19	-.18	-.10	
35	Arbeitssituation: untergeordnete Position	-.12	-.21	-.23	-.08	
36	Niedrige Berufsgruppen	-.15	-.29	-.30	-.12	
37	Schulabschluß des Vaters	-.16	-.25	-.28	-.08	
38	Dialekt	-.13	-.20	-.23	-.07	
39	Kinderlose Paare	.24	-.32	-.03	-.40	
40	Wohngemeinschaft	.66	-.50	.17	-.81	F
41	Ledig	.71	.50	-.22	-.84	
42	in Ausbildung	1.12	-.45	.56	-1.1	
43	Alleinlebend nach Ablösung von den Eltern	.60	-.18	.33	-.53	H
44	Arbeitssituation: Arbeit am Bildschirm	.21	.00	.16	-.13	

(Fortsetzung:)

Tabelle 8.4 (Fortsetzung)

Nr.	Inhalt	Ursprüngliche Koordinaten (Matrix K) I	II	Transformierte Koordinaten (Matrix K') I	II	Variablengruppe
U	Unterhaltungsmilieu	-.01	-.45	-.30	-.33	
S	Selbstverwirklichungsmilieu	.55	-.17	.31	-.48	Soziale Milieus
H	Harmoniemilieu	-.50	-.15	-.48	.21	
I	Integrationsmilieu	-.17	.28	.05	.32	
N	Niveaumilieu	.11	.48	.39	.29	
a	Alter	-.29	.32	.00	.43	Evidente und signifikante Zeichen
b	Bildung	.32	.26	.42	.00	

Transformationsmatrix T: .758   -.652
                            .652   .758

Es gilt: K x T = K'

wobei   K = Matrix der ursprünglichen Koordinaten (s.o.)
         T = Transformationsmatrix
         K' = Matrix der Koordinaten, die der obigen grafischen Darstellung zugrunde liegen

Inertia der unrotierten Dimensionen:

   Dimension I: 47,48 %
   Dimension II: 42,25 %
                   89,73 %

Tabelle 8.5   Polaritätentableau

Die dargestellten Wirklichkeitsschichten sind nun in einer polaren Interpretation zusammenzuführen. Anhand des oben entwickelten Feldrasters werden die Inhalte der verschiedenen Korrespondenzanalysen in den Tabellen 8.1 - 8.4 eingesammelt und zu Komplexen gebündelt. Es ergibt sich eine Konfiguration von acht Komplexen, in der acht Polaritäten angelegt sind: zwei Hauptpolaritäten, vier Parallelpolaritäten, zwei Doppelpolaritäten (zur Terminologie vgl. Anhang B.2). Wir stoßen auf folgende Anordnung von Inhalten:

Feld H	Feld A	Feld B
Jazz Ost-West/»taz«/Stadtmagazin/Kulturzirkus/Selbsterfahrungsgruppen/psychologisches Interesse/Stiltypus des Selbstverwirklichungsmilieus/ (Hochkultur- und Spannungsschema; Distanz zum Trivialschema)/psychosoziale Hyperdimension »Vertrauen«/in Ausbildung/alleinlebend nach Ablösung vom Elternhaus/ Arbeit am Bildschirm	Kunsthalle/Lektüre von überregionalen Tageszeitungen/Zeit/ Spiegel/Sprachen lernen/Lektüre von »gehobener Literatur«/etwas schreiben/moderne E-Musik/ein Buch lesen/Fortbildung/Bücher über gesellschaftliche und politische Probleme/öffentliches Interesse/Reflexivität/Dominanzstreben/Selbstzurechnung zur »oberen Mittelschicht« oder »Oberschicht«/Hochsprache/ pflegende, helfende, pädagogische Berufe/gehobener Schulabschluß (auch bei Partner und Eltern)/Kopfarbeit	Internationale Orgelwoche/ Theater im Fernsehen/Stadtmuseum/Oper/klassische Musik/Germanisches Museum/ Kulturteil der Tageszeitung/ Stiltypus des Niveaumilieus (Hochkulturschema; Distanz zu Trivial- und Spannungsschema)/gehobene Berufsgruppen/gehobener Wohnkomfort
Feld G		Feld C

Disco/Rockfestival/Reggae/ Kino/Pop- und Rockmusik/ Nachtlokale/Soul/Sportorientierung/Identifikation mit Grünen, Alternativbewegung, Friedensbewegung/Offenheit/ Suche nach Abwechslung/kinderlose Paare/Wohngemeinschaft/ ledig	Hauptpolaritäten: A-E
	                                G-C
	Parallelpolaritäten
	zu Dimension I: H-F
	                                B-D
	Parallelpolaritäten
	zu Dimension II: H-B
	                                F-D
	Doppelpolaritäten: H-D
	                                F-B
		Gartenarbeiten/Verkehrsmuseum/zu Hause bleiben/ Spazierengehen in der Wohnumgebung/Volkslieder/lokale Sendungen im Fernsehen/politische Diskussionen im Fernsehen/Stiltypus des Integrationsmilieus (Hochkultur- und Trivialschema; Distanz zum Spannungsschema)/Identifikation mit CDU-CSU/nacheheliche Phase/in Rente, Pension/ verwitwet/gesundheitliche Probleme: Herz, Kreislauf, Durchblutung, Gelenke/verheiratet

Feld F	Feld E	Feld D
amerikanische Krimis/flippern, Automatenspiele/Science-fiction/ Video sehen/Zeichentrickfilme/ Zigaretten rauchen/Norisringrennen/Stiltypus des Unterhaltungsmilieus (Spannungsschema; Distanz zu Hochkultur- und Trivialschema	Goldenes Blatt, Frau im Spiegel u.ä./Bildzeitung/Abendzeitung/ Sportzeitschriften/Auto oder Motorrad pflegen/Selbstzurechnung zur »Arbeiterschicht« oder »unteren Mittelschicht«/niedriger Schulabschluß (auch von Partner und Eltern)/Arbeitssituation: Schmutzarbeit, Handarbeit, schlechte Luft, Maschinenarbeit, körperlich anstrengende Arbeit, Unfallrisiko/ untergeordnete Position/ niedrige Berufsgruppen/Dialekt	Heimatfilme/Volkstheater/ Blasmusik/Bayerische Volksmusik/Fernsehshows, Quiz/ deutsche Schlager/Werbung/ saubermachen/etwas Gutes kochen/leichte Unterhaltungsmusik/Trivialliteratur/Sachen in Ordnung bringen/Stiltypus des Harmoniemilieus (Trivialschema; Distanz zum Hochkulturschema)/Fatalismus/Rigidität/Anomie/politische Unterordnung/Übergewicht

Polaritätentableau

Kommentare zum Polaritätentableau

1. Anleitung zum Lesen des Polaritätentableaus: Es ist wichtig, sich vor Augen zu halten, daß sich die Eintragungen im Polaritätentableau nicht auf Variablen insgesamt beziehen, sondern nur auf einzelne Ausprägungen oder Gruppen von Ausprägungen. Statt »Schulbildung« finden wir beispielsweise »mittlere Reife oder Abitur« auf der einen und »Hauptschule« auf der anderen Seite. Milieuunterschiede konkretisieren sich als relative Häufigkeiten oder Seltenheiten bestimmter Sachverhalte. Variablen bezeichnen jedoch immer Sachverhalts*klassen*, etwa die Gesamtheit von Bildungsabschlüssen. In den Daten manifestieren sich Sachverhaltsklassen, im Polaritätentableau dagegen finden wir immer nur einzelne Sachverhalte oder Teilmengen übergeordneter Sachverhaltsklassen.

Erst wenn man die Inhalte komplementärer Felder zugleich berücksichtigt, wird das Spektrum vollständig. Stoßen wir beispielsweise im Komplex D auf das Stichwort »Rigidität«, so ist nicht die ganze Sachverhaltsklasse der Rigiditätsskala (einschließlich geringer Ausprägungen von Rigidität) gemeint, sondern nur relativ hohe Rigidität. Im komplementären Feld H, zu dem man über den Nullpunkt gelangt, finden wir keinen expliziten Hinweis auf Rigidität, sondern müssen in Gedanken hinzusetzen: »relativ niedrige Rigidität«. Jedes Feld enthält *implizit* auch die Komplemente zu den Eintragungen des Komplementärfeldes. Steht im Komplementärfeld beispielsweise »Heimatfilme« (gemeint ist: »Präferenz für Heimatfilme«), so ist im Ausgangsfeld zu ergänzen: »Abneigung gegen Heimatfilme« (vgl. die Felder H und D. Sachverhalte gelten als komplementär, wenn sie sich zu vollständigen Sachverhaltsklassen (Variablen) zusammenfügen lassen (im Beispiel: Präferenz für und Abneigung gegen Heimatfilme bilden zusammen die Variable »Einstellung zu Heimatfilmen«). Felder gelten als komplementär, wenn sie einander gegenüberliegen. Dies ist bei folgenden Feldpaaren der Fall: A-E, B-F, C-G und D-H.

2. Inhaltsbezogene Kommentare: Betrachten wir zunächst die beiden Hauptpolaritäten im soeben präsentierten Tableau. Bestimmend für die erste Hauptpolarität (mittlere Spalte; Gegensatz der Komplexe A und E) ist die Dimension der kognitiven Differenziertheit, weiter oben expliziert als Ausmaß der Vernetzung von Informationen, mit den entgegengesetzten Ausprägungen von Einfachheit und Komplexität. Einfache Existenzformen sind verbunden mit der Erfahrung von Entlastung (psychische Komponente) und Unmittelbarkeit (physische Komponente), komplexe Existenzformen mit der Erfahrung von Kontrolle (psychische Komponente) und Konzentration (physische Komponente). In der zweiten Hauptpolarität (mittlere Zeile; Gegensatz der Komplexe G und C) herrscht die Dimension der Reguliertheit, expliziert als Mischungsverhältnis von Vorgaben und Eigensinn. Erkennbar wird Reguliertheit im Spannungsverhältnis von Ordnung und Spontaneität. Charakteristisch für das Erlebnis von Ordnung ist eine Kombination von Sicherheit (kognitive Komponente) und Standardisierung (physische Komponente). Im Erlebnis von Spontaneität verbinden sich Ich-Bestimmtheit (kognitive Komponente) und Ausagieren (physische Komponente). In Abschnitt 7.2 wurde ausführlich dargestellt, was mit diesen Begriffen gemeint ist.

Beide Hauptpolaritäten wiederholen sich zweifach in den Parallelpolaritäten. In der senkrechten Dimension begegnet uns der Gegensatz von Einfachheit und Komplexität: links (Gegensatz der Komplexe H und F) als spontane Variante, rechts (Gegensatz der Komplexe B und D) als geordnete Variante. In der waagerechten Dimension ist eine obere und eine untere Parallelpolarität zu unterscheiden; die obere (Gegensatz der Komplexe H und B) reflektiert den Gegensatz von Ordnung und Spontaneität im Feld der Komplexität, die untere (Gegensatz der Komplexe F und D) wiederholt ihn im Feld der Einfachheit.

Beide Dimensionen gleichzeitig stehen hinter der Spannung der beiden Doppelpolaritäten, die sich durch die diagonalen Lesarten des Tableaus erschließen. Was gemeint ist, läßt sich gut durch das Beispiel der Musikpräferenzen illustrieren. Im Gegensatz von Jazz und Blasmusik manifestiert sich ein Konflikt von Orientierungs*kombinationen*: Spontaneität und Komplexität auf der einen Seite (Jazz), Einfachheit und Ordnung auf der anderen (Blasmusik). Die andere Doppelpolarität sei durch Beispiele für bevorzugte Formen anschauenden Erlebens verdeutlicht: Die Kombination von Komplexität und Ordnung (Germanisches Museum) steht der Kombination von Einfachheit und Spontaneität (Norisring-Rennen) gegenüber. Genau hier, in den Bereichen, die in doppelter Polarität aufeinander verweisen, sind vier der fünf in dieser Untersuchung unterschiedenen sozialen Milieus verortet. Dies kommt nicht von ungefähr, konstituieren sich soziale Milieus doch durch fundamentale Operationen der Unterscheidung. Auf der Bühne sozialer Wahrnehmung drängen sie sich in entgegengesetzte Ecken.

Unübersehbar schlagen sich die genannten Mechanismen in Polarisierungen von Persönlichkeitsmustern nieder, die sich in der Sprache der fundamentalen Semantik ausdrücken lassen. Am stärksten ist die Polarisierung der Charaktere im Verhältnis zweier Felder mit gemischten dimensionalen Zuordnungen: auf der einen Seite die Kombination von Komplexität und Spontaneität (Feld H), auf der anderen Seite die Kombination von Einfachheit und Ordnung (Feld D). Untersuchen wir die diesen Feldern zugeordneten Merkmale etwas genauer, beginnend mit politischer Unterordnung als der markantesten, am meisten zwischen den Milieus differenzierenden Variablen: Straffe politische Führung, Ruhe und Ordnung, Sehnsucht nach einer Volksgemeinschaft, Ablehnung von Kritik, Gefühl der Bedrohung durch Ausländer, nicht zu viele Freiheiten (vgl. die Einstellungen zu Homosexualität und Abtreibung, zur Strenge gegenüber Jugendlichen, zur patriarchalischen Familienstruktur). Das Leben soll einfach und geordnet sein. Punkt für Punkt läßt sich hier eine Mischung von geringer kognitiver Differenziertheit und hoher Reguliertheit nachweisen. Die Abwehr des Komplizierten, das aus Freiheit und Verschiedenartigkeit der Menschen erwächst, verbindet sich mit der Suche nach Berechenbarkeit: Gesetze, Verbote, Führung, Strenge. In noch allgemeinerer Form begegnet uns der Wunsch nach einer Kombination von Einfachheit und Ordnung in der Rigiditätskala. (»Unberechenbare Situationen machen mich meistens ziemlich nervös«; »Ich glaube, daß ein wohlgeordneter Lebensstil mit regelmäßiger Zeiteinteilung für mich das Beste ist«; »Es ärgert mich, wenn etwas Unerwartetes meinen Tagesablauf stört« usw.) Andere Skalen weisen explizit auf Ängste hin, die zur Kombination von Einfachheit und Ordnung dazugehören: Ängste vor dem Unkontrollierbaren und Undurchschaubaren. Die Fatalismusskala thematisiert die Angst vor Ereignissen, denen man nicht gewachsen ist (»Gegen die Umstände ist man oft ziemlich machtlos«), die Anomieskala die Angst vor Unübersichtlichkeit (»Die Dinge sind heute so schwierig geworden, daß man nicht mehr weiß, was los ist«), die Egoismusskala die Angst vor den anderen (»Anderen zu helfen zahlt sich oft nicht aus«). In der Skala »Vegetative Labilität« machen sich diese Ängste physisch bemerkbar. Umgekehrt bringt die Skala »Allgemeine Lebenszufriedenheit« die Tendenz zu Einfachheit und Ordnung *positiv* zum Ausdruck (»Wenn meine Lebensumstände so bleiben, wie sie zur Zeit sind, bin ich wunschlos glücklich«).

Blicken wir von diesem semantischen Feld (D) zum Gegenpol (Feld H), so sehen wir das Merkmal »Vertrauen«. Daß dieser Indikator hier auftaucht, ist statistisch gesehen keine neue Information, sondern nur eine zusätzliche Illustration der Hauptaussage (vgl. hierzu den Unterabschnitt zur komplementären Informationsergänzung weiter oben). Es handelt sich bei dieser Skala um einen übergreifenden Persönlichkeitsindikator, gebildet aus verschiedenen der teilweise schon erwähnten Einzelskalen: Fatalismus, Rigidität, paranoide Tendenzen, Egoismus, vegetative Labilität, Anomie. Deutlich wird die persönlichkeitspsychologische Frontstellung sozialer Gruppen: Auf der einen Seite die Tendenz zur Reduktion und Abschließung, auf der anderen Seite die Tendenz zum Zulassen des Vielfältigen (Komplexität) und des Unerwarteten (Spontaneität), kennzeichnend für Vertrauen.

Im semantischen Bereich der Spontaneität (Feld G) liegt die Skala »Suche nach Abwechslung«, in der die Erlebnisform des Ausagierens angesprochen wird. (»Ich habe gerne Spannung und Abwechslung in meinem Leben«; »Ich habe oft das Bedürfnis, etwas Aufregendes zu erleben«; »Mein Leben gefällt mir dann besonders gut, wenn immer etwas los ist«) Benachbart ist die Offenheitsskala - das Zugeben kleiner Sünden. (»Ich sage manchmal die Unwahrheit«; »Mitunter gebrauche ich eine Ausrede«) Dies ist ein Hinweis auf die Erlebnisform der Ich-Bestimmtheit, die sich in Opposition und Expressivität äußert (vgl. zu den genannten Erlebnisformen die Interpretation von Spontaneität in Abschnitt 7.2). Die hier verwendete Offenheitsskala mißt die Bereitschaft, kleine Abweichungen (Opposition) zuzugeben (Expressivität). Im Feld der Ordnung (Feld C) können wir uns die entgegengesetzte Ausprägung der genannten Skalen hinzudenken (geringe Suche nach Abwechslung, geringe Offenheit).

In der Wirklichkeitsschicht der *politischen Einstellungen* kommen Homologien vor allem durch Symbolisierung zustande. Identifikation mit Gruppierungen, Programmen und Personen sind ein selbstgewählter Ausdruck für die eigene Position im Raum der fundamentalen Semantik. Es paßt in die politische Landschaft der Bundesrepublik in den achtziger Jahren, daß wir im semantischen Umfeld von Spontaneität Sympathien für die Partei der Grünen, für die Alternativbewegung und für die Friedensbewegung finden. Unübersehbar ist dieses politische Spektrum mit Opposition und Expressivität assoziiert, also mit Ausdrucksformen von Spontaneität. Schon Anfang der siebziger Jahre hatte sich die semantische Kodierung der genannten politischen Kräfte in der »Spontibewegung« angekündigt. Zum Gegenpol tendiert die Sympathie für die CDU/CSU (Feld C). Nicht lokalisierbar im semantischen Raum ist die SPD - eine im Bezugsrahmen der fundamentalen Semantik der achtziger Jahre uneinschätzbare Partei. Vor dem Hintergrund der fundamentalen Semantik erscheint der politische Hauptgegensatz nicht mehr, wie zu den Zeiten der ökonomischen Semantik, als Konflikt zwischen Links und Rechts (fundamental interpretiert: zwischen mehr und weniger), sondern zwischen Unkonventionalität und Traditionsverhaftung, Unruhe und Ruhe, Spontaneität und Ordnung.

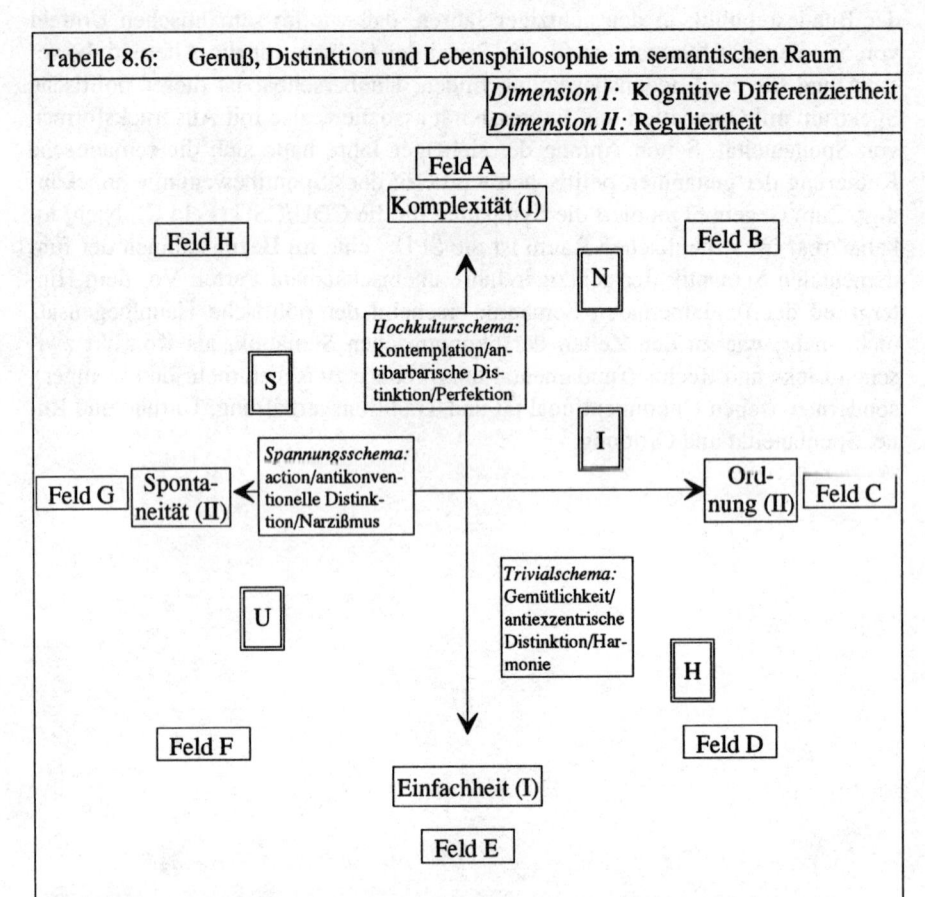

Tabelle 8.6: Genuß, Distinktion und Lebensphilosophie im semantischen Raum

Dimension I: Kognitive Differenziertheit
Dimension II: Reguliertheit

Felder (Positionen im semantischen Raum):

- Feld A — Komplexität (I) (oben)
- Feld E — Einfachheit (I) (unten)
- Feld G — Spontaneität (II) (links)
- Feld C — Ordnung (II) (rechts)
- Feld H (oben links), Feld B (oben rechts)
- Feld F (unten links), Feld D (unten rechts)

Milieupositionen (Buchstaben im Raum): N (oben Mitte), S (links oberhalb Mitte), I (rechts Mitte), U (unten links Mitte), H (unten rechts Mitte)

Schemata:

Hochkulturschema: Kontemplation/antibarbarische Distinktion/Perfektion

Spannungsschema: action/antikonventionelle Distinktion/Narzißmus

Trivialschema: Gemütlichkeit/antiexzentrische Distinktion/Harmonie

Erläuterung: Aufbauend auf den in den Tabellen 8.1 und 8.2 dargestellten empirischen Ergebnissen werden der fundamentalen Semantik interpretative Aussagen über die Bedeutungen alltagsästhetischer Schemata (vgl. hierzu das 2. und 3. Kapitel) zugeordnet (jeweils in der Reihenfolge: Genuß, Distinktion, Lebensphilosophie). Die Positionen der sozialen Milieus werden durch Buchstaben angegeben:

U = Unterhaltungsmilieu
S = Selbstverwirklichungsmilieu
H = Harmoniemilieu
I = Integrationsmilieu
N = Niveaumilieu

Zur Bedeutung der Felder vgl. Anhang B.2

Tabelle 8.7: Milieuspezifische existentielle Anschauungsweisen im semantischen Raum

Dimension I: Kognitive Differenziertheit
Dimension II: Reguliertheit

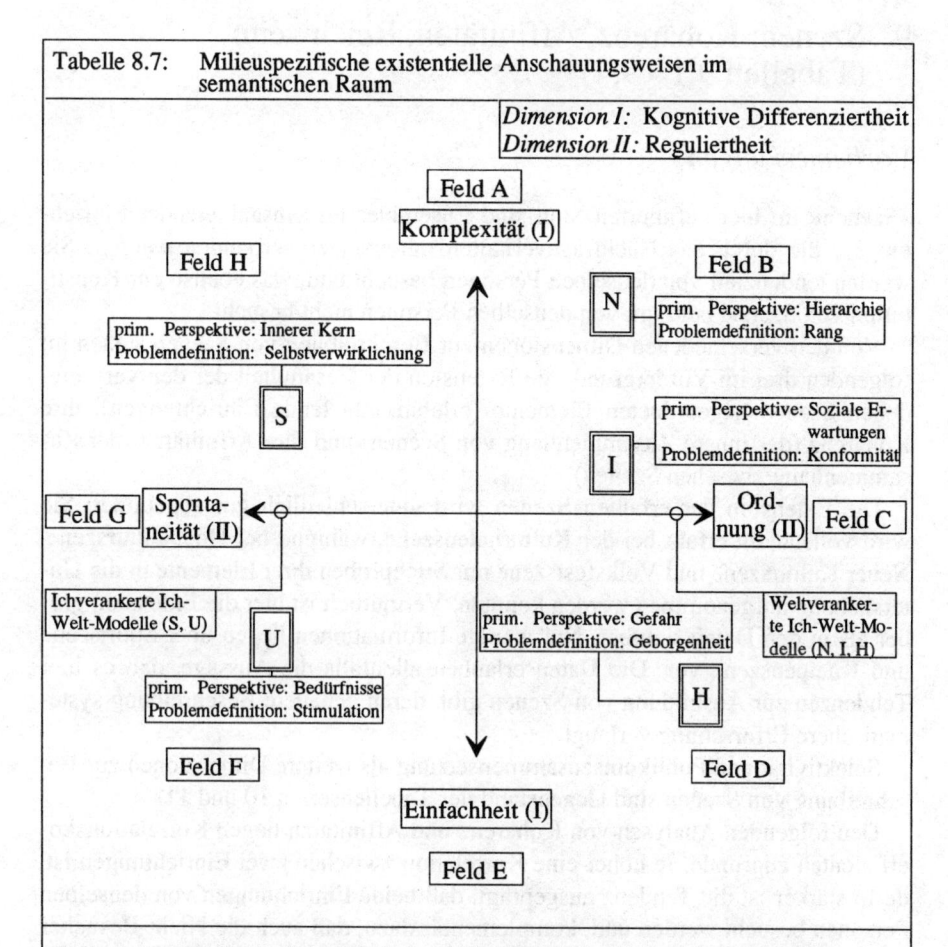

Feld A: Komplexität (I)

Feld H
- prim. Perspektive: Innerer Kern
- Problemdefinition: Selbstverwirklichung
- S

Feld B
- N
- prim. Perspektive: Hierarchie
- Problemdefinition: Rang

- I
- prim. Perspektive: Soziale Erwartungen
- Problemdefinition: Konformität

Feld G — Spontaneität (II) ← → Ordnung (II) — Feld C

Ichverankerte Ich-Welt-Modelle (S, U)

- U
- prim. Perspektive: Bedürfnisse
- Problemdefinition: Stimulation

- prim. Perspektive: Gefahr
- Problemdefinition: Geborgenheit
- H

Weltverankerte Ich-Welt-Modelle (N, I, H)

Feld F

Einfachheit (I)

Feld E

Feld D

Erläuterung: Aufbauend auf der Gesamtheit der empirischen und interpretativen Ergebnisse über Charakteristika sozialer Milieus werden den Positionen der sozialen Milieus in den Grafiken der Tabellen 8.1 bis 8.4 existentielle Anschauungsweisen zugeordnet (vgl. hierzu die Kapitel 5 und 6). Die Positionen der sozialen Milieus werden durch Buchstaben angegeben:

U = Unterhaltungsmilieu
S = Selbstverwirklichungsmilieu
H = Harmoniemilieu
I = Integrationsmilieu
N = Niveaumilieu

Zur Bedeutung der Felder vgl. Anhang B.2

9. Szenen: Kohärenz, Affinitäten, Reichweite (Tabellen 9.1 - 9.4)

Vorbemerkungen

»Szenen« im hier definierten Sinn sind Ensembles erlebnisanbietender Einrichtungen, die durch das Nachfrageverhalten miteinander verbunden werden: Sie werden tendenziell von denselben Personen besucht und, was ebenso zur Konstitution von Szenen beiträgt, von denselben Personen nicht besucht.

Von den verschiedenen Dimensionen zur Beschreibung von Szenen stehen im folgenden drei im Vordergrund: die Extension der Gesamtheit der den verschiedenen Szenen zugeordneten Elemente (erlebnisanbietende Einrichtungen), ihre Kohärenz (der innere Zusammenhang von Szenen) und ihre Affinitäten (der Zusammenhang zwischen Szenen).

Die Extension der erfaßten Szenen wird unterschiedlich gut abgebildet: Sie wird vollständig erfaßt bei der Kulturladenszene, während bei Hochkulturszene, Neuer Kulturszene und Volksfestszene nur Stichproben ihrer Elemente in die Untersuchung aufgenommen werden konnten. Vermutlich ist hier die Extension größer als in den Daten sichtbar. Nur wenige Informationen liegen über Sportszene und Kneipenszene vor. Die Daten erlauben allenfalls die Aussage, daß es hier Tendenzen zur Ausbildung von Szenen gibt, deren genauere Beschreibung systematischere Erforschung verlangt.

Selektivität und Publikumszusammensetzung als weitere Dimensionen zur Beschreibung von Szenen sind Gegenstand der Tabellenserien 10 und 11.

Den folgenden Analysen von Kohärenz und Affinitäten liegen Korrelationskoeffizienten zugrunde. Je höher eine Korrelation zwischen zwei Einrichtungen ist, desto stärker ist die Tendenz ausgeprägt, daß beide Einrichtungen von denselben Personen besucht werden und, komplementär dazu, daß auch die Nicht-Besucher der einen Einrichtung gleichzeitig die Nicht-Besucher der anderen Einrichtung sind. Einrichtungen, die untereinander eine relativ hohe Korrelation aufweisen, gehören einer Szene an, die als umso kohärenter anzusehen ist, je stärker die Korrelationen sind. Die datenanalytische Aufgabe bestand darin, in einer zunächst ungeordneten Korrelationsmatrix relativ homogene Korrelationsfelder zu entdecken. Wenn die Muster einmal erkannt sind, ist es leicht, sie durch Umgruppierung der Matrix transparent zu machen, wobei die Einrichtungen einer hypothetischen Szene jeweils en bloc anzuordnen sind.

Zunächst wird auf der Ebene der einzelnen Einrichtungen gezeigt, wie sich Szenen als Korrelationsfelder manifestieren, wobei aus Platzgründen nur die Elemente der drei mit öffentlicher Kulturförderung zusammenhängenden Szenen (Hochkulturszene, Neue Kulturszene, Kulturladenszene) erfaßt werden (Tabelle 9.1). In den darauffolgenden Tabellen kommen demgegenüber in summarischer Form alle Szenen zum Zuge, für welche die Untersuchung Anhaltspunkte geliefert hat. Sowohl in Tabelle 9.2 als auch in Tabelle 9.3 werden Kohärenz und Affinitäten von Szenen dargestellt. In Tabelle 9.2 wird die Grundinformation (Korrelationen von Besuchsindikatoren für einzelne Einrichtungen) möglichst geringen Transformationen unterworfen: Es werden durchschnittliche feldspezifische Korrelationskoeffizienten dargestellt. In Tabelle 9.3 wird Kohärenz durch Alphakoeffizienten entsprechend der klassischen Testtheorie dargestellt, die sich als Maß für die einer Anzahl von Items (Einrichtungen) zugrundeliegende Gemeinsamkeit (übergreifende Tendenzen zu Besuch oder Vermeidung) interpretieren lassen.

In Tabelle 9.4 wird der Versuch unternommen, die Reichweite von Szenen darzustellen. Dieser Versuch steht unter verschiedenen Vorbehalten: Erstens hängt die Gültigkeit der summarischen Reichweiteanalyse davon ab, daß die groben Reichweiteunterschiede zwischen Szenen sich auch dann manifestieren, wenn nicht alle Einrichtungen einer Szene erfaßt werden, sondern nur eine Auswahl (wie etwa bei der Hochkulturszene). Diese Voraussetzung ist umso eher erfüllt, je höher die Kohärenz von Szenen ist; zur Beurteilung sei in diesem Zusammenhang auf die Tabellen 9.2 und 9.3 verwiesen. Zweitens ist es problematisch, Reichweitekategorien festzusetzen, die über die verschiedenen Szenen hinweg vergleichbar sind. Insbesondere im Bereich mittlerer und starker Besuchshäufigkeiten gibt es keine Anhaltspunkte. Höhere, wenn auch nicht perfekte Vergleichbarkeit ist bei den unteren Kategorien gegeben.

Tabellen

9.1 Korrelationsfelder von Besuchsindikatoren für Hochkulturszene, Neue Kulturszene und Kulturladenszene
9.2 Durchschnittliche Korrelationen in szenenspezifischen und szenenübergreifenden Korrelationsfeldern
9.3 Alphakoeffizienten und Korrelationen summarischer Besuchsindikatoren
9.4 Reichweite von Szenen

Tabelle 9.1: Korrelationsfelder von Besuchsindikatoren für Hochkulturszene, Neue Kulturszene und Kulturladenszene

Nr.	Einrichtungen/ Veranstaltungen	Hochkulturszene						Neue Kulturszene						
		1	2	3	4	5	6	7	8	9	10	11	12	13
1	Germanisches Museum		.45	.29	.37	.38	.32	.21	.14	.19	.18	.27	.23	.23
2	Stadtmuseum	.45		.38	.30	.27	.32	.21	.20	.25	.18	.24	.23	.22
3	Internat. Orgelwoche	.29	.38		.32	.31	.50	.22	.21	.28	.21	.25	.29	.27
4	Oper	.37	.30	.32		.57	.39	.12	.11	.21	.10	.21	.17	.14
5	Schauspielhaus	.38	.27	.31	.57		.23	.25	.19	.24	.19	.34	.25	.28
6	Konzerte mit klassischer Musik	.32	.32	.50	.39	.23		.19	.15	.26	.15	.22	.24	.21
7	Gostner Hoftheater	.21	.21	.22	.12	.25	.19		.47	.45	.35	.39	.48	.48
8	Burgtheater	.14	.20	.21	.11	.19	.15	.47		.39	.46	.30	.38	.38
9	Tassilo-Theater	.19	.25	.28	.21	.24	.26	.45	.39		.35	.31	.38	.37
10	Altstadtbühne	.15	.18	.21	.10	.19	.15	.35	.46	.35		.34	.31	.33
11	Bardentreffen	.27	.24	.25	.21	.34	.22	.39	.30	.31	.34		.42	.40
12	Jazz Ost-West	.23	.23	.29	.17	.25	.24	.48	.38	.38	.31	.42		.50
13	Kulturzirkus	.23	.22	.27	.14	.28	.21	.48	.38	.37	.33	.40	.50	
14	Pop-Konzerte	.16	.09	.04	.05	.23	.19	.38	.27	.20	.24	.41	.40	.33
15	Kino	.18	.10	.00	.05	.23	.09	.34	.23	.15	.20	.32	.25	.28
16	Kulturladen Nord	.18	.18	.16	.09	.20	.11	.49	.33	.27	.28	.33	.39	.39
17	Desi	.16	.13	.11	.07	.20	.11	.56	.29	.27	.20	.33	.40	.37
18	Schloß Almoshof	.17	.16	.16	.12	.17	.13	.22	.23	.18	.20	.20	.17	.27
19	Südstadtladen	.11	.11	.08	.09	.17	.06	.33	.28	.24	.25	.25	.27	.27
20	Peter-Vischer-Zentrum	.11	.10	.07	.10	.12	.10	.21	.25	.17	.18	.21	.21	.14
21	Rothenburger Straße	.18	.16	.12	.07	.21	.10	.44	.26	.26	.28	.30	.34	.37
22	Zeltnerschloß	.11	.17	.07	.13	.12	.09	.16	.15	.13	.15	.13	.13	.19
23	Komm	.22	.14	.07	.11	.26	.08	.43	.27	.21	.23	.40	.37	.18
24	Gostenhof	.13	.10	.10	.10	.17	.10	.32	.25	.21	.19	.16	.26	.27
25	Langwasser	.17	.15	.06	.11	.11	.03	.12	.15	.04	.14	.18	.18	.17
26	Loni-Übler-Haus	.19	.19	.14	.16	.23	.15	.29	.23	.22	.21	.25	.25	.34

(Fortsetzung:)

Tabelle 9.1 (Fortsetzung)

Nr.	Einrichtungen/ Veranstaltungen	Neue Kulturszene		Kulturladenszene									
		14	15	16	17	18	19	20	21	22	23	24	25	26
1	Germanisches Museum	.16	.18	.18	.16	.17	.11	.11	.18	.11	.22	.19	.17	.19
2	Stadtmuseum	.09	.10	.18	.13	.16	.11	.10	.16	.17	.14	.10	.15	.19
3	Internat. Orgelwoche	.04	.00	.16	.11	.16	.08	.07	.12	.07	.07	.10	.06	.14
4	Oper	.05	.05	.09	.07	.12	.09	.10	.07	.13	.11	.10	.11	.16
5	Schauspielhaus	.23	.23	.20	.20	.17	.17	.12	.21	.12	.26	.17	.11	.23
6	Konzerte mit klassischer Musik	.19	.09	.11	.11	.13	.06	.10	.10	.09	.08	.10	.03	.15
7	Gostner Hoftheater	.38	.34	.49	.56	.22	.33	.21	.44	.16	.43	.32	.12	.29
8	Burgtheater	.27	.23	.33	.29	.23	.28	.25	.26	.15	.27	.25	.15	.23
9	Tassilo-Theater	.20	.15	.27	.27	.18	.24	.17	.26	.13	.21	.21	.04	.22
10	Altstadtbühne	.24	.20	.28	.20	.20	.25	.18	.28	.15	.23	.19	.14	.21
11	Bardentreffen	.41	.32	.33	.33	.20	.25	.21	.30	.13	.40	.16	.18	.25
12	Jazz Ost-West	.40	.25	.39	.40	.17	.27	.21	.34	.13	.37	.26	.18	.25
13	Kulturzirkus	.33	.28	.39	.37	.27	.27	.14	.37	.19	.18	.27	.17	.34
14	Pop-Konzerte		.52	.33	.38	.14	.23	.23	.31	.14	.50	.23	.17	.20
15	Kino	.52		.26	.33	.06	.22	.11	.29	.05	.42	.16	.15	.12
16	Kulturladen Nord	.33	.26		.64	.43	.44	.28	.52	.27	.49	.44	.20	.45
17	Desi	.38	.33	.64		.29	.46	.28	.55	.20	.57	.41	.20	.38
18	Schloß Almoshof	.14	.06	.43	.29		.27	.32	.31	.31	.22	.27	.14	.37
19	Südstadtladen	.23	.22	.44	.46	.27		.31	.44	.29	.37	.33	.16	.38
20	Peter-Vischer-Zentrum	.23	.11	.28	.28	.32	.31		.23	.25	.22	.23	.07	.26
21	Rothenburger Straße	.31	.29	.52	.55	.31	.44	.23		.27	.45	.38	.19	.37
22	Zeltnerschloß	.14	.05	.27	.20	.31	.29	.25	.27		.18	.30	.16	.37
23	Komm	.50	.42	.49	.57	.22	.37	.22	.45	.18		.28	.32	.32
24	Gostenhof	.23	.16	.44	.41	.27	.33	.23	.38	.30	.28		.13	.34
25	Langwasser	.17	.15	.20	.20	.14	.16	.07	.19	.16	.32	.13		.21
26	Loni-Übler-Haus	.20	.12	.45	.38	.37	.38	.26	.37	.37	.32	.34	.21	

Tabelle 9.2: Szenen: Kohärenz und Affinität/Durchschnittliche Korrelation in szenenspezifischen und szenenübergreifenden Korrelationsfeldern

	Hochkulturszene	Neue Kulturszene	Kulturladenszene	Kneipenszene	Sportszene	Volksfestszene
Hochkulturszene	**.36**	.19	.13	.07	.08	.09
Neue Kulturszene	.19	**.35**	.24	.20	.12	.11
Kulturladenszene	.13	.24	**.32**	.12	.06	.09
Kneipenszene	.07	.20	.12	**.28**	.24	.18
Sportszene	.08	.12	.06	.24	**.30**	.18
Volksfestszene	.09	.11	.09	.18	.18	**.34**

Erläuterung: Die Tabelle enthält durchschnittliche Korrelationskoeffizienten für Felder von Besuchsindikatoren. Hinweise auf die Kohärenz der verschiedenen Szenen sind der Hauptdiagonalen zu entnehmen, alle übrigen Felder verweisen auf die Affinität verschiedener Szenen.

Folgende Indikatoren liegen den einzelnen Feldern zugrunde:

Hochkulturszene:	Germanisches Museum, Stadtmuseum, internationale Orgelwoche, Oper, Schauspielhaus, Konzerte mit klassischer Musik.
Neue Kulturszene:	Gostner Hoftheater, Burgtheater, Tassilotheater, Altstadtbühne, Bardentreffen, Jazz Ost-West, Kulturzirkus, Pop-Konzerte, Kino.
Kulturladenszene:	Alle 11 Stadtteilzentren in Nürnberg.
Sportszene:	Heimspiele des FCN/Stadtmarathon/Norisring-Rennen/ »zu Sportveranstaltungen gehen« (Häufigkeitsfrage).
Kneipenszene:	Café oder Eisdiele/zum Essen ausgehen/Kneipe, Wirtshaus oder Weinlokal/Nachtlokal/Diskothek/»Paradies« (Travestieshow).
Volksfestszene:	Altstadtfest/Volksfestumzüge/Volksfest am Dutzendteich/Volksfeste in der Innenstadt/Stadtteilkirchweihen und Straßenfeste/Messen und Ausstellungen im Messezentrum (z.B. Konsumenta)/Trempelmarkt.

Tabelle 9.3: Szenen: Kohärenz und Affinität/Alphakoeffizienten und Korrelation summarischer Besuchsindikatoren

	Hochkulturszene	Neue Kulturszene	Kulturladenszene	Kneipenszene	Sportszene	Volksfestszene
Hochkulturszene	**.78**	.37	.22	.09	.02	.13
Neue Kulturszene	.37	**.83**	.46	.44	.15	.25
Kulturladenszene	.22	.46	**.82**	.30	.13	.23
Kneipenszene	.09	.44	.30	**.67**	.31	.33
Sportszene	.02	.15	.13	.31	**.55**	.38
Volksfestszene	.13	.25	.23	.33	.38	**.77**

Erläuterung: Statt durchschnittlicher Korrelationskoeffizienten (wie in Tabelle 9.2) werden in dieser Tabelle folgende Maßzahlen verwendet:
- in den Hauptdiagonalen Alphakoeffizienten, die sich jeweils auf die szenenspezifische Teilgruppe dichotomisierter Besuchsindikatoren beziehen, als Maß für die Kohärenz von Szenen;
- in allen übrigen Zellen Korrelationen zwischen summarischen Besuchsindikatoren, gebildet aus den szenenspezifischen Teilgruppen dichotomisierter Besuchsindikatoren, als Maß für die Affinität verschiedener Szenen.

Wenn man nur Korrelationen von größer/gleich .30 berücksichtigt, so weist die Matrix folgende Struktur von Affinitäten auf:

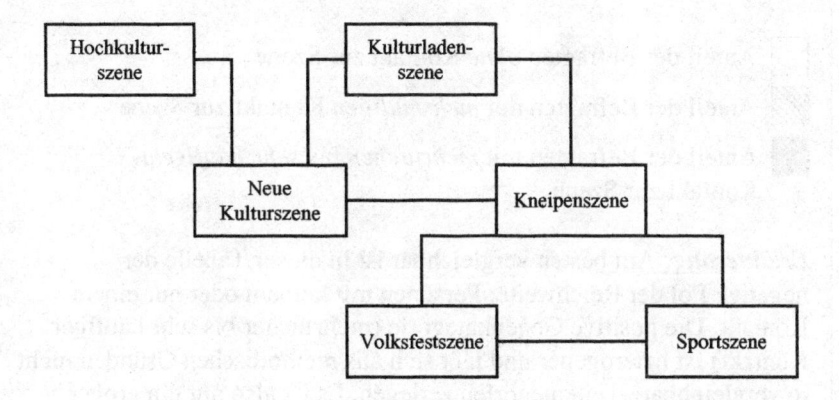

Die Erlebnisgesellschaft

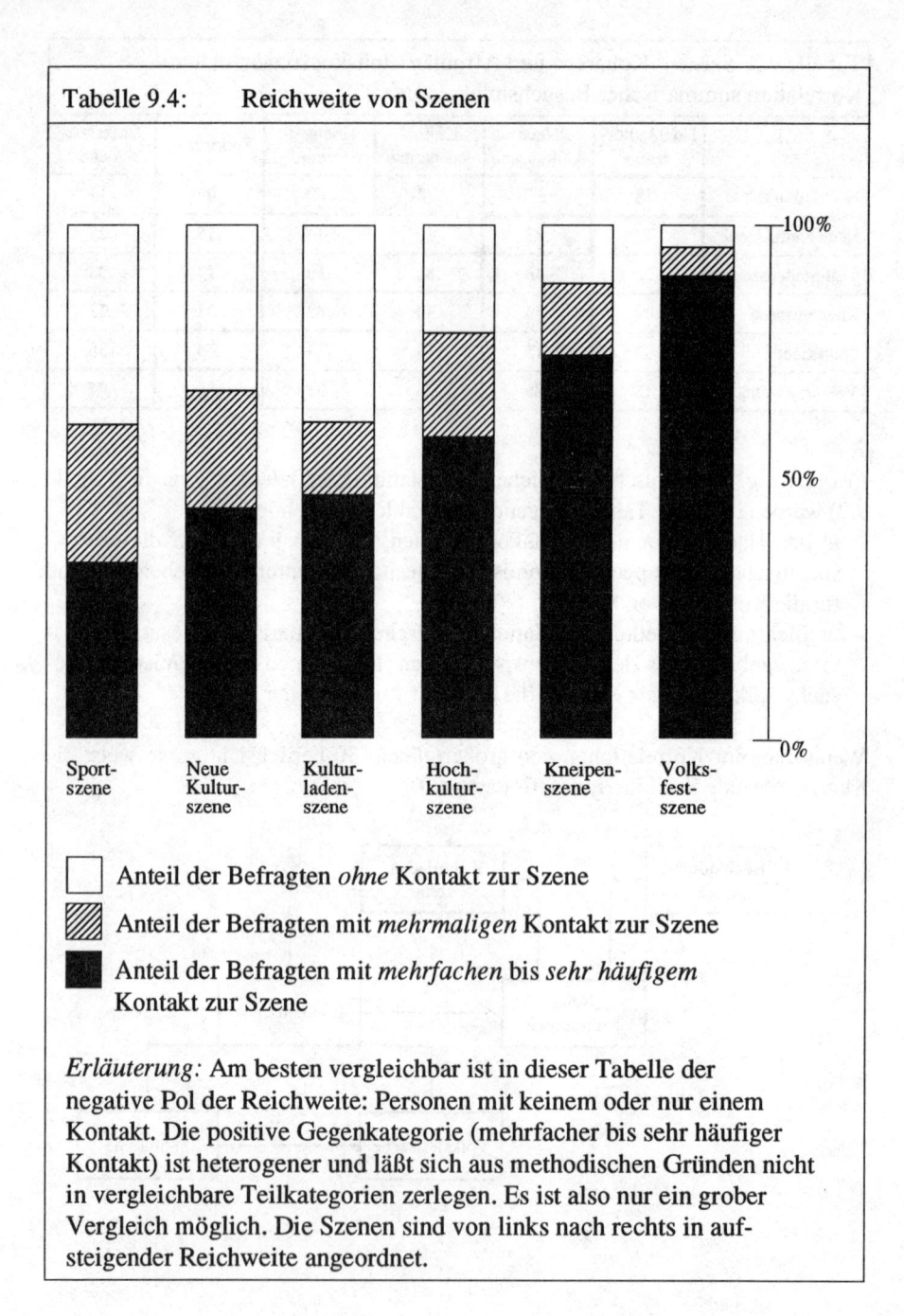

Tabelle 9.4: Reichweite von Szenen

☐ Anteil der Befragten *ohne* Kontakt zur Szene

▨ Anteil der Befragten mit *mehrmaligen* Kontakt zur Szene

■ Anteil der Befragten mit *mehrfachen* bis *sehr häufigem* Kontakt zur Szene

Erläuterung: Am besten vergleichbar ist in dieser Tabelle der negative Pol der Reichweite: Personen mit keinem oder nur einem Kontakt. Die positive Gegenkategorie (mehrfacher bis sehr häufiger Kontakt) ist heterogener und läßt sich aus methodischen Gründen nicht in vergleichbare Teilkategorien zerlegen. Es ist also nur ein grober Vergleich möglich. Die Szenen sind von links nach rechts in aufsteigender Reichweite angeordnet.

10. Szenen: Selektivität (Tabellen 10.1 - 10.3)

Vorbemerkungen

Der Begriff der Selektivität bezeichnet die statistische Beziehung zwischen dem Kontakt zu einer gegebenen Szene einerseits und einem situativen oder subjektiven Merkmal andererseits (Alter,Bildung,politische Einstellungen, alltagsästhetische Präferenzen und anderes). Je stärker diese Beziehung ist, desto höher ist die Selektivität einer gegebenen Szene im Hinblick auf ein gegebenes Merkmal. Dieser Begriff ist zu unterscheiden vom Begriff der Publikumszusammensetzung. Ob eine gegebene Selektivität auch zu einer sozial signifikanten Abweichung des wahrnehmbaren Publikums von der Normalität führt, bedarf einer gesonderten Analyse (vgl. die Tabellen der Serie 11).

Die Informationen über Selektivität sind vor allem unter zwei Gesichtspunkten interessant: 1. Auf welche Persönlichkeiten treffen szenentypische Erlebnisangebote? Wer bekommt typischerweise welche Impulse? 2. Wie verteilt sich die Partizipation oder Nichtpartizipation an Szenen über ausgewählte Teilkollektive (z.B. nach Alter und Bildung), so daß Selektivität möglicherweise zu einem Zeichen für die Zugehörigkeit zu sozialen Milieus wird?

Tabelle 10.1 bringt die Selektivität von Szenen durch Zusammenhangsmaße zum Ausdruck (Gammakoeffizienten). Den Koeffizienten liegen auf der einen Seite die Skalen für Szenenteilnahme zugrunde, auf der anderen Seite ausgewählte Merkmale, im Bezug auf welche Szenen selektiv sind. Je höher der Koeffizient, desto mehr unterscheiden sich Personen mit unterschiedlicher Ausprägung eines gegebenen Merkmals (z.B. Alter) hinsichtlich ihrer Teilnahme an einer gegebenen Szene (z.B. Neue Kulturszene). Bei senkrechter Lektüre (Szene für Szene), informiert Tabelle 10.1 darüber, welche Unterschiede zwischen Personen besonderen Einfluß auf ihre Teilnahme an Szenen haben; bei waagrechter Lektüre informiert die Tabelle über Selektivitätsunterschiede zwischen den Szenen (beispielsweise ist die Neue Kulturszene stark altersselektiv, die Hochkulturszene dagegen nicht).

Tabelle 10.2 vergleicht die milieuspezifische Selektivität von Szenen, Tabelle 10.3 die milieuspezifische Selektivität von einzelnen Stadtteilzentren (den Komponenten der Kulturladenszene).

Tabellen

10.1 Selektivität von Szenen/Ausgewählte Merkmale
10.2 Selektivität von Szenen/Soziale Milieus
10.3 Milieuspezifische Selektivität von Stadtteilzentren

Tabelle 10.1: Selektivität von Szenen/Ausgewählte Merkmale

Merkmale	Zusammenhänge der Merkmale mit der Teilnahme an Szenen (Gamma)					
	Hoch-kultur-szene	Neue Kultur-szene	Kultur-laden-szene	Knei-pen-szene	Sport-szene	Volks-fest-szene
Alter	.00	-.53	-.43	-.69	-.28	-.28
Bildung	.44	.41	.23	.18	.00	.00
Status des Haushalts	.40	.28	.00	.00	.00	.00
Musikpräferenzen: E-Musik (Skala)	-.64	-.29	.00	.00	.00	.00
Musikpräferenzen: Trivialmusik (Skala)	-.39	-.63	-.40	-.49	-.00	-.00
Musikpräferenzen: Pop, Rock, Folk (Skala)	.21	.68	.46	.70	.30	.25
Fernsehpräferenzen: intellektuelle Orientierung (Skala)	.36	.25	.00	.00	.00	.00
Fernsehpräferenzen: Harmonie (Skala)	-.35	-.52	-.34	-.31	.00	.00
Fernsehpräferenzen: action (Skala)	.00	.27	.25	.51	.34	.30
Lektüre: Sachorientierung (Skala)	.50	.63	.42	.40	.00	.00
Lektüre: »gehobene Literatur« (Skala)	.61	.58	.29	.26	.00	.00
Öffentliches Interesse (Skala)	.37	.31	.19	.00	.00	.00
Politische Identifikation: grün-alternativ (Skala)	.00	.47	.41	.34	.00	.00
Politische Unterordnung (Skala)	-.23	-.60	-.36	-.42	.00	.00

Tabelle 10.2: Selektivität von Szenen / Soziale Mileus

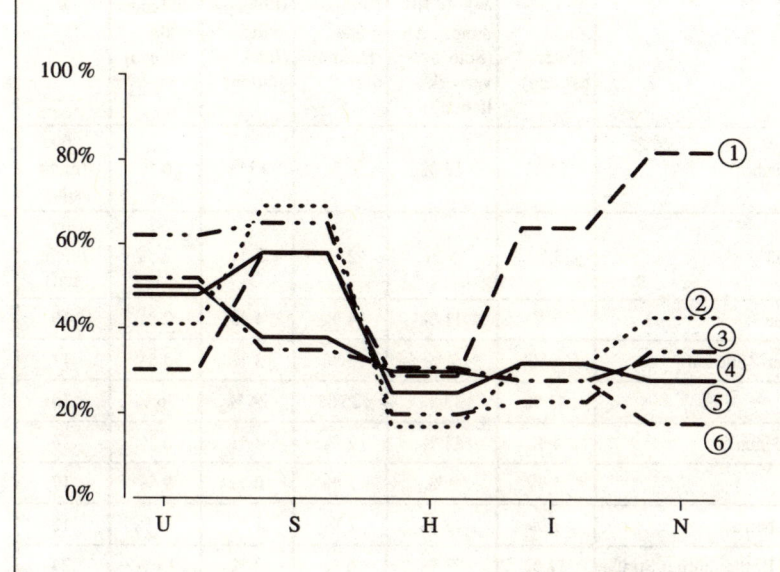

(1) Hochkulturszene (eta = .41)
(2) Neue Kulturszene (eta = .52)
(3) Kulturladenszene (eta = .36)
(4) Sportszene (eta = .18)
(5) Kneipenszene (eta = .47)
(6) Volksfestszene (eta = .26)

(U) Unterhaltungsmilieu
(S) Selbstverwirklichungsmilieu
(H) Harmoniemilieu
(I) Integrationsmilieu
(N) Niveaumilieu

Erläuterung: Es wird grafisch dargestellt, wie die Wahrscheinlichkeit des Kontakts zu einer gegebenen Szene mit dem Milieu schwankt. Unterschieden wird dabei zwischen relativ häufigem und relativ seltenem Kontakt (in der Grafik wird jeweils der Prozentsatz der Personen mit relativ häufigem Kontakt angegeben). Empirische Grundlage sind die dichotomisierten Skalen der Szenenteilnahme. Lesebeispiel: Im Niveaumilieu haben 88% der Personen relativ häufigen Kontakt zur Hochkulturszene, aber nur 15% zur Volksfestszene. Da Milieuzugehörigkeit eine Nominalskala ist, wird als Maß für Selektivität eta verwendet (nicht gamma wie in Tabelle 10.1).

Tabelle 10.3: Milieuspezifische Selektivität von Stadtteilzentren

mindestens einmaliger Besuch von:	Jüngere Personen (bis 40 Jahre) untere Bildungsgrade (Unterhaltung)	Jüngere Personen (bis 40 Jahre) mittl. u. gehob. Bildungsgrade (Selbstverwirklichung)	Ältere Personen (über 40 Jahre) untere Bildungsgrade (Harmonie)	Ältere Personen (über 40 Jahre) mittlere Bildungsgrade (Integration)	Ältere Personen (über 40 Jahre) gehobene Bildungsgrade (Niveau)	Cramer's V
Schloß Almoshof	11 %	12 %	6 %	13 %	6 %	.07 (nicht sig.)
Zeltnerschloß	3 %	5 %	2 %	3 %	2 %	.07 (nicht sig.)
Südstadtladen	5 %	11 %	4 %	4 %	2 %	.10
Peter-Vischer-Zentrum	4 %	7 %	2 %	3 %	3 %	.11
Langwasser	41 %	33 %	25 %	24 %	26 %	.14
Loni-Übler-Haus	4 %	11 %	2 %	4 %	6 %	.16
Gostenhof	5 %	9 %	2 %	0 %	9 %	.17
Kulturladen Nord	7 %	18 %	2 %	1 %	11 %	.18
Kulturladen Rothenburger Straße	11 %	23 %	6 %	2 %	13 %	.24
Resi	8 %	32 %	4 %	1 %	9 %	.26
Jugendzentrum »Komm«	36 %	57 %	10 %	17 %	27 %	.41

11. Szenen: Publikumszusammensetzung (Tabellen 11.1 - 11.6)

Vorbemerkungen

Anders als bei den vorangegangenen Selektivitätsanalysen geht es bei den folgenden Publikumsanalysen nur um eine Teilmenge der Befragten: die Besucher verschiedener Szenen. Im Vordergrund steht dabei die Frage, ob sich diese Besucher als Kollektiv von der übrigen Bevölkerung unterscheiden.

Die empirische Untersuchung dieser Frage setzt zunächst eine Abgrenzung des Publikums voraus. Hierzu wurde jeder Befragte gerechnet, der mindestens zwei Kontakte zu einer gegebenen Szene angegeben hatte.

Ein besonderes methodisches Problem ergibt sich daraus, daß die häufig vertretenen Besucher die Zusammensetzung des Publikums stärker bestimmen als die selten vertretenen. Wenn alle Kategorien von Besuchern gleich gewichtet werden, entsteht ein Verzerrungsproblem, das umso mehr ins Gewicht fällt, je stärker die Besuchshäufigkeit mit demjenigen Merkmal zusammenhängt, dessen Verteilung im Publikum gerade untersucht wird. Um dies zu vermeiden, wurde folgende Gewichtung vorgenommen: die Besucher mit der geringsten Besuchshäufigkeit wurden einfach gezählt, die mit der zweitgeringsten zweifach, die mit der drittgeringsten dreifach usw. Vergleicht man die Ergebnisse mit und ohne Gewichtung miteinander, so zeigt sich, daß durch die Gewichtung die Besonderheiten der Publikumszusammensetzung (verglichen mit der Gesamtstichprobe) deutlicher profiliert werden (allerdings sind die Abweichungen gering).

Die Analysemethode besteht in einem Vergleich von Gesamtstichprobe und Publikum hinsichtlich ausgewählter Merkmale: soziales Milieu, Alter, Bildung, subjektive Variablen. Für diese Merkmale werden bestimmte Ausprägungskategorien definiert (etwa »obere« oder »untere« Kategorie bei dichotomisierten Variablen), die zur Bildung von Untergruppen verwendet werden. In den Tabellen wird der Anteil dieser Untergruppen in der Gesamtstichprobe und im Publikum miteinander verglichen. Je mehr diese Anteile voneinander abweichen, desto spezifischer ist das Publikum hinsichtlich des jeweiligen Merkmals zusammengesetzt.

Tabellen

11.1 Hochkulturszene
11.2 Neue Kulturszene
11.3 Kulturladenszene
11.4 Kneipenszene
11.5 einzelne Stadtteilzentren
11.6 Stammbesucheranteil in Stadtteilzentren

Tabelle 11.1: Publikumszusammensetzung/Hochkulturszene

Untergruppen	Gesamtstichprobe	Publikum
Soziale Milieus		
Unterhaltungsmilieu	20 %	10 %
Selbstverwirklichungsmilieu	25 %	33 %
Harmoniemilieu	35 %	19 %
Integrationsmilieu	14 %	22 %
Niveaumilieu	6 %	16 %
(Summe)	100 %	100 %
Bildungsgruppen		
Volksschulabschluß	55 %	32 %
Mittlere Reife	26 %	32 %
Abitur	19 %	36 %
(Summe)	100 %	100 %
Ausgewählte subjektive Merkmale		
Hochkulturschema: obere Kategorie (Skala; hier reduziert um diejenigen Items, welche zur Bildung der Skala »Hochkulturszene« verwendet wurden)	50 %	83 %
Hochkulturschema: Gegenkategorie	50 %	17 %
(Summe)	100 %	100 %
Trivialschema (Skala): untere Kategorie	50 %	38 %
Trivialschema: Gegenkategorie	50 %	62 %
(Summe)	100 %	100 %
Psychosoziale Hyperdimension »Vertrauen« (Skala): obere Kategorie	44 %	55 %
Psychosoziale Hyperdimension »Vertrauen« (Skala): Gegenkategorie	56 %	45 %
(Summe)	100 %	100 %
Politische Unterordnung (Skala): untere Kategorie	45 %	64 %
Politische Unterordnung (Skala): Gegenkategorie	55 %	36 %
(Summe)	100 %	100 %

Spaltenüberschrift: Vergleich (prozentuale Anteile der Untergruppen)

Tabelle 11.2: Publikumszusammensetzung/Neue Kulturszene

Untergruppen	Vergleich (prozentuale Anteile der Untergruppen)	
	Gesamt-stichprobe	Publikum
Soziale Milieus		
Unterhaltungsmilieu	19 %	23 %
Selbstverwirklichungsmilieu	25 %	54 %
Harmoniemilieu	35 %	10 %
Integrationsmilieu	14 %	7 %
Niveaumilieu	6 %	6 %
(Summe)	100 %	100 %
Alters- und Bildungsgruppen		
bis 30 Jahre	29 %	51 %
bis 40 Jahre	46 %	73 %
Volksschulabschluß	55 %	34 %
Mittlere Reife	26 %	29 %
Abitur	19 %	37 %
(Summe)	100 %	100 %
Ausgewählte subjektive Merkmale		
Hochkulturschema (Skala): obere Kategorie	50 %	78 %
Hochkulturschema: Gegenkategorie	50 %	22 %
(Summe)	100 %	100 %
Spannungsschema (Skala; hier reduziert um diejenigen Items, welche zur Bildung der Skala »Neue Kulturszene« verwendet wurden): obere Kategorie	55 %	82 %
Spannungsschema: Gegenkategorie	45 %	18 %
(Summe)	100 %	100 %
Psychosoziale Hyperdimension »Vertrauen« (Skala): obere Kateg.	44 %	62 %
Psychosoziale Hyperdimension »Vertrauen« (Skala): Gegenkateg.	56 %	38 %
(Summe)	100 %	100 %
Politische Unterordnung (Skala): untere Kategorie	55 %	80 %
Politische Unterordnung (Skala): Gegenkategorie	45 %	20 %
(Summe)	100 %	100 %
Politische Identifikation: grün-alternativ (Skala): obere Kategorie	50 %	77 %
Politische Identifikation grün-alternativ (Skala): Gegenkategorie	50 %	23 %
(Summe)	100%	100%

Tabelle 11.3: Publikumszusammensetzung/Kulturladenszene

Untergruppen	Gesamtstichprobe	Publikum
Soziale Milieus		
Unterhaltung	19 %	24 %
Selbstverwirklichung	25 %	33 %
Harmonie	35 %	26 %
Integration	14 %	11 %
Niveau	6 %	5 %
(Summe)	100 %	100 %
Altersgruppen		
bis 30 Jahre	28 %	41 %
bis 40 Jahre	45 %	60 %
Ausgewählte subjektive Merkmale		
Hochkulturschema (Skala): obere Kategorie	50 %	60 %
Hochkulturschema (Skala): Gegenkategorie	50 %	40 %
(Summe)	100 %	100 %
Spannungsschema (Skala): obere Kategorie	55 %	69 %
Spannungsschema (Skala): Gegenkategorie	45 %	31 %
(Summe)	100 %	100 %
Politische Unterordnung (Skala): untere Kategorie	55 %	65 %
Politische Unterordnung (Skala): Gegenkategorie	45 %	35 %
(Summe)	100 %	100 %
Politische Identifikation: grün-alternativ (Skala): obere Kategorie	49 %	59 %
Politische Identifikation: grün-alternativ (Skala): Gegenkategorie	51 %	41 %
(Summe)	100 %	100 %

Die Spalte "Vergleich (prozentuale Anteile der Untergruppen)" umfasst Gesamtstichprobe und Publikum.

Tabelle 11.4: Publikumszusammensetzung/Kneipenszene

Untergruppen	Gesamt-stichprobe	Publikum
Soziale Milieus		
Unterhaltungsmilieu	19 %	30 %
Selbstverwirklichungsmilieu	25 %	43 %
Harmoniemilieu	35 %	16 %
Integrationsmilieu	14 %	8 %
Niveaumilieu	6 %	3 %
(Summe)	100 %	100 %
Altersgruppen		
bis 30 Jahre	28 %	54 %
bis 40 Jahre	46 %	75 %
Ausgewählte subjektive Merkmale		
Hochkulturschema (Skala): obere Kategorie	50 %	73 %
Hochkultuschema (Skala): Gegenkategorie	50 %	27 %
(Summe)	100 %	100 %
Trivialschema (Skala): obere Kategorie	50 %	60 %
Trivialschema (Skala): Gegenkategorie	50 %	40 %
(Summe)	100 %	100 %
Spannungsschema (Skala): obere Kategorie	55 %	88 %
Spannungsschema (Skala): Gegenkategorie	45 %	12 %
(Summe)	100 %	100 %
Psychosoziale Hyperdimension »Vertrauen« (Skala): obere Kateg.	44 %	56 %
Psychosoziale Hyperdimension »Vertrauen« (Skala): Gegenkateg.	56 %	44 %
(Summe)	100 %	100 %
Politische Unterordnung (Skala): untere Kategorie	55 %	69 %
Politische Unterordnung (Skala): Gegenkategorie	45 %	31 %
(Summe)	100 %	100 %
Soziale Milieus		
Politische Identifikation: grün-alternativ (Skala): obere Kategorie	50 %	61 %
Politische Identifikation: grün-alternativ (Skala): Gegenkategorie	50 %	39 %
(Summe)	100 %	100 %

Vergleich (prozentuale Anteile der Untergruppen)

Tabelle 11.5: Publikumszusammensetzung/Einzelne Stadtteilzentren

Stadtteilzentren	Personen unter 40 mit mittlerer Reife/Abitur (Selbstverwirklichungsmilieu)	Personen über 40 mit Volksschulbildung (Harmoniemilieu)	Personen unter 40	Personen über 40	Personen mit mittlerer Reife/Abitur	Personen mit Volksschulbildung
Desi	65 %	12 %	77 %	23 %	75 %	25 %
Kulturladen Nord	62 %	9 %	79 %	21 %	74 %	26 %
Loni-Übler-Heim	53 %	17 %	66 %	34 %	70 %	30 %
Kulturladen Rothenburger Straße	52 %	19 %	72 %	28 %	62 %	38 %
Gostenhof	51 %	13 %	73 %	27 %	64 %	36 %
Südstadtladen	49 %	23 %	67 %	33 %	60 %	40 %
Jugendzentrum »Komm«	49 %	12 %	73 %	27 %	64 %	36 %
Peter-Vischer-Zentrum	46 %	20 %	66 %	34 %	61 %	39 %
Zeltnerschloß	42 %	22 %	61 %	39 %	58 %	42 %
Schloß Almoshof	31 %	23 %	54 %	46 %	44 %	56 %
Langwasser	28 %	29 %	54 %	46 %	45 %	55 %
alle Zentren	45 %	19 %	67 %	33 %	60 %	40 %
uum Vergleich: Anteil an der Gesamtstichprobe	25 %	36 %	44 %	56 %	45 %	55 %

Tabelle 11.6: Publikumszusammensetzung/Stammbesucheranteil in Stadtteilzentren

	Ungewichteter Publikumsanteil der Stammbesucher (mehr als 10maliger Besuch)	Gewichteter Publikumsanteil der Stammbesucher (mehr als 10maliger Besuch)	Anzahl der Personen, die das Zentrum mindestens einmal besucht haben (»Publikum« ohne Gewichtung)
Südstadtladen	3 %	9 %	57
Schloß Almoshof	4 %	11 %	97
Peter-Vischer-Zentrum	12 %	33 %	41
Zeltnerschloß	9 %	34 %	32
Loni-Übler-Haus	15 %	37 %	53
Kulturladen Nord	17 %	38 %	75
Jugendzentrum »Komm«	20 %	42 %	288
Langwasser	23 %	46 %	295
Kulturladen Rothenburger Straße	21 %	49 %	115
Gostenhof	24 %	54 %	46
Desi	30 %	58 %	121
alle Jugendzentren (Besuchsfälle)	19 %	42 %	1216

Bei der Gewichtung wurde dem Umstand Rechnung getragen, daß die »Anwesenheitschance« von Personen umso höher ist, je häufiger sie ein gegebenes Zentrum besuchen. Folgende Gewichtungsfaktoren wurden eingesetzt:
einmaliger Besuch = Faktor 1
mehrmaliger Besuch = Faktor 5
mindestens 10maliger Besuch = Faktor 10

12. Raumbezug von Stadtteilzentren (Tabellen 12.1 - 12.4)

Vorbemerkungen

Im Mittelpunkt der folgenden Analysen stehen ausschließlich die 12 Kommunikationszentren in Nürnberg. Die Frage, ob diese Zentren auch als »Stadtteilzentren« bezeichnet werden können, hat mit der Gründungsintention zu tun, dezentrale Einrichtungen zu schaffen, die von der jeweiligen Quartiersbevölkerung als Kristallisationspunkt lokaler Integration genutzt werden können.

Wenn sich herausstellen sollte, daß die Quartiersbevölkerung ein Zentrum nicht besser kennt und nicht häufiger besucht als die restliche Stadtbevölkerung, so wird man wohl kaum von »Stadtteilbezug« reden können. Umgekehrt: Je deutlicher die Quartiersbevölkerung von der restlichen Stadtbevölkerung abweicht, desto eher kann ein Zentrum wirklich als eine dezentrale kulturelle Einrichtung betrachtet werden, welche in besonderem Maße die in der Nachbarschaft wohnenden Menschen anspricht.

Im folgenden wird ein Vergleich von Quartiersbevölkerung und restlicher Stadtbevölkerung nach zwei Kriterien vorgenommen: Kenntnis des Zentrums (Tabelle 12.1) und mindestens einmaliger Besuch (Tabelle 12.2). Dieser Vergleich einzelner Zentren wird durch eine summarische Analyse ergänzt, die den Stadtteilbezug der Gesamtheit der Zentren zum Ausdruck bringt (Tabelle 12.3).

Bei den Tabellen 12.1 bis 12.3 handelt es sich um Selektivitätsanalysen: Ist die quartiersspezifische Selektivität der Partizipation an Kulturzentren höher als im übrigen Stadtgebiet? Für Tabelle 12.4 gilt demgegenüber die Perspektive der Publikumsanalyse: Wie hoch ist der Anteil der Quartiersbevölkerung im Publikum?

Zu den methodischen Problemen, die bei diesen Analysen zu bewältigen waren, zählte insbesondere die Abgrenzung der Quartiersbevölkerung. Eine exakte Bestimmung dieser Kategorie konnte es in der Untersuchung schon deshalb nicht geben, weil sie auch in der Realität nicht existiert. Für die oben skizzierte Fragestellung war es jedoch ausreichend, um jedes Zentrum herum ein Nachbarschaftsareal abzugrenzen, orientiert am Gesichtspunkt der Erlebbarkeit für die Bewohner (größere Straßenzüge, architektonische Unterschiede, Grünflächen, Namen für Stadtgebiete u.a.).

Tabellen

12.1 Kenntnis von Kulturzentren
12.2 Mindestens einmaliger Besuch von Kulturzentren
12.3 Zusammenfassende Analyse der quartiersspezifischen Selektivität
12.4 Anteil der Quartiersbevölkerung am Publikum von Kulturzentren

Tabelle 12.1: Stadtteilbezug/Kenntnis von Kulturzentren

Stadtteilzentrum:	Kenntnis des jeweiligen Zentrums bei... Quartiersbewohnern (N)	sonstigen Befragten (N)	Signifikanz im 4-Felder-Chi-Quadrat-Test/ p<1 Promille (*)	Phi
Südstadtladen	12 % (88)	9 % (926)		.03
Jugendzentrum »Komm«	59 % (29)	41 % (985)		.05
Loni-Übler-Haus	23 % (53)	8 % (961)	*	.10
Kulturladen Nord	30 % (56)	12 % (958)	*	.12
Zeltnerschloß	19 % (36)	3 % (978)	*	.13
Peter-Vischer-Zentrum	17 % (81)	4 % (933)	*	.15
Desi	41 % (58)	16 % (956)	*	.16
Schloß Almoshof	55 % (20)	11 % (994)	*	.18
Kulturladen Rothenburger Straße	37 % (59)	13 % (955)	*	.19
Gostenhof	40 % (25)	7 % (989)	*	.19
Langwasser	88 % (66)	31 % (948)	*	.28

Als »Quartiersbevölkerung« gelten diejenigen Personen, die in dem um das jeweilige Zentrum herum gelegenen Stadtviertel wohnen. Die Abgrenzung der Stadtviertel erfolgte nach dem Gesichtspunkt der Erlebbarkeit für die Bewohner (größere Straßen, architektonische Unterschiede, Grünflächen, traditionelle Namen für Stadtgebiete u.ä.).

Tabelle 12.2: Stadtteilbezug/mindestens einmaliger Besuch von Kulturzentren

Stadtteilzentrum:	mindestens einmaliger Besuch des jeweiligen Zentrums bei...		Signifikanz im 4-Felder-Chi-Quadrat-Test/ p<1 Promille (*)	Phi
	Quartiersbewohnern (N)	sonstigen Befragten (N)		
Jugendzentrum »Komm«	34 % (29)	28 % (985)		.02
Südstadtladen	10 % (88)	5 % (926)		.06
Kulturladen Nord	20 % (56)	7 % (958)	*	.11
Peter-Vischer-Zentrum	12 % (81)	3 % (933)	*	.12
Loni-Übler-Haus	17 % (53)	5 % (961)	*	.12
Schloß Almoshof	40 % (20)	9 % (994)	*	.14
Zeltnerschloß	3 % (36)	17 % (978)	*	.15
Desi	28 % (58)	11 % (956)	*	.17
Kulturladen Rothenburger Straße	34 % (59)	9 % (955)	*	.20
Gostenhof	32 % (25)	4 % (989)	*	.21
Langwasser	83 % (66)	25 % (948)	*	.31

Als »Quartiersbevölkerung« gelten diejenigen Personen, die in dem um das jeweilige Zentrum herum gelegenen Stadtviertel wohnen. Die Abgrenzung der Stadtviertel erfolgte nach dem Gesichtspunkt der Erlebbarkeit für die Bewohner (größere Straßen, architektonische Unterschiede, Grünflächen, traditionelle Namen für Stadtgebiete u.ä.).

Tabelle 12.3: Stadtteilbezug/Zusammenfassende Analyse der quartiersspezifischen Selektivität (10 Stadtteilzentren ohne Jugendzentrum »Komm«)

	bei Quartiersbewohnern	bei allen übrigen Befragten	Phi
Kenntnis des Zentrums	34 %	11 %	.15
mindestens einmaliger Besuch des Zentrums	28 %	8 %	.15
mehrmaliger Besuch des Zentrums	20 %	5 %	.15
mindestens zehnmaliger Besuch des Zentrums	10 %	1 %	.14

Die Zeilen dieser Tabelle beziehen sich auf verschiedene Stufen der sozialen Nähe zu den Stadtteilzentren (von bloßer Kenntnis zu mehr als 10maligem Besuch). Jeder Zeile liegt eine Vierfeldertafel zugrunde, gebildet aus den Variablen »räumliche Nähe« und »soziale Nähe«. Die Variable »räumliche Nähe« unterscheidet zwischen Quartiersbewohnern (1) und sonstigen (0), die Variable »soziale Nähe« unterscheidet zwischen denen, die eine gegebene Stufe sozialer Nähe erreichen (1) und sonstigen (0). Es ergibt sich folgende Struktur:

		soziale Nähe zu Stadtteilzentren	
		0	1
räumliche Nähe (1=Quartiersbewohner)	0	a	b
	1	c	d

Den Prozentzahlen in der Tabelle liegen drei Schritte zugrunde: 1. Schritt: Erstellen der Vierfeldertafeln für alle 10 Zentren bei einer gegebenen Stufe sozialer Nähe. 2. Schritt: Addition der dabei resultierenden 10 Tabellen zu einer zusammenfassenden Vierfeldertafel. 3. Schritt: Errechnen der Prozentsätze: linke Spalte: p = d(100)/c+d; rechte Spalte: p = b(100)/a+b. Wegen der extrem schiefen Randverteilungen (c + d beläuft sich jeweils nur auf etwa 5%) sind die Phi-Koeffizienten »klein«.

Als »Quartiersbevölkerung« gelten diejenigen Personen, die in dem um das jeweilige Zentrum herum gelegenen Stadtviertel wohnen. Die Abgrenzung der Stadtviertel erfolgte nach dem Gesichtspunkt der Erlebbarkeit für die Bewohner (größere Straßen, architektonische Unterschiede, Grünflächen, traditionelle Namen für Stadtgebiete u.ä.).

Tabelle 12.4: Stadtteilbezug/Anteil der Quartiersbevölkerung am Publikum von Kulturzentren

Stadtteilzentrum	Anteil der Quartiersbevölkerung am Publikum (ohne Gewichtung)	Anteil der Quartiersbevölkerung am Publikum (mit Gewichtung)	Anteil der Quartiersbevölkerung an der Gesamtstichprobe	Anzahl der Personen, die das Zentrum mindestens einmal besucht haben (»Publikum« ohne Gewichtung)
Jugendzentrum »Komm«	4 %	5 %	3 %	288
Schloß Almoshof	8 %	9 %	2 %	97
Desi	13 %	16 %	6 %	121
Kulturladen Rothenburger Straße	14 %	17 %	6 %	115
Kulturladen Nord	15 %	11 %	5 %	75
Südstadtladen	16 %	22 %	9 %	57
Gostenhof	17 %	16 %	2 %	46
Loni-Übler-Haus	17 %	20 %	5 %	53
Zeltnerschloß	19 %	26 %	4 %	32
Langwasser	19 %	27 %	6 %	295
Peter-Vischer-Zentrum	24 %	29 %	8 %	41

Bei der Gewichtung wurde dem Umstand Rechnung getragen, daß die »Anwesenheitschance« von Personen umso höher ist, je häufiger sie ein gegebenes Zentrum besuchen. Folgende Gewichtungsfaktoren wurden eingesetzt:
einmaliger Besuch = Faktor 1
mehrmaliger Besuch = Faktor 5
mindestens 10maliger Besuch = Faktor 10

Als »Quartiersbevölkerung« gelten diejenigen Personen, die in dem um das jeweilige Zentrum herum gelegenen Stadtviertel wohnen. Die Abgrenzung der Stadtviertel erfolgte nach dem Gesichtspunkt der Erlebbarkeit für die Bewohner (größere Straßen, architektonische Unterschiede, Grünflächen, traditionelle Namen für Stadtgebiete u.ä.).

13. Historische, dimensionsanalytische und methodische Anschlußuntersuchungen

Vorbemerkungen

Im folgenden werden Ergebnisse von Untersuchungen vorgestellt, die in engem Zusammenhang mit der hier vorgelegten Arbeit entstanden sind. Die Arbeiten gliedern sich in zwei Gruppen:

1. *Sekundäranalysen*: Anhand von Datensätzen, die über den Zeitraum von Anfang der 50er Jahre bis zur Gegenwart streuen, haben Müller-Schneider und Salomon die Entwicklung der gegenwärtigen Milieustruktur untersucht. Sie können zeigen, wie die oben dargestellte Milieukonfiguration über die Jahrzehnte hinweg an Profil gewonnen hat (Tabellen 13.1 und 13.2). Darüber hinaus demonstriert Müller-Schneider die historische Entwicklung des dimensionalen Raumes der Alltagsästhetik (Tabelle 13.3). Knauer untersucht die Reproduzierbarkeit des dimensionalen Raums alltagsästhetischer Schemata mit den Daten der Wohnweltstudie (Tabelle 13.4).

2. *Methodische Begleituntersuchungen*: Alle Arbeiten dieser Gruppe beschäftigen sich mit der Resistenz von Aussagen gegenüber Defekten und Verzerrungen des Forschungsvorganges, auf dem die Aussagen beruhen. In einer Untersuchung von Verweigerern geht Schwarz der Frage nach, wie stark sich Stichprobenausfälle auf die Ergebnisse ausgewirkt haben (Tabelle 13.5). Müller-Schneider untersucht, ob das gewählte Skalierungsverfahren die Ergebnisse in theoretisch relevanter Weise beeinflußt; hierzu vergleicht er am selben Datensatz die Skalierungstechniken nach klassischer Testtheorie, Mokken und Rasch (Tabelle 13.6). Meinberg untersucht das Vorkommen und die Effekte inhaltsunabhängiger Antworttendenzen (Tabelle 13.7).

Tabellen

13.1 Milieukristallisation am Beispiel alltagsästhetischer Schemata (1953 - 1987)
13.2 Milieukristallisation am Beispiel politischer Einstellungen (1955 - 1988)
13.3 Entfaltung alltagsästhetischer Schemata (1953 - 1987)
13.4 Schematisierung und Milieusegmentierung von Wohnwelten
13.5 Die Auswirkung von Ausfällen
13.6 Vergleich von Skalierungsverfahren
13.7 Verzerrung durch inhaltsunabhängige Antworttendenzen

> Tabelle 13.1: Milieukristallisation am Beispiel alltagsästhetischer Schemata
> (1953 - 1987)

»Milieukristallisation« meint das immer deutlichere Hervortreten sozialer Großgruppen im Zeitablauf. Der Nachweis von Milieukristallisation setzt logisch ein Milieumodell voraus. Wendet man ein solches Modell zu verschiedenen Zeitpunkten auf ein Kollektiv an, so muß sich die behauptete Kristallisation im Zeitvergleich zeigen. Bei den im folgenden dargestellten Ergebnissen arbeitet Müller-Schneider (1992) mit dem weiter oben entwickelten Modell von fünf Milieus, die durch Zeichenkonfigurationen von Alter, Bildung und Stil sozial evident werden. Er vergleicht die Bundesrepublik zu drei Zeitpunkten: 1953-54/1976/1987. Sekundäranalytisch untersucht er die Profilierung von persönlichen Stilen in jeweils fünf identisch abgegrenzten Alters-Bildungs-Gruppen (zur Grenzziehung vergleiche Abschnitt 6.1). Es zeigt sich eine historisch zunehmende Unterschiedlichkeit von Stilen zwischen und Homogenität von Stilen in den Gruppen.

Als statistisches Verfahren wird die Korrespondenzanalyse eingesetzt (zur theoretischen Begründung vergleiche Abschnitt 7.3, zur speziellen Variante des Verfahrens Anhang B.1). Stile werden durch intertemporal vergleichbare Indikatoren für die drei alltagsästhetischen Schemata (Hochkulturschema, Trivialschema, Spannungsschema) repräsentiert. Im Rahmen der Korrespondenzanalyse gilt: Je mehr sich die gruppenspezifischen Verteilungsprofile solcher Indikatoren unterscheiden, desto weiter liegen die Positionen der Gruppen im semantischen Raum auseinander. Die folgende Abbildung zeigt, daß das Positionsmuster der fünf Milieus von Zeitpunkt zu Zeitpunkt einen weiteren Raum umschließt (entsprechend der Interpretation in den Abschnitten 7.2 und 7.3 wurde ein zweidimensionaler Raum gewählt). Daraus läßt sich auf eine Zunahme der Deutlichkeit der im Modell unterstellten Milieustruktur schließen.

Anhang D: Kommentierte Tabellen 721

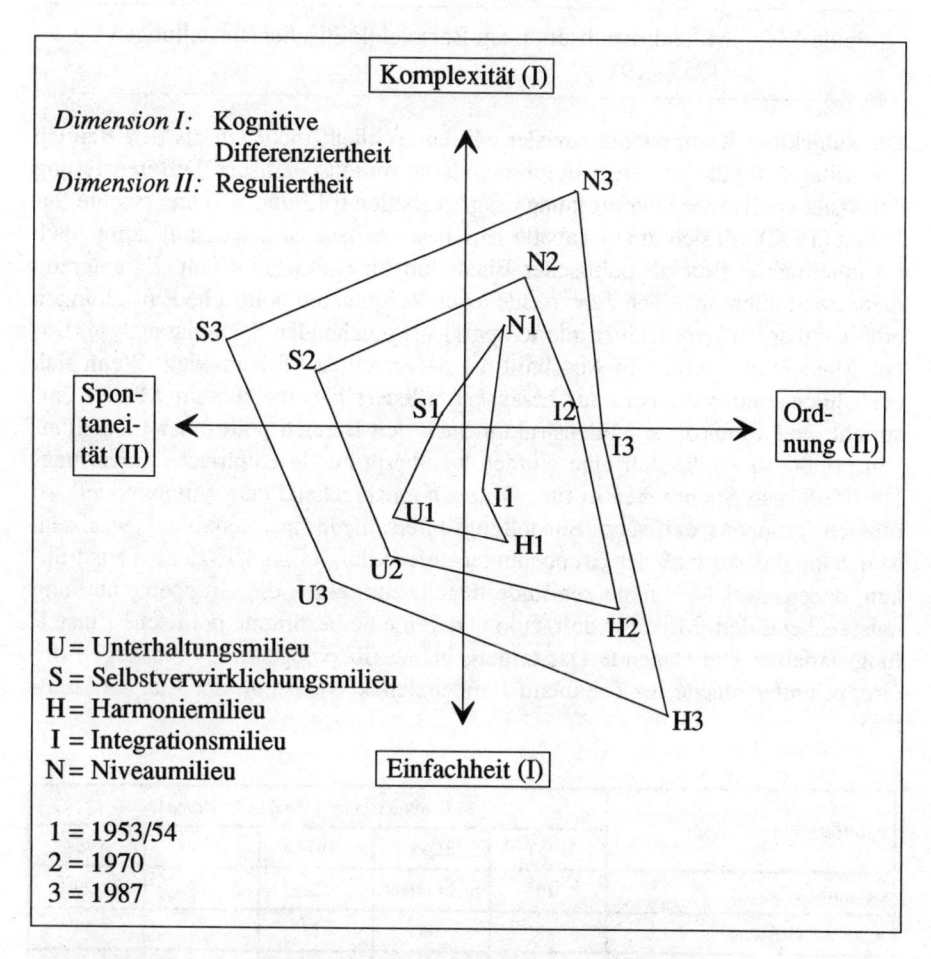

```
                        Komplexität (I)
Dimension I:  Kognitive
              Differenziertheit
Dimension II: Reguliertheit              N3

                                      N2
              S3              N1
                 S2
Spon-                  S1       I2                Ord-
tanei-  ←                          I3      →      nung (II)
tät (II)
                        U1   I1
                         U2    H1
                  U3
                                    H2
U = Unterhaltungsmilieu
S = Selbstverwirklichungsmilieu
H = Harmoniemilieu                       H3
I = Integrationsmilieu
N = Niveaumilieu         Einfachheit (I)

1 = 1953/54
2 = 1970
3 = 1987
```

Hinsichtlich der Stilindikatoren vgl. die Angaben in Tabelle 13.3.

Entsprechende Ergebnisse präsentiert Müller-Schneider hinsichtlich einkommensdefinierter Großgruppen. Hier verläuft die Entwicklung umgekehrt: Der Kristallisation der neuen Milieustruktur korrespondiert das Verblassen der ökonomischen Milieustruktur.

Tabelle 13.2: Milieukristallisation am Beispiel politischer Einstellungen
(1955 - 1988)

Die subjektive Komponente sozialer Milieus schließt mehr ein als den Bereich der Alltagsästhetik. Angeregt durch die starke milieuspezifische Differenzierung der Skala »politische Unterordnung« (vgl. Tabellen 6.13 und 8.3) untersuchte Salomon (1992), ob sich die in Tabelle 13.1 beschriebene Milieukristallisation auch im inhaltlichen Bereich politischer Einstellungen nachweisen läßt. Er unterzog mehrere Studien, in denen zu verschiedenen Zeitpunkten politische Einstellungen erhoben worden waren, einer intertemporal vergleichenden Sekundäranalyse. Dabei arbeitete er mit dem in Abschnitt 6.1 dargestellten Milieumodell. Wenn sich tatsächlich eine Milieustruktur herauskristallisiert hat, die diesem Modell entspricht, und wenn diese Milieustruktur auch den Bereich politischer Einstellungen erfaßt, so ergibt sich eine einfach zu überprüfende empirische Erwartung: Unterteilt man Stichproben in fünf Gruppen entsprechend dem Milieumodell, so müssen gruppenspezifische Einstellungsunterschiede im Zeitablauf wachsen. Man kann das Ausmaß der Gruppenunterschiede durch Etakoeffizienten ausdrücken, denen zwei Merkmale zugrunde liegen: zum einen die Gruppeneinteilung entsprechend dem Milieumodell, zum anderen eine bestimmte politische Einstellungsvariable. Die folgende Darstellung belegt überwiegend das Ansteigen der Gruppenunterschiede im Zeitablauf (tendenzielles Wachstum der Etakoeffizienten).

Politische Einstellungen	Milieuunterschiede (Etakoeffizienten)				
	1955	1965	1974	1980	1988
Gewaltbereitschaft	.10	nicht erfaßt	.22	.28	.29
Ruhe und Ordnung	.10	.06	.23	.30	.39
Freiheit des Einzelnen	nicht erfaßt	.06	nicht erfaßt	nicht erfaßt	.36
Rassismustendenz	nicht erfaßt	nicht erfaßt	.15	.22	.30
Konservative Familienwerte	.03	.10	nicht erfaßt	nicht erfaßt	.45
Politische Liberalität	nicht erfaßt	.04	.18	.12	.28
Befürwortung von Demokratie	.14	.03	.25	.24	.20

Methodisches Hauptproblem der Untersuchung von Salomon ist die Vergleichbarkeit von Items über verschiedene Zeitpunkte hinweg. Großenteils sind die Items nicht dem Wortlaut nach, sondern nur der dimensionalen Zugehörigkeit nach vergleichbar (die Zusammenstellung von Itemgruppen, für die dimensionale Vergleichbarkeit postuliert wird, führt hier zu weit; verwiesen sei auf die Dokumentation in der Untersuchung von Salomon). Die Interpretation der obigen Tabelle im Sinne einer Bestätigung der These der Milieukristallisation beruht auf der Annahme, daß Etakoeffizienten (im Gegensatz zu Prozentsätzen) robust gegen Wortlautverschiedenheit sind, wenn dimensionale Vergleichbarkeit besteht.

Zusätzliche Plausibilität erhält die Annahme der Milieukristallisation durch folgenden Befund: Trotz extensiver rechengestützter Suche konnte Salomon keine einzige als dimensional zusammengehörig interpretierbare Reihe von Items finden, der die Etakoeffizienten im Zeitvergleich abgenommen hätten.

Tabelle 13.3: Entfaltung alltagsästhetischer Schemata (1953 - 1957)

Müller-Schneider (1992) untersuchte die Entwicklung der drei im 3. Kapitel beschriebenen alltagsästhetischen Schemata in der Nachkriegsgeschichte. Wenn es richtig ist, daß sich der dimensionale Raum von Hochkultur-, Trivial- und Spannungsschema in dieser Zeit immer klarer herausgebildet hat, so muß sich dies empirisch in bestimmter Weise manifestieren: der Zusammenhang von Gruppen alltagsästhetischer Episoden, die diesen drei Schemata zuzurechnen sind, muß im Zeitablauf zunehmen. Entfaltung alltagsästhetischer Schemata bedeutet ja, daß sich im Kollektiv immer klarere Vorstellungen über Zeichengruppen herausbilden, denen gegenüber die Menschen Position beziehen (beschreibbar als Nähe oder Distanz). Statistische Konsequenz ist, daß alltagsästhetische Episoden, die Elemente einer gegebenen Zeichengruppe einschließen, immer stärker korrelieren. Für drei Zeitpunkte (1953-54/1970/1987) wählte Müller-Schneider Repräsentativstichproben aus, in denen alltagsästhetische Tendenzen erhoben worden waren. In jeder Stichprobe suchte er nach Indikatoren, die sich den drei alltagsästhetischen Schemata zuordnen ließen. Die so gebildeten Itemgruppen mußten zusätzlich über die Zeit hinweg vergleichbar sein. Wegen dieser schwer erfüllbaren Forderungen enthält das für die Sekundäranalyse zusammengestellte Material nur wenige Items pro Itemgruppe. Ein weiteres Problem ist, daß die Items teilweise nur mit Einschränkungen dem jeweiligen alltagsästhetischen Schema zuzurechnen sind. Für zwei Zeitpunkte war jeweils eines der Schemata nicht zu rekonstruieren. Obwohl die gewünschte Datenstruktur nur näherungsweise realisiert werden konnte, bestätigen die Ergebnisse deutlich die These einer historisch zunehmenden Klarheit alltagsästhetischer Schemata. Die folgende Übersicht enthält Homogenitätsmaße für Item-Gruppen, die bestimmten alltagsästhetischen Schemata zuzuordnen sind, zu drei aufeinanderfolgenden Zeitpunkten (Alphakoeffizienten). Bei jedem Schema ist, der Theorie entsprechend, eine im Zeitablauf zunehmende Homogenisierung erkennbar. Die erwähnten methodischen Probleme reduzieren zwar die absolute Höhe der Homogenitätsmaße, nicht aber ihre Relation, so daß die historische Homogenitätssteigerung sichtbar werden kann.

Alltagsästhetische Schemata	Homogenität vergleichbarer Item-Gruppen zu aufeinanderfolgenden Zeitpunkten		
	1953/54	1970	1987
Hochkulturschema	.32	nicht erfaßt	.47
Trivialschema	.38	.65	.65
Spannungsschema	nicht erfaßt	.28	.50

Die alltagsästhetischen Schemata werden durch folgende Item-Gruppen repräsentiert:

Hochkulturschema	ins Theater, Konzert gehen; ein Buch lesen; Weiterbildung
Trivialschema	Lektüre von »Das neue Blatt«; »Neue Post«; »Frau im Spiegel«
Spannungsschema	ins Kino gehen; ein Nachtlokal besuchen; jemand besuchen

Weitere Einzelheiten sowie eine kulturhistorische Interpretation des Ergebnisses bei Müller-Schneider (1992).

Tabelle 13.4: Schematisierung von Wohnwelten (Wohnweltstudie 1987)

Knauer (1991) unterzog die Daten der 1987 vom Marplan-Institut durchgeführten Wohnweltstudie einer Sekundäranalyse (die Wohnweltstudie wurde im Auftrag der Burda-GmbH durchgeführt). In dieser Untersuchung wurden die Befragten mit Bildern von Wohnungseinrichtungen konfrontiert. Aus ihren Geschmacksurteilen wurden in der Primäranalyse zunächst neun Geschmacksdimensionen gebildet. Die starken Zusammenhänge zwischen diesen Geschmacksdimensionen legten die Suche nach übergeordneten Dimensionen nahe. Dabei traten drei Hauptdimensionen zutage, die sich den drei alltagsästhetischen Schemata zuordnen lassen. Im folgenden werden zunächst die Korrelationen der ursprünglichen neun Geschmacksdimensionen und ihre Zuordnung zu den drei alltagsästhetischen Schemata angegeben:

Geschmacks-dimensionen		Korrelationen									Zuordnungen		
		1	2	3	4	5	6	7	8	9	Hoch-kultur-schema	Trivial-schema	Span-nungs-schema
1	Bürgerliche Tradition	**1.0**	**.51**	.18	.27	.23	.30	.21	.18	.16	x		
2	Nostalgie	**.51**	**1.0**	.29	.23	.14	.19	.14	.04	.11	x		
3	Rustikalität	.18	.29	**1.0**	**.61**	-.29	-.11	-.18	-.34	.17		x	
4	konventionelle Gemütlichkeit	.27	.23	**.61**	**1.0**	-.18	.13	.00	-.07	.26		x	
5	klassische Modernität	.23	.14	-.29	-.18	**1.0**	**.53**	**.22**	**.45**	.19			x
6	repräsentative Individualität	.30	.19	-.11	.13	**.53**	**1.0**	**.26**	**.41**	.30			x
7	Antikonven-tionalismus	.21	.14	-.18	.00	**.22**	**.26**	**1.0**	**.48**	.33			x
8	Avantgarde	.18	.04	-.34	-.07	**.45**	**.41**	**.48**	**1.0**	.23			x
9	legere Gemütlichkeit	.16	.11	.17	.26	.19	.30	.33	.23	1.0			

In dieser Matrix deutet sich eine dreidimensionale Struktur an. Um die überge-ordneten Dimensionen abzubilden, wurden die Items der Subdimensionen zu-sammengeführt und einer gemeinsamen Item-Analyse unterzogen.

Ästehtische Tendenz des Geschmacks (Wohnungseinrichtungen)		Homogenität (Alpha) der Geschmacks-indikatoren	Korrelationen der Geschmacksindikatoren				
			untereinander			mit dem Alter	mit der Schul-bildung
			1	2	3		
1	Hochkulturschema	.69	1.0			-.14	-.04
2	Trivialschema	.86	.20	1.0		.37	-.41
3	Spannungsschema	.86	.21	-.31	1.0	-.37	.27

Tabelle 13.5: Die Auswirkung von Ausfällen

In einer methodischen Begleitstudie untersuchte Schwarz (1987) die Auswirkung von Stichprobenausfällen durch Verweigerung auf die Ergebnisse. Seine Arbeit stützt sich auf eine Nachbefragung von 44 Verweigerern, die durch besonderen Einsatz eigens geschulter Interviewer doch noch für ein Interview gewonnen werden konnten. Wie der folgende Vergleich zeigt, finden wir bei den Verweigerern mehr ältere Personen und mehr Personen mit niedriger Bildung als bei den übrigen Befragten:

| | | Häufigkeitsverteilungen ||
		Kooperative	Verweigerer
Alter	18 - 30 Jahre	29 %	14 %
	31 - 40 Jahre	18 %	16 %
	41 - 50 Jahre	21 %	27 %
	51 - 60 Jahre	18 %	32 %
	61 und mehr Jahre	14 %	11 %
		100 %	100 %
Familienstand	verheiratet	63 %	77 %
	getrennt lebend	8 %	4 %
	verwitwet	4 %	5 %
	ledig	25 %	14 %
		100 %	100 %
Schulabschluß	Hauptschule	54 %	75 %
	Mittlere Reife	26 %	9 %
	Abitur	18 %	14 %
	noch in Schulausbildung	2 %	2 %
		100 %	100 %

Die Nachbefragung von Verweigerern eröffnete nun die Möglichkeit, Überlegungen zur Auswirkung von Stichprobenausfällen durch Verweigerung anzustellen. Die Substanz dieser Überlegungen läßt sich in vier Punkten zusammenfassen:

1. Theoretische Schlußfolgerungen beruhen meist auf der statistischen Analyse von Zusammenhängen. Deshalb ist es von besonderem Interesse, die Auswirkung von Verweigerungen auf *Korrelationskoeffizienten* zu untersuchen.

2. Man kann versuchen, durch *Gewichtung* die Stichprobe so zu korrigieren, daß sie sich derjenigen Stichprobe annähert, die sich ergeben hätte, wenn keine Verweigerungen aufgetreten wären. Hierfür sind die nachträglich befragten Verweigerer so zu gewichten, daß sich bei Multiplikation mit dem Gewichtungsfaktor die Gesamtzahl der Verweigerer ergibt (Gewichtungsfaktor bei Schwarz: 16). Diese gewichtete Teilgruppe wird mit den übrigen Fällen vereinigt.

3. Aus dem Vergleich von gewichtetem und ungewichtetem Datensatz lassen sich Aussagen über die *Richtung* von Verzerrungen ableiten. Ist beispielsweise ein Korrelationskoeffizient in der gewichteten Stichprobe deutlich höher als in der ungewichteten Stichprobe, so ist anzunehmen, daß Stichprobenausfälle durch Verweigerung bei dem betreffenden Variablenpaar zu einer Abschwächung der statistischen Manifestation des tatsächlichen Zusammenhangs führen.

4. Über die *Stärke* der Verzerrungen läßt sich allenfalls sagen, daß sie wahrscheinlich über dem beim Vergleich zutage tretenden Ausmaß liegt. Begründung: Bei den in der Nachfaßaktion befragten Verweigerern handelt es sich nicht um eine echte Zufallsstichprobe aus der Gesamtheit der Verweigerer, sondern um eine Gruppe, bei der die charakteristischen Merkmale weniger deutlich ausgeprägt sind, denn immerhin ließen sich diese Personen schließlich doch noch befragen (im Gegensatz zu den endgültigen Verweigerern).

In der folgenden Tabelle werden ungewichtete und gewichtete Stichprobe miteinander verglichen. Bei der Auswahl der Variablenpaare, auf denen die Korrelationen beruhen, wurden die Merkmale Alter und Bildung besonders berücksichtigt, da sie besondere milieutheoretische Bedeutung haben. Der Tendenz nach sind die Korrelationen in der gewichteten Stichprobe höher. Daraus läßt sich schließen: Im gegebenen theoretischen Kontext wirkt die Verzerrung infolge von Verweigerung eher theoriekritisch, da die Zusammenhänge, auf denen die Theorie beruht, in Wirklichkeit wahrscheinlich stärker sind als in den Daten.

Variablenpaar	Korrelationen Gewichteter Datensatz	Korrelationen Ungewichteter Datensatz
Alter/Spannungsschema (Skala)	-.61	-.59
Alter/Politische Unterordnung (Skala)	.43	.46
Alter/Psychologische Hyperdimension »Vertrauen« (Skala)	.30	.17
Bildung/Hochkulturschema (Skala)	.50	.48
Bildung/Politische Unterordnung (Skala)	.36	.35
Bildung/Psychologische Hyperdimension »Vertrauen« Skala)	.34	.31
Bildung/Status (haushaltsbezogen)	.42	.33
Bildung/Handarbeit-Kopfarbeit (Skala)	.39	.29

Tabelle 13.6: Vergleich von Skalierungsverfahren

Inwieweit werden die Ergebnisse durch die Wahl des Skalierungsverfahrens beeinflußt? Müller-Schneider (1989) führte einen Vergleich von Skalen durch, die nach drei verschiedenen Verfahren gebildet worden waren: nach der klassischen Testtheorie, nach Mokken und nach Rasch. Ob sich Skalierungsverfahren auf die Theoriebildung auswirken, muß sich im Vergleich von Korrelationskoeffizienten zeigen. Müller-Schneider bildete für die drei alltagsästhetischen Schemata je drei Indikatoren nach den genannten Verfahren. Diese Indikatoren wurden mit verschiedenen anderen Merkmalen (Alter, Bildung, politische Unterordnung, Vertrauen) sowie untereinander korreliert. In der Tabelle sind die Ergebnisse zusammengestellt (Gammakoeffizienten).

Bei der Interpretation der Tabelle ist der Korrelationsvergleich jeweils innerhalb von Dreiergruppen von Korrelationen durchzuführen. Ein Beispiel für eine solche Dreiergruppe ist die Korrelation der drei Indikatoren für das Hochkulturschema mit dem Bildungsgrad (.43/.51/.55). Würden sich überwiegend starke Abweichungen ergeben, so wäre zu befürchten, daß sich die Wahl des Skalierungsverfahrens auf die Theoriebildung ausgewirkt hat. Dies ist jedoch nicht der Fall. Die Korrelationsdifferenzen sind für die soziologischen Schlußfolgerungen ohne Bedeutung.

	Hochkulturschema Indikatoren*:			Trivialschema Indikatoren*:			Spannungsschema Indikatoren*:		
	1	2	3	1	2	3	1	2	3
Alter	.12	.02	-.11	.54	.50	.29	-.74	-.76	-.67
Bildung	.43	.51	.55	-.53	-.56	-.55	.27	.21	.13
Politische Unterordnung (Skala)	-.15	-.16	-.23	.46	.49	.32	-.32	-.31	-.10
Vertrauen (Skala)	.13	.14	.21	-.33	-.35	-.25	.22	.17	.13
Hochkulturschema				-.08	-.22	-.20	-.06	.06	.08
Trivialschema	-.08	-.22	-.20				-.29	-.29	-.38
Spannungsschema	.06	.06	.08	-.29	-.29	-.38			

* Indikatoren: 1 = gebildet nach klassischer Testtheorie
2 = gebildet nach Mokken
3 = gebildet nach Rasch

| Tabelle 13.7: | Verzerrung durch inhaltsunabhängige Antworttendenzen |

Bei langen Itemlisten mit identischen Antwortkategorien (vgl. Zusatzfragebogen, Anhang C.3) besteht die Gefahr, daß die Ergebnisse durch inhaltsunabhängige Antwortmuster beeinflußt werden. Meinberg (1987) untersuchte drei solcher Muster: Tendenz zu sozial erwünschten Antworten, Tendenz zur Bejahung, Tendenz zur Verneinung. Wie können solche Tendenzen die Ergebnisse verzerren? Betrachten wir zur Erläuterung zwei Variablen A und B. Wenn ein bestimmtes Antwortmuster mit beiden Variablen zusammenhängt, macht sich dies in der Korrelation zwischen A und B bemerkbar: Sie ist höher, als wenn dies nicht gegeben wäre. Unter Umständen kommt man deshalb zu falschen theoretischen Schlußfolgerungen: Man betrachtet einen durch das Forschungsverfahren erzeugten Zusammenhang als soziologische Tatsache.

Inwieweit eine gegebene Korrelation von diesem Effekt betroffen ist, läßt sich feststellen, wenn man Indikatoren für Antwortmuster zur Verfügung hat. In diesem Fall kann man die Antwortmuster aus den korrelierten Variablen »auspartialisieren«. Dabei werden die korrelierten Variablen gewissermaßen von dem Zusammenhang mit Antwortmustern gereinigt; die künstliche Erhöhung der Korrelation wird herausgerechnet.

Meinberg bildete Indikatoren für die drei genannten Antwortmuster. In der Tabelle werden theoretisch wichtige Korrelationen vor und nach dem Auspartialisieren miteinander verglichen. An der Reduktion der Koeffizienten läßt sich erkennen, daß der Effekt tatsächlich wirksam ist; allerdings sind die Differenten theoretisch bedeutungslos.

Variablenpaar	Korrelationen			
	ohne Auspartialisieren	nach Auspartialisieren der Skala »Soziale Erwünschtheit«	nach Auspartialisieren der Skala »Bejahungstendenz«	nach Auspartialisieren der Skala »Verneinungstendenz«
Alter/Trivialschema (Skala)	.38	.38	.37	.37
Alter/Spannungsschema (Skala)	-.61	-.57	-.60	-.60
Alter/Psychosoziale Hyperdimension »Vertrauen« (Skala)	.30	.30	.30	.30
Bildung/Hochkulturschema (Skala)	.50	.47	.47	.46
Bildung/Trivialschema (Skala)	-.46	-.45	-.44	-.46
Trivialschema (Skala)/ Psychosoziale Hyperdimension »Vertrauen« (Skala)	.42	.42	.36	.37

Glossar

Vorbemerkung

Im folgenden Glossar sind die wesentlichen Termini der Untersuchung zusammengestellt. Manche Begriffe, etwa »soziale Schicht« oder »soziale Ungleichheit«, sind eng an den etablierten soziologischen Sprachgebrauch angelehnt. In der Mehrzahl jedoch haben die Begriffe einen spezifisch für die Zwecke dieser Untersuchung festgesetzten Sinn, der schon deshalb von eingefahrenen Verwendungsweisen abweichen muß, weil es deren fast immer mehrere gibt, etwa bei den Begriffen »soziales Milieu« oder »Erlebnis«. Teilweise handelt es sich dabei um neuartige theoretische Konstrukte ohne eindeutige Parallelen in der bisherigen Diskussion. Zur Bezeichnung wurden jedoch bereits eingeführte Worte oder Wortkombinationen gewählt, um Assoziationen zu wecken, die ungefähr im Bereich der explizierten Bedeutung liegen: »Alltagsästhetik«, »alltagsästhetische Episode«, »alltagsästhetische Schemata«, »Genuß«, »Lebensphilosophie«, »Szenen« und anderes.

Wenn man sich die unendliche Geschichte terminologischer Auseinandersetzungen in der Sozialwissenschaft vergegenwärtigt, etwa die Debatten über die Begriffe von Kultur, Politik, Situation, Ästhetik u.a., wird man bei der Konzeption eines terminologischen Systems von der Vorahnung begriffsrealistischer Einwände befallen: Begriff X sei ja eigentlich etwas ganz anderes; die wirkliche Bedeutung von Konzept Y werde durch die Definition nicht erfaßt; Terminus Z sei falsch expliziert, sein wahrer Gehalt sei von dieser Explikation verschieden, usw. Daß die platonische Ideenlehre nur noch philosophiegeschichtliche Relevanz hat, daß die Konstitution von Bedeutungen und ihre Gleichsetzung mit Sprachzeichen durch Definition immer nur nach Zweckmäßigkeitskriterien, nicht nach dem Gesichtspunkt der Wahrheit beurteilt werden kann, ist eine wissenschaftstheoretische Trivialität, die keine Erwähnung mehr verdiente, würde sie nicht ständig mißachtet.

Wir tendieren dazu, unseren standortgebundenen sprachlichen Konstruktionen dinghaften, absoluten, zwangsläufigen Charakter zu unterstellen und zu ignorieren, daß es unendlich viele Möglichkeiten gibt, über die Realität zu sprechen. Uns bleibt nichts anderes übrig, als auszuwählen. Für die Absicherung unseres

Alltagswissens, so illusionär dieses auch immer sein mag, ist die platonische Konzeption von Sprache hilfreich, für die wissenschaftliche Auseinandersetzung dagegen nur hinderlich.

Begriffe sind nichts weiter als Programme selektiver Wahrnehmung; sie gleichen selbstgebastelten optischen Geräten, auf die wir angewiesen sind, um uns überhaupt eine Ahnung von der Wirklichkeit zu verschaffen. Läßt man triviale, gleichwohl gerechtfertige Gesichtspunkte der Begriffskritik, insbesondere Präzision und Nichtzirkularität, beiseite, bleiben zwei wesentliche Fragen terminologischer Auseinandersetzungen übrig: Ob man mit einem gegebenen Begriffsapparat *überhaupt* einen Aspekt der Wirklichkeit sehen kann, und ob es sich dabei um einen theoretisch oder praktisch *relevanten* Aspekt handelt. Bei der Entwicklung der im folgenden verwendeten Terminologie standen diese Fragen im Vordergrund, während die Frage, was das Konzept X (Ästhetik, Situation, Milieu, Alltag etc.) »eigentlich« sei, nicht etwa im Hintergrund stand, sondern gar keine Rolle spielte, weil sie sinnlos ist.

Alltäglichkeit
Alltäglichkeit ist eine kontinuierliche Variable, die durch zwei Komponenten definiert wird: (1) intersubjektiv durch die Verbreitung bestimmter Typen alltagsästhetischer Episoden im Kollektiv; (2) auf das Leben des einzelnen bezogen durch das Ausmaß persönlicher Wiederholungstendenzen. Zum Bereich der Alltagsästhetik gehören demnach solche Typen von alltagsästhetischen Episoden, die viele Menschen häufig durchleben.
(Abschnitt 2.2)

Alltagsästhetik
Strom alltagsästhetischer Episoden in sozialen Kollektiven.
(Abschnitt 2.2)

Alltagsästhetische Episode
Handlung, die sich erstens in einer Situation ereignet, in der mehrere Handlungsmöglichkeiten bestehen, die zweitens durch innenorientierte Sinngebung motiviert ist und die drittens alltäglich ist. Oft bestehen alltagsästhetische Episoden in der Aneignung von Zeichen, die das Subjekt in einer als »schön« bezeichneten Weise dekodiert. Deutungsebenen der Dekodierung im Rahmen dieser Untersuchung sind Genuß, Distinktion und Lebensphilosophie. Ein häufiger Typus alltagsästhetischer Episoden ist innenorientierter Konsum. Alltagsästhetische Episoden sind elementare Bestandteile von Stil und alltagsästhetischen Schemata.
(Abschnitt 2.2)

Alltagsästhetische Schemata
Kodierungen intersubjektiver Bedeutungen für große Gruppen ästhetischer Zeichen. Die Bedeutungen werden tendenziell von einem gegebenen Individuum auf alle Zeichen einer als zusammengehörig empfundenen Gruppe übertragen. Innerhalb von sozialen Kollektiven sorgen verschiedene Modi der Angleichung (objektiver Erlebnisreiz, Definition, Tradition) für die Intersubjektivität der Abgrenzung von Zeichengruppen und für die Verbindung von Zeichengruppen mit Bedeutungskomplexen. Im Rahmen der Untersuchung werden drei alltagsästhetische Schemata analysiert: Hochkulturschema, Trivialschema, Spannungsschema. Verschiedene alltagsästhetische Schemata bilden zusammen einen kollektiven dimensionalen Raum der Alltagsästhetik. Die Position eines Menschen gegenüber einem alltagsästhetischen Schema ist als Nähe oder Distanz zu beschreiben.
(Abschnitte 3.1, 3.2 und 3.8)

Alter
Evidentes und signifikantes Zeichen bei der Konstitution sozialer Milieus unter den Bedingungen von Erlebnisorientierung und Beziehungswahl.
(Abschnitte 4.4, 4.9 und 7.5)

Altes Muster
Typus des Aufbaus von Existenzformen, bei dem die Modi von Begrenzen, Einwirken und fremdbestimmtem Symbolisieren dominieren (vgl. Betreffen und Handeln).
(Abschnitte 1.1, 4.12 und 7.3)

Außenorientierter Konsum
Spezialfall der Außenorientierung: Handeln mit situativer (nicht psychophysischer) Zielsetzung im Rahmen von Marktbeziehungen.
(Abschnitt 9.4)

Außenorientierung
liegt immer dann vor, wenn Ziele des Handelns und semantische Kategorien situativen (nicht psychophysischen) Bezug haben. Außenorientierung ist an der intersubjektiven Definierbarkeit von Erfolg zu erkennen. Komplementärbegriff: Innenorientierung = Erlebnisorientierung. Außenorientierte und innenorientierte Sinnkomponenten können in unterschiedlichen Mischungsverhältnissen auftreten.
(Abschnitte 1.1 und 9.4)

Betreffen
Oberbegriff für die Konstitution der Beziehung zwischen Subjekt und Situation von seiten der Situation. Komplementärbegriff: Handeln. Modi: Begrenzen (Ein-

schränkung des Möglichkeitsraums), Nahelegen (Beeinflussung des Aufbaus von Dispositionen), Auslösen (Aktivierung von Dispositionen durch aktuelles Material).
(Abschnitte 1.1, 4.12 und 7.3)

Beziehungsvorgabe
Typus der Konstitution sozialer Milieus in einer Situation mit geringer regionaler Mobilität, eingeschränktem Möglichkeitsraum, Ressourcenknappheit, Vorherrschen ortsgebundener Kommunikation. Soziale Beziehungen entstehen weitgehend unabhängig von persönlichen Entscheidungen.
(Abschnitt 4.3)

Beziehungswahl
Typus der Konstitution sozialer Milieus in einer Situation mit hoher regionaler Mobilität, weitem Möglichkeitsraum, Überfluß, Verfügbarkeit überörtlicher Kommunikationsmöglichkeiten. Der Aufbau sozialer Kontakte wird subjektiv gesteuert, wobei sich die Menschen an evidenten und signifikanten Zeichen orientieren. Die Selektivität der Zeichenwahrnehmung ist abhängig vom kulturtypischen Interesse am anderen.
(Abschnitt 4.4)

Bildung
Evidentes und signifikantes Zeichen bei der Konstitution sozialer Milieus unter den Bedingungen von Erlebnisorientierung und Beziehungswahl.
(Abschnitte 4.4, 4.10 und 7.6)

Distinktion
Potentielle Bedeutungsebene des persönlichen Stils, bei der das ästhetische Zeichen als Ausdruck sozialer Unterscheidung interpretiert wird. Die Distinktion des Hochkulturschemas ist antibarbarisch, die des Trivialschemas antiexzentrisch, die des Spannungsschemas antikonventionell.
(Abschnitte 2.5, 3.5, 3.6 und 3.7)

Einfachstruktur sozialer Milieus
Typus der Milieusegmentierung, bei dem das Kollektiv nur in wenige soziale Milieus unterteilt ist, die jeweils viele Personen einschließen und viele Aspekte der Existenzformen betreffen.
(Abschnitte 4.13 und 7.8)

Enttäuschung
Nichteintreffen der eigenen Erlebniserwartungen; neben Unsicherheit eines der typischen Probleme erlebnisorientierten Lebens (insbesondere verursacht durch Verdichtung alltagsästhetischer Zeichen, Gewöhnung, Sättigung, selbsterzeugten

Erwartungsdruck). Enttäuschung und Expansion des Erlebnismarktes stehen in Wechselwirkung.
(Abschnitte 1.5, 1.6 und 2.8)

Erlebnis
Miteinander verknüpfte subjektive Prozesse (in den beiden das Subjekt konstituierenden Systemen von Körper und Bewußtsein). Oft, aber nicht notwendig, sind Erlebnisse ihrerseits mit Komponenten der Situation verknüpft. Erlebnisse sind gleichzeitig subjektbestimmt (d.h. abhängig von der singulären psychophysischen Struktur des Erlebenden) und unwillkürlich, auch wenn die Menschen Erlebnissteuerung durch Manipulation der Situation versuchen. Durch Reflexion werden Ursprungserlebnisse angeeignet und in Reflexionserlebnisse verwandelt. In beiden Erlebnisformen mischen sich singuläre und gemeinsame Komponenten. Im Alltagsleben dominiert die Eindruckstheorie des Erlebnisses, welche die Entstehung des Erlebnisses hauptsächlich im situativ gegebenen Material verankert. Angemessener ist die Verarbeitungstheorie des Erlebnisses, die den Aspekt der subjektiven Gestaltung des Materials betont. Erlebnisse sind ein Aspekt des Subjektseins. Insofern ist die Formulierung, ein Subjekt *habe* Erlebnisse, irreführend. Das Subjekt *besteht* (teilweise) in Erlebnissen.
(Abschnitt 1.1)

Erlebnisangebot
Jedes auf dem Markt angebotene Produkt, dessen Nutzen überwiegend in erlebnisbezogenen Begriffen definiert wird (schön, spannend, gemütlich, stilvoll, interessant usw.).
(Abschnitt 9.2)

Erlebnisgesellschaft
Komparativ zu verstehende Bezeichnung für eine Gesellschaft, bei der im historischen und interkulturellen Vergleich innenorientierte Lebensauffassungen eine relativ große Rolle für den Aufbau der Sozialwelt spielen. Die Charakteristika der Erlebnisgesellschaft manifestieren sich unter anderem in folgenden Aspekten: soziale Milieus, Zeichensysteme, existentielle Anschauungsweisen, Erlebnismarkt, Rationalitätstypen, fundamentale Semantik.
(Einleitung und Abschnitte 1.1, 3.3, 12.3)

Erlebnismarkt
Zusammentreffen von Erlebnisangebot und Erlebnisnachfrage.
(Abschnitt 9.2)

Erlebnisnachfrage
Verbrauch von Erlebnisangeboten (Synonym: innenorientierter Konsum). Erlebnisnachfrage ist ein Spezialfall erlebnisorientierten Handelns, der durch die

Marktbeziehung definiert ist. Gegenbegriff: außenorientierter Konsum.
(Abschnitte 1.7, 9.1 und 9.3)

Erlebnisorientierung
Situationsübergreifende Tendenz eines Menschen, sein Handeln an dem Ziel auszurichten, vorübergehende psychophysische Prozesse positiver Valenz (»schöne Erlebnisse«) bei sich selbst herbeizuführen (Synonym: Innenorientierung). Erlebnisorientierung ist ein graduelles Phänomen: Innen- und außenorientierte Sinnelemente treten in variablen Mischungsverhältnissen auf. Mit der Vermehrung der Möglichkeiten ist Erlebnisorientierung zur normalen existentiellen Problemdefinition geworden. Typische Begleitprobleme von Erlebnisorientierung sind Unsicherheit und Enttäuschung. Oft, aber nicht notwendig, entfaltet sich erlebnisorientiertes Handeln im Rahmen alltagsästhetischer Episoden. Erlebnisorientierungen sind an unterschiedlichen individuellen Erlebnispräferenzen ausgerichtet, die ihrerseits milieuspezifisch vorstrukturiert sind (Varianten der normalen existentiellen Problemdefinition).
(Abschnitte 1.1, 1.7, 4.6 und 5.4)

Erlebnisrationalität
Routinisierung der Erlebnisorientierung in Form von Ziel-Mittel-Schemata. In Erlebnisgesellschaften bilden sich Typen der Erlebnisrationalität heraus (vgl. Rationalität der Erlebnisnachfrage).
(Abschnitte 1.1, 9.1, 9.5 und 9.6)

Evidenz
bedeutet, daß Zeichen leicht wahrnehmbar sind (etwa Alter, Bildung, persönlicher Stil). Um für die Konstitution sozialer Milieus unter der Bedingung der Beziehungswahl tauglich zu sein, müssen Zeichen neben Evidenz auch Signifikanz besitzen.
(Abschnitt 4.7)

Existentielle Anschauungsweisen
Fundamentale Kategorien der subjektiven Wirklichkeitskonstruktion. In einer gegebenen Wahrnehmungssituation haben existentielle Anschauungsweisen apriorischen Charakter. Als übertragbare Ordnungsvorstellungen sichern sie die Kontinuität des Subjekts und der von ihm erfahrenen Welt. Sie lassen sich als eine hochgradig verdichtete Quintessenz subjektiver Wirklichkeitsmodelle auffassen, beschreibbar durch drei Dimensionen: normale existentielle Problemdefinition, Ich-Welt-Bezug, primäre Perspektive.
(Abschnitt 5.4)

Existenzformen
Relativ stabile und typische Verbindungen von Situation und Subjekt. Existenzformen sind milieuspezifisch verteilt. Sie entstehen aus dem Zusammenwirken von Betreffen (mit den Modi von Begrenzen, Nahelegen und Auslösen) und Handeln (mit den Modi von Einwirken, Wählen und Symbolisieren). Der Wandel von Existenzformen geht auf Relevanzverschiebungen zwischen den Modi des Betreffens und Handelns zurück (vgl. altes Muster, neues Muster).
(Abschnitte 1.1, 4.1, 4.12 und 7.3)

Fundamentale Interpretation
ist ein Verfahren der soziologischen Analyse, bei dem ein Ensemble von subjektiven Phänomenen und situativen Syndromen (alltagsästhetische Schemata, existentielle Anschauungsweisen, Konstellationen von Chancen u.a.) in Beziehung zu einer fundamentalen Semantik gesetzt wird.
(Abschnitte 5.6, 6.2 bis 6.6, 7.3)

Fundamentale Semantik
Grundlegende Kategorien, die Ähnlichkeiten und Unähnlichkeiten in verschiedenen Wirklichkeitsschichten definieren, an denen die Menschen teilhaben. Innersubjektiv dient die fundamentale Semantik als Formel für Konsistenzurteile, sozial als Formel für gruppenbezogene Unterscheidungsurteile. Wegen des Gruppenbezuges der Unterscheidungsurteile bildet sich die fundamentale Semantik in der Milieustruktur ab. Durch Orientierung an einer fundamentalen Semantik entstehen Homologien zwischen inhaltlichen Bereichen (alltagsästhetische Schemata, existentielle Anschauungsweisen, Aspekte der Lebenssituation, psychische Dispositionen, politische Einstellungen u.a.). Eine fundamentale Semantik muß vier Bedingungen erfüllen: Überschaubarkeit, Intersubjektivität, Transponierbarkeit, unmittelbare Erfahrbarkeit. Die Vermehrung der Möglichkeiten hat zum Übergang von einer außenorientierten zu einer innenorientierten Semantik geführt.
(Abschnitte 5.6 und 5.7)

Gemeinsamkeiten
sind isomorphe Verknüpfungen in und zwischen den Sphären von Bewußtsein, Körper und Situation. Verknüpfungen sind aufeinander verweisende simultan auftretende Differenzierungen. Beispiel: Alltagsästhetische Schemata als verknüpfte Differenzierungen von Situation (Zeichen), Körper (physische Genußschemata) und Bewußtsein (psychische Genußschemata, Distinktion, Lebensphilosophie). Das, was ein Subjekt mit anderen gemeinsam hat, macht jedoch nur einen Teil seiner Subjektivität aus; zum anderen Teil ist das Subjekt singulär.
(Abschnitt 1.1)

Genuß
Psychophysischer Prozeß positiver Valenz (»schönes Erlebnis«). Angestrebter Genuß ist eine konstitutive Komponente der Erlebnisorientierung. Im persönlichen Stil wird Genuß routinisiert; das ästhetische Zeichen wird durch eine eingeschliffene psychophysische Reaktion dekodiert. Genuß ist eine der drei im Rahmen dieser Untersuchung berücksichtigten Bedeutungsebenen der Stilhermeneutik. Beispiele für kollektiv eingeschliffene Genußschemata: Kontemplation (Hochkulturschema), Gemütlichkeit (Trivialschema), Action (Spannungsschema).
(Abschnitte 2.4, 3.5, 3.6 und 3.7)

Gestaltwahrnehmung
Fähigkeit zur Identifikation komplexer Typen aufgrund einfacher Zeichenkonstellationen. Durch Gestaltwahrnehmung wird einerseits Unterinformation über den anderen kompensiert (es genügen wenige Zeichen für die Wahrnehmung vielgestaltiger Typen), andererseits Überinformation durch Typisierung und De-Individualisierung des anderen reduziert.
(Abschnitt 4.5)

Handeln
Oberbegriff für die Konstitution der Beziehung zwischen Subjekt und Situation von seiten des Subjekts. Komplementärbegriff: Betreffen. Modi: Einwirken (Bearbeitung von gegebenen Komponenten der Situation), Wählen (Hinzunehmen, Wegnehmen oder Austauschen von Komponenten der Situation), Symbolisieren (*Verwendung* von Komponenten der Situation als Zeichen oder *Hinweis* auf Komponenten der Situation).
(Abschnitte 1.1, 4.12 und 7.3)

Harmoniemilieu
Soziales Milieu in der Bundesrepublik Deutschland. Evidente situative Zeichen: niedrige Bildung, über 40 Jahre. Evidente subjektive Zeichen: Es dominiert der Stiltypus von Nähe zum Trivialschema und Distanz zum Hochkulturschema. Existentielle Anschauungsweise: Weltverakerter Ich-Welt-Bezug, primäre Perspektive der Bedrohung, normale existentielle Problemdefinition des Strebens nach Geborgenheit. Korrespondenz mit anderen Untersuchungen: »traditionelles Arbeitermilieu« und »kleinbürgerliches Milieu« bei Nowak/Becker 1985; »pflichtorientierter konventionsbestimmter Arbeitnehmer«, »integrierter älterer Mensch«, »isolierter alter Mensch« bei Gluchowski 1987.
(Abschnitt 6.3)

Hochkulturschema
Dimension im gegenwärtigen Raum alltagsästhetischer Schemata. Zeichengruppe: klassische Musik, Kunstausstellungen, Theater, »gehobene Literatur« und

ähnliches. Genußschema: Kontemplation. Distinktion: antibarbarisch. Lebensphilosophie: Perfektion. Prägendes Milieu: Niveaumilieu.
(Abschnitt 3.5)

Homologie
Ähnlichkeit verschiedener Bereiche subjektiver und objektiver Wirklichkeit (alltagsästhetische Schemata, Wirklichkeitsmodelle, psychosoziale Dispositionen, Berufe, Familiensituation, Milieustruktur u.a.) im Bezug auf eine fundamentale Semantik.
(Abschnitte 5.6 und 7.3)

Ich-Welt-Bezug
Grundlegende Vorstellung über das Verhältnis von Ich und Welt. Eine Differenzierung ergibt sich aus der subjektiven Festsetzung des Gegebenen und des Variablen: (1) Ich und Welt gelten beide als gegeben, (2) beides gilt als variabel, (3) die Welt gilt als gegeben, das Ich als variabel (weltverankerter Ich-Welt-Bezug, typisch für Niveaumilieu, Integrationsmilieu, Harmoniemilieu), (4) das Ich gilt als gegeben, die Welt als variabel (ichverankerter Ich-Welt-Bezug, typisch für Selbstverwirklichungsmilieu und Unterhaltungsmilieu). Der Ich-Welt-Bezug ist eine Komponente existentieller Anschauungsweisen.
(Abschnitt 5.4)

Innenorientierter Konsum
Synonym zum Begriff der Erlebnisnachfrage. Zweck des Synonyms ist die Hervorhebung des Gegensatzes zwischen innenorientiertem und außenorientiertem Konsum.
(Abschnitt 9.4)

Innenorientierung
Synonym zum Begriff der Erlebnisorientierung. Zweck des Synonyms ist die Hervorhebung des Gegensatzes zum Begriff der Außenorientierung. Innenorientierte und außenorientierte Sinnkomponenten können in unterschiedlichen Mischungsverhältnissen auftreten. Durch innenorientierte Sinngebung unterscheiden sich alltagsästhetische Episoden (etwa in Form innenorientierten Konsums) von anderen Handlungsepisoden.
(Abschnitte 1.1, 2.2, 5.7 und 9.4)

Integrationsmilieu
Soziales Milieu in der Bundesrepublik Deutschland. Evidente situative Zeichen: mittlere Bildung, über 40 Jahre. Evidente subjektive Zeichen: Stiltypus der Kombination von Hochkulturorientierung und Trivialorientierung. Existentielle Anschauungsweise: Weltverankerter Ich-Welt-Bezug, primäre Perspektive der sozialen Erwartungen, normale existentielle Problemdefinition des Strebens nach Ge-

borgenheit. Korrespondierende Abgrenzungen in anderen Untersuchungen: »aufstiegsorientiertes Milieu« und »kleinbürgerliches Milieu« bei Nowak/Becker 1985; »aufgeschlossener integrierter Normalbürger« und »integrierter älterer Mensch« bei Gluchowski 1987.
(Abschnitt 6.4)

Kognitive Assimilation
Integration neuer Erfahrungen in bereits existierende Wissensstrukturen, so daß diese tendenziell bestätigt werden. Modi kognitiver Assimilation sind insbesondere: Selbstbestätigung, Imitation, verifizierende Kommunikation, Selektion.
(Abschnitt 5.11)

Kollektivitätsgrad
Extension der Personengesamtheit, in der eine gegebene Gemeinsamkeit verbreitet ist. Für die Zwecke dieser Untersuchung wird das Kontinuum der Kollektivitätsgrade in einige markante Intervalle unterteilt: Makro-Bereich der Gesamtgesellschaft, Meso-Bereich sozialer Milieus, Mikro-Bereich von Kleingruppen. Ein vierter Bereich, noch unterhalb des absoluten Minimums des Kollektivitätsgrades, ist singuläres Wissen. Im säkularen Wandel hat sich der Kollektivitätsgrad existentieller Wissenselemente tendenziell von der Makro-Ebene und der Mikro-Ebene wegbewegt und zu Meso-Ebene und singulärer Ebene hinbewegt.
(Abschnitte 2.9, 5.2, 5.3 und 5.13)

Kulturpolitik
Im Rahmen dieser Untersuchung geht es um denjenigen Teil der Kulturpolitik, der auf die Beeinflussung von Erlebnisangebot und Erlebnisnachfrage abzielt. Kulturpolitik orientiert sich am Rationalitätstypus der Gesellschaftspolitik, d.h. der Stabilisierung oder Veränderung bestimmter Aspekte der sozialen Wirklichkeit (Varianten sind u.a.: Hochkulturmotiv, Soziokulturmotiv, Demokratisierungsmotiv der Kulturpolitik). Dieser gesellschaftspolitische Rationalitätstypus ist in den Rahmen der Rationalität kommunalpolitischer Machtbeschaffung eingebettet. Innerhalb der Kulturpolitik verselbständigt sich der Rationalitätstypus korporativer Selbsterhaltung. Kulturpolitik macht nur einen von mehreren Akteuren im kulturpolitischen Handlungsfeld aus, wo neben Kulturpolitik und Korporationen zwei weitere Akteure auftreten: Künstler und Publikum mit ihren jeweiligen Eigenrationalitäten.
(Abschnitte 11.2 und 11.3)

Kulturpolitisches Handlungsfeld
Sozialer Bereich, in dem kulturpolitische Impulse gegeben, umgesetzt und rezipiert werden. Zu unterscheiden sind vier Klassen von Akteuren mit jeweils eige-

nen Rationalitäten: (1) Kulturpolitik (gesellschaftspolitische Rationalität), (2) Korporationen (Überlebensrationalität von Erlebnisanbietern im Einflußbereich der öffentlichen Administration), (3) Künstler (Rationalität künstlerischer Selbstdarstellung), (4) Publikum (Rationalität der Erlebnisnachfrage). Das Verhältnis der Eigenrationalitäten ist überwiegend chaotisch (im Gegensatz zu einem möglichen hierarchischen Verhältnis). Neben der Chaos-Komponente gibt es die Komponente der Übereinkunft zwischen allen vier Akteuren, Publikumswirksamkeit als Erfolgsindikator im Kontext der jeweiligen Eigenrationalitäten zu definieren.
(Abschnitte 11.3 und 11.4)

Lebensphilosophie
Potentielle Bedeutungsebene persönlichen Stils, bei der das ästhetische Zeichen als Ausdruck grundlegender Handlungsorientierungen (Wertvorstellungen, religiöse Überzeugungen, Weltbilder, Gesellschaftsmodelle, zentrale Problemdefinitionen u.a.) interpretiert wird. Wichtige Lebensphilosophien in alltagsästhetischen Schemata der Gegenwart sind: Perfektion (Hochkulturschema), Harmonie (Trivialschema), Narzißmus (Spannungsschema).
(Abschnitte 2.6, 3.5, 3.6 und 3.7)

Milieuindizierende Zeichen
Evidente Attribute von Personen mit hoher Signifikanz für die Zugehörigkeit zu sozialen Milieus. Alte milieuindizierende Zeichen: Stellung im Produktionsprozeß, Lebensstandard, Umgebung, Religionszugehörigkeit. Neue milieuindizierende Zeichen: Alter (mit der Doppelbedeutung von Lebensalter und Generationszugehörigkeit), Bildung, persönlicher Stil.
(Abschnitte 4.7 und 4.11)

Neues Muster
Typus des Aufbaus von Existenzformen, bei dem die Modi von Wählen, Nahelegen, Auslösen und selbstbestimmtem Symbolisieren überwiegen (vgl. Betreffen und Handeln).
(Abschnitte 1.1, 4.12 und 7.3)

Niveaumilieu
Soziales Milieu in der Bundesrepublik Deutschland. Evidente situative Zeichen: höhere Bildung, über 40 Jahre. Evidente subjektive Zeichen: hochkulturorientierter Stiltypus, distanziert gegenüber Trivialschema und Spannungsschema. Existentielle Anschauungsweise: Weltverankerter Ich-Welt-Bezug, primäre Perspektive der Hierarchie, normale existentielle Problemdefinition des Strebens nach Rang. Korrespondierende Abgrenzungen in anderen Unterschungen: »konservatives gehobenes Milieu« bei Nowak/Becker 1985; »gehobene Konservative« bei Gluchowski 1987.
(Abschnitt 6.2)

Normale existentielle Problemdefinition
Übergeordnete subjektive Sinngebung des Handelns, die sich wie ein roter Faden durch das Leben zieht. Dabei mischen sich Elemente unterschiedlichen Kollektivitätsgrades. Auf allgemeinster Ebene ist die normale existentielle Problemdefinition in unserer Gesellschaft als Innenorientierung (Erlebnisorientierung) zu beschreiben; innerhalb sozialer Milieus treten milieuspezifische Varianten auf: Streben nach Rang (Niveaumilieu), Streben nach Konformität (Integrationsmilieu), Streben nach Geborgenheit (Harmoniemilieu), Streben nach Selbstverwirklichung (Selbstverwirklichungsmilieu) Streben nach Stimulation (Unterhaltungsmilieu). Die normale existentielle Problemdefinition ist eine Komponente existentieller Anschauungsweisen.
(Abschnitte 1.6, 5.4, 5.8, 6.2 bis 6.8)

Objektive Wirklichkeit
Alles, was tatsächlich der Fall ist, unabhängig davon, ob es kognitiv repräsentiert wird. Situation ist derjenige Ausschnitt der objektiven Wirklichkeit, der ein gegebenes Subjekt betrifft. Setzt man alle Situationen zusammen, so erhält man einen Teil der objektiven Wirklichkeit. In zweifacher Hinsicht ist diese jedoch mehr als die Summe der Situationen aller Menschen. *Erstens* enthält die objektive Wirklichkeit auch Phänomene, die zwar der Fall sind, zu denen wir aber nicht in Beziehung stehen. Mehr Beachtung verdient *zweitens* der Umstand, daß auch fremde Subjektivität objektive Wirklichkeit konstituiert. So ist etwa der Wahnsinn meines Gegenüber ein objektives Faktum, mit dem ich leben muß, gleichzeitig aber ist Wahnsinn ein subjektives Phänomen. Wie lassen sich Subjektivität und objektive Wirklichkeit trennen? Zu lösen ist das Problem durch die Relativierung auf einen Standpunkt. Von außen gesehen, ist das Subjektive objektive Wirklichkeit. Es ist tatsächlich der Fall, unabhängig von der Subjektivität des Betrachters, ja unabhängig davon, ob es überhaupt beobachtet wird.
(Abschnitt 5.5)

Ökonomische Semantik
Fundamentale Semantik älteren Typs, der elementare Erfahrungen des ungleichen Zugangs zu allgemein geschätzten materiellen Werten zugrunde liegen. Die Grundkategorien der ökonomischen Semantik bestehen in der Unterscheidung von Mehr und Weniger (homologe Kategorien: Unterscheidungen zwischen Oben und Unten).
(Abschnitt 5.7)

Primäre Perspektive
Grundlegende Ordnungsvorstellung, durch die das subjektiv als gegeben Vorgestellte (Ich bzw. Welt, vgl. Ich-Welt-Bezug) einer primären Klassifikation unter-

worfen wird. Milieuspezifische Varianten der primären Perspektive: Hierarchie (Niveaumilieu), soziale Erwartungen (Integrationsmilieu), Bedrohung (Harmoniemilieu), Innerer Kern (Selbstverwirklichungsmilieu), Bedürfnisse (Unterhaltungsmilieu). Die primäre Perspektive ist eine Komponente existentieller Anschauungsweisen.
(Abschnitte 5.4 und 5.8)

Psychophysische Semantik
Fundamentale Semantik neuen Typs, die auf elementaren psychophysischen Erfahrungen (Erlebnissen) beruht. Der psychophysischen Semantik liegt eine radikal vereinfachte intersubjektive Beschreibung von Erlebnissen zugrunde. Sie beinhaltet eine Kategorisierung nach Denkstilen und nach Handlungsstilen. Denkstile werden unterschieden nach der Dimension kognitiver Differenziertheit, die in die Kategorien von Einfachheit und Komplexität zerfällt; Handlungsstile werden unterschieden nach der Dimension der Reguliertheit, die in die Kategorien von Ordnung und Spontaneität zerfällt. Damit steht ein einfaches, intersubjektiv verstehbares und transponierbares Beschreibungsschema für Erlebnisse zur Verfügung.
(Abschnitte 5.7, 7.2 und 7.3)

Publikum
Personenkollektiv, das durch den gleichzeitigen Konsum eines bestimmten Erlebnisangebotes konstituiert wird. Wichtigste Differenzierung: lokales versus individualisiertes Publikum. Bedingungen soziologischer Relevanz: Anschaulichkeit, Kontaktintensität, Homogenität, Evidenz und Signifikanz publikumsspezifischer Merkmale, Vernetzung.
(Abschnitt 10.1)

Publikumszusammensetzung
Dimension zur Charakterisierung von Szenen: Verteilung bestimmter Variablen (z.B. Bildung oder Stadtteilzugehörigkeit) im Kollektiv der Personen, die einer gegebenen Szene nahestehen. Soziologisch relevant ist die Publikumszusammensetzung vor allem dann, wenn die Verteilung bestimmter Variablen im Publikum von der Verteilung in der Gesamtbevölkerung abweicht. Die Publikumszusammensetzung ist zu unterscheiden vom Begriff der Selektivität.
(Abschnitt 10.5)

Rationalität des Erlebnisangebots
Rationalitätstypus, der auf das Handlungsziel der Publikumwirksamkeit zentriert ist. Gegenwärtig sind in diesem Rationalitätstypus insbesondere folgende Strategien vereint: Schematisierung, Profilierung, Abwandlung, Suggestion.
(Abschnitte 9.7 und 9.8)

Rationalität der Erlebnisnachfrage
Rationalitätstypus, der auf das Handlungsziel von Erlebnissen zentriert ist. Gegenwärtig sind in diesem Rationalitätstypus insbesondere die folgenden Strategien vereint: Korrespondenzprinzip, Abstraktion, Kumulation, Variation, Autosuggestion.
(Abschnitte 9.5 und 9.6)

Rationalitätstypen
Kulturspezifische Konglomerate von Handlungsstrategien, die auf immer wiederkehrende Zielsetzungen bezogen sind. Im Rahmen dieser Untersuchung sind folgende Rationalitätstypen von Bedeutung: Rationalität der Erlebnisnachfrage, Rationalität des Erlebnisangebots, gesellschaftspolitische Rationalität der Kulturpolitik, Überlebensrationalität von Korporationen, Selbstdarstellungsrationalität von Künstlern.
(Abschnitte 9.3 und 11.3)

Segmentierungshierachie
Struktur ineinander geschachtelter Milieus: Große Milieus enthalten kleinere Untermilieus, diese noch kleiner Sub-Einheiten usw. Die Segmentierungshierarchie bewegt sich zwischen den Extremen von Gesamtgesellschaft (oberste Ebene) und Individuum (unterste Ebene). Mit abnehmender Ebene in der Segmentierungshierarchie sinkt die morphologische Übersichtlichkeit von Milieumodellen und steigt die milieuinterne Homogenität von Existenzformen. Morphologische Analysen von Milieustrukturen setzen die Festlegung eines Niveaus in der Segmentierungshierarchie voraus.
(Abschnitte 4.13 und 7.8)

Selbstverwirklichungsmilieu
Soziales Milieu in der Bundesrepublik Deutschland. Evidente situative Zeichen: höhere Bildung, unter 40 Jahre. Evidente subjektive Zeichen: Stiltypus der Kombination von Spannungsschema und Hochkulturschema, distanziert gegenüber Trivialschema. Existentielle Anschauungsweise: Ichverankerter Ich-Welt-Bezug, primäre Perspektive des Inneren Kerns, normale existentielle Problemdefinition der Selbstverwirklichung. Korrespondierende Abgrenzungen in anderen Forschungsarbeiten: »hedonistisches Milieu«, »alternatives linkes Milieu«, »technokratisch-liberales Milieu« bei Nowak/Becker 1985; »links-liberaler integrierter Postmaterialist«, »postmaterialistisch linksalternativ eingestellter jüngerer Mensch«, »aufstiegsorientierter jüngerer Mensch« bei Gluchowski 1987.
(Abschnitt 6.5)

Selektivität
Dimension zur Charakterisierung von Szenen: Eine Szene gilt als selektiv im Hinblick auf Merkmal X (z.B. gehobene Bildung), wenn die Wahrscheinlichkeit

der Partizipation an der Szene bei Personen der Kategorie X signifikant höher ist als bei Personen der Kategorie Non-X (z.B. geringere Bildung). Selektivität ist zu unterscheiden vom Begriff der Publikumszusammensetzung.
(Abschnitt 10.5)

Semantisches Paradigma
Zeichentheoretisches Modell der Ästhetik, demzufolge Erlebnisse als Zuordnung subjektiver Bedeutungen zu Zeichen aufgefaßt werden. Zeichen sind beliebige Manifestationen, etwa Texte, Geräusche, Personen, Skulpturen, Gemälde, Bauwerke, Denkmäler, Parkanlagen, Handlungen, Mimik, Gebärden usw.: Objekte, Situationen und Ereignisse aller Art. Zum Zeichen werden Manifestationen dadurch, daß sie von Sendern als Zeichen gemeint und/oder von Empfängern als Zeichen dekodiert werden, d.h. mit schematisierten Bedeutungen verbunden werden, die über die wahrnehmbare Manifestation hinausweisen. Drei Klassen von Bedeutungen sind soziologisch besonders wichtig: Genuß, Distinktion, Lebensphilosophie. Das semantische Paradigma hat drei Kategorien von »Anwendern«: (1) die Handelnden selbst, (2) ihre sie wahrnehmenden Interaktionspartner, und (3) die Soziologen, die sich bemühen, beide zu verstehen.
(Abschnitt 2.1)

Signifikanz
Zeichen sind umso signifikanter, je zuverlässiger sie auf diejenigen Eigenschaften hinweisen, die den Wahrnehmenden am Gegenüber primär interessieren. Um für die Konstitution sozialer Milieus unter der Bedingung der Beziehungswahl tauglich zu sein, müssen Zeichen neben Signifikanz auch die Eigenschaft der Evidenz aufweisen.
(Abschnitt 4.7)

Situation
ist derjenige Ausschnitt der objektiven Wirklichkeit, der in Beziehung zu einem gegebenen Subjekt steht. Diese Beziehung manifestiert sich seitens der Situation durch Betreffen (mit den Modi von Begrenzen, Nahelegen und Auslösen), seitens des Subjekts durch Handeln (mit den Modi von Einwirken, Wählen und Symbolisieren). Der Situationsbegriff läßt sich auf das Verhältnis der beiden das Subjekt konstituierenden Systeme (Körper und Bewußtsein) ausdehnen; jedes ist für das andere Situation.
(Abschnitte 1.1, 4.1, 4.12, 5.5 und 7.3)

Soziale Lagen
Typische situative Konstellationen.
(Abschnitt 8.2)

Soziale Milieus
Personengruppen, die sich durch gruppenspezifische Existenzformen und erhöhte Binnenkommunikation voneinander abheben.
(Abschnitt 4.2)

Soziale Schichten
Soziale Milieus, die in den Wirklichkeitsmodellen der Menschen in eine vertikale Gesamtstruktur sozialer Ungleichheit eingeordnet werden (entsprechend den wahrgenommenen milieuspezifischen sozialen Lagen).
(Abschnitte 4.2 und 8.1)

Soziale Ungleichheit
Situativer Unterschied zwischen Personen oder Personengruppen, der entsprechend intersubjektiv (gesamtgesellschaftlich oder milieuspezifisch) geltenden Kriterien hierarchisch interpretierbar ist.
(Abschnitte 8.1 und 8.2)

Spannungsschema
Dimension im gegenwärtigen Raum alltagsästhetischer Schemata. Zeichengruppe: Rockmusik, Popmusik, Blues und andere Musikstile, Kino, Diskotheken, Comics und ähnliches. Genußschema: Action. Distinktion: antikonventionell. Lebensphilosophie: Narzißmus. Prägendes Milieu: Selbstverwirklichungsmilieu.
(Abschnitt 3.7)

Stil
Gesamtheit der Wiederholungstendenzen in den alltagsästhetischen Episoden eines Menschen. Erlebnisorientiertes Handeln gerinnt im persönlichen Stil zu einem stabilen situationsübergreifenden Muster. Stil schließt sowohl die Zeichenebene alltagsästhetischer Episoden ein (Kleidung, Mobiliar, besuchte Veranstaltungen, Fernsehinhalte usw.) als auch die Bedeutungsebenen (insbesondere Genuß, Distinktion, Lebensphilosophie). Persönlicher Stil ist ein evidentes und signifikantes Zeichen bei der Konstitution sozialer Milieus unter den Bedingungen von Erlebnisorientierung und Beziehungswahl.
(Abschnitt 2.3)

Stiltypen
Kombinationen bestimmter Ausprägungen alltagsästhetischer Schemata, darstellbar als Bereiche im dimensionalen Raum alltagsästhetischer Schemata. Stiltypen sind milieuspezifisch verteilt.
(Abschnitte 2.10, 3.10, 4.8, 6.2 bis 6.6)

Subjekt
Unauflösbare Koppelung von Körper und Bewußtsein. Dem Subjekt zugeordnet ist ein Ausschnitt der objektiven Wirklichkeit: seine Situation. Zwischen den drei Sphären von Körper, Bewußtsein und Situation bilden sich Verknüpfungen. Relativ starke Verknüpfungen werden als Existenzformen bezeichnet. Isomorphe Verknüpfungen, die bei einer Mehrzahl von Subjekten auftreten, werden als Gemeinsamkeiten bezeichnet (Beispiel: Alltagsästhetische Schemata). Daneben gibt es einen wissenschaftlich unzugänglichen Bereich der Singularität. Die Soziologie kann das Subjekt aus zwei Perspektiven betrachten. Aus der Binnenperspektive heraus versucht sie, die Wirklichkeit des Subjekts zu rekonstruieren. Aus der Außenperspektive heraus betrachtet sie das Subjekt als Bestandteil der objektiven Wirklichkeit.
(Abschnitte 1.1, 4.1, 4.12 und 5.5)

Szenen
Eine Szene ist ein Netzwerk lokaler Publika. Der Zusammenhang ergibt sich durch drei publikumsübergreifende Dimensionen der Ähnlichkeit: partielle Identität von Personen, von Orten und von Inhalten. In der Untersuchung zeichnen sich folgende Szenen ab: Hochkulturszene, Neue Kulturszene, Kulturladenszene, Kneipenszene, Volksfestszene, Sportszene. Dimensionen zur Charakterisierung von Szenen: Extension, Kohärenz, Affinität, Reichweite, Atmosphäre, Selektivität, Publikumszusammensetzung.
(Abschnitte 10.2 und 10.5)

Trivialschema
Dimension im gegenwärtigen Raum alltagsästhetischer Schemata. Zeichengruppe: Blasmusik, deutscher Schlager, Arztroman, Heimatroman, Familienquiz im Fernsehen u.a. Genußschema: Gemütlichkeit. Distinktion: antiexzentrisch. Lebensphilosophie: Harmonie. Prägendes Milieu: Harmoniemilieu.
(Abschnitt 3.6)

Unschärfe
Abweichung realer Ordnungstendenzen von vorgestellten Ordnungsstrukturen. Zu unterscheiden von Ungenauigkeit (Abweichung des Forschungsergebnisses von der Realität). Unschärfe ist eine Eigenschaft der sozialen Wirklichkeit, die allen kollektiven Konstruktionen zukommt (Beispiele im Kontext dieser Untersuchung: alltagsästhetische Schemata, Milieustrukturen, Szenen). Bei der Analyse von *Milieusegmentierungen* sind drei Typen von Unschärfe zu unterscheiden: 1. Morphologische Unschärfe: Bei der Darstellung einer gegebenen Milieustruktur können viele verschiedene Grade der Differenziertheit gewählt werden (Extreme: es werden so viele Milieus unterschieden, wie es Individuen gibt; es werden alle Individuen zu einem Milieu zusammengefaßt). 2. Existenzformbezogene Un-

schärfe: Die Signifikanz der Komponenten ist unterschiedlich stark. Es gibt eine Grauzone von Komponenten, die man sowohl als »gerade noch«, oder auch als »gerade nicht mehr« milieuspezifisch einstufen könnte. 3. Personenbezogene Unschärfe: Es gibt Grenzfälle, bei denen die Milieuzuordnung nicht eindeutig ist, da sich in der personenspezifischen Existenzform die Spezifika mehrerer Milieus mischen. - Trotz dieser Uneindeutigkeiten muß die Diagnose sozialer Milieus zu einem intersubjektiv nachvollziehbaren Ergebnis führen, sofern eine reale unscharfe Milieustruktur existiert. Milieuanalyse ist auf unschärferesistente Methoden angewiesen.
(Abschnitte 3.1, 4.14, 7.9 und 10.2)

Unsicherheit
Unklarheit der eigenen Erlebnisziele; neben Enttäuschung eines der typischen Probleme erlebnisorientierten Lebens. Unsicherheit spielt eine wichtige Rolle bei der Ausbildung von alltagsästhetischen Schemata, sozialen Milieus und Szenen; darüberhinaus beeinflußt sie maßgeblich die Rationalität von Erlebnisnachfrage und Erlebnisangebot.
(Abschnitte 1.1, 1.4, 1.6 und 10.2)

Unterhaltungsmilieu
Soziales Milieu in der Bundesrepublik Deutschland. Evidente situative Zeichen: niedrige Bildung, unter 40 Jahre. Evidente subjektive Zeichen: Stiltypus der Spannungsorientierung, distanziert gegenüber Hochkulturschema und Trivialschema. Existentielle Anschauungsweise: Ichverankerter Ich-Welt-Bezug, primäre Perspektive der Bedürfnisse, normale existentielle Problemdefinition des Strebens nach Stimulation. Korrespondierende Abgrenzungen in anderen Untersuchungen: »traditionsloses Arbeitermilieu« bei Nowak/Becker 1985; »unauffällige, eher passive Arbeitnehmer« bei Gluchowski 1987.
(Abschnitt 6.6)

Verweisungszusammenhänge
Konnexe von untereinander verbundenen Elementen, die immer wieder aufeinander abgestimmt werden. Dabei ist es nicht möglich, zwischen abhängigen und unabhängigen Variablen zu unterscheiden. Zwei Verweisungszusammenhänge spielen im Rahmen dieser Untersuchung eine hervorgehobene Rolle: 1. Existentielle Anschauungsweisen (bestehend aus folgenden Elementen: normale existentielle Problemdefinition, Ich-Welt-Bezug, primäre Perspektive: 2. übergeordneter Verweisungszusammenhang (bestehend aus folgenden Elementen: subjektive Wirklichkeitsmodelle, existentielle Anschauungsweisen, objektive Wirklichkeit). Die Elemente der Verweisungszusammenhänge tendieren zur Homologie; als regulatives Prinzip fungiert dabei eine fundamentale Semantik.
(Abschnitt 5.5)

Wirklichkeitsmodelle
Ganzheitlich zusammenhängende Komplexe von Vorstellungen über die Welt und über die eigene Beziehung zur Welt, die grobe Korrespondenz mit objektiven Gegebenheiten aufweisen, relativ stabil sind und sowohl empirische als auch normative Komponenten enthalten. Zu den Inhalten von Wirklichkeitsmodellen zählen unter anderem auch Vorstellungen über normale Existenzformen, über einzelne soziale Milieus, über die gesamtgesellschaftliche Milieustruktur, über alltagsästhetische Schemata, schließlich auch über den eigenen Bezug zu diesen vorgestellten Aspekten der Welt. Wirklichkeitsmodelle gehören zum Bestand an existentiellem Wissen. Sie enthalten Komponenten unterschiedlich hohen Kollektivitätsgrades.
(Abschnitt 5.3)

Wissen
Schematisierte Operationen des Bewußtseins. Wissen kann mit Zuständen und Prozessen außerhalb des Bewußtseins verknüpft sein (Körper; Situation). Sofern Verknüpfungen isomorph bei mehreren Personen auftreten, handelt es sich um gemeinsames Wissen. Technisches Wissen hat die Struktur von Annahmen darüber, wie man spezifische Zwecke erreicht; existentielles Wissen hat die Struktur von globalen Annahmen darüber, in welcher Welt wir leben, wer wir selbst sind, wie wir leben sollen. In der Untersuchung geht es ausschließlich um verschiedene Formen existentiellen Wissens (insbesondere Wirklichkeitsmodelle und existentielle Anschauungsweisen in sozialen Milieus). Innerhalb existentiellen Wissens ist die Unterscheidung zwischen milieukonstituierendem Wissen (Vorstellungen über normale Existenzformen und soziale Ähnlichkeiten) und strukturabbildendem Wissen (Vorstellungen über die gesamtgesellschaftliche Großgruppenstruktur) von besonderer milieutheoretischer Bedeutung. Alle Formen des Wissens variieren nach dem Kollektivitätsgrad. Der Kollektivitätsgrad technischen Wissens hat zugenommen; dagegen hat sich der Kollektivitätsgrad existentiellen Wissens von der Makro-Ebene und der Mikro-Ebene auf die Meso-Ebene sozialer Milieus verlagert.
(Abschnitte 5.2 und 8.1)

Literaturverzeichnis

Adorno, Th. W.: »Soziologie und empirische Forschung.« Wesen und Wirklichkeit des Menschen. Festschrift für Helmuth Plessner. Hg. K. Ziegler. Göttingen 1957, 245 - 260.

Alber, J.: Germany. Growth to Limits. Ed. P. Flora. Berlin/New York 1986, Vol. II, 1 - 154.

Allerbeck, K./Hoag, W.J.: Jugend ohne Zukunft? Einstellungen, Umwelt, Lebensperspektiven. München 1985.

Ambrosius, G./Hubbard, W.H.: Sozial- und Wirtschaftsgeschichte Europas im 20. Jahrhundert. München 1986.

Anders, M.: »Sinkende Ausschöpfungsquoten und was man dagegen tun kann.« Herausforderungen der Empirischen Sozialforschung. Hg. M. Kaase/M. Küchler. Mannheim 1985, S. 75-80.

Angele, J.:»Vom Waschbrett zur programmierbaren Waschmaschine - technischer Fortschritt im Haushalt.« Im Zug der Zeit. Hg. E. Hölder. Stuttgart 1989, 81 - 88.

Armon-Jones, C.:»The Thesis of Constructionism.« The Social Construction of Emotions. Ed. R. Harré. Oxford/New York 1986, 32 - 56.

Averill, J.: »On the Paucity of Positive Emotion. Assessment and Modification of Emotion Behavior.« Eds. K. Blankstein/P. Pliner/J. Polivy. New York/London 1985, 7 - 45.

Baacke, D.: »Jugendliche Lebensstile: Vom Rock'n Roll bis zum Punk.« Bildung und Erziehung. 38. Jg. 1985, 201 - 212.

Barthes, R.: Mythen des Alltags. Frankfurt a.M. 1964.

Bausinger, H.:»Volkskultur und Sozialgeschichte.« Sozialgeschichte in Deutschland. Band 3. Hg. W. Schieder/V. Sellin. Göttingen 1987.

Beck, U.:»Jenseits von Stand und Klasse: Soziale Ungleichheit, gesellschaftliche Individualisierungstendenzen und Entstehung neuer Formationen und Identitäten.« Soziale Ungleichheiten. Hg. R. Kreckel Göttingen 1983, 35 - 74.

Beck, U.: Risikogesellschaft. Auf dem Weg in eine andere Moderne. Frankfurt a.M. 1986.

Beck, U./Bonß, W.:»Verwissenschaftlichung ohne Aufklärung? Zum Strukturwandel von Sozialwissenschaft und Praxis.« Weder Sozialtechnologie noch Aufklärung? Hg. U. Beck/ W. Bonß. Frankfurt a.M. 1989, 7 - 45.

Bell, D.: The Coming of Post-Industrial Society. A Venture in Sociological Forecasting. New York 1973.
Berekoven, L.: Der Dienstleistungsmarkt in der Bundesrepublik Deutschland. Göttingen 1983.
Berger, J.: »Einleitung.« Die Moderne - Kontinuitäten und Zäsuren. Hg. J. Berger Göttingen 1986, 3 - 11.
Berger, P.A.: Entstrukturierte Klassengesellschaft. Klassenbildung und Strukturen sozialer Ungleichheit im Wandel. Opladen 1986.
Berger, P.A.: »Klassen und Klassifikationen. Zur ›neuen Unübersichtlichkeit‹ in der soziologischen Ungleichheitsdiskussion.« Kölner Zeitschrift für Soziologie und Sozialpsychologie. 39. Jg. 1987, 59 - 85.
Berger, P.L./Luckmann, Th.: Die gesellschaftliche Konstruktion der Wirklichkeit. Frankfurt a.M. 1969.
Berlyne, D.E.: Aesthetics and Psychobiology. New York 1971.
Berlyne, D.E.: Studies in the New Experimental Aesthetics. Washington 1974.
Bermann, R.A.: »Konsumgesellschaft. Das Erbe der Avantgarde und die falsche Aufhebung der ästhetischen Autonomie.« Postmoderne, Allegorie und Avantgarde. Hg. P. Bürger/Chr. Bürger. Frankfurt a.M. 1986, 56 - 71.
Blessing, W.K.: »Kirchlich-religiöse und politische Lagen.« Von Stalingrad zur Währungsreform. Zur Sozialgeschichte des Umbruchs in Deutschland. Hg. M. Broszat/K.-D. Herke/H. Woller. München 1988, 3 - 112.
Bolte, K. M.: »Strukturtypen sozialer Ungleichheit.« Lebenslagen, Lebensläufe, Lebensstile. Hg. P.A. Berger/S. Hradil. Göttingen 1990, 27 - 50.
Bolte, K.M./Hradil, S.: Soziale Ungleichheit in der Bundesrepublik Deutschland. Opladen 1984.
Bolte, K.M./Kappe, D./Neidhardt, F.: Soziale Ungleichheit. Opladen 1974.
Bonß, W.: Die Einübung des Tatsachenblicks. Frankfurt a.M. 1982.
Borst, O.: Alltagsleben im Mittelalter. Frankfurt a.M. 1983.
Botwinick, J.: »Cautiousness with Advanced Age.« Journal of Gerontology. 21. Jg. 1966, 347 - 352.
Bourdieu, P.: »Elemente zu einer soziologischen Theorie der Kunstwahrnehmung.« Seminar Literatur- und Kunstsoziologie. Hg. P. Bürger. Frankfurt a.M. 1978, 418 - 457. (Zuerst: Zur Soziologie der symbolischen Formen. 1974).
Bourdieu, P.: Die feinen Unterschiede. Frankfurt a.M. 1982 (französische Erstauflage 1979).
Bourdieu, P.: »Ökonomisches Kapital, kulturelles Kapital, soziales Kapital.« Soziale Ungleichheiten. Sonderband 2 der Sozialen Welt. Hg. R. Kreckel. Göttingen 1983, 183 - 198.
Bourdieu, P.: Sozialer Raum und Klassen. Frankfurt a.M. 1985.
Brake, M.: Soziologie der jugendlichen Subkulturen. Frankfurt a.M./New York 1981.
Brand, K.-W./Büsser, O./Rucht, D.: Aufbruch in eine andere Gesellschaft. Frankfurt a.M./New York 1986.

Brandt, G.: Die Zukunft der Arbeit in der nachindustriellen Gesellschaft. IHS-Journal. 5. Jg. 1981, 109 - 123.
Braun, S.: Sozialstrukturelle Determinanten von Partnerwahl und Familienbildung: Eine Analyse anhand der Daten des ALLBUS 1982. Diplomarbeit. Mannheim 1985.
Brock, B.:» Stil als Kampfprinzip.« Stilwandel. Hg. B. Brock/H.U. Reck. Köln 1986, 15 - 16.
Brock, D.: »Vom traditionellen Arbeiterbewußtsein zum individualisierten Handlungsbewußtsein.« Soziale Welt. 4, 1988. 413 - 434.
Bubner, R.: »Moderne Ersatzfunktionen des Ästhetischen - Lebensversicherung durch Kunst.« Merkur. 1986, 2, 40. Jg. Februar 1986 Heft 2, 91 - 107.
Buchmann, M.: The Script of Life in Modern Society. Chicago/London 1989.
Burckhardt, L.: »Der gute Geschmack.« Stilwandel. Hg. B. Brock/H.U. Reck. Köln 1986, 37 - 52.
Buss, M.U.: »Human Mate Selection.« American Scientist. 73, 1985. 47 - 51.
Camporesi, P.: Das Brot der Träume. Hunger und Halluzinationen im vorindustriellen Europa. Frankfurt 1990.
Chastel, A.: »Der Künstler.« Der Mensch der Rennaissance. Hg. E. Garin. Frankfurt a.M./New York 1990, 251 - 281.
Chown, S.M.: »Rigidity and Age. Social and Psychological Aspects of Aging.« Eds. C. Tibbits/W. Donahne. Columbia University Press 1962, 832 - 835.
Clar, M.: »Soziale Mobilität und Freundschaftswahlen: Ein Vergleich beider Prozesse in ihren Auswirkungen auf die soziale Lage der Person.« Zeitschrift für Soziologie. 15, 1986, 107 - 124.
Clarke, J.: »Stil.« Jugendkultur als Widerstand. Hg. J. Clarke. Frankfurt a.M. 1979 (a), 133 - 157.
Clarke, J.: »Die Skinheads und die magische Rückgewinnung der Gemeinschaft.« Jugendkultur als Widerstand. Hg. J. Clarke Frankfurt a.M. 1979 (b), 171 - 175.
Clarke, J./Hall, St./Jefferson, T./Roberts, B.: »Subkulturen, Kulturen und Klasse.« Jugendkultur als Widerstand. Hg. J. Clarke. Frankfurt a.M. 1979, 39 - 131.
Cohen, L.H.: »Life Change and the Sensation Seeking Motive.« Personality and Individual Differences. 3, 1982, 221 - 222.
Coleman, J.E.: Die asymmetrische Gesellschaft. Weinheim/Basel 1986.
Conley, J.: »Longitudinal Consistency of Adult Personality: Self-Reported Psychological Characteristics across 45 Years.« Journal of Personality and Social Psychology. 47. Jg. 1984, 1325 - 1333.
Costa, P.T./McCrae, R.: »Objective Personality Assessment. The Clinical Psychology of Aging.« Eds. M. Storand/M. Siegler. New York 1978, 119 - 143.
Costa, P.T./McCrae, R.: »Still Stable after All These Years. Personality as a Key to Some Issues in Adulthood and Old Age.« Life-Span Development and Behaviour. Eds. P.B. Baltes/O.W. Brim. New York 1980, 66 - 102.

Costa, P.T./McCrae, R./Arenberg, D.: »Enduring Dispositions in Adult Males.« Journal of Personality and Social Psychology. 38. Jg. 1980, 793 - 800.
Dahrendorf, R.: »Im Entschwinden der Arbeitsgesellschaft. Wandlungen in der sozialen Konstruktion des menschlichen Lebens.« Merkur. 34, 1980, 749 - 760.
Dahrendorf, R.: »Einführung in die Soziologie.« Soziale Welt. Heft 1 - 2, 24, 1989, 2 - 10.
Deusinger, I.M.: Die Frankfurter Selbstkonzept-Skalen. Göttingen/Toronto/Zürich 1986.
Deutscher Kulturrat: Erster Bericht zur Kulturpolitik 1987/88. Bonn 1988.
Dieckheuer, G.: Die Verteilung von Einnahmen auf sozioökonomische Gruppen. Bamberg 1980.
Dubiel, H.: »Die Industriegesellschaft im Gegenlicht der Moderne. Überlegungen zu Ulrich Becks Risikogesellschaft.« Kultur und Politik. Brechungen der Fortschrittsperspektive. Hg. H. Münkler/R. Saage. Opladen 1990, 195 - 208.
Easterlin, R.A.: »Does Economic Growth Improve the Human Lot? Some Empirical Evidence.« Nations and Households in Economic Growth. Eds. P.A. David/M.W. Reder. New York/London 1974.
Eco, U.: Semantik. Entwurf einer Theorie der Zeichen. München 1987 (italienische Erstauflage 1976).
Eisenstadt, S.N.: From Generation to Generation. Age Groups and Social Structure. Glencoe Ill. 1956.
Ekman, P.: The Face of Man. New York/London 1980.
Elias, N.: Über den Prozeß der Zivilisation. Bd. 1 und 2. Frankfurt a.M. 1980.
Elster, J.: Subversion der Rationalität. Frankfurt 1987.
Ende, Ch.: Das Rasch-Modell in der empirischen Sozialforschung - Fortschritt oder Wunschdenken? Diplomarbeit, Bamberg 1989.
Endruweit, G.: »Modernisierung.« Wörterbuch der Soziologie. Hg. G. Endruweit/T. Trommsdorf. Stuttgart 1989, 454 - 455.
Erikson, E.: Childhood and Society. New York 1963.
Fahrenberg, J./Selg, H./Hampel, R.: Das Freiburger Persönlichkeitsinventar, Göttingen/Toronto/Zürich 1978 (3. Auflage).
Faltin, I.: Norm - Milieu - politische Kultur: normative Vernetzungen in Gesellschaft und Politik der Bundesrepublik. Wiesbaden 1990.
Feij, J.A./Orlebeke, F./Gazendam, A./Zuilen, R.W.: »Sensation Seeking: Measurement and Psychophysiological Correlates.« The Biological Bases of Behavior. Vol. 1: Theories, Measurement Techniques, and Development. Eds. F. Strelau/F.H. Farley/A. Gale. Washington/New York/London 1985. 195 - 212.
Feldmann, S./Thielbar, G.: Life Styles. Diversity in American Society. Boston 1972.
Felson, M.: »The Differentiation of Material Life Styles, 1925 to 1966.« Social Indicators Research. Vol. 3, 1976, 397 - 421.
Feroleto, J.A./Goundard, B.R.: »The Effects of Subject's Age and Expectations

Regarding an Interviewer on Personal Space.« Experimental Aging Research. Vol. 1, 1975, 57 - 61.
Fichtner, B.: »Wertewandel bei Textilien?« Wertewandel und Konsum. Hg. R. Szallies/G. Wiswede. Landsberg 1990, 357 - 375.
Fischer, G.: Einführung in die Theorie psychologischer Tests, Stuttgart/Bern/Wien 1968.
Fohrbeck, K.: »Lebensformen, Life-Style, Stil: Zwischen Kunst und Konsum.« Stilwandel. Hg. B. Brock/H.U. Reck. Köln 1986, 71 - 99.
Fohrbeck, K./Wiesand, A.: Kulturelle Öffentlichkeit in Bremen. Bremen 1980.
Fohrbeck, K./Wiesand, A.: Von der Industriegesellschaft zur Kulturgesellschaft? München 1989.
Foucault, M.: Die Ordnung der Dinge. Eine Archäologie der Humanwissenschaften. Frankfurt a. M 1971.
Franke, B.: Die Kleinbürger. Frankfurt a.M. 1988.
Galbraith, J.K.: The Affluent Society. London 1977 (englische Erstauflage 1958).
Gale, A./Edwards, J.A.: Physiological Correlates of Human Behaviour. Vol. II: Attention and Performance. London 1983.
Gehlen, A.: Die Seele im technischen Zeitalter. Reinbeck bei Hamburg 1957.
Gehlen, A.: Anthropologische Forschung. Reinbeck bei Hamburg 1961.
Geiger, Th.: Die soziale Schichtung des deutschen Volkes. Stuttgart 1932.
Gerwien, J./Holzhauser, I.: Wirtschaftsfördernde Aspekte kommunaler Kulturangebote am Beispiel der Stadt Neuss. Bremen 1988.
Giddens, A.: The Constitution of Society. Oxford 1984.
Giegler, H.: Dimensionen und Determinanten der Freizeit. Opladen 1982.
Giesen, B.: »Natürliche Ungleichheit, soziale Ungleichheit, ideale Ungleichheit.« Soziologie der sozialen Ungleichheit. Hg. B. Giesen/H. Haferkamp. Opladen 1987, 314 - 345.
Gigerenzer, G.: Messung und Modellbildung in der Psychologie. München/Basel 1981.
Gillis, J.R.: Geschichte der Jugend. Weinheim/Basel 1980.
Giordano, R.: Die zweite Schuld. Hamburg 1987.
Glamser, F.: »Age and Conservative Opinions.« Journal of Gerontology. 29. Jg. 1974, 549 - 554.
Glaser, H.: Kulturgeschichte der Bundesrepublik Deutschland. Zwischen Kapitulation und Währungsreform. 1945 - 1948. München/Wien 1985.
Glaser, H.: Kulturgeschichte der Bundesrepublik Deutschland. Zwischen Grundgesetz und großer Koalition. 1949 - 1967. München/Wien 1986.
Glaser, H.: Das Verschwinden der Arbeit. Die Chancen der neuen Tätigkeitsgesellschaft. Düsseldorf/Wien/New York 1988.
Glaser, H.: Kulturgeschichte der Bundesrepublik Deutschland. Zwischen Protest und Anpassung. 1968 - 1989. München/Wien 1989.
Glaser, H./Stahl, K.-H.: Die Wiedergewinnung des Ästhetischen. Perspektiven und Modelle einer neuen Soziokultur. München 1974.

Glatzer, W.: »Einkommensverteilung und Einkommenszufriedenheit. Lebensqualität in der Bundesrepublik.« Hg. W. Glatzer/W. Zapf. Frankfurt a.M. 1984, 45 - 72.
Gluchowski, P.: »Lebensstile und Wandel der Wählerschaft in der Bundesrepublik Deutschland.« Politik und Zeitgeschichte. B 12, 1987, 18 - 32.
Goldstein, J.H./McGhee, P.E.: The Psychology oh Humor. New York/London 1972.
Greiner, U.: »Beethoven. Roll over Beethoven. Roller skating Beethoven.« Die Zeit vom 18.4.1986, Nr.17.
Habermas, J.: Theorie des kommunikativen Handelns. Frankfurt a.M. 1987.
Hahn, P.: »Kunst als Ideologie und Utopie.« Seminar : Literatur- und Kunstsoziologie. Hg. P. Bürger Frankfurt a.M. 1978, 236 - 259.
Haller, M.: »Klasse und Schicht. Zur Aktualität des vertikalen Paradigmas.« Zeitschrift für Soziologie. 15. Jg. 1986, 167 - 187.
Hauser, A.: Kunst und Gesellschaft. München 1988. (aus: ders., Soziologie der Kunst. München 1973).
Hebdige, D.: Subculture - The Meaning of Style. London 1979.
Heiner, R.A.: »The Origin of Predictable Behavior.« American Economic Review. Vol. 73, 1983, 560 - 595.
Hehl, F.J./Hehl, R.: Persönlichkeitsskalensystem 25, Weinheim 1975.
Heidenreich, K.: »Grundbegriffe der Meß- und Testtheorie.« Sozialwissenschaftliche Methoden. Hg. E. Roth. München 1987, 352 - 384.
Henning, H.J.: Zur Testkonstruktion und Testanwendung von Persönlichkeitsfragebögen: Eine exemplarische Kritik am Persönlichkeits-Skalen System 25 (PSS-25), Diagnostica 1980, Bd XXVI, Heft 2.
Henning, H.J./Six, B.: »Konstruktion einer Machiavellismus-Skala«, Zeitschrift für Sozialpsychologie 1977, 8.
Hermand, J.: Kultur im Wiederaufbau. Die Bundesrepublik Deutschland 1945 - 1965. München 1986.
Hermand, J.: Die Kultur der Bundesrepublik Deutschland. 1965 - 1985. München 1988.
Hermann, U.: »Jugend in der Sozialgeschichte.« Sozialgeschichte in Deutschland. Band IV. Hg. W. Schieder/V. Sellin. Göttingen 1987, 133 - 155.
Herz, Th.A.: »Werte, sozio-politische Konflikte und Generationen. Eine Überprüfung der Theorie des Postmaterialismus.« Zeitschrift für Soziologie. 16. Jg. 1987, 56 - 69.
Hilke, R.: Grundlagen normorientierter und kriteriumsorientierter Tests, Bern 1980.
Hodge, R./Kress, G.: Social Semiotics. Oxford 1988.
Hoffmann, H.: Kultur für alle. Frankfurt a.M. 1981.
Horlacher, F.: Kultursubventionen. Bern/Frankfurt a.M./New York 1984.
Hölder, E.: Im Zug der Zeit. Stuttgart 1989.

Hradil, S.: »Entwicklungstendenzen der Schicht- und Klassenstruktur in der Bundesrepublik Deutschland.« Krise der Arbeitsgesellschaft?. Hg. J. Matthes Frankfurt a.M./New York 1983, 213 - 221.

Hradil, S.: Sozialstrukturanalyse in einer fortgeschrittenen Gesellschaft. Von Klassen und Schichten zu Lagen und Milieus. Opladen 1987.

Hübner, I.: Kulturzentren. Gesellschaftliche Ursachen, empirische Befunde, Perspektiven soziokultureller Zentren. Weinheim/Basel 1981.

Huizinga, J.: Homo ludens. Vom Ursprung der Kultur im Spiel. Hamburg 1956 (Erstauflage 1938).

Hulicka, I.M.: Empirical Studies in the Psychology and Sociology of Aging. New York 1977.

Izard, C.: »Cross-Cultural Perspectives on Emotion and Emotion Communication.« Handbook of Cross-Cultural Psychology Volume 3. Eds. H.C. Triandis/H. Lonner: Boston 1980-1981.

Imhof, A.E.: Die gewonnenen Jahre. München 1981.

Inglehart, R.: The Silent Revolution. Princeton 1977.

Inglehart, R.: Kultureller Umbruch. Frankfurt a.M./New York 1989.

Jaide, W.: Generationen eines Jahrhunderts. Opladen 1988.

Jandl, E.: der gelbe hund. Gedichte. Darmstadt/Neuwied 1980.

Kaase, M.: »Die Bundestagswahl 1972. Probleme und Analysen.« Politische Vierteljahrsschrift. 14, 1973, 145 - 190.

Kaschuba, W.: »Deutsche Bürgerlichkeit nach 1800. Kultur als symbolische Praxis.« Bürgertum im 19. Jahrhundert. Band 3. Hg. J. Kocka. München 1988, 9 - 44.

Keim, K.D.: Milieu in der Stadt. Ein Konzept zur Analyse älterer Wohnquartiere. Stuttgart 1979.

Kern, H./Schumann, H.: »Arbeit und Sozialcharakter: Alte und neue Konturen.« Krise der Arbeitsgesellschaft? Verhandlungen des 21. Deutschen Soziologentages in Bamberg. Hg. J. Matthes Frankfurt a.M./New York 1983, 353 - 365.

Klages, H.: Wertedynamik. Osnabrück 1988.

Klages, H.: Wertorientierungen im Wandel. Rückblick, Gegenstandsanalyse, Prognosen. Frankfurt a.M./New York 1984.

Klein, H.J./Bachmayer, M.: Museum und Öffentlichkeit. Berlin 1981.

Kmieciak, P.: Wertstrukturen und Wertwandel in der Bundesrepublik Deutschland. Göttingen 1976.

Knauer, B.: Wohnstile und soziale Milieus: Ergebnisse einer sekundäranalytischen Untersuchung zur Wohnrealität in der Bundesrepublik Deutschland. Diplomarbeit, Bamberg 1991.

Knoblauch, H.: »Kaffeefahrten und Altenkultur.« Kultur und Alltag. Hg. H.G. Soeffner. Soziale Welt, Sonderband 6. Göttingen 1988, 397 - 411.

Kocka, J.: Die Angestellten in der deutschen Geschichte 1850 - 1980. Göttingen 1981.

Kocka, J.: »Bürgertum und bürgerliche Gesellschaft im 19. Jahrhundert. Europäische Entwicklungen und deutsche Eigenarten.« Bürgertum im 19. Jahrhundert. Band 1. Hg. J. Kocka, München 1988, 11 - 78.

Kramer, D.: »Machtstrukturen und Kulturprozeß. Überlegungen zum Verhältnis von Kultur und kapitalistischer Gesellschaft.« Volkskultur in der Moderne. Hg. U. Jeggle/G. Korff/M. Schare/B.J. Warneken. Reinbek bei Hamburg 1986, 37 - 53.

Krebs, D./Schuessler, K.: Soziale Empfindungen. Frankfurt a.M./New York 1987.

Kreckel, R.: »Class, Status and Power? Begriffliche Grundlagen für eine politische Soziologie der sozialen Ungleichheit.« Kölner Zeitschrift für Soziologie und Sozialpsychologie. 34. Jg. 1982, 617 - 648.

Kreckel, R.: »Theorien sozialer Ungleichheit im Übergang.« Soziale Ungleichheiten. Hg. R. Kreckel. Göttingen 1983, 3 - 12.

Kreutz, H.: Soziologie der Jugend. München 1974.

Kühr, H.: »Katholische und evangelische Milieus: Vermittlungsinstanzen und Wirkungsmuster.« Wirtschaftlicher Wandel, religiöser Wandel und Wertwandel: Folgen für das politische Verhalten in der Bundesrepublik Deutschland. Hg. D. Oberndörfer/H. Rattinger/K. Schmitt. Berlin 1985. 245 - 262.

Langevin, R./Day, H.I.: »Physiological Correlates of Humour. The Psychology of Humour.« Eds. J.H.Goldstein/P.E. McGhee. New York/London 1972, 129 - 207.

Laws, J.L.: »Female Sexuality through the Life Span.« Life-Span Development and Behaviour, Vol. 3. Eds. P.Baltes/O.G. Brim. New York 1980, 208 - 253.

Le Goff, J.: Die Erfindung der Seele. Gespräch mit Joachim Fritz-Vannahme. Die Zeit. Nr.16, 12.4.1991.

Leon, G.: »Personality Change and Stability on a 30-year Period - Middle Age to Old Age.« Journal of Consulting and Clinical Psychology. 47. Jg. 1979, 517 - 524.

Lepsius, M.R.: »Parteiensystem und Sozialstruktur: Zum Problem der Demokratisierung der deutschen Gesellschaft.« Deutsche Parteien vor 1918. Hg. G.A. Ritter. Köln 1973, 56 - 80.

Lepsius, M.R.: »Bürgertum als Gegenstand der Sozialgeschichte.« Sozialgeschichte in Deutschland IV. Hg. W. Schieder/V. Sellin. Göttingen 1986, 61 - 80.

Levinson, D.: The Seasons of a Man's Life. New York 1978.

Linster, H.W.: Freizeitverhalten. Dissertation. Freiburg 1978.

Lippert, E./Schneider, P./Wakenhut, R.: »Die Verwendung der Skalierungsverfahren von Mokken und Rasch zur Überprüfung und Revision von Einstellungsskalen.« Diagnostica. 1978, Band XXIV, Heft 3.

Lüdtke, H.: »Was ist Pop-Musik?« Methoden der Freizeitforschung. Hg. H. Lüdtke/S. Agricola/U.V. Karst. Opladen 1986, 229 - 271.

Lüdtke, H.: Expressive Ungleichheit. Zur Soziologie der Lebensstile. Opladen 1989.

Luhmann, N.: Die Wissenschaft von der Gesellschaft. Frankfurt a.M. 1990.

Marcuse, H.: Kultur und Gesellschaft. Band I. Frankfurt a.M. 1965.
Maslow, A.H.: Motivation and Personality. New York 1970.
Maturana, H.R.: »Kognition.« Der Diskurs des Radikalen Konstruktivismus. Hg. S.J. Schmidt. Frankfurt a.M. 1987, 89 - 118.
Mayer, K.U.: »Lebensläufe und sozialer Wandel. Anmerkungen zu einem Forschungsprogramm.« Lebensläufe und sozialer Wandel. Hg. K.U. Mayer. Sonderheft der Kölnerzeitschrift für Soziologie und Sozialpsychologie, Opladen 1990, 7 - 21.
Mayer, K.U.: »Statushierarchie und Heiratsmarkt.« Klassenlagen und Sozialstruktur. Hg. J. Handl/K.U. Mayer/W. Müller. Frankfurt a.M. 1977, 155 - 232.
Mayer, K.U.: »Zum Verhältnis von Theorie und empirischer Forschung zur sozialen Ungleichheit.« Soziologie der sozialen Ungleichheit. Hg. B. Giesen/H. Haferkamp. Opladen 1987, 370 - 392.
Mayer, K.U./Müller, W.: »Lebensläufe im Wohlfahrtsstaat.« Handlungsspielräume. Untersuchungen zur Individualisierung und Institutionalisierung von Lebensläufen in der Moderne. Hg. A. Weymann. Stuttgart 1989, 41 - 60.
Mead, G.H.: Geist, Identität und Gesellschaft. Frankfurt a.M. 1973 (englische Erstauflage 1934).
Meinberg, M.: Subjektive Lebensqualität in der standardisierten Forschung. Diplomarbeit, Universität Bamberg 1987.
Meulemann, H.: »Wertwandel in der Bundesrepublik zwischen 1950 und 1980: Versuch einer zusammenfassenden Deutung vorliegender Zeitreihen.« Wirtschaftlicher Wandel, religiöser Wandel und Wertwandel: Folgen für das politische Verhalten in der Bundesrepublik Deutschland. Hg. D. Oberndörfer/H. Rattinger/K. Schmitt. Berlin 1985, 391 - 411.
Mooser, J.: »Auflösung proletarischer Milieus. Klassenbindung und Individualisierung in der Arbeiterschaft vom Kaiserreich bis in die Bundesrepublik Deutschland.« Soziale Welt. 34. Jg. 1983, 270 - 305.
Mooser, J.: Arbeiterleben in Deutschland 1900 - 1970. Frankfurt a.M. 1984.
Morris, C.W.: Grundlagen der Zeichentheorie. Ästhetik der Zeichentheorie. Frankfurt a.M. 1988. (Zuerst: Foundations of the Theory of Signs. Chicago 1938).
Mühlmann, W.E./Müller, E.N.: Kulturanthropologie. Köln/Berlin 1977.
Müller-Schneider, Th.: Wandel der Milieustruktur. Eine Untersuchung der Bundesrepublik Deutschland anhand von Umfragedaten 1953-1987. Dissertation, Bamberg 1992.
Müller-Schneider, Th.: »Verschiedene Verfahren - gleiche Ergebnisse. Ein empirischer Vergleich von drei Skalierungsmodellen (Rasch, Mokken, klassische Testtheorie).« Vortrag vor der Sektion Methoden der deutschen Gesellschaft für Soziologie, Bamberg 1989 (Ms).
Neidhardt, F.: Die junge Generation. Opladen 1970.
Nicki, R.M.: »Psychophysiology and Aesthetics.« Physiological Correlates of

Human Behaviour. Vol.II. Attention and Performance. Eds. A. Gale/J.A. Edwards. London 1983, 217 - 232.
Niedenthal, P.M./Cantor, N.: »Making Use of Social Prototypes: From Fuzzy Concepts to Firm Discussion.« Fuzzy Sets and Systems. 14, 1984. 5 - 27.
Nowak, H./Becker,U.: »Es kommt der neue Konsument.« Form, Zeitschrift für Gestaltung. 111, 1985, 13 - 17.
Oldenberg, K.: Grundriß der Sozialökonomik. Tübingen 1923.
Olk, T.: Jugend und Gesellschaft. Entwurf für einen Perspektivenwechesel in der sozialwissenschaftlichen Jugendforschung. Interdisziplinäre Jugendforschung. Hg. W. Heitmeyer München 1986.
Opaschowski, H.W.: Psychologie und Soziologie der Freizeit. Opladen 1988.
Outfit - Kleidung, Accessoires, Duftwässer. Spiegel-Verlag, Hamburg 1986.
Pappi, F.U.: »Konstanz und Wandel der Hauptspannungslinien in der Bundesrepublik.« Sozialer Wandel in Westeuropa. Hg. J. Matthes. Frankfurt/New York 1979, 465 - 479.
Pappi, F.U.: »Sozialstruktur und soziale Schichtung in einer Kleinstadt mit heterogener Bevölkerung.« Kölner Zeitschrift für Soziologie und Sozialpsychologie. 25. Jg. 1973, 23 - 74.
Pappi, F.U.: »Die konfessionell-religiöse Konfliktlinie in der deutschen Wählerschaft: Entstehung, Stabilität und Wandel.« Wirtschaftlicher Wandel, religiöser Wandel und Wertwandel: Folgen für das politische Verhalten in der Bundesrepublik Deutschland. Hg. D. Oberndörfer/H. Rattinger/K. Schmitt. Berlin 1985. 263 - 290.
Perkins, M.: Emotion and Feeling. Philosophical Review 75, 1966.
Pfeiffer, E./Davis, G./Verwoerd, A.: »Sexual Behavior in Middle Life.« American Journal of Psychiatry Vol. 128. 1972, 1262 - 1267.
Plessner, H.: Anthropologie der Sinne. Gesammelte Schriften III. Hg. H. Plessner. Frankfurt a.M. 1980, 321 - 393.
Pliner, P./Blankstein, K.R./Spigel, I.M. (eds.): Perception of Emotion in Self and Others. New York 1979.
Popitz, H.: Die normative Konstruktion von Gesellschaft. Tübingen 1980.
Popper, K.: Objektive Erkenntnis. Ein evolutionärer Entwurf. Hamburg 1973.
Postman, N.: Wir amüsieren uns zu Tode. Frankfurt a.M. 1985.
Preuss-Lausitz, U. (Hg.): Kriegskinder, Konsumkinder, Krisenkinder. Weinheim/Basel 1983.
Putnam, H.: Repräsentation und Realität. Frankfurt a.M. 1991.
Raschke, J.: Soziale Bewegungen. Ein historisch-systematischer Grundriß. Frankfurt a.M./New York 1985.
Reck, H.U.: »Vom Ende der Indifferenz: Ästhetische Perspektiven der Prämodernisierung.« Stilwandel. Hg. B. Brock/H.U. Reck. Köln 1986, 17 - 20.
Rehbein, F.: Das Leben eines Landarbeiters. Hamburg 1985.
Reinecke, H.-P.: Über Allgemein-Vorstellungen von der Musik. Rezeptionsforschung in der Musikwissenschaft. Hg. H. Rösing. Darmstadt 1983, 243 - 256.

Reiterer, A.F.: »Kultur- und Freizeittätigkeit verschiedener Bevölkerungsgruppen: Ergebnisse des Mikrozensus Dezember 1985 (Schluß).« Statistische Nachrichten. Jg. 43, 1988, Heft 2. 108 - 115.

Reuband, K.H.: »Zur Existenz schichtähnlicher Gruppierungen im interpersonalen Präferenzgefüge. Ein Beitrag zur Analyse latenter subjektiver Schichtung.« Kölner Zeitschrift für Soziologie und Sozialpsychologie. 27. Jg., 1975, 293 - 311.

Reuband, K.H.: »Krisenerfahrungen und Bewältigungsstrategien: soziale Einflüsse auf das Depressionserleben und die Bedeutung sozialer Unterstützungsnetzwerke.« Blickpunkt Gesellschaft. Hg. Müller W./P.H. Mohler und B. Erbslöh. Opladen 1990, 17 - 42.

Richter, H.E.: Der Gotteskomplex. Reinbek bei Hamburg 1979.

Riedl, R.: Die Spaltung des Weltbildes. Berlin/Hamburg 1985.

Riesman, D.: Die einsame Masse. Frankfurt a.M. 1958. (Erstauflage: The Lonely Crowd 1950).

Riley, M.W./Johnson, M./Foner, M.: Aging and Society. Vol.3: A Sociology of Age Stratification. New York 1972.

Rodeheaver, D./Datan, N.: »Making it: The Dialectics of Middle Age.« Individuals as Producers of their Developments. Eds. R.M. Lerner/N. Busch-Rossnagel. New York 1981, 183 - 196.

Rose, A.M.: »The Subculture of Aging: A Framework for Research in Social Gerontology.« Older People and their Social World. Eds. A. Rose/W. Peterson. New York 1965.

Rosenbaum, H.: Formen der Familie. Frankfurt a.M. 1982.

Rossi, A.S.: »Parenthood in the Middle Years.« Life-Span Development and Behaviour. Eds. P. Baltes/O.G. Brim. New York 1980, 138 - 205.

Roussel, St.: Die Hügel von Berlin. Reinbek bei Hamburg 1988.

Rushton, J.P./Nicholson, I.R.: »Genetic Similarity Theory, Intelligence, and Human Mate Choice.« Ethology and Sociobiology. 9, 1988. 45 - 57.

Rushton, J.P./Russel, R.J.H./Wells, P.A.: »Personality and Genetic Similarity Theory.« Journal of Social and Biological Structures. 8, 1985. 63 - 86.

Safranski, R.: Arthur Schopenhauer. München/Wien 1988.

Sahner, H.: Theorie und Forschung. Zur paradigmatischen Struktur der westdeutschen Soziologie und zu ihrem Einfluß auf die Forschung. Opladen 1982.

Salomon, Michael: Die Veränderung von Bedingungen von politischen Einstellungen 1955-1988. Eine Sekundäranalyse von 5 Repräsentativumfragen. Diplomarbeit, Bamberg 1992.

Schäfers, B.: Soziologie des Jugendalters. Opladen 1982.

Schäfers, B.: Gesellschaftlicher Wandel in Deutschland. Stuttgart 1990.

Schaie, K.W./A. Parham: »Stability of Adult Personality Traits: Facts or Faile?« Journal of Personality and Social Psychology. 34. Jg. 1976, 143 - 158.

Schelsky, H.: Wandlungen der deutschen Familie der Gegenwart. Dortmund 1953.

Schmidt, S.J.: Der Diskurs des Radikalen Konstruktivismus. Frankfurt a.M. 1987.
Schmitt, K.: »Religiöse Bestimmungsfaktoren des Wahlverhaltens: Entkonfessionalisierung mit Verspätung.« Wirtschaftlicher Wandel, religiöser Wandel und Wertewandel: Folgen für das politische Verhalten in der Bundesrepublik Deutschland. Hg. Oberndörfer, D./Rattinger, H./Schmitt, K. Berlin 1985, 291 - 332.
Schneider, A.: »Expressive Verkehrskreise.« Soziologie der Familie. Hg. G. Lüschen/E. Lupri. Sonderheft 14 der Kölner Zeitschrift für Soziologie und Sozialpsychologie. Opladen 1970, 443 - 472.
Schopenhauer, A.: Aphorismen zur Lebensweisheit. Parerga und Paralipomena I. Band IV der Gesamtausgabe. Frankfurt a.M. 1986 (Erstauflage Berlin 1851).
Schuerger, J./Tait, E./Tavernelli, O.: »Temporal Stability of Personality by Questionnaire.« Journal of Personality and Social Psychology. 43. Jg. 1982, 176 - 182.
Schulz, W.: Metaphysik des Schwebens. Untersuchungen zur Geschichte der Ästhetik. Pfullingen 1985.
Schulze, G.: »Identität als Stilfrage? Über den kollektiven Wandel der Selbstdefinition.« Identität. Hg. H.P. Frey/K. Haußer. Stuttgart 1987, 105 - 124.
Schulze, G.: »Alltagsästhetik und Lebenssituation. Eine Analyse kultureller Segmentierungen in der Bundesrepublik Deutschland.« Kultur und Alltag. Hg. H.-G. Soeffner. Soziale Welt, Sonderband 6. Göttingen 1988(a), 71 - 92.
Schulze, G.: »Alltagsästhetische Schemata.« ZUMA-Handbuch Sozialwissenschaftlicher Skalen. Mannheim 1988(b), Skala I 12.
Schulze, G.: »Politische Unterordnung.« ZUMA-Handbuch sozialwissenschaftlicher Skalen. Mannheim 1988 (c). Skala N 27.
Schulze, G.: »Spontanbeziehungen der Jugend.« Handbuch der Familien- und Jugendforschung, Band II: Jugendforschung. Hg. M. Markefka/R. Nave-Herz. Neuwied/Frankfurt a.M. 1989, 553 - 570.
Schulze, G.: »Transformation sozialer Milieus in der Bundesrepublik Deutschland.« Lebenslagen, Lebensläufe, Lebensstile. Hg. P.A. Berger/S. Hradil. Soziale Welt, Sonderband 7. Göttingen 1990, 409 - 432.
Schütz, A./Luckmann, Th.: Strukturen der Lebenswelt. Band 1. Darmstadt 1975.
Schwab, W./Voit, H.: »Vom Bildungsnotstand zur Akademikerschwemme - Bildung für alle.« Im Zug der Zeit. Hg. E. Hölder. Stuttgart 1989, 173 - 190.
Schwarz, R.: Das Problem der Interviewerverweigerung in der standardisierten Forschung. Historische und methodische Überlegungen. Diplomarbeit, Bamberg 1987.
Sennet, R.: Verfall und Ende des öffentlichen Lebens. Die Tyrannei der Intimität. Frankfurt 1983.
Siegert, M.T./Chapman, M.: »Identitätstransformation im Erwachsenenalter.« Identität. Hg. H.-P. Frey/K. Haußer. Stuttgart 1987, 139 - 150.
Simmel, G.: »Das Problem des Stiles.« Dekorative Kunst. 7, 1908, 307 - 316.

Simmel, G.: Philosophie des Geldes. Leipzig 1900.
Sinus GmbH: 5 Millionen Deutsche: »Wir sollten wieder einen Führer haben.« Reinbek b. Hamburg 1981.
Smith, R./Johnson, J./Sarason, I.: »Life Change, the Sensation Seeking Motive, and Psychological Distress.« Journal of Consulting and Clinical Psychology. 46, 1978, 348 - 349.
Smithson, M.: Fuzzy Set Analysis for the Behavioral and Social Sciences. New York 1987.
Sobel, M.E.: Lifestyle and Social Structure. New York 1981.
Sombart, W.: Liebe, Luxus und Kapitalismus. München 1967. (Erstauflage 1922).
Spielhoff, A.: »Kulturpolitik ist Gesellschaftspolitik.« Vorgänge. 6, 1976. 25 - 32.
Steeh, Ch.: »Trends in Nonresponse Rates 1952-1975.« Public Opinion Quarterly 45, 1981, 40-50.
Strasser, H.: »Diesseits von Stand und Klasse: Prinzipien einer Theorie sozialer Ungleichheit.« Soziologie der sozialen Ungleichheit. Hg. B. Giesen/H. Haferkamp. Opladen 1987, 50 - 92.
Strelau, J./Farley, F.H./Gale, A.: The Biological Basis of Personality and Behaviour. Volume 1: Theories, Measurement Techniques and Development. Washington/New York/London 1985.
Strelau, J./Farley, F.H./Gale, A.: The Biological Basis of Personality and Behaviour. Volume 2: Psychophysiology, Performance and Application. Washington/New York/London 1986.
Tenbruck, F.: Jugend und Gesellschaft. Soziologische Perspektiven. Freiburg 1962.
Tenbruck, F.H.: »Bürgerliche Kultur.« Kultur und Gesellschaft. Hg. F. Neidhardt/M.R. Lepsius/J. Weiß. Kölner Zeitschrift für Soziologie und Sozialpsychologie, 27. Sonderheft. Opladen 1986, 263 - 285.
Thiessen, D./Gregg, B.: »Human Assortive Mating and Genetic Equilibrium: An Evolutionary Perspective.« Ethology and Sociobiology. 1, 1980. 111 - 140.
Tokarski, W./Schmitz-Scherzer, R.: Freizeit. Stuttgart 1985.
Tomars, A.S.: Fine Arts and Sozial Stratification. Sociology and History, Theory and Research, Glencoe (Ill.) 1964. Eds. W.J. Cahnman/A. Bosskoff. Teilweise abgedruckt in: R. Wick/A. Wick-Kmoch. Kunstsoziologie, Köln 1979 (Zitate beziehen sich auf diesen Text).
Trommler, F.: »Kulturpolitik der Nachkriegszeit. Handbuch zur deutsch-deutschen Wirklichkeit.« Hg. W. Langenbucher/R. Rytlewski/B. Weyergraf. Stuttgart 1988, 407 - 414.
Turner, R.H.: »The Real Self: From Institution to Impulse.« American Journal of Sociology. Vol. 81 1976, 989 - 1016.
Turner, J.H.: »Analytical Theory.« Social Theory Today. Ed. A. Giddens/J.H. Turner. Oxford 1987, 156 - 195.

Überla, K.: Faktorenanalyse. Berlin/Heidelberg/New York 1971.
Uttitz, P.: »Stile und Determinanten des Freizeitverhaltens in der Umfragenforschung über 30 Jahre.« Methoden der Freizeitforschung. Hg. H. Lüdtke/S. Agricola/U.V. Karst. Leverkusen 1986. 157 - 174.
Veblen, T.: Theorie der feinen Leute. Eine ökonomische Untersuchung der Institutionen. Frankfurt a.M. 1986 (amerikan. Erstauflage 1899).
Verband Deutscher Städtestatistiker: Städte in Zahlen. Heft 4: Kultur und Bildung. Nürnberg 1987.
Vollnhals, C.: Die Evangelischen Kirchen zwischen Traditionswahrung und Neuorientierung. Von Stalingrad zur Währungsreform. Zur Sozialgeschichte des Umbruchs in Deutschland. Hg. M. Broszat/K.-D. Herke/H. Woller. München 1988, 113 - 168.
Webber, J./Coombs, D./Hollingworth, S.: Value Orientation by Age in a Developing Society. Journal of Gerontology. 29. Jg. 1974, 676 - 683.
Weber, M.: Wirtschaft und Gesellschaft. Tübingen 1956.
Wedemeyer, G.: Kneipe und politische Kultur. Pfaffenweiler 1990.
Wegener, B.: Gibt es Sozialprestige?. Zeitschrift für Soziologie. 14. Jg. 1985, 209 - 235.
Wehler, H.: Deutsche Gesellschaftsgeschichte. Erster Band: 1700-1815. München 1987 (a).
Wehler, H.: Deutsche Gesellschaftsgeschichte. Zweiter Band: 1815 - 1845/49. München 1987 (b).
Whittacker, Ch.R.: »Der Arme.« Der Mensch in der römischen Antike. Hg. A. Giardiana. Frankfurt/New York 1991.
Willis, P.E.: Profane culture. London 1978.
Willis, P.E.: Spaß am Widerstand. Gegenkultur in der Arbeiterschule. Frankfurt a.M. 1979.
Wittgenstein, L.: Remarks of the Philosophy of Psychology. Oxford/Blackwell 1980.
Wohnwelten in Deutschland. Band 2: Das Haus. Hamburg 1988.
Wottawa, H.: Psychologische Methodenlehre, München 1977.
Zablocki, B.D./Kantner, R.M..: The Differentiation of Life-Styles. Annual Review of Sociology. Vol.2 1976, 269 - 298.
Zapf, W.: Individualisierung und Sicherheit. München 1987.
Zeiher, H.: »Die vielen Räume der Kinder. Zum Wandel der räumlichen Lebensbedingungen seit 1945.« Kriegskinder, Konsumkinder, Krisenkinder. Hg. U. Preuß-Lausitz Weinheim/Basel 1983, 176 - 195.
Ziegler, R.: »Die Struktur von Freundes- und Bekanntenkreisen.« 21. Deutscher Soziologentag, Beiträge der Sektions- und ad-hoc-Gruppen. Hg. F. Heckmann. Opladen 1983, 684 - 688.
Ziegler, R.: »Bildungsexpansion und Partnerwahl.« Sozialstruktur im Umbruch. Festschrift für K.M. Bolte. Hg. S. Hradil. Opladen 1985.
Zinnecker, J.: Jugendkultur 1940 - 1985. Opladen 1987.

Zuckermann, M.: »Biological Foundations of Sensation Seeking.« The Biological Bases of Behavior. Vol. 1: Theories, Measurement Techniques, and Development. Eds. F. Strelau/F.H. Farley/A. Gale. Washington/New York/London 1985, 97 - 114.

Zuckermann, M./Buchsbaum, M.S./Murphy, D.L.: »Sensation Seeking and its Biological Correlates.« Psychological Bulletin. 1980, 88, 187 - 214.

ZUMA: Handbuch sozialwissenschaftlicher Skalen, Mannheim, Auflage 1988.

Aus unserem Programm

Ronald Inglehart
Kultureller Umbruch
Wertewandel in der westlichen Welt
1989. 565 Seiten, gebunden
ISBN 3-593-34153-0

»Auf der Grundlage aktueller Forschungsergebnisse und Längsschnittstudien aus 25 Staaten entwickelt Inglehart in seinem neuesten Buch - der ersten umfassenden Darstellung seiner Thesen in deutscher Sprachen - seinen Ansatz weiter und analysiert Ursachen, Verlauf und Folgen der "stillen Revolution" innerhalb der westlichen Gesellschaften. Diesem Buch kommt deswegen auf "Europa '92" eine ganz besondere Bedeutung zu. Denn Marktforscher und Personalchefs müssen darüber informiert sein, wie ihre europäischen Konsumenten und Mitarbeiter denken, leben, empfinden.«

Handelsblatt

»Das umfassende neue Buch von Inglehart ist die wichtigste Darstellung und Fortführung des Ansatzes zur Politischen Kultur seit annähernd einem Vierteljahrhundert.«

Robert D. Putnam, Harvard University

»Ingleharts Ansatz ist eines der wenigen Beispiele für zutreffende Voraussagen in der Politikwissenschaft.«

Gabriel A. Almond, Stanford University

»Kein anderer Analytiker des Wertwandels hat die Diskussion der letzten beiden Jahrzehnte so dominiert wie Ronald Inglehart.«

Frankfurter Allgemeine Zeitung

Campus Verlag · Frankfurt am Main

DIE ERLEBNIS-GESELLSCHAFT